核心价值观国际比较研究

孙有中　等著

四川人民出版社　学习出版社

图书在版编目（CIP）数据

“社会主义核心价值观与当代中国发展”丛书 ：全五册
韩震主编. —成都：四川人民出版社；北京：学习出版社，
2018.8

ISBN 978－7－220－10785－6

Ⅰ.①社… Ⅱ.①韩… Ⅲ.①社会主义建设－价值论－
研究－中国 Ⅳ.①D616

中国版本图书馆 CIP 数据核字（2018）第 085804 号

“社会主义核心价值观与当代中国发展”丛书
韩　震　主编
HEXIN JIAZHIGUAN GUOJI BIJIAO YANJIU
核心价值观国际比较研究
孙有中　等著

出 版 人	黄立新
执行组稿	章　涛
责任编辑	叶　驰　杨　立
助理编辑	王卓熙
封面设计	张　科
版式设计	戴雨虹
责任校对	申婷婷　林　泉
责任印制	李　剑
出版发行	四川人民出版社（成都市槐树街 2 号）
网　　址	http://www.scpph.com
E-mail	scrmcbs@sina.com
新浪微博	@四川人民出版社
微信公众号	四川人民出版社
发行部业务电话	(028) 86259624　86259453
防盗版举报电话	(028) 86259624
照　　排	四川胜翔数码印务设计有限公司
印　　刷	四川机投印务有限公司
成品尺寸	170mm×240mm
印　　张	33.5
字　　数	360 千
版　　次	2018 年 8 月第 1 版
印　　次	2018 年 8 月第 1 次印刷
书　　号	ISBN 978－7－220－10785－6
定　　价	480.00 元（全五册）

丛书主编简介

韩震，1958年生，山东省阳谷县人，哲学博士，博士生导师，北京师范大学哲学思维与发展战略研究中心主任。

曾任北京师范大学副校长、北京外国语大学校长、北京外国语大学党委书记。兼任中央马克思主义理论研究和建设工程咨询委员会委员、《西方哲学史》首席专家及召集人，《马克思恩格斯列宁经典著作选读（大纲）》首席专家，国家教材委员会委员（兼任大中小德育一体化工作委员会主任）、第十届国家督学，国家社会科学规划办哲学组召集人、教育部社会科学委员会（哲学学部）委员、教育部高等学校哲学类专业教学指导委员会主任委员，《中国高等学校学术文摘·哲学》（英文）主编。

入选北京市“跨世纪青年理论工作者百人工程”培养计划、教育部“跨世纪人才”培养计划、人社部等部委首批“新世纪百千万人才工程”国家级人选、中宣部“文化名家暨‘四个一批’人才”、国家“万人计划”首批哲学社会科学领军人才。

著有《西方历史哲学导论》、《生成的存在》、《重建理性主义信念》、《全球化时代的文化认同与国家认同》、《思考的痕迹》、《教育的价值与价值的教育》、《社会主义核心价值观五讲》、《社会主义核心价值观新论》、《中国的价值观》、《社会主义核心价值观与中国文化的国际传播》、《大国话语》等，译著有《自我的根源》、《历史与转义》等，发表论文、译文600余篇。成果多次获教育部、北京市等人文社会科学优秀成果奖。

分册作者简介

孙有中，教授，博士生导师。现任北京外国语大学副校长。从事跨文化研究、美国思想史研究、英语教育研究。担任中国英语教学研究会会长、中国跨文化交际学会会长，国际跨文化交际学会（IAICS）顾问、外国新闻传播史研究委员会会长，中国澳大利亚研究会会长、中国翻译协会副会长，中国美国史研究会常务理事，《国际论坛》主编、《国际传播》副主编。入选人社部等部委首批“新世纪百千万人才工程”国家级人选、中宣部“文化名家暨‘四个一批’人才”、国家“万人计划”哲学社会科学领军人才，享受政府特殊津贴。

马克思主义理论研究和建设工程

2015 年度重大项目“社会主义核心价值观研究”

子课题“核心价值观构建的国际比较及其国际传播研究”

课题组成员

孙有中　文秋芳　郭连友　车　琳　薛庆国　戴桂菊

章晓英　周海霞　任　勃　黄国文　张　虹　邵　颖

张天伟　董希骁　詹　霞　江潇潇　张佳琛　孟炳君

李　颖　李菁菁　聂　薇　周鑫宇　李　丰

目　录

上篇　核心价值观国别研究

中篇　核心价值观国际传播研究

下篇　多国政治话语分析

代　序

培育和弘扬社会主义核心价值观的路线图

韩　震

习近平总书记在十九大报告中强调指出，我们要“坚持社会主义核心价值体系”就“必须坚持马克思主义，牢固树立共产主义远大理想和中国特色社会主义共同理想，培育和践行社会主义核心价值观，不断增强意识形态领域主导权和话语权，推动中华优秀传统文化创造性转化、创新性发展，继承革命文化，发展社会主义先进文化，不忘本来、吸收外来、面向未来，更好构筑中国精神、中国价值、中国力量，为人民提供精神指引”。目前，全国上下大力培育和弘扬社会主义核心价值观，目的是为建设社会主义先进文化指明方向，坚定全党、全国人民中国特色社会主义文化自信，为中华民族伟大复兴中国梦的实现提供精神支撑，为中华儿女提供共同的精神家园。

一、 我们应该培育和弘扬什么样的核心价值观

我们培育和弘扬的社会主义核心价值观是特定的价值观，有着

特定的规定性和内涵。我们所说的社会主义核心价值观，首先是当代中国的价值观，是当代中国建设什么样的国家、构建什么样的社会、塑造什么样的公民的价值取向；我们所说的社会主义核心价值观，也必定是中国特色社会主义的价值观，是关于中国特色社会主义道路、理论和制度的价值宣示。综合起来，社会主义核心价值观就是当代中国特色社会主义价值观。

既然社会主义核心价值观就是当代中国特色社会主义价值观，那么我们首先要把中国特色社会主义事业伟大实践作为培育和弘扬社会主义核心价值观的坚实社会基础。

新中国成立以来特别是改革开放以来，中国共产党带领全国各族人民，在短短几十年时间内，使中国经济、政治、文化和社会建设等方面取得了举世瞩目的成就。我国从一个积贫积弱、备受欺凌的国家，重新回到世界舞台的中心。正如英国剑桥大学政治与国际研究系高级研究员马丁·雅克说的，“近年来，世界经济的重心开始向发展中国家倾斜。对发展中国家而言，同中国的经济往来变得越来越重要。中国是很多发展中国家最大的贸易伙伴，也是发展中国家的转型推动器。很多发展中国家都将中国视为学习的榜样以及未来的目标”①。我国经济总量稳居世界第二位，人均国内生产总值增至7800美元左右；农业持续增产，城镇化取得新进展，常住人口城镇化率达到55%；各级各类教育都得到全面发展，教育水平大幅提升，一批重大科技成果达到世界先进水平；公共服务体系基本建立、覆盖面持续扩大，新增就业持续增加，贫困人口大幅减少，生态文

① ［英］马丁·雅克：《中国梦蕴含自信心》，《人民日报》2014年2月21日第3版。

明建设取得新进展，人民生活水平和质量加快提高；全面深化改革有力推进，人民民主不断扩大，依法治国开启新征程；全方位外交取得重大进展，对外开放不断深入，我国成为全球第一货物贸易大国和主要对外投资大国；中国特色军事变革成就显著，强军兴军迈出新步伐；全面从严治党开创新局面，党的群众路线教育实践活动成果丰硕，党风廉政建设成效显著。中国特色社会主义事业是前无古人的伟大创新实践，也取得了震撼世界的成绩，这是我们凝练社会主义核心价值观的坚实社会基础，也是我们价值观自信的基础。

中国的经济发展已经创造了世界奇迹。最近几年，虽然中国的经济不像头些年那样以两位数的增长率发展了，但仍然是全球几个大经济体中发展最快的。由此，英国学者罗思义认为，“中国的社会主义模式优于资本主义模式”，理由是：一、“当前世界上增长最快的经济体并非遵循……‘华盛顿共识’发展，反而是仿效中国的‘社会主义发展战略’或深受其影响”；二、“仿效中国的发展战略或深受其影响的国家对世界减贫的贡献率是85%，而资本主义国家的贡献率仅为15%”。[①] 不过，在经济发展的同时，我们也需要关注发展带来的新问题。经济的迅速发展也使人们的价值观或思想取向在社会结构和文化范式的快速转型之中发生某种不确定的漂移。中国人富裕了，但似乎心理却不像原来那么宁静了。我们必须反思和重塑我们的价值观。对于现代社会而言，价值观都是非常重要的。“价值观之所以重要，是因为它们将国家和民众凝聚在一起。它们帮助

① ［英］罗思义：《没错，“中国模式”优于“西方模式”》，《环球时报》2016年9月20日。

定义一个社会所支持和所反对的东西。”① 正如习近平总书记在主持中共中央政治局第十三次集体学习时强调的，要“把培育和弘扬社会主义核心价值观作为凝魂聚气、强基固本的基础工程”②。

价值观既是对社会实践的总结从而反映着当前的社会状态，同时作为一种理想性理念也必定引导和塑造未来的社会。就如习近平总书记指出的，“核心价值观是文化软实力的灵魂、文化软实力建设的重点。这是决定文化性质和方向的最深层要素。一个国家的文化软实力，从根本上说，取决于其核心价值观的生命力、凝聚力、感召力。培育和弘扬核心价值观，有效整合社会意识，是社会系统得以正常运转、社会秩序得以有效维护的重要途径，也是国家治理体系和治理能力的重要方面。历史和现实都表明，构建具有强大感召力的核心价值观，关系社会和谐稳定，关系国家长治久安”③。

其次，既然社会主义核心价值观就是当代中国特色社会主义价值观，那么我们就要把中华优秀传统文化作为涵养社会主义核心价值观的活水源泉。

我们是立足中国国情建设中国特色社会主义，我们的经济政策和政治设想都是以这个现实为前提的。同样，我们不可能离开既有的文化传统来进行精神活动，中华优秀传统文化是我们取之不尽用之不竭的思想根源，因此，培育和弘扬社会主义核心价值观必须立足中华优秀传统文化，用中华优秀传统文化涵养社会主义核心价值

① ［美］格拉特·哈丁著，葛鸣译：《欧洲人之谜》，《国外社会科学文摘》2012年8月号，第24—25页。原载美国《外交政策》2012年1/2月号。

② 参见新华社北京2月25日电《把培育和弘扬社会主义核心价值观作为凝魂聚气强基固本的基础工程》，《人民日报》2014年2月26日第1版。

③ 参见新华社北京2月25日电《把培育和弘扬社会主义核心价值观作为凝魂聚气强基固本的基础工程》，《人民日报》2014年2月26日第1版。

观。习近平总书记要求我们，“要讲清楚中华优秀传统文化的历史渊源、发展脉络、基本走向，讲清楚中华文化的独特创造、价值理念、鲜明特色，增强文化自信和价值观自信。要认真汲取中华优秀传统文化的思想精华和道德精髓，大力弘扬以爱国主义为核心的民族精神和以改革创新为核心的时代精神。牢固的核心价值观，都有其固有的根本。抛弃传统、丢掉根本，就等于割断了自己的精神命脉”。割断了精神命脉，不仅使文脉失去生命的有机性，也会使文化成为缺乏生命力的空洞观念。必须辩证地对待历史和当下，“不忘本来才能开辟未来，善于继承才能更好创新”。因此，习近平总书记号召我们，“要深入挖掘和阐发中华优秀传统文化讲仁爱、重民本、守诚信、崇正义、尚和合、求大同的时代价值，使中华优秀传统文化成为涵养社会主义核心价值观的重要源泉”①。

培育和弘扬社会主义核心价值观，就必须融通于中华民族的文化根基和精神传承过程。中华民族5000多年文明史，中国人民近代以来170多年斗争史，中国共产党90多年奋斗史，中华人民共和国60多年发展史，改革开放30多年探索史，这些历史一脉相承，不可割裂。脱离开中国的历史绵延，脱离开中国的文化传统，脱离开中国人的精神世界演进，脱离开当代中国社会的深刻变革，是难以正确认识中国的社会主义核心价值观的。

由于中华优秀文化传统是基于中华民族几千年历史演化而铸就的，反映着中华民族在中国大地上的生命体验、观念思考和精神追求，因此必然带有中华民族特有的形态、内涵和实质。我们从大禹

① 参见新华社北京2月25日电《把培育和弘扬社会主义核心价值观作为凝魂聚气强基固本的基础工程》，《人民日报》2014年2月26日第1版。

治水的故事，就可以理解中国这个东方农耕民族对群体合作的依赖和重视，个人只能在群体中才能获得生存的机会和发展的环境。因此，对于价值和价值观，中国人往往更多从整体优先于局部、集体优先于个人的角度去思考。譬如，也许西方人更多从个人的角度去思考人权，而中国人更关注大家之间要相互尊重人权，这就是“和谐”的价值观。中国人不把人权理解为个人权利或利益之间的自由竞争，而是相互之间达成和谐的状态，这就是为什么中国人如此重视“和为贵”以及“和而不同”。在当今中国，根据社会主义核心价值观，只有整体的社会和谐了，个体的人们才能过民主、自由、平等、公正的生活，才能在敬业和友善的环境下获得富足而有尊严的生活机会。

不过，社会主义核心价值观需要中华优秀传统文化的滋养，但并不是回到中国传统的价值观就是社会主义核心价值观了。中国传统的价值观是基于传统社会而酝酿的，必须经过创造性转换和创新性拓展，才能成为社会主义核心价值观的有效构成要素，这些要素纳入中国特色社会主义的理想追求，才能够展现出现代功能和价值。

第三，既然社会主义核心价值观就是当代中国特色社会主义价值观，那么我们就要在国际交流互鉴中，把提升文化软实力和抢占道德制高点作为弘扬社会主义核心价值观的文化追求。

善于学习和借鉴的民族，才有创新和发展的可能。培育和弘扬社会主义核心价值观，就需要在与世界各国日益密切的交流互鉴中加以思考。中华民族历来就有天下一家的开放胸襟，有协和万邦的气度，中华文化就是在与其他文化的相互激荡中发展。从古至今，中国与世界各国进行多方面的交流互鉴，从中学到许多东西，经过

消化吸收转化成为中华文化的成果，例如佛学思想的传入，西域音乐的滥觞，西方的文艺复兴、启蒙运动、工业革命、社会变革思潮，等等，特别是马克思主义和社会主义的理论，都深刻地影响和改变了中国的面貌。中国人对国家富强目标的追求，显然是受了欧美的影响，才有了更强烈的动力。自由、平等、民主、法治等价值，显然有浓厚的欧美影响，但最终也是在中国人民启蒙和解放的双重运动中逐渐清晰起来的。

当然，中国也需要有足够的勇气，树立价值观自信，我们也可以对世界价值观的发展作出自己的贡献。美国学者哈尔珀有句名言："打赢如今的战争靠的不是最好的武器，而是最好的叙述方式。"[①] 我们在中国特色社会主义实践上已经取得了举世瞩目的成就，我们还要在文化表述上坚定我们的价值观自信。譬如，中国人和而不同的价值观，不仅意义非凡，而且完全可以成为调节国际关系的最佳规范。我们主张"万物并育而不相害，道并行而不相悖"。这要比霸权思维和价值观合理得多，也公正得多。中国梦绝不是世界霸权梦，而是和平共处、合作共赢的梦。"中国梦是奉献世界的梦。"中国人"穷则独善其身，达则兼济天下"的胸怀，可以转化为经济全球化时代的中国担当。和谐价值观更是中华民族对人类社会的独特贡献。对内，我们构建和谐社会，实现祖国的和平统一、繁荣富强；对外，我们主张和平发展，实行相互尊重、互惠互利。不同的民族、不同的国家，由于所处的发展阶段和空间条件不同，从而发展出不同的文化，对问题的看法也就不同。相互之间应该采取和而不同的理念，

① ［美］彼得·纳瓦罗：《中国"三战"战略让美国束手无策》，《参考消息》2016 年 1 月 7 日。

而不是采取威胁和冲突的方式，这样世界才能和平。中国的和谐价值观和国际义利观具有现实的、普遍的世界意义，具有很高的国际道德意义。

正因如此，习近平总书记在省部级领导干部学习贯彻十八届三中全会精神全面深化改革专题研讨班上讲：我们应该大力培育和弘扬社会主义核心价值体系和核心价值观，加快构建充分反映中国特色、民族特性、时代特征的价值体系，努力抢占价值体系的制高点。

二、 怎样培育和弘扬社会主义核心价值观

培育和弘扬社会主义核心价值观，需要有合适的途径和正确的方法。有了合适的途径和正确的方法，才能取得事半功倍的效果。

第一，培育和弘扬社会主义核心价值观，需要把其纳入国民教育全过程，作为培育和弘扬社会主义核心价值观的主渠道。

培育和弘扬社会主义核心价值观，要从娃娃抓起、从各级各类学校抓起，做到进教材、进课堂、进头脑，让教育在传递知识和文化的过程中塑造有理想有信念有责任感的人。社会主义核心价值观是社会的主导价值观，要求全体社会成员遵循这些基本的价值观规范。社会主义核心价值观不是对少数人的要求，而是对所有领域、所有人的价值规范。既然学校的功能是培养社会主义建设者和接班人，我们就必须坚持育人为本、德育为先，围绕立德树人的根本任务，把社会主义核心价值观全方位地纳入教育总体规划，贯穿于教育的教学、科研、社会服务、文化传承创新和国际交流的各个环节，覆盖到学校的全部师生员工。培育和践行社会主义核心价值观不仅是辅导员、班主任的职责，而是所有教职员工的任务；不仅是道德

与法治、思想政治和马克思主义理论课教师的工作，而是所有专业课程都必须有机融入的事情。当然，不是专业课程都有形地讲核心价值观，而是把价值观的精神实质和方向创造性地融入专业知识之中。实际上，思想理论课本身也不能天天只讲核心价值观的12个概念，而是基于核心价值观讲出感动人心的故事来。

因此，培育和践行社会主义核心价值观，就要遵循思想政治工作规律、遵循教书育人的规律、遵循学生成长的规律，适应不同年龄段学生的身心特点和成长规律，完善思想教育方法，深化学生思想品德培育和思想政治教育，构建有效衔接、内容先进、形态生动的思想品德和马克思主义理论课程的教材体系，创新思想品德和政治理论课教育教学方法，提高教学的针对性和实效性。大家都知道，作为物质食粮的奶粉是要根据年龄分段的，同样作为精神食粮的社会主义核心价值观也需要根据学生的年龄特点来“配方”。价值观需要行为的体验才能内化于心，价值观的目的及价值观自身的价值就在于它见诸行动。因此，我们还必须注重发挥社会实践对学生的养成作用，完善实践教育教学体系，开发实践课程和活动课程。

第二，培育和弘扬社会主义核心价值观，需要把党员干部带头以及知识分子、文化名人和其他杰出人物示范效应作为培育和弘扬社会主义核心价值观的关键抓手。

共产党员、领导干部和社会精英要在培育和践行社会主义核心价值观的过程中起模范带头作用。中国共产党是中国工人阶级的先锋队，也是中国人民和中华民族的先锋队，所以共产党员都应该在培育和践行社会主义核心价值观时走在前列，其中领导干部更应该率先垂范，形成上行下效的正能量。我们要以党章为根本遵循，完

善党内法规，健全制度保障，构建起配套完备的党内法规制度体系，推动党员干部带头践行社会主义核心价值观。把从严治党实践成果转化为道德规范和纪律要求，做到依规治党和以德治党相统一，充分展现共产党人高尚思想道德情操和价值追求。

社会各界的精英或名流，有很大的示范作用，因此也要肩负起更大的社会责任，在引导社会风气方面发挥积极功能。2017 年 3 月 4 日下午，习近平总书记在看望参加全国政协十二届五次会议的民进、农工党、九三学社委员时，希望全国广大知识分子自觉做践行社会主义核心价值观的模范。在总书记看来，勇立潮头、引领创新是知识分子“应有的品格”；天下为公、道义担当是知识分子“应有的情怀”。他希望知识分子坚持国家至上、民族至上、人民至上，始终胸怀大局、心有大我，始终坚守正道、追求真理，从自我做起、从现在做起、从日常生活做起，身体力行带动全社会遵循社会主义核心价值观。根据唯物史观，人是生产力中最活跃的要素，而人才是最活跃要素中的活跃要素，是创造新知识、新技术和新思路的关键力量。知识分子无疑是推动实现中国梦的中坚力量，正因为如此，知识分子应该义不容辞地担负起时代的重任。创新驱动实质要靠人才驱动，靠高远的价值观引领，知识分子正是先进生产力的开拓者，也应该成为先进价值观的践行者和引领者。

先进典型是社会主义核心价值观的集中体现。公众人物社会知名度高、影响力大，是传播核心价值观的重要力量。各类明星人物也应该加强自律、提高素质，无论是影星、歌星、舞星，还是球星和其他体坛明星人物，往往是青少年的偶像，他们的言行和装束往往引领时尚。假如他们在践行社会主义核心价值观时有好的言行，

将会对青少年有广泛的影响和引领作用。

第三，培育和弘扬社会主义核心价值观，需要把贯穿结合融入、落细落小落实作为培育和弘扬社会主义核心价值观有效手段。

培育和弘扬社会主义核心价值观，必须在贯穿结合融入上做文章，在落细落小落实上下功夫，坚持不懈地推动社会主义核心价值观学习宣传，践行弘扬具体化、系统化、长效化，将核心价值观的种子播撒在中华儿女的心田。

一要充分发挥政策导向作用，使经济、政治、文化、社会等方方面面政策都有利于社会主义核心价值观的培育。强化公共政策的价值目标。制定经济社会政策和重大改革措施，出台与人们生产生活和现实利益密切相关的具体政策措施，要充分体现公平正义和社会责任，注重政策目标和价值导向有机统一，注重经济效益和社会效益有机统一，形成有利于培育和弘扬社会主义核心价值观的良好政策导向和利益引导机制。各种社会管理要承担起倡导社会主义核心价值观的责任，注重在日常管理中体现价值导向，使符合核心价值观的行为得到鼓励、违背核心价值观的行为受到制约。我们还要完善政策评估和纠偏机制，防止具体政策措施与社会主义核心价值观相背离，实现公共政策和道德建设良性互动。

二要切实把社会主义核心价值观贯穿于社会生活方方面面。一种价值观要真正发挥作用，必须融入社会生活，让人们在实践中感知它、领悟它。要注意把我们所提倡的与人们日常生活紧密联系起来，在落细落小落实上下功夫。要按照社会主义核心价值观的基本要求，健全各行各业规章制度，完善市民公约、乡规民约、学生守则等行为准则，使社会主义核心价值观成为人们日常工作生活的基

本遵循。要利用各种时机和场合，形成有利于培育和弘扬社会主义核心价值观的生活情景和社会氛围，使核心价值观的影响像空气一样无所不在、无时不有。

三要相信人民群众、依靠人民群众，充分发挥群众的自主意识和首创精神，广泛开展灵活多样的群众性道德实践活动。例如，开展群众性的评选表彰道德模范活动，让人习惯于在现实中学会见贤思齐。开展学习宣传先进典型活动，尤其注意把学习雷锋等模范与学习身边的好人好事结合起来，在平凡的人和事中发现崇高，让高尚的道德和价值理想在民众生活中落地生根，形成学习先进、争当先进的浓厚风气。在国家博物馆设立英模陈列馆，保护好英烈墓地，让英雄主义鼓励青少年的报国之志。要把对烈士的纪念活动与大众的生活节点——如成人仪式、结婚仪式——结合起来，让国家认同融入大众百姓的日常生活之中。正如习近平总书记强调的，我们要通过教育引导、舆论宣传、文化熏陶、实践养成、制度保障等，使社会主义核心价值观内化为人们的精神追求，外化为人们的自觉行动。要润物细无声，运用各类文化形式，生动具体地表现社会主义核心价值观，用高质量高水平的作品形象地告诉人们什么是真善美，什么是假恶丑，什么是值得肯定和赞扬的，什么是必须反对和否定的。

四要把以文化人作为培育和弘扬社会主义核心价值观的精神支撑。要以良好的家风、校风、村规民俗，传播主流价值；要建立和规范一些礼仪制度，组织开展形式多样的纪念庆典活动，增强人们的认同感和归属感；要把社会主义核心价值观的要求融入各种精神文明创建活动之中，吸引群众广泛参与，推动人们在为家庭谋幸福、

为他人送温暖、为社会作贡献的过程中提高精神境界、培育文明风尚；要把传统的节日与传承中华民族的美德结合起来，使节日的意义得到升华。

三、推动社会主义核心价值观入法入规

坚持和发展中国特色社会主义是一项长期而艰巨的历史任务，必须准备进行具有许多新的历史特点的伟大斗争。推动社会主义核心价值观入法入规，目的是促进价值观念的制度化、对象化和客观化，运用法律法规和公共政策向社会传导正确的价值取向，把社会主义核心价值观融入法治建设，从而使社会主义核心价值观的价值取向成为有法律保障的长期落地生根的公序良俗。

实际上，法律法规本身就体现鲜明价值导向，不同的法律体系体现不同的价值观。一方面，弘扬社会主义法治精神本身就是践行社会主义核心价值观。法治精神，是社会主义核心价值观建设的基本内容和重要基础。要坚持法治宣传教育与法治实践相结合，建设社会主义法治文化，推动全社会树立法治意识、增强法治观念，形成守法光荣、违法可耻的社会氛围，使全体人民都成为社会主义法治的忠实崇尚者、社会主义核心价值观的自觉践行者。另一方面，社会主义法律法规直接影响人们对社会主义核心价值观的认知认同和自觉践行。要坚持以社会主义核心价值观为引领，恪守以民为本、立法为民、公平正义理念，把社会主义核心价值观的要求体现到宪法法律、法规规章和公共政策之中，转化为具有刚性约束力的法律规定。无论如何，社会主义核心价值观是社会主义法治建设的灵魂。把社会主义核心价值观融入法治建设，是坚持依法治国和以德治国

相结合的必然要求，是加强社会主义核心价值观建设的重要途径，但这个途径更具有时代意义。

推动社会主义核心价值观入法入规，首先要以社会主义核心价值观的价值理想完善法律法规体系。我们必须认识到，由于法律法规体系是历史的产物，随着社会的发展就会出现某些不适应的地方。例如，有的法规和政策价值导向不鲜明，针对性、可操作性不强，保障不够有力；一些地方和部门在执法司法过程中存在与社会主义核心价值观要求不符的现象；部分社会成员尊法学法守法用法意识不强，全民法治观念需要进一步提高，等等。本着问题导向的原则，深入研究分析社会主义核心价值观建设的立法需求，把法律的规范性和引领性结合起来，通过立改废释并举，积极推进相关领域立法，使法律法规更好体现国家的价值目标、社会的价值取向、公民的价值准则。对与社会主义核心价值观要求不相适应的法律法规，依照法定程序及时进行修改和废止。

推动社会主义核心价值观入法入规，也要通过法律法规的刚性要求，强化社会治理的价值导向。注重把一些基本道德规范转化为法律规范，把实践中行之有效的政策制度及时上升为法律法规，推动文明行为、正直诚信、见义勇为、尊崇英雄、志愿服务、勤劳节俭、孝亲敬老、仁爱友善等方面的立法工作。我们要从巩固全体人民团结奋斗的共同思想道德基础的战略高度，切实发挥法治的规范和保障作用，推动社会主义核心价值观内化于心、外化于行。

推动社会主义核心价值观入法入规，除了完善法律法规体系，还要促进善治。这就是说，推动社会主义核心价值观建设既要靠良法，又要靠善治。我们必须坚持人民主体地位，拓宽人民群众有序

参与立法、执法、司法的渠道和方式，调动人民群众投身依法治国实践的积极性和主动性，使法律及其实施充分体现人民意志、体现社会主义核心价值观要求。注重总结推广新创造新经验，不断提高工作针对性实效性，依靠教育引导、实践养成和良法善治，开创社会主义核心价值观建设新局面。社会治理要承担起倡导社会主义核心价值观的责任，注重在日常管理中体现鲜明价值导向，使符合社会主义核心价值观的行为得到倡导和鼓励，违背社会主义核心价值观的行为受到制约和惩处。进一步把社会主义核心价值观融入法治建设，必须把社会主义核心价值观融入法治国家、法治政府、法治社会建设全过程，融入科学立法、严格执法、公正司法、全民守法各环节，以法治体现道德理念、强化法律对道德建设的促进作用，推动社会主义核心价值观更加深入人心，为实现“两个一百年”奋斗目标、实现中华民族伟大复兴的中国梦提供强大价值引导力、文化凝聚力和精神推动力。

推动社会主义核心价值观入法入规，要实行适应社会主义核心价值观要求的司法政策，增强适用法律法规的及时性、针对性、有效性。遵循法治的价值取向，为惩治违背社会主义核心价值观、严重失德败德行为，提供具体、明确的司法政策支持。准确把握法律精神和法律原则，适应社会主义核心价值观建设的实践要求，发挥司法解释功能，正确解释法律。完善案例指导制度，及时选择对司法办案有普遍指导意义，对培育和弘扬社会主义核心价值观有示范作用的案例，作为指导性案例发布，通过个案解释法律和统一法律适用标准。司法是维护社会公平正义的最后一道防线，司法公正对社会公正具有重要引领作用。要努力让人民群众在每一个司法案件

中都感受到公平正义，推动社会主义核心价值观落地生根。

推动社会主义核心价值观入法入规，还要进一步增强法治的道德底蕴。我们要把法治教育与道德教育结合起来，深化社会主义核心价值观学习教育实践，深入开展社会公德、职业道德、家庭美德、个人品德教育，大力弘扬爱国主义、集体主义、社会主义思想，以道德滋养法治精神，以美德温润法治。我们要强化规则意识，倡导契约精神，弘扬公序良俗，引导人们自觉履行法定义务、社会责任、家庭责任，努力形成中华儿女互有责任的良好风尚。我们要广泛开展时代楷模、道德模范、最美人物和身边好人学习宣传活动，积极倡导助人为乐、见义勇为、诚实守信、敬业奉献、孝老爱亲等美德善行。我们要积极探索有效途径和办法，使社会主义核心价值观和社会主义法治建设相得益彰、相互促进，推动社会文明的进步。

总之，社会主义核心价值观与中国特色社会主义建设事业是互相塑造的关系。中华民族伟大复兴的事业孕育并产生了社会主义核心价值观，社会主义核心价值观则引导并塑造着中国特色社会主义建设的伟大社会实践。中国特色社会主义实践发展到什么阶段，培育和弘扬社会主义核心价值观也应该推进到相应的境界。

2018 年 6 月 12 日于北京师范大学

哲学思维与发展战略研究中心

上篇

核心价值观国别研究

观念立国、观念强国、观念征服世界：美国核心价值观的流变

孙有中　任　勃

1　引言

早在谋求国家独立之时，美国的缔造者便将“平等、自由、追求幸福”的原则写入《独立宣言》。建国之初，这些原则以合众国宪法的形式确立下来，被美国人代代相传，成为美国价值观的核心。两百多年来，这三个基础性价值观与美国的历史现实相互影响，逐渐演变，孕育出更为丰富的内容。

1.1　价值观定义

《大英百科全书》将价值观定义为“人们判断事物是否有益或是否有价值时所持有的原则”①。社科学者通常认为价值观是一种根植

① Encyclopedia Britannica Online，available at：http：//academic. eb. com/levels/collegiate/search/dictionary? query=value&includeLevelThree=1&page=1.

于人们内心的抽象的动机，用于指导及解释人们的态度、观点、行为及准则[①]。吉尔特·霍夫斯泰德（Geert Hofstede）对价值观的定义更加具体，认为价值观是带有指向性的感受，并指导人们关于善恶、美丑、是否道德、安全与否、是否合乎逻辑与理性、是否顺应自然及常理等具体判断[②]。价值观不仅指导个人行为，也为社会生活提供规范。社会学家麦休尼斯（John J. Macionis）认为价值观由文化决定，生活在同一种文化中的人们分享同一套价值标准，并以这些价值标准指导社会生活[③]。美国心理学家谢洛姆·施瓦茨（Shalom H. Schwartz）对价值观的定义进行总结后抽象出价值观的六大特征：1）价值观是一套相互交织、相互影响的信条；2）价值观是人们的行为动因；3）价值观超越具体情境；4）价值观为人们提供标准；5）价值观可按照重要性排序；6）相对重要的价值观指导具体行为[④]。价值观研究不仅是理解一切人类社会行为的基础，也是了解一个国家社会文化的核心所在。

我国学者在社会主义核心价值观研究过程中进一步完善了价值观的定义。韩震指出，价值观应当包含人民生活价值观和社会制度价值观两个方面。人民生活价值观，即人们的社会行为规范，用于调节人与人之间及人与社会之间的关系。而社会制度价值观是国家

---

① Schwartz，S. H. *Value Orientations：Measurement，Antecedents and Consequences across Nations*. London：Sage Publications，2006，p. 169.

② Hofstede，Geert. *Culture's Consequences：International Differences in Work-Related Values*. California：Sage Publications，1983，p. 30.

③ Macionis，John J. *Sociology*. Boston：Pearson，2012，p. 61.

④ Schwartz，S. H. *Value Orientations：Measurement，Antecedents and Consequences across Nations*. London：Sage Publications，2006，pp. 170—171.

和社会层面的核心价值观，是国家制度的意识形态[①]。在历史发展过程中，这两个维度的价值观会存在不一致甚至相互冲突，也处于不断的相互影响、相互塑造中，但同时也具有一定的同一性并维持了各自的延续。

因此，研究一国的核心价值观既要做由下而上的研究，重视民众的价值选择，又要关注这个国家官方层面的价值观宣传，由上而下地把握其意识形态的历史走向及当下的价值核心。

1.2 研究现状

美国是一个强调多元化和多样性的国家，美国官方从未对本国核心价值观进行明确的阐述，但是美国国内的价值观研究成果可谓汗牛充栋。除去不计其数的NGO组织发布的调查结果，具有学术意义的研究成果以哲学家、历史学家、社会学家的专著为代表，从历史的、哲学的、文化及道德的角度阐述美国人所持有的政治信仰、道德标准、处世原则等。如托马斯·帕特森（Thomas Patterson）在《美国政治文化》中认为，自由、平等、自治是美国的核心价值观。塞缪尔·亨廷顿（Samuel P. Huntington）在《我们是谁？美国国家特性面临的挑战》中把美国核心价值观等同于“美国信念”。社会学家罗宾·威廉姆斯（Robin M. Williams，Jr.）认为美国人的价值观包括十个主要方面：机会均等、成就和成功、物质舒适、活动和工作、实用主义和效率、进步、科学、民主和自由企业、自由、种族主义和集体优越感[②]。近半个世纪后，社会学家阿瑟·尼尔（Arthur

① 韩震：《从人类历史发展看社会主义核心价值观》，《光明日报》2015年7月9日第16版。
② 转引自 Macionis，John J. *Sociology*. Boston：Pearson，2012，p. 61.

G. Neil）在《美国人的核心价值观》中也提出十个关键词：个人主义、追求幸福、自由、幸福婚姻、消费主义、物质主义、机会均等、科技、掌控环境和国家统一[①]。这些研究大多基于研究者对美国社会生活的观察和思考，得出的结论也呈现出主观性和多样化的特点。

中国学术界对美国核心价值观的研究也取得丰硕成果。大部分研究在思想教育领域展开，旨在探索美国国民价值观教育的方法，并得出对中国思想品德教育的启示，但并未系统阐述美国核心价值观的内涵。美国研究方面的学者更多关注美国价值观的某一方面，其历史形成过程或其在美国政治、外交等专门领域的应用。其中对“个人主义”、“自由主义”和“实用主义”这三方面的研究最为集中。朱永涛教授的《美国价值观：一个中国学者的探讨》正面回答了美国价值观是什么的问题。作者基于自己对美国社会文化现象的观察，把美国价值观归纳为四个方面，包括：美国人的个人主义价值观，美国人的成功意识，美国的家庭、婚姻和恋爱观，美国人的宗教观[②]。书中列举大量的电视、电影、小说、新闻报道及各种场合的生活实例对这四个方面的价值观进行验证。此书对美国大众价值观做了较为全面的归纳，但研究的深度有限。

1.3 研究方法

价值观广泛反映在人们的日常言论、行为活动、文艺作品及重要历史人物的言论中。尽管美国政府从未对本国核心价值观做出明

① Neal，Arthur G. and Helen Youngelson-Neal. *Core Values in American Life*：*Living with Contradictions*. New Brunswick：Transaction Publishers，2014，p. 10.

② 朱永涛：《美国价值观：一个中国学者的探讨》，外语教学与研究出版社 2002 年版。

确阐述，但其官方文件皆以捍卫或宣扬核心价值观为原则，而历届美国总统在就职演说中更是反复强调美国核心价值观并不断加以发扬。因此从美国政府文件入手，采用从上至下的方法研究美国核心价值观，不仅从方法上更易于把握，避免迷失在形形色色的社会文化现象中，也能对当代美国的核心价值观做出更加准确的阐述。

1.3.1 话语分析

本文聚焦考察当代美国，即从克林顿政府到奥巴马政府期间官方宣言的社会核心价值观。笔者首先对克林顿、小布什及奥巴马总统的就职演说进行话语分析，提炼出当代美国核心价值观八个关键词，然后根据这八个关键词在演说中出现的先后位置及频率，并结合施瓦茨提出的价值观六大特征对其进行排序。随后笔者通过白宫、美国国会网站、Lexis-Nexis 新闻语料库搜索三位总统包含美国核心价值观及八个关键词内容的演讲，并参照演讲场合和演说的重要性进行取舍。最后笔者根据美国总统就职演讲、国情咨文、联大演说等重要文献，对八个关键词的当代内涵做出综合阐释。

1.3.2 历史文献分析

本文主体部分对当代美国核心价值观的八个关键词进行详细阐释。笔者首先回溯美国历史上的《独立宣言》、《美国宪法》和《权利法案》等经典文献，通过对文献内容的深入阅读来解释各关键词的基本含义。同时，笔者还适当选取建国之父们如华盛顿、杰斐逊等人的著作加以分析，来解释当时历史情境下核心价值观关键词的内涵。

1.3.3 民意调查结果比较

权威民意调查机构如世界价值观调查网站和皮尤研究中心建立了较为全面的大众价值观测评体系，涵盖人生观、环境观、工作观、家庭观、政治观、宗教观、国家认同等方方面面。本文以这两家民意调查机构的调查数据为依据，考察当代美国官方核心价值观在民间的认同度，以厘清美国民间主流价值观与官方核心价值观之间的异同。

2 当代美国核心价值观：话语分析与历史文献分析

美国总统在就职演说中不仅全面重申了美国传统的核心价值观，而且在此基础上着重阐发其任期内政府在国家价值观建设领域的新方向。本文在这一部分对从克林顿到奥巴马任期的六篇总统就职演说进行话语分析，提炼出当代美国官方倡导的八个核心价值观关键词。对就职演说的词频统计①，显示这些关键词出现的先后顺序如表 1。

表 1

	自由	民主	平等	幸福	个人	变革	繁荣	统一
克林顿	8	9	3	1	2	7	2	1
小布什	48	6	2	0	3	4	2	3

① 此处使用的文本是白宫网站发布的总统就职演说英文原文。在词频统计过程中，笔者使用了 NVivo 软件的同义词检索功能。如“自由”包括 liberty、freedom、free；“平等”包括 equality、equal；“幸福”包括 happiness、happy；“个人”包括 individual、individuality、person、personal、private、privacy 等；“变革”包括 change、reform；“繁荣”包括 prosper、prosperity、progress 等。之后对检索词出现的句子进行语义判断，只将有意义的词计入词频。

续表

	自由	民主	平等	幸福	个人	变革	繁荣	统一
奥巴马	18	2	8	1	1	13	7	1
词频总计	74	17	13	2	6	24	11	5

需要说明的是，民主、平等、幸福作为美国的传统核心价值观，三位总统在演讲开始时都会加以回顾，因此尽管拥有较少词频，在重要性上仍排在变革前面。而个人出现的词频虽少，个人主义价值观却贯穿演讲始终。笔者将在概念阐述中揭示各关键词之间的辩证关系。

2.1 自由

自由早在美国建国之前便被确立为美洲殖民地的核心价值观。美国独立战争首先是一场殖民地人民争取自由的斗争。《独立宣言》赞扬自由为造物主所赋予人的“不可让与的权利”。宣言认为人民有权摆脱专制政府强加给他们的苦难和迫害，追寻安全和幸福的新保障。而组建新政府既是对自由权利的追求又是确立对自由的保障。作为宪法修正案的《权利法案》详细规定了人民受法律保护的自由权利，将自由的信念转化为制度保障。《权利法案》规定人民受宪法保护的自由权利包括：宗教、言论、出版、和平集会、向政府请愿以及携带武器的自由。随着美国历史的演进，自由的内涵不断扩展丰富。在当代美国，自由作为核心价值观，其内涵已远远超出《权利法案》所规定的范围。富兰克林·罗斯福总统将自由权利发展为四大自由理论，即政府应当保障公民的言论自由、信仰自由、免于匮乏的自由和免于恐惧的自由①。

当代美国政府对自由价值观内涵的表述基本沿袭了这四个方面，同时对这四大自由，尤其是对后两大自由——免于匮乏和免于恐惧的自由——的定义从广度上做了扩充。克林顿在他的第一次国情咨文中将自由首先定义为与专制主义、共产主义相对立并优于前两者的意识形态②。冷战结束后，美国的自由价值观在全球传播，并为美国领导世界提供舆论支持。克林顿在1994—2000年的国情咨文中主要从经济社会发展与区域安全方面维护自由价值，包括在内政上依靠提高医疗保障水平和防治犯罪，以保障人民有选择的自由和免受侵害的自由；外交上用自由来推进北约盟国间的安全合作，以提高美国的国际领导力，如以自由为旗帜干涉中东人权及宗教事务③。小布什是三位总统中宣扬自由最多的一位，他对自由的定义也最为广泛。对小布什国情咨文的语料分析可以发现，他将自由价值观更多地运用于解释美国参与国际战争与打击恐怖主义行动。在2001—2005年的国情咨文中，有关中东与恐怖主义的词频达40次以上，在语料中拥有最高词频④。到小布什第二任期，他开始将保护公民私有财产和保障公民经济独立纳入自由原则，并在就职演说中提出，建立一个有产者的社会是使人民迎接自由社会挑战的基础⑤。奥巴马对自由的定义回到了以经济社会发展为中心，他在2009—2011年的国

① Michael H. Posner. "The Four Freedoms Turn 70." http://en.wikipedia.org/wiki/Michael_posner_(lawyer).

② http://stateoftheunion.onetwothree.net/texts/19930217.html.

③ http://stateoftheunion.onetwothree.net/texts/index.html.

④ http://stateoftheunion.onetwothree.net/texts/index.html.

⑤ [美]乔治·W.布什：《美国需要理想主义与无畏勇气》，载苏宗文等编《美国历任总统就职演讲精彩集锦》，北京航空航天大学出版社2015年版，第290页。

情咨文中，不断肯定政府的中产阶级经济政策在创造工作机会保障公民经济自由方面的贡献①。同时，奥巴马特别强调了在科技高速发展时代将信息自由和隐私权纳入公民自由权利的重要性。2015 年 6 月《美国自由法案》的签署，显示了美国政府在保护公民隐私权方面的重要努力。

2.2 民主

民主是美国国家制度价值观的核心构成。美国最重要的立国文献之一《独立宣言》把民主定义为一种社会契约，即政府由人民同意而建立，目的在于保护人民的自然权利。宣言称："政府的正当权力，则是经被统治者同意授予的。任何形式的政府一旦对这些目标的实现起破坏作用，人民便有权予以更换或废除，以建立一个新的政府。新政府所依据的原则和组织其权力的方式，一定要使人民认为唯有这样才最有可能使他们获得安全和幸福。"② 主权在民的原则始终是民主契约的核心。正是依据这种原则，北美殖民地人民判定英国政府对殖民地的作为违反了民主精神，殖民地人民有权推翻其暴政。因此民主价值观既是美国独立的思想基础，又是新政府建立的政治原则。

美国宪法从制度上保障了民主原则在政府运行中得以贯彻。美国宪法规定了政府组建的三个原则：分权制衡、民主共和与联邦制度，这三个原则的共核就是主权在民思想。中央政府与州政府之间、政府各部门之间权力分离并互相制衡，以便最大限度地防止政府侵

---

① 奥巴马国情咨文，参见：http：//stateoftheunion. onetwothree. net/texts/index. html。

② ［美］桑德拉·戴·奥康纳著；柳青，刘海燕译：《谁塑造了美国：大法官眼中的自由与正义》附录《美利坚合众国独立宣言》，浙江人民出版社 2016 年版，第 222 页。

噬公民权利。而美国政府主要职能部门从总统到议会都由代议制下的公民选举产生，以便在最大程度上保障公民参与国家政治。

美国的建国之父们依据民主原则建立了美国的基本政治架构，而美国两百多年的政治实践也不断丰富着民主的内涵。克林顿总统在制度层面上诠释民主价值观，并将民主价值观与民主制度相等同，强调民主价值观对社会发展的基础性作用。对内，他在第一次就职演说中将民主制度称为"举国复兴的动力……对于美国来说，没有任何错误的东西是不能被正确的东西所纠正的"①。克林顿的第一次国情咨文明确提出，民主价值观的复兴有赖于平衡赤字、创造工作机会等一系列经济发展举措，而保持美国的多元民主则依靠给移民提供公平保障。对外，克林顿在联大演说中盛赞民主制度在越来越多的国家得以确立，称共同的价值观和民主制度是国际开放市场、经济合作、国家安全的基础与保障②。小布什和奥巴马则更重视公民的民主价值观的国内建设。在他们的就职演说中，二者都将民主价值观与美国理想相等同，重申民主契约中政府保障公民个人发展的责任，鼓励每个人追求自身价值的实现。奥巴马在2010年与2016年的国情咨文中分别总结了民主价值观在国家与公民层面的重要意义。其意义在于调解党派或个人纷争，达成彼此妥协，进而保持国家和社会的和谐安定。他将经济发展、社会保障的加强、美德的传承与国家团结等各方面的进步归功于对传统信条的坚守。美国的民主价值观已成为美国核心价值观之一，与美国社会发展的方方面面相辅相成，互为基础，互相促进。

---

① ［美］威廉·J. 克林顿：《美国复兴的新时代》，载苏宗文等编《美国历任总统就职演讲精彩集锦》，北京航空航天大学出版社2015年版，第269页。

② 克林顿联大演讲，参见：http：//www. state. gov/p/io/potusunga/index. html。

2.3 平等

《独立宣言》称“人人生而平等”是不言而喻的真理。宣言的起草者杰斐逊认为平等的第一要义是天赋人权，即平等是人拥有的自然权利，由于个人价值、尊严和自然需求的平等，追求平等的待遇和政治经济权利也成为必然。因此机会平等的原则构成平等价值观的第二层含义。天赋人权和机会平等的观念共同奠定了美国独立战争的思想基础。但是受历史发展的制约，平等在这个时期的美国仅仅指由以财产为基础的自由白人男性所享有的政治平等。

美国历史发展与平等的价值观相互影响、相互塑造。美国人民争取平等的斗争从未止歇，而平等价值观的含义也被不断丰富。宪法第十三条修正案废除了奴隶制，第十四、十五条修正案赋予黑人平等的公民权利和选举权，第十九条修正案规定公民选举权不受性别限制，第二十四条修正案取消了税收对选举权的制约。平等价值观通过国家法律一步步将种族平等与性别平等纳入其含义。

作为传统价值观的机会平等在当代首先意味着鼓励自由竞争和社会流动。克林顿总统在就职演说中以保护竞争为责任，重申政府保障每个人有获得成功的权利，鼓励社会底层的人向上流动成为壮大的中产阶级的一员。小布什和奥巴马总统在就职演说中将“每个人都应该获得基本的尊严与安全”的传统天赋人权信念与政府保护公民需求平等的责任相结合，从而将公共福利和社会保障纳入公民平等权的范畴[①]。

① 参见苏宗文等编《美国历任总统就职演讲精彩集锦》，北京航空航天大学出版社2015年版，第280—310页。

美国黑人争取种族平等和妇女争取性别平等的历史持续启发着当代美国其他少数族裔及边缘化人群、弱势群体获得平等权利的斗争。随着社会斗争的深入，平等价值观逐步将关注点扩展到移民权利、残疾人保障及 LGBT 群体[①]平等的婚恋自由权利。克林顿总统在第二任期的国情咨文中强调政府采取措施为合法移民提供基本医疗保障，并肯定了合法移民对美国发展的贡献，称保证合法移民受到平等的对待是使他们融入美国社会的主要方法。小布什在 2001 年国情咨文中强调为残疾人提供医疗保障是打破平等壁垒的重要举措。而 LGBT 争取平等的斗争在 2015 年取得重大胜利：6 月 26 日美国最高法院裁定同性恋婚姻合法，奥巴马总统同时表达了对同性恋群体的支持并赞扬最高法院此举代表美国向平等迈进了一大步。

2.4 幸福

幸福属于人民生活价值观范畴，是政府对人民生活方式的许诺。《独立宣言》将人民追求幸福的权利与生命、自由并列为造物主所赋予的不可让与之权利。因此，幸福是人民对政府的要求，保障人民幸福是政府重要职责所在，是官方倡导的核心价值观。

幸福在当代美国官方价值观宣传中主要指美国政府对人民生活的许诺，包括三个方面：家庭富足、良好的教育条件、社会福利和医疗保险。三位总统在家庭富足方面共同强调了政府所应该提供的保障：建设一个有产者的社会，使每个家庭都拥有自己的住房、工作、并跻身中产阶级行列。使人民获得家庭富足是一切其他价值观

① 在现代用语中，“LGBT”一词十分重视性倾向与性别认同文化多样性，除了狭义的指同性恋、双性恋或跨性别族群，也可广泛代表所有非异性恋者。

实现的基础。教育是每一个公民最宝贵的财富。克林顿总统强调每个人获得受教育的机会，政府要做到使全民共享信息时代的知识和力量。为此，在国情咨文中克林顿拟定了以削减家庭税收加大教育投资为内容的举措。奥巴马则更强调对高等教育的投资，并以科技改变教育，革新知识的获取方式，提高教育质量并促进教育向生产力的转化效率。社会福利和医疗保险是国家对老年人、穷人等弱势群体的直接关照，但又与每一个公民息息相关。如奥巴马在第二次就职演说中所解释的："我们拒绝美国必须在照顾建设国家的这一代和投资即将建设国家的下一代之间做出选择的想法……在这个国家……幸福不只属于少数人"①，由于任何人都可能面临不可知的风险，国家大力投资社会福利和医疗保险的真正意义在于为每个公民免除后顾之忧，创造幸福的基础。

2.5 个人主义

个人主义作为美国的核心价值观，与民主、自由、平等价值观密切相关，相辅相成。尽管美国的官方文件中很少出现对个人主义的直接表述，但是个人主义渗透在美国社会的方方面面，是理解美国文化的基础。

个人主义是美国建国的思想基础。《独立宣言》和美国宪法全面反映了个人主义的基本内涵：政治上的民主自由和经济上保护私有财产。个人主义形成的基础是天赋人权思想，在承认每个人自然权利的基础上尊重每个人的尊严、价值和自由发展。反映在政治体制

---

① ［美］巴拉克·奥巴马：《我们将继续这一永不停止的征程》，载苏宗文等编《美国历任总统就职演讲精彩集锦》，北京航空航天大学出版社 2015 年版，第 306 页。

上，就是《独立宣言》所表达的尊重个人在社会契约中的重要性和主动性，并保护个人权利免于政府侵噬，美国宪法规定的政府组织原则正是为了达到这一目标。《权利法案》对公民自由和私有财产（第五修正案）的保护则为个人自由发展提供了保障。

当代美国官方核心价值观宣传中，个人主义不仅包含传统意义上政府对公民的职责，更将重点放在激发公民个人对社会的积极作用，包括鼓励公民个人的自我实现和个人品德建设两方面。三位总统在就职演说中都颂扬公民的个人发展。如奥巴马所说，“让我们的公民拥有他们所需要的技能，以便能更加勤奋地工作、学习更多的知识，并向更高的目标迈进”，旨在“奖励每个美国人的努力和果断”[①]，促进公民自我完善。而公民的自我完善将促进国家进步。鼓励公民的个人品德建设则与公共福利和社会和谐息息相关。这些美德包括宽容、同情、友爱、谦和等。小布什认为“个人权力的运用通过奉献、宽容和对弱者的同情而变得更加崇高……美国人最崇高的表现在于珍重我们彼此之间每个人的生命，而且永远记得那些所谓无用之辈也有他们存在的价值”[②]，而“公共利益有赖于……独立的个性……公民义务，家庭纽带和基本的公正；有赖于我们无数默默无闻的体面行动”[③]。

① ［美］巴拉克·奥巴马：《我们将继续这一永不停止的征程》，载苏宗文等编《美国历任总统就职演讲精彩集锦》，北京航空航天大学出版社 2015 年版，第 302—308 页。

② ［美］乔治·W. 布什：《美国需要理想主义与无畏勇气》，载苏宗文等编《美国历任总统就职演讲精彩集锦》，北京航空航天大学出版社 2015 年版，第 291—292 页。

③ ［美］乔治·W. 布什：《竭立建设一个秉持公正、充满机会的统一国家》，载苏宗文等编《美国历任总统就职演讲精彩集锦》，北京航空航天大学出版社 2015 年版，第 286 页。

2.6 变革

在美国建国之初，变革主要指政治革新。变革是《独立宣言》明确的人民权利，是天赋人权和社会契约思想的必然要求。宪法明确指出政府对自身的纠错能力是一切政治变革的根基。杰斐逊在1816年的一封私人信件中强调变革的主体是法律和政府机构，目的则是跟上人类思想的变化。杰斐逊认为人类思想变化的方向是更加开明、不断发现真理、与时俱进的，变革的价值观能够推动美国向更美好的未来进步。

在当代美国官方价值观建设中，变革已不局限于政治领域。尽管1993到2016年间的国情咨文中均详尽阐述了三位总统任期内对政治、经济、财政、福利体系、教育、医疗和外交领域的全面改革策略，如果我们把国情咨文与就职演说进行对照，仍然能够发现三位总统在引领变革方面各有侧重。克林顿将科技进步作为变革在当代的第一要义。科技的进步打破疆域界限，将传统价值观带入新领域并高效传播。在经济方面，科技变革满足了美国人追求效率与实用的精神，为经济富足提供了支持。而科技进步更重要的价值是在维护国家安全方面。先进武器不仅使人民安全更有保障，它所起到的震慑作用也足以维护美国在世界的领导地位。小布什在第二任期又将公共利益加入变革的范畴。公共利益不再只是政府的责任，它代表了美国理想主义精神的普及，成为品德高尚的公民自觉承担的公民义务。奥巴马总统进一步肯定了科技主导变革能够带来的社会全面进步，并以教育和气候、能源、环境新领域的变革为重点，提出美国要依靠科技优势，在世界范围内引领这些变革。

2.7 繁荣

繁荣在美国不仅仅是国家经济社会发展目标，还是核心价值观的重要组成部分。在建国初期，繁荣具有政治的和道德的双重含义。从政治上看，《独立宣言》宣布殖民地人民发起独立战争的直接原因是英国政府对他们滥用职权和强取豪夺，使殖民地人民的生命和财产安全屡屡受到伤害。新政府的首要职责就是保障公民的生命财产安全。对建国之父们和新生的美国政府而言，繁荣不仅仅是财富的积累，更证明了民主政府的合理性。从道德上讲，受美国清教信仰的影响，国家的繁荣代表着上帝对执政者高尚品格的嘉奖。如华盛顿总统在第一次就职演说中所言："在美德与幸福之间、责任与利益之间，在诚实宽厚政策的真实准则与社会繁荣幸福的硕果之间，有着密不可分的统一……上帝亲自规定了永恒的秩序和权利法则，它绝不可能眷顾那些无视这些法则的国家。"①

对当代美国而言，冷战后的大变局带来了繁荣的机遇。克林顿总统以创造经济繁荣为政府的首要目标。1993 到 2000 年，在克林顿时期的国情咨文中，财政、投资和创新为主的经济发展关键词占全部关键词词频的大半以上。同时，在美国官方表述中，繁荣已不仅是对政府的认可和嘉赏，其内涵已涉及公民福祉。首先，克林顿定义国家繁荣的目标是为公民安全幸福提供保障。其次，繁荣是自由和平等的保障。自由市场的兴旺发达不仅能确保人民免于匮乏，而且还有利于维护公平竞争的原则。奥巴马也指出，繁荣的重要意义

① ［美］乔治·华盛顿：《美国人民的实验》，载苏宗文等编《美国历任总统就职演讲精彩集锦》，北京航空航天大学出版社 2015 年版，第 6 页。

在于为公民创造平等的工作机会，使他们获得物质与精神生活的提升。第三，繁荣与个人主义中的个人成功和自我实现相辅相成。美国的繁荣有赖于不断壮大的中产阶级，而对个人来说，从诚实劳动、薪酬增长和向上的阶级流动中获得自立和成功的自我满足，正是美国价值观的体现。

2.8 统一

1789 年 4 月 30 日，乔治·华盛顿将军（George Washiongton）在宣誓就任第一任美国总统时指出："任何狭隘的偏见或情感，任何意见分歧或党派敌视，都不能使我们偏离全局的和公平的观点，即必须维护这个由不同群体和利益所组成的大汇合。"[①] 显然，这位领导美国人民赢得独立的英雄对成立新政府与制定宪法过程中漫长而激烈的地区和党派之争还记忆犹新，并因此对担任总统之职感到惴惴不安。对建国之初的美国总统而言，工作重点还谈不上发展经济或推进民主，而是缓和各州及党派间的矛盾，避免出现一言不合即一拍两散的局面。统一在这时的美国，意味着维护各州团结，防止外敌渗透，确保战火燃起时各州能够共御外敌；对内则要缓和党派纷争，建立宪法的秩序。

两百多年后的美国总统面对的是一个发生了翻天覆地变化的美国。疆域的扩大、党派关系的缓和以及国际环境的改变使得统一的含义也发生很大改变。美国政府对统一的定义除了传统意义上在国家危机时全国人民团结一致渡过难关外，更重要的是经济和价值观

---

① ［美］乔治·华盛顿：《美国人民的实验》，载苏宗文等编《美国历任总统就职演讲精彩集锦》，北京航空航天大学出版社 2015 年版，第 6 页。

层面的含义。在经济上，科技已经打破地域壁垒，而人民的共同努力才能将美国的繁荣推向新的高度。在价值观上，美国当今的族裔、文化多样性和社会复杂程度已大大超过华盛顿时代。美国人的国家认同依靠价值认同来维系。如小布什第一次就职演说中所言："美国的团结统一并非依靠血缘、出身或地域。只有理想，才能使我们心系一处，超越自己的背景，放弃个人利益，并逐步领会作为一个公民真正的含义。"[①] 奥巴马在2010年国情咨文中也重申了共同的价值观，如对宪法原则的信仰，在维系多元国家中的作用。统一作为核心价值观的一部分，既为其他核心价值观提供存在基础，又依靠其他价值观来维系。

3 当代美国核心价值观：民意调查

把握一个国家的核心价值观，既要分析其官方的价值观表述，又要关注民间主流价值观构成。本文根据世界价值观调查网站（WVS）和皮尤研究中心的美国价值观研究数据，总结出美国民间主流价值观的主要内容，并以此检验官方核心价值观在民间的认同度。

3.1 世界价值观调查网站（1994－2014）[②]

WVS的价值观调查问卷涵盖生活、环境、工作、家庭、政治与

① ［美］乔治·W. 布什：《竭力建设一个秉持公正、充满机会统一国家》，载苏宗文等编《美国历任总统就职演讲精彩集锦》，北京航空航天大学出版社2015年版，第282页。

② 关于WVS调查数据均取自WVS数据库，1994－2014年间美国价值观调查，参见：http：//www.worldvaluessurvey.org/WVSOnline.jsp。

社会、宗教和道德、国家认同、安全、科学等方面。

在生活观念上，从1994—2014年，平均有98%以上的受访者认为家庭非常重要或很重要，家庭在美国人生活中占据首位，第二重要的是朋友，在20年间平均80%以上受访者认为工作非常重要或很重要。而宗教与政治重要性相对较低（如图1）。在孩子培养方面，过半数受访者认为勤劳、负责任、宽容与尊重、独立是重要品德。

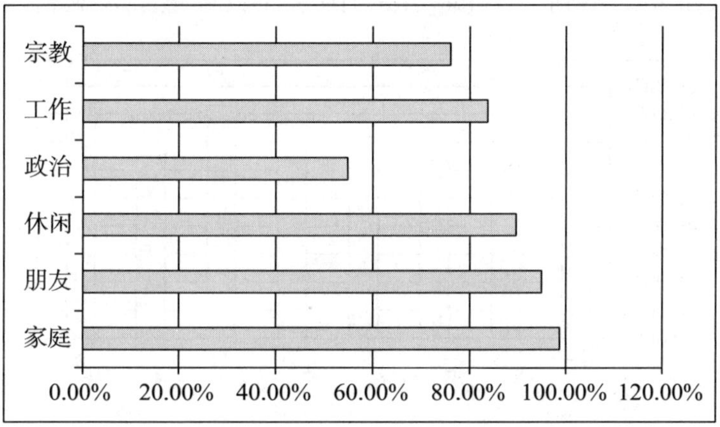

图1

在环境问题上，1994—2009年间更多人选择保护环境，而2010—2014年只有37%支持环保，60%认为应当优先发展经济。

在工作问题上，超过半数受访者对家庭经济状况持满意态度，这一数值在20年间保持稳定。但当工作机会稀缺时超过半数人认为公民应当比移民优先获得机会，只有不到20%的人认为女性不应获得工作机会，这一数字在2005—2014年下降到10%以下。

在家庭观念上，90%的受访者对家庭高度信任。同时家庭主妇的价值受到大多数人肯定，工作不再是女性获得独立的最优途径。极少有人认为男性比女性更具有工作能力、领导力或更应当接受高等教育。

在政治和社会问题上，半数左右的人们认为国家的首要目标是经济增长，其次是强大的国防力量。而对民众来说，最重要的是稳定的经济，其次是打击犯罪。超过半数人表示愿意为国家而战，但比例呈下降趋势。对国家未来的科技变革超过半数的人表示关心。超过60％的人支持私有经济，并认为应当提倡竞争，肯定通过诚实劳动获得财富。在政治体制方面，80％以上的人支持民主政体，认为民主很重要。不到70％的人认为国家比较尊重个人权利，如图2。

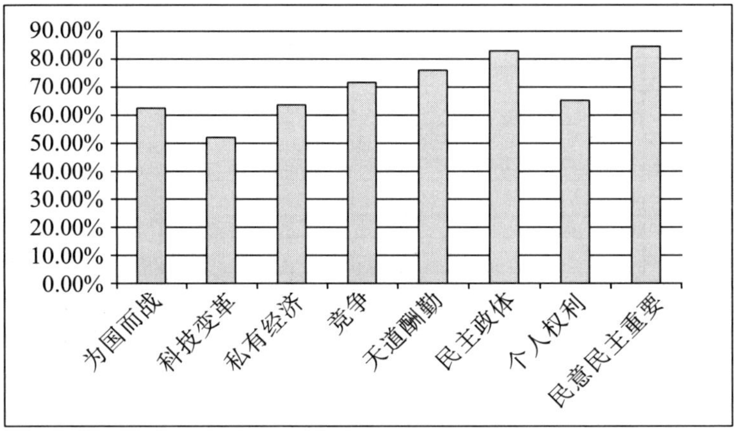

图2

宗教和道德方面，尽管绝大多数人认为上帝在生活中很重要，但参加宗教活动的人只占调查人数的一半左右，同时超过半数受访者也承认科学的正确性。

在国家认同问题上，90％以上的人对美国人身份感到自豪，但2010—2014年间这个数字下滑至87％。

在安全方面，当时人们最大的担忧是国家侵犯个人信息隐私、恐怖袭击和战争。

在科学方面，超过半数人认为日常生活中需要科学知识。

3.2 皮尤研究中心(1994—2012)[①]

皮尤研究中心美国价值观调查涵盖了政府、经济与环境、外交和军事反恐、社会价值观、种族移民和机会平等、个人效率和财富、公共事务参与等方面。

在政府职能方面，近半数的人不支持政府提供公共福利。多数人认为个人信息隐私遭到侵犯，且这个数字呈持续增长趋势。

在经济方面，70%以上的人同意经济繁荣是国家强大的基础。2007年之前60%以上的人支持加大环保投资，而之后这个数字持续下降到40%左右。

在军事外交方面，半数左右的人表示不论正确与否都愿意为国而战。超过半数人表达了对恐怖袭击的担忧。

社会价值观方面，超过70%的人持传统的家庭和婚姻观念。大部分人不否认妇女和同性恋人士获得平等的工作权利。

在种族移民和机会平等问题上，90%以上的人认为国家应当保障每个人平等享有成功的机会。但只有30%左右的人同意对少数族裔进行扶持。70%以上的人认为应当限制移民，但只有一半左右的人认为移民会对美国传统价值观构成威胁。

在个人效率和财富方面，60%以上的人认为通过勤奋工作可以获得成功，并尊重诚实劳动。50%以上的人满意自己的经济状况，但数字呈逐年下滑态势。

---

① 本部分数据均来自皮尤研究中心美国价值观调查数据库，选取了与官方核心价值观相关的调查数据来印证民间的认同度，并未对该数据库的调查内容做全面分析。参见：http：//www.people-press.org/values-questions/。

在公共参与方面，70%左右的人相信投票可以影响政府决策，并且90%左右的人认为投票是公民义务。70%左右的人乐意跟进国家时事，并认为国会讨论的事务与自己切身相关。但认为自己的意见无力影响政府决定的人数逐年增加，到2012年比例已达55%。

3.3 民意调查机构数据总结

尽管民意机构的价值观调查内容过度细化，通过对比前文核心价值观关键词的内涵可以发现，总体来说这八个官方核心价值观关键词在民间有较高的认同度，但民众更为关心核心价值观在人民生活维度的含义。就自由价值观而言，对恐怖袭击和公民信息安全的担忧使得当今美国民众对“免于恐惧的自由”有很高的诉求。尽管美国人高度认同民主观念和民主政制，却对具体的政治运行兴趣阑珊，政治参与度逐渐降低。经济繁荣的重要性紧随民主之后；稳定的经济增长和平等的工作机会与家庭幸福直接相关。就平等的价值观而言，虽然人们对机会平等、性别和种族平等高度认同，但对政府保障移民权利和社会福利的赞同度并不高。个人主义价值观同样享有高认同度，不仅绝大多数人认同个人价值的实现，官方所提倡的个人品德建设内容也是家庭品德培养的重心。统一的价值观在民间认同度较高并集中在“国家危机时团结一致渡过难关”这层含义。变革虽然被每位总统反复强调，在民间却未享有同样的重要性。

4 结论

从克林顿到奥巴马任期的美国官方倡导的核心价值观主要有自由、民主、平等、幸福、个人主义、繁荣、变革和统一等八项内容。对比美国官方倡导的核心价值观与世界价值观调查机构和美国皮尤研究中心美国价值观调查的结果，我们发现美国民间对上述八个核心价值观总体持有高认同度，但是在具体内涵及核心价值观的重要性排序上显示出一定的差异。

本研究发现，美国的核心价值观具有一以贯之、与时俱进的特点。八个核心价值观中以自由、民主、平等、幸福四项最为重要。它们不仅是美国传统的核心价值观，早在独立革命和建国之初就以法律的形式确立下来，更随着时代的发展不断焕发出新的活力。个人主义、繁荣、变革和统一的当代核心价值观是新形势下由前四个核心价值观的内涵发展而来的，与总统任期内的内外建设新举措相呼应，从而达到价值观建设与社会建设相互促进共同发展的效果。

在文化影响力的意义上可以说，美国是一个依靠观念立国、观念强国、观念征服世界的国家。对我国核心价值观建设的启示在于，我们要认真对待价值观念，在理论上进行深入和系统的辨析，形成政府、学界和民间的广泛共识，同时以核心价值观一以贯之地指导和规约政府、社会和个人的现实行为。假之以时日，中国特色的社会主义核心价值观一定会转化为中华民族富有魅力的集体性格与气质，并产生广泛的世界影响。

英国的社会变迁与核心价值观重构

章晓英　王　岳

什么是价值观？中外学者试图从不同角度对此进行定义。

顾名思义，价值观是关于人生价值的各种观点和观念。在《价值观的理论与实践》一书中，袁贵仁将价值观定义为“基于人的一定的思维感官之上而作出的认知、理解、判断或抉择，也就是人认定事物、辩别是非的一种思维或取向”[①]。

美国人类学家克莱德·克拉克洪（Clyde Kluckhorn）对价值观的定义曾在20世纪50年代占据支配地位。他认为：“价值观是一种外显或内隐的，有关什么是‘值得的’的看法，它是个人或群体的特征，影响人们对行为方式、手段和目标的选择。”[②] 美国心理学家谢洛姆·施瓦茨（Shalom Schwartz）提出了“人类基础价值观理论”。这一理论自20世纪80年代以来被广泛应用。该理论认为：“价

① 袁贵仁：《价值观的理论与实践》，北京师范大学出版社2013年版，第152页。

② 参见唐文清、张进辅：《中外价值观研究评述》，载《心理科学》2008年第3期，第765—767页。

值观是令人向往的某些状态、对象、目标或行为，它超越具体情景而存在，可作为在一系列行为方式中进行判断和选择的标准。”[①]

简言之，价值观是一种“思维或取向”，或者说是一种“选择”，一种“目标或标准”。

谈到英国价值观，有必要区分“英国价值观”和“英国性”两个概念。早在1682年，“英国性”这一词汇就已出现，主要用以指代英国人这个群体[②]。到了19世纪中期，“英国性”指的是作为英国人的一种状态和特质[③]。英国性侧重性格、特征本身，即“是什么”；而英国价值观则意味着人们“向往什么”，或者“追求什么”。

英国对“英国性”非常重视。21世纪初，戈登·布朗（Gordon Brown）任财政大臣期间，曾多次在公开演讲等场合提及树立“英国性”的重要性，从而增强英格兰、苏格兰和威尔士三个地区民众的集体认同感[④]。自2002年起，大卫·布兰克特（David Blunket）推动和领导的“生活在英国”（Living in the United Kingdom）顾问团提议，申请加入英国国籍、希望成为英国公民的申请者必须通过一项名为“英国生活”的测试（Life in the UK Test）。这一测试也被称为“英国性测试”（Britishness Test），其中包含英国历史、文化、社会、政治等领域，但没有直接纳入英国价值观。

本文首先考察英国社会的基本特征，然后在此基础上揭示其核心价值观。

---

① 参见唐文清、张进辅：《中外价值观研究评述》，载《心理科学》2008年第3期，第765—767页。

② Oxford English Dictionary Online [EB/OL], http://www.oed.com/.

③ Oxford English Dictionary Online [EB/OL], http://www.oed.com/.

④ Home Office. Prevent Strategy 2011 [EB/OL], https://www.gov.uk/government/publications/prevent-strategy-2011.

1　英国社会特征

英国社会在四方面呈现出重要特征。

1.1　自由精神

英国全称为大不列颠及北爱尔兰联合王国（The United Kingdom of Great Britain and Northern Ireland），主要包括英格兰、威尔士、苏格兰和北爱尔兰，是一个西欧岛国。海洋把英国与外界分离，但同时也成了它联系世界各国的纽带。除了海洋文化，英国还拥有优越的商业位置和商业文化，以及与之相匹配的粗犷、勇敢、强劲的民族特性。更重要的是，瑞典哲学家埃曼努尔·斯威登堡（Emanuel Swedenborg）认为，与这种地理中心论并存的是精神中心论。他说："对于这个英语民族来说，其精英皆出自基督徒，因为他们的心灵有智慧之光。这种智慧之光在精神领域尤为耀眼。它来自表达和思想的自由。"①

《大宪章》就是一部英国人争取自由的历史。1215年，英国反叛贵族强迫国王约翰签署了《大宪章》，其目的是限制国王的专制权力，限制专制王权。《大宪章》有63项条款，非常详尽地规定国王能做什么，不能做什么。可以看出，封建贵族已把自己看作是具有天然发言权的民众代言人，而不仅仅是国王的直属封臣。但是，无论

① Emerson，Ralph Waldo. *English Traits*. London：Tauris Parke Paperbacks，2011，p. 32.

是约翰王，还是次年继位的亨利三世皆置《大宪章》于不顾，并且极少召开大议事会，致使大贵族多次起义。其结果是大贵族于1234年迫使亨利三世允许贵族反对派进入大议事会（也称“议会”）。《大宪章》和议会的意义不仅仅在于体现了法律至上和王权有限的宪法精神，也不仅仅在于保障了议会对王国的征税权和国民对王国政务的参与权和监督权，或者说民主精神，更重要的是，其意义还在于创建了“自由”的传统。正如我国历史学家齐世荣教授所言：“《大宪章》和议会，这两项成果为贵族保障了封建主的‘自由’，却也为后来的英国人开创了‘自由’的先例，被后人看作是英国国民自由的起源。作为一个原则，‘自由’被认为是现代世界最珍贵的原则之一。英国之所以在后来成为现代世界的开拓者，与它这种‘自由’的传统有着密不可分的联系。”[①]

英国人对自由的追寻还体现在他们对国家概念的认知中。在他们眼里，“国家被想象为不仅仅是一块领土，或者一套行政框架，而是一个真正的人民的群体，为共同的情感和传统所联系，有着共同的目标意识和集体记忆”[②]。这个目标不仅仅是欧洲大陆，而是海洋和帝国。因此，迁移海外殖民地或美国、加拿大等在英国人的生活中“扮演了重要的社会和想象角色”[③]。比如，在1815到1930年间，前往海外各移民地的英国人达1000万，占当时欧洲移民总数的23％。从19世纪80年代到20世纪50年代，英国本土“既是帝国的

---

① 齐世荣主编；刘成等著：《英国：从称霸世界到回归欧洲》，三秦出版社2005年版，第11—12页。

② ［英］安德鲁·汤普森：《帝国与英国》，载钱乘旦、高岱主编《英国史新探——全球视野与文化转向》，北京大学出版社2011年版，第291页。

③ ［英］安德鲁·汤普森：《帝国与英国》，载钱乘旦、高岱主编《英国史新探——全球视野与文化转向》，北京大学出版社2011年版，第291页。

孩子，也是帝国的父母”①。移民基本上是个人的自由选择。

关于英国的自由精神，孟德斯鸠（Montesquieu）说：“英国是世界上最自由的国度。在英国，哪怕一个人的敌人多如牛毛，他也不会受到任何伤害。”② 拉尔夫·爱默生（Ralph Emerson）曾说：“在议会里，自由是他们最妙的发明，这是一个合乎宪章的反对手段。”③ 英国利兹大学历史学教授称英国是一个“以自由放任为特色的国家”，他说：“英国人是完全独特、热爱自由的民众。”④

值得一提的是，关于自由精神，本文作者章晓英于2010年在英国剑桥大学访问期间采访过《经济学人》杂志前主编比尔·埃蒙特（Bill Emmott）。他说：“对于英国来说，自由价值观本身是一个目标，同时也是追求伟大的国家这一目标的手段。”

1.2 物质主义

英国人爱财是世界闻名的。艾默生说：“世上没有一个国家会如此崇拜物质财富。”⑤ 由于商贸的发达，英国早已是欧洲北方国家中最富有的。诺曼史学家这样写道：“1067年，威廉从英国带到诺曼底的金钱之多是高卢史无前例、闻所未闻的。”⑥之后，英国工业革命成为物质主义的标志，它使英国富甲天下，财堆如山。英国人对其财富非常自豪，而且愿意展示自己的巨额财富。他们有一种世俗的逻

① ［英］安德鲁·汤普森：《帝国与英国》，载钱乘旦、高岱主编《英国史新探——全球视野与文化转向》，北京大学出版社2011年版，第290页。

② Emerson，Ralph Waldo. *English Traits*. London：Tauris Parke Paperbacks，2011，p. 61.

③ Emerson，Ralph Waldo. *English Traits*. London：Tauris Parke Paperbacks，2011，p. 60.

④ Emerson，Ralph Waldo. *English Traits*. London：Tauris Parke Paperbacks，2011，p. 60.

⑤ Emerson，Ralph Waldo. *English Traits*. London：Tauris Parke Paperbacks，2011，p. 147.

⑥ Emerson，Ralph Waldo. *English Traits*. London：Tauris Parke Paperbacks，2011，p. 152.

辑：如果你拥有财富，就用绫罗绸缎、彩车骏马显示出来。英国人相信，金钱为他们创造地位。从某种意义上说，财富被看作是民族之本。

英国人的财富观掺杂了宗教色彩。根据犹太法则，他们在自己生存的土地上生儿育女、放牧牛羊、丰衣足食。他们视贫困为罪孽，因为“国库亏空的伴侣是道德堕落”[①]。另一方面，英国人相信，激起人们创造价值的欲望能够激发所有的才能。在英国，劳动时间很长，生活节奏很快，工作效率很高，他们发明了蒸汽机，使劳动生产率大大提高。

更重要的是，英国人不仅靠发明创造价值，还强调自助、勤劳和节俭的优良传统，因为他们认为，这是积累财富的捷径，是做一个自由人的出路。19 世纪 30 年代，艾默生访问英国时，对英国的印象是这样的：“每家每户都勤俭节约，并不像美国家庭那样毫无计划、挥霍无度。”[②] 在英国人眼里，一个自食其力、节俭、量入为出的人便是生活的主宰，一个自由的人。

1.3 阶级等级分化

一直以来，阶级等级分化是英国社会一个显著的特点，也是英国社会不平等的一个重要标志。

英国工业革命时期是阶级矛盾最为激化的时期。新兴的资产阶级和投身于工商业的地主贵族垄断了社会的物质财富，而手工工人、工厂工人、农业工人以及矿工处于社会下层，构成了无产阶级。政

---

① Emerson，Ralph Waldo. *English Traits*. London：Tauris Parke Paperbacks，2011，p. 147.

② Emerson，Ralph Waldo. *English Traits*. London：Tauris Parke Paperbacks，2011，p. 115.

治与经济权利分配的严重不公正与不平等导致这两个群体之间的贫富悬殊、相差巨大。正如前保守党首相本杰明·迪斯雷利（Benjamin Disraeli）所说："英国可以分为两个民族——穷人和富人，他们之间有一条无法逾越的巨大鸿沟。"[①]

英国意识到社会的撕裂造成的不和谐状态。在政治方面，英国进行过几次议会改革，以满足社会各阶层所要求的政治权利。在经济上，英国出台济贫措施，后来又建立福利国家，大大减少了经济方面的不平等。19 世纪下半叶，英国社会冲突大大减缓，社会变得更加和谐。

但是，阶级分层问题如今依然存在，甚至相当严重。在《当今英国社会阶级阶层状况变化分析》[②] 一文中，我国学者延炜对当代英国阶级等级分化进行了详尽清晰的分析。文章指出，依据生产资料的占有状况和人们在生产关系中所处的地位，英国社会可以划分为上层阶级、工人阶级、中间阶级三个基本阶级。依据就业状况和谋生方式，各个阶级又可以细化为不同阶层。第一，上层阶级[③]或大资产阶级占有大部分生产资料和个人财富，在国家政治、经济、文化和社会中处于支配地位。上层阶级又可细分为四个阶层："食利资本家阶层"、"实业资本家阶层"、"高级经理阶层"、"精英阶层"[④]。上

---

① J. Hampden Jackson. *England Since the Industrial Revolution*（1815 — 1948）. London: Greenwood Press，1975，p. 76.

② 延炜：《当今英国社会阶级阶层状况变化分析》，载《科学社会主义》2011 年第 3 期，第146—150 页。

③ 延炜：《当今英国社会阶级阶层状况变化分析》，载《科学社会主义》2011 年第 3 期，第146—150 页。"上层阶级"（the upper class）一词出现于 19 世纪初。

④ 延炜：《当今英国社会阶级阶层状况变化分析》，载《科学社会主义》2011 年第 3 期，第146—150 页。一部分是拥有行政权或左右各大政党的政治人物。他们在国家机构中身居要职，负责制定和实施有利于统治阶级的内外政策，是统治阶级在政治上的代表；另一部分是知识分子中的上层人士，如高级律师、教授、专家或顾问等，是统治阶级的"智囊"或"思想库"。

层阶级人数占英国总人口的5%—10%。第二，工人阶级包含20世纪60年代前的工人阶级和之后的新工人阶级。当代英国新工人阶级可进一步分为五个阶层：体力工人阶层（蓝领），技术工人阶层（白领），工程师和技术人员阶层（灰领），普通职员（粉领）和行政管理人员阶层（金领）。第三，中间阶级一般占有少量生产资料和资本，但在国家政治、经济、文化和社会中处于无权或少权的地位。中间阶级可分为四个阶层："小私有者阶层"、"专业技术人员阶层"、"自由职业者阶层"、"中下层管理人员阶层"。中间阶级占英国总人口的三分之一。除此之外，英国社会还存在底层阶级，包括依赖国家救济，长期失业，无劳动能力的社会群体。但是由于人数少，他们没有构成独立的社会力量。

当今，随着各个阶级阶层的流动和交叉增加，英国理论界普遍认为大部分英国人都成了中产阶级，英国工人阶级正逐渐消亡，英国已不是最讲阶级的国家。然而，根据BBC于2013年10月29日的报道，伦敦政治经济学院的研究发现，过去八百多年，英国的社会阶层几乎没有发生变化，有地位的人继续占居高位，中下阶层的人也继续待在中下层[①]。

面对一个阶级等级分化的社会，如何建设一个平等、公正、和谐的社会一直是英国的追求。此乃谓"英国梦"。

1.4 移民问题

英国阶级等级分化导致英国社会的严重撕裂，更为糟糕的是，

① 《研究显示英国八百年来社会阶层几乎未改变》，http：//www.guancha.cn/europe/2013_11_01_182590.shtml。

外来移民问题形成再次撕裂。二战后，英国从一个老牌资本主义国家走向高福利国家，自此，也从移民输出国转为移民输入国。数据显示，1962 年前[①]，应英国经济发展对劳动力的需求，约 50 万非白人移民从新英联邦来到英国，排在前五位的移民族群包括印度裔、巴基斯坦裔、非洲裔黑人、孟加拉裔和加勒比裔。此外，还有一定规模的华裔、罗姆人、阿拉伯人。在伦敦，可以找到来自世界各国的人。移民群体逐渐转变成了英国的少数族群。

面对差异群体带来的种种矛盾和冲突，英国在 20 世纪 70 年代前采取了“打破整体性的分散同化政策”[②]，避免移民族群抱团，促使他们接受主体民族文化。比如，把移民家庭的孩子分散到不同的学校上学。但由于语言和文化障碍，移民群体往往受到歧视，从而导致反种族主义社会运动的兴起和发展。为此，20 世纪 70 年代后，尤其是在 80 年代，一厢情愿的分散同化政策被“多元主义文化理念”所代替，提倡尊重差异、权利平等、反对种族主义等主张成为主流思潮。

在新修订的《1976 年种族关系法》推动下，英国不同群体之间，特别是主体民族与少数民族之间的关系得到改善，相互容忍和尊重风气逐渐形成。英国多元文化主义研究学者韦平评论说：“随着移民群体的增加，对多样性的承认成为英国不得不遵循的态度和治理移民整合问题的主要途径。”[③]

进入 21 世纪，英国的外来移民数量持续增加，多元文化主义也面临巨大挑战。据英国国家统计局于 2011 年 12 月 11 日公布的人口

① 1962 年，英国政府开始立法，限制有色移民入境。

② 韦平：《多元文化主义在英国的成与“败”》，载《世界民族》2016 年第 3 期，第 1—12 页。

③ 韦平：《多元文化主义在英国的成与“败”》，载《世界民族》2016 年第 3 期，第 1—12 页。

普查报告，英国的外来移民数量已占英国近十年新增人口的55%，其中穆斯林人口在2001－2010年间增长了126.9万，占总人口的4.6%①。近年来，新的族群冲突一再爆发。为此，2011年2月5日，英国前首相戴维·卡梅伦（David Cameron）在德国慕尼黑安全政策会议上表示多元主义文化政策已经失败。

实现社会的整合和族群之间的和谐关系是当今英国面临的巨大挑战。不同群体之间如何相处，如何相互宽容和理解、尊重和信任，在最大程度上达成共识，是建设和谐社会的基本要求。

2 当代英国社会核心价值观

2.1 撒切尔政府时期（1979－1990）

撒切尔夫人并没有为英国价值观给出官方定义，但是很显然，撒切尔夫人担任首相后，提倡维多利亚价值观。正如其传记作家伯纳德·加芬克尔（Bernard Garfinkel）所说，“她所想的就是回归传统，恢复‘维多利亚价值观’，即努力工作、节俭、自助、强烈的责任感”②。她相信，这些信念正是实现自由放任和个人主义经济政策的重要价值观。

作为一名杂货店主的女儿，撒切尔夫人从小就看到父母忙碌的身影和节俭的生活态度，对此耳濡目染。她曾说：“我生来就是一个

① 任梦格、常晶：《英国多元文化主义政策的困境与反思》，载《贵州师范大学学报》（社会科学版）2013年第4期。

② Garfinkel，Bernard. *Margaret Thatcher*. London：Burke Publishing Company Limited，1988，p. 63.

努力工作的人。我从小就看到我母亲在杂货店和家里勤奋地工作。”①

撒切尔夫人认为，一切成果皆应是自我努力的结果，每个人都应该自食其力。为此，她甚至反对为妇女平等权立法，因为她相信苏格拉底的话：“通过努力获得与男人一样平等地位的女人才能比男人更优秀。”②

撒切尔夫人大力倡导个人的社会责任。她说：“你只能通过真正让企业运转起来而获得工作，只有通过提供产品和服务才能获得顾客。我认为我们唯一的成就就是整个国家态度的改变。”③

撒切尔夫人用自己的信念和行为定义了英国社会价值观。正如她所言：“我不是一个和事佬政治家，我是一个有信念的政治家……我从政的原因是因为我相信某些东西，并且竭尽全力付诸行动。”④她因此获得了“铁娘子”的称号。

2.2 布莱尔政府时期(1997—2007)

对于英国价值观较早给予明确官方定义与推广的是托尼·布莱尔。在其执政的十年间，布莱尔曾多次提出“英国核心价值观”的概念和内容，但其具体内涵略有不同。

1998 年由费边社（Fabian Society）出版的小册子《第三条道路：

---

① Garfinkel, Bernard. *Margaret Thatcher*. London: Burke Publishing Company Limited, 1988, p. 27.

② Garfinkel, Bernard. *Margaret Thatcher*. London: Burke Publishing Company Limited, 1988, p. 69.

③ Garfinkel, Bernard. *Margaret Thatcher*. London: Burke Publishing Company Limited, 1988, p. 57.

④ Garfinkel, Bernard. *Margaret Thatcher*. London: Burke Publishing Company Limited, 1988, p. 65.

新世纪的新政治》中，布莱尔概括了四项核心价值观的内容，包括个人价值、机会均等、责任和社会意识[①]。其中，个人价值可看作是自由、公正和平等三种概念的集合；机会均等则是自由的一种具体体现形式；责任则被单独强调，与权利和机会形成互为前提的关系；社会意识旨在促进、鼓励公民发挥个人和集体的能力，履行责任，参与社会运行与发展。在 2000 年的一次公众演讲中，布莱尔将英国核心价值观归纳为以下四点——公平竞争、创造力、宽容、外向型世界观[②]。这些核心价值观建立在其“第三条道路”政治哲学的基础上，继承了传统西方民主社会价值观中的自由、公正与团结等。其中，创造力、宽容和外向型世界观都体现了自由精神。公平竞争是公平原则的具体体现，而公平竞争和宽容也包含了团结因素。

2007 年，戈登·布朗开始担任首相，早在其上任前就曾呼吁对英国价值观的重视。执政初期，他也曾表示要设置一个针对英国价值观的正式表述，用以增强和梳理国家认同感，但随后，对此的关注转移到“解决世界问题的需要”[③]，直至 2010 年布朗辞职，并未有完整且正式的英国价值观表述在公开场合出现。

值得关注的是，2005 年，保守党的喉舌《每日电讯报》发布了《英国人的十种核心价值观》（*Ten core values of the British Identity*）。这份列表在 2005 年 7 月英国伦敦公交系统连环爆炸事件后发布，是对恐怖主义行为在英国出现的一种反思，以及对移民和英国公民本

① Blair T. *The Third Way: New Politics for the New Century*. London: Fabian Society, 1998.

② The Guardian. Tony Blair's Britain Speech [EB/OL]. https://www.theguardian.com/uk/2000/mar/28/britishidentity.tonyblair.

③ The Guardian. Brown's British Values Policy Is Downgraded [EB/OL]. 2008-11-08. http://www.theguardian.com/politics/2008/nov/09/gordon-brown-british-national-identity.

身价值观的探究。这十种核心价值观包括：法治、“君主在议会中”之主权、多元文化国家、个人自由、私有财产、制度、家庭、历史、英语语言世界和英国性格。这份列表体现了英国在核心价值观表述上的重要转折，“个人自由”已不再占据首要地位，更重要的是法制、上议院、下议院和君主三者构成的英国最高权威，以及多元文化主义。

可以看出，一方面，作为工党利益的代言人，布莱尔首先意识到公平、公正、平等概念的重要性，同时也强调自由观，但往往使用“个人价值、创造力、外向型世界观”等词汇来表达，换汤不换药。而另一方面，本来强调个人自由的保守党意识到了自由观已面临挑战，适时地进行调整，突出法制、君权、多元文化等观念。两党对传统的自由观都有所反思，并随现实的变化进行调整，或者“偷梁换柱”，或者调整权重。

2.3 卡梅伦政府时期（2010—2016）

戴维·卡梅伦执政期间，英国价值观得到了更大程度的重视。英国政府对核心价值观进行了更加明确和清晰的阐述。其一，2011年6月7日，内政部发布的旨在预防恐怖事件的新版《预防策略》（Prevent Strategy 2011）对英国价值观进行了明确的界定和解释。英国价值观主要包括五个方面：民主、法治、个人自由、相互尊重、对不同信仰的宽容①。其二，2013年出台的《独立学校标准》（Independent School Standards 2013）中明确表述，英国价值观的具体内

① Home Office. Prevent Strategy 2011［EB/OL］. https：//www.gov.uk/government/publications/prevent-strategy-2011.

容和定义与前者保持一致。其三，2014 年 6 月 15 日，为纪念《大宪章》799 周年，首相卡梅伦写了一篇关于英国价值观的文章，将英国价值观定义为“信仰自由、宽容他人、承担个人与社会责任、尊重法治”[①]。其四，2014 年 6 月 23 日，英国教育部发布《关于在学校中推行英国价值观的建议》，对英国价值观的界定又恢复到了与 2011 年《预防策略》相同的内容——民主、法治、个人自由、相互尊重、对不同信仰的宽容[②]。其五，2015 年 1 月 27 日，教育部长妮基·摩根（Nicky Morgan）在右翼智库“理想国”（Politeia）发表演讲《为何教育重要》时，再次强调英国价值观的内容及其重要性，确定了此前的价值观选项与定义[③]。其六，英国价值观还在面向英国公务员的《公共服务守则》（The Civil Service Code）中有所体现。2015 年 3 月 16 日最新版《公共服务守则》中提出了公共服务的四种核心价值观——团结、诚信、客观和公正。

3 结语

长期以来，英国社会具有稳定不变的传统核心价值观，尽管表述多样，但可概括为自由、民主、法治、公正、平等、宽容。当代英国社会核心价值观的基本内容变化不大，从整体上来看依然都是

① Prime Minister's Office. British Values：Article by David Cameron ［EN/OL］，https：//www. gov. uk/government/news/british-values-article-by-david-cameron.

② Department of Education. Consultation on Promoting British Values in School ［EB/OL］. https：//www. gov. uk/government/news/consultation-on-promoting-british-values-in-school.

③ Department of Education. Nicky Morgan：Why Knowledge Matters ［EB/OL］. https：//www. gov. uk/government/speeches/nicky-morgan-why-knowledge-matters.

传统价值观的继承和发扬。这些价值取向本身是一种目标，同时也是实现强大国家的手段。

一般情况下，保守党执政期间，政治经济领域的自由主义会大行其道，而工党执政期间，会起到纠偏作用，强调并推行公平、公正、平等等价值观。同时，两党对自由观都有所反思，突出个人和社会责任。在面临社会危机时，两党往往以大局为重，适时调整价值观，以共同应对眼前存在的社会问题。

我国著名历史学家齐世荣对英国评价道："英国是惟一建立过单一世界霸权的国家……从19世纪起，英国在全球范围内确立完全的霸权优势，几乎延续了整整一个世纪……英国很早就建立起近代意义上的民族国家……后来……建立起议会统治的政治制度……从而很早就迈进了民主政治的门槛。在人类政治制度发展史上，英国显然做出了巨大贡献。在经济方面，英国又首先发展出一种新的生产力，带领这个世界走向工业社会；它是世界上第一个工业化国家，并在很长时间里扮演着'世界工厂'的角色。"[①] 英国"率先把人类引向了现代世界"[②]。这些成就的获得与英国的价值追求不无关系。

2016年7月13日，英国历史上的第二位女性首相特蕾莎·梅开始执政。英国价值观的内容和表述方式是否会出现变化？英国社会文化如何进一步演变？这些都是值得继续关注和研究的问题。

---

① 齐世荣主编；刘成等著：《英国：从称霸世界到回归欧洲》，三秦出版社2005年版，第1—2页。

② 齐世荣主编；刘成等著：《英国：从称霸世界到回归欧洲》，三秦出版社2005年版，第1页。

自由、平等、博爱：法国核心价值观的内在逻辑

车　琳

价值观是一个历史性的概念。在公元9世纪，法国形成民族国家之后，其价值观念与中世纪时期其他西欧国家并无差异。在大约5个世纪里，受到宗教影响，圣徒成为人的楷模，而骑士精神则体现了人在世俗社会中所追求的价值。在法国大革命之前的“旧制度”时期，君主、贵族的荣誉价值观形成一种传统，等级制度在越来越完备的同时也走上盛极而衰的道路，自由和平等的缺失导致占据越来越多财富的资产阶级要以革命的方式追求自己的权利，平等、自由、安全、财产权被写入1793年宪法。然而，法国大革命在约20年中波澜起伏，在之后的半个世纪中，共和国和帝制反复更替，现代法国的价值观经历了漫长的形成过程。

1 现代法国核心价值观的形成

根据法国大革命史专家莫娜·奥佐夫（Mona Ozouf ）的考证，在法国大革命之前有可能已经出现“自由”、“平等”、“博爱”的相关表述。确实，早在17世纪末，历史学家、教育家和大主教费讷隆（François Fénelon）在其影射路易十四君主专制的著作《忒勒马科斯历险记》（*Les Aventures de Télémaque*）中有过这样的表述：“幸福的人们皆是自由的、平等的……而且作为真正的基督教信徒，以博爱为重。”[①] 伏尔泰在1768年创作的五幕悲剧《斯基泰人》（*Les Scythes*）也有类似的诗句：“我们家在海边风水宝地，那里没有国王与臣民，所有人平等又自由，相亲相爱如兄弟。”[②] 不过，需要说明的是，在这两部作品中，“自由”、“平等”这两个概念是以形容词形式出现的，伏尔泰在诗句中直接使用了“博爱”这个抽象概念的来源词“兄弟”，从表达形式上看，与后来并列的三个抽象名词还有一定差距，但是足以说明，这一思想在大革命之前已经孕育和存在。

大革命时期的法国偏爱以三个词语的连缀作为革命口号，“民族、法律、君主”、“团结、力量、道德”、“力量、平等、正义”、“自由、安全、财产权”或“自由、理性、平等”等标语。1789年8月26日正式发表的《人权与公民宣言》在第一条倡议“自由”与“平

① 原文如下：“les peuples heureux sont tous libres et égaux… et insiste-en bon chrétien-sur la fraternité des hommes”，François Fénelon，*Les Aventures de Télémaque*，1699.

② 原文如下：“Nous sommes tous égaux sur des rives si chères，Sans roi et sans sujets，tous libres et tous frères.”，Voltaire，*Les Scythes*（*1768*），Paris，Nabu Press，2010.

等”：“在权利方面，人们生来是而且始终是自由平等的。”可是“博爱”一词并没有出现在其中，也并不被认为有必要列入具有法律性质的革命宣言中。

第一个将这三个词语按照现在的顺序在行文中使用的人是年轻的记者、律师、革命家卡米尔·德慕兰（Camille Desmoulins），在1790年7月14日庆祝联盟节[①]之际，他在报纸上描述了庄严的典礼：“宣誓之后，士兵公民们迅速手挽手，相互承诺自由、平等、博爱，此情此景尤其令人感动。”[②]而第一次将这三个词语以格言形式进行表述的则是罗伯斯庇尔（Maximilien de Robespierre），他在《关于组建国民自卫军的讲话》中说明了国民自卫军的服装问题：“第十六条：国民自卫军制服胸前应印制‘法兰西人民’字样，下方是‘自由、平等、博爱’。同样的词语应当印在代表国家的三色旗帜上。”[③]尽管这个方案未见实施，但是该讲话稿在1790年12月中旬被一些民众团体在全国范围内广泛印发。1791年，“人权与公民协会”这一思想团体中有一位名为莫莫罗（Antoine-François Momoro）的印刷匠首先将“自由、平等、博爱”以印制成格言的形式呈现出来。然而，在思想火花激烈迸发的革命年代，“自由、平等、博爱”这一观念并非众所皆知或独领风骚，而只是众多革命口号中的一种。这三个词语在思想界和民众中的接受度也各有差别，例如，当时的共济会对

① 1789年法国大革命时由各个城市的国民自卫军自动组织联盟，联盟节于1790年7月14日在巴黎举行。

② 参见Yannick Bosc，“Sur le principe de fraternité”，http://revolution-francaise.net/2010/01/19/359-sur-le-principe-de-fraternite，19 janvier 2010.

③ Maximilien de Robespierre，Discours sur l'organisation des gardes nationales，imprimé mi-décembre 1790，cité dans Michel Borgetto，La Devise：*Liberté*，*Égalité*，*Fraternité*，PUF，1997，p. 32.

“平等”一词情有独钟，对“博爱”一词缺乏热情，对“自由”一词则更加冷淡，对三个词语连缀在一起则无动于衷[①]。法兰西第一共和国在1792年9月21日颁布宪法，此时在“自由”、“平等”旁边依然没有出现“博爱”一词。1793年6月21日，巴黎市市长让-尼古拉·帕什（Jean-Nicolas Pache）下令在巴黎市区的建筑外墙上刷上如下标语：“共和国统一不可分——誓死捍卫自由、平等、博爱”，这是这一标语第一次在公众场合得到使用。不过一年之后，这条标语被悄悄换成了“自由、平等、财产权”。在大革命后期，这个口号被渐渐放弃，在拿破仑帝国和复辟时期则完全消失，直到1830年革命，才重新被人提及。这三个词语是否应该并列在一起，在19世纪的法国仍然是长期争论不休的话题。在第二帝国期间，有人认为应该用破坏性不强、比较缓和的字眼“秩序”和“进步”替代“自由”、“平等”口号。早期的社会主义者傅里叶（Charles Fourier）和圣西门（Comte de Saint-Simon）则认为“博爱”一词足矣，稍后的自由派代表人物蒲鲁东（Pierre-Joseph Proudhon）则觉得“自由”一词就具有足够的力量。皮埃尔·勒鲁（Pierre Leroux）、亚历山大-勒德鲁·罗兰（Alexandre Ledru-Rollin）、拉莫奈（Hugues-Félicité Robert de Lamennais）和菲利普·布歇（Phillipe Buchez）等政治思想家和社会活动家复兴了“自由、平等、博爱”思想，并致力于使其成为共和国的基本原则。经过反复争论，直到自由派和社会主义者达成妥协意见，1848年，法兰西第二共和国宪法终于将“自由”、“平等”、“博爱”并列书写在前言第四条中：“它（法兰西共

① 参见 Mona Ozouf, *Liberté*, *égalité*, *fraternité*, dans Pierre Nora (dir.), Lieux de Mémoire, vol. III : Les France. De l'archive à l'emblème, Gallimard, coll. *Quarto*, 1997, pp. 4353—4389.

和国）的原则是自由、平等、博爱。它所依赖的基础是家庭、劳动、财产权和公共秩序。”从此，这三个词语所代表的法兰西共和国核心价值观才不仅从文字上而且从法律意义上确定下来。

在此之后，直到 1880 年，法兰西共和国格言才被铭刻在所有政府部门的门楣上方。第三共和国是法国的共和思想深入人心的时代，这条格言仍然产生争议：有人认为应该以“团结”一词替代“平等”，因为后者容易让人感觉到平均主义倾向；“博爱”一词也因为是基督教中的语汇而不能得到共和主义者的一致赞同。不过，“自由、平等、博爱”已经被作为共和国精神的象征而保留下来。可是，二战期间的维希政府曾经一度以“劳动、家庭、祖国”一语替换之，并印刷在当时发行的钱币上。最终，第四共和国宪法（1946）重新确立了以“自由、平等、博爱”作为法兰西的精神象征和核心价值观。

上述过程反映了现代法国价值观的形成不是伴随着法国大革命的爆发一蹴而就的，而是几经反复。不过，它一经确立便在全世界产生了深远影响，以至于今人如此习惯于这三个词语的并列却忽视了这三个概念各自的内涵、相互关系以及与共和国价值观中其他原则的关联。

2 “自由、平等、博爱”的内涵与辩证关系

“自由、平等、博爱”在形成过程中经过了法国政治思想家们的反复争论和斟酌，是深思熟虑的成果。而它在广泛流传之后，却容易为今天的世人片面和孤立地理解。因此有必要追根溯源去辨析每

一个概念本身的内涵以及它们相互之间的关联。

首先，“自由”是法国大革命提出的最响亮口号，不仅是普通民众的向往，更是凝聚了各位启蒙思想家的共识。狄德罗曾说：“自由是上天的馈赠。”[①] 从法国大革命开始，各个历史时期的法律文件都承认人的言论自由、信仰自由、行动自由、集会自由等。然而，需要指出，今人在引用“自由”时往往容易作绝对语，仿佛法国大革命倡导的是爆发式的、没有限制的自由。其实，早在 1748 年，启蒙思想家孟德斯鸠（Charles Louis de Secondat，baron de Montesquieu）就在《论法的精神》中明确说明：“政治自由完全不是随心所欲。……自由就是做法律所允许的一切事情；如果一个公民能做法律所禁止的事情，他就不再拥有自由，因为其他人也可能这么做。”[②] 第一份《人权与公民宣言》（1789）第二条中也对“自由”给予明确阐释：“自由就是能够做任何不伤害他人的一切事情，因此，每个人行使自然赋予的权利之时唯需遵照的就是保障社会其他成员享受同样权利的限制。”这句含义丰富的话在肯定人之自由的同时说明自由是有界限的：可做“一切事情”，但是必须“不伤害他人”；可行“自然赋予的权利”，但勿损他人权利。1793 年的宪法对“自由”进行了更为详尽的定义：“自由是人之所有可以行使不触犯他人权利的行为权力：它以自然为原则，以正义为准则，以法律为界限。它的道德界限体现在如下箴言中：‘己所不欲，勿施于人。’”以上说明，“自由”虽然被革命者置于首要位置，但是从一开始，这些早期的法

---

① Denis Diderot，*la puissance qui vient du consentement des peuples*，in l'article Autorité politique，Encyclopédie，1751.

② Montesquieu，*De l'esprit des lois*（*1748*），éd. Pourrat，1831，t. 1，chap. 3 “Ce que c'est que la liberté”，livre XI，p. 290.

律文献就同时对“自由”进行明确界定，也就是说存在两个界限：一是法律，二是道德。

“平等”一直是法国人价值观中的重要原则。哲学家、社会学家塞莱斯丹·布格雷（Célestin Bouglé）自豪地宣称：“在我们法国，祖国意味着尊重每个公民，使每个公民获得人的尊严、政治生活和社会生活中的平等。”[①] 那么，“平等”是否意味着绝对的平等呢？实际上，法国人在争取平等和强调平等的同时从来没有否认过差异。《人权与公民宣言》（1789）第一条共有两句话，第一句是“在权利方面，人们生来是而且始终是自由平等的”，紧接着第二句就是“社会差异只能建立在公共利益基础之上”，这其实从一开始就申明“平等”体现在法律意义上，也就是说人作为公民是平等的，享有同等的权利，但是在为公共利益服务中是存在社会差异的。继而，在第六条进一步说明：“在法律面前，所有的公民都是平等的，故他们都能平等地按其能力担任一切官职、公共职位和职务，除德行和才能上的差别外不得有其他差别。”这里其实也是承认人的品德和能力有所差异。1791 年的第一部宪法在第一条中重申了权利平等，但是再次承认人与人的个体差异：“所有赋税同样由各位公民根据其能力分担。”法国大革命之前，作为第三等级成员的资产阶级精明能干、拥有财富却无法获得政治地位，因此把“平等”作为非常重要的诉求，他们倡议“平等”，但是上述法律文件中的表述同时也说明他们对“平等”有清醒的认识：承认差异。应该说，在法国人的平等观念中，平等是尊严的平等、机会的平等、法律意义上的平等，而不是

---

① Célestin Bouglé, *Philosophie de l'antisémitisme*, in La Grande Revue, 1re janvier 1898, pp. 157—158.

结果的平等，也不是无视差异。正如社会学家多米尼克·施纳普（Dominique Schnapper）所言："我们在社会生活中是彼此不同的个体，但是作为公民是相互平等的。"①

那么，"自由"和"平等"这两个观念是否并行不悖呢？其实，现在人们很少理解到这一点：经常被相提并论的"自由"和"平等"之间其实是存在矛盾的。"如果只有自由，不平等就会不断扩大，国家就会因为权贵阶层而灭亡，因为最有财富和最有权势的人总是可以压迫最贫穷和最弱势群体。如果只有平等，公民就会一无是处，也不会通过个人努力而创造成就，国家会因为所有人对每个人的压迫而消亡。"② 人们可以以自由的名义破坏平等，例如就在大革命时期，制宪派成员以选民必须具有财务独立性为理由而采用纳税人选举制；人们也可以以平等的名义破坏自由，例如当时也有一家之主被剥夺了立遗嘱传承家产的自由。"自由"与"平等"的共同之处似乎是因为它们都是个人权利的诉求，所以经常被人们并列提及。然而，如果自由至上，社会就会始终被强权者所统治，因为强势的人总是获得更多自由；如果一味追求结果的平等，就会使人丧失个性差异和自由创造的动力。当二者可能产生不平衡时，就需要第三个概念来调节，这就是"博爱"。

"博爱"的法语原文来源于"兄弟"这一词根，本义是兄弟之间的亲情，后来广义上比喻人们之间像一家人一样友爱互助。1795 年的《人权与公民宣言》中曾经如此定义"博爱"："己所不欲，勿施

① Dominique Schnapper, *Penser la "préférence nationale"*, in David Martin-Castelnau (dir.), Combattre le Front national, Paris, Vinci, 1995, pp. 209—210.

② Charles Renouvierr, *Manuel républicain de l'Homme et du citoyen*, 1848, Garnier, Classique de la polique 1, 1981, p. 88.

于人；己所欲，施之于人。”可见，“博爱”体现的是相互理解和帮助，是一种团结友善的社会关系。哲学家、政治家于勒·巴尔尼(Jules Barni)对于“博爱”的意义和协调作用曾经做过精当的阐释：

“尊重每个人，也就是每个公民与生俱来的自由是非常正确的。……

平等对待所有公民也是非常正确的。任何特权、任何阶级区分都是与人类的法律背道而驰的……

自由与平等是严格的法律规定，法国大革命将二者纳入其革命口号中无非就是依法行事。

可是仅仅遵从严格的法律规定在社会中是不够的，不侵犯他人自由和不破坏源于自由原则的平等，仅此是不够的。为了使一个人类社会真正的人性化，作为人，人们就必须相互关照，共建一个大家庭，像兄弟一般友爱。

这个新的元素形成人们之间联系的纽带，不仅是彼此尊重的关系，而且是相互友爱的关系，这就是人们所谓的博爱。”①

由此可见，“自由”和“平等”很早就进入了法律范畴。与它们有所区别，“博爱”则属于道德范畴；它体现的是人与人之间的关系，而不是某个人的身份和状态；它反映的是一种和谐，而不是明文规定的契约；它强调人的社会属性多于个人价值。从某种意义上说，个人幸福（“自由”“平等”）与集体幸福（“博爱”）之间也存在矛盾。因此，即使在确定了这三个词语之后，它们的排列顺序也曾引发争议。例如，皮埃尔·勒鲁认为应该把“博爱”一词放在中间。

① Jules Barni，*Manuel républicain*，Paris，Germer，Baillière，1872，p. 6.

哲学家柏格森（Henri Bergson）也赞成这一观点，认为“自由”与“平等”是矛盾的，只有“博爱”才能将二者协调起来。不过，在它们第一次以法兰西共和国格言的形式“集体亮相”的时候，就是我们今天所见“自由”“平等”“博爱”这样的顺序。无论“博爱”一词被置于中间还是最后，它有如一个坚固的基石，保持着“自由”与“平等”之间的平衡。夏尔·勒努维叶教授（Charles Renouvier）在1848年撰写读本传播法兰西价值观的时候，曾经以师生对话的方式来解读“自由”、“平等”、“博爱”之间的关系：“得益于博爱，自由和平等就会共同组成一个完美的共和国。博爱引导公民聚集成代表大会，协调他们的权利，以使得他们成为自由的人并尽可能变成平等的人。”①

综上所述，凝聚了法兰西民族智慧的共和国格言是经历了几代人的思想沉淀，方才以三个概念形成完整的内涵和稳定的结构。只是后来，这三个词语被人们习惯性地联系在一起，以至于它们之间的矛盾和曾经引发的争议渐渐被忽略和忘记。

3 法兰西核心价值观与共和国制度价值观原则的关联

笔者认为，对一国价值观的考察可以分为三个层次：居于内核的就是所谓核心价值观，是相对抽象和恒定久远的精神价值，是一个民族的灵魂和传统，在法国人的价值体系中便是上述的“自由、

① Charles Renouvierr，*Manuel républicain de l'Homme et du citoyen*，1848，Garnier，Classique de la polique 1，1981，p. 88.

平等、博爱”；居于其外的是制度层面的价值观，体现了在一定时期内一个国家的价值理念和政治、社会制度；最后是社会生活中人们的价值观，比如对幸福、家庭、工作、物质财富的观念，这一层次的价值观可能是最不稳定的，既有恒定的因素，但是也会跟随每一代人的物质条件和精神状态而发生一定变化。第二和第三层次的价值观都与居于第一层次的核心价值观之间存在一定的源发因生关系。在此，我们暂且不谈容易变化的第三层次生活价值观，仅限于探讨法国核心价值观与制度层次价值观之间的关联。

法兰西第四共和国宪法（1946）第一条正式明确了法国的政治体制：“法国是一个统一的、世俗的、民主的和社会的共和国。”第五共和国宪法（1958）第二条重申了这一重要纲领。以下初步探究上述制度价值观与核心价值观的关系。

3.1 共和

首先，从根本上说，在法国的资产阶级革命中，正是“自由、平等”这面旗帜引导人们推翻君主制，实现共和。虽然经历多次复辟，共和国理念从第三共和国开始终于完全确立下来，共和被认为是法国最重要的国家价值观。于勒·巴尔尼曾经用最简单的语言解读这一政治体制：

“什么是共和？

共和的意思是公众的事务，所有人的共同事务。

公众事务，指的是所有同时涉及一个构成国家的社会成员的事务，比如国家领土的完整，祖国的独立和荣誉，公民权利等。此类事务应该是所有人的事情：所有人都必须通过选举、税务和军役来参与其中。

因此人们可以说共和国是所有人来管理所有人。”[①]

在法国，共和主义意味着参与集体生活和公共事业，这被认为是人的社会价值的最高体现形式之一。不仅核心价值观中强调公民权（选举权与被选举权，以及获得公共职位的权利）的“平等”，以“博爱”促进公共领域的共同参与与相互团结，即使是“自由”也并不是纯粹自私自利的个人权利。第三共和国的理论家们一方面承认自由是最重要的价值，这令自由派颇为满意，另一方面指出自由和平等观念是伴随着义务的，也就是说要保证所有人生存权利的自由和平等，这样才能获得社会主义者的认同。共和国价值观里的自由是一种参与公益事务的自由，需要以社会团体的利益为己任。

3.2 民主

法国资产阶级革命推翻君主制，推行共和制，其理想是使得主权不再掌握在某一个人手里，而是回到人民主权，如此才能真正实现“自由、平等、博爱”，因此民主原则也是始于大革命时期。按照勒努维叶的理解，博爱和团结是民主代表制的前提，在相互友爱和信赖的基础上，公民选举自己的代表，聚集成代表大会，协调他们的权利，以使得他们实现自由和平等。在相互信任、协调统一的“博爱”精神和参与理念下，“民有、民治、民享”的民主制度在法兰西第四共和国宪法第一章“主权”第二条正式确立下来。从理念上说，“自由、平等、博爱”是实现民主的必然条件，然而并非充分

① Jules Barni，*Manuel républicain*，Paris，Germer，Baillière，1872，p. 1.

条件。事实上，法兰西民主并非直接民主，“民主制度还是一个通过代表制来监督统治者权力的制度”①。为了真正地使国家机器（即使是共和国）能够有效运转，少数人代表多数人行使职责的代表制成为一种现实的选择。公众参与政治生活的机会和可能性是平等的，但是实际上无法获得事实上的平等，是存在个体差异的，并且大多数人的自由需要由少数代表来表达。这虽是最具实际操作性的民主方式，但其实也偏离了最理想的民主模式。在现实中，法国推行精英政治，几乎所有的从政者都毕业于精英院校，很难说他们是否了解大多数民众的意愿。正因如此，法国当代著名社会学家布尔迪厄（Pierre Bourdieu）观察到“国家的治理者陷入了一个稳妥的机制，其中的年轻技术官僚通常几乎完全不了解同胞们的日常生活，而且没有什么可以提醒他们处于无知状态”，“傲慢的技术官僚声称，不管你愿意不愿意，他们可以造就你们的幸福。而真正的民主政治应该有办法避免他们之间相互交换权力，或者是具有蛊惑性的放弃权力……”②政治家孟德斯（Pierre Mendès France）如是颂扬民主精神及其所体现的价值：“民主，它远远不仅是选举活动和多数派执政，它是一种风俗、美德、审慎、公民意识和对对手的尊重，是一种道德规范。”③可是，真正的民主在最早提倡民主的国家也并没有完全实现，我们只能赞同当代历史学家皮埃尔·罗桑瓦隆（Pierre Rosan-

① Raymond Aron, *Etats démocratiques et Etats totalitaires*, communication à la Société française de philosophie, 17 juin 1939, Bulletin de la Société française de philosophie, 1946, in Rémy Freymond (éd.), Machiavel et les tyrannies modernes, De Fallois, Paris, 1993 (rééd. LGF, Le Livre de Poche, coll. Biblio-Essais, p. 188.

② Pierre Bourdieu, *Post-scriptum*, in La Misère du monde, Paris, Seuil, 1993, pp. 1449—1450.

③ Pierre Mendès France, *l'homme d' Etat et le pouvoir*, in La Vérité guidait leurs pas, Paris, Gallimard, coll. Témoins, 1976, p. 35.

vallon）所言："民主不是一个已经积累完成的资本，而是一种进行中的经历，是一个不断深化的过程。"①

3.3 法治

前文也已经提到自大革命开始出现的最早法律文献中就明确指出，自由与平等等个人权利需要以法律为界限。卢梭（Jean-Jacques Rousseau）也强调："唯有法律才能使人们获得公平与自由。这个体现公众意愿的有益机构在法制上建立人们之间与生俱来的平等。"②同时，1755年，卢梭还在《论政治经济》中探讨了自由与权力机构之间的关系："既要保证公众的自由又要维护政府的权威。"③ 这一辩证观点意味着既要保护个体的权利和自由，又要保证公共利益维护者的权力。这个问题可以扩展为个体与社会的关系问题。大约一个世纪之后，托克维尔（Alexis de Tocqueville）在1840年出版的《论美国民主》中从另一个角度提出了寻找个体权利和自由与社会权力机构之间平衡的希望："给社会权力设置宽泛的限制，但必须是可见的和不变的；给个人一定的权利并且保障他们可以毫无争议地使用这些权利；使个人保留自己的些许独立性、力量和个性；提升个人相对于社会的地位并给予支持：这在我看来是我们所属时代的立法

① Pierre Rosanvallon, *Les défaites de la pensée démocratique: 1880 — 1930 — 1990*, in La France qui dit non. Colloque du Nouvel Observateur sur la résurgence de l'extrême droite, Paris, Maisonneuve&Larose, 1997, p. 92.

② Jean-Jacques Rousseau, *Discours sur l'économie politique* (1755), Paris, Flammarion, coll. GF, 1990, p. 65.

③ Jean-Jacques Rousseau, *Discours sur l'économie politique* (1755), Paris, Flammarion, coll. GF, 1990, p. 65.

者的首要任务。"① 可见，在理想状态下，政府权力不可以无端地扩大疆界，个人权利也并非没有边际；社会权力机构既是个人自由平等的保障机构，也是个人权利不可逾越的边界。历史学家、政治家饶勒斯（Jean Jaurès）则相信共和国的公民"能够将自由与法律协调起来，把运动与秩序协调起来"②。20 世纪的哲学家雷蒙·阿隆（Raymond Aron）也认为"在一个民主制度中，最重要的首先是法治，这个制度中有法可依，权力不会被任意地、无限制地使用"③。法兰西共和国的理念当中有一条原则便是人人遵守法律从而保证所有人的共同利益。因此可以说，法国核心价值观中的"自由"与"平等"既需要法律来保障，又需要法律来限制。

3.4 社会性

第四、第五共和国宪法表述中使用的一词是"sociale"，此处的含义在法国《罗贝尔词典》中以"socialiste"（社会主义）来解释，指的是国家关注最弱势的社会群体并提供帮助，以促进社会和谐团结。这是二战结束后才出现的共和国基本原则，与核心价值观中的"博爱"精神一脉相承。第四共和国宪法的前言中写道："国家保证个人和家庭生存发展的必要条件"，"任何由于年龄、身体或精神状

---

① Alexis de Tocqueville, *De la démocratie en Amérique*, Paris, Gallimard, coll. Folio histoire, 1986, t. II. p. 450.

② Jean Jaurès, *Discours à la jeunesse*, lycée d'Albi, 30 juillet 1903, cité in Jean Jaurès. La République, édition par Vincent Duclert, Toulouse, Privat, 2014, p. 24.

③ Raymond Aron, *Etats démocratiques et Etats totalitaires*, communication à la Société française de philosophie, 17 juin 1939, Bulletin de la Société française de philosophie, 1946, in Rémy Freymond (éd.), Machiavel et les tyrannies modernes, De Fallois, Paris, 1993 (rééd. LGF, Le Livre de Poche, coll. Biblio-Essais, p. 188.

况、经济状况而处于无法工作情形的人有权利从集体中获得适当的生活费用”。1946年5月22日的法律规定：“推行社会保险的原则适用于全体公民。”法国在战后发展了相对完备的社会保障体系，确实在社会生活中努力实践“博爱”和“平等”原则。

然而，法国当代经济学家托马·皮凯蒂（Thomas Piketty）在新近出版的《21世纪资本论》中分析了自18世纪以来的社会不平等现象，并且敏锐地指出：“现代经济增长与知识传播……并未改变资本与社会不平等的深层结构，”“资本主义无意识地产生了不可承受且不可控制的社会不平等，彻底动摇了我们民主社会赖以为基础的以个人才干为衡量标准的价值观。”[①] 通过建立一整套公共机制，可以使资本为整体利益服务，社会物质财富确实可以得到一定平衡。然而，资本依然集中，财富分配仍然是没有彻底解决的重要问题。为了实现平等和博爱原则，也就是共和国为大众谋福祉的社会性原则，国家可以通过赋税这一重要手段来实行财富的再分配。皮凯蒂也强调对收入和资产实行累进税制。早期的法国宪法文件中就声明，赋税应该根据公民的能力而分担。法国的中产及以上阶级确实是重要的纳税者。不过，法国在社会保障和福利方面投入巨大，近两年曾经讨论对富人征收高额赋税，于是出现著名的巨贾明星纷纷出走投奔其他国家以逃避税负。可见，“自由”与“平等”、“博爱”的矛盾有时难以调和，高贵的理想在现实面前往往难以实现。

3.5 世俗性

作为一个具有深厚天主教传统的国家，法国从20世纪初开始正

---

① Thomas Piketty，*Introduction au Capital au XXIe siècle*，Paris，Seuil，2013，p.16.

式推行政教分离，强调共和国的世俗性。这里的世俗性并不是剥夺公民的宗教信仰自由，而是主要体现在1905年以来的政教分离原则。法国在对2004年3月15日《根据世俗性原则对公立小学、初中和高中体现宗教归属的着装和标志进行限制的法律》的解释中明确道："体现尊重、对话、宽容价值的世俗原则是法国的共和国特性的核心价值"，"世俗性保证人的信仰自由。它保护一个人信仰或不信仰宗教的自由，允许每个人表达信仰和从容地生活在信仰中并参加宗教仪式。"① 也就是说，信仰宗教是自由的，但是一个人信仰宗教的方式同时不应当影响到其他人的接受程度和共和国的共同原则。比如，在公立学校场所，张扬性的宗教符号是明令禁止的，但是不显著的宗教符号是被允许的。在某种意义上，世俗性原则上是包容各种宗教信仰的，但是并不突出某一种宗教的地位和作用，尤其强调公立教育的非宗教属性。然而，在现实中，宗教矛盾和冲突仍然在所难免。比如，19世纪末20世纪初犹太军官德莱弗斯事件（l'Affaire Dreyfus）曾经将法国分裂成两个阵营。1989年的穆斯林头巾事件也曾引起很大争议。2015年《查理周刊》（*Charlie Hebdo*）因漫画讽刺穆斯林族群而引发恐怖事件（有评论认为言论自由的滥用触犯了他人的信仰自由、宗教平等和博爱原则）。自由、平等、公平、正义和包容这些基本的共和国价值在具体的社会现实中并不容易实现。

政治家、律师皮埃尔·瓦尔戴克-卢梭（Pierre Waldeck-Rous-

① Loi et exposé des motifs de la Loi, *Encadrant, en application du principe de la laïcité, le port de signes ou de tenues manifestant une appartenance religieuse dans les écoles, collègues et lycées publics*, 2004.

seau）说法国人“一直是一个热爱理想和理性的民族”[①]。当“自由、平等、博爱”的核心价值与共和国的制度理念相遇时，前者会起到根本性的指导作用，但是在践行过程中也会在现实条件中失去一些光芒，因为没有一个国家、一个社会和一个人能生活在真空中。

4 结语

综上所述，法国的核心价值观从18世纪末法国大革命时期初步形成，经过反复争论到19世纪中期正式确定，直至20世纪中叶最终巩固，经历了漫长的过程。“自由”、“平等”、“博爱”三大观念相互之间既有矛盾又相互依存，这句传播深远的法兰西共和国格言是几代思想家的智慧结晶。作为核心价值观，它衍生出公平、正义、民主、法治、世俗性等共和制度原则，影响着普通法国人在社会生活中的价值观。从精神观念到社会现实，其间的路程漫长而遥远。

每一个民族有其自己独特的核心价值观，体现了一个特定社会群体的特性和传统，具有稳定性和持久性。自古以来，中华民族形成了对自然、对社会、对人生的独特评价标准和价值体系，传承数千载。如今，我们诚然要吸收世界文明的优秀成果，但是更需要在我们传统文化中提炼出体现民族灵魂且又言简意赅的核心价值，以其永恒的光芒照耀一个公平、正义、进步的中国，指导每一个普通的中国人遵循积极健康的道德规范。

---

① Pierre Waldeck-Rousseau, *Parlons de la Justice*, discours au Sénat, 28 février 1899, cité in Vincent Duclert (dir.), La République, ses valeurs, son école, Paris, Gallimard, 2015, p. 247.

多元与共识：德国核心价值观的内在紧张

周海霞

核心价值观建设对于一个社会而言，具有极其重要的意义，核心价值观是社会成员得以和谐共处的基础，因为核心价值观是社会成员间共享的价值观，为社会成员提供框架性的行为导向。德国学界对于价值观的研究具有较长时间的传统，并且业已形成独特的和系统性的研究框架和实践认识，对于我国社会主义核心价值观建设具有一定的借鉴意义。本文分别从价值定义及价值次生层面、德国核心价值观作为开放的基础价值平台、价值共生理念、价值类型、价值变迁和价值辩论等方面出发，观察德国核心价值观体系和价值观研究。分析表明，德国核心价值观体系建设和价值观研究注重价值共生理念，这对于我国社会主义核心价值观建设具有一定的参考价值。

1 价值定义与价值的次生层面

关于价值，德国学界迄今并没有一个统一的完整定义，但同时却又达成基本共识，认为价值是对于个人和群体而言被视作符合意向的行为导向[①]。德国学者强调价值（Werte）和标准（Normen）、美德（Tugende）之间的差别，价值是标准和美德的基础，标准是关于应该怎样的设想，美德是具体的行为方式[②]。并且美德还可以衍生出次级美德，比如守时、勤奋等。可以说，价值本身是抽象的概念，从价值中可以衍生出其他层面的具有模式性或者更为具体的标准或者行为方式。从另一方面看，价值是必须具体化的，才能对社会成员具有实质性的指导作用，否则共享价值的导向作用只能成为空谈。

同时也是鉴于价值的抽象性特征，不同的国家或者不同的群体对于这些价值的具体解读，以及对不同价值的重视程度分配也是不尽相同的[③]。所以，在这个意义上，对于价值的外延理解也必须是具体到不同群体的，既包括国家，也包括社会亚文化群体。

共享价值具有促进社会凝聚力的功能。因为价值能够提供标尺和论据，可以提供导向功能，并帮助社会成员做出决定，进而不仅成为个体认同的支撑，也成为社会文化认同的支撑[④]。社会共享的核

---

① Burkert, Mathias; Sturzbecher, Dietmar: Wertewandel unter Jugendlichen im Zeitraum von 1993 bis 2005, S. 57, in: Schubarth, Wilfried [Hrsg.]; Speck, Karsten [Hrsg.]; Von Berg, Heinz Lynen [Hrsg.]: Wertebildung in Jugendarbeit, Schule und Kommune. Wiesbaden: VS Verlag 2010, S. 43—60.

② Schubarth, Wilfried: Die "Rückkehr der Werte". Die neue Wertedebatte und die Chancen der Wertebildung, S. 25, in: Schubarth, Wilfried [Hrsg.]; Speck, Karsten [Hrsg.]; Von Berg, Heinz Lynen [Hrsg.]: Wertebildung in Jugendarbeit, Schule und Kommune. Wiesbaden: VS Verlag 2010, S. 21—42.

③ Reinhardt, Sibylle: Werte-Bildung und politische Bildung, S. 221, in: Schubarth, Wilfried [Hrsg.]; Speck, Karsten [Hrsg.]; Von Berg, Heinz Lynen [Hrsg.]: Wertebildung in Jugendarbeit, Schule und Kommune. Wiesbaden: VS Verlag 2010, S. 211—224.

④ BDA: Bildung schafft Zukunft. Bildungsauftrag Werteerziehung, S. 8. http://www.arbeitgeber.de/www/arbeitgeber.nsf/res/BDA_Broschuere_Bildung_Werte.pdf/$file/BDA_Broschuere_Bildung_Werte.pdf.

心价值和基本价值，可视作社会的核心价值观。

2 以《基本法》为根本导向的德国核心价值观

德国的核心价值观植根于德国《基本法》（即德国的宪法），被称作“自由民主的基本秩序”或者“自由民主的基本价值”。德国社会各界都公认，德国《基本法》中所规定的基本权利是德国基本价值观的基础，因此凡是关于德国核心价值观的论断最终都是以德国《基本法》为根本论据的。但是，《基本法》所规定的“自由民主的基本秩序”和基本权利只是为德国核心价值观提供总体性纲领，而并不明确规定德国的基本价值观都包括哪些具体的价值项。可以说，德国的核心价值观是一个基础价值平台和总体框架，而并不包罗列举和完全包含具体的价值项。

德国核心价值观以《基本法》为根基，从德国对于欲加入德国国籍的外国人所提的基本要求亦可看出。考察相关人员是否认同“自由民主的基本秩序”和《基本法》所规定的基本价值，是外国人在德参加入籍考试的固定程序，对德国基本价值的认同也是入籍者的义务①。

此处需要指出的是，尽管德国《基本法》规定的“自由民主的基本秩序”被视作抽象的总体价值框架，还是有学者试图从中归纳出相应的价值分类。比如德国政治学家和政治教育学家约阿希

① Bildungsexperten Partner：Loyalitätserklärung Anerkennung des Grundgesetzes，http：//www. einbuergerungstest. biz/ablauf-anforderung-einbuergerung.

姆·德奇恩（Joachim Detjen）认为，《基本法》中包含三大类价值：其中人权、生命权、内心的安全感、个体自由、法治平等、社会公正、人民主权和民主构成《基本法》的价值根基。第二类是植根于生活世界和社会领域的价值，如个人空间、婚姻与家庭、宗教自由和世界观选择自由、经济行为自由、交流自由、多元化、政治参与和公民责任。第三类价值则与行政国家和政治相关，包括温和统治、世界观中立、法律保护、有自卫防护能力的秩序、公共福利、和平、环境、教育、文化价值等[①]。

3 价值共生与价值多样性

德国核心价值观体系实际是一个基础价值平台，在这个平台上同时平行并存多元化的具体价值。德国各界除了一致公认“自由民主的基本秩序”为德国核心价值观之外，对于核心价值观的另一基本共识是价值共生[②]，即一个社会不可能完全共享相同的价值观，而总是存在价值多样性——多种价值共生，并且共同构成社会发展的基础。社会成员认同并接受这种价值共生现象的存在。需要强调的是，德国的价值共生和价值多样性并不是无序和随意的，而是始终以自由民主的基本价值为核心和基石的，即都可以追根溯源到德国

① 转引自 Gloe，Markus：Werte und Menschenrechte. 2015-09-13. https：//www. bpb. de/gesellschaft/kultur/politische-bildung/193087/werte-und-menschenrechte? p=all.

② Schubarth，Wilfried：Die “Rückkehr der Werte”. Die neue Wertedebatte und die Chancen der Wertebildung，S. 26，in：Schubarth，Wilfried ［Hrsg.］；Speck，Karsten ［Hrsg.］；Von Berg，Heinz Lynen ［Hrsg.］：Wertebildung in Jugendarbeit，Schule und Kommune. Wiesbaden：VS Verlag 2010，S. 23.

的《基本法》。所以说价值共生所指涉的是核心价值指导下的次生价值和具体价值。在不同的历史时期、不同的社会亚群体、不同的社会领域，甚至面向不同的对象，关于自由民主的基本秩序的解读不尽相同，会发生历史变迁或者各有侧重，或者存在对同一价值项的不同解读模式。

德国社会对于价值共生和价值多样性的共识，使得其对于不同价值的容忍度较高，对于新生价值或者外来价值也比较包容。德国民众在2015年难民危机爆发之初所倡导和践行的欢迎文化，是德国社会倾向于包容价值多样性的表现之一。德国社会将多样性宗教、文化、价值、生活风格的共生并存，视作对于德国社会和价值的丰富表现。但同时学界也认为，具有竞争关系的不同价值的共存，也存在导致社会成员间因此形成紧张气氛和矛盾冲突，进而危及社会凝聚力的风险。如何对待价值多样性，决定了德国社会的未来发展趋向。鉴于此，德国的价值观教育尤其强调培养社会成员理性对待和处理多样化价值的能力[①]。其基本原则就是既承认社会共享的基础价值，同时赋予不同价值方案以同等的尊重。

对于价值共生的认同与共识，始终贯穿于德国价值观研究之中。因此，德国学界对于德国价值变迁以及不同价值类型、代际价值变更等的观察，都以价值共生作为观察的基本出发点之一。

① 参见 Mohn，Liz：Vorwort. S. 9，in：Bertelsmann Stiftung［Hrsg.］. Werte lernen und leben. Theorie und Praxis der Wertebildung in Deutschland. Gütersloh：Verlag Bertelsmann Stiftung，2016，S. 9—10.

4 价值类型

德国学者将价值分为几个基本类型，它们分别是：理想主义型（Idealisten）VS 物质主义型（Materialisten）；行动派型（Macher）VS 默默无闻型（Unauffällige）[①]。其中理想主义型多来自受过良好教育的阶层，具有理想化导向，积极投入正向改变社会框架条件的活动，通常具有积极向上的和乐观的基本视角；物质主义型以男性为多，主张靠蛮力行事，易怒易被挫败，通常受教育程度不高；行动派型多来自社会中产阶层，有事业心，积极参与社会活动，对他们而言个人成就具有重要意义；默默无闻型在取得个人成绩方面问题较大，无论在学业和职业中都有挫败感，对未来心怀恐惧[②]。

在此基础上，学者发现了价值类型区分过程中的两个决定性因素，即享乐主义/物质主义（舒适地生活/挣很多钱），理想主义/积极投入（“心系他人”、“拥有一个能够实现自我价值的工作”、“积极参与政治生活”）[③]。根据相关的研究成果，在不同的社会发展阶段，

---

① Speck，Karsten：Wertebildung und Partizipation von Kindern und Jugendlichen，S. 61，in：Schubarth，Wilfried [Hrsg.]；Speck，Karsten [Hrsg.]；Von Berg，Heinz Lynen [Hrsg.]：Wertebildung in Jugendarbeit，Schule und Kommune. Wiesbaden：VS Verlag 2010，S. 61—92.

② Rump-Räuber，Michael：Schulische Wertebildung：Aktuelle Bedarfe und konkrete Antworten，S. 229，in：Schubarth，Wilfried [Hrsg.]；Speck，Karsten [Hrsg.]；Von Berg，Heinz Lynen [Hrsg.]：Wertebildung in Jugendarbeit，Schule und Kommune. Wiesbaden：VS Verlag 2010，S. 225—236.

③ Burkert，Mathias；Sturzbecher，Dietmar：Wertewandel unter Jugendlichen im Zeitraum von 1993 bis 2005，S. 57，in：Schubarth，Wilfried [Hrsg.]；Speck，Karsten [Hrsg.]；Von Berg，Heinz Lynen [Hrsg.]：Wertebildung in Jugendarbeit，Schule und Kommune. Wiesbaden：VS Verlag 2010，S. 43—60.

价值类型的比例分布也是会发生变化的。这种分类是基于价值持有者的生活态度进行的。关于价值类型的另一种区分方式是从价值本身的性质出发的，学者将其分为自我发展型的价值（包括自我实现、自治、享受、参与，等等）与责任价值和接受价值（包括纪律、忠心、履行责任、安全、成就、公共约定）。随着20世纪后半叶德国社会生活水平的提高，自我发展型的价值所占比例，相较于责任价值和接受价值而言有所增长[①]。

5 价值变迁

价值共生通常关注同时并存的多元价值，更多是共时维度的价值考察，历时维度的价值考察聚焦的则是价值变迁现象。伴随社会变迁同时发生的是价值变迁。这是德国价值观研究中的一个重要关键词。在德国学者所提及的价值变迁中，主要包含以下几个阶段：20世纪50年代“怀疑的一代”，以政治为中心、主张打破一切陈规的60一代，80/90年代的“享乐一代”、90年代末以来的“实用主义一代”[②]。可以说，随着德国经济的崛起，德国社会的价值观发生了

① Schubarth，Wilfried：Die “Rückkehr der Werte”. Die neue Wertedebatte und die Chancen der Wertebildung，S. 25，in：Schubarth，Wilfried [Hrsg.]；Speck，Karsten [Hrsg.]；Von Berg，Heinz Lynen [Hrsg.]：Wertebildung in Jugendarbeit，Schule und Kommune. Wiesbaden：VS Verlag 2010，S. 21－42.

② Schubarth，Wilfried：Die “Rückkehr der Werte”. Die neue Wertedebatte und die Chancen der Wertebildung，S. 25，in：Schubarth，Wilfried [Hrsg.]；Speck，Karsten [Hrsg.]；Von Berg，Heinz Lynen [Hrsg.]：Wertebildung in Jugendarbeit，Schule und Kommune. Wiesbaden：VS Verlag 2010，S. 26.

从物质的到后物质的变迁[①]。德国社会价值变迁与德国整体经济发展之间的关联性，在现代社会也同样反映出来。学者们认为，经济发展带来的激烈竞争，对如今青年人的价值观同样带来了重要影响。需要指出的是，关于德国学者对于价值变迁的界定几乎总是代际性的，即研究某一代人共享的价值与此前的一代或多代人共享价值之间的异同性。

如前所述，德国学界对于德国价值变迁的观察同样植根了价值共生的理念，所以在研究代际价值变更方面，研究者不仅关注价值项的“变”，也关注社会共享基本价值的延续和“不变”。

6 价值辩论

鉴于人类社会代际更迭的自然现象，不同代人共享的价值发生变迁，也是社会自然发展的过程和现象。这点在德国价值观研究中也一再成为关键词。德国研究者表示，德国社会总是存在有关“价值没落（Werteverfall)”[②] 的“价值辩论”。这里说的是老一代人经常认为青年一代人在价值观方面存在堕落的现象。但是学者大多认为，

---

① Schubarth, Wilfried: Die “Rückkehr der Werte”. Die neue Wertedebatte und die Chancen der Wertebildung, S. 25, in: Schubarth, Wilfried [Hrsg.]; Speck, Karsten [Hrsg.]; Von Berg, Heinz Lynen [Hrsg.]: Wertebildung in Jugendarbeit, Schule und Kommune. Wiesbaden: VS Verlag 2010, S. 25.

② Schubarth, Wilfried: Die “Rückkehr der Werte”. Die neue Wertedebatte und die Chancen der Wertebildung, S. 25, in: Schubarth, Wilfried [Hrsg.]; Speck, Karsten [Hrsg.]; Von Berg, Heinz Lynen [Hrsg.]: Wertebildung in Jugendarbeit, Schule und Kommune. Wiesbaden: VS Verlag 2010, S. 26.

没有实证数据能够表明年轻一代人相比老一代存在所谓价值堕落的事实，年轻一代共享的价值系统是稳定的，而且其共享的价值从根本来说跟整个社会的共享价值系统没有什么实质性差别[①]。也就是说，社会共享价值会随着社会的变迁而发生变迁，但是共享价值的差异性并非如人们平时所以为的那样具有鲜明的、截然不同的代际差异。

价值辩论的议题不仅仅包含代际价值差异，也包括不同价值元素之间的共生与竞争关系。德国学界认为，价值辩论能够促使社会成员就社会共享价值进行讨论和反思，从而促进和保障德国社会核心价值观体系的稳固传承和可持续发展。不仅如此，德国价值观研究界更认为，价值辩论是社会共享价值基础作为发展机制得以正常运行的重要前提[②]。尤其是在社会发生快速变迁的语境中，价值辩论的这种作用就更为凸显。在该理念的指导下，德国媒体和基金会等重要社会系统都坚持发起价值辩论或者进行价值调研的做法。有学者认为，相对而言，自下而上的价值辩论更能实现稳固和推动核心价值观体系发展的预期目标，即从社会实际生活中存在的冲突和矛盾中发展出来的、有现实导向意义的价值辩论[③]。也就是说，一个社

---

① Schubarth，Wilfried：Die “Rückkehr der Werte”. Die neue Wertedebatte und die Chancen der Wertebildung，S. 25，in：Schubarth，Wilfried ［Hrsg.］；Speck，Karsten ［Hrsg.］；Von Berg，Heinz Lynen ［Hrsg.］：Wertebildung in Jugendarbeit，Schule und Kommune. Wiesbaden：VS Verlag 2010，S. 28—29.

② 参见 Schubarth，Wilfried；Tegeler，Julia：Fazit. Anregungen und Empfehlungen für eine offensive Wertebildung，S. 270，in：Bertelsmann Stiftung ［Hrsg.］. Werte lernen und leben. Theorie und Praxis der Wertebildung in Deutschland. Gütersloh：Verlag Bertelsmann Stiftung，2016：263—274.

③ 参见 Schubarth，Wilfried；Tegeler，Julia：Fazit. Anregungen und Empfehlungen für eine offensive Wertebildung，S. 270，in：Bertelsmann Stiftung ［Hrsg.］. Werte lernen und leben. Theorie und Praxis der Wertebildung in Deutschland. Gütersloh：Verlag Bertelsmann Stiftung，2016：263—274.

会的核心价值服务与该社会和谐共处，而社会成员关于价值的反思却往往源自价值之间的冲突①。

同时，德国学界也都认为，价值观的构建一直伴随着个体成长的过程，同时也是个体人格形成的过程，因此社会核心价值观的传承需要成年人以身作则地践行共享价值观，成为儿童和青少年身边的榜样，从而以“传帮带”的方式保障社会核心价值观的稳固传承与发展②。

7　对我国社会主义核心价值观建设的启示

在全球化和现代化大潮中，我国社会当下正经历快速变迁。新生事物不断涌现，新的生产方式和新的生活方式应运而生，也随之带来社会价值变迁。在这个大背景条件下，德国在核心价值观体系建设方面，注重以包容的、发展的、开放的基本态度看待和观察核心价值观，这一点对我国社会主义核心价值观体系建设尤其具有借鉴意义。在我们的社会中，如今同样存在价值多元化的发展趋势，并且有些具体的价值元素之间存在竞争甚至对立的关系，比如在快速的社会发展进程中，现代价值与传统价值之间的冲突、中式生活理念与西方生活方式之间的竞争关系等。要在这样的环境中保持社会和谐稳定和社会凝聚力，必须保障社会共享价值，即核心价值观

① 参见 Giesecke，Hermann：*Wie lernt man Werte?*，Weinheim - München 2005，S. 117.

② 参见 Mohn，Liz：Vorwort. S. 10，in：Bertelsmann Stiftung［Hrsg.］. Werte lernen und leben. Theorie und Praxis der Wertebildung in Deutschland. Gütersloh：Verlag Bertelsmann Stiftung，2016：9—10.

体系的稳定性，须以包容的态度、开放的心理和发展的眼光对待价值变迁和价值多样性，以社会主义核心价值观为导向和基石，引导相互存在竞争或对立关系的价值元素理性发展、和谐共生，使其既能在次生价值层面和具体价值方面丰富我们的价值观体系，同时又不会因差异性和竞争关系导致冲突爆发。

相应的，在价值呈现多元化发展趋势的语境中，培养社会成员个体获得理性对待价值多样性的价值能力，是非常重要的：应使个体有能力做出关于价值的判断、理性对待价值冲突、以价值为导向行事。尤其在我国正经历社会快速发展，价值变迁速度同样加快的语境中，培养社会成员理性对待价值多样化的个体价值能力，是我国社会主义核心价值观体系建设过程中不可忽视的任务之一。

在个体价值能力培养方面，德国价值观体系建设所注重的价值辩论，对我国价值观体系建设同样具有一定的借鉴意义。引导和推动我国公民从社会现实出发，对社会现象和价值发展趋势进行反思和讨论，从而使得抽象的价值具体化，成为与民众生活直接相关的概念，进而内化成为社会成员个体行为的导向。榜样的力量在我国社会主义核心价值观体系建设和价值观教育方面，同样具有极其重要的意义。这里说的榜样的力量不仅仅指的是社会公众人物作为榜样，而同时也指整个成年人群体对于儿童和青少年而言，其在价值观传承方面所具有的榜样力量是具有关键性意义的。因此，借鉴德国价值观教育的做法，建议我国相关部门和机构在涉及儿童和青少年成长的领域，可以积极引导成年人以身作则，为儿童和青少年提供直接体验我国社会主义核心价值观的空间。

激进与回归：俄罗斯核心价值观的重构

戴桂菊

1　当代俄罗斯核心价值观基础的确立

当代俄罗斯核心价值观的基础是西方自由主义意识形态，它是在俄罗斯取缔苏联共产党合法地位和消除苏维埃体制影响的过程中确立起来的。苏联末期，俄罗斯苏维埃联邦社会主义共和国（即现在的俄罗斯联邦）在苏联各加盟共和国中率先打起了与苏共中央直接对抗的大旗。1990 年 7 月，在苏共二十八大（即苏共最后一次全国代表大会）上，俄罗斯苏维埃联邦社会主义共和国最高苏维埃主席鲍里斯·尼古拉耶维奇·叶利钦宣布退出苏共并成为苏联激进民主力量的引力中心。1991 年 6 月 12 日，叶利钦当选为俄罗斯苏维埃联邦社会主义共和国首任总统。他不满意苏联总统戈尔巴乔夫推行的渐进式改革，决定在俄罗斯实施激进式市场改革。1991 年 8 月 19 日，苏共强硬派发动了一场保住苏维埃体制和避免苏联解体的政变。在以叶利钦为首的激进民主派的坚决抵制下，为期三天的政变以流产告终。8 月 29 日，叶利钦宣布苏联共产党为非法组织并禁止其在俄罗斯境内活动。至此，长期在苏联独占鳌头的共产主义意识形态在俄罗斯被边缘化。

1991 年 12 月 25 日，苏联解体。随之，俄罗斯进入一个新的历史发展阶段。独立之初，新俄罗斯保留了苏联时期议行合一的苏维埃体制。1992 年 1 月 1 日，俄罗斯主管经济问题的副总理、俄罗斯激进民主派代表叶戈尔·盖达尔宣布实施“休克疗法”，旨在以最快的速度实现俄罗斯经济由计划向市场模式过渡。该方案得到叶利钦总统的认可与支持，却遭到俄罗斯副总统亚历山大·弗拉基米罗维奇·鲁茨科伊和俄罗斯最高苏维埃主席（即议长）鲁斯兰·哈斯布拉托夫的否定与批评。俄罗斯决策层内部因对国家社会经济政策的意见不同而分成两派。随后，两派势力的矛盾不断加剧。在新俄罗斯国家政权体制上，叶利钦总统及其主持的俄罗斯政府力主效仿西方三权分立的模式在俄罗斯建立总统共和制。然而，副总统鲁茨科伊和最高苏维埃主席哈斯布拉托夫则坚持俄罗斯走议会共和制的道路，强调限制总统的权力，保持最高苏维埃的权威性。1993 年 9 月 21 日，叶利钦总统签署《俄罗斯联邦阶段性宪法改革令》，宣布“中止俄罗斯人民代表大会和俄罗斯最高苏维埃的存在”[①]，并指定 1993 年 12 月 12 日就俄罗斯联邦新宪法草案举行全民公决，同时进行议会下院——国家杜马的选举。这一举动遭到反对派的强烈抵制。9 月 24 日，俄罗斯联邦最高苏维埃主席哈斯布拉托夫发布了俄罗斯联邦人民代表大会针对叶利钦法令所做的声明，“将俄罗斯联邦总统叶利钦

---

① Указ Президента РФ Ельцина Б. Н. *О поэтапной конституционной реформе в РФ* от 21 сентября 1993 г. № 1400，http：//www. illuminats. ru/home/29-new/3014-russia1993.

的行为认定为国家政变”[①]，并宣布依照俄罗斯联邦宪法第 121 条，“停止叶利钦作为俄罗斯联邦总统的权能”[②]。俄罗斯人民代表大会还选举鲁茨科伊为俄罗斯联邦代总统并由他行使俄罗斯总统权力。俄罗斯新旧两个政治精英队伍的对峙最终导致了“十月流血事件”的发生。

1993 年 10 月 3 日，叶利钦宣布莫斯科进入紧急状态并把军队调到俄罗斯首都。4 日凌晨，他下令攻打苏维埃宫[③]。尽管反对派也进行了抵抗，但叶利钦的支持者最终控制了这座大楼。在这场军事冲突中，有一百多人死亡，俄罗斯副总统鲁茨科伊和最高苏维埃主席哈斯布拉托夫等人被活捉。“十月事件”以叶利钦为首的激进民主派胜利而告终。很快，叶利钦取消了俄罗斯副总统职位，解散了俄罗斯联邦人民代表大会和俄罗斯最高苏维埃。1993 年 12 月 12 日，经过全民公决，新俄罗斯首部联邦宪法获得通过。

该宪法充分体现了俄罗斯决策层将西方自由主义作为核心价值观的初衷。众所周知，自由主义意识形态的基础是个人权利和自由高于社会和国家利益。俄罗斯新宪法所体现的正是这一主题。例如，宪法规定：“人、人权和自由是最高价值。承认、遵守和维护人和公

① Председатель Верховного Совета Российской Федерации Хасбулатов Р. И. Постановление съезда народных депутатов Российской Федерации *О политическом положении в Российской Федерации в связи с государственного переворота*，24 сентября 1993 года，№ 5807-I，http：//vedomosti. rsfsr-rf. ru/1993/39/＃1663.

② Председатель Верховного Совета Российской Федерации Хасбулатов Р. И. Постановление съезда народных депутатов Российской Федерации *О политическом положении в Российской Федерации в связи с государственного переворота*，24 сентября 1993 года，№ 5807-I，http：//vedomosti. rsfsr-rf. ru/1993/39/＃1663.

③ 也叫白宫，当时是俄罗斯最高苏维埃所在地，今为俄罗斯政府办公大楼。

民的权利与自由是国家的义务；”[①] “俄罗斯联邦多民族的人民是其主权的载体和权力的唯一源泉，全民公决和自由选举是人民权力的最直接表达方式”[②]；“在俄罗斯联邦，私有、国有和市属以及其他形式的财产均得到承认并受到保护”[③]；“各社会团体在法律面前一律平等”，“俄罗斯联邦为世俗国家，任何宗教均不得规定为国教或必须信奉的宗教。宗教团体与国家分离且在法律面前一律平等”[④]。宪法第二章专门对俄罗斯人和公民的权利与自由进行了详细阐述，如规定“在法律和法庭面前人人平等”，“男女拥有平等的权利和自由并享有实现这些权利和自由的平等空间”[⑤]；“个人尊严受到国家保护”，“国家保证每个人的思想和言论自由”[⑥] 等。

为了防止苏联时期共产党“一党独大”的局面再度出现，俄罗斯新宪法明确规定：“俄罗斯联邦承认意识形态多样性。任何意识形态不得规定为国家的或必须遵守的意识形态。俄罗斯联邦承认政治

---

① 《俄罗斯联邦宪法》第一编，第一章，第 2 条，Конституция Российской Федерации（принята всенародным голосованием 12. 12. 1993），документ доставлен http：//constrf. ru/. Дата сохранения：15. 07. 2015。

② 《俄罗斯联邦宪法》第一编，第一章，第 3 条，Конституция Российской Федерации（принята всенародным голосованием 12. 12. 1993），документ доставлен http：//constrf. ru/. Дата сохранения：15. 07. 2015。

③ 《俄罗斯联邦宪法》第一编，第一章，第 8 条，第 2 款，Конституция Российской Федерации（принята всенародным голосованием 12. 12. 1993），документ доставлен http：//constrf. ru/. Дата сохранения：15. 07. 2015。

④ 《俄罗斯联邦宪法》第一编，第一章，第 13 条和第 14 条，Конституция Российской Федерации（принята всенародным голосованием 12. 12. 1993），документ доставлен http：//constrf. ru/. Дата сохранения：15. 07. 2015。

⑤ 《俄罗斯联邦宪法》第一编，第二章，第 19 条，Конституция Российской Федерации（принята всенародным голосованием 12. 12. 1993），документ доставлен http：//constrf. ru/. Дата сохранения：15. 07. 2015。

⑥ 《俄罗斯联邦宪法》第一编，第二章，第 21 条和第 29 条，Конституция Российской Федерации（принята всенародным голосованием 12. 12. 1993），документ доставлен http：//constrf. ru/. Дата сохранения：15. 07. 2015。

多元化，多党制。所有社会团体在法律面前一律平等。”[1] 此外，分权和制衡这些西方自由主义价值准则在俄罗斯联邦新宪法中也有体现。俄罗斯宪法规定：“俄罗斯联邦是一个民主的、联邦的和法制的国家，其国家政体形式是共和制。”[2] “俄罗斯联邦的国家权力是在立法、执行和司法分立基础上履行的。立法、执行和司法权各自独立”[3]；“俄罗斯联邦的国家权力是由俄罗斯联邦总统、联邦会议（联邦委员会和国家杜马）、俄罗斯联邦政府和俄罗斯联邦法院履行的”[4]。随后，宪法第一编第二至第七章详尽阐述了俄罗斯联邦行政主体的组成和法律地位、俄罗斯联邦政府、总统、议会（俄罗斯联邦会议上、下两院）、俄罗斯联邦法院和检察院的权能与分工。这些法律规定充分显示了当代俄罗斯决策层建立三权分立权力体制的意图。

普京接任俄罗斯总统伊始，首先肯定了叶利钦时期制定的俄罗斯宪法，认为这是“一部很好的宪法。尤其是其中关于个人权利和个人自由的章节，可以被视为世界上最好的法律文件”[5]。因此，他

① 《俄罗斯联邦宪法》第一编，第一章，第 13 条，Конституция Российской Федерации（принята всенародным голосованием 12.12.1993），документ доставлен http：//constrf. ru/. Дата сохранения：15.07.2015。

② 《俄罗斯联邦宪法》第一编，第一章，第 1 条，Конституция Российской Федерации（принята всенародным голосованием 12.12.1993），документ доставлен http：//constrf. ru/. Дата сохранения：15.07.2015。

③ 《俄罗斯联邦宪法》第一编，第一章，第 10 条，Конституция Российской Федерации（принята всенародным голосованием 12.12.1993），документ доставлен http：//constrf. ru/. Дата сохранения：15.07.2015。

④ 《俄罗斯联邦宪法》第一编，第一章，第 11 条，第 1 款，Конституция Российской Федерации（принята всенародным голосованием 12.12.1993），документ доставлен http：//constrf. ru/. Дата сохранения：15.07.2015。

⑤ Путин В. В. Россия на рубеже тысячелетий，30.12.1999，Независимая газета，http：//www. ng. ru/politics/1999-12-30/4 _ millenium. html.

指出“修改宪法不是目前最紧迫和最首要的任务”[①]。至今，“人权、自由、民主和平等”等字眼在俄罗斯宪法中依然保留着，它们构成当代俄罗斯核心价值观的基础和俄罗斯国民恪守的行为准则。

2 当代俄罗斯核心价值观内涵的丰富与发展

1999年12月31日，叶利钦在对俄罗斯公民的新年致辞中宣布提前解除自己的总统职务并提名普京接任。伴随着新千年的到来，俄罗斯新总统普京依据国内和国际新形势，对国家核心价值观进行了相应的调整。在《千年之交的俄罗斯》一文中，普京总统阐述了自己对新俄罗斯十年转轨的评价和对俄罗斯所面临的新任务的看法。他认为，要真正保证俄罗斯具有民主色彩的新宪法实施，国家和政府层面还需要做相当大的努力，不断完善各级立法。新时期的俄罗斯特别需要一种能够凝聚国家和社会力量的新意识形态。这种意识形态包括“俄罗斯思想”、“强有力的国家政权”和“有效的经济”三个方面[②]。

在他看来，“俄罗斯独立之初改革进行得缓慢和艰难的原因之一是缺少公民同心协力和社会团结。近年来，俄罗斯开始形成一种全民能够接受的超民族的、全人类的价值观。这种价值观超出社会、群体和民族利益。人们接受了诸如言论自由、出国自由，其他基本

① Путин В. В. Россия на рубеже тысячелетий，30.12.1999，Независимая газета，http://www.ng.ru/politics/1999-12-30/4_millenium.html.

② Путин В. В. Россия на рубеже тысячелетий，30.12.1999，Независимая газета，http://www.ng.ru/politics/1999-12-30/4_millenium.html.

权利和人身自由。人们珍视诸如拥有财产，从事企业经营和创造个人资产等权利”。维系俄罗斯社会团结的一个重要因素是俄罗斯人历史的和传统的价值观，它包括“爱国主义”（“失去了与民族自豪感和民族尊严紧密相连的爱国主义精神，我们就不再成为一个能够完成伟大创造的民族”）、“大国思想”（“它决定了俄罗斯国民的世界观和俄罗斯千年历史进程中的国家政策”）、“国家理念”（“稳固的国家是秩序的源泉和保障，是任何改革的倡导者和主动力”）和“社会团结”（“新的俄罗斯思想是历经时代考验的俄罗斯历史传统价值观与包罗万象的全人类价值观的有机融合”）。普京强调，“俄罗斯复兴和繁盛的关键因素在国家政治领域。俄罗斯需要强有力的国家政权，也应当有这样的政权”，“俄罗斯强有力的国家政权是指民主的、法制的、有能力的联邦国家政权”[①]。俄罗斯总统对国家经济进行了现实主义的反思，认为俄罗斯从经济实力来讲，存在着退至二流、甚至三流国家的危险。为了克服这种状态，需要全国全民努力，制定宏观和长期经济发展战略，形成国家管理经济的体系和社会领域的管理体系，努力促进经济全面发展。

2001 年，“俄罗斯统一党”和“祖国—全俄罗斯党”合并，共同形成“统一俄罗斯党”。该党自成立之日起就紧跟普京总统的路线，成为亲总统的党。在后来的四次杜马（2003 年、2007 年、2011 年和 2016 年）大选中，该党稳居俄罗斯杜马席位榜首。尤其在最近两次杜马选举前，“统一俄罗斯党”成为宣传总统治国理念的主要舆论工具。2006 年，俄罗斯总统办公厅副主任、“统一俄罗斯党”创立者之

---

① Путин В. В. Россия на рубеже тысячелетий，30. 12. 1999，Независимая газета，http：//www. ng. ru/politics/1999-12-30/4 _ millenium. html.

一和思想领袖苏尔科夫在该党干部培训会议上提出了“主权民主”的思想并指出该思想与普京的治国理念相吻合[①]。他不赞成外界称俄罗斯推行的民主是“可控民主”，认为这种说法是西方政治势力强加给俄罗斯的，强调“俄罗斯的民主是主权民主。即，在建设开放社会的同时，没有忘记俄罗斯是一个自由的社会且不受到外来力量的控制”。他宣称，“俄罗斯的主权民主与西方民主在原则问题上没有区别”[②]，俄罗斯不从属于世界上任何权力中心，它是一种独立的民主力量。

在2007年的杜马选举中，“统一俄罗斯党”打出了“支持普京路线，即普京计划”的口号，认为“统一俄罗斯党”是“俄罗斯总统的政治支柱”[③]。按照“统一俄罗斯党”的归纳，“普京计划”包括以下内容：“继续发展俄罗斯独特的文明，保护共同的文化空间、俄语和历史传统。通过走创新发展道路提高经济竞争力，支持科学，发展基础设施，首先增加对高科技的投资，向经济增长的领军部门投资；通过继续落实国家优先发展方案，进一步和相当大地提高工资、退休金和助学金的方式，以及为公民住房提供帮助的方式，保证国民的生活水平迈上新台阶。支持公民社会体制，巩固俄罗斯主权和

① Суверенитет-это политический синоним конкурентоспособности. Стенограмма выступления заместителя руководителя Администрации Президента-помощника Президента РФ Владислава Суркова перед слушателями Центра партийной учебы и подготовки кадров ВПП “Единая Россия”. 09. 03. 2006, http：//www. rosbalt. ru/main/2006/03/09/246302. html.

② Сурков В. Россия строит *Суверенную демократию*，http：//www. vesti. ru/doc. html? id＝81365＃/photo/0，28 июня 2006 г.

③ План Путина-достойное будущее великой страны. Российская газета，https：//rg. ru/2007/11/09/er. html，9ноября 2007 г.

国防能力，为俄罗斯在多极世界中占据应有的位置提供保障。”① 简言之，“普京计划”就是“发展独特文明、转向创新经济、保证生活新质量、提高国家效率、巩固国防能力和保证国家安全”②。2008 年 5 月 7 日，梅德韦杰夫当选为俄罗斯总统。不久，普京任俄罗斯总理。“梅普组合”时期，俄罗斯的内政外交实际上依然按照“普京计划”行事。2009 年 11 月 21 日，在“统一俄罗斯党”第十一次代表大会上，俄总统梅德韦杰夫发表了讲话，俄罗斯总理、“统一俄罗斯党”主席普京做了关于俄罗斯政府和“统一俄罗斯党”经济和社会政策的报告。另外，会议还通过了“统一俄罗斯党”纲领性文件《俄罗斯：保持与增长》，并首次将“统一俄罗斯党”的意识形态归纳为“俄罗斯保守主义”③。按照纲领的解释，俄罗斯保守主义是一种稳定的和发展的，既没有停滞，也没有革命的意识形态。这是一种建立在俄罗斯独特历史、文化和宗教基础上的社会不断创新和走向现代化的意识形态，其核心价值观是：“热爱祖国、牢固的家庭、健康的生活方式、职业化和公民团结。”④ 纲领再次强调“普京计划是俄罗斯作为大国应有的未来”，“传统宗教是俄罗斯精神价值复兴的源泉”，“人民统一是俄罗斯最重要的力量”，“保持价值观，通过

---

① План Путина-достойное будущее великой страны. Российская газета，https：//rg. ru/2007/11/09/er. html，9ноября 2007 г.

② План Путина-достойное будущее великой страны. Российская газета，https：//rg. ru/2007/11/09/er. html，9ноября 2007 г.

③ Программное заявление “Россия：сохраним и приумножим”，программный документ партии “Единая Россия” Россия，XI съезд партии，21 ноября 2009 года，http：//www. ideologiya. ru/index. php? option＝com _ content&task＝view&id＝9736.

④ Программное заявление “Россия：сохраним и приумножим”，программный документ партии “Единая Россия” Россия，XI съезд партии，21 ноября 2009 года，http：//www. ideologiya. ru/index. php? option＝com _ content&task＝view&id＝9736.

创新发展来增加国力——这是俄罗斯步入21世纪全球领先行列的必由之路”。当然，除了强调俄罗斯传统和文化独特性，“统一俄罗斯党”表示坚定地遵守西方基本价值观。指出，“我们的绝对优先点是人。宪法和国际法准则赋予人的所有权利对我们都同样重要，它们是无条件的最高价值”①。

2011年11月24日，“统一俄罗斯党”召开第十二次代表大会，推举普京为2012年俄罗斯大选的总统候选人，并且提议在普京当选后由梅德韦杰夫担任总理职务。2012年5月7日，普京第三次入主克宫，梅、普易位。5月22日，梅德韦杰夫加入“统一俄罗斯党”，成为新俄罗斯史上首任总理党员。26日，梅德韦杰夫当选为“统一俄罗斯党”主席。2017年1月22日，在“统一俄罗斯党”第十六次换届选举大会上，梅德韦杰夫再次当选为该党主席。他在就职讲话中明确提出，“统一俄罗斯党”是“俄罗斯的执政党”，是俄罗斯总统“主要的政治资源”②。总之，近十年来，随着“统一俄罗斯党”对普京治国理念诠释的不断清晰，当代俄罗斯的国家意识形态逐步确立，国家核心价值观的内涵也日渐丰富。除了承认叶利钦时期的西方自由主义价值观基础，新时期的俄罗斯核心价值观更增添了具有本国传统特色的成分：爱国、团结、统一、家庭的稳固、健康的生活方式、传统宗教伦理观、创新发展、大国思想。“统一俄罗斯党”无论提出“主权民主”的概念，还是解释“俄罗斯保守主义”

---

① Программное заявление “Россия: сохраним и приумножим”, программный документ партии “Единая Россия” Россия, XI съезд партии, 21 ноября 2009 года, http://www.ideologiya.ru/index.php?option=com_content&task=view&id=9736.

② Конопко А. Итоги пятилетней работы: “Единая Россия” уже совсем не та, 22 января 2017 г. вести. http://www.vesti.ru/videos/show/vid/704747/.

的治国理念，本质上都是在强调俄罗斯国家道路的独特性并突出俄罗斯传统价值观的民族特色。

3 当代俄罗斯核心价值观形成的主要原因

当代俄罗斯核心价值观的形成经历了两个阶段。20 世纪 90 年代，俄罗斯在放弃苏联社会主义价值观的同时，引进西方自由主义价值观；新世纪以来，随着新的国家意识形态确立，俄罗斯核心价值观中的传统文化成分日趋突显。每个阶段的价值观特征都是俄罗斯国家道路选择与国际环境因素共同作用的结果。

新俄罗斯独立初期，曾出现过近两年的“两种政权”并存局面。以最高苏维埃主席鲁斯兰·哈斯布拉托夫和副总统亚历山大·弗拉基米罗维奇·鲁茨科伊为代表的苏联政治精英主张保持苏维埃体制。然而，以叶利钦总统为首的新政治精英则坚持建立总统共和制。在这场有关苏维埃体制去留问题的斗争中，新政治精英的影响和势力均占有绝对的优势。

第一，民主派在俄罗斯各派政治势力中迅速跃居主流地位。还在苏联末期，即 1989 年召开的苏联人民代表大会上，包括叶利钦在内的几位俄罗斯激进名流就宣布成立跨地区代表团，这是议会党团的雏形。不久，该政治组织的激进分子组建了“民主俄罗斯党”。很快，全国各地的追随者蜂拥出现。苏联解体后，新俄罗斯包括总统、代总理、外交部长等重要职能部门的领导人都由“民主俄罗斯党”成员担任。该党可谓国家大权在握。相比之下，曾经的执政党——

苏联共产党却在俄罗斯大势已去。虽然苏联共产党有着悠久的历史并曾长期在苏联保持“一党独大”的地位，然而，随着戈尔巴乔夫取消苏联宪法第六条，苏共的执政地位丧失。叶利钦的退党对苏共造成了沉重打击。随之，一大批苏共党员也相继退党，这就严重削弱了苏联第一大党的力量。“8·19”事件以后，叶利钦取消了苏共在俄罗斯的合法地位。一时间，苏共在俄罗斯瓦解。在这种情况下，由苏共成员组成的苏维埃体制的维护者势力显然比以叶利钦为首的激进民主派弱。在1993年12月12日举行的当代俄罗斯首届国家杜马选举中，亲总统党“俄罗斯选择”获得了64个席位，在杜马党团中位居第一。俄共获得的席位仅为42个[①]。亲总统党和俄共的力量消长由此可见一斑。

第二，新政治精英的国家道路选择对俄罗斯民众更具吸引力。20世纪的俄罗斯有76年（1917—1993）是在苏维埃体制下度过的。十月革命开辟了人类历史的新纪元，苏维埃政权在俄罗斯的建立向世人展示了第一个社会主义国家的发展图景：公有制，人民当家做主，全民文化水平普遍提高，集体主义、团结友爱和共产主义思想深入人心，等等。然而，人们在享受社会主义制度优越性的同时，也逐渐认识到苏联社会主义模式的弊端和缺陷。苏维埃时期，对俄罗斯国家和人民生活产生最大影响的斯大林模式是一种在20世纪20年代末斯大林执政时期形成的社会主义体制，也被我国学界称为“斯大林-苏联模式的社会主义体制”[②]，主要特征是政治经济高度集

---

① Какими были итоги выборов в Госдуму предыдущих созывов，РИА новости，Россия сегодня，08.12.2007，https：//ria.ru/spravka/20071208/91519653.html.

② 陆南泉等主编：《苏联真相：对101个重要问题的思考》，新华出版社2012年版，第1180页。

权。具体表现为政治上高度个人集权，党政不分，以党代政；经济上严格按照指令性计划行事，推行单一的国有体制，排斥多种经济成分并存和市场的调节作用。这种经济模式造成国家对企业统得过死，管得过严，不利于个人首创精神的发挥和经济效益的提高。此外，在国民经济的部门结构上，自斯大林时期起，苏联政府就强调优先发展重工业，尤其是军事工业，忽视轻工业和农业，结果造成国民经济结构的比例严重失衡。尽管苏联在20世纪50年代中叶、60年代下半期和80年代中后期分别进行了三次改革，试图从农业、工业和社会生活的各个方面冲破斯大林模式的束缚，然而三次改革均以失败而告终。在斯大林模式制约下，20世纪90年代初，俄罗斯国民经济水平出现了严重滑坡甚至负增长局面。日用品短缺，国产商品供不应求，商店里到处出现排长队现象。戈尔巴乔夫的改革属于冲破斯大林模式的第三次改革浪潮，其特点是经济改革先于政治改革，但政治改革快于经济改革。随着政治改革的启动，全国展开了一场为历史冤案平反的运动，各地政治组织和人民阵线林立，民族矛盾表面化。于是，人们只热衷于表达不满情绪，国民经济处于空转状态，这无疑使本来就很糟糕的俄罗斯经济雪上加霜。总之，苏联解体前的政治、经济和社会形势让新独立的俄罗斯国民感到心有余悸。因此，当以叶利钦为首的新当权者提出在俄罗斯建立宪政体制和引进西方自由主义价值观时，老百姓对这种新的体制感到新鲜，更充满了希望。相比之下，无论新俄罗斯议长哈斯布拉托夫和副总统鲁茨科伊如何强调议会制的优越性，他们关于保留苏维埃体制的主张依然让老百姓感到有“换汤不换药”之嫌。出于对苏维埃体制的逆反心理，他们更多地转向支持叶利钦宪政体制。

第三，国际大气候决定了俄罗斯激进民主派的选择是大势所趋。冷战时期，苏联将斯大林模式强制性地向东欧社会主义国家输出。20世纪80年代下半叶，随着戈尔巴乔夫“新思维”外交理念的推出，苏联与美国由对峙走向对话。同时，苏联对东欧国家也开始松绑，允许后者自主选择国家发展道路。在这种情况下，1989－1990年，波兰、民主德国、捷克斯洛伐克、匈牙利、保加利亚、罗马尼亚以及阿尔巴尼亚等东欧社会主义国家纷纷摆脱斯大林模式并无一例外地转向宪政体制。不仅如此，苏联解体初期，其他加盟共和国也都宣布与斯大林模式决裂，基本上都朝着总统共和制方向发展。受国际环境影响，叶利钦推行的宪政体制在俄罗斯成为必然的选择。当然，叶利钦总统本人的强硬态度也是不可忽略的因素，这使他能够利用手中的行政和军事权力加速苏维埃制度的灭亡。与东欧国家和独联体其他国家所不同的是，当代俄罗斯由苏维埃制向总统共和制的转变不是通过天鹅绒革命或颜色革命，而是通过武力和流血的方式完成的。

普京开启了俄罗斯历史的新阶段。普京总统任期内俄罗斯核心价值观中民族传统的成分之所以增强，主要是因为叶利钦完成了新俄罗斯体制转轨。叶利钦执政时期是新俄罗斯转轨的重要阶段。其间，俄罗斯在政治、经济和外交领域均发生了重大变化。在政治领域，俄罗斯完成了从议行合一的苏维埃制向三权分立的总统共和制转变，国家权力体制和大选制度也通过宪法固定下来；在经济领域，俄罗斯从纯市场经济转向社会市场经济，经济生活中国家调控的成分增强。1999年，俄罗斯经济走出谷底，首次出现了增长势头；在外交领域，由亲西方的“一边倒”政策转向温和保守主义。独立之初，俄罗斯决策层以为放弃了共产主义体制就能赢得西方更多的援助来摆脱经济危机。与之相适应，俄罗斯外交政策也以融入七国集团为核心的欧洲作为最终目标。然而，西方并没有把俄罗斯当作自己人，他们向俄罗斯承诺的援助连一半也没兑现。相反，北约东扩却成为不争的事实。在这种情况下，1993 年 4 月，叶利钦颁布了《当代俄罗斯联邦对外政策构想的基本原理》，转向双头鹰政策，即同时看重俄罗斯与东、西方的关系。此外，对待独联体地区的态度也从甩“包袱”转向俄罗斯外交的“重中之重”。尤其在 20 世纪 90 年代中叶以后，随着北约东扩计划的实施，俄罗斯针对美国的“单边主义”理论提出了“多极世界”的构想，随后，展开了全方位外交。除了保持与美国及欧洲老牌国家英、法、德的“等距离”，俄罗斯与东方大国中国的关系也不断向前推进。叶利钦的努力是普京构建具有本国特色核心价值观的重要先决条件。

第四，国家经济实力的增长使普京构建新型核心价值观具有足够的底气。2000 年，普京上台伊始，便对俄罗斯的国家实力及内政外交现状做了现实主义反思。他指出，没有经济实力就谈不上大国地位。因此，俄罗斯要重振国威，首先应当发展经济，深化改革，沿着市场经济改革的道路走下去。在普京总统前两届任职期间(2000—2008)，俄罗斯制定了社会经济发展的未来规划，整治了寡头，实现了能源部门管理的现代化。加上国际石油价格一路攀升，俄罗斯的石油美钞数量大增。2004 年，俄罗斯利用石油美钞建立了稳定基金。2006 年 7 月 1 日，实现了卢布在国际货币市场上的可兑换性。2006 年 8 月，俄罗斯政府与债权人巴黎俱乐部商定提前偿清债务。2000－2008 年，俄罗斯国内生产总值的年平均增长率为 6.9%[①]。在对外贸易领域，俄罗斯与世界许多国家保持和发展经济联系。每年俄罗斯有 1/3 左右的国内总产值来自对外经济联系渠道，加入世贸组织被俄罗斯政府纳入议事日程。随着俄罗斯经济形势的好转，经济外交也成为俄罗斯对外交往的重头戏。2006 年，俄罗斯作为主席国首次举办八国集团峰会，会议围绕能源合作与安全展开。在对外交往中，俄罗斯与许多国家签订了石油和天然气管线建设协议。不断增强的经济实力让俄罗斯人在国际舞台上充满自信，其民族认同感也随之增强。

第五，西方的压力也是必要的诱因。需要指出，叶利钦时期新俄罗斯并没有形成新的国家意识形态。关于这一点，普京在《千年之交的俄罗斯》中认为，在当代俄罗斯宪法中没有“国家意识形态”的说法是合理的。因为“国家意识形态”一词让“人们想到的是过去，即苏维埃时期。那是一种官方意识形态，是官方强加给国民的主流意识形态。一个民主的俄罗斯不应当有任何强制的同心协力，任何社会的同心协力都应当是自愿的”[②]。与此同时，普京强调，俄罗斯国民在新的千年要加强团结和统一，树立大国思想和培养爱国情怀，建立和谐的公民社会。“统一俄罗斯党”正是顺应这一形势而产生的。况且，该党自产生之日起，就以“亲总统”的身份出现，属于新时期的俄罗斯政权党。2000 年 5 月 13 日，即普京总统宣誓就职不久，便颁布了《关于俄罗斯联邦总统在联邦区设立全权代表》

---

① Бюллетень социально-экономического кризиса в России，Таблица 1. Среднегодовой прирост ВВП России 2000—2008 гг. стр. 5. http：//ac. gov. ru/files/publication/a/6394. pdf.

② Путин В. В. Россия на рубеже тысячелетий，30. 12. 1999，Независимая газета，http：//www. ng. ru/politics/1999-12-30/4 _ millenium. html.

的命令并在俄罗斯设立了七个联邦区，以加强中央对地方的垂直管理。普京此举被称作建立“可控联邦”的重要步骤。2004 年 9 月，别斯兰人质恐怖事件发生。为了进一步加强垂直权力体系，普京总统提议取消俄罗斯各地方长官的直接选举。从 2005 年 1 月起，州长由总统来任命。到 2005 年底，已有近一半数量的俄罗斯联邦主体州长是由总统任命的。此命令颁布后，俄罗斯国内一片哗然。西方对俄罗斯的批评声不绝于耳。以美国为首的北约国家称普京的行为是民主的倒退，将俄罗斯的民主讽刺为“可控民主”。面对西方对普京国家联邦体制改革和联邦监督措施的质疑，俄罗斯决策层和权力党给予了猛烈回击。2006 年，普京智库核心人物苏尔科夫在批评西方将“可控民主”强加于俄罗斯的同时，提出了“主权民主”的思想，以此强调俄罗斯加强威权制度的必要性。此外，苏尔科夫还提议“俄罗斯政治精英在共同的意识形态下联合起来”[①]。他强调，俄罗斯加强垂直权力建设十分必要。“如果一个国家不依靠意识形态价值观来维系和巩固，那它就无法保持其价值观的完整性。”他特别指出，“这里的意识形态不是共产主义或极权社会的意识形态，而是价值体系，是各种信仰的组合”。换言之，“意识形态就是世界观和价值观”[②]。这是新世纪以来，也是苏联解体以来俄罗斯首次对国家意识形态和价值观的官方阐述。

2007 年以后，在德国、法国等西方国家领导人的换届选举中，亲大西洋主义者占了上风。于是，俄罗斯与西方出现了“冷和平”

---

① Сурков В. Россия строит “Суверенную демократию”，http：//www. vesti. ru/doc. html? id=81365＃/photo/0，28 июня 2006 г.

② Сурков В. Россия строит “Суверенную демократию”，http：//www. vesti. ru/doc. html? id=81365＃/photo/0，28 июня 2006 г.

的局面。普京在 2007 年的欧安会上批评联合国成为被北约操纵的“庸俗工具”，俄罗斯与西方的对峙加剧。为了突出俄罗斯文明的独特性和俄罗斯意识形态的民族特色，2009 年，苏尔科夫推出了“俄罗斯保守主义”的国家意识形态。与之相适应，团结、统一、爱国、家庭、真善美、责任感和良知等俄罗斯传统的价值观成为国家核心价值观的重要因素。自 2012 年即普京第三次入主克宫以来，一些学者不断撰文阐述当代俄罗斯国家意识形态中基础价值观的内涵。他们将“国家意识形态”定义为“关于基础价值观的学说”[①]。在俄罗斯精英们看来，“统一俄罗斯党”在政治见解方面属于“中派的、保守主义的和传统的政治党派”。所谓中派，是指它具有去意识形态化的特点，既不是左派，也不是右派，而是以“为人民谋福祉和为国家富强”为己任。“保守主义”是与“自由主义”相对的概念。转轨时期，俄罗斯以西方自由主义思想为主流意识形态。进入新世纪以后，俄罗斯决策层不断强调俄罗斯国家性和民族特征，突出俄罗斯文明与西方文明的不同之处。相应地，俄罗斯国家的核心价值观也逐渐转向保守主义。乌克兰危机爆发后，俄罗斯与西方的冲突升级。尤其是 2014 年 3 月克里米亚并入俄罗斯之后，西方以“俄罗斯武装占领乌克兰的克里米亚”为借口，对俄罗斯进行全面封锁与制裁。俄罗斯则丝毫不甘示弱，更加突出传统价值观宣传。

2016 年 6 月，俄罗斯政治思想和意识形态研究中心的苏拉什金等几位专家对俄罗斯“80 后”、“90 后”、“00 后”和“10 后”四个阶

① Алексей Овчинников，Базовые ценности в идеологии государственности современной России，Русская народная линия，07. 06. 2012. http：//ru-news. ru/bazovye-tsennosti-v-ideologii-gosudarstvennosti-sovremennoj-rossii/.

段的青少年价值观进行了社会调查。结果显示，俄罗斯“80 后”一代的思维模式仍带有苏维埃时期国家价值观的烙印；“90 后”一代则多数偏离了传统价值观，亲西方和崇尚西方生活方式的倾向更加明显；“00 后”青少年对华盛顿共识具有趋同性，这表明西方新自由主义价值观在这一代人中已深入人心。2010 年以后，俄罗斯虽然加强了爱国主义、民族自我意识和统一等思想宣传，然而在当代俄罗斯青年人中并没有产生明显的效果，西方中心论在新一代青年头脑中占有主导地位。全俄社会舆论研究中心的民调结果显示，在回答“您是否想成为富人”时，18—30 岁的俄罗斯年轻人有 71%受访者做了肯定回答，60 岁以上的人只有 33%[①]回答是肯定的。可见，青年人较之老一代更加注重物质财富，这与俄罗斯人传统的鄙视财富和注重精神生活的价值观截然不同。此外，在对待爱国主义、集体主义、劳动以及关心他人的态度上，青年一代也明显地比老一代显得淡漠。在分析调查数据的基础上，研究者得出了如下结论：当代俄罗斯青年一代出现价值观危机的根源在于，“对国家发展具有指导意义的全民意识形态没有在国家层面上以法律的形式固定下来”[②]。因此，这些参与过俄罗斯现行宪法起草的专家们认为，目前俄罗斯宪法中关于禁止确立国家意识形态和承认政治多元化的规定不利于俄罗斯传统价值观的复兴。可见，将俄罗斯新的国家意识写入宪法已经成为部分精英人士的政治诉求。

---

① Богатство и богатые，опрос ФОМ，2015 год，http：//fom.ru/TSennosti/12055.

② Сулакшин С. С. Хвыля-Олинтер Н. А. Система ценностей российской молодежи：экспертная оценка. 15 июня 2016 г. http：//rusrand.ru/docconf/sistema-cennostey-rossiyskoy-molodeji-ekspertnaya-ocenka.

阿拉伯伊斯兰核心价值观的内涵及其当代审视

薛庆国

阿拉伯民族是历史悠久的古老民族。公元7世纪，阿拉伯半岛的先知穆罕默德开始传播伊斯兰教。此后，阿拉伯人以惊人的速度向外扩张，建立了幅员辽阔的阿拉伯伊斯兰帝国。在帝国疆土确定后的数百年间，阿拉伯伊斯兰文化迎来了黄金时期，阿拉伯人及各地穆斯林在创造了辉煌的物质文明的同时，也创造了以伊斯兰教为主体的精神文明。作为精神文明成就的重要部分，阿拉伯伊斯兰的价值观以伊斯兰教根本经典《古兰经》和先知穆罕默德的言行录《圣训》为主要源头，并在一千多年的历史实践中得到丰富和发展。这些价值观独具特色，影响深远，千百年来一直在塑造阿拉伯伊斯兰民族的精神世界，也规范着人们的伦理道德。

阿拉伯伊斯兰价值观的主要内涵，可分为信仰层面的价值观和生活层面的价值观，以下分别对其中最重要的核心内涵做一简介。

1　认主独一：阿拉伯伊斯兰价值观的信仰核心

1.1　信仰真主

伊斯兰教价值观最核心的内容，体现为对真主安拉的信仰，并尤其强调真主的独一性。伊斯兰教认为，“真主是宇宙万物的创造者、恩养者和唯一的主宰；是全能全知、大仁大慈、无形无像、无所在又无所不在、不生育也不被生、无始无终、永生自存、独一无二、实有超然的”①。在《古兰经》中，有多处描写真主属性的经文，如：“他是真主，除他外，绝无应受崇拜的。他是全知幽玄的，与明显的，他是至仁的，是至慈的。他是真主，除他外，绝无应受崇拜的。他是君主。他是至洁的，是健全的，是保佑的，是见证的，是万能的，是尊严的，是尊大的。赞颂真主，超绝万物，他是超乎他们所用以配他的。他是真主，是创造者，是造化者，是赋形者，他有许多极美的称号，凡在天地间的，都赞颂他，他是万能的，是至睿的。”（59：22—24）②

穆斯林不仅信仰唯一的造物主——真主，而且尊崇传达真主“启示”——伊斯兰教——的使者穆罕默德。伊斯兰教规定穆斯林恪守的“五功”之首功，便是念诵“证词”：“我作证：万物非主，唯有真主；穆罕默德是主的使者。”

---

① 王俊荣、冯今源：《伊斯兰教学》，当代世界出版社 2000 年版，第 126 页。

② 本文所引《古兰经》经文，均使用马坚先生中译本，在引文后括弧内标注其所在的章节号码。

除了信真主外，伊斯兰教的基本信仰还包括信天使、信经典、信使者、信后世和复生，有的教法学家还主张信前定。这些信仰和最核心的对真主的信仰具有内在联系：信仰真主，必然信仰主创造的天使，主降示的经典，主差遣的使者，主许诺的后世复生等。

在至高无上、无所不能的造物主真主面前，被造的人对真主心怀感恩、爱戴、顺从、敬畏、崇拜之情。穆斯林往往以“真主的奴仆”自称，在伊斯兰教看来，这并不意味着人的奴性或依附性，恰恰相反，这突显了人的自由和平等，因为根据教义，人只崇拜真主，不得崇拜真主以外的一切被造者，无论其地位多高、权力多大。

1.2 代治人间

伊斯兰教认为：真主创造人的目的，不仅是要人赞颂、崇拜真主，而且还要人成为真主在大地上的“代治者”，即代替真主治理好这个世界。《古兰经》中关于真主委托人“代治”人间的叙述，是十分耐人寻味的，其中蕴含着深刻而积极的思想内容。

第一，其中充分显示了真主对人的信任。《古兰经·黄牛章》记述了真主和众天神的有关对话：“当时，你的主对众天神说：‘我必定在大地上设置一个代理人。’他们说：‘我们赞你超绝，我们赞你清静，你还要在大地上设置作恶和流血者吗?’他说：‘我的确知道你们所不知道的。’”（2：30）可见，当真主要把人（此处指人类始祖阿丹即亚当）指定为在大地上的代理人时，众天神曾对此表示疑虑，担心大地上因此会有“作恶”和“流血者”。但真主力排众议，表达了对人的信任，并由此确定了人为万物之灵长的地位。

第二，根据《古兰经》的叙事，对于真主的信任，人表现出勇于承担使命的勇气：“我确已将重任信托天地和山岳，但它们不肯承担它，它们畏惧它，而人却承担了。”（33：72）这段经文表明，人不仅行使了自由选择的权利，而且不畏艰难，敢于担当“天地和山岳”都不肯承担的使命。

第三，在所有被造物中，唯有人被赋予理性和知识，这恰是真主选择人作为“代治者”的理由。请看《古兰经·黄牛章》中真主和众天神的有关对话：“他将万物的名称，都教授阿丹，然后以万物昭示众天神，说：‘你们把这些事物的名称告诉我吧，如果你们是诚实的。’他们说：‘赞你超绝，除了你所教授我们的知识外，我们毫无知识，你确是全知的，确是至睿的。’他说：‘阿丹啊！你把这些事物的名称告诉他们吧。’当他把那些事物的名称告诉他们的时候，真主说：‘难道我没有对你们说过吗？我的确知道天地的幽玄，我的确知道你们所表白的，和你们所隐讳的。’”（2：31—33）从中可见，真主将知识（万物的名称）首先赋予了人，而非众天神。“正由于拥有了连天仙也没有的知识，人类才成为了大地的主人翁和万物的统御者，才有条件、有能力肩负代治者的任务。”[①]

第四，“代治”是人的责任，也是真主对人的考验。《古兰经》中有许多经文对此予以强调，如：“他（真主）以你们为大地的代治者，并使你们中的一部分人超越另一部分人若干级，以便他考验你们如何享受他赏赐你们的恩典。”（6：165）“在他们灭亡之后，我以你们成为大地上的代治者，以便我看你们怎样工作。”（10：14）“人

① 李福泉：《简论伊斯兰教的“代治”思想及其现实意义》，载《中国穆斯林》2010年第2期，第21页。

啊！你必定勉力工作，直到会见你的主，你将看到自己的劳绩。”（84：6）“我必定要试验你们，直到我认识你们中的奋斗者和坚忍者，我将考核关于你们的工作的报告。”（47：31）“真主必定不变更任何民众的情况，直到他们变更自己的情况。”（13：11）由此可知，真主不仅要求人类信仰宗教、通过宗教功修净化心灵，还要求人类努力工作、奋发自强，履行好“代治”人间的使命，并以工作为评判人、考核人的重要标准。

综上可知，“代治”人间，是真主对人的托付，也是人生的价值和目的所在，人有勇气、也有能力承担这一使命。可以说，伊斯兰教不仅为信众许诺了一个后世的“真境花园”，也不仅让信众因为有了对“真境花园”的寄托和追求，而在凡庸的人世感受信仰的力量和精神的高贵，而且还将一个伟大的使命托付给人们：用双手建设一个人间的“真境花园”。古往今来，阿拉伯伊斯兰世界的许多宗教学者、思想家、文学家都对人的“代治”使命有所阐发，如埃及著名作家、诺贝尔文学奖得主马哈福兹在许多文学作品中，就表达了他对“代治”的独到理解：真主创造了世界之后，便不再过问人间事；因此，人不能把希望寄托在虚幻的外力上，人间的幸福要靠自己创造，这是人作为“代治者”的本职。

1.3 两世兼顾

伊斯兰教认为人在现世生活之后，还有来世。今世是通往来世的旅途或桥梁，今世是短暂、虚幻而不完满的。《古兰经》云：“今世的生活，只是虚幻的享受。”（3：185）“你们应当知道：今世生活，只是游戏、娱乐、点缀、矜夸，以财产和子孙的富庶相争胜；譬如时雨，使田苗滋长，农夫见了非常高兴，嗣后，田苗枯槁，你看它变成黄色的，继而零落。”（57：20）只有后世才是人的永恒归宿：“后世才是安宅。”（40：39）人在今世的所作所为，都会在后世得到应有的报偿。到了世界的“末日”或“复活日”，所有曾在今世生活过的人们都将“复活”，接受真主公正的审判。虔诚信教、履行宗教功修并行善积德者，将进入“天堂”；而不信教并作恶的人们，将坠入“火狱”。以此，伊斯兰教起到了对信众劝善戒恶、用后世赏罚引导现世良善的效应。

伊斯兰教虽然更加看重后世，但在构筑后世天国幸福的同时，并没有否定现世的幸福。真主告诫穆斯林：“你应当借真主赏赐你的财富而营谋后世的住宅，你不要忘却你在今世的定分。你当以善待人，像真主以善待你一样。”（28：77）所以，弃绝现实生活、出家修行的行为，并不是伊斯兰教所提倡的。先知穆罕默德曾就伊斯兰教的两世观说过一句家喻户晓的名言：“你当为今世而耕耘，犹如你永生一样；你当为后世而工作，犹如你明天就要死去一样。”①

值得一提的是：明末清初的中国回族学者王岱舆、马注、马复初、刘智等人，把重视现实人生价值的中国传统思想与伊斯兰教的两世兼顾观相融合，提出了以“现世幸福”为载体、“后世幸福”为目的的“两世吉庆观”。“两世吉庆观”既重视今世的生活，又重视后世的幸福，并鼓励穆斯林为获得两世的幸福而奋斗。“消极出世与积极入世两种截然相反的生活态度，经中国文化的变移而巧妙融通，

① 先知穆罕默德的言行都收录在《圣训》中。伊斯兰历史上著名的《圣训集》共有9部，分别由不同的圣训学家汇录，其中《布哈里圣训实录》和《穆斯林圣训实录》被普遍认为可信度最高。因《圣训》有多种汇录本，各个汇录本又有不同版本，阿拉伯学者引用时往往不标明具体出处，或只标明来自某一汇录本。因此，核实具体出处十分困难，故本文所引《圣训》均略去出处。

协调互用，呈现为一种独放异彩、别具风格的伊斯兰思想境界和处世原则。”①

2 追求美德：阿拉伯伊斯兰价值观的生活准则

伊斯兰教的独特性，还在于它并非信徒生活中的一部分，而是涵盖了生活的所有方面。“它是发源地和世界观，所有人类的活动、努力、创造和思想都发生或必将发生在这里。它是生命之树的汁液……是代表了生活全貌的宗教。”② 所以，伊斯兰教在确定了以“认主独一”为核心的信仰层面价值观的同时，也在生活层面为信众制定了一整套价值观标准。《古兰经》和《圣训》两大经典，提出了穆斯林大众应该遵守或追求的一系列道德准则和行为规范；从中可见，伊斯兰教从一开始就是一门有着很高道德追求的宗教。先知穆罕默德曾宣示：“我被派遣就是为了完善高尚的品德。”他还表示：“没有任何东西放在天平上比美德分量更重了。的确，具备美德者达到了封斋者和礼拜者的品级。”真主对使者穆罕默德也赞许有加：“你确是具备一种伟大的性格的。”（68：4）在广大穆斯林看来，穆罕默德本人不仅在信仰功修上为万众之楷模，而且在道德品质方面也率先垂范，近乎完人。

具体而言，伊斯兰教在生活层面倡导穆斯林遵循以下价值观：

---

① 林松：《古兰经知识宝典》，四川人民出版社 1995 年版，第 232 页。

② ［伊朗］萨义德·侯赛因·纳速尔著，王建平译：《伊斯兰教》，上海古籍出版社 2008 年版，第 27 页。

2.1 中正

“中正”或“中道”，是伊斯兰教特别强调的一项准则，它同中华传统文化中的“中庸”思想颇有异曲同工之妙。无论在宗教功修还是为人处事方面，伊斯兰教均主张不偏不倚、中和均衡，反对极端和过分。真主曾这样告诫信众：“我这样以你们为中正的民族，以便你们作证世人，而使者作证你们。”（2：143）先知穆罕默德也曾说过：“最好的事就是中正之事。”伊斯兰世界历代思想家也都强调中正之道的重要性，近代复兴时期的埃及著名学者穆罕默德·阿布笃指出：“穆斯林是良善公道之士，他们在宗教上既非过分、偏执之徒，也非疏忽、不信之辈。在信仰、道德和行为上，穆斯林都追求中正。”[①]

在宗教功修上，伊斯兰教虽然倡导虔敬事主，但却反对过激之举。穆罕默德这样警示人们：“你们谨防宗教上的过激，你们之前的民族就因为宗教上的过激而灭亡。”《圣训》中还记载了三位信士与穆罕默德的对话：

“其中有个人说：‘我将终生整夜礼拜，不睡觉。’另一个人说：‘我将长年封斋，不开斋。’而第三个人则说：‘我将远离女人，永不结婚。’”

“他（穆罕默德）说：‘是你们说如此这般的话吗？指主发誓，我比你们任何人都更加害怕和敬畏真主，但是我封斋，我也开斋；我礼拜，我也睡觉；我也同女人结婚。谁违背我的圣行，谁就不属

① ［埃及］穆罕默德·阿布笃：《灯塔注释》，埃及灯塔出版社伊历1350年版，第2卷第4页。

于我的民众。’”

在日常生活中，伊斯兰教既反对纵欲主义和享乐主义，也不认同禁欲和苦行，而是取其中道而行之，鼓励穆斯林合理、合法地享受现世幸福。《古兰经》云：“他们用钱的时候，既不挥霍，又不吝啬，谨守中道。”（25：67）“信道的人们啊！真主已准许你们享受的佳美食物，你们不要把它当作禁物，你们不要过分。真主的确不喜爱过分的人。”（5：87）《古兰经》还反对在宗教规定之外擅自判定“合法”与“非法”：“你说：‘你们告诉我吧！真主为你们降下的给养，你们把它分为合法的与非法的，你们究竟是奉真主的命呢，还是假借真主的名义而造谣呢？’”（10：59）

《圣训》中也说：“你们吃，你们喝，你们施舍，但不要浪费，也不要自负；的确，真主喜欢看到自己的恩典显示在仆人的身上。”

在当今世界，打着伊斯兰旗号的极端分子和恐怖分子不仅贻害四方，殃及无辜，而且对伊斯兰教本身造成了莫大伤害。因此，强调、弘扬伊斯兰教的中正思想，对于抵制极端、倡导“正信”，无疑有着极为重要的现实意义。

2.2 求知

伊斯兰教是一门特别鼓励求知、推崇理智的宗教。《古兰经》中有许多鼓励信众求知的经文，如：“你（穆罕默德）说：有知识的与无知识的相等吗？惟有理智的人能觉悟。”（39：9）“真主将你们中的信道者升级，并将你们中有学问的人们提升若干级。”（58：11）

先知穆罕默德也经常教诲穆斯林求知，如：“求知是穆斯林男女的天职”，“求知，从摇篮到坟墓”，“学者的墨水比烈士的鲜血更珍贵”，“谁走上求知的道路，真主使他容易走上通往天堂的道路；众天使因为喜爱求知者而落下他们的翅膀，天地间的万物，甚至水中的鱼都为求知者求饶恕。的确，学者优于修行者，就像月亮优于其他繁星一样；学者是众先知的继承人。”

《圣训》中还记述了这样一段穆罕默德与两个门徒的对话：

“有两个人来请教穆圣：‘主的使者啊！谁是人类中最有知识的?’穆圣说：‘有理智的人。’这两个人又问：‘谁是人类中最虔诚的?’穆圣说：‘有理智的人。’这两个人又问：‘谁是人类中最尊贵的?’穆圣说：‘有理智的人。’”

穆罕默德在这段“圣训”中回答了三个问题，答案却只是一个：“理智”。其中，有理智的人是“人类中最虔诚的”这一说法最有深意，我们从中可以领悟：伊斯兰教并不主张盲信，也不认为信仰与理智矛盾，而是鼓励将信仰与求知结合，通过运用理智追求知识，去参悟宇宙的浩瀚和万物的奥秘，进而加深对全能真主的敬畏和虔诚。我国著名穆斯林学者纳忠先生曾对此有过很好的阐述：“我们越有深湛的学问，就越能认识大自然的奥妙，也就越能利用大自然的宝藏，来为人类的生存谋幸福，为人类的文化求发展。我们对于科学之研究愈精深，参悟愈精密，研究愈广博，那么信仰真主愈笃实，认识真主愈真切，服从真主愈诚恳。因为这样认识真主是由知识学问得来的，不是因袭传统的。”①

2.3 仁爱

人类是真主按自己的形象、吹入自己气息而精心创造的产物，

① 纳忠：《清真铎报》，1945 年 7 月，新 16 号。

自然受到真主的关爱和厚待。在众生中，具有良好道德品质者是真主尤其喜爱的："真主是喜爱坚忍者的。"（3：146）"真主是喜爱行善者的。"（3：148）"真主确是喜爱敬畏者的。"（3：76）"真主确是喜爱公道者的。"（5：42）

同时，伊斯兰教也要求人类之间友爱相处，以善相待。《古兰经》云："你当以善待人，就像真主善待你一样。"（28：77）"你们当崇拜真主，不要以任何物配他，当孝敬父母，当优待亲戚，当怜恤孤儿，当救济贫民，当关爱近邻、远邻和伴侣，当款待旅客，当宽待奴仆。真主的确不喜爱傲慢的、矜夸的人。"（4：36）穆罕默德则说过："真主把仁慈分成一百份，将其中的一份降在了大地上，而其中一部分就是人与人之间的互爱。"

伊斯兰教倡导的仁爱可分为几个层面："爱父母、爱兄妹、爱妻室、爱弱者、爱人类。即从爱身边最亲的人开始，由近及远地将全人类纳入了爱的对象。"[①] 《古兰经》中有许多关于爱家人的教诲，如："应当孝敬父母。如果他们中的一个人或两个人在你的堂上达到老迈，那么，你不要对他俩说'呸！'不要呵斥他俩，你应当对他俩说有礼貌的话，你应当必恭必敬地服侍他俩，你应当说：'我的主啊！求你怜悯他俩，就像我年幼时他俩养育我那样。'"（17：23—24）"他（真主）从你们的同类中为你们创造配偶，以便你们依恋她们，并且使你们互相爱悦，互相怜恤。"（30：21）穆罕默德也有这方面的教诲："你当爱你的母亲、父亲，弟兄姐妹，然后最亲近的人，然后次亲近的人。""你们中最优秀的人，是最能善待妻小的。""不疼

① 丁世仁：《伊斯兰的核心价值观》，载《中国穆斯林》2013年第6期，第8页。

爱子女，不尊敬长辈的人不是我的教民。”

伊斯兰教还主张格外关爱弱者。《古兰经》云：“（你们）将所爱的财产施济亲戚、孤儿、贫民、旅客、乞丐和赎取奴隶。”（2：177）穆罕默德说：“为孤寡人和穷难人奔波的人，犹如为主道出征的人，也像白天斋戒、晚上礼拜的人。”在伊斯兰教“五功”中，“斋功”设立的目的之一，就是培育人的恻隐之心，让斋戒者体会穷人的饥渴，进而产生同情心和责任感。而“课功”即“纳天课”，更是一种首先为了接济穷人而设立的宗教性慈善义务。

伊斯兰教还提倡将仁爱给予全人类。《古兰经》云：“众人啊！我确已从一男一女创造你们，我使你们成为许多民族和宗族，以便你们相互认识。”（49：13）这被普遍理解为真主博爱人类、鼓励各民族和谐共处、沟通交流的重要依据。穆罕默德则指出：“全人类是真主的家属，真主最喜爱的人，是善待真主的家属者。”《圣训》中还记录了他和圣门弟子的这样一段对话：“穆圣说：‘你们没有正信，直到对人仁慈’，他们（圣门弟子）说：‘真主的使者呀，我们都是仁爱者！’他说：‘仁爱不是一个人对他的同伴表示偏爱，而是普遍的爱。’”对人类的仁爱，还表现为对非穆斯林的尊重，因为每个人都是真主创造的一个生命。据布哈里记载，“有一次，一群犹太人出殡，当死者被抬过先知穆罕默德面前时，他主动为死者起立。这时，有人对他说，死人是犹太人。先知说：‘难道他不是一个生命吗？’”

2.4 平等

伊斯兰教认为，人类不管种族、贫富、贵贱，都是真主的创造物。人类同出一源，因而相互平等，不得崇拜真主以外的一切。穆罕默德在宣教过程中，也特别强调信徒之间一律平等的观念，如："真主的仆人们啊！你们当成为兄弟；穆斯林皆兄弟，不允许对他行亏、遗弃和蔑视。"在著名的"辞朝"演说中，他明确吩咐："众人啊！你们的养主是一个，你们的祖先是一个，你们全部属于阿丹，阿丹来自泥土；阿拉伯人并不比非阿拉伯人高贵，白人也不比黑人高贵，唯凭内心的敬畏。"

伊斯兰教的主流还认为，对于非穆斯林也要以平等的态度相待，在信仰上相互尊重，行为上相互宽容。穆罕默德曾经说过："谁伤害异民族，谁便是我的仇敌。"从古至今，伊斯兰国家历史上都有大量非穆斯林受到礼待、甚至身居要职的例子。

在传统的部落观念与宗族意识盛行的阿拉伯半岛，平等观念无疑促进了阿拉伯民族的团结和进步。在伊斯兰教走出半岛向世界传播的过程中，平等观念有助于消除各种歧视，减缓征服者和被征服者之间的矛盾，对被征服地区的底层人民具有巨大吸引力，有利于形成万众一心的伊斯兰民族意识，也有助于缩小穆斯林与非穆斯林之间的隔阂，促进不同民族和宗教间的沟通和理解。

2.5 公正

公正、公平、正义，是伊斯兰教历来强调的重要原则。"真主让公正成为珍珠项圈上最大的那颗珍珠。"[①]《古兰经》中有许多要求信众秉持公道为人处事的经文，如："真主的确命人公平、行善。"（16：90）"你们当为正义和敬畏而互助，不要为罪恶和横暴而互

① ［埃及］马哈茂德·谢勒图特：《伊斯兰：信仰与教法》，开罗旭日出版社 1988 年第 4 版，第 445 页。

助。”（5：2）“信道的人们啊！你们当维护公道，当为真主而作证，即使不利于你们自身，和父母和至亲。无论被证的人，是富足的，还是贫穷的，你们都应当秉公作证；真主是最宜于关切富翁和贫民的。”（4：135）

穆罕默德也一贯倡导公正，甚至把它列为信仰的一部分。如：“谁具备了三件事，谁确已具备了伊玛尼（即信仰）：出自你内心的公正，向世人道平安，即使贫困仍然施舍。”又如：“我的仆民啊，我禁止你们对我不义，也禁止你们对你们自己不义，因此，请不要以不义互相对待。”

2.6 宽容

无论就宗教经典还是发展历史而言，伊斯兰教总体上是主张宽容与仁爱、反对狭隘和仇恨的。《古兰经》中有不少要求信众宽容对待他人过错、甚至罪过的经文：“善恶不是一样的。你应当以最优美的品行去对付恶劣的品行，那末，与你相仇者，忽然间会变得亲如密友。”（41：34）“恶行应得同样的恶报。谁愿恕饶而且和解，真主必报酬谁。真主确是不喜爱不义者的。”（42：40）“如果你们容忍，那对于容忍者是更好的。”（16：126）“如果你们恕饶他们，原谅他们，赦宥他们，（真主就赦宥你们），因为真主确是至赦的，确是至慈的。”（64：14）

先知穆罕默德也一直以自己的言行倡导宽容。他曾说过：“接近你不来往的人，宽容伤害你的人，赠予剥夺你的人。”据《圣训》记载，穆罕默德在攻克麦加后胜利进城之日，曾对那些伤害过自己的人说：“今天对你们毫无谴责。你们走吧！你们都被赦免了。”他还说过："三件事是伊玛尼的根本：不要伤害说了'万物非主，唯有真主'的人；不要因一点罪过断别人为叛教；不要凭一件工作的错误把人逐出伊斯兰……"

宽容还表现在信仰方面。《古兰经》反对强迫别人信仰宗教："对于宗教，绝无强迫；因为正邪确已分明了。"（2：256）"如果你的主意欲，大地上所有的人，必定都信道了。难道你要强迫众人都做信士吗？任何人都不会信道，除非奉真主的命令。"（10：99—100）"你们有你们的报应，我也有我的报应。"（109：6）"你应凭智慧和善言而劝人遵循主道，你应当以最优秀的态度与人辩论。"（16：125）

即便对古代中东地区常见的其他宗教的信徒，《古兰经》也主张宽容相待："信道者、犹太教徒、基督教徒、拜星教徒，凡信真主和末日，并且行善的，将来在真主那里必得享受自己的报酬，他们将来没有恐惧，也不忧愁。"（2：62）

伊斯兰教的发展历史也表明，宗教宽容的原则是得到落实的。在阿拉伯伊斯兰文化的黄金时期——阿拔斯王朝，"哈里发统治下的基督教徒基本上还是享受着大量宽容的待遇的"[①]。许多史料和文件可以表明"在这个时代，公认的伊斯兰教和公认的基督教之间真心融洽的关系……尽管《古兰经》里有几段不利于犹太教徒的评论，但是，作为受保护的民族之一来说，犹太教徒的生活，甚至比基督教徒还要过得好些"[②]。在阿拉伯人征服西班牙南部之后，"基督教徒可以太太平平地信仰自己的宗教，不受任何干涉，他们内部的事务，

① ［美］希提著，马坚译：《阿拉伯通史·上册》，商务印书馆 1990 年版，第 415 页。
② ［美］希提著，马坚译：《阿拉伯通史·上册》，商务印书馆 1990 年版，第 416—418 页。

由土著的法官，依照教会的法律而裁判”①。

2.7 诚信

诚实，守信，也是伊斯兰教的一个基本道德要求。《古兰经》要求信众与诚实的人们为伍：“信道的人们啊！你们要敬畏真主，要和诚实的人在一起。”（9：119）真主还为诚实者许诺了“乐园”：“这确是诚实有裨于诚实人的日子。他们得享受下临诸河的乐园，而永居其中。真主喜悦他们，他们也喜悦他。”（5：119）

《古兰经》还鼓励信众言而有信、履行诺言，并视信诺为敬畏者的美德。如：“凡践约而且敬畏的人，（都是真主所喜爱的），因为真主确是喜爱敬畏者的。”（3：76）“信道的人们啊！你们当履行各种约言。”（5：1）“你们应当履行诺言；诺言确是要被审问的事。”（17：34）

先知穆罕默德也就诚信做过许多教诲。如：“你们要坚持诚实的美德，因为诚实会引导你们走向正义，正义会引导你们步入乐园；说谎话引导你们走向犯罪，犯罪会引导你们步入火狱。”作为曾经的一位商人，他还尤其强调经商者的诚信之道：“诚信带来富裕，悖信带来贫困。”“诚实的商人在报应日将坐在真主的影子下。”他还把不诚实和不履行诺言视同伪信士的标志：“不诚实的人并无信仰，不履行诺言的人没有宗教。”他又说：“伪信士有三个特征：说话便撒谎，结约便失信，受托便背信弃义。”

2.8 和谐

伊斯兰教倡导和谐，不仅主张人与人之间奉行仁爱、平等、公

① ［美］希提著，马坚译：《阿拉伯通史·下册》，商务印书馆1990年版，第608页。

正、宽容等原则，实现和谐相处，而且追求人与宇宙、自然间的和谐。

伊斯兰教认为，真主创造的整个宇宙就是一个和谐的整体。《古兰经》云：“他（真主）创造万物，并加以精密的注定。”（25：2）“他创造了七层天，你在至仁主的所造物中，不能看出一点参差。你再看看，你究竟能看出什么缺陷呢?”（67：3）真主还创造了自然环境和各种物质资源，供人类开发利用：“我在大地上为你们和你们所不能供养者而创造了许多生活资料。”（15：20）“他创造了牲畜，你们可以其毛和皮御寒，可以其乳和肉充饥，还有许多益处。”（16：5）“他制服海洋，以便你们渔取其中的鲜肉，做你们的食品；或采取其中的珠宝，做你们的装饰。你看船舶在其中破浪而行，以便你寻求他的恩惠，以便你们感谢。”（16：14）因此，人应该尊重并亲近真主创造的自然，而不可肆意掠夺自然、破坏自然。

据《圣训》记载，穆罕默德在路过麦地那附近的吴侯德山时，曾经深情地对随从说：“这是吴侯德山，我们爱它，它爱我们。”这段圣训，对人与自然的和谐关系作了诗意表达，可见在穆罕默德眼里，人与自然之间的关系，堪比朋友和爱人。

3 扬弃与重建：阿拉伯伊斯兰价值观的当代审视

至此，本文参考阿拉伯伊斯兰世界学者的观点，主要依据《古兰经》和《圣训》两大经典，对伊斯兰教倡导的核心价值观做了归纳梳理。无疑，这些价值观不是阿拉伯伊斯兰社会价值观念的全部，但它们代表了伊斯兰教的精髓，体现了阿拉伯伊斯兰文明的特色，也是能为世界各国人民接受、认同、赞许的。“正因为伊斯兰教具有这些精髓，它才能激励人们创造出历史上灿烂辉煌的物质文明，更为古往今来无数信徒提供了精神慰藉和心灵寄托，启示他们追求理想与真理。换言之，这些精髓，恰是伊斯兰教具有恒久性魅力的原因。”①

与此同时，无论在阿拉伯伊斯兰世界内外，任何一个严肃的时事观察者都不会无视这样的事实：当今的阿拉伯伊斯兰世界，远非历代仁人志士们孜孜以求的理想世界。相反，这里比世界别的地区经历了并经历着更多的纷争、冲突乃至战争；发源于这里的极端主义和恐怖主义，不仅让广大阿拉伯人民和穆斯林大众深受其害，而且已演变为困扰全世界的人类之大患；许多阿拉伯伊斯兰国家仍未摆脱贫困、落后、专制、动荡的重压；曾经灿烂辉煌的伊斯兰文明体系正处于尴尬的边缘化地位，它的当代成就与其他民族的成就之间“差距已越来越大。我们已濒于一道真正的鸿沟——文明和科学的鸿沟”②。其实，今日阿拉伯伊斯兰文明面临的困境，只是这一文明在中世纪黄金时期以后陷入的漫长衰微期的延续。著名的美籍黎巴嫩裔史学家希提在20世纪30年代出版的《阿拉伯通史》中曾经写道：“弊病却是根深蒂固的。在土耳其人来临（阿拉伯帝国）之前好几个世纪，伊斯兰教创造的火花早已熄灭了。13世纪开始的经院神学的全胜，在精神领域中正统派和神秘派的占据优势，科学精神的

① 薛庆国：《当代阿拉伯人的文化心态透视》，载《阿拉伯世界》2003年第2期，第27页。

② ［埃及］卡米勒·巴哈丁著，朱威烈、丁俊译：《十字路口》，上海外语教育出版社2005年版，“前言”第8页。

衰退，不加批判地尊崇古人之风的盛行，以及墨守成规等，这一切都不利于学术研究和学术创作。束缚阿拉伯人智力的这些桎梏，直到19世纪早期在西方的影响之下，才开始逐渐解除。”① 从今天看来，一个令人遗憾的事实是：束缚阿拉伯伊斯兰民族智力的那些桎梏，显然尚没有得到彻底解除。

因此，当我们讨论阿拉伯伊斯兰价值观的时候，一个重要的问题自然会摆在我们面前：如何结合阿拉伯伊斯兰文明的当下境遇，客观、全面地审视阿拉伯伊斯兰价值观念？为此，有必要将以下几点纳入考量。

3.1 阿拉伯伊斯兰价值观和阿拉伯伊斯兰社会一样，兼有同一性和多元性

一方面，信仰伊斯兰教的各个民族信奉同一个真主、同一本经典，对教义、教法的理解有许多共性，因此其价值观在很大程度上具有同一性。另一方面，阿拉伯伊斯兰世界的价值观又呈现出多元特色，并在多个层面有所体现。

伊斯兰教在发展过程中，内部衍生出的许多派别对宗教的理解并不完全一致。如，逊尼派和什叶派两大教派对教法的理解就有差别：“当逊尼派的四大教法学派被公认后，逊尼派只允许后来的教法学家接收‘仿效’原则，承认权威，而不允许再有任何创新；什叶派则主张，在伊玛目隐遁之后，它的教法权威（穆智台希德）可以对教法做出新的阐释，承认穆智台希德释法的权威性。”② 而历来受

① ［美］希提著，马坚译：《阿拉伯通史·下册》，商务印书馆1990年版，第887页。
② 金宜久主编：《伊斯兰教史》，江苏人民出版社2006年版，第191页。

到知识精英青睐的苏非主义，是对伊斯兰教中教条主义和形式主义的一种反驳，它和正统逊尼派对真主的理解有很大不同，古波斯苏非大诗人鲁米集中体现了这种不同："真主在正统伊斯兰的观念中至高无上，而鲁米认为它是内在；对于前者，真主与世界分离；对于鲁米，真主与世界相联；对于前者，真主是抽象的，位于宇宙之外；对于鲁米，真主处于宇宙之中。正统伊斯兰教认为真主并不显现在事物中，而鲁米认为真主在万物之中永无止境地显现。"[①]

伊斯兰教在从阿拉伯半岛传向世界各地之后，"除保持其基本信仰外，也经历了一个民族化、地方化的过程，它吸收了当地宗教的某些成分和地方习俗，增添了不同的色彩"。因此，伊斯兰教在不同国家和地区也呈现出不同风貌[②]。譬如，"近现代伊朗在社会、政治结构方面与土耳其、埃及完全不同，更不用说阿拉伯半岛地区。而突尼斯沿海城市与西西里和意大利南方的相同之处，远比它与阿拉伯半岛和伊拉克的大得多"[③]。

即使在一国之内，不同阶层、不同地区、意识形态不同、教育背景不同的人们，在价值观上、包括对宗教的认知上也有差异。阿拉伯社会总体上由游牧民（贝都因人）、农民和城市居民三种社会形态组成。"贝都因人对于伊斯兰教的唯一认识就是'万物非主唯有真主，穆罕默德是主的使者'，至于礼拜、天课、斋戒和朝觐等教规，他们并不严格遵守，民间宗教在一些部落中依然盛行。"[④] 在广大农

① ［叙利亚］阿多尼斯著，薛庆国、尤梅译：《在意义天际的写作》，外语教学与研究出版社 2012 年版，第 161 页。

② 金宜久主编：《伊斯兰教史》，江苏人民出版社 2006 年版，第 263 页。

③ 萨米·祖拜戴：《伊斯兰社会：同一还是多元?》，http：//feker. net/ar/2015/04/16/45587/。

④ ［叙利亚］穆罕默德·祖海尔·穆沙拉克：《阿拉伯国家贝都因人的社会生活》，大马士革达拉斯出版社 1988 年版，第 278 页。

村，“农民敬畏真主，害怕邪恶，相信命运。他们重视民间宗教，敬仰圣徒，以祈求平安幸福，却不喜欢官方宗教的抽象概念和繁文缛节”[1]。而在城市，统治阶层和大商人阶层“不但追求获取政治权力，而且物质占有欲极强，还利用宗教为自己装点门面”[2]。

伊斯兰教的一体多元特色，在中国伊斯兰教的发展过程中也有体现。伊斯兰教进入中国的一千三百多年以来，受中国自然条件、历史环境和文化传统的影响，也呈现出某些中国色彩。我国穆斯林学者马明良指出：“伊斯兰教的中国化，首先不应该违背伊斯兰教的基本立场、观点与宗旨，其次是在应对和解决中国社会的问题中有所发展和创新，并通过中国化的语言和方式表达出来。”[3] 或许还可做一补充，在当今阿拉伯伊斯兰世界普遍面临困境、缺乏成功模式可供借鉴的背景下，中国伊斯兰教完全应该走出一条属于自己的本土化发展之路，从穆斯林先贤把中国文化传统与伊斯兰教义有机融合的历史中获得启示，将中国的传统智慧和当代经验与伊斯兰的原则结合，为宗教适应现代化、为宗教在不同文化背景下的发展，贡献宝贵的中国经验。

3.2 如何全面、准确地理解伊斯兰宗教经典，是一个十分重大的问题

作为一门古老的宗教，伊斯兰教和世界其他几大宗教一样，其

---

① ［叙利亚］哈利姆·巴尔卡特：《20世纪的阿拉伯社会》，贝鲁特阿拉伯统一研究中心出版社2000年版，第230页。

② ［叙利亚］哈利姆·巴尔卡特：《20世纪的阿拉伯社会》，贝鲁特阿拉伯统一研究中心出版社2000年版，第256页。

③ 马明良：《伊斯兰教中国化的两个层面》，载《中国宗教》2015年第4期，第54—56页。

经典具有一定的艺术性、隐晦性、歧义性和开放性；而且，其中许多内容的出现是有其原因和背景的。埃及著名文化学者艾哈迈德·爱敏指出："《古兰经》的敕降，是适合于当时社会的状况和需要的。"[①] "不懂得《古兰经》下降时的社会背景，往往是误解经义的。"[②] 因此，《古兰经》只有一本，但对它的阐释与解读却多种多样。从古至今，人们往往会把自己的认识水平和价值取向带到对经文的理解中，无论是开明之士还是偏执之徒，都能从《古兰经》中找到自己所需的内容。如《古兰经》中著名的《宝剑经文》等章节，经常被狂热分子用作宣扬激进思想乃至恐怖主义的依据："禁月逝去的时候，你们在哪里发现以物配主者，就在那里杀戮他们，俘虏他们，围攻他们，在各个要隘侦候他们。如果他们悔过自新，谨守拜功，完纳天课，你们就放走他们。真主确是至赦的，确是至慈的。"（9：5）有部分经注学家甚至认为，《宝剑经文》废除、中止了《古兰经》中主张宽容对待异教徒的经文，但这种理解从古至今一直受到极大争议。此外，《古兰经》中关于妇女地位的一些表述，也容易被人视为歧视妇女的证据。同样情况也出现在对《圣训》的理解上。不同汇录者汇编的《圣训》集中，都不乏一些让普通读者感到疑虑、让穆斯林信众也觉得困惑的言论和事件。

因此，仅仅强调"回归经训"是不够的。更重要的问题是，如何从总体上把握宗教经典的精髓，对其做出合乎时代要求的解读。正如朱威烈教授所说，"伊斯兰文明体系的发展，最终得从本身的历

---

① ［埃及］艾哈迈德·爱敏著，纳忠译：《阿拉伯—伊斯兰文化史·第一册》，商务印书馆 1982 年版，第 210 页。

② ［埃及］艾哈迈德·爱敏著，纳忠译：《阿拉伯—伊斯兰文化史·第一册》，商务印书馆 1982 年版，第 213 页。

史、宗教信仰和民族属性出发，在依据自身的发展利益需要选取或重新解读《古兰经》《圣训》的有关经文的基础上，制定出国家建设和民族建设的指导原则，并通过对古今文化、内外文化的兼收并蓄和继承创新才能实现”[①]。

3.3 当代阿拉伯伊斯兰社会在思想观念上还存在不少弊端，这是妨碍伊斯兰民族进步的深层原因

无论在阿拉伯伊斯兰世界内外，学术界对此都颇有一些共识。譬如，许多人指出，伊斯兰文化、尤其是阿拉伯传统文化中，具有尊古贬新、保守封闭、自大排外的痼弊。在阿拉伯世界一向盛行的说法之一，是伊斯兰教创立后的前三个世纪最为理想，以后的岁月每况愈下；因此，伊斯兰的出路在于回归原初，遵循先贤之道（即“赛莱菲叶”）[②]。在阿拉伯语中，“创新”（Ibda'h）与“异端”（Bidah）源于同一个词根，任何思想创新都有可能被指责为“异端邪说”。在逊尼派大多数教法学家看来，“创制”（即对教法的阐释）之门自公元10世纪起就已关闭，后人只能“因袭”前人，不得有任何创新。甚至，“现代化”（Hadatha）这一词语及其代表的文明现象，在不少人看来也不能接受。隶属于伊斯兰合作组织的权威性学术机构“国际伊斯兰教法学会”1998年曾做出“伊斯兰反对全面现代化”的决议，认为：“‘现代化’是一种新的思潮，建立在神化理性、拒

① 朱威烈：《伊斯兰文明与世界》，载《世界经济与政治》2007年第7期，第61页。

② 许多学者认为，这一观点完全建立在虚幻不实的历史观之上。仅在伊历第一个世纪内，就发生了诸多悲剧性事件，如四大哈里发中有三人遇刺身亡（欧麦尔、奥斯曼、阿里），伊斯兰教发生了影响至今的历史性大分裂，还经历了无数次内斗、血案等。参见：http://www.ahewar.org/debat/show.art.asp?aid=428667。

绝玄冥、否认天启、破坏一切传统信仰、价值和道德的基础之上。在这个意义上的现代化，是一种反宗教思潮，它反对伊斯兰的根本和原则，是被真主、使者和穆斯林拒绝的，即使它披上‘珍惜’、‘革新’伊斯兰的外衣。”①

对此，有学者认为：“阿拉伯民族受过去的影响，甚于世界上任何其他民族……人们膜拜过去，把过去视为未来的最佳典范。”② 当代阿拉伯大诗人阿多尼斯一针见血地指出：“阿拉伯文化，就其主导的、沿袭至今的形式而言，是具有宗教性结构的，即它是因袭文化，它不仅强调因袭，而且拒斥创造。以主导的、沿袭至今的形式呈现的这一文化，妨碍了任何真正的进步。换言之，在我看来，阿拉伯生活要想复兴，阿拉伯人要想创新，就必须打破阿拉伯思想中这种主流的效仿机制，改变曾经和仍然在左右这种思想的认知和理解方式。”③

3.4 综上所述，阿拉伯伊斯兰价值观是一个十分复杂的体系，其中既包含许多优良传统和可贵品质，同时也存在不少制约社会进步的严重弊端。阿拉伯伊斯兰世界许多有识之士指出：文化观念的落伍是当今伊斯兰世界发展陷入困境的深层原因之一，阿拉伯伊斯兰民族迫切需要在已有的思想文化土壤上，重建合理、健康、适应时代要求的新文化和新价值观。

无疑，新文化和新价值观的重建，首先离不开以时代的眼光，

① http：//www.iifa-aifi.org/2031.html.

② ［叙利亚］阿卜杜拉·阿卜杜·戴伊姆：《当代阿拉伯思想观照下的阿拉伯思维》，载科威特《阐明》（Albayan）杂志2002年9月刊，第18页。

③ ［叙利亚］阿多尼斯著，薛庆国、尤梅译：《在意义天际的写作》，外语教学与研究出版社2012年版，第136页。

对传统观念作客观、冷静的审视和评价。在这方面，对宗教经典作与时俱进的再阐释，是一项势在必行的工作。在重估传统的基础上，取其精华，弘扬传统文化中传承下来的极为珍贵、具有恒久适用性和普世意义的价值观念，同时去其糟粕，剔除某些与时代不相称、妨碍社会进步的思想观念，并以伊斯兰文明黄金时期那种海纳百川的胸襟，吸纳其他文明的优秀成果，引入自由、理性、科学、法制、人权等当今人类共同珍视的进步价值观，通过审视、重估、扬弃、吸纳，实现阿拉伯伊斯兰价值观在新时代的重建与升华。

人类在现当代的遭遇与经验表明，只有将东西方文化的精髓相融合，才能为人类创造一个更合理的未来。虽然西方文明中的许多核心价值已显示出巨大的进步意义，但西方文化中过于强调维护个体利益的文化观念，以及片面的人类中心主义、狭隘的西方中心主义、贪婪的物质至上主义等，也导致了当今人类面临战争频仍、弱肉强食、物欲横流、精神空虚、道德沦丧乃至环境恶化等困境。如何在自由中引入公正，在理性中注入同情，为人权赋予责任，以道德辅助法制，即如何匡正有失偏颇的现代性，是东西方的有识之士都在苦苦探索的问题。在这方面，阿拉伯伊斯兰文明中许多优秀的精神遗产和价值观念，完全有可能为之提供宝贵的资源。这个曾为人类做出过巨大贡献的古老文明，能否在未来再现辉煌？让我们拭目以待。

保守与西化：日本核心价值观的现代转型

郭连友

1 前言

日本是亚洲最早实现现代化的国家。自明治维新以来，日本便开始主张向西方学习，“殖产兴业”、“富国强兵”、“开拓进取”成为那个时代最具代表性的口号。日本在学习、吸收西方物质文明和精神文明的同时，也没有完全丢掉本国的传统文化和价值观，这成为日本战后迅速崛起、发展成为发达国家和经济大国的关键要素之一。

考察日本的社会价值观演变以及其在近代化过程中所发挥的作用，对于我国构建和践行社会主义核心价值观无疑具有十分重要的参考意义。

2 “国家至上”的社会价值观——明治时期至战败

日本自古以来就十分注重学习和吸收外来文化，并将它与本国的文化融合从而形成日本特有的文化。如日本飞鸟时代的著名政治家圣德太子就曾经派遣遣隋使到中国，积极引进中国的先进文化、制度，制定冠位十二阶以摆脱氏姓制，不论出身只以才能高低为标准录用人才。同时还制定十七条宪法，吸收儒家、法家、道家思想，意图建立以天皇为中心的中央集权国家体制。圣德太子同时还积极引进和弘扬佛教，奠定了佛教在日本广泛传播的基础。

江户时代，德川家康积极倡导学习朱子学（即儒学、宋明理学），将其作为幕藩体制的官方意识形态，希望通过此举把作为统治阶级的武士培养成具有治国理想和有教养的士君子。在幕府的推动下，日本各藩纷纷设立藩校，向武士讲授“四书五经”，儒学思想一时深入人心，其核心理念“仁义礼智信”、“忠孝节义”等成为那个时代的主导思想和主流价值观。

在这种价值观的影响下，当西方列强叩开日本国门的时候，著名思想家佐久间象山便提出了“东洋道德、西洋艺术”的思想，即在保持和继承日本传统价值观的同时，学习和吸收西方的物质文明。这种思想和价值观直到明治维新后乃至现代社会对日本都产生了极大的影响。

1889 年，日本制定了明治宪法（1890 年实施），这部宪法又名“大日本帝国宪法”。该宪法规定日本天皇为国家元首，拥有至高无上的统治权力。从此日本开始了以天皇为核心的近代国家建设。

与此同时，日本明治天皇还颁布了一份重要的教育文件，即《教育敕语》（1890 年）：

朕惟我皇祖皇宗肇国宏远，树德深厚，我臣民克忠克孝亿兆一心，世济其美，此我国体之精华，而教育之渊源亦实存乎此。尔臣民孝于父母、友于兄弟、夫妇相和、朋友相信、恭俭持己、博爱及众、修学习业以启发智能、成就德器。进广公益、开世务、常重国宪、遵国法。一旦缓急则义勇奉公以扶翼天壤无穷之皇运，如是者不独为朕忠良臣民，又足以显彰尔祖先之遗风矣。斯道也实为我皇祖皇宗之遗训，而子孙臣民之所当遵守。通诸古今而不谬，施诸中外而不悖。朕庶几与尔臣民俱拳拳服膺咸一其德。

《教育敕语》出台的主要原因就是鉴于当时的日本教育偏重于欧美器物的介绍，而忽略道德教育。当时的日本政府及有志之士都认为，道德教育乃日本所固有，不可轻言废弃。故要求学生在学习时也必须培养、锻炼自身的道德与修养。

这里所说的道德修养的具体内容就是基于儒家学说的“忠君为国”思想，即“国家至上”的价值观。1891 年，《小学校教则大纲》中规定“德行的涵养乃教育上应最用意者也”，同时还规定“修身应以遵循《教育敕语》的趣旨启发儿童之良心，涵养其德行，授以其人道实践之方法为要旨”。并在全国的学校发放《教育敕语》誊本，在节日以及学校庆典活动中举办师生们奉读仪式[①]。

这种鼓吹以天皇为核心的国家体制，强调忠孝为本、以培养效忠天皇的臣民为主要目的的社会价值观在明治、大正、昭和三个时代均被置于主流地位，成为那个时代的核心价值观，直到 1945 年战

① ［日］广田佳彦：《道德教育的本质》，关西学院大学出版会 2017 年版，第 19 页。

败，这种价值观才被新的价值观所取代。

3 战后日本的社会价值观

第二次世界大战结束后，日本被盟军占领。在盟军的要求下，日本于1946年制定并公布了新的宪法（1947年施行）。这部宪法最大的特色是写入了三大基本原则，即尊重基本人权、国民主权（主权在民）及和平主义（放弃战争）。这三大基本原则背后，自由主义、民主主义及和平主义是作为这部宪法的三大理念得到尊重和保障。宪法还删掉了宣扬国家主义、军国主义的国体概念，天皇不再是国家的最高统帅和最高权力者，而是日本国以及日本国民的综合象征。同时加入了放弃战争等条款，因此这部宪法被称作和平宪法一直沿用至今。

伴随着新宪法的诞生，根据宪法精神，日本的《教育基本法》也于1947年制定并施行。《教育基本法》前言中这样写道：

> 我们已表示决心，首先制定日本国宪法，建设既有民主又有文化的国家，为世界和平和人类福利事业做出贡献。这一理想的实现，从根本上来说是取决于教育的威力。我们期望培养注重个人尊严并追求真理和爱好和平的人才，同时还必须彻底普及以全面发展和创造富有个性的文化为目标的教育。

《教育基本法》第一条中明确规定："教育应当以培养完美的人

格为目的；应当培养热爱真理与正义、尊重个人的价值、注重勤劳与责任、富有自主精神、身心健康的国民，使其成为和平的国家与社会的建设者。”

由此可见，贯穿在日本宪法和《教育基本法》中的尊重基本人权、尊重个人价值、保障个人自由、培养完美人格、个人尊严、爱好和平等成为战后日本社会的主流价值观。

2006年，日本文部科学省根据社会发展的需要，对《教育基本法》进行了修订。此次修订的《教育基本法》，主要是为了应对战后到现在日本社会出现的一些新的情况和新课题，如：科技发展、信息化、国际化、少子高龄化等。为了解决这些教育所面临的种种新课题，实现每个国民的丰富人生、使日本进一步获得发展并能为国际社会的和平与发展做出贡献，《教育基本法》规定了当今社会所需要的教育目的和理念。

新的基本法在原基本法的基础上又增添了不少新的内容，如“前言”中加入了“尊重公共精神，培养出具备丰富的人性和创造性的高素质国民”，“继承传统，推动以创新文化为目标的教育改革”等内容。

在第二条“教育的目标”中还规定了诸多新内容，这些内容比以往的教育法更加详细具体，如：

广博的知识和教养。培养追求真理的态度，具备丰富的情操和良好的道德，塑造强壮的身体。

尊重个人的价值，提高人的能力，培养创造性，养成自主自律的精神，并关注职业和生活的关系，培养重视劳动的态度。

重视正义与责任，强调男女平等，尊重自我与他人，并以公共精神主动参与社会的构建，培养用发展的眼光看待社会的态度。

培育尊重生命、珍爱自然、保护环境的态度。

培育尊重传统和文化、热爱祖国和乡土以及为国际和平与发展做出贡献的态度。

这里值得注意的是除了尊重人的价值、提高人的能力、道德素养、尊重他人、尊重生命、珍爱自然、保护环境以外，还特别强调了尊重传统和文化，热爱祖国和乡土，并为国际和平与发展做出贡献等新型社会价值观。培养爱国心也被重新提起，成为道德教育的内容之一。

这些价值观，应该说都反映了国家和政府的意志，通过小、中学的义务教育、德育科目、高等教育、家庭、社区等途径有目的地传授给青少年。

4　当代日本社会的价值观

考察当代日本社会的价值观，我们不难发现当代日本人具有如下四个方面的价值取向：

4.1　注重人际关系

日本人十分重视人际关系的维持和发展。具体表现为：强调

“以和为贵”，讲究融合和宽容；谦逊、谦让、低姿态；顾及他人的感受、照顾他人；注重人情、世故；老实、诚实；孝顺、忠诚；上下关系中重视礼节；尊重团队领导；重视道歉行为等。

4.2 重现世和实际利益、重行动

日本人有着强烈的现实利益的价值取向，并注重由此导致的行动和实践。具体表现为：追求现实利益；注重行动，强调努力、不屈不挠的精神；注重为实践赋予意义，如“茶道”、“花道”、“剑道”等。

4.3 与自然共生、共存

日本人能够从与自然的共生中感受到喜悦，同时，也强烈感到“诸行无常”。认同身边的大自然和社会环境是绝对的，不希望与其对立甚至改变它们。具体表现在：重视清爽、洁净；崇拜自然、崇拜高山；相信灵魂不灭；信仰咒术；信仰“天”、“天命”等。

4.4 情绪性的审美（感性）

日本人与自然共生的结果，磨炼出了丰富的直感性、直觉性、情绪性的审美（感性），并拥有细腻出色的“美意识”。具体表现在：直觉情绪性的感性——细腻情感的源泉；多愁善感；擅长绘画胜过文字——如日本社会漫画、动漫发达；无私；注重禅的“寂静”等。

除了上述价值取向以外，日本传统的价值观在当今的日本社会也依然有着顽强的生命力，无声无息地影响或制约着人们的行为模式、人际关系、社会秩序，并对日本社会的稳定和发展发挥着不可

小觑的积极作用。这些传统的价值观归纳起来有：勇气、名誉、知耻、礼节、礼貌、慈善、宽恕、恻隐之心、俭约、朴素、质朴刚毅、公正、正义、道义、武士道等。

从这些日本传统价值观的关键词中我们可以看到，这里既有本国传统文化的影子，也有吸收外来文化，尤其是中国传统思想和文化的痕迹。但是值得注意的是，这里所见到的关于价值观的关键词看似与中国的用语极为相似，但是仔细分析其内涵就会发现，这些概念是在历史发展过程中逐渐形成，其间已经受到日本文化的洗礼和日本人的重新诠释，加入了诸多日本传统文化的因素，并不完全和中国的概念一致。

以武士道为例，日本传统的武士道作为一种封建伦理思想，其本质就在于名誉与勇气，是一种为了名誉，不惧生死、舍身取义，成就事业的“心理准备”。（值得注意的是，传统武士道中以正义作为武士判断事物的标准，这与二战时期侵华日军所说的、为了不义的战争去死的所谓“武士道精神”有着本质不同。）江户时代初期，日本思想家山鹿素行及后来的新渡户稻造（明治时期思想家）进一步为武士道赋予了新的思想内涵，即在原有“心理准备”的基础上，吸收了儒家思想中的仁义、礼节、勇气、信誉、真诚、忠信等思想内涵[1]。武士道中的这些价值取向，为战后培养主体性的日本人，实现经济高速发展发挥了十分积极的作用。

---

① ［日］原聪：《日本人的价值观——构筑理解不同文化的基础》，镰仓春秋社 2013 年版，第 268 页。

5　结语

近代以来，日本的价值观经历了一次巨大蜕变，即由原来的国家至上、无视个人权利和自由、一味为建设军国主义国家服务的价值观转变成了重视人权、主张自由、民主、和平的西方式的价值观。

然而，日本在引进吸收西方价值观的同时，始终没有抛弃在其形成发展过程中与中国文化高度融合的日本传统价值观。这些传统价值观在日本的近代化、高速经济成长过程中发挥了积极的作用。即使在当代日本社会，这些价值观依然影响着日本人的生活、人际关系以及社会秩序。日本社会的多元价值观成为其价值观的主要特色。

通过考察分析日本社会主流价值观的具体内容和其在社会中发挥的作用，我们可以得出如下启示，即我国在构建社会主义核心价值观的时候，在敞开胸怀、学习国外先进思想和文化的同时，更重要的是从我国传统思想文化中整理和继承适合当代社会发展的优秀思想要素和精华。这样构筑起的、融中西文明为一体的价值观才会有更加旺盛的生命力，成为我们实现中华民族伟大复兴的精神力量。

新加坡核心价值观中的儒家元素

郭连友

1 序言

党的十八大报告（2012 年 11 月）明确提出“三个倡导”，即“倡导富强、民主、文明、和谐，倡导自由、平等、公正、法治，倡导爱国、敬业、诚信、友善，积极培育社会主义核心价值观”。“富强、民主、文明、和谐、自由、平等、公正、法治、爱国、敬业、诚信、友善”这 24 个字高度凝练和概括了党和国家、社会和公民层面的核心价值观。为了在全社会培育和践行社会主义核心价值观，中共中央办公厅又于 2013 年 12 月 23 日印发了《关于培育和践行社会主义核心价值观的意见》，要求各界把培育和践行社会主义核心价值观融入国民教育全过程和经济发展实践和社会治理中，并通过宣传、新闻媒体、网络、文化产品等手段大力弘扬社会主义核心价值观。

如何才能使这些核心价值观为广大民众所接受，使其根植于心，化为民族精神，进而成为人们的价值取向和道德规范，是摆在我们全社会面前的重大理论课题与现实任务。

亚洲四小龙之一的新加坡有着与中国近似的文化传统，在经济、社会发展和国家治理方面取得成功之后，为了加强多族群的国民对国家的认同感和归属感，同时也为了不让国民受到西方过度强调个人自由的价值观的影响，便着力构建起了国家核心价值观（共同价值观），并采取有力措施在社会上大力推广和践行，取得了良好的效果。考察和分析新加坡构建共同价值观的过程、共同价值观的内涵、特色和采取的具体措施，无疑对我国培育和践行社会主义核心价值观具有十分重要的参考价值。

2　新加坡共同价值观提出的背景

新加坡是 1965 年宣布独立的年轻共和国。新加坡国土面积 714.3 平方公里，总人口 531 万，其中居民 382 万，非居民 149 万。居民中，华族占 74.2%，马来族占 13.3%，印度族占 9.2%，其他种族占 3.3%。自独立建国以来，新加坡领导人和执政党（人民行动党）就开始致力于构建一个繁荣、发达、和谐的现代化国家。

新加坡由于有着近 100 年的英国殖民统治、日本占领、并入马来西亚等历史，在此期间新加坡国民饱受欺凌，心理和精神上受到巨大影响。在殖民统治时期，新加坡被灌入了不同的社会制度、文化、生活方式乃至价值观念。这种独特的历史使得新加坡国民缺乏国家、民族的认同感和归属感，价值观念、国家意识淡薄。同时，新加坡还有着复杂多元的社会结构。主要种族，如华人、马来人和印度人都有着不同语言文字、传统文化、宗教、习俗和价值观念。这种多元的种族结构和宗教信仰，极易产生种族歧见和宗教对抗，因此各民族间的融合始终是新加坡面临的重大社会问题。如何将不同的种族调和为统一的整体，形成种族一体化，使新加坡各种族产生归属感和责任感，在心理上认同新加坡这个国家，并为新加坡而奋斗，始终是执政党和政府无法回避的问题。

此外，经济的高速发展，使新加坡涌现了大量中产阶级，他们要求分享权力的呼声也日益高涨。经济社会的急剧变迁急需新加坡建立一套与经济社会发展相适应的核心价值，以满足人们的精神生活和价值追求。

还有一点更为重要，那就是西方的意识形态对亚洲价值观的冲击。新加坡通过学习西方的民主制度和先进的现代科技、企业管理等，顺利实现了经济的高速成长。但同时，西方意识形态也在侵蚀着新加坡的传统价值观。为此，新加坡领导人和执政党产生了强烈的危机感。1986 年 12 月 12 日，李光耀总理在新加坡国立大学发表演讲时指出："当有一天华人失去儒家思想的特质……我们将演变成另一个社会。随着我国的西化，儒家思想已逐渐式微。如果我们无法成功地保留儒家思想的一些基本价值观，我们将成为另一个西方式的意见纷纭的社会，并面临极大的困境。"① 1988 年 1 月 8 日李光耀在接受《日本经济新闻》访谈时再次强调："我并不以西方的生活方式为模式……我对这些社会的生活方式和文化不敢恭维。我们应该不惜代价抵御西方歪风的入侵。儒家伦理道德经过数千年的考验

① ［新加坡］吴元华：《新加坡良治之道》（国家治理丛书），中国社会科学出版社 2014 年版，第 61 页。

而历久弥新。如修身齐家，对朋友以诚相待，效忠国家等道德观，经得起中国、日本、韩国与越南数千年的考验，我们不应该任意舍弃。我们不应该任意颠覆基本的人伦关系。”①

为解决上述这些问题，1988 年 10 月，新加坡第一副总理吴作栋在对人民行动党年轻一代的演讲中，第一次公开建议新加坡应发展自己的国民意识，提出要制定一套各种族人民均能接受的共同价值观作为未来社会发展的基础，并号召在全国范围内开展新加坡共同价值观的大讨论。1989 年 1 月，新加坡总统黄金辉在国会演讲中指出：“传统亚洲价值观里的道德、义务和社会观念，在过去曾经支撑并引导我们的人民。现在，这种传统亚洲价值观已逐渐消失，取而代之的是西方化、个人主义和以自我为中心的人生观。”② 并首次提出了共同价值观的主要内容，后来经过广泛讨论，补充完善了黄金辉总统提出的四点基本共同价值观，形成了五条基本共同价值观。1991 年 1 月 4 日，吴作栋以总理名义向国会提呈《共同价值观白皮书》并获得了批准。

至此，整合不同族群的多元价值观念、凝聚社会普遍共识、强化公民国家认同的新加坡共同价值观宣告成立。

3　新加坡共同价值观的内涵

新加坡共同价值观由五句话、四十个字组成，即国家至上、社

---

① ［新加坡］吴元华：《新加坡良治之道》（国家治理丛书），中国社会科学出版社 2014 年版，第 61 页。

② 曹云华：《新加坡的精神文明》，广东人民出版社 1992 年版，第 44—45 页。

会为先，家庭为根、社会为本、关怀扶持、尊重个人，协商共识、避免冲突，种族和谐、宗教宽容。

第一句话“国家至上、社会为先”，主要讲的是在处理国家、社会、个人三者的利益关系时，国家利益是至高无上的，局部利益要服从国家整体利益，个人利益要服从国家和社会利益。国家和社会利益是在个人利益之上的，要求全体国民具备爱国主义精神和对国家发展的强烈责任感。新加坡也提倡人权，但是个人与国家和社会利益发生冲突时，个人利益要服从国家和社会利益。这和我们看到的西方社会过分强调“人权”、“个人自由”的观点有着很大的不同，这里更强调国民的社会属性，即对国家和社会的责任感。在此还可以看到其核心价值观对儒家思想的继承。如儒家思想中的“家国情怀”观念，即把国视为一个大家庭，一个命运共同体，倡导以维护群体和社会公共利益为最高价值的观念。

第二句话“家庭为根、社会为本”，主要讲的是家庭是社会的基本单位，是国家稳固的基础，提倡亲情、孝道和家庭责任。一个公民只有重视家庭、注重亲情、孝敬父母，才能遵守纪律、忠于国家和社会。国家的基本单位——家庭稳定了，社会才会稳固，才能为人们提供更好的生活环境，才能为老人和孩子提供更优越的生存空间。在儒家思想中，家庭关系是儒家伦理思想中的核心内容。儒家讲“五伦”，其中父子、夫妇、长幼都属家庭关系，在中国的传统社会中，君臣关系也和父子关系近似，朋友关系也与兄弟关系近似。可以说这句话很好地继承了儒家传统价值观。

第三句话“关怀扶持、尊重个人”，讲的是以人为本，让社会更加公正公平、更富人情味，让每个人都获得良好的教育环境、均等的发展机会、公平的财富分配。共同价值观一方面强调人的社会属性和社会责任，但同时也不否认人的权利，认为公民享有的权利是不容侵犯的，国家必须为公民提供平等的机会，国家发展所带来的财富也应当公平地分配。社会不仅要奖励工作、生活中的强者，也要照顾和保护弱势群体。这里不仅能看到来自西方的人权思想，同时也能从儒家设想的理想社会、民本思想以及王道思想中找到根源。如《孟子·滕文公上》中讲的“出入相友，守望相助，疾病相扶持”，以及《孟子·梁惠王上》中讲的王道思想①等。东方和西方的价值观在此得到了完美的结合。

第四句话“协商共识、避免冲突”，讲的是尊重民众的多元文化和多元诉求，用互谅互让、友好协商的精神化解矛盾、消除分歧、达成共识。在新加坡这样一个多种族、多宗教和多元文化的国家中，各种社会矛盾和利益关系十分复杂，思想观念也存在很大差异，因此，发生矛盾与分歧时，应该本着互谅互让、互相协商的精神化解矛盾，消除分歧。

第五句话“种族和谐、宗教宽容”，讲的是和谐共处是各族群赖以生存的基础，不同种族要和睦和谐，不同宗教信仰要包容宽容。在新加坡不同种族的人，在受教育和就业等方面机会均等，歧视少数民族是严重违法行为。新加坡有很多不同的宗教信仰，因此，新加坡政府强调各宗教之间必须容忍。

---

① “不违农时，谷不可胜食也；数罟不入洿池，鱼鳖不可胜食也；斧斤以时入山林，材木不可胜用也。谷与鱼鳖不可胜食，材木不可胜用，是使民养生丧死无憾也。养生丧死无憾，王道之始也。五亩之宅，树之以桑，五十者可以衣帛矣；鸡豚狗彘之畜，无失其时，七十者可以食肉矣；百亩之田，勿夺其时，数口之家可以无饥矣；谨庠序之教，申之以孝悌之义，颁白者不负戴于道路矣。七十者衣帛食肉，黎民不饥不寒，然而不王者，未之有也。”（《孟子·梁惠王上》）

在第四句和第五句中，我们都能看到儒家倡导的和谐社会的影子以及传统价值观在现代社会的应用。孔子讲的“君子和而不同”、“礼之用，和为贵”，孟子讲的“人和”，荀子讲的“群居和一”等均是主张和睦相处、和谐社会的思想。新加坡政府认为，这些传统思想和价值观在现代社会依然可以为解决矛盾冲突和种族之间的文化、宗教、信仰等差异发挥作用。

4 共同价值观的特点

考察新加坡的共同价值观，我们不难发现，它有如下三个显著特点：

第一点是注重和谐的价值取向。新加坡的共同价值观是由政府主导制定，自上而下贯彻执行的价值理念。它反映了政府希望构建和谐社会的治国理念和国家意志。共同价值观的核心精神是要通过每种社会构成（如家庭、社区、种族、宗教等）之间的和睦、和谐来维持和促进国家的稳定，和谐是国家稳定的重要手段。国家作为各种社会构成之上的总代表，扮演积极主动的协调者的角色。新加坡共同价值观所追求的和谐是通过突出国家、社会和家庭的地位，通过对社会上的弱小不幸者给予关怀、扶持，通过在文化上兼容并蓄，保存个性，发展共性，在遇到问题时，通过协商的方法共同解决，以及通过强调宗教与宗族的和谐共存和兼容并蓄来实现。

第二点是对儒家传统价值观的积极继承和发扬。新加坡特别对中国古代文化中的“八德”即“忠、孝、仁、爱、礼、义、廉、耻”

赋予了现代意义：所谓“忠”就是爱国，忠于国家，就是把国民培养成为具有强烈凝聚力的新加坡人；“孝”就是孝敬父母；“仁”与“爱”就是富有同情心和友爱精神，要关心他人；“礼”和“义”就是讲究礼貌和礼节；“廉”就是为官的德行，是做官的基本道德规范，它要求新加坡的官员树立为国、为众人服务的思想，要有为国为民牺牲的精神；“耻”就是指人们的羞耻之心，号召国民堂堂正正做人，为社会进步、富国强民做贡献。新“八德”吸收了儒家的精神，又超越了古代儒家的传统思想，融入了现代国家的价值观，因此更易于被新加坡各族人民所认同和接受。

共同价值观对儒家传统价值观的继承还表现在：在培养人方面从小就注重个人修养，正确认识和处理个人与家庭、个人与学校的关系以及正确认识和处理个人与社会、个人与国家和世界的关系。体现了儒家伦理重视家庭关系，由家至国、由家庭至社会，强调“修身、齐家、治国、平天下”的人生理念。

第三点是共同价值观的价值导向具体、明确、容易理解、具有可操作性。由于这个特点，政府的各项政策很容易和共同价值观衔接。如为体现“关怀扶持”的理念，新加坡建立起了四大保障体系，即公积金制度；“居者有其屋”计划；就业奖励和培训计划；保健储蓄计划、保健双全计划和保健基金计划“三保”计划。为倡导“种族和谐”的理念，政府规定每一组屋区要按照各种族人口比例进行配额，不许单一种族居住在一个组屋区。为倡导“家庭为根”的理念，政府规定子女与年迈父母同住或就近居住，在购买组屋时可享受一定的房价优惠和免税额度；子女探望父母时，可免除部分小区停车费等。

5 结语

新加坡执政党和政府经过多年的努力，构建起了融中西思想和价值观念为一体的共同价值观。为了推行共同价值观，新加坡政府采取了多种多样的举措，如：政府官员及公务员以身作则、为政贤明清廉；在小学、中学、大学通过道德和公民教育等手段贯彻和培育年轻人的共同价值观念；健全法制并制定周密的法律规定，教育和惩罚同时兼顾，以法促德；建立起社会保障及生活保障系统，政府为居民提供住房，保证人民的基本生活权利；建立起人民协会及社区组织，为居民排忧解难；对于重视家庭、孝敬老人的家庭在提供住房等方面给予优惠和奖励……

由于采取了上述行之有效的举措，新加坡的共同价值观作为国家核心价值观，实施二十多年来，逐渐被新加坡人民所接受和认可，在促进社会和谐、种族团结、培养归属感和国家认同、强化执政党地位、发展经济、稳定社会和人心等方面发挥了不可替代的重要作用。

新加坡在构建核心价值观以及在推行核心价值观方面的各项举措，对我国构建和推行社会主义核心价值观都具有十分重要的参考价值。借鉴和学习新加坡的举措和经验，其目的就是为了使我国社会主义核心价值观全面深入地根植于全国人民心中，形成人民对国家和民族的高度认同，并成为国家生存和发展的精神力量。

中篇

核心价值观国际传播研究

美国核心价值观的全球战略传播

孙有中　任　勃

美国核心价值观的国际传播最初主要依托于其公共外交机制。美国政府的公共外交活动可追溯到建国初期，但美国政府正式组织对外宣传活动始于一战时期，由成立于1917年的公共信息委员会负责对外宣传解释美国政府的战时政策。二战时期美国政府沿袭了之前的宣传策略，增设了对外宣传协调机构，这些机构所开展的有针对性的宣传工作及心理战有效瓦解了敌军士气，为美国取得战争胜利发挥了重要作用。

美国公共外交部门的价值观宣传活动在冷战时期达到一个高峰，此时主要负责文化交流活动的机构为艾森豪威尔总统设立的美国新闻署。整个冷战时期，美国新闻署组织了规模空前的公共外交活动，其支出资金数目庞大并保持逐年增长，工作人员数以万计，文化交流资助人数也是逐年增长，对外报纸刊物、电影电视广播覆盖的语言及地域范围逐年扩大，成为美国在意识形态和价值观领域对抗苏联、巩固资本主义阵营的主要阵地。

冷战结束后，美国凭借向外输出自由民主价值观取得西方世界意识形态的领导地位，政府组织的公共外交活动一度较为沉寂。“9·11”恐怖袭击的发生使美国政府认识到有必要将公共外交和对外宣传纳入国家安全战略，整合传播资源来应对恐怖主义的挑战。如小布什所言：“必须调整外交机构以加强与他国的沟通，我们也需要一个崭新的全方位的战略传播，来帮助全世界人民了解和理解美国。”[①] 美国开始依托于新的战略传播体系，更加系统、全面地对外传播其主流价值观。

1　美国价值观对外传播体系

战略传播的概念由美国军方于2001年首先提出，直到2010年奥巴马总统向参、众两院提交《国家战略传播构架》的报告，才系统阐释了美国战略传播的定义、性质、目标和实施路径，标志着战略传播体系的完全确立。根据美国国防部2006年《战略传播路线图四年防务评估》的定义，战略传播指集中美国政府资源和力量，统筹有关信息、计划、项目和行动使其与其他国家权力手段协调一致，从而理解并吸引关键受众，进而创造、强化或维护有利于美国国家利益和目标的环境[②]。根据以上描述，可以将美国的战略传播理解为“以形象塑造、态度转变、身份构建、价值认同为战略目标，将政策

① 高祖贵：《美国与伊斯兰世界》，时事出版社2005年版，第207页。

② Department of Defense of the United States, “Quadrennial Defense Review-Execution Roadmap for Strategic Communication”, Sep. 25, 2006, available at: http: //www. defense. gov/pubs/pdfs/QDRRpadmap20060925. pdf.

解释和文化交流有机整合为以形象构建为核心的外交行为规范系统”[①]。

根据战略传播体系的体制架构，白宫团队组成的国家安全小组（National Security Staff）负责政府部门间的协调工作，保证传播政策的统一性。国务院主要负责公共外交和公共事务，直接对国外受众进行传播。国防部则负责信息运作并为公共外交提供国防支持。国家情报总监（Director For National Intelligence）协调下的国家情报机构为战略传播提供外国民意测评和分析，提出传播建议。美国广播事业管理委员会（The Broadcasting Board of Governors）负责美国政府运营的广播机构对外传播。此外美国政府其他部门也在项目需要时为战略传播提供支持。这些国家机器在统一战略的协调下形成强大的传播网络，为战略传播提供了重要的组织基础。

从战略传播渠道上看，美国价值观的对外传播方式可以分为三个层面。第一层是政府严格控制的传播渠道，包括政府外交活动、白宫及其他政府网站发布的新闻，总统及其他政要的公开演讲、新闻发布会等。第二层是政府控制相对松散的传播途径，包括政府运营的国际广播、新闻媒体传播、文教交流等。第三层则是政府控制最少但重要性不可忽视的电影电视传播、文化娱乐传播等方式。就美国国内而言，这三个层面的传播主体之间经常会有矛盾冲突，例如美国的新闻媒体一直标榜去政治化和去意识形态化，并经常以揭发监督政府为己任，美国的电影电视、流行歌曲也常见嘲讽政府的题材，但它们在对外传播时无一例外都是在向外输出民主、自由、

① 于朝晖：《战略传播管理——冷战后美国国际形象构建研究》，时事出版社 2008 年版，第 87 页。

平等的美国核心价值观。在战略传播体系下，美国形成了从政府到民间、从政治到社会文化领域的全方位价值观对外传播网络，强有力地影响着世界其他国家对美国的价值认同。

2　美国总统联大演讲的价值观传播策略

一年一度的联合国大会既是多边外交场合又是各国价值观、意识形态对外传播的舞台。不同于在白宫网站或其他政府网站发布消息、举行新闻发布会等传播方式，联大演讲作为美国总统的对外传播渠道具有更加直接、直观、代表性强的特点，受到的关注度更高，白宫甚至会组织别国记者团观看总统的联大演讲来促进演讲内容的国际传播。美国历届总统都十分善于利用联大舞台宣传以美国核心价值观为内容的所谓“普世价值观”，从而维护美国的意识形态安全和制度安全，并借以证明美国霸权地位的正确性和合理性。

对克林顿、小布什、奥巴马三位总统的联大发言进行梳理可以发现，美国总统在联大演讲中传播美国价值观的策略具有以下特点：

首先，美国当代主流价值观是一个既丰富又相对复杂的系统，但美国总统在对外传播时会大大简化这些价值观，而选取其中最核心、最传统的民主自由价值观。例如克林顿时期的外交重在民主输出，克林顿在他的首次联大演讲中即引用罗斯福总统的话“对民主的渴望并非近代历史的产物，它构成人类历史本身”将美国的民主定义为具有普世意义的价值追求，并赞扬民主制度的建立是一切发展进步的基础[①]。小布什执政期间，美国外交以军事反恐为主要内容，对恐怖主义的讨伐和对中东国家的指责贯串小布什的八届联大演讲。小布什认为恐怖主义威胁到了自由的存在，美国武装干涉中东事务则是保卫并传播具有普世意义的自由价值观，只有听从美国的领导使国际安全得到保障才能让世界人民享有自由[②]。奥巴马在执政期间更是主打价值观外交，在演讲中延续了对民主自由的强调，并特别赞扬了美国社会的另一个核心价值观即平等[③]。简练而具有历史一致性的价值观更容易使人耳熟能详，在对外传播体系中也更容易保持上下一致性。

其次，美国总统在联大演讲中善于通过定位证明美国价值观的合理性与合法性。在美国总统联大演说中，占据“国际道义制高点”[④]，以美国价值观为坐标设定国际公共价值体系从而推广美国式的道义原则是基本套路。纵观三位总统的联大演说，可以发现其隐藏的逻辑是：因为美国创造并保卫了和平、发展、繁荣、进步的国际环境，世界人民才能够享受到民主和自由的秩序，而其他国家分别是美国秩序的“追随者”、“受援者”或“破坏者”的角色，因此美国理所应当地成为国际社会的领导者[⑤]和国际秩序的保护者。虽然

① Clinton，“Address by President Bill Clinton to the UN General Assembly”，Sep. 27，1993. https：//2009—2017. state. gov/p/io/potusunga/207375. htm.

② Bush，“Address to the United Nations General Assembly by President George W. Bush”，Oct. 3，2001. https：//2009—2017. state. gov/p/io/potusunga/207556. htm.

③ Obama，“Remarks by President Obama to the United Nations General Assembly”，Sep. 23，2009. http：//www. huffingtonpost. com/2009/09/23/obama-un-speech-text _ n _ 296017. html.

④ 冯峰：《美国官方话语的对外传播战略》，载《红旗文稿》2014 年第 6 期，第 23 页。

⑤ 周鑫宇：《美国领导人在多边外交场合的政治话语策略分析——以奥巴马第 70 届联大演讲为例》，载《现代传播》2016 年第 11 期，第 62 页。

美国的价值观体系并不具有全球适用性，美国的霸主地位也并不被所有国家认同，但当前世界许多国家在解决地区性冲突时仍会习惯性地向美国求助，这从侧面说明了美国的价值观和国际定位得到了比较有效的传播。

3 覆盖全球的电台广播、新闻媒体和网络新媒体

美国拥有全球最雄厚的媒体资源，其媒体数量和宣传的覆盖范围在世界上首屈一指，是美国对外传播的有力保障。国务院下属的广播管理委员会下辖美国之音、自由欧洲、自由亚洲、马蒂电视台、萨瓦电台和自由之声电视台等国际传媒机构，传媒网络既全面覆盖又有地区针对性。这些机构通过电视、广播、互联网等方式以六十多种语言向全球传播信息，每周受众量约 1.75 亿人次。①

以美国之音为例，组建于二战时期的美国之音从设立之日起就是美国政府对外宣传的专门工具。《史密斯-蒙特法案》和《美国之音章程》规定美国之音要面对世界受众宣传美国政策、介绍美国的社会文化、政治经济，服务于美国的长远战略利益，但不得向国内广播。“9·11”事件之后，美国政府对美国之音的预算投入不断增加，到 2016 年美国之音的年度预算达到 2.185 亿美元，用 47 种语言向全球发布信息，受众达到 2.366 亿人。② 就美国之音的传播策略而言，

---

① 吴飞、边晗、毕研韬：《美国国际传播战略的几个关键节点》，载《新闻界》2013 年第 8 期，第 30 页。

② https://www.washingtonpost.com/news/the-fix/wp/2017/01/26/voice-of-america-says-it-wont-become-trump-tv/?utm_term=.1fb49863bcdd.

从操作层面上看，美国之音会根据对外战略的需要及时调整报道内容和方式，增设新的报道语种使广播更具有针对性。从价值观传播和形象塑造策略上看，美国之音通过报道主题、信息来源、报道风格的选择塑造了“自我”与“他者”二元对立的形象：美国是自由民主理念的代言人，是普世价值的倡导者和先行者，而其他国家则是“被拯救者”①。这样的二元对立建立在“美国例外论”和美国价值观的基础上，通过向其他国家展示一个软实力和硬实力都很强大的美国来证明美国价值观的优越性和普世意义。

除了属于国家的广播媒体外，美国还拥有数量庞大的自营媒体。美国有线电视网、美联社等传媒巨头的分支机构遍布全球。以美联社为例，“在任何一天，全世界超过半数的人从美联社了解新闻……美联社把自己看作是全球信息体系的支柱……美联社拥有该行业最精密的数码照片网络、24 小时不间断更新的网上新闻服务、先进的电视新闻服务和美国最大的电台网络之一”②。虽然这些自营媒体并不受美国政府直接控制，但政府对这些媒介的力量极为重视。比如在伊拉克战争时期，美国国防部允许新闻记者全程“嵌入式”报道。这些新闻媒体的战争报道具有明显的二元对立特点和捍卫美国自由民主的色彩。通过这种有效引导，美国政府得以利用这些传媒巨头的话语主导力量，通过其遍布全球的分支向外传播美国价值观。

随着网络新媒体的兴起，美国政府也越来越重视通过新媒体传播。美国国务院下属的国际信息局是美国网络传播的主要执行者，

---

① 宋颖：《美国国际形象构建：美国之音新闻报道》，世界知识出版社 2012 年版，第 152—155 页。

② 转引自姚晓东：《如何向世界讲述中国故事——美国媒体国际传播的经验及启示》，载《江海学刊》2010 年第 6 期，第 106 页。

负责利用数字通信技术通过网络新媒体向国外公众介绍美国社会、美国价值观和美国政治体制，从而建立美国的良好信誉。美国信息局主要负责的网络外交工作包括数字化项目、美国空间项目和公共外交项目。在数字化项目中，美国情报局通过互动式社交媒体连接外国关键受众，如专家、意见领袖、社区领袖和政府官员；美国空间项目实现了数字化展示美国公共外交和领导人及其他社会精英讲话；公共外交项目与160多个国家的使馆、学校、图书馆等机构建立联系，每年吸引超过1600万人参与美国公共外交活动并获取美国文化价值观信息[①]。

4 面向关键受众的文教交流项目

不同于广播媒体传播的全面覆盖性，美国政府开展的对外文化教育交流项目针对的是由大学生、教师、文化精英组成的知识分子群体。这个群体在美国的战略传播受众里属于关键受众群体。由于知识分子群体关乎一个国家的政策制定和国家未来，美国的文教交流旨在通过让这部分关键少数人群到美国亲身感受美国文化和价值观来争取他们对美国政策的理解和支持。这些文教活动是“服务于美国对外政策长远目标的最重要工具之一”[②]。美国国务院下设的教育与文化事务局是开展对外文教交流活动的专门机构，目前开展的

① 王维佳、翟秀凤：《美国政府是怎样输出价值观的》，载《红旗文稿》2016年第2期，第33页。

② 韩召颖：《输出美国：美国新闻署与美国公众外交》，天津人民出版社2000年版，第187页。

项目包括富布赖特项目、埃德蒙·马斯基研究生奖学金计划、青年交换项目、未来领袖交换项目、美国教育项目、文化遗产中心、科技女性项目等。

以富布赖特项目为例，美国政府支持的文教项目作为战略传播的组成部分以及价值观对外传播的重要途径具有以下特点：

首先，这些项目具有法律依据。富布赖特项目最早根据 1946 年的《富布赖特法案》设立，1948 年美国国会又通过了《史密斯一蒙特法案》作为补充，解决了富布赖特项目资金不足的问题。1961 年通过的《富布赖特一海斯法案》再次确定了富布赖特项目的合法性，解决了项目资金来源，并扩大了交流活动的范围，“更为重要的是，该法案使以富布赖特项目为代表的所有对外文化交流活动成为美国对外关系的一个重要方面”①。

其次，尽管这类文教项目仍然属于美国政府的公共外交工具，但保持了比较高的学术独立性，有效促进了国际学术交流。如今富布赖特项目每年资助 8000 名学生、学者、教师，覆盖 160 个国家，历史上最多曾与 180 个国家有过合作关系，共有 37 万人参加过富布赖特交流项目。受到富布赖特资助的人中产生过 33 位政府首脑、54 位诺贝尔奖得主、82 位普利策奖得主、29 位麦克阿瑟奖获得者、16 位总统自由奖章获得者，还有数千人在其他公私领域或非营利组织担当领导职位②。

从富布赖特项目所取得的成就来看，尽管该项目不为哪一个政党或某一届政府服务，不会迅速产生政治利益，但它作为美国战略

① 韩召颖：《输出美国：美国新闻署与美国公众外交》，天津人民出版社 2000 年版，第 192 页。
② https：//eca. state. gov/files/bureau/fulbright/index. html.

传播的重要渠道，使美国得以向世界其他国家尤其是制度和意识形态对立的国家传播美国价值观，从而在长远意义上维护美国国家利益。正如美国公共外交咨询委员会所说的，富布赖特项目“通过在全世界的学者之间建立友谊和信任，它造就了一批致力于加强国家间相互了解的领导人和舆论制造者”，“是对美国国家长远利益投资的一个典范”[①]。

5 影响全球的流行文化

《华盛顿邮报》曾在一篇题为《美国流行文化渗透到世界各地》的文章中这样写到：“美国最大的出口产品不再是地里的农作物，也不再是工厂里的产品，而是批量生产的流行文化产品，包括电影、电视节目、音乐、书籍和电脑软件，等等。”自从软实力的概念被提出后，电影电视、流行音乐等大众流行文化已不再被单纯地视为娱乐或商业产物，人们认识到大众文化是一个国家价值观和意识形态的重要载体。以电影为例，它不仅能够反映一个国家、民族或社会的意识形态，还能够通过影响大众心理和引导观众消费而使之潜移默化地接受其价值观或意识形态[②]。

从内容上看，美国电影，尤其是形成巨大产业的好莱坞电影在题材上高度多元化。这一方面是由于美国本身是一个移民国家，有多元文化的背景；另一方面也是文化产业跨国经营的时代背景下保

① 韩召颖：《输出美国：美国新闻署与美国公众外交》，天津人民出版社2000年版，第199页。
② 陈晓云：《美国电影话语霸权与意识形态神话》，载《当代电影》1998年第2期，第39页。

持全球高票房的需要。但是无论选题如何多元化，美国电影在价值观表达上都打上了美国烙印，即藏在“普世价值”背后的美国民主、自由、平等价值观。但是美国电影得以成功消除文化障碍并在世界广受欢迎的关键在于它“并没有过分强调影片的民族身份、国别身份和意识形态特征，而是很巧妙地在尊重各个国家文化自主性的基础上，更强调将整个世界上对于爱情、理想、正义等含义的共识作为其背景与题材资源，实现了文化心理的接近”[①]。

美国电影的巨大影响力建立在其无与伦比的市场竞争力和市场占有率的基础上。根据欧洲视听观察中心公布的数据，美国电影以6%的产量拿下全球80%的放映量，各国放映前十名的片单体现了美国电影的主导优势[②]。发达的美国电影业能有效提升美国价值观的国际竞争力和影响力，是美国对外传播的重要工具，因此美国政府虽然没有直接管理美国电影产业，却通过各种方式保持对电影业的大力扶持，白宫更是始终和好莱坞有着千丝万缕的联系。

首先，在法律上，美国有一系列完备的版权保护法，为美国电影的制作和传播解除了后顾之忧。其次，在经济上，美国政府不仅对电影业有诸多优惠的税收扶持，还通过国会拨款、国家艺术捐赠、基金会和国际电影节来间接资助电影业发展。此外，美国政府还运用外交、外贸手段支持美国电影占领国际市场。比如克林顿时期美国在关贸总协定谈判中要求欧洲降低影像业贸易配额以消除美国电

① 马隽：《跨文化视域下美国电影在全球的传播及其启示》，载《北京邮电大学学报》（社会科学版）2016年第6期，第21页。

② Crane，Diana. “Cultural Globalization and the Dominance of the American Film Industry：Cultural Policies，National Film Industries，and Transnational Film.” *International Journal of Cultural Policy*，2014，20，pp. 365—382.

影出口壁垒；小布什启动的“全球文化计划”中明确提出与美国电影协会合作；奥巴马政府与中国签订的文化交流协定都旨在保证美国电影对华出口和美国在华影响力。

6 结语

当代美国核心价值观的国际传播依托于美国实力雄厚的战略传播体系。传播过程具有以下特点：首先是多机构联合行动与协调运作，在统一战略的协调下，美国从政府机构到学术单位、私营企业、民间团体都被纳入对外传播体系中，对外传播内容上下一致，形成巨大合力；第二是在公共外交领域注重双向交流，使用潜移默化的手段有意识地消除文化壁垒，提高传播效果；第三是对受众进行准确定位并制定不同的传播策略，重视对国外受众的信息搜集和民意调查工作，传播策略根据现实变化进行快速调整。

当代英国核心价值观的整合传播

章晓英　王　岳

1　引言

自 19 世纪中叶以来，英国一直都很重视核心价值观的建设，并进行系统阐发。

早在 1855 年，英国保守党报刊《每日电讯报》就发表了《英国认同的核心价值观》社论，总结了十方面的英国核心价值观：法治、“君主在议会中”之主权、多元文化国家、个人自由、私有财产、制度、家庭、历史、英语世界和英国性格[①]。前五个方面体现了法制、民主、宽容、自由、公正的精神，这些精神内化于制度、家庭、历史、英语世界和英国性格五个方面中。《每日电讯报》于 2005 年又重新刊登此内容，把题目改为《英国人的十种核心价值观》，以强调传统英国核心价值观的重要性。另外，1998 年，在费边社（Fabian Society）出版的小册子《第三条道路：新世纪的新政治》中，英国前

① 沈伟鹏、孔新峰：《英国的核心价值观及其启示》，载《法制日报》2015 年 8 月 5 日。

首相布莱尔概括了四项核心价值观的内容，包括个人价值、机会均等、责任和社会意识，重点强调了自由、平等、尊重、宽容的精神。进入21世纪，英国重申核心价值观。2011年发布的旨在预防恐怖事件的新版《预防策略》对核心价值观进行了较为全面的阐述：民主、法治、个人自由、相互尊重、对不同信仰的宽容。

尽管在表述和细节上略有变化，英国核心价值观基本保持稳定的内容，可基本概括为自由、民主、法治、公正、平等、博爱。那么，当代英国是如何传播其核心价值观的呢？本文侧重从教育机构、宗教机构、传媒机构、国家领导人以及政府机构等五个方面展开分析。

2　当代英国核心价值观传播策略：整合传播

2.1　整合传播的定义

整合传播，也叫整合营销传播（Integrated Marketing Communication，IMC）。这个概念是美国西北大学教授唐·舒尔茨（Don E. Schultz）及其合作者斯坦利·田纳本（Stanley I. Tannenbaum）、罗伯特·劳特朋（Robert F. Lauterborn）在1992年出版的全球第一部整合营销传播专著《整合营销传播》（*Integrated Marketing Communication*）中提出来的。整合营销传播，是一个业务战略过程，即品牌传播活动计划，这些活动的受众包括消费者、顾客、潜在顾客、内部和外部受众及其他目标。具体地说，一方面，把一切传播活动都涵盖到营销活动的范围之内；另一方面，则将统一的传播资讯传达给消费者。所以，整合营销传播也被称为营销传播的一元化策略，即用一个声音说话（Speak With One Voice）。最终，所有的传播活动形成联动效应，共同发声，形成一个相同的声音。整合营销传播的目的并非只是追求短期的营销利益，而是追求品牌资产的长期积累。

在传播英国核心价值观上，英国采取了“整合传播”策略，让教育机构、宗教机构、传媒机构、国家领导人以及政府机构联动起来，通过多种传播形式和活动，并以适合不同群体的语言，向不同的社会群体，传递核心价值观的强音。

2.2 教育机构

英国基础教育阶段的受教育者是核心价值观传播的首要目标群体。传播管理者首先通过基础教育机构，尤其是英国中小学校和幼儿园传播核心价值观，从小抓起，潜移默化。

教育部、中小学校和幼儿园、社会团体三方联手，各司其职，共同推进核心价值观的传播和落地。

第一，政府出台政策，进行宏观指导。英国教育部先后出台正式文件，明晰核心价值观，并就核心价值观传播途径提出建议。根据《教育法》（Education Act）（2002）第 78 条规定，公立学校有责任通过课程培养学生的精神、道德、文化、智力和体育素养，积极传播核心价值观。

2007 年 1 月 25 日，教育部提出了全国中小学开展英国核心价值观的教育计划，规定 11 至 16 岁的中小学生学习有关英国言论自由、多元文化、尊重法治等核心价值观，并了解英国不同群体对英国社会的贡献等内容。其背景是2005年伦敦地铁大爆炸，制造地铁爆炸的案犯是在英国接受教育和长大的少数族裔青年，这令英国各界震惊。经过调查和反思，英国政府发现这些少数族裔虽在英国接受教育，但思想并未融入英国主流社会，于是英国政府决心加强“英国核心价值观”的教育。

由于2014年英国伯明翰帕克维尤中学（Park View Academy ）两名教师预谋将学校“穆斯林化”的“特洛伊木马”事件发生后，英国政府再次强调英国核心价值观，教育部进一步推行核心价值观教育。同年6月，英国教育部出台了《关于在学校中推广英国价值观的协商》(Consultation on Promoting British Values in Schools)①。同年11月，又出台了《在学校精神、道德、社会和文化（SMSC）框架下推广基本英国价值观》（Promoting Fundamental British Values as Part of SMSC in Schools)②。这两个文件从宏观层面指导公立学校在教育过程中强调和融入英国核心价值观。这些建议主要针对幼儿园、小学、中学等基础教育阶段。

《关于在学校中推广英国价值观的协商》对于英国价值观的定义依然沿用了2011年《预防策略》的表述，即民主、法治、个人自由、相互尊重、对不同信仰的宽容等五方面的内容，再次明晰了英国核心价值观的界定。这份文件重点说明了在教育中传播英国价值观的途径，即将价值观教育融入学校课程中，避免极端主义和歧视等相

① Department of Education. Consultation on promoting British values in school [EB/OL]. (2014-06-23). https://www.gov.uk/government/news/consultation-on-promoting-british-values-in-school.

② Department of Education. Promoting fundamental British values as part of SMSC in schools: Department advice for maintained schools [EB/OL]. (2014-11-27). https://www.gov.uk/government/uploads/system/uploads/attachment_data/file/380595/SMSC_Guidance_Maintained_Schools.pdf.

关内容的出现。

同时，《在学校精神、道德、社会和文化（SMSC）框架下推广基本英国价值观》的文件进一步提出具体建议。例如，课程内容要强调民主的优越性，民主和法制在英国的运行机制，其运行机制与别的国家的差异等；另外，学校委员会要践行民主，成员由学生选出，以便能倾听学生的声音；通过举行模拟选举传播核心价值观，给学生提供表达自我观点和辩论的机会；利用广泛的教学资源帮助学生理解多种不同信仰；鼓励学生举办课外活动，并通过课外活动传播核心价值观。值得一提的是，这个文件强调，在教育中推进英国价值观的责任在于学校管理人员和教师两个群体，需要从课程和管理两个层面入手。

第二，学校大力宣传，推动责任落实。在政府部门的引导下，英国的基础教育学校将推行价值观纳入教学目标和任务当中。在众多英国小学和幼儿园的官方网站上，都有一个板块叫作“推广英国价值观”，介绍各自学校如何向学生介绍价值观的含义，帮助其理解并接受。例如，在克兰伯恩小学（The Cranbourne Primary School）的官方网站中，“推广英国价值观”板块占据了学校简介中非常明显的位置。该板块不仅分别介绍了民主、法治、个人自由、相互尊重、对不同信仰的宽容五个方面的内容，而且还介绍了学校如何在不同年级通过不同的课程或活动传播推进核心价值观的落地。例如，在“民主”部分，该校网页强调了孩子们的不同声音会受到关注。具体做法是：2—6 年级的学生可以推荐和选举“优秀学生”，每年孩子们都有机会参加问卷调查，对学校运行提出自己的意见和建议等。在“法治”部分，网页强调法制是管理和保护大家的，学生们有责任维护法治，破坏法治要承担后果。具体做法是：学校邀请警察和救火队员向学生传递这样的信息。在“个人自由”部分，网页强调孩子们可以在安全的环境下做出自己的选择，并且学校会教学生了解、理解和行使自己的个人权利。具体做法是：通过“网络安全课程”和“个人、社会、健康和教育课程”教学生如何安全地行使自己的权利。在“相互尊重”部分，网页强调该校属于联合国儿童基金会下的“尊重权利学校”，教育孩子们其行为不仅关乎自己的权利，也关乎他人的权利，学校每个成员都要相互尊重。在“对不同信仰的宽容”的部分，该网页称学校所在地不是一个具有多元文化的地方，因此鼓励多元性。具体做法是：学校定期集会直接讨论多元文化建设问题，举办多元文化庆典活动，讲授“宗教教育（RE)”、“个人、社会、健康和教育（PSHE)”、“尊重权利学校奖（RRSA)”等教学内容，让不同信仰的师生分享知识，互相增加了解，同时经常带孩子们参观不同的教堂等。在此网页的最后有这样一句话，以示维护核心价值观的信心和决心：“在克兰伯恩，我们将对发表有违英国核心价值观的学生、教师或者家长，包括‘极端分子’的观点，积极提出挑战。”①

其他学校的“推广英国价值观”板块也基本遵循了这一方式，依据 2011 年《预防策略》中英国核心价值观的五个方面分别介绍自己学校在课程设置和课外活动中如何进行价值观教育。

不难发现，英国的中小学和幼儿园对于政府提倡的价值观教育非常重视和配合，并且因地制宜，将英国核心价值观进行符合自己

① “Promoting British Values.” http://www.cranbourne.herts.sch.uk/promoting-british-values.

学校情况的解读，并根据学生年龄特点设置适合的课程与活动，易于学生真正理解和接受，使价值观教育融入多种类型的课程和活动中，使学生在实践中接受价值观教育。

第三，社会团体助跑，提升教师素质。一些社会团队非常关注英国核心价值观在基础教育阶段的传播。例如，慈善机构“公民基金会”（Citizenship Foundation）对这一话题非常关注。该基金会不仅梳理了英国价值观的含义、如何教授、如何评估等方方面面，还面向小学教师提供价值观教育的培训课程。再如，“学校领导者的关键”（The Key for School Governors）是一个专门向学校领导层提供信息服务的组织。该组织从策略规划、课程设置等方面提供价值观教育的相关建议，例如，倡议学校将英国核心价值观融入学校整体氛围中，而非单单在某一门课中传播某一种价值观。实施这一倡议的具体途径包括尊重和倾听学生的声音，强调社会团结等；并且，该组织还建议学校应教授学生批判性探索社会和政治问题的技巧和知识，帮助学校更好地将价值观传播融入学校的整个教育过程中。

2.3 宗教机构

自近代开始，英国宗教就出现多元化趋势。目前，英国的宗教主要分为国教和非国教两大类。英国的国教是英格兰圣公会或安立甘教，非国教主要有罗马天主教、东正教、独立教会、伊斯兰教等，也包括犹太教、锡克教、印度教、佛教等。独立教会指那些不信奉国教的基督新教教派，如遁道宗、公理教主义者、浸礼派、长老派等。就英国核心价值观传播而言，英国国教和非国教（尤其是天主教）发挥了重要作用。

首先，英国国教发布相关文件，提供宏观指导。英格兰基督教教堂索斯韦尔和诺丁汉教区的教育委员会于2015年发布了《在英格兰学校的教会中推广英国价值观》[①] 的文件，指导学校教会如何向学生传播英国价值观。该文件首先解释了来自于英国教育部和教育标准局（Ofsted）的要求，以及对英国核心价值观和精神、道德、社会文化框架的界定；随后分析了这些要求和界定对于学校的意义，其中特别说明了英国核心价值观如何融合进宗教教育当中。例如，该文件说明，在宗教教育中，教师应以身作则，尊重每位同事的意见，践行“民主”，从而带动学生互相尊重，在学校中形成民主公平的氛围。最后，文件提出，学校的教会还应该采取其他行动，例如，价值观教育应在学校官方网站上得以体现，确保教职人员对价值观教育的认识和理解，强调应使学生接纳并融入多元文化、多元信仰的社会，并且提出教区教育委员会可为学校提供咨询和帮助，如指导寻找其他资源、提供宗教信仰路演活动信息、安排宗教团体参观等。

其次，天主教也鼓励天主教学校在其官网上推广英国核心价值观，解释自己的学校如何向学生传播价值观，进行价值观教育。以“好牧人天主教小学”（Good Shepherd Catholic School）为例，该校的网页对民主、法治、个人自由、相互尊重、对不同信仰的宽容五种核心价值观的内涵分别进行了阐释，并介绍如何在课程活动中践行核心价值观。其中，较为特殊的内容是“对不同信仰的宽容”。从幼儿园到六年级，不同年龄段的学生都将接受以不同宗教信仰为重

---

① Southwell& Nottingham Diocesan Board of Education. “Promoting British Values in the Church of England School” [EB/OL]. http://docplayer.net/32105873-Promoting-british-values-in-the-church-of-england-school.html.

点的价值观教育，如犹太教、锡克教、印度教、伊斯兰教、佛教等[①]，从而帮助他们了解和尊重不同的信仰。不同年级有不同的宗教教育重点。

值得一提的是，天主教会对英国核心价值观的传播并非从一开始就采取积极的态度。事实上，在《在英格兰学校的教会中推行英国价值观》[②] 的文件发布之前，教会曾表示过质疑。2014 年 11 月 13 日的《每日邮报》上曾发表过一篇有关英格兰教会批评教育部推行英国价值观教育的新闻报道，认为这是对“基督教的破坏”，扰乱了学校一贯的教育方式和目标[③]。但是，不久之后，2015 年 1 月 7 日在巴黎发生的针对《查理周刊》的恐怖袭击事件深深地触动了法国天主教，也触动了英国天主教。此次恐怖事件被认为是“对自由的进攻”，“对民主之战”，是针对欧洲共同价值观的野蛮暴行。在此背景下，天主教也意识到加强核心价值观教育的意义。

2.4 传媒机构

近年来，英国媒体对核心价值观传播非常关注。许多媒体都对英国核心价值观进行了报道和讨论，尤其是 2014 年英国教育部先后发布《关于在学校中推广英国价值观的协商》和《在学校精神、道

---

① Good Shepherd Catholic Primary School. “Promoting British Values at Good Shepherd” [EB/OL]. http：//www. shepherd. coventry. sch. uk/promoting-british-values/.

② Southwell& Nottingham Diocesan Board of Education. Promoting British Values in the Church of England School [EB/OL]. http：//docplayer. net/32105873-Promoting-british-values-in-the-church-of-england-school. html.

③ Laura Clark. British values drive in schools undermines Christianity，says Church [EB/OL]. (2014-11-13). http：//www. dailymail. co. uk/news/article-2833497/Church-England-criticises-plan-ministers-decide-British-values-taught-schools. html.

德、社会和文化（SMSC）框架下推广基本英国价值观》两个文件之后。但是，不同政治导向的媒体在报道风格上略有差异，总体上可分三大类：正面呼吁、讨论引导、冷嘲热讽。

以《每日电讯报》为主导的右派保守党媒体是传播英国核心价值观的先锋力量，一直积极正面地呼吁倡导英国核心价值观。早在1855年，英国《每日电讯报》发表了《英国认同的核心价值观》社论，总结了十方面的英国核心价值观。2005年7月27日，该报又发表了《英国人的十种核心价值观》。2014年6月11日，《每日电讯报》继续发表有关核心价值观的文章，题目是《定义国家的英国核心价值观》。

作为公共广播电台，BBC对英国核心价值观的报道以讨论引导为主，试图在政府和民众间搭建起对话的沟通平台。BBC既反映政府的声音，也反映质疑的声音，但最终回归到统一立场。2014年6月10日，BBC网页发表了一篇题为《在学校倡导英国价值观》的文章，对英国教育大臣麦可·果夫（Michael Gove）呼吁在所有学校倡导英国价值观表示支持。首先，文章开宗明义，表明BBC的目的是就英国教育大臣麦可·果夫要求所有学校倡导英国价值观的主张了解一下校长和校长协会的反应。文章接着说明教育大臣提出此要求的背景和原由：在伯明翰一些小学，人们担心穆斯林文化的渗透，即“特洛伊木马”事件。教育大臣针对此事提出要求，呼吁学生重视英国的基本价值观——“民主、法制、自由、互相尊重和对不同信仰和信念的容忍”，同时，文章强调卡梅伦首相支持教育大臣的观点。随后，BBC反映了校长们的不同观点和想法。例如，全国校长协会会长罗素·郝倍（Russell Hobby）认为“政治家对危机做出的回应总是令人疑虑”，重要的是将核心价值观融入办学过程中，没有必要单独开课讲核心价值观。英国中学和学院领导人协会副会长马尔科姆·特罗贝（Malcolm Trobe）则认为，学校已经在倡导英国核心价值观了，对大多数学校来说，教育大臣的呼吁不会有很大影响。倡导核心价值观不是让学生坐在那里学习就可以，而是要体现在办学过程中，体现在学校文化中。最后，文章话锋一转，指出无论教师们如何看待这个新的要求，教育大臣已得到卡梅伦首相的支持。文章以卡梅伦的话做结尾：“我认为麦可·果夫说的话很重要，我认为他的话会得到每个人的坚决支持，包括那些在英国定居安家的人。”

以“愤青报纸”著称的左派自由党媒体《卫报》在推广核心价值观的报道上，语气多冷嘲热讽。在 2014 年 11 月 27 日《卫报》发表的题为《学校“必须积极推广核心价值观”》文章中，该报指出，推广英国核心价值观与宗教学校，尤其是天主教、犹太教和伊斯兰教学校将产生冲突，因为推广核心价值观意味着世俗法高于教会法。此外，文章通篇都是“根据教育部文件”的字样，大段地引用文件原文，然后话里话外对其表示质疑，进行调侃揶揄。文章最后以全国校长协会会长罗素·郝倍（Russell Hobby）的话做结尾：“大多数学校会发现他们长年来都在‘积极推广’英国价值观。我们的建议是：不要有任何新动作，只要确保做好你正在做的事情。”

2.5 国家领导人

英国核心价值观时常出现在当代国家领导人演讲当中，尤其是在英国价值观得到大力传播的 2014 年之后。

早在撒切尔夫人执政时期，虽然撒切尔夫人并没有为英国核心价值观给出官方定义，但是她曾在演讲中提到自由放任和个人主义的维多利亚价值观。在1980年10月的保守党年会上，撒切尔夫人提醒全国特别是工会要避免像1978—1979年那样因罢工而导致的“不满的冬天”（the winter of discontent）出现，进而呼吁拥有一个“常识的冬天”（winter of common sense）。此处的常识指的就是“勤奋工作、勤俭节约、独立自主、社会责任感”等维多利亚价值观[①]，与当今英国核心价值观一脉相承。

英国前首相托尼·布莱尔曾指出：“英国是一个多族群、多种族、多文化、多宗教、多信仰的国家，英国的历史和国情决定了我们必须珍视自由、宽容、开放、公正、公平、团结、权利义务相结合、重视家庭和社会群体等英国的核心价值观。”[②] 在发表于2000年3月28日《卫报》上的题为《英国身份和社会——托尼·布莱尔英国演讲》一文中，布莱尔提出“基于价值观的现代化”的概念，并指出，“所有的价值观都指向一个目标，即实现国家的现代化，以新的姿态迈入21世纪”。在演讲中，布莱尔将英国核心价值观精炼归纳为四点——公平竞争、创造力、宽容、外向型世界观。他强调，“真正的英国性在于我们的价值观，而非固定不变的机构设置”。

前任首相卡梅伦曾在《自由大宪章》799周年之际撰文用通俗易懂的语言解读英国价值观[③]。他在文章中指出：“我所谈论的价值

① Bernard Garfinkel, *Margaret Thatcher*, London: Burke Publishing Company Limited, 1988, p. 63.

② 沈伟鹏、孔新峰：《英国的核心价值观及其启示》，载《法制日报》2015年8月5日。

③ Prime minister's Office. British values: article by David Cameron [EB/OL]. (2014-07-15). https: //www. gov. uk/government/news/british-values-article-by-david-cameron.

观——对于自由的信念、对于他人的宽容、接受个人与社会责任、尊重和支持法治——是我们应该每天都遵守的事情。对我而言它们和国旗、足球、炸鱼和薯片一样具有英国特征。”他也曾在其他场合用通俗易懂的语言讲述核心价值观，如在中国春节招待会演讲中提及尊重不同信仰与文化[①]，在印度排灯节招待会演讲中倡导文化和宗教包容性[②]，在联合国大会演讲主张反对极端主义[③]，在学校演讲中阐述极端主义的根源和应对措施[④]，并在社区安全信任主题演讲中强调英国价值观的意义和重要性[⑤]。他曾在一次演讲中高度赞扬英国价值观与英国特性：“在一代又一代中，我们在英国建立了某种卓越的事情——一种成功的多种族、多信仰的民主。这是开放的，多样的，热情好客的——这些特质与排队和谈论天气一样具有英国特性。”[⑥]

现任首相特蕾莎·梅也在各种场合的演讲中阐述核心价值观。首先，她在针对教育规划的演讲中谈到学校具有传播英国核心价值观的使命[⑦]。其次，在创建共享社会的演讲中，特蕾莎·梅向民众解

① Prime Minister's Office. Chinese New Year 2014：David Cameron's speech［EB/OL］.（2014-02-03）. https：//www. gov. uk/government/speeches/chinese-new-year-2014-david-camerons-speech.

② Prime Minister's Office. Diwali 2014：David Cameron's reception speech［EB/OL］.（2014-10-20）. https：//www. gov. uk/government/speeches/diwali-2014-david-camerons-reception-speech.

③ Prime Minister's Office. PM speech at the UN General Assembly 2014［EB/OL］.（2014-09-25）. https：//www. gov. uk/government/speeches/pm-speech-at-the-un-general-assembly-2014.

④ Prime Minister's Office. Extremism：PM speech［EB/OL］.（2015-07-20）. https：//www. gov. uk/government/speeches/extremism-pm-speech.

⑤ Prime Minister's Office. Community Security Trust（CST）：Prime Minister's speech［EB/OL］.（2015-03-18）. https：//www. gov. uk/government/speeches/community-security-trust-cst-prime-ministers-speech.

⑥ Prime Minister's Office. Extremism：PM speech［EB/OL］.（2015-07-20）. https：//www. gov. uk/government/speeches/extremism-pm-speech.

⑦ Prime Minister's Office. Britain，the great meritocracy：Prime Minister's speech［EB/OL］.（2016-09-09）. https：//www. gov. uk/government/speeches/britain-the-great-meritocracy-prime-ministers-speech.

释如何建立更加公平、团结的国家："关于我们想要建成的国家，我们拥有一个全面的计划。我们将建成一个财富和机会共享的国家；我们所有人，不管背景如何，都可以拥有相同的规则；无论父母如何获益，年轻一代都将享有相同的机会。"①再次，特蕾莎·梅还在英国脱欧协商演讲中解释了英国价值观，说明公投结果与英国价值观并不相互违背，强调了英国的包容性②。另外，在有关抵制极端主义的演讲中，特蕾莎·梅提到："这些价值观——比如尊重法治、参与和接受民主、公平、言论自由和尊重少数族群——被广大英国民众所支持。我们的许多地区和国家机构也秉承这些价值观。正是由于这些价值观，我们才得以成功建构一个多种族、多文化和多宗教的社会。"③

此外，英国女王伊丽莎白二世也曾在国会开幕大典演讲中提到，政府将继续致力于构建团结强大的社会，避免激进主义和极端主义。她说："我的政府将继续致力于团结社会群体，使国家社会更加强大。"④ 这也是英国价值观的重要部分。

英国价值观在首相演讲和女王演讲中得到了解释和传播。国家领导人用通俗易懂的语言通过演讲向全体民众直接传播，帮助公众理解英国核心价值观。

---

① Prime Minister's office. The shared society：Prime Minister's speech at the Charity Commission annual meeting [EB/OL]. (2017-01-09). https：//www. gov. uk/government/speeches/the-shared-society-prime-ministers-speech-at-the-charity-commission-annual-meeting.

② Prime Minister's Office. The government's negotiating objectives for exiting the EU：PM speech [EB/OL]. (2017-01-17). https：//www. gov. uk/government/speeches/the-governments-negotiating-objectives-for-exiting-the-eu-pm-speech.

③ Prime Minister's Office. A Stronger Britain，Built on Our Values. Home Secretary：A New Partnership to Defeat Extremism [EB/OL]. (2015-03-23). http：//www. gov. uk/government/speeches/a-stronger-britain-built-on-our-values.

④ Prime Minister's Office. Queen's Speech 2016 [EB/OL]. (2016-05-18). https：//www. gov. uk/government/speeches/queens-speech-2016.

2.6 政府部门

在政府部门，抽象的英国核心价值观变得具体可行。核心价值观通过具体的行为准则得以广泛传播。

在英国政府颁布的《公职人员行为准则》中，公共服务守则被概括为“正直、诚实、公正、客观”[①]，这与英国核心价值观的表述非常一致。而在政府支持的组织——英国文化教育协会（British Council）的官方介绍中，“推广英国价值观”更是直接被列为工作目标。该组织面向内部工作人员的《行为准则》中，包括五种价值观：赋予他人价值、正直、相互性、创造性和专业性[②]。这也可视为英国核心价值观的具体表达和延伸。在工作场合，英国核心价值观不再只是“民主、法治、个人自由、相互尊重、对不同信仰的宽容”这样简单的五个词，而成为具体、平实的举止和态度，在概念上得以具化，在内涵上得以深化。

3 结语及启示

英国主要通过五种途径合力传播其核心价值观——教育机构、宗教机构、传媒机构、国家领导人以及其他政府部门。其中，最为主要的渠道是教育，以基础教育为重点，从小抓起；宗教机构主要

① Cabinet Office. Directory of civil service guidance [EB/OL]. (2010-09-21). https://www.gov.uk/government/uploads/system/uploads/attachment_data/file/60996/guide-civil-service-guidance-volume-1.pdf.

② British Council. Code of Conduct [EB/OL]. (2015-10).

通过学校中的教会以及教会学校践行英国核心价值观；媒体则各有所长，既发挥舆论的导向作用，也发挥学理的思辨作用，帮助政府与公众建立对话的沟通系统；国家领导人演讲用通俗易懂的语言向公众解读和强调英国价值观的内涵和意义；英国公职人员行为准则与英国核心价值观的一致性保证了英国核心价值观可以通过公共服务得到传播。

从英国核心价值观的“整合传播”策略中，我们可以得到以下几点启发：首先，目标和受众定位。谁是核心受众目标？英国核心价值观传播以针对两个群体为主，即中小学生和政府公务员，进行精准传播。传播过程不是以内容为焦点，而是以受众为焦点。第二，传播主体的优化整合。谁有资质做好传播工作，把统一的信息传递给目标受众？英国核心价值观的传播主体呈多元化、高层次特点，包括教育机构、宗教机构、媒体机构、国家领导人以及其他政府部门，同时，传播主体特别是媒体与受众形成对话的沟通系统。第三，传播渠道的优化整合。通过什么样的渠道把信息传递给目标受众？除了媒体平台外，英国核心价值观的传播平台也是多元化的，与目标受众特点相契合，比如教会、课堂、各类活动、参观、公共演讲、《行为准则》等规章制度。第四，传播内容的优化整合。如何针对不同的传播群体调整传播内容？在英国核心价值观的传播过程中，传播主体针对不同的群体提供措辞不同但内涵本质相同的内容。例如，面对公众，卡梅伦运用了一个非常通俗的比喻：自由、法治、宽容、责任等价值观就像国旗、足球、炸鱼和薯片一样具有英国性。而对公务员来说，做到正直、诚实、公正、客观就是践行了核心价值观，因为“正直诚实”和“客观公正”是民主政治的基本原则。

综上，在英国核心价值观的传播中，教育担当了首要角色。以教育部为代表的英国政府首先提倡和要求在教育中传播英国核心价值观，并对其定义、形式、目标进行了说明；由于基础教育是政府倡议的主要对象，许多中小学及幼儿园也将推行英国核心价值观作为自身的重要使命，积极地在课程和活动中融入价值观教育；关注价值观教育的社会团体围绕英国核心价值观进行阐释，并服务于基础教育中价值观传播的具体实施；媒体一方面传达解释关于推行价值观教育的官方信息，另一方面也将来自教育工作者的质疑声音传播出去，成为有关价值观教育讨论的平台和通道。各传播主体有分工有合作，形成了一个相当有效的整合传播体系。

法国核心价值观的国内弘扬与国际推广

车　琳

众所周知的“自由、平等、博爱”经历了长期的酝酿和社会讨论，在19世纪中叶被确立为法国的核心价值观与共和国精神，此后在第三共和国时期以国家意志从社会精英阶层推广到社会各阶层，逐渐深入人心，历经第四和第五共和国而不断发扬光大，并且远播到其他国家和地区，形成具有世界影响力的意识观念。

1　国内传播——共和国箴言

1.1　宪法精神

现代法国的核心价值观经历了漫长的自我构建过程。法国大革命时期出现的“自由、平等、博爱”这三个词语经历了半个多世纪才终于同时出现在法律文件中，并以法兰西共和国箴言的形式被确立为公认的核心价值观，至今没有改变。1848年，法兰西第二共和国宪法第一次将“自由、平等、博爱”并列书写在前言第四条中：“它（法兰西共和国）的原则是自由、平等、博爱。它所依赖的基础是家庭、劳动、财产权和公共秩序。”从此，这三个词语所代表的法兰西共和国核心价值观不仅从文字上而且从法律意义上确定下来。在二战期间，维希政府曾经在短暂时期内以“劳动、家庭、祖国”替换之，然而很快于1946年在第四共和国宪法中重新确立“自由、平等、博爱”作为法兰西的精神象征和核心价值观，第五共和国宪法在此问题上坚持了同样的表述。可见，法国的社会核心价值观在约170年中一直被明确书写在宪法中，作为共和国精神而被不断弘扬，并产生永恒价值和深远影响。

1.2 大众宣传

从1880年开始，为了推行共和国价值观，法兰西第三共和国政府要求将“自由、平等、博爱”三个词语镌刻在各个政府机构建筑的门楣上方，办公大楼入口也必须悬挂国旗——三色旗。这一传统仍然保留至今。2013年，法国教育部《关于复兴共和国学校教育的指导纲领》强调：“在公立中学、协约管理的私立中学、小学正门墙上需镌刻法兰西共和国箴言，悬挂法国国旗以及欧盟旗帜。在上述学校机构里的显著位置需要彰示1789年《人权与公民宣言》。”[①] 2015年1月，巴黎《查理周刊》（*Charlie Hebdo*）遭遇恐袭事件之后，法国政府要求家家户户插国旗以号召全民团结，弘扬法兰西共和国精神。在国旗脱销之后，不乏灵感的法国人一时间以各种创意

① Vincent Duclert (dir.), *La République*, *ses valeurs*, *son école*, *Corpus historique*, *philosophique et juridique*, Paris, Gallimard, 2015, p. 396.

的方式在自家的窗户或阳台上展示出自制的“三色旗”。

除了官方机构和正式场合，法国人一向注重在广泛流通的物品上宣传共和国价值观。法兰西箴言因其只有 3 个单词组成，因此比较适宜于印制在小面积的物品上。比如，从 1848 年开始，就出现了印有“自由、平等、博爱”3 个单词的钱币，这一做法一直延续至今，无论是在使用法郎还是欧元的时代，硬币背面都印有共和国箴言。2013 年，法国造币局印制了一套可以收藏的纪念银币套装，面值 5 欧元，15 欧元一套。除了硬币之外，通行邮票也从来都是传播共和国箴言的理想渠道。“自由、平等、博爱”三个词通常会和共和国精神的代言人“玛丽亚娜”这一女性形象共同出现在邮票图案上。

1.3 节日与仪式

正式确立 7 月 14 日为法国的国庆节是 1880 年，距离法国大革命爆发已经过去将近一个世纪。从此，根据法律规定，国庆节放假一天，与传统的宗教节日一样，这说明作为世俗节日的国庆节开始具有重要意义。庆祝活动主要有两个内容：群众自发的活动，如燃放烟花焰火，而更加引人关注的则是官方组织的国庆阅兵仪式。一个多世纪以来，除了个别年份，阅兵式多在著名的香榭丽舍大街上举行，总统在凯旋门下向无名烈士墓献花，点燃火炬，军乐队演奏国歌《马赛曲》，法国空军飞行表演大队——法兰西巡逻兵从香榭丽舍大街上空飞过，飞机喷出的烟雾在空中形成蓝白红三色旗的图案。可见，体现法兰西共和国精神的各个元素都在朴素而庄严的仪式中得到了展示。

法兰西第五共和国的每一位总统在每年 12 月 31 日都会发表新年贺词。自从 1981 年密特朗总统第一次发表新年贺词以来，“共和国万岁！法兰西万岁！”便成为标准的结束语，历届总统的就职演说也以此语结束。在法国，共和国的建立来之不易，几经反复，迄今已是第五共和国，前四个共和国之间都经历了或是封建王朝的复辟或是革命或是战争，因此普遍意义上的共和国精神被法国人视为最高价值，因此被列在“法兰西万岁！”之前，而法兰西共和国作为共和国这一制度形态的代表也具有了典型价值。

正是通过这一系列仪式化的话语和行为，社会核心价值观才从抽象变为具体，从虚幻变得直观，才能够潜移默化地进入社会大众的思想意识中。

1.4 国家领导人的演讲

国家领导人是倡行主流意识形态的主要代表，法兰西共和国精神和价值观也充分体现在历届总统的演说辞中。首先，每一位法国总统就职演说和新年贺词几乎都会毫无例外地提及共和国价值观，其中出现频率最高的词是“自由”，其次是“公平”和“平等”以及“民主”，而对共和国核心价值观表述最多的是密特朗（François Mitterrand）和希拉克（Jacques Chirac）两位总统。密特朗1988年连任总统，正是法国纪念大革命200周年的前一年，他在就职演说中如是传播共和国价值观：“在永远时新的价值观建设事业中，在为自由、平等、博爱的奋斗过程中，每一个志愿者都是可贵的。我们明年将纪念大革命200周年，愿我们的国家永远保持共和国价值观的青春活力和光芒！”[①] 在当年的新年致辞中，密特朗总统说：“两个世纪前，

① 本文中所引用的法国总统演说文稿均源自 http：//www. vie-publique. fr/discours/selection-discours/网站。

法国向全世界发出了宣言，我们诚然引以为荣，但是亦有义务忠实于这个信念。”1989 年，密特朗总统在新年致辞中总结道：“我们今年非常自豪地庆祝了大革命两百周年，庆祝法国在争取自由、平等和捍卫人权的斗争中所起的重要作用。两百年过去了，同样的词语，承载着同样的希望，摧毁着欧洲仍然存在专政的国度的巴士底狱。”

1995 年，希拉克当选总统，他在就职演说中表示：“我决心以尊严、朴素和忠于共和国价值观履行即将开始的七年总统任期内的职责”，并且要捍卫人民的“自由”和“权利”，加强“民主”。这一年，在新年致辞中，希拉克表示法国人民正在建设一个“公平、团结和尊重共和国契约的法兰西”，“法国正视它的过去，它曾经的困难岁月和光荣岁月，它忠诚于自己的历史和价值观，并且决心捍卫之”。在 1997 年的新年致辞中，希拉克称自己是“共和国价值观的守卫者”。在第二年的新年致辞中，希拉克从另外一个角度表述道：人们需要一个“智慧、负责和确信自己的存在价值就是尊重共和国价值观的政权”。在 2002 年连任总统时，希拉克在就职演说中重申：“我忠诚于《人权与公民宣言》以来引导法国人民的人文理想，将坚持以自由、平等、博爱的信念指引政府各项行动。”可以说，希拉克作为一个传统的法国政治家，他在各个场合各种演讲中弘扬和传播法国的核心价值观。年轻一代的国家领导人奥朗德（François Hollande）在 2012 年的就职演说中也表示“以共和国的共同价值观为核心，使所有法国人平等和睦相处是本人义不容辞的责任”。

2015 年，法国连续遭受恐怖袭击之后，奥朗德 11 月 17 日出席位于巴黎的教科文组织大会，他在演讲中抨击了恐怖主义的野蛮行径，同时表示法国仍然会坚定地捍卫自己的价值观，即自由、平等、博爱以及文化多样性的主张，将会坚强地抗击恐怖主义行动。2017年5月14日，新当选的法国总统埃马纽埃尔·马克龙（Emmanuel Macron）发表了充满乐观激情和进取精神的就职演说，其中有多处提到法国在价值观上对世界的贡献："世界需要法国人民曾经带给世界的教益，即勇敢追求自由、努力实现平等、内心向往博爱。"尽管他承认"在过去的几十年里，法国陷入了对自身的怀疑，它感到自己的文化、社会模式和精神信仰都受到了威胁，它怀疑造就法国的一切"，但是马克龙号召法国人"一起战胜所有的恐惧与焦虑，为世界做出榜样，向人们展现一个民族如何坚守其民主与共和的价值与原则"。可见，法国国家领导人在国内国际场合对核心价值观的认同和宣扬是"自由、平等、博爱"这一思想传播遥远的渠道之一。

1.5 学校教育

总体而言，法国是一个非常重视在学校中推行价值观教育的国家，不过在不同的历史阶段，价值观教育的推行力度有所不同。2013年法国教育部《世俗性原则下的道德教育报告》梳理了这一发展历程："从1882年至1969年，法国在小学教育中贯彻了世俗性原则下的道德教育和公民教育"；在经历了20世纪60年代末的社会动荡之后，法国进入了一个社会价值多元化的时期，"从1969年之后，道德教育完全从小学教育阶段消失"，直到2000年重新恢复并逐步加强。

1.5.1 建立阶段（18世纪末－19世纪70年代）

直到法国大革命时期，在法国约80个旧省中，真正的法语使用者只有五分之一。为了宣传革命思想和《人权与公民宣言》，当政者曾经考虑以各种方言印制宣传手册，然而这个庞大计划终因成本高昂而搁浅。从此，法国历届共和国政府一直以推广法语为重要使命，只有统一语言，人民才能理解革命思想和共和国精神。为了推行国家的统一语言和共和国价值观，1792 年，法兰西第一共和国政府向各个地区的城市乡村派遣小学教师，他们被命名为“instituteur”，而这个词语派生于“国家机构”（institution）一词，可见教师被赋予了负责公民教育和传播国家价值观的崇高使命。

1848 年，在法国大革命的硝烟散去半个多世纪之后，法兰西第二共和国将“自由、平等、博爱”第一次写入宪法，共和国价值观终于正式确立下来。夏尔·勒努维叶（Charles Renouvier）教授受当时的公众教育部部长希波利特·卡诺（Hippolyte Carnot）委托，撰写了一本介绍公民教育的教材《人格与公民的共和国读本》[①]。这本书以师生对话的方式详细解读了法兰西共和国核心价值观，分析了“自由、平等、博爱”每一个概念的内涵，语言通俗易懂，讲解深入细致。不到 30 年，哲学家、政治家于勒·巴尔尼（Jules Barni）也应政府委托在 1872 年编纂出版了《共和国读本》[②]，讲授共和观念，以及“自由、平等、博爱”的本质内涵。

1.5.2 完备阶段（19 世纪 80 年代－20 世纪 60 年代）

在第三共和国时期，教育部长于勒·费里（Jules Ferry）多次在讲话中强调学校的世俗教育和宗教中立性[③]。历史学家、政治家

① Charles Renouvier，*Manuel républicain de l'Homme et du citoyen*，1848.

② Jules Barni，*Manuel républicain*，Paris，Germer，Baillière，1872.

③ Vincent Duclert (dir.)，*La République*，*ses valeurs*，*son école*，*Corpus historique*，*philosophique et juridique*，Paris，Gallimard，2015，p. 382.

让·饶勒斯（Jean Jaurès）在1888年发表《致共和国的教师们》，告诫广大教师所肩负的公民教育职责："他们将成为公民，他们必须知道什么是自由的民主，他们被赋予何种权利，国家主权交付给他们哪些义务。"[①] 1910年1月21日，他在议会进行了关于学校教育世俗化的演讲，此外也经常撰写相关文章发表在报刊上[②]。

1911年，教育家费尔迪南·毕松（Ferdinand Buisson）写道："学生在习得字母表、毕达哥拉斯定理之外还需要学习其他东西，这就是广泛的品行教育。共和国教师的尊严和学校的高贵之所在，就是要进行这样的教育，同时也不脱离大众教育的基础框架。"[③] 同年，在《小学教育新辞典》中，费尔迪南·毕松在"政治"词条下把公民教育与政治生活联系起来："这就是教育孩子要热爱自己的国家，遵守它的法律，履行自己的全部公民义务，而且首先就是要行使权利和政治义务。"[④] 他强调了共和国教师在公民教化方面的作用，"他协助、铺垫和将来共同促进了国民精神的发展，提高了国民的政治素质"，"共和国教师不参加竞选，然而他们塑造了选民"[⑤]。

1.5.3 从淡化到恢复阶段（20世纪70年代－21世纪初）

长期以来，法国青少年价值观教育依托于"公民教育"和"道

---

① Vincent Duclert (dir.), *La République*, *ses valeurs*, *son école*, *Corpus historique*, *philosophique et juridique*, Paris, Gallimard, 2015, p. 448.

② Vincent Duclert (dir.), *La République*, *ses valeurs*, *son école*, *Corpus historique*, *philosophique et juridique*, Paris, Gallimard, 2015, p. 397, 383.

③ Vincent Duclert (dir.), *La République*, *ses valeurs*, *son école*, *Corpus historique*, *philosophique et juridique*, Paris, Gallimard, 2015, p. 453.

④ Vincent Duclert (dir.), *La République*, *ses valeurs*, *son école*, *Corpus historique*, *philosophique et juridique*, Paris, Gallimard, 2015, p. 467.

⑤ Vincent Duclert (dir.), *La République*, *ses valeurs*, *son école*, *Corpus historique*, *philosophique et juridique*, Paris, Gallimard, 2015, p. 469.

德教育”这种二元结构，但是“教师们更容易忽视道德教育，而重视公民教育，因为后者更明确和具体，他们忘记了公民教育只有通过道德教育才真正具有意义和价值”①。而公民教育在 20 世纪 70 年代和 1985 年间同样缺失：公民教育在二战后进入初中教育，但是被纳入历史-地理课程中，直到 1985 年重新确立，并在 20 世纪 90 年代中期发展成旨在培育人格与公民意识的课程；而在高中阶段，则没有建立公民教育这一学科传统。从这个意义上说，2000 年在普通中学和职业高中引入公民、法律和社会教育成为一项革新举措，此后相继出台了一些相关教育法令，例如 2004 年《头巾法案》中写道："学校是学习和传播我们的共同价值观的最佳场所，是让共和国观念深入人心的最好手段。"② 2013 年颁布的《学校的宗教中立性宪章》重申："共和国价值观的传播是国家赋予学校的使命"，"国家赋予学校向学生传播共和国价值观的使命"，"所有工作人员有责任向学生传播世俗教育的含义与价值，以及共和国的其他基本原则"③。

直到近年来，法国教育界才重新开始重视道德教育。前教育部长佩永（Vincent Peillon）在一份呈交政府的报告中写道，"在世俗性原则下坚持道德教育是对能让我们在共和国中根据自由、平等、博爱之共同观念一起生活的规范和价值的认识与思考。它也应该是让这些价值与规范获得实践的教学"。他指出，"传授共和国价值观

① Jean Jaurès，cité in Pour un enseignement laïque de la morale，rapport remis au minsitère de l'Education nationale，2013. http：//www. education. gouv. fr/cid71583/morale-laique-pour-un-enseignement-laique-de-la-morale. html.

② Vincent Duclert (dir.)，*La République*，*ses valeurs*，*son école*，*Corpus historique*，*philosophique et juridique*，Paris，Gallimard，2015，p. 409.

③ Vincent Duclert (dir.)，*La République*，*ses valeurs*，*son école*，*Corpus historique*，*philosophique et juridique*，Paris，Gallimard，2015，p. 413—415.

是赋予学校的使命之一”，“所有学科的教学以及教育行为都是为了共同完成这一使命”[①]。佩永于是委托历史学家阿兰·拜尔古尼厄（Alain Bergounioux）等学者进行了一项调查，于2013年4月完成了一份《世俗性原则下的道德教育报告》。该报告对学校德育状况进行了调查和分析，就德育教学的目标导向和教学方式提出了建议。这份报告明确陈述了道德教育中的价值观内容：“基础的共同价值观应当包括尊严、自由、平等、团结、世俗性、正义、尊重和消除歧视”，并指出“上述价值便是现代人文主义的价值观，也是《人权与公民宣言》、1946年宪法和现行宪法中规定的法兰西共和国价值观”。报告认为“价值观教育是道德教育的核心”。报告强调这些共同价值是法国文化的历史遗产和传统，同时它们也与所处的和所要构建的社会共同发展，“世俗性原则下的道德教育就是要引导学生关注民主价值的与时俱进特性”，因此道德教育要“继承和创新”[②]。根据这份报告中的建议，2014年7月，法国课程高级委员会公布了具体需要实施的《道德与公民教育大纲》[③]。

1.5.4 加强阶段（2015年以来）

近年来，法国在移民和恐怖袭击中屡陷困境，在反思政策失误的同时也开始意识到原来的价值观教育受到当代社会条件的极大挑战，于是从温和转向激进，大力加强共和国价值观的教育和传播，

① 参见法国教育部网站 http：//www. education. gouv. fr/cid71583/morale-laique-pour-un-enseignement-laique-de-la-morale. html。

② 参见法国教育部网站 http：//www. education. gouv. fr/cid71583/morale-laique-pour-un-enseignement-laique-de-la-morale. html。

③ 参见法国教育部网站 http：//www. education. gouv. fr/cid86724/projet-de-programme-d-enseignement-moral-et-civique. html。

以保证共和国价值观的生命力。教育部在动员社会各界加入价值观教育的报告中指出："如今的社会正在失去方向感，出现了一种相对主义，导致各种价值观鱼龙混杂、良莠不分，尤其是近来的恐怖袭击事件对共和国价值观造成严重伤害，此时需要动员全体法国人民捍卫价值观，对全社会提出了要求，尤其是学校，学校的作用就是要推行世俗化教育。"①

2015 年初，法国教育部下发文件规定和宣传手册，要求强化世俗化教育与传播共和国价值观，并提出建立从小学到高中的新型公民教育课程体系、重视和提倡体现共和国价值观的仪式以增强公民的共和国归属感、加强法语教学、加强与学生家长的联系、充分调动社会资源、保护弱势群体和促进社会融合等 11 项举措，同时采取加强教师培训和考核、加强学生纪律监督、开发读本和视频资料等教学资源、调动高等教育与研究资源加强对中东和穆斯林世界研究等具体措施。从 2015 年 2 月 9 日到 5 月中旬，在全国举行推广共和国价值观的工作会议，相互交流情况和分析，确保 1 月 22 日教育部宣布的第一批措施落实到位。这一动员得到有力的落实：在 3 个月间，全国各个学区共举办 1325 场省市级会议，共计 80854 人参加会议，并于 2015 年 5 月 12 日举行了全国总结大会②。

法国教育部还将 2016 年定为"马赛曲之年"，因为 2016 年是《马赛曲》作者鲁热·德·利尔去世 160 周年。国歌《马赛曲》被认

---

① 参见法国教育部网站 http：//www. education. gouv. fr/cid85382/grande-mobilisation-de-l-ecole-pour-les-valeurs-de-la-republique. html&xtmc＝grandemobilisation&xtnp＝1&xtcr＝1。

② 参见法国教育部网站 http：//www. education. gouv. fr/cid85644/onze-mesures-pour-une-grande-mobilisation-de-l-ecole-pour-les-valeurs-de-la-republique. html&xtmc ＝ grandemobilisation&xtnp ＝ 1&xtcr＝2。

为是传承法兰西革命精神和共和国精神的重要载体，因此教育部要求学校帮助学生了解《马赛曲》的起源，理解歌曲内涵、探究《马赛曲》与法兰西格言“自由、平等、博爱”之间的内在联系等，以达到深入理解和内化共和国核心价值观的教育目的。可见，2015 年以来，法国的价值观教育被置于国民教育的重要位置。

此外，在法国的倡议下，2015 年 2 月 12 日召开了欧盟教育部长非正式会议，3 月 17 日在巴黎发布《关于提倡公民教育以及自由、宽容、非歧视教育等共同价值观的宣言》，宣言重申欧洲各国的共同价值观——尊重人的尊严、自由（尤其是言论自由）、民主、平等、法治和人权，提倡建设一个多元化、非歧视、宽容、公平、团结和男女平等的欧洲社会。

综上所述，法国虽然从未推行多元文化主义，但是一向推崇文化多样性，承认差异，包容多元文化，然而，异质文化仍然必须在共和国“统一不可分”的宪法原则下接受法国的主流价值观。然而，这一目标现在受到现实的挑战。如何处理文化多样性与共和国核心价值观之间的关系，这是目前法国价值观教育和传授过程中一个没有得到妥善解决的重要课题。

2　国外传播——法兰西精神

2.1　语言与教育

语言承载着一个民族的文化、思维方式和价值观念，也是传播一国文化和价值观的重要工具。法国对语言和文化推广的重视体现了法国人一向的精神传统，即自法国大革命以来自许的“肩负道义”之使命。作为一个在思想和文化上具有历史底蕴的大国，法国认为有必要将它的价值观念传播给世人。密特朗总统在1981年的就职演说中明确声称：“一个伟大的国家自然要拥有伟大的抱负。”

法语是一门重要的国际语言，曾经在17至19世纪成为欧洲上流社会的社交语言，进入20世纪在经济金融、科学技术领域受到英语的竞争。因此，历届法国政府，无论是左派还是右派，一直在语言教学和推广方面不遗余力。

在法国，法语推广是一个跨部委的工作。在政府机构层面，法国总统在法语国家与地区组织常务委员会中代表法国，并且出席两年一度的首脑会议。20世纪60年代，法国就成立了总理直接领导的“法语高级委员会”，汇聚了国内的语言专家，以强化语言保护政策，并坚持法语的纯洁性。面临在经济和科技领域以及日常生活中大量涌现的英语词汇，法国在20世纪70年代设立“新词语委员会”，创造可以替代英语词汇的法语新词。总理负责协调各机构之间的语言政策和措施，参与这项工作的主要有外交部、国民教育部和文化部。作为法语推广的主要职能部门，国民教育部不仅主管国内教育，还要管理分布在海外的文化研究机构和文化中心。法国文化部1989年设立语言司，协调法国的语言政策，负责推动法语推广，并且每年公布年报，陈述国际公约和协定中有关法语的条款在国际组织中的执行情况，以把握法语在世界上的地位。1999年，法国外交部成立国际合作与发展司，负责实施法国的对外文化政策，其下设的法语处专门从事国外法语推广。2009年6月23日，经法国参议院提议，设立了一个副部级联署办公机构——法语事务国务秘书处，负责法语推广、音像产品传播和对外文化关系。在立法方面，法国在1958年《第五共和国宪法》第二条中明确规定法语是共和国语言，在1975年和1994年先后颁布《巴-劳里奥尔法》和《图邦法》，对法语在教育、科技、商业、出版等领域的使用提出具体规定，例如明确限定电台和电视台播放非法语节目的额度。

在国际舞台上，法语曾长期是最重要的国际语言，直到一战后签署的《凡尔赛条约》出现，该条约以英、法双语签立，并且具有同等效力，从此结束了法语在国际条约语言领域的垄断地位。但是，法国多年以来一直保持着向国际组织输送国际职员的传统，以保证法国和法语在多个国际组织中的地位，尤其是在瑞士日内瓦的国际劳工组织、伯尔尼的万国邮政联盟、意大利罗马的联合国粮农组织以及位于巴黎的联合国教科文组织和世界经合组织，法语是具有重要地位的工作语言。尤其值得一提的是，由于是法国人顾拜旦（Pierre de Coubertin）创立了现代奥林匹克运动会，《奥林匹克宪章》第24条明文规定国际奥林匹克委员会的官方语言是法语和英语，当两种文本存在争议时以法语文本为准。为了维护法语在奥林匹克运动中的地位，法国政府一直以来坚持与各个主办城市签署关于在奥运会举办期间使用和推广法语的协定。这一点在北京2008年奥运会筹备和举办期间亦得到体现。

法国致力于在欧洲确保法语的国际语言地位。2002年，法国联合卢森堡、比利时法语区以及法语国家与地区组织联合制订了一个多年度行动计划，号召欧盟成员国的政府机构和官员以及各国常驻欧盟外交官在工作中更多使用法语。

此外，法国非常重视通过“法语国家与地区”（francophonie）这一概念来推广或至少是维持自己的影响。首先，广义的“法语国家与地区”泛指世界上在日常生活和交流活动中全部或部分使用法语的人群。据统计，目前法语是世界上使用人口第五多的语言，截至2014年，共有2.74亿人使用法语，占世界人口的4%，其中在行政、教育和日常生活中经常使用法语的人口2.12亿人，分布在40多个国家，其中54.7%生活在非洲。“法语国家与地区组织”是一个以语言为核心而形成的国际性文化组织和政治组织。1969年在尼亚美举行第一次大会时，法国戴高乐（Charles de Gaulle）总统委派文化部长安德烈·马尔罗（André Malraux）参加，此后“法语国家与地区组织”影响日益扩大。现在，该组织共有56个成员国家或地区，20个观察员国。进入21世纪以来，“法语国家与地区组织”继续把推广法语、语言和文化多样性作为首要任务，大力发展教育、培训、高等教育和科学研究，同时也把围绕可持续发展和协调发展开展合作作为重要议题，把促进和平、民主和人权作为使命。希拉克在2002年连任总统的就职演说中表示：“法语世界文化是自由、公平和文化的同义词。”法国虽然不是“法语国家与地区组织”的创办国，但是因其特殊地位而在这一组织中发挥着无可替代的作用和影响，法国政府保持与传统的法语国家之间全方位的密切联系。“法语国家与地区组织”是法国发挥从语言出发进而推广文化和价值观这一独特优势的重要平台。

此外，在国外，法国还努力塑造法语作为教育语言和文化语言的形象。法国高等教育越来越对外开放，注重吸引海外生源。1998年，法国外交部和国民教育部联合部分高校共同创立了法国对外教育专局，就是现在法国教育国际写作署的前身，对外宣传法国的高等教育，并提供留学法国的咨询服务以及开展法语水平测试工作。另外，一些公立大学逐渐在应用语言学学科下开设对外法语教学方向，以培养国内外有志于从事法语教学的师资。法国近年来大力吸引国外留学生，通过设立奖学金和学术交流机制培养能够与本国学术资源对话沟通或互补的国外学术精英。除了少数私立学校（尤其是商校）之外，法国绝大多数高校坚持以法语为教学语言，捍卫以法国为核心的法语世界文化，在意识形态、价值观念和思维方式以及文化认同上对外国学生施加影响。

2.2　驻外文化推广机构

如今法国不再是世界上头等的政治和经济强国，但是法国历来重视文化构建，其文化软实力仍然可以使其跻身于强国之列。法国拥有丰富的文学艺术遗产和不断推陈出新的创造力，大力发展文化产业。法国政府通过电影中心、图书中心对电影业和图书业的生产和发行给予资助。法国的文学、哲学、社会学、人类学等领域的学术思想以及艺术创作也是法国核心价值观传播的重要学术载体。此外，法国的美食、奢侈品、化妆品等吸引了世界各地的消费者。世界各地的人们对法国文化的欣赏和认同，也是对其内在价值观的认同。法国也拥有历史悠久的文化推广政策，致力于在国内外推广本国文化和发展旅游业，注意营造国家形象和以巴黎为代表的城市形象。法国每年举办 2000 多个文化艺术节，巴黎、斯特拉斯堡、马赛、里昂、阿维尼翁、戛纳等许多城市是国家级或世界级文化节举办城市或文化机构所在地。“巴黎时装周”从 1910 年举办至今，已经具有百余年历史。

文化外交是法国外交的特色和成功之处。法国驻外使馆均设有文化处，负责双方文化交流。它的另一使命就是向国外推广法国文化。20 世纪初，法国教育部依托大学资源，在国外建立了法国文化学院（Institut français），以学术讲座形式为国外公众介绍法国文化，第一个法国文化学院 1907 年出现于意大利佛罗伦萨。二战后，法国在海外又设立一批海外文化中心，传播法国文化。根据 2010 年 12 月 30 日颁布的法令，法国政府拓展了原来法国文化学院的工作范畴，使它成为法国外交部设立在海外的文化执行和推广机构，作为使馆文化处的业务延伸和补充，总部设在巴黎，法国原来的教育部长达克罗（Xavier Darcos）担任第一任主席。法国文化学院从普及学术的教育机构发展成组织多种文化活动的法国文化中心。原来设在欧美和中东各国的文化中心也从 2011 年 1 月 1 日开始统一使用“Institut français”的名称和标识，二者的业务范围逐渐统一。现在，这一文化传播机构网络遍布世界各地，在全球 96 个国家设有分支机构①，开展文化讲座、艺术展览、文艺表演、电影放映等多种活动，并且设有多媒体图书馆和法国书店，为所在国公众亲近法国文化提供渠道和便利。尤其在全球化的当代世界，法国人以“文化特殊性”和“文化多样性”为原则捍卫自己的文化大国地位，宣传对自由、平等的精神追求。

法语联盟（Alliance française）是法国对外推广法语和法国文化的一个重要机构，1883 年创建于巴黎。当时，刚刚从普法战争的创伤中恢复过来的法国决定在全世界恢复法兰西语言与思想曾享有的

---

① http：//www. institutfrancais. com/fr/faites-notre-connaissance-0.

地位和荣誉，于是建立了一个非盈利性的语言文化推广机构——法语联盟。虽然其性质属民营机构，但是历届法国总统都是其名誉主席。法语联盟总部设在巴黎，由基金会经营管理。其经费来源是政府资助与自筹相结合，组织完善，又充分与当地资源有机结合，其灵活的办学模式具有很大的发展活力。如今，法语联盟已经发展成为一个法语语言与文化传播的全球性网络机构，800 个学校分布于 132 个国家和地区，学员最多时达 42 万名[①]。根据法语联盟基金会与法国外交部签署的协定，法语联盟与设立在各个国家和地区的法国文化学院（法国文化中心）联合成统一的海外文化推广机构。法语联盟的首要使命是从事法语教学，根据不同受众的需求提供各种有针对性的课程，其学员有儿童也有成年人，他们的学习动机多种多样：工作需要、旅游、移民，也有人学习法语仅仅是因为爱好法国文化。法语联盟在进行语言教学的同时还开展各种文化活动，弘扬法国文化，尤其是传播当代法国的文化形象。法语联盟每年都举办各种展现法国文化及创意的活动：流行音乐、古典音乐、戏剧、讲座、绘画、展览等，此外还组织法语广告之夜、音乐节、博若莱新酒节等活动。提供丰富多彩的法语课程和文化活动的法语联盟无疑是推广法国文化和价值观的又一个有效机构。

2.3 新闻媒体

法国历来将新闻媒体作为传播本国文化和价值观以及体现国家软实力和国际影响的重要手段。在 2006 年的新年致辞中，希拉克表

① http：//www.fondation-alliancefr.org/？cat=1.

示："法国在世界上承担一些特殊责任。法国的使命和荣誉就是为和平和正义发出坚定而独立的声音。"而下述成立于不同时代的新闻媒体就是传播法国价值观的有效手段。

2.3.1 法新社（Agence France de Presse）

法新社是一家历史悠久的国际新闻通讯社，其前身是法国富商夏尔·路易·哈瓦斯（Charles Louis Havas）于1825年在巴黎创办的一家国外报刊翻译社，很快更名为新闻社，经过收购其他几家新闻报道机构后，丁1835年成立了政治新闻通讯社，并逐渐将业务推广到欧洲其他国家。随着光缆、电报等通信手段的不断更新，此后的一个世纪中，法新社不断发展壮大，到1957年在法国境内开设了25家分社，海外设立59家分社，其中13家位于法国的殖民地。法新社1958年在北京设立办事处，到20世纪末，位于世界各地的办事处达到112家，目前已经在全球200个国家设有150个办事处和50个通讯记者站，在巴黎（欧洲与非洲）、华盛顿（北美）、蒙得维的亚（拉美）、尼科西亚（中东）、香港（亚太）分别设立5个地区中心。法新社在其发展历程中力争保持其独立性和中立性，根据1957年1月10日国民议会通过的法律，法新社是"一个根据商业规则保证运行"、"具有民事资格的独立机构"。它由一个16人组成的董事会进行管理，但是需要注意的是其中3人是法国总理、经济和财务部长、外交部长委任的代表。法新社并不是直接面向大众的媒介平台，但是它的新闻会被其他媒体订户所购买，从而被引述或转载，对世界舆论产生一定影响。

2.3.2 法国国际广播电台（Radio France Internationale）

1931年5月6日，在巴黎国际殖民博览会之际，法国创立了殖民广播电台，面向法国海外领土和殖民地的1000万听众，分布在非洲、亚洲和美洲，每天播送13—24小时的法语节目，15分钟的英语和西班牙语新闻节目。1938年5月更名为世界广播电台，用30种语言对全球广播。1940年初仍然使用20种播音语言。二战期间中断，直到1945年元旦在戴高乐将军的支持下以“对外广播节目”的名义恢复运行。此后，从1947年到1975年，法国的对外广播宣传没有得到政府重视，在60年代世界各国国际广播电台的实力中排名17。1975年1月6日，法国国际广播电台在之前的基础上诞生，以非洲受众为重点（主要听众是非洲当地人民，而不是在当地生活的法国人）；2月份又创办了面向北美和中美的西部频道；4月创办了面向东欧和中欧的东部频道。从80年代开始，法国国际广播电台拓宽了覆盖面，几乎在世界各个地区都可以收听到，80年代末拓展到阿拉伯、日本和中国。1989年“政治风波”后，法国国际广播电台加强了中文编辑力量。1987年，它从法国广播集团中脱离出来，成为独立的国营公司。2010年7月，法国国际广播电台在非洲用豪萨语播音获得成功经验之后，又开始在非洲10个国家使用斯瓦希里语播音，2015年10月开始增设约4000万非洲人使用的曼丁哥语广播。目前，法国国际广播电台每半个小时进行一次10分钟的新闻播音，其间穿插20分钟的报道、访谈、辩论、体育、音乐等节目，在2012年每周平均制作327小时的节目。其资金来源有两种：一是用户听众缴纳的视听费，二是法国外交部的拨款。现在，法国国际广播电台是仅次于英国广播公司和美国之音之后的全球第三大国际电台，用法语和14种外语向全球24小时播音，全世界五大洲150多个国家每周约有3730万听众收听，其中非洲听众人数最多。

2.3.3 法语国际电视台（TV5MONDE）

法语国际电视台是世界上规模最大的三个电视网络之一（另外两个是美国有线电视网和全球音乐电视台），在法国外交部的倡议下成立于1984年2月2日，总部位于巴黎，最初由法国、比利时和瑞士的5家公立电视台联合组建，其名称中的数字5便来源于此。1986年，加拿大魁北克省亦有电视台加入其中。2005年9月19日，法语国际电视台第19次部长会议在比利时布鲁塞尔举行，签署了《电视台发展宪章》，确立其职责使命和运营模式。各方共同回顾了电视台的创办宗旨，即以多元方式在全世界推广法语视听文化资源，体现法语国家与地区文化的多边特性。根据宪章规定，法语国际电视台是法语世界文化的展示窗口，有责任推广文化多样性，促进法语国家之间的节目交流和出口，是一个重要的合作平台，要反映各国节目的代表性，表达法语国家影视领域的创造力，同时必须对世界时事进行体现法语世界角度的分析。法语国际电视台以法语为运行语言，但是提供12种语言的字幕。作为法国国家与地区组织的执行机构之一，法语国际电视台提供免费、互动的多媒体法语教学平台。分布在全球200多个国家和地区的2.9亿个家庭都可以收看到法语国际电视台，2016年的受众达到5000万，在2015年每个月有360万网民浏览该台的网络页面。1992年，法语国际电视台拓展到欧洲之外，开办了分别面向非洲、拉丁美洲和加勒比海法语观众的非洲频道和拉美频道，1996 年创办亚洲频道。2007 年 8 月，法语国际电视台在中国香港设立地区办事处。2013 年 1 月 27 日，法语国际电视台在美国设立第一个青少频道。2015 年 4 月 8 日，在时任法国外长法比尤斯（Laurent Fabius）的见证下，法语国际电视台专门设立了一个主题频道，名称是“法式生活艺术”，内容包括法国时尚、奢侈品、酒店、珠宝、美食、葡萄酒、设计、园林、建筑以及文化历史古迹等，面向中东和亚洲观众，提供英语、中文和阿拉伯语字幕。

法语国际电视台目前的主要资金来源是各个参与国家按照股份比例提供经费。以 2014 年为例，法国提供的经费占总预算的 70%，比利时和瑞士分别占 7%，加拿大以及魁北克地区各占 4%和 3%。近年来，也有非洲国家根据各自情况主动参与共建，此外，广告和协约用户也会带来少量收入。

2.3.4 法兰西全日新闻电视台（France 24）

24 小时连续播送国际新闻的法国电视台。早在 20 世纪 90 年代的海湾战争期间，不间断播送新闻的美国有线电视新闻网国际台（CNN International）显示出媒体在影响政治和公众舆论上的强大力量。法国国家领导人也提出创办“法国的 CNN”的宏大计划：2002 年，时任法国总统希拉克便希望法国能够成立一家可以与美国有线电视新闻网国际台、英国广播公司世界新闻频道（BBC World News）和卡塔尔半岛电视台（Al Jazeera）相媲美的法语国际新闻频道。2002 年 3 月 7 日，在一次参议院演讲中，他提到：“我们要有抱负创立一家大规模连续工作的法语国际新闻电视台，类似英语世界的 BBC 和 CNN。这对我们国家发挥国际影响力具有重要作用。”① 在一次采访中，希拉克再次表示：“像法国这样重要的国家必须要有对世界的看法，而且必须要传播这种看法，当然这种对世界的观察是与我们的传统相符的，与我们对文化、和平、人文思想和世界化的观念是一致的。”②然而，多方论证导致计划延搁，直到 2004 年 12 月 9 日，总理拉法兰（Jean-Pierre Raffarin）在一次新闻发布会上终于表态：“我决定采用法国电视总署和电视一台建议的联营公司方案。共和国总统倡议成立的这家新电视台将得到法国所有重要的公立和私营电视台的优势资源，必将有助于我们在当今世界上表达法国的看法，这比以往任何一个时候都显得必要。”③

法兰西全日新闻电视台于 2005 年 11 月 30 日正式成立，2006 年 12 月 6 日正式开播。仅仅一个月时间，电视台的网站就吸引了 250 万网民的关注，成为仅次于美国有线电视新闻网国际台和英国广播公司世界新闻频道的第三大国际新闻媒体。2008 年 11 月 12 日，法兰西全日新闻电视台荣获国际广播协会颁发的最佳国际新闻媒体奖。2010 年 10 月 12 日实现 24 小时全天候运行。2013 年 12 月，为了庆祝建台 7 周年，法兰西全日新闻电视台推出了一套新的节目，采用新的管理模式、网站、台标，其口号是“自由、平等、时讯”，直接模

① Jacques Chirac，“Discours de M. Jacques Chirac devant les représentants des Français de l’étranger”，http：//www. jacqueschirac-asso. fr/archives-elysee. fr/elysee/elysee. fr/francais/interventions/discours _ et _ declarations/2002/mars/fi002101. html.

② “Coup d’envoi de France 24”，sur le site du Nouvel Observateur，https：//www. lobservateur. fr/cambresis/2006/12/08/coup-d-envoi-de-France-24/.

③ “Déclaration de M. Jean-Pierre Raffarin，Premier ministre，sur les mesures contenues dans le ‘Contrat France 2005’”，à Paris le 9 décembre 2004，http：//discours. vie-publique. fr/notices/043003191. html.

仿了法兰西核心价值观的表述[①]。

新闻媒体的客观性与价值导向始终是一个难以厘清的问题。2010年2月22日，在科特迪瓦陷入政治军事危机期间，法国视听传播国家委员会“因不专业的新闻处理方式”决定停止法兰西全日新闻电视台的播送，称在一次当地报道仅有5人丧生的示威事件中，法兰西全日新闻电视台报道的死亡人数大大超过实际人数，指责其支持在野的反对党。

法国是世界上较早开始利用视听传媒对外开展宣传的国家之一，最早起步于20世纪30年代，并且带有很强的殖民色彩，之后的发展历程根据历届政府的重视程度和世界形势的变化经历了高低起伏。在20世纪90年代，对外广播电视媒体不仅是开展文化宣传的工具，而且被视作施展政治影响的地缘战略手段。不过，在过去的半个世纪中，英美传媒异军突起，影响越来越大，法国的对外传媒似乎凸显了力量分散缺乏统一领导的弊端。因此，2007年，时任总统萨科齐委托有关专家完成了一份关于对外传媒协调行动的方案，该报告提议成立一家股权公司，集中和协调法国所有从事对外宣传的广播电视媒体，即法国国际广播电台、法语国际电视台和法兰西全日新闻电视台。2008年4月，这家股权公司正式成立，暂时取名为“法国对外视听传媒集团”（Audiovisuel extérieur de la France），虽然这个机构是以企业的形式存在和管理，但是在创办方式和经营模式上充分体现了国家意志，并且在5月23日的一份协议中明确了该企业与国家之间的关系。“法国对外视听传媒集团”在创办之初隶属于外

① 这个口号的第三个单词将“博爱（fraternité）”换成了“actualité”，意思是新闻时讯不断更新。

交部，在 2010 年 1 月归属于文化传播部媒体和文化产业司管辖。2013 年 7 月，“法国对外视听传媒集团”正式更名为“法国环球传媒集团”，一个将历史与现今、将广播与电视以及其他多媒体手段汇聚一处，具有国际性影响的法国传媒机构正式形成。

总之，近年来，法国对文化与价值观的传播手段进行了重新考量，拓展与整合了视听资源与力量，力图与美国这样一个超级传媒大国相抗衡。这个行动首先是为了法国的“文化安全”，即“民族国家为了自身文化遗产、行为方式、价值观免于他文化侵蚀，拥有自身文化身份和文化特征而获得的一种‘安全感’”①。当然，作为一个文化和价值观的输出国，作为历史上具有国际影响力的大国，法国没有忘记昔日的荣光，努力在新的全球传播背景下争取“文化领导权”，维护大国形象，并将“自由”、“平等”、“民主”、“人权”等价值理念融入生活方式、精神与文化产品中，以不同视听形象和手段，在世界各地继续扩大自己的影响。

3　结语

价值观传播的有效性归根结底是由国家政治经济实力和文化实力决定的。从 16 世纪法国文艺复兴以来，到 17 世纪古典主义时期，为建设和发扬法语在欧洲的优势地位以及推广法国文化，法国诗人、作家和人文学者与朝政当权者可谓同心同德同力，共同缔造了强大

① 刘建明：《当代新闻学原理》，清华大学出版社 2003 年版，第 59 页。

的法兰西国家形象。18 世纪法国启蒙思想对西方国家无不产生重要影响，如今矗立在美国曼哈顿的自由女神像便是来自法国的礼物。19 世纪，法国建立了一个规模庞大的殖民帝国，在世界各地推广自己的精神遗产和管理模式，直到 20 世纪后半叶逐渐式微。如今，法国依然通过各种教育和文化政策，对内加强共和国精神教育，对外以一个“伟大国家”的意识理念努力将法兰西核心价值观作为“普世真理”推广到世界各地。

德国核心价值观传播的现实困境与路径创新

周海霞

1　“主导文化”之争

难民危机和欧洲范围内的多次恐怖袭击，使得包括德国在内的欧洲国家疲于应付，民众对于治安状况的担忧也日益增加。对此，德国内政部长托马斯·德迈齐埃（Thomas de Maizière）在《星期日世界报》（Welt am Sonntag）上发表了囊括十项标准的德国“主导文化”清单，以期促进难民融入当地社会。德迈齐埃认为，在共同的语言、宪法和对于基本权利的尊重之外，还存在一些使得德国人在内心深处能够凝聚在一起的东西，它们使德国人之所以成为德国人，使德国人能够区别于其他族群[①]。文章发表后，立即在德国掀起了一场激烈的辩论，而且该提案同时引发了来自执政联盟和反对党的强烈批评，即使在德迈齐埃自己的政党基民盟（CDU）内部也出现严

① 参见 dpa/Reuters/fst："Wir sind nicht Burka"：Innenminister will deutsche Leitkultur，2017-04-30，Zeit Online，http：//www. zeit. de/politik/deutschland/2017-04/thomas-demaiziere-innenminister-leitkultur.

厉批评的声音。当然，赞成的声音也是有的，主要来自德迈齐埃所属的党派基民盟内部，与基民盟共同执政的社民党（SPD）内也有部分支持的声音。例如，内政部官员沃尔夫冈·博斯巴赫（Wolfgang Bosbach）是德迈齐埃提案的支持者之一，他认为："鉴于目前大量来自其他文化圈的人员持续来到德国，我们必须自问，到底是什么将我们的社会凝聚在一起？"[①]德迈齐埃的竞争对手约阿希姆·赫尔曼（Joachim Herrmann）也表示，"不愿意融入德国的移民，最后的结果是必须离开我们的国家"[②]。

反对"主导文化"提案者的观点可以归纳为两点：其一是认为利用德国"主导文化"约束移民没有法律依据，并且否认存在德国"主导文化"；其二是认为德国不需要"主导文化"解决现实问题，德国的《基本法》已经能够为多元文化群体和谐共处提供导向和保障。

基民盟曾任秘书长鲁珀雷希特·波伦茨（Ruprecht Polenz）在电台公开表示明确拒绝"主导文化"这个概念，"因为这个概念与多样性的、丰富的、尤其是多元主义的和自由的社会不符"[③]。他认为，内政部长德迈齐埃提出的这种用来约束大众的"主导文化"在德国

---

① Ulrike Scheffer/Maria Fiedler：De Maizière wärmt eine alte Debatte aus Kalkül auf，2017-05-03，Der Tagesspiegel，http：//www. tagesspiegel. de/politik/diskussion-um-leitkultur-de-maiziere-waermt-eine-alte-debatte-aus-kalkuel-auf/19745414. html.

② Ulrike Scheffer/Maria Fiedler：De Maizière wärmt eine alte Debatte aus Kalkül auf，2017-05-03，Der Tagesspiegel，http：//www. tagesspiegel. de/politik/diskussion-um-leitkultur-de-maiziere-waermt-eine-alte-debatte-aus-kalkuel-auf/19745414. html.

③ Ulrike Scheffer/Maria Fiedler：De Maizière wärmt eine alte Debatte aus Kalkül auf，2017-05-03，Der Tagesspiegel，http：//www. tagesspiegel. de/politik/diskussion-um-leitkultur-de-maiziere-waermt-eine-alte-debatte-aus-kalkuel-auf/19745414. html.

宪法中找不到任何法律依据[①]。自由民主党（FDP）主席克里斯蒂安·林特纳（Christian Lindner）称，“我认为《基本法》就是我们的主导文化。《基本法》是向所有人开放的”[②]。社民党（SPD）党团联盟主席托马斯·奥珀曼（Thomas Oppermann）说道，“我们不需要新的主导文化”。他表示，值得讨论的是，未来如何贯彻植根于《基本法》的各价值项[③]。绿党主席西蒙·彼得（Simone Peter）也认为德国根本不需要关于主导文化的辩论[④]。联邦议会左翼政党党团联盟副主席炎·科特（Jan Korte）批评德迈齐埃的提案是“主导文化辩论的第一千次版本”，他认为德迈齐埃此举完全是为了网罗右翼选民，并且称这位内政部长忽略了一件事情，即只有《基本法》有效力，《基本法》里应有尽有[⑤]。

---

① 参见（作者不详），Heftige Debatte um Leitkultur，2017-05-01，Bild，http：//www. bild. de/politik/inland/thomas-de-maiziere/10-punkte-plan-heftige-debatte-um-leitkultur-integration-51536276. bild. html.

② 参见（作者不详），Heftige Debatte um Leitkultur，2017-05-01，Bild，http：//www. bild. de/politik/inland/thomas-de-maiziere/10-punkte-plan-heftige-debatte-um-leitkultur-integration-51536276. bild. html.

③ 参见（作者不详），Heftige Debatte um Leitkultur，2017-05-01，Bild，http：//www. bild. de/politik/inland/thomas-de-maiziere/10-punkte-plan-heftige-debatte-um-leitkultur-integration-51536276. bild. html.

④ 参见（作者不详），Heftige Debatte um Leitkultur，2017-05-01，Bild，http：//www. bild. de/politik/inland/thomas-de-maiziere/10-punkte-plan-heftige-debatte-um-leitkultur-integration-51536276. bild. html.

⑤ 参见（作者不详），Heftige Debatte um Leitkultur，2017-05-01，Bild，http：//www. bild. de/politik/inland/thomas-de-maiziere/10-punkte-plan-heftige-debatte-um-leitkultur-integration-51536276. bild. html.

2　旷日持久的德国“主导文化”辩论以及正名化需求

“主导文化”（Leitkultur）一词之所以在德国引发如此激烈的辩论，这是与德国的特殊历史背景密切相关的。德国因其第三帝国时期的纳粹历史，很长时间都压抑本国的爱国主义教育，德国民众的爱国情感和对自己国家的自豪感长期受到压抑。非常明显的一个现象是，德国民众敢于公开使用德国国旗表达爱国情感也只是近十年来的事情，尤以 2006 年德国主办世界杯为明显的转折点。相应地，德国国内的价值观传播相对而言也是比较低调的，尤其是在涉及外来的移民群体的时候，特殊的历史背景使德国政府不敢大张旗鼓地进行价值观传播。这点从“主导文化”概念今天在德国依然存在正名化需求，即可窥见一斑。“主导文化”在很多国家已是毋庸置疑的理念，因为在价值观和行为准则方面达成某种程度的基本一致性，是同一社会中的多元文化群体能够和谐共处的必要前提[①]。但是这个概念在德国却还仍然处于为自己正名的阶段，并且这个正名阶段已经持续了近二十年。需要指出的是，德迈齐埃的“主导文化”提案，不仅仅在德国政界遭到激烈批评，而且在公众和宗教领域也激起愤怒的情绪[②]。

“主导文化”这一概念第一次出现在德国公共政治话语中是 2000

---

① 参见 Bassam Tibi：Leitkultur als Wertekonsens. Bilanz einer missglückten deutschen Debatte，2002-05-26，bpb，http：//www. bpb. de/apuz/26535/leitkultur-als-wertekonsens? p=all.

② 参见 jdhz. /dpa/AFP/EPD-BAS：Leitkultur-Debatte：Kulturexperten verärgert，2017-02-05，FAZ，http：//www. faz. net/aktuell/politik/leitkultur-debatte-kultur-experten-veraergert-14996524. html.

年，当时也引发了德国社会激烈的辩论。2000年10月，时任德国基民盟/基社盟党团联盟主席弗里德里希·梅尔茨（Friedrich Merz）提出，移民应当适应“自由的德国主导文化”。梅尔茨认为“德国主导文化”包括《基本法》、德语以及一些价值项如平等[①]。那时“主导文化”这个概念一经提出，即被左倾政党视为种族主义的同义词[②]，现今对于“主导文化”的批评虽然已经有所缓和，没有人再将之打上种族主义的烙印，但是依然有很多人认为这个概念具有政治问题。例如德国主流媒体《时代》周报中有评论表示，提出“主导文化”就意味着划界和排斥，意味着将其他族群隔离在外[③]。2000年的辩论无果而终，2005年时德国联邦议会议长诺贝特·拉默特（Norbert Lammert）提出要继续此前过早中断的“主导文化”辩论。他认为2000年时“主导文化”辩论的内容本身在德国公众中是得到很多人认同的，但是“主导文化”作为概念本身却遭到应激反应式的抗拒[④]。此次尝试依然没有任何结果，一直到今天都是如此。但是从2000年之后，涉及移民在德国的融入到底该达到什么程度的问题时，“主导文化”这个概念就经常被提起[⑤]。可以说，用了将近20年的时间，“主导文化”这个概念也没有能够在德国实现合法性和为自己正

---

① 参见（作者不详），Heftige Debatte um Leitkultur，2017-05-01，Bild，http：//www. bild. de/politik/inland/thomas-de-maiziere/10-punkte-plan-heftige-debatte-um-leitkultur-integration-51536276. bild. html.

② 参见 Reiner Burger：Die Helden der Leitkultur，2015-01-10，FAZ，http：//www. faz. net/aktuell/politik/inland/kommentar-zur-wertediskussion-leitkultur-helden-13832779. html.

③ 参见 Kai Biermann：Antreten zum Integrieren!，2017-04-30，Zeit Online，http：//www. zeit. de/politik/deutschland/2017-04/leitkultur-debatte-innenminister-demaiziere-muslime.

④ 参见 Reiner Burger：Die Helden der Leitkultur，2015-01-10，FAZ，http：//www. faz. net/aktuell/politik/inland/kommentar-zur-wertediskussion-leitkultur-helden-13832779. html.

⑤ 参见（作者不详），Heftige Debatte um Leitkultur，2017-05-01，Bild，http：//www. bild. de/politik/inland/thomas-de-maiziere/10-punkte-plan-heftige-debatte-um-leitkultur-integration-51536276. bild. html.

名，所以此次德迈齐埃提出“主导文化”，又一次引发激烈争论。

实际上，关于“主导文化”概念的辩论更多是政治问题。反对德国“主导文化”提案的人认为，“主导文化”这个概念的出发点是存在匀质的民众群体，并且预设一种“自我与他者之间的主导/从属的关系”[①]。而德国人作为族群与其他族群之间的主导/从属关系，恰恰正是德国政治和历史的禁忌，所以“主导文化”概念在德国的正名化过程阻力极大，历经20年依然还处于辩论阶段。有反对者提出，应使用“多元文化”（Multikulturalismus）替代所谓“主导文化”，即主张多种文化并存，但没有哪一种文化占据主导地位[②]。两个概念差异的关键在于是否要求移民适应德国文化。

如前文所述，德国“主导文化”概念的反对者认为，德国社会多元文化群体和谐共处所需要的具有约束力的一致性导向框架，是业已存在的，并且是具有唯一性地位的，即《基本法》。他们认为《基本法》就是德国的主导文化[③]，认为《基本法》中已经规定了社会共处所需要的所有条件，拒绝《基本法》之外的任何提案[④]。对于德迈齐埃此次重新提出“主导文化”，有报道如此评论道：德国是有成文的主导文化的，那就是《基本法》，但是德迈齐埃不引用，而非

---

① 参见 Bassam Tibi：Leitkultur als Wertekonsens. Bilanz einer missglückten deutschen Debatte，2002-05-26，bpb，http：//www. bpb. de/apuz/26535/leitkultur-als-wertekonsens? p=all.

② 参见 jh：Multikulturalismus und Leitkultur，2014-01，Brandenburgische Landeszentrale für politische Bildung，http：//www. politische-bildung-brandenburg. de/node/9901.

③ 参见（作者不详），Heftige Debatte um Leitkultur，2017-05-01，Bild，http：//www. bild. de/politik/inland/thomas-de-maiziere/10-punkte-plan-heftige-debatte-um-leitkultur-integration-51536276. bild. html.

④ 参见 Reiner Burger：Die Helden der Leitkultur，2015-01-10，FAZ，http：//www. faz. net/aktuell/politik/inland/kommentar-zur-wertediskussion-leitkultur-helden-13832779. html.

要使用那些不成文的行为准则[①]。对于《基本法》的这种绝对忠诚，“主导文化”提案的支持者们称之为“爱宪主义”，或者“忠宪主义”（Verfassungspatriotismus）——德国的《基本法》就相当于德国的宪法。

3 “主导文化”与价值观的联系及价值观传播的困境

根据霍夫施塔特的文化洋葱模型，文化最核心的部分是价值观[②]。位于文化洋葱外层的行为规则，都是由该文化的内核即价值观决定的，是价值观的外在反映。例如，德迈齐埃提出的十项标准，如应露出面孔、不穿罩袍，重视教育和应努力工作等行为规范和准则，实际上是由德国文化的价值内核决定的。因此，可以说“主导文化”提案在德国遭遇的现实困境，实际上也正是德国国内价值观传播面临的现实困境。在德国，《基本法》被视为德国核心价值观的根本性和总体性纲领，一切其他次生价值观和具体价值项都是从《基本法》中衍生出来的。德国的核心价值观被称为“自由民主的基本秩序”，并无关于核心价值观的具体明确的描述。德国忠宪主义者拒绝“主导文化”，认为只有《基本法》有效，实际上是立足于同样的出发点，即“主导文化”本质上是与价值观联系在一起的。

鉴于“主导文化”与价值观之间的密切关联，此次德国主导文

---

① 参见 Bassam Tibi：Leitkultur als Wertekonsens. Bilanz einer missglückten deutschen Debatte，2002-05-26，bpb，http：//www. bpb. de/apuz/26535/leitkultur-als-wertekonsens? p=all.

② 参见 Geert Hofstede/Gert Jan Hofstede：Lokales Denken，globales Handeln. Interkulturelle Zusammenarbeit und globales Management. 5. Auflage，München：dtv，2011，S. 8。

化辩论也绕不开价值观这个话题。赞成者认为，鉴于必要的社会融合进程，德国公民社会必须明确自己的价值导向[①]。

反对者则认为，不同的文化具有不同的价值导向，不应强行要求在德国生活的其他族裔顺应德国的价值导向，因为该要求不符合自由民主的基本秩序。更有甚者，有些反对者完全否认存在所谓"我们的价值"，因为这些"价值"没有法律根基[②]。

4　德国主要政党对于基本价值观的不同解读

德国官方不仅对于核心价值观或者基本价值观没有具体和明确的规定，实际上在"自由民主的基本秩序"框架下，德国各主要政党对于基本价值观的解读也是不同的，因而对于"主导文化"的态度和看法也不尽相同。下文以德国几个主要政党的基本价值观解读为例加以说明。

基民盟（CDU）：

基民盟认为，自由、公正和团结等重要价值项源自于基督教的人性图景。基民盟希望德国能够既信奉基督教根本教义，又信奉启蒙思想[③]。

① 参见 Britta Kanacher：Normen und Werte：Deutschland braucht eine Wertediskussion，2011-02-18，experto. de，https：//www. experto. de/bildung-karriere/sozialmanagement/normen-und-werte-deutschland-braucht-eine-wertediskussion. html.

② 参见 Caroline Fetscher：Diese Wirrnis ist antastbar，2015-10-12，Der Tagesspiegel，http：//www. tagesspiegel. de/kultur/deutsche-werte-diese-wirrnis-ist-antastbar/12436506. html.

③ 参见 Issio Ehrich：Werte，Wurzeln，Leitkultur，2009-09-19，Der Tagesspiegel，http：//www. tagesspiegel. de/politik/kultur-und-politik-werte-wurzeln-leitkultur/1602966. html.

社民党（SPD）：

社民党尤为强调法国大革命的理想，如今依然以其作为判断评价政治现实的依据，不过也对之有所发展。法国大革命追求的是“自由、平等、博爱”。社民党如今信奉的是公正，而非平等；团结，而非博爱。而且这些基本价值在社民党眼中是等值的，享有同等地位[①]。

自由民主党（FDP）：

自由民主党认为自由优先于平等[②]。他们信奉人具有创造价值的积极性，信奉行政国家可以从其主权任务的局限中汲取力量[③]。

绿党（Grüne）：

绿党认为使他们走到一起的是基本价值圈，而非意识形态。他们作为生态政党吸取了左倾传统、价值保守传统以及法治国家自由主义的传统[④]。

5 德国自下而上传播价值观的特色路径

鉴于德国国内价值观传播遭遇的现实困境，德国逐渐形成了自

① 参见 Issio Ehrich：Werte，Wurzeln，Leitkultur，2009-09-19，Der Tagesspiegel，http：//www. tagesspiegel. de/politik/kultur-und-politik-werte-wurzeln-leitkultur/1602966. html.

② 参见 Issio Ehrich：Werte，Wurzeln，Leitkultur，2009-09-19，Der Tagesspiegel，http：//www. tagesspiegel. de/politik/kultur-und-politik-werte-wurzeln-leitkultur/1602966. html.

③ 参见 dpa：Deutsche Werte：Heimat，Hymne，Herz und Weltoffenheit，2016-09-09，Focus Online，http：//www. focus. de/tagesthema/migration-deutsche-werte-heimat-hymne-herz-und-weltoffenheit _ id _ 5919002. html.

④ 参见 dpa：Deutsche Werte：Heimat，Hymne，Herz und Weltoffenheit，2016-09-09，Focus Online，http：//www. focus. de/tagesthema/migration-deutsche-werte-heimat-hymne-herz-und-weltoffenheit _ id _ 5919002. html.

己特色的价值观传播模式和特色路径，即参与模式和自下而上的路径。比如此次德迈齐埃在提出“主导文化”的同时也表示，德国政府层面无法推广德国“主导文化”，因此号召德国民众以身作则，践行德国“主导文化”，使之获得其他文化群体的尊重，从而得到推广。德迈齐埃的倡议，与德国价值观传播实践中实行自下而上的传播路径是一致的。

德国价值观教育的关键领域是青少年价值观教育，其中又以学校为价值观教育的重要场所。在青少年价值观教育中，参与模式是核心模式，强调青少年通过自身参与体验来获得和接受价值观，同时教师、同龄人群体、父母等重要联系人作为榜样的力量，尤其受到重视。虽然价值观教育在德国《基本法》、德国联邦州法律层面以及学校法层面都有规定，其本身是自上而下进行的，但是参与模式和强调榜样以身作则的理念，实际也渗透了自下而上的路径特点。

德国的价值观研究和传播的另一个重要领域，是对德国人认为重要的价值观进行跟踪调研。德国目前涉及价值观调研的已有项目数量众多，种类也各不相同，所涉及领域也非常广泛，比如既包括过去和当下被视作重要的价值观，也包括将来预期将被视作重要的价值观；既包括经济领域被视作重要的价值观，也包括社会和政治领域被视作重要的价值观；既包括私人生活领域被视作重要的价值观，也包括职场生活中被视作重要的价值观。

这些调研项目明确反映出德国价值观传播自下而上的特色路径：项目调研的出发点并非以说教的方式告知人们，应该重视哪些价值观或者必须遵循哪些价值观，而是以民众自己的判断为出发点，调研获悉民众眼中哪些价值观是重要的，并据之汇报当下社会自身的关注点及其发展变化，即并非自上而下教育民众该怎么做，而是自下而上向民众汇报现实社会发展趋势。例如，德国趋势研究办公室（Trendbüro）和民调机构TNS自2009年以来，追踪分析德国最受欢迎的网页、网络平台和博客中的帖子，每两年发布一次德国人眼中最重要的社会价值观排行榜——社会价值观指数（Werteindex），并对之进行横向对比，揭示社会价值观的发展变化；同时也应委托者和资助者要求，依据研究结果为其提供行业咨询报告，比如化妆品行业应该做出哪些与形势相应的反应[①]，也可以为企业管理层及品牌产业提供借鉴[②]。当然相关实体和部门可以自行从研究结果中获取自己所需的东西。2009年至2016年的调研结果如下图所示。

表1　德国社会价值观指数（2009－2016）[③]

价值项	2016年排序	2014年排序	2012年排序	2009年排序
健康	1	1	3	4
自由	2	2	1	1
成功	3	3	6	2
自然	4	6	9	6
共同体	5	5	4	10
家庭	6	4	2	3
安全	7	10	5	4

① 参见 Peter Wippermann/VKE-Kosmetikverband：Werte-Index 2012. Mit Vertrauen die Kundenschwäche managen，2012-06-12，http：//www. kosmetikverband. de/fileadmin/dokumente/vketreff/2012 _ vortraege/3351%20T _ VKE _ Kosmetikverband _ LOW. pdf。

② 参见 Peter Wippermann/Jens Krüger（Hr.）：Werte-Index 2016，Frankfurt am Main：Deutscher Fachverlag，2016。

③ 本表由笔者综合参照德国2009年至2016年的价值指数数据（Werte-Index）制作而成。重点参见 Peter Wippermann/Jens Krüger（Hr.）：Werte-Index 2016，Frankfurt am Main：Deutscher Fachverlag，2016，S. 10—11。

续表

价值项	2016 年排序	2014 年排序	2012 年排序	2009 年排序
认可	8	8	7	8
公正	9	7	8	9
可持续性	10	9	—	—
简单	—	—	10	7

德国诸多的价值观调研项目依据其自身的特点、调研用途等，可以分类如下。

根据用途不同：服务于商业用途、服务于个体行为导向用途、服务于职场行为等。

根据涉及领域不同：私人生活领域、企业经营服务领域、职场领域等。

根据涉及对象不同：青少年群体、14 岁以上人群、德国政治界领袖人物、企业管理人员、难民群体等。

根据调研聚焦时段不同：当下时段重要的价值观、将来时段预期重要的价值观、过去时段重要价值观的发展历程。

根据调研地域不同：全德国范围、联邦州范围、城市范围等。

根据调研方式和载体不同：调研网络媒体文字信息、人物访谈、电话访谈等。

上述价值观调研项目不仅反映了德国社会所重视的价值观发展动态，而且根据其调研领域和用途不同，在宏观、中观和微观三个层面发挥出重要现实影响。在微观层面，了解社会当下和未来哪些价值观被视为重要的，对于个体而言可以在一定意义上起到行为导向的作用。同时某些更具体的项目，如德国 SCOPAR 公司的年度

SCOPAR 项目会根据调研结果，给出关于日常生活和行为以及职场生活的具体建议[①]。从中观层面看，相关的价值调研项目一方面可以提供特定人群所关注和重视的价值观。如德国多家机构追踪调研青少年群体的价值观发展，调研结果有利于为那些与青少年群体相关的机构（如学校、青少年事务局、教育政策制定部门等）的专业职务行为提供参照和依据[②]。又如对企业高管群体进行的价值观调研，能够为从事企业管理的人群提供具体指导，同时又能够在经济领域促发和引导有关如何处理经济理性行为与伦理高尚行为之间的矛盾的思考[③]。也有机构基于社会价值观的发展变化，为特定的经济行业，如化妆品行业，提供客户需求变迁的一手信息以及行业发展趋势咨询报告[④]。在宏观层面，相关调研结果可以为国家相关部门制定政策提供一手的、最新的数据，因为只有了解民生民意，才能更好地把握方向，制定出有效的、可持续的政策。例如，在难民政策方面，政府可以通过民众所重视的价值观排序来考察现有政策是否顺应民意（调研结果显示，2017 年时“安全”对于德国民众而言已经成为最重要的价值观[⑤]），并据此决定是否应继续执行，还是应对其

---

① 参见 Juliane Bieger/Michael Jost/Jürgen T. Knauf/Markus Wendt：Sieg für die Ehrlichkeit! Verlässlichkeit und Respekt auf Platz 2 und 3!，2013-03-12，https：//www. scopar. de/fileadmin/media/download/Presse-News/scopar-studie-2013-werte-moral-ethik _ in _ unternehmen. pdf.

② 参见 Thomas Gensicke：Die Werte der Jugend，2017-04-17，http：//werteindex. de/blog/gastbeitrag-von-dr-thomas-gensicke-die-werte-der-jugend/.

③ 参见 Claudia Obmann：Welche Werte Top-Managern wichtig sind，2010-12-17，Handelsblatt，http：//www. handelsblatt. com/unternehmen/management/umfrage-welche-werte-top-managern-wichtig-sind/7530526. html.

④ 参见 Peter Wippermann/VKE-Kosmetikverband：Werte-Index 2012. Mit Vertrauen die Kundenschwäche managen，2012-06-12，http：//www. kosmetikverband. de/fileadmin/dokumente/vketreff/2012 _ vortraege/3351%20T _ VKE _ Kosmetikverband _ LOW. pdf.

⑤ 参见 GfK Verein：Werte：Wunsch nach Sicherheit wächst weiter，2017-01，http：//www. gfk-verein. org/compact/fokusthemen/werte-wunsch-nach-sicherheit-waechst-weiter.

进行相应修正。了解民众眼中的重要价值观排序，以及最重要的价值观所在，有利于政府在政策层面前瞻性地了解社会发展动向，进而对可能存在的社会矛盾和冲突以及政策挑战做出预判，并提前制定相应政策预案，或者建立应急机制。因此，德国有些价值观调研项目又被称作未来研究。同时，调研和追踪社会价值观发展动态，了解不同社会阶段民众所重视的价值观，包括过去的历史发展、当下被大多数人所重视的价值观、社会对于将来价值发展的愿景，也有利于增强社会认同和社会凝聚力，亦可在某种意义上服务于政策层面的社会舆论引导行为。

6 对我国核心价值观体系建设与传播的借鉴意义

德国国内价值观传播遭遇的与其本国特殊历史背景相关联的现实困境，在我国虽然并不存在，但是德国价值观传播实践中自下而上的路径特色，对我国建设社会主义核心价值观体系及其传播，依然具有一定的借鉴意义。

首先，借鉴德国自下而上的价值观传播路径，开展社会重要价值观调研，能够对我国社会主义核心价值观体系建设与传播提供良好的补充。在社会主义核心价值观体系框架下，获悉有关民众具体的社会价值观信息数据，有助于掌握社会发展动态，为政策制定提供依据，验证传播效果，促进传播政策调整和完善。自下而上的路径，能够使核心价值观体系的建设一方面更为贴近民生，而非高高在上；另一方面也更为具体化和细致化；并且有利于保持其与时俱进，成为动态的、发展的、自省的价值观体系，而非一成不变的、僵化教条的体系。以民为本的、动态发展的、具有自省能力的核心价值观体系，其传播效果也将更为有效。同时，如上所述，反映社会价值观发展的调研项目，对于政策部门预判未来社会价值观发展趋势，应对可能发生的社会变化以及制定政策预案，具有重要意义。

其次，在中观层面，自下而上的价值观传播路径，也有助于促进行业内部、亚群体内部、不同领域内部的自我组织式的价值观构建。例如，面向特定领域或者群体内部的代表性人物的价值观调研，在一定意义上能够促进其所在领域、行业或者人群的价值观讨论和传播，因为他们具有榜样的作用。同时相关的调研成果又能为行业或者领域的发展提供价值观指导，为制定具体行业政策提供依据，如经济领域中经济利益和道德伦理的关系，又如媒体工作伦理等。

最后，对于个体层面的价值观传播而言，自下而上的传播途径具有很高的信服力，个体比较易于接受身边的榜样或者同群体内其他成员现身说法式传播的重要价值观，并且从中获得具体的行为导向。

综上所述，自下而上的价值观传播路径在多个层面都能够对我国社会主义核心价值观体系建设及其传播做出贡献，能够为自上而下的传播行为提供良好的补充，也有利于我国政策层面把握社会发展动态，有效引导舆论，促进社会和谐共处，进而增强社会凝聚力。同时，这一路径也能够促进相关领域通过价值讨论和价值引导，实现更为理性的发展，也有利于个人从具体层面感知和体验社会主义核心价值观，并以之指导自己的具体行为，从而促进公民素质的整体提升。

重塑大国形象：当代俄罗斯核心价值观的国内外传播

戴桂菊

苏联解体前夕，共产主义主流意识形态从俄罗斯退出历史舞台。新俄罗斯独立伊始，便开始了政治转制、经济转轨和社会转型过程。为了消除苏联时期官方意识形态的影响，以叶利钦为首的激进民主派按照西方三权分立的模式在俄罗斯确立了总统共和制的国家权力体制并颁布了新俄罗斯首部宪法。该宪法以西方自由主义作为核心价值观，主张个人权利和自由高于社会和国家利益。进入新世纪以来，俄罗斯决策层不断在国家核心价值观中增添具有俄罗斯特色的价值取向，强化国家权力，突出爱国情怀，普及俄罗斯传统文化的核心要素——东正教伦理道德教育以及弘扬社会和谐与公民团结因素。由此，俄罗斯国家核心价值观从自由主义向保守主义转变。从塑造新型国家形象的意图出发，俄罗斯决策层面努力运用各种手段并充分调动各界力量，在国内民众中和国际舞台上宣传当代俄罗斯的核心价值观。

1　当代俄罗斯核心价值观的国内宣传与推广

1.1　通过立法手段向国民宣传核心价值观

新俄罗斯首任总统鲍里斯·尼古拉耶维奇·叶利钦直接将“人、人权和自由是最高价值”和“承认、遵守和维护人和公民的权利与自由是国家的义务”[①] 写入宪法，以便俄罗斯国民更好地了解和认识这种与苏维埃时期迥然不同的自由主义价值观。同时，为了使国民记住俄罗斯联邦宪法通过的日子（1993 年 12 月 12 日）和宪法内容，1994 年叶利钦总统颁令宣布 12 月 12 日为俄罗斯联邦新的国家节日——俄罗斯宪法日。苏联解体前夕的 1991 年 7 月 10 日，即叶利钦首次就任俄罗斯总统时，其就职誓词使用的还是带有苏维埃主流价值观色彩的内容。他强调在履行总统权限期间，首先要“遵守俄罗斯苏维埃联邦社会主义共和国的宪法和法律，维护国家主权”，然后才是“尊重和保护人和公民的权利与自由”[②]。1993 年出台的新俄罗斯宪法则对俄罗斯总统宣誓就职的誓词做了调整。它宣布在履行俄罗斯联邦总统权限期间，总统首先要“尊重和保护人和公民的权利与自由”，然后才是“遵守和维护俄罗斯联邦宪法，保卫国家主权与

---

① 《俄罗斯联邦宪法》第一编，第一章，第 2 条，Конституция Российской Федерации（принята всенародным голосованием 12.12.1993），документ доставлен http：//constrf. ru/. Дата сохранения：15.07.2015。

② Конституция РСФСР 1978 г.（в ред. Закона РСФСР от 24 мая 1991 г. № 1326-1），ст. 121-4.

独立，安全与完整”[①]。这充分体现了新俄罗斯核心价值观的重心转移，人和公民的权利与自由被提到了首位。1996 年 8 月 9 日，即叶利钦总统第二次宣誓就职时，首次使用了新宪法确定的誓词。此后，普京和梅德韦杰夫的历次总统就职仪式（2000 年、2004 年、2008 年和 2012 年）都使用了这一誓词。

1.2 通过强化仪式感等途径来促使国民普遍接受国家的核心价值观

依照俄罗斯联邦宪法，“俄罗斯联邦总统在就职时需要向人民宣誓，并且在隆重的气氛中，在俄罗斯联邦议会上、下两院成员和宪法法院的法官在场的情况下进行”[②]。俄罗斯联邦国家权力机构活动宣传法强调，总统宣誓就职仪式需要在国家级大众传媒上进行音频直播。新俄罗斯三位总统的六次宣誓就职仪式都通过第一频道、俄罗斯电视台、俄罗斯 24 频道、独立电视台以及灯塔广播电台等俄罗斯官方权威音视媒体进行了现场直播。况且，在每次总统宣誓就职前，都要经过多次彩排，努力将这一隆重仪式和重要时刻的每一个细节都做到尽善尽美，以便给国民留下深刻的印象。

自普京第一次入主克宫（2000 年）时起，“统一”的思想便成为新时期俄罗斯国家发展的主旋律。为了强调俄罗斯国民和社会的团结与统一，并且突出大国思想，俄罗斯总统普京于 2005 年颁令将旧

---

① 《俄罗斯联邦宪法》第一编，第一章，第 82 条，Конституция Российской Федерации（принята всенародным голосованием 12.12.1993），документ доставлен http：//constrf. ru/. Дата сохранения：15.07.2015。

② 《俄罗斯联邦宪法》第一编，第一章，第 82 条，Конституция Российской Федерации（принята всенародным голосованием 12.12.1993），документ доставлен http：//constrf. ru/. Дата сохранения：15.07.2015。

俄时期的莫斯科解放日[①]（11 月 4 日）宣布为新俄罗斯的国家节日——民族统一日。十几年来，每当民族统一日到来，俄罗斯总统总是要在克里姆林宫接见为俄罗斯国内建设和国际形象塑造做出突出贡献的国民及境外同胞，并授予其俄罗斯最高荣誉奖——俄罗斯英雄勋章。此外，还为那些关心和热爱俄罗斯的国际知名人士颁发普希金友谊勋章。这些活动的盛况也同样通过俄罗斯主流媒体向国内外传播。

众所周知，第二次世界大战是人类历史上最大的一次人为灾难，它是正义的世界各国人民战胜德、意、日法西斯邪恶势力的一场殊死搏斗。在这场战争中，苏联人民为战胜德国法西斯做出了不可磨灭的贡献。苏德战场是欧洲主战场，德国法西斯在此投入了 75%的军力。苏联以 2600 万国民的巨大牺牲为代价，最终取得了卫国战争的胜利，从而为第二次世界大战的结束发挥了举足轻重的作用。苏联在二战胜利中的贡献有目共睹，这也是俄罗斯作为苏联的最大继承国值得自豪和骄傲的地方。为了使俄罗斯的国家理念深入人心，加强国民的爱国主义精神教育，突出俄罗斯作为世界大国的地位，新俄罗斯继承了苏联时期在欧洲胜利日（5 月 9 日）那天举行隆重仪式的传统。如今，5 月 9 日仍是俄罗斯重要的国家节日。这一天，全民休息。人们走向街头，向无名烈士墓献花，向参加过卫国战争的老战士送上鲜花，全国各英雄城市还在这一天鸣放礼炮并燃放焰火。

---

① 1612 年 11 月 4 日，俄罗斯爱国民众在市民米宁和王公波扎尔斯基带领下，组成义勇军，将波兰入侵者从首都莫斯科赶了出去，从而恢复了俄罗斯国家的统一。这一天正是东正教会的节日——喀山圣母像日。1649 年，沙皇阿列克塞·米哈伊洛维奇下令，将这一天定为俄罗斯的国家节日“喀山圣母像日”，用以纪念莫斯科和俄罗斯于 1612 年摆脱波兰人获得解放。2005 年，11 月 4 日其再度成为新俄罗斯的国家节日。俄罗斯决策层的意图是突出国家和人民的统一。

最令人瞩目的现象是自 20 世纪 90 年代中叶起，俄罗斯每年在欧洲胜利日都会举办大规模的军事检阅和阅兵式活动。俄罗斯总统在红场上发表演讲，向全民庆贺这一节日，向世人展示俄罗斯现代化的军事装备和武器。在阅兵式上，除了有卫国战争的老战士出席，总统还邀请各国政要光临。这些仪式和活动为加强俄罗斯国民的凝聚力，培养年轻一代俄罗斯人的爱国情怀发挥了正能量作用。正是在这些国家行为感召下，自 2012 年起，俄罗斯人民从全国各地自发地掀起了一场规模盛大的“不朽军团”（Бессмертный полк）活动。随着时间的推移，参加过卫国战争的老战士逐渐离世，能够亲临胜利日纪念活动的战士数量越来越少。为了让俄罗斯下一代国民记住苏联人民在卫国战争乃至第二次世界大战中的贡献，人们找到曾经参加过卫国战争的亲人、近人和熟人的照片，在欧洲胜利日这一天举着这些照片加入游行大军，从而寄托对战争英雄的缅怀并表达对和平的珍惜之情。如今，加入“不朽军团”的人数规模已经超过数百万人。

普京总统第二任职期间（2004—2008 年），俄罗斯经济稳定持续发展。得益于国际油价的不断攀升，俄罗斯出口石油获得的美钞滚滚而来，国家外汇储备急剧增加。在这种良好的经济形势下，普京总统决定将注意力转向改善民生方面来。加大对人的投资力度，从而保证国泰民安。2005 年 9 月，普京总统在俄罗斯联邦国家杜马秋季会议上提出了“国家优先发展方案”。该方案包括关系到俄罗斯国计民生的四个优先领域：卫生保健、教育、住房和农业。2006 年，普京总统委托第一副总理梅德韦杰夫落实国家优先发展方案。此后，国民的衣、食、住、行问题被俄罗斯政府当作重头戏来抓，人民的收入和整体生活水平出现了逐年提高的好势头。在此基础上，俄罗斯决策层开始强调“主权民主”理念下的社会团结、家庭和稳固、健康和生活方式、传统宗教伦理观等新的核心价值观。由于这些价值观内容反映出俄罗斯官方价值观向传统回归的趋势，因而被称作“俄罗斯保守主义”价值观。为了强化传统的家庭观念，发挥家庭对人际关系的维系作用以及巩固家庭的稳定性，俄罗斯总统梅德韦杰夫将2008年宣布为俄罗斯家庭年。2008年7月8日，梅德韦杰夫总统夫人斯维特兰娜领导的“社会文化倡议基金会”将俄罗斯东正教传统佳节——圣彼得和圣费芙罗尼亚节日命名为“全俄家庭、爱情和忠贞日”，简称“全俄家庭日”。如今，全俄家庭日不仅成为俄罗斯境内国民的例行节日，而且跨出俄罗斯国界，成为俄罗斯侨民的节日。截至2017年，全球80个有俄侨生活的国家也庆祝这个节日[①]。最初，这只是一个东正教节日。现在，俄罗斯许多非东正教国民也开始过全俄家庭日。2017年全俄家庭日那天，俄罗斯总理梅德韦杰夫和夫人为一对共同生活了25年的穆罗夫市民夫妇颁发了爱情与忠贞奖。梅氏强调，“家庭是一个国家的基础、力量和实力所在”[②]，是爱情、统一与和谐的世界。俄罗斯政府对家庭日的鼓励对于俄罗斯国民建立和巩固稳定和谐的家庭以及加强民族凝聚力发挥了积极的促进作用。

1.3 通过教育机构和宗教组织宣传和弘扬核心价值观

教育是立国之本，各级教育机构是俄罗斯下一代公民培养的主

① Дмитрий и Светлана Медведевы наградили крепкие семьи. http：//www. vesti. ru/doc. html?id＝2907817 от 8 июля 2017 г.

② Дмитрий и Светлана Медведевы наградили крепкие семьи. http：//www. vesti. ru/doc. html?id＝2907817 от 8 июля 2017 г.

要阵地。1992 年 7 月 10 日颁布的俄罗斯联邦新《教育法》明确确定，俄罗斯教育领域的国家政策首先建立在“教育人文性原则”基础上。所谓教育人文性包括“全人类的价值高于一切、人的生命和健康高于一切以及个人的自由发展高于一切，培养公民意识、勤劳、尊重人的权利与自由。热爱周围的大自然、祖国和家庭”[①]。这些理念和思想与新俄罗斯独立初期的核心价值观完全吻合。换言之，当代俄罗斯国家核心价值观通过教育领域的人文性原则得到了体现。这一理念在最新版本（2017 年）的俄罗斯联邦《教育法》[②] 中依然保存下来。

此外，新俄罗斯首部《教育法》在规范俄罗斯各级教育机构教学内容时指出，“初等和中等普通教育机构的教学大纲要保证各级教育的国家标准得以落实。同时，要参照教育机构的类型和形式、学习者和受教育者的教育需求进行。还要附上教学计划、教学课程和模块的日程安排以及保证学习者精神道德发展以及情操培养的材料”[③]。这就要求各级教育机构在制定教学大纲和国家标准时，将精神道德发展与情操培养的教育内容考虑进去。所谓精神道德发展与情操培养是以真、善、美等价值观为基础，对受教育者进行熏陶，使之养成爱国、爱家庭、爱亲人和尊重他人以及宽容等品格。需要指出的是，这是新俄罗斯《教育法》中对德育教育的新规定。它取消了苏维埃时期共产主义理想和信念的培养内容，代之以体现当代

① Закон рф от 10 июля 1992 г. N 3266-1《Об образовании》，глава 1，статья 2. http：//www. studfiles. ru/preview/6196925/，дата обращения 06. 07. 2017 г.

② Закон РФ " Об образовании" (273—ФЗ) 2017 (с изменениями на 1 мая 2017 года)，http：//docs. cntd. ru/document/902389617，дата обращения 05. 07. 2017 г.

③ Закон рф от 10 июля 1992 г. N 3266-1《Об образовании》，глава 1，статья 14. http：//www. studfiles. ru/preview/6196925/，дата обращения 06. 07. 2017 г.

俄罗斯伦理道德和核心价值观内涵的德育课程。自俄罗斯独立至今，已经出台了三代中小学教学大纲和课程标准，每一代教学大纲和课标都对精神道德培养内容有明确要求。目前，俄罗斯全国中小学都按照新的教学大纲和课标开设了伦理道德课程和价值观培养类课程。

除了各级学校，家庭、公民社会机构、宗教组织、社会组织以及大众传媒机构也承担着培养公民精神道德素质暨传播俄罗斯核心价值观的功能。以宗教组织为例，当代俄罗斯历任总统都注重调动传统宗教[①]在宣传国民伦理道德观中的作用，定期就国内相关重大问题征求由四大传统宗教领袖组成的跨宗教事务委员会的意见。在当代俄罗斯的诸多宗教派别中，东正教不论在规模上，还是在社会影响上，都属于全国第一大宗教。目前，俄罗斯东正教徒约占国民总数的一半。俄罗斯东正教的最大组织是俄罗斯东正教会。俄罗斯东正教会继承了历史上紧跟世俗政权的传统，成为总统和国家政权的重要舆论工具。东正教在伦理道德观上提倡虔敬上帝，热爱和平，对人博爱、宽容与随和。这些基督教伦理学的重要因素被当代俄罗斯决策层作为核心价值观来规范国民的行为。2000 年 8 月，全俄东正教牧首区颁布了《俄罗斯东正教会的社会建构理论》。该理论以东正教神学为基础，就基督教伦理与世俗法、教会与国家的关系以及东正教对待战争、犯罪、家庭、生物伦理学、科教、国际关系、全球化和世俗化等问题的态度，表明了看法。在劳动观上，东正教会主张“每个人都要劳动，提倡劳动者不仅自己享受劳动成果，还要

① “传统宗教”（Традиционные религии）最初是俄罗斯东正教会提出的一个术语，指在俄罗斯具有悠久历史的四大世界宗教——基督东正教、伊斯兰教、佛教和犹太教。现在，该术语的内涵在俄罗斯已经尽人皆知。

把自己的劳动成果与那些丧失了劳动能力的人分享，呼吁社会要公平地分配劳动成果”[①]；在婚姻和家庭观上，东正教会认为，“对于基督徒来说，结婚不仅仅是一种简单的法律契约，它是一种爱的圣礼，是夫妻双方在基督中的永久统一”。“夫妻双方要忠贞于对方，缔结的婚姻不要分离。”[②] 在东正教会看来，“家庭是一个由所有成员在爱的基础上共同生活和构建相互关系的有机体，正是在家庭这所道德学校中能够培养出对近人、对人民和对社会的正确态度”[③]。《俄罗斯东正教会的社会建构理论》对于培养俄罗斯东正教国民的勤劳和博爱精神，对于俄罗斯社会的公平与公正，对于俄罗斯人的婚姻与家庭稳定以及和谐社会的建立等无疑具有宣传和引导作用。

不仅如此，俄罗斯东正教会还积极参与当代俄罗斯中小学教育，成为俄罗斯下一代公民精神道德培养的代言人。新俄罗斯独立不久，便开始了国民教育体制的转轨过程。1992 年，当代俄罗斯联邦《教育法》出台。该法在保持原有国立和市立国民教育机构的基础上，首次允许在俄罗斯联邦境内正式注册的社会组织和宗教团体创立非国立国民教育机构。于是，俄罗斯东正教会便率先走上了创办非国立东正教学校的道路。经过近 25 年的发展，俄罗斯东正教会已经拥有东正教普通初、中等教育机构数百家，东正教高等学府 60 多所，

① Основы социальной концепции Русской православной церкви，VI. Труд и его плоды，пункт 4. http：//www. patriarchia. ru/db/text/419128，дата обращения：7 июля 2017 г.

② Основы социальной концепции Русской православной церкви X. Вопросы личной，семейнойи общественной нравственности，пункт 4. http：//www. patriarchia. ru/db/text/419128，дата обращения：7 июля 2017 г.

③ Основы социальной концепции Русской православной церкви X. Вопросы личной，семейнойи общественной нравственности，пункт 4. http：//www. patriarchia. ru/db/text/419128，дата обращения：7 июля 2017 г.

教会星期日学校遍及全国。除了自己创办学校，俄罗斯东正教会还积极同俄罗斯教科部和俄罗斯教育科学院合作，竭力将宗教课纳入俄罗斯各级世俗教育机构中，主动履行精神道德培养与教育功能。20世纪90年代初，随着苏联的解体和东正教的复兴，俄罗斯世俗职业教育中共产主义思想教育课迅速为宗教神学课所取代。1993年，东正教牧首联合以莫斯科大学校长为首的俄罗斯知名学府领导人写信给教育部，请求将神学课纳入俄罗斯各高校课程设置中。这一倡议很快得到了官方的首肯。1993年12月，俄罗斯首次确定了国家高等职业教育神学学士学位标准。2001年3月，俄罗斯教育与科学部颁布了高等教育神学硕士国家标准；在2003年出台的全俄高校人文专业目录中，神学学士、神学家和神学硕士的学术称谓一应俱全地被纳入其中。

相对于世俗高校而言，宗教课进入世俗中小学经历了较为漫长的过程。早在1992年，一些东正教神甫和教徒积极分子便开始了向世俗中小学灌输宗教课的尝试。他们在征得一些世俗中小学校长同意后，以校级选修课程的形式为学生们讲授旧俄时期的宗教课（亦称“神学课”）。然而，在社会各界的抵制下，俄罗斯联邦教育部于1994年禁止世俗学校开设宗教课。1997年出台的俄罗斯联邦《关于信仰自由和宗教组织法》规定：“应父母或其他监护人请求，经儿童本人同意，允许宗教组织对国立和市立教育机构的在读儿童进行普通教育大纲以外的宗教教育。”① 此后，俄罗斯东正教会再次将宗教课作为选修课引入俄罗斯世俗中小学。2009年，宗教文化与世俗伦

① 俄罗斯联邦《关于信仰自由的宗教组织》的法律，第1章第5条第4款。引自乐峰主编《俄国宗教史》上卷，社会科学文献出版社2008年版，第216页。

理基础课作为必修课被俄罗斯教科部纳入俄罗斯基础普通教育国家标准中。该课程包括东正教文化基础、伊斯兰教文化基础、犹太教文化基础、佛教文化基础、世界宗教文化基础和世俗伦理基础六个模块，在世俗小学的四年级下半学期和五年级上半学期开设，周课时为1小时，总学时为34小时。学生和家长可以按照信仰和兴趣选择一个模块进行学习。2012年，该课程作为必修课程在俄罗斯全国世俗中小学普遍推广。2015年2月，俄罗斯东正教会牧首基里尔建议俄罗斯教科部“将这门课程贯穿到全国中小学11年教育的全过程”[①]。2016年9月，俄罗斯教育科学院主席柳德米拉·阿列克谢耶芙娜·维尔彼茨卡娅在接受莫斯科城市新闻社记者采访时，倡议将《圣经》学习纳入中小学教学过程中。她强调，每个人都应当读这本书，《圣经》学习是“精神道德培养，是道德基础”[②]。不难推测，传统宗教伦理课将作为俄罗斯下一代国民德育课的必修内容在俄罗斯中小学长期存在下去。

2　当代俄罗斯核心价值观的国际传播

2.1　当代俄罗斯决策层始终是国家核心价值观的外宣代言人

新俄罗斯独立之初，以叶利钦为首的激进民主派在国内着手推行宪政制度的同时，在国际舞台上也表现出明显的亲西方倾向，试图使俄罗斯尽快融入西方世界。1992年1月，叶利钦在联合国安理

① Кузьменко В. РПЦ идет в школу，https：//openrussia. org/notes/702887/ от 29. 11. 2016.
② Кузьменко В. РПЦ идет в школу，https：//openrussia. org/notes/702887/ от 29. 11. 2016.

会例行会议上明确表示，俄罗斯“把美国和其他西方国家不仅视为伙伴，而且视为盟友”。总统还进一步解释道：“如今，莫斯科将认同西方的外交基本准则：将个人的民主权利与自由、法律和道德放在首位。”[①] 在叶利钦作为新俄罗斯总统第一年（1992 年）的出访中，美国、英国、法国、德国和意大利等西方国家被放在首要和优先位置。1992 年 2 月，他选择美国为首个出访国家并通过与美国总统乔治·布什共同发表的《戴维营声明》宣称，“俄罗斯与美国不再相互视为潜在的对手。目前它们的关系以友好与伙伴为特征，建立在相互信任、相互尊重和共同忠实于民主和经济自由的基础上”[②]。与此同时，俄罗斯时任外交部长安德烈·弗拉基米罗维奇·科济列夫也多次在外交场合重申，未来俄罗斯将实现与西方建立完全的伙伴关系，直至融为一体。他认为，俄罗斯未来的发展目标是加入七国集团，因而号召俄罗斯人“学习这个先进俱乐部，看看他们是如何文明生活的”[③]。总之，俄罗斯决策层毫不掩饰地在外交场合表达接受和移植西方自由主义价值观的愿望。

然而，向西方看齐的政策并没有为俄罗斯带来实惠。与此同时，以第一副总理盖达尔为首的亲西方经济学家在俄罗斯推行的“休克疗法”不仅没有给俄罗斯经济转轨带来成效，反而使国家经济形势

---

① Торкунов А. В. Современные международные отношения. Эволюция российской внешней политики. Истоки. http：//society. polbu. ru/torkunov _ relations/ch75 _ ii. html，дата обращения：9 июля 2017 г.

② Михеев Владимир Россия-США：в Кэмп-Девиде забит последний гвоздь в гроб《Холоднойвойны》，но путь от вражды к союзничеству будет труднее，чем мы предполагали. Известия，№28，3 февраля 1992 г.，стр. 4.

③ Торкунов А. В. Современные международные отношения. Эволюция российской внешнейполитики. Истоки. http：//society. polbu. ru/torkunov _ relations/ch75 _ ii. html，дата обращения：9 июля 2017 г.

更加恶化。另外，国际局势的变化也令俄罗斯决策层感到不安：北约推出了东扩计划，俄罗斯人认为这是对其传统势力范围的威胁与挑战。于是，俄罗斯国内对亲西方外交政策的批评声此起彼伏。在这种情况下，俄罗斯的对外政策转向温和保守主义。1993年4月23日，叶利钦总统批准了新俄罗斯第一个对外政策构想——《俄罗斯联邦对外政策构想的基本理论》。该构想一改追随西方的做法，开始强调恢复俄罗斯的大国地位，重振国威。构想指出，俄罗斯作为苏联的延续者承担了其在国际舞台上的各种权利。然而，新俄罗斯的地位并没有得到应有的承认。因此，俄罗斯所面临的任务是“成为一个大国”且“作为一个大国全权地和自然地融入国际共同体”[①]。由此，“大国思想”和“大国理念”开始被决策层当作俄罗斯外交的核心理念来宣传。此外，俄罗斯外交的重中之重也不再是与西方的关系，而是与后苏联空间各国的关系。俄罗斯加紧对独联体这一“后院”进行“保护”，以防止北约东扩计划波及到这一地区。同时，俄罗斯外交战略的优先方向也由向西方“一边倒”改为“双头鹰”，即同时注重与西方和东方大国保持密切交往。尽管如此，整体来看，俄罗斯决策层对新宪法确定的价值观并没有大的改变。叶利钦在离任前对俄罗斯公民的新年致辞中强调，他本人执政期间，“没有背离过宪法”，“俄罗斯再也不会回到从前”[②]。

经过20世纪90年代的转轨，到20—21世纪之交，俄罗斯形成

---

① Основные положения концепции внешней политики Российской Федерации утверждены Распоряжением Президента Российской Федерации Б. Н. Ельцина от 23 апреля 1993 г. // Внешняя политика и безопасность современной России. 1991—2002. Хрестоматия в четырехтомах / составитель Т. А. Шаклеина. Т. IV. Документы. М., 2002, стр. 18.

② Обращение Б. Ельцина к гражданам России от 31 декабря 1999 г. Коммерсантъ, 05.01.2000 г.

了自己的国家认同。在《千年之交的俄罗斯》一文中，即将接任俄罗斯总统职位的普京阐述了诸如“俄罗斯思想”“强有力的国家”“有效的经济”等核心概念，从而向世人昭示俄罗斯新的国家核心价值观。2000年6月28日，即普京总统就任不久，俄罗斯便出台了新版本《俄罗斯联邦对外政策构想》。在这个版本中，俄罗斯对自身的定位发生了变化。这时，俄罗斯开始作为国际舞台上“一个积极的参与者”的身份出现并“对国际新秩序的形成给予了本质性的影响”。未来，俄罗斯将继续积极参与国际事务，“作为最有影响的因素之一，不仅对区域政策，而且对全球政策产生重大影响”。为了保持大国地位，俄罗斯未来将继续“巩固国家理念、调动公民社会的力量，尽快转向稳步的经济增长”[①]。这些阐述向国际社会展示了新时期俄罗斯核心价值观的新内涵和外交战略。

普京总统前两届任职期间（2000—2008年），俄罗斯经历了难得的发展机遇。得益于国际油价的上涨和国内一系列制度改革，俄罗斯经济持续稳定地增长，国家实力大增。同时，俄罗斯在国际事务中的影响也在扩大。2006年，俄罗斯首次作为主席国主持召开了八国集团峰会。在这种情况下，普京总统在2007年的慕尼黑欧洲安全委员会会议上开始向西方发威。面对来自欧洲40多个国家的代表，他直面指责美国想做世界霸主的企图，批评“欧安全正在变成保证一个或一小撮国家对外利益的庸俗工具”，并指出，“这非常不利于民主国家建设”。他还警告西方伙伴，“既不可用北约，也不可用欧

① Концепция внешней политики Российской Федерации（28 июня 2000 г.），главы 2 и 3. http：//dokipedia.ru/document/5187119，дата обращения 10 июля 2017 г.

盟来取代联合国”[①]。他强调，“俄罗斯是一个有着千年历史的国度，曾长期奉行独立自主的外交政策”，“即使在今天，我们也不打算改变这一传统”。他明确表示，俄罗斯“愿同独立、负责任的伙伴们一道，共同缔造公平、民主的国际秩序”[②]。不难发现，普京总统在以一个大国总统的语气和姿态向西方世界喊话，同时借机阐述了当代俄罗斯“主权民主”的国家核心价值观。

2008 年 7 月 12 日，即梅德韦杰夫总统上任不久，俄罗斯出台了第三版《俄罗斯对外政策构想》。事实上，该版外交构想是普京班子编制的。该构想在总结前一阶段国际形势和俄罗斯在国际舞台上地位变化的基础上，对 2000 年版本构想进行了扩充。它主张“在国际竞争日渐激烈的情况下，努力保证俄罗斯的现代化和创新发展”，认为俄罗斯不仅要积极参与国际事务的解决，还要参与国际事务的决策[③]。这个版本的构想比 2000 年版本更加强调俄罗斯在国际事务中的大国和攻势地位。然而，2008 年秋季爆发的国际金融危机很快波及俄罗斯，“救市”成为俄罗斯的首要任务。因此，该构想实际上并没有付诸实施。在普京第三次入主克宫以后，俄罗斯于 2013 年推出了第四版《俄罗斯对外政策构想》，旨在“巩固俄罗斯在国际共同体中的稳定和权威立场，最大限度地实现俄罗斯联邦作为当今世界最

① Выступление Владимира Пуитина на мюнхенской конференции по вопросам политики безопасности，10 февраля 2007 г. Мюнхен，http：//special. kremlin. ru/events/president/transcripts/24034，дата обращения 10 июля 2017 г.

② Выступление Владимира Пуитина на мюнхенской конференции по вопросам политики безопасности，10 февраля 2007 г. Мюнхен，http：//special. kremlin. ru/events/president/transcripts/24034，дата обращения 10 июля 2017 г.

③ Концепция внешней политики Российской Федерации（утверждена Президентом РФ Д. А. Медведевым 12 июля 2008 г. http：//www. kremlin. ru/acts/news/785，дата обращения：11. 07. 2017.

有影响和最具竞争力的中心之一的大国利益”①。2013年末，乌克兰危机爆发。2014年初，克里米亚并入俄罗斯。接连发生的事情致使西方与俄罗斯的关系骤然恶化，西方对俄罗斯的制裁至今没有取消。俄罗斯经济出现负增长，在国际事务中的影响力明显下降。这样，俄罗斯2013年版对外政策构想中的“宏伟大志”无法实现，因而该版本的外交政策构想失去了存在的意义。2016年11月30日，普京颁令出台第五版《俄罗斯对外政策构想》。该构想一改前一版对俄罗斯在国际事务中大国地位和竞争力的强调，将更多的笔墨用在强调“国际恐怖主义威胁的加强”上。并且，首次提及“伊斯兰国引发的威胁”②。构想认为，“反恐是目前国际安全领域的根本优先点”。由于乌克兰危机以后俄罗斯被七国集团排除在外，新版本外交政策构想不再涉及俄罗斯对国际经济共同体的参与，取而代之的是专门阐述欧亚经济联盟的产生及其功能。看来，俄罗斯把自己的经济一体化活动空间放在了独联体地区；在前一版构想中，俄罗斯希望通过保证俄罗斯、欧盟和美国的真正协作伙伴关系来实现区域一体化。然而，在2016年版构想中，对上述关系的阐述则改为“美国及其盟友推行的扼制俄罗斯方针，对俄罗斯施加的政治、经济、信息以及其他压力正在破坏区域和全球稳定，给所有当事方的利益带来损失，这与当今世界对合作和抵制跨国挑战与威胁的需求相违背”③。显然，

① Концепция внешней политики Российской Федерации (утверждена Президентом РоссийскойФедерации В. В. Путиным 12 февраля 2013 г.). http://www. mid. ru/foreign _ policy/official _ documents/—/asset _ publisher/CptICkB6BZ29/content/id/122186，дата обращения：10. 07. 2017 г.

② Концепция внешней политики Российской Федерации，Указ Президента Российской Федерации от 30. 11. 2016 г. № 640，http://www. kremlin. ru/acts/bank/41451，дата обращения：11. 07. 2017 г.

③ Концепция внешней политики Российской Федерации，Указ Президента Российской Федерации от 30. 11. 2016 г. № 640，http://www. kremlin. ru/acts/bank/41451，дата обращения：11. 07. 2017 г.

俄罗斯不再追随西方，而是对西方的制裁进行了回击。总之，最新版本的《俄罗斯联邦对外政策构想》根据变化了的国内和国际形势对俄罗斯在国际舞台上地位与作用的定位进行了局部调整和补充。确定地说，它不是指导俄罗斯外交政策的未来战略，而是对前几年外交活动的总结。该构想的出台表明，俄罗斯现在以及近期都将与西方世界保持对峙状态。相应地，俄罗斯对西方价值观的附和与认同暂时退居次要地位。

2.2　利用涉外组织宣传俄罗斯的核心价值观

如果说20世纪90年代，俄罗斯在国际舞台上主要是附和西方自由主义价值观和表达恢复大国地位的志向，那么进入新世纪以后，尤其自普京总统第二次入主克宫（2004年）以来，随着新俄罗斯民族认同和国家理念的形成，俄罗斯开始在国际舞台上传播自己的传统价值体系以及由此体现的核心价值观。俄罗斯对外传播核心价值观的载体是各类线下和线上媒体以及各种涉外机构。在俄罗斯的涉外机构中，除了驻各国领、使馆，最主要的对外传播组织是由俄罗斯官方设立的两家机构——“俄罗斯世界”基金会和俄罗斯合作署。目前，它们的分支机构遍布全球。它们通过俄语国际推广、对外文化交流与宣传、加强国际教育科技合作以及提供国际援助等手段向世界各国输出俄语、传播俄罗斯传统文化，让世界各国了解俄罗斯传统价值观，并且收到了明显的成效。

“俄罗斯世界”基金会于2007年6月21日由俄罗斯总统普京颁令成立，旨在“普及作为俄罗斯国家尊严和俄罗斯及世界文化重要成分的俄语，以及支持境外俄语学习计划”①。这是一个受到俄罗斯官方支持的社会组织，基金会的建立者是俄罗斯外交部和俄罗斯教科部，领导人由俄罗斯总统直接任命，活动经费来自国家预算，总部设在莫斯科，在彼得堡和符拉迪沃斯托克设有两个分支机构。此外，基金会还通过俄罗斯外交部和教科部与各国相关部门合作，在全球 49 个国家成立了 110 个俄罗斯中心，在全球 55 个国家设立了 140 个俄罗斯世界办公室②。成立多年来，“俄罗斯世界”基金会的影响不断扩大。目前，它的传播手段繁多：拥有自己的网站、机关刊物、网络电视台和广播电视台，还与“俄罗斯之声”电台合作，开辟了自己的广播栏目。

“俄罗斯世界”基金会主要从事以下外宣活动：

第一，支持境外俄语教学和俄语人才培养。基金会定期向各俄罗斯中心和俄罗斯世界办公室免费提供俄语教材、教参、音视频教学读物、俄语工具书，俄罗斯政治、经济、外交、社会及文化等领域的学术专著以及俄罗斯经典文学名著等。此外，各俄罗斯中心还配有基金会资助的电脑，以便学习者接受远程俄语教育和通过网络查找俄语资料。北京外国语大学俄语中心是“俄罗斯世界”基金会在中国设立的第一个俄罗斯中心，也是全球第二十个由基金会设立的同类机构。该中心自 2009 年 3 月 27 日设立以来，累计从“俄罗斯世界”基金会获得了近 5000 份俄语教学和学习资料。北外俄语中心有近 80 平方米的办公地点，这里存放着基金会的赠书、电脑、电视、

① Указ президента Российской Федерации О создании Фонда《Русский мир》，http：//zakonbase.ru/content/base/146949，дата обращения 11.07.2017 г.

② Фонд《Русский мир：10 лет，2007 — 2017》，юбилейный собрник Фонда《Русский мир》，Москва，2017，стр. 30.

投影仪和常用办公设备，是举办各类俄语活动和接待国内外访客的重要场所。俄罗斯中心定期举办诸如俄语角、俄罗斯诗歌朗诵会、俄语演讲比赛以及俄罗斯国情与文化知识竞猜等活动。自2013年起，“俄罗斯世界”基金会推出了“俄罗斯世界大学生”和“俄罗斯世界教授”两个项目。前者资助世界各国的俄语本科生和硕、博士研究生到俄罗斯知名学府学习一学年，后者派俄罗斯顶尖大学的教授到各国的俄罗斯中心讲学，开办专题讲座，举办大师班教学观摩等活动，以便帮助各国的俄语院系提高教学水平。2013－2014学年，北京外国语大学有6名硕、博士研究生得到资助到圣彼得堡大学进修一年；先后有三名圣彼得堡大学和普希金俄语学院的教师以“俄罗斯世界教授”的名义来北京外国语大学进行了短期讲学。

第二，发起全球规模的文化创作和历史纪念活动。自“俄罗斯世界”基金会成立以来，每年都发起一项或几项大型国际活动。例如，2009年6—12月，“俄罗斯世界”基金会发起了题为“俄罗斯世界的标志”的全球活动，倡议世界各国关心俄罗斯文化和历史的人士提供有关俄罗斯历史与当代杰出人物的史料与素材。此外，将影响俄罗斯和世界文明的俄罗斯重大事件以及俄罗斯独特的名胜古迹向世界传播；为纪念苏联卫国战争胜利65周年，“俄罗斯世界”基金会于2010年5月9日发起了题为“俄罗斯世界——内心的记忆”的国际活动。各国俄罗斯中心承办了卫国战争摄影展、作文比赛、文艺演出以及慰问老军人等活动；在2011年国际宇航日（4月12日）到来前夕，“俄罗斯世界”基金会推出了“第一个飞向宇宙的人”国际活动。全球各俄罗斯中心纷纷举办俄罗斯航天摄影展、播放反映尤里·加加林生活的俄语影片以及举办相关创作比赛活动；自2011

年6月6日被俄罗斯官方宣布为俄语日以来，“俄罗斯世界”基金会每年都责成各俄罗斯中心和俄罗斯世界办公室在俄语日举办俄罗斯诗朗诵、俄罗斯文化展、俄罗斯歌咏比赛以及文艺演出等活动；2013年5月24日，即世界斯拉夫文字与文化节到来之际，“俄罗斯世界”基金会发起了纪念斯拉夫文字创立1150周年国际纪念活动。在这个活动框架下，各国俄罗斯中心举办了文化和艺术展以及“跟我们学俄语单词”等国际比赛活动，等等。如今，“俄罗斯世界”基金会及其在各国设立的俄罗斯中心和俄罗斯世界办公室成为国际社会认识俄罗斯和了解俄罗斯历史、社会与文化的重要平台。

第三，通过举办年会和纪念型学术会议来弘扬俄罗斯传统价值观。一年一度的“俄罗斯世界”基金会年会自该组织成立那一年起，每年在俄罗斯民族统一日（11月4日）前一天举行，至今已形成传统。这是世界俄语人和关心俄罗斯国家命运的人士的隆重节日。在年会开幕式上，俄罗斯总统、总理和议会上、下两院议长以及俄罗斯东正教会牧首分别派代表前来致辞。在2011年和2012年年会开幕式上，俄罗斯东正教牧首基尔和俄罗斯总理梅德韦杰夫分别亲自到会祝贺。此外，参加年会的还有俄罗斯外交部和教科部官员，会议举办城市的政府代表、俄罗斯社会和国务活动家、俄罗斯作家、政论家、知名电视主持人、各俄罗斯中心主任、世界俄语教师协会的代表、世界各国知名俄语教授等。从会议研讨的内容来看，最初的前七次年会多以俄语和俄罗斯文化为主题，如第一届年会（2007年11月3日）的主题是“俄罗斯世界——伟大的俄罗斯人民和俄罗斯文明的未来之梦”。在第三届年会上，“俄罗斯世界”基金会与俄罗斯东正教会签署了合作协议。此后，双方在传播东正教文化和俄罗斯传统价值观方面展开了多项合作。然而，自 2014 年起，俄罗斯与西方关系的恶化促使“俄罗斯世界”基金会年会改变了主题，成为一个宣传俄罗斯民族认同和驳斥西方言论的政治舞台。近三年的“俄罗斯世界”基金会年会除了以往各界代表出席，还邀请了克里米亚和乌克兰顿涅茨克等地的代表参加。另外，专门邀请一些来自美国和欧洲国家的亲俄人士上台与俄罗斯知名专家一起探讨俄罗斯文明的特征、肯定俄罗斯对世界文明做出的贡献，抨击西方的制裁与软实力扩张等。整体来看，基金会年会的政治宣传色彩更加浓重。

2017 年 6 月 21 日，“俄罗斯世界”基金会在克里姆林宫举办成立十周年学术纪念活动。俄罗斯总统普京派代表到会并宣读总统贺词。总统对“基金会在俄罗斯境外推广俄语、传播俄罗斯文化价值观以及加强人文合作方面所做的富有成效和真正具有推进意义的工作”给予了充分肯定并相信“基金会未来将对所有珍视俄罗斯的人继续发挥重要的凝聚作用”[①]。

俄罗斯合作署是独联体事务、境外俄侨事务以及国际人文合作事务的俄罗斯联邦署，是一个承担着外宣任务的官方机构。该组织由梅德韦杰夫总统于 2008 年 9 月 6 日颁令设立，隶属于俄罗斯外交部。总部设在莫斯科，署长及其副职均由俄罗斯总统直接任命。自成立至今，俄罗斯合作署已经在全球 81 个国家设立了 96 个代表处，其中包括分布在 62 个国家的 72 个俄罗斯科学和文化中心以及分布在 22 个国家的 24 个使馆代表处[②]。俄罗斯合作署在俄罗斯境外的活动

---

① Путин поздравил Фонд《Русский мир》с 10-летием，отметив его плодотворную работу. Москва，21 июня 2017 г. ТАСС. http：//tass. ru/obschestvo/4354993，дата обращения：11. 07. 2017 г.

② О Россотрудничестве，http：//rs. gov. ru/ru/about，дата обращения 12. 07. 2017 г.

主要通过俄罗斯科学和文化中心及使馆代表处来进行。

俄罗斯合作署建立的宗旨是“提高国家在国际合作领域的管理效率”。它履行的功能是：“在保障和发展俄罗斯与独联体成员国、其他国家的国际关系方面提供国家服务和负责国有资产管理，以及在国际人文合作领域提供国家服务和负责国有资产管理。”[①] 与“俄罗斯世界”基金会不同，俄罗斯合作署的服务方向首先侧重独联体国家，然后是俄罗斯侨民聚居的国家和地区，最后才是其他国家。目前，俄罗斯合作署在独联体各成员国均建立了俄罗斯科学和文化中心。此外，合作署还出台了2020年以前在独联体地区开设新的俄罗斯科学和文化中心以及代表处的规划。其次，在后苏联空间的拉脱维亚、立陶宛以及保加利亚、塞尔维亚等前东欧国家也建立了一系列俄罗斯科学和文化中心。苏联解体后，俄罗斯外交中出现了“近邻国”和“远邻国”两个术语。前者是指苏联加盟共和国中除俄罗斯以外的各独立国家，后者是指除苏联各加盟共和国以外的俄罗斯邻国。按照这种分类，我国属于俄罗斯的远邻国。目前，俄罗斯合作署在我国只建立了一个俄罗斯文化中心。它坐落在北京，位于俄罗斯驻华使馆附近。

俄罗斯合作署的主要活动包括：

第一，帮助各国青年赴俄罗斯留学。近年来，俄罗斯合作署同俄罗斯教科部合作，以俄罗斯人民友谊大学为平台，开展了一系列俄罗斯高校国际合作研讨会、座谈会以及校长论坛等活动，旨在让

---

① Указ Президента РФ от 6 сентября 2008 г. № 1315《О некоторых вопросах государственного управления в области международного сотрудничества》. http：//www. garant. ru/products/ipo/prime/doc/12062267，дата обращения 12. 07. 2017 г.

世人了解俄罗斯的教育资源与潜力，吸引更多的国际人士投资俄罗斯教育市场。2013 年 10 月，俄罗斯政府颁令，将俄罗斯联邦向外国公民提供赴俄学习的年度名额由一万人提升到一万五千人[①]。在此框架下，俄罗斯合作署协助教科部通过分布在各国的俄罗斯科学和文化中心招募有意赴俄罗斯留学的外国学生和俄侨学生。从 2013 年起，俄罗斯合作署与俄罗斯教科部合作，在俄罗斯知名理工科高校举办奥林匹克国际比赛，旨在落实“到俄罗斯学习”纲要，吸收各国优秀学子赴俄罗斯留学。目前，俄罗斯合作署与教科部正在执行联邦接收外国公民和俄侨赴俄接受职业教育纲要，共有一万多名各国学生通过这种途径赴俄罗斯学习。截至 2017 年 1 月，世界各国有过俄罗斯（包括苏联）高校留学经历的人数多达 50 万。2014 年，依据俄罗斯联邦外交部《关于以俄罗斯合作署为平台落实俄罗斯教育构想》的规定，俄罗斯外交部同全俄一百多所高校共同加入了促进俄罗斯教育服务输出计划。在此框架下，俄罗斯合作署协助俄罗斯各高校在世界各国巡回举办俄罗斯教育展示会和“教育无国界”国际教育周活动。吸引外国留学生来俄学习是俄罗斯外宣的长期规划和战略，它有助于外国青年了解俄罗斯国情、社会、文化和传统价值观，培养他们对俄罗斯的感情。这些人将成为俄罗斯价值观宣传的潜在力量。

第二，支持俄罗斯境外人士学习俄语。从新世纪第二个十年开始，面对西方软实力的渗透与扩张，俄罗斯决策层深感对外推

---

① Постановлеие Правительства РФ от 8 октября 2013 г. №891. 《Об установлении квоты на образование иностранных граждан и лиц без гражданства в Российской Федерации》, http://ivo.garant.ru/#/document/70468236/paragraph, дата обращения 12.07.2017 г.

广俄语的必要性。2011 年 6 月和 2014 年 12 月，俄罗斯联邦政府连续颁布推广俄语的两个联邦五年计划：2011—2015 年推广俄语联邦专项计划和 2016—2020 年推广俄语联邦专项计划。其间，俄罗斯还分别于 2013 年和 2014 年成立了俄罗斯联邦政府俄语委员会和俄罗斯联邦总统俄语委员会。为了落实上述计划，俄罗斯联邦慷慨资助承办单位。俄罗斯合作署两次都获得了相当一部分资金，用于俄语在俄罗斯境外推广。俄罗斯合作署在北京设立的俄罗斯文化中心就曾经派专家到首都高校俄语专业进行俄语教学展示，为俄语师生做有关俄罗斯文化、文学和历史的讲座。此外，该中心还负责在华俄罗斯侨民子弟的俄语教学工作。近几年，这里定期举办俄语初、中、高级培训班，为即将赴俄做生意的社会人员提供俄语教学。当然，俄罗斯文化中心举办的培训班具有创收性质，需要向学员收取学费。

第三，开展国际教育与科技合作。2011 年，在独联体国家政府首脑理事会上，独联体成员国签署了由俄罗斯合作署负责制定的《独联体国家至 2020 年以前创新合作国际纲要》。此后，俄罗斯合作署便着手落实该纲要框架下的独联体地区科技创新合作工作，以便推动独联体空间的科技一体化进程。由俄罗斯人民友谊大学倡议建立的独联体网络大学就是俄罗斯合作署支持的教育、科技合作项目之一。2014 年 9 月，中俄两国政府签署备忘录，将两国 2020 年以前教育和科技合作领域互换交流人数提高到 10 万人。同年 11 月，在俄罗斯合作署的推动下，中俄双方在北京召开两国高校俄汉语教学与研究、双边学术交流和科技合作事务工作会议。会议就落实中俄两国上述领域的合作计划商讨出切实可行的实施办法。

综上，俄罗斯利用官方和民间各种手段在国内外宣传和推广俄罗斯价值观，旨在使国民遵守新的国家理念和行为规范。同时，使世界各国了解俄罗斯的价值观和国家认同，并在国际舞台上树立新俄罗斯国家形象。相信随着俄罗斯经济形势的好转和对国际事务参与程度的提高，俄罗斯还会加大力度传播核心价值观，这将成为俄罗斯内政和外交的一个长期战略。

阿拉伯国家核心价值观的诠释与传播

李世峻　薛庆国

二战以后，阿拉伯国家先后获得独立，在谋求自身发展的道路上取得了不同程度的进步，同时也面临着巨大的挑战和困难。其中挑战之一，便是阿拉伯国家在西方的总体形象受到“污名化”，总是以落后、保守、极端、暴力乃至恐怖等负面形象呈现。在西方，有关伊斯兰与国际体系关系的研究，无一不将阿拉伯伊斯兰世界及其价值观置于对立面并进行攻击和责难[①]。在西方的学术研究、文学作品以及大众媒体上，阿拉伯民族及其信仰的伊斯兰教，也一直遭受着不同程度的歪曲和遮蔽。

为了改变这种不利状况，自20世纪中后期以来，阿拉伯国家利用多种渠道，采取多种举措，试图向世界传播自己进步、文明的形象，回应西方乃至世界各国对阿拉伯伊斯兰民族的误解和非议，同时也向本国民众弘扬阿拉伯伊斯兰核心价值观的优秀部分，以实现

① 刘中民：《伊斯兰的国际体系观——传统理念、当代体现及现实困境》，载《世界经济与政治》2014年第5期，第7—9页。

教育大众、开启明智的目的。可以说，当代阿拉伯国家对核心价值观的诠释和传播，是同时具有对外和对内两个维度的。本文以“9·11”事件为节点，对当代阿拉伯世界在价值观传播过程中的主要实践做介绍和分析。

1　前“9·11”时期阿拉伯世界对核心价值观的诠释与传播

1.1　知识精英的努力

早在“9·11”事件以前，面对阿拉伯伊斯兰世界在国内外面临的种种困境，阿拉伯世界许多知识分子和宗教人士就做出了深刻反思，他们号召阿拉伯人创新思维方式，改革宗教思想，跟上时代步伐，也向世界发出了阿拉伯世界的理性之声。这其中，以思想家扎基·纳吉布·马哈茂德、穆罕默德·阿比德·贾比里、穆罕默德·阿尔昆以及宗教学者尤素福·格尔达威最具代表性。

扎基·纳吉布·马哈茂德（1905—1993年）：当代埃及最为重要的思想家之一，阿拉伯理性哲学的代表人物。扎基认为阿拉伯文化中的积极因素包括两部分：一是以伊斯兰教为核心的一系列道德价值观；二是经阿拉伯先哲们反复实践形成的理性行为方式，包括批判性立场及中正之道。而阿拉伯文化中的消极因素包括：对传统顶礼膜拜，不思创新，不尊重规律，思想混乱，迷信泛滥。[①] 他还不遗

① ［埃及］阿卜杜·巴斯德·赛义德《逻辑实证主义与阿拉伯传统——扎基的哲学思想模式》，埃及法拉比书局2001年版，第98—101页。转引自王广大：《在传统与现代之间：扎基·纳吉布·马哈茂德思想评述》，载《世界民族》2007年第3期，第78页。

余力地将“理性”、“逻辑”引入阿拉伯当代思想，倡导从阿拉伯伊斯兰“遗产”中取其精华，去其糟粕，同时吸取西方现代科技文明的成果，用“中间”、“调和”的道路引领民族和国家走向现代化[①]。

穆罕默德·阿比德·贾比里（1935—2010年）：当代阿拉伯世界最为重要的思想家、哲学家、批评家之一，被视为当代阿拉伯理性主义的旗手。面对极端主义、复古主义的甚嚣尘上，贾比里致力于从文化根源角度解释阿拉伯文明“中衰”与“落后”的现状，力图在思想领域引入“阿拉伯现代性”。他认为，相较于“现代性”，对自身“遗产”的客观分析和批评才是实现阿拉伯复兴的当务之急。换言之，实现“复兴”的第一步，是重新审视自身“遗产”，以批评、开放、包容的眼光解读“遗产”，使其能够实现革新和发展。用贾比里自己的话，即“革新我们的传统根基，确认我们的现代性源泉”[②]，使“遗产”在“理性”和“批判”的思维下发挥其时代功能。他还提出，阿拉伯人应认清以往两种错误思维方式的实质，即僵硬的“类比”思维和机械的“模仿”思维。

穆罕默德·阿尔昆（1928—2010年）：法籍阿尔及利亚思想家、历史学家，当代阿拉伯伊斯兰世界最著名的知识分子之一。阿尔昆的著述大多围绕“重新解读伊斯兰教经典、让伊斯兰教适应时代发展”这一主题。他既批判阿拉伯世界盛行的保守、僵化思想，也批判西方的伊斯兰研究中普遍存在的偏见与歧视。他认为，应重新审视伊斯兰教法的形成过程，打破其在任何情况下都“不可调整、不

① ［埃及］赛义德·瓦莱德·阿巴：《阿拉伯思想大家》，贝鲁特阿拉伯研究与传播网出版社2013年版，第61—65页。

② ［摩洛哥］穆罕默德·阿比德·贾比里：《我们与遗产》，贝鲁特阿拉伯统一研究中心出版社2006年版，第51页。

可发展”的僵化认识；其次，阿尔昆提倡对传统进行内部批判而非与之决裂，对宗教进行理性评估而非与之割裂：“宗教在宗教的名义下被歪曲了，正如理性在理性的名义下被破坏了一样。我们应该正本清源，还宗教与理性的本来面目，祛除那些偏差、歪曲和误解。”①

尤素福·格尔达威（1926— ）：世界穆斯林学者联盟主席，伊斯兰教法学家，当代伊斯兰宗教界“明星”式的人物之一。格尔达威利用他掌握的媒体、网站等重要平台，致力于宣扬伊斯兰“中间主义”的立场和学说，展现温和、理性的伊斯兰形象。他强调：“伊斯兰教首先是价值观与道德的使命，‘爱亲友’、‘睦近邻’、‘言真善’是信仰的应有之意，应倡导诚信、忠实、公正、为善、行孝等道德准则。”② 在当代伊斯兰学者中，格尔达威是最具影响力和群众基础的人物之一，也是伊斯兰“中间主义”价值观诠释和传播过程中的一位重要旗手。

1.2 国际性组织的设立

20世纪中后期，阿拉伯伊斯兰各国为实现“伊斯兰团结”，表达了组建“伊斯兰阵营”的意愿，以携手应对来自内外的各种挑战。由此，各种伊斯兰国际性组织相继成立，起到了团结伊斯兰世界、主导伊斯兰价值观的教育、传播的作用。以下对主要的伊斯兰国际性组织做一简介。

伊斯兰会议组织：伊斯兰国家政府级的区域性政治组织，是最

---

① ［法］穆罕默德·阿尔昆著，［阿拉伯］哈希姆·萨利赫、薛庆国译：《阿拉伯学者面对现代化的文化反思》，载《回族文学》2005年第6期，第62页。

② ［埃及］尤素福·格尔达威：《道德与价值观于伊斯兰经济的作用》，开罗恩赠出版社1999年版，第7—8页。

重要的伊斯兰国际组织。该组织1971年成立，秘书处设于沙特吉达，现有57个成员国。其宗旨和目标是：介绍和传播伊斯兰原则，为成员国在国际舞台上开展全面有效的合作提供框架，促进成员国间与其他国际组织的交流与合作，尊重和捍卫人权，等等。2011年，为适应新的时代需要，该组织更名为“伊斯兰合作组织”，其在国际舞台发挥的作用日益重要。

世界伊斯兰大会：原称“世界穆斯林会”，1926年在沙特国王伊本·沙特的倡议下在麦加成立，后于1949年更名为“世界伊斯兰大会”。该组织宗旨为：在世界各地传播伊斯兰教，宣传伊斯兰教的信仰、思想、文化、历史和现状，维护和增进穆斯林国家的团结和合作，形成协调一致的伊斯兰统一体，抵制各种异端思想和西方生活方式的影响。其维护和传播伊斯兰传统价值观的功能不言而喻。

伊斯兰世界联盟：亦称穆斯林世界联盟，1962年在沙特政府的支持和资助下在麦加成立，在联合国享有非政府性咨询机构的地位。其宗旨是：履行向全世界宣传伊斯兰教的义务，阐释伊斯兰教的教义和原则，以驳斥对伊斯兰教的各种歪曲，维护和增进穆斯林少数民族在宗教、教育、文化等方面的权利，协助世界各地穆斯林团体的宣教活动，促进他们的内部团结，支持建立在正义、平等基础上的国际和平、和谐和合作。

世界伊斯兰宣教协会：是一个当代国际性伊斯兰宣教组织，1972年成立，总部位于利比亚首都的黎波里，在世界各大洲都设有代表处并派驻宣教人员。协会宗旨是在世界各地进行宣教工作。具有明显的宣教和布道色彩。

世界伊斯兰宣教与救援事务理事会：1988年在开罗成立，包括埃及、科威特、沙特、摩洛哥、阿联酋在内的38个官方和民间组织参与其中。其主要宗旨是："通过强调全人类的一体性、实现人与人之间的相互认同，将伊斯兰的任务提升至伊斯兰文明使命的水平；传播基于信仰的神圣价值观，凭借安拉的意旨在世间确保尊重人权、实现安全和公正，推动宗教价值观在各媒体机构的践行，支持在各个地区建设有利于传播伊斯兰文化的学府、中心和清真寺，等等。"①

伊斯兰事务最高理事会：1960年由埃及政府资助创建，是一个国际伊斯兰宣教和学术文化组织，总部设在开罗。其宗旨为"传播健康的宗教意识，批驳对伊斯兰教的猜忌和中伤，发扬伊斯兰文化遗产"等。

此外，阿拉伯国家联盟、海湾国家合作委员会自成立以来，其部长级会议和首脑会议曾多次发表正式声明或公报，以坚决而清晰的态度反对任何形式的恐怖主义，呼吁阿拉伯伊斯兰社会共同致力于抵御极端思想、打击恐怖主义，以维护自身形象，传播伊斯兰的和平之声。

1.3 智库和大众传媒的参与

20世纪后期，阿拉伯伊斯兰国家成立的智库不在少数，部分重要智库将传播和诠释阿拉伯伊斯兰价值观作为宗旨，如埃及的金字塔政治与战略研究中心，黎巴嫩的阿拉伯统一研究中心，约旦的阿拉伯思想论坛，卡塔尔的海湾研究中心和半岛研究中心，沙特的费萨尔国王研究中心，等等。这些智库机构积极举办各类学术与战略

① 参见世界伊斯兰宣教与救援理事会官网：http：//www.iicdr.com/ar/。

研讨会和论坛，支持和鼓励相关出版物的发行，在国际和地区性伊斯兰组织间、各国政府和民间机构之间搭桥连线，创造对话平台，为向世界传播有关阿拉伯伊斯兰的知识和价值观贡献了力量。

20世纪后期，阿拉伯国家一直有人呼吁建立属于阿拉伯民族的卫视，让世界听到阿拉伯国家的声音。在多个国家的共同资助和努力下，"阿拉伯 A-3"号卫星终于在1999年成功发射，将54个频道、近300档具有阿拉伯伊斯兰色彩的电视栏目覆盖至阿拉伯伊斯兰国家以及多个西欧国家。此举打破了西方卫星电视垄断阿拉伯伊斯兰世界的格局，也将阿拉伯伊斯兰国家在地球上没能实现的团结愿望实现在了太空上。[①]

在新开播的阿拉伯卫视中，1996年在卡塔尔开播的"半岛"电视台一举成名，成为国际新闻传媒中一颗引人注目的新星。自开播以来至21世纪初，该台致力于"客观、迅速的报道，透彻、深入的分析，呈现不同观点"，因而受到观众的好评。该台除了新闻报道以外，还设立了多个文化、宗教类节目，为向阿拉伯世界内外传播价值观、发出阿拉伯人之声起到了重要作用。

1.4 伊斯兰教的宣教与布道

伊斯兰教自创立之初就是宣教的宗教，可以说，伊斯兰教的历史也是宣教的历史。自二战结束至"9·11"事件发生以前，阿拉伯国家的宣教事业具有依托组织争取话语、利用"金援"扩大影响、传播教义收拢人心的特点。

---

① 鲍兆燕：《迅速发展的阿拉伯卫视》，载《阿拉伯世界》2003年第4期，第57页。

在阿拉伯伊斯兰世界的大小组织和会议大多带有宣教的天然属性。例如，世界伊斯兰宣教协会创立之初确立的任务，就包括介绍并传播《古兰经》，介绍先知生平，传播伊斯兰教信仰、伦理、功修及社会义务，培养宣教人员，交流宗教知识，增进宗教感情，等等。类似这样的国际性、地区性宣教组织往往把温和、中正的主流伊斯兰思想作为宣教的主要内容，注重同其他宗教的对话与和谐共处。

对于这一时期的伊斯兰宣教事业而言，资金和财政支持是决定其影响范围和效应的关键。其中，以沙特为代表的海湾国家起到了决定性的作用。沙特借助其得天独厚的宗教地位，依托巨大的石油财富，始终致力于将自己打造为全世界穆斯林的“精神盟主”，以争夺其在伊斯兰世界的话语主导权，增强其存在的合法性和世界影响力。为此，沙特开始在对外政策中大力推行以自己为中心的泛伊斯兰主义，强调伊斯兰团结与合作。在沙特的倡议、资助和牵头下，“伊斯兰会议组织”（后更名为伊斯兰合作组织）、“伊斯兰世界联盟”、“世界穆斯林青年大会”、“伊斯兰发展银行”、“阿拉伯非洲经济发展银行”、“世界伊斯兰救援协会”、“两圣地协会”、“沙特统筹捐助组织”等机构和组织相继成立，并通过在全球范围内组织会议，从事慈善活动，资助工程和研究项目，兴办学校、清真寺和伊斯兰中心等多种渠道，宣传伊斯兰教义，促进伊斯兰发展，传播伊斯兰价值观，维持并巩固由沙特建立的泛伊斯兰体系。

具体而言，在对外援助领域，沙特通过其伊斯兰事务部、各类基金会以及救援和宣教机构，为全球范围内的伊斯兰国家提供援助，其援助力度超出了其他发达国家对发展中国家的资助。据统计，截至 20 世纪 80 年代，沙特共在全球范围内援建了 210 个伊斯兰研究中心，在覆盖六大洲的地域内援建了 1500 座清真寺。在伊斯兰世界联盟的主导下，由沙特设立的奖学金惠及全球 52 个国家的学生[①]。在宣传领域，沙特建立了世界上最大的宗教印刷出版机构，印刷《古兰经》和多语种的指导性宣教材料，并广泛散发。以 2010 年为例，沙特在朝觐期间以日均 30 万本的数量，为前来麦加的朝觐者散发了 180 万本各种语言的《古兰经》[②]。在教育领域，沙特政府大力普及伊斯兰教育，通过财政资助、人员"走出去"的办法支持海外伊斯兰教育，通过数额丰厚的奖学金吸引留学人员往来沙特；大力资助海外的伊斯兰研究中心、清真寺、经堂学校和大学建设，试图将自身打造为伊斯兰世界的学术中心[③]。

关于沙特对外宣教方面，其与瓦哈比主义的关系是一个备受关注的问题。瓦哈比主义是缘起于沙特的近代伊斯兰复古主义，奉行保守的、具有鲜明原教旨色彩的教义。由于瓦哈比派与沙特王室有极深的历史渊源关系，因此，沙特历代国王都将瓦哈比教义立为"国教"，以求稳固政权、收拢人心。因此，沙特政府在国内、国际传播的教义，在一定程度上具有瓦哈比教义的特征。"护国、敬主、卫教"这一体现瓦哈比色彩的个人价值观，成为沙特国民的精神信条。由于瓦哈比思想含有定叛（takfir）、圣战（jihad）等具有排他性和进攻性的观念，瓦哈比主义与极端主义具有一定思想上的渊源关系。但是，把瓦哈比主义等同于极端主义也是不准确的。

---

① 参见《沙特为服务伊斯兰和穆斯林所做的努力》，http：//www. alweam. net/vb/showthread. php? t=31822。

② 塔里格·本·阿卜杜拉·贾比尔：《沙特为主宣教之努力》，载《利雅得报》2010 年 12 月 12 日。

③ 参见涂怡超《宗教与沙特外交：战略、机制与行动》，载《阿拉伯世界研究》2013 年第 4 期，第 52 页。

20世纪中后期，以穆斯林兄弟会为载体，赛义德·库特布主张“暴力圣战”的政治伊斯兰思想同样得以迅速传播。被称作“伊斯兰极端主义之父”① 的库特布认为，当代阿拉伯伊斯兰社会处于“蒙昧”之中，为了实现真正的“真主主权”，应组建“具备坚定信念的先锋队”，向“不义政权”发动暴力的圣战。穆巴拉克执政时代，穆兄会曾受到严厉镇压。然而得益于广泛的群众基础和灵活的斗争策略，“圣战”思想也迅速成为极端主义者和各种恐怖组织的理论武器。

总之，在“9·11”事件爆发之前，阿拉伯伊斯兰价值观的传播呈现出一种错综复杂的局面。在温和、中正的主流伊斯兰思想得到广泛传播的同时，保守、复古的瓦哈比思想，带有极端色彩的政治伊斯兰思想，也在阿拉伯伊斯兰世界得以传播并产生了重要影响。阿拉伯伊斯兰世界长期积蓄的挫败感和反西方情绪一道，酝酿着一场呼之欲出的“爆发”。

2 后“9·11”时期阿拉伯国家对核心价值观的诠释与传播

无论对西方世界还是阿拉伯伊斯兰世界而言，令人震惊的“9·11”事件都代表了一个“振聋发聩”的拐点。“9·11”恐怖事件给美国造成巨大冲击的同时，也对美国乃至整个西方与阿拉伯伊斯

① Esposito, John L. *Unholy War: Terror in the Name of Islam*. Oxford: Oxford University Press, 2002, p. 56.

兰的关系造成了严重的影响，西方许多民众被梦魇一般的“伊斯兰恐惧症”缠绕。对伊斯兰教的妖魔化不可避免地有了新的催化剂，“文明冲突论”也似乎得到了新的佐证。“本·拉登作为邪恶的化身，频繁在美国家庭的电视画面中播映，他的外表和穿着传递出象征性的信息，即伊斯兰、阿拉伯人和恐怖主义有机地交织在一起。”① 阿拉伯人、伊斯兰教和穆斯林群体开始遭受新一轮来自西方的猛烈攻势。

“9·11”事件也让阿拉伯精英进一步意识到做出行动和变革的必要性和紧迫性。为了应对西方出于恐惧和仇视对阿拉伯伊斯兰世界进行的变本加厉的攻击，重塑和改善伊斯兰在世界的形象，传播进步、文明的伊斯兰价值观，更为了消除、遏制肆虐于阿拉伯伊斯兰世界内部的极端主义思想，让伊斯兰教更好地服务于社会发展和民族进步，阿拉伯世界各国都在后“9·11”时期呼吁“文明对话”，倡导伊斯兰教的“正信”和“中道主义”，宗教改革的呼声也此起彼伏，应者日众。以下对阿拉伯世界主要国家在这方面的行动做一介绍和梳理。

沙特：沙特在阿拉伯伊斯兰世界具有举足轻重、一呼百应的效应。“9·11”事件以来，沙特政府利用各类国际会议、学术研讨、宗教集会等场合，明确反对恐怖主义和极端主义，呼吁地区及世界和平、稳定与发展，并加大了在非伊斯兰国家公关与宣传力度，主动与恐怖主义划清界限，指责其背离了伊斯兰正道，展现“和平、

---

① Zbigniew Brzezinski. *The Choice：Global Domination or Global Leadership*. Cambridge：Basic Books，2004，p. 48。转引自刘中民：《伊斯兰的国际体系观——传统理念、当代体现及现实困境》，载《世界经济与政治》2014年第5期，第29页。

仁慈和宽容”的国家形象和宗教形象。

沙特前国王阿卜杜拉·本·阿卜杜勒·阿齐兹于2005年承袭王位。在位期间，他对内践行改革，采取一系列措施推动沙特发展，逐步提升社会自由度，允许更多女性走上工作岗位，并给予妇女选举权和被选举权，其任内还出现了沙特历史上第一位女性部长，这无疑有助于改善沙特以往的保守形象。阿卜杜拉国王曾多次呼吁国际社会共同反恐，在上任伊始就表示：“恐怖主义者是罪犯，是屠夫，他们违反了伊斯兰和人类的价值观。”① 2005年，阿卜杜拉国王在利雅得阿拉伯峰会上首次呼吁建立“国际反恐中心”，号召阿拉伯国家为此付出切实努力②。2007年，阿卜杜拉国王与教皇本笃十六世进行了历史性的会晤。2008年，经阿卜杜拉国王提议，伊斯兰世界联盟在马德里主办了跨信仰对话，200余位世界各大宗教代表参会。2012年11月，由沙特主导的“阿卜杜拉宗教与文明间对话国际中心”在奥地利首都维也纳正式成立。舆论认为，“阿卜杜拉国王向世界发出了一个和平、共处、和谐的人道主义倡议”，“中心将有助于避免宗教的冲突”③。

针对新的形势，2008年召开的第11届伊斯兰会议组织首脑会议对组织宪章进行了修改，增加了体现时代色彩、回应外界关切的内容，如：促进人权、基本自由、良政和法治国家建设；促进伊斯兰成员国和世界其他国家之间相互信任、相互尊重、友好合作的关系；

① 参见［沙特阿拉伯］阿卜杜勒·阿齐兹·塔尔布祖尼：《阿卜杜拉国王与反恐中心》，“Al-Arabia”，2014年8月1日。

② 参见［沙特阿拉伯］阿卜杜勒·阿齐兹·本·奥斯曼：《国际反恐中心及阿卜杜拉国王的失望》，载《中东报》2014年8月5日：http：//aawsat.com/home/article/152776。

③ 艾依曼·哈马德：《阿卜杜拉宗教与文明间对话国际中心在维也纳成立》，载《利雅得报》2012年12月27日：http：//www.alriyadh.com/787764。

维护伊斯兰教的真实形象，回应针对伊斯兰的歪曲和误解，鼓励文明间、宗教间的对话；正面宣传伊斯兰教温和、宽容和尊重多样性的价值观念；配合国际社会对一切形式的恐怖主义的斗争等。2011年6月，原伊斯兰会议组织正式更名为伊斯兰合作组织。经各成员国倡议，伊斯兰合作组织专门成立了名为“智慧之声”的网络中心，旨在“通过网络尤其是社交网络的渠道，反击恐怖主义，批驳极端主义，展示伊斯兰原本的价值观和理念”[①]。

2015年1月，萨勒曼国王继位。2016年4月发布了由国王主导制定的“2030愿景”文件。“愿景”确定了沙特社会、经济、国家建设等方面的雄心勃勃的中期发展目标。2016年3月，为了配合“愿景”对于文化生活的重视，沙特政府组建了其历史上首个“娱乐委员会”，旨在使“娱乐”在沙特国家社会发展和竞争力提升中发挥更大的作用。考虑到沙特官方与瓦哈比主义曾经有过的瓜葛，这一举措的意义是非同凡响的，有利于在国际社会树立一个更加开放、包容和人道主义的沙特形象。

2017年5月，“伊斯兰国家—美国峰会”在利雅得召开，共有50多个伊斯兰国家的领导人参加了会议。21日，萨勒曼国王与美国总统特朗普共同为“打击极端主义意识形态全球中心”揭幕，双方均表示将会致力于阻止极端主义思想的蔓延。沙特外交部长还在利雅得举办记者会，宣布将根据“伊斯兰国家—美国峰会”的共识建立一个“反恐国际中心”，并表示“伊斯兰世界将与西方通力合作，共同反恐……峰会将掀开伊斯兰世界与西方之间崭新的一页。我们要

① 参见伊斯兰合作组织官方网站 http://www.oic-oci.org/page/?p_id=61&p_ref=27&lan=ar。

向西方和世界传递信息：伊斯兰世界并非敌人”[1]。

萨勒曼国王还积极利用出访的机会，展示其温和、宽容的形象和政治主张。2017年2—3月，81岁高龄的萨勒曼出访亚洲。在印尼首都雅加达，萨勒曼利用印尼作为世界上穆斯林人口最多国家的地位，通过各种渠道凸显其温和与反激进伊斯兰的形象。在印尼国会演讲时他呼吁各国团结对抗恐怖主义，对印尼激进派穆斯林不表认同，还会见了印尼六大宗教的28名代表；在印尼官员接机时同被控“亵渎伊斯兰”的雅加达首长钟万学握手，选择到印度教色彩浓厚的峇厘岛度假，之后才续程前往日本访问[2]。

在宗教和文化领域，由伊斯兰世界联盟主办的世界伊斯兰反恐大会2015年在麦加召开，沙特总穆夫提、伊斯兰世界联盟最高委员会主席谢赫阿卜杜勒·阿齐兹在主旨发言中提到：“伊斯兰教是怜悯、仁慈、同情、安定、友爱、和平的宗教……当前，我们的民族迫切需要教育和传播伊斯兰的美德……任何形式的恐怖主义都是世界性的犯罪……”[3]

2006年，沙特还设立了“阿卜杜拉国王世界翻译奖”，为了“在世界各民族间铺设思想对话和文化交流的桥梁，鼓励文明间学术领域的对话，拉近各国人民的距离”。

埃及：埃及是中东地区的传统大国，也是地区政治、军事和文化中心，其内外政策经常牵动着整个中东地区的政治走向。埃及爱

① 参见“Al—Arabia”，2017年5月18日：https：//www. alarabiya. net/ar/saudi—today/2017/05/18/。

② 参见社论《沙特国王访亚求变》，载《联合早报》2017年3月25日。

③ 参见《谢赫阿卜杜勒·阿齐兹在世界伊斯兰反恐大会上的讲话》，伊斯兰世界联盟官网：http：//www. themwl. org/web/。

资哈尔大学是世界上最古老的高等学府之一，被视作伊斯兰学术和文化的“灯塔”，为研究和弘扬伊斯兰文化、传播“正信”伊斯兰教义、培养优秀的穆斯林学者做出了重要贡献。

穆罕默德·赛义德·坦塔维，1996年至2010年间任爱资哈尔大教长，被视为当代伊斯兰世界“中间主义”思潮的代表人物之一。他强调，《古兰经》体现了个人和民族两个层面理解、合作与交融的智慧；宗教中并无仇恨，因为仇恨将导致欺骗和伪信。“我们不主张文明的冲突，而主张文明的交融。”[①] 针对被极端主义者所滥用的“圣战”（“杰哈德”）概念，他表示：“极端主义是伊斯兰的敌人。伊斯兰允许为了保卫领土和援助被压迫者而进行圣战，伊斯兰的圣战与极端主义有天壤之别。”[②]

2013年，塞西就任埃及总统，上任后大力倡导反极端、促温和、革新宗教。2014年12月，在爱资哈尔举办的纪念先知穆罕默德诞辰的活动上，塞西发表演讲，呼吁“革新宗教思想”，号召穆斯林领袖协助打击极端主义：“我们需要一场针对宗教信仰的改革。你们这些伊玛目应该对真主负责。全世界期待着你们的声音……因为伊斯兰世界正在四分五裂，水深火热，渐渐凋零，而且在我们手上凋零……”2017年4月，爱资哈尔召开“世界和平会议”，来自世界各个宗教的首脑人物参加了会议。塞西在同教皇方济各的会晤中表示：“真正的伊斯兰教绝不会发出杀戮的命令，而只会传播和平，我们欢

① 参见《爱资哈尔谢赫穆罕默德·坦塔维：恐怖主义是宗教和尘世的双重灾难》，载《中东报》2007年12月15日。

② 吴冰冰：《圣战观念与当代伊斯兰恐怖主义》，载《阿拉伯世界研究》2006年第1期，第41页。转引自 True Islamic Teachings vs. Psycho-Terror Fiction. http：//freedommag. org/english/vol36i2/page08. htm。

迎各种宗教同时存在于埃及的土地上。”[①]

塞西总统的呼声也得到2010年起担任爱资哈尔大教长的谢赫艾哈迈德·塔伊布的正面配合。他在各种场合发表观点，力图树立爱资哈尔温和、中正、革新的良好形象，并表示将与国际社会合作，共同应对极端主义和恐怖主义。塔伊布在开罗会晤来访的中国国家宗教局局长王作安时表示：爱资哈尔在修订的教学大纲和课程设置中，更加注重弘扬“宽容”与“公正”的价值，构建宗教间相互交往的桥梁，实现各宗教间的和平相处。他还表示，中国穆斯林是构建中国社会稳定的一分子，爱资哈尔准备为中国培训更多的伊玛目，以应对时代挑战[②]。

阿联酋：作为海湾国家中的新兴经济体，阿联酋的成功发展经验为当代阿拉伯伊斯兰“和平”、“宽容”与“和谐”的价值观提供了一个直观的典范。穆罕默德·本·拉希德总理利用各种场合呼吁反对极端、倡导文明对话、弘扬伊斯兰文明的精髓。他在著作《我的构想》中写道：“尊重他人的宗教信仰，这样他人才能尊重我们的宗教信仰，但是尊重并不是恩赐，而要争取。我们肩头的责任要求我们向他人展示一幅关于我们宗教的美丽图画，通过我们与他人的接触及和平、安宁、互动的友好共处，来达到商贸发展和人类发展的共同需要。”[③]

---

① 哈齐姆·阿姆鲁：《塞西：埃及在反恐的队伍里争先在前》，http：//www. elbalad. news/2738610。

② 李兴鹏：《中国国家宗教局局长王作安会见爱资哈尔大伊玛目》，“伊斯兰之光网”2017年6月3日：http：//www. norislam. com/e15/e/action/ShowInfo. php？ classid＝21&id＝7335。

③ ［阿拉伯联合酋长国］穆罕默德·本·拉希德·阿勒马克图姆著，张宏、薛庆国等译：《我的构想——迎接挑战，追求卓越》，外语教学与研究出版社2007年版，第3页。

2016年2月，阿联酋政府宣布任命两位新部长："幸福部"部长和"宽容部"部长。这是世界范围内第一次设立这两个部级机构。"宽容部"部长的职责是"将'宽容'打造为阿联酋社会的一个基本价值观，使之深入人心"①。阿联酋政府还宣布组建"国家软实力委员会"，使其致力于"加强国家在地区和世界两个层面的声望，使世界各国人民都能够尊重并且热爱阿联酋"。

为了增强国家软实力，向世界传播阿联酋重视知识、鼓励文化事业的正面形象，2006年，阿联酋宣布举办阿布扎比国际书展，并设立以开国总统姓名命名的"谢赫扎耶德图书奖"。目前，该书展已成为中东地区中重要的国际书展之一，"谢赫扎耶德图书奖"也成为阿拉伯世界重要的文化大奖之一。2008年阿联酋又设立了有"阿拉伯布克奖"之称的"阿拉伯小说国际奖"，该奖旨在表彰当代阿拉伯优秀文学作品，并鼓励通过翻译使阿拉伯文学走向世界。数年时间内，该奖一跃成为阿拉伯国家最重要的文学奖项之一。

巴勒斯坦：旷日持久的巴以争端始终是困扰阿拉伯伊斯兰世界的核心问题，巴勒斯坦人民为收回被占领土、获得国家独立与民族自决做出了重大牺牲，然而至今看来，巴勒斯坦人民独立之梦的实现似乎依然遥遥无期。令人遗憾的是，巴勒斯坦人民的合法斗争，因为少数人从事的恐怖活动，而被世界上某些势力刻意污名化，巴勒斯坦人民作为整体都被打上了"恐怖分子"的恶意标签。现任巴勒斯坦民族权力机构主席马哈茂德·阿巴斯上任以来，始终不遗余力地利用各类场合，呼吁国际社会承认巴勒斯坦国的合法地位，为

---

① 参见《阿联酋"幸福部"与"宽容部"两位部长》，BBC阿拉伯语频道2016年2月9日：http://www.bbc.com/arabic/middleeast/2016/02/160209_uae_ministers happiness_tolerance。

巴勒斯坦人民争取最大限度的自由、权利和公正。同时，他又在一切场合宣传巴勒斯坦人民斗争的正义性和合法性，传达巴勒斯坦人民爱好和平、爱好生活的形象，希望世界赋予巴勒斯坦人民有尊严生活的希望和机会。巴勒斯坦领导人对于传播阿拉伯伊斯兰价值观的贡献，首先体现在对实现巴以和平的不懈追求，以及对通过和谈、对话的和平方式寻求出路的坚定立场。

阿曼：自现任苏丹（君主）卡布斯登基以来，阿曼对内发展国民经济，对外奉行中立、不结盟、睦邻友好、不干涉别国内政和平衡温和、全方位友好的外交政策，成功地将自身打造成为海湾地区富足、安定、和谐的小国典范。在反恐领域，阿曼旗帜鲜明地反对任何形式的恐怖主义，呼吁国际社会团结一致打击恐怖主义。卡布斯苏丹的反恐理论体现了治本的思路，他认为应“将发展及经济作为对抗恐怖组织及其成员的主要手段，用经济因素切断其招募和融资的财政来源，通过教育和传媒的渠道传播温和的思想和正确的伊斯兰价值观，借以抗击极端思想”①。2007 年，在卡布斯苏丹的授意下，一项反恐怖主义的专项法案得以在阿曼出台。

除上述国家以外，其他阿拉伯国家也在诠释、传播伊斯兰价值观、改善伊斯兰形象方面做出了许多努力。如 2017 年 3 月，第 28 届阿拉伯国家联盟首脑会议在约旦召开。约旦阿卜杜拉二世国王在开幕式上致辞，他开宗明义地指出：“我们的民族、国家和人民当前正面临着诸多挑战，首先是来自恐怖主义和极端主义的威胁”，“阿拉伯人和穆斯林是恐怖主义最大的受害者……我们一定要同包括兄弟

① 纳赛尔·阿布·奥温：《应对国际恐怖主义：卡布斯国王与奥巴马总统的理论》，“此地”论坛 2014 年 9 月 14 日：http：//www. atheer. om/archives/18609/。

国家在内的世界各国通力合作，用全方位手段应对来自恐怖主义的威胁”①。摩洛哥现任国王穆罕默德六世于1999年继位，他在反击极端主义领域同样具有坚决而理性的态度，他在美国召开的“反极端主义国际峰会”上所做的书面发言中指出：“摩洛哥的反恐、反极端主义战略既有预防措施（即与所有可能导致极端的因素做斗争），也有维护安全和稳定的强力手段。摩洛哥已经做好准备，将与兄弟国家分享经验，共同制定传播伊斯兰教‘宽容’、‘开放’、‘开明’等价值观的计划。”②

后“9·11”时期，阿拉伯国家还越来越意识到有必要在媒体领域，利用新技术、新手段、新思路来传播当代价值观，借以开启民智，回应西方的宣传攻势，并改善自身形象。

卫星电视仍然是阿拉伯民众获取信息的主要来源。“半岛”电视台的崛起，及其在后“9·11”时期对多语种传播能力的重视，在一定程度上打破了西方媒体对话语权的垄断。尽管“半岛”电视台也饱受诟病，但在客观上的确有功于将阿拉伯伊斯兰世界的声音传到世界各地。此外，一批秉持现代传媒理念的新兴电视台也纷纷开设，并为了适应国内外受众的需求做出了许多努力。其中具有代表性的，是近年来的后起之秀阿拉比亚电视台、广场电视台、迪拜传媒等。除了追求客观、全面地报道新闻，这些电视台还推出了许多针对青年受众的创新类节目，尤其是极受欢迎的“真人秀”类节目。一份调查显示：“观众认为原创性真人秀节目更好地体现出责任、礼节、

① 参见《国王：恐怖主义、极端主义威胁我们的民族、丑化我们的宗教》，“AlTHAHBIAH”2017年3月29日：http：//althahbiah. com/news/index. php/2016-11-01-08-18-52/item/1293-2017-03-29-11-22-20。

② 参见《穆罕默德六世：反对恐怖主义、极端主义》，“hespress”2015年9月30日。

荣誉等价值观，而自由、责任、个性、创造、多元、参与、合作等价值观也为真人秀节目所共有。”①

另一方面，电视也仍然是伊斯兰教宣教的主要阵地之一，几乎每个阿拉伯国家都有专门用于宣教的频道，借以传播中间、温和、理性的伊斯兰价值观和理念。与此同时，各种社交网络和视频网站也成为价值观诠释和传播的前沿阵地。许多社会精英都积极利用这些平台，发出自己的声音。例如，前文提及的重要宗教学者尤素福·格尔达威就在其原有个人网站的基础上注册了个人“脸书”和“推特”账号，并拥有大量浏览者。沙特国王萨勒曼也开通了“推特”账号，并拥有 119 万的粉丝量②。

总而言之，在后“9·11”时代，面对自身形象遭到进一步扭曲和矮化，阿拉伯各国各界都进行了抗争。尽管仍有诸多问题，但各国为诠释和传播优秀的核心价值观积蓄了积极的能量，也取得了一定成效。正如历史学家阿迪勒·塔伊菲博士所言：“人们在阿拉伯伊斯兰的宗教话语中感到了一种发展，即呼吁多元性和与其他文明的对话。人们将看到极端伊斯兰运动的退潮和衰落，温和的伊斯兰将日益壮大。”③

纵观当代阿拉伯伊斯兰国家核心价值观诠释和传播的实践，不难看出其中还存在一些弊端。首先，内不统一，外难见效。在阿拉伯伊斯兰国家长期分裂、发展滞后且加速碎片化的背景下，价值观

---

① Mahjoob Zweiri and Emma C. Murphy，EDS. *The New Arab Media*，*Technology*，*Image and Perception*，UK：Ithaca Press，2011.

② 参见廖百智《沙特阿拉伯新国王萨勒曼》，载《国际研究参考》2015 年第 6 期，第 40 页。

③ 吴冰冰：《文明冲突、文明对话、发展模式——9·11 与阿拉伯思想文化》，载《阿拉伯世界研究》2002 年第 2 期，第 11 页。

的传播过程面临内部认识无法统一、相互之间你争我夺，因而影响传播效果的尴尬局面。第二，顶层发声，基层沉默。“反极端”、“反恐怖”话语的传播主要依赖政府及官方；知识分子和文化精英的理性声音也仅仅在有限范围内引发了讨论，在国内外都未引起应有的重视；基层宗教界人士相对保守，“主麻演讲”大众宗教活动没有充分发挥统一认识、革除痼弊、倡导理性的应有作用。第三，传播“逆差”，理念落后。总体而言，阿拉伯世界在价值观传播的媒体战场上仍然处于“逆差”地位。究其原因，除了自身媒体发展起步晚、起点低、技术手段相对落后等外在因素，更在于长期以来未能改变“自说自话”的传播理念，因而收效不彰。当然，阿拉伯世界在传播其价值观过程中面临的最大障碍，还是在于其倡导的优秀价值观和问题重重的社会实践之间存在的巨大鸿沟，在于其尚未找到一条令人民满意、外界信服的成功的发展之路。在这一方面，阿拉伯国家还任重道远。

日本价值观传播的主渠道——“道德教育”

郭连友

1　前言

第二次世界大战后，日本制定并发布了新宪法和教育基本法，确立了尊重人权、自由、民主的价值观，同时日本自古以来的传统价值观依然有着旺盛的生命力，当代日本的价值观呈现多元形态和特色。

如何培养认同多元价值观的存在以及尊重全球化过程中出现的拥有不同文化和价值观的人、如何在科技发展和经济变化中实现人的幸福和社会发展之间的平衡成为日本当代教育面临的新课题。在校园欺凌、刑事案件频发的背景下，日本文部科学省于2015年修订了《学校教育法施行规则》，强调道德教育在教育中的重要地位，认为道德教育能够为解决上述问题发挥重要作用，并决定在小学、中学设立“特别教科道德”科目并明确了道德教育的目标、内容、指导方法、教科书等。

考察和分析日本中小学的“道德教育”课程，可以使我们了解日本人的道德心是如何培养的，进而了解日本社会价值观是通过什么途径和方法深入年青一代心灵深处这一问题。

2 日本道德教育的历史回顾

日本的道德教育由来已久。明治维新后不久，日本就在学校设立了“修身科”的课程，内容包含道德教育。不过，那时还没有正式的道德教育教材，而是教师以口授的形式，利用西方国家的事例实施教学。随着《教育敕语》（1890 年）的公布，国家主义教育成为日本道德教育的内容。为了推行“忠君为国”的国家主义思想，1903 年日本修改了小学教育令，“修身科”正式开始使用政府编制的“国定教科书”。

第二次世界大战期间，1937 年日本文部省发布了《国体本义》，鼓吹以天皇为中心的日本国家体制以及以效忠天皇为第一要义的臣民教育。1941 年，又发布了《国民学校令》，所有小学都改称“国民小学”，“修身科”开始使用“国定教科书”——《好孩子》，实施“国民道德教育”。

第二次世界大战结束后，1947 年，日本文部省公布了《学习指导要领》（试行），其中新设了“社会科”，道德教育即包括在“社会科”的教育目标中。1950 年以后，随着国内外社会形势的变化，出现了充实道德教育的动向。1958 年，文部省决定在学校设置每周一小时的“道德时间”，旨在贯彻教育基本法，使道德教育贯穿学校的各项教育活动中。1963 年，文部省在《关于充实学校道德教育》的文件中指出“道德时间”没有取得充分的成果，故制作了“道德指导资料”。1966 年在中央教育审议会公布的《令人期待人物形象》中特别提到了培养“爱国心”这一项。

1998 年文部省在《学习指导要领》中，在道德教育目的中的“尊重人的精神”一项加入了“对生命的敬畏之心”，同时强调要培养“具有主体性的日本人”。1998 年修订的《学习指导要领》中强调教育的目的是培养“生存能力”，要加强培养儿童自学、自我思考能力和尊重儿童个性发展的教育。同时，指出道德教育的目标是“通过学校所有的教育活动，培养道德心、判断力、实践意愿和态度等道德性”。具体还要求道德教育要与各科目、特别活动以及综合学习时间的教学密切关联，加深道德价值的自觉，培育道德实践能力。

2002 年文部省编写了《心灵笔记》作为“道德时间”的辅助教材，并向全国的中小学生免费发放。2014 年文部省对《心灵笔记》进行了修订，编写了《我们的道德》。2015 年文部科学省又对《学习指导要领》进行了修订，将过去一直作为教学科目外活动的“道德时间”正式升格为中小学教学科目，设立“特别教科道德”，导入国家检定教科书，授课时间为每周 1 小时，全年 34 小时。同时设定过渡期（小学 2015 年至 2017 年，中学 2015 年到 2018 年），小学 2018 年、中学 2019 年正式开始实施。

至此，日本文部科学省终于完成了在中小学中引进道德教育课程的所有工作①。

---

① ［日］广田佳彦：《道德教育的本质》，关西学院大学出版会 2017 年版，第 17—21 页。

3 “道德教育”课的主要教学方针、目的、教学内容

2006年重新修订的《教育基本法》规定教育的目的是“教育，必须培养人格完善的国民、和平民主的国家和社会的创建者。这样的国民是具备一定素质的身心健康的人，我们期待着他们的育成”①。

对此，《教育基本法》第二条关于教育的目标写得更为详细：“广博的知识和教养。培养追求真理的态度，具备丰富的情操和良好的道德，塑造强壮的身体。尊重个人的价值，提高人的能力，培养创造性，养成自主自律的精神，并关注职业和生活的关系，培养重视劳动的态度。重视正义与责任，强调男女平等，尊重自我与他人，并以公共精神主动参与社会的构建，培养用发展的眼光看待社会的态度。培育尊重生命、珍爱自然、保护环境的态度。培育尊重传统和文化、热爱祖国和家乡以及为国际和平与发展做出贡献的态度。”②

根据《教育基本法》的精神，2015年日本文部科学省在《中学学习指导要领解说——特别教科道德篇》中谈到学校的德育教育的目标时这样写道：“学校的道德教育是以培养作为思考自己的人生、在主体判断下采取行动、实现自立的个体与其他人一道和谐生活基础的道德性为目的的教育活动，并在培育能适应社会变化并成为社

① 《日本教育基本法》第一条。文献来源：日本文部科学省官网 http：//www. mext. go. jp/b_menu/houan/an/06042712/003. htm。

② 《日本教育基本法》第一条。文献来源：日本文部科学省官网 http：//www. mext. go. jp/b_menu/houan/an/06042712/003. htm。

会变化创造者的人方面发挥重要作用。”① 但同时也特别强调，在实施道德教育的时候，不要把特定的价值观强加给学生或者指导学生不加分析地按照老师说的去做，指出这与道德教育所指向的目标背道而驰，并认为只有真诚地面对多样价值观，抑或对立的价值观，并将其作为道德问题不断思考的姿态才是道德教育中应该培养的基本素质②。

接下来我们通过《中学学习指导要领解说——特别教科道德篇》（下文简称《指导要领》）具体看一看日本中小学道德教育的具体内容。

从小学到中学，日本文部科学省规定了道德教育的四个支柱，即 1）关于自身；2）关于与他人的关系；3）关于与集体和社会的关系；4）关于与生命、自然，崇高事物的关系。这四个支柱涉及学生本身的修养、教养与他人、集体和社会的关系，关爱生命，与大自然和谐相处以及环保等内容。围绕这四个支柱，从小学一年级至初中三年级，按年级由浅入深地制定了详细的指导条目：

3.1 关于自身

对小学一至六年级的学生设定了“判断善恶、自律、自由与责任”、“真诚、诚实”、“适可而止、节制”、“个性的发展”、“希望与勇气、努力与坚强的意志”、“真理的探究（五年级）”等条目，对一至三年级的中学生设定了“自主、自律、自由与责任”、“适可而止、

① 日本文部科学省编：《中学学习指导要领解说——特别教科德育篇》。文献来源：日本文部科学省官网 http：//www. mext. go. jp/a _ menu/shotou/doutoku/。

② 日本文部科学省编：《中学学习指导要领解说——特别教科德育篇》。文献来源：日本文部科学省官网 http：//www. mext. go. jp/a _ menu/shotou/doutoku/。

节制”、“向上心、个性的发展”、“希望与勇气、克己与坚强的意志”、“真理的探究与创造”等条目。

3.2 关于与他人的关系

对小学一至六年级的学生设定了“善意、体贴”、“感谢”、“礼貌”、“友情、信赖”、“相互理解、宽容（三年级）”条目，对一至三年级的中学生设定了“体谅、感谢”、“礼貌”、“友情、信赖”、“相互理解、宽容”等条目。

3.3 关于与集体和社会的关系

对小学一至六年级的学生设定了“尊重规则”、“公平、公正、社会正义”、“勤劳、公共精神”、“家族爱、家庭生活的充实”、“更好的学校生活、集体生活的充实”、“尊重传统和文化、热爱国家和家乡的态度”、“国际理解、国际友好”等条目，对一至三年级的中学生设定了“守法精神、公德心”、“公平、公正、社会正义”、“社会参与、公共精神”、“勤劳”、“热爱家庭、充实家庭生活”、“更好的学校生活、集体生活的充实”、“尊重传统和文化、热爱国家和家乡的态度”、“国际理解、国际友好”等条目。

3.4 关于与生命、自然，崇高事物的关系

对小学一年级至初中三年级的学生设定了“生命的可贵”、“爱护自然”、“感动、敬畏之心”、“更好生活的喜悦（小学六年级、初中一到三年级）”等条目。

这些项目看似各年级都一样，其实不然，《指导要领》规定了对

不同年级、不同发育阶段的学生要由浅入深地进行指导的方针。

接下来我们选取几个代表性的条目，看看在指导时各个年级都有哪些不同。

先看第一个支柱中的“判断善恶、自律、自由与责任”条目。

《指导要领》要求小学一、二年级的学生做到“区分好事坏事，对于认为是好的事情要积极去做”。要求小学三、四年级的学生做到“对于认定正确的事要充满自信地去做”。“以诚实、开朗的心态生活”；小学五、六年级的条目中用“自主”替代了“判断善恶”，要求学生做到“珍惜自由，自律地判断，对自己的行为负责”。对中学生要求做到“尊重自律精神，进行自主性的思考和判断，诚实地执行，对结果负责”。在此我们可以看到要求学生具备自己辨别是非曲直和好坏的判断力，同时也让学生知道自由固然值得珍惜和尊重，但是自由是和责任关联在一起的，应对自己所做的行为负责。

再看第二大支柱中的“善意、体贴”条目。

要求学生做到“要温馨对待和体贴身边的人”（小学一、二年级）；“好心对待别人，主动体贴别人”（小学三、四年级）；“对任何人都要有一颗体贴之心，站在对方立场上善待对方。”“感恩并回报那些曾给予自己的生活以帮助的家人和支撑自己生活过来的人。”（小学五、六年级）；“以体贴之心待人的同时，感恩并主动回报那些给予自己的生活以帮助的家人和善待自己的人们，升华同情、爱护他人的仁爱精神。”（中学一至三年级）。可见，这里要求学生在人与人相处中表现出友善、体贴、感恩和回报。这些也都可以看作是对传统的“知恩图报”价值观的继承和发展。

再看一下第三大支柱中的“公平、公正、社会正义”条目。

要求学生做到“不要以自己的好恶待人”（小学一、二年级）；“对任何人都不要区别对待，以公正、公平的态度待人”（小学三、四年级）；“对任何人都不要抱有歧视和偏见，以公正和公平的态度待人，努力做到实现正义”（小学五、六年级）；“尊重正义和公正，对任何人都要公平对待，致力于实现无歧视和偏见的社会”（中学一至三年级）。可以看到，这里把较为抽象的价值观变得十分具体且具有可操作性的行为。

第三大支柱中还有几个条目值得关注，如“热爱家庭、充实家庭生活”条目中规定：“敬爱父母、祖父母，主动做家务，为家庭做贡献”（小学一、二年级）；“敬爱父母、祖父母，全家齐心协力构建快乐家庭”（小学三、四年级）；“敬爱父母、祖父母，追求家庭幸福，主动为家庭做贡献”（小学五、六年级）；“敬爱父母、祖父母，充分认识到自己是家庭中的一员，营造充实的家庭生活”（中学一至三年级）。从中不难看到，儒家思想中的重视家庭、敬老、孝道等传统价值观在日本社会依然是值得珍惜和期待发扬光大的价值观。

还有就是“尊重传统和文化、热爱国家和家乡的态度”条目。“亲近和留恋我们的国家和家乡的文化和生活”（小学一、二年级）；“珍惜我们的国家和家乡的传统和文化，拥有一颗热爱国家和家乡之心”（小学三、四年级）；“珍惜家乡的传统和文化，加深对那些为社会做出过贡献的先人以及高龄者的尊敬之念，认识到自己是社会的一员，热爱家乡，主动致力于家乡的发展”（小学五、六年级）；对于中学生，在这个条目的后面又加了“尊重我国的传统和文化，热爱国家的态度”条目，要求“为继承优秀的传统和创造新文化做出贡献，同时认识到自己是日本人中的一员，爱国，并作为国家和社会的创造者致力于她的发展”（中学一至三年级）。由此可见，日本的爱国心教育始终是和热爱传统、文化和家乡等紧密结合在一起的。

此外，第四大支柱中的“生命的可贵”、“爱护自然”、“感动、敬畏之心”等都很有特色。“认识生命的伟大，珍惜生命”（小学一、二年级）；“认识生命的可贵、爱惜有生命的东西”（小学三、四年级）；“理解生命是与多个生命相关联的、无可替代的东西，尊重生命”（小学五、六年级）；“关于生命的可贵，要理解它的连续性和有限性，尊重无可替代的生命”（中学一至三年级）。珍惜生命，主要是由于日本社会频繁出现了未成年人杀人的恶性刑事案件而特别加入的条目。

在“感动、敬畏之心”条目中，要求做到“接触美的东西，拥有一颗清爽美好的心灵”（小学一、二年级）；“对美的东西和高雅的东西要心存感动”（小学三、四年级）；“对美的东西和高雅的东西心存感动，对超过人类能力的东西心存敬畏”（小学五、六年级）；“拥有一颗对美的东西和高雅的东西的感动之心，加深对超过人类能力的东西的敬畏之心”（中学一至三年级）。这里与其说是在道德教育中加上美育，不如说是希望学生们能够对美好事物、超然的事物心存感动和敬畏之心，最终达到人和自然的和谐相处。

4 贯穿在各科目的“德育教育”

日本的道德教育还有一个显著的特点就是它不仅仅局限在每周一小时的道德教育课，而是贯穿在学校教育的所有教学科目和各项活动之中，而道德教育课则是作为道德教育的一环起到弥补、深化、思考相关问题、发展和统合道德教育的作用。

接下来我们举出几个例子，看看体现在各教学科目和各项活动中的道德教育。

4.1 体现在“国语科（语文）”中的道德教育

《指导要领》认为，通过国语培养表现力和理解力的同时，在人与人的关系中尊重相互的立场，通过语言提高沟通能力，这是学校在推进整个道德教育活动中最基础性的作用。不仅如此，培育尊重国语的态度，这和尊重传统和文化，以及热爱孕育传统和文化的国家和故乡密不可分。把学习国语和尊重传统和文化乃至爱国、爱家乡联系起来的做法是很值得我们借鉴的。

4.2 体现在“社会科”中的道德教育

《指导要领》指出，加深对本国国土、历史的理解和热爱是和尊重传统和文化以及热爱孕育传统和文化的国家和故乡密不可分的。同时，认识到自己是生活在国际社会、和平、民主国家和社会的创造者，正确认识自由、权利、责任和义务之间的关系，作为权利义务的主体，培养公正判断的态度和能力等公民素质的基础，这与集体和社会的关系部分的内容密切相关。

4.3 体现在“数学科”中的道德教育

《指导要领》还指出，提高数学科的目标之一是通过数理考察现象，建立逻辑思考和表达能力，这也有助于培养道德判断力。此外，培养运用数学方法进行思考和判断的态度，也有助于培养动脑筋学习和生活的态度。

4.4 体现在“音乐科”中的道德教育

《指导要领》认为，爱好音乐的心情和对音乐的感性，是和尊重美的东西和崇高的东西关联在一起的。音乐带给人们的丰富情操也是培养道德性的基础。同时，音乐科的共同教材，也包含着能够让人感受到本国的自然和四季之美，以及感受到本国的文化和日语特有的美感等内容，有助于道德心的培育。

4.5 体现在“技术、家庭科”中的道德教育

在“技术、家庭科”中学习生活必需的基础性知识和技术，不仅能够培养良好的生活习惯，同时也有助于理解劳动的难能可贵和劳动的意义，进而培养主动动脑筋生活和创造的态度，不仅能加深对家庭的热爱，也有助于认识到自己是家庭和社会的一员，思考自己的人生，更加美好地生活。

以上五个例子都说明日本在道德教育方面确实下了一番功夫。贯穿于各科目教学中的道德教育，使得道德教育不再为抽象的概念和一味说教的惯常做法所困惑，变得更加具体和富有操作性。

5 结语

通过以上的考察和分析，我们可以得出以下几点认识：

日本中小学开设的“道德教育”课以及贯穿在各科目中的道德

教育活动承担着传播社会主流价值观的任务。

日本在实施道德教育课程与道德教育活动时，并非由上而下地将某种特定的价值观强加给学生，而是注重培养学生的完整人格、自律性以及自主判断是非曲直的能力。

日本在实施道德教育活动时，根据不同年级和不同发育阶段的特点，循序渐进、由浅入深、避免抽象说教、采用具有可操作性的方式方法。

当然，日本学校的道德教育是传播日本社会主流价值观的一个主要渠道，但不是唯一渠道。高中（高中开设“公民”、“伦理”等课程）、大学等学校，广播电视、报纸杂志、书籍等媒体，网络、社交网站等新媒体，电影、漫画、音乐等大众文化，体育活动，家庭、社区等也都有意无意地发挥着传播社会主流价值观的作用。

日本的这些做法和举措，无疑为我们思考和构建中国特色社会主义核心价值观的传播渠道提供了有益的参考和启示。

制度保障：新加坡推广核心价值观的有效举措

郭连友

前言

新加坡在1991年颁布了《共同价值观白皮书》，确立了国家核心价值观，其内容为：国家至上，社会为先；家庭为根，社会为本；关怀扶持，尊重个人；协商共识，避免冲突；种族和谐，宗教宽容。

共同价值观确立后，为了推行共同价值观，新加坡政府采取了一系列行之有效的举措。由于政府和社会各界的积极推进和不懈努力，共同价值观已被新加坡人民接受和认可，在促进社会和谐、种族团结、培养国民的归属感和国家认同、强化执政党地位、发展经济、稳定社会和人心等方面发挥了重要作用。

考察和分析新加坡在推行共同价值观方面的主要举措，对我国推行社会主义核心价值观具有十分重要的借鉴和参考意义。

1 公平政策是推行共同价值观的政治和制度保障

新加坡执政党人民行动党，在建党伊始就致力于构建各种族平等和谐的社会。

人民行动党在建党宣言中就曾明确提出建立一个各民族平等、相互包容的和谐社会。1954 年，人民行动党建党宣言中这样写道："我们……通过全民力争上游，创造一个充满活力、公平与平等的社会，每一个公民不分种族、语言和宗教，先生美满的生活。"1982 年修订的《人民行动党章程》第二条再次重申："创立一个新加坡人的国家；建设一个公正、公平、宽容的多元种族社会，不分种族、语言、宗教；向国民灌输国家认同感，在献身爱国精神下团结一致。"①

1965 年，李光耀在电视上宣布新加坡独立时强调："新加坡要建立一个多元种族的国家，我们将建立一个榜样。这不是个马来国，这不是个华人国，也不是个印度国。每个人都有他的地位，平等、语言、文化、宗教……让我们真正成为新加坡人，不论种族、语言、文化、宗教，团结一致。"政府承诺保障各种族在接受教育、住房、医疗、福利等方面人人机会均等。②

在这样的施政方针和原则指导下，新加坡制定了多种措施，如：保障少数种族政治权益的集选区制度，颁布各种营造和谐社会的法

① ［新加坡］吴元华：《新加坡良治之道》（国家治理丛书），中国社会科学出版社 2014 年版，第 116 页。

② ［新加坡］吴元华：《新加坡良治之道》（国家治理丛书），中国社会科学出版社 2014 年版，第 116 页。

令，公平的雇佣准则，划定种族、宗教和语言的“敏感课题禁区”等。

为保障少数种族政治权益的集选区制度是为了防止占新加坡人口74%以上的华族垄断新加坡的政治局面而设置。即在全国87个选区分为单选区和“集选区”两类。单选区是由各政党各派一名候选人竞争，“集选区”则是把某些全选区合成一个大选区，由多名候选人以一个团队竞选。在每4人、5人或6人一团队的候选人中，必须有马来族或印度族或欧亚裔族候选人，一旦中选，各种族都有代表在国会殿堂参与政策的辩论与制定，以此来保障少数种族的政治权益。在集选区制度下，有很多有才华的非华族新加坡人担任副总理、部长等要职。此外，高级公务员，如大法官、常任秘书（部门最高级公务员）、检察官、警官等队伍中非华族的比例也很高。前五任新加坡共和国总统也都是由非华族担任。

为了保障和谐社会的建设，政府颁布了许多与此相关的法令，如《内部安全法令》《煽动法令》《诽谤法令》以应对影响社会和谐稳定的社会事件；制定《宗教和谐法令》，确保各宗教的互相尊重；成立“少数种族总统理事会”确保任何法令不会对少数种族不利；提出《新加坡21世纪》愿景以宣导国民团结，共建和谐家园；促成建立“宗教和谐组织”，促进九大宗教团体彼此间的相互了解，共同维护新加坡的宗教和谐。

此外，政府于2001年还在民间成立了“族群互信圈”，鼓励各族人民通过多交往增进彼此的感情和信赖。2002年还成立了“族群融洽小组委员会”，探讨种族和谐和宗教和谐以及如何在保留传统民族文化和建立认同之间取得平衡等。

在就业方面，新加坡政府2006年颁布了“唯才是用”的公平雇佣准则，积极推广公平雇佣的精神和做法，强调所有新加坡人不分种族，就业机会人人均等，雇主在雇用员工时不能规定只录用某个种族的申请人，聘请和提拔员工完全以个人能力为依据，一旦发生少数族群求职者受到不公平待遇的投诉，人力部将介入调查，督促雇主改变违反公平雇佣的做法。

此外，政府划定宗教和语言的“敏感课题禁区”，目的也是为了确保新加坡各族各宗教人民的和谐相处，维持社会稳定、政治稳定，促进经济发展。告诫人们尤其是媒体，可以对有关政策提出合理批评，但是绝不能借题发挥去煽动、制造社会对立与分裂。

以上这些举措，从执政党和政府层面，为多种族、多文化和多宗教的新加坡建设和维护和谐社会提供了政治和制度的保障。

2 学校教育是普及共同价值观的主要渠道

1993年，新加坡在修订的《新加坡教育法》中就教育的目的做了如下规定：“充分发挥每一个学生的潜力，培养每一个学生的健康的道德价值观，使学生具备雄厚的基本技能基础，以适应飞速发展的世界需求。”①

1998年第二任总理吴作栋宣布了21世纪新加坡教育政策，提出了新加坡中小学国民教育的两大目标：一是灌输核心价值观，二是

① 转引自［新加坡］吴元华《新加坡良治之道》（国家治理丛书），中国社会科学出版社2014年版，第198页。

培养国家认同。第一点指出：在学校推行的国民教育，是向学生灌输核心价值，即强调新加坡建国成功所依赖的条件，刻苦耐劳、爱国爱民、勤于学习、善于思考，以便开拓心胸和视野，具有崇高的品质，力求上进的精神。第二点指出：新加坡是多民族、多宗教和多文化的社会，国民教育教导学生对不同种族、宗教和文化互相尊重和包容，从而促进社会和谐，种族团结，共同建设新加坡。

2007 年李光耀在南洋中小幼（南洋女中、南洋小学、南洋幼稚园）大家庭 90 周年校庆晚宴的演讲中告诉师生和校友们：为了让年轻一代能在瞬息万变的世界中立足，学校必须向学生灌输正确的价值观，使他们成为正直诚实的公民，能和各族同胞和谐合作，携手并进，共谋发展。最重要的是，他们必须与同胞和国家保持紧密的情感联系，并以身为新加坡人为荣。把下一代培育成品格端正和有社会责任感的公民，是千古不变的教育重任。学校必须负起培养人格、灌输道德价值观的责任，也应当培养学生的自律精神以及以礼待人的美德。

李显龙总理在 2010 年 8 月 8 日的国庆献词里也提到学校不仅传授知识，还教导学生如何解决问题，并且向他们灌输正确的道德价值观。教育部长王瑞杰接着宣布，今后新加坡的教育将“以价值为导向”①。

由此可见，教育的首要任务是培养学生的核心价值观和国家认同。在这些教育法和教育政策的指导下，新加坡的中小学教育始终把灌输新加坡共同价值观放在首位，成为推行贯彻国家共同价值观

① 转引自［新加坡］吴元华《新加坡良治之道》（国家治理丛书），中国社会科学出版社 2014 年版，第 200—201 页。

的主渠道。

新加坡的共同价值观教育贯穿于小学、中学乃至大学。

2.1 小学阶段

新加坡小学进行共同价值观教育时使用专门为实施共同价值观编写的《好公民》教材。《好公民》一书的课程包括35个单元，分别是：仁（爱己、爱人、爱物）；孝（孝顺、缅怀祖先）；家庭和谐（手足情深、爱护家庭声誉、家和万事兴）；礼（尊敬别人、尊敬老师、尊敬长辈，守法）；责任感（对己、对家庭、对他人，公德心）；恕（容忍、为他人着想、原谅别人）；忠（爱校、以我校为荣、敬业乐业、爱国）；信（守诺言、自信）；诚；勇；毅；节俭慷慨（节俭、慷慨）；义（公正、平等）；协作精神；睦邻精神（睦邻、种族和谐）。

课程内容的重点根据年级有所不同，小学一年级以“个人”为中心，二年级以“家庭”为中心，三年级以“学校”为中心，四年级以“邻居”为中心，五年级以“国家”为中心，六年级以“世界”为中心。

整个教材根据共同价值观以及传统的道德观念编写而成，对学生进行有关社会、生活准则、道德责任、种族和谐，以及热爱祖国、忠于祖国等方面的教育，按循序渐进的结构逻辑从个人到世界放射性地扩展开来。

2.2 中学阶段

根据新加坡教育部颁布的《公民与道德教育大纲》进行共同价值观教育。在该大纲中，新加坡教育部规定了中学教育的五大道德价值观念：第一，国家利益高于社会利益，社会利益先于个人利益；第二，家庭是社会的基础；第三，支持社会，尊重个人；第四，珍视团结，防止冲突；第五，实现种族和宗教平等。为了加强德育课教学，新加坡要求各学校必须设置德育教育室，规定校长必须兼任德育教育室主任。德育课分数要计入学生升学考试的总成绩中。

2.3 大学阶段

新加坡大学的公民道德教育课程的设置与小学、中学相比有很大的不同。在新加坡高校，政府不再制定统一的公民道德教育课程，而把课程的设置和管理权交给了各高校。新加坡高校进行核心价值观教育注重培育“我是新加坡人”的民族精神和国家意识，同时也强调在统一的国家意识下学生的多样化发展。一方面，新加坡高校在核心价值观教育中坚持以学生为中心，尊重学生的人格尊严，主张进行人本化的关怀，关注学生的生存以及多元发展。另一方面，各高校可以根据自身的专业特色和学校特色有选择地在不同学校设置不一定一致的价值观教育的课程，例如，新加坡国立大学德育课程的设置主要分为三类。第一类是开设专门的德育学科课程，第二类是开设寓于其他学科中的德育课程，第三类是开设寓于核心课程中的德育课程。比如，新加坡国立大学政治科学系开设了“新加坡政府与政治”课程，目的在于使学生认同新加坡现行政治体制，理解新加坡政治体制的主要结构和功能，明确新加坡政治面临的主要挑战，以培养学生的国家意识，正确处理个人与国家、社会的关系，为迎接挑战，建设新加坡美好未来做好准备。国大社会学系开设了“新加坡社会”课程，通过介绍新加坡社会的起源、思想意识形态、种族关系、工业、家庭、性别、宗教等，帮助学生全面了解新加坡社会，增强学生的社会认同感，培养学生共同价值观①。

在推广共同价值观和培养学生国家认同的过程中，新加坡尤其重视对传统文化特别是儒家传统文化、价值观的教育和继承。

1982年至1993年，新加坡在中学三、四年级开设了“儒家伦理”课程。开设这门课程的宗旨就是培养学生具有儒家伦理的价值观念，成为既有理想又有道德修养的人。为了帮助学生学习“儒家伦理”，更加形象生动地把握中华民族的文化传统和东亚价值观，新加坡课程发展署于1987年编写了《他们走过的路》——儒家伦理辅助读本，分中三、中四两册，包括40个人物故事。其中有36个人物是中国的。

从1992年起，新加坡小学各年级开始使用新编的《好公民》教材。小学《好公民》课文的内容主要采用东方、特别是中国的传统故事。1999年4月，新加坡教育部课程发展署顺应社会发展需要，又把“好公民”课改为“公民与道德教育”课，课程内容也发生了相应变化。“公民与道德教育”课程包含5个主题和28个德目。从其德目来看，包括了仁、孝、家庭和谐、礼、责任感、恕、忠、信、诚、勇、毅力、节俭与慷慨、义、协作精神、睦邻精神等。吸收了儒家伦理的优良传统，把“修身、齐家、治国、平天下”这一儒家伦理精髓通俗化、具体化和现代化了。

从以上中小学道德教育课程的内容可以看出，新加坡对以儒家传统价值观为主的东方文化的继承和发扬。“儒家伦理”开设了十多

① 卢艳兰、张在喜：《新加坡高校德育课程设置评介》，载《中国商界》2010年第1期，第85页。

年，对先后接受过这门课程教育的十个年龄段的一代新加坡青年，起到了重要的教育作用。由于共同价值观念渗透了东方文化中的精华，又对新加坡具有非常强烈的针对性和现实性，所以，使越来越多的人民群众，不论其种族、语言、宗教如何，都对这些价值观产生了认同感，形成了全社会团结合作的和谐氛围。

3　奖惩分明是新加坡推行共同价值观的重要特色

新加坡有着周密的法律和严格的执法，这为推行共同价值观提供了有力的法治保障，详尽并具有操作性的法律规范着国民的行为举止，在推广共同价值观的过程中发挥了"以法促德"的积极作用。但同时，新加坡政府也对遵纪守法、道德高尚的行为给予表彰和福利倾斜。

新加坡建国至今已制定五百多种法律，从国家体制到社会治理，从经济活动到文化教育，从种族宗教到城市管理，方方面面都有相当完备的法律法规。这些法律法规，确立了人们的行为底线，为共同价值观的推行提供了法治保障。新加坡实施严刑峻法，至今还保留着绞刑、鞭刑。在公共场所，各种告示、警示、规定触目可及，公众衣食住行、言行举止均有章可循。对随地吐痰、乱扔废弃物、随地大小便、乱涂乱画、随便攀折花木、乱吐口香糖等其他国家法律中无此规定的内容，新加坡都一一做了详细的立法规定。例如，违反规定吸烟时被发现将处以罚款 500 新元（相当于人民币 4000 元）；在路上乱丢弃垃圾和随地吐痰，不仅将被罚款 1000 新元，还要扫街示众。新加坡《滥用毒品修正法令》）规定，对贩卖或进出口超过15克海洛因或30克吗啡的贩毒者，一律处以绞刑。

但同时，对于富有献身精神、助人为乐、同情和帮助弱者的行为，新加坡政府会以登报、奖励等形式进行表彰，引导人们向他们学习，努力“向上、向善、向美”。

新加坡的学校还设有“品德奖”奖励学生的好品行，以行动体现优良的价值观、品格和社会责任感。品德奖奖金：小一至小三，每年200新元；小四至小六，每年350新元；中学、初级学院、工艺教育学院，每年500新元[①]。

此外，新加坡政府还出台了一系列法律法规，倡导共同价值观，如政府分配组屋时，对于二世同堂、三世同堂的家庭给予价格优惠和优先安排；规定夫妻在孩子未满3周岁以前，不能提出离婚，更不能为了离婚把孩子送给他人或送进护婴院等。

4 结语

新加坡在推行国家共同价值观时可以说是举全国之力，自上而下，全体动员，从政府到社区，在社会的各个层面采取了大量有力措施，取得了良好的效果，为新加坡的发展发挥了重要作用，为此新加坡也成为世界各国纷纷效法和借鉴的模范。

梳理和考察新加坡推行共同价值观的主要举措，其目的就是为

① ［新加坡］吴元华：《新加坡良治之道》（国家治理丛书），中国社会科学出版社2014年版，第200—201页。

我国构建和推广社会主义核心价值观提供参照。在思考如何构建和推广社会主义核心价值观时，新加坡的举措和经验为我们提供了几点有益启示：

首先，社会主义核心价值观的建设和推广应该和法制建设密切结合起来，从法律制度层面保证核心价值观的贯彻和执行。对违反社会主义核心价值，破坏和谐稳定的社会现象，不仅要在媒体上进行谴责和批判，还要运用法律武器给予惩罚，做到“以法促德”。

其次，我们在建设社会主义核心价值观方面，还应该深入挖掘、继承传统思想、传统价值观中的优秀和精华部分，如中国儒家中的民本思想、以德为上的贤人政治、任人唯贤的录用制度、敬老爱幼、关爱他人的美德等，并为其赋予现代意义，将其纳入正规的中小学及大学的教育体系，通过教育手段，使其得以继承并发扬光大，形成良好的社会风气。

再次，在公共政策方面，以民为本，彻底贯彻社会主义核心价值观，让人民群众看到实惠，建立起牢固的、相互信赖的、良好的党群和政群关系。

下篇

多国政治话语分析

拟人隐喻“人类命运共同体”的概念、人际和语篇功能[①]

——评析习近平第70届联合国大会一般性辩论中的演讲

文秋芳

1 引言

近两年来，特别是2016年，学术界发表有关“人类命运共同体”的学术论文数量增长迅速。然而迄今为止，鲜有人从语言学视角，探究“人类命运共同体”的话语功能。笔者认为，无论是何种中国特色的理念、方案，都必须首先运用语言这一载体进行传播，离开对语言的深入分析，就可能忽略最为基础、最为本质的东西。有鉴于此，本文尝试融合认知语言学和功能语言学视角，分析拟人隐喻

① 本文发表于《外语学刊》2017年第3期。华南农业大学黄国文教授、北京科技大学何伟教授对本文有关拟人隐喻的三大语言功能的表述进行了仔细修改，南京师范大学张辉教授对认知语言学中“拟人隐喻”与功能语言学中元语言功能的结合给予了很好的建议，在此一并表示感谢。

“人类命运共同体”在习近平第70届联合国大会一般性辩论中的演讲[①]（下文简称习近平联大演讲）中的概念、人际和语篇功能。

选择习近平联大演讲作为分析对象的主要原因是，习近平自担任国家主席以来，首次代表中国政府以“携手构建合作共赢新伙伴同心打造人类命运共同体”为题，在联合国这一最高国际舞台上，向世界阐述解决当今世界复杂问题的中国主张、中国方案。同时，这次大会还有特殊意义。70年前，全世界人民经过浴血奋战获得反法西斯战争的胜利，成立维护世界和平的联合国这一国际组织。出席本届联大的有97位国家元首、5位副总统、44位政府首脑、5位副总理和42位部长。在纪念这一代表性最广、权威性最强的国际组织成立70周年大会上演讲，每个国家领导人讲什么、怎么讲都能引起整个国际社会的高度关注。

本文分为三部分。第一部分总结拟人隐喻及其相关研究。第二部分分析拟人隐喻在习近平联大演讲中所起的三大元语言功能[②][③]：（1）概念功能[④]（ideational metafunction）；（2）人际功能（interpersonal metafunction）；（3）语篇功能（textual metafunction），旨在揭示习近平如何运用拟人隐喻呈现中国传统“和”文化价值观，呼吁所有联合国成员同心协力打造人类命运共同体，建设绿色、和平、安全、包容、发展的和谐世界。第三部分为结语与建议。

---

① 习近平：《携手构建合作共赢新伙伴　同心打造人类命运共同体——习近平在第七十届联合国大会一般性辩论时的讲话》。http：//news. xinhuanet. com/ttgg，2015。

② Halliday，M. A. K. An *Introduction to Functional Grammar*（2nd *edition*）. London：Edward Arnold，1994.

③ Halliday，M. A. K.，Hasan，R. *Language*，*Context and Text*：*Aspects of Language in a Social Semiotic Perspective*. Geelong：Deakin University Press，1985.

④ 概念功能包括经验功能和逻辑功能，本文仅涉及经验功能。

2 拟人隐喻和相关研究

20世纪80年代，莱卡夫和詹森指出拟人隐喻（personification）是本体隐喻中最为普遍的一种[①]。源域（喻体）是活生生的、有血有肉、有思考能力的具体人，目标域（本体）大致分为三类：（1）动植物，例如小猫、大树等；（2）无生命物体，例如太阳、河流、国际组织、国家等；（3）抽象概念，例如真理、和平等。这种拟人隐喻符合人的思维习惯，能够帮助受众激活已有的具身体验，用于理解本体的某些抽象特征[②]。

莱卡夫[③]指出，政治话语中使用拟人隐喻可以增强说服力和影响力。他曾经分析美国共和党和民主党两党的基本道德准则，将共和党比作"严父"（strict father），民主党比作"抚育型的父母"（nurturant parent）。前者强调社区是个家庭，代表道德权威的是父母，孩子应该受道德权威的管束；后者虽然也强调社区是个家庭，但父母在家庭的作用不相同，这里父母不是道德权威，而是道德的提倡者和促进者，孩子不是单纯地服从于道德权威，而是需要接受父母的抚养和教育。这两种拟人比喻代表了两个政党不同的治国理政思路。蒋凯还用实证研究发现这两类基于不同道德观的拟人隐喻在美

① Lakoff, G., Johnson, *M. Metaphors We Live By*. Chicago: University of Chicago Press, 1980.

② 朱晓琴：《拟人隐喻的英汉对比研究》，载《当代教育理论与实践》2011年第1期。

③ Lakoff, G. *Moral politics: How liberals and conservative think*. Chicago: University of Chicago Press, 2002.

国总统竞选演说中时隐时现，但反复出现①。

佩雷斯选择美国《纽约时报》17篇有代表性的文章，分析2009年艾哈迈迪-内贾德上台以后，美国媒体有关伊朗的报道②。研究结论是，拟人隐喻“国家是人”（the NATION IS A PERSON metaphor）在媒体报道意识形态冲突中扮演了重要角色。分析结果是，美国媒体常用艾哈迈迪-内贾德代表整个伊朗国家或伊朗政府；用奥巴马代表整个西方社会；用穆萨维代表整个抗议群体。根据批评话语理论，作者指出，美国媒体这种简单化的拟人隐喻导致复杂问题简单化，有强烈的意识形态导向。

上述两个研究都从批评话语视角，将拟人隐喻涉及的源域—目标域（喻体—本体）分为我们（us）和他们（them）两个对立的阵营，各自为赢得政治权力而进行斗争。他们认为在政治世界中，这种两极化的对立无法回避，有权力存在就意味着要有人屈从③④。话语空间理论⑤⑥和近体化理论⑦都充分反映了这种二元对立的思维模式。这两种理论都包含说话人与其他人关系的空间轴，说话人（us）

---

① Cienki, A. “The Metaphorical Use of Family Terms Versus Other Nouns in Political Debates.” *Information Design Journal + Document Design*, 2005 (1).

② Pérez-Sobrino, P. “Personification and Ideology in the American Media Coverage of the Iranian Green Revolution.” *Text & Talk*, 2013 (2).

③ Chilton, P. Vectors, “Viewpoint and Viewpoint shift: Toward a Discourse Space Theory.” *Annual Review of Cognitive Linguistics*, 2005 (3).

④ Wirth-Koliba, V. “The Diverse and Dynamic World of ‘us’ and ‘them’ in Political Discourse.” *Critical Approaches to Discourse Analysis across Disciplines*, 2016 (1).

⑤ Chilton, P., Vectors, “Viewpoint and Viewpoint shift: Toward a Discourse Space Theory.” *Annual Review of Cognitive Linguistics*, 2005 (3).

⑥ Chilton, P., *Analysing Political Discourse: Theory and practice*. London & New York: Routledge, 2014.

⑦ Cap, P. *Proximisation: The Pragmatics of Symbolic Distance Crossing*. Amsterdam: John Benjamins, 2013.

是空间轴的起点，他们（them）为空间轴的另一端点。与说话人距离越近、关系越紧密、意识形态越相似，就成了说话人同一阵营的人，被置放在靠近空间轴的起点上；反之与说话人距离越远，关系越疏远，意识形态差异越大，就成了敌对阵营的人，被置放在空间轴的另一端点上。

笔者认为将世界上的人和事简单地分为我们（us）——盟友，他们（them）——敌人是典型的冷战思维。而中国政府和中国领导人在多个国际场合提倡抛弃冷战思维，不要将国际成员之间的关系描述为非友即敌的二元对立模式。各国都应该思考"如何在经济全球化、世界多极化、文化多样化、社会信息化的时代背景下推动各国同舟共济、携手合作，共同走向美好的明天"的新课题①。本研究将分析习近平在联大演讲中如何将中国"和"价值观融入了拟人隐喻"人类命运共同体"，有效传播中国处理国与国关系的新范式、新理念。

3　拟人隐喻在习近平联大演讲中的功能

习近平联大演讲全文 2992 个字，除去 5 次称呼语（主席先生、各位同事）以外，共有 24 个段落，分为五部分。第一部分（1—5 段）简要描述联合国 70 年前成立的背景、中国在世界反西斯战争中的贡献，以及对待历史的正确态度；第二部分（6—7 段）提出联合

① 王毅：《携手打造人类命运共同体》，载《人民日报》2016 年 5 月 31 日。

国当前面临的重大问题；第三部分（8—18段）阐述了治理当前重大问题的“中国方案”，即同心协力打造人类命运共同体；第四部分（19—23段）宣布中国为建设人类命运共同体所要承担的角色和计划开展的行动；第五部分为结束语，进一步呼吁联合国全体成员要为打造“人类命运共同体”而奋斗。

习近平使用拟人隐喻“人类命运共同体”在联大演讲中充分展示了语言的三大主要功能。概念元功能包括逻辑功能和经验功能，鉴于本文聚焦拟人隐喻，因此下文主要关注经验活动的参与者。人际功能揭示说者与其他人之间的关系，即体现经验活动参与者之间的关系。语篇功能用于组织话语，促使经验和人际意义功能的实现，也就是说，语言具有组织内容的作用，使语篇结构合理、语义连贯、层次分明、行文流畅等[①②]。

3.1 概念元功能

“人类命运共同体”拟人隐喻将世界国与国之间的关系比作人与人之间的关系，每个国家都是同一个地球村的居民。大家面临着相同的挑战和威胁，例如资源短缺、气候变化、金融危机、网络攻击、人口爆炸、环境污染、疾病流行、毒品走私、恐怖威胁、战争危险，地球村的居民必须同命运、共呼吸；同甘苦、共患难；同舟共济，共克时艰，才能健康、安全地生存下去。如果不团结起来面对全人类的共同威胁和挑战，整个地球村的居民都要遭受相同的厄运。

---

① Halliday, M. A. K. *An Introduction to Functional Grammar* (2nd edition). London: Edward Arnold, 1994.

② 胡壮麟、朱永生、张德禄、李战子：《系统功能语言学概论》，北京大学出版社2005年版。

“共同体”是国际社会广泛接受的概念。目前世界上有经济共同体，例如世界贸易组织；有军事共同体，例如北约集团；也有政治、经济共同体，例如欧盟。目前已有的共同体都属于“同质性”共同体。参加这些共同体的成员，必须接受少数国家推崇的意识形态、制定的规章制度。例如土耳其迫切希望加入欧盟，但至今仍旧被排斥在外，原因是他们的某些法律和规则不符合欧盟的规定。而习近平提出的“人类命运共同体”，加上了中国元素“命运”，就具有了很强的包容性，因为“命运”在《现代汉语规范词典》中的定义是：比喻人或事物的发展前途[①]。这里特别强调人的共同需求：政治上互相尊重，经济上包容发展，文化上互鉴交流，安全上共享和平，环境上共护家园。这些共同需求与马斯洛提出的人本主义思想非常一致。作为社会人，每个人都有生理需求、安全需求、归属需求、尊重需求和自我实现需求[②]。因此这里习近平强调的是所有地球村居民共享的价值和祈求，而对于异质性一面，例如宗教、意识形态、社会制度、文化传统等方面存在的差异，不强求统一，提倡求同存异、求同化异、和而不同。

进一步分析习近平的演讲可以发现，“人类命运共同体”这一拟人隐喻体现在四个方面：（1）将经验活动中的参与者“联合国”拟人化；（2）将经验活动中的参与者“联合国成员国”拟人化；（3）将经验活动中的参与者“中国”拟人化；（4）将经验活动中的参与者“中国政府”拟人化。（见表1）习近平通过对四个不同层次经验活动

① 李行健：《现代汉语规范词典》，外语教学与研究出版社/语文出版社2004年版。

② Maslow, A. H. “A Theory of Human Motivation.” *Psychological Review*, 1943（4）：370—396.

的参与者予以拟人隐喻表征，将打造人类命运共同体的理念与人的自身体验联系在一起，具体、形象，极大地增强交际效果。

表 1　四类拟人隐喻

<table>
<tr><th>将联合国拟人化</th><th colspan="2">将联合国成员国拟人化</th><th>将中国拟人化</th><th>将中国政府拟人化</th></tr>
<tr><td rowspan="5">联合国走过了 70 年风风雨雨，见证了……站在新的历史起点上，深入思考……这一重大课题。</td><td>政治</td><td>平等相待、互商互谅的伙伴关系；双赢、多赢、共赢；以对话解争端、以协商化分歧、对话、结伴。</td><td rowspan="2">世界和平的建设者；永不称霸、永不扩张、永不谋求势力范围。</td><td rowspan="2">设立为期 10 年、10 亿美元的和平发展基金。</td></tr>
<tr><td>安全</td><td>公道正义、共建共享的安全格局；摈弃冷战思维；化干戈为玉帛。</td></tr>
<tr><td>经济</td><td>开放创新、包容互惠；互帮互助、互惠互利；人人免于匮乏、获得发展、享有尊严。</td><td rowspan="2">全球发展的贡献者；与世界各国分享自身发展经验和机遇。</td><td rowspan="2">建设 8000 人规模的维和待命部队。</td></tr>
<tr><td>文化</td><td>和而不同、兼收并蓄；相互尊重、彼此借鉴、和谐共存；要对话；要交流。</td></tr>
<tr><td>环境</td><td>构筑尊崇自然、绿色发展的生态体系；呵护自然。</td><td>国际秩序的维护者；代表发展中国家发言。</td><td>向非盟提供 1 亿美元的无偿军事援助。</td></tr>
</table>

（1）将联合国拟人化。习近平在第 6 段讲话中连用 4 个体现物质过程和心理过程的动词短语“走过了”、“见证了”、“站在”、“深入思考”，明确将这些经验活动中的参与者“无生命的联合国”看作有生命的人。她饱经沧桑、历经坎坷，同时也目睹各国为了和平、发展和合作付出的巨大努力，现在正面临着新问题，要集各方智慧，拿出新方案。

（第 6 段）联合国走过了 70 年风风雨雨，见证了各国为守护和平、建设家园、谋求合作的探索和实践。站在新的历史起点上，联合国需要深入思考如何在21世纪更好回答世界和平与发展这一重大课题。

（2）将联合国成员国拟人化。在第8—18段中表示各种经验活动参与者的人称代词“我们”出现23次。表面上看，“我们”指的是说话者本人和听众，但实际上在座的听众只是联合国成员国的代表，而要建成人类命运共同体，单靠出席本届联大会议代表的努力是远远不够的。很显然，从所指关系角度，“我们”指的是联合国所有成员国。其次，从第8—18段中体现过程意义的动词的使用可以看出作为参与者的施动者都是有生命、有理性的人，例如“建立”、“选择”、“坚持”、“不搞”、“奉行”、“倡导”等。

以第12段为例。这一段共有3个句子，参与者都由“我们”来体现。习近平提倡各成员国要“摈弃冷战思维”，“树立新观念”，“发挥止战维和的核心作用”，“双轨并举，化干戈为玉帛”，“统筹应对安全威胁”，“防战争祸患于未然”。这意味着各成员国应该是有理性、有远见的战略家，能够跳出固有的零和博弈的旧思维模式，通过对话、协商来解决国际争端，使全人类能够生活在一个无战争的和平环境之中。

（第12段）我们要摒弃一切形式的冷战思维，树立共同、综合、合作、可持续安全的新观念。我们要充分发挥联合国及其安理会在止战维和方面的核心作用，通过和平解决争端和强制性行动双轨并举，化干戈为玉帛。我们要推动经济和社会领域的国际合作齐头并进，统筹应对传统和非传统安全威胁，防战争祸患于未然。

（3）将中国拟人化。在第 20—22 段演讲中，习近平强调中国始终做“世界和平的建设者”、“全球发展的贡献者”、“国际秩序的维护者”。很显然这里“建设者”、“贡献者”、“维护者”指的是中国人民，而不是抽象的国家符号，也不是具体的政府部门。习近平运用拟人隐喻，形象刻画出中国人民作为参与者在建设人类命运共同体这种经验活动中的作用和地位。中国人民爱好和平、永不称霸；乐于分享、谋求共同发展；维护国际秩序、维护发展中国家的权利和利益。因此中国人民不仅是建设“人类命运共同体”理念的倡导者、先行者，也是当下和未来的践行者。

（4）将中国政府拟人化。在第 23 段演讲中，在相关经验活动中“中国”作为参与者出现三次。这里的“中国”与第 20—22 段中的“中国”的内涵不完全相同，这里习近平宣布未来中国政府将为打造人类命运共同体所要采取的系列行动：设立为期 10 年、10 亿美元的和平发展基金；建设 8000 人规模的维和待命部队；向非盟提供 1 亿美元的无偿军事援助。这些具体行动决策的主体是中国政府，而不是中国人民群体。

3.2 人际元功能

拟人隐喻“人类命运共同体”对经验活动的参与者“联合国各成员国”之间的关系属性进行明确界定，即平等性和相依性。所谓平等性指所有共同体成员是平等的伙伴关系。尽管在共同体内部，有的国家面积大、人口多，有的国家面积小、人口少；有的强大，有的弱小；有的贫穷，有的富裕；有的是发达国家，有的是发展中国家；有的实行社会主义制度，有的实行资本主义制度。但这些成员都应该享有平等权利，正如习近平在第 9 段和第 10 段演讲中所说：

> （第 9 段）我们要建立平等相待、互商互谅的伙伴关系……不能以大压小、以强凌弱、以富欺贫。主权原则……不容侵犯、内政不容干涉……各国自主选择社会制度和发展道路的权利应当得到维护，各国推动经济社会发展、改善人民生活的实践应当受到尊重。
>
> （第 10 段）我们要坚持多边主义，不搞单边主义；要奉行双赢、多赢、共赢的新理念，扔掉我赢你输、赢者通吃的旧思维……我们要在国际和区域层面建设全球伙伴关系，走出一条“对话而不对抗，结伴而不结盟”的国与国交往新路。大国之间相处，要不冲突、不对抗……大国与小国相处，要平等相待……

第 9 段详细阐述“平等性”的内涵。首先联合国各成员国之间，虽有大小之别、强弱之分、穷富之差，但大家都应该互相尊重彼此的主权和领土完整，互相尊重彼此选择的社会制度和发展道路。第 10 段进一步说明了实现平等伙伴关系的必要策略。第一，必须要摒弃单边主义旧观念，跳出我赢你必输的旧思维；第二，必须要积极探索大国之间以及大国与小国之间平等相处的新路径。例如，通过协商、对话，解决争端，化解矛盾，走出一条相互尊重、合作共赢的新路子。

就语言使用而言，第 9 段和第 10 段中“要……”和“不……”分别表示情态（modality）意义和归一度（polarity）意义。表示意态化（modulation）的情态词“要”的使用，一方面强调了讲话人（习近平）代表中国的决心和义务，另一方面呼吁所有共同体成员要共同努力，统一思想，谋求共同发展。通过使用否定词“不”（不能以大压小，不容……，不搞……，不对抗……，不结盟……，不冲突……），与表示积极的“要”形成对比，强调了联合国成员国之间的平等和共同的责任。所谓相依性指的是联合国各成员国之间命运紧密相连。正如习近平在第 11 段演讲中所说：

> （第 11 段）在经济全球化时代，各国安全相互关联、彼此影响。没有一个国家能凭一己之力谋求自身绝对安全，也没有一个国家可以从别国的动荡中收获稳定。弱肉强食是丛林法则，不是国与国相处之道。穷兵黩武是霸道做法，只能搬起石头砸自己的脚。

这一相互依存、相互联系的理念，习近平早在党的十八大报告中就明确指出：“这个世界，各国相互联系、相互依存的程度空前加深，人类生活在同一个地球村里，生活在历史和现实交汇的同一个时空里，越来越成为你中有我、我中有你的命运共同体。”[①] 通过使用表达“否定”归一度意义的“没有”、“也没有”、“不是”，同时与

① 习近平：《中国共产党第十八次全国代表大会上的报告》，http：//news. xinhuanet. com/18cpenc，2012。

表达肯定意义的“弱肉强食是丛林法则”、“穷兵黩武是霸道做法”形成对比，强调了联合国各成员国之间命运紧密相连和依存关系。这里，习近平演讲倡导的“人类命运共同体”的理念，传承了中华优秀“和”文化传统，与西方结盟政策、自塑敌对阵营、自设假想敌的思维方式形成鲜明对照。由此可见，西方的话语空间理论或近体化理论，不适合用来描述“人类命运共同体”倡导的平等且相互依存的伙伴关系。

3.3 语篇元功能

拟人隐喻“人类命运共同体”是一个融通中外的新概念。它超国家、超意识形态、超文明、超宗教、超种族差异，映射的目标域是“联合国内部成员国之间关系的理想状态”。这是习近平联大演讲的灵魂所在。正因如此，该拟人隐喻是全文的宏观主位，也有人称其为全局主位[①]。除了第1—5段纪念联大成立70周年以外，其余演讲内容都紧紧围绕这一宏观主位，即拟人隐喻展开。该宏观主位细分为几个相对微观主位。演讲从一个微观主位出发，即从实现“人类命运共同体”目标的提出，到第二个微观主位的发展，即实现目标的理念体系，再到第三个微观主位的阐述，即中国担当的角色及其具体行动方案（第19—23段），最后回到宏观主位，呼吁共同努力为打造“人类命运共同体”而奋斗（第24段），以呼应第8段提出的倡议。整篇演讲从宏观愿景到当下行动，从联合国过去的历史到未来的发展，层层推进，形如流水，大大增强了演讲内容的连贯性和说服力。

① 顾明华：《论英语主位的语篇功能》，《外国语（上海外国语大学学报）》1996年第1期。

就全文主体24个自然段的出发点而言，第1—5段的主位是“历史”（70年前、9月3日、历史），第6—8段的主位是“人类”（联合国、世界格局、共同价值），第9—18段的主位是“我们所有人”（我们、大家）和“我们之间的关系”（文明相处、建设生态文明），第19—23段的主位是“中国”（13亿多中国人民、中国、我），最后一个自然段的主位是“现在”（在联合国迎来又一个10年之际）。从篇章结构看，第16段的“文明相处”是对第15段中的“人类文明”的阐释，而第18段的“建设生态文明”则是对第17段中的“生态体系”进行引申。因此，整个讲话的主线是：历史-人类-我们-中国-现在。这样的篇章布局，一方面提醒我们要记住历史，也要展望未来，为未来做出应有的贡献，同时把作为大国的中国与人类命运共同体紧紧联系在一起，这也体现一个大国的视野和社会责任。

特别值得提出的是，习近平首次从五个方面（政治、安全、经济、文化、环境）提出建设“人类命运共同体”的总布局和总路径（第8—18段）。这五个方面采用了宏观主位架构下的五个微观主位平行推进模式①。这五个微观主位从不同视角反映了中国的“和”文化价值观（见表2）。各成员国就像生活在地球村的居民，政治上互相尊重，成为平等相处的好伙伴；安全上彼此照顾对方的关切，形成你我都不受恐怖、战争威胁的和平局面；经济上根据不同的发展阶段，自主选择发展路径，共谋幸福，同求富裕；文化上多姿多彩、互鉴互学，无优劣、高低之分，和而不同；环境上呵护自然，与自然和谐相处，保持绿色生态体系，达到天人合一境界。

① 胡壮麟、朱永生、张德禄、李战子：《系统功能语言学概论》，北京大学出版社2005年版。

表 2 实现“人类命运共同体”的理念与“和”文化价值观

8 段	宏观主位：我们要……打造“人类命运共同体”	“和”文化价值观
9—10 段	微观主位一：我们要建立平等相待、互商互谅的伙伴关系	政治和谐相处
11—12 段	微观主位二：我们要营造公道正义、共建共享的安全格局	安全和平发展
13—14 段	微观主位三：我们要谋求开放创新、包容互惠的发展前景	经济合作共赢
15—16 段	微观主位四：我们要促进和而不同、兼收并蓄的文明交流	文化和而不同
17—18 段	微观主位五：我们要构筑尊崇自然、绿色发展的生态体系	环境天人合一

4 结语与建议

70 多亿地球人同在一片蓝天下，发展却极不平衡，穷富强弱差距巨大，矛盾冲突不断，地缘政治、强权政治、保护主义、恐怖主义盛行。在这种背景下，习近平主席用鲜活生动的语言提出“人类命运共同体”，表达中国治理全球的新理念、新方案。中国政府在不同国际场合，反复强调打造“人类命运共同体”的重要性，从建设邻国之间的命运共同体、中国与东盟之间的命运共同体、亚洲命运共同体到联大提出共建人类命运共同体，又到构建全球网络命运共同体，“引起国际社会强烈反响，对当代国际关系正在产生积极而深远的影响”①。

本文把认知语言学和功能语言学有机结合，展现拟人隐喻“人类命运共同体”在习近平联大演讲中的概念、人际和语篇元功能。本研究发现，西方的话语空间理论和近体化理论无法解释“人类命

① 王毅：《携手打造人类命运共同体》，载《人民日报》2016 年 5 月 31 日。

运共同体”这一具有中国特色的“和”文化价值观。2016 年 5 月 17 日习近平在哲学社会科学工作座谈会上的讲话中号召中国学者：“要立足中国、借鉴国外，挖掘历史、把握当代，关怀人类、面向未来，着力构建中国特色哲学社会科学，在指导思想、学科体系、话语体系等方面充分体现中国特色、中国风格、中国气派。”[①] 因此笔者建议语言学界的同人们积极行动起来，努力建构新话语空间理论来诠释中国的新型国际观。

① 习近平：《在哲学社会科学工作座谈会上的讲话》，载《人民日报》2016 年 5 月 17 日。

从系统功能语言学视角看政治演讲语篇[①]

——以习近平第70届联合国大会一般性辩论中的演讲为例

黄国文

1 引言

文秋芳融合认知语言学和系统功能语言学的部分观点，讨论了拟人隐喻“人类命运共同体”在习近平第70届联合国大会一般性辩论中的演讲（下文简称“习近平的演讲”）中的概念、人际和语篇功能[②]，目的在于“揭示习近平如何运用拟人隐喻呈现中国传统‘和’文化价值观，呼吁所有联合国成员同心协力打造人类命运共同体，建设绿色、和平、安全、包容、发展的和谐世界”。本文根据韩礼

① 本文发表于《外语学刊》2017年第3期。北京外国语大学文秋芳教授对本文初稿提出了修改意见和建议，谨此致谢。

② 文秋芳：《拟人隐喻“人类命运共同体”的概念、人际和语篇功能——评析习近平第70届联合国大会一般性辩论中的演讲》，载《外语学刊》2017年第3期，第1—6页。

德[1][2]的系统功能语言学理论，采用功能语篇分析[3][4][5]的方法，从语言形式对意义体现的角度分析习近平的这个演讲，目的在于揭示该演讲的语域与语类特点，同时通过元功能分析考察意义是怎样被体现的。

习近平的演讲全文2992个字，除去5次呼语（vocative）外，共有24个自然段，可以划为五部分。根据文秋芳[6]的划分，第一部分（第1至5自然段）简要描述过去70年来联合国所做的事情；第二部分（第6至7自然段）提出联合国当前面临的主要问题；第三部分（第8至18自然段）阐述了治理当前主要问题的“中国观点”；第四部分（第19至22自然段）表明中国为建设人类命运共同体所要承担的责任和行动计划；第五部分（第24自然段）是结束语。

2 语域与语类分析

在系统功能语言学中，语域（register）通常被理解为语言的功能变体，它包含了话语范围（即语场）、话语基调（即语旨）和话语

---

① Halliday, M. A. K. *An Introduction to Functional Grammar* (2nd *ed.*). London: Arnold, 1994.

② Eggins, S. *An Introduction to Systemic Functional Linguistics* (2nd ed.). London: Pinter, 2004.

③ 黄国文：《功能语篇分析面面观》，载《国外外语教学》2002年第4期，第25—32页。

④ Eggins, S. *An Introduction to Systemic Functional Linguistics* (2nd ed.). London: Pinter, 2004.

⑤ 黄国文、葛达西：《功能语篇分析》，上海外语教育出版社2006年版。

⑥ 文秋芳：《拟人隐喻“人类命运共同体”的概念、人际和语篇功能——评析习近平第70届联合国大会一般性辩论中的演讲》，载《外语学刊》2017年第3期，第1—6页。

方式（即语式）。话语范围涉及的是交际的话题及场所等因素，话语基调指的是交际双方的角色，包括个人基调和功能基调，而话语方式则是指交际所涉及的语言活动所采用的媒介或渠道。语类（genre）与语域有关联但有区别。根据韩茹凯[①②]的说法，在确定语类时，必须考虑语境构型（contextual configuration）；每个语类都有“语类结构潜势”（generic structure potential），语类是由语篇的必要成分来确定的。马丁[③]和艾金斯[④]的说法与韩茹凯的有些不同，他们认为，语类是一个由发话者以文化社团成员身份参与的有阶段、有目标、有目的的活动，每个语类都有它的“体裁结构”（schematic structure）。

基于以上的认识，下面我们从语域和语类两个方面对习近平的演讲进行分析。从语域角度看，演讲的话题是“携手构建合作共赢新伙伴　同心打造人类命运共同体”，属于“技术性”（technical）（即风格正式的）话题，与日常会话、非正式场合的非技术性话题是完全不一样的。演讲的话语基调是正式的，非个人的，是具有说服性（persuasive）的；这些都是通过语言形式来体现的（见下面的讨论）。演讲的话语方式虽然是口头的，但它是正式的，是先写好再讲的，也就是“写来（朗/宣）读的”（written to be spoken）。从语类

---

① Hasan, R. “Text in the Systemic-Functional model.” In W. Dressler (ed.) *Current Trends in Text Linguistics*. Berlin: Walter de Gruyter, 1978.

② Hasan, R. “‘The structure of a text’ and ‘The texture of a text’.” In M. A. K. Halliday & R. Hasan, *Language, Context and Text: Aspects of Language in a Social-semiotic Perspective*. Geelong: Deakin University Press, 1985.

③ Martin, J. R. *English Text: System and Structure*. Amsterdam: Benjamins, 1992.

④ Eggins, S. *An Introduction to Systemic Functional Linguistics* (2nd ed.). London: Pinter, 2004.

角度看，习近平的演讲是该情景语境的典型语篇类型，它有该语类典型的必要成分。而呼语（“主席先生，各位同事”）和结束语（“谢谢大家”）则是这种语类典型的开头语和结束语。话语的组织是有阶段、有目标和有目的地进行的。

首先（第一个阶段）用呼语引入，接着回顾历史（第 1 至第 3 自然段）。

第二个阶段也是以呼语开始，然后突出中国在历史事件中的角色（第 4 自然段），并以此来提醒大家：要以史为鉴，对历史要心怀敬畏、心怀良知；不要纠结过去，要塑造未来开创未来（第 5 自然段）。

第三个阶段从第 6 自然段开始，还是以呼语引入：首先用一句话概括了联合国所走过的风风雨雨 70 年，接着转入联合国必须考虑的重大问题（“联合国需要深入思考如何在 21 世纪更好地回答世界和平与发展这一重大课题”）。第 6 自然段的第一句话是对上面话语的总结，第二句话则突出了当前大家面临的问题（“如何在 21 世纪更好地回答世界和平与发展”）。第 7 自然段分析了当前世界的形势：世界格局正在演变，世界多极化深入发展，经济全球化，社会信息化，社会生产力的解放和发展；这样的形势“既创造了前所未有的发展机遇，也带来了需要认真对待的新威胁新挑战”。第 8 自然段勾画了全人类的共同价值和联合国的崇高目标：“和平、发展、公平、正义、民主、自由”，并提醒大家：要实现这个目标，就必须“继承和弘扬联合国宪章的宗旨和原则，构建以合作共赢为核心的新型国际关系，打造人类命运共同体”，大家都要从八个方面共同努力。这八个方面的内容在第 9 至 18 这 10 个自然段得以说明。

第四个阶段从第19自然段开始，到第23自然段结束。这一阶段依然是以呼语引入，说明中国与其他国家的关系（“中国人民的梦想同各国人民的梦想息息相通”、“实现中国梦，离不开和平的国际环境和稳定的国际秩序，离不开各国人民的理解、支持、帮助”、“中国人民圆梦必将给各国创造更多机遇，必将更好促进世界和平与发展”）和中国在建设人类命运共同体上所做的承诺（“中国将始终做世界和平的建设者”、“中国将始终做全球发展的贡献者”、“中国将始终做国际秩序的维护者”）以及所做出的实际行动（“中国决定设立为期10年、总额10亿美元的中国—联合国和平与发展基金”、“中国将加入新的联合国维和能力待命机制，决定为此率先组建常备成建制维和警队，并建设8000人规模的维和待命部队”、“中国决定在未来5年内，向非盟提供总额为1亿美元的无偿军事援助”）。

第五个阶段只有一个自然段（即第24自然段），仍然以用呼语“主席先生，各位同事”引入，提出了三个倡议：“让我们更加紧密地团结起来，携手构建合作共赢新伙伴，同心打造人类命运共同体。让铸剑为犁、永不再战的理念深植人心，让发展繁荣、公平正义的理念践行人间!”

综上所述，习近平的演讲体现了这类语篇的语域和语类特点，结构紧密，层次分明，层层递进；从历史开始，接着谈现在，最后谈未来。最后阶段的那个自然段达到了演讲的高潮。

3 话语标记

关于话语标记（discourse marker），国外国内学者①②③④⑤从不同的角度有过深入讨论。简单地说，话语标记是用来组织话语的，它的出现并不影响小句的命题意义，它的功能之一是标示话语单位的界标。我们认为，在演讲这个语类中，呼语也是一种话语标记。

如上所述，呼语“主席先生，各位同事”在习近平的演讲中出现了五次，它的主要功能就是从意义的角度把演讲分为五个部分，即上面讲的语类的五个阶段。通过呼语的使用，引起受话者的特别注意，把意义往前推进：(1) 回顾70年前的事情；(2) 我们不能忘记历史，不能忘记“中国人民同世界人民一道”、“为赢得世界反法西斯战争胜利作出了历史性贡献”；(3) 为了构建合作共赢新伙伴和打造人类命运共同体，我们需要努力做好几个方面的工作，从人类（不同国家）的“平等相待、互商互谅的伙伴关系”到“建设生态文明”；(4) 中国与其他国家的关系和中国所做的承诺；(5) 倡议做三件事情。从篇章结构看，五个呼语的使用起到了组织话语、衔接各部分意义的功能。

第23自然段中的“在此”也是话语标记，这是除了呼语以外使

---

① Schiffrin, D. *Discourse Markers*. Cambridge: Cambridge University Press, 1987.
② Fraser, B. “What are discourse markers?” *Journal of Pragmatics*, 1999 (7): 931—952.
③ 冉永平：《话语标记语的语用学研究综述》，载《外语研究》2000年第4期，第8—14页。
④ 殷树林：《话语标记的性质特征和定义》，载《外语学刊》2012年第3期，第91—95页。
⑤ 李潇辰、向明友、杨国萍：《“话语标记”正名》，载《中国外语》2015年第5期，第17—23页。

用话语标记的唯一一个自然段；在这里，它预示着重要的意义的表达：后面的三个“我宣布”投射出三个官方的、严肃的、认真的、经过深思熟虑的承诺。

话语标记的使用与语域和语类关系密切。一定的语域和一定的语类预测着一定的话语标记，话语标记又强化了该语域和语类的特性。

4 元功能分析

系统功能语言学的元功能假设，是用来概括小句的功能；我们使用语言，主要是描述经历、建立人际关系和组织话语。因此，在这个理论模式中，就有三个元功能的概念。按照韩茹凯①的说法，系统功能语言学中语域的三个变量（话语范围、话语基调、话语方式）与三大元功能（概念功能、人际功能、语篇功能）之间存在着“耦合”（hook-up）关系，这就是说，话语范围对应概念功能，话语基调对应人际功能，话语方式则对应语篇功能。下面只举一些例子进行分析和讨论。

从概念元功能的经验功能看，各个自然段中动词所体现的过程与整个语篇的不同阶段的意义密切配合，达到了形式体现意义的功能途径。例如，在第 1 至第 3 自然段中，前面几个动词（“奋战”、

① Hasan，R. “The conception of context in text.” In P. Fries & M. Gregory (eds.). *Discourse in Society*: *Systemic Functional Perspectives*: *Meaning and Choice in Language*: *Studies for Michael Halliday*. Norwood: Ablex，1995.

“取得”、“翻过”；“建立”、“寄托”、“开启”；“集”、“制定”、“奠定”、“确立”）都体现了物质过程，最后一个小句的动词体现关系过程（“这一胜利来之不易”、“这一创举前所未有”、“这一成就影响深远”）。这是因为，前面的动词表达的是过去的动作（事件），各个自然段最后一句表示评价（evaluation）意义。第 4 个自然段中共有六个物质过程，对过去发生的事件进行回顾：“纪念”、“付出”、“抗击”、“实现”、“支援”、“作出”；因为这些过程都是讲过去的事件，所以事件指的都是过去。第 5 自然段是对过去发生的事件进行评论，因此不但过程类型多样（如关系过程：“是”；物质过程：“避免”、“改变”、“塑造”、“延续”、“开创”、“相传”；感觉过程：“心怀”、“铭记”、“引以为戒”、“传承”、“纠结”），而且讲的是现在（“历史是一面镜子。以史为鉴，才能避免重蹈覆辙。对历史，我们要心怀敬畏、心怀良知。历史无法改变，但未来可以塑造。铭记历史，不是为了延续仇恨，而是要共同引以为戒。传承历史，不是为了纠结过去，而是要开创未来，让和平的薪火代代相传。”），而不是像第 1 至第 4 自然段那样讲过去。

就逻辑功能而言，各个过程之间存在着并列关系或主从关系。例如，第 1 自然段中第 1 个句子中的 3 个小句就存在着并列但有顺序先后的关系：“奋战” — “取得” — “翻过”。说这三个过程是并列关系，是因为它们都是独立存在的过程，语法上是独立小句；说它们有顺序先后的关系，是因为它们的出现顺序不能随便调换。就句子与句子之间的关系而言，它们之间也存在着一定的逻辑关系。例如，第 1 个自然段的第 1 个句子（由 3 个小句组成）与第 2 个句子（这一胜利来之不易）构成了“加强型”（enhancement）的“因果”关系。

第 2 个自然段和第 3 个自然段的情况也是这样，不赘述。又如，第 5 自然段是对第 1 至 4 自然段所叙述的历史事件进行评论，因此所有动词都是指现在的时间，这样就与前面 4 个自然段描述过去事件的动词形成了对比。从逻辑功能看，第 5 自然段中的 6 个句子（“历史是一面镜子。以史为鉴，才能避免重蹈覆辙。对历史，我们要心怀敬畏、心怀良知。历史无法改变，但未来可以塑造。铭记历史，不是为了延续仇恨，而是要共同引以为戒。传承历史，不是为了纠结过去，而是要开创未来，让和平的薪火代代相传。”）之间的关系是并列关系，他们所表达的逻辑意义依赖的是句子出现的先后顺序。

从人际功能看，习近平的演讲主要是陈述事实（如第 1 至 4 自然段）、提出观点（如第 5 自然段）、分析形势（如第 7 自然段）、做出呼吁（如第 24 自然段）。尤其值得注意的是第 23 自然段中的 3 个投射：（1）“我宣布，中国决定设立……”；（2）“我宣布，中国将加入……”；（3）“我宣布，中国决定在未来……”。这里通过采用施为（performative）动词，把被投射的小句变成不可改变的事实，显示了发话者的态度和决心。

第 24 自然段中 3 个祈使句（“让我们更加紧密地团结起来，携手构建合作共赢新伙伴，同心打造人类命运共同体。让铸剑为犁、永不再战的理念深植人心，让发展繁荣、公平正义的理念践行人间！”）铿锵有力、掷地有声，富有感染力；讲话人把自己跟听话人站在一起，“携手”共进，展望未来。祈使句的使用不是告知信息，而是建议行动，建议把想法付诸实践。

演讲中表示意态意义的“要”这类情态词的使用，表明了发话者的信念与决心，而“要……”与“不……”（见第 5 和 9 自然段）

的配合使用，更加强化了“归一度”的正极—负极意义的鲜明对比。

从语篇功能方面看，各个语类阶段的主位选择特点分明。例如，第一个阶段的 3 个自然段（即第 1 至 3 自然段）都是采用环境成分“70 年前”作为标记主位，而紧接的小句主语则是“我们的先辈”；各段用来表达评价意义的小句的主位则是采用表达“回指”（anaphoric）意义的指代词“这”。这样的语句排列，展现了演讲体裁的特点，增加了演讲的感染力。

第二个阶段（第 4 至第 5 自然段）两个自然段的起始句的主位分别是“9 月 3 日”和“历史”，它们的功能之一是衔接第一个阶段中所叙述的历史事件。

第三个阶段（第 6 至 18 自然段）的句子的主位大多数由“我们”充当，因为这里的重点是发话者与受话者所必须做的努力。

第四个阶段（第 19 至 23 自然段）句子的主位都是由“中国”充当。虽然第 19 自然段用的是“13 亿多中国人民”，第 23 自然段用的是“我”，但从语义的角度看，它们表示的都是“中国”的意义，试比较：

a. 13 亿多中国人民正在为实现中华民族伟大复兴的中国梦而奋斗。

b. 中国正在为实现中华民族伟大复兴的中国梦而奋斗。

a. 我宣布，中国决定设立……

b. 中国宣布，中国决定设立……

之所以说第 23 自然段中的“我宣布”在语义上相当于“中国”，是因为习近平是中国的最高领导人，以“中华人民共和国主席”的身份做发言，“我”就是指“中国”。

第五个阶段的起始句的主位是环境成分“在联合国迎来又一个 10 年之际”，强调了时间性和时间的紧迫性，与紧接着的三个呼吁把演讲推向高潮。

从衔接的角度看，第 16 自然段是从第 15 自然段引申出来的，谈论的主题是“文明”。第 15 自然段第一句“述位”部分中的“文明交流”成为了第二句的主位：“人类文明”。这样，第 16 自然段中的第一句的主位用“文明相处”就非常自然和流畅了。又如，第 17 自然段的关键词是“生态”，因此，第 18 自然段的主位用“建设生态文明”，就自然地与 17 自然段的“生态”和第 15、16 自然段的“文明”衔接起来。

正如文秋芳[①]所说的，全文主题部分的自然段主位的选择，体现了整个讲话的脉络：从历史的眼光看，从人类的状况谈到大家（“我们”），再到发话者的国家（“中国”），最后到当下（“在联合国迎来又一个 10 年之际”）。这样的篇章结构，这样的语句排列，不仅提醒大家要记住历史和吸取历史教训，而且要“心怀敬畏、心怀良知”、“展望未来”、“开创未来”、“让和平的薪火代代相传”，把中国与人类命运共同体紧紧联系在一起。

① 文秋芳：《拟人隐喻“人类命运共同体”的概念、人际和语篇功能——评析习近平第 70 届联合国大会一般性辩论中的演讲》，载《外语学刊》2017 年第 3 期，第 1—6 页。

5　代词“我们”分析

就代词“我们”的所指而言，它所表达的意义既可以包括发话人和受话人（如，“我们一起走吧”），也可只是指发话人一方（如，“我们会帮助你们的”）。但是，在整个演讲中，代词“我们”的意义只用于包括发话人和受话人双方。在第1至3自然段中，3个“我们”都是包括发话人和受话人，第5、8至17和24自然段中的“我们”也是这样的用法。第14自然段中“大家”也是包括发话人和受话人，意义相当于“我们”。

就语法而言，第19至23自然段中多处的“中国”可以用“我们”来替代；但是，就意义的表达而言，用不包括受话者在内的“我们”会产生陌生感和距离，这样就会把自己放在听众的对立面。选择用包括受话人在内的“我们”，就是把自己的命运与其他所有人的命运捆绑在一起，这样才能与演讲的主题（“携手构建合作共赢新伙伴　同心打造人类命运共同体”）相吻合。正如文秋芳[①]所说的，把世界上的人和事简单地分为“我们”与“他们”是典型的冷战思维，中国政府和中国领导人提倡的是：抛弃冷战思维，不要将国际成员之间的关系描述为非友即敌的二元对立模式。我们认为，演讲中避免使用只指发话人一方的“我们”，也是习近平（中国）希望和其他人（其他国家）携手共进的表现。在需要表达只是指发话人一

① 文秋芳：《拟人隐喻“人类命运共同体”的概念、人际和语篇功能——评析习近平第70届联合国大会一般性辩论中的演讲》，载《外语学刊》2017年第3期，第1—6页。

方的“我们”意义时，习近平的演讲中用的是“中国”，例如，第 20 至 22 自然段中的“中国”不包括受话人的“我们”。

值得注意的是，第 18 自然段中，“我们敦促发达国家承担历史性责任，兑现减排承诺，并帮助发展中国家减缓和适应气候变化”中的“我们”只是包括受众中的一部分受话者（即非发达国家的领导人）。在这里，发话者的隐含意义是：中国是个发展中国家，但“中国责无旁贷，将继续作出自己的贡献”。

6 结束语

本文从语域、语类、话语标记、元功能和人称代词“我们”的用法等角度讨论了作为演讲的语篇特点，通过对习近平的演讲进行功能语篇分析，揭示了语言、语篇结构与意义表达的体现关系，一方面说明形式与意义的内在联系，另一方面也展示了系统功能语言学在话语分析中的可适用性。本文的讨论也说明，语法分析和语言分析是语篇分析和话语分析的基础，也是意义落到实处的具体体现。

社会文化语言学“指示原则”与国家形象构建

——以习近平联大演讲为例[①]

张　虹[②]

1　引言

在全球化和网络化时代，国家形象的传播具有速度快、范围广、影响大、穿透力强等特点。国家形象是国家重要的无形资产，具有强大的品牌效应，不仅影响国家的国际威望和声誉，而且能够提高本国民众的凝聚力和向心力[③④]。世界各国大都将国家形象构建作为提高国家“软实力”的重要战略。国际上对国家形象的研究始于20世纪三四十年代，我国对相关问题的关注起步于20世纪90年代，近

① 本文发表于《外语学刊》2017年第3期。本文为国家社科基金重大委托项目（2015MZD011）子课题“核心价值观构建的国际比较及其国际传播研究”的阶段性成果。论文得到许国璋语言高等研究院的支持，文秋芳教授对文章悉心指导，从选题、文章整体架构到内容和文字表述多次提出宝贵建议，成文后又经刘润清教授审阅和润色。李民副教授、董希骁副教授均对文章进行审校，在此谨向其致以衷心的感谢。

② 本文作者为国家语言能力发展研究中心兼职研究员。

③ 孙有中：《国家形象的内涵及其功能》，载《国际论坛》2002年第3期。

④ 孙有中：《解码中国形象：〈纽约时报〉和〈泰晤士报〉中国报道》，世界知识出版社2009年版。

期渐成热点。不同学科，特别是传播学和政治学共同参与研究的局面已经形成。遗憾的是，语言学界参与这一领域的研究者寥寥无几。话语是构建国家形象最基本、最重要的媒介，通过话语方能使国家形象落到实处[①]。忽视对话语这一关键媒介的分析，对国家形象的研究就成了空中楼阁。因此，有必要从语言学理论视角探究国家形象的构建途径。社会文化语言学理论（Sociocultural Linguistic Approach）是近年出现的语言学理论新流派[②]，现阶段多用于个体身份构建的实证研究[③④]。笔者认为，这一理论也适用于国家形象构建的研究。由于篇幅所限，本文仅选取“指示原则”（Indexicality Principle），以习近平在第70届联大上的演讲为语料，展现社会文化语言学理论用于国家形象构建研究的可能性。

2　指示原则

“指示原则”揭示语言手段表达说话者本人或他人身份的途径。具体包括：（1）直接标识；（2）隐含与预设；（3）评价话语；（4）隐含文化或意识形态的经典话语（以下简称经典话语）。

① 文秋芳：《拟人隐喻“人类命运共同体”的概念、人际和语篇功能——评析习近平第70届联合国大会一般性辩论中的演讲》，载《外语学刊》2017年第3期，第1—6页。

② Bucholtz，M. & K. Hall. “Identity and Interaction：A Sociocultural Linguistic Approach.” *Discourse Studies*，2005（7）.

③ Bucholtz，M. & K. Hall. “Identity and Interaction：A Sociocultural Linguistic Approach.” *Discourse Studies*，2005（7）.

④ Yuan，R. “Understanding Higher Education-based Teacher Educators' Identities in Hong Kong：A Sociocultural Linguistic Perspective.” *Asia-Pacific Journal of Teacher Education*，2016（44）.

直接标识一般采用“X是Y”的表述方式。其中有正面标识，例如，“中国政府认为柬埔寨是中国的好邻居、好朋友、好兄弟、好伙伴”，“巴基斯坦是中国全天候的战略合作伙伴”。也有负面标识，例如，小布什将某些国家贴上“邪恶轴心国”标签。在直接标识身份后，说话者会在后续话语中通过语言详述（linguistic elaboration）对构建出的身份做进一步阐释，即通过使用特定的谓语、定语、状语等进一步提供支撑信息。比如，在中巴同意将战略合作伙伴关系提升为全天候战略合作伙伴关系后，中方重申，“始终把中巴关系置于外交优先方向，感谢巴方在涉及中方核心利益问题上一贯给予坚定支持，将继续坚定支持巴基斯坦维护国家主权、独立和领土完整”。其中，“始终”、“优先”、“感谢”、“一贯给予”、“坚定”、“继续坚定支持”这些动词、形容词、副词的使用进一步解释和支撑了“全天候战略合作伙伴”这一身份，意味着：不管什么时候、不论风云如何变幻，两国都是密切而友好的。双方互相支持，是国家关系的典范。这种直接标识身份的做法使听众更易加工说话者传达的信息，对标识的身份更易理解。

在特定语境中，说话人也可采用隐含与预设构建自己或他人身份。比如，人称代词的使用，其确切含义必须依靠具体语境来确定。例如，“我们”可分为包含型（inclusive we）和排除型（exclusive we）两类。使用包含型的“我们”意味着说话者愿意将听话者与自己置于同一群体中，拉近交际双方的心理距离。排除型的“我们”则意味着说话者不愿将（部分）听话者纳入自己认可的群体，采用这种方式可在一定程度上顾及被排除在外人群的面子，但排除性的“我们”强调两者之间的区别，有时会伤害被排除人的面子。如，

“我们派往外国的维和部队都是经联合国批准的”，言外之意，预示着有的国家派兵他国是未经联合国授权的。

在锚定交际立足点和交际者角色的同时，说话者还可选用评价性话语，明确立场和取向，将说话者和听话者置于互相参照的情境中，表达自己对他者的认可或不认可，进而构建身份。例如，澳大利亚外交部部长在第70届联大演讲中讲述了达伊沙（Daesh）的恶行：“达伊沙正在对世界人民、诸多家庭和社区造成毁灭性的伤害，破坏世界遗产，恶劣地违背国际法和基本道德。这种行为不能被允许占上风。”澳大利亚通过这种评价性话语，传达自己不认同以达伊沙为代表的恐怖组织的态度以及与其对立的立场，树立了澳大利亚主张维护正义、公平的国际秩序的形象，同时，也构建了达伊沙恐怖组织的形象。

经典话语包括谚语、典故、成语和名人语录等。可引用经典话语来构建身份。引用又分为“明引”和“暗用”[①]，前者即直接引用，后者是将经典话语融入自己文中，不用引号。Fairclough（1988）[②]曾对媒体话语的表征形式加以分类，指出说话者对其所说内容的精确性负有不同程度的责任感。直接引用意味着说话者对所引内容的准确性负有最强的责任感[③]，向听众提供了更加真实可靠的信息。比如，习近平《在联合国教科文组织总部的演讲》中直接引用了“若以水济水，谁能食之？若琴瑟之专壹，谁能听之？”此典出自《左

① 陈望道：《修辞学发凡》，复旦大学出版社2008年版。

② Fairclough, N. “Discourse Representation in Media Discourse.” *Sociolinguistics*, 1988 (17).

③ Buttny, R. & P. L. Williams. “Demanding Respect: The Uses of Reported Speech in Discursive Constructions of Interracial Contact.” *Discourse & Society*, 2000 (11).

传·昭公二十年》，意思是，如果用清水来给清水增加味道，谁能喝得下去？如果只是一琴或一瑟，谁能听得下去？并得出结论："同之不可也如是。""和"与"同"，表面上看很相似，实质上大异其趣。"以水济水"、"琴瑟专壹"为同，是绝对的一致，既无变动也没有多样性，因此它代表了单调、沉闷和死寂。通过此典，表达了中国在处理关系问题上倡导"和而不同"的态度，即和睦，但不求一致；对待不同文明，我们需要比天空更宽阔的胸怀，从不同文明中寻求智慧，携手解决人类共同面临的各种挑战，进而构建出中国"包容、合作"的国家形象。

以上四种构建身份的路径可采用不同层次的语言实现形式，即词汇、短语、句子、语篇等，具有很强的灵活性和情境性。恰当使用这些手段可以增强自我或他人形象构建的有效性。

3 中国形象的构建

3.1 国家形象

国内外文献中对"国家形象"（country image）的定义大体上分为两类：一类指国家的自我形象（self-projected image），即某国自己塑造或正在努力塑造的国家形象（亦被称作国家身份）[①]；另一类指国家的他者形象（perceived image），即某国在世界其他国家所被感

① Rusciano, F. L. "The Construction of National Identity: A 23-nation Study." *Political Research Quarterly*, 2003 (56).

知的国际形象[①②③④]。本文所说的国家形象属于第一类，指本国有目的、有意识地对外构建的国家身份。

2015年9月28日，习近平在第70届联合国大会一般性辩论中发表了题为“携手构建合作共赢新伙伴 同心打造人类命运共同体”的演讲[⑤]。演讲稿共2992个字，24个段落，分为四个部分。其中，1—5段回顾历史，肯定世界各国人民取得的成就，凸显中国对二战胜利做出的贡献，体现对历史的尊重。6—18段紧扣“合作共赢、打造人类命运共同体”这一主题，提出中国方案。19—23段阐述中国为落实这一方案所将采取的实际行动。24段再次与主题呼应，号召世界各国为落实这一方案共同奋斗。

3.2 指示原则的运用

本部分依据指示原则的四种途径，按演讲内容顺序，顺次论述隐含与预设、评价话语和直接标识三种手段对国家形象的构建。因经典话语贯穿全文，故置于最后一节讨论。

3.2.1 隐含与预设

人称代词是隐含与预设的主要方式，使用人称代词可隐性构建国家形象。习近平在演讲开篇回顾了联合国的70年历史。他讲道：

---

① Bennett, W. L. *News: The Politics of Illusion*. New York: Longman, 2005.

② Buhmann, A. & D. Ingenhoff. “The 4D Model of the Country Image: An Integrative Approach from the Perspective of Communication Management.” *The International Communication Gazette*, 2015 (77).

③ 孙有中：《国家形象的内涵及其功能》，载《国际论坛》2002年第3期。

④ 孙有中：《解码中国形象：〈纽约时报〉和〈泰晤士报〉中国报道》，世界知识出版社2009年版。

⑤ 演讲全文见人民网：http://politics.people.com.cn/n/2015/0929/c1024—27644905.html。

"70年前，我们的先辈经过浴血奋战，取得了世界反法西斯战争的胜利……；70年前，我们的先辈以远见卓识，建立了联合国这一最具普遍性、代表性、权威性的国际组织……；70年前，我们的先辈集各方智慧，制定了联合国宪章，奠定了现代国际秩序基石，确立了当代国际关系基本准则……"这里的"我们"是排除性的，排除了法西斯国家，而包括中国和其他反法西斯联盟国家、联合国成员国、以及联合国宪章的起草国，从而与这些国家拉近了距离，建立了求同存异的话语基础。这句话的隐含与预设是：中国与世界大多数国家和人民是站在一起的，是合作伙伴，是战友，是朋友。我们都是反法西斯战争的"胜利者"和"贡献者"、联合国的"建设者"、"联合国宪章"和国际秩序的"奠基者"和"维护者"。这是在构建国际反法西斯大家庭正面形象时，将中国隐含于其中。这种话语基调宏观大气，突出了各国的卓越贡献，使自己的正面形象低调隐含其中。此种构建国家形象的方式营造了友好气氛，也容易被听众接受。

从第9段到17段，习近平使用7次完全包含型的"我们"，把在场的各国都包含在内。他说道："我们要建立平等相待、互商互谅的伙伴关系……；我们要坚持多边主义，不搞单边主义；要奉行双赢、多赢、共赢的新理念，扔掉我赢你输、赢者通吃的旧思维……；我们要营造公道正义、共建共享的安全格局……；我们要摒弃一切形式的冷战思维，树立共同、综合、合作、可持续安全的新观念……；我们要谋求开放创新、包容互惠的发展前景……我们要促进和而不同、兼收并蓄的文明交流……；我们要构筑尊崇自然、绿色发展的生态体系。"这里习近平作为中国国家主席发出五点倡议，希望全世界所有国家都能从政治、安全、经济、文化、环境五个层面共同努力，携手共建人类命运共同体。“我们”的使用一方面表明中国首先要求自己做负责任的担当者和实践者；另一方面表明中国是“全球发展的贡献者、国际秩序的维护者”，号召每个国家都能遵循上述五点倡议，使得整个世界能够共同发展、共同安全、共同维护国家间和平公平正义，中国在国际舞台上迈开洋溢着中国智慧的脚步。

3.2.2 评价话语

第9至第18段多次使用“要……，不……”、“是……，不是……”、“应该……”、“不能……”、“坚持……，不搞……”等句式来表达中国对一些国际事务或他国做法的评价、认识、立场和态度，进而构建自己和其他国家的形象。例如，“世界各国一律平等，不能以大压小、以强凌弱、以富欺贫；坚持多边主义，不搞单边主义；要奉行双赢、多赢、共赢的新理念，扔掉我赢你输、赢者通吃的旧思维；对话而不对抗，结伴而不结盟；弱肉强食是丛林法则，不是国与国相处之道”等。此类句式中通过“要……”、“是……”、“应该……”、“坚持……”等引出的内容是中国的主张，而“不要……”、“不是……”、“不能……”、“不搞……”等则引出了中国对世界上某些不正义行为所持有的立场和态度。“要……”、“是……”等隐性树立了中国的正面形象，“不是……”、“不能……”则暗含着有的国家在做这些不正义的事情，比如，“搞单边主义”、“以大压小、以强凌弱”、“以富欺贫”等，隐性构建了当今世界上个别国家的“强权、霸道”形象。这种评价话语表达了中国与其他国家的相处之道及其所倡导的国际秩序。中国作为“国际秩序的维护者”的国家形象通过这一方式在演讲中得到充分展现。

3.2.3 直接标识

习近平在第20至22段以明确的身份范畴标识中国形象，比如，“中国将始终做世界和平的建设者……；中国将始终做全球发展的贡献者……；中国将始终做国际秩序的维护者……中国在联合国的一票永远属于发展中国家”，即构建了“世界和平的建设者”、“全球发展的贡献者”、“国际秩序的维护者”以及“发展中国家”的形象。从前文可以看出，中国不仅是国际秩序的“奠基者”和“创建者”，还将继续维护这一秩序，为全球发展做出贡献。这一积极的国家形象早在70年前就已形成，至今仍未改变，在将来还将继续得到维护。在中国的官方话语中，“发展中国家”是亚非拉国家的本质特征。中国作为最大的发展中国家，在对这一身份的坚持中表明自己将永不称霸，与第三世界国家一道建立更为公正的国际秩序，将是中国对所有发展中国家和整个世界承担的道义责任，这一点在本段演讲中通过直接标识的指示手段表达得十分清晰。

在第23段，习近平通过语言详述的方式与20—22段中构建的国家形象进行呼应，阐述中国将如何付诸行动。习近平在第23段使用3个“我宣布”，并在每一个“我宣布”之后，借助一系列表达积极意义的动词、形容词、副词等，例如“支持”、“促进”、“作出新的贡献”、“加入”、“率先组建”、“建设”、“提供无偿军事援助”，阐明了中国为落实相关方案将要采取的具体行动。这些行动与上文中用话语直接标识的国家形象相呼应，提供了重要的支撑信息。第一个“我宣布，……为世界和平与发展作出新的贡献”对应“全球发展的贡献者”的形象；第二个“我宣布，……并建设8000人规模的维和待命部队”对应“世界和平的建设者”的形象；第三个“我宣布，……以支持非洲常备军和危机应对快速反应部队建设”对应“国际秩序的维护者”的形象。

3.2.4 经典话语

经典话语亦可构建身份，本文以典故为例加以说明。典故能用经济的表达手段传达出丰富的文化内涵，其使用过程就是主体的人对理解对象的客体进行意义赋值的过程[①]，其中不仅包含伦理规范和道德信仰，且蕴藏着构建和谐社会秩序的政治理想。

贯穿演讲全文，习近平多次引用中外典故来呈现中国的意识形态，时而直接引用，如“看不见的手、看得见的手”（出自《国富论》）（第13段）；时而暗用，如“以史为鉴”（出自《旧唐书·魏徵传》）（第5段）、“穷兵黩武”（出自《明史·范济传》）（第11段）、“化干戈为玉帛”（出自《淮南子·原道训》）（第12段）、“和而不同”（出自《论语·子路》）（第15段）等。有时，他通过平实话语来阐释中国传统思想的精髓，例如“大国与小国相处，要平等相待，践行正确的义利观，义利相兼，义重于利”的观点即衍生自《论语》中“君子喻于义”（《论语·里仁》）、“君子义以为质”（《论语·卫灵公》）的典故。囿于篇幅，本文对中外典故各举一例来阐述习近平是如何借助这种途径呈现意识形态，进而指示国家形象的。

第8段开篇以“大道之行也，天下为公”切入主题“合作共赢、人类命运共同体”。此典出自《礼记·礼运》，体现出一种美好的向往，

① 王晓军、孟凡艳、孟庆梅：《英汉语义辞格对比研究》，上海外语教育出版社2015年版。

希望在大道施行的时候，能够形成一个“天下为公，选贤与能，讲信修睦”的大同社会。尽管这个愿望在战乱时期不可能实现，但反映了儒家学者在乱世中的美好愿景。这是整篇演讲中为数不多的明引。习近平直接引用上述典故来支撑自己的政治观点，隐性表达自己对这一典故内容的认可（alignment）。其目的是为了表明，中国倡导和拥护“和平、发展、公平、正义、民主、自由”这些全人类的共同价值观和联合国的崇高目标，将中国传统文化中的智慧贡献给全世界，构建中国作为“全球发展的贡献者”、“国际秩序的维护者”的形象。

值得一提的是，除引用中国典故外，习近平在第24段还引用《圣经》中的典故“铸剑为犁”。“铸剑为犁”是《圣经·旧约》中对未来太平盛世的一个描述（见于《以赛亚书》2：4、《弥迦书》4：3）：“他们要将刀打成犁头，把枪打成镰刀；这国不举刀攻击那国，他们也不再学习战事。”习近平通过引用《圣经》典故表达中国的意识形态，一方面，隐含表达了中国对维护国际秩序所持有的态度，向听众传达自己赞同这一典故的思想。另一方面，这一典故更能被受《圣经》文化影响的听众理解和认同，更具亲和力，隐性地向西方国家传递不冲突、不战争的和平观。中国借此来宣扬“铸剑为犁、永不再战”的理念，树立自己作为“世界和平的建设者”、“国际秩序的维护者”的形象。

4 结论

本文借助社会文化语言学理论中的指示原则，从微观到宏观深入分析习近平的联大演讲稿，揭示了国家形象构建的四种语言实现途径：隐含与预设、评价话语、经典话语和直接标识。研究发现，习近平将中国的形象构建为“世界和平的建设者、全球发展的贡献者、国际秩序的维护者，有担当、负责任、着眼于全球共同发展繁荣的国际型国家”。演讲对中国形象的构建以悠久的中华传统文化为根基，与世界各国紧密关联，并被纳入了“人类命运共同体”这一中国方案中，具有关注全人类的博大视野。这些形象贯穿于演讲始终，与中国历史上所树立的国家形象以及未来所要塑造的国家形象一脉相承。

习近平的演讲内容十分丰富，囿于篇幅，本研究仅尝试运用社会文化语言学中的“指示原则”分析国家形象构建，因此，分析不够全面。将来的研究可以尝试运用这一理论的其他原则或其他语言学理论展开相关研究，亦可用此原则分析其他国家的形象构建。要在国家形象构建方面有意识地运用语言学领域的理论，让语言学研究切实为国家服务，也让国家形象构建更加落到实处。同时，由于不同国家和地区的历史传统、现实状态、意识形态、地域格局迥异，话语构建国家形象并非易事，也将是一个长期过程，需要积极开展话语构建国家形象的国别比较研究，了解各国国情和话语体系的差异，帮助我们有针对性地在不同国家有效地构建形象。最后，期待更多语言学界的研究者参与到话语构建国家形象的研究中来。我们坚信，随着中国社会的全面进步以及话语构建国家形象研究的持续深入，中国必定会以卓越的姿态和积极的形象屹立于国际社会。

互文性与国家形象构建[①]

——以马来西亚总理第70届联大演讲为例

邵　颖

1　引言

2015年10月1日，马来西亚总理纳吉布在纽约第70届联大一般性辩论上发表演讲[②]。在进行本次联大演讲之前，纳吉布刚刚经历过一次惊心动魄的政治斗争，初步稳定国内局势。面对“贪腐”的指控、党内分裂以及民众支持率的下降，纳吉布急需通过构建马来西亚积极正面的国家形象，转移民众视线，转化国内矛盾，而在联大发表演讲正是一个绝好的机会。而从21世纪初起，马来西亚开始逐步向国际化的、开放的、温和的伊斯兰教国家、东西方交流中心、

① 本文发表于《外语学刊》2017年第3期。本文系国家社科基金重大委托项目（2015MZD011）子课题“核心价值观构建的国际比较和国际传播研究”的阶段性成果。论文选题和撰写过程中得到北京外国语大学许国璋语言高等研究院文秋芳教授及北京外国语大学“外研”讲席教授黄国文的悉心指导，也得到了张虹、张天伟副教授的帮助，特此表示衷心感谢。特别感谢姚小平教授对本文文字的修改。

② 演讲全文见马来西亚总理府网站http：//www.pmo.gov.my/home.php? menu=speech&page=1676&pagenum=2&sort_year=2015&sort_month=&speech_cat=2。

地区主导力量这样一个国家定位转变。马来西亚政府尝试通过一系列努力进一步构建并强化新的国家形象，提升本国的国际地位。

马来西亚国内广泛使用英语，国民英语水平整体较高，因此国家领导人在多边外交场合均使用英语，纳吉布此次的演讲语言亦为英语。演讲共分53段，以“温和主义”为核心，历数马来西亚对反对恐怖主义、推动世界和平的贡献与作用。本文尝试通过分析该演讲中的互文性（intertextuality）策略，解读纳吉布如何利用国际政治演讲成功构建马来西亚积极、正面的国家形象，并梳理其对马来西亚国家形象构建的基本思路。

2 互文性

“互文性”指语篇中包含他人的话语或其他语篇的片段。通过对语篇的互文性分析，可以揭示语篇中隐含的意识形态意义和权力关系，以及语言对社会过程的介入作用[①]。互文代表各种人不同的利益关系和意识形态。“互文引语从来不是纯洁的、清白的、直接的，它总是被改变的、被曲解的、被位移的、被凝缩的，总是为了适应演说主题的价值体系而经过编辑的。也可以说，互文引语具有明确的意识形态倾向。”[②] 为了在语篇分析中便于操作，互文性分为“体裁的”（generic）和“具体的”（specific）。前者指一个语篇中不同体

① 辛斌：《巴赫金学派的语言意识形态观和批评话语分析》，载《外语学刊》2016年第1期，第23页。

② 窦卫霖：《中美官方话语的比较研究 》，上海外语教育出版社2011年版，第68页。

裁、风格或语域的混合交融，后者指一个语篇中有具体来源的他人话语。本文的分析着眼于具体互文性中的引语和用典。

通过对该演讲中的互文性分析，我们尝试解答三个问题：（1）纳吉布在联大演讲中的互文源自哪里，原作者是谁，选择是否具有倾向性；（2）希望给受话方怎样的感受，达到怎样的目的；（3）揭示语篇中的互文性结构背后隐藏的意识形态意义和社会权力关系。

3 从互文看马来西亚国家形象的构建

通过搜索纳吉布演讲中带引号的直接引语，以及引用他人话语时所使用的引述词，例如 call on（呼吁）、inform（告知）、commands（命令）、criticizing（批评）、said（说）等，共找到七处互文。通过分析我们发现，作为一个伊斯兰国家的领导人，纳吉布在演讲中更多使用源自伊斯兰教义的典故作为互文的内容。同时为增强其演讲的说服力和可信度，构建理想的国家形象，互文内容亦不仅仅局限于伊斯兰教。

3.1 正义、温和的伊斯兰国家及伊斯兰世界代表

在七处互文中，四处是引用源自伊斯兰教的互文内容，纳吉布以此构建正义、温和伊斯兰世界代表的国家形象，演讲充满浓厚的伊斯兰特色。纳吉布首先引用先知穆罕默德的话来阐释伊斯兰的真正含义，表明正义伊斯兰的立场。

(1) As the Prophet Muhammad said: "You will not enter Paradise until you have faith; and you will not complete your faith, till you love for one another what you love for yourselves."

正如先知穆罕默德所说:"如果没有信仰就无法进入天堂,如果不能像爱自己一样爱他人就无法拥有完整的信仰。"

紧接着,纳吉布又引用了"克尔白"[①] 事件典故和真主的告诫来谴责"伊斯兰国"摧毁历史遗迹的行为。

(2) God informs us that these sites we travel by, and which denote past civilizations-some of which were global superpowers of their time, but are now no more-are signs to remind us not to be arrogant, but to walk the earth humbly.

真主还告诫我们,这些我们游览过的历史遗迹象征着古代的文明,其中有一些是当时盛极一时的王朝,然而现在已经归于尘土;这提醒我们要保持谦虚,永远不要骄傲自大。

纳吉布一针见血地指出,"伊斯兰国"摧毁的历史遗迹并不是被亵渎的宗教朝拜场所,所以他们摧毁这些遗迹的逻辑并不成立。纳

① 克尔白(al-Ka'bah)是阿拉伯语音译,是麦加禁寺内的一座立方体殿宇。据伊斯兰教传说,克尔白由人祖阿丹(Adam)依天上原型而建造,伊斯兰教徒面向克尔白祈祷。公元 3 世纪,也门胡扎尔部落夺取了克尔白掌管权,放弃了易卜拉欣的正教,在克尔白殿内竖立起多座偶像,克尔白遂成为多神信仰的中心达 3 个世纪之久。公元 630 年穆罕默德光复麦加后,清除了克尔白石殿内外 360 尊偶像,克尔白天房遂成为穆斯林朝拜的中心。"伊斯兰国"正是利用了先知穆罕默德曾经摧毁在麦加克尔白的偶像这一史实,来美化自己摧毁并破坏历史遗迹的行为。

吉布用互文的策略来反驳“伊斯兰国”歪曲的价值观，强有力地回击了“伊斯兰国”极端主义对伊斯兰教义的歪曲和诋毁。他用“你并不代表伊斯兰”，旗帜鲜明地向与会的各国代表呼吁：必须把“伊斯兰国”和真正的伊斯兰教国家区分开来。为进一步明确何为正义的伊斯兰教国家，纳吉布再次使用互文的策略，引用真主的教导。

（3）An Islamic State must defend the different peoples under its rule，and preserve their religions，languages and historic sites - because God commands us：“Indeed，we have made you nations and tribes，that ye may know one another.”

一个伊斯兰国家必须包容不同的族群，并保护他们的宗教、语言和历史遗迹。因为真主教导我们：“我把你们分成不同的国家和部落，以便于你们了解彼此。”

如此宗教色彩浓厚的互文策略，完全符合马来西亚伊斯兰教国家的身份和形象。对于伊斯兰教国家以及全世界所有的穆斯林来说，真主、《古兰经》、先知是神圣不可侵犯的。纳吉布运用“克尔白”的典故，并引用真主、先知的教导——他这样做不仅能够唤起全球伊斯兰教国家的共鸣，得到全世界穆斯林的拥护，还能够正面批驳“伊斯兰国”对伊斯兰教的歪曲和混淆，还伊斯兰教以真实面目，从而建立起马来西亚正义、温和的伊斯兰教国家的形象。

随后，为继续树立“伊斯兰世界代表力量”的国家形象，纳吉布直面巴勒斯坦问题，用“暴力横行、法律沦丧、权利丧失”描绘巴勒斯坦所面临问题的严重性，表明巴勒斯坦人民遭受的前所未有的灾难已引起全世界穆斯林的愤怒和共鸣。他以犹太新年耶路撒冷“阿克萨清真寺”事件为例，强烈谴责以色列的暴行，并明确指出“耶路撒冷的合法统治者应该是约旦国王阿卜杜拉”。这样的正面指责表明了马来西亚对于巴勒斯坦问题的坚定态度，赢得广大伊斯兰国家的支持，进一步强化马来西亚伊斯兰世界代表的国家形象。

紧接着，纳吉布呼吁“我们需要这样的勇气来消除 1948 年以来巴勒斯坦人民所遭受的不公正待遇”。在这里，纳吉布非常巧妙地用“这样的勇气”来回指他在演讲中刚刚提到的一个重大事件，即美国与古巴重新建交。他称赞道“这是一项具有历史意义的成就，是温和主义在现实中的典范”。他用美国和古巴建交的勇气，来类比国际社会解决巴以问题的勇气。众所周知，以色列背后的支持者正是以美国为首的西方国家。这样的前后对比，让纳吉布的讲话极具说服力，也表明马来西亚不偏不倚、公正中立的立场和态度，同时又一次巩固马来西亚敢于直面强权、仗义执言的伊斯兰世界代表力量的国家形象。

在演讲的最后部分，纳吉布引用《古兰经》第 80 章开头真主批评先知穆罕默德的一则典故，呼吁“伊斯兰国家的领导人应该秉持传统，帮助贫穷的、受压迫的同胞”。

（4）Sura Abasa，the 80th chapter of the Quran，opens with God criticizing the Prophet Muhammad-whom we Muslims regard as God's Beloved-because he frowned and turned his face away when one of his followers，a poor blind man，interrupted to ask him a question while he was occupied preaching to a rich and powerful unbeliever.

《古兰经》的第80章开头写道，真主批评了先知穆罕默德，因为当穆罕默德向一个没有信仰的富人传教时，他的一位追随者——一个贫穷的瞎子插嘴问了他一个问题，这时穆罕默德皱起了眉头，把脸转向一边。

同时，纳吉布指出“这就是数年来马来西亚之所以不断收留受战争和饥饿折磨的难民的原因”，以此来凸显马来西亚正义、温和、有担当的伊斯兰国家形象。

作为伊斯兰国家，马来西亚自建国以来始终致力于加强与伊斯兰世界的关系。伊斯兰会议组织是伊斯兰世界最重要的政治组织之一，马来西亚是倡议国之一。除政治同盟外，马来西亚还积极开展与伊斯兰国家的经济合作，发展和完善伊斯兰金融体系，争当全球伊斯兰金融中心[①]。2002年，马来西亚、印尼、伊朗和沙特等八个伊斯兰国家在吉隆坡成立“伊斯兰金融服务委员会”（IFSB），专门负责制定和发展各成员国广泛遵循的伊斯兰金融体系统一标准与程序。经过多年的发展与实践，马来西亚形成伊斯兰金融系统与国家常规金融系统并行的“双系统”体系，在世界主要的伊斯兰国家中，只有马来西亚形成完整的、系统的伊斯兰金融体系[②]。马来西亚的经济现代化走在世界伊斯兰国家的前列，正逐渐成为国际伊斯兰金融中心。马来西亚政府还一直大力支持宗教研究机构，集来自世界各地

① 骆永昆：《浅析马来西亚外交战略的发展及其特点》，载《和平与发展》2013年第5期，第106页。

② 许利平：《解析马来西亚的伊斯兰金融系统》，载《东南亚研究》2004年第1期，第17—20页。

的逊尼派和什叶派学者之力，在吉隆坡建立伊斯兰教研究中心。马来西亚正逐渐成为伊斯兰世界的代表力量和国际伊斯兰组织的中坚力量。

要想成为伊斯兰世界代表力量，除了赢得各伊斯兰教国家的信任和支持外，还需要获得非伊斯兰教国家的承认，包括来自西方发达国家的支持。马来西亚外交战略始终没有放弃同欧美发达国家之间保持合作共赢的关系，尤其是在经济层面。纳吉布总理多次访美，都把加强与美国的经济合作置于首要地位。2012 年在美国，纳吉布公开呼吁美国公司加大对马来西亚投资，“美国是马来西亚首要外来投资国之一，因此我们希望增加投资额。马来西亚和美国在投资领域有很多合作的机遇”。与此同时，马来西亚积极响应美国推动的“跨太平洋经济战略伙伴协定”（TPP）。因此，虽然说在意识形态或者宗教上，马来西亚与发达国家存在着较大的分歧与差异，但是马来西亚与发达国家之间的经贸合作使得双方能够共赢互利，保持着良好而紧密的联系。作为一个温和、稳定的伊斯兰教国家，马来西亚也成为西方与伊斯兰世界对话的桥梁。

伊斯兰教国家的国家定位以及现实的经济利益，都要求马来西亚能够团结各个方面，构建符合其国家利益的国家形象。在第 70 届联大的演讲中，纳吉布采用互文策略为马来西亚成功构建一个正义、温和的伊斯兰教国家以及伊斯兰世界代表力量的国家形象。

3.2 东盟地区的主导力量

作为东盟的创始成员国，马来西亚一直是东盟核心国之一，在东盟组织内部起着极为重要的作用。纳吉布在演讲中使用三处互文来构建东盟地区主导力量的国家形象。其一，为了树立一种“道德可信度”（moral credibility），提升演讲的说服力，纳吉布在讲话的一开始就通过互文的手法，重申他五年前在联合国大会上倡导的全球温和运动（Global Movement of Moderates）。

(5) Five years ago I stood before this assembly and called for a Global Movement of Moderates of all religions, of all countries-to marginalise extremists, reclaim the centre, and shape the agenda towards peace and pragmatism.

五年前的同一个聚会，我曾经站在这里呼吁所有的宗教和国家加入一项“全球温和运动”，来共同抵制极端主义、推动和平和务实。

这样的话语策略直入主题，非常明确地提出了他本次演讲的核心——“温和主义”。虽然纳吉布在全篇讲话中并没有提到“东盟”，但他此次讲话的中心思想“温和主义”却是来自五年前他在联大上的倡议，并且由2015年东盟轮值主席国马来西亚在不久前的东盟峰会[①]上再次正式提出。在此次演讲中，纳吉布再次通过互文的策略提出“温和主义”，就是希望通过对“温和主义”的倡议和推动，使得马来西亚不仅扮演地区合作者、共赢者的角色，而且是作为东盟轮值主席国、作为东盟地区的主导力量和代言人在联合国发出自己的声音。

① 2015年4月26日至27日，东盟峰会在马来西亚的吉隆坡和兰卡威举行，会议通过的《“全球温和运动”兰卡威宣言》指出，“全球温和运动”旨在倡导宽容互谅，其核心价值在于追求永久和平，这也是缓和紧张、应对及消除各种形式的激进主义和极端主义的重要手段。宣言同时强调，决不容忍任何形式的恐怖主义、激进主义和暴力极端主义。

为了构建并强调地区主导的国家形象，纳吉布随后又两次使用互文性策略。不同寻常的是，作为伊斯兰教国家的领导人，纳吉布在此处却选择引用犹太文化和儒家文化。在正面批评巴勒斯坦问题的同时，纳吉布利用互文的话语策略，引用犹太教圣人希勒尔①在总结《摩西五经》所含思想时说的一句话“不要对别人做你自己都痛恨的事情”，来劝诫以色列。

(6) I call on the Israeli government to live up to Judaism's highest ethical principles, and the essential message of the Torah as succinctly expressed by the first century BC sage Hillel. When asked to describe the Torah in a soundbite, he said, "That which is hateful to you, don't do to your fellow human being."

我想呼吁以色列政府秉持犹太教的道德准则。公元前一世纪时期的圣人希勒尔曾经把《摩西五经》的思想总结为一句话：“不要对别人做你自己都痛恨的事情。”

此处纳吉布引述犹太教经典著作中的话语，既表示对犹太教以及犹太人的尊重，减少对立与抵制，同时又提醒以色列要尊重历史、尊重经典。引用犹太教圣人的话语，能够起到最直接的谴责作用。纳吉布巧妙地采用互文策略，进一步佐证自己提出的“温和主义”

① 希勒尔（Hillel），公元前后巴勒斯坦犹太人族长，犹太教公会领袖和拉比，曾创立犹太教圣经学院“希勒尔之家”，在对犹太教律法的阐释上属宽容派，编有《古代犹太拉比格言集》和解经准则七条，对后世犹太教解经学家具有重大影响。《摩西五经》指希伯来圣经最初的五部经典，它是犹太教经典中最重要的部分，同时也是公元前6世纪以前唯一的一部希伯来法律汇编。

是受全世界各大宗教共同推崇的思想。应该说，这样的互文策略既使以色列无以辩驳，又达到表明自己的观点和立场、说服对方的目的；同时也树立了马来西亚作为倡议者、领导者的角色定位，充分证明马来西亚完全有能力、有胸怀成为地区主导力量。

除以希勒尔来劝诫以色列外，纳吉布还有一处互文的使用显得尤为特别：他引用一个阿拉伯语词 wasatiyyah（“持中之道”）和儒家思想的 chung yung（中庸）来证明马来西亚提出的“温和主义”适用于各国。

(7) It is a principle that runs through all civilisations and faiths. Islam embodies it in the concept of “wasatiyyah”, Confucianism as “chung yung” -both of which mean “middle path” or “the Golden Mean”.

温和主义在所有的文明和信仰中都是一条真理，伊斯兰教中的“持中之道”和儒家思想中的“中庸”都提倡我们走“中间道路”。

Wasatiyyah 的意思是“中间”，指在生活当中要采取公正的、中间的方法和道路，寻找平衡之法，避免极端。作为一个伊斯兰教国家的领导人，引用阿拉伯语并不是件特别的事，但是纳吉布同时提到了中国儒家思想的“中庸”，并把二者并列起来，用于代表国家形象的联大演讲，却是有些不同寻常。

马来西亚是东盟国家中最早与中国建立外交关系的国家。两国关系发展良好，始终积极合作、互利互惠。在经济方面，双方经济依赖逐渐加强，马来西亚已经成为中国在东盟的最大贸易伙伴，两国关系的发展符合两国共同的战略利益。2013 年中马关系更上升为全面战略合作伙伴关系。这样的合作与紧密关系使得马来西亚领导人越来越重视中国文化，以进一步了解中国并加深合作。正是这种对内政、外交的现实需求，使得纳吉布领导下的马来西亚同中国在各个领域延续着以往加强合作的态势。

而从个人或者家庭因素来讲，纳吉布与中国有着非常深厚的渊源。1974 年中马正式建交时，马来西亚的代表正是纳吉布的父亲拉扎克——马来西亚第二任总理。纳吉布上台后继承其父的遗志，发展同中国的友好关系，这一点突出地表现在 2009 年纳吉布访华时表示希望能效仿其父，继续维持和拓宽马中关系。同时他还积极鼓励自己的子女学习中文，体验中国文化。因此，此次讲话中纳吉布引用中国儒家思想，绝非随意之举，而是马来西亚内政、外交以及演讲者个人因素汇集起来的体现。

纳吉布引用犹太教圣典和儒家思想作为互文内容，既表现出其个人的国际情怀，也体现出马来西亚对各种宗教和文化的尊重和包容，得以树立起“道德典范”的形象。这样的话语策略让人无法辩驳、极具说服力和公信力，既能够获得西方国家的认同，也可拉近与东盟紧密合作的中国的亲密关系，凸显马来西亚作为地区主导力量的风范与胸怀。“温和主义”的重申和倡议，更是确立了马来西亚东盟地区主导力量的国家形象。

4 结束语

通过上述分析我们认为，纳吉布在演讲中对互文策略的使用具有明显的倾向性，互文大多来自对伊斯兰典故的引用。这样的互文性策略真实反映演讲者的意识形态，符合马来西亚的国家地位和政治取向。而对犹太文化和儒家文化的引用，则体现出马来西亚对各种宗教和文化的尊重和包容，从另一层面强调马来西亚提倡“温和主义”，维护和平的政治立场。

在联合国 70 周年大会上，纳吉布的演讲紧扣“和平”主题，通过互文策略的巧妙使用，成功地构建符合马来西亚国家地位和其政治取向的国家形象，以“温和主义”倡导者的身份，表达出本国的政治诉求，在国际舞台上发出自己的声音。

在今后的研究中，我们应该重视并长期关注作为战略合作伙伴的马来西亚的国家领导人在公共场合的演讲，把握其国家形象构建的思想脉络，为我国与他国的政治交往及国际互动提供有价值的参考。

政治领导人演讲的话语体系构建研究

——基于近体化理论的案例分析[①]

张天伟

政治话语是批评话语分析（Critical Discourse Analysis，以下简称 CDA）研究的重点，而政治领导人话语又是政治话语研究的热点之一。国外很多 CDA 研究的文献都是以政治领导人的演讲稿为语料分析对象的，研究的理论视角主要有话语历史（discourse-historical）、辨证-关系（dialectical-relational）、系统功能语言学、社会文化、社会认知、认知语言学、发展心理学等（Fairclough 1989[②]，

① 本文发表于《中国外语》2016 年第 5 期。本文为国家社科基金重大委托项目（2015MZD011）子课题“核心价值观构建的国际比较及其国际传播研究”的阶段性成果，并得到 2016 年度北京外国语大学“中青年卓越人才支持计划”的资助。黄国文教授、文秋芳教授对论文多次悉心指导，提出宝贵建议，在此深表谢意。

② Fairclough，N. *Language and Power*. London：Longman，1989.

Chilton 2004[①]，Wodak 2001[②]，Cap 2013[③]，Hart 2011[④]、2014a[⑤]、b[⑥] 等)。政治领导人话语研究对于分析国外政治话语的构建方式、隐性和显性策略、意识形态传播，最终探讨中国特色话语体系构建的模式和有效策略具有重要启示意义。本文在梳理话语体系相关要素的基础上，拟在批评认知语言学（cognitive linguistic critical discourse analysis）视角下，具体从近体化理论分析澳大利亚外长在第70 届联合国大会一般性辩论上的演讲稿，探究政治领导人是如何构建话语空间，应用话语策略，塑造和提升国家形象的。

1 话语体系

话语体系即话语实践，包括话语主体、话语目的、话语空间、话语策略等要素。话语主体是话语目的、话语空间和话语策略的实施者，而话语主体、话语空间和话语策略都是围绕话语目的展开的。此外，话语空间与话语策略也是相辅相成的，围绕话语空间，可以应用不同的话语策略。

---

① Chilton，P. *Analysing Political Discourse：Theory and Practice*. London：Routledge，2004.

② Wodak，R. “The discourse-historical approach .” *In R. Wodak & Meyer，M.（eds.）. Methods of Critical Discourse Analysis*. London：Sage，2001：63—94.

③ Cap，P. *Proximisation：The Pragmatics of Symbolic Distance Crossing*. Amsterdam：John Benjamins，2013.

④ Hart，C.（ed.）. *Critical Discourse Studies in Context and Cognition*. Amsterdam：John Benjamins，2011.

⑤ Hart，C. *Discourse，Grammar and Ideology：Functional and Cognitive Perspectives*. London：Bloomsbury，2014a.

⑥ Hart，C. “Construal operation on online press reports of political protests.” In C. Hart & Cap，P.（eds.）. *Contemporary Critical Discourse Studies*. London：Bloomsbury，2014b：167—188.

政治话语中的话语目的主要是强制说服（coercion）。强制说服是Chilton（2004）[①] 在政治话语研究中提出来的，强制说服被定义为一种影响他人信念、情感和行为的意图，这种意图以符合他人利益的方式进行（Hart 2010）[②]。强制说服是语篇制造者（text-producers）和政治交流（political communication）的终极目标，强制说服影响着语篇消费者和他们的行动，影响的程度和级别取决于语篇制造者的地位和权力（Hart 2010）[③]。Chilton（2004）[④] 区分了两种强制说服，认知强制说服（cognitive coercion）和情感强制说服（emotive coercion）。

在话语实践中，语篇的强制说服目的通常隐性地体现在各种话语策略中，话语策略是显性地实现语篇强制说服目的的方法和手段，合理性（legitimization）是判断话语策略的重要标准。常见的话语策略主要有指称策略、述谓（predication）策略、近体策略和合理策略等。当然话语策略是动态的，从不同角度可以有不同的策略，比如Hart（2010）[⑤] 从认知语言学角度探讨话语策略，区别了结构构型（structural configuration）策略、框架（framing）策略、识别（identification）策略和定位（positioning）策略。语篇制造者为了达到强制说服目的，会采取各种话语策略，而话语策略的实施必然会涉及语言的认知和理解过程，这个过程往往被概念化。探究政治语篇中

① Chilton，P. *Analysing Political Discourse*：*Theory and Practice*. London：Routledge，2004.

② Hart，C. *Critical Discourse Analysis and Cognitive Science*：*New Perspectives on Immigration Discourse*. Basingstoke：Palgrave，2010.

③ Hart，C. *Critical Discourse Analysis and Cognitive Science*：*New Perspectives on Immigration Discourse*. Basingstoke：Palgrave，2010.

④ Chilton，P. *Analysing Political Discourse*：*Theory and Practice*. London：Routledge，2004.

⑤ Hart，C. *Critical Discourse Analysis and Cognitive Science*：*New Perspectives on Immigration Discourse*. Basingstoke：Palgrave，2010.

所操纵的话语策略和其背后的认知机制是批评认知语言学的主要研究内容，也是近年来CDA研究的热点之一。

话语空间是话语体系的支柱，话语空间为话语体系提供了框架，话语策略的应用是围绕话语空间展开的，话语空间是相对固定的，而话语策略围绕话语空间，针对不同的主题会有不同的类别。

话语主体包括语篇制造者、语篇相关者和语篇消费者。语篇制造者是话语体系的主导和构建者。

上述关系如图1所示，图1中话语主体主要指语篇制造者。本文探讨的重点是话语空间的构建和话语策略的应用。

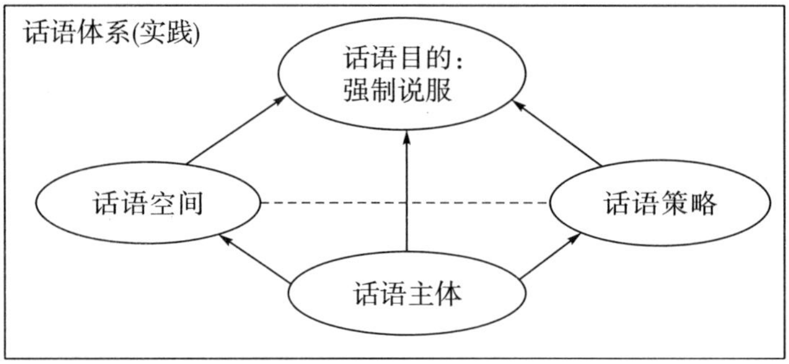

图1　话语体系要素关系图

2　近体化理论

近体化（proximise \ proximising）概念首先由Chilton（2004）[①]

① Chilton, P. *Analysing Political Discourse: Theory and Practice*. London: Routledge, 2004.

提出，然后 Cap（2005）[①] 将其名词化（Proximization）。该理论是在话语空间理论（discourse space theory）（Chilton 2004）[②] 的基础上发展而来的，两个理论有很多相通之处。话语空间理论分为时间（temporal）、空间（spatial）、认识论（epistemic）和情态（modality）四个维度。近体化理论在其基础上，将其简化为时间、空间和价值观（axiological）三个维度，并将每个维度的分析进一步细化为不同的类别，见后文表 1—表 3 的分析。不同学者从不同角度对近体化进行过研究，如近体化与合理化的关系（Cap 2005[③]、2006[④]），Hart（2010）[⑤] 探讨了近体化与强制说服、述谓和隐喻的关系，Dunmire（2011）[⑥] 从政治体裁（Genre）的视角分析了近体化理论。Cap（2006[⑦]、2013[⑧]）认为近体化理论是一种修辞语用（rhetorical-pragmatic）策略，该理论认为语篇制造者为了达到强制说服目的，让受众感觉其行为合理化，从空间、时间和价值论的三个维度将参与者（actor）、情景或事件视为对自身的威胁。近体化理论的核心是指示中心（deictic center），围绕指示中心可以分为空间轴线（上轴线）、

---

① Cap, P. "Language and Legitimization: Developments in the Proximization Model of Political Discourse Analysis." Lodz Papers in Pragmatics 2005 (1): 7-36.

② Chilton, P. *Analysing Political Discourse: Theory and Practice*. London: Routledge, 2004.

③ Cap, P. "Language and Legitimization: Developments in the Proximization Model of Political Discourse Analysis". Lodz Papers in Pragmatics 2005 (1): 7-36.

④ Cap, P. *Legitimization in Political Discourse*. Newcastle: Cambridge Scholars Publishing, 2006.

⑤ Hart, C. *Critical Discourse Analysis and Cognitive Science: New Perspectives on Immigration Discourse*. Basingstoke: Palgrave, 2010.

⑥ Dunmire, P. *Projecting the Future through Political Discourse: The Case of the Bush Doctrine*. Amsterdam: John Benjamins, 2011.

⑦ Cap, P. *Legitimization in Political Discourse*. Newcastle: Cambridge Scholars Publishing, 2006.

⑧ Cap, P. *Proximisation: The Pragmatics of Symbolic Distance Crossing*. Amsterdam: John Benjamins, 2013.

时间轴线（左右轴线）和价值观轴线（前轴线）。在话语空间中，当指示中心被概念化后，一些指示词可以位于不同的轴线上，凸显不同的意识形态，如 here & there、now & then、us & them、right & wrong 等，这些关系如图 2 所示。

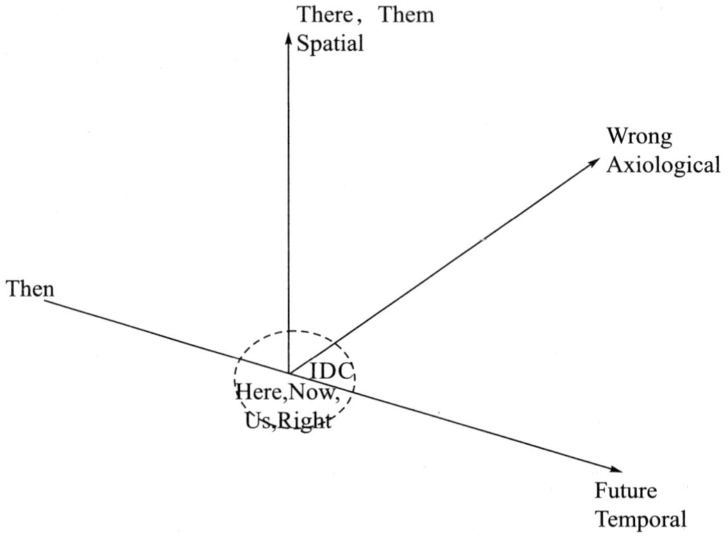

图 2　近体化理论基本模式图（修改自 Hart 2014a：165①）

话语事件参与者的所在地点、参与时间和基本价值观是话语场所（discourse stage）的指示中心，也是锚定点（anchorage point）。话语参加者及其价值观是语篇中心的内部指示中心成分（inside deictic centre，以下简称 IDC），而其他实体被概念化为指示中心以外的外部指示中心成分（outside deictic centre，以下简称 ODC）（Cap

① Hart，C. *Discourse，Grammar and Ideology：Functional and Cognitive Perspectives*. London：Bloomsbury，2014a.

2006[①]、2013[②])。近体化理论以 IDC 和 ODC 为两个基本参照点，以空间、时间和价值观为维度，通过名词短语、动词短语、副词短语、时体指示语和相关句式来实现。近体化理论作为一种认知语用理论，也是建立在体验的基础上，以自我为中心，区分内外。在批评认知语言学研究中，各种理论并非各自独立，而是具有互补功能，单一理论无法全面解释某一语言现象，可以考虑理论框架或模型的糅合，抑或引入理论外的社会、文化等因素做进一步探讨，至少可以作为一种方法论上的参考（Zhang & Di 2016[③]）。有鉴于此，本文将在话语空间理论基础上发展而来的近体化理论作为本文分析框架的理论基础。

3　政治领导人演讲的案例分析

本文的研究对象是政治领导人的话语体系，政治领导人话语的重要功能之一是构建国家形象。本文语料选取澳大利亚外长 Julie Bishop 在第 70 届联合国大会一般性辩论上的演讲稿（以下简称演讲稿）。演讲稿共分为 8 个部分，94 个段落。主要内容包括对联合国工作的肯定、澳大利亚对联合国的支持、澳大利亚对反恐工作的贡献、《2030 可持续发展议程》与澳大利亚面临的工作与挑战等，涉及政

① Cap，P. *Legitimization in Political Discourse*. Newcastle：Cambridge Scholars Publishing，2006.

② Cap，P. *Proximisation：The Pragmatics of Symbolic Distance Crossing*. Amsterdam：John Benjamins，2013.

③ Zhang Hui & Di Weichao. "Making Intelligence More Transparent：A Critical Cognitive Analysis of US Strategic Intelligenc Reports on Sino-US Relation." *Journal of Language and Politics* 2016 (15：1)：63—93.

治、经济、外交、文化等领域。演讲稿中既有澳大利亚对过去工作的评述，对当前问题的关切，更以未来发展为导向，阐述未来面临的威胁，对未来行动的承诺等，其中《2030 可持续发展议程》和打击恐怖主义是演讲的重点。该演讲稿总共 1880 字，通过词频分析，我们发现高频词分别是“我们”（包括 we、our、us）47 次，“澳大利亚”23 次，“发展”11 次、“人权”9 次、“人道主义”8 次、“安全”7 次、“达伊沙（Daesh）”5 次。本节将依据近体化理论，从空间、时间和价值观三个维度进行分析，建立话语空间分析模型，探讨演讲稿是如何构建澳大利亚国家形象的。

3.1 空间近体化分析

作为一个识解操作，空间近体化聚焦于 ODC 的破坏性影响，并将这种影响识解为迫不及待、不可避免的影响，除非 IDC 内部会有先发制人的行动①。根据 Cap② 的分析框架，在演讲稿中，NP 或 VP 可以被识解为六类空间近体化，如表 1 所示。在话语实践中，澳大利亚及其相关的群体或事物被识解为 IDC，通过 Australia、we、Australian people、Australian government、I 等来表现，这些形式基本上表现为两类，一类是国别化名词，另一类是第一人称代词，应用这两类词更能显示语篇构建的主体性。而与恐怖主义或敌对国相关的 Daesh、terrorism、the North Korean regime 则被识解为 ODC，由于内涵和外延不同，这些 NP 可以分为不同的级别，如 terrorism 中

① Cap，P. *Proximisation*：*The Pragmatics of Symbolic Distance Crossing*. Amsterdam：John Benjamins，2013：74.

② Cap，P. *Proximisation*：*The Pragmatics of Symbolic Distance Crossing*. Amsterdam：John Benjamins，2013.

包括 foreign terrorist fighter 和 Daesh。根据 VP 的不同性质，VP 对指示中心的影响可以分为移动（motion）和行动（action）两类，移动类 VP 侧重过程，而行动类 VP 侧重结果。当 NP 被定义为抽象概念时，ODC 对 IDC 的影响又可以分为两类，一类是对影响的预测，程度相对较轻，如 harm、depredation 等，另一类是对影响的实际效果，程度相对较重，如 scourge 表示祸害或灾难，类似的表达还有 catastrophe、tragedy 等。通过空间近体化分析，演讲稿构建下的澳大利亚成为正义的化身，以 Daesh 为代表的恐怖主义作为一种威胁，正在蔓延和肆虐，在将来会带来巨大危害，为此，澳大利亚将会致力于打击一切邪恶势力。

表 1　空间近体化分析框架

空间近体化分类	代表词	特点和表达的国家形象
NP 被识解为话语空间的 IDC	Australia，we，Australian people，Australian government，I	话语空间的主体，代表正义、自由、民主等
NP 被识解为话语空间的 ODC	Daesh，terrorism，the North Korean regime，violent extremism，foreign terrorist fighter	与话语空间主体相对应的对立面，代表恐怖、邪恶、极端主义等
表示移动（motion）的 VP 被识解为 ODC 向指示中心移动的标记	wreaking，devastating，prevail	对立面带来威胁的渐进过程，为此澳大利亚将不惜人力、物力与之战斗，反衬其正面、积极的国家形象
表示行动（action）的 VP 被识解为 ODC 对 IDC 影响的标记	destroy，combat，defeat，devastating	对立面带来威胁的结果，同上

续表

空间近体化分类	代表词	特点和表达的国家形象
NP 被定义为抽象概念，指 ODC 对 IDC 影响的预测 (anticipation)	harm，depredation	预测对立面未来可能带来的威胁，同上
NP 被定义为抽象概念，指 ODC 对 IDC 影响的效果 (effect)	scourge of war，global scourge of violence	对立面带来威胁的实际效果，同上

3.2 时间近体化分析

时间近体化将“现在（Now）”，即语篇制造者的“现在”作为指示中心。围绕“现在”，时间近体化包括两种概念转移 (conceptual shifts)，一种是过去到现在的转移，另一种是将来到现在的转移。Cap① 将时间近体化分为五类，如表 2 所示。第一类指 NP 中包括 a、an 等不定代词，如 A day 等，将 ODC 识解为实际、客观的影响。第二类指在话语实践中，对比使用一般过去时和现在完成时，识解为过去对未来的影响一直持续，如例（1）所示。

例（1）Australia's firm response to people smuggling，and continued cooperation with our regional partners，have saved thousands of lives of those who would otherwise have succumbed to the false promises of people smugglers.

① Cap，P. *Proximisation*：*The Pragmatics of Symbolic Distance Crossing*. Amsterdam：John Benjamins，2013：116.

例（1）中使用过去时 continued，表示澳大利亚过去一直坚定不移地与周边国家合作，而对比使用现在完成时 have saved，表示这种正义、人道主义行为带来的效果和持续的影响是拯救了成千上万人的生命，否则这些人可能会在人口走私中丧失生命。

第三类指使用名词化的 NP，预设 ODC 可能会在未来任何时间产生影响，这种预设也包括将来对现在的影响，即为应对未来的威胁，需要我们现在就采取相应预防措施，如例（2）所示。

例（2）Terrorism today is a global threat.

例（2）中 threat 指：当前的恐怖主义是一个全球性的威胁，这种威胁预设着恐怖主义对现在或将来会产生影响。

第四类指包括情态动词的 VP，预设 ODC 的影响会从现在起并影响到未来，比较例（3）和例（4）。

例（3）We continue to advocate for a political solution that can bring an end to the conflict in Syria，and we support UN envoy de Mistura's efforts towards this end.

例（4）We do not believe any transition option should be rejected，all permutations of a political solution should be assessed with clear eyed realism.

例（3）表示澳大利亚继续坚持政治手段解决叙利亚冲突，并支持联合国驻叙利亚特使 Staffan de Mistura 所做的努力，使用 can 表示虽然叙利亚冲突还没有结束，但政治解决方式才能最终结束冲突，政治解决方式会在现在和将来持续。

例（4）指澳大利亚不认为任何过渡选择都应该被拒绝，所有政治解决方案都应该经过事实的检验。Should 指现在或未来都不应该拒绝或检验，这种影响在现在和未来间持续。与例（3）比较，should 的语气更强烈。例（3）和例（4）构建了澳大利亚自由、平等、正义的国家形象。

第五类指话语形式中包括平行对比，识解为与现在相比，未来可能是相反的或有优势的，如例（5）所示。

例（5）I believe that Australia would bring to the Human Rights Council the same principled and practical approach that distinguished our 2013—14 Security Council term.

例（5）的背景是澳大利亚正积极争取联合国人权理事会成员的席位，以树立其领导者的地位和形象，目前澳大利亚只是非成员国的观察员身份。句中使用 believe，表示澳大利亚如能成功竞选理事会成员职位，将来会给人权理事会带来重要和实用的发展路径。同理可以分析例（4）中 believe。

通过时间近体化分析，演讲稿构建了恐怖主义自过去开始肆虐，对现在造成巨大危害，也对未来带来威胁，这种威胁正在步步紧逼，对现在和将来都有影响。而澳大利亚有高度责任感和奉献精神，在打击恐怖主义的同时，还具有平等意识，坚持政治解决叙利亚危机并力争在联合国及附属的人权理事会中发挥更大作用。

表 2　时间近体化分析框架

时间近体化分类	代表词	特点和表达的国家形象
NP 包括非限定性描述，将 ODC 识解为实际的影响（actual impact acts）	A day	客观描述
话语形式中对比使用一般过去时和现在完成时，识解为对未来的威胁或影响	Australia's firm response to people smuggling, and continued cooperation with our regional partners, have saved…	衬托澳大利亚对国际社会的已有贡献和高度责任感
NP 包括名词化，识解为 ODC 会预设着将来任何时间产生威胁	Terrorism today is a global threat.	对立面带来的威胁，衬托澳大利亚将与其战斗，维护世界和平
VP 包括情态动词，识解为 ODC 的影响会在现在和将来间持续	We continue to advocate for a political solution that can bring an end to the conflict in Syria. \ we can realize… \ should… \ would	衬托澳大利亚的国际主义精神和平等、自由的形象
话语形式中包括平行对比，识解为与现在相比，未来可能是相反的或有优势的	I believe that Australia would bring… \ We do not believe any transition option should be rejected	衬托澳大利亚自由、平等、民主的形象

3.3　价值观近体化分析

价值观近体化指对 ODC 和 IDC 意识形态冲突（ideological conflict）的识解，即 NP 被识解为三种方式：（1）IDC 的积极价值；（2）ODC 的消极价值；（3）在话语形式中不限于一两句话，而是通过词汇语法短语（lexico-grammatical phrases）的线性排列，在 IDC 空间中构建 ODC 的消极意识形态[①]。在演讲稿中，当 NP 被识解为 IDC 的积极价值时，常用词汇有 freedom、equality、peace、justice 等；当 NP 被识解为 ODC 的消极价值时，常用词汇有 terrorism、the North Korean regime、depredation 等；当在 IDC 空间中构建 ODC 的消极意识形态时，常用的线性序列为 NP 指称 ODC 价值—NP 指称 ODC 和 IDC 冲突较远的可能性—NP 指称 ODC 和 IDC 冲突较近的可能性—NP 指称 ODC 和 IDC 的冲突四个级别。上述关系如表 3 所示。值得注意的是，演讲稿中，我们发现了与 Cap[②] 分析相反的排序，比较例（6）和例（7）。

例（6）Daesh is wreaking devastating harm on individuals, families and communities and destroying the world's heritage, in gross violation of international law and basic concepts of morality.

例（6）中 NP 指称 ODC 的价值，即在 IDC 空间中构建的 ODC 消极意识形态，其空间距离不是由远及近，而是由近及远，由大到小，按照个人、家庭、社区和世界的顺序进行线性排列。而 Cap[③] 的分析中曾举例如下：

例（7）This evil [radicalism and extremism] might not

① Cap, P. *Proximisation: The Pragmatics of Symbolic Distance Crossing*. Amsterdam: John Benjamins, 2013.

② Cap, P. *Proximisation: The Pragmatics of Symbolic Distance Crossing*. Amsterdam: John Benjamins, 2013.

③ Cap, P. *Proximisation: The Pragmatics of Symbolic Distance Crossing*. Amsterdam: John Benjamins, 2013.

have reached us yet but it is in plain sight, as plain as the horror sight of the collapsing towers \ We live in the nuclear age, when foreign threats can cross the oceans and set our land on fire within minutes. (转引自 Cap[①])

例（7）中 might not have reached 和 cross the oceans and set our land on fire within minutes 都表明 ODC 在 IDC 中构建的空间距离是由远到近。

我们认为在 IDC 空间中构建 ODC 的消极意识形态的空间方向性，既可由远及近，也可以由近及远，只不过是表达的需求不同而采取不同的方式。例（6）为了表示 Daesh 的紧迫感和巨大的危害性，与每个人都息息相关，而采取由近及远。例（7）着眼于未来，预设着极端主义和恐怖主义会步步紧逼，威胁时刻存在，如不采取措施预防和及时应对，危机感会越来越强，因而采取由远及近。总之，在价值观维度，演讲稿中构建的澳大利亚国家形象是积极、正义，处理国际事务时，有责任感，打击恐怖主义不遗余力，乐于奉献。

表 3　价值观近体化分析框架

价值观近体化类别	代表词	特点和表达的国家形象
NP 被识解为 IDC 的积极价值	freedom, equality, peace, justice	正义、自由、民主、致力于维护世界和平

① Cap, P. *Proximisation: The Pragmatics of Symbolic Distance Crossing*. Amsterdam: John Benjamins, 2013: 123.

续表

价值观近体化类别	代表词	特点和表达的国家形象
NP 被识解为 ODC 的消极价值	terrorism, the North Korean regime, depredation, violent extremism, foreign terrorist fighter	对立面的邪恶、暴力、恐怖、极端主义
话语形式不局限于句子，而是通过词汇语法短语的线性排列，在 IDC 空间中构建 ODC 的消极意识形态	NP 指称 ODC 价值—NP 指称 ODC 和 IDC 冲突较远的可能性—NP 指称 ODC 和 IDC 冲突较近的可能性—NP 指称 ODC 和 IDC 的冲突	描述对立面带来威胁的渐进性，反衬澳大利亚正面的国家形象

3.4 话语空间模型的构建

基于近体化理论（Chilton[①]，Cap[②]，Hart[③]），我们试图构建演讲稿话语空间模型，如图 3 所示。

图 3 中指示中心“三位一体”，即在空间上是 Australia，在时间上是 Now，在价值观上是 Justice。围绕指示中心，三个主要支撑轴线分别为左右轴线（从过去到现在的时间轴）、前轴线（价值观轴）和上轴线（空间）延伸而构建的话语空间表征模型。该模型以指示中心为核心，基于身体经验，构建了由近及远的模型。图中虚线椭圆内为 IDC 空间，椭圆外为 ODC 空间。

① Chilton, P. *Analysing Political Discourse: Theory and Practice*. London: Routledge, 2004.

② Cap, P. *Proximisation: The Pragmatics of Symbolic Distance Crossing*. Amsterdam: John Benjamins, 2013.

③ Hart, C. *Discourse, Grammar and Ideology: Functional and Cognitive Perspectives*. London: Bloomsbury, 2014a.

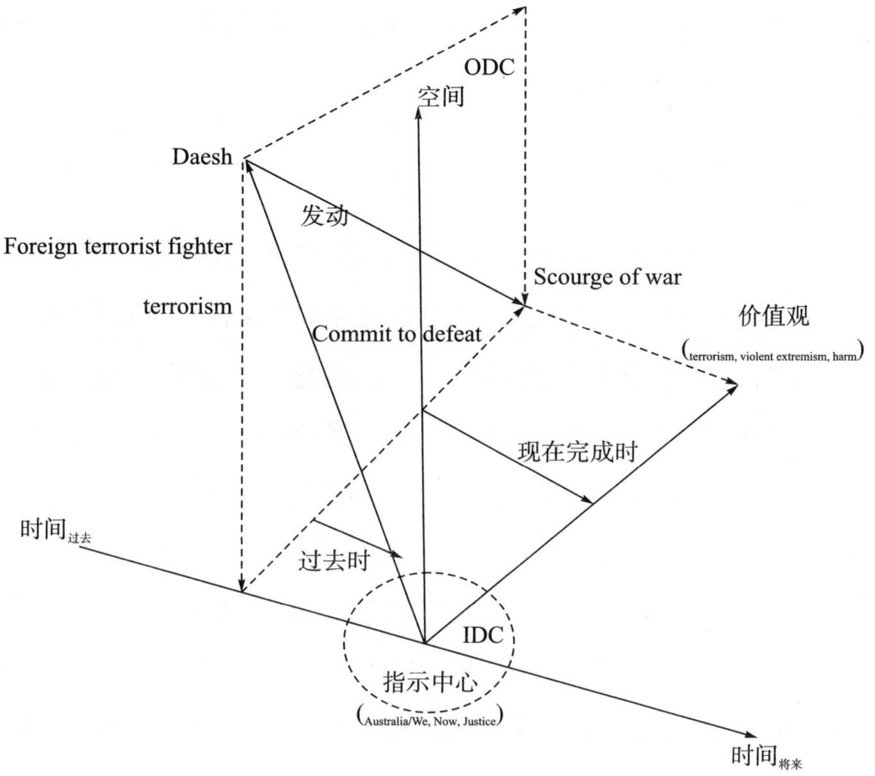

图 3　演讲稿中话语空间模型

在空间近体化层面，因为 Daesh 在时间上是过去构建的，因此出现在模型的左上方，如图中虚线所示。Daesh 在空间上的构建距离，即 ODC 与 IDC 的距离具有层级性，是一种包含关系，由近及远，分别为恐怖主义、外国恐怖主义分子和 Daesh。指示核心澳大利亚对 Daesh 的态度是致力于坚定不移地打击。在时间近体化层面，Daesh 过去和现在都发动了战争，战争的破坏对现在和未来有持续的影响，如过去时和现在完成时的使用。在价值观近体化层面，与 Daesh 相对应的价值观表述是 terrorism、depredation、violent extremism、harm 等。语篇制造者对 Daesh 构建的话语空间，如图中虚线所示。构建上述话语空间的主要目的，同前所述，是通过打击Daesh，塑造澳大利亚的国家形象。

3.5 话语策略的应用

围绕话语空间，可以动态选择不同的话语策略为语篇制造者达到强制说服目的服务。比如在框架策略中，Hart（2014a[①]、b[②]）认为框架策略包括两个基本内容，一是范畴化，二是隐喻化。范畴化作为一种手段可以引导受众对语篇陈述对象的认同，语篇制造者可以将自己的主观意愿和意识形态通过范畴化分类传递给受众，以达到话语目的。在演讲稿中，澳大利亚外长将恐怖组织称为Daesh，而不是通称的ISIS，其背景是2014年12月，美国政府正式宣布，今后不再用“伊斯兰国”称呼中东恐怖组织——“伊拉克和沙姆伊斯兰国”（ISIS），而改称为Daesh（达伊沙）；Daesh是阿拉伯国家对“伊拉克和沙姆伊斯兰国”的英文缩写，Daesh一词与阿拉伯文中的“踩踏”一词发音相似，用Daesh称该组织更能反映人们对它的愤怒和蔑视；另外，广大阿拉伯国家认为，使用“伊斯兰国”一词既亵渎了伊斯兰教，也会赋予该组织某些合法性[③]。由此可见澳大利亚的意识形态与美国是很相似的，对恐怖组织采取敌对和蔑视态度。对同一事物赋予不同的称谓，即范畴化为不同的类别，可以使受众在概

① Hart，C. *Discourse*，*Grammar and Ideology*：*Functional and Cognitive Perspectives*. London：Bloomsbury，2014a.

② Hart，C. “Construal operation on online press reports of political protests.” *In C. Hart & Cap，P.（eds.）. Contemporary Critical Discourse Studies*. London：Bloomsbury，2014b：167—188.

③ 参见人民网《美国正式宣布改称“伊斯兰国”为“DAESH”》。http：//world. people. com. cn/n/2014/1224/c1002—26265656. html，2014。（2016年8月1日读取）

念化的过程中，形成不同的框架，并按照语篇制造者的意图，理解语篇及其隐含的意识形态。此外，演讲稿中也大量使用了隐喻，如 scourge of war/ violence 等，语篇制造者将抽象化的原域识解为相对具体、可理解性强的目标域，使受众对语篇更容易感知和理解，进而更清晰地理解语篇中隐含的意识形态、认同和权力关系。对其他策略的应用，可见 Hart（2014a[①]、b[②]）和张天伟[③]，张天伟、郭彬彬[④]的详细探讨。

话语空间构建和话语策略应用的最终目的是为了达到强制说服目的，在演讲稿中，澳大利亚外长通过话语实践，主要构建了澳大利亚"正义、自由、平等、负责、奉献"的国家形象。国家形象是一个国家软实力的重要表现，国家形象既有内涵，也有外延，且呈动态发展。国家形象构建的维度主要有政府、企业、城市、历史、文化等，国家形象的构建者主要有政府、企业、国民等，其中政府领导人、政府新闻发言人与外宣干部都是国家形象的重要代言人（范红 2013[⑤]，程曼丽 2007[⑥]）。在演讲稿中，通过历时和共时梳理澳大利亚对联合国工作的支持，如打击恐怖主义、维护人权、呼吁性别平等、调查马航 MH17 事件等，分析其话语空间和话语策略的构

① Hart, C. *Discourse, Grammar and Ideology: Functional and Cognitive Perspectives*. London: Bloomsbury, 2014a.

② Hart, C. *Construal operation on online press reports of political protests . In C. Hart & Cap, P. (eds.). Contemporary Critical Discourse Studies*. London: Bloomsbury, 2014b: 167—188.

③ 张天伟：《基于进化心理学的批评话语研究》，载《外语与外语教学》2016 年第 5 期，第 78—87 页。

④ 张天伟、郭彬彬：《批评话语分析中的话语策略和识解操作研究》，载《外语教学》2016 年第 6 期，第 17—22 页。

⑤ 范红：《国家形象的塑造与传播策略》，载《清华大学学报》（哲学社会科学版）2013 年第 2 期，第 5—10 页。

⑥ 程曼丽：《大众传播与国家形象塑造》，载《国际新闻界》2007 年第 3 期，第 141—152 页。

建和应用，澳大利亚外长构建了国家具有正义、自由、民主精神，强调权利平等，积极致力于维护世界和平的形象，特别是在打击国际恐怖主义时，具有高度的责任感、奉献精神和国际主义精神，不惜人力、物力等一切代价为国际社会服务。这些形象既表现为多维度，又相互交叉，上述分析与澳大利亚国家形象定位的标识语"True Australia"和国家形象标志"袋鼠"也是相吻合的。总体而言，澳大利亚国家形象的定位与意识形态和美国很类似，在话语空间中，美国和联合国都位于以澳大利亚为指示中心的IDC范围附近。

4 结语

本文从批评认知语言学的视角，在应用国外理论的基础上，对政治领导人话语体系的构建进行了研究，并对相关理论进行了修补，为今后相关研究提供了一种新的研究思路。但是本研究也面临一些问题，需要今后进一步探讨，其中之一是解释的主观性问题。CDA面临的一大问题是主观性（subjectivity）和过度解释（over-interpretation）问题[①]。CDA站位于社会政治视角（sociopolitical position），多是基于分析者政治倾向的主观性和异质（idiosyncratic）解释，而不是更加客观的、基于理论驱动的、可量化的解释[②]。这种主观性过强，并缺乏一定的定量分析，选料选取缺乏普遍性，不全是基于使用的真实语料，便会带来语料分析与共存文本（co-textual）语境和互文本（intertextual）语境相脱离，过度解释语料的语用效果

① Hart, C. *Discourse, Grammar and Ideology: Functional and Cognitive Perspectives*. London: Bloomsbury, 2014a.

② Hart, C. *Discourse, Grammar and Ideology: Functional and Cognitive Perspectives*. London: Bloomsbury, 2014a.

(pragmatic effects) 和意识形态效果 (ideological effects)[①]，甚至偏离语篇制造者的本身意图。同样，认知语言学也面临对语言现象解释的主观性过强的问题，认知语言学是一种以内省法为主要研究方法的学科，内省法的弊端之一就是主观性太强，缺乏客观和实证研究，不可证实或证伪。有鉴于此，上述共性问题也是批评认知语言学面临的主要问题。近些年，认知语言学的研究方法日趋向多元化发展，既有质性分析，也有量化研究，更有两者的混合，如语料库、心理语言学实验、多模态分析、神经认知等研究方法[②]。同理，CDA研究的方法也日益多元化[③]，这些也将是批评认知语言学研究方法论方面发展的趋势。运用语料库的研究方法对不同的政治语篇进行对比分析，在量化的基础上，进行质性分析，将是今后一种重要研究路径。本文分析的语料比较单一，只是一个国家，结合语料库的研究方法对多个国家领导人演讲稿进行历时和共时分析，类似类型学的研究，探析国外不同意识形态国家的话语表达方式、话语空间构建模式和应用策略，归纳其共性和差异将是本研究的后续发展方向。

---

① Hart, C. *Discourse, Grammar and Ideology: Functional and Cognitive Perspectives*. London: Bloomsbury, 2014a.

② Gonzalez-Marquez, M., Mittelberg, I., Coulson, S., & Spivey, M. J. (eds.). *Methods in Cognitive Linguistics*. Amsterdam, Philadelphia: John Benjamins, 2006.

③ Wodak, R. and M. *Meyer* (*eds*). *Methods of Critical Discourse Analysis*. (2nd edn). London: Sage, 2009.

罗马尼亚总统联大演讲与国家形象构建①

董希骁

1 研究背景

国外学术界对词频问题的关注由来已久。Schuchardt 早在 1885 年就将词汇的使用频率与其演变速率结合起来加以探讨②，Zipf 则发现了词频与词长呈反比的规律③。之后，词频统计作为一种基本研究方法，被广泛用于探讨语言习得问题④，以及词汇、语法或语音的历时变化⑤。上世纪末，以 Fowler、van Dijk 等人为代表的批评话语学

① 本文发表于《中国外语》2016 年第 6 期。

② Schuchardt，H. *Über die Lautgesetze*：*Gegen die Junggrammatiker*. Berlin：Oppenheim，1885.

③ Zipf，G. K. *Selected Studies of the Principle of Relative Frequency in Language*. Cambridge：Cambridge University Press，1932. 参见：File-Muriel，R. J.，“Lexical frequency as a scalar variable in explaining variation.” *The Canadian Journal of Linguistics*，2010（1）：1—25.

④ Johnson，D. D.，R. J. Smith & K. L. Jensen. Primary children's recognition of high-frequency words. *The Elementary School Journal*，1972（3）：162—167.

⑤ Francis，N. & H. Kučera. *Frequency Analysis of English Usage*：Lexicon and Grammar. Boston：Houghton Mifflin，1982. 参见：Bybee，J.，“Word frequency and context of use in the lexical diffusion of phonetically conditioned sound change.” *Language Variation and Change*，2002（14）：261—290.

派开始兴起[①]，与此同时，计算机技术的发展和储存介质的变革为语料库建设和词频统计提供了极大便利[②]，新兴技术手段被迅速运用于政治话语分析[③]。我国学者也曾基于词频，对国外领导人发表的政治演讲进行定量分析，但研究对象以英语语料为主[④]，窦卫霖等人还通过高频词对我国领导人的讲话进行了分析[⑤]。但我国学界对非英语国家的重视明显不足，仅有一篇博士论文对普京演讲中的高频词给予过关注[⑥]。

我国正在从“本土型国家”向“国际型国家”转变，理应对世界各国有更为广泛和深入的了解。国家领导人作为代表国家的第一发言人，在重大的国内国际场合的演讲是政府政策理念传播、国家形象传递的高端展示，是最重要的政治传播手段之一，也是重要的公共外交方式[⑦]。2015 年 9 月 28 日，第 70 届联合国大会一般性辩论在纽约联合国总部开幕，主题为“联合国成立 70 周年——一个新的行动承诺”。140 多位国家元首和政府首脑出席并发表演讲，提供了

---

① Fowler, R. *Linguistic Criticism*. Oxford: Oxford University Press, 1986; van Dijk, T. A. (eds.). *The Handbook of Discourse Analysis* (4 vols.). New York: Academic Press, 1985; van Dijk, T. A. *Critical discourse analysis*. In D. Schiffrin, D. Tannen & H. E. Hamilton (eds.). *The Handbook of Discourse Analysis*. Malden: Blackwell Publishers Inc., 2001: 352—371. 参见黄国文、徐珺：《语篇分析与话语分析》，载《外语与外语教学》2006 年第 10 期，第 1—6 页。

② Scott, M. “PC analysis of keywords-and key key words.” System, 2004 (2): 23—45.

③ Olsen, M. & L-G. Harvey. “Computers in intellectual history: Lexical statistics and the analysis of political discourse.” *The Journal of Interdisciplinary History*, 1988 (3): 449—464.

④ 如罗建平：《析美国总统就职演说的历时语言特征——一项语料库的量化调查》，载《西南农业大学学报》（社会科学版）2011 年第 12 期，第 125—129 页；庞超伟：《伊拉克战争合法性的话语重建——一项基于布什伊战演讲语料库的评价研究》，载《外语研究》，2013 年第 4 期，第 41—48 页；严齐：《基于语料库的功能语篇分析——奥巴马总统 2013 年就职演说》（英文），载《语文学刊》（外语教育教学）2014 年第 10 期，第 20—22 页。

⑤ 窦卫霖：《中美官方话语的比较研究》，上海外语教育出版社 2011 年版。

⑥ 张风路：《普京演讲的俄语高频词分析》，哈尔滨工业大学硕士学位论文 2014 年。

⑦ 窦卫霖：《中美官方话语的比较研究》，上海外语教育出版社 2011 年版，第 46 页。

难得的研究素材，便于我们在同一语境下分析比较各国领导人的话语特点，及其采取的话语策略。

罗马尼亚总统约翰尼斯（Klaus Iohannis）在会程第二天（9月29日）第八位发言，这也是其任职以来首次在联大亮相。他在演讲中回顾了联合国成立以来取得的成绩，强调了罗马尼亚入联后发挥的作用，并针对难民问题、乌克兰问题、伊核问题、气候问题、反恐问题等国际热点发表了看法，呼吁在联合国框架内依照国际法准则积极行动，弘扬正义[①]。本文结合罗马尼亚在国际政治生活中的自我定位、核心关切、基本立场，以及演讲者的政治取向，对约翰尼斯总统在联大演讲中的高频词加以分析，旨在揭示他是如何利用国际演讲来构建国家形象的。

2 研究方法和基本数据

约翰尼斯总统在此次演讲中所用语言为英语，时长19分13秒，全文共计1974个单词。鉴于语料篇幅较短，因此笔者只借助了“语料库在线”网站[②]提供的简易工具对演讲中的高频词加以统计，并对结果进行了人工修正。统计结果表明，出现8次（含）以上的概念[③]共有5个，包括：联合国（41）、罗马尼亚（24）、行动（11）、国际法（10）、成员（8）。（见表1，代词形式不计入其中）

① 演讲全文见联合国官网：http：//webtv. un. org/meetings-events/general-assembly/general-debate/70th-session/watch/romania-general-debate-70th-session/4518114290001。

② http：//www. cncorpus. org/.

③ 有时多种形式指称同一概念。

表 1 约翰尼斯在第 70 届联大一般性辩论中使用的高频词（不含代词形式）

序号	高频词	对应英语单词	出现次数	出现频率（%）
1	联合国	United Nations+UN+organization	28+5+8	2.0770
2	罗马尼亚	Romania+my country	20+4	1.2158
3	行动	action+act	8+3	0.5573
4	国际法	international law	10	0.5066
5	成员	member（s）	8	0.4053

从词频上看，约翰尼斯总统提到最多的概念是“联合国”，“罗马尼亚”次之，且始终将罗马尼亚放在联合国工作的框架内加以讨论，这与罗马尼亚所处的国际地位不无关系。在所有欧盟国家中，罗马尼亚的综合国力相对较弱，在国际事务中的话语权有限。因此约翰尼斯总统在联大发表演讲时，不可能像一些大国（如安理会常任理事国）的代表那样，完全立足本国展开论述，而是尽可能强调罗马尼亚配合联合国的各项工作所做出的努力和贡献，避免给人造成“喧宾夺主”的印象。

演讲中出现的另外三个高频词——“成员”、“国际法”、“行动”，将联合国与罗马尼亚紧密联系起来，旨在强调罗马尼亚入联 60 年来，在联合国的帮助和扶持下，逐渐担负起越来越多的国际义务，积极参与联合国主导的各项行动，从单纯的受益者转变为负责任的成员和伙伴。演讲者抓住这些关键概念，在一些重大国际问题上紧跟西方国家的脚步，试图通过对国际法的单向解读占据话语制高点，并借势表达本国的关切。

3 从高频词看国家形象的构建

我们将基于语料分析，对上述五个高频词在演讲中使用的目的、表达的含义、发挥的作用，以及相互间的关系进行深入解读，揭示演讲者希望为罗马尼亚打造何种国家形象。

3.1 罗马尼亚——联合国的坚定拥护者

在约翰尼斯总统的演讲中，但凡提到罗马尼亚，就必然同时提到联合国或与其直接相关的内容，两个概念密不可分，故本文将其放在一起讨论。他从罗马尼亚入联之初获得联合国的帮助说起，回顾了该国入联60年来发挥的作用和做出的贡献，并结合国际热点问题向联合国提出建议，成功塑造了一个懂得感恩、有责任心、表现积极的成员国形象。

先说“联合国”：指称这一机构的概念在约翰尼斯总统的演讲中一共出现41次，包含其全称United Nations（28次）、缩写UN（5次）、同义表达形式organization（“组织”，8次）。在庆祝联合国70周年华诞之际，各国代表在演讲中提及这一机构本是应有之义，但着墨轻重却相去甚远。如果与五大常任理事国代表的发言做个对比的话，就会发现“联合国”并非所有演讲者的“共同高频词”，但在罗马尼亚总统约翰尼斯的演讲中，这一概念的出现频率之高超乎寻常（见表2）。

表 2　“联合国”一词在多国代表演讲中出现频率对比（不含代词形式）

国家代表	United Nations	UN	organization	联合国	总计
美（奥巴马）	4 次	0 次	0 次		4 次（0.0839%）
中（习近平）				2 次	2 次（0.1668%）
法（奥朗德）	7 次	4 次	4 次		15 次（0.5115%）
英（哈蒙德）	7 次	7 次			14 次（0.7172%）
俄（普京）	7 次	20 次	2 次		29 次（1.1102%）
罗（约翰尼斯）	28 次	5 次	8 次		41 次（2.0770%）

差距如此悬殊，原因可能是多方面的。笔者认为，这在很大程度上取决于演讲者对于本国地位的认可。一个国家的综合国力越强，国际地位越高，其领导人就越有底气在国际舞台上凸显本国的作用，越倾向于在话语中构建“主导者”的形象，联合国的显示度也就随之降低。GDP 是衡量综合国力的重要标准，如果将上面的数据与各国的 GDP（2015 年）做一个对比的话，就可以发现一个有趣的现象：GDP 越高，“联合国”这一概念在该国代表演讲中的出现频率就越低（见图 1）。

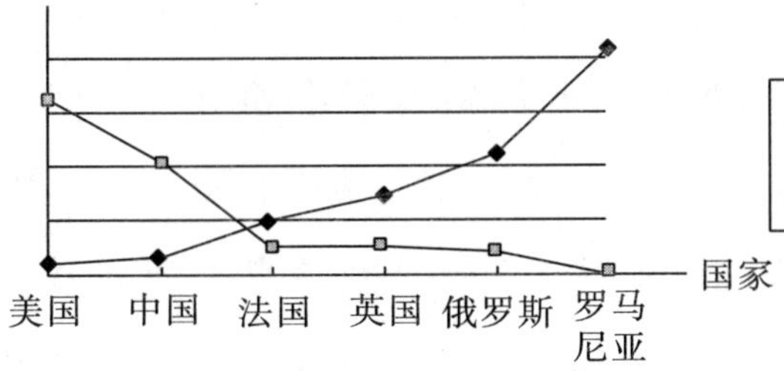

图 1　各国代表演讲中“联合国”出现频率与该国 GDP（2015 年）对比

罗马尼亚显然不足以在全球事务中发挥主导作用，约翰尼斯总统因而选择了更为“谦和”、“低调”的方式，凸显联合国的使命和作用，歌颂其功绩，为其曾经的失误辩解，并将罗马尼亚定位为联合国的忠实拥护者。他指出，“罗马尼亚是一直无条件信任和支持联合国的国家之一”，并逐渐从联合国的切实受益者转变为联合国主导下的各项国际义务的积极履行者。

再说“罗马尼亚”：各国代表都希望利用一般性辩论的机会，在国际舞台上强调本国的作用，展现本国的风采，罗马尼亚亦不例外。约翰尼斯总统演讲中共有 24 次提及罗马尼亚（20 次 Romania，4 次 my country），比安理会五大常任理事国的代表犹有过之：奥巴马 19 次提到美国（18 次 United States，1 次 my country）、习近平 14 次提到中国（均使用名词“中国”）、普京 10 次提到俄罗斯（均使用名词 Russia）、奥朗德 13 次提到法国（均使用名词 France）、哈蒙德 10 次提到英国（8 次 UK，2 次 Britain）。与大国代表的差别在于，约翰尼斯总统每当谈及罗马尼亚时，都巧妙地将其置于联合国框架内进行论述，因此并不显得突兀。在包含“罗马尼亚”（Romania 或 my country）的所有 22 个句子（包括单句和复合句）中，有 10 句同时包含“联合国”（United States 或 UN）；8 句同时包含联合国下设或相关的机构、项目或行动，例如联合国开发计划署（UNDP）、安理会、维和行动、联合国难民事务高级专员办事处（UNHCR）、官方发展援助（ODA）、国际法院、秘书长、国际恐怖主义犯罪法庭；2 句同时包含国际法或国际刑法；1 句涉及罗马尼亚入联；1 句涉及伊朗核协议；另有 1 句虽然被句点隔断，但与下文中有关联合国的内容紧密关联（“罗马尼亚是经济实力有限的国家。然而，让我们感到自豪的是，在作为成员国的 60 年间，我们为联合国实现其目标做出了突出的贡献”）。其中有些句子同时包含多处与联合国相关的内容。两个概念同时出现的频率如此之高绝非巧合，体现了演讲者在语篇构建时的良苦用心。

2015 年恰逢罗马尼亚入联 60 周年，约翰尼斯总统回顾了 60 年来联合国和罗马尼亚之间的关系，并给予其极高的评价。尽管作为一名中右翼政治家，他对于罗马尼亚在社会主义时期的历史基本持否定态度，但在论及罗马尼亚与联合国的关系时，仍然给出了肯定的评价，指出“二战结束后，联合国在不同时期都以不同方式对罗马尼亚给予了帮助”。在他看来，联合国是罗马尼亚在社会主义阵营内保持独立自主的坚强后盾，因为“尽管罗马尼亚在前共产主义（社会主义）国家阵营中受到孤立，但是在这里，在联合国找到了维护国家独立，并结识全世界朋友和伙伴的良好环境”。在冷战结束后的漫长转型期，联合国对罗马尼亚给予了大力支持，特别是“当罗马尼亚面临诸如儿童、人口、医疗、环境等社会问题时，联合国的基金和项目给予其很大帮助”。在对联合国，特别是其下属的开发计划署表示感谢之后，约翰尼斯总统开始回顾罗马尼亚在入联 60 年间为联合国作出的贡献，并以一个积极参与各项行动的成员国的身份，在演讲中向联合国提出期望与建议。

3.2 成员、国际法、行动——基础和纽带

演讲中的另外三个高频词——“成员”、“国际法”、“行动”均包括两层含义：其一，它们是联合国得以构建并维持运作的基础；其二，它们还是从身份、准则、行为三个方面将联合国与罗马尼亚紧紧联结在一起的纽带。约翰尼斯总统从一名中右翼领导人的角度，对这三个概念有其自己的定义和解读。

3.2.1 对“成员”身份的定位和评判

“成员”（member或members）在约翰尼斯总统演讲中共出现9次，涉及三层含义，其中6次指联合国成员国，2次指安理会常任理事国，1次指接受国际法院强制管辖权的成员国。

他首先对联合国与其成员国的关系进行了定位，指出“联合国并非一个凭空出现的组织，也不是一个自治的独立实体。联合国就是我们这些成员国。我们在将信任和资源赋予联合国的时候，同样也在哺育我们自己”。为此，他建议给予联合国更多信任，反对某些成员国对联合国的成就熟视无睹，却对其失误横加指责。值得注意的是，约翰尼斯总统在“联合国”与“成员国”之间画上等号的同时，将联合国的意志默认为西方国家的意志。特别是在成员国之间出现分歧的时候，他毫不犹豫地选择了与西方国家一致的立场，影射其他国家未能给予联合国足够的信任。这种“偷梁换柱”的做法并不鲜见，正如陈平教授在论述“国际社会”（international community）一词时所说的那样：“将这个词语天天挂在嘴边的，基本都是牢牢掌握国际上主要话语权的几个西方大国的政府发言人和外交官，因为在媒体上使用这个词语的，主要是这些西方大国的代表人物，因此‘国际社会’这个词的情景意义，往往就等同于西方发达国家。”[①]

当约翰尼斯总统用members一词指称安理会常任理事国时，其倾向性更为明显。例如他要求五大常任理事国在为所谓“预防和终

① 陈平：《话语分析与语义研究》，载《当代修辞学》2012年第4期，第2—8页。

止大规模暴行和严重战争罪行”采取行动时放弃行使否决权。这实际上限制了安理会常任理事国的合法权利，为部分成员国（主要是西方国家）提出的议案“开绿灯”，本身就与《联合国宪章》相悖。更为矛盾的是，当他呼吁其他成员国不要对联合国的工作妄加指责时，却谴责安理会在乌克兰问题上未能按《联合国宪章》采取必要措施。可见，约翰尼斯总统在对待联合国（及安理会）成员时采用的标准并不一致，带有明显的倾向性。

为了表明罗马尼亚尊重联合国的权威，恪守国际法准则，约翰尼斯总统特别强调罗马尼亚已经成为第72个接受国际法院强制管辖权的成员国，并将遵循国际法处理国际关系称为该国的“传统”。事实上，他所说的遵守国际法，在某种意义上只是服从西方国家制定的游戏规则，这种观点在罗马尼亚的中右翼政治家中具有一定的代表性，对媒体也有导向作用。例如2016年7月12日“南海仲裁”结果公布后，罗马尼亚媒体众口一词地谴责中国，与上述导向不无关系。

3.2.2 对国际法准则的理解和阐释

约翰尼斯总统在演讲中指出，“构成联合国的基本要素离不开对国际法的解读和逐渐完善”。各国从自身利益和立场出发，对国际法的理解和阐释不尽相同。他在演讲中先后10次提到国际法，涉及的话题并不相同，但目的都是为了在法律上占据制高点，为其观点和言论谋求合法性。

他首先对国际法给予了充分的肯定，认为联合国“创立并推广的国际法体系惊人地涵盖了国际合作中的几乎所有领域”，并将罗马尼亚入联60年来取得的成就全部归功于恪守国际法。此后，他列举了一些有违国际法的行为，例如“伊斯兰国”的暴行，摩尔多瓦共和国德涅斯特河左岸地区（德左地区）、格鲁吉亚和纳戈尔诺-卡拉巴赫地区旷日持久的冲突（暗指俄罗斯对上述三个地区的干涉），并呼吁“安理会所有成员国负责任地行动起来，从国际和平与安全出发，依照国际法解决乌克兰问题”。此后，他在同一个自然段内4次提到国际法，重申罗马尼亚将坚决以国际法为准绳处理国际事务。在演讲的结尾，他再次强调了国际法的地位，并将其看作一种价值观的存在。

约翰尼斯总统对国际法的解读显然是与西方国家一致的。特别是在涉及罗马尼亚重大利益关切的问题（德左问题）上，更是急切地借国际法向其西方盟友表明立场，将矛头直指俄罗斯。国际法的坚定拥护者与西方立场的积极追随者，正是约翰尼斯总统希望为罗马尼亚打造的国家形象，从他的角度看，两者并不矛盾。

3.2.3 对联合国主导下各类“行动”的支持和参与

本届联大一般性辩论的主题为“联合国成立70周年——一个新的行动承诺”，“行动”一词出现在各国代表的演讲中本不足为奇。在约翰尼斯总统的演讲中总共出现了11次，包括名词形式action（8次）和动词形式act（3次），出现频率如此之高却属罕见。在笔者看来，主要有以下两个方面的原因：

一方面，约翰尼斯总统希望借助其个人“谨言慎行”的性格，来塑造一个“实干的罗马尼亚”的国家形象。作为一位出身少数族裔（萨斯人，系日耳曼人的一支）的总统，他具有较典型的日耳曼民族性格特点：沉稳、寡言、务实，一贯主张“行胜于言”。他在自传《跬步千里》中是这样表述的：“令我担忧的并不一定是沟通的技巧，或者是偶尔使用的词汇，而是一些政治家有时说话口不对心。他们使用的政治手腕对我们并没有什么好处。我认为在官方话语中，宁可使用干巴巴的交流方式，也不要过多粉饰。”① 在谈到总统大选时，他更为明确地阐述了自己希望构建的国家形象：“这次竞选确实有一些与众不同的东西：其一是我本人；其二是我采用的话语方式；其三是我提出的国家范式——一个实干的罗马尼亚。”② 因此，约翰尼斯总统在演讲中列举了罗马尼亚历年来参与的联合国主导的若干重大行动，用实际行动表明对联合国的支持。

另一方面，约翰尼斯总统一直将巩固和发展与北约、欧盟的关系作为外交工作的主轴，在一些重大国际问题上积极追随西方国家的立场，这在其话语中时有体现。话语体系与思想理论体系是内在统一的。话语体系是思想理论体系的外在表达形式，是受思想理论体系制约的③。因此，他在演讲中试图预设西方立场的合法性，用“行动”来掩盖别国不同的声音。他指出，“在成立 70 周年之际，联合国无须证明其新行动的合法性。联合国需要做的，是增强其行动能力和可行性，激发政治意愿，使其能够在维护世界和平与安全，实现全球共善等方面发挥更大的作用。这一作用在当前正面临严峻的考验”。所谓“严峻的考验”即指 2011—2014 年间，中俄先后四次在叙利亚问题上投否决票。他在演讲中重申“支持法国和墨西哥提

① ［罗马尼亚］约翰尼斯著，董希骁译：《跬步千里》，中译出版社 2016 年版，第 269 页。
② ［罗马尼亚］约翰尼斯著，董希骁译：《跬步千里》，中译出版社 2016 年版，第 176 页。
③ 杨鲜兰：《构建当代中国话语体系的难点与对策》，载《马克思主义研究》2015 年第 2 期，第 59—65 页。

出的倡议，在需要为预防和终止大规模暴行和严重战争罪行采取行动时，要求安理会常任理事国达成协议，集体自愿放弃行使否决权”。这实际上是预设西方国家的主张具有合法性，却无视安理会其他常任理事国的合法权利。

除了名词 action 和动词 act 之外，他还使用了一个否定形式 non-action（不作为）来批评联合国在乌克兰问题上处置不力，认为“可能给人造成错误的印象，以为非法获取他国领土，破坏别国主权和独立是可行的，可以被容忍的”。之所以敢于当面谴责俄罗斯，是因为乌克兰问题牵涉到罗马尼亚的核心关切：其邻国——摩尔多瓦共和国历史上曾是罗马尼亚的一部分，两国在民族、语言、文化上与罗马尼亚同宗同源，至今仍存在统一的呼声。该国东部的德左地区在俄罗斯实际控制下，与克里米亚地区曾经的处境相似。乌克兰问题能否得到妥善解决，势必会对德左局势造成影响。因此，在联合国就相关问题进行讨论时，罗马尼亚坚定地站在了西方国家的立场上，甚至不惜扮演“急先锋”的角色。

4 结论

在第 70 届联大一般性辩论阶段，约翰尼斯总统的演讲显然不是最引人注目的。但通过对上述 5 个高频词的分析可以发现，整篇讲话与联合国 70 华诞的氛围、罗马尼亚的国家地位、演讲者的政治取向都十分契合，其中亦不乏可圈可点之处。如果用一句话把上文提到的 5 个高频词串联起来的话，可以表述为：约翰尼斯总统在演讲中强调罗马尼亚作为一个负责任的成员国，积极参与联合国主导的各项行动，并从西方的立场解读国际法，进而表达本国诉求，构建国家形象。

约翰尼斯总统作为一位出身少数族裔[①]的国家领导人，罗马尼亚语和英语均非其母语，在政坛素不以辩才见长，其英语发音甚至饱受媒体的诟病。因此，他和他的团队着力打造一种“敏于事而讷于言”的形象[②]。在此次辩论中，他同样采取了扬长避短的做法，用毫无花巧的言辞强调行动和实干。鉴于罗马尼亚的国际话语权有限，他以支持联合国主导下各项行动的名义提出本国的诉求和主张，并借助西方国家对国际法的解读来支撑自己的观点。在涉及一些尚存争议的重大国际问题时，他始终紧扣大会主题，围绕着行动展开论述，通过预设西方国家立场的合法性来淡化和掩盖联合国成员间的意见分歧。这对于“小国外交”而言不失为一种行之有效的模式，通过这种模式，约翰尼斯总统努力将罗马尼亚的国家形象打造为“联合国的坚定拥护者、国际义务的切实履行者、国际法的坚决捍卫者、西方立场的积极追随者”。

① 以德语为母语的萨斯族。

② 这一意图可在其自传《跬步千里》中得到充分印证。

后结构主义视域下的德国国家形象构建[①]

詹 霞

建设本国的话语体系，并巧妙地运用它构建良好的国家形象，是国家“巧实力”[②] 的重要表现，其战略意义不容小觑。但是，国家形象是如何通过话语来构建的？后结构主义国际关系理论为我们提供了一个新视角。这种理论认为，话语是国家身份或形象的唯一来源，尤其关注话语、身份和对外政策间的互动[③]。迄今国内对德国国

① 本文发表于《中国外语》2016年第6期。本文为国家社科基金重大委托项目（2015MZD011）子课题“核心价值观构建的国际比较及其国际传播研究”的阶段性成果。论文选题和撰写过程中得到了北京外国语大学许国璋语言高等研究院的支持和黄国文教授、文秋芳教授的建设性指导。姚小平教授在成稿后对全文中英文文字进行了审阅和润色，特此谨致谢忱。本文文责自负。

② Nye, J. S. “Think again: Soft power.” *Foreign Policy*, http://foreignpolicy.com/2006/02/23/think-again-soft-power/, 2006.

③ Campbell, D. *Writing Security: United States Foreign Policy and the Politics of Identity*. Minneapolis: University Of Minnesota Press, 1992; Milliken, J., “The study of discourse in international relations: A critique of research and methods.” *European Journal of International Relations*, 1999 (5/2): 225—254; Hansen, L. *Security as Practice: Discourse Analysis and the Bosnian War*. New York: Routledge, 2006.

家形象的研究多从传播学、新闻学或国际关系学的角度出发[①]，从后结构主义国际关系理论角度做出的分析尚不多见。联合国是最具代表性和权威性的政府间国际组织，是各国开展外交活动和展示国家形象的最重要的舞台。因此，本文以德国外长施泰因迈尔在第70届联大一般性辩论的演讲为例[②]，拟在后结构主义国际关系理论的视角下，分析外交领导人如何利用话语构建国家形象。

1 后结构主义：身份、形象与话语分析

身份是后结构主义国际关系理论研究的核心概念之一。身份（identity）、角色（role）和形象（image）三者常被混用。Holsti通过研究，认为在国际关系中存在着地区领导者、孤立者、调解者/调停者、忠实的盟国等17种国家角色[③]。Thies则认为，不同国家根据其在国际体系等级中的地位，可分为四种主角色（master role），即新生国家、小国、大国和强国[④]。

后结构主义认为，身份建构在相对稳定的价值系统上，这些价值

① 陈宗权：《日本与德国的国家形象建设比较》，载《当代世界与社会主义》2011年第1期，第96—100页；刘丽：《德国对外传播中的国家形象塑造——以对外杂志〈德国〉为例》，载《德国研究》2011年第1期，第48—53页；张梦、周文静：《中国主流媒体对德国国家形象的建构——以2014年〈人民日报〉涉及德国的报道为例》，载《新闻世界》2015年第12期，第120—121页。

② 演讲全文见德国政府官网：https：//www.bundesregierung.de/Content/DE/Bulletin/2010—2015/2015/10/Anlagen/126-4-bmaa.pdf? _ _blob=publicationFile&v=1。

③ Holsti，K. J. "National role conceptions in the study of foreign policy." *International Studies Quarterly*，1970（14/3）：233—309.

④ Thies，C. G. "A social psychological approach to enduring rivalries." *Political Psychology*，2001（22/4）：693—725.

系统深深扎根在社会中，不会因遇到新的（国际）挑战而突变。即便出现新的身份，仍会按照现有的价值系统进行调整并与现有的身份相互适应①。通过话语分析的方法，可以弄清哪些价值观和身份要素构成了社会基础，哪些在特定的语境中具有特殊意义。国家身份在话语中被清楚地反映出来，并对社会行为产生影响，这种影响更多地被概念化为“动机”，而非“原因”②。积极的身份要素具有延续性或稳定性，由此可预测该国将来在相似情境下所采取的行为框架。一些学者已经将这一理论应用到欧洲一体化问题的身份研究中，取得了成效③。

后结构主义注重从实践（施动者）的角度来看待身份建构，施动者的话语起着核心作用，尤其关注从国家的外交政策实践分析身份的建构过程④。国家首脑、外交部、涉外媒体等官方语言的表述显得尤为重要。话语、身份和对外政策三者关联互构：语言的表述形成话语，话语建构起知识和常识；语言通过表象形成身份，身份和政策之间不是因果关系，它们在话语中相互建构，相互调整。体现在对外政策上，则是一个建构“自我”、“他者”身份的话语实践过程。

按照后结构主义，话语是国家身份或形象的唯一来源，因此身

---

① Gamson，W. A. “Media discourse as a symbolic contest：The bomb in political cartoons.” *Sociological Forum*，1992（4/1）：55—86.

② Joerissen，B. & B. Stahl（eds.）. *Europäische Außenpolitik und nationale Identität*. Vergleichende Diskurs-und Verhaltensstudien zu Dänemark，Deutschland，Frankreich，Griechenland，Italien und den Niederlanden . Bonn：LIT Verlag，2003，p. 4.

③ Cederman，L. E. （eds.）. *Constructing Europe's Identity：The External Dimension*. Boulder：Lynne Rienner，2001；Diez，T. “Europe as a discursive battleground：Discourse analysis and European integration studies.” *Cooperation and Conflict*，2001（36/1）：5—38；Neumann，I. B. “Self and other in international relations.” *European Journal of International Relations*，1996（2/2）：139—174；Schimmelfenning，F. *The EU，NATO and the Integration of Europe：Rules and Rhetoric*. Cambridge：Cambridge University Press，2003.

④ Hansen，L. *Security as Practice：Discourse Analysis and the Bosnian War*. New York：Routledge，2006，p. 33.

份研究就完全变成一种话语分析和文本分析[①]。在具体分析时，要从自我的数量、时间视角和事件数量这三个方面综合研究身份的话语建构：首先是关注“单个自我”还是“多个自我”；其次是研究某个特定的时间段还是一个更长的历史发展阶段；第三是研究某个对外政策事件还是多个事件。身份建构的具体内容则主要沿着空间（spatiality）、时间（temporality）和道义（ethicality）三种维度展开：空间维度通常涉及边界、外空间的划定以及国内和国际社会的差别等，有时也被赋予政治色彩，如区域性身份欧洲、西方文明世界、中东、东亚等；时间维度主要强调发展、转化、持续、变化、重复或停滞等，如欧盟集体身份的演进、世界人权制度的发展和变化；道义维度主要强调一种责任感，在国际关系中经常是一种国际道德和对国家政治担负的责任，如人权、人道主义责任等[②]。

话语分析需结合当前的文本、语境和认知，在意识形态话语中可根据利益需要把话语主体分为“我们群体”（we group）和“他们群体”（other group），反映了社会话语中的二元对立[③]。根据相关研究[④]，政治演讲中人称代词“我们”的具体所指和作用错综复杂，是政治话语中建构“自我”和“他者”关系（self-other）的一种手段，

---

① Hansen，L. *Security as Practice*：*Discourse Analysis and the Bosnian War*. New York：Routledge，2006，p. 46.

② Hansen，L. *Security as Practice*：*Discourse Analysis and the Bosnian War*. New York：Routledge，2006，pp. 41—45.

③ van Dijk，T. A. “Discourse and ideology.” In T. A. van Dijk（ed.）. *Discourse Studies*：*A Multidisciplinary Introduction*. Second Edition. London：Sage Press，2011：379—407.

④ Pennycook，A. “The politics of pronouns.” ELT Journal，1994（48/2）：173—178；Scheibman，J.，“Inclusive and exclusive patterning of the English first person plural：Evidence from conversation.” In M. Achard & S. Kemmer（eds.）. *Language*，*Culture and Mind*. Stanford：CSLI Publications，2004：377—396.

对其进行研究可以让我们更好地理解说话人的目的。因此，本文将结合具体的语境、话语议题和话语内容，以人称代词“我们”作为语言切入点，着重分析施泰因迈尔在联大演讲中的话语主体“我们群体”的构成，揭示演讲者为德国打造了何种国家形象。

2 从话语主体看国家形象的构建

第70届联大一般性辩论于2015年9月28日至10月3日举行，主题是“联合国成立70周年——一个新的行动承诺”。德国外长施泰因迈尔10月1日的发言主要内容是：第一，回顾联合国成立的历史和意义，指出当前建立联合国新秩序的紧迫性和必要性。第二，针对当今时代危机，提出“全球睦邻”口号并详述“睦邻精神”的三层内涵：（1）尊重不同文化、价值观和世界观的多样性，勇于承担人道主义责任，提供人道援助；（2）制定共同遵守的规范，尊重彼此的国界和主权；（3）积极承担政治责任，通过多边外交努力，共同合作，解决世界冲突。第三，就叙利亚冲突提出具体行动目标，呼吁各方共同参与，重申并强调“全球睦邻”必须在联合国框架内实现。最后，回归大会主题，反省二战，引用德国前总理勃兰特的讲话，申明德国愿为“睦邻民族”。

在整篇演讲中，第一人称复数代词“我们”（德语主格 wir/宾格 uns/所有格 unser）出现频率最高，共52次。通过分析发现，由于话语主体“我们群体”的构成不同，施泰因迈尔用其构建的国家形象含义也不同。

2.1 终极目标——负责任的全球性政治大国

施泰因迈尔在演讲中最常用到的人称代词“我们”是包容性的，泛指全世界人民、全人类，如例（1）（2）。此时多为“我们整个世界/这个时代”（unsere Welt/Zeit）等词组，话语对象全部聚焦在联合国身上。施泰因迈尔选择这种包容性的“我们”，让自己成为全世界热爱和平的民众和政府的代表，将德国、联合国以及全世界人民一起构成了话语主体“我们群体”，使听众产生同舟共济的感觉，与演讲者产生共鸣，缩短了双方的心理距离。

例（1）Vor 70 Jahren drang ein Lichtstrahl ins dunkle 20. Jahrhundert：die Gründung der Vereinten Nationen. Es war ein wegweisender Moment für unsere Welt.

70 年前，联合国的创立给 20 世纪的黑暗带来了光明，为我们整个世界指明了方向。

例（2）Heute brauchen wir die Vereinten Nationen mehr denn je. Wir brauchen legitime und handlungsfähige Vereinte Nationen!

今天，我们比往昔更需要联合国这样的机构，我们需要一个合法的、有行动力的联合国！

例（1）中对光明与黑暗的描述可回溯到《圣经·创世纪》开篇的“创造天地万物”（1：1—1：5）。施泰因迈尔在开篇首句就引用这一典故来隐喻联合国的创立，强调其重要性同上帝创造世界堪与比肩，它标志着一个全新的国际秩序的诞生，寄托着世界人民止战之殇的希望，是人类历史的一个创举，具有划时代意义。

冷战结束后，国际局势急剧动荡，“原有的力量平衡已被打破，旧的世界秩序土崩瓦解”，世界多极化进一步发展，国际社会出现了建立国际政治新秩序的各种呼声。对此，施泰因迈尔充分肯定了《联合国宪章》精神，认为它是“对战争和痛苦的勇敢回应”，强调国际新秩序必须以联合国为框架，强烈呼吁各国要共同合作，勇于承担责任。例（2）中“我们需要”（wir brauchen）的排比句型，旗帜鲜明地表明了德国重视和维护联合国的核心地位与作用，这与中国提出的新秩序主张不谋而合。同时也表明德国愿承担维护世界和平与发展的重要责任，更多参与国际事务和动员国际社会，愿与以中国为代表的发展中国家一起积极倡导共同、合作、平等、发展的时代理念。另外，两德统一后，德国凭借其强大的经济力量开始追求政治大国的目标，在1994年恢复完全主权后提出要向正常国家迈进，希望在国际舞台上发挥更大的作用。可以看到，德国在上述话语中也间接地暗示了自己的“大国性”，突出自己在联合国不容忽视的政治地位。

经济全球化、社会信息化使当今世界的互联互通性达到了前所未有的地步，国界开始变得模糊。法国国际关系研究所特别顾问多米尼克·莫伊西曾提出一个世界性命题，世界必须通过一些共同的、全球性的价值观团结起来。对此，施泰因迈尔提出了“全球睦邻”的口号，呼吁世界各国作为邻居应和睦相处，所有文化享有平等、相互尊重。他多次强调，睦邻精神并不仅限于欧洲，而是着眼于全球的。此时的话语议题集中在德国参与联合国各类组织和机构的种种行动：比如德国与G7集团日前为联合国救援机构筹集资金18亿美元，其中德国捐献1亿多美元；在政治解决伊核问题的六国外长机制中，德国是唯一一个非安理会常任理事国；积极参加联合国在利比亚、阿富汗、伊拉克等地区的国际维和行动和战后重建计划；利用2015年担任联合国人权理事会主席的机会，大力加强促进和保护人权的工作；积极推动联合国和安理会的改革，参与和推动全球建设，通过了应对气候变化的《2030年可持续发展议程》等。此时，德国与联合国一起构成了“我们群体”，如例（3）。

例（3）Deshalb setzt sich Deutschland für die Reform der Vereinten Nationen und des Sicherheitsrates ein. Deshalb arbeiten wir mit an den großen globalen Baustellen.

德国一直在努力推动联合国和安理会的改革，我们会努力共同参与和推动重大的全球建设。

这些外交作为都有助于在国际社会树立德国作为一个“负责任政治大国”的国家形象。进入21世纪，德国开始有意识地提高国际政治影响力，承担较多的国际责任，力图实现由“经济大国”向“政治大国”转变。它凭借对联合国的政治、物质、财政以及人力贡献，积极推进联合国机构改革。特别是在安理会改革中，德国积极谋求入常，2005年曾提出了四国方案，期望获得更高国际地位，更有效地参与世界秩序塑造进程，追求大国身份。在参与过程中，德国自身的国家形象也发生了根本性变化，逐渐从二战结束时的战败国和国际组织的被接纳者转变为国际关系体系的积极建设者、贡献者和受益者，同时在国际体系、国际制度面临巨大改革压力的过程中也是一个积极的改革行动者而非旁观者。德国的政治家们一致认为，“德国的责任不只限于欧洲，而是要为解决世界问题做出贡献”。德国的这些行为表明，其塑造的国家形象终极目标是由负责任的“地区政治大国”转变为积极主动、与时俱进的“负责任全球性政治大国”，一个世界和平与安全的有力维护者、跨文化间平等对话的积极倡导者的形象。

2.2 多维度的国家形象

施泰因迈尔用话语构建的这个终极目标是一个多维度的国家形象，它在空间、时间和道义三个维度上展现了德国不同的政治形象。

2.2.1 空间维度——欧洲的德国、世界的德国

在演讲中，施泰因迈尔用了大量篇幅阐释“睦邻精神”的含义，此时德国与世界各国作为和睦友好的邻居一起构成了“我们群体”，话语焦点集中在“全球睦邻”这一核心议题上，如例（4）。

例（4）In der Globalisierung，so sagen manche，ist die Welt zum Dorf geworden…Kolleginnen und Kollegen，dann sind wir alle Nachbarn! Und dann rate ich uns：Lassen Sie uns wie gute Nachbarn handeln!

有些人说，在这个全球化时代，世界已变成地球村……尊敬的各位同事，那我们大家就都是邻居！因此，我建议：让我们大家做好邻居吧！

施泰因迈尔借用“我们大家”（wir alle）这一复数形式，强调自己和听众紧紧团结在一起，也强调了睦邻精神对打造人类命运共同体的意义。另外，他还强调，在这个动荡的时代，“全球睦邻”必须在联合国框架下才能长久实现。这表明，德国愿意积极参与国际制度建设，强调以多元文化主义和人道主义为核心的睦邻精神，凸显人类的共同价值观，希望以此引领国际秩序调整进程。上述话语将德国与联合国共同定位于人类命运共同体中，隐性建构了德国是国际关系体系的积极参与者和维护者，力图在国际关系博弈中顺势掌握国际政治话语权和制定国际规则的主导权，复兴全球领导者的地位，从而沿着空间维度塑造了一种“世界的德国”国家形象。

另一方面，施泰因迈尔也不忘突出德国的地缘类属身份。这一身份特征在德国处理乌克兰危机问题上尤显突出，如例（5）。此时的话语对象主要涉及欧安组织、欧盟和欧洲国家，它们与德国一起构成了“我们群体”。施泰因迈尔认为俄罗斯没有遵守“睦邻精神”中“尊重彼此的国界和主权”的规则，违反了国际法和国际关系准则。1994 年修改后的德国宪法就把欧洲一体化定为自己的国策，欧洲认同已深深扎根于德国人心中，成为德国国家认同的重要组成部分。德国作为欧盟的核心国之一，视维护欧洲和平为己任。因此，施泰因迈尔指出，为了欧洲和平和避免战争，德国要突出自己在欧盟和欧安组织中的核心作用，坚持多边外交，兼顾欧洲、乌克兰和俄罗斯多方的不同安全需求，和平解决乌克兰危机。可见在德俄关系中，德国充当着俄罗斯与欧盟打交道的调解者、辩护人。上述话语中，德国突出了自己的欧洲属性和欧洲领袖身份，沿着空间维度又建构了一个维护欧洲利益的地区领导者和代言人的形象，一个

“欧洲的德国”国家形象。

例（5）Die russische Annexion der Krim und das Vorgehen in der Ostukraine haben wir als Europäische Union geschlossen verurteilt…；aber eben nicht nur mit Verurteilung und Abschottung，sondern auch indem wir einen politischen Prozess in Gang gesetzt haben，um den Konflikt zu entschärfen… Wir wollen die OSZE als Institution für gemeinsame Sicherheit weiter stärken，wenn wir Deutschen im kommenden Jahr ihren Vorsitz übernehmen.

作为欧盟组织，我们一致谴责俄罗斯吞并克里米亚及其在东乌克兰采取的行动……但我们不只是谴责和孤立俄罗斯，我们还开启了一个政治进程，来努力减少冲突……明年德国将在担任欧安组织轮值主席国时进一步加强欧安组织，它是保障我们共同安全的机构。

2.2.2 时间维度——反思的德国、文明的德国

除了上面几种“我们群体”身份之外，当话语议题集中在叙利亚冲突、阿萨德政权和“伊斯兰国”时，构成“我们群体”的则是德国和其他联合国成员国，如例（6）。此时上下文中常出现复数形式“我们大家”（wir alle）和形容词 gemeinsam 构成的名词词组，如“共同的行动/目标”（gemeinsames Handeln/Ziel）等。施泰因迈尔借此强调各国应通过协商，团结合作，共同维护地区和世界和平。

例（6）Statt einsamer Entscheidungen einzelner, zuletzt Russlands, nun auch direkt militärisch in Syrien einzugreifen, brauchen wir den politischen Einsatz Russlands für eine Transformation Syriens.

不要像俄罗斯那样单独对叙利亚直接采取军事行动，我们需要俄罗斯采取政治手段来推动叙利亚的政权过渡。

施泰因迈尔呼吁国际社会应避免采取孤立的军事行动，而是通过多边外交努力，共同合作，以联合国 2139 号决议为“共同的行动基础”，“结束阿萨德残暴的独裁统治，瓦解极端组织伊斯兰国的控制”，“同时维护叙利亚的领土完整，恢复当地的秩序，使所有民族和宗教团体相互之间以及与邻国之间和平相处”，从而展现了德国思辨性的外交文化。二战后德国政治文化由“权威政治”成功转型为“民主政治”，在一些学者看来，德国作为“文明国家”（Zivilmacht）的原型，更注重多边主义和广泛的合作主义，尊重国际机制与国际法权威，限制武力运用并提倡通过外交途径解决国际冲突①。施泰因迈尔的话语充分表现了德国一贯坚持以协商和合作为特征的多边外交风格，努力实现国际秩序的文明转变，由此沿着时间维度建构了一个国际关系文明化的建设者形象，一个“文明的德国”国家形象。这种多边外交的内在特质与当代世界潮流重视和平、发展、合作的外交理念相契合，这种“共振”效应使德国的多边外交在当前国际

① Maull, H. W. *Zivilmacht Bundesrepublik Deutschland: Vierzehn Thesen zur deutschen Außenpolitik*. Europa Archiv, 1992 (47/10): 269—278; Senghaas, D. *Frieden-ein mehrfaches Komplexprogramm*. In D. Senghaas (ed.). Frieden machen. Frankfurt am Main: Suhrkamp, 1997: 560—575.

关系中更加醒目。

人称代词“我们”的另一层含义是施泰因迈尔所代表的包括他个人在内的德国民众。在指代德国民众时，他使用了复数形式“我们德国人”（wir Deutschen），突出其德国人的身份，同时也把自己和德国人民视为一体，构成了“我们群体”，表明自己的群体趋同性，加强呼吁的分量和效果，如例（7）（8）。话语议题集中在德国反思二战历史教训和表达愿做“睦邻民族”的积极态度。

例（7）Seither，über sieben Jahrzchntc hinweg，ist es Deutschland vergönnt gewesen，behutsam und schrittweise wieder hineinzuwachsen ins Herz der internationalen Gemeinschaft. Dafür sind wir Deutschen dankbar. Aber wir wissen auch um unsere Verantwortung.

联合国成立迄今已 70 年，德国非常有幸而又谨慎地逐渐融入国际社会的核心机构。对此我们德国人深表感谢，但同时也深知自己的责任。

例（8）Heute，wo die Welt zwar kleiner，aber die Krisen kaum weniger werden，da bekräftigen wir aufs Neue：Wir Deutschen wollen ein Volk guter Nachbarn sein，für die nahen und die fernen gleichermaßen.

当今的世界变得越来越小，但危机不减，因此我们再次重申：我们德国人愿做一个睦邻的民族，无论近邻还是远邻。

战后的德国宪法明确了两个方针：“绝不独裁”和“绝不孤立”。

民主意识与和平主义业已成为德国民众的基本共识，大多数德国人已把彻底反思纳粹同国家形象联系在了一起。德国政府和历届领导人均坚持和平主义政治文化，以罕见的历史勇气彻底反省二战罪行，在文化外交和对外舆论宣传上从不避讳历史。1970 年 12 月德联邦德国总理勃兰特的“华沙之跪”更是成为二战后德国彻底忏悔的经典象征。施泰因迈尔不仅强调二战是由德国开始的“非人性行为”，表示“身为德国人感到非常卑微”，还在结束演讲时两次引用前总理勃兰特的讲话，表示愿做“睦邻的民族”。这其实是向全世界传递一种和平、友好的信号，希望以正确对待二战侵略历史的真诚态度取得受害国人民的宽恕，特别是周边邻国对德国的政治信任。同时也表明了德国坚持深刻反思、彻底反省、谨记历史教训的二战史观和态度，由此沿着时间维度又建构了一个主张敬畏历史、铭记历史、反思历史的忏悔者、和平者形象，一个“反思的德国”国家形象。

2.2.3 道义维度——睦邻的德国、秩序的德国

在施泰因迈尔看来，各国、各民族具有不同的历史背景和文化传统，价值观和世界观上的差异在所难免。但“睦邻”是世人认同的一种精神，是东西方文化共通的价值观之一，它超越了国家、民族和意识形态的界限。为此，施泰因迈尔还将睦邻精神的不同内涵作为话语议题进行了重点阐述，构成“我们群体”的是德国与世界各国，如例（9）（10）。

例（9）Wir kommen aus unterschiedlichsten Kulturen. Wir haben unterschiedliche Traditionen und Religionen，Werte und

Weltanschauungen. Diese Vielfalt gilt es zu achten-keine Weltanschauung steht über der anderen.

我们大家来自不同的文化背景，拥有不同的传统、宗教、价值观和世界观。这种多样性必须得到尊重，没有任何一种世界观优越于其他世界观。

例（10）Doch gute Nachbarschaft ist mehr als reine Mitmenschlichkeit. Gute Nachbarschaft heißt auch，dass wir uns gemeinsame Regeln gesetzt haben，an die wir uns zu halten haben.

睦邻精神的含义远不止人道主义，它还要求我们制定一些大家必须共同遵守的规则。

“全球睦邻”的口号向全世界表明，第一，德国坚持的多元文化主义是一种求同存异、包容开放、和平交流的文化观，自己与各国之间是互相尊重、和睦相处、共建共享、平等均衡的全球发展伙伴关系。第二，睦邻精神也体现了德国对制度的重视。热爱秩序和遵守纪律是德国人历来非常重视的传统价值观。德国“认同基金会”（Identity Foundation）曾在2007年的研究报告《德国在寻找自我》中列举了德国人中最为典型的7种认同原型，秩序的德意志（Ordnungsdeutsche）就含于其中①。在外交实践上，德国积极参与国际制度和欧盟的制度建设。从这些话语可以看出，德国致力于推动国际关系的民主化和法制化，用统一适用的规则来明是非、促和平、谋发展，从而沿着道义维度建构了一个公道正义的遵约建制者形象，

① Identity Foundation. Deutschland auf der Suche nach sich selbst. http：//www. identity-foundation. de/images/stories/downloads/Studie _ Deutsch－Sein _ IF _ Band _ 9. pdf，2007.

一个“秩序的德国”的国家形象。

另外，施泰因迈尔在阐释睦邻精神的含义时，还讨论了欧洲难民危机这一话语议题，此时的话语对象主要涉及地中海邻国和欧洲国家，它们与德国一起构成了“我们群体”，如例（11）。施泰因迈尔一方面指出，德国难以长久独立承担这一责任，呼吁欧洲需要一个与地中海邻国，尤其是与土耳其紧密合作的解决方案，同时也强调，德国践行睦邻精神的具体表现之一就是承担人道主义责任。这展现了德国特有的人道主义情怀和宽容地接纳难民的大国风范，从而建构了一个勇于担当、有行动力、言行必果的睦邻友邦者形象，是对全人类共同价值的忠实遵循者和坚定履行者，一个“睦邻的德国”的国家形象。

例（11）Seit Jahresbeginn haben wir 600,000 Flüchtlinge bei uns aufgenommen… Diese Zahlen zeigen, dass auch wir die Aufgabe auf Dauer nicht alleine schultern können, sondern wir brauchen eine europäische Lösung!

自今年年初以来，我们已经接纳了60万难民……这些数字表明，长此以往我们难以独自应对这个问题，我们需要整个欧洲拿出解决办法。

3 结语

本文运用后结构主义视角，结合具体的语境、话语议题和话语内容，深入解读了施泰因迈尔联大演讲中的话语主体“我们群体”，发现他有目的、有策略地通过话语将德国国家形象的终极目标塑造为“世界和平与安全的有力维护者、跨文化间平等对话的积极倡导者”，是一个“负责任的全球性政治大国”，同时这一国家形象又多维度地展示了德国不同的政治形象：在空间维度上，“欧洲的德国”突出其地区领导者的作用和强烈的欧洲认同，是欧盟的核心和欧洲利益的重要代表；“世界的德国”昭示其维护世界和平与安全的能力和意愿，愿在世界舞台上扮演更为重要的角色。在时间维度上，“反思的德国”强调了其深刻反思和彻底反省历史，拒绝权威主义和独裁专制，认同民主政治与和平主义；“文明的德国”重在展现其战后成功转型，形成以协商和合作为特征的多边外交风格，与和平、发展的时代精神相契合。在道义维度上，“睦邻的德国”表明德国以公认的价值规范为准则，从全球角度定位国家形象，显示其维护世界和平和安全的决心与举措；“秩序的德国”彰显德国人热爱秩序、遵约守纪的传统价值观和民族性格，重视并积极参与国际制度的建设。

纵观德国外交领导人在联大近10年来的演讲（2006—2016年），可以看到，施泰因迈尔在此次演讲中通过话语构建出的德国国家形象并非偶然，而是与之一脉相承。本文是对后结构主义国际关系理论话语分析的初步探索，今后可进一步将国际关系学与语言学相关理论和语料库方法相结合，进行定量的实证分析；同时也可从纵向角度切入，历时分析不同执政时期德国国家形象的话语建构问题。

语言三大元功能与国家形象构建[①]

——以斯里兰卡总统第70届联大演讲为例

江潇潇

1 引言

2015年9月30日，斯里兰卡新上任总统麦德利巴勒·西里塞纳（Maithripala Sirisena）出席纽约第70届联合国大会一般性辩论并发表演讲[②]。这是他首次以国家元首身份在联大亮相。2015年1月就任斯里兰卡总统之前，西里塞纳一直是内阁中十分低调的卫生部长。2014年11月前总统马辛达·拉贾帕克萨（Mahinda Rajapaksa）为了实现“三连任”宣布提前两年举行总统选举。西里塞纳突然倒戈，

① 本文为国家社科基金重大委托项目“社会主义核心价值观研究”（编号：2015MZD011）子课题“核心价值观构建的国际比较及其国际传播研究”的阶段性成果。本文选题和撰写过程中得到了北京外国语大学文秋芳教授与北京外国语大学冠名讲席教授黄国文的悉心指导，也得到张虹、张天伟副教授的帮助，在此一并表示感谢。最后要特别感谢姚小平教授对本文文字的修改。

② 演讲僧伽罗语全文见斯里兰卡总统府网站：http：//www.president.gov.lk/si/。

以反对党统一国民党（United National Party）竞选人身份参加大选。他成功地利用了民众对拉贾帕克萨政权严重贪腐问题的不满心理，提出“廉政善政”的口号，主张通过修改宪法削弱总统权力，获得了广大民众支持。最终，西里塞纳作为一匹黑马，击败拉贾帕克萨当选总统。

西里塞纳进行本次演讲时，刚当选总统半年，国家议会选举刚刚结束，内阁刚刚组建。他所代表的斯里兰卡正以一种重生、变革、崭新的面貌出现在世界面前。演讲时，西里塞纳身着纯白色的民族传统服装，昭示其僧伽罗族和佛教徒的身份[①]。这次演讲可以看作是西里塞纳所领导的新政权在国际舞台上的首秀，同时也是在前政府因战争、人权、恐怖主义等问题饱受国际社会诟病的背景下，为重新构建斯里兰卡国家形象而在国际社会进行的首次尝试。

语篇分析是系统功能语言学的一个研究重点，系统功能语言学视角下的语篇分析可以揭示特定语篇的价值和交际功能[②]。本文将运用系统功能语言学三大元功能的理论，结合僧伽罗语自身的特点，从主位系统、及物性系统、语气和情态系统的角度对西里塞纳这篇演讲进行分析，探讨斯里兰卡国家领导人的话语特点和动机，揭示其通过政治话语构建国家形象的策略。

① 岛国斯里兰卡地处南亚，是一个拥有2500年历史的古国。目前总人口约为2200万，主体民族为僧伽罗族，约占总人口的74%。佛教是斯里兰卡的国教，目前斯全国佛教徒约占总人口的70%，绝大部分为僧伽罗族。自1948年独立以来，斯里兰卡历任总统均为僧伽罗族和佛教徒。

② 黄国文：《语篇分析与系统功能语言学理论的构建》，载《外语与外语教学》2010年第5期，第1—4页。

2 西里塞纳演讲概述

在此次演讲中，西里塞纳所用的语言为斯里兰卡官方语言僧伽罗语。整篇演讲时长16分10秒，共计1566个单词；语篇含85个句子，分为34个段落，涵盖4个议题。议题的数量、篇幅与内容概括以及高频词的统计如下：

表1 西里塞纳总统在第70届联大演讲中议题的数量、篇幅与内容概括

议题1	议题2	议题3	议题4
第1段—第6段	第7段—第9段	第10段—第25段	第26段—第34段
对现任主席、前任主席、秘书长表达敬意，总结联合国的作用	简要回顾斯里兰卡与联合国的关系	新政府上台后施行的核心政策与愿景，围绕民主、善政、民族和解、反恐、可持续发展等议题	用佛教思想阐释冲突产生的根源，提出解决的途径
约占全篇的18%	约占全篇的9%	约占全篇的47%	约占全篇的26%

表2 西里塞纳总统在第70届联大演讲中使用的高频词

序号	高频词	对应僧伽罗语单词	出现次数	出现频率（%）
1	我们	අප+අපි	26	1.66
2	斯里兰卡	ශ්‍රී ලංකාව+ ශ්‍රී ලංකාවේ+ ශ්‍රී ලංකා+ ශ්‍රී ලංකාවට	16	1.02
3	联合国	එක්සත් ජාතීන්ගේ සංවිධානය+ එක්සත් ජාතීන්ගේ සංවිධානයේ	15	0.96
4	我（我们）的国家	මගේ රට/ අප රට	14	0.89
5	人权	මානව හිමිකම්	8	0.51

从统计数据上看，演讲的议题较为单一，虽然谈了不少问题，但都围绕斯里兰卡国内情况，没有直接涉及国际问题与国际关系。从词频来看，“斯里兰卡”一词出现了16次，表示斯里兰卡的“我们”出现了26次，表示斯里兰卡的“我（我们）的国家”出现了14次，通篇没有出现其他国家的名字。

3 从语篇功能看国家关切

语篇功能是指语言表达语篇和语境的关系，以及语篇内部组织的功能，主要由主位系统体现[①]。任何一个句子的主位系统均包含主位和述位（Theme-Rheme）。主位是话语的出发点，是句子信息所关注的对象；述位是对主位的陈述。由于主位为话语的展开搭建主体框架，反映整个语篇的中心思想和发展脉络，因此对主位的分析有助于我们抓住语篇重点，探究话语背后的动机和社会意义。按语义功能的不同，主位又可分为主题主位（由主语和一般状语充当）、人际主位（由情态状语或评注状语充当）和篇章主位（由连接词充当）[②]。本篇演讲的85个主位中，主题主位71个，占84%；篇章主位12个，占14%；人际主位2个，仅占2%。主题主位简单陈述事实，客观性、正式性、权威性较强，相对应的身为说话人的话语控制力也就强。这一方面符合西里塞纳作为国家领导人的身份；另一

① 张德禄：《系统功能语言学》，载《中国外语》2011年第3期，第1页。

② M. A. K Halliday, *An introduction to Functional Grammar*（2nd ed.），London：Edward Arnold，1994，p. 38.

方面，权威性、客观性的话语也有助于加强听众对话语内容的认同与接受。换句话说，能够让听众更容易接受和认同通过话语构建的斯里兰卡国家形象。

在71个主题主位中，出现频次最高的是指代斯里兰卡的主位，占49%；其次是指代联合国以及若干具有普遍性概念的主位，各占25%；指代发展中国家的主位占1%。以表格形式呈现如下：

表3　西里塞纳总统第70届联大演讲中的主题主位

主位类别	主位的施动者或利益代表方	主位数量	比例
主题主位	斯里兰卡	35	49%
	联合国	18	25%
	人类、全世界、反恐、可持续发展、冲突、妇女、青年等具有普遍性的概念	18	25%
	发展中国家	2	1%

西里塞纳上台之前，前政府一度因为内战中的人权问题饱受国际社会诟病，加上前政府的不合作态度、严重的贪腐和裙带政治问题，使得斯里兰卡国家形象不论在国内还是国外都受到了严重冲击。西里塞纳在这篇演讲中不提其他国家和国际关系，而是紧紧围绕斯里兰卡国内问题进行阐释，表明他感觉到了在国际上树立斯里兰卡国家新形象的紧迫性。

4　从概念功能看国家价值观

概念功能是指语言对人们在现实世界（包括内心世界）中各种经

历的表达①。及物性系统体现概念功能，其中心是小句中过程动词与参与者之间的配置，这种配置反映语言使用者要表达的主要意思。及物性系统包括六个过程，分别为物质过程（做某事）、心理过程（感觉和认知等心理活动）、关系过程（两个事物间的关系）、言语过程（讲述和告知）、行为过程（生理活动）以及存在过程（事物的存在状态）②。西里塞纳这篇演讲中六种过程的数量和比例统计如下表所示：

表 4　西里塞纳总统第 70 届联大演讲中过程类型、数量及其比例

	关系过程	物质过程	心理过程	言语过程	存在过程	行为过程
数量	37	35	12	1	0	0
百分比	44%	41%	14%	1%	0	0

由于本篇演讲中关系过程和物质过程占了绝大多数，故本文将着重分析这两种过程。物质过程表示做某事的过程，本篇演讲的 35 个物质小句中，动作者（actor）为斯里兰卡（包括斯里兰卡政府、斯里兰卡人民）的共 25 句，占 74%。这 25 句均为有目标（goal）句，目标包括民主、廉政、恐怖主义、社会福利、可持续发展、冲突等斯里兰卡国内各项事务。如：

例（1）

ආර්ථික වර්ධන වේගයක් පවත්වා ගැනීමට බාධා ඇති වුවද අප රට නිදහස ලැබූ දා සිට පවත්වාගෙන ආ සුභසාධන රාජ්‍ය ප්‍රතිපත්තිය රැක ගැනීමට අපට හැකි විය.

尽管各种因素阻碍了国家的经济发展，我们还是一直践行着自独立以来国家所施行的社会福利政策。

① 胡壮麟、朱永生、张德禄：《系统功能语法概论》，湖南教育出版社 1989 年版，第 71 页。

② M. A. K Halliday, *An introduction to Functional Grammar*, London: Edward Arnold, 1985.

此类物质小句的大量使用体现出西里塞纳的演讲紧紧围绕新政府领导下国内各项事务的组织和革新进行陈述，即告诉世界斯里兰卡“做了什么”或“将要做什么”。

关系过程是指定义一个物体（如人、物、情形、事件等）与另一个物体的关系，或定义一个物体的性质、特征、情形等的过程①。本篇演讲的37个关系小句中，被定义者为斯里兰卡的共30句，占80%。如：

例（2）

අපගේ නව ප්‍රවේශය වන්නේ, සංහිඳියාව සහ සංවර්ධනය එක්වර සාක්ෂාත් කර ගැනීමයි.

斯里兰卡的新愿景是实现可持续发展和民族和解的双赢。

例（3）

ශ්‍රී ලංකාව, එක්සත් ජාතීන්ගේ ප්‍රඥප්තිය ඇතුළු සියලු ජාත්‍යන්තර සම්මුතීන් සහ ගිවිසුම්වලට ගරු කරන රාජ්‍යයකි.

斯里兰卡是一个尊重包括联合国宪章在内的所有国际公约和宪章的国家。

西里塞纳在演讲中运用大量这样的关系小句，向国际社会表述、定义了斯里兰卡国家层面涉及政治、经济、历史等领域的价值观，通过这些价值观来构建国家形象。

4.1 民主、和谐、廉政

斯里兰卡经历了长达30年的战乱，终于在2009年彻底消灭恐怖

① 黄国文：《语篇分析的理论与实践：广告语篇研究》，上海外语教育出版社2001年版，第87页。

组织“泰米尔猛虎组织”获得了和平。作为一个刚刚结束战乱不久的国家，西里塞纳明确向国际社会表明，在政治领域斯里兰卡的首要任务是捍卫民主，为此“我的政府已成功地对宪法进行了极为重要的修订”，而“我们（斯里兰卡）在旷日持久的冲突之中保持了国家的民主精神”。其次是实现民族和解，他指出“尽快实现各民族的和解与团结就成了国家发展的重中之重”。最后是消除贪腐、实现善政。前政府严重贪腐，是其失去民心、输掉大选的主要原因之一，故西里塞纳承诺“将总统名下的很多行政权力移交给议会和其他独立机构”，并表示“这些（宪法）修订将从根本上强化国家善政廉政的基础”。上任总统因战争中的人权问题多次公开与包括联合国在内的国际社会有过对抗，态度强硬蛮横。因此，西里塞纳此次在联合国的这些表态，试图向国际社会展现一个民族和解与发展并重、民主与善政并重的政治新面貌，进而为斯里兰卡塑造一个与之前形成反差的民主和廉政的忠实捍卫者的形象。

4.2 民生、发展、合作

斯里兰卡是一个社会福利体系较为完善的国家，国家实行基本医疗和基础教育全民免费的政策。西里塞纳很自豪地向全世界表示“尽管各种因素阻碍了国家的经济发展，我们还是一直践行自独立以来国家所实施的社会福利政策”，而且“我们在任何情况下都没有改变过包括免费教育、免费医疗、消除贫穷在内的这些基本国策”，“即便是在冲突时期，用人类发展指数来衡量（斯里兰卡）也处于较高水平”。虽然没有具体提及国家经济发展的目标、计划等具体内容，但西里塞纳字里行间无不强调新政府将一如既往地将国家财富用于民生建设。不仅如此，他还指出“我们希望为促进南南合作作出最大的贡献”。在此，西里塞纳暗示斯里兰卡作为发展中国家的一员，将更多地关注发展中国家间的经济合作。斯里兰卡是一个地区性国家，经济、政治、军事力量均十分薄弱，西里塞纳突出“发展中国家”这一国家标识，也是为了进一步定位斯里兰卡在国际社会的角色与位置。

4.3 诚实、勇敢、正义

虽然在战争涉及的人权问题上斯里兰卡政府一直饱受国际社会诟病，但不可否认，泰米尔猛虎组织的覆灭确实是斯里兰卡在国际反恐斗争中的一场胜利。为此西里塞纳强调，“任何形式的战争和恐怖主义都是蔑视人性的”，“终结这些反人类的暴行是我们这个时代所面临的挑战”，“斯里兰卡已经成功地消灭了恐怖组织中的一支”——这些话语的概念功能为斯里兰卡这场战争的胜利进行了关系识别，即我们打赢的这场战争是一场正义之战，进而为斯里兰卡构建了一个反恐斗士的英勇形象。

对于前政府遗留下来的诸多问题以及与国际社会的矛盾，西里塞纳不卑不亢地申述了自己的立场：“在面对过去这一问题上，我们将始终坚持寻找真相、实现正义、修复创伤且永不让历史悲剧重演。”从而表达了一种坚定的态度：既不会全盘否认已发生的事实，也不会逆来顺受地接受所有指控。他的话语构建了一个勇于面对过去、坚持寻找真相的诚实、正义的国家形象，与前政权拒绝正视战争问题的形象形成鲜明的反差。

4.4 佛教思想为哲学根基的和平主义

作为一个佛教徒，西里塞纳在提及对冲突的看法和对策时，运用了大段佛教教义来阐释这一问题。他说：“佛教精神让我认识到人类面临着三种不同类型的冲突。第一是人类与自然的冲突……第二是人与人之间的冲突……第三是人与自身的冲突。当我们的人性无法战胜自己时，上述几类冲突就会发生。因此，这才是冲突产生的根源。”不仅如此，他还进一步提到“借助恐怖手段去解决争端、对抗恐怖主义会产生问题”。斯里兰卡本是一个佛教古国，人们通常很容易把它和纯朴、谦逊、自然、平和等形象联系在一起。西里塞纳在演讲中引用佛教理论阐释冲突观，一方面强调了佛教思想文化传统在斯里兰卡的正统地位，另一方面，通过此类话语，也可以使得一个冷静、平和、睿智的和平主义国家形象呼之欲出。

5 从人际功能看国家定位

在联合国大会这样重要的国际场合，各国领导人的讲话均会透露出其对本国国际地位与社会关系的定位。除了围绕斯里兰卡展开之外，西里塞纳这篇演讲还用了一定篇幅提到联合国和全球共同关切的一些普遍性问题，这与前文分析的主题主位较为契合（详见本文表3）。他对后两个主旨的阐释，反映了斯里兰卡对自身国家身份、社会角色的构建。语言的人际功能表达讲话者的身份、地位、态度、动机和他对事物的推断。通过对语篇中体现人际功能的语气和情态系统的分析，可以窥见西里塞纳建构国家形象与国际地位的策略和特点。

5.1 联合国的参与者、拥护者和服务者

功能语言学家认为，交际中的两个言语角色“给予（giving)”、“需求（demanding)”和交际中的两类交流物“物品和服务（goods & service)”、“信息（information)”相结合，便衍生出四个言语功能：提供、陈述、命令和提问，它们在词汇语法层面由小句的语气来体现。对语气的分析可以揭示言语角色之间的人际关系①。其中，陈述语气的功能是提供某种信息、表明某种态度和主张。在西里塞纳的这篇演讲中，提及联合国的10个句子全部为陈述语气，其中提及斯里兰卡与联合国关系的7个句子，其主语全部为斯里兰卡，如：

例（4）

එක්සත් ජාතීන්ගේ සංවිධානයේ දීර්ඝ කාලීන සාමාජිකයකු වන ශ්‍රී ලංකා ප්‍රජාතන්ත්‍රික සමාජවාදී ජනරජයේ…

斯里兰卡是联合国的长期成员……

例（5）

ශ්‍රී ලංකාව එක්සත් ජාතීන්ගේ සංවිධානයේ සමාජිකත්වය ලබා මේ වන විට වසර හැටකි. මගේ රට එක්සත් ජාතීන්ගේ සංවිධානය තුළ ඉතා සක්‍රිය සහ වගකීම් සහගත කාර්යභාරයක් ඉටු කරන සමාජික රාජ්‍යයකි.

斯里兰卡加入联合国已有60年，在这半个多世纪的时间里，我的国家一直积极而负责任地履行自己的职责。

---

① S. Eggins, *An Introduction to Systemic Functional Linguistics*, London: Pinter, 1994, chapter 6.

鉴于西里塞纳希望通过演讲推翻前政府树立的与国际社会不合作的逆反形象，向全世界重新描述斯里兰卡与联合国的关系，故“给予”角色表现得非常明显，使用了大量陈述语气。这一话语策略不仅体现了演讲者庄重客观的演说态度，同时也在向国际社会传达信息，以期为斯里兰卡重建国家形象，继而寻求国际支持。

西里塞纳选择斯里兰卡作为句子主语，是为了强调斯里兰卡与联合国的渊源、对联合国的贡献、在联合国事务中做出的成绩。若与中美领导人在同一场合的演讲进行对比，中国领导人在提及联合国时，大多使用评价话语，对联合国进行直接标识。如习近平主席说：“联合国走过了 70 年风风雨雨，见证了各国为守护和平、建设家园、谋求合作的探索和实践”，以及“联合国需要深入思考如何在 21 世纪更好回答世界和平与发展这一重大课题”①；而美国总统奥巴马在演讲中提到联合国时，“联合国”一词甚至从来不是句子的主语或核心词。如“我们感谢联合国努力打造了一个团结的政府（利比亚）”和“美国将与 50 多个国家共同集结……力量以增援并加强联合国的维和力量”②。

斯里兰卡作为一个南亚小国，在国际事务中无法发挥像中美等大国那样的主导作用，因而无法在话语中构建一种“领军人”的形象。西里塞纳对主语的选择，是为了突显斯里兰卡在联合国发挥的积极作用，但字里行间又并没有充斥着对联合国的歌功颂德，而是巧妙地突出斯里兰卡在实际行动上对联合国事务的支持与协助，以

① 习近平主席演讲全文见新华网：http：//news.xinhuanet.com/world/2015-09/29/c_1116703645.htm。

② 奥巴马演讲全文见白宫网站：https：//www.whitehouse.gov/the-press-office/2015/09/28/remarks-president-obama-united-nations-general-assembly。

显示对联合国的拥护。因此，西里塞纳在此通过话语为斯里兰卡重新塑造了一个联合国的参与者、拥护者、服务者的国际形象，与前政府不愿与国际社会合作的叛逆形象形成反差。

5.2 全球共同利益的关切者、国际事务的忠实参与者

在阐述全球共同关切的一些问题时，西里塞纳没有提及当下热点的具体事件和国家，而是就反恐、冲突、妇女、南南合作、可持续发展等具有普遍性的热点概念谈了看法。在谈及这些内容时，西里塞纳常使用“我相信（මම විශ්වාසකරමි）”、“我认为（මම සිහිපත් කරමි/මට සිතේ）”、“我请求（මම ඉල්ලා සිටිමි）”、“我提倡（මම යෝජනා කරමි）”、“我们知道（අපි දනිමු）”之类情态缓和语来引导命题小句。Halliday 认为，情态功能不仅限于情态动词，还可以通过名词、形容词、副词、介词短语以及相应的不同结构如小句来体现[①]。因此，西里塞纳演讲中的这些命题小句都属于情态隐喻范畴。例如：

例（6）

ධරණීය සංවර්ධනය සඳහා ගෝලීය උතුර සහ ගෝලීය දකුණ අතර සිදුවන සංවාදය මෙන් ම දකුණ සහ දකුණ අතර ඇතිවන සංවාදය ද වැදගත් වේ යැයි මම විශ්වාස කරමි.

我相信，为了全球的发展，开展南南对话和南北合作是非常重要的。

在例（6）中，情态由小句“我相信”实现，命题由被投射的小句“为了全球的发展，开展南南对话和南北合作是非常重要的”实

① 胡壮麟、朱永生、张德禄：《系统功能语法概论》，湖南教育出版社 1989 年版，第 123 页。

现。在这里，使用情态隐喻表面上降低了肯定程度，可实际上，说话者并不是因为对这一命题的肯定程度低而使用情态隐喻，而是为了给听话者留有余地，缩小与其的心理距离，达到表示礼貌或尊重的目的。同时，说话者往往在同一语篇中使用高量值的判断表达，来表明自己的“肯定”程度高，如例（6）中的“是非常重要的”。演讲中涉及这类议题的22个句子，有10句使用了类似的情态隐喻。

作为一个在国际事务中参与度不高的发展中小国，斯里兰卡在国际舞台上缺乏话语权与号召力，只能对一些全球普遍关注的概念进行阐释、发表观点，以示对国际事务的关注与思考。通过使用谦逊、委婉、间接、缓和的语气和情态隐喻小句，西里塞纳将斯里兰卡定位成全球共同利益的关切者、国际事务的忠实参与者，从而向国际社会传达了一个积极、正面、谦逊、忠诚的国际形象。

5.3 西里塞纳总统——斯里兰卡利益的代表者

与很多其他国家领导人不同的是，西里塞纳经常用“我（මම）”、“我的国家（මගේ රට）”、“我的政府（මගේ රජය）”、“我的人民（මගේ ජනතාව）”来代指自己、斯里兰卡或斯里兰卡人民。这在他的这篇演讲中出现了8次，例如：

例（7）

බැන් කී මූන් මැතිතුමනි ඒ වෙනුවෙන්, මාගේ සහ මාගේ ජනතාවගේ උපහාරය පිළිගන්නා මෙන් ඉල්ලා සිටිමි.”

潘基文秘书长阁下，请接受我和我的人民对您的敬意。

例（8）

මගේ රට එක්සත් ජාතීන්ගේ සංවිධානය තුළ ඉතා සක්‍රිය සහ වගකීම් සහගත කාර්යභාරයක් ඉටු කරන සමාජික රාජ්‍යයකි.”

在这半个多世纪的时间里，我的国家一直积极、负责任地履行自己的职责。

例（9）

ඉදිරි වසර පහ සඳහා වන මගේ රජයේ සංවර්ධන දැක්ම වන්නේ ද එයයි.

我的政府未来5年的发展愿景也正是如此。

不仅是西里塞纳，斯里兰卡其他国家领导人在国内、国际公开场合使用此类权威化措辞的情况并不鲜见，这与历来斯里兰卡总统权力较为集中应有一定关系，总统被视为人民的领导者、国家的代言人。虽然西里塞纳上台时力主削弱总统权力，但毕竟竞选承诺还未落实，西里塞纳在话语上并未摆脱长久以来斯里兰卡国家领导人的表达习惯。不过在某种程度上，我们也可以把这看成是斯里兰卡国家领导人试图传达对祖国和人民亲密之情的一种表现，即对国家、人民并不以看似客观、置身事外的第三人称来称呼，而是将自身融入其中，以第一人称组织句子，以求表达并塑造一个与国家和人民同呼吸共命运的感性领导人的情感与形象。

6 小结

本文运用系统功能语言学的三大元功能理论，从主位、及物性、语气和情态几个角度系统分析了西里塞纳的联大讲稿，揭示了语言的篇章、概念和人际功能是如何用于构建国家形象的。在经历了战乱、反恐斗争、反对党上台等重大事件之后，斯里兰卡在新政府领导下重整旗鼓，再一次出现在国际社会面前，而西里塞纳的这篇演讲正是重新塑造自身国家形象的一次尝试。从内容选择、形式组织到话语策略的运用，他的演讲都十分符合斯里兰卡的国情现状与国际诉求，即破除前任政府遗留下来的稍显紧张的国际关系局面，以一种理性、温和、坚定、合作的姿态向联合国、向拥有国际话语主导权的大国们、向全世界展示斯里兰卡作为“联合国的忠实拥护者、民主与廉政的坚实捍卫者、谦逊与自律的和平主义者”的国际形象。这一形象的建构过程，表现出斯里兰卡对自身在国际社会的角色定位与身份诉求。对于长期与斯里兰卡保持战略合作伙伴关系的中国来说，准确地捕捉这一信息有助于选择和制定有效的话语策略，推动中国与斯里兰卡的政治交往。

框架整合与荷兰王国国家形象建构

——以荷兰王国国王威廉·亚历山大第 70 届联大演讲为例[①]

张佳琛

1 引言

2015 年 9 月 28 日，荷兰王国国王威廉·亚历山大（Koning Willem-Alexander）在第 70 届联合国大会一般性辩论中发表演讲。出席此次联大的荷兰王国代表团成员包括国王、王后、荷兰首相、阿鲁巴首相、荷兰外交部长及鹿特丹市市长等。派代表团参加联大之前，荷兰王国已经正式宣布竞选联合国安全理事会 2017－2018 年任期非常任理事国的席位。此次参会代表团的规模以及选择由国王在联大进行演讲都体现了荷兰王国对此次联大演讲的重视程度，并揭示了荷兰王国为席位竞选争取最大程度国际社会支持的演讲意图。

① 本文发表于《外语研究》2017 年 1 期。本文为国家社科基金重大委托项目（2015MZD011）子课题“核心价值观构建的国际比较及其国际传播研究”的阶段性成果。本文在选题和撰写过程中得到了北京外国语大学文秋芳教授与北京外国语大学冠名讲席教授黄国文的悉心指导，同时也得到了张虹博士的耐心帮助，在此一并致谢。最后要特别感谢姚小平教授对本文文字的修改。

荷兰王国（以下简称王国）是由位于欧洲的荷兰本土及阿鲁巴、库拉索和圣马丁三个自治国组成的联合王国。王国政府享有国防及外交等权力，各自治国享有此外的自主权和自治权。现任国王威廉·亚历山大为国家元首，主要行使形式上的元首职能，在国内和国际代表王国。荷兰人民崇尚自由和民主，对多元文化有较高的接受度。教育国际化水平居世界前列，国民英语水平高，因此，王国元首及荷兰政府首脑在多边外交场合均使用英语。联合国六大主要机构之一的国际审判法院设在荷兰海牙，这也是王国注重国际合作、积极参与国际事务的契机之一。历年来，王国在联合国维和行动、协助解决地区问题争端以及维持欧盟内部稳定、促进成员国之间的合作及共同发展等方面均有建树。

荷兰国王此次联大演讲全文共41自然段、1877字，语言使用英语。演讲围绕联合国的卓越功绩和王国在其中所扮演的角色展开，并于演讲结尾点出主题：荷兰王国将继续致力于推动世界的“和平、正义和发展”[①]。而“和平、正义和发展”正是王国竞选2017－2018年任期的联合国安全理事会非常任理事国席位的参选口号。换言之，荷兰国王此次演讲是王国此次参选整体宣传活动的一个组成部分，目的是塑造王国专门为此次竞选活动设计的动态国家形象。

本文将以荷兰国王本次联大演讲为分析对象，探究如何将框架整合理论作为宏观话语策略与微观话语策略（排比、互文和人称代词）有机结合，以达到全方位构建王国的国家形象、为竞选联合国安理会非常任理事国席位造势的目的。

---

① 荷兰国王联大演讲全文：www.netherlandsmission.org/statements/2015/address-to-the-70th-session-of-the-united-nations-general-assembly.html 2016年12月21日查阅。

2 框架整合理论的宏观与微观话语策略

美国社会学家Goffman认为，人们在社会生活中会建立起一系列组织原则，框架即是这些组织原则的总和①。Benford & Snow沿用Goffman对框架的定义，提出了框架整合理论（frame alignment processes）。该理论包括框架搭桥（frame bridging）、框架扩大（frame amplification）、框架延伸（frame extension）和框架转换（frame transformation）四种宏观策略。有些研究运用社会学的框架整合理论，成功分析了政治领导人话语②。例如，Coles发现克林顿在建构其个人形象及民主党形象时广泛应用了框架整合理论③。本文也拟采用这一理论分析荷兰国王在第70届联大上的演讲。由于该演讲不涉及框架转换，因此不在此赘述。

所谓“框架搭桥”，即在两个具有意识形态相似性的框架之间建立联系，使得受众更容易接受新的认知框架④。例如，Coles⑤认为，克林顿在公开场合谈及科索沃形势和美国国内刚刚发生的几起牵涉

① Goffman, E. *Frame Analysis: An Essay on the Organization of Experience*. Boston: Northeastern University Press, 1986, pp. 10—11.

② Werner, M. D. & J. P. Cornelissen. “Framing the change: Swiching and blending frames and their role in instigating institutional change.” *Organization Studies*, 2014. 35 (10): 1449—1472; 1450.

③ Coles, R. L. “Building the Clinton legacy through frame alignment.” *Cultural Studies* Critical Methodologies, 2001. 1 (4): 459—487; 464.

④ Benford, R. D. & D. A. Snow. “Framing processes and social movements: An overview and assessment.” *Annual Review of Sociology*, 2000. 26: 611—639; 624.

⑤ Coles, R. L. “Building the Clinton legacy through frame alignment.” *Cultural Studies Critical Methodologies*, 2001. 1 (4): 459—487; 471.

种族问题的死亡事件时，均强调“对差异的恐惧”是这些事件发生的诱因，将内政和外交的焦点问题通过“对差异的恐惧”这一共同点，即意识形态相似性，联结起来。两个事件诱因相同，故而解决方式也相似。解决种族问题需要美国人民团结一心，此为民众接受度较高的已有框架。那么，与种族问题具有相似诱因的科索沃问题，也应当能够通过美国人民与 18 个北约国家的团结一致、共同努力得到解决。借此，较新框架的民众接受度得到了提升。排比作为微观话语手段，可以有效地在两个框架之间确立意识形态相似性。首先，排比修辞能够增强话语感染力，使听众更容易接受由演讲者提出的较新框架的核心价值。若演讲者借用的已知框架结构相对复杂，则需要演讲者首先突出其相关的核心价值，进而与较新框架完成搭桥。因此，演讲者可在微观层面利用排比修辞对核心信息的重复和强调能使论述更加深刻这一特征，从而突出已有框架与较新框架共有的核心价值，为框架搭桥提供认知前提。

所谓“框架扩大”，就是将框架中已存在的价值理想化、具体化和明确化，使其能与受众的认知产生更紧密的联系①。例如，Coles②发现，克林顿在其有关种族问题的演讲中不断向公众重申：美国团结统一的基础是人们互相理解并欣赏彼此间差异，由此提出“差异应该被歌颂”的口号。通过反复强调并赋予其新的意义，克林顿使人们对“差异”的认知更加具体和理想化，为当时正在试图推行的种族政策法案争取到更多公众支持。如果演讲者意图将已存在的价

---

① Benford，R. D. & D. A. Snow. “Framing processes and social movements：An overview and assessment.” *Annual Review of Sociology*，2000. 26：611—639；624.

② Coles，R. L. “Building the Clinton legacy through frame alignment.” *Cultural Studies Critical Methodologies*，2001. 1 (4)：459—487；469.

值具体化，那么受众必须能够理解并接受转化的过程和结果。在微观层面上，不同身份指称的使用能够通过让听众认同演讲者的价值观，达到使听众被动地参与到观点建构中的目的[①]。其中，第一人称复数代词按是否包括听众可分为内包、外排两种用法。“我们”的外排用法在演讲中起到“疏远”听众的效果，凸显演讲者的权威地位；内包用法则常被权力人士用来塑造意识形态，提高接受度[②]。也就是说，演讲者可以使用内包的“我们”对框架中已存在的价值加以具体解释和升华，将演讲者的观点当作与听众共有的观点提出，使听众在不知不觉中接受对框架内核心价值的具体化和理想化。而在同一语篇中交替使用内包、外排两种用法，则可利用听众对演讲者的权威地位认可，在微观层面为框架扩大手段逐步建立认知基础。

所谓“框架延伸”，指的是对已建立的框架边界进行拓展，使新的边界能够将目标群体的诉求和信念纳入其中[③]。例如，Coles[④] 的研究发现克林顿在其公开场合演讲中经常将同性恋问题、文化冲突、信仰差异与种族平等问题并列讨论，且均从“差异”这一核心观点切入展开。这在无形中扩展了“差异”的边界，使民众乐意接受并认同克林顿的主张，即被并列讨论的其他社会问题也应当从对待“差异”的态度入手进行解决。作为微观话语手段的互文性，能够将

---

① Reyes，A. “Bush，Obama：(In) gormality as persuasion in political discourse.” *Journal of Language and Politics*，2014.13 (3)：538—562；543—544.

② 辛斌：《批评语言学：理论与应用》，上海外语教育出版社 2005 年版，第 75 页。

③ Benford，R. D. & D. A. Snow. “Framing processes and social movements：An overview and assessment.” *Annual Review of Sociology*，2000.26 (2000)：611—639；625.

④ Coles，R. L. “Building the Clinton legacy through frame alignment.” *Cultural Studies Critical Methodologies*，2001.1 (4)：459—487；472—473.

语篇核心信息深化，以提高其包容性。辛斌[①]认为，语篇内部的互文能够使语篇的核心得以扩展、深化。跨语篇的间接引用则能够更强有力地表达演讲者对所引用话语信息的赞同和支持[②]，而对权威人士话语的直接引用能够使自我表扬表现得更加客观，从而增强认同感[③]。在语篇内部形成互文并使用直接、间接引语，能够在微观层面上为听众接受并认可语篇核心的扩展稳定根基。

值得注意的是，Coles[④] 在分析克林顿政治话语时，并未指出克林顿在所研究的各语篇中具体应用了框架整合理论四种手段中的哪一种。本文沿用了 Coles 将框架整合策略应用于政治语篇分析的研究方法，所不同的是，本文将在宏观层面框架整合理论的框架指导下，从使用的具体微观话语策略入手，深入分析荷兰国王如何在其演讲中运用框架整合策略构建王国的国家形象。

3 荷兰王国国家形象的构建

3.1 框架搭桥与排比

通过将框架搭桥与排比有机结合，荷兰国王在演讲伊始初步确

① 辛斌：《批评语言学：理论与应用》，上海外语教育出版社 2005 年版，第 128 页。

② Gruber，H. “Policy-oriented argumentation or ironic evaluation：A study of verbal quoting and positioning in Austrian politicians' parliamentary debate contributions.” *Discourse Studies*，2015. 17（6）：682—702；686—687.

③ Kuo，S. “Reported speech in Chinese political discourse.” *Discourse Studies*，2001. 3（2）：181—202；183.

④ Coles，R. L. “Building the Clinton legacy through frame alignment.” *Cultural Studies Critical Methodologies*，2001. 1（4）：459—487.

立了王国国家形象框架中“和平、正义和发展”三大核心价值在听众认知中的地位。

荷兰国王在演讲开篇，使用较长的篇幅（在全文 41 自然段中占 11 自然段）回顾了联合国成立 70 年以来的发展历程，并将联合国称为在和平、正义和发展领域最重要的国际组织。紧接着，再次明确强调王国竞选联合国安全理事会非常任理事国席位的决心。

从微观话语策略角度分析，荷兰国王在此段落组合使用了段落、句子两个层面的排比修辞手法以增强其话语的感染力，突出联合国 70 年来取得的卓越成绩。

例（1）

And yet, as an international organization the United Nations stands proud.

尽管如此，联合国作为国际组织屹立不倒。

…

And yet, the United Nations endures.

尽管如此，联合国坚定不移。

…

And yet, the United Nations lives on.

尽管如此，联合国生生不息。

例（1）为段落层面的排比。荷兰国王分别阐述了世界局势之复杂、发展之迅速、挑战之严峻，均以“无论处境如何艰难、联合国影响力不减”作为结论。

例（2）Thanks in part to the United Nations，extreme poverty has been halved. Child mortality has been halved. 2. 3 billion people have gained access to drinking water. Diseases like malaria and tuberculosis have been beaten back. And peace operations in many areas have brought violent conflicts under control.

通过社会各界及联合国的共同努力，世界上的极度贫困减少了一半；儿童死亡率降低了一半；23亿人得到了饮用水供应；诸如疟疾和肺结核等疾病得到了有效抑制；一些地区的武装冲突通过维和行动得到了控制。

例（2）为句子层面的排比。荷兰国王连续使用了5个句式相同的句子，简洁有力地概括了联合国在相关领域的实质贡献，突出了联合国形象框架中和平、正义和发展三个重要元素。而同样的词语组合则在下一段演讲中，被荷兰国王用来表明王国在这三个领域与世界各国及联合国紧密合作、贡献力量的决心。

对在联合国大会现场的听众来说，联合国无疑是一个对世界发展贡献巨大的国际组织，有着积极正面的形象。如果能够将欲构建的国家形象与联合国的巨大贡献和积极影响联系起来，就能使形象构建事半功倍。然而，联合国的形象与构建目标相比要复杂得多。于是，荷兰国王首先选择使用微观层面的排比修辞手法，强调联合国历年来所取得的卓越功绩和积极影响在世界公平、正义和发展道路上的重要性，随即提出王国“和平、正义和发展”的竞选口号。由此，王国竞选口号中和平、正义和发展三个元素与联合国形象中同样的三个有价值元素得以重合，在两者间搭起了一座衔接的桥梁，在演讲开篇初步构建起王国注重国际“和平、正义和发展”的国家形象。

3.2 框架扩大与人称代词

通过有意识地交替使用第一人称复数代词“我们”的两种用法，荷兰国王利用演讲全文具体说明“和平、正义和发展”所包含的内容，将王国的国家形象扩大为“世界各国在公平、正义和发展领域的合作伙伴”。

从微观层面来看，荷兰国王在演讲全文中使用人称代词“我们/我们的”多于其他人称代词（见表1）。

表1 荷兰国王在联合国第70届大会上的演讲主要人称代词使用频次分析

人称代词	中文释义	频次
We/us/our	我们/我们的	44
You/your/yours	您/你们/您的	8
I/me/my	我/我的	6

细查第一人称复数代词“我们”的用法（见表2），可以发现外排和内包两种用法贯穿整篇演讲且被交替使用，分别服务于唤起国际社会继续为世界的发展做出努力（内包）和促使国际社会认可王国在相关领域已做出的贡献（外排）的目的。

表2 荷兰国王在联合国第70届大会上的演讲第一人称复数代词（我们）指称对象分析

所用代词	中文释义	频次	指代/频次
We	我们（主格）	24	荷兰王国/16 世界各国/8

续表

所用代词	中文释义	频次	指代/频次
Us	我们（宾格）	5	荷兰王国/2 世界各国/3
Our/ours	我们的	15	荷兰王国/11 世界各国/4

例（3）体现了“我们”这一人称代词的内包用法：

例（3）This affects us all. We cannot look the other way.

这（指难民问题）与我们所有人息息相关。我们不可能坐视不理。

“我们”在这里指代世界各国。世界局势复杂多变，和平发展困难重重，但王国将与各国一道，致力于推进地区的和平与稳定。通过将王国置于在座各国当中，将王国的价值观——即世界的和平、正义和发展需要在世界各国通力协作的前提下方能达成——视作共同立场提出，使得听众于不知不觉中接受这一立场，愿与王国一同努力。

例（4）We have made it a top priority to stimulate job creation in Africa...

所以我们在非洲将重心放在了创造工作机会和促进青年人创业上……

例（4）体现了“我们”的外排用法。如果对荷兰国王演讲中所使用的外排的“我们”的语境加以分析和总结，便可发现，外排的“我们”绝大多数用于表述王国对于国际社会的积极贡献、对世界未来发展方向的理性思考、表明王国继续为国际社会做出贡献的决心和主张。换言之，荷兰国王使用外排的“我们”意在强调王国在相关领域已经做出的贡献和所取得的成果。

无论使用第一人称复数的内包用法或是外排用法，荷兰国王的主要目的都在于巩固并深化前文初步确立的王国形象框架中“和平、正义和发展”三大核心价值在听众认知中的地位。“我们”的内包用法集中在相对沉重和负面的语境中，如世界形势严峻、发展受阻等。当听众为人类共同的未来感到忧心时，由荷兰国王提出各国应共同参与未来行动的倡议。此举将王国置于倡导者的地位，激起受众对王国形象框架中“合作伙伴”关键价值的认同，使形象框架中的核心价值更加具体，即在微观层面使听众自然而然地接受和认同王国是世界各国“和平、正义和发展领域的合作伙伴”这一点。再通过交替使用外排的“我们”，详细说明王国在过去已达成的目标、眼下正在采取的行动以及对未来发展的规划，更能增强语势、加深听众印象，从而在宏观层面达成了框架扩大的目标。

3.3 框架延伸与互文性

在演讲后半程，荷兰国王通过直接引语再次重申了王国的参选决心，并通过框架延伸策略将王国形象提升到世界“和平、正义和发展的推动者”的位置。

例（5）We are passionate about serving the entire international community at UN level. As “your partner for peace, justice and development”.

我们将充满激情地为联合国层面的整个国际社会服务，作为和平、正义和发展领域的伙伴。

在重申王国将参与 2017—2018 年任期联合国安全理事会非常任理事国席位竞选后，荷兰国王直接引用了此次竞选宣传的口号［例(5)］。实际上，相同的词语组合（和平、正义和发展）在演讲开篇已出现过两次。在演讲的不同位置、不同的语境下使用同样的措辞，不仅保证了语篇的连贯性，更加深了王国参选决心在各界人士心中的印象。

例（6）…demands that those responsible for this incident be held to account and that all States cooperate fully with efforts to establish accountability.

……（指遇难者家属）要求事件的责任方受到应有的惩罚，并要求所有国家联合起来将责任追究到底。

演讲后半程，荷兰国王直接引用了航班遇难者家属的话，支持王国要求国际社会严肃调查马航 MH17 航班失事原因并严惩事故责任方的主张［例（6）］。值得注意的是，荷兰国王在提出这点时并没有将王国放在主张提出者的位置，而是由上文谈到的正义引出遇难者家属仍在哀悼逝去的亲人这一事实，并指出这些遇难者的家属才是严惩事故责任方的提出者。这也对事故责任方以及负有追查责任的组织和机构施加了相当的压力。另一方面，由于直接引语是直接插入行文当中的，荷兰国王并未直接表明他所引用的这句话出自于马来西亚、澳大利亚或者荷兰中的哪一个国家的遇难者家属之口。通过直接引用遇难者家属的话而不明确指出其国籍，使得要求彻查和严惩责任方不再是某一位遇难者家属的要求，而是来自多个国家的许多遇难者家庭的共同心声，能够增强上述主张的效力。

这句直接引语直指王国最引以为傲的司法公正领域，也是此次“和平、正义和发展”竞选口号的三要素之一。通过互文这一微观话语策略，得以将某一遇难者家属的要求重塑为受害者国籍国、乃至国际社会对司法公正和正义公理的追求；由此重塑了此举的出发点及最终目的，号召所有认为受害者家属应该得到公正待遇的国家都行动起来，共同监督、将责任追究到底。在宏观层面将王国置于寻求正义的领导地位，由司法公正领域普通合作伙伴上升至在该领域敢于发声、有领导能力的等级，扩充了形象框架中“正义”这一核心价值的容量，促使听众接受王国“推动者”的角色。

例（7）Here in The Hague，you help sustain and expand the rule of law—you bring the rule of law to life.

在海牙，你们不仅帮助维护并延伸法律的规定——更将法律的规定真正实现。

在演讲最后，荷兰国王直接引用了联合国秘书长潘基文在访问位于荷兰海牙的国际法庭时的话语［例（7）］，联合国秘书长是一个权威的、有公信力的来源。引用他的话语，能够有效地拉近与联合国领导人间的距离，为选举的成功争取到更多支持。

通过引用权威人士的话语进行自我肯定，荷兰国王客观地展现了王国在司法公正领域已作出的卓越贡献，这使得前文中已建立起的形象框架中的“正义”这一核心价值再次得以展开，即王国对正义的追求不再只是针对某些关乎切身利益的事件的诉求，而是被联合国认可的在司法公正领域持续做出卓越贡献的传统。在演讲结尾处，将已确立的“和平、正义和发展领域的合作伙伴”这一国家形象中最关键的价值加以扩充，确立王国“推动者”的地位。

4 结论

总览全文，荷兰国王开篇综合使用排比和框架搭桥策略，微观上强调联合国成立 70 年以来在和平、正义和发展三个领域所取得的成绩，紧接着通过宣布“和平、正义和发展”的竞选口号，在拟构建的形象框架与听众更熟知的联合国成就之间建立联系，初步确立王国国家形象中“和平、正义和发展”的核心价值。此后通过贯穿全文交替使用第一人称复数代词的两种用法，在微观上突出王国在和平、正义和发展领域的积极贡献，并指出继续推动这些领域向前发展还需要世界各国团结起来、共同努力。此举将初步建立的国家形象框架中“和平、正义和发展”表现得更加真实和具体，在宏观层面上利用框架扩大策略将已有框架中的重要元素具象化，使得王国的形象进一步确立为“世界各国在和平、正义和发展领域的合作伙伴”。演讲后半程直接引用的竞选口号，在王国各项竞选活动之间形成互文，明确了参选决心。通过直接引用马航 MH17 航班事件遇难者家属的话语以及联合国秘书长的褒奖话语，荷兰国王突出表现了王国在司法公正领域的领导地位和突出贡献，运用框架延伸策略将王国在关键领域的地位由普通的合作伙伴抬升至重要贡献者和领导者的位置，最终将王国的国家形象构建为“世界和平、正义和发展的推动者”。

此篇演讲中所构建的王国国家形象，最终服务于王国此次参选联合国安全理事会 2017—2018 年任期的非常任理事国席位的选举活动，旨在尽可能地为王国的成功当选争取最大程度的国际社会支持。

出席纽约第 70 届联合国大会的王国代表团，除国王、王后外还包括荷兰首相、阿鲁巴首相、荷兰外交部长及鹿特丹市市长等。在后续的研究中，可进一步收集和整理代表团各位成员在联大期间不同场合的话语，将之作为一个整体分析，或可在竞选活动层面得到框架整合理论应用的更多结论。

"站位三角"理论视角下埃及国家形象构建的话语策略研究[①]

——以埃及总统第70届联大演讲为例

孟炳君

1 引言

2015年9月28日，埃及总统塞西首次以国家元首的身份在第70届联合国大会一般性辩论上发表演讲[②]。演讲中，塞西以现实关切导向为行文脉络，回顾了埃及在国家发展进程中取得的成就，阐释了本国在地区、国际等重大问题上的态度，展现了对未来发展的期望以及埃及在发展、安全、政治、国际关系等方面的价值观念和立场。

① 本文发表于《外语研究》2017年第1期。本文为国家社科基金重大委托项目"社会主义核心价值观研究"（编号：2015MZD011）子课题"核心价值观构建的国际比较及其国际传播研究"的阶段性成果。本文选题和撰写过程中得到了北京外国语大学文秋芳教授与北京外国语大学冠名讲席教授黄国文的悉心指导，也得到张虹副教授、张天伟副教授的帮助，在此一并表示感谢。特别感谢姚小平教授对本文文字的修改。

② 演讲全文见 http：//www.masrawy.com/News/News_Egypt/details/2015/9/29/664483。

塞西全名阿卜杜勒·法塔赫·塞西，2014 年 5 月当选埃及总统。塞西出身行伍，长期在埃军方担任要职，2013 年领导军方罢黜前任总统穆尔西，因此，西方对其执政的合法性持异议。此次塞西出席联大会议，旨在确认其执政合法性，赢得国际社会支持，同时树立埃及积极谋求发展与进步、参与地区与国际事务的良好形象。

本文以塞西联大演讲为分析语料，以"站位三角"（The Stance Triangle）① 理论为基本理论框架，并借鉴语用学、批评话语分析等相关理论和观点，归纳语篇的主要话题，描写语篇人称指示语和评价词汇的使用特征，分析演讲者如何通过人称指示语和评价词汇的选择与变换，共同完成对"站位"行为主体与客体的评价、定位及协同，从话语角度展现埃及国家形象的构建过程。

2 理论框架

"站位三角"理论是 Du Bois 为描写对话中的"站位"（stance-taking）现象提供的一种有效分析模型。在此模型中（见图 1），Du Bois 引入了"站位"行为中的行为主体与客体，分别称之为说话者 1、说话者 2 和（共同）谈论对象；并归纳了完成一次"站位"行为的三项附属行为或该行为产出的三种"站位"结果，分别为评价（evaluating）、定位（positioning）与协同（aligning）。

① Du Bois, J. W. "The stance triangle "in R. Englebretson (ed.). *Stancetaking in Discourse: Subjectivity, Evaluation, Interaction*. Amsterdam: John Benjamins, 2007: 139—182.

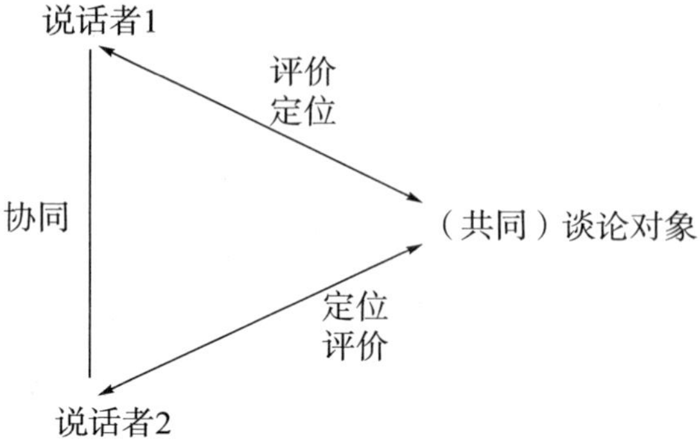

图 1　Du Bois“站位三角”理论模型①

在模型中，Du Bois 将说话者 1、说话者 2 和（共同）谈论对象分别作为三角模型中的三个节点，三角形的三边则分别由评价、定位、协同三个具体行为构成，体现“站位”行为主体、客体之间的关系。评价是指“站位”主体对客体具有的价值或特征进行描述的过程，多通过动词、名词、形容词等多种词类的词汇实现。“定位”是用来确认“站位”主体的身份与形象合适性的手段，多通过人称指示用语并配合“评价”话语共同完成。“协同”应看作一个动态行为过程，通过两个行为主体对客体的相近或相左的描写与评价，分别确认主体之间相一致或相疏离的身份类别和立场②。

演讲是一种特殊形式的对话。在此次演讲交际行为中，演讲者塞西是“站位”行为主体，作为“站位三角”模型中的说话者 1；他在演讲中谈论的诸如埃及政府、极端分子、地区热点问题等话题内容作为“站位三角”模型中的（共同）谈论对象，是“站位”行为

① Du Bois，J. W. “The stance triangle.” in R. Englebretson. *Stancetaking in Discourse*：*Subjectivity*，*Evaluation*，*Interaction*. Amsterdam：John Benjamins，2007：163.

② Johnstone，B. “Linking identity and dialect through stancetaking.” in R. Englebretson. *Stancetaking in Discourse*：*Subjectivity*，*Evaluation*，*Interaction*. Amsterdam：John Benjamins，2007：52.

客体；演讲的受众包括在场与不在场的所有听众，由于受众并不直接参与或影响此次“对话”的构建，因此可看作“站位三角”模型中的“隐性”说话者 2。此次交际行为中，由于说话者 2 的“隐性”身份，且并不直接提供对（共同）谈论对象的描述或评价，因此，本文主要关注说话者 1 与（共同）谈论对象、说话者 1 与“隐性”说话者 2 之间的关系。

分析说话者 1、“隐性”说话者 2 和（共同）谈论对象之间的“站位”关系，也是确认评价、定位与协同行为过程，人称指示语和评价词汇是实现上述行为的基本话语策略，同时也是语篇中隐含认知、态度、倾向等其他深刻含义的话语形式手段[①]。人称指示语是言语交际行为中用来指示说话人、听话人或第三者的词语或结构，可以体现人际关系，暗示相关人物的观点、态度和说话意图等[②]。评价词汇是行为主体用来描述和定向客体的话语手段，具体表现为名词、形容词、动词等多种词类的词汇。在该演讲语篇中，塞西综合运用上述两种基本话语策略，一方面使用不同的人称指示语指示自己、受众、埃及政府、埃及、极端分子等，调整、改变自我定位以及与谈论对象的关系，或创建与“隐性”说话者 2 之间的协同关系；另一方面选择多种词类的评价词汇描述客体，发挥不同词类特征，增添或强化对客体的评价、态度等，两种话语策略相互配合，共同完成对埃及国家形象的构建。

---

① Thompson, G. &S. Hunston. “Evaluation: An introduction.” in S. Hunston&G. Thompson. *Evaluation in Text: Authorial Stance and the Construction of Discourse*. Oxford: Oxford University Press, 2000: 9.

② 何自然、冉永平：《新编语用学概论》，北京大学出版社 2010 年版，第 32—35 页。

3 埃及国家形象构建

埃及位处亚、非、欧三大洲交会处，人口约九千万，主体民族为阿拉伯人，信奉伊斯兰教。埃及是中东大国，在阿拉伯、非洲、伊斯兰世界中具有重要的影响力。长期以来，埃及在中东和平进程、利比亚、叙利亚、也门等地区热点问题上发挥着重要作用，是地区稳定的压舱石。埃及历经 2011 年和 2013 年两度革命，经济严重衰退，安全方面也面临国内穆斯林兄弟会持续抗争和地区恐怖主义势力外溢效应的双重影响。塞西总统上台后，强力维稳，持续打压恐怖势力；同时，提出埃及“2030 年可持续发展愿景”，通过上马新苏伊士运河等重大国家级项目，提振经济，拉动内需；并继续积极介入地区热点问题，以谋求当选 2016—2017 年度安理会非常任理事国，恢复本国在地区和国际事务中的影响。在这一背景下，塞西在此次演讲中，着力塑造了埃及在国内层面、地区层面、国际层面上的国家形象，下面将分别予以阐述。

3.1 国内层面的国家形象构建

在谈论国内相关问题时，塞西主要选择了四个话题：新苏伊士运河开通的重要意义、针对青年发展的“希望与行动，为了一个新目标”倡议、埃及变革与复兴之路以及埃及 2030 年愿景。可以看出，“发展”是塞西谈论国内形势时的关键词，其中尤以经济发展和青年发展为关注重点。

本文发现，在相关话题的表述中，人称指示语的使用存在一个突出特征，即第一人称复指指示语“我们”使用频率较高，用来指示包括演讲者本人——塞西——在内的埃及政府或埃及当局。从语言表现形式来看，有独立主格人称代词，如نحن（我们）；属格接尾人称代词，如مسؤوليتنا（我们的责任）；内含人称代词，如نأمل（我们希望），均属于直接指示形式。例如：

例（1）

أن **نسعى** إلى اجتذاب طاقات الشباب الخلاقة بعيدا عن المتطرفين وأفكارهم، وأن **نتيح** لهم توظيف قدراتهم من أجل بناء المستقبل، الذي ستؤول إليهم ملكيته بعد سنوات قليلة.

我们努力吸纳青年们的创造能力，让他们远离极端分子和极端思想，（我们）让他们（准备好）发挥才能参与建设未来，过不了几年，未来就会是他们的了。

例（2）

إننا في مصر **ندرك** ضرورة توافر عوامل أخرى، بجانب دحر التطرف والإرهاب لتحقيق الاستقرار والتنمية الشاملة.

我们深知，为了实现稳定和全面发展，除了消除极端势力和恐怖主义，还必须具备其他条件。

例（3）

إذ **نعي** أن ما **حققناه** ليس إلا خطوات على مسيرة ممتدة ،**فإننا** عازمون على استكمالها رغم مانواجهه من عقبات.

我们自觉，我们所实现的（成绩）不过是漫长征程中（实现现代化国家）的几步，无论面临怎样的障碍，我们都决心走完这条路。

在上述话语中，“说话者 1”为塞西本人，“（共同）谈论对象”

为埃及政府或埃及当局。塞西通过使用人称指示语“我们”，表明其将自己作为埃及政府的一员，实现了“说话者 1”和“（共同）谈论对象”两者之间的统一。因此，塞西对“我们”的评价，也是对谈论对象的评价，通过评价完成的自我定位，也是对谈论对象的定位。

指示语“我们”的使用具有明显的移情功能。从演讲者角度来看，塞西一方面主动将自己看作政府行政机构中的普通一员，实现自我情感移位，强化个人的群体归属意识；另一方面也符合他在国际场合代表政府发声、做出承诺的身份要求，彰显了他愿意和政府一起承担责任、履行义务、同前进、共进退的决心和信念。从受众角度来看，塞西从第一人称视点出发，用描述自己和第三者关系的指示词“我们”指称埃及政府，符合语用的地位原则①，显示出对受众的尊重和自我谦虚的态度；同时，埃及政府以整体姿态出现，其展示的言论和行为分量加重，更具说服力和公信力。

综合对人称指示语“我们”的评价语境可以看出，评价词汇的选择和使用具有两个特点。首先，评价词汇以动词为主，如“我们努力吸纳青年们的创造能力”、“我们继续积极地付出努力”、“我们深知肩负实现社会稳定和全面发展的历史重任”、“我们自觉实现的成绩不过是万里征程中的起始”等。这些动词创建了一系列含有积极色彩和含义的物质过程和心理过程，这表明，埃及一方面对“自我”的过去和现在有清醒的认知，对“自我”的发展和面临的困难持理性的态度；另一方面，埃及也在积极行动、有所作为。其次，评价动词多为现在时。在阿拉伯语中，现在时可以表达客观存在的

① 陈辉、陈国华：《人称指示视点的选择及其语用原则》，载《当代语言学》2001 年第 3 期，第 175—186 页。

事实或习惯性的行为、动作，也可以表示讲话时动作正在发生或发生在讲话之后。显然，塞西选择使用现在时动词，是在强调埃及“此时此刻”正在进行着上述认知活动与行为过程，且行为不会立即结束，或将持续一段时间。这表明，面对当前复杂的国内、地区和国际局势，埃及始终秉持着理性客观的认知和任劳任怨的态度，用实干为埃及社会带来变化和发展。

由此可见，塞西在谈论国内发展问题时，着重强调政府在社会建设方面的积极作为、对振兴本国经济的坚定决心以及对国家未来发展的务实态度，为受众展示了埃及未来发展的无限可能性，提振国际社会对埃信心，构建了一个致力于国家复兴的务实行动者形象。

3.2 地区层面的国家形象构建

在论述地区局势和相关热点问题时，塞西依次谈到了利比亚、叙利亚、也门、伊拉克、巴勒斯坦等国局势以及难民问题，并逐一阐述了埃及在上述问题中的立场以及所做出的努力。本文注意到，在该部分论述中，塞西更多地直接使用专有名词“埃及”及其对应的第三人称指示语“她”来指示“埃及”。例如：

例（4）

إن **حرص مصر** البالغ على مستقبل ليبيا وسلامتها واستقرارها، كان **دافعها** الأول لدعم جهود الأمم المتحدة للوصول إلى تسوية سياسية للأزمة الليبية.

埃及十分关心利比亚的未来、安全与稳定，（她）支持联合国对政治解决利比亚危机做出的努力。

例（5）

وإزاء ذلك الوضع المتدهور، **دعت مصر** القوى الوطنية السورية للاجتماع في القاهرة، لصياغة تصور واضح للمرحلة الانتقالية وفق وثيقة جنيف...

面对日益恶化的局势，埃及已呼吁叙利亚各方力量相聚开罗，依据日内瓦会议共识，制订一个明晰的过渡阶段方案……

例（6）

إن **دعم مصر** السياسي والعسكري لليمن الشقيق و**مشاركتها** في الخطوات التي اتخذها ائتلاف الدول الداعمة للحكومة الشرعية، قد جاء استجابة لطلب اليمن...

埃及对也门提供的政治和军事支持，以及她对支持也门合法政府的阿拉伯国家联合部队采取的行动的参与，正是对也门提出请求的响应……

例（7）

تتابع مصر باهتمام التطورات الأخيرة التي تشهدها الساحة العراقية.

埃及密切关注伊拉克的最新进展。

在上述话语中，“说话者 1”为塞西，“（共同）谈论对象”为埃及。塞西直接使用“埃及”、“她”指称“（共同）谈论对象”，“说话者 1”成为独立行为主体，由谈论国内形势时行为主体与客体的统一，转变为两者的相互独立，将自我定位于旁观者的身份，客观陈述埃及对地区事务的立场、态度以及所采取的行动。这种转变，剥离了“说话者 1”与“（共同）谈论对象”之间的关联，制造了两者之间的距离感和空间感，有利于突显行为主体对行为客体陈述与评价的中立性、正式性，排除任何情感的附着。通常来说，第三人称指示语在“宣传”行为中使用得更为频繁①。塞西使用第三人称指示

① Lakoff, R. T. *Talking Power: The Politics of Language*. New York: Basic Books, 1990: 182.

语指示埃及，其目的就在于介绍、宣传埃及，创建“站位”行为过程的相对客观性语境，不仅行为主体作为“旁观者”客观陈述事实，受众的关注点也能更直接地集中在埃及参与稳定地区局势和建设地区形势的具体行为上，客观地了解埃及对相关问题的立场和态度。

“说话者1”对“（共同）谈论对象”进行了积极评价，如“她十分关心利比亚未来”、“她对也门的政治和军事支持”、“她参与行动”等。从语义上看，这些评价词汇体现的是埃及与利比亚、也门的关系类型判断，对埃及在实现同利比亚、也门的良性关系构建过程中的积极行为做直接、正面的评断。从语法结构上看，“关心”、“支持”、“参与”均使用了动词的词根形式。在阿拉伯语中，词根属于名词范畴，可与动作执行者或动作承受者构成名词性短语，充当不同的句子成分。上述评价词汇以动词的词根形式出现，分别与“（共同）谈论对象”——埃及——构成名词性短语结构，实现了阿语动词的名物化转换，即将具体的行为、动作抽象化，并模糊时态概念和具体行为过程①，使得埃及对地区事务的“关心”、“支持”、“参与”不再具有时空上的限制，而成为埃及具备的属性特征，强调埃及作为地区大国，一直以来始终坚持以主动、积极的姿态参与地区建设的事实。

由此可见，塞西通过重复使用专有名词“埃及”及其第三人称指示语“她”，并配合名词类正面评价词汇的使用，不断凸显埃及全面关注地区事务、积极参与地区建设、贡献地区和平与稳定局面实现的基本事实，构建了一个实现地区稳定的坚定捍卫者形象。

---

① 辛斌：《批评语言学：理论与应用》，上海外语教育出版社2005年版，第79—81页。

3.3 国际层面的国家形象构建

抗击极端势力和恐怖主义，是塞西此次演讲的重点话题。他指出，极端势力和恐怖主义有着不可告人的政治目的，它们企图升级已存在的地区和国家矛盾，将邪恶势力不断渗透、蔓延到其他地区和国际争端中，进而引发更广泛、更严重的危机。因此，极端势力和恐怖主义不仅是中东地区各国而且是世界各国所面临的主要威胁，是一个全球性的危机，抗击并消除这种邪恶力量，应成为世界各国共同的责任和义务。

塞西首先阐述了极端势力和极端分子的邪恶本质。在这部分论述中，人称指示语的使用存在两个特征：(1) 更多使用第一人称复指指示语“我们”来指示世界各国人民，即全人类［例（8）］；(2) 连续使用第三人称复指“他们”指示极端分子［例（9）］。

例（8）

لقد **ميزنا** الخالق سبحانه وتعالى ،**نحن** البشر، بالعقل الذي كان **وسيلتنا** إلى التعرف عليه، كما أن **قدرتنا** على الاختيار باستخدام هذا العقل، هي أبلغ دليل على أن **اختلافنا** هو مشيئة إلهية.

真主赋予我们人类头脑，这是我们认知的方式，我们有能力用头脑进行选择，这最有力地证明了，我们之间的不同是真主的意愿。

例（9）

...من شأنها أن تهدم كل دعاوى المتطرفين على اختلاف **دياناتهم ومذاهبهم**...لا سيما **هؤلاءالذين يدعونأنهموحدهم** من **يملكون** الحق في تفسير الإسلام...و**يتناسون** أن ما **يروجون** له ليس إلا **تفسيرهم المغرض** للدين الذي لا يمكن أن يكون هو الإسلام بسماحته وعدله ورحمته.

它（这个真理）足以摧毁极端分子的言之凿凿，无论他们的教派、派别有怎样的不同，特别是那些佯称他们自己是唯一有权阐释伊斯兰教的人们，他们假意忘记，他们鼓吹的，不过是他们的对宗教偏颇的解释，只有具备了宽容、公正、仁爱，才是真正的伊斯兰教。

在上述话语中，人称指示语“我们”不仅包含了“说话者1”——即塞西本人，也包含了“隐性说话者2”——即在场与不在场的所有听众，指示世界各国人民或全人类。“说话者1”主动取得了与“隐性说话者2”之间的“站位”协同，创建了包含两者在内的“联合站位主体”，实现彼此之间的亲密关系和心理趋同，强调该“联合站位主体”的整体性、平等性。同时，在指示“（共同）谈论对象”——即极端分子时，塞西频繁使用第三人称复指指示语“他们”，拉开“我们”与“他们”之间的情感距离，突出“说话者1”、“隐性说话者2”与“（共同）谈论对象”之间的归属差异，强化两个群体的区别，形成明确的对立关系。

“（共同）谈论对象”的评价词汇主要包含两种词类，分别为动词和名词。其中，动词评价词汇如“假意忘记”、“鼓吹”等，名词评价词汇如“他们的教派”、“他们的对宗教偏颇的解释”等，这些评价词汇都带有明显的态度和立场倾向。“假意忘记”、“鼓吹”分别构成了消极、负面的心理行为过程和言语行为过程，体现塞西对极端分子情感上的厌恶和排斥，以及言行上的否定和批判；“他们的教派”、“他们的对宗教偏颇的解释”则构成了塞西对极端分子特征或属性的负面判断。这些评价词汇在直接显示“说话者1”对“（共同）谈论对象”的态度和认知、明确对他们的否定和批评的同时，也实现定位“说话者1”和“隐性说话者2”构成的“联合站位主体”为“（共同）谈论对象”的批判者和反对者。也就是说，由于“我们”与“他们”的直接“对立”关系，“我们”承担的角色特征与“他们”是截然相反的，“我们”是团结的，“我们”是实事求是的，“我们”是不会妄断伊斯兰教的，由此塑造了属于“我们”的正面形象。

在呼吁共同抗击极端势力时，塞西再次使用“我们”指示各国人民，例如：

例（10）

... حتى يقتنع العالم **أننا** جميعا، مسلمين وغير مسلمين، إنما **نحارب** نفس العدوّ، و**نواجه** ذات الخطر.

……才能让世界信服，我们所有人，穆斯林和非穆斯林，我们对抗同一个敌人，我们面临相同的危险。

或在第一人称单指指示语“我”与指示受众的第二人称复指指示语“你们”之间建立联系，例如：

例（11）

و**اسمحوا لي** إذن أن أتساءل عن عدد المسلمين الذين ينبغي أن يسقطوا ضحايا للتطرف المقيت والإرهاب البغيض؟

请你们允许我自问：（到底）还需要多少穆斯林成为万恶的极端势力和恐怖主义的牺牲品？

例（12）

لعلكم تتفقون معي على أنه لا بد من تسوية تلك القضية دون إبطاء.

你们会认同我（的观点），必须刻不容缓地解决这个问题（指巴勒斯坦问题）。

无论是“我们”，还是“你们”+“我”的话语形式，塞西同样是在实现“说话者1”和“隐性说话者2”之间的“站位”协同，重复强调包含两者的“联合站位主体”，将世界各国人民置于同一个话语语境中。从演讲的修辞手法来看，这样的表述不仅缩短了演讲者与受众之间的心理距离，实现了情感上的亲密感，交际上的亲切感，也有助于引导受众对演讲者陈述的某种事实或表达的某种情感，表达相似的态度或相近的立场，激发感同身受的情绪，有利于演讲者和受众达成共识，进而完成劝说、说服的目的。

结合“联合站位主体”的评价词汇可以发现，塞西一方面实现对“我们”的关系属性判断，强调“我们”属于一个整体，“我们”之间无论种族、宗教信仰、肤色、地区有何不同，都享有平等的地位，这就意味着各个民族、各个国家之间享有同样的平等地位，因此，在面对极端势力的威胁和影响时，“我们”彼此之间确也存在着“一荣俱荣、一损俱损”的紧密关系；另一方面，塞西使用含有强烈情感色彩的词汇，如“对抗”、“面临”、“必须”等，强调抗击极端势力和恐怖主义的严肃性和紧迫性，呼吁在打击极端势力、根绝恐怖主义方面，世界各国政府与人民应承担共同的责任，全世界应齐心协力，共同参与到打击这种危害地区与世界安定的邪恶势力的战斗中。由此，塞西将本国构建为一个抗击极端势力的国际呼吁者形象。

4 结语

本文以埃及总统塞西第70届联大演讲为语料，以Du Bois的

“站位三角”理论为基本理论框架，并借鉴语用学、批评话语分析等相关理论和观点，通过分析演讲语篇中人称指示语和评价词汇的使用情况，探究塞西在国内层面、地区层面、国际层面上构建的埃及国家形象，即致力于国家复兴的务实行动者、实现地区稳定的坚定捍卫者、抗击极端势力的国际呼吁者。国家形象是一个国家综合国力和整体实力的表征与体现[①]，研究埃及国家形象，能够帮助我们了解埃及政府的执政理念、对外政策、国际定位等，并为发展中埃关系、谋求国际问题的合作提供参考和支撑。话语是国家形象构建的重要媒介[②]，展现埃及国家形象的话语构建过程，也对我国的国家形象构建具有重要提示意义，即依据场合与需求的不同，应注重选择和使用不同的话语策略描述或评价相关话题，实现不同的定位、立场与行为关系，构建中国国家形象。

① 管文虎主编：《国家形象论》，电子科技大学出版社 2000 年版，第 23 页。
② 胡晓明：《国家形象》，人民出版社 2011 年版，第 106 页。

定位理论与芬兰国家形象构建[①]

——以芬兰总统联大演讲为例

李　颖

1　引言

芬兰是一个只有五百多万人口的北欧小国，但非常注重自己的国家形象建设。2012 年政府资助建立一个专门的机构，负责协调统筹各政府机构的对外联络部门，以促进芬兰的国家形象推广。在中国，芬兰以人人艳羡的高福利和优秀的基础教育闻名。不仅如此，在安霍尔特－捷孚凯国家品牌指数（Anholt-GFK Roper National Brand Index）2016 年的数据中，芬兰的国家治理指标排名第 8，可见芬兰参与国际和平与安全、世界减贫、国际事务方面的国家形象非常正面积极[②]。这与 2010 年芬兰的国家形象调查报告所设定的目标

① 本文发表于《外国语文》2017 年第 3 期。

② Media link：Ulkoasiainministeriö. Suomen maakuva on pysynyt maailman kattavimman maabrändiselvityksen mukaan vakaana ja hyvänä. Lehdistötiedotteet（通讯稿）（231/2016）retrieved December 10，2016 from：http：//formin. finland. fi/public/default. aspx? contentid＝355361&nodeid＝15145&contentlan＝1&culture＝fi－FI（更新于 2016 年 12 月 8 日）（芬兰外交部：《芬兰的国家形象在全球最广泛调查中排名稳定，形象良好》）。

基本相符："2030年，芬兰将是全世界的问题解决者。芬兰是世界上最好的国家。芬兰虽然体量娇小，但拥有与此相比难以置信的众多优势，能够解决世界上最困难的全球性问题。如果芬兰还不是这样的国家，那就意味着我们重任在肩，应该创造这样的国家。历史和文化使得我们在面对困难时能够毫无成见地积极提出解决方案，这是我们最大的优势。即使在环境难以置信时，我们仍能坚韧面对。"① 由此可见，芬兰国土虽小，人口不多，但雄心勃勃。

2015年9月28日第70届联大论题为"联合国成立70周年：一个新的行动承诺"。在如此重大的国际场合，如何展示自己的国家形象，对于"小国"芬兰格外重要。芬兰总统绍利·尼尼斯托（Sauli Niinistö）在会议日程第二天（9月29日）上午发表了演讲②，提出芬兰对国际事务的态度和主张，寻求本国在国际事务中的权利和责任。

2 定位理论与国家形象构建

定位理论（positioning theory）于20世纪90年代初兴起于社会心理学领域，一开始主要应用于人际间的批评话语分析。Davies和Harré认为，当一个人在话语实践中对他者定位时，也是在对自身进

① Maabrändivaltuuskunta. Tehtävä Suomelle：Miten Suomi osoittaa vahvuutensa ratkaisemalla maailman viheliäisimpiä ongelmia［ISBN 978—951—724—891—4］［2016年12月10日］. http：//formin. finland. fi/public/download. aspx? ID=144031&GUID={F8A153A3-2BC2-41EF-AE38-90225E29F5E1}. 2010年11月25日（国家形象委员会：《芬兰的任务：芬兰如何在解决全球棘手问题时展现自身优势》）。

② 4http：//formin. finland. fi/public/default. aspx? contentid=355361&nodeid=15145&contentlan=1&culture=fi—FI（更新于2016年12月8日）（芬兰外交部：《芬兰的国家形象在全球最广泛调查中排名稳定，形象良好》）。

行定位。定位理论通过分析话语实践中的叙事框架，言语行为或行动、定位以及叙事者和受叙者的权利和责任的构建和变化，进而强调人的身份实际上是非线性的、碎片化的，并且在每一次的互动话语实践中重新构建起来①。

自21世纪以来，定位理论开始从早期人与人之间封闭、互动的交流扩展到群体之间或者国家之间的接触和政治领域的话语分析②③④⑤⑥⑦⑧。本文尝试使用定位理论分析外交演讲。外交演讲虽然是一个单向的话语事件，但外交演讲的听众非常明确，各国的外交立场是已知的或者可以预见的，而演讲主题或者议题都是根据听众、场合和语境，以及期待目标精心选择的。演讲人通过言语行为对国

---

① Davies, B. & R. Harré. "Positioning: The discursive production of selves." *Journal for the Theory of Social Behaviour*, 1990, 20: 43—63.

② Carr, C. *The Lessons of Terror: A History of Warfare Against Civilians: Why It Has Always Failed and Why It Will Fail Again*. New York: Random House, 2002. Gruber, H., "Policy-oriented Argumentation or Ironic Evaluation: A Study of Verbal Quoting and Positioning in Austrian Politicians'Parliamentary Debate Contributions." *Discourse Studies*, 2015, 17 (6): 682—702.

③ Harré, R., Moghaddam, F. M. & T. P. Cairnie et al. "Recent Advances in Positioning Theory." *Theory &Psychology*, 2009, 19 (1): 5—31.

④ James, M. "A Provisional Conceptual Framework for Intentional Positioning in Public Relations." *Journal of Public Relations Research*, 2011, 23 (1): 93—118.

⑤ Moghaddam, F. M. & E. Hartley et al. "Sustaining Intergroup Harmony: An analysis of the Kissinger Papers through Positioning Theory." in R. Harré & F. M. Moghaddam. *The Self and Others: Positioning Individuals and Groups in Personal, Political, and Cultural Contexts*. Westport, CT: Praeger.

⑥ Moghaddam, F. M. & K. A. Kavulich. "Identity, Rights, and Duties: The illustrative Case of Positioning by Iran, the United States, and the European Union." in J. Valsiner & A. Rosa. *The Cambridge Handbook of Sociocultural Psychology*. New York: Cambridge University Press, 2007.

⑦ Moghaddam, F. M. & K. A. Kavulich. "Nuclear Positioning and Supererogatory Duties: The Illustrative Case of Positioning by Iran, the United States, and the European Union." in F. M. Moghaddam & R. Harré, et al, *Global Conflict Resolution Through Positioning Analysis*. New York: Springer, 2008.

⑧ Schmidle, R. E. "Positioning Theory and Terrorist Networks." *Journal for the Theory of Social Behaviour*, 2009, 40 (1): 65—78.

际热点问题或者本国关注的问题表达主张，对他国的行为进行评价，在定位他者的同时，也是在对自身进行定位。所以，外交演讲实际上是在现实语境下与听众互动的社会心理过程。本文尝试分析芬兰总统在不同的议题转换中，如何通过构建和调整叙事框架，对芬兰、联合国、其他国家等角色和行为进行描述和评价，进而对他者和自身进行定位；同时，在不同的叙事框架下，通过肯定或者否定芬兰、联合国和其他国家的定位，从而赋予自己及其他对象不同的权利和责任，进而表达自己国家的利益诉求，达到外交演讲的目的。通过分析可以发现，外交演讲中对他者和自身的定位并非一成不变，尼尼斯托所构建的芬兰的国家形象（国家身份）根据议题和利益诉求不同而有所变化。

3 芬兰的定位与国家形象构建

芬兰的英文教育程度普遍比较高，大多数国家领导人参与国际活动时都使用英语。总统尼尼斯托上任以来也不例外，虽然他的芬兰口音比较重，但在联合国大会上依然用英文发表演讲。此次第 70 届联大的演讲时长 11 分钟。全篇 1093 词，共 20 个段落，非常简短。从内容上看，芬兰总统在演讲中谈到了多个国际热点和芬兰关注的议题：叙利亚、伊拉克和北非地区冲突和危机，2015 年难民问题，全球地区冲突及其解决方案，《2030 年可持续发展议程》以及联合国秘书长竞选问题。整篇演讲符合尼尼斯托总统演讲的一贯作风，着眼于实际问题和大局问题，务实具体，态度鲜明。

3.1 联合国的坚定支持者

尼尼斯托总统演讲开篇的第一句话就对芬兰和联合国进行了定位：

Let me begin by congratulating you, Mr. President… You have the full support of Finland in your important task.

首先让我祝贺您，主席先生，恭喜您当选为联合国大会第70届会议主席。在您重要的工作任务中，芬兰将全力支持您。

这不仅仅是芬兰对北欧伙伴丹麦议长当选联大主席的支持，实际上在北欧五国的演讲中只有芬兰表达了这么鲜明的立场，而芬兰总统在前后几次的联大演讲开篇都会提到芬兰对联大主席的“全力支持”。芬兰总统不单单是支持“丹麦议长”，更重要的是对联大主席所代表的联合国表示“全力支持”，将芬兰明确定位为联合国支持者，而将联大主席的工作定位为“重要的”。这一基调贯穿全文，在后面的话语实践中不断加强。

稍后芬兰总统进一步阐述了芬兰和联合国之间的关系：

This year also marks the 60th anniversary of Finland's membership in the Organization. Finland joined a family of countries which do care and shoulder their responsibility. We felt this caring when Finnish national composer Jean Sibelius passed away in 1957. The UN General Assembly decided to honor him with a moment of silence. The Chairman of that Assembly, Mr. Leslie Munro, described how “Sibelius belonged to the whole world”.

今年也标志着芬兰加入联合国 60 周年。芬兰加入了一个由相互关怀并勇于承担责任的国家组成的大家庭。1957 年，当芬兰民族作曲家杨·西贝柳斯去世时，我们曾感受到这种关怀。那一次联合国大会决定为他默哀，大会主席莱斯利·穆罗先生阐述了为什么“西贝柳斯属于整个世界”。

芬兰总统将联合国定位为“由国家组成的大家庭”，那么芬兰就是其中一名家庭成员。不同于其他社会组织，“家庭”更加强调情感的归属感和安全感。联合国大会为西贝柳斯默哀格外营造了这种归属感，因为西贝柳斯对于芬兰意义非凡，他的作品凝聚着炽热的爱国主义感情和浓厚的民族特色；他的名作《芬兰颂》（Finlandia）几乎可以说是芬兰的民族之歌，所以尼尼斯托称他为“民族作曲家”。西贝柳斯毕业的赫尔辛基音乐学院，后来为了纪念他更名为西贝柳斯音乐学院。这就是为什么 1957 年联合国大会为这位芬兰作曲家的逝世举行默哀，使芬兰感受到了一种温暖的“关怀”。

在联大演讲之后芬兰举行的 60 周年纪念活动中，尼尼斯托强调芬兰非常重视自己作为联合国成员国的身份。芬兰于 1947 年申请加入联合国，但是由于历史原因，直到 1955 年才被接纳。对于芬兰而言，联合国从不只是一个国际组织。一旦成为联合国成员，联合国很快就成为芬兰外交政策的重要部分，甚至开始影响芬兰的国家身份，这些都说明芬兰对联合国大家庭有强烈的认同感和归属感。

3.2 国际责任的切实承担者

家庭具有完整而不可分割的属性。把联合国定位为一个“大家庭”，就是把它视为一个不可分割的、利益和危机共同承担的共同体。所有的家庭成员都有“承担责任”的义务，而芬兰则是通过参与维和行动来定位自身作为“家庭成员”所承担的责任：

We also felt what shouldering responsibility means by participating in the first UN peacekeeping operation in Suez.

同样，我们通过参与联合国第一次在苏伊士的维和行动，明白了承担责任的意义。

Since the beginning of its membership，Finland has contributed 50,000 men and women to UN peacekeeping operations. In per capita terms we are number two contributor in Europe. And we will further strengthen our contribution. We will shoulder our responsibility.

自芬兰加入联合国起，向联合国派遣了 50000 名男性和女性维和人员。按人均计算，我们在欧洲是第二大贡献者。并且我们将进一步投入我们的贡献，承担起我们的责任。

此外在欧洲目前最关注的难民问题中，芬兰也是当仁不让：

Largely due to wars and conflicts, we are facing a new era of migration. Around sixty million refugees, largest number since the Second World War, are a clear proof of that. The present refugee situation in the Middle East, in many parts of Africa, and in the Mediterranean is unbearable for all.

很大程度上由于战争和冲突，我们正面临着一个移民的新时代。大约六千万的难民，二战以来最高的数量，就是个很明显的证明。当前中东、非洲很多地区以及地中海地区的难民现状是所有人都无法承受的。

…the refugee crisis is causing serious political tension in Europe. Finland is also receiving proportionally a very high number of asylum seekers. Not helping is not an option for us.

……在欧洲，难民危机正在造成严重的政治紧张。芬兰也按比例接受了很高数目的寻求庇护者。坐视不管不是我们的选择。

在谈到难民问题时，芬兰总统简单描述了欧洲和芬兰的现状："大约六千万的难民，这是二战以来最高的数量"，"在欧洲制造了严重的政治紧张"。实际上 2015 年全欧洲最关注的焦点就是难民问题，2015 年下半年芬兰总共接收了超过 3 万难民，对芬兰国内的政治造成了很大的冲击。大批难民的进入和安置，文化之间的冲突，社会治安受到影响——这类问题每天都充斥芬兰的各大媒体。难民问题对于芬兰不仅是政治问题，更是一个经济问题。芬兰国内经济困难，国家负债沉重，接受安置数万名难民意味着巨大的经济负担。2015

年 9 月 16 日，新任总理尤哈·西皮莱（Juha Sipilä）在国家广播电台进行了第一次全国直播演讲，主要针对国内的经济和改革问题，希望能凝聚民心，振奋士气，共渡难关。他承认，芬兰的经济危机非常严重：“七年以来，芬兰的债务每小时增加约 100 万欧元。”在 2016 年的新年演讲中，芬兰总统坦率地说，自己的国家“接受难民的能力非常有限”。出于政治和经济双重因素，欧洲，包括芬兰，对于难民政策的质疑和反对也越来越多，但是在联大的演讲中，尼尼斯托没有过多强调欧洲或者芬兰的困境。相反，他谈到“当前中东、非洲很多地区以及地中海地区的难民现状是所有人都无法承受的”，这里说的“所有人”，既包括冲突发生地区，也包括难民流入地区，当然还包括了联合国的所有成员国。这一指称隐含“大家庭”和“家庭成员”的定位关系，具有不可分割的属性，意味着所有“家庭成员”都负有共同解决问题的责任，而处于冲突地区的“家庭成员”则具有“获得帮助”、“被关怀”的权利。在这一叙事框架的构建中，对待难民问题的态度必然是“坐视不管并不是我们的选择”，共同承担责任以解决问题，是不可推辞的义务。通过定位理论分析芬兰总统的演讲，可以看出芬兰始终把自己与联合国以及其他成员国之间的关系定位为一个不可分割的责任共同体，构建了芬兰是国际责任的积极承担者的国家形象，而“欧洲第二大贡献者”这一说法更是将芬兰定位为一个勇于承担责任的模范。

3.3 国际冲突解决新范式的倡导者

谈及叙利亚等地区冲突问题时，芬兰总统不同于某些国家领导人首先谴责恐怖主义，造成二元对立的定位，而是将“伊斯兰国”恐怖行动描述为地区冲突的“直接副产品”：

> ISIL and its horrendous terror is a direct by—product of the conflicts in Syria and Iraq. It threatens the peace and stability in Middle East, in Africa and even in Europe.
>
> “伊斯兰国”及其可怕的恐怖行为是叙利亚和伊拉克冲突的直接副产品。它威胁到中东、非洲乃至欧洲的和平和稳定。

“副产品”这一表述带有“不可避免”、“必然发生”、“某种程度上可以接受”等含义①。这种说法不同于某些国家在国际场合空喊谴责恐怖主义口号的做法，而是强调必须从根源上探寻解决地区冲突的方法。地区冲突的另一个“副产品”就是难民问题。要解决难民问题和抑制“伊斯兰国”的恐怖行为，必须先解决叙利亚和伊拉克的地区冲突。在这个问题上，他特别强调联合国“大家庭”的地位和重要性：

---

① Harré, R., Moghaddam, F. M. & T. P. Cairnie et al. “Recent Advances in Positioning theory.” *Theory & Psychology*. 2009, 19 (1): 5—31.

The international community must now show that we do care. Especially the UN Security Council and the countries in the region, must work together on finding a political solution to the crisis in Syria. Finland welcomes all constructive efforts that pave the way for a realistic, workable and lasting peace within a framework of international co-operation. Finland also remains committed to the work of the international counter-ISIL coalition.

国际社会必须表明我们的重视态度。尤其是安理会和这些问题地区的国家，必须齐心协力寻找一个应对叙利亚危机的政治方案。在国际合作的框架内，芬兰对所有为寻求一个现实的、可行的、持久的和平而铺路的建设性努力表示热烈的欢迎。芬兰也将继续致力于国际反伊斯兰国联盟的工作。

在整篇演讲中，芬兰没有提到美国或者其他欧洲大国对这些问题的态度和立场，而是不断强调“联合国”、“国际社会”、“安理会”、“国际合作”。只字不提个别国家，其实也是一种技巧，意在反对某些大国采取单独行动。通过联合国和国际社会维护和平的全球和地区环境，尤其是通过政治方案解决地区冲突，是芬兰身为小国的一项重要的国际诉求。例如在乌克兰危机的解决中：

We welcome the steps taken towards the implementation of the Minsk agreement. All illegal measures, like the annexation of Crimea to Russia, cannot and must not be accepted.

我们欢迎对明斯克协议的执行情况采取的步骤。所有的非法措施，如俄罗斯对克里米亚的吞并，不能也不应该被承认。

芬兰领导人多次在国内外的公开演讲中强调俄罗斯问题。尼尼斯托用“不能也不应该”这一措辞坚决地表态，否认俄罗斯有任何权力侵占其他成员国的领土。由于历史原因，芬兰需要依靠欧洲盟国来抗衡俄罗斯，以保障自身的国土安全。但是另一方面，芬兰在经济上又非常依赖俄罗斯的进出口。欧盟对俄罗斯进行经济制裁时，芬兰的进出口直线下滑，经济大受打击。在地区冲突的解决过程中，一旦国际社会或者俄罗斯采取任何军事或经济行动，很可能直接影响芬兰的国土安全和国民经济。所以明斯克协议的政治解决方案是芬兰所欢迎的。同时，芬兰在叙利亚地区问题、乌克兰问题和伊朗问题上都强调政治解决方案的重要性；正是因为在地区冲突规模和数量都不断增多的现状下，联合国面临着危机和困境：

> The UN peace operations are at the very heart of its efforts to maintain international peace and security. Yet the scope and complexity of today's violent conflicts has surpassed the ability of the international community to address them properly. Critical thinking, flexibility and decisive action are needed to manage and solve these crises.
>
> 维和行动是联合国维持国际和平与安全的核心。然而，当今世界暴力冲突的范围和复杂性已经超出了国际社会妥善处理的能力。如何管控并解决这些危机，这需要批判性的思维，灵活的处事方式和果断的行动能力。

It rightly stresses the primacy of politics: political solutions must always guide the deployment of UN peace operations. The UN's prevention and mediation capacities must be strengthened and sufficiently funded.

联合国强调政治处理的优先性，这是正确的：政治解决必须始终引导联合国维和行动的部署。联合国的预防和调解能力必须加强，必须有充足的资金与之匹配。

在这里，叙事框架发生了变化和调整。联合国作为一个组织，显示出能力不足，原有的手段和方法（维和行动）无法适用于范围增大和日益复杂的地区冲突。联合国这个大家庭面对全球困境，有些无能为力，必须加强“预防和调解能力”，增加“资金配备”。在这一叙事框架下，通过肯定其他成员的定位，例如奥尔塔总统（Ramos-Horta）的高级别小组所履行的权利和责任——对联合国和平与安全架构进行审查，进而提交“优秀”报告，芬兰的定位也发生了变化：不仅仅是一个跟随者和支持者，更是一个积极的倡导者。积极通过政治方案解决地区冲突，这不仅仅是芬兰对联合国的期待；在联合国面临困难之时，芬兰也提出自己的主张并付诸行动：积极转变思路，寻求通过国际社会合作，提出具有“批判性的思维，灵活的处事方式和果断的行动能力”的政治解决方案：

Finland is proud to have contributed to this shift of paradigm especially through co-chairing the Group of Friends of Mediation, together with Turkey. The Group of Friends will continue its efforts to advance the recommendations of the Panel.

对于促成这种思维的转变，特别是与土耳其一起共同主持调解之友小组，芬兰感到十分自豪。调解之友小组将继续努力，以推动高级别小组的报告得以落实。

虽然是北欧小国，芬兰并不满足于扮演跟随者的角色。事实上，除了积极参与联合国的维和行动，芬兰领导人在很多国际问题和区域冲突中积极斡旋，扮演了重要的角色，例如芬兰前总统马尔蒂·阿赫蒂萨里（Martti Ahtisaari）曾担任过联合国纳米比亚问题特别代表、南斯拉夫问题特别代表和联合国负责行政管理事务的副秘书长。在卸去总统职务后，阿赫蒂萨里还出任过联合国负责处理非洲之角人道主义问题的特使等职务。

在演讲中，尼尼斯托四次使用代词“我”（I）：

I very much welcome the excellent report produced by President Ramos-Horta's High-Level Panel.

我非常欢迎奥尔塔总统的高级别小组所提交的“优秀”报告。

I believe we are on the right track…

我相信我们在正确的轨道上……

I urge the United Nations to show its convening power again.

我敦促联合国再次展现其号召力。

I very much welcome the efforts to enhance the transparency and inclusiveness of the selection process of the next Secretary-General.

我非常欢迎为提高下一届秘书长竞选过程的透明度和包容度而做出的努力。

这几个代词出现在倡导新范式、呼吁国际行动和联合国秘书长女性候选人等议题中：直接使用代词“我”，说明总统尼尼斯托强调他的“真我”，强调尼尼斯托个体，而非芬兰总统所代表的芬兰身份，芬兰总统作为个体参与到倡导新范式、新现象的定位中。在这里芬兰总统也为自己构建了一个新型范式、新变化的倡导者的形象。

通过对联合国定位和全球范围地区冲突解决这一叙事框架的调整，芬兰也调整了对自身的定位，从责任的承担者转变为积极的新范式的倡导者。

3.4 维护全人类福祉的引领者

《2030年可持续发展议程》是芬兰极为重视的一个国际问题。演讲一开头，芬兰总统就提到了这个问题，为后文的呼吁埋下伏笔：

The UN Charter was written in a world that lay in ruins after the Second World War. Today, we must face our challenges with the same determination our predecessors did in 1945. By adopting the ambitious new Agenda 2030 we are taking equally or even more important steps for humankind.

《联合国宪章》诞生于二战后的废墟中。今天，我们必须以同样的决心去面对挑战，就像1945年我们的先辈们那样。通过采取雄心勃勃的2030年新议程，我们正在为人类走出同样甚至更加重要的一步。

尼尼斯托将现在的“我们”与“我们的先辈”类比，把今天“我们”面临的困境和挑战类比为“二战后的废墟”，而把《2030年可持续发展议程》类比为《联合国宪章》，从而为包括芬兰在内的国际社会面临的局势构建了一个叙事框架：我们站在一片废墟之中，我们处于历史性的决定时刻，而现在正是需要我们展现决心、做出决定的时刻；现在甚至比二战“更加重要”，因为这关系着人类甚至全地球物种的命运。在这一叙事框架中，芬兰总统将包括芬兰在内的所有国家定位为关键的历史时刻下人类命运的决定者。

在面临存亡的危急时刻，联合国应该具有号召力，有责任带领全体成员走出困境。在演讲结尾时，芬兰总统再次呼吁重现全球气候问题。整个演讲中，尼尼斯托几乎都在用“我们”引导句子，表现出积极、果敢的语气，例如：

It is up to us to act. We can choose-or lose-our future··· I believe we are on the right track···Now it is up to us to implement this ambitious Agenda. We must care for our children and their children.

我们可以选择未来，或者失去我们的未来，这取决于我们怎样去行动……我相信我们走在正确的轨道上……现在实现这个雄心勃勃的议程，取决于我们。我们必须关心我们的孩子，以及孩子的孩子。

从这些语句可以看出芬兰对气候问题的关切，以及芬兰对全球共同行动的殷切期待。芬兰之所以对《2030 年可持续发展议程》如此重视，有其利益诉求。北欧国家因为地理关系，受北冰洋海平面上升的影响更大，对气候变暖问题也就格外敏感和关注。在 2015 年 12 月的气候大会上，芬兰总统就提到“作为一个北极国家，我们在芬兰所目睹的变暖速度是全球水平的两倍。从某种意义上说，我们是全球的温度计”。另一方面，芬兰在环保和可持续发展等方面有产业优势，希望借此优势振兴本国低迷的经济。

但是，“我敦促联合国再次展现其号召力”、“强有力的政治领导是必需的”这一类说法，正从反面说明“在国际社会无法达成共识的情况下”，联合国缺乏强有力的领导，无法敦促国际社会一致采取行动。相反，尼尼斯托总统用“我们”引导句子，以倡导《2030 年可持续发展议程》，例如“我们不能……”、“我们可以”、“我相信我们”、“让我们”、“我们必须”等，从而将芬兰定位成一个有责任感的家庭成员，一个勇于面对挑战和困境、敢于行动的引领者，愿意带领大家兑现承诺，履行职责。通过“我必须”、“取决于我们”等构式，得以营造出一种集体行动的迫切感。此外，他还提到私企、国民社会、政府和所有个人，将社会的每个元素——上至国家，下至个人——都定位为全人类命运的决定者，敦促这些元素在自身行动中实践对地球和全人类的责任。在气候问题的叙事框架下，芬兰总统通过对自身国家的定位和一系列的言语行为，获得引领的权利，并且占领了道德的制高点，对其他成员国、政府、私企获得敦促、监督和批判的权力，进而对一些否定《2030 年可持续发展议程》或者持犹豫态度的国家形成一种压迫感，敦促他们尽快完成自己的职责。通过这一叙事框架下的定位调整，芬兰不仅仅是一个联合国的坚定支持者、国际责任的切实承担者，而且被赋予了一个有责任感、有使命感、维护全人类福祉的引领者的形象。

4 结论

本文尝试运用定位理论的方法分析政治外交演讲，可以看出在外交演讲的话语实践中，演讲者试图描述的国家身份并不是一成不变的。在尼尼斯托的演讲中随着议题的变更，芬兰在追求更多的国际责任和权力，国家身份发生了变化。定位理论为我们观察和理解政治话语实践中的国家身份及其背后利益诉求提供了新的视角和方法。

在芬兰总统第70届联大的演讲中，随着不同的议题变化，芬兰和联合国以及彼此之间关系的定位发生了变化，构建了芬兰多元的国家形象。芬兰这个人口数量和经济体量都不庞大的“小国”特别重视联合国成员国这个身份，芬兰的国家安全和经济诉求与联合国的政策行动方向非常一致，在某些方面芬兰非常依赖于联合国的国际保护，因此对联合国的行动坚定拥护并支持。但是另一方面，芬兰并不是完全的跟随者。在联合国演讲这样一个重要的媒介事件，芬兰不仅仅满足于承担责任，更是敢于表达自己强有力的立场和号召，构建出一个积极参与国际事务，倡导新型范式，具有行动力，为全人类谋福祉的倡导者、引领者的形象，从而为芬兰争取更多的国际权力和利益。

话语历史分析法与挪威国家形象构建[①]

——以挪威首相第70届和第71届联大演讲为例

李菁菁

1 引言

话语历史分析法是批评话语分析的重要研究方法之一，为研究者进行话语分析提供了一个崭新的研究视角。话语历史分析法在考察与社会问题相关的政治、经济、文化等外部信息的同时，也注重考察意识形态这一内部影响，从而更加客观地揭示语言、权力和意识形态之间复杂的关系[②]。在运用话语历史分析法对不同语篇进行研究时，互文性是主要分析内容之一。国家领导人在重要国际场合上的演讲是传播一国的文化与意识形态，构建国家形象的重要方式。为实现这一目的，其演讲内容常具有一定的互文性，借以增强说服

① 本文发表于《外国语文》2017年第3期。

② 赵林静：《话语历史分析：视角、方法与原则》，载《广东外语外贸大学学报》2009年第3期，第87—91页。

力和感染力，发挥特定的政治作用①。故运用话语历史分析法，考察国家领导人演讲语篇的互文性，可进一步总结出其所构建出的国家形象。

本文运用话语历史分析法，以挪威首相埃尔娜·索尔贝格在70届和71届联大一般性辩论中的演讲为例，分析其语篇中互文性所传递的意识形态，以及由此构建起的挪威国家形象。目前国内尚未有学者对挪威的国家形象进行过聚焦型分析，本研究可为此提供一些社会语言学层面的依据。

2 理论框架与研究方法

2.1 Wodak的话语历史分析法

“话语历史分析法”（Discourse-historical approach，简称DHA）由奥地利批评话语分析家Wodak②（2001）提出，与Fairclough③的“辩证一关系分析法”（Dialectical-relational approach，简称DRA）及Van Dijk④的“社会认知分析法”（Socio-cognitive approach，简称SCA）并列为当今批评话语分析（Critical Discourse Analysis，简称CDA）研究领域的三大主要方法。DHA主要包括三大步骤：（1）确

① 辛斌、李悦：《中美领导人互访演讲中具体互文性的语用分析》，载《山东外语教学》2016年第1期，第3—11页。

② Wodak，R & M. Meyer. *Methods of Critical Discourse Analysis*. London：Sage，2001.

③ Fairclough，N. *Analysing Discourse*：*Textual Analysis for Social Research*. London/New York：Routledge，2003.

④ Van Dijk，T. A. “Principles of Critical Discourse Analysis.” *Discourse & Society*. 1993（4）：249—283.

定某一话语的具体内容及主题；（2）研究该话语中使用的话语策略；（3）检查话语的实现形式。DHA 的优点在于能够从文本出发，结合社会文化历史资料，对话语进行多层次的深入探讨和分析。这种方法在国外已有学者使用，进行性别歧视、种族歧视及国家身份建构等方面的批评话语分析，但在国内尚未得到应用及重视[①]。

Wodak 提出，在运用 DHA 逐层分析话语时，可从文本描述出发，根据所研究的具体问题，划分出不同话题（或主题），以分析不同文本间的互文性；然后结合该话语所处的社会、政治、文化和历史语境，通过互文性来分析所要研究的具体问题[②]。

具体到国家形象构建这一研究问题，通过 DHA 研究话语中语篇的互文性，能够分析出语篇所构建出的国家形象，这是由话语的建构性所决定的。Fairclough 提出，从社会意义的角度来看，话语具有建构性，能够建构社会主体、社会关系和意识形态。政治语篇是权力的表达[③]，灌输意识形态是其主要功能之一[④]。通过对政治语篇的话语分析，能够看出说话者的政治意图，分析其代表的意识形态。而社会意识形态的公开表达，则是国家形象构建过程中的重要分析依据。故通过分析国家领导人演讲语篇的互文性，将意识形态置于构成过去事件的结果和现在事件的条件结构之中，可以考察互文性与意识形态在话语权力关系中的体现，进而分析出说话者通过语篇

① Wodak，R & M. Meyer. *Methods of Critical Discourse Analysis*. London：Sage. 2001，p. 71.

② Wodak，R & M. Meyer. *Methods of Critical Discourse Analysis*. London：Sage. 2001，p. 67.

③ Fairclough，N. *Analysing Discourse*：*Textual Analysis for Social Research*. London/New York：Routledge. 2003，p. 9.

④ Van Dijk，T. A. "Principles of Critical Discourse Analysis." *Discourse & Society*. 1993 (4) 249—283.

所构建的国家形象[①]。

2.2 互文性的分类

互文性（Intertextuality）是文学领域的一个重要概念，于 20 世纪 60 年代由法国文学批评家 Kristeva 在 Bakhtin“对话”（Dialogism）理论基础上提出。近年来，随着 CDA 的提出和发展，互文性被作为一个新的切入点，逐渐兴起并日益受到重视，拓展了互文性分析的维度和方法[②③④⑤⑥⑦⑧]。在 DHA 中，不同文本间的互文性是对话语进行深入分析的重要内容和用于回答研究问题的重要依据。

一般来说，互文性是指文本与其他文本、身份、意义、主体以及社会历史现实之间的相互联系与转化之关系和过程[⑨]。Kristeva 认为，“任何文本都是由马赛克般的引文拼接起来的，任何文本都是对其他文本的吸收与转化”[⑩]。故互文性可用于讨论某一文本与其他文

① Fairclough，N. *Discourse and Social Change*. Cambridge：Polity Press. 1992，p. 89.

② Fairclough，N. *Critical Discourse Analysis：The Critical Study of Language*. New York：Longman，1995.

③ Lemke，J. “Ideology，Intertextuality，and the Communication of Science.” In P. Fries，M. Cummings，Lockwood，D. & Spruiell，W. （eds.）. *Relations and Functions in Language and Discourse*. London：Cassell，2002.

④ Lemke，J. L. “Intertextuality and Educational Research.” In Bloome，D. & N，Shuart-Faris，*Uses of Intertextuality in Classroom and Educational Research*. Greenwich，Conn：Information Age Publishing，2004.

⑤ Wodak，R & M. Meyer. *Methods of Critical Discourse Analysis*. London：Sage，2001.

⑥ 辛斌：《体裁互文性的社会语用学分析》，载《外语学刊》2002 年第 2 期，第 15—21 页。

⑦ 辛斌：《批评语言学：理论与应用》，上海外语教育出版社，2005 年版。

⑧ 辛斌：《语篇研究中的互文性分析》，载《外语与外语教学》2008 年第 1 期，第 7—10 页。

⑨ Lemke，J. L. “Intertextuality and Educational Research.” in Bloome，D. & N，Shuart-Faris，*Uses of Intertextuality in Classroom and Educational Research*. Greenwich，Conn：Information Age Publishing，2004. 李玉平：《互文性定义探析》，载《文学与文化》2012 年第 4 期，第 16—22 页。

⑩ Kristeva，J. *Word，Dialogue and the Novel，Desire in Language：A Semiotic Approach to Literature and Art*. New York：Columbia University. 1980，p. 66.

本之间的关系，如引用、套用、影射等。Kristeva 最初将互文性划分为水平互文性（Horizontal Intertextuality）与垂直互文性（Vertical Intertextuality）。Fairclough 在 Kristeva 的基础上，将其聚焦于批评话语分析，提出了显性互文性（Manifest Intertextuality）和构成互文性（Constitutive Intertextuality）①。为了便于语篇分析的实际操作，辛斌在 Fairclough 理论基础上提出，将其分为具体互文性（Specific Intertextuality）和体裁互文性（Generic Intertextuality）。前者指一个语篇中有具体来源（即写作主体）的他人话语，后者指一个语篇所具的风格、体裁或语域之间的混合交融②。本文关于互文性的讨论仅限定于具体互文性。

本文将通过聚焦于 DHA 的前两步来探讨语篇所构建出的国家形象：（1）确定两次演讲语篇中的具体内容及主题；（2）根据具体内容及主题，结合社会、文化和历史资料，对语篇中所出现的互文现象，即文本的互文性进行分析；（3）总结语篇的互文性所构建出的挪威国家形象。

3　研究结果与讨论

3.1　语篇的具体内容及主题

北欧国家普遍英语水平较高，故其国家领导人在国际公开场合的演讲多使用英语。挪威首相索尔贝格在联合国大会的两次演讲均

① Fairclough, N. *Discourse and Social Change*. Cambridge. Polity Press. 1992, p. 85.

② 辛斌：《语篇互文性的语用分析》，载《外语研究》2000 年第 3 期，第 14—16 页。

用英语进行。其中，第 70 届联大演讲全文共计 1460 个单词，包含 8 大主题：联合国成立 70 周年、人道主义危机——人权问题、联合国公约、反对极端主义、欧洲难民危机、巴黎气候大会、可持续发展以及海洋法。第 71 届联大演讲全文共计 1558 个单词，分为 8 大主题：战乱地区——人权问题、巴黎协定——巴黎气候大会、联合国《2030 年可持续发展议程》、国际法、反对极端主义、可持续发展、教育和卫生问题以及海洋资源保护。从整体上来看，两次演讲中的主要内容相似率约一半以上。

通过演讲内容的对比，可以看出，在索尔贝格的两次联大演讲中，出现重复性主题，即两个语篇间出现的具体互文现象，主要有：人权问题、反对极端主义、可持续发展和巴黎气候大会 4 项。利用 DHA，可以搭建出两次演讲语篇的互文性分析框架（见图 1）。其中，关于 70 届联大演讲中出现的“联合国成立 70 周年”主题，因未在两个语篇间出现互文现象，故本文不作具体分析。接下来，我们对两个语篇中出现的主要互文现象进行一一分析。

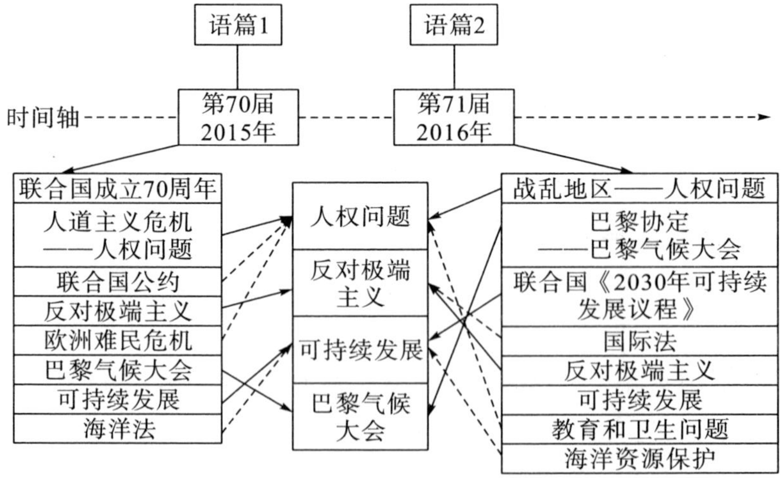

图 1　DHA 角度下的互文性分析框架

3.2 人权问题

索尔贝格的两次演讲语篇中，“人权问题”反复出现，构成互文现象。此外，索尔贝格还通过“联合国公约”（人权问题的履行方式）、“欧洲难民危机”（人权问题的主要体现）以及“教育和卫生问题”（教育层面的人权问题）的讨论，从不同角度和层面对“人权问题”进行了加强论述。结合社会、文化和历史相关资料来看，挪威对国内外人权问题的关注度一直居高不下，说明人权是挪威政府关注的焦点问题之一，是其意识形态中的核心内容；而重视人权，则是挪威国家形象构成的重要组成部分。

第70届演讲中，时值联合国成立70周年，故索尔贝格开篇直道大会主题，承接之前发言者的演讲内容，简述联合国成立以来取得的成就。在挪威看来，联合国取得了4项主要成就，“全面人权体系的建立”是其中之一：

The UN Charter has served humanity well for 70 years, despite many challenges. There have been important milestones: decolonisation, the establishment of the universal human rights system and the Millennium Development Goals, as well as reduction in the number of interstate wars.

联合国宪章自诞生以来，曾经历过诸多挑战，它已为人类服务了70年。在此期间，有许多里程碑的事件：殖民地独立、全面人权体系的建立、千年发展目标的确立以及国家间战争的减少。

之后话锋一转，索尔贝格直接道出其认为目前存在的世界性问题，即“人权问题”。索尔贝格认为，联合国取得成绩的核心之一是人权的进步，而问题的核心之一则是人权的沦陷。为了佐证其论点，两次演讲中，索尔贝格在引出“人权问题”之前均引用实例，直接点名当前世界中遭遇人道主义危机的国家。第 70 届演讲中，索尔贝格直接点名叙利亚、南苏丹、也门、伊拉克四国：

> Power hungry politicians，armed groups and military leaders have ignored the plight of their people in the countries concerned：South Sudan，Yemen，Syria and Iraq. When state authorities ignore the rule of law or fail to . live up to their human rights obligations，the result is often conflict and chaos.
>
> 权欲熏心的政治家、武装团体和军队领导人都无视其所在国家人民所处的危机，这四个国家分别是：南苏丹、也门、叙利亚和伊拉克。当国家的政府无视法律规则或不履行其人权义务时，通常会导致冲突和混乱的结果。

索尔贝格将四国描述为“权欲熏心”，抨击其“无视法律规则”、“不履行其人权义务”，从而导致“冲突和混乱的结果”。索尔贝格对四国的批评，究其根源，在于其未能有效保障本国人民的人权。

第 71 届演讲中，索尔贝格开篇再次点名叙利亚、也门和南苏丹三国，呼应第 70 届演讲内容：

> Violations that have caused widespread human suffering and

insecurity. Syria, Yemen, Ukraine, and South Sudan are some examples, but the list goes on.

侵犯给广大人民带来了痛苦和不安。叙利亚、也门、乌克兰和南苏丹都是这样的例子，但更多的例子还在继续出现。

在挪威看来，冲突和动乱地区人民的“人权”受到了伤害，而这正是挪威最关注的问题。虽然挪威与叙利亚、南苏丹、也门、伊拉克等国间相距甚远，但这些地区的问题与北约紧密相关。挪威为北约的成员国之一，现任北约秘书长为挪威前首相。北约曾多次派遣武装力量对这些地区进行干涉，其国际行动时常需要挪威予以配合，故和挪威直接相关。

此外，在索尔贝格发表两次演讲期间，叙利亚、南苏丹、也门、伊拉克等国的局势动荡不安，是引发欧洲难民危机的导火索；欧洲国家也在难民问题上面陷入胶着。挪威属于欧洲申根区，签署了《欧洲人权公约》。2015 年初，挪威接纳了近万名来自叙利亚等地区的难民，这给挪威社会造成了不小的问题，直接增加了挪威政府的压力。

人权义务是挪威政府最为重视的国际责任和义务，索尔贝格在第 70 届演讲中直接引用联合国公约来描述其履行人权义务的做法：

We are receiving refugees at our borders in line with the UN convention on refugees of 1951 and our international human rights obligations.

根据 1951 年联合国公约的规定和我们的国际人权义务，我们一直在开放边境接收难民。

在 2015 年底，挪威政府重新修改了移民法草案，遣返了大批来自叙利亚、伊拉克和北非地区的难民。挪威采取的方式不同于其他欧洲国家，为了充分体现其“人道主义”，挪威移民局为自愿返回祖国的难民提供一笔 8 万克朗（约合 9400 美金）的补助。该措施取得了一定的成效，不断有难民申请这一补助，开始返回祖国。

结合索尔贝格两次演讲内容与其政府的难民政策，可以看出：挪威政府将人权问题放在第一位，并认为一国履行联合国公约的人权工作是一项必须的“义务”。另外，挪威也有相当的经济实力来担当起这一项义务，即便之后挪威政府紧缩了其移民政策，对难民提供的高额经济援助仍可从经济的方面弥补其义务履行的不足。

另外，教育权是挪威政府眼中关于人权的主要组成部分。第 71 届联大演讲中，索尔贝格通过对“教育和卫生问题”的讨论进一步说明其对人权问题的关注。索尔贝格通过列举数字，体现当前世界范围内失学问题的严重性，并强调青少年和儿童受教育权利的重要意义。她提到：

> The rights to education and health are imperative in this regard. Today，263 million children and young people are out of school，and the number is growing.
>
> 受教育和健康的权利在这方面是必不可少的。今天，有 2.63 亿名失学的青少年和儿童，而且这个数字还在增长中。

挪威政府一贯将受教育的权利视为每个公民都应公平享有的权利。挪威大部分学校为公立，少有私立学校。1998 年，挪威开始实行十年制义务教育，其国家教育目标是普及“全民教育”，即教育应面向所有人，根据每个人的不同兴趣爱好与智力水平进行个性化培养，由国家向全民提供平等的教育机会，从而为每个人提供同等的择业机会。挪威政府及人民将“教育平等权”视为“人权”中一项必需的权利。关于教育问题的讨论，再次显示出挪威对“人权问题”的侧重，凸显其重视人权问题的国家形象。

3.3 反对极端主义

两次演讲中，索尔贝格数次对极端主义进行实例讨论，出现互文现象，并在谈到“国际法”时提出产生极端主义的原因。结合挪威的政治、文化和社会背景，可以看出：索尔贝格对极端主义的反复提及，从侧面表达出了挪威对人权问题的重视，因为反对极端主义就是在保护人权，这也进一步凸显出挪威重视人权问题的国家形象。

第 70 届联大演讲中，索尔贝格通过列举 ISIL 和基地组织等问题提出极端主义问题：

> 70 years ago, we set out to eradicate extremism. The fight against extremism must be maintained, also in our countries. Extremism is once again raising its head in different shapes and forms. The ideology of disorder, discrimination, violence and disruption dominates the ideologies of ISIL, al-Qaeda and their

various affiliates.

70年前，我们开始着手根除极端主义。我们要坚持进行反对极端主义的斗争，无论国内外。极端主义又一次以不同的形式和面貌兴起，混乱、歧视、暴力和分裂的思想主导着ISIL、基地组织及其附属组织的各种意识形态。

索尔贝格强调，“要坚持进行反对极端主义的斗争”，特别指出“无论国内外”。因为近些年来，极端主义问题不但发生在战乱国家和地区，包括挪威在内的欧洲多国也均有发生，且有愈演愈烈之势。

第71届演讲中，索尔贝格则在开篇不久立刻由“国际法”引出这一问题：

Some states have chosen not to abide by international law, and are simply pursuing national interests at the expense of others. Instability in the Middle East and North Africa is causing widespread human suffering, and leading to violent extremism, also in Europe.

一些国家选择不遵守国际法，而是牺牲别国利益去追求自己的国家利益。中东和北非地区的不稳定是人类广泛痛苦的根源，它导致了包括欧洲在内的暴力极端主义。

索尔贝格认为，欧洲“暴力极端主义”产生的根源是中东和北非地区的“不稳定”，即这些地区的战乱问题。而中东、北非地区的“不稳定”则是由于个别国家“不遵守国际法”，自私地追求“自己的国家利益”造成。在挪威看来，“国际法”是一项需要全世界各国共同遵守的法律，以维护世界和平，保障人权，从而避免出现当前欧洲所发生的暴力极端主义问题。

挪威对极端主义问题的严重关切和反复引用还与2011年发生的“722事件”[①] 有关。此后，挪威政府将ISIL、基地组织及其附属组织定性为“极端主义”。索尔贝格不断强调这一问题，加强国际关注度，因为在对抗极端主义的问题上，挪威显然无法孤身作战，必须依靠全世界各国的力量。为此，索尔贝格举出了具体事例，说明挪威的观点和贡献：

> International cooperation at all levels is essential. In June, Norway hosted the European Conference on Countering Violent Extremism
>
> 全方位、多层面的国际合作是至关重要的。今年六月份，挪威举办了“打击暴力极端主义”的欧洲会议。

在反恐过程中，联合国在促进和保护人权问题的各项报告会议中曾多次提出，保护人权方面的漏洞和问题是滋生极端主义的温床。挪威支持这一观点，且多次提出联合国际社会共同打击、对抗极端主义和恐怖势力。

---

① 2011年7月22日，挪威首都奥斯陆市中心政府大楼遭到炸弹袭击；同一天，一名极右翼分子袭击奥斯陆一处青年营地，造成77人遇难，且受害者多为挪威当时的执政党工党青年团成员。

3.4 可持续发展问题

在两次联大演讲中，“可持续发展”内容出现多次互文现象，被索尔贝格反复提出，说明可持续发展是挪威国家形象中的一项重要内容。此外，索尔贝格还通过对“海洋法”及“海洋资源保护”的讨论，体现出挪威政府对可持续发展的重视。

第70届联大演讲里，可持续发展的互文现象出现在索尔贝格演讲的后半部，作为重要内容提出：“Sustainable development will not be possible without respect for human rights”（不尊重人权是无法实现可持续发展的）。通过这句话，索尔贝格一方面说明了“可持续发展”问题的迫切性，另一方面强调了挪威政府对“人权问题”的重视程度，因为“尊重人权”是实现“可持续发展”的先决条件，“可持续发展”与“人权问题”密切相关。之后，索尔贝格紧接着谈到“the Law of the Sea”（海洋法），因为海洋问题同样与可持续发展紧密相关。挪威地处斯堪的纳维亚半岛西北部，三面环海，海岸线狭长，多天然良港。造船业、渔业及海洋石油业是挪威重要的经济产业，海洋资源的开发与利用与挪威国家经济命脉息息相关。索尔贝格在第71届演讲中更详细地解释和说明了这一点。

第71届演讲中，“可持续发展”的互文现象反复出现三次，其中一次是以特指的“The Sustainable Development Goals”（可持续发展目标）形式出现，即“The Sustainable Development Goals are groundbreaking”（可持续发展目标具有开创性）。之后，索尔贝格通过“海洋资源保护”话题探讨了“可持续发展”：

In the decades ahead, the oceans will play a bigger role in the global economy. … Since growth from capture fisheries is limited, we need more sustainable aquaculture.

在未来的几十年中，海洋将在全球经济中发挥更大的作用。……由于捕捞渔业的增长是有限的，我们需要更多的可持续水产养殖。

这是对第70届联大演讲关于“海洋法”和可持续发展的呼应和进一步补充说明。她强调应该保护海洋资源，因为海洋在世界经济发展中将起到越来越重要的作用。

可持续发展指在保护环境的条件下既满足当代人的需求，又以不损害后代人的需求为条件的发展模式。这一概念最早由挪威第一任女性首相格罗·哈莱姆·布伦特兰提出。可持续发展的概念一经提出，便在世界上得到了广泛认可和支持，是挪威对联合国的世界环保事业的重要贡献之一，也是挪威国家意识形态中最为重要的一项内容。索尔贝格在讲话中不断引用这一概念，既是为表明挪威对这一理念的认可和支持，也是在向她的前任致敬。

根据2016年波士顿咨询公司（BCG）的经济可持续发展评估（SEDA）报告显示，挪威继2012年、2014年和2015年夺冠后再次荣登榜首，且获得了100分的满分[①]。波士顿咨询公司主要从经济、投资和可持续发展三个维度衡量了全球162个国家和地区的公民福祉指数，挪威在可持续发展维度方面一直保持全球领先地位，挪威将

① 波士顿咨询公司的经济可持续发展评估（SEDA）通过测量收入水平来展示国家财富是如何转化为国民福利的。SEDA还能反映一个国家落后于其他国家的领域。

此视为重要的国家形象。

3.5 巴黎气候大会

索尔贝格两次演讲反复谈到《巴黎协定》和巴黎气候大会，因为气候问题与挪威的发展密不可分。气候问题与一国的经济建设、社会发展和人民的生活密切相关。气候变化，特别是气象灾害会严重影响国家的可持续发展。近些年来，随着全球气候变暖，各类极端天气现象频发，对挪威的影响尤为明显。索尔贝格反复提及巴黎气候大会，实际上是为了强调挪威政府走可持续发展道路的意图和决心，进而凸显其国家形象。

第70届联大演讲中，索尔贝格强调了气候问题的世界性，并将其视为一项“责任”，需要各国共同参与解决：

> Climate change is a fact. The climate summit in Paris later this year is our opportunity to shoulder our responsibility and take action.
>
> 气候变化是我们现在面临的一个现实问题。今年将在巴黎举办的气候大会将是我们的一个机会，我们应承担起应有的责任，并采取行动。

在第71届演讲中，索尔贝格继续呼应其第70届联大演讲内容，承接这一话题，在开篇便提出：

> When we reached the Paris Agreement, and when we a-

dopted the 2030 Agenda-the road map for our future coexistence and cooperation.

当我们达成《巴黎协定》时，我们也通过了《2030 可持续发展议程》，它是我们未来走向合作共存的路标。

结合挪威的地理气候来看，挪威地处北欧，国土三分之一位于北极圈内。地球气候的任何变化，特别是北极气候问题，如海水升温、冰川消融所导致的挪威渔业严重受损，不仅会对挪威的自然环境产生巨大影响，也会对挪威的社会、经济、文化和政治领域产生一系列连锁效应。故挪威一直在气候问题上保持着积极主动的态度，将之视为其政府最重要的事务之一。当前，国际社会一致认为，走可持续发展道路才是解决气候变化问题有效的途径。挪威政府也秉持这一观点，于 1972 年专门成立“环境部”，成为世界上第一个专门设立环境保护部级单位的国家。2014 年，挪威将“环境部”更名为“气候与环境部”，致力于促进国家环境保护及可持续发展的政策推动及落实。

4 结语

综上所述，本文运用 DHA，对挪威首相埃尔娜·索尔贝格在第 70 届和第 71 届联大一般性辩论演讲进行互文性话语分析，我们从语篇内容和主题出发，结合社会、文化和历史资料，可以发现挪威首相索尔贝格的两次演讲内容中反映出挪威国家意识形态的重要关键词：人权和可持续发展。意识形态能够反映出一国所秉持的价值理念，人权和可持续发展在两个语篇中的互文现象，构建出了挪威重视人权问题、走可持续发展道路的西方发达国家形象。这正是 Fairclough 所提出的：政治话语对国家形象具有构建性。需要特别说明的是，这仅是运用 DHA 通过两个语篇分析出挪威国家形象中的一部分，未来结合更多语料，可利用本文分析模式，对话语历史分析法与国家形象构建进行更加全面深入的分析研究。笔者希望通过这篇文章，为今后进一步研究国家领导人政治演讲，以及研究区域国别关系提供一些新的思路和启发。

话语修辞与国家形象构建

——以英国外长第70届联大演讲为例[①]

聂 薇

1 引言

早在古希腊，演讲就已成为一种强有力的政治武器，在演讲中，"修辞是一种政治权力的资源"[②]。通过运用话语修辞策略，国家领导人或政府官员可以影响受众、调控国与国之间的关系，以达到其政治目的。本研究试图从西方修辞视角，运用亚里士多德的三种修辞手段，即诉诸人格（ethos）、诉诸情感（pathos）、诉诸逻辑（logos），对英国外长菲利普·哈蒙德在第70届联合国大会一般性辩论上

① 本文发表于《外国语文》2017年第3期。本文是国家社科基金重大委托项目子课题"核心价值观构建的国际比较及其国际传播研究"（2015MZD011）、中央高校基本科研业务费专项资金资助项目"国家话语修辞：国际论辩的视角"（2014JJ014）、北京外国语大学世界亚洲研究信息中心资助科研项目"演讲论辩国家修辞研究"的阶段性成果。

② James Herrick, *The History and Theory of Rhetoric: An Introduction*, 5th ed., Pearson Education, Inc., 2013, p. 17.

的演讲[①]进行语篇分析，这样的视角可以帮助我们更深入地理解演讲者如何在政治演讲中使用话语修辞手段，以达到构建国家形象的目的。

2 理论背景

古典修辞理论中称为“三个诉诸”的修辞手段，指的是劝说受众认同演讲者观点、达到说服效果的三种途径。诉诸人格（ethos），指争取赢得受众的信任与敬意，利用人格所具有的威信来影响受众的决定，以帮助建立正面形象，达到说服的效果。亚里士多德认为，三种诉诸策略中以诉诸人格最为重要，因为如果受众不认可演讲者的人格，就不可能被情感打动、被推理征服。拥有良好的品格和善意，才容易获得受众的尊重和信赖。诉诸情感（pathos），指激发受众的情感，使其乐于听从，以促使其接受某种观点或采取行动。亚里士多德认为情感是能够使人改变观念、影响其判断的种种情绪[②]，要分析每种情感的性质和特点、起源以及产生的方式。他强调了解受众心理状态的重要性。在修辞互动过程中，需要设法调节受众的情感，使之处于最易于接受说服的状态，才能实现修辞的目的。诉诸逻辑（logos），指通过逻辑推理论证，帮助受众作出判断，以达到

① 英国外长菲利普·哈蒙德（Philip Hammond）在第 70 届联大一般性辩论上的演讲全文，参见联合国官方网站 http：//gadebate. un. org/70/united-kingdom-great-britain-and-northern-ireland，检索日期：2016 年 6 月。

② Aristotle，*On Rhetoric*，*Trans*. Lan Chun et al.，Beijing：Foreign language Teaching and Research Press，2011，p. 155.

说服的目的。亚里士多德将其分为“修辞式三段论”、“例证法”，即我们常说的演绎推理与归纳推理。归纳推理主要体现为运用有代表性的例子。演绎推理的主要形式是三段论。亚里士多德的修辞式三段论（enthymeme）是省略式三段论，即仅包括一个前提和结论，而另一个前提被省略或隐含其中。通过让听众去猜测演讲者不直接表明的或故意省略的内容，可以激发起他们的参与意识。

3 修辞分析与讨论

英国外长哈蒙德在第70届联合国大会一般性辩论上的演讲（下称演讲稿）用时15分钟，1743字，49个段落。主要内容包括：联合国成立的目的、英国在国际事务中所起的积极作用、英国对现实状况的担忧（如贫穷、极端主义、政体、国际制度遭到破坏、气候变化、流行病、地区冲突、人道主义危机、难民潮等）、英国针对世界存在的问题提出解决方案、英国呼吁联合国改革。

下面将系统分析哈蒙德如何利用这三种诉诸修辞手段，以构建英国作为“国际组织的建设者、人类福祉的贡献者和国际正义的维护者”的国家形象。

3.1 诉诸人格与英国“国际组织的建设者”的国家形象构建

哈蒙德代表英国在联大演讲，这里诉诸人格的“人格”可转化为“国格”，即国家形象。通过展示权威、增强可信度和表达善意等修辞策略，他为英国构建了一个“国际组织的建设者”的国家形象。

3.1.1 展示权威和增强可信度

权威是指修辞者对受众产生的威严、威信和影响力。演讲稿的首尾都提到英国是联合国的创始成员国和安理会常任理事国，以此强化英国在受众心目中的重要地位，凸显其权威性，建立信任感。例如，他在演讲中说道：

Britain is proud to have played its role in the birth of this organization. And proud, too, 70 years later, of the active role we play in international affairs, as the only Security Council member, indeed, the only major economy in the world, that both meets the NATO 2% target for defence spending and the United Nations 0.7% target for development spending.

70 年前，英国参与联合国组织的创建，70 年后英国仍在国际事务中发挥着积极作用，对此英国感到骄傲。联合国安理会的成员国和世界主要经济体中达到北大西洋公约组织国防开支（援助）目标 2%和联合国发展开支（援助）目标 0.7%的国家中只有英国。

And crucial to its future success will be further evolution, embracing change, maintaining relevance in this 21st Century. The UN must strive to represent the new realities of our age, with a reformed Security Council. It must have the best possible leadership, with a transparent system for selecting the next Secretary General… and he (or dare I suggest, perhaps, she?) will have to head a more efficient organization, ensuring that every cent it receives from its members states is used to maximum effect. As a founding member of the UN, and as a permanent member of the Security Council, the UK will champion that reform agenda. And we will continue to promote the ideals that the United Nations represents.

联合国未来成功的关键在于进一步的发展变革，适应21世纪的新形势。联合国必须改革安理会，必须致力于代表我们这一代的新的现实。联合国应该发挥更大的领导力，使下一任联合国秘书长的选举机制更加透明。不管这个秘书长是男性还是女性，联合国都应该是一个更高效的组织，让会员国缴纳的每一个美分都发挥出最大的效用。作为联合国创始成员国和安理会常任理事国，英国拥护联合国改革议程。我们将继续推进联合国彰显的理想。

演讲稿开头部分提到，作为联合国安理会的成员国和世界主要经济体之一，达到两个国际组织开支援助目标的只有英国，这说明英国信守承诺，兑现目标，积极参与联合国等国际组织的建设，以此获取受众的尊重和信赖。

演讲稿结尾部分提到，英国作为联合国创始成员国和安理会常任理事国积极倡议和拥护联合国的改革。近些年联合国在很多关键性的地区冲突问题上都未能发挥出应有的作用，如克里米亚等问题，令很多国家对联合国感到失望，怀疑其是否能够兑现联合国宪章的宗旨[①]，致力于人类的尊严、和平与发展，因此，联合国安理会亟待改革。联合国应该通过更透明的选举联合国秘书长的机制来达到组织的高效运行。联合国应该发挥其更大的领导力。英国提出的这些联合国组织设计上的具体改革方案非常具有针对性，表明英国作为联合国创始成员国和安理会常任理事国关心并积极参与联合国国际组织的建设。

亚里士多德认为修辞术的整个任务是制造印象[②]。哈蒙德通过首尾呼应不断提及英国的联合国创始成员国和安理会常任理事国的身份，增强受众对英国的信任度，以此来影响受众，使受众认为英国既然是联合国这个国际组织的创建者之一，就必然能够在国际事务中发挥出积极的作用。英国以此身份呼吁和支持联合国改革并在组织设计上提出具体改进方案，名正言顺，符合众多会员国的心愿。哈蒙德以诉诸人格的策略构建出英国是“国际组织的建设者”的国家形象。

3.1.2 表达善意

通过表达善意可以展现修辞者与人为善、关心他人、同情弱者，也可间接表达自己的立场，容易拉近与受众的心理距离，获得较好的说服效果。例如，哈蒙德在谈到中东难民危机时表示：

I pay tribute to the extraordinary generosity of Turkey,

① The UN Charter，1945，参见联合国官方网站 http：//www. un. org/chinese/aboutun/charter/charter. htm，检索日期：2016 年 6 月。

② Aristotle，*On Rhetoric*：*A Theory of Civic Discourse*，George A. Kennedy（Trans.），2nd ed.，Oxford：Oxford University Press，2007，p. 195.

Lebanon and Jordan, who have given a temporary home to many millions of refugees… It is incumbent upon all of us to support them… to ensure that the UN appeals for Syria are fully funded. And I'm proud that the UK is making the second largest contribution… to the humanitarian mission…

我赞赏土耳其、黎巴嫩和约旦多年来接纳数以百万计的难民并为其安置临时避难所的慷慨行为。我们所有国家都要义不容辞地支持他们……确保联合国呼吁对叙利亚的帮助能够得到足够的资金支持。我骄傲地宣布英国在该地区人道主义援助方面排在第二位。

英国在中东人道主义方面的修辞行为说明英国积极响应联合国号召，呼吁各国支持援助难民，并且身体力行，慷慨解囊，是贡献最多的国家之一。此外，在全球气候变化问题上，英国积极实施国内减排，同时呼吁“所有国家做出减排承诺”（clear commitments from all nations to lower emissions targets）。在可持续发展问题上，英国提出“用于可持续发展目标的金线发展计划”（the golden thread of development）等。这些修辞行为都体现出英国富有善意，响应联合国号召，承担联合国事务，具有道义和责任，支持联合国的建设。

亚里士多德认为，拥有良好的品格和善意才可以说服听众。诉诸人格是演讲者与听众建立可信性的桥梁。哈蒙德用诉诸人格的修辞手段构建出英国是“国际组织的建设者”的国家形象。

3.2 诉诸情感与英国“人类福祉的贡献者”的国家形象构建

在诉诸情感上，哈蒙德使用反复、拟声词、排比等修辞手法，使受众了解世界上发生的冲突、贫困和不稳定等问题的严重性，激起他们的各种情感，如同情、愤怒、憎恨、振奋等情绪体验，引发他们的自我认同，从而唤起共鸣。这样，到了演讲的后半部分，谈到英国为人类和平与发展的福祉提供各种援助时，便能使受众容易产生对英国充满感激的情感体验，拉近演讲者与受众的心理距离，认同和赞赏英国的做法，以此构建出英国是“人类福祉的贡献者”的国家形象。

反复（repetition）是基本的修辞格之一，即为了强调某种意思、突出某种情感，特意重复使用某些词语、句子或者段落等，一般要连续两次以上使用同一词语等，达到强调的目的[①]。哈蒙德在人称代词上使用了反复的手法。人称代词有助于建立作者和读者之间的特定关系[②]。哈蒙德重复使用第一人称复数 we（26 次）、our（13 次）、us（4 次）。使用第一人称复数，就如同演讲者把受众当作自己人，和受众形成一个阵营，瞬间拉近演讲者与受众的心理距离，容易产生亲切感。这在情感上有助于产生共鸣，增强凝聚力和团体意识，也就是亚里士多德所说的“共同立场”[③] 的观点。

哈蒙德还重复使用第三人称复数 they（5 次）、their（4 次），将“他们（的）”视为共同面对的危机与挑战，即演讲稿中提到的极端主义恐怖分子或要共同救助的难民。使用代词“我们”，有助于形成一个高度统一体，以便一致对外，共同面对“他们”。哈蒙德以此激

① Lucas，Stephen E. The *Art of Public Speaking*. 10th ed.，Beijing：Foreign Language Teaching and Research Press，2010，p. 139.

② Carter，Ronald & Maggie Bowring，et al.，*Working with Texts*. London & New York：Routledge，1997，p. 195.

③ 温科学：《中西比较修辞论：全球化视野下的思考》，中国社会科学出版社 2009 年版，第 176 页。

发受众对恐怖分子产生憎恨的情绪并对需要救助的难民产生同情心。使用第一人称复数和第三人称复数，能使演讲者和受众一起形成团结一致、同仇敌忾，准备战胜各种危机与挑战的心理阵势。

拟声词（onomatopoeia），又称象声词，是借用既拟声又拟意的字词来表达或提高字词的表现力，丰富文章的内容，提高文章的艺术性，另外还能启发人们产生联想。哈蒙德使用拟声词描绘具体事物，形象生动，起到激发受众的愤怒情绪和渲染气氛的作用。例如，演讲稿中指出：

> We share a responsibility to act to end the bloody civil war and create an inclusive political process，and to work together to crush ISIL and banish its twisted ideology from the face of the earth.
>
> 我们有共同的责任采取行动以结束血腥的内乱，建立包容开放的政治进程；我们共同努力粉碎 ISIL 国，并将其扭曲邪恶的极端主义意识形态从这个地球上铲除干净。

这里 crush、banish、twisted 三个词中都含有 sh［ʃ］或 s［s］的声音，是拟声词，很像与敌人搏斗厮杀过程中出现的类似劈刀"嘶"、"嘶"的声音，非常具象地表现出要粉碎 ISIL 国和铲除邪恶意识形态的坚定决心，有助于激发受众对极端主义的憎恨情绪。

排比（parallelism）也是一种修辞方法，即把结构相同或相似、内容相关、语气一致的三个或三个以上的短语或句子排列起来使用[①]。恰当地运用排比能加强语言气势，使思想内容层层深入，增强文章的感染力和说服力。哈蒙德使用了排比，以振奋受众的情感：

> Seventy years ago，a generation resolved to shape their world on a vision for peace，security and universal values. Today… To recognize that it is not only our moral duty，but also in the enlightened national interest of all of us，to act. To respond to the grave humanitarian crises we face. To tackle the causes of conflict，poverty and instability. And to uphold the rules-based international system.
>
> 70 年前，我们的前辈提出和平、安全和普世价值的世界愿景。今天……我们要认识到这不仅仅是我们的道义责任，它还符合我们所有国家的国家利益；我们要应对我们所面临的严重的人道主义危机；我们要从根源上解决冲突、贫困和不稳定；我们要夯实国际制度的规则。

哈蒙德连续使用四个动词不定式短语“To recognize...；To respond...；To tackle...；to uphold...”组成排比，形成阵势，有节奏感、震撼力、感染力，气势磅礴，激起观众振奋的情绪，给人以强有力的号召感。四个动词的意义“要认识到……；要应对……；要解决……；要夯实……”，在程度上呈现逐级上升，给人以力量；在

① Stephen E. Lucas，*The Art of Public Speaking*，10th ed.，Beijing：Foreign Language Teaching and Research Press，2010，p. 138.

内容上，从道义责任和利益的角度激发受众产生共同意愿，引起共鸣，说服受众接受其观点，愿意下决心共同战胜冲突、摆脱贫困、捍卫国际制度，为实现美好的世界愿景而采取行动。

通过运用反复、拟声词、排比等修辞手法，哈蒙德在地区冲突和人道主义危机等问题上激起受众愤怒、同情、憎恨、振奋等情感，引发共鸣，将受众的情感调节到最易于受影响的状态；继而阐述英国将提出各种援助计划和解决方案，以实际行动为人类和平与发展的福祉做出贡献。这主要体现在演讲稿的后面部分：（1）英国在中东难民问题上“提供的人道主义援助排在第二位”（… the UK is making the second largest contribution of any country to the humanitarian mission in the region）；（2）在全球气候问题上，“英国不仅自己国内减排，同时宣布计划在五年内拿出 90 亿美元用于对气候受害国提供帮助”（cut its emissions at home… also increase its support to climate finance for vulnerable countries to ＄ 9 billion over the next five years）；（3）呼吁所有国家“做出减排目标的承诺，号召集体承诺将全球气候变暖的目标控制在不超过 2 度”（maintain the goal of limiting global warming to two-degrees）；（4）在可持续发展问题上，英国提出“用于可持续发展目标的金线发展计划”（the golden thread of development），等等。此时，在经过由各种危机、挑战而产生的愤怒、憎恨的情绪体验后，受众对英国提供的各种援助会产生充满感激的情感体验，认同和赞赏其做法，认为英国是在为人类和平与发展谋福利。哈蒙德充分考虑了修辞情境和受众的复杂背景，调动一切可能的说服手段，以诉诸情感的修辞策略构建出英国是“人类福祉的贡献者”的国家形象。

3.3 诉诸逻辑与英国 “国际正义的维护者” 的国家形象构建

在诉诸逻辑上，哈蒙德主要使用了归纳推理法、因果推理法和演绎推理法构建英国作为“国际正义的维护者”的国家形象。

3.3.1 归纳推理法和因果推理法

3.3.1.1 归纳推理法

主体论证部分的第6—14段阐述各种危机与挑战的严重性。哈蒙德使用例证法的归纳推理法，摆事实，讲道理，由个别推向一般。他用许多具体事例来推出同一结论：事态非常严重，需要采取行动解决这些冲突。

> Insecurity, extremism and conflict in the Middle East have driven millions of people to abandon their homes, creating a humanitarian emergency on an unprecedented scale… the rules-based international system… is being undermined… to violate the territorial integrity… it is in Syria and Iraq, in the crucible of human civilization, that our collective values and our will to act are being most immediately challenged… The humanitarian crisis, the tide of refugees seeking sanctuary in neighboring countries and in Europe, … the urgent need to end the conflict and represent huge tests of our resolve.

中东地区的不安全、极端主义和冲突已经使数以百万计的人被迫放弃家园，出现了前所未有的人道主义危机……国际制度的规则遭到破坏……领土完整受到侵犯……在叙利亚和伊拉克，人类的文明正经受着严酷的考验，我们的集体价值和行动意愿正受到挑战……人道主义危机、寻求到邻国和欧洲避难的难民潮……我们必须尽快结束这些冲突，这是对我们决心意志的巨大考验。

哈蒙德用很长的篇幅列举世界上出现的诸多问题，如贫困、极端主义、国际制度遭到破坏、叙利亚问题、伊拉克问题、人道主义危机、难民潮等问题，说明问题的严重性，让受众自己从大量的事实中归纳推导出结论：这个世界太可怕了，我们已深陷危机之中，必须马上共同采取行动结束这些冲突。例证的代表性越强，数量越多，受众就越倾向于认为种种或然性有可能发生。从这个意义上来说，例证的劝说作用是不容忽视的[①]。这一例证法的归纳推理为下文英国提出维护正义的行动方案埋下了伏笔。

3.3.1.2　因果推理法

鉴于存在上述危机与挑战，因此需要有相应的解决方案。演讲稿后半部分提道：

All parties must now put narrow interests aside and cooperate… and to re-assert the values of this organization.

① 蓝纯：《修辞学：理论与实践》，外语教学与研究出版社 2010 年版，第 89 页。

现在所有各方必须放弃狭隘利益，进行合作……重新彰显联合国的价值。

英国呼吁“各方放弃狭隘利益，进行合作，重新彰显联合国的价值”，维护正义、和平和人类的尊严。此时提出具体的行动方案，自然是水到渠成，合乎逻辑，顺理成章，用的是因果推理法。这些方案包括：（1）关于中东难民问题，英国“呼吁各国对难民进行人道主义援助，英国的援助排在第二位”。（2）关于极端主义问题，英国提出“打击 ISIL 伊斯兰国，铲除邪恶的伊斯兰极端主义意识形态”；组成“国际联盟对伊斯兰国实行空中打击，除美国外，英国的空中打击次数最多”；“英国将继续担当打击 ISIL 国际联盟的领导成员”。这些行动方案显示出英国高度负责的精神和维护国际正义的决心。用因果推理法以理服人，容易说服受众接受演讲者的观点。由此，哈蒙德用诉诸逻辑的归纳推理法和因果推理法构建出英国是“国际正义的维护者”的国家形象。

3.3.2 演绎推理法

哈蒙德使用了三段论和省略式三段论的演绎推理。

3.3.2.1 在提到安全问题时，演讲稿使用了三段论的演绎推理

… it is in all our interests that that development is sustainable over the long term. And the foundation for all sustainable development is security. As a Permanent Member of the Security Council, the UK places security as the prerequisite to good governance, strong institutions and economic development at the core of its approach.

长期可持续的发展符合我们所有各国的利益；一切可持续的发展，其前提都是安全。因此，英国作为安理会常任理事国将安全放在良好治理、强有力的机构和经济发展的前面。

这里的大前提是“长期可持续的发展符合我们所有各国的利益”，小前提是“所有可持续发展的前提是安全”，结论是“英国作为安理会常任理事国将安全放在良好治理、强有力的机构和经济发展的前面”。通过这种典型的演绎推理所得出的逻辑是：英国完全有理由将安全放在第一位，因为没有了安全就没有了一切。英国既经历过第二次世界大战残酷的战争，又惨遭过诸如伦敦连环爆炸案等恐怖主义的袭击，深知和平来之不易，愿意为国际安全付出努力。这为英国在非洲地区采取维和行动提供了充足的理由。受众会认为英国这样做是维护正义的行为，符合我们所有各国的利益。后文提道：“英国与联合国携手合作，为结束世界上最不稳定地区的冲突进行维和行动，英国在其中将扮演重要的角色。”受众自然会赞同英国的做法，认为英国是在为世界和平与安全、为维护正义而采取积极的行动。哈蒙德运用三段论的演绎推理强有力地构建出英国是“国际正义的维护者”的国家形象。

3.3.2.2 在提到国际规则时，演讲稿使用了省略式三段论的演绎推理

When states challenge those rules, all of us have a duty to

come swiftly and unambiguously to the defence of the victims. That is why we stand shoulder to shoulder with the Ukrainian people.

当有哪个国家挑战了（各国彼此尊重领土完整和政治独立的）国际规则时，我们所有国家有义务毫不含糊地迅速保卫受害者。这就是为什么我们肩并肩地与乌克兰人民站在一起。

这里的大前提是“当有哪个国家挑战了（各国彼此尊重领土完整和政治独立的）国际规则时，我们所有国家都有义务毫不含糊地迅速保卫受害者”，省略了的小前提则是“俄罗斯在克里米亚问题上违反了国际规则”，结论是“这就是为什么我们肩并肩地与乌克兰人民站在一起”。省略了小前提，但受众都心知肚明，能推断出演讲者隐藏的修辞意图是在不点名地批评俄罗斯违反国际规则夺取克里米亚的行为，也表明了许多国家现在联手制裁俄罗斯的原因。省略了的小前提顾及了普京在场的面子，同时让受众去猜测没有直接表明的内容，目的是激发他们的参与意识，推测语篇的深层含义和修辞者的意图，共同参与完成修辞推理过程。这有助于增强感染力，让受众对俄罗斯违反国际规则的事件产生强烈愤慨，同时认识到英国坚决维护国际规则、坚持国际正义的明确立场。哈蒙德用省略式三段论的诉诸逻辑手段构建出英国是“国际正义的维护者”的国家形象。

4 结语

本文运用亚里士多德提出的三种修辞手段，即诉诸人格、诉诸情感、诉诸逻辑，探讨了英国国家形象的构建。三种手段的相互关系是，诉诸人格在上位，处于支配地位，统领一切，先要名正才能言顺，这是战略方向的大问题；在诉诸人格之下，综合运用诉诸情感、诉诸逻辑的具体战术技巧。三者相互支撑、相辅相成、共同作用，促成修辞效果的产生。哈蒙德晓之以义，动之以情，服之以理，达到了构建英国是“国际组织的建设者、人类福祉的贡献者和国际正义的维护者”的国家形象的修辞目的。

未来研究可以把英国同一时期同一领导人的多篇演讲，或不同时期不同领导人的多篇演讲放在一起共同进行话语修辞策略分析，可能会更深入立体，也会有更多研究发现。

定位理论视角下的外交演讲与国家形象构建[①]

周鑫宇

政治演讲是政治话语分析的重要对象。古希腊最早的修辞学就主要缘起于对公开政治演讲的研究[②]。在政治演讲中，国家领导人在外交场合的演讲具有尤其鲜明的特征。作为一种“高度制度化的讲话情景”[③]，外交演讲往往使用某种“外交辞令”，将政治目的隐藏于精心营造的话语之中，以适应外交斗争的需要。对于外交演讲，可以用多种方法进行话语分析。本文运用近年来方兴未艾的“定位（Positioning)”理论，以美国总统奥巴马在第70届联大上的讲话作为语篇对象，分析美国领导人如何运用外交话语构建其国家形象。这样的理论视角可以帮助我们更透彻地理解外交演讲中经常使用的话语策略。

---

① 本文发表于《中国外语》2016年第6期。本文是国家社科基金重大委托项目（2015MZD011）子课题“核心价值观构建的国际比较及其国际传播研究”的阶段性成果。论文得到北京外国语大学许国璋语言高等研究院“国家话语能力”课题组多位同事的帮助，尤其是文秋芳教授、张天伟副教授和张虹副教授的指点。刘润清教授在成稿后对本文进行了逐句的批阅，特此表示诚挚的感谢。文中所出现的错漏由本人承担。

② Aristotle，*on Rhetoric*：*A Theory of Civic Discourse*. George A. Kennedy（Trans.）Oxford：Oxford University Press，1991.

③ Gumperz，John J. *Discourse Strategies*，Cambridge：Cambridge University Press，1982.

1 定位理论与外交话语分析

定位理论20世纪90年代初兴起于社会科学领域，从社会学、心理学等角度对批判话语分析理论的发展产生了影响，体现了建构主义思想方法的扩张。语言学者用“定位（positioning)”这一新概念取代了“角色（Role)”的概念，描述人们在用话语构建身份认同时，呈现出“变化的、碎片的和全然语境性的现象”[①]。按照定位理论，说话者在语言互动中会指派给自己和对话者以特定位置。这种定位受互动关系的影响，又随着互动进程不断重新建构。因而，“一个人是谁，这是一个答案多变的开放性问题，取决于在话语实践中对自我和他者的定位，以及在这些实践中，赋予自我和他者以意义的叙事”[②]。

Davis和Harré最早对定位理论的概念和逻辑做出了阐释，提出了话语定位中的五个因素：

第一，界定类别，每个类别包含不同的人。

第二，通过话语为不同的分类赋予价值。

第三，将自我定位到某一类别之中，而排除于另一些类别之外。

第四，认为自我与所属类别共享某种价值。这会衍生出对所属类别的情感，还会产生某种道义上的责任。

---

① Tirado, F. & Gálvez, A. “Positioning theory and discourse analysis: Some tools for social interaction analysis.” *Historical Social Research*, 2008 (33): 224—251.

② Davies, B. & Harré, R. “Positioning: The discursive production of selves.” *Journal for the Theory of Social Behaviour*, 1990 (20): 46.

第五，通过话语互动关系，认识到定位的冲突性，并对定位进行妥协和修正[①]。

Davis 和 Harré 提出定位理论的基本分析框架之后，后来的学者对这一框架进行了进一步的补充。如 Tirado 和 Gálvez 以“区分类别”、“分配价值”、“用分类和叙事框架进行定位”、“发展出情感和道义体系”等四方面，概括出定位理论的分析要素[②]。而 Bradley 则进一步提出了“菱形定位”理论，即从叙事框架、身份认同、责任与权力、行动力等四个方面，分别分析话语的内容、叙述者和受述者、意识形态等三个层次，构建了一个立体的定位理论分析框架[③]。总体上来说，定位理论的发展，提出了包括区分类别、分配价值、构建叙事框架、产生情感和责任、定位的调整等要素在内的话语分析框架。

这一理论框架为我们分析话语如何构建国家形象的问题提供了新视角。构建良好的国家形象，是政治活动的重要目的之一。政治活动涉及资源分配，天然伴随着竞争和矛盾，其优劣成败一方面取决于力量对比，也就是所谓的“硬实力”；另一方面也依靠说服、动员和议程设置，也就是所谓“软实力”[④]。因而，话语能力是国家软实力的重要表现，是塑造国家形象的工具。然而，国家形象是如何通过话语来构建的？定位理论提出的分析方法，可以用来分析政治

① Davies, B. & Harré, R. “Positioning: The discursive production of selves.” *Journal for the Theory of Social Behaviour*, 1990 (20): 49.

② Francisco Tirado & Ana Gálvez. “Positioning Theory and Discourse Analysis: Some Tools for Social Interaction Analysis.” *Historical Social Research*, 33 (1), 2008: 224—251.

③ Slocum-Bradley, N. “The Positioning Diamond: A Trans-Disciplinary Framework for Discourse Analysis.” *Journal for the Theory of Social Behaviour* 20 (1): 43—63 (1990).

④ 参见 Nye, J. *The Future of Power*. New York: PublicAffairs, 2011。

讲话中塑造自我形象、描述他国形象、区分高下与善恶、最终推动政治资源分配等活动。

定位理论还可以为经典的政治话语分析提供变化的视角。经典的政治话语研究认为，政治家必须塑造一个连续一致的公众形象，才能获取政治信任①。同样，在外交话语中，外交代表需要塑造一个连续一致的国家形象，甚至为此刻意展示坚定、强硬的姿态。因而，我们往往会形成一种误解，认为国家的外交立场必须是坚定的，对外形象必须是清晰的。摇摆的立场和模糊的形象是外交演讲中的大忌。

然而这并不符合现实。外交毕竟是妥协的艺术。外交活动无疑仍是一种社会互动过程，利益和认同都可能在社会互动中重新建构。定位理论为外交演讲中立场变化的现象提供了新的分析方法。政治家在外交演讲中一方面要小心翼翼地保持本国的一贯立场，另一方面又通过“外交辞令”预留与对手进行互动的空间，并可能在互动过程中隐秘地调整立场，实现政治妥协与合作。外交演讲的这种特点也许就是“外交辞令”和“政治套话”出现的原因。

到目前为止，从批判话语分析的角度对领导人政治演讲的研究已有不少②，但从定位理论角度做出的分析还不多见。一些研究者使

---

① Gruber，H. “Political language and textual vagueness.” *Pragmatics*，1993（3）：1－29；Charteris-Black，J. Analysing Political Speeches. London：Palgrave Macmillan，2014.

② 参见 Antonio Reyes. “Bush，Obama：(in) formality as persuasion in political discours，languages and politics.” 2014，13（3）：538－562. 窦卫霖：《美国总统就职演说的话语分析》，载《华东师范大学学报》2009 年第 3 期。

用定位理论分析政治演讲①，但是对外交演讲的分析目前也还不多。本文将综合运用 Davis 等人的理论方法，着重分析奥巴马在 70 届联大演讲中如何将分类、赋予价值和定位身份联系起来，构建美国形象的。另外我们也会根据定位理论提出的思想方法，分析奥巴马如何隐秘地转移立场，在同别的国家的心理互动中表现出妥协的一面。

2 对联合国的定位

第 70 届联合国大会召开于 2015 年 9 月 28 日，上百个国家的领导人从这天开始分别代表本国进行发言，阐述本国最主要的外交主张。因为美国是联合国总部所在地，奥巴马的发言排在第二位进行。奥巴马的讲话全文共 4700 余词，因而用时大大超过了联大一般性辩论的规定时间。然而，奥巴马这篇洋洋洒洒的演讲，从第一句话开始就奠定了统帅全篇的关键政治基调：

“联合国创建 70 年了……在第二次世界大战的废墟中，目睹了核武器难以想象的威力，美国和其他会员国一起努力，防止第三次世界大战的爆发。”②

根据定位理论，联合国这个概念实际上代表了一种“分类”

① 参见 Helmut Gruber：Policy—oriented argumentation or ironic evaluation：A study of verbal quoting and positioning in Austrian politicians' parliamentary debate contributions，Discourse Studies，Vol. 17（6），2015，682—702.

② Remarks by President Obama to the United Nations General Assembly，The White House website，https：//www. whitehouse. gov/the-press-office/2015/09/28/remarks-president-obama-united-nations-general-assembly.

（categories），在联大演讲的所有国家都会把自己定位（positioning）为联合国的一员。但美国并不认为联合国是所有国家团结一致的大家庭。为了达到美国的政治目的，奥巴马就要首先说明联合国是干什么的，即要“为分类赋予价值”，并由此构建“对于同类成员负有的情感责任，并引申出围绕着这种归属关系而产生的道德体系”①。美国要靠这种情感责任和道德体系来塑造美国领导者的形象，让多数国家认同美国的地位，排挤和攻击美国的对手。奥巴马在演讲开篇这段话，就是出于这样的话语目的而设计的。

第一，奥巴马在开篇词中，赋予联合国维护世界和平的价值，而故意忽略其经济或者文化价值。维护世界和平固然是联合国建立的初衷之一，但是当前联合国是一个体系庞大、层次复杂的国际组织，其多数活动旨在促进经济与社会发展、推动全球治理、加强国家间的文化沟通等。相比之下，由于安理会大国之间经常无法达成一致，联合国的安全机制在大多数时候并不能充分发挥作用。连美国自己都在伊拉克战争等问题上抛开联合国擅自行动。因而奥巴马用维护和平与安全来界定联合国的价值，不完全是一种事实描述，而是一种话语构建。

第二，奥巴马凸显联合国在安全方面的价值，有利于他构建出冲突性更强的国际关系图景。相比之下，国际关系中的安全问题比经济、文化问题更接近于零和博弈，存在更激烈的竞争关系。在美国看来，有些国家在维护世界和平的问题上扮演正面角色，有些国家则扮演负面角色。在开篇的几句话中，奥巴马用大量的表述渲染

① Davies，B. & Harré，R. “Positioning：The discursive production of selves.” *Journal for the Theory of Social Behaviour*，1990（20）：47.

了这种二元对立的情景；因“对手”（adversaries）而形成的“同盟”（alliances）、向本国人民而不是向“外部力量”（foreign power）负责的民主国家（democracies）、挑起冲突的“那些人”（those）。所有这些名词和代词都指代着围绕安全问题而对立的双方，描绘出一副维护和平的正义一方与危害和平的邪恶一方剑拔弩张之态势。他企图制造的印象是，联合国的本质是正义力量的同盟，代表了正义的国际秩序；那么那些试图怀疑和挑战现行秩序的国家不但不配是联合国的一员，而且是联合国的敌人。这样的话语是布满政治陷阱的。比如，在西方大国的操控下，联合国的公正性和有效性遭到很多发展中国家的质疑，要求联合国改革的呼声不绝于耳。而且很多国家认为推动联合国的改革，主要是更好地促进经济合作与发展。把联合国描述成为一个政治斗争的阵营，这是美国的思维，并不代表其他的国家。奥巴马开篇就回顾联合国与世界大战的历史，实际上是提醒听众不要忘记敌我对立的冷战思维。

第三，奥巴马把联合国界定为和平正义力量的大本营，还要说明归属到这个“分类”里的国家具有哪些共同价值。在奥巴马的描述下，这些价值其实主要反映的是美国的意识形态特征。比如，在奥巴马的演讲中，“民主”被天经地义地同“和平”联系起来，暗示着民主国家就是爱好和平的，不民主的国家就是威胁和平的。至于哪些国家是民主的，哪些国家是不民主的，当然由美国说了算。不符合美国式民主标准的国家就可能成为威胁世界和平的国家。此外，“同盟”也是很有美国色彩的一个概念。冷战结束以后，只有美国维持着庞大的军事同盟体系。其他国家除了有的与美国结盟以外，基本上都实行开放自主的外交政策，甚至不少国家明确反对军事同盟。

但奥巴马演讲一开始就把二战时旨在对抗法西斯扩张的国际同盟和今天美国旨在维持霸权的军事同盟嫁接起来，以证明美国同盟体系的正当性。

3 对不同国家的角色定位

在构建一个二元对立的冲突性情景之后，奥巴马随即在演讲中对在场的国家进行了归类。首先要归类的当然是美国自己。奥巴马的全篇讲话中一共出现了 18 次“美国”（The United States）。其中第一次即是上文所引的：“美国和其他会员国一起努力，防止第三次世界大战的爆发”。

如前所述的理由，这句话是全篇演讲提纲挈领的一句话。“美国”作为主语，和模糊泛指的“很多国家”形成了对比（The United States has worked with many nations…）。在这种表达中，美国是突出的前景，是主要角色，而其他国家是“跑龙套”的角色。这种语法的使用暗示着美国是联合国的首要缔造者和领导者，对联合国居功至伟。

在整篇演讲中，这种领导者的姿态以不同形式反复呈现。比如，美国作为世界的领导者，奥巴马讲话的语气也很“霸气”：“我相信，越是大国的领袖，越要把承担风险作为责任。”“我指挥着世人所知的最强大的军队，我在保护国家和盟友方面毫不犹豫，有必要的时候哪怕是采取单边和武力手段。”“作为广泛联盟的一份子，美国不会对使用武力追杀他们（指恐怖分子，译者注）而感到抱歉。”

在这些话中，奥巴马赤裸裸地炫耀美国的力量，毫不遮掩地扬言使用武力，是建立在他所构建的冲突性图景基础之上的：在一个和平受到威胁、存在敌我冲突的世界中，美国是“大国”，有着“有史以来最强大的军事力量”，并“毫不犹豫地使用武力”，来保护联合国和盟友的利益。联合国的目标是维护和平，美国有强大的力量来帮助联合国做到这一点。这说明了美国是依靠强大实力来担当联合国的领导者的。

再来看看奥巴马如何定位别的国家。奥巴马在演讲中提到了少部分国家的名字。大多数被提到名字的国家和组织，包括中国、俄罗斯、叙利亚、伊朗、古巴、朝鲜、利比亚、“伊斯兰国”等，都扮演了与美国相对应的负面角色。其中最典型的一段描述是：“据说美国的力量是在和新老对手的斗争中体现的：崛起的中国，或者复苏的俄罗斯，革命的伊朗，或者动荡不安的伊斯兰”。

很显然，奥巴马构建的冲突性图景不能只是美国唱独角戏。他很直率地用“对手”（adversaries）来定位中国、俄罗斯、伊朗和“动荡不安的伊斯兰”，尽管是以“据说”的方式。在奥巴马的话语里，这些国家和组织之所以是对手，不是因为它们和美国有利益冲突，而是因为它们是世界秩序的威胁。在他的嘴里，不是美国要与这些国家为敌，而是这些国家要与联合国和世界和平为敌。在演讲的后半部分，奥巴马又用大量篇幅阐述了乌克兰、南海、伊朗、“伊斯兰国”、基地组织等问题，具体说明“威胁”的情况。我们可以看到，奥巴马所选择的这些话题都是跟安全相关的。他没有谈到中美在气候问题上的合作、美俄在航天合作方面的努力，因为这些都不符合他所构建的冲突性图景，无法支持和加强敌我对立的划分。

除了“对手”以外，奥巴马的演讲中还定位了另一类国家。美国要领导联合国维护世界和平，不能是“光杆司令”。世界上多数国家既在美国的领导下，是和平阵营的一员，又是美国力量所保护的对象。在奥巴马的演讲中这些国家的名字几乎没有明确指出过，而被“许多其他国家”、“50个国家”、“我们的盟友”等称呼来泛指。在奥巴马所构建的叙事框架中，对手都是清晰和强势的，盟友都是模糊和柔弱的。两方面加起来，一起拱托出美国强大领导者的形象。

4 美国身份定位的调整

可以看出，奥巴马的演讲尽管进行了精巧的话语设计，其背后也不过是美国政治话语所惯用的陈词滥调。但仔细分析全篇演讲，会发现奥巴马的立场有左右摇摆和自相矛盾的现象。定位理论强调定位是在互动中实现的。正如Davis和Harré所言：“定位概念对于社会心理学的最终意义，在于把我们的注意力引向一系列结果在动态中产生的过程。”“我们在一个叙事过程中构建一个又一个定位，甚至有时候站到多个冲突性的定位上，还可能通过拒绝对方的某种定位，来共同谈判出新的定位。”①

因而，定位是一个变化的过程。奥巴马的演讲看起来是单向的讲话，但实际上也在和场内、场外的受众进行心理互动。为了达到演讲的政治效果，奥巴马在进行演讲设计时就必然会把听众的立场考虑进去。由于各国的外交立场是相对公开、固定和可以预见的，

① Davies，B. & Harré，R. “Positioning：The discursive production of selves.” *Journal for the Theory of Social Behaviour*，1990（20）：51—53.

那么演讲者和听众在“定位”上的“谈判”，在演讲内容最初设计时就有条件发生。在奥巴马演讲时，在现场听讲的各国领导人还会以表情、掌声、嘘声等对他做出反馈。这可能促使奥巴马现场调整讲话的部分内容。所有这些互动过程都会影响奥巴马的定位策略。

比如，奥巴马所构建的冲突性的国际关系图景，对于某些国家来说，可能会增加对美国力量的敬畏，巩固美国同盟体系的合法性，也可能在一定程度上塑造出美国为国际社会提供公共产品的大国形象。但对于那些被美国归为敌手的国家来说，美国这种傲慢自大的立场无疑会招致强烈的厌恶。另外还有不少国家认为，奥巴马的话表明美国喜欢炫耀武力、不愿意妥协和合作。

奥巴马不得不正视其他国家对美国立场的负面反馈。世界上对美国形象的负面认知，随着近年来伊拉克战争、西亚北非动荡等问题的发展，正在不断增强，削弱了美国的软实力，危害了美国的国家利益。奥巴马上任以后，相比前任更加注重软实力的运用。因而在这场演讲中，他在不少地方表现出立场的妥协。

最明显的案例是，被奥巴马明确界定为对手的中国和俄罗斯，在同一篇演讲中的另一处又被称为伙伴（partners）：“两年来，美国和我们的伙伴——包括俄罗斯，也包括中国——在（关于伊朗问题的，译者注）复杂的谈判中走到一起。”

在这句话的结构中，主语仍然是“美国+伙伴”的搭配。全句的结构暗示着中国和俄罗斯只要接受美国的领导，是可以被纳入美国阵营的。换句话说，美国敌我二元论的立场并不僵硬。奥巴马想表达的是：美国并不选择对抗，但这些国家自己要做出明智的选择。

奥巴马演讲中另一个明显的立场矛盾是对使用武力的态度。如前所述，他多次大肆渲染美国的军事实力，表达单边使用武力的强硬态度。但有趣的是，他也申明美国已经认识到了滥用武力的后果："我今天站在你们面前，内心深处真诚相信，世界各国不能回到传统的冲突和强权的道路上去……不管我们的军队多强大，经济多强大，我们知道美国不能单独处理世界难题。"

奥巴马一方面表达对合作的态度，用"今天我站在你们面前"、"（我）内心深处真诚相信"等修辞表现他的谦逊；另一方面仍然用强调的口吻凸显美国"多强大"。这样的话语是要塑造美国更丰满的形象：在有实力自行其是的情况下，美国仍然真心诚意地选择与别的国家合作，因而美国是一个既强大又谦逊的领导者。

最后，奥巴马在演讲中还调整了在民主问题上的立场。在美国的政治话语中，由美国所定义的民主是划分敌我的重要标准。但是奥巴马显然注意到了当前世界各国对于美国式民主的怀疑，因而他专门谈到美国民主的问题："美国的民主当然不完美。有时它还会失效。但民主……是让我们成为世界上最强大国家的东西。"

在这句话中，奥巴马公开承认美国的民主也出了问题，为他赢得了现场观众的掌声。但这个让步句式仍然落脚于强调美国民主的优越性，并且仍然不忘提到美国的"强大"。在奥巴马的描述下，美国民主有不完美的地方，但却能够自己反思，因而会继续保持强大。美国的形象又加了一分。

可以看出，奥巴马演讲中的立场变化，并不是失控和无序的，而是有意识地回应听众。通过调和自身和听众的立场，奥巴马不但不想削弱自己塑造的美国形象，反而试图弥补原有话语的弱点，进一步巩固和丰满美国的领导角色。

5　结论

定位理论提出的政治话语分析方法，为我们分析外交话语如何构建国家形象提供了启示。首先，价值是政治立场的核心。外交话语往往围绕着某些国际公认的共同价值展开，如和平、发展、平等、安全、人权、民主等。如何界定这些价值，是外交话语争夺的关键。身份和角色的分配是围绕着价值的分配进行的。中国在外交中既要坚持国际社会的共同价值，又要构建和表达具有中国特色和中国内涵的价值。中国的国家领导人已经开始创造具有中国特色的外交话语，比如“新型大国关系”、“人类命运共同体”等，但是理论界和外交界对其内涵的阐述还不充分，在争夺价值观话语权方面未来还有较长的路要走。

另外，本文专门用定位理论分析了外交演讲中的立场变化。外交话语常常被认为是僵硬、干涩和空洞的。但实际上，好的外交话语不但不僵硬和空洞，而且在表达立场的同时，始终保持着与外部的心理互动，留下沟通和妥协的空间。中国在外交斗争中惯常使用的一些概念，如“帝国主义”、“霸权主义”、西方国家、社会主义阵营等，在发挥其政治作用的同时，也应该考虑不同情境下的身份互构关系，尤其不要用一种模板式的语言不加区别地运用到不同语境中。正如一些理论家所说，话语定位本质是一个社会化的过程。外交话语是一个国家融入世界、与其他国家开展政治交往活动的工具，反过来也是一个通过世界认识自己、发展自己的工具。

安倍晋三联大演讲与日本“争常”[①]

——充满“擦抹”的国家形象

李　丰

1　引言

众所周知，各国政要在联合国大会一般性辩论上的演讲，是一个国家向世界各国表达其诉求、主张以及彰显其国家形象的最佳手段之一。然而，这种演讲往往存在“表”与“里”的两面，即“外交辞令”的背后一般存在某种政治目的。为使演讲达到最佳效果，演讲者通常会对演讲内容中的信息进行取舍。“取”，即那些经过选择而被留下的信息，由于较为直观而常被人们所关注；而“舍”，即那些被忽略的信息，则往往得不到足够的重视。然而，与“取”相同，

① 本文发表于《外国语文》2017年第3期。本文是国家社科基金重大委托项目（2015MZD011）子课题“核心价值观构建的国际比较及其国际传播研究”的阶段性成果。论文得到北京外国语大学许国璋语言高等研究院“国家话语能力”课题组多位同事的支持，尤其是北京外国语大学文秋芳教授和北京外国语大学外研讲席教授黄国文的指点和帮助，特此表示诚挚的感谢。特别还要感谢姚小平教授对本文终稿文字进行了逐句审阅，文中所出现的错漏由本人承担。

“舍”的背后同样存在着某种政治目的。

这里的“舍”，类似语言学中的“擦抹”（Erasure）。本文以安倍第68届、69届、70届联大演讲内容为主要语篇，将安倍在演讲中对重要信息的忽略，即“擦抹”作为对象，对其手段和背后的原因进行分析。

2　安倍政治话语中的“擦抹”

在人类社会的交际过程中，发话者总是要对所提供的信息进行处理、加工、选择，以便适合自己的交际意图和目的，来传递想要受话者接受的信息，这种现象引起研究者的重视。在这类研究中，就出现了“擦抹”这一说法；起先，它被用于研究诸如身份认同“边缘化”问题，最近几年开始被应用在很多学科的研究，包括近年来特别引起学者注意的生态语言学研究，因此，“擦抹”现在是在社会科学中的许多不同背景下广泛使用的概念[①]。关于它的定义，英国学者斯提布把它定义为“一些重要信息的缺失——即真实存在的信息，却在特定的话语中被漏掉或故意忽略”（the absence of something important — something that is present in reality but is overlooked or deliberately ignored in a particular discourse）[②]。根据他的

① Baker，P. and S. Ellece. *Key Terms in Discourse Analysis*. London：Bloomsbury Academic，2011/2016.

② Stibbe，A. “Ecolinguistics and Erasure：restoring the natural world to consciousness.” in Chris Hart and Piotr Cap（eds.）*Contemporary Critical Discourse Studies*. London：Bloomsbury Academic，2014，pp. 583—602.

看法[①]，我们看到的现实，都带上了或多或少的主观色彩，是人造的、被转换过的。其中弱化乃至忽略的部分，也就是“擦抹”出现的地方。“擦抹”从形式上大致可以分为三类：第一种是“Void”，即对于重要信息根本不去涉及，一片留白；第二种是“Mask”，即通过一些手段对信息的原貌加以粉饰或歪曲；第三种是“Trace”，即对某一信息有所涉及，却只是点到为止，使其只留下一道模糊的痕迹而无法得到重视[②]。

以上分类方法，基本适用于对安倍政治演讲中的“擦抹”（为方便起见，下文中将“Void”、“Mask”、“Trace”分别称作“避而不提”、“粉饰歪曲”、“模糊处理”）情况的研究。本文根据这一研究重点，对安倍所采取的“策略”进行剖析。

先看一个例子。2016年12月27日（当地时间），安倍前往夏威夷与奥巴马举行会晤。次日，前往“亚利桑那”号纪念馆并发表讲话。其中两段内容如下[③]：

> さまざまな地から来て、乗り組んでいた兵士たちが、あの日、爆撃が戦艦アリゾナを2つに切り裂いたとき、紅蓮の炎の中で死んでいった。（……）その厳粛な事実を思うとき、か

---

① Stibbe, A. “Ecolinguistics and Erasure: restoring the natural world to consciousness.” in Chris Hart and Piotr Cap (eds.) *Contemporary Critical Discourse Studies*. London: Bloomsbury Academic, 2014, pp. 583—602.

② 黄国文（2016）曾在多个学术场合谈到社会科学研究中的“涂抹”问题，包括在第十届中国英语写作教学与研究国际研讨会（中国英语教学研究会写作教学与研究专业委员会、太原理工大学，山西，2016年9月23—26日）上题为“Erasure and Writing”的报告。

③ NHK NEWS WEB. 2016. 安倍首相所感「和解の力」全文. https://www3.nhk.or.jp/news/liveblog/pearl_harvor/static/12280726.html. 2017/1/1.

みしめるとき、私は言葉を失います。そのみ霊よ、安らかなれ——。思いを込め、私は日本国民を代表して、兵士たちが眠る海に花を投じました。

那一日，当“亚利桑那”号因爆炸断裂成两截时，来自全国各地的大批船员殒命于赤炎之中。……每当想起如此严肃的事实，我都会沉默无语。亡灵们，请安息吧。我代表日本国民，向将士们沉睡着的这片大海真挚地投下鲜花。

戦争が終わり、日本が見渡す限りの焼け野原、貧しさのどん底の中で苦しんでいた時、食べるもの、着るものを惜しみなく送ってくれたのは、米国であり、アメリカ国民でありました。皆さんが送ってくれたセーターで、ミルクで、日本人は未来へと命をつなぐことができました。”

战争结束后，当日本在满目疮痍的焦土上和极度贫困下挣扎之时，是美国人民毫不吝惜地为我们送来了衣食。依靠那些毛衣和奶粉，日本人才能活着走向未来。

众所周知，“亚利桑那”号战列舰的沉没和舰上上千名官兵的死亡，系遭到偷袭珍珠港的日军飞机轰炸所致。对于这一难以回避的重要信息，安倍却只使用了“那一日”（模糊处理）。此外，关于这次访问，外界最为关注的是安倍是否会为日军偷袭珍珠港挑起太平洋战争而道歉，但演讲中却没有任何直接涉及道歉的词语，而只有“安息吧”和“投下鲜花”（避而不提，模糊处理）。在第二段讲话中，安倍口中的美国俨然成了日本的“救命恩人”，而事实上使日本变成“满目疮痍的焦土”的，正是美军对日本本土的轰炸，这一重要信息也未被提及（避而不提）。此外，日本在无条件投降后被美国单独占领长达七年之久，由于海外贸易受到严格限制，最初的几年中只能从美国获得物资。而这一事实，也被安倍描述成了美国人民对日本的无私援助（粉饰歪曲）。

以上安倍在演讲中的“擦抹”，明显是在淡化与二战中的日美关系相关的历史事实。而从日本外务省发表的关于此次访美的主要任务的说明中可以看出[①]，这样做的目的应该是为了日美首脑会谈，而以上信息并不利于安倍此次夏威夷之行的目的，同时也有碍于强调“日美同盟”这一日本外交的基本方针。

那么，在联大演讲中，安倍又是如何进行“擦抹”，这些“擦抹”的背后又隐藏着怎样的政治目的呢？这将是下文主要探讨的内容。

3 “贡献”背后的“积极和平主义”

1945 年，日本宣布无条件投降为二战最终画上了句号，标志着新的国际秩序形成的联合国，也在同一年成立。1956 年 10 月，日本正式加入联合国，并于次年成功当选联合国安理会非常任理事国。1960 年代，随着国内经济的高速成长，日本已不再满足于非常任理事国的地位，并于 1969 年在第 24 届联合国大会上提出重新研究联合

① 日本外务省. 2016. 安倍総理のハワイ訪問. http：//www. mofa. go. jp/mofaj/na/na1/us/page3 _ 001940. html. 2017/1/2.

国宪章，以消除其中的所谓“敌国条款”[①]，但最终以失败告终。自那时起，日本就从未放弃过“争常”的努力[②]。

安倍政府同样将“争常”问题作为外交方面的重点问题，而他在联合国大会一般性辩论上发表的讲话，就成了实现这一目标的重要手段。这是由于日本能否通过安理会改革消除“敌国条款”等阻碍“争常”的因素，与世界各国对日本国际地位和国家形象的认识有很大关系。日本要想获得安理会常任理事国的地位，首先必须构筑与之相符合的国家形象。而各国元首政要齐聚一堂的联合国大会，无疑是一个绝佳的舞台。

安倍三次联大演讲内容归纳表

时间	安倍演讲内容概要（数字为演讲内容顺序）	焦点问题
68届（2013年）	①日本在人道主义援助上的贡献（反对叙利亚内战中使用化学武器，日本在解决叙利亚难民问题上的贡献） ②海洋问题（日本反对依靠强权改变海洋秩序） ③日本在女性人权保障方面的贡献和努力 ④呼吁安理会改革（日本希望成为安理会常任理事国）	叙利亚危机
69届（2014年）	①日本在人道主义援助上的贡献（埃博拉疫情、中东及乌克兰局势） ②呼吁安理会改革（日本将参选非常任理事国，希望成为常任理事国） ③核问题（日本是世界上唯一曾经遭受过核武器攻击的国家） ④日本在女性人权保障方面的贡献和努力	叙利亚、伊拉克、马里、南苏丹、中非共和国出现的暴力问题。乌克兰和尼日利亚的国内局势、巴以关系

① 敌国条款主要指的是联合国宪章第53条、77条、107条的内容。所谓敌国主要是指联合国成立时的德、意、日为首的法西斯轴心国家。其中第107条规定：“本宪章不取消或禁止负行动责任之政府对于在第二次世界大战中本宪章任何签字国之敌国因该次战争而采取或受权执行之行动。”也就是说，联合国宪章所有的签字国，对于其二战中的敌国（即德意日等国），无须等待联合国决议即可以采取任何行动。

② 黄大慧：《冷战后日本的联合国外交》，载《教学与研究》2008年第3期，第65—66页。

续表

时间	安倍演讲内容概要（数字为演讲内容顺序）	焦点问题
70 届（2015 年）	①日本在人道主义援助上的贡献（叙利亚、伊拉克、黎巴嫩等） ②日本在女性人权保障方面的贡献和努力 ③核问题（广岛·长崎原子弹、朝鲜核问题、核裁军问题等） ④呼吁安理会改革（日本希望成为安理会常任理事国）	叙利亚冲突、难民危机、中东和平进程、暴力极端主义、改革联合国维和行动

以上表格为笔者对安倍三次联大演讲的内容和大会的焦点问题进行的归纳。可以看出，演讲的主要话题相对集中且无明显差别，其背后的政治目的应该是一致的。那么，演讲的背后究竟隐藏着怎样的政治目的呢?

首先，历次演讲的最初部分，都是日本在人道主义援助上的贡献，且内容大多紧扣大会焦点问题。与此相呼应的是，安倍在每次演讲的中途或最后，通常会提出呼吁联合国安理会改革的主张。例如，在第 68 届联大演讲中，安倍在介绍过日本的“贡献”之后说道：

かような意思と、力、実績をもつ国として、安全保障理事会の現状が、かれこれ 70 年前の現実を映す姿のまま凍結され、今日に及んでいる事実を、はなはだ遺憾に思います。安保理は、遅滞なく改革されなくてはならず、我が国は、常任理事国となる意欲にいささかも変わるところがないことを申し添えます。

作为一个拥有如此思想、实力和成绩的国家，面对依旧反映 70 年前的现实而至今从未发生改变的安理会，我们感到甚为遗憾。安理会的改革刻不容缓，我国希望成为常任理事国的愿望丝毫没有改变。

强调“日本的贡献”，既可以在联合国各会员国面前树立日本全面积极参与联合国事务，在维护地区和世界和平方面发挥重要作用的“国家形象”，同时也使安倍在此后可以“名正言顺”地呼吁联合国安理会进行改革，并最终达到“争常”的目的。

然而，这里需要注意的是，在“日本的贡献”与呼吁“联合国安理会改革”之间，安倍的讲话内容中都会出现他所高调奉行的主张：“积极和平主义”（積極的平和主義）。

2013 年 12 月 17 日，日本国家安全保障会议和安倍内阁批准通过《国家安全保障战略》，其中包括日本国家安全的基本理念等内容，而“积极和平主义”正是这一理念的核心[①]。

然而，安倍所谓的“积极和平主义”（Proactive Contribution Peace），与和平学中的“积极和平”（Positive Peace）不同。关于和平学中的“积极和平”，在被称为“和平学之父”的约翰·格尔腾（Johan Galtung）的眼中，“积极和平”并非“没有战争的状态即为和平”的“消极和平”，而是“没有引发战争的结构性暴力的状态才是和平”的概念[②]。而安倍的“积极和平主义”则是一种国家话语，他将日本在战后所一直奉行的和平路线定义为“消极和平主义”，主

---

① 在《国家安全保障战略》中，日本国家安全的基本理念被表述为：“日本将在今后新的安全环境之下，要继续坚持走和平国家道路，同时作为国际政治经济舞台的主要角色，从国际合作的积极和平主义立场出发，努力实现日本的安全和亚太地区的和平与稳定，进一步积极致力于国际社会的和平、稳定及繁荣。”

② アーサー・ビナード. 2014. 言葉の中身吟味を. 『中日新聞』朝刊，2014/12/6.

张日本应在“积极和平主义”的旗帜下，通过解禁集体自卫权等的安保相关法案[①]，更加积极地参与国际事务。对此，格尔腾在2015年曾公开表示：“安倍首相盗用‘积极和平’的概念，他的主张与我对这一概念的解释完全相反。我希望看到的是没有军队，没有为防备他国攻击而进行准备的日本。”这等于否定了安倍所谓的“积极和平”[②]。中国等在二战中曾经遭受日本侵略的国家同样认为，安倍的新政策可能导致日本重新走向军国主义道路，将会对中日关系和地区和平稳定带来灾难。在日本国内，同样存在对安倍这种违反和平宪法，将会给日本带来灾难的做法的指责。

然而，针对饱受各方指责的“积极和平主义”，日本外相岸田文雄却在2015年9月4日参议院特别委员会的答辩时称，安倍政府的“积极和平主义”在“应当采取措施应对贫困和压迫的观点上，与格尔腾博士的积极和平论有很多吻合之处”[③]。这样的回答，一方面间接承认了安倍的“积极和平主义”与格尔腾之间存在不同，一方面也是对“积极和平主义”的积极意义的一种强调。安倍在联大演讲中同样采取了这种策略，即一方面通过突出日本在国际人道主义援助方面的贡献并强调这种贡献与“积极和平主义”的联系，一方面对解禁集体自卫权等问题采取“擦抹”的方式（避而不提），以掩盖“积极和平主义”背后的消极因素。

---

① 安保法由两个部分组成，一部分是将《自卫队法》《武力攻击事态法》等十部法律综合修订而成的《和平安全法制完善法》；一部分是使随时为他国军队提供后方支援成为可能的《国际和平支援法》。通过以上法律，日本可以将自卫队的海外活动范围扩大至全球，从而达到包括通过军事手段积极介入国际事务的目的。

② 每日新聞社. 2015. 平和学の父：ガルトゥング氏、首相は積極的平和の言葉「盗用」. 沖縄 每日新聞，2015/8/24.

③ 朝日新聞社. 2015. 注目 安保国会　積極的平和主義.『朝日新聞』(朝刊)，2015/9/5.

4 “无核国家”的核问题

多边裁军和军备限制，是联合国自成立以来一直努力的中心目标。2015 年 11 月 2 日，联合国大会裁军及军事安全委员会以 156 国投票赞成的表决结果，通过了日本提出的废除核武器决议提案。自 1994 年起，该委员会已连续 22 年通过日本的提案。由此可见，核问题一向为日本所重视，因此自然也就成为了安倍在联合国大会演讲时必然涉及的问题。这里需要注意的，是安倍三次联大演讲中涉及核问题部分的相似之处。

> 原子爆弾の惨禍を知る我が国は、核軍縮と不拡散、ひいては核廃絶に、ひたすら貢献します。北朝鮮の核・ミサイル開発は、許されざることです。
>
> 经历了原子弹带来的惨重灾难，我国不断地致力于核裁军与核不扩散，以及废除核武器。朝鲜的核与导弹开发，是绝不容许的。
>
> 日本はまた，唯一の戦争被爆国として，被爆 70 周年となる明年の NPT 運用検討会議で，議論を主導していく覚悟です。北朝鮮に対しては，拉致，核，ミサイルといった諸懸案の包括的解決のため，関係国と協調して当たります。
>
> 日本，是唯一在战争中遭受核武器攻击的国家，在明年日本被核爆 70 周年的不扩散核武器条约（NPT）审议大会上，将

做好主导讨论的准备工作。关于朝鲜，我国将为一揽子解决包括绑架、核武器、导弹在内的各项悬而未决的问题，与相关国家进行协调。

北朝鮮について。拉致、核、ミサイルといった諸懸案の包括的解決のため，日本は，関係国と協調して働きかけを続けます。本年は，原子爆弾がヒロシマ，ナガサキに落とされて70年、悲しみを新たにした年でもありました。……核兵器廃絶に向けた決意の下、国際社会の共同行動を促すため、日本は、新しい決議案を準備しています。

关于朝鲜，为全面解决绑架、核武器、导弹等各项悬而未决问题，日本将继续与相关国家协作，推动问题的解决。今年是广岛、长崎原子弹爆炸70周年，也是重新回顾那份悲痛之年。……在消除核武器的决心下，为了促进国际社会共同行动，日本正在准备新的决议案。

从以上内容不难看出，强调日本是世界唯一的核爆受害国、谴责朝核问题、强调日本在消除核武器方面的贡献，是安倍演讲的重点。这种表述方式，能使日本号召国际社会联手解决朝核问题顺理成章，从而达到维护日本国家安全的目的。同时，2015年是日本遭受核武器攻击70周年，而在当年召开的第70届联合国大会上，将进行安理会非常任理事国改选。安倍的这种表述方式，也能够增加日本当选的可能性。

然而，在以上安倍所强调的内容背后，有诸多重要信息被“擦抹”，例如：安倍反复提到广岛、长崎原子弹爆炸一事，却从没有提到这一历史事件发生的时代背景（避而不谈）。安倍谴责朝核问题，并强调日本在促进消除核武器方面的决心，却对“日美核密约”没有任何涉及[①]（避而不谈）。正如一些学者所指出的那样，如果日本“争常”成功，那将是第一个“无核”常任理事国。这也是日本“争常”的有利条件之一[②]。然而，日本历届政府所奉行的“无核三原则”，同样没有出现在安倍的演讲中（避而不谈）。此外，安倍三次联大演讲中有关核问题的讲话，与其前任野田佳彦在第 67 届联合国大会一般性辩论中的演讲存在诸多相似之处，但野田佳彦在演讲中曾间接谈及福岛核电站泄漏事故，而安倍在演讲中却从未提及此事（避而不谈）。

强调日本是“唯一的核爆受害国”，却缄口不提二战，而只是使用了“70 周年”这样的表述（模糊处理）。这样做一方面是为了掩饰日本作为曾经的“轴心国的一员”和“二战战败国”的身份，一方面也是出于维护“日美同盟中心主义”这一战后日本外交的基本原则。而之所以对“无核三原则”和“日美核密约”加以“擦抹”，与安倍本人在 2014 年 1 月 31 日众议院预算委员会的答辩上首次承认了“日美核密约”的存在有关[③]。至于针对福岛核电站核泄漏事故的“擦抹”，则是由于安倍早在 2013 年 2 月 28 日的施政演说中就曾表

---

① 据美国解密档案显示，日本 1960 年在与美国修改《日美安保条约》时曾达成密约，默许载有核武器的美军舰艇停靠日本港口。由于这份核密约违背日本奉为国策的“无核三原则”，即“不拥有、不制造、不运进核武器”，因此历届日本政府均不承认该密约的存在。

② 黄大慧：《冷战后日本的联合国外交》，载《教学与研究》2008 年第 3 期，第 66 页。

③ 時事通信社. 2014. 核密約、政府見解策定へ　安倍首相、非開示「間違い」.『時事通信』, 2014/1/31.

示，应尽早使日本国内因福岛核电站事故停转的核电站恢复运转[①]，这一政策在日本国内同样饱受指责。当然，安倍在演讲中对涉及核问题的大量信息加以“擦抹”，最根本的原因都是由于这些信息不利于树立日本积极促进削减核武器和“无核国家”的形象。

5　21世纪的“女性人权”与20世纪的“慰安妇”

除核问题外，“妇女人权问题”也是安倍三次联大演讲的主要内容之一。关于该问题，安倍在三次联大演讲中有如下发言：

> 憤激すべきは、21世紀の今なお、武力紛争のもと、女性に対する性的暴力がやまない現実です。犯罪を予防し、不幸にも被害を受けた人たちを、物心両面で支えるため、我が国は、努力を惜しみません。
>
> 令人愤慨的是，21世纪的今日，在武力冲突之下对女性施加性暴力的现象仍然未能根绝。我国将不遗余力地致力于犯罪预防，并在物质和精神两方面帮助那些不幸受害的人们。
>
> 20世紀には，ひとたび紛争が起きると，女性の名誉と尊厳が，深く傷つけられた歴史がありました。……21世紀こそ，女性に対する人権侵害のない世界にしていく。日本は，紛争下での性的暴力をなくすため，国際社会の先頭に立ってリー

① 首相官邸. 2013. 第百八十三回国会における安倍内閣総理大臣施政方針演説. http：//www.kantei. go. jp/jp/96 _ abe/statement2/20130228siseuhousin. html. 2017/1/3.

ドしていきます。

在20世纪的历史中，每当纷争发生之际，就会发生女性的名誉和尊严受到深刻伤害的事件。（……）而21世纪，则应成为不存在侵害女性人权的世界。为消除冲突中的性暴力，日本将一马当先，引领国际社会共同努力。

私は，これまで機会をとらえて，21世紀こそ，女性の人権が蹂躙されない時代にすべきであると訴えてきました。本日は，日本も，安保理決議1325号にもとづく女性の参画と保護に関する「行動計画」を定めたことを，ご報告できるのを嬉しく思います。

以往我一有机会就呼吁21世纪应该成为不再蹂躏女性人权的时代。今天我很高兴能够向各位报告，日本也制定了基于安理会1325号决议的有关女性参与与保护的“行动计划”。

除以上内容外，安倍还在三次联大演讲中列举了大量日本在女性人权保障方面的贡献，其目的与强调日本在国际人道主义援助及削减和武器方面的贡献应该是一致的。

然而，安倍在三次联大演讲中反复强调“21世纪”，而涉及“20世纪”的只有第69届。即便如此，仔细阅读安倍在第69届联大上的演讲也可以看出，前半部分为被动式，即“女性的名誉和尊严受到深刻伤害”，而后半部分则采用主动式，即“日本将一马当先，引领国际社会共同努力”。通过这种“20世纪”与“21世纪”的对比，安倍一方面强调了日本在21世纪的妇女人权保障问题中发挥的作用和地位，同时也在试图暗示如今的日本已经与二战时的日本截然不同。

并且，通过采用被动式的表述方法，也“成功”地对导致20世纪女性在战乱纷争中名誉和尊严受到伤害的“加害者”进行了“擦抹”（模糊处理），从而回避了“慰安妇”问题。

正如有学者指出的那样，面对国际社会在“慰安妇”问题上的舆论压力，日本政府通常采取“回避”、“阻挠”、“反击”这三种方法[①]。然而，为了提高日本的国际形象以实现“争常”目标，安倍不得不在三次联大演讲中尽量列举任何与日本对国际社会的“贡献”相关的内容。但当涉及女性人权保障方面的问题时，就会使人联想到“慰安妇”问题。安倍演讲中存在的“擦抹”，正是为了解决这种矛盾。

6 结语

在三次联大演讲中，安倍试图通过强调日本作为联合国的一员在国际人道主义、削减核武器、女性人权保障方面的贡献，达到提升日本国家形象的目的。2015年10月15日，第70届联合国大会对安理会中五个将于年底任期结束的非常任理事国实施改选，日本成功当选。这自然与日本的国家实力有关，然而安倍在联合国大会上的演讲，即国家话语在构建日本国家形象方面所发挥的作用也是不可忽视的。

不过，从本文对安倍演讲中的“擦抹”进行的分析可以看出，

① 王秋彬：《国际社会对日本历史问题的认识与策略》，载《现代国际关系》2015年第8期，第23页。

这种国家形象的构筑是通过对大量重要信息避而不提、粉饰歪曲、模糊处理来实现的。这些重要信息，或与日本在二战期间的历史有关，或与安倍政府所施行的一些饱受争议的政策有关。而故意忽视这些信息，显然对希望成为“正常国家”，进而实现“争常”目标的日本有利。目前为止，日本已成功当选安理会非常任理事国多达11次，这一数字与巴西并列排在世界各国之首。然而，如果“擦抹”继续存在于日本构筑国家形象的手段之中，恐怕日本在今后很长一段时间内会仍然游离于“非常任理事国”与“常任理事国”之间。

社会主义核心价值观与国家认同建构

吴玉军 著

四川人民出版社　学习出版社

图书在版编目（CIP）数据

“社会主义核心价值观与当代中国发展”丛书：全五册 韩震主编. —成都：四川人民出版社；北京：学习出版社，2018.8

ISBN 978-7-220-10785-6

Ⅰ.①社… Ⅱ.①韩… Ⅲ.①社会主义建设-价值论-研究-中国 Ⅳ.①D616

中国版本图书馆 CIP 数据核字（2018）第 085804 号

“社会主义核心价值观与当代中国发展”丛书

韩 震 主编

SHEHUIZHUYI HEXIN JIAZHIGUAN YU GUOJIA RENTONG JIANGOU

社会主义核心价值观与国家认同建构

吴玉军 著

出 版 人	黄立新
执行组稿	章 涛
责任编辑	陈 欣 章 涛
封面设计	张 科
版式设计	戴雨虹
责任校对	袁晓红
责任印制	李 剑
出版发行	四川人民出版社（成都市槐树街 2 号）
网 址	http://www.scpph.com
E-mail	scrmcbs@sina.com
新浪微博	@四川人民出版社
微信公众号	四川人民出版社
发行部业务电话	（028）86259624 86259453
防盗版举报电话	（028）86259624
照 排	四川胜翔数码印务设计有限公司
印 刷	四川机投印务有限公司
成品尺寸	170mm×240mm
印 张	19
字 数	200 千
版 次	2018 年 8 月第 1 版
印 次	2018 年 8 月第 1 次印刷
书 号	ISBN 978-7-220-10785-6
定 价	480.00 元（全五册）

丛书主编简介

韩震，1958年生，山东省阳谷县人，哲学博士，博士生导师，北京师范大学哲学思维与发展战略研究中心主任。

曾任北京师范大学副校长、北京外国语大学校长、北京外国语大学党委书记。兼任中央马克思主义理论研究和建设工程咨询委员会委员、《西方哲学史》首席专家及召集人，《马克思恩格斯列宁经典著作选读（大纲）》首席专家，国家教材委员会委员（兼任大中小德育一体化工作委员会主任）、第十届国家督学，国家社会科学规划办哲学组召集人、教育部社会科学委员会（哲学学部）委员、教育部高等学校哲学类专业教学指导委员会主任委员，《中国高等学校学术文摘·哲学》（英文）主编。

入选北京市"跨世纪青年理论工作者百人工程"培养计划、教育部"跨世纪人才"培养计划、人社部等部委首批"新世纪百千万人才工程"国家级人选、中宣部"文化名家暨'四个一批'人才"、国家"万人计划"首批哲学社会科学领军人才。

著有《西方历史哲学导论》、《生成的存在》、《重建理性主义信念》、《全球化时代的文化认同与国家认同》、《思考的痕迹》、《教育的价值与价值的教育》、《社会主义核心价值观五讲》、《社会主义核心价值观新论》、《中国的价值观》、《社会主义核心价值观与中国文化的国际传播》、《大国话语》等，译著有《自我的根源》、《历史与转义》等，发表论文、译文600余篇。成果多次获教育部、北京市等人文社会科学优秀成果奖。

分册作者简介

吴玉军，1978年生，山东昌乐人，哲学博士，北京师范大学哲学学院、哲学思维与发展战略研究中心、价值与文化研究中心教授，博士生导师。现任北京师范大学哲学学院党委书记。主要从事政治哲学研究，著有《非确定性与现代人的生存》、《现代性语境下的认同问题》等，出版《经验及其模式》、《美国中小学社会课教学策略》等译著，发表学术论文100多篇。主持国家社科基金项目、教育部人文社会科学重点研究基地重大项目、北京市社科基金项目多项。2010年入选北京市新世纪社科理论人才“百人工程”培养计划，2014年被评为“北京市优秀青年人才”，2015年入选国家“万人计划”青年拔尖人才。

目　录

代 序

培育和弘扬社会主义核心价值观的路线图

韩 震

习近平总书记在十九大报告中强调指出，我们要“坚持社会主义核心价值体系”就“必须坚持马克思主义，牢固树立共产主义远大理想和中国特色社会主义共同理想，培育和践行社会主义核心价值观，不断增强意识形态领域主导权和话语权，推动中华优秀传统文化创造性转化、创新性发展，继承革命文化，发展社会主义先进文化，不忘本来、吸收外来、面向未来，更好构筑中国精神、中国价值、中国力量，为人民提供精神指引”。目前，全国上下大力培育和弘扬社会主义核心价值观，目的是为建设社会主义先进文化指明方向，坚定全党、全国人民中国特色社会主义文化自信，为中华民族伟大复兴中国梦的实现提供精神支撑，为中华儿女提供共同的精神家园。

一、 我们应该培育和弘扬什么样的核心价值观

我们培育和弘扬的社会主义核心价值观是特定的价值观，有着

特定的规定性和内涵。我们所说的社会主义核心价值观，首先是当代中国的价值观，是当代中国建设什么样的国家、构建什么样的社会、塑造什么样的公民的价值取向；我们所说的社会主义核心价值观，也必定是中国特色社会主义的价值观，是关于中国特色社会主义道路、理论和制度的价值宣示。综合起来，社会主义核心价值观就是当代中国特色社会主义价值观。

既然社会主义核心价值观就是当代中国特色社会主义价值观，那么我们首先要把中国特色社会主义事业伟大实践作为培育和弘扬社会主义核心价值观的坚实社会基础。

新中国成立以来特别是改革开放以来，中国共产党带领全国各族人民，在短短几十年时间内，使中国经济、政治、文化和社会建设等方面取得了举世瞩目的成就。我国从一个积贫积弱、备受欺凌的国家，重新回到世界舞台的中心。正如英国剑桥大学政治与国际研究系高级研究员马丁·雅克说的，“近年来，世界经济的重心开始向发展中国家倾斜。对发展中国家而言，同中国的经济往来变得越来越重要。中国是很多发展中国家最大的贸易伙伴，也是发展中国家的转型推动器。很多发展中国家都将中国视为学习的榜样以及未来的目标”①。我国经济总量稳居世界第二位，人均国内生产总值增至7800美元左右；农业持续增产，城镇化取得新进展，常住人口城镇化率达到55%；各级各类教育都得到全面发展，教育水平大幅提升，一批重大科技成果达到世界先进水平；公共服务体系基本建立、覆盖面持续扩大，新增就业持续增加，贫困人口大幅减少，生态文

① ［英］马丁·雅克：《中国梦蕴含自信心》，《人民日报》2014年2月21日第3版。

明建设取得新进展，人民生活水平和质量加快提高；全面深化改革有力推进，人民民主不断扩大，依法治国开启新征程；全方位外交取得重大进展，对外开放不断深入，我国成为全球第一货物贸易大国和主要对外投资大国；中国特色军事变革成就显著，强军兴军迈出新步伐；全面从严治党开创新局面，党的群众路线教育实践活动成果丰硕，党风廉政建设成效显著。中国特色社会主义事业是前无古人的伟大创新实践，也取得了震撼世界的成绩，这是我们凝练社会主义核心价值观的坚实社会基础，也是我们价值观自信的基础。

中国的经济发展已经创造了世界奇迹。最近几年，虽然中国的经济不像头些年那样以两位数的增长率发展了，但仍然是全球几个大经济体中发展最快的。由此，英国学者罗思义认为，“中国的社会主义模式优于资本主义模式”，理由是：一、“当前世界上增长最快的经济体并非遵循……‘华盛顿共识’发展，反而是仿效中国的‘社会主义发展战略’或深受其影响”；二、“仿效中国的发展战略或深受其影响的国家对世界减贫的贡献率是85％，而资本主义国家的贡献率仅为15％”。[①] 不过，在经济发展的同时，我们也需要关注发展带来的新问题。经济的迅速发展也使人们的价值观或思想取向在社会结构和文化范式的快速转型之中发生某种不确定的漂移。中国人富裕了，但似乎心理却不像原来那么宁静了。我们必须反思和重塑我们的价值观。对于现代社会而言，价值观都是非常重要的。“价值观之所以重要，是因为它们将国家和民众凝聚在一起。它们帮助

① ［英］罗思义：《没错，“中国模式”优于“西方模式”》，《环球时报》2016年9月20日。

定义一个社会所支持和所反对的东西。”① 正如习近平总书记在主持中共中央政治局第十三次集体学习时强调的，要“把培育和弘扬社会主义核心价值观作为凝魂聚气、强基固本的基础工程”②。

价值观既是对社会实践的总结从而反映着当前的社会状态，同时作为一种理想性理念也必定引导和塑造未来的社会。就如习近平总书记指出的，“核心价值观是文化软实力的灵魂、文化软实力建设的重点。这是决定文化性质和方向的最深层要素。一个国家的文化软实力，从根本上说，取决于其核心价值观的生命力、凝聚力、感召力。培育和弘扬核心价值观，有效整合社会意识，是社会系统得以正常运转、社会秩序得以有效维护的重要途径，也是国家治理体系和治理能力的重要方面。历史和现实都表明，构建具有强大感召力的核心价值观，关系社会和谐稳定，关系国家长治久安”③。

其次，既然社会主义核心价值观就是当代中国特色社会主义价值观，那么我们就要把中华优秀传统文化作为涵养社会主义核心价值观的活水源泉。

我们是立足中国国情建设中国特色社会主义，我们的经济政策和政治设想都是以这个现实为前提的。同样，我们不可能离开既有的文化传统来进行精神活动，中华优秀传统文化是我们取之不尽用之不竭的思想根源，因此，培育和弘扬社会主义核心价值观必须立足中华优秀传统文化，用中华优秀传统文化涵养社会主义核心价值

① ［美］格拉特·哈丁著，葛鸣译：《欧洲人之谜》，《国外社会科学文摘》2012 年 8 月号，第 24—25 页。原载美国《外交政策》2012 年 1/2 月号。

② 参见新华社北京 2 月 25 日电《把培育和弘扬社会主义核心价值观作为凝魂聚气强基固本的基础工程》，《人民日报》2014 年 2 月 26 日第 1 版。

③ 参见新华社北京 2 月 25 日电《把培育和弘扬社会主义核心价值观作为凝魂聚气强基固本的基础工程》，《人民日报》2014 年 2 月 26 日第 1 版。

观。习近平总书记要求我们，“要讲清楚中华优秀传统文化的历史渊源、发展脉络、基本走向，讲清楚中华文化的独特创造、价值理念、鲜明特色，增强文化自信和价值观自信。要认真汲取中华优秀传统文化的思想精华和道德精髓，大力弘扬以爱国主义为核心的民族精神和以改革创新为核心的时代精神。牢固的核心价值观，都有其固有的根本。抛弃传统、丢掉根本，就等于割断了自己的精神命脉”。割断了精神命脉，不仅使文脉失去生命的有机性，也会使文化成为缺乏生命力的空洞观念。必须辩证地对待历史和当下，“不忘本来才能开辟未来，善于继承才能更好创新”。因此，习近平总书记号召我们，“要深入挖掘和阐发中华优秀传统文化讲仁爱、重民本、守诚信、崇正义、尚和合、求大同的时代价值，使中华优秀传统文化成为涵养社会主义核心价值观的重要源泉”①。

培育和弘扬社会主义核心价值观，就必须融通于中华民族的文化根基和精神传承过程。中华民族5000多年文明史，中国人民近代以来170多年斗争史，中国共产党90多年奋斗史，中华人民共和国60多年发展史，改革开放30多年探索史，这些历史一脉相承，不可割裂。脱离开中国的历史绵延，脱离开中国的文化传统，脱离开中国人的精神世界演进，脱离开当代中国社会的深刻变革，是难以正确认识中国的社会主义核心价值观的。

由于中华优秀文化传统是基于中华民族几千年历史演化而铸就的，反映着中华民族在中国大地上的生命体验、观念思考和精神追求，因此必然带有中华民族特有的形态、内涵和实质。我们从大禹

① 参见新华社北京2月25日电《把培育和弘扬社会主义核心价值观作为凝魂聚气强基固本的基础工程》，《人民日报》2014年2月26日第1版。

治水的故事，就可以理解中国这个东方农耕民族对群体合作的依赖和重视，个人只能在群体中才能获得生存的机会和发展的环境。因此，对于价值和价值观，中国人往往更多从整体优先于局部、集体优先于个人的角度去思考。譬如，也许西方人更多从个人的角度去思考人权，而中国人更关注大家之间要相互尊重人权，这就是“和谐”的价值观。中国人不把人权理解为个人权利或利益之间的自由竞争，而是相互之间达成和谐的状态，这就是为什么中国人如此重视“和为贵”以及“和而不同”。在当今中国，根据社会主义核心价值观，只有整体的社会和谐了，个体的人们才能过民主、自由、平等、公正的生活，才能在敬业和友善的环境下获得富足而有尊严的生活机会。

不过，社会主义核心价值观需要中华优秀传统文化的滋养，但并不是回到中国传统的价值观就是社会主义核心价值观了。中国传统的价值观是基于传统社会而酝酿的，必须经过创造性转换和创新性拓展，才能成为社会主义核心价值观的有效构成要素，这些要素纳入中国特色社会主义的理想追求，才能够展现出现代功能和价值。

第三，既然社会主义核心价值观就是当代中国特色社会主义价值观，那么我们就要在国际交流互鉴中，把提升文化软实力和抢占道德制高点作为弘扬社会主义核心价值观的文化追求。

善于学习和借鉴的民族，才有创新和发展的可能。培育和弘扬社会主义核心价值观，就需要在与世界各国日益密切的交流互鉴中加以思考。中华民族历来就有天下一家的开放胸襟，有协和万邦的气度，中华文化就是在与其他文化的相互激荡中发展。从古至今，中国与世界各国进行多方面的交流互鉴，从中学到许多东西，经过

消化吸收转化成为中华文化的成果，例如佛学思想的传入，西域音乐的滥觞，西方的文艺复兴、启蒙运动、工业革命、社会变革思潮，等等，特别是马克思主义和社会主义的理论，都深刻地影响和改变了中国的面貌。中国人对国家富强目标的追求，显然是受了欧美的影响，才有了更强烈的动力。自由、平等、民主、法治等价值，显然有浓厚的欧美影响，但最终也是在中国人民启蒙和解放的双重运动中逐渐清晰起来的。

当然，中国也需要有足够的勇气，树立价值观自信，我们也可以对世界价值观的发展作出自己的贡献。美国学者哈尔珀有句名言："打赢如今的战争靠的不是最好的武器，而是最好的叙述方式。"[①] 我们在中国特色社会主义实践上已经取得了举世瞩目的成就，我们还要在文化表述上坚定我们的价值观自信。譬如，中国人和而不同的价值观，不仅意义非凡，而且完全可以成为调节国际关系的最佳规范。我们主张"万物并育而不相害，道并行而不相悖"。这要比霸权思维和价值观合理得多，也公正得多。中国梦绝不是世界霸权梦，而是和平共处、合作共赢的梦。"中国梦是奉献世界的梦。"中国人"穷则独善其身，达则兼济天下"的胸怀，可以转化为经济全球化时代的中国担当。和谐价值观更是中华民族对人类社会的独特贡献。对内，我们构建和谐社会，实现祖国的和平统一、繁荣富强；对外，我们主张和平发展，实行相互尊重、互惠互利。不同的民族、不同的国家，由于所处的发展阶段和空间条件不同，从而发展出不同的文化，对问题的看法也就不同。相互之间应该采取和而不同的理念，

---

① ［美］彼得·纳瓦罗：《中国"三战"战略让美国束手无策》，《参考消息》2016年1月7日。

而不是采取威胁和冲突的方式，这样世界才能和平。中国的和谐价值观和国际义利观具有现实的、普遍的世界意义，具有很高的国际道德意义。

正因如此，习近平总书记在省部级领导干部学习贯彻十八届三中全会精神全面深化改革专题研讨班上讲：我们应该大力培育和弘扬社会主义核心价值体系和核心价值观，加快构建充分反映中国特色、民族特性、时代特征的价值体系，努力抢占价值体系的制高点。

二、 怎样培育和弘扬社会主义核心价值观

培育和弘扬社会主义核心价值观，需要有合适的途径和正确的方法。有了合适的途径和正确的方法，才能取得事半功倍的效果。

第一，培育和弘扬社会主义核心价值观，需要把其纳入国民教育全过程，作为培育和弘扬社会主义核心价值观的主渠道。

培育和弘扬社会主义核心价值观，要从娃娃抓起、从各级各类学校抓起，做到进教材、进课堂、进头脑，让教育在传递知识和文化的过程中塑造有理想有信念有责任感的人。社会主义核心价值观是社会的主导价值观，要求全体社会成员遵循这些基本的价值观规范。社会主义核心价值观不是对少数人的要求，而是对所有领域、所有人的价值规范。既然学校的功能是培养社会主义建设者和接班人，我们就必须坚持育人为本、德育为先，围绕立德树人的根本任务，把社会主义核心价值观全方位地纳入教育总体规划，贯穿于教育的教学、科研、社会服务、文化传承创新和国际交流的各个环节，覆盖到学校的全部师生员工。培育和践行社会主义核心价值观不仅是辅导员、班主任的职责，而是所有教职员工的任务；不仅是道德

与法治、思想政治和马克思主义理论课教师的工作，而是所有专业课程都必须有机融入的事情。当然，不是专业课程都有形地讲核心价值观，而是把价值观的精神实质和方向创造性地融入专业知识之中。实际上，思想理论课本身也不能天天只讲核心价值观的12个概念，而是基于核心价值观讲出感动人心的故事来。

因此，培育和践行社会主义核心价值观，就要遵循思想政治工作规律、遵循教书育人的规律、遵循学生成长的规律，适应不同年龄段学生的身心特点和成长规律，完善思想教育方法，深化学生思想品德培育和思想政治教育，构建有效衔接、内容先进、形态生动的思想品德和马克思主义理论课程的教材体系，创新思想品德和政治理论课教育教学方法，提高教学的针对性和实效性。大家都知道，作为物质食粮的奶粉是要根据年龄分段的，同样作为精神食粮的社会主义核心价值观也需要根据学生的年龄特点来“配方”。价值观需要行为的体验才能内化于心，价值观的目的及价值观自身的价值就在于它见诸行动。因此，我们还必须注重发挥社会实践对学生的养成作用，完善实践教育教学体系，开发实践课程和活动课程。

第二，培育和弘扬社会主义核心价值观，需要把党员干部带头以及知识分子、文化名人和其他杰出人物示范效应作为培育和弘扬社会主义核心价值观的关键抓手。

共产党员、领导干部和社会精英要在培育和践行社会主义核心价值观的过程中起模范带头作用。中国共产党是中国工人阶级的先锋队，也是中国人民和中华民族的先锋队，所以共产党员都应该在培育和践行社会主义核心价值观时走在前列，其中领导干部更应该率先垂范，形成上行下效的正能量。我们要以党章为根本遵循，完

善党内法规，健全制度保障，构建起配套完备的党内法规制度体系，推动党员干部带头践行社会主义核心价值观。把从严治党实践成果转化为道德规范和纪律要求，做到依规治党和以德治党相统一，充分展现共产党人高尚思想道德情操和价值追求。

社会各界的精英或名流，有很大的示范作用，因此也要肩负起更大的社会责任，在引导社会风气方面发挥积极功能。2017 年 3 月 4 日下午，习近平总书记在看望参加全国政协十二届五次会议的民进、农工党、九三学社委员时，希望全国广大知识分子自觉做践行社会主义核心价值观的模范。在总书记看来，勇立潮头、引领创新是知识分子“应有的品格”；天下为公、道义担当是知识分子“应有的情怀”。他希望知识分子坚持国家至上、民族至上、人民至上，始终胸怀大局、心有大我，始终坚守正道、追求真理，从自我做起、从现在做起、从日常生活做起，身体力行带动全社会遵循社会主义核心价值观。根据唯物史观，人是生产力中最活跃的要素，而人才是最活跃要素中的活跃要素，是创造新知识、新技术和新思路的关键力量。知识分子无疑是推动实现中国梦的中坚力量，正因为如此，知识分子应该义不容辞地担负起时代的重任。创新驱动实质要靠人才驱动，靠高远的价值观引领，知识分子正是先进生产力的开拓者，也应该成为先进价值观的践行者和引领者。

先进典型是社会主义核心价值观的集中体现。公众人物社会知名度高、影响力大，是传播核心价值观的重要力量。各类明星人物也应该加强自律、提高素质，无论是影星、歌星、舞星，还是球星和其他体坛明星人物，往往是青少年的偶像，他们的言行和装束往往引领时尚。假如他们在践行社会主义核心价值观时有好的言行，

将会对青少年有广泛的影响和引领作用。

第三，培育和弘扬社会主义核心价值观，需要把贯穿结合融入、落细落小落实作为培育和弘扬社会主义核心价值观有效手段。

培育和弘扬社会主义核心价值观，必须在贯穿结合融入上做文章，在落细落小落实上下功夫，坚持不懈地推动社会主义核心价值观学习宣传，践行弘扬具体化、系统化、长效化，将核心价值观的种子播撒在中华儿女的心田。

一要充分发挥政策导向作用，使经济、政治、文化、社会等方方面面政策都有利于社会主义核心价值观的培育。强化公共政策的价值目标。制定经济社会政策和重大改革措施，出台与人们生产生活和现实利益密切相关的具体政策措施，要充分体现公平正义和社会责任，注重政策目标和价值导向有机统一，注重经济效益和社会效益有机统一，形成有利于培育和弘扬社会主义核心价值观的良好政策导向和利益引导机制。各种社会管理要承担起倡导社会主义核心价值观的责任，注重在日常管理中体现价值导向，使符合核心价值观的行为得到鼓励、违背核心价值观的行为受到制约。我们还要完善政策评估和纠偏机制，防止具体政策措施与社会主义核心价值观相背离，实现公共政策和道德建设良性互动。

二要切实把社会主义核心价值观贯穿于社会生活方方面面。一种价值观要真正发挥作用，必须融入社会生活，让人们在实践中感知它、领悟它。要注意把我们所提倡的与人们日常生活紧密联系起来，在落细落小落实上下功夫。要按照社会主义核心价值观的基本要求，健全各行各业规章制度，完善市民公约、乡规民约、学生守则等行为准则，使社会主义核心价值观成为人们日常工作生活的基

本遵循。要利用各种时机和场合，形成有利于培育和弘扬社会主义核心价值观的生活情景和社会氛围，使核心价值观的影响像空气一样无所不在、无时不有。

三要相信人民群众、依靠人民群众，充分发挥群众的自主意识和首创精神，广泛开展灵活多样的群众性道德实践活动。例如，开展群众性的评选表彰道德模范活动，让人习惯于在现实中学会见贤思齐。开展学习宣传先进典型活动，尤其注意把学习雷锋等模范与学习身边的好人好事结合起来，在平凡的人和事中发现崇高，让高尚的道德和价值理想在民众生活中落地生根，形成学习先进、争当先进的浓厚风气。在国家博物馆设立英模陈列馆，保护好英烈墓地，让英雄主义鼓励青少年的报国之志。要把对烈士的纪念活动与大众的生活节点——如成人仪式、结婚仪式——结合起来，让国家认同融入大众百姓的日常生活之中。正如习近平总书记强调的，我们要通过教育引导、舆论宣传、文化熏陶、实践养成、制度保障等，使社会主义核心价值观内化为人们的精神追求，外化为人们的自觉行动。要润物细无声，运用各类文化形式，生动具体地表现社会主义核心价值观，用高质量高水平的作品形象地告诉人们什么是真善美，什么是假恶丑，什么是值得肯定和赞扬的，什么是必须反对和否定的。

四要把以文化人作为培育和弘扬社会主义核心价值观的精神支撑。要以良好的家风、校风、村规民俗，传播主流价值；要建立和规范一些礼仪制度，组织开展形式多样的纪念庆典活动，增强人们的认同感和归属感；要把社会主义核心价值观的要求融入各种精神文明创建活动之中，吸引群众广泛参与，推动人们在为家庭谋幸福、

为他人送温暖、为社会作贡献的过程中提高精神境界、培育文明风尚；要把传统的节日与传承中华民族的美德结合起来，使节日的意义得到升华。

三、 推动社会主义核心价值观入法入规

坚持和发展中国特色社会主义是一项长期而艰巨的历史任务，必须准备进行具有许多新的历史特点的伟大斗争。推动社会主义核心价值观入法入规，目的是促进价值观念的制度化、对象化和客观化，运用法律法规和公共政策向社会传导正确的价值取向，把社会主义核心价值观融入法治建设，从而使社会主义核心价值观的价值取向成为有法律保障的长期落地生根的公序良俗。

实际上，法律法规本身就体现鲜明价值导向，不同的法律体系体现不同的价值观。一方面，弘扬社会主义法治精神本身就是践行社会主义核心价值观。法治精神，是社会主义核心价值观建设的基本内容和重要基础。要坚持法治宣传教育与法治实践相结合，建设社会主义法治文化，推动全社会树立法治意识、增强法治观念，形成守法光荣、违法可耻的社会氛围，使全体人民都成为社会主义法治的忠实崇尚者、社会主义核心价值观的自觉践行者。另一方面，社会主义法律法规直接影响人们对社会主义核心价值观的认知认同和自觉践行。要坚持以社会主义核心价值观为引领，恪守以民为本、立法为民、公平正义理念，把社会主义核心价值观的要求体现到宪法法律、法规规章和公共政策之中，转化为具有刚性约束力的法律规定。无论如何，社会主义核心价值观是社会主义法治建设的灵魂。把社会主义核心价值观融入法治建设，是坚持依法治国和以德治国

相结合的必然要求，是加强社会主义核心价值观建设的重要途径，但这个途径更具有时代意义。

推动社会主义核心价值观入法入规，首先要以社会主义核心价值观的价值理想完善法律法规体系。我们必须认识到，由于法律法规体系是历史的产物，随着社会的发展就会出现某些不适应的地方。例如，有的法规和政策价值导向不鲜明，针对性、可操作性不强，保障不够有力；一些地方和部门在执法司法过程中存在与社会主义核心价值观要求不符的现象；部分社会成员尊法学法守法用法意识不强，全民法治观念需要进一步提高，等等。本着问题导向的原则，深入研究分析社会主义核心价值观建设的立法需求，把法律的规范性和引领性结合起来，通过立改废释并举，积极推进相关领域立法，使法律法规更好体现国家的价值目标、社会的价值取向、公民的价值准则。对与社会主义核心价值观要求不相适应的法律法规，依照法定程序及时进行修改和废止。

推动社会主义核心价值观入法入规，也要通过法律法规的刚性要求，强化社会治理的价值导向。注重把一些基本道德规范转化为法律规范，把实践中行之有效的政策制度及时上升为法律法规，推动文明行为、正直诚信、见义勇为、尊崇英雄、志愿服务、勤劳节俭、孝亲敬老、仁爱友善等方面的立法工作。我们要从巩固全体人民团结奋斗的共同思想道德基础的战略高度，切实发挥法治的规范和保障作用，推动社会主义核心价值观内化于心、外化于行。

推动社会主义核心价值观入法入规，除了完善法律法规体系，还要促进善治。这就是说，推动社会主义核心价值观建设既要靠良法，又要靠善治。我们必须坚持人民主体地位，拓宽人民群众有序

参与立法、执法、司法的渠道和方式，调动人民群众投身依法治国实践的积极性和主动性，使法律及其实施充分体现人民意志、体现社会主义核心价值观要求。注重总结推广新创造新经验，不断提高工作针对性实效性，依靠教育引导、实践养成和良法善治，开创社会主义核心价值观建设新局面。社会治理要承担起倡导社会主义核心价值观的责任，注重在日常管理中体现鲜明价值导向，使符合社会主义核心价值观的行为得到倡导和鼓励，违背社会主义核心价值观的行为受到制约和惩处。进一步把社会主义核心价值观融入法治建设，必须把社会主义核心价值观融入法治国家、法治政府、法治社会建设全过程，融入科学立法、严格执法、公正司法、全民守法各环节，以法治体现道德理念、强化法律对道德建设的促进作用，推动社会主义核心价值观更加深入人心，为实现“两个一百年”奋斗目标、实现中华民族伟大复兴的中国梦提供强大价值引导力、文化凝聚力和精神推动力。

推动社会主义核心价值观入法入规，要实行适应社会主义核心价值观要求的司法政策，增强适用法律法规的及时性、针对性、有效性。遵循法治的价值取向，为惩治违背社会主义核心价值观、严重失德败德行为，提供具体、明确的司法政策支持。准确把握法律精神和法律原则，适应社会主义核心价值观建设的实践要求，发挥司法解释功能，正确解释法律。完善案例指导制度，及时选择对司法办案有普遍指导意义，对培育和弘扬社会主义核心价值观有示范作用的案例，作为指导性案例发布，通过个案解释法律和统一法律适用标准。司法是维护社会公平正义的最后一道防线，司法公正对社会公正具有重要引领作用。要努力让人民群众在每一个司法案件

中都感受到公平正义，推动社会主义核心价值观落地生根。

推动社会主义核心价值观入法入规，还要进一步增强法治的道德底蕴。我们要把法治教育与道德教育结合起来，深化社会主义核心价值观学习教育实践，深入开展社会公德、职业道德、家庭美德、个人品德教育，大力弘扬爱国主义、集体主义、社会主义思想，以道德滋养法治精神，以美德温润法治。我们要强化规则意识，倡导契约精神，弘扬公序良俗，引导人们自觉履行法定义务、社会责任、家庭责任，努力形成中华儿女互有责任的良好风尚。我们要广泛开展时代楷模、道德模范、最美人物和身边好人学习宣传活动，积极倡导助人为乐、见义勇为、诚实守信、敬业奉献、孝老爱亲等美德善行。我们要积极探索有效途径和办法，使社会主义核心价值观和社会主义法治建设相得益彰、相互促进，推动社会文明的进步。

总之，社会主义核心价值观与中国特色社会主义建设事业是互相塑造的关系。中华民族伟大复兴的事业孕育并产生了社会主义核心价值观，社会主义核心价值观则引导并塑造着中国特色社会主义建设的伟大社会实践。中国特色社会主义实践发展到什么阶段，培育和弘扬社会主义核心价值观也应该推进到相应的境界。

2018 年 6 月 12 日于北京师范大学

哲学思维与发展战略研究中心

导 言

现代性、全球化与当代国家认同

任何一个民族国家的建立和发展，离不开两个基本因素，即国家制度的建构和国民国家认同感的培育。如果说，国家制度是民族国家的“硬件”，那么国家认同就是“软件”。没有民族国家的建立，爱国主义只表现为一种情感；没有国家认同感的形成，所建立的民族国家就没有稳固的心理基础。也正因如此，世界各国都注意采取各种措施不断强化国民的国家认同感，增强国家的文化软实力。

第一节 认同的力量

“认同”一词在英语中对应的是 identity。在不同的语境中，identity 还被译为“同一性”、“特性”、“身份”等。就“同一性”而言，identity 通常指两个事物之间的相同性，或同一事物在经历时空的变化后表现出来的一致性。洛克在《人类理解论》一书中就曾指出：“我们如果把一种事物在某个时间和地点存在的情形，同其在另一种时间和地点时的情形加以比较，则我们便形成同一性（identity）

和差异性（diversity）的观念。”[①] 较之其他事物的同一性，人的同一性就显得复杂很多。人的同一性，不仅指不同时空中外在形象上的一致性，更表现为内在精神上的统一性。身处不同情境中的个体，尽管外貌没有发生多大变化，但因为其内在精神层面已发生根本变化，我们也很难称其与原来的他或她具有同一性。例如，心灵哲学中探讨的“大脑移植”问题就说明了这一点。当一个人的头颅中被移植入另一个人的大脑时，从外表看这个“新人”还保持原来的模样，但其精神世界已全然改变，成了另一个人。这表明，精神性的存在，精神层面的追求，是人区别于其他动物的关键。人的同一性表明，人是一种理想性的、超越性的存在者，尽管人的生命是有限的，人的生存发展受外在东西的限制，但其精神追求是无限的。借助无限的精神追求，个体有限的生命得到升华，生命的意义和价值得以展现。在同一性这一意义上，国家认同是指国家在历史长河的演变中，其特性仍然保持相对完整，没有发生实质性改变。相反，如果一个国家发生了解体，在国际地缘政治中不复存在，国民就缺乏认同对象。

“认同”还具有“身份”、“归属”的含义。“一个存在物经由辨识自己与其他物之共同特征，从而知道自己的同类何在，肯定了自己的群体性。”[②] 通过与他者相比较，自我会发现自己与他者的相似点、差异处，明晰自己的特征，最终达到对自我身份的确认。在这一意义上，认同就是对“我是谁?”这一问题的追问，通过追问，自

① 洛克著，关文运译：《人类理解论》（上），商务印书馆1959年版，第302页。

② 江宜桦：《自由主义、民族主义与国家认同》，台北扬智文化事业股份有限公司1998年版，第10页。

我知道自己从哪里来，现在身处何地，又将走向何处。

对同一性的辨别和对身份感的追问，最终要落实到认同主体的价值判断上，即认同主体是否认可某种价值，赞成某种观点。因此，认同感的强弱与否，与人们的价值体验和价值判断密切相关。认同问题，从根本上说是价值认同问题。在身份感的追寻中，人是置身于特定的社会情境之中的，受特定的利益、情感、态度、价值观、信仰等因素的影响。相同或相近的历史命运、情感体验、利益诉求、价值理念、宗教信仰等往往强化着“我们感”，增强着自我与他者的区分，从而使自我对自己的归属、自我的身份、自我的特性有着更加明晰的认识和感受。在这一意义上，国家认同意味着国民对国家的认可，即意识到自己是国家的一员，与其他成员之间具有共属一体的牢固想象，具有休戚与共的强烈情感，具有为国家的发展做出自己应有贡献的决心和勇气。

无论是对于个体、群体，还是对于国家而言，认同都具有重要的价值。认同为个体的价值判断和价值选择提供了基本参照，“知道你是谁，就是在道德空间中有方向感；在道德空间中出现的问题是，什么是好的或坏的，什么值得做和什么不值得做，什么对你是有意义的和重要的，以及什么是浅薄的和次要的”①。认同给个体提供了安全感，使其获得心理上的归属，“认同给你一种个人的所在感，给你的个体性以稳固的核心。认同关涉你的社会关系，你与他者的复杂牵连”②。越是在变动的情境中，个体寻求他人帮助，获得归属感

① 查尔斯·泰勒著，韩震等译：《自我的根源：现代认同的形成》，译林出版社 2001 年版，第 38 页。

② Jeffrey Weeks, “The Value of Difference”, Jonathan Rutherford (ed.), *Identity: Community, Culture, Difference*, Lawrence & Wishart, 1990, p. 88.

的渴望越突出。变化的社会环境，漂泊不定的生活，往往会引发一个人的认同焦虑。在日常生活中，良好的人际关系之所以重要，其原因也在于此。良好的人际关系有助于个体体会到深挚、长久的友谊，与他人形成相互依靠、托付和信赖的关系，进而形成一种“家”的感觉。强烈的家园感给个体以稳定的心理预期，使其在漂泊的社会中获得本体性安全。认同也是行动意义的重要来源，认同决定了行动的方向和力量。一个人、一个群体在追问自己的身份、探寻心理的归属、寻找生存的意义时，往往最终落实到行动中。江姐面对敌人的严刑拷打，宁死不屈；黄继光奋不顾身，用胸膛堵枪眼；焦裕禄不顾重病缠身，带领兰考人民勇敢治沙……所有这些行为举动，与其政治认同感、职业认同感以及由此生发出的使命感和责任心紧密相关。正是这种强烈的认同感，激发起他们无尽的热情，催生出舍生忘死的举动，迸发出巨大的力量。

在群体层面上，一个群体在与其他群体的比较中，会不断增强对自身特性的理解，更为深切地体会到自己在价值序列中所处的地位。对于强势群体而言，这种对自身独特性的感受会强化其身份优越感；但对于一个受压制、处于弱势地位的群体来说，它一旦通过对自己受损情境的感知而体验到自己的独特身份时，往往会采取激烈的方式摆脱自身在价值序列中的不利地位，并以此获得其他群体对自己身份、利益和价值追求的认可。如此一来，认同与承认存在密切的关系。“我们的认同部分地是由他人的承认构成的；同样地，如果得不到他人的承认，或者只是得到他人扭曲的承认，也会对我们的认同构成显著的影响。……得不到他人的承认或只是得到扭曲的承认能够对人造成伤害，成为一种压迫形式，它能够把人囚禁在虚假的、被扭曲和被贬损的存在方式之中。”①

就国家层面而言，认同更是具有重要的意义和价值。“我们必须先知道我们是谁，然后才能知道我们的利益是什么。”② 奥运比赛是精彩绝伦的国际体育盛宴，但同时也是爱国情感爆发的绝佳场所。从某种意义上说，如果没有国家因素的影响，很多比赛的精彩度、观众的观摩率是会大打折扣的。正是为国家争光的强烈愿望，激起运动健儿争金夺银的强大动力；也正是基于对本国运动健儿取得佳绩的强烈渴望，激发起观众的观看热情。具有强烈国家认同感的人，往往会将国家荣誉和国家利益置于优先考量的位置，并做出超出一般人的举动。隐姓埋名几十年的邓稼先，冲破艰难险阻回国的钱学森，等等，他们的壮举无不与其对国家的热爱、对人民的忠诚紧密相关。

国家认同也是国家合法性的基础。国家的存在和延续有赖于国民对它的认可。“国家主要存在于它的人民的内心和头脑中；假如他们不相信它的存在，那么就没有逻辑练习会使它活起来。”③ 对于任何一个国家而言，如果无法使国民确立起对自己的牢固想象，并形成强烈的认同感，国家就没有稳固的心理基础，就会为各种地方性势力和宗派势力的形成创造条件，最终沦至解体的可能。对此，美国当代著名汉学家、政治学家白鲁恂就指出，向现代转型的国家里

---

① 查尔斯·泰勒著，董之林、陈燕谷译：《承认的政治》，汪晖、陈燕谷主编：《文化与公共性》，生活·读书·新知三联书店 1998 年版，第 290—291 页。

② Samuel P. Huntington, “The Erosion of American National Interest”, Eugene R. Wittkopf and James M. McCormick (eds.), *The Domestic Sources of American Foreign Policy*, Rowman & Littlefield Publishers, 1999, p. 11.

③ Strayer Joseph, *On the medieval origins of the modern state*, Princeton, N. J., Princeton University Press, 1970, p. 5.

一共存在六种危机，即认同危机、合法性危机、政府权力渗透的危机、参与危机、整合危机以及分配危机。其中，排在第一位、并且也是最基本的就是国家认同危机。他认为："在大多数新的国家里，从部落到种姓、再到种族或语言集团等各种传统认同形式，都会与一种范围更大的民族国家认同的意识相冲突。……认同危机也会涉及如何解决传统遗产与现代习俗的冲突问题，并且也涉及在地方性意识与世界惯例之间的两难抉择。"① 由此可见，国家认同在一个国家发展中的作用非同一般。

正因为国家认同扮演着如此重要的角色，世界上没有哪个国家不提倡爱国精神，不注重对国民国家认同感的培育。例如，美国就一直重视国民爱国精神的培养。相关调查显示，在欧美发达国家中，美国人对国家的认同感和自豪感最强，也最愿意为保卫他们的国家而战。美国总统肯尼迪一句"不要问国家能为你做些什么，要问你能为国家做些什么"成为美国人崇尚的名言。为了使不同种族、不同文化背景、不同生活方式的人们团结在"星条旗"下，建设一个强大的国家，爱国成为美国高度推崇的价值理念。美国在全世界面前总是将自由民主作为宣传的口号而不将爱国主义作为宣传的主题，这似乎让人感觉其不重视公民爱国精神的培养。实际上，美国一直注重通过隐性的方式对国民进行潜移默化的引导，增强公民的国家认同感。在美国，《独立宣言》、《解放宣言》、《联邦宪法》等政治文献是爱国主义教育的经典文本，《独立宣言》、林肯的《葛底斯堡演说》等具有鲜明政治色彩的作品被列入语文教科书中供学生阅读、

① 白鲁恂：《政治发展的诸方面》，转引自复旦大学历史学系、复旦大学中外现代化进程研究中心编：《近代中国的国家形象与国家认同》，上海古籍出版社2003年版，第127—128页。

理解和讨论；华盛顿纪念碑、林肯纪念堂等规模宏大的场馆是爱国主义教育的重要基地。可以说，美国民众的日常生活中一直贯穿着爱国主义教育。作为一项隆重的仪式，对国家宣誓效忠，是美国爱国主义教育中的一个亮点。1954 年，在时任总统艾森豪威尔的提议下，美国国会通过立法确定了下列誓词："我宣誓效忠于美利坚合众国国旗及其所代表的在上帝之下不可分割的、给予全民自由与正义的共和国。"在集会和庆典中，一项必备的内容是人人立正、脱帽并将右手放在胸前，背诵这一誓词。这种长期的例行规范使得身在其中的人形成条件反射般的爱国主义行为习惯。

俄罗斯近年先后制定了对全民特别是青少年进行爱国主义教育的大纲和法案，力求重振民族精神。苏联解体后，"爱国"、"祖国"、"责任"等字眼曾一度从其教育中淡出，年轻人公民意识不强，国家发展缺乏精神动力。普京时代，俄罗斯认识到爱国精神塑造的重要性。多年来，在政府的强力推动下，俄罗斯将自由、民主、个人权利和传统的爱国主义、强国意识、国家作用、社会团结相结合形成"俄罗斯新思想"，并采取多项措施加以贯彻。在普京首次出任俄罗斯总统时，要求政府制定了《2001－2005 年俄罗斯国民爱国主义教育国家纲领》，由国防部、文化部、教育部等 12 个部门负责落实，编写教材，承办全国性活动。2004 年 10 月，俄罗斯又制定了《2006－2010 年爱国主义教育纲要草案》，加强指导军事爱国主义教育；之后又通过了《俄罗斯青年政策纲领》和《俄罗斯青少年公民教育和爱国主义教育纲领》，并在俄 89 个联邦主体行政机构里设立了 7000

多个青少年教育机构，专门负责公民教育和爱国主义教育。[①] 2016年，普京在与俄罗斯商业倡议推广“领袖俱乐部”会面时指出：“除爱国主义之外，我们没有也不能有任何其他的统一思想。这也是国家思想，它没有意识形态化，也与某个政党的活动无关，而与共同的统一原则有关。如果我们希望生活得更好，就应该让国家对所有公民变得更加有吸引力和更加有效。”[②] 可见，爱国精神的培养在俄罗斯占据重要地位。

在亚洲，受儒家思想影响很深的新加坡也同样重视公民爱国精神的培育。在新加坡政府看来，道德教育必须服从和服务于国家现代化建设的需要。为此，在建国初期，新加坡围绕当时迫切的政治经济问题开展国家意识和国民精神的培养，使公民产生对国家的认同感，使其不仅在形式上，而且在心理上要从一个“华人”（或是“印度人”、“马来人”……）变成“新加坡人”。新加坡政府作为国家认同教育的领导者、设计者和实施者，大力倡导团结教育、公民素质教育和传统价值观教育。在学校教育中，政府特别强调“群育”，将其作为学校道德教育的核心内容。“群育”注重合群、合作、和平共处、宽容的精神，培育人们新加坡一体的感觉。为了增进各民族对国家的认同，防止各民族的文化中心主义，新加坡还积极倡导在各民族融合基础之上所成长起来的更高层的“新加坡文化”。这种文化融合东西文化的精华，具有国际性、开放性和包容性。它将儒家观念、马来人的传统、印度人的精神气质同西方科学精神结合在一起，力图以此找到新加坡文化上的根。同时，新加坡政府注重

① 参见《俄罗斯爱国主义教育再出发》，《人民日报》2013年6月4日。

② 《普京：俄罗斯的国家思想就是爱国主义》，《环球时报》2016年2月3日。

在社会层面上强化国民的国家归属感。新加坡外来人口多、流动性强，容易造成人们归属感的匮乏。为减少人们的客居感，使人们真正将新加坡作为自己的家，新加坡政府实施了“居者有其屋”的工程，让每个在新加坡工作生活的人都有房屋居住。这种增进民众福祉、积极寻求国家利益与个人利益的结合点的做法，有利于个体形成对国家的归属感，进而培养起对国家的热爱。新加坡还实行“混居政策”。国家安居工程所建造的房屋，不但使各个民族都占有一定的比例，而且要分散安排，让不同民族的居民为邻。这大大有利于不同民族之间的交流，对于人们形成一种大的“新加坡人”意识起到很好的作用。

不仅各国政府高度重视国家认同问题，并采取行之有效的措施提升民众的国家认同感；在理论领域，各国学者也对国家认同及其相关问题予以了高度关注。在西方学术界，塞缪尔·亨廷顿的《我们是谁：美国国家特征面临的挑战》、安东尼·D.史密斯的《全球化时代的民族与民族主义》、曼纽尔·卡斯特的《认同的力量》、戴维·米勒的《论民族性》、莱恩·布鲁纳的《记忆的战略：国家认同建构中的修辞维度》等著作，对认同和国家认同的功能、国家认同建构中的族群身份、历史记忆，国家认同危机的结局等问题进行了探讨。这些著作从不同角度指出，现代国家在国家认同建构中，面临因种族主义的复兴、移民以及各种跨国力量的兴起所带来的巨大挑战。在国内学术界，关于国家认同的探讨近十多年来十分热烈，成果颇丰。特别是随着跨学科研究的兴起，国家认同作为一个跨学科问题，日益引发哲学界、政治学界、民族学界、历史学界、教育学界等学者们的兴趣，以国家认同为切入点的跨学科研究日趋活跃。

理论是对现实的应答，任何理论思考都是基于现实问题的出现并以解决现实问题为指向的。当代学术界之所以对国家认同问题予以如此强烈的关注，源于国家认同问题在当代的高度凸显。在这其中，现代性的全球化及其内涵的“去中心化”，成为当代国家认同建构的现实境遇。

第二节　全球化与“去中心化”：当代国家认同的现实境遇

全球性经济、政治、文化交往使我们切实感受到了全球化所具有的巨大变革力量。现代性这一巨大力量通过全球化这一形式强劲地荡涤着前现代性力量。不管愿意与否，每个国家、民族直至个人只要力图追求现代性，都需要加入到全球化进程当中。面对全球化的巨大力量，诸多人士形成了高度乐观的世界主义的普世观念：既然每个民族最终都要不可避免地进入全球化进程当中，那么具有高度地域观念、传统思想观念的民族主义将在全球化进程中渐渐消失。正是在这一意义上，霍布斯鲍姆指出：“未来的世界史绝不可能是‘民族’和‘民族国家’的历史……在未来的历史中，我们将看到民族国家和族群语言团体，如何在新兴的超民族主义重建全球的过程中，被淘汰或整合到跨国的世界体系中。”①

然而事实并非如此简单。全球化一方面使人们切实感受到了它所具有的经济一体化的特征，但另一方面伴随全球化进程的是一系

① 埃里克·霍布斯鲍姆著，李金梅译：《民族与民族主义》，上海人民出版社2006年版，第183页。

列民族争端和民族分离主义倾向的加强。冷战结束以来的近三十年时间里，是全球化进程最快的时期，但同时也是新一轮民族主义势力兴盛时期。因而，如果我们试图用现代性来勾勒当今时代的基本特征时，必然需要将全球化浪潮以及与之相伴随的民族主义浪潮联系起来加以理解和把握。实际上，全球化和民族主义是现代性问题的两个基本向度。也正因如此，在探讨全球化问题之时，民族主义及其民族认同问题是不容忽视的。

一、现代性与全球化

国家认同的建构是在特定的时间和空间中展开的。从时间维度看，传统与现代之间关系的处理和把握是任何一个国家在国家认同建构中都会面对的重要课题。无论是历史悠久的国家，还是历史相对较短的国家，莫不如此。从空间维度看，当代国家认同的建构离不开全球化这一基本背景，外在的国际环境，他国对自身形象、地位的评价和说明，都对一个民族国家认同的建构产生或多或少的影响。

现代性表征着与传统的决裂。现代性通过与过去的不断决裂而使自身非定型化。“现代性力图表达这样一种信念：不要成为过去的奴隶，不为过去所累赘。现代社会就是要打碎束缚个人自由的外在枷锁，在不断的批判和否定中，在与传统的决裂中彰显人的价值和尊严。”① 现代性的根本特征在于人之自我的发现和确证。在当代政治哲学家查尔斯·泰勒看来，基督教对于孕育西方人的主体性观念

① 吴玉军：《非确定性与现代人的生存》，人民出版社 2011 年版，第 2 页。

具有极其重要的意义。这是因为，一方面，上帝将人与自然区分开来，自然因之而得以祛魅化，自然成为展现在人的面前有待人类加以认识和改造的外在世界；另一方面，上帝是万能之神，但正是这一点，基督教难以解释现实世界之中所存在的邪恶现象，既然这种邪恶无论如何不能归之于上帝，那么只能归结到人本身。承载了邪恶之过的人类同时却获得了自我创造和自我反思的能动空间。[①] 人的能动性、自我反思性成了现代性的最明显标志。也正因这一点，现代性显示出了它不同于传统之处。断裂的印痕使得现代与传统之间具有了明显的区分。这一点在安东尼·吉登斯那里也得到了印证。尽管吉登斯对现代性的一些论述与查尔斯·泰勒有所不同，但在他看来，现代性具有四个基本维度，亦即资本主义 、工业主义、监督和军事力量使得现代性呈现出不同于前现代性之处，因之历史呈现出非连续性特征。

吉登斯认为，时空分离、脱域机制、知识的反思性运用构成了现代性的内在推动力。特别是时间和空间的分离、脱域机制的发展使地域化对人们的影响相对削弱，相反，处于遥远地方的事件却使得人们产生一种亲近感和即时性效应。在他看来，“全球化关注的是存在（presence）和缺席（absence）的汇聚点，关注于远方的社会事件和社会关系与地方情境化的交织。我们应当根据地方情形和地方参与的距离性和长期的易变性之间这样一个持续不断的关系来把握现代性在全球的传播”[②]。因此，“现代性正在内在地经历着全球化的

① 参见查尔斯·泰勒著，韩震等译《自我的根源——现代认同的形成》，译林出版社 2001 年版。

② A. Giddens, *Modernity and Self-Identity: Self and Society in the Late Modern Age*, Polity Press, 1991, pp. 21—22.

过程”[1]。从现代性与全球化的内在关系看，全球化意味着时空的转型。脱域机制的发展使得时间空洞化（the empting of time），它脱离了地点的限制，使事件的发展出现即时效应，人们即使对遥远地方所发生的事情也具有一种身临其境之感，甚至较之眼前的事件更具亲切感。

现代性所带来的价值断裂、价值流变、价值冲突，在全球化的今天得到了明显体现。生产的日益国际化、信息网络化、人员跨国流动日益频繁，人们的身份认同和国家认同日益成为一个必须时刻思考和作出选择的问题。

超国家的组织或机构在某种程度上弱化了人们对国家的认同。生产的国际化，使得一个民族国家对生产的控制力受到削弱，特别是资本在全世界的自由而广泛流动，使得国际资本对一个国家的影响越来越大。一些重要组织如联合国、世界贸易组织、国际货币基金组织、世界银行等开始深度超越各主权国家的传统边界，对民族国家的国内政治经济产生重大影响。同时，在全球化时代，全球治理的重要性越来越突显。“在全球性危机治理的过程中，民族国家的公民将会产生区域性或世界性的意识，公民对国家的治理效能产生质疑，超国家主义便对公民的国家认同形成分流和消解。”[2] 随着生态、恐怖主义等问题的全球化，单独一个国家在处理这些问题上显得捉襟见肘，需要世界各国的紧密团结和相关组织的高度介入。

信息技术的迅猛发展及其带来的信息的无国界传播，也对国家认同提出了严峻挑战。民族国家需要以一定的领土、人口等为基础，

① 吉登斯著，田禾译：《现代性的后果》，译林出版社 2000 年版，第 56 页。
② 王卓君、何华玲：《全球化时代的国家认同：危机与重构》，《中国社会科学》2013 年第 9 期。

但网络技术的发展突破了这一界线。时间和空间的分离、脱域机制的发展使地域化对人们的影响相对削弱，相反，处于遥远地方的事件却使得人们产生一种亲近感和即时性效应。借助网络技术，遥远地域的事件快速地传输到眼前，远在纽约的股市震荡消息借助信息技术会在世界范围内快速传播开来，并在极短的时间内引发人们日常生活的急剧变化。诸如此类的影响会使得人们对当地政府的决策的认同感受到冲击。由此，网络的发展使不同价值观念之间相互碰撞的概率和强度大大增强，在无形中削弱着人们的国家认同感。在虚拟空间中，信息传播打破了国家、地域的限制，信息具有一定程度的共享性，但是信息的内容仍带有地域特征，它反映了特定国家的文化传统、价值观取向、社会制度。这样，在人们交换信息的过程中，不同国家间的文化与道德冲突也达到前所未有的程度，原先为人们所认可的制度、价值、观念，由于外在价值观念的介入会受到怀疑甚至批判。也正是在这一意义上，美国加州大学社会学家迈克尔．赫克特就指出："以计算机为媒介的现代通信技术日趋成熟，它虽然大大降低了集体行动的成本，却加剧了这种冲突。以前广播媒介在大多数国家都是由政府控制的，或者在其他一些地方基本上是由大公司控制，然而，现在的新通信技术使得个人或者社会组织都能设立自己的广播平台。……所以，数字通信技术会削弱国家的权力，而且可能在将来会导致更多的民族主义冲突。"①

"在全球化的时代，国家认同已经不再是对国民身份的'绝对同一性'要求，而是国民对自身多重角色和多重选择的身份整合。"②

---

① 迈克尔·赫克特著，韩照颖等译：《遏制民族主义》，中国人民大学出版社 2012 年版，第 3 页。
② 韩震：《全球化时代的国家认同》，《中国社会科学报》2010 年 8 月 24 日。

在全球化时代，个体的行动范围不仅突破了群体的限制，也将物的依赖关系从民族国家或某政治、经济区域范围推向整个人类层面，个体与类之间出现了现实性关联。个体是国家公民的同时也获得了世界公民身份。个体的身份感随着生存和生活空间的拓展而相应发生着变化。每个个体既是某个国家的公民，同时也可能是某个跨国公司的一员，其文化身份感可能处于多重观念的矛盾冲突之中。在全球化的今天，民族国家能否建构一种有效机制，来容纳人们身份的多样性和归属的多重性，是一个十分现实而又紧迫的问题。

二、现代性与“去中心化”

在全球化的今天，民族国家不仅面临超主权组织的挑战，同时还面临内部差异性力量的挑战。现代民族国家不同程度地面临着“去中心化”的威胁。所谓“去中心化”，指的是“国内子群体对国家的疏离意识及由此产生的地方复兴现象”[①]，族群、区域等次国家组织成为“去中心化”力量的主要组成部分。冷战结束以后，民族主义的能量得到了极大的展现。在这次民族主义的浪潮中出现的稳定的民族国家并不多；相反，世界各地却由此而引发了巨大的动荡和冲突。在这其中，族群或民族作为一种“去中心化”的力量得到了明显的显现。据相关统计，在 2000 年国际社会发生的 51 场战争中，有 20 场是由于要求民族分离或自治引起的。在所有战争冲突中，为争取民族自治和建立民族独立政权的战争占据前两位。近年来，世界各地发生的大规模冲突中，种族和宗教的对抗占很大比重，约

① 郭艳：《全球化时代的后发展国家：国家认同遭遇“去中心化”》，《世界经济与政治》2004 年第 9 期。

占总数的一半以上。“冷战”所掩盖的民族矛盾和民族冲突在21世纪得到了极大释放。

当前，无论是发展中国家，还是西方发达国家，都面临着族群分离运动的威胁。相关研究发现，在全世界范围内，打算从其母国中分离出去或具有分离倾向的民族或种族就有3000多个，几乎涉及现有国际社会的所有成员。俄罗斯的车臣问题、西班牙的加泰罗尼亚问题、法国的科西嘉问题、加拿大的魁北克问题、印度尼西亚的亚齐问题都是其中的典型。

也正因如此，全球化进程中一体化与离散化趋势并存。“今天，两个表面上看来似乎同样的辩证过程正在塑造着欧洲和其他地区的国家的未来，这就是一体化进程和同时存在的、有时甚至是暴力性质的分化和分离的趋势。”① 冷战结束以来的时间里，是全球化进程最快的时期，但同时也是新一轮民族分离主义势力兴盛时期。因而，我们一方面体验到经济全球化所带来的一体化和便捷化，同时也能够深切地体验到各种差异性分离力量特别是民族分离力量的风起云涌。今天，我们在分析和把握族群力量之所以持久不衰的内在原因时，现代性内逻辑是考察的重点。

现代化的进程，是人际关系重塑的过程。现代社会的发展，侵蚀着传统的、情感的纽带和地域的纽带，那种以血缘和地缘为纽带建构起来的人际关系，逐步被抽象化的、制度化的规则取代；模糊的、情感化的交流被理性的、审慎的思考代替。对于现代社会的个体而言，“亲属关系、宗教同道和公民友谊均已无法或不足以提供精

① 菲利克斯·格罗斯著，王建娥、魏强译：《公民与国家——民族、部族和族属身份》，新华出版社2003年版，第3页。

神支持了。各种传统关系不足以向负担过重的个人提供支持”[1]，现代性“将人类从家庭、宗教、部落或弱小的共同体的严格控制下解放出来”[2]。个体面对着巨大的非人格化的工厂或公司，与各种组织而非其他个人发生着联系。人们所面对着的是一个理性控制下的利益追逐的社会，人与人之间温情脉脉的关系代之以理性化的计算和比较。因此，如果说生活地域相对狭小和封闭，人与人之间的亲密交流表征了传统社会的人际关系的话，那么人际交往的契约化则构成了现代社会人际关系的基本特征。

工业化、都市化、集中化、契约化等表征了现代化第一波浪潮的基本特征，随着以知识化、网络化、全球化、个性化、信息化为特点的后工业社会的来临，人际关系又出现了诸多新特点。“福特主义”以细化的劳动分工和以生产机械化、自动化和标准化形成的流水线作业为基本特征。“这种生产模式需要固定的劳动方式 ，从而奠定了在劳动场所形成的如工会等共同体中所表现出来的集体性行为方式。”[3]“福特主义”的生产方式，将能源、资金、人口等因素集中在一起，将农村人口集中在城市之中，并安置在工业中心地区，进而实现劳动的集中。在这种生产和生活方式下，工人之间能够形成

---

① 罗伯特·N. 贝拉等著，翟宏彪、周穗明、翁韩松译：《心灵的习性：美国人生活中的个人主义和公共责任》，生活·读书·新知三联书店 1991 年版，第 180 页。

② 彼得·L. 伯杰、布丽吉特·伯杰、汉斯弗莱德·凯尔纳著，陶家俊译：《现代性及其不满》，汪民安等主编：《现代性基本读本》（下），河南大学出版社 2005 年版，第 734 页。

③ 保罗·霍普著，沈毅译：《个体主义时代之共同体重建》，浙江大学出版社 2010 年版，第 6 页。

比较牢固的身份认同感，彼此具有休戚与共之感。[①] 阶级的认同的不断增强，强化着工人内部的紧密团结，也使与工人阶级相对的资产阶级的身份得到明显的显现。阶级身份的强化，在很大程度上使得其他差异性的认同力量如族群认同的力量受到了有效控制。

在以信息技术和通信技术为基础的后工业社会，生产的分散化特征越来越明显。特别是互联网技术的发展，使得越来越多的人实现居家办公。“后福特主义”生产和生活方式导致了集体性情感的缺失，人们难以通过集体性的生产劳动和生活获得归属感。归属的需要是人的基本需要，归属感的匮乏需要通过其他方式得以弥补。在“后福特主义”时代，族群或民族作为一种弥补人们归属感匮乏的重要组织方式获得了重新展示自身力量的机会。对此，英国学者保罗·霍普的看法不无启示意义：

> 当前时期的主要进程——全球化、后福特主义和反传统性等——已经逐渐造就了一个“不确定性的时代”。以往那种固定的身份和集体的稳定业已消失，以至于使社会生活变得更加地支离破碎与充满变数。于是，人们在寻求个人主义的生活方式作为主要应对策略的同时，也有一种退避到宗族主义的行为方式的诉求。一部分人为了寻求稳定性和安全感，试图在宗族、种族和民族的同一性中重新发掘从前的确定性和集体性的行为方式。

---

① 在工人罢工风起云涌的 19 世纪，在阶级认同不断强化的情境下，无产阶级与资产阶级之间的矛盾不断加剧。如何消解不同阶级认同之间的矛盾冲突，进而实现国家整合，是当时西欧国家面临的突出问题。在社会学家马歇尔看来，英国通过各种权利特别是社会权利在无产阶级当中的不断实现，进而修正不平等的阶级结构，增进了不同阶级之间的国家认同感。对于这一问题，本书第一章将详细讲述。

> 在越来越分化的、崇尚个人主义的复杂社会中，由于作为集体成员身份的基础受到了削弱，宗族认同也就应运而生了。总之，它聊以提供某种形式的稳定性，这种稳定性植根于人们相互之间所拥有的“共同的语言、文化和古老的历史”之中。[①]

在全球化时代，当我们思考国家认同的建构时，必须将民族认同这一因素作为重要的向度加以考察。民族作为一种有着深厚基础的力量，是多民族国家建构中必须认真对待和思考的力量。民族认同作为现代认同的重要内容，在人们身份的建构中不是可有可无的。民族身份感不会随着现代性和全球化的深入推进而在可见的将来消失。相反，在现代性深入发展的今天，它正在以新的面貌、新的形式展现自身的力量。多民族国家建设能否有效推进，在很大程度上与如何有效地引导和运用这种力量密切相关。

---

① 保罗·霍普著，沈毅译：《个人主义时代之共同体重建》，浙江大学出版社 2010 年版，第 107 页。

第一章

当代中国国家认同建构的价值引领

党的十六届六中全会通过的《中共中央关于构建社会主义和谐社会若干重大问题的决定》，第一次提出了建设社会主义核心价值体系的重大命题和重大战略任务。党的十七大进一步指出，推动社会主义文化大发展大繁荣，必须大力建设社会主义核心价值体系，增强社会主义意识形态的吸引力和凝聚力。

社会主义核心价值体系包括四个方面的基本内容，即马克思主义指导思想、中国特色社会主义共同理想、以爱国主义为核心的民族精神和以改革创新为核心的时代精神、以“八荣八耻”为主要内容的社会主义荣辱观。这四个方面的基本内容相互联系、相互贯通，共同构成辩证统一的有机整体。在社会主义核心价值体系这一有机整体中，存在将四个方面内容联系、贯通起来的核心价值观念，即社会主义核心价值观。社会主义核心价值观，是指在社会主义价值体系中居统治地位、起指导作用、体现社会主义本质属性的价值理念。社会主义核心价值观与核心价值体系两者在本质上是一致的，核心价值体系是社会中存在的各层次、各方面的核心思想意识、价值观念的总和，而核心价值观则是社会核心价值体系的内核，是对社会核心价值体系的高度凝练概括。

党的十八大报告提出："倡导富强、民主、文明、和谐，倡导自由、平等、公正、法治，倡导爱国、敬业、诚信、友善，积极培育和践行社会主义核心价值观。""三个倡导"分别从国家、社会和公民个人三个层面提出社会主义核心价值观的价值目标、价值取向和价值准则，从总体上回答了中国特色社会主义建设中的三个基本问题：建设什么样的国家？建构什么样的社会？培养什么样的公民？党的十九大报告指出："社会主义核心价值观是当代中国精神的集中体现，凝结着全体人民共同的价值追求。""培育和践行社会主义核心价值观，不断增强意识形态领域主导权和话语权，推动中华优秀传统文化创造性转化、创新性发展，继承革命文化，发展社会主义先进文化，不忘本来、吸收外来、面向未来，更好构筑中国精神、中国价值、中国力量，为人民提供精神指引。""要以培养担当民族复兴大任的时代新人为着眼点，强化教育引导、实践养成、制度保障，发挥社会主义核心价值观对国民教育、精神文明创建、精神文化产品创作生产传播的引领作用，把社会主义核心价值观融入社会发展各方面，转化为人们的情感认同和行为习惯。"[①] 十九大报告的这些重要论断进一步阐述了社会主义核心价值观的重要地位，指明了社会主义核心价值观建设的着力点，为培育和践行社会主义核心价值观指明了前进的方向。

① 习近平：《决胜全面建成小康社会　夺取新时代中国特色社会主义伟大胜利——在中国共产党第十九次全国代表大会上的报告》，《人民日报》2017年10月28日。

第一节　核心价值观的力量

实现中华民族伟大复兴的中国梦，既要有政治、经济、科技、军事等强大的硬实力，也离不开思想、文化、价值观等软实力。其中，价值观是软实力建设的重中之重。在国家认同的建构中，价值观建设具有十分重要的意义。价值观是文化的灵魂，是影响人们思想取向和行为选择的决定性因素。价值观的功能和作用，是任何法律和制度所达不到的。一个国家由一系列主要价值观念构成的思想理论和道德规范体系，是维系国家团结、统一、稳定的核心元素。历史和现实充分表明，核心价值观是维系国家统一稳定的关键要素，一个国家只有建构起稳定持久、代表历史发展趋势、为国民所认可的核心价值观，才能充分激发人们的爱国热情，增进人们的国家认同感，同时也才能赢得世界上其他国家的人们的尊重。社会主义核心价值观凝聚了不同层面的价值认识，是当前我国社会价值观的“最大公约数”，能够引领多样化社会思想意识，激发广大人民投身改革开放事业、实现中国梦的积极性、主动性和创造性，对于促进经济持续健康发展、保持社会和谐稳定、实现中华民族伟大复兴发挥着重要作用。

一、社会制度的本质规定

制度与价值观是相互依存的。一方面，价值观是制度的灵魂。任何制度都是以一定的价值取向为基础形成的，都是在一定的价值观的指导下确立的，制度设计和安排总是体现着一定的价值观，价值观构成了制度的内在精神和品质。社会制度如果没有价值观的导引和支撑，将成为没有灵魂的躯壳。另一方面，制度是价值观的载体。制度一旦形成，对人的价值判断起引导和规范作用，对社会核心价值观建设提供保障和支持。价值观如果没有与之相适应的社会制度予以保证，将难以延续和发展。

核心价值观是一定社会形态、社会性质的集中体现，决定着一个社会的制度安排和制度运行，是社会系统得以运转、社会秩序得以维持的基本依托。社会主义核心价值观是马克思主义价值理论和中国特色社会主义实践相结合的产物，是社会主义制度在精神层面和价值层面的本质规定。社会主义核心价值观熔铸着我们党的政治主张，体现着社会主义的奋斗目标，凝结着中华民族的道德准则，反映着全体人民的精神追求。它指导着社会主义的制度设计和社会运动，渗透于经济、政治、文化、社会各个方面，决定着社会主义的发展模式、制度体制和目标任务，在所有社会主义价值目标中处于统摄和支配地位。中国特色社会主义，在经济制度方面，坚持和发展社会主义市场经济，不断完善以公有制经济为主体、多种所有制经济共同发展的基本经济制度，不断完善以按劳分配为主体、多种分配方式并存的分配制度；在政治制度方面，坚持党的领导、人民当家作主和依法治国的有机统一，坚持和完善人民代表大会制度、共产党领导的多党合作和政治协商制度、民族区域自治制度以及基层群众自治制度。中国特色社会主义根本制度、基本制度和具体体制，是社会主义核心价值观的制度凝结，是社会主义核心价值观的外在表现形式。社会主义核心价值观反映这些制度的需要，为这些制度的健全和发展，注入了精神灵魂，奠定了共同的思想基础。只有大力培育和践行社会主义核心价值观，才能保证社会主义的正确方向，才能促进中国特色社会主义制度的巩固和发展，才能抓住社会主义意识形态建设的根本。

二、团结奋斗的共同思想基础

一个国家，一个民族，团结至关重要。历史经验表明，民族团结、一荣俱荣，民族分裂、一损俱损。实现民族团结，必须具有各民族广泛认同的共同价值。考察人类文明发展史可以发现，一个社会、一个国家要想团结稳定，除了法律等制度性基础条件外，更重要的是维系这个社会的价值理念，特别是核心价值观。核心价值观是整个价值体系中最基础、最核心的部分，是个人、社会和国家长期秉承的根本原则，是维护国家统一、民族团结、社会稳定的核心元素。它蕴含着人们对世界、人生、社会等一系列重大问题的价值共识，深刻影响着每个社会成员的思想观念、思维方式、行为规范，是人们的精神旗帜。国家、民族的发展，需要依靠核心价值观来引领方向、规范秩序、整合资源、凝聚共识。

核心价值观在深层次上稳定而又持久地影响着社会群体的思想观念，决定着民族或国家的价值取向。因此，它是方向、目标、理想和信念的集中体现。通过构建核心价值观，发展主流意识形态、整合社会意识，是社会系统得以正常运转、社会秩序得以维持的基本途径，也是古今中外治国理政、安民固邦的重要经验。在中国古代，《管子·牧民》就提出了著名的“四维说”：“国有四维，一维绝则倾，二维绝则危，三维绝则覆，四维绝则灭。倾可正也，危可安也，覆可起也，灭不可复错也。何谓四维？一曰礼，二曰义，三曰廉，四曰耻。”“礼义廉耻，国之四维”之说经过历代儒家的吸收融合，逐步形成了以“三纲五常”为主要内容的传统价值体系，对于整合社会思想，维护中国封建社会的稳定和发展起到了重要作用。

我国是一个拥有56个民族、13亿多人口的大国，缺少共同的思想纽带就是一盘散沙。当前，我国正处在经济转轨和社会转型的加速期，思想领域日趋多元、多样、多变，各种思潮此起彼伏，各种观念交相杂陈，不同价值取向同时存在，所有这些表现出来的是具体利益、观念观点之争，但折射出来的是价值观的分歧。只有找到全体社会成员在价值认同上的最大公约数，才能在具体利益矛盾、各种思想差异之上最广泛地形成价值共识，有效引领和整合纷繁复杂的社会思潮，有效避免利益格局调整可能带来的思想对立和混乱，在全社会形成统一的指导思想、共同的理想信念、强大的精神支柱和基本的道德规范，使人们超越民族、血缘、语言、习惯、地域等方面的差异，超越阶层、行业、职业、利益方面的差异，消除彼此之间的分歧和隔阂，增强社会成员的归属感和向心力。

三、社会进步的价值引领

任何一个国家的繁荣强盛，既需要坚实的物质基础，同时也离不开强大的精神支撑；任何一个民族的发展进步，既有赖于物质文明的积累，同时也有赖于精神文明的成长。价值观作为一种社会意识，对社会存在具有巨大反作用，对人的行为具有重要的驱动、制约和导向作用。它激励、引导着人们的价值创造，规范着人们的价值选择。一个人走什么样的人生道路，选择什么样的生活方式，都是在一定的世界观和价值观指导下进行的。同样，一个民族、一个国家走什么道路，也是由这个社会的核心价值体系决定的。

当一个民族寻找到了代表历史发展进步趋势的先进价值观念时，会在其引导下不断发展进步。近代以来中国社会发展的历程就充分表明了这一点。1840 年，帝国主义列强用坚船利炮打开了古老的中国大门，闭关自守的东方文明古国跨入了近代的门槛，中国也自此陷入了民族危机之中。如何挽救民族危机，实现国家的独立和解放成为时代的最强音。一批仁人志士怀着救国救民的真诚愿望，向西方国家寻找济世良方。从林则徐、康有为到孙中山，他们代表了向西方寻求真理的先进人物。从林则徐“师夷长技以制夷”的主张到洋务派“中学为体，西学为用”的认识；从维新派“要救国，只有维新；要维新，只有学外国”的呼号到孙中山的三民主义，都展现了这些真理探索者的思想轨迹。无论是洋务运动的“中学为体，西学为用”的思想，还是维新派的维新主张，抑或以孙中山为代表的资产阶级革命派的主张，都没能拯救当时多灾多难的中国。这些努力之所以失败，是因为他们的选择不符合中国当时的国情，要改变中国封建专制主义统治和帝国主义的殖民侵略，需要一种更为先进的科学思想，需要先进的价值理念来支撑。什么样的思想、价值观念能够救中国？中国的出路在哪里？正当中国人民为救亡图存困惑的时候，十月革命给中国送来了马克思列宁主义。中国的先进分子从俄国十月革命的胜利中看到，中国新的出路不是资本主义而是社会主义。以十月革命为契机，马克思主义在中国犹如春风化雨，迅速而广泛地传播开来，被人们接受和认同，进而成为中国共产党的理论基础和指导思想，成为主导中国亿万人理想、情操和人生价值的思想文化规范，并融入中国人民的精神生活之中。社会主义核心价值理念指引下的社会主义制度的最终建立，为当代中国的发展进步奠定了基本的前提。

改革开放经过40年的扬帆远行，已经驶入了激流涌动、暗礁密布的深水区。改革越向深层次推进，所触及的矛盾就越深，涉及的利益关系就越复杂。改革越往前走，人们的期待就越高，遇到的困难也越多，需要支付的成本也越高。党和政府整合社会资源、形成改革共识的难度也随之增大。习近平总书记指出："中国改革经过30多年，已进入深水区，可以说，容易的、皆大欢喜的改革已经完成了，好吃的肉都吃掉了，剩下的都是难啃的硬骨头。这就要求我们胆子要大、步子要稳。胆子要大，就是改革再难也要向前推进，敢于担当，敢于啃硬骨头，敢于涉险滩。"[①] 改革有困难，不改革会更困难。我们要敢于啃硬骨头，敢于涉险滩，既勇于冲破思想观念的障碍，又勇于突破利益固化的藩篱。培育和践行社会主义核心价值观是全面深化改革的精神动力，有助于巩固壮大主流思想舆论，凝聚共识，不断激发全社会团结奋进的强大力量；有助于鼓舞人们的干劲，增强人们的信心，使整个社会保持昂扬奋进的精神状态，始终保持那么一股子冲劲、闯劲、拼劲、韧劲，聚合改革协调推进的正能量。

四、文化软实力的灵魂

文化软实力主要指文化的吸引力和感染力，对一个国家而言，

① 《习近平接受俄罗斯电视台专访》，新华网，2014年2月9日。

它是一种支撑力、创造力、推动力、凝聚力和传承力，因它的内在性、深刻性和精神特性，从而具有可持续的竞争力，成为综合国力竞争中的核心力量。“软实力”（soft power）这一概念最早是由美国哈佛大学教授约瑟夫·奈提出来。在他看来，一个国家的综合国力，既包括由经济、科技、军事实力等所体现出来的“硬实力”，也包括以文化和价值观念、社会制度、发展模式、生活方式、意识形态等的吸引力所体现出来的“软实力”。在约瑟夫·奈看来，“传统而言，作战能力往往是检验大国的标尺。而现在权力的定义不再强调昔日极其突出的军事力量和征服。技术、教育和经济增长因素在国际权力中的作用越来越重要，而地理、人口和原材料则变得越来越不重要了”①。权力的这种转化意味着软性的同化权力与硬性的指挥权力在当今国际权力格局中都扮演着十分重要的角色。对此，约瑟夫·奈指出：

> 如果一个国家可以使其权力被他国视为合法，则它将遭受更少对其所期望的目标的抵制。如果其文化与意识形态有吸引力，其他国家将更愿意追随其后。如果该国能够建立与其社会相一致的国际规范，则它无需被迫改变。如果该国支持使得他国按照主导国家的预期采取行动或限制自身行为的制度，它可能无需以高昂代价运用强制性权力或硬权力。②

当代世界的发展表明，硬实力和软实力，犹如车之两轮、鸟之

---

① 约瑟夫·奈著，门洪华译：《硬权力与软权力》，北京大学出版社2005年版，第98—99页。
② 约瑟夫·奈著，门洪华译：《硬权力与软权力》，北京大学出版社2005年版，第107页。

双翼，共同构成一个国家的核心竞争力，推动着一个国家综合国力的发展。文化软实力是国家核心竞争力的关键一翼，也是国际竞争的重要方面。20 世纪 90 年代以来，一些发达国家、新兴工业化国家和地区纷纷调整文化政策，制定国家和地区文化发展战略，在经济、科技、军事等“硬实力”方面进行战略竞争的同时，又围绕提升文化影响力、增强意识形态吸引力等问题开展了“软实力”的博弈，千方百计增强本国文化的整体实力和国际竞争力，力求在日益激烈的综合国力竞争中赢得主动权。

核心价值观决定着文化软实力的性质和发展方向。核心价值观渗透于经济、政治、文化、社会各个方面，决定着社会发展模式、制度体制和目标任务，在所有价值目标中处于统摄和支配地位。社会主义核心价值观是当代中国文化软实力的“魂”，为发展文化软实力提供科学的世界观、方法论和价值指导，为文化软实力建设提供了辨是非、权利弊、明善恶、察优劣、御谬误、扬正气的根本标准。

核心价值观影响文化创造力。创新精神和创新能力，是文化感召力的重要标志，也是文化走向世界的重要支撑。“一定的文化（当作观念形态的文化）是一定社会的政治和经济的反映，又给予伟大影响和作用于一定社会的政治和经济。”① 作为文化灵魂的核心价值观，只有适应经济社会发展的要求，代表人类文明发展的方向，才能促进社会的发展和进步。正因如此，一个民族、一个国家只有时刻保持革故鼎新的精神状态，不断改革不适应社会发展的价值观念，积极培育先进的价值理念，才能促进文化软实力的提升，进而促进

① 《毛泽东选集》（第 2 卷），人民出版社 1991 年版，第 663—664 页。

社会的全面进步。

大力加强核心价值观建设，也有助于扩大国家的文化影响力。文化影响力的大小是衡量一个国家文化软实力的重要标志。核心价值观是文化软实力的灵魂、文化软实力建设的重点。一定意义上，价值观的感召力决定了国家文化软实力的强弱。一个国家的崛起不仅是经济的崛起，也是社会制度的崛起，同时还应该是价值观念的崛起。一个国家的影响力与其核心价值观是密切相关的。法国的崛起，与自由、平等、博爱的价值观念相伴随；英国的崛起，与自由贸易的理念相联系；美国的崛起，与民主、人权、世界秩序相交织。在国家由大国到强国的过程中，文化的内涵越来越丰富，核心价值观的力量越来越强大。为此，一个国家需要立足国情，同时面向世界和人类未来，确立起具有强大感召力的价值观念。只有这样，才能在激烈的国际竞争中脱颖而出，才能对世界产生重大影响力。

第二节　社会主义核心价值观的国家认同功能

在国家认同的建构过程中，价值观的建构和引导具有极其重要的意义。作为一种隐性的文化，价值观是影响人们思想取向和行为选择的决定性因素。一个国家、一个民族、一个社会在长期共同的认识和实践活动中，必然要形成一定的价值观念体系，在这个体系中居于核心地位、起主导和统领作用的就是其核心价值体系。核心价值体系，涵盖社会发展的指导思想和价值取向，决定着社会意识的性质和方向，影响着人们的思想观念、思维方式、行为规范，引领着社会思潮，是推动社会前进的精神旗帜。历史和现实充分表明，对于一个民族、一个国家而言，最持久、最深层的力量是全社会共同认可的价值观。“只有那些共享的价值观、象征符号以及彼此接受的法律—政治秩序，才能提供必要的、广泛流行的合法性：顶层的一致协议和国际上的承认，都不足以构建或确认一个国家。”[①] 一个社会的解体往往以核心价值观的崩溃为先声，一个社会的诞生往往以核心价值观的形成为先导，一个社会的稳定和发展往往以核心价值观的确立和完善为支撑。一个国家只有建构起稳定持久、代表历史发展趋势、为国民所认可的核心价值观，才能充分激发人们的爱国热情，增强人们的国家认同感，同时也才能赢得其他国家的尊重。

当今世界处在大发展大变革大调整时期，世界多极化、经济全球化深入发展，科学技术日新月异，各种思想文化交流交融交锋更加频繁。目前，我国正处在经济转轨和社会转型的加速期，经济体制深刻变革、社会结构深刻变动、利益格局深刻调整，人们思想认识的独立性、选择性、多变性、差异性日益增强，思想领域日趋多元、多样、多变，各种思潮此起彼伏，各种观念交相杂陈，不同价值取向同时并存。培育和践行社会主义核心价值观，有助于增强人们的政治认同感、文化认同感和民族认同感，能够找到全体社会成员在价值认同上的最大公约数，积极应对外来不良思想观念的侵扰，有效避免利益格局调整可能带来的思想对立和混乱，形成各民族人民团结奋斗的强大精神力量。具体说来，表现在以下几个方面：

① 瓦列里·季什科夫著，姜德顺译：《苏联及其解体后的族性、民族主义及冲突——炽热的头脑》，中央民族大学出版社 2009 年版，第 465—466 页。

一、增强意识形态感召力，加强政治认同

在当代中国，社会主义核心价值观在引导、巩固和强化人们形成政治认同方面发挥着至关重要的作用。社会主义核心价值观是当代中国社会制度的辩护力量，是引导中国人民对当代中国政治、经济、社会制度形成共识和认同的重要引导力量：作为社会主义意识形态的本质体现，它蕴含着社会理想、社会信念、社会价值观和社会行为准则的基本取向，从不同侧面反映着社会主义经济、政治、文化生活，反映着社会主义制度的本质要求，也反映着广大人民群众的整体利益；作为社会主义制度的内在精神之魂，它指导着社会主义的制度设计和社会运动，决定着社会主义的发展模式、制度体制和目标任务；作为有效引领各种社会思潮的主导力量，它以其鲜明的政治立场、价值追求，成为凝结和统一社会各阶层、各利益群体的强大思想武器。培育和践行社会主义核心价值观，有助于引导人们对各项基本制度的内在理念形成共同认知，提高人们对当代中国的政治、经济、文化和社会制度的认同感，坚定道路自信、理论自信、制度自信和文化自信，增强全国人民对中国共产党的认同、对中国特色社会主义的认同；有助于进一步鼓舞人们逢山开路、遇河架桥的斗志，激发人们敢啃硬骨头、涉险滩的决心，锐意进取、大胆探索的勇气，协调推进各领域各环节的改革，形成改革开放的强大动力，将改革开放推向前进，巩固和发展中国特色社会主义。

二、增进文化认同，坚定文化自信

文化认同是增强国家认同的重要力量。“只有当社会一体化从社

会成员那里得到文化习惯的支持，而文化习惯又与他们互相交往的方式紧密相关，政治共同体的社会一体化才能取得成功。”[①] 一个民族、国家区别于另一个民族、国家的特征大都是在历史中形成的，这些特征通过文化的形式保留在人们的记忆中。一个国家只有具备为全体国民所认可的共同的价值观念，形成共同的民族心理、共同的集体记忆和公共文化，才能使该国家形成稳固的国家认同感。

从国家认同的角度看，文化认同感的建构具有两方面的意义：其一，通过确立全体国民共享的价值观念，在“多元一体”化格局中促成各成员对公民身份的认同，可以有效地抵制民族国家内部的各种分离观念和分离力量；其二，通过建构一种与其他民族国家相比具有独特性的文化价值体系，并在差异性的比较中充分彰显“自我性”，可以增进国家成员的自豪感，进而有效抵制外部不良文化的侵蚀瓦解。价值观是文化的灵魂，价值观认同是文化认同的核心。培育和践行社会主义核心价值观有助于确立各民族成员共享的价值观念，彰显中华文化的独特魅力和旺盛生命力，增进文化自信，增强文化认同。社会主义核心价值观大力倡导爱国的理念，倡导团结统一、爱好和平、勤劳勇敢、自强不息的民族精神，弘扬各民族和睦相处、友好相待、共赴国难、共渡难关的优良传统，抵制各种分裂国家的思想和行为，对于维护国家的统一和稳定起到极其重要的作用。社会主义核心价值观建设，立足于中华优秀传统文化的沃土，努力挖掘和弘扬其中的有益成分，从时代伟大实践中汲取新鲜养分，不断增强中华文化的民族性、时代性、先进性，体现中国特色、中

① 阿克塞尔·霍耐特著，胡继华译：《为承认而斗争》，上海人民出版社 2005 年版，第 64 页。

国风格、中国气派，不断提升民族自豪感，增强文化自信和文化认同感，努力用现代传播手段提升中国文化传播能力，推动中华文化更好地走向世界，让世界更好地理解和认同我们的文化和价值观，从而以一种积极的姿态增强当代中国的国家认同。

三、巩固中华民族共同体意识，促进民族认同

世界上很多国家都面临着如何有效地协调民族认同与国家认同的关系问题。无论是美国、英国、法国、加拿大等发达国家，还是菲律宾、印度、印度尼西亚等发展中国家，都不同程度地面临着族裔力量的扩张给国家内部整合带来的巨大挑战。如何将各民族的认同与民族国家认同紧密结合起来，保持国家的统一与稳定，是一个世界性难题。

我国是统一的多民族国家。每个民族在生活习惯、语言、价值观念等方面存在着显见的差别，这些差别作为一种客观事实维系着人们对自身民族的认同。同时，各民族地区经济社会发展存在不平衡，民族地区之间资源分配存在差异，这会使各民族成员在价值取向和行为选择上容易出现分化，甚至还会在各种复杂势力的干扰下形成新的矛盾冲突，削弱对国家的认同。我们要尊重民族差异，承认和尊重各族人民语言、文化、习俗等方面存在着历史形成的多样性。同时，我们也需要认识到，中华民族是56个民族组成的大家庭，在长期的生活和交往中，各族人民分布上交错杂居、文化上兼收并蓄、经济上相互依存、情感上相互亲近，形成了你中有我、我中有你，谁也离不开谁的多元一体格局。民族团结是中华民族的最高利益，是各族人民的生命线，也是国家的生命线。各族人民都要牢固

树立国家意识、公民意识、中华民族共同体意识，树立各民族水乳交融、唇齿相依、休戚相关、荣辱与共的观念和中华民族利益高于一切的思想，把中华民族的共同利益摆在首位，将维护祖国统一、促进民族团结作为神圣职责。

社会主义核心价值观指出，我们要建设富强、民主、文明、和谐的国家，构建自由、平等、公正、法治的社会，培育爱国、敬业、诚信、友善的公民，所有这些符合各民族的共同利益，道出了全国各族人民的共同心声，强调了国家要实现现代化、中华民族要实现伟大复兴、人民要过上幸福生活，把国家的发展、社会的进步和每个人的成长紧紧联系在一起。社会主义核心价值观是保证全体人民在政治上、思想上、精神上团结一致，凝聚各民族、各党派团体、各阶层、各界人士的智慧和力量，克服一切困难、创造美好未来的精神纽带和强大动力。培育和践行社会主义核心价值观有助于在全社会形成统一的指导思想、共同的理想信念、强大的精神支柱和基本的道德规范，使人们超越民族、血缘、语言、习惯、地域等方面的差异，超越阶层、行业、职业、利益方面的差异，消除彼此之间的分歧和隔阂，增强社会成员的归属感和向心力，促进各民族之间的团结，巩固和发展平等、团结、互助、和谐的社会主义新型民族关系。

第三节　培育和践行社会主义核心价值观，提升国家认同感

认同具有很强的建构成分，“在绝大多数情况下，identity 都是建构起来的概念。人们是在程度不等的压力、诱因和自由选择的情

况下，决定自己的 identity”[①]。现代国家必须调动各方面的积极因素来提升公民的国家认同感。在当代中国，为真正达到提升国民的国家认同感的目的，在培育和践行社会主义核心价值观的过程中，应该努力做到以下几点。

一、改善民生，创新社会治理，增进民众的政治认同感

国家认同感的建构具有很强的主观成分，并不意味着这种建构仅仅通过空洞的宣传来达到。相反，国家认同感的形成是立足于坚实可靠基础上的引导、动员、强化，否则宣传会流于空洞的口号，最终的效果将是适得其反。国家认同感不会凭空产生，相反，它需要一定的条件作支撑。权利的保障和实现是现代政治的基本原则，现代国家应该通过行之有效的方式切实保障人们的权利神圣不可侵犯，切实保障人的实质性权利的实现。

从历史上看，民族国家的建构过程，同时也是各种权利在民众当中逐步得以落实的过程。在现代意义上，公民资格涉及如下问题：公民享有哪些权利？承担怎样的义务？这意味着一个人一旦取得了某个国家的国籍，具有了该国的公民资格，就应该享受应有的权利。“作为权利的公民资格”（citizenship-as-rights）理论的倡导者，英国社会学家 T. H. 马歇尔认为，公民资格由公民权利、政治权利和社会权利构成。公民权利包括生命权、财产权和自由权。政治权利更多地指向政治参与，包括选举权和被选举权。社会权利包括受教育权、健康权、社会保障权等。马歇尔认为，在西方社会，这三种权利的

---

① 塞缪尔·亨廷顿著，程克雄译：《我们是谁：美国国家特性面临的挑战》，新华出版社 2005 年版，第 21 页。

实现经历了一个历史过程。在18世纪，通过一系列改革法案，公民的生命权、财产权、言论自由和信仰自由权等得到了较好的维护。政治权利形成于19世纪，政治权利的形成不是增加一些新的权利以拓展权利的范围，而是将已有的公民权扩展到更为广泛的人群。随着社会的发展，社会福利权也惠及越来越多的人群。在马歇尔看来，使公民获得共同的权利对于强化其民族身份感和国家认同感具有重要意义，“把共同的社会权利纳入公民资格是民族建构的手段，部分目的就是为了建构和巩固共同的民族身份和民族文化感”[①]。各种权利特别是社会权利的实现，有助于修正不平等的阶级结构，为整合因社会权利问题而被排挤的群体，进而为实现民族国家团结奠定基础。这一点对于社会底层民众十分明显。公共教育的普及使普通民众也能阅读类似莎士比亚、狄更斯等作家的作品，由于这些作品与英国的民族特性紧密相关，对于强化普通民众的民族身份感所起的作用是显而易见的。

从是否有赖国家权力扩张的角度看，我们可以将权利作进一步的划分，一是消极的权利，二是积极的权利。所谓消极的权利，是指不被伤害、不被干涉的权利。现代人享有一系列受宪法和法律保障的、不受外在任意力量干预的基本权利，如生命权、财产权、言论自由权等，并以法律的形式明确和规定下来。非经法定程序，任何人享有不受逮捕、拘禁、搜查和侵犯的自由。由这些基本权利构成的个人空间，是外在行为的边界。外在的力量特别是来自公共权力机关的力量决不能逾越这一界限，否则就是对个体权利的侵犯。

---

① 威尔·金里卡著，刘莘译：《当代政治哲学》（下），上海三联书店2004年版，第588页。

积极权利是指以某种方式得到帮助的权利。与消极权利要求对公共权力的制约不同，积极权利的实现意味着国家权力扩张，意味着政府的积极作为。公民需要借助国家的力量来实现健康权、就业权、受教育权等积极权利。这些权利的充分保障和实现对于提升民众的国家认同感意义重大。一个仅仅给人们提供可能性的机会，而不能获得实实在在的自由和权利的社会，很难称其为公正的社会，很难调动起社会成员特别是弱者对它的认同。因此，单纯从提高国家认同感这一角度看，机会不应仅仅对强者开放，相反，它应该面向所有人群尤其是弱者开放。国家在确保公民消极权利不受侵犯的同时，应该积极主动地为每个人的发展提供切实可行的经济社会保障。让每个人过上富有尊严的生活，让每个人的潜能得到有效发挥，是国家应尽的责任和义务，也是国家获得民众认同的关键。因为“对统治者合法性的评价不只是通过他能够根据当时社会的法律与基本原则做出决定采取行动，同样还在于他是否能够获致有效的结果”[①]。

为提升民众对国家的认同感，现代国家必须重视公民权利的保障和实现：要切实贯彻法治的理念，保障人们的各项基本权利不受侵犯；要创造公平正义的框架，确保权利公平、机会公平、规则公平；充分发挥市场在资源配置中的决定性作用，大力发展社会生产力，不断提高人们的物质生活水平；大力推进社会保障制度建设，使每个人特别是社会弱势群体的权利得到切实的保障和实现，使人们过上富有尊严的生活。只有使人人共享改革发展的成果，使人们切实感受到国家之于个人的实实在在的保障，让每个公民现实地感

---

① 让-马克·夸克著，佟心平、王远飞译：《合法性与政治》，中央编译出版社 2002 年版，第47—50 页。

受到国家带来的福祉，才能够使人们自觉自愿地认同国家。

二、弘扬中华文化，增进民众的文化认同

现代国家不仅是法律一政治共同体，还是文化历史共同体。爱国既表现为热爱祖国的大好河山，爱骨肉同胞，爱国家的社会制度，同时也表现为热爱祖国的灿烂文化，体现为对祖国悠久的文化传统、灿烂的文明、闻名于世的辉煌成就的自豪感。文化是促使社会成员形成国家认同的重要因素，文化认同是增强国家认同的重要力量。“认同所蕴涵的身份或角色合法性，都离不开文化。身份、角色、合法性，都只能在一定的文化中才能具有意义。”①

在此，我们需要特别分析国家认同建构中，权利保护与文化价值认同建构的关系。在自由主义看来，将一个民族国家成员维系在一起的是公平正义原则。例如，罗尔斯就认为，尽管一个秩序良好的社会包含着不同的甚至对立的价值观念，但对正义原则的认同足以维系公民之间的友谊与合作。也就是说，公平正义的原则是将社会成员团结在一起的合法性力量，共同的正义感而非共同的善的观念，构成了国家合法性的基础。政治性的东西，而非文化的东西是社会的内在凝聚力。个体之所以热爱自己的国家，国家内成员之间之所以彼此关怀，就在于他们分享了共同的政治制度。在此，我们不完全同意罗尔斯的观点。事实上，将国家成员维系起来的，绝非仅仅是自由主义所言的单纯的正义原则，还应当包含比正义原则更为深厚的情感、价值观念、文化方式等纽带的力量，甚至可以说，

① 崔新建：《文化认同及其根源》，《北京师范大学学报》（社会科学版）2004 年第 4 期。

除非拥有某种共享的价值观念把人们维系在一起，除非人们能够认同某种共同的价值理想，否则人们就不会尊重他人的要求。也正因如此，社群主义就明确指出，我们决不能以某个国家实现了某些普遍的公平正义原则来解释其国民对它的忠诚。“爱国主义涉及忠于一个具体的历史性社群，忠于一种特别的生活方式。那就是说，公民们首先把自己看作民族历史的载体并从中汲取某些道德教训。”① 正是对民族记忆的共享使人们热爱自己的民族和国家。一个公民决不能因为其祖国没有满足其某项利益诉求，就愤然反对它或离开它。“一个人不可能既是爱国者又是个认为他本民族历史中没有任何有价值的东西而否定一切的批评者。否定一切的批评者会被同胞看作‘反民族’分子，并因此被排斥在关于民族利益的全国性对话之外。简而言之，爱国意味着要承认民族历史里至少有某种宝贵的东西。”②

每个人都归属于特定的文化传统之中，文化塑造着每个人的精神和气质，塑造了国民的特定文化心理，构成了其认识自身和他人的基本思维框架。个体的存在从来都是归属于特定的文化传统之中的，特定的文化传统塑造着民众的性格、心理，离开了共同的语言、历史，国家认同将成为无源之水。共同的历史记忆和文化传统，将一个国家中哪怕是未曾谋面的人紧密结合在一起，形成一个“记忆性的社群”，进而“提供了一种道德传统，有助于表述我们生活中的一致性，使我们有义务来促进我们的历史中所有记忆和期望的理想，

① 丹尼尔·贝尔著，李琨译：《社群主义及其批评者》，生活·读书·新知三联书店2002年版，第129页。

② 丹尼尔·贝尔著，李琨译：《社群主义及其批评者》，生活·读书·新知三联书店2002年版，第131页。

把我们的命运与我们的前辈同时代的人以及后代连结在一起”[①]。这种共同的记忆使人们获得了生活的意义和希望的源泉。国家认同的维系和发展，在很大程度依赖这种历史因素的支持，一个没有历史作为支撑的国家认同是难以维系长久的。也正因如此，历史悠久的国家自然特别关注将遥远的过去与当下紧密联系起来，而对于历史短暂的国家，例如美国，也尽力追溯自己的历史，将“五月花号”等历史事件的意义和价值尽力加以开掘，以显示其民众共享“盎格鲁一撒克逊”价值理念的缘由。

积五千年文明的中华民族将自己认同为炎黄的子孙，将春节、元宵、清明、中秋等传统节庆作为自己民族的风俗，将“龙”、“长城”、“黄河”作为自己民族的标志。这些符号汇集在一起就构成了“中国人”特定的身份。在当代中国国家认同的建构中，要大力弘扬以爱国主义为核心的民族精神，采取各种有效方式把中华民族团结统一、爱好和平、勤劳勇敢、自强不息的优良品德和自身的特色呈现出来，通过彰显中华民族独具特色的“自我”，来强化中国人的“我们感”；通过大力弘扬和培育民族精神，不断激发中华民族的民族自豪感，以此来凸显中华民族对“自我”的信心；通过大力实施走出去战略，积极宣传中华民族文化，在文化交流中取得话语权，以此来凸显中华民族这一“自我”的独特魅力；紧密依托中华民族独具特色的文化资源，大力发挥民族文学、传统节日、历史传说、名胜古迹等象征性符号的作用，采取灵活多样的方式将有益的历史文化符号资源呈现出来，并以特定的方式将符号背后的丰富历史意

① 丹尼尔·贝尔著，李琨译：《社群主义及其批评者》，生活·读书·新知三联书店 2002 年版，第 124 页。

蕴挖掘出来，不断强化国民的集体记忆，激发其共属一体的想象。

三、强调中华民族和国家整体利益，实现民族认同与国家认同的统一

人的存在既是个体的存在，也是特定群体的存在，同时更是国家的一员。每个人具有特定的民族身份特征，同时也具有公民身份，是国家的公民。在很多情境下，民族身份和公民身份并不总是一致的，如果特定民族的成员过于强调自己的民族身份，而刻意弱化其公民身份或国民身份，民族认同就会超越国家认同，引发国家的内在分裂。现代国家大都是多民族国家，必须采取有效的方式将民族身份融入公民身份之中。对于多民族国家而言，在处理民族认同与国家认同的关系时，应努力把握好下列几点：

首先，所有公民，不论其民族或种族如何，在法律上是一律平等的。平等原则是现代政治的基本原则，它意味着所有公民一律平等地享有宪法和法律规定的权利，平等地履行宪法和法律规定的义务。的确，人的存在既是个体的存在，同时也是群体的存在，特别是民族的存在。每个人生来处于特定的民族之中，具有这个民族的特性，对该民族有着特殊的情感。现代国家应该尊重每个公民的民族特性，应该尊重每个民族的文化传统和生活习惯。但是，我们也需要充分意识到，每个人还是生活在国家之中的，是国家的公民。公民身上的民族特征是在遵守宪法和法律规定的“权利一义务”框架内实现和发展的。每个民族都有自身的特点，但是这些差异性的存在，不影响其在一个主权国家范围内存在的基本事实，文化习俗上的差异不能构成其政治身份不平等乃至政治独立的理由。也正是

在这个意义上，相比特定的民族认同，国家认同应该居于首位。只有实现国家认同而非对特定民族认同的统一，才能使这个国家的存在和发展获得稳固的心理基础。因此，对特定民族的政策倾斜或差别性对待，首先要建立在公民身份一律平等基础上，政治身份一致性是民族身份差异性的前提。基于国家战略来考虑，在尊重和保护各族人民文化生活方式的同时，应该强化各民族成员政治身份的统一感。

其次，不能将经济法律问题与民族问题混淆起来。对于民族地区的很多矛盾纠纷，不能统统简单地列为民族问题。实际上，很多民族地区的社会矛盾，或者源于公共权力的滥用导致公民权利受损，或者源于公共权力的不作为导致公民的权益不能得到有效实现，或者源于某些公民的违法行为侵犯到了他人或公共利益。对于这些问题，应该运用法治思维和法律手段加以解决，不能简单地将这些在其他地方同样也会遇到的问题上升为民族问题。同理，反对分裂国家的斗争尽管在民族地区表现得比较明显，但是必须要明确，这一斗争不是针对哪个民族而言的，而是针对破坏国家完整和统一的所有敌对者而言的，不能将在内地同样也会存在的反分裂斗争一概与民族问题挂钩。对于危害国家安全、破坏国家的稳定和团结的行为，国家应该运用宪法和法律赋予的权力旗帜鲜明地予以打击。在经济上，国家的扶持政策不能仅仅强调民族因素，也要强调地域性因素，并且“随着民族混居程度的加深，随着少数民族群众生活和文化水平的提高，要有意识地向强调地域因素的方向引导。也就是说，经济支持要更多强调以自然环境艰苦、群众生活贫困等地域因素为标准，更多强调对贫困地区、对生活在那里的所有民族群众的支持，比如‘西部大开发’、‘兴边富民计划’，而不是过分强调对特定民族的支持”[①]。

再次，应该强化各族人民共属一体的观念。对于多民族国家而言，需要在尊重各民族文化的基础上，建构起一种能为各族人民认可的共同的文化。具体到中国，我们必须强调中华文化之于56个民族的意义和价值。所有的公民，都应该充分意识到自己是中华人民共和国的一员，中华文化是中华儿女共同的精神家园。中华文化绝不是哪个民族的文化；相反，它是56个民族的共有文化，每个民族都为中华文化的繁荣做出了不可磨灭的贡献。中华文化打上了每个民族文化的深深烙印，每个民族的文化也都从中华文化中汲取了丰厚的营养。汉字，也绝不是汉民族独有的文字，它是各民族共享的文字，是中国的官方文字。生活在中国境内的所有成员，都应该学习和使用汉字。对于中国的公民，不论其是否学习和使用本民族的语言，是否学习和使用外国语，首要的是需要学习和使用汉字这种国家通用语言文字。

最后，要积极促进不同民族的融合。民族融合是保证国家统一的关键，中华民族正是在各民族的不断融合中形成的。市场经济的发展需要人口的自由流动，需要具有统一的人力资源市场观念。从国家认同的角度看，我们必须积极促进不同民族成员的自由流动和迁徙，特别要鼓励少数民族聚居区的人们通过各种方式到内地就业创业。我们必须要充分认识到，合理有序的人口流动，而非简单的就地解决就业的方式，是促进少数民族地区经济发展，确保边疆稳

---

① 朱维群：《对当前民族领域问题的几点思考》，《学习时报》2012年2月13日。

定、民族团结的有效方式。在人员交流中，那些相对封闭落后地区的人们，其开放度、文化水平都会获得明显的提升，这将大大促进民族地区经济社会的发展。同时，干部的交流也应该是双向的。不仅需要内地干部到少数民族地区挂职和任职，同样，少数民族干部也需要到内地挂职和任职。所有的干部都是国家的干部，不是某个民族的干部，应该为其服务区域的各族民众谋幸福。干部的深入交流、人口的广泛流动会密切民族地区与其他地区的联系，形成你中有我、我中有你，彼此不可分割、血肉相连的良好局面，不断强化着共属一体的国民心理。

我们需要充分认识到，中华民族是56个民族组成的大家庭，民族团结是中华民族的最高利益，是各族人民的生命线，也是国家的生命线。认同是团结的前提，没有认同就没有团结；认同是团结的根基，没有认同，团结就是无本之木。任何一个多民族国家都面临着民族认同与更高层次的“国族”意义上的民族认同的复杂关系表明，我们必须有效处理好各民族认同与中华民族认同的关系，积极培育中华民族共同体意识，将中华民族共同体意识内化为社会价值共识。

遵循上述分析框架，我们在后面的章节中，将依次分析在实践中如何培育和践行社会主义核心价值观，增进人们的政治认同感、文化认同感和民族认同感。

第二章

政治认同感的建构

现代国家是一种历史文化共同体，更是一种政治共同体。相比起民族或族群以及与之相伴随的历史或文化来，民族国家是一种现代产物。民族是前于政治的人群组织，它带有浓厚的血缘色彩，而国家是一个具有浓厚法律意蕴的词语，它所指的主要是一种政治法律秩序、合法武力的垄断与行政机构的设置，对外代表不容侵犯的主权，对内拥有裁决一切争端的最高裁决权。从这个意义上说，政治认同在国家认同中居于关键地位。国民对支撑该国的各项基本制度能否产生认同，是国家认同确立与否的关键。在现代社会，文化多元化是一个不可回避的基本现实，“在现代民主社会里发现的合乎理性的完备性宗教学说、哲学学说和道德学说的多样性，不是一种可以很快消失的纯历史状态，它是民主社会公共文化的一个永久特征”[①]。在这样的条件下，如何寻求能为各种文化价值观念所支持的合理的体制框架显得尤为重要。在现代国家，如何引导国民对政治制度形成认同往往被置于一种核心地位，其原因正在于此。

---

① 约翰·罗尔斯著，万俊人译：《政治自由主义》，译林出版社2000年版，第37页。

第一节　政治认同及其构成要素

政治认同是指人们在政治生活中产生的感情和意识上的归属感。“人们在一定社会中生活，总要在一定的社会联系中确定自己的身份，如把自己看作某一政党的党员、某一阶级的成员、某一政治过程的参与者或某一政治信念的追求者等等，并自觉地以组织及过程的规范来规范自己的政治行为。这种现象就是政治认同。”[①]

一、政治认同与合法性

政治认同是政治稳定的心理基础，是政治统治合法性的基本保障。任何一种政治统治，都会积极地寻求自身统治正当性的证明，这种正当性，也就是“合法性”问题。“合法性”一词是从英文 legitimacy 翻译过来的，它起源于希腊文 legitimus，最初含义是指国王有权即位是由于他们的“合法”出生，这与中国传统政治文化中所指的“正统”是同一个含义。随着语词的不断演化，“合法性”一词也不断获得新的含义。现在，合法性一般是指一种政治统治能够让被统治者认为是正当的、合乎道义的，从而自愿服从或认可的能力与属性。[②] 合法性是在政治统治的主体和客体的相互影响和作用下逐步形成的：一方面，政治主体为强化自身的统治地位而运用经济、政

① 《中国大百科全书·政治学》，中国大百科全书出版社 1992 年版，第 501 页。

② 杰克·普拉诺等著，胡杰译：《政治学分析词典》，中国社会科学出版社 1986 年版，第 23 页。

治、文化等手段为自身作种种论证；另一方面，社会民众基于某种价值、信念而认可、支持该政治统治，并将其视为正当的或应当的。

合法性“所突出的问题会影响到权力和权威的基础，以及由掌权者或掌权者的代表所提供的正当性证明”①。在此，我们所讲的合法性与人们日常生活所理解的合乎法律规定意义上的合法性不同。政治哲学中的合法性强调的是政治统治中民众的认同问题。“它是一种特性，这种特性不是来自正式的法律或法令，而是来自于有关规范所判定的、‘下属’据以（或多或少）给予积极支持的社会认可（或认可的可能性）和‘适当性’。”② 换言之，合法性问题归根结底是民众的认同问题，即民众“承认一个政治制度的尊严性”③。早在古希腊时期，亚里士多德就指出：“一种政体如果要达到长治久安的目的，必须使全邦各部分（各阶级）的人民都能参加而怀抱着让它存在和延续的意愿。”④ 中国古代思想家在这一问题上也有深刻的论述。《论语》中“子贡问政”就论及了民众认同的重要性：“子曰：‘足食，足兵，民信之矣。’子贡曰：‘必不得已而去，于斯三者何先？’曰：‘去兵。’子贡曰：‘必不得已而去，于斯二者何先？’曰：‘去食。自古皆有死，民无信不立。’”⑤ 在孔子看来，百姓的信任与否是比军队兵器和粮草更为重要的事情。

---

① 戴维·米勒、韦农·波格丹诺主编，邓正来等编译：《布拉克维尔政治学百科全书》，中国政法大学出版社 2002 年版，第 440 页。

② 戴维·米勒、韦农·波格丹诺主编，邓正来等编译：《布拉克维尔政治学百科全书》，中国政法大学出版社 2002 年版，第 439 页。

③ 哈贝马斯著，郭官义译：《重建历史唯物主义》，社会科学文献出版社 2000 年版，第 262 页。

④ 亚里士多德著，吴寿彭译：《政治学》，商务印书馆 1965 年版，第 89 页。

⑤ 《论语·颜渊篇》。

的确，“如果没有某种认同的基础，任何政权都无法持久”[①]。对于一种政治统治而言，民众能否对其产生认同感，能否认可其政治理念、政策主张，是判定其存在是否具有合法性的关键。任何一种政治统治，如果不能通过有效的意识形态工作、良好的执政绩效、富有吸引力的政治纲领、有效的组织架构、良好的形象来增强自身的执政效力，使民众自觉接受其执政地位的属性，就会存在被人民抛弃的危险。在历史和现实中，某些国家的解体，某些政党的倒台，某些政府的解散，无不与民众对其失去认同感相关。正因如此，任何一个国家，任何一个政党和政府，都注重采取行之有效的方式提升人们对自身的认同感，唤起并维持民众对自身的合法性信仰。

二、政治认同的构成因素

现代政治统治一般通过绩效性资源、制度性资源和意识形态资源的建构获得民众的认同，巩固自身统治合法性。从绩效性资源来看，一种政治统治必须以实际成就、以一定的政绩证明自身具备治理能力。如此一来，其满足社会成员利益的程度就成为政治认同的逻辑起点。从制度层面看，现代政治统治必须重视制度设计，有效处理不同主体之间的矛盾，切实保障和实现人们的各项权益，从而提升其执政理念、政策主张的吸引力和感召力。从意识形态因素层面看，它要营造一种能够为广大民众接纳的合理论证体系，以彰显自身在经济、政治、文化诸领域内统治的合理性。

---

① 诺内特、塞尔兹尼克著，季卫东、张志铭译：《转变中的法律与社会：迈向回应型法》，中国政法大学出版社 2004 年版，第 61 页。

（一）绩效性资源

利益是激励政治成员政治活动的能动因素和基本动机。人们对一种政治统治的认同，往往是因为它能给自己带来实实在在的利益。民众的认同“不仅出自于一定的观念、文化的影响，而且必然以民众对政治统治实际作为的认识为基础，也就是说会以被统治者对政权履行职能的效率、对公共利益的维护和民众个人利益的满足为基础，即以国家的政治产品满足社会需要的程度为基础”①。在各种利益中，经济利益居于基础地位。良好的经济运行环境，持续有效的物质利益供给，是确保统治合法性的基础。一个连公民的基本生存条件都得不到保障的国家，一个不能使人们过上富有尊严生活的国家，要想使人们对其始终保持高度的认同感是不可能的。“为了使共同体中的成员能够认为统治者的指挥地位是具有合法性的，那么就需要这种地位明确地表现出它所具有的公共福祉的活力。”② 满足民众的需求，特别是保障人们的生存权和发展权是国家的基本职责。一般说来，经济越发展，人们生活越富裕，获得感越强，利益诉求越能得到满足，往往越能证明这种统治的绩效供给能力突出，人们的政治认同度往往也越能够得到提升。

（二）制度性资源

政治认同的形成，除了有赖于绩效性资源外，还需要制度性资

---

① 龙太江、王邦佐：《经济增长与合法性的“政绩困局”——兼论中国政治的合法性基础》，《复旦学报》（社会科学版）2005 年第 3 期。

② 让-马克·夸克著，佟心平、王远飞译：《合法性与政治》，中央编译出版社 2002 年版，第 47 页。

源的支持。制度是人们设计出来旨在协调、规范和约束人们行为的规则。制度可分为正式制度和非正式制度两种类型。正式制度是指人们有意制定出来的，以正式形式加以确定，具有强制力的一系列法律、法规和政策。而非正式制度是人们在长期社会交往中逐步形成，并得到社会认可的约定俗成、共同恪守的行为准则，包括道德观念、价值取向、伦理规范、文化传统、风俗习惯、意识形态等因素。在此需要指出的是，意识形态尽管起到非正式制度的作用，但其强制性不同于一般意义上的制度，它更多地是一种观念性的东西。在此我们不将意识形态列入政治认同的制度性资源中，而是单独将其列为政治认同的一种资源。

国家作为一种在特定地区内对合法使用强制性手段具有垄断权的制度安排，其制度设计是否正当，直接关涉政治统治的合法性。马克斯·韦伯将统治合法性区分为三种类型，即传统型统治、克里斯玛型统治和法理型统治。传统型统治是建立在人们对于习惯和传统的神圣性的认同基础上的。被统治者之所以服从统治，是因为这种统治和被统治的关系存在于神圣的传统当中，统治者依靠传统的力量进行合法统治，同时也受传统的约束。克里斯玛型统治权威的确立来自统治者的人格魅力。“这种权威与个人的地位、社会位置或职务无关，而纯粹是领袖作为某种英雄或圣人有能力向追随者进行直接和个人的诉求，来发挥影响力。”[①] 在韦伯看来，现代政治统治合法性的取得是建立在法理型统治基础上的。法理型权威不同于建立在习惯基础上的传统型权威，并不依赖人们对古老传统的神圣性

---

① 安德鲁·海伍德著，张立鹏译：《政治学》（第二版），中国人民大学出版社 2006 年版，第 255 页。

的认可，也不同于建立在个人魅力基础上的克里斯玛型权威，它是“建立在相信统治者的章程所规定的制度和指令权利的合法性之上，他们是合法受命进行统治的”①。在这其中，制度正当性与否是人们是否服从该统治的根本原因。在现代社会，法理型权威是维护社会秩序最为稳固的权威，基于制度认同基础上的合法性居主导地位。相比绩效性资源，制度性资源在合法性建构中具有更大的弹性和韧性。纵然政治统治在特定时刻面临政绩困境，但由于人们对支撑该统治的基本制度的认可和支持，也会消解绩效性资源供给不足所带来的压力。“因为在这种情况下不管该体系下政府能否实现稳定的经济增长，公众都将相信他们的制度。这样即使经济停滞或经济绩效不好，人们也只是对特定的政府管理不满，而不会对这个国家的制度不满，人们也只是觉得具体掌权人有问题，而不会觉得政治秩序与政治制度有问题。这时如果有危机的话，也只是纯粹意义的政府危机，而不会有政治危机，也就是说整个政治体系是稳固的，最多只是政府领导人会因绩效不好而承担政治责任。”②

（三）意识形态资源

无论是绩效性资源的获得，还是制度性资源的建构，都是利用看得见、摸得着的实实在在的成果来增进人们的认同。除此之外，精神层面力量的调动，也是提升政治统治合法性和增强政治认同必不可少的举措。意识形态工作就属于这种类型。“合理、适度的意识

---

① 马克斯·韦伯著，林荣远译：《经济与社会》（上），商务印书馆 1997 年版，第 241 页。

② 龙太江、王邦佐：《经济增长与合法性的“政绩困局”——兼论中国政治的合法性基础》，《复旦学报》（社会科学版）2005 年第 3 期。

形态策略运用，可以为统治秩序提供一种有效的道义诠释，并通过某种程度上受控的政治社会化过程，将统治者的政治强制转化为被统治者的政治信仰和政治义务。”① 作为政治认同的观念性资源，意识形态是指在一定的经济基础上形成的系统的思想观念，代表了特定阶级或社会集团的利益，又反过来指导该阶级或集团的行动。意识形态具有十分重要的作用，它一经创造出来，就会形成相对独立的价值体系，依靠自身的逻辑力量影响其他价值观念系统，从而对人们的思想和行为产生重要影响。意识形态内涵特定的价值理想、理论学说和政策主张，是政治合法性的观念基础、解释性框架，具有价值导向功能，能够对多元价值观念和人们多样化的价值选择起引领作用，引导人们对主流意识形态的认同，维护现有的社会制度和秩序。意识形态还具有凝聚功能，它通过系统性的论证证明自身的科学性和有效性，凝聚整个意识形态与全社会的价值观念体系，汇聚社会共识。总之，意识形态在政治理想、政治价值、政治态度、政治行为等方面对社会成员发挥着引导、动员、凝聚的功能，为政治统治提供论证和辩护，是凝聚人心、增强政治认同的重要方式。

第二节　建设社会主义现代化强国

需要是与生俱来的人的“内在规定性”。人之所以为人，就表现为具有人的众多需要这一“内在的必然性”。人作为有生命活动的社

① 何显明：《意识形态的合法性诠释功能及其限制》，《现代哲学》2006 年第 1 期。

会存在物，只要有生命，只要在社会中生活就有需要。人拥有生存的需要，也拥有享受的需要和发展的需要。其中，生存的需要是人的最基本需要，“一切人类生存的第一个前提，也就是一切历史的第一个前提，这个前提是：人们为了能够‘创造历史’，必须能够生活。但是为了生活，首先就需要吃喝住穿以及其他一些东西。因此第一个历史活动就是生产满足这些需要的资料，即生产物质生活本身”①。

人的需要不同于动物的需要，动物的需要是无意识的、依靠本能加以实现的。与动物的行为受制于必然性，消极被动地适应自然界不同，人能够用理性约束自己的本能和支配自己的行动，按照自己的意愿需求去创造世界，改变客观的自然界。人由此也就具有了自我主宰、自我创造和自我实现的自由特征。同时，人的需要也是一个开放的、不断发展的过程。人的需要绝不会仅仅停留在吃喝拉撒睡等基本的需要层面上，相反，会随着实践的发展不断提升。因之，人有不断发展、不断自我实现的需要。“已经得到满足的第一个需要本身、满足需要的活动和已经获得的为满足需要而用的工具又引起新的需要。”② 当生存的需要得到满足以后，享受的需要、发展的需要就会提升到更为突出的位置。对此，美国心理学家马斯洛就指出，人拥有生理的需要、安全的需要、社会交往的需要、尊重的需要、自我实现的需要。这些需要从低到高依次构成“需要金字塔”。当人的低层次需求满足之后，会转而寻求实现更高层次的需要。

人的需要作为一种真实的存在表明，作为公共权力机关的国家，

① 《马克思恩格斯选集》（第1卷），人民出版社1995年版，第78—79页。
② 《马克思恩格斯选集》（第1卷），人民出版社1995年版，第79页。

必须将满足和实现人的需要作为基本目标，保障人们的生命安全，为人们的生存发展提供安全稳定的环境，使其拥有免于匮乏的自由和免于恐惧的自由。同时，人的需要的不断提升也表明，现代国家需要不断拓展人们权利保障和实现的范围，满足人们的更高层次的需要，努力使人们过上富足、安康和富有尊严的生活，不断满足人们对美好生活的向往。人们期盼拥有稳定的工作、良好的收入，向往更好的教育，获得更为可靠的社会保障，享受更高水平的医疗卫生服务，拥有更加舒适优美的居住环境和生活环境，对未来有更高的预期。国家必须积极回应人们的期待，在满足人们基本需要的基础上，不断满足人们更高层次的需求，不断提高人们的物质生活水平、丰富人们的精神世界，使人们真正享受到改革发展的红利，感受到国家带给自己的实实在在的福祉，增强人们生活在国家中的自豪感。

一、贫穷不是社会主义， 发展太慢也不是社会主义

生产力是社会发展进步的最终决定力量，是全部社会历史的物质基础。对于一种社会制度而言，其优越性的重要表现，就在于能够创造出比以往社会更高的劳动生产率，更好地满足人民对美好生活的向往。社会主义制度优于资本主义制度，说到底是要创造远远高于资本主义的生产力，创造更为丰富的物质财富和精神财富，不断满足人民对美好生活的向往。生产力发展不上去，贫穷、落后，就不是合格的社会主义。对此，列宁在《苏维埃政权的当前任务》中就明确指出：“在任何社会主义革命中，当无产阶级夺取政权的任务解决以后，随着剥夺剥夺者以及镇压他们反抗的任务大体上和基

本上解决，必然要把创造高于资本主义的社会结构的根本任务提到首要地位，这个根本任务就是：提高劳动生产率。”① 在列宁看来，创造更高的劳动生产率是新制度最终战胜旧制度、社会主义战胜资本主义的最重要的条件。社会主义要具有更大的吸引力，赢得与资本主义竞争的优势，必须不断促进生产力的发展，使国家尽快富强起来，不断提升人们的生活品质。

新中国成立以后，毛泽东主席多次强调社会主义社会的根本任务是发展社会生产力。他指出，社会主义制度建立以后，革命时期的大规模的疾风暴雨式的阶级斗争基本结束，今后的主要任务是正确处理人民内部矛盾，以便团结全国各族人民进行一场新的战争——向自然界开战，发展我们的经济和文化，建设我们的新国家。1956年，党的八大在分析社会主义社会的主要矛盾后指出，全国人民的主要任务是集中力量发展社会生产力，实现国家工业化，逐步满足人民日益增长的物质和文化需要。但是后来由于党的指导思想上“左”倾错误的不断发展，“以阶级斗争为纲”取代了发展生产力这一根本任务，严重影响了社会主义建设事业的发展。

改革开放以来，邓小平在总结历史经验教训的基础上，一再强调发展社会生产力的重要性。他强调：“贫穷不是社会主义，发展太慢也不是社会主义。”② 邓小平指出：“按照历史唯物主义的观点来讲，正确的政治领导的成果，归根结底要表现在社会生产力的发展上，人民物质文化生活的改善上。如果在一个很长的历史时期内，社会主义国家生产力发展的速度比资本主义国家慢，还谈什么优越

① 《列宁选集》（第3卷），人民出版社1995年版，第490页。

② 《邓小平文选》（第3卷），人民出版社1993年版，第255页。

性？……我们一定要根据现在的有利条件加速发展生产力，使人民的物质生活好一些，使人民的文化生活、精神面貌好一些。”① 在邓小平看来，社会主义制度优越性的根本表现，就是让社会生产力以旧社会所没有的速度快速发展，使人民不断增长的物质文化生活需要能够不断得到满足。在这里，邓小平实际上将生产力能不能得到迅速发展，提高到了社会主义够不够格，站不站得住脚，有没有优越性，能否体现社会主义的本质的战略高度来看待。在此，以经济建设为中心，大力发展社会生产力，不断提高人们的生活水平，不仅仅是一种经济发展的考量，更是立足政治的高度，着眼政权合法性的建构、社会的稳定和长治久安的大局所作出的战略判断。

二、努力实现平衡发展、 充分发展

经过改革开放 40 年的快速发展，我国经济社会发展取得了巨大进步，GDP 总量由 1978 年的 3645 亿元迅速跃升至 2017 年的 80 多万亿元，稳居世界第二，人民生活总体达到小康水平，经济实力、科技实力、国防实力、综合国力进入世界前列，国际地位实现前所未有的提升，党的面貌、国家的面貌、人民的面貌、军队的面貌、中华民族的面貌发生了前所未有的变化。特别是党的十八大以来，我国社会发生了深层次的、根本性的变革，取得了全方位的、开创性的成就，中国特色社会主义进入了新时代，中华民族迎来了从站起来、富起来到强起来的伟大飞跃，迎来了实现中华民族伟大复兴的光明前景。

---

① 《邓小平文选》（第 2 卷），人民出版社 1994 年版，第 128 页。

尽管我国社会生产力水平总体上有了显著提高，社会生产能力在很多方面进入世界前列，社会发生了历史性变革，但我们还需要清醒地认识到，发展不平衡不充分的一些突出问题尚未解决，发展质量和效益需要进一步提高，创新能力不够强，生态环境保护任重道远。民生领域还有不少短板，脱贫攻坚任务艰巨，城乡区域发展和收入分配差距依然较大，群众在就业、教育、医疗、居住、养老等方面面临不少难题。

总体实现小康，即将全面建成小康社会，人民美好生活需要日益广泛，不仅对物质文化生活提出了更高要求，在民主、法治、公平、正义、安全、环境等方面的要求也日益增长。发展不平衡不充分已经成为满足人民日益增长的美好生活需要的主要制约因素。中国特色社会主义进入新时代，我国社会主要矛盾已经转化为人民日益增长的美好生活需要和不平衡不充分的发展之间的矛盾。目前，我国仍然处于社会主义初级阶段，仍然是世界上最大的发展中国家，我们必须坚定不移把发展作为第一要务，坚持解放和发展社会生产力，坚持社会主义市场经济改革方向，推动经济持续健康发展。

三、增进民生福祉：构筑政治认同的物质基础

能否发展良好的经济绩效，能否满足人们对美好生活追求的愿望，影响人们政治认同感的高低。保障和实现人们的生存权和发展权，提升人们的福祉，是增强民众政治认同感，增进政治合法性的基本条件。“全面建成小康社会、进行改革开放和社会主义现代化建设，就是要通过发展社会生产力，满足人民日益增长的物质文化需要，促进人的全面发展。如果发展不能回应人民的期待，不能让群

众得到实际利益，这样的发展就失去意义，也不可能持续。”① 如何通过行之有效的方式，促进经济社会又好又快发展，不断满足人们对美好生活的向往，进一步夯实政治认同的物质基础，是一项十分重要的任务。使市场在资源配置中起决定性作用，更好地发挥政府的作用，切实保障和改善民生，是实现这一目标的重要途径。

（一）充分发挥市场在资源配置中的决定性作用

经济发展是前提。离开经济发展来谈改善民生是无源之水、无本之木。经济发展需要提高资源的配置效率，以尽可能少的资源投入生产尽可能多的产品、获得尽可能大的效益。理论和实践表明，市场配置资源最为有效。在瞬息万变的经济生活中，市场能及时准确地反映供求关系的变化，有效传递供求信息，从而实现资源配置的最优化。面对市场竞争，商品生产者、经营者在利益杠杆的作用下，积极调节生产经营活动，从而推动科学技术和经营管理的进步，促进劳动效率的提高和资源的有效利用。与计划经济直接干预市场主体的运行相比，在市场经济下，市场主体拥有充分的主动权和自由权。在市场经济中，生产什么、如何生产，主要是通过价格的涨落以及供求变化由市场自动调节。市场这只“看不见的手”引导着商品生产者、经营者，调节人、财、物在全社会的配置。我们必须尊重市场决定资源配置这一市场经济的一般规律，减少政府对资源的直接配置，推动资源配置依据市场规则、市场价格、市场竞争实现效益最大化和效率最优化，让企业和个人有更多活力和更大空间

① 中共中央宣传部：《习近平总书记系列重要讲话读本》，学习出版社、人民出版社 2016 年版，第 213 页。

去发展经济、创造财富，实现经济又好又快发展。

改革开放以来，我国立足社会主义初级阶段基本国情，逐步建立和完善社会主义市场经济体制，打破了束缚生产力发展的条条框框，创造了举世瞩目的发展奇迹。1992 年，党的十四大提出，“要使市场在国家宏观调控下对资源配置起基础性作用”。2003 年，党的十六届三中全会提出，“要在更大程度上发挥市场在资源配置中的基础性作用”。2012 年党的十八大提出，“要在更大程度、更广范围发挥市场在资源配置中的基础性作用”。2013 年，党的十八届三中全会进一步提出，“使市场在资源配置中起决定性作用”。2017 年，党的十九大报告明确指出：“加快完善社会主义市场经济体制。”发展市场经济，要求劳动力、土地、资本、信息等生产要素自由流动。为此，需要进一步增强市场的“自由度”，建立公平竞争的市场体系。商品和要素能够自由流动、平等交换，产品和服务的生产和销售由市场价格机制决定，消费者可以自由选择、自主消费，企业之间的公平竞争促进优胜劣汰，实现资源的优化配置。

要使市场在资源配置中发挥决定性作用，需要破除各种形式的垄断壁垒，创造公平竞争的环境。垄断会排挤、吞并其他市场竞争主体，妨碍企业间自由公平竞争；在缺乏自由竞争的条件下，垄断企业把持的行业，其服务质量难以得到有效的提高，消费者公平交易权和选择权被侵害；垄断会抬高整个社会成本，降低投资效率，挫伤社会资本的投资热情；垄断更是滋生腐败的温床，高垄断行业往往成为贪污腐败的高发区。相关资料显示，电力、通信、公用事业、交通、教育、金融等部门和行业，由于掌握着管理处罚、审批调配、质量监督等多项权力，容易成为滋生腐败犯罪的高发地带。

只有打破垄断，破除各种形式的壁垒，才能使各类市场主体获得平等的竞争机会，才能让生产要素自由流动。

要使市场在资源配置中发挥决定性作用，需要促进人力资源的自由流动。人力资源的自由流动是市场经济的必然要求。如果不打破因户籍制度人为造成的城乡之间的界限，将影响地区间的经济融合，影响全国统一人力市场的形成，影响到社会的公平和正义。我们可以设想，当亿万农民因为户籍制度的原因，而被动地束缚于农村和小块的土地时，农村劳动生产效率是不可能得到有效的提升的，拉动内需的动力肯定是不足的；当2亿多农民工不能享有与城市人同等的待遇时，平等、公正的理念会大打折扣。户籍制度及其造成的问题已成为中国社会进一步发展的结构性障碍，成为市场经济发展的重大障碍，消除不公平的户籍制度已经成为社会共识。

当然，户籍制度的改革，是一项十分复杂而艰巨的任务。户籍制度绝不仅仅涉及一个户口的问题，实际上，它与教育、就业、医疗、养老、住房保障等民生问题紧密相关。推进户籍制度改革，是一次利益格局的重大调整，千头万绪、盘根错节。不改革户籍制度，就难以释放市场的活力，难以真正实现社会的自由、平等和公正。我们需要立足基本国情，积极稳妥推进，合理引导农业转移人口落户城镇的预期和选择；尊重城乡居民自主定居意愿，依法保障农业转移人口及其他常住人口合法权益；充分考虑当地经济社会发展水平、城市综合承载能力和提供基本公共服务的能力，实施差别化落户政策；统筹推进户籍制度改革和基本公共服务均等化，不断扩大教育、就业、医疗、养老、住房保障等城镇基本公共服务覆盖面。总之，户籍制度改革的目标是，进一步调整户口迁移政策，统一城乡户口登记制度，全面实施居住证制度，加快建设和共享国家人口基础信息库，稳步推进义务教育、就业服务、基本养老、基本医疗卫生、住房保障等城镇基本公共服务覆盖全部常住人口。

（二）更好发挥政府作用

在经济活动中存在“两只手”，一只“看不见的手”，即市场；另一只“看得见的手”，即政府。充分发挥市场的功能，让市场在资源配置中起到决定性作用，意味着政府的功能定位与计划经济条件下的功能定位明显不同。在市场经济条件下，政府不应该对经济进行事无巨细的管理，政府的主要功能是加强市场监管、增强公共服务和维护社会公平正义。

在现实生活中，很多市场运行的混乱与政府不当作为有关。有的时候，政府由于“过度作为”，使得政府这只“看得见的手”变成了“闲不住的手”。一方面，政府将过多的时间和精力用在审批项目、招商引资等直接干预微观经济事务上，导致政府在市场监管、社会管理、公共服务等方面的缺位；另一方面，政府对社会事务包揽过多，没有充分发挥社会力量参与社会管理和提供公共服务的作用，导致政府成为这些方面矛盾的焦点。有的时候，政府因为“不作为”而使市场经济发展受挫。我们强调市场在资源配置中的决定性作用，并不意味着政府的作用无足轻重。市场在资源配置中具有显见的优势，但也存在明显的不足。例如，市场不能解决实质正义问题，难以有效地保护弱势群体的权利，难以实现共同富裕。面对这些问题，必须更好地发挥政府的作用。政府“必须坚持有所为、有所不为，着力提高宏观调控和科学管理水平。……保持宏观经济稳定，加强和优化公共服务，保障公平竞争，加强市场监管，维护市场秩序，推动可持续发展，促进共同富裕，弥补市场失灵”[①]。

如此看来，要使市场在资源配置中起决定性作用，必须清楚地厘定政府和市场的界限。凡是市场能解决的，放给市场。市场不愿意做，并且不能做的事情，政府要责无旁贷地承担起来。这一方面有利于发挥市场的功能，另一方面有助于政府职能的转变。在政府功能的发挥中，最为重要的内容是建立健全社会保障体系。

（三）积极改善民生

“民惟邦本，本固邦宁。”民生是人民幸福之基、社会和谐之本。民生连着民心、民心凝聚民力，做好保障和改善民生工作，事关群众福祉和社会和谐稳定。中国共产党来自人民、植根人民、服务人民，是全心全意为人民服务的政党，无论干革命、搞建设、抓改革，都是为了让人民过上幸福生活。早在革命时期，毛泽东就指出：“一切群众的实际生活问题，都是我们应当注意的问题。假如我们对这些问题注意了，解决了，满足了群众的需要，我们就真正成了群众生活的组织者，群众就会真正围绕在我们的周围，热烈地拥护我们。”[②] 新中国成立后，毛泽东指出：“现在我们实行这么一种制度，这么一种计划，是可以一年一年走向更富更强的，一年一年可以看到更富更强些。而这个富，是共同的富，这个强，是共同的强，大家都有份。”[③] 改革开放时期，邓小平从当代中国的现实要求出发，

---

① 中共中央宣传部：《习近平总书记系列重要讲话读本》，学习出版社、人民出版社 2016 年版，第 150 页。

② 《毛泽东选集》（第 1 卷），人民出版社 1991 年版，第 137 页。

③ 《毛泽东选集》（第 6 卷），人民出版社 1999 年版，第 495 页。

把关注的焦点放到中国如何发展，如何加快发展上，并把发展问题提到战略高度来认识。他指出："世界上一些国家发生问题，从根本上说，都是因为经济上不去，没有饭吃，没有衣穿，工资增长被通货膨胀抵消，生活水平下降，长期过紧日子。"① "不坚持社会主义，不改革开放，不发展经济，不改善人民的生活，只能是死路一条。"② 在改革开放的新时期，党中央一如既往地重视民生问题。江泽民指出，要把关注民生作为党长期执政的基石，"坚持贯彻党的富民政策，在发展经济的基础上，努力增加城乡居民的收入，不断改善人们的吃、穿、住、行、用的条件，完善社会保障体系，改进医疗卫生条件，提高生活质量"③。胡锦涛指出："要牢记群众利益无小事的道理，把实现人民群众的根本利益落实到改革发展稳定的各项工作中去，特别是落实到关心群众生产生活的工作中去。"④

十八大以来，党中央一如既往地高度重视民生建设，将改革发展成果更多更公平地惠及全体人民。习近平总书记指出："我们的人民热爱生活，期盼有更好的教育、更稳定的工作、更满意的收入、更可靠的社会保障、更高水平的医疗卫生服务、更舒适的居住条件、更优美的环境，期盼着孩子们能成长得更好、工作得更好、生活得更好。人民对美好生活的向往，就是我们的奋斗目标。"⑤ 我们要按照"守住底线、突出重点、完善制度、引导舆论"的思路不断推进民生工作。"守住底线"就是要形成以保障基层生活为主的社会公平

---

① 《邓小平文选》（第 3 卷），人民出版社 1993 年版，第 354 页。

② 《邓小平文选》（第 3 卷），人民出版社 1993 年版，第 370 页。

③ 《江泽民文选》（第 3 卷），人民出版社 2006 年版，第 294 页。

④ 《十六大以来重要文献选编》（上），中央文献出版社 2011 年版，第 646—647 页。

⑤ 习近平：《习近平谈治国理政》，外文出版社 2014 年版，第 4 页。

保障体系，织牢民生安全网的“网底”；“突出重点”就是要对重点群体和重点地区进行倾斜；“完善制度”就是要形成全面的制度保障；“引导舆论”就是要促进形成良好舆论氛围和社会预期。

通过持续不懈的努力，我们要使幼有所育、学有所教、劳有所得、病有所医、老有所养、住有所居、弱有所扶不断取得新进展，使人们在共建共享发展中拥有越来越多的获得感。

——办好人民满意的教育。教育是提高人民综合素质、促进人的自由全面发展的重要途径，是民族振兴、社会进步的基石，是对中华民族伟大复兴具有决定性意义的事业。当今世界的综合国力竞争，说到底是人才竞争，人才越来越成为推动经济社会发展的战略性资源，教育的基础性、先导性、全局性地位和作用更加突显，必须把教育事业放在优先位置，深化教育改革，加快教育现代化，办好人民满意的教育。要全面贯彻党的教育方针，落实立德树人根本任务，发展素质教育，推进教育公平，培养德智体美全面发展的社会主义建设者和接班人。推动城乡义务教育一体化发展，高度重视农村义务教育，办好学前教育、特殊教育和网络教育，普及高中阶段教育，努力让每个孩子都能享有公平而有质量的教育。完善职业教育和培训体系，深化产教融合、校企合作。加快一流大学和一流学科建设，实现高等教育内涵式发展。健全学生资助制度，使绝大多数城乡新增劳动力接受高中阶段教育、更多接受高等教育。加强师德师风建设，培养高素质教师队伍，倡导全社会尊师重教。办好继续教育，加快建设学习型社会，大力提高国民素质。

——提高就业质量和人民收入水平。就业是最大的民生。要坚持就业优先战略和积极就业政策，实现更高质量和更充分就业。要贯彻新发展理念，坚定不移把发展作为第一要务，推动经济持续健康发展，在发展的基础上创造更多更好的就业机会，在发展的过程中优化就业结构，提高劳动者收入水平和保障水平。积极开展职业技能培训，提升劳动者素质，提供全方位的公共就业服务，适应劳动者多层次就业需求，畅通劳动者流动通道，使人人都有通过辛勤劳动实现自身发展的机会，让就业不仅是劳动者的谋生手段，也成为劳动者施展才华、谋求发展的有效途径。坚持按劳分配原则，完善按要素分配的体制机制，促进收入分配更合理、更有序。鼓励勤劳守法致富，扩大中等收入群体，增加低收入者收入，调节过高收入，取缔非法收入。坚持在经济增长的同时实现居民收入同步增长，在劳动生产率提高的同时实现劳动报酬同步提高。拓宽居民劳动收入和财产性收入渠道。履行好政府再分配调节职能，加快推进基本公共服务均等化，缩小收入分配差距。

——加强社会保障体系建设。社会保障是民生安全网、社会稳定器，关乎人民群众的切身利益，是维护和实现社会公平正义的关键。要坚持全覆盖、保基本、多层次、可持续的基本方针，按照兜底线、织密网、建机制的基本要求，实现覆盖全民、城乡统筹、权责清晰、保障适度、可持续的奋斗目标，更好体现社会公平正义，努力满足人民群众差异化需求。要不断扩大社会保障覆盖面，基本实现法定人员全覆盖；完善城镇职工基本养老保险和城乡居民基本养老保险制度，尽快实现养老保险全国统筹；完善统一的城乡居民基本医疗保险制度和大病保险制度，切实提高医疗保障水平，缓解困难人群的重特大疾病风险；完善失业、工伤保险制度，统筹城乡社会救助体系，完善最低生活保障制度，完善社会救助、社会福利、慈善事业、优抚安置等制度，切实解决困难群众的工作生活。

——不断提高人民的健康水平。人民健康是民族昌盛和国家富强的重要标志。要坚持以人民为中心，把人民健康放在优先发展的战略位置，把健康优先体现在社会生活全过程，经济社会发展规划中突出健康目标，公共政策制定实施中向健康倾斜，财政投入上保障健康需求，切实维护人民健康权益。要健全全民医疗保障制度，将覆盖全民的医疗保障网扎得更细密、更结实，使保基本、防大病、兜底线的能力进一步增强。要完善国民健康政策，全方位、全周期维护人民健康，加快《基本医疗卫生与健康促进法》立法进程，把健康融入所有政策，将维护人民健康的范畴从传统的疾病防治拓展到生态环境保护、体育健身、职业安全、意外伤害、食品药品安全等领域，普及健康生活、优化健康服务、完善健康保障、建设健康环境、发展健康产业，实现对生命全程的健康服务和健康保障。

——健全住房保障制度。住房是群众幸福生活的基础。住房保障是社会保障体系中的重要构成部分。近年来，我国不断深化住房制度改革，在促进商品住房市场健康发展的同时，大规模推进保障性安居工程建设，加快完善住房保障机制。国家持续加大住房保障力度，出台了一系列住房保障政策，构建了包括公共租赁住房、棚户区改造、农村危旧房改造、住房公积金等内容的住房保障体系。要坚持“房子是用来住的，不是用来炒的”定位，加快建立多主体供给、多渠道保障、租购并举的住房制度，让全体人民住有所居。一座座拔地而起的住房，承载的是广大百姓安居乐业的美好愿望，传递着党和政府关注民生、改善民生的信心。随着我国住房保障制度的不断完善，百姓住有所居、安居乐业的梦想变成了现实，人们正在圆自己的“安居梦”。

在民生建设方面，我们要立足社会主义初级阶段这个基本国情。我国仍处于并将长期处于社会主义初级阶段，改善民生不能脱离这个最大的实际提出过高目标，只能根据经济发展和财力状况逐步提高人民生活水平。否则，结果只会适得其反。我们需要从拉美、中东以及一些欧洲国家当中吸取经验教训。在这些国家，由于对民众做了脱离本国财政能力的、不切实际的高承诺、高福利，或者导致政府债台高筑，或者不能给人民兑现承诺，造成债务累累、财政危机，失信于民、政府垮台的现象。因此，我们强调政府保障和改善民生，主要是发挥好保基本、兜底线的作用，不主张搞一些脱离实际、劳民伤财、吃力不讨好的东西。要多做一些雪中送炭、急人之困的工作，少做些锦上添花、花上垒花的虚功。

第三节　建构公正的社会制度

制度性资源是提高民众政治认同感的重要资源，现代国家必须采取行之有效的措施，建构起能为人们广为认可的制度体系。因之，在现代国家建构、国民认同感的提升中，制度认同扮演着极其重要的角色。制度认同是人们对特定政治、经济和社会制度予以肯定而产生的政治情感上的归属感。对于一种制度而言，人们是否对其有认同感，是其能否延续的关键。“一种行为准则，即一种国家意志的表达，如果得不到执行，实际上就什么也不是，只是一纸空文。”[①]一种制度，人们如果对其不具认同感，它将失去权威性，形同虚设。

一般说来，制度的合法性来自制度本身的公正性和制度运行的规范性。公正是制度的首要价值，公正之于制度的存在和发展具有核心地位。正如罗尔斯在《正义论》的开篇所指出的：“正义是社会制度的首要德性，正像真理是思想体系的首要德性一样。一种理论，无论它多么精致和简洁，只要它不真实，就必须加以拒绝或修正；同样，某些法律和制度，不管它们如何有效率和安排有序，只要它们不正义，就必须加以改造或废除。”[②]“制度本身的公正是指制度所配置的以权利—义务关系为客观内容的制度安排的公正性。”[③]一项公正的制度，必须合理清晰地厘定利益相关者应享的权利及其应该承担的义务。公正的制度体系通过合理分配社会成员的权利和义务，不仅使个体的天赋和才能得到充分发挥，实现人的自由全面发展，同时，通过妥善处理不同利益主体之间的矛盾与纠纷，将个体之间的冲突降至最低限度，切实保障公民的权益，进而提升制度的吸引力、凝聚力，增进政治统治的合法性。从国家建构的角度讲，国家必须保障公民享有平等的基本权利，承担平等的责任义务，确保制度公正。制度的合法性和有效性需要由具体的、可操作的规则和程序来实现。规则不明确，运行机制不规范，纵然制度本身是公正的，也难以获得人们的认同。“一种具有合法性的制度不仅要求其设计的科学性，同时也要求其在运行中程序的合理性，仅有理论上规定的

① F.J. 古德诺著，王元、杨百朋译：《政治与行政》，华夏出版社1987年版，第14页。
② 约翰·罗尔斯著，何怀宏等译：《正义论》（修订版），中国社会科学出版社2009年版，第3页。
③ 秦国民：《政治稳定视角下制度认同的建构》，《河南社会科学》2010年第1期。

实质上的正义，而没有适当的程序来加以保障，那么制度的正义与作用也不能显现出来。”① 正因如此，建构公正的制度的同时，建构平等、透明的运行规则确保制度公正性的有效实现，是增进人们制度认同进而提升政治认同感的基本途径。

一、公正是社会主义的本质要求

实现公平正义是社会主义的本质要求。社会主义理想自诞生之日起，就将消除人类社会的不平等、不公正现象，实现人的自由全面发展和个性解放视为己任。无论是空想社会主义者还是科学社会主义的创始人，他们都认为资本主义的罪恶在于私有制及其导致的社会两极分化。邓小平在创造性地回答“什么是社会主义？如何建设社会主义？”时，明确指出了社会主义的价值目标。这个价值目标实际上包括两方面内容：解放生产力，发展生产力，实现中华民族百年以来梦寐以求的国富民强；消灭剥削，消除两极分化，实现共同富裕。邓小平在强调贫穷不是社会主义的同时，一再强调共同富裕的重要性，他指出：“社会主义不是少数人富起来、大多数人穷，不是那个样子。社会主义最大的优越性就是共同富裕，这是体现社会主义本质的东西。”② “社会主义与资本主义不同的特点就是共同富裕，不搞两极分化。”③ “社会主义的特点不是穷，而是富。但这种富是人民共同富裕。”④ 总之，社会主义就是真正实现权利公平、机会公平、规则公平、分配公平，在此基础上建构公平正义的制度。

---

① 孔德永：《政治认同的逻辑》，《山东大学学报》（哲学社会科学版）2007年第1期。
② 《邓小平文选》（第3卷），人民出版社1993年版，第364页。
③ 《邓小平文选》（第3卷），人民出版社1993年版，第123页。
④ 《邓小平文选》（第3卷），人民出版社1993年版，第265页。

（一）保障和实现公民的权利是社会主义的应有之义

权利保障原则是社会公正体系中最为基本的原则，保护和实现每个公民的自由权利，是实现公平正义的首要任务。很难想象，一个连公民的基本权利都得不到维护和实现的制度能够被称为公正的制度，也很难想象，依靠这种制度维系的政治统治能够得到人们的认同。

在构成公民的各项权利中，生命权、财产权、思想自由权和表达自由权是基本的权利。生命权作为一项最基本的权利，是其他一切权利的本源，是所有人权的基础。没有生命权，其他一切权利均无从谈起。正如英国学者米尔恩所言："生命权是一个人之所以被当作人类伙伴所必须享有的权利……这正是所谓人权的底蕴所在。"[①]世界各国都将生命权作为人的基本权利写进了宪法和相关法律的条款当中，并采取相关措施予以特别保护。生命权的宪法确认意味着国家负有保护生命权的义务，使生命权成为社会价值体系的基础。

财产权是指人们对于自己的财产拥有自由占有、使用、收益和处分的权利。财产权是实现个人自由、保持人格独立、维护个人尊严的必要条件，它为每个公民创造了一个不受国家控制的领域，限制了政府的行动范围以及统治者的专横意志，使个人拥有自己可以控制但不受他人干预的领域，进而使个体可以按照自己的意愿进行自由选择，实现自己的价值。"对私有（private）财产权或分别（several）产权的承认，是阻止或防止强制的基本条件，尽管这绝非

---

① A. J. M. 米尔恩著，夏勇、张志铭译：《人的权利与人的多样性——人权哲学》，中国大百科全书出版社1995年版，第158页。

是唯一的条件。”[1] 没有个人财产权，个人要受制于他人或组织，处于服从、被强制状态。在此状态下，个人不可能具有独立的人格、尊严，不可能拥有自己独立的价值观念和道德信仰。

在现代社会，思想自由和表达自由被视为人的本质属性，被看作个体人格发展不可缺少的要素。人不仅是物质性的存在，更是一种精神性的存在，人使用抽象的术语思考，使用语言传达他的思想与感情，具有形成文化的能力。人正是通过发展这一能力来找到自己在世界中的意义和地位。所有的个体在其人格发展的过程中，均有形成自己信念和意见的权利，同时也拥有表达这些信念和意见的权利。压抑思想和意见的表达，就是对人的尊严的侮辱、对人的本性的否定。正是基于对个体思想和言论权的理解，现代社会将良心自由看作神圣不可侵犯的私人领域，将信仰自由的权利放置于个人，个人在自己的内心世界中完全自由，任何力量特别是国家权力无权干涉。同时，思想的传播如果没有危及社会的安全和稳定，都可以允许其存在和发展。

社会主义是追求自由的伟大事业，社会主义运动的开展，是一个追求自由和实现自由的过程。尊重、保护和实现公民的自由权利，是社会主义的价值追求，内含于社会主义制度的设计之中。1894 年，意大利社会党人朱泽培·卡内帕和迪阿诺·马里纳请恩格斯为《新世纪》杂志题词，用简短字句来表达未来社会主义，以区别于诗人但丁曾说“一些人统治，另一些人苦难”的旧纪元。恩格斯答复道，“我打算从马克思的著作中给您寻找一行您所要求的题词”，“但是，

---

① 哈耶克著，邓正来译：《自由秩序原理》（上），生活·读书·新知三联书店 1997 年版，第 173 页。

除了从《共产党宣言》中摘出下列一段话外，我再也找不出合适的了：‘代替那存在着阶级和阶级对立的资产阶级旧社会的，将是这样一个联合体，在那里，每个人的自由发展是一切人的自由发展的条件’”①。无产阶级反对资产阶级的过程，就是争取自由权利的过程。19世纪30年代著名的英国工人宪章运动，就提出取得普选权，以便有机会参与国家管理的要求。人类历史上第一个无产阶级政权——巴黎公社，在短暂的72天时间里，“在继承资本主义已有的自由民主基础上初步开创了社会主义的自由民主”②。巴黎公社在发布的《告法国人民书》中指出，公社应有的权利是：“充分保障人身自由、信仰自由和劳动自由。公民通过自由发表意见和维护自身利益的方式，经常参与公社事务；对此公社保证给予方便，负责监督并确保自由而正当的集会和出版权。”③

社会主义核心价值观包含自由、平等、公正、法治的价值理念。尊重和保障人权是我国宪法确立的一项基本原则，是社会主义制度的内在要求。我国的社会主义实践过程，就是中国共产党领导中国人民为争取实现广大劳动人民的基本权利而奋斗的历程。无论是伴随着民族独立、国家富强而使人们获得生存权和发展权，抑或建立人民民主专政的社会主义国家而使人们获得真正的民主权，还是将人权写入宪法，保护公民的合法私有财产不受侵犯，无不清楚地表明中国特色社会主义对人权的高度重视。公民的权利不受侵犯，是社会主义公平正义观的应有之义，它表明每个公民拥有独立的人格

① 《马克思恩格斯全集》（第39卷），人民出版社1974年版，第189页。
② 高放：《论社会主义与自由》，《湖南师范大学社会科学学报》2004年第1期。
③ 罗新璋编译：《巴黎公社公告集》，上海人民出版社1978年版，第236页。

和尊严，拥有在不违反法律规定的前提下行动的自由、言论自由和信仰自由。

需要特别指出的是，社会主义追求的自由与资本主义所追求的自由有着很大的差别。社会主义重视个体的自由权利，但是，社会主义从来不把自由当作抽象的、天赋的东西。在社会主义看来，自由从来都植根于特定的历史之中，是在社会中生成的，自由权利的获得和自由程度的大小总是与特定的物质和生活条件紧密相关。社会主义主张每个公民的合法权利不容侵犯，强调每个人拥有一个不容外在任意力量干预的属于自己的空间，任何力量特别是来自国家公共权力机关的力量，没有法律授权不能干预个人的自由。同时，社会主义不把自由仅仅理解为一种不受干预的状态，一种对外在的力量“说不”的状态。社会主义既重视个人自由权利的保护，同时也重视个人自由权利的实现。在社会主义看来，一个人的权利绝不仅仅包括法律权利和政治权利这些消极的东西，还应该包括生存权、发展权、受教育权、健康权、就业权等积极的权利。这些积极的权利同法律权利和政治权利一样，对于一个人而言是不可或缺的。“一个社会成功与否，主要应根据该社会成员所享有的实质性自由来评价。”① 自由不应该仅仅是一种不受干预的被动状态，还应该有其积极主动的向度，应该“包含免受困苦——诸如饥饿、营养不良、可避免的疾病、过早死亡之类——基本的可行能力，以及能够识字算数、享受政治参与等等的自由”②。保障每个人自由而全面发展，实

① 阿玛蒂亚·森著，任赜、于真译：《以自由看待发展》，中国人民大学出版社 2002 年版，第 13 页。

② 阿玛蒂亚·森著，任赜、于真译：《以自由看待发展》，中国人民大学出版社 2002 年版，第 30 页。

现实质正义，意味着在功能定位上，国家不应该仅仅是“局限于保护它的所有公民免于暴力、盗窃、欺诈以及强制履行契约等等……”[①] 的“守夜人”意义上的最弱国家。国家除了保障公民的基本权利不受外在任意力量侵犯之外，还应该承担缩小贫富差别、改善社会弱者的生活条件、增进社会福利的职责。那种将国家仅仅限定为“守夜人”的国家观，尽管有助于防止因国家权力的扩张而对个体自由构成侵犯的危险，但这种被限定了的国家在提供公共产品服务、社会保障、提升人的能力等方面显得捉襟见肘。国家功能的积极发挥而非被限定在“守夜人”的地位上，才能切实保障个体社会权利的实现。也正因如此，一个公正的社会，其制度设计表现为使每个个体获得基本的自由，拥有平等的发展机会，同时还要表现为那些弱势群体或处境不利者的利益受到特别的关怀。在这里，应该将国家滥用权力侵犯公民自由与国家积极行使权力增进民众幸福这两者区分开来。政府不能以增进人们的幸福为名侵犯个体的权利，也不能以可能危及公民的自由权利为由而在增进民众福祉方面毫不作为。

（二）机会平等是社会主义的应有追求

每个公民享有平等的自由权，意味着凡是具有大致潜能的人，不管他们在社会体系中处于什么样的地位，都应该站在同一起跑线上竞争，在竞争中遵循相同的规则，以便获得大致相同的前景，这就是机会平等原则。机会平等意味着无歧视性和非垄断性：机会面向全体成员平等开放；人人都有获得资本、生产要素的机会，都有

① 罗伯特·诺齐克著，姚大志译：《无政府、国家和乌托邦》，中国社会科学出版社 2008 年版，第 33 页。

平等进入市场进行自由竞争的机会，都有在求学、择业、就职等方面公平竞争的机会，等等。“那些处在才干和能力的同一水平上、有着使用它们的同样愿望的人，应当有同样的成功前景，而不管他们在社会体系中的最初地位是什么。在社会的所有部分，对每个具有相似动机和禀赋的人来说，都应当有大致平等的教育和成就前景。那些具有同样能力和志向的人的期望，不应当受到他们的社会出身的影响。”① 机会平等原则突出了自致性因素的作用，力图消除先赋性等影响个人发展的不正常因素，为社会成员提供一个平等竞争的公正环境。它强调要为有才能的人创造脱颖而出的条件，从而为其提供无限广阔的发展空间，提高他们的积极性、主动性和创造性，最终激发起社会的活力，提高社会的整体发展水平。

资本主义在反对封建等级制度的过程中，将平等的原则响亮提了出来，否定了门派、出身等在个人发展中的重要性。这一原则在随后的发展中，特别是在古典自由主义阶段达到顶峰。例如，以亚当·斯密为代表的19世纪的古典自由主义者就倡导自由竞争原则，力图为每个个体创造平等竞争的框架。在斯密看来，每一个人只要不违反正义的法律，都应完全自由，可以按照自己的方式追求自己的利益，以其勤劳和资本加入对任何其他人或其他阶级的竞争当中。与之相对应，国家的主要功能在于提供必要的保障，使个人追求自己的利益的行为有可靠的外部环境。为此，斯密将政府的权限严格限定在维护安全、保障社会秩序、提供公共物品三个基本层面上，即政府的功能在于消极被动地保护个体的权利，而非积极主动地促

① 约翰·罗尔斯著，何怀宏等译：《正义论》（修订版），中国社会科学出版社2009年版，第56—57页。

进个体幸福的实现。

尽管社会主义也反对封建等级制度，提倡人人平等的原则，但是，社会主义所主张的机会平等与资本主义所主张的机会平等有着本质区别。社会主义的机会平等不仅包括起点的平等，还强调条件的平等，强调在出发点之前以及之后的整个过程里，都要尽可能地提供平等的社会条件。在社会主义看来，古典自由主义以起点的平等为基础的正义原则仅仅对于参与到竞争中，掌握特定权力的资产阶级而言是有效的，而对于那些经济上遭受剥削，政治上没有权力的工人和其他劳动阶级来说，难以享有真正的、实质的自由。

因此，古典自由主义所倡导的公正造成形式公正和实质公正的分离，陷入形式公正而实质不公正的困境。一位穷困潦倒的行乞者和一位资产雄厚的富翁，尽管他们的生命权、财产权、思想和言论自由权这些基本权利都没有受到外在力量的任意干涉，尽管社会为他们创造了形式上公正的条件，但二者享有的实质公正显然存在巨大差别。“对于政治上没有权力，经济遭受剥削的工人和其他劳动阶级来说，法律上的自由与平等无异于空洞的政治口号。”[①] 资产阶级的政治自由尽管消除了附着在个体身上的种族、性别等不平等因素，是历史的一个巨大进步，但我们同时需要认识到，法律规定的这些政治权利如果没有相应的社会经济条件的支撑，无异于一堆空洞的条文。只有实现社会解放，使底层民众获得真正的经济自由和社会自由，才能使自由权利得到切实的实现。对此，马克思明确指出：“只有当人认识到自身‘固有的力量’是社会力量，并把这种力量组

① 唐士其：《西方政治思想史》，北京大学出版社 2008 年版，第 357 页。

织起来因而不再把社会力量以政治力量的形式同自身分离的时候，只有到了那个时候，人的解放才能完成。”[①]

古典自由主义的自由竞争原则，忽视了影响个体平等自由竞争的非自致性因素。表面看来，在形式平等的框架下，凡是有才能的人只要肯于努力，就应该并且能够出人头地，这些成功者除了为自己创造更多的财富和社会地位以外，也会惠及他人，促进社会进步。但实际上，这里的“有才能者”，更多的是一种现实的有才能者。一个潜在的有才能的人，其成功会受外在社会环境的影响。家庭条件、受教育水平等对一个人的成长无疑发挥重要作用。对于这些社会性因素之于个体潜在能力转换为现实能力的重要性，一个公正的社会必须予以足够重视。不仅如此，在现实中，有些人因为生理性因素，如身体残疾、智力水平较低等原因，也很难与其他竞争者同台竞争。从道德的观点看，无论是家庭出身、受教育条件等社会性因素，还是身体残疾等生理性因素，其存在是偶然的，而非个人所能左右，与个人后天努力与否没有关联。因此，抽象的机会平等在这些群体面前的意义与价值是打折扣的。基于此，相关制度和政策在保障公民权利平等和机会平等的前提下，应该予以不平等安排使得利益分配向社会处境不利者倾斜，以便保障其获得最大利益。在此，我们不仅要重视形式平等，还应该重视实质平等。也就是说，社会发展不仅要重视每个公民拥有平等参与、平等竞争的机会，还要采取有效措施，切实提升每个人特别是弱势群体的实际参与能力和竞争能力，使得他们获得实实在在的发展机会。国家并不应该像古典自由

---

① 《马克思恩格斯全集》（第 3 卷），人民出版社 2002 年版，第 189 页。

主义所主张的那样维持一个中立性的框架，相反，应该动用国家的力量，例如通过税收的方式，实现财产的再分配，从而使得社会处境不利者得到有效的照顾。这种向弱者倾斜的不平等，不仅没有违反正义原则，相反，却是实质正义的体现。

以生产资料公有制为主体的社会主义经济制度为保障人们的实质自由提供了根本保障。社会主义社会在经济上实行公有制为主体、多种所有制经济共同发展的基本经济制度，实行按劳分配为主体、多种分配方式并存的分配制度，占人口绝大多数的工人阶级和其他劳动人民在享有生产资料不同形式所有权和支配权的基础上当家作主。经济地位上的平等，从根本上决定并保证了社会主义的自由不受资本的操纵。社会主义的自由不是少数人占有生产资料而享有的自由，相反，最广大的人民群众享受着实实在在的自由。

（三）社会主义包含深厚的弱者关怀意识

社会主义强调条件平等，追求实质正义，体现了一种自觉的弱势群体关怀意识。在古典自由主义看来，自由的个体需要对自己的未来承担责任，应该未雨绸缪。贫穷的责任源自个体而非社会，慷慨的救济制度会鼓励或放纵更多的人懒惰。按照这一观点，富人之所以富有，在于其勤勉；穷人之所以穷困，在于其懒惰。“个人成败被解释为出于创业精神或个人弱点等原因（诸如自己没有在教育上投入足够多，以获得足够的技术资本），而不是归在任何系统性因素上面（比方说，一般把阶级排斥归咎于资本主义）。”[①] 在古典自由主

① 大卫·哈维著，王钦译：《新自由主义简史》，上海译文出版社 2010 年版，第 76 页。

义看来，一个人生活得是否体面，其责任主要在于自己本身，国家对于个体生活尊严的获得不负有道义的责任。与之相对应，济贫制度更多体现为一种惩戒性措施。1834年英国出台的《济贫法修正案》就体现了这一点。按照这一法律，对穷人救济只能在专门收容穷人的“劳动院”进行。劳动院成了令人生畏和生厌的地方：一家人一进那里，夫妻子女分室而居，亲情被拆散；所吃食物十分差，仅能勉强维持生命；男女老少都要进行繁重的体力劳动；未经监工批准不得外出，不能接见来访者。“劳动院”俨然成了“穷人的巴士底狱”。非到万不得已，穷人是不会到那里请求救济的。在惩罚性的保障体系下，人的尊严并没有得到应有的尊重。贫穷被赋予了道德意义，贫穷是对那些应该受到责备的人的道德惩罚，因为穷人的精神和灵魂与他们的口袋一样贫乏。新古典自由主义者秉承了这一思路。在他们看来，福利国家制度的实施，对于改善穷人的困境没有实质性帮助；相反，它助长了人的惰性，使社会底层人士失去了发展的动力和改变自身困境的愿望。政府的过多干预，恰恰是穷人之所以陷入贫困陷阱的原因。“一方面，政府的管制，如最低工资法和职业资格法，使得低技术的人很难找到工作。另一方面，福利计划给人们提供了一个不用工作就可以生存的方式。人们很容易陷入对福利的依赖当中，无法自拔。”①

在此，我们不认同古典自由主义的观点。一个社会的发展不能仅仅关注强者的能力是否得到了发挥，同时要密切关注每个成员，特别是弱者的权利是否得到了切实的维护与实现。使每个人而不是

① 大卫·哈维著，王钦译：《新自由主义简史》，上海译文出版社2010年版，第266页。

一部分人享受发展的成果，才是社会公正的体现；是弱者而非强者更能体会到生计的艰辛，社会的剧烈变动往往会给弱者的基本生活保障带来重要影响。社会不是一个弱肉强食的场所，不能遵守“丛林法则”：优胜劣汰，强者越来越强，弱者越来越弱，自然被淘汰掉。“无恻隐之心，非人也。”[①]“丛林法则”不符合人类的基本道义。我们不能让弱者在竞争中自生自灭。一个社会的文明进步并不是看这个社会对待强者的态度，而要看它对待弱者的态度。对强者献媚的社会是落后的社会，尊重弱者的社会才是文明的社会。社会是一个合作体系，任何人在从这个体系中获利时，必须为这一体系承担合作所造就的负担，天资聪慧、竞争胜出者理应对社会的弱势者作出补偿。“在天赋上占优势者不能仅仅因为他们天分较高而得益，没有一个人能说他的较高天赋是他应得的（deserve），也没有一种优点配得到一个社会中较有利的出发点。……我们希望建立这样一个社会体系，它使任何人都不会因为他在自然资质的分布中的偶然地位或者社会中的最初地位得益或受损而不同时给出或收到某些补偿利益。”[②]

在保障公民机会平等的前提下，提供良好的社会保障，使每个人获得实实在在的发展机会，不因自身生理条件的弱势或社会条件的匮乏而落伍，是现代国家努力的基本方向。正因如此，在当代国家中，市场经济发达的社会往往也是社会保障制度比较完善的社会。现代国家一方面应该营造良好的市场竞争环境，让富有进取心、有才能者都有机会参与竞争，使市场在竞争中充满活力，让每个竞争

① 《孟子·公孙丑上》。
② 约翰·罗尔斯著，何怀宏等译：《正义论》（修订版），中国社会科学出版社 2009 年版，第 78 页。

者在竞争中充分展示自己的创造性和发展潜力，促进生产效率的提高；另一方面要建立健全社会保障体系，让每个人特别是弱势群体获得安全感与尊严感。我们很难期望仅仅依靠市场的力量就能让弱势群体的基本权利自然而然地得到保障和实现。市场追求的是效率，它就是要让那些现实的有才能的人出人头地，为社会创造更多的财富和价值，进而推动整个社会的发展和进步。保护弱者，是政府而非市场的责任和义务。市场能做的事情，让市场去做。市场不能做的事情，政府必须责无旁贷地承担起来，并且要做好。在激烈的市场竞争中，政府要发挥保基本、兜底线的作用。改革应该让社会全体成员拥有获得感，弱者应该享有与他人一样的平等权利，他们的人格尊严、社会权利需要得到切实的尊重、保护和实现。唯有如此，才能彰显社会的正义与进步，也唯有如此，改革才能得到人们的真心拥护与支持。

与古典自由主义将自由竞争原则提高到无以复加的高度不同，社会主义表现出弱势群体关怀的自觉意识。马克思主义就是要帮助广大劳苦大众摆脱贫困，过上幸福生活。作为无产阶级利益的自觉代言人，马克思、恩格斯对无产阶级和广大劳动人民的命运表现出强烈的关切。他们对资本主义社会条件下资本家对工人的疯狂剥削压榨进行了无情批判，对资本主义社会条件下的异化现象进行了深入剖析。他们深入到工人阶级当中，深刻洞察了工人阶级的悲惨命运，对资本主义社会条件下的剥削和被剥削现象进行了无情的鞭笞。在马克思、恩格斯看来，资产阶级利欲熏心、贪得无厌，为了获得高额的利润，不惜采取任何手段对工人进行残酷的压榨。被剥削的工人除了睡眠、饮食等纯生理上的需要所引起的间断以外，都是替资本家劳动，他们身体疲惫，精神麻木，不过是一架为别人生产财富的机器，并且当这架机器老化或不适宜时就毫不留情地被抛弃，连一头载重的牲口还不如。马克思、恩格斯通过科学的、严谨的分析向世人展示了资本主义制度的非正义性。他们以唯物史观和剩余价值学说为基础，深入研究资本主义制度的内在矛盾和发展趋势，指出资本主义社会必将被一种更加美好、更加公正的社会——共产主义社会取代。

中国共产党和中国政府以广大人民过上幸福美好生活作为一切工作的出发点和落脚点，将不断改善民生作为推动发展的根本目的。2012 年 12 月 30 日，习近平总书记到地处河北深山的龙泉关镇骆驼湾村，看望慰问困难民众，考察扶贫开发工作时强调指出，消除贫困、改善民生、实现共同富裕，是社会主义的本质要求。他指出，如果贫困地区长期贫困，面貌长期得不到改变，群众生活长期得不到明显提高，那就没有体现我国社会主义制度的优越性，那也不是社会主义。他强调，各级党委和政府要把帮助困难群众特别是革命老区、贫困地区的困难群众脱贫致富摆在更加突出位置，因地制宜、科学规划、分类指导、因势利导，各项扶持政策要进一步向革命老区、贫困地区倾斜，进一步坚定信心、找对路子，坚持苦干实干，推动贫困地区脱贫致富、加快发展。消除贫困，改善民生，实现共同富裕，既是有中国特色的减贫道路的根本目标，同时也是社会主义制度区别于其他制度、其他理论的基本特征。

正如恩格斯所指出的，应当“结束牺牲一些人的利益来满足另一些人的需要的状况”，使“所有人共同享受大家创造出来的福利”①。对弱者予以特别的关怀，对他们实行差别性政策扶持，借助公共权力对社会资源予以再次分配，让他们切实享受社会发展的成果，使他们从实质上获得公正的发展机会，这是现代文明社会进步的标志，是国家和社会的责任，更是社会主义制度的内在要求。

二、维护公平正义在当代中国显得十分迫切

改革开放以来，中国发生了巨大的变化，综合国力明显增强，人民群众的生活水平有了较大提高。但同时，也出现了一些新的社会问题，其中最为突出的就是社会公平问题，主要表现在以下几个方面。

（一）收入分配差距问题

我们鼓励一部分人和一部分地区先富起来，这给经济发展带来了巨大活力。但是，由于各种复杂的原因，目前我国群体之间的收入差距不断扩大。国际上通常把基尼系数作为衡量收入差距的重要指标，一般认为，当基尼系数处于0.4—0.5，表示收入差距过大，超过0.5则意味着出现两极分化。根据2013年1月国家统计局最新公布的数据显示，2003年中国全国居民收入的基尼系数是0.479，2004年0.473，2005年0.485，2006年0.487，2007年0.484，2008年0.491，2009年0.490，2010年0.481，2011年0.477，2012年0.474，2013年0.473，2014年0.469，2015年0.462，2016年

① 《马克思恩格斯选集》(第1卷)，人民出版社1995年版，第243页。

0.465。近年来我国的基尼系数总体上呈现下降趋势，但是我国目前收入差距比较大的状况不容忽视。诚然，对我国这样一个城乡二元经济结构的国家而言，基尼系数并不能全面反映我国居民收入差距。

对于收入差距问题，我们的确需要做理性的分析和考察。中国目前的收入差距大，是发展过程中出现的问题。在改革发展中，社会成员之间存在一定的收入差距是难以避免的。改革开放以来，我们处在加速向现代化迈进的过程中。国际经验表明，传统社会向现代社会转变时期，工业化和城市化的发展、市场机制择优淘劣效应等一系列因素，都会造成收入差距扩大。大多数发达国家在现代化过程中都经历过这样的阶段，随着经济持续增长和政府调节的逐步到位，经过一个时期后收入差距会逐步缩小。但与此同时，我们也需要清醒地认识到，如果社会成员收入差距过大问题长期得不到有效解决，不仅会挫伤人们的积极性，而且会影响社会的安定团结。贫富两极分化这一严重的社会问题，危及社会秩序以及社会的全面发展和进步，引起越来越多的人的强烈关注和担忧。在现实生活中，“先富带动后富”的长效机制还没有完全建立，甚至出现“先富恃强凌弱”等现象。加之，部分富有者的所作所为挑战了社会公平正义的底线，引起全社会的严重不满。更令人担忧的是，贫富分化过大现象还引发报复社会的恶性案件连发、突发性事件多发、群体性事件不断等诸多社会问题，成为社会稳定的绊脚石。

（二）社会保障公正问题

社会保障体系包括社会救助、社会保险、社会福利、优抚安置和住房保障等，其中，以养老、失业、医疗和工伤为主要内容的社会保险是社会保障体系的核心。社会保障是人民生活的安全网、收入分配的调节阀、经济运行的减震器和社会发展的稳定器。作为国家和社会为保证其成员基本生活权利而提供救助和补助的一种制度，社会保障是社会公平和社会进步的重要标志，在调节收入分配、缓解社会矛盾、推动经济发展、促进国家长治久安方面具有重要的作用。我国的社会保障制度是新中国建立以后从零起步的。经过多年的努力，中国特色社会保障体系已初步建立。近几年，我国社会保障体系建设取得了巨大进展，从选择性制度安排走向了普惠性制度安排，从长期自下而上的改革试验状态开始通过顶层设计与顶层推动走向逐渐成熟、定型的新发展阶段。但是，由于传统的体制性障碍犹存、渐进改革的历史局限、利益分割格局的形成以及牵一发而动全身的复杂社会生态，我们的社会保障体系还存在一些突出的问题，在制度安排上存在城乡分割、地区分割、群体分割现象，由此造成了保障的不公平：城镇有较完备的社会保障体系而农村社会保障却处于刚起步阶段，仍以家庭保障为主；职工基本养老保险地区分割统筹情形下的缴费负担不公；企业职工与机关事业单位职工养老金“双轨制”需要尽快彻底解决。通过优化制度结构与福利资源配置来缩小城乡之间、地区之间、群体之间的不平等，这一工作力度需要进一步加强。

（三）司法公正问题

司法活动是保障法律公正的最后一道关口，也是保障法律公正的最重要的手段。司法公正是社会良心的最后一道关口，这道关口一旦突破，人们就会感到绝望，社会就将陷入混乱。我国司法领域主流是好的，但司法领域的腐败问题也不容忽视。当前，从人民群众的反映和查处的检察人员违法违纪案件看，有的司法人员不作为、乱作为，包括执法不严、司法不公、司法腐败问题仍然比较突出；有的执法随意性大、粗放执法、选择性执法；有的滥用强制措施，侵犯当事人合法权益；有的受人之托打探案情，违规过问、干预办案，等等。在党的十八届四中全会上，受中央政治局委托，习近平总书记在就《中共中央关于全面推进依法治国若干重大问题的决定》起草情况向全会所做的说明中严厉地指出："当前，司法领域存在的主要问题是，司法不公、司法公信力不高问题十分突出，一些司法人员作风不正、办案不廉，办金钱案、关系案、人情案，'吃了原告吃被告'，等等。司法不公的深层次原因在于司法体制不完善、司法职权配置和权力运行机制不科学、人权司法保障制度不健全。"司法公正这道防线如果守不住，就会纵容和放大社会不公，阻断老百姓维护权益的"正道"，造成严重的社会问题。执法不严、司法不公、司法腐败问题，导致公众对司法的信心不足，不仅严重败坏政法机关形象，而且严重损害党和政府形象。如何坚决维护法治的权威、尊严和公信力，让人民群众在每一个司法案件审理中都感受到公平正义，已成为当前必须解决的重要任务。

（四）教育公正问题

多年来，中央和各级政府都十分重视教育公平问题，并采取了积极有效的措施，教育公平状况有很大的改善。但是，由于我国人口众多、地域广阔、各地区经济文化发展极不平衡，这在很大程度上制约了教育公平问题解决的力度和广度。地域之间教育差距明显，最发达地区和最贫困地区之间的差距很大，即使在同一省内或同一地区之内，甚至县域之内差异同样很大。城乡教育差别比较严重，农村教育问题仍然突出。尽管各级政府和社会为实现城乡教育公平采取了一些有力措施，如启动“农村义务教育薄弱学校改造计划”，实施“农村义务教育阶段学校教师特设岗位计划”，但农村师资薄弱，教育经费投入不足，教育设施落后状况仍然没有根本改变。阶层差别问题突出，弱势群体和贫困学生状况堪忧。优势阶层子女在享受优质教育资源、发展和择业上拥有更多的机会；社会地位较低阶层子女在这方面的机会偏少，影响和制约了教育在改变命运中的作用。

当前，解决社会公平正义问题的呼声越来越强烈。自 2002 年起，人民网在两会期间都要进行一次民意测验，征集百姓最关注的十大社会热点问题。十多年来的排行榜上，“社会保障”、“反腐倡廉”、“收入分配”、“教育公平”等蕴含公平正义的问题一直名列前茅。可以说，当前社会上的许多热点、难点、焦点问题都不同程度地与公正问题联系在一起。很显然，现实的状况与百姓对公平正义的期待之间还有不小差距。

能否建立公正的制度，切实扭转贫富差距过大的情形，让人人获得切实有效的社会保障，关系到改革、发展和稳定的大局，关系到人们对党和国家的认同感。2013 年 11 月 12 日，习近平总书记在党的第十八届三中全会第二次会议上就指出：“如果不能给老百姓带来实实在在的利益，如果不能创造更加公平的社会环境，甚至导致更多不公平，改革就失去意义，也不可能持续。”[①] 我们应把维护社

① 习近平：《习近平谈治国理政》，外文出版社 2014 年版，第 96 页。

会公平正义摆在现代化建设更加突出的位置抓紧抓好，花大力气加强社会公平建设，建立公平的分配机制、消除分配领域的不合理现象，使全体人民能够在经济社会发展中更多更好地平等参与、平等竞争、平等发展、平等享有，使发展成果更多更公平惠及全体人民，为社会和谐稳定奠定坚实的基础。

三、加快实现社会公平的制度建设：构筑政治认同的制度基础

社会制度不公正，无论是对个人、社会还是国家而言，后果都十分严重。对个人来讲，公平正义是心理底线，这一底线一旦被突破，人们对社会就会彻底丧失信心；对社会来讲，社会越不公平，不同社会群体间的关系就会越紧张，整个社会就会逐步走向隔离、分裂和对抗，甚至可能会陷入混乱和动荡状态；对国家来讲，公正的底线守不住，改革开放所取得的成果就会被否定，党和政府的公信力会被质疑，最终会削弱党的执政基础，危及党的执政地位。加快实现社会公平的制度建设，必须摆在突出的位置。

（一）建构社会公平保障体系

在现阶段，要维护和实现社会公正，增进人们的政治认同感，关键是要逐步建立以权利公平、机会公平、规则公平为主要内容的社会公平保障体系。

1. 权利公平

权利公平意味着全体公民不分性别、年龄、身份、区域、职业、财产、民族等方面的差别，在社会发展的各方面都享有平等的权利，都能平等地、没有歧视地受到法律的保护。

每个人降临世间，理应具有不证自明的基本权利，政府、国家和社会必须采取有效手段切实保障和实现这些基本权利。资产阶级在反对封建等级制度的过程中，响亮地提出了天赋人权的口号。在早期自然法思想家看来，人类进入文明社会以前处在自然状态当中，自然状态下的人们是自由而平等的，享有天赋的不可剥夺的权利。这些基本权利包括生命权、财产权、自由权以及追求幸福的权利。权利是神圣不可侵犯的，外在力量包括来自个人、国家和社会的力量不得任意干预。权利具有目的性价值，政府的组建，国家权力的行使，都要以保护个体权利为依据。无论是 1776 年的《独立宣言》，还是 1789 年的《人权与公民权利宣言》都鲜明地体现了这一思想。基本权利的与生俱来性、平等性、普遍性和神圣不可侵犯性，为现代国家普遍认可，并被贯穿于政治制度和具体政策的制定之中。

现代社会对公民平等权的认可，体现了社会对作为个体的人的基本贡献的肯定。“全部人类历史的第一个前提无疑是有生命的个人的存在。”① 社会发展与构成社会的每个成员的贡献密不可分。每个社会成员，不管在现实生活中从事什么工作，做出了怎样的贡献，在其是构成社会的一分子、参与社会的缔结、生而为社会成员这一点上，就为社会做出了贡献。因为没有作为个体的人的存在，就不可能有作为整体的社会的存在，因而也就无所谓作为种属的人的尊严的存在。“每个人因其最基本的贡献完全平等——同样是缔结社会的一个股东——而应完全平等地享有基本权利、完全平等地享有人权。这就是基本权利平等原则，也就是‘人权原则’。”② 在此，人权

① 《马克思恩格斯选集》（第 1 卷），人民出版社 1995 年版，第 67 页。
② 王海明：《平等新论》，《中国社会科学》1998 年第 5 期。

原则突出了人的普遍性和抽象性。在人权理论中蕴含着抽象的、普遍的“人”的观念，它剔除了附着在个体身上的差异性，不因个体的种族、性别、肤色、语言等差异而区别对待，相反，它平等地适用于一切人。

对权利公平的强调，凸显了现代社会对人的尊严的重视。众所周知，尊严是人之为人的根据，人之所以为人，乃在于人有其作为人的尊严、地位和价值。一个人，因为是人，就具备了“人的尊严”的主体资格，这种资格不能因为其性别、种族、职业、国别而有所不同，也不能因为其对于社会贡献的差异而被区别对待。因此，尊严是“人”本身附着的，即使是卑微的受难者，其做人的资格也无法被剥夺，其作为人的尊严不能被否定。“不管每个人的个性如何，身心有无缺陷，也不管其对社会‘道义’的价值有多大，他们每个人都拥有尊严。无论是尚未出生的胎儿，还是已经过世的死者，他们的尊严均应受到尊重和保护。”① 人的尊严感要以基本权利的保障和实现为前提。如果生命权得不到保障，个人面临奴役、暴力、恐吓等威胁，被随意拘禁，人必将感到无助和脆弱，会对未来充满绝望；如果财产被随意侵占或剥夺，个体将失去在社会中生存的基本依托；如果思想和言论自由被任意限制，人将不能表达自己的思想观点，不能对不同意见提出质疑和反驳，其内心的思想情感将得不到有效表达；如果缺少社会福利权，弱者无依无靠，人格尊严无法得到保障。因此，尊严表征着个体在基本权利方面一律平等，意味着每个人享有平等的生命权、财产权、自由权和社会福利权。

---

① 乔治·恩德勒等主编，王淼洋等译：《经济伦理学大辞典》，上海人民出版社 2001 年版，第 324 页。

拥有人之为人的基本权利，享有做人的尊严，是公民在社会中应得的权利。与之相对应，尊重和实现公民的权利，捍卫人的尊严，是政府的神圣使命。“推动社会健康有序发展、提高人民生活水平、增进国民福祉，让公民有尊严地活着才是政府存在的正当性与合法性基础。”① 现代国家应当平等地保障和实现人的基本权利，杜绝一切歧视，消除违反人人平等的法律法规条款，从制度上保障权利平等的有效落实；应该在全社会倡导权利平等的理念，使全体社会成员从内心中认识到，人有贫富差别，职业有分工，但绝没有高低贵贱之分。

2. 机会公平

资源从来都是稀缺的，正是因为稀缺性的存在，才会有竞争，从而使社会充满活力。问题的关键在于要保障机会平等，让人人都拥有平等参与、平等选择、平等竞争的机会，并不因家庭背景、自然禀赋等起点的不同而有所差别，社会职位向全体成员平等开放。机会平等强调个人努力在发展中的重要性：一个人只要肯努力，就有获得成功的机会。无疑，机会平等为每个社会成员提供给了众多选择的可能和广阔的发展空间，点燃人们成功的希望，激发其潜能。

机会决定了人的命运。如果一个人获得不了正常的比赛资格，纵然有再大的本领，也将无济于事。强调平等，必须高度重视机会平等，机会要向所有人平等开放，人人都有同样的机会去发挥自己的智慧和能力，只要肯于努力，成功的大门始终是敞开的。我们要为不同行业、不同阶层人们的流动提供畅通的渠道。1977 年恢复高考，青年人倍感振奋，其原因也在于此。高考制度的公平性主要体

① 石佑启、曾鹏：《论保护人的尊严与现代行政法任务的变迁》，《武汉大学学报》（哲学社会科学版）2011 年第 4 期。

现在机会平等方面。通过高考，高等教育资源对所有公民平等开放。每个人只要符合规定，都有同等机会和平等权利参与竞争。同时，成绩面前人人平等。每个人不论家庭背景与身份如何，一视同仁。大家都按同一规则参与竞争，获胜了，感到光荣；失败了，也不怨天尤人，从而可以有效地化解谁上谁不上的矛盾，保证社会的公平公正与和谐稳定。恢复高考，实际上恢复了考试面前人人平等原则，为广大青年享受高等教育提供了公平竞争的机会，亿万草根实现了以自身努力改变命运的心愿。

当前，中国社会出现的机会不平等问题应该引起重视，其中的一个重要表现是阶层板结。所谓阶层板结，是指社会阶层之间的流动日渐减少，尤其是由下向上的流动受到阻碍，阶层的差异有世袭化倾向。当下，社会中流行的“官二代”、“富二代”、“穷二代”等“二代”概念就是阶层板结的突出反映；一些流行的词语如“名爹”、“拼爹”等就是典型表现。这些现象的存在反映了人们对通过自身努力改变命运的信心不足。这种状况如果得不到有效解决，不仅会使一些人变得意志消沉，缺乏奋斗的信心和勇气，而且容易造成“仇富”、“仇官”的情绪，甚至对整个体制产生绝望和排斥心理，从而成为社会不稳定的诱因。“不怕财富不平等，就怕机会不平等。”人生来有差别，这是自然规律，这种不平等并不可怕，可怕的是通过个人努力，却看不到改变不平等境况的希望。相反，如果社会能提供平等竞争的机会，让人们从中看到通过个人努力改变不平等的机会与可能，就会相互竞争，在竞争中促成个人与社会共同成长和进步的良性局面。疏解民众内心的焦虑和不安，维护社会的公平正义，机会平等是必不可少的一环。因为，没有机会平等，竞争就失去意义，机会便成为空谈，一切期望和努力随之化为泡影。

3. 规则公平

规则公平意味着在规则面前人人平等，每个人都在同一规则下平等竞争，决不能搞双重标准、区别对待。规则公平是实现社会有序的重要保障，也是社会公平正义的主要内容。我们要推动促进社会公正的改革，不断地清理有碍社会公正的规则，而且要使“明规则”战胜“潜规则”；要营造公开、公正、公平、透明的制度环境，切实维护法律和规则的权威，不允许任何人凌驾于法律和规则之上，真正做到法律和规则面前人人平等，制度面前没有特权，制度约束没有例外。

（二）推进维护社会公正的制度建设

制度是维护和实现社会公平的根本保证。制度问题“更带有根本性、全局性、稳定性和长期性”[①]，确保权利公正、机会公正和规则公正，需要全方位地做好各项工作，但其中根本性的、起基础作用和保障作用的是制度建设。

1. 建构权力约束机制，将权力关进制度的笼子里

尊重和保护人们的基本权利，确保社会公正，需要规范公共权力的运行。权力具有的侵略性和扩张性，使得每一个被授予权力的人总是面临着滥用权力的诱惑，面临着逾越正义与道德界限的可能，进而使一些人的自由受到侵犯。对此，孟德斯鸠就指出：“自古以来的经验表明，所有拥有权力的人，都倾向于滥用权力，而且不用到

① 《邓小平文选》（第2卷），人民出版社1994年版，第333页。

极限绝不罢休。”[1] 英国19世纪的著名思想家阿克顿勋爵更是直截了当地指出：“权力导致腐败，绝对权力导致绝对腐败。”[2] “只要条件允许，每个人都喜欢得到更多的权力，并且没有任何人愿意投票赞成通过一项旨在要求个人自我克制的条例。”[3] 为此，必须建立和健全权力运行制约和监督体系，让权力在阳光下运行，让掌握权力和行使权力的人在公众监督下工作，把权力关进制度的笼子里，形成不敢腐的惩戒机制、不能腐的防范机制、不易腐的保障机制。

为此，要合理界定公共权力的边界，实施权力清单制度，减少公共权力对微观经济的干预，从源头上铲除腐败的机会和条件；对过于集中的权力进行有效的制衡，对重要部位和环节的权力进行合理有效的分解，既保证决策制定和执行的高效，又保证政策的稳健持久；提高权力运行的透明度，让权力在“阳光”下运行，接受社会监督；保障人民知情权、参与权、表达权、监督权，充分发挥群众的监督作用，创造条件畅通公众参与渠道，发动群众积极进行监督；充分发挥舆论监督的作用，对于违反政治纪律和政治规矩的言行，加大曝光力度，通过舆论监督激发“十目所视”、“十手所指”的效果，发挥好扶正祛邪、以儆效尤的警示作用。

建构权力约束机制，最为关键的是通过法治规范权力运行。法治首先意味着法律的权威、地位高于一切，是神圣不可侵犯的。无论什么人、什么阶层、什么政党，都没有凌驾于宪法和法律之上的

---

① 孟德斯鸠著，许明龙译：《论法的精神》，商务印书馆2012年版，第185页。

② 阿克顿著，侯健、范亚峰译：《自由与权力——阿克顿勋爵论说文集》，商务印书馆2001年版，第342页。

③ 阿克顿著，侯健、范亚峰译：《自由与权力——阿克顿勋爵论说文集》，商务印书馆2001年版，第343页。

特权，都要服从法律；如果谁违反了法律，都要受到法律的追究。法律至上实际上是要实现规则治理，就是将明晰的、普遍有效的法律作为严格的“规矩”来规范权力的运行，做到凡事“皆有法式”，凡事“一断于法”。对于公共权力机关而言，必须做到“法无授权不可为”，即公共权力只能在法律之内而不能在法律之外，只能在法律之下而不能在法律之上，只能在法律的规范和制约下运行。为此，必须坚持依法治国，大力推进法治建设的进程，切实做到科学立法、严格执法、公正司法、全民守法。

2. 确保制度面前人人平等，消除特权现象

特权，顾名思义，就是要追求和享有不受法律约束的、与别人不同的、高于他人的特殊权力。法国大革命时期著名的法学家、政治思想家西耶斯对特权问题进行了深入分析。在他看来，不受法律的约束是特权的通病：“无论何种特权，其目的自然都在于免受法律的管束，或赋予法律所未禁止的某种事物以专属权利。不受普通法约束便构成特权。”[①] 特权者自视高人一等，人格平等、权利平等的理念在其心目中没有位置。“在他的心灵中产生了一种高人一等的要求，一种贪得无厌的统治欲望。”[②] 由此，特权者居官位自傲，言论和行动不受法律和规则的约束，开后门，拉关系，以权谋私，权钱交易。特权往往以群体的形式出现，其发展的极端化表现就是特权阶层和特权集团的出现。特权者“他自以为他和他同类的人形成了一个独立的等级，形成一个民族中的选民。他认为他首先对他的社会等级中的人负有义务；即使他继续关心其他人，这些人也不再是

① 西耶斯著，冯棠译：《论特权，第三等级是什么?》，商务印书馆1990年版，第1页。
② 西耶斯著，冯棠译：《论特权，第三等级是什么?》，商务印书馆1990年版，第6页。

自己人，事实上不过是外人而已；再也不是他曾是其肢体的那个躯体，而只是老百姓，在他的言语及心灵中瞬即成为不值一文的人们，一个生来专为伺候人的阶级，而他则相反，生来就是为了治人，为了享受。是的，特权者确确实实竟然自视为另一类人。”① 由此，大肆用手中的权力为自己谋取特殊利益，为亲属以及身边亲密的人谋取不正当利益，是特权者的通常做法。

特权危害极大。它是腐败产生的重要根源和条件。透过形形色色的腐败现象可以发现，腐败的基本轨迹是掌握一定权力的人通过改变公共权力的运行规则，使之成为不受约束的特权，谋取不正当的私利。特权冲击着公平正义的底线。在一个特权丛生的社会，由于特权造成了某些人处于优势而另一些人处于弱势，社会公正的天平就会发生倾斜，平等的社会关系被复杂的权力关系裹挟，平等、公正自然难以实现。特权同时极大地挫伤了人们的积极性和创造性，引发强烈民愤，危及整个社会稳定。设想一下，如果升学、考公务员、办企业、上项目、晋级、买房子、找工作等都要靠关系、搞门道，如果“他们有的是背景，我有的只是背影”，有背景的就能得到更多照顾，没背景的纵然有再大的本领也无法出头，对于那些遵纪守法、靠自己的本领打拼，但屡屡受挫的人们而言，这将是多么大的打击。如此一来，这些人必然会自信心严重受挫，对未来感到无望。当众多的个体对社会失去信心，对自己的前途感到无望甚至绝望的时候，他们只能以激烈的方式对这种制度安排予以反击。对此，经济学家曹和平教授指出：“当你生在一个能够肆意使用权利、地位

① 西耶斯著，冯棠译：《论特权，第三等级是什么?》，商务印书馆 1990 年版，第 6—7 页。

等‘特权’优势的家里，先天禀赋了阶层优势，动员权力资源的成本比别人低得多的时候，凭借这样的‘先天禀赋’优势，再添上后天获得财产的优势、获得考学的优势、获得出国的优势。那么这时候，其余人群的羡慕很可能就指向嫉妒，当这种动员权力达到毫无节制的地步的时候，就会变为恨。因为人们对这样不平等事情的容忍指数是较低的。”①

制度面前人人平等，是制度建设的基本原则。现实生活中，之所以存在制度面前不平等这种“制度特权”现象，究其原因，由两方面因素造成。一是制度本身的不公正。二是制度执行过程中的不公正。第一种情况的发生是因为“在制定制度时，根据人们身份、地位、区域的不同，甚至还有其他一些标准，如出身、性别、年龄、学历等，设置不同的规定，这样的制度内在地包含着一些歧视性的规定，导致现实生活中人们在权利、机会、规则上的不公平，是导致社会生活中不公正现象的重要原因”②。为此，要科学制定制度，深入调查研究，掌握实际情况，充分了解民意，确保所制定的制度科学有效，体现广大人民的诉求；制度制定者要将公共利益置于优先位置，充分兼顾各方的利益，超越部门利益的限制，坚决摈弃歧视性制度条款。同时，必须加强对制度制定者本身权力的监督和约束，使制度制定过程公开透明，通过外在的有效监督确保公正制度的制定。

公正的制度也必须得到公正的执行。在现实生活中，我们往往发现一些好的制度由于得不到有效的贯彻执行而大打折扣：一些制

① 曹和平：《身份平等与机会平等》，《中国经济和信息化》2013年第7期。
② 李志昌：《消除制度特权现象》，《学习时报》2015年7月6日。

度被选择性地执行，制度对于一些人严紧硬，而对另一些人则宽松软，从而失去应有的效力；一些掌握权力的人可以逾越制度的限制，制度沦为约束和惩罚他人，谋取个人私利的工具。诸如此类的问题，反映了制度执行中的不公正性。长此以往，制度的权威性会受到严重削弱，制度不但不能成为维护公平和正义的保障，相反却沦为一些人谋求特权的工具。

平等是社会主义的价值追求，是社会主义法律的基本属性，公民在法律制度面前一律平等，平等地享有权利，平等地履行义务，任何人都必须在宪法法律范围内活动，都必须依照宪法、法律行使权力或权利、履行职责或义务，都不得有超越宪法、法律的特权。我国社会主义制度的建立，从根本上否定了特权。新中国成立之后制定的宪法和法律，无不体现了追求平等、反对特权的思想和精神。全国各族人民、一切国家机关和武装力量、各政党和各社会团体、各企事业组织，都必须以宪法和法律为根本活动准则，都必须依照宪法法律行使自己的权力或权利、履行自己的职责或义务，都不得违反宪法法律。所有人不论其地位有多高，权力有多大，身份有多特殊，不管为国家和社会曾经做出了多大贡献，只要触犯到法律，都必须受到法律的制裁。我们必须通过创新制度安排，努力克服人为因素造成的有违公平正义的现象，保证人民平等参与、平等发展的权利。

3. 完善司法制度，确保司法公正

英国哲学家培根说过：“一次不公正的审判，其恶果甚至超过十次犯罪。因为犯罪虽是无视法律——好比污染了水流，而不公正的审判则毁坏了法律——好比污染了水源。”这句名言形象地说明，公正是法治的生命线，也是司法的灵魂。追求司法公正，一直是世界各国追求的重要价值。在西方国家法院所在地的建筑物上或建筑物前，经常能看见正义女神的塑像：一位蒙上眼睛的女性，一手提着天平，一手握着宝剑。正义女神之所以蒙眼，是因为司法靠理智，不靠误人的感官印象；天平，比喻裁量公正；剑，表示制裁严厉，决不姑息。在这其中，公平正义得到了生动体现。如果说正义女神的形象，体现了西方人对司法公正的理解，在中国文化中，独角兽“廌”的形象代表了中国人对法的理解。中文的“法”字古体写作“灋”。根据东汉许慎所著《说文解字》一书的解释：“灋，刑也，平之如水，从水；廌，所以触不直者去之，从去。”从“水”，表示法律、法度公平如水。“廌”是传说中的一种独角神兽，也是公平正义的象征，它生性正直，有着明辨是非、判断曲直的神性，在人们相互间发生纠纷时，由其裁决。廌用其独角“触不直者”，被触者即为“败诉”。古人把这种生性正直、专触不直者的神明裁判者——廌纳入法的范畴，显然赋予了法正直而无偏颇的价值内涵。

习近平总书记指出：“促进社会公平正义是政法工作的核心价值追求。从一定意义上说，公平正义是政法工作的生命线，司法机关是维护社会公平正义的最后一道防线。政法战线要肩扛公正天平、手持正义之剑，以实际行动维护社会公平正义，让人民群众切实感受到公平正义就在身边。要重点解决好损害群众权益的突出问题，决不允许对群众的报警求助置之不理，决不允许让普通群众打不起官司，决不允许滥用权力侵犯群众合法权益，决不允许执法犯法造成冤假错案。”[①] 司法公正要求司法机关在执法活动中必须坚持以事实为根据，以法律为准绳，严格贯彻有法必依、执法必严、违法必究，做到严肃执法，秉公办案，实现法律所追求的社会正义。

保证法律公正实施，需要保障司法机关依法独立行使司法权。法官作为司法者，应该独立依法作出自己的裁判，而不应受到任何其他人或因素的影响，这样才能公正司法，这也就是古人所说的“法不阿贵，绳不绕曲”。我国宪法明确规定：人民法院和人民检察院依法独立行使审判权、检察权，不受行政机关、社会团体和个人的干涉。要深化司法体制改革，确保审判机关、检察机关依法独立公正行使审判权、检察权。

要构建科学的诉讼程序制度。诉讼程序是司法活动的基本载体和外在表现，是人们感受司法公正的主要途径。在此，要确保公开、民主、对等的原则。要让群众看得见、听得懂、信得过，绝不能搞“暗箱操作”；充分发挥人民陪审员制度的优越性，贯彻党的司法群众路线，通过程序安排拓宽群众参与司法的渠道，保证群众在司法活动中的话语权，进而提升司法公信力；当事人诉讼权利义务、举证责任分配要坚持对等原则，确保法官恪守中立，裁判不偏不倚；优化司法职权配置，创新和加强审判管理，改进司法权运行机制，完善内部和外部监督制约机制，确保司法公正不断向纵深推进。

为确保司法公正，还需要严格有效的监督机制、健全的纠错问责机制，以此守住司法公正的生命线，把每一个案件都作为依法办事的考场，把每一个政法工作过程和结果都视为普法教育的课堂，

---

① 习近平：《习近平谈治国理政》，外文出版社 2014 年版，第 148 页。

“努力让人民群众在每一个司法案件中都能感受到公平正义，决不能让不公正的审判伤害人民群众感情、损害人民群众权益”[①]。

4. 健全收入分配制度，保障分配公正

在社会公平体系建构中，分配正义因为涉及切实利益资源的分配而在其中占据十分重要的分量。一个社会的健康发展，一方面需要物质产品的不断丰富，将有待分配的“蛋糕”做大，另一方面必须建立合理有效的分配体系，将“蛋糕”分配合理。我们需要站在社会能否稳定发展，社会主义优越性能否得到有效发挥，党的执政地位能否得到有效稳固的高度来审视分配公正问题，深入推进收入分配制度改革，理顺收入分配关系，规范收入分配秩序，尽快扭转收入差距大的局面。

党的十九大报告指出：“坚持按劳分配原则，完善按要素分配的体制机制，促进收入分配更合理、更有序。鼓励勤劳守法致富，扩大中等收入群体，增加低收入者收入，调节过高收入，取缔非法收入。坚持在经济增长的同时实现居民收入同步增长、在劳动生产率提高的同时实现劳动报酬同步提高。拓宽居民劳动收入和财产性收入渠道。履行好政府再分配调节职能，加快推进基本公共服务均等化，缩小收入分配差距。”[②] 我们要按照这一要求积极深化收入分配制度改革，切实保障分配公正。

首先，扩大中等收入群体。国内外相关经验表明，中等收入群体是维护社会稳定的中坚力量，这一群体更以社会稳定和团结为追

① 习近平：《习近平谈治国理政》，外文出版社 2014 年版，第 141 页。

② 习近平：《决胜全面建成小康社会　夺取新时代中国特色社会主义伟大胜利——在中国共产党第十九次全国代表大会上的报告》，《人民日报》2017 年 10 月 28 日。

求目标，是消解社会冲突、祛除心理不安和行为焦虑的基本力量。扩大中等收入群体的比重，形成高收入者和低收入者占少数、中等收入者占多数的“两头小、中间大”的橄榄形结构，是公认的合理社会治理格局。从国际经验看，当一个国家或地区进入中等收入阶段以后，能否跨越中等收入陷阱，其中的一个关键因素在于能否不断扩大中等收入群体的比例。中等收入群体不仅是维护社会稳定的中坚力量，同时也是释放消费红利的主力军。按照经济学的规律，高收入者的消费效应是递减的，因为这一群体虽然收入很高，但生活必需品基本达到饱和，消费意向相对较低。而低收入群体虽然有比较强的消费期望，但其实际购买力不足，无法形成大规模的有效需求。只有中等收入群体既有消费愿望，又有消费能力，能够成为持续稳定的庞大消费力量。同时，中等收入群体对生活品质要求比较高，这也有利于以消费倒逼消费品的供给，推进供给侧结构性改革，促进创新，提高消费品的品质。

改革开放以来，随着我国经济的快速增长，社会财富的迅速增加，居民收入分配格局呈现由扁平形向金字塔形转变的轨迹。这一方面反映了社会生产效率的提升，社会经济发展活力的增强，但同时也暴露出发展不均衡，收入分配差距过大，中等收入群体规模偏小、比重偏低的问题。扩大中等收入群体的比重，需要完善收入分配制度，坚持按劳分配为主体、多种分配方式并存的制度，把按劳分配和按生产要素分配结合起来，处理好政府、企业、居民三者分配关系。要强化人力资本，加大人力资本投入力度，着力提高教育质量，建设现代职业教育体系，让低收入者拥有一技之长，打通进入中等收入群体的通道；建设完善的全民终身学习体系，让每个劳动者的素质得到持续稳定的提升，增强其职业竞争能力。“有恒产者有恒心，无恒产者无恒心。”[①] 要加强产权保护，增进对私人财产包括房屋及其他不动产、知识产权、股权等的保护，让中等收入群体有恒产，让有恒产者有恒心，切实增强其财产安全感。不断完善社会保险、社会救助和社会福利制度，增强人们的抗风险能力，解除人们在社会保障方面的后顾之忧，激发中等收入群体积极创业、敢于冒险、勇于创新的动力。

其次，要增加低收入者收入。改革开放以来，人民生活水平普遍提高，但在很多地区，还有相当一部分低收入群体。这些低收入群体往往学历不高、劳动技能差、身体状况不好，缺乏竞争力，是劳动力市场上的弱势群体。一般说来，这些弱势群体的“弱”往往来自两个方面：一是与个人发展相关的生理缺陷，如年龄、性别、疾病、残障等；二是个人经济、政治和社会机会的匮乏等社会性因素。这两方面的“弱”，导致了他们在社会上的边缘化地位和较差的社会境遇。如何改善低收入者的生存和发展处境，使他们从弱势群体当中摆脱出来，与其他群体一样获得良好的生活条件，是一项十分重要而艰巨的任务。对于低收入者、弱势群体，政府必须采取积极有效的举措，切实改善他们的生活。对于这些群体，不能仅仅提供公平竞争的机制，让他们进入市场与其他群体在同一个起点上竞争。正如我们前面所指出的，那种“自然自由体系”下的自由竞争模式，会将这些弱势群体置于十分不利的境地，很可能会导致其在激烈的市场竞争中自生自灭。人类社会不是动物界，不能遵循优胜

---

① 《孟子·滕文公上》。

劣汰的“丛林法则”。从道义上讲，这种情况无论如何都不应该出现。积极的救助、肯定性的行动，努力缩小贫富差别，尽可能地改善贫困阶层的生活条件，这是政府应该秉持的立场。

人权首先是生存权和发展权。没有生存权和发展权，其他一切权利均无从谈起。对于低收入者而言，更是如此。不解决生存权与发展权问题，其他一切都没有意义。我们要以保障人民的生存权和发展权作为解决低收入群体问题的基本立足点，切实解决人们的温饱问题，保障人们的衣食住行条件。新中国成立以来特别是改革开放以来，我们向贫困宣战，实施大规模扶贫开发行动。目前，贫困人口大幅减少，到 2020 年现行标准下的农村贫困人口将全部脱贫，人民的温饱问题将全面得到解决。我们需要切实有效地开展这一工作，积极为低收入群体创造增收的平台和渠道。要健全低收入群体基本生活保障标准与物价上涨挂钩的联动机制，逐步提高城乡居民最低生活保障水平。对就业困难人员实行实名制动态管理和分类帮扶，实施精准扶贫，提高扶贫成效。推行免费提供职业教育和技能培训的制度，切实提高低收入者的劳动技能，增强其参与市场竞争的能力。十分重要的一点是，必须办好各级各类教育，切断贫困代际传递链条，让每个低收入家庭的孩子都能接受良好的教育，获得人生出彩的机会。

再次，调节过高收入。效率和公平是社会发展的永恒话题，要妥善处理二者关系。只有激发社会创造力，才能提高社会发展的活力；而促进社会公平正义，才能实现社会的和谐稳定。改革开放以来，一部分人通过诚实劳动、合法经营率先富起来。对他们的合法收入依法予以保护的同时，必须进行调节。这是促进分配公平、缩小收入差距的必然要求。在此，调节过高收入，不是简单地“抽肥补瘦”、“劫富济贫”，更不是“均贫富”，而是要通过税收使高收入群体将一部分财富交给国家，用于二次分配，推进分配公平。在此，我们需要认识到，进行财产的二次分配并不意味着对公民财产权的侵犯。国家一方面应该保护公民的合法财产不受侵犯，另一方面应该保障每个人特别是弱势群体的实质权利。在经济运行的四个环节，即生产、分配、交换和消费当中，分配环节是比较特殊的环节。严格说来，分配问题不是纯粹的经济问题，而是一个公共政策问题。公共政策，不是国家不能干预的领域，相反，是需要借助国家力量加以调节干预的领域。当然，在收入分配调整过程中，需要处理好公平和效率的关系，既要充分保护人们劳动创业的积极性、激发社会创造活力，又要有效缓解收入差距过大，保障每个人的实质权利的切实实现。

加强税收的调节作用，需要完善个人所得税制度。要加快建立综合与分类相结合的个人所得税制度，完善高收入者个人所得税的征收、管理，将各项收入全部纳入征收范围，建立健全个人收入双向申报制度和全国统一的纳税人识别号制度，依法做到应收尽收；对不同地区、不同收入阶层个人所得税起征点的设定应做到区别对待，降低工薪阶层的税收负担；深化垄断行业改革，打破垄断，放宽准入领域，引入竞争，对不合理的偏高、过高收入进行调整；对部分过高收入行业的国有及国有控股企业，严格实行企业工资总额和工资水平双重调控政策，逐步缩小行业工资收入差距；积极发展社会慈善事业，建立健全鼓励和引导社会捐赠的相关制度和政策，促进民间自愿捐赠活动，吸纳社会资金帮助困难群体，切实缩小收入差距。

最后，取缔非法收入。非法收入是违反法律规定，通过非法渠道或非法行为获得的不当收入。当前，人们对收入差距扩大不满，实际上不是对合理、合法的收入有意见，主要是对通过违法违规行为获得的巨额财富强烈不满。这些非法收入不仅冲击了公平正义的底线，更是扰乱了正常的经济社会秩序，败坏了社会风气，影响社会稳定。必须采取果断有效的措施，坚决取缔非法收入，疏解民愤，匡正社会风气，维持正常生产生活秩序。要围绕国企改制、土地出让、矿产开发、工程建设等重点领域，强化监督管理，堵住获取非法收入的漏洞；严厉打击走私贩私、偷税逃税、内幕交易、操纵股市、制假售假、骗贷骗汇等经济犯罪活动；严厉查处权钱交易、行贿受贿、商业贿赂行为，加强反洗钱工作和资本外逃监控。

第四节　与时俱进地建构先进的意识形态

增强民众对政治体系的自觉认同，提升人们对政治统治合法性的信仰，是意识形态工作的基本目标。引导受众发自内心、心悦诚服地接受和认可宣传教育的内容即引导人们产生认同感，是意识形态工作的出发点和落脚点。

一、意识形态认同面临的挑战

认同是要寻求同一性、稳定性，其目的在于给人带来安全感和稳定感，引导人们确立稳固的认同焦点，但认同问题的产生却开始于差异性、流变性和价值的断裂。当不同的意识形态和多样化的价值观念呈现在面前时，人们面临着认同的万花筒，容易失去认同焦点。认同问题的发生与非确定性密切相关，在相对孤立、繁荣和稳定的环境里，通常不会产生认同问题。“只有面临危机，身份才成为问题。那时一向被认为固定不变、连贯稳定的东西被怀疑和不确定的经历取代。”[①] 现代性带来流动多变、价值断裂的世界，全球化造就自我与他者之间价值观念碰撞的现实场域，恰恰是引发认同问题的重要情境。在当代中国，现代性的深入推进，全球化的深入发展，个体理性反思能力的不断提升，人们思想观念的多样性、多变性、批判性不断增强，这些使得意识形态建设和政治认同面临新情况、新挑战。

（一）全球化造就了自我与他者交流交融交锋的现实场域

认同，是一种辨识的过程，即自我通过与他者的比较，力图发现自我与他者有何共同点和区分之处，进而达到对“我是谁”即自我身份的确认。因而，认同的形成以对他者的看法为前提，对自我的界定总是包含对他者的价值、特征及其生活方式的理解。外在的他者构成了自我反观自身的镜子，正是由于他者的出现，才会引发自我对自身的反思，进而导致认同问题。

他者是一种十分独特的存在，一方面，他者是与自我不同的存在；另一方面，自我除非对他者有所了解，否则自己不会成为自己，不会获得自我意识和自我认同感。如此一来，他者是与自我密不可分的另一个自己，他者构成了自我反观自身的一面镜子，自我通过借助他者这一镜子，可以更好地辨认出自己的形象。

---

① 乔治·拉伦著，戴从容译：《意识形态与文化身份：现代性与第三世界的在场》，上海教育出版社2005年版，第195页。

尽管他者作为反观自我的镜子具有重要作用，但是，对于自我而言，他者的作用往往是在否定性的意义上被加以接受的。自我与他者之间包含着权力向度。黑格尔在《精神现象学》中关于主人—奴隶关系的分析就表明了这一点。在他看来，他者的显现对于“自我意识”的形成必不可少。主奴双方之间的行为是一场殊死搏斗，任何一方都试图消灭对方，都以对方为中介确证自己的存在。冲突的结果是强者成为主人，弱者成为奴隶。主人将他的对方放置在自己的权力支配之下，通过奴隶的加工改造间接与物发生关系，享受了物。对于主人而言，奴隶就是他者，由于他者的存在，主体的意识才得以存在，权威得以确立。[①] 在文化交流过程中，自我与他者之间的权力博弈往往以一种或隐或现的关系内含其中。而当一种文化以强大的经济和军事实力为后盾而对对方发生影响作用时更是如此。

全球化语境下不同文化、价值观念和意识形态的交流、交融和交锋，造就了自我和他者关联的现实场域，也为人们审视自身文化、价值观念和意识形态提供了现实的参照系。全球化进程中处于强势地位的国家，会凭借自身经济、政治和军事优势对后发国家施加影响，并力图将其纳入自身发展体系之中。对此，美国学者罗伯特·塞缪尔逊就指出，“全球化是一把双刃剑，它既是加快经济增长速度、传播新技术和提高富国与穷国生活水平的有效途径，也是一个侵犯国家主权、侵蚀当地文化和传统、威胁经济和社会发展的有很大争议的过程。”[②]

---

① 参见黑格尔著，贺麟、王玖兴译《精神现象学》，商务印书馆1979年版，第127—129页。

② Robert Samuelson，“Globalization：Advantages and Disadvantages”，*International Herald Tribune*，January 4，2000.

全球化背景下的本土文化与外来文化之间的矛盾，导致了文化认同焦虑的产生。联合国教科文组织、世界文化与发展委员会在其《文化多样性与人类全面发展——世界文化与发展委员会报告》的报告中指出：“标准化的信息和消费模式在世界各地传播，引起人们内心的焦虑和不安。人们开始把注意力转向自己的文化，坚持本土文化价值观，把文化作为确定自我身份的一种手段和力量之源。对于那些最贫苦无依的人们来说，他们的价值观是他们拥有的唯一财富。在这个纷繁复杂的世界上，传统价值观使他们不至于迷失自我，并赋予他们生活以切实的意义。在世界许多地区，我们都能看到一种回归传统和部族主义的倾向。……人们担心的是，在经济发展的过程中，民族身份、归属感和个人的意义正在逐渐消失。”① 在经济全球化过程中，文化身份日益受到关注，基于文化价值理念的不同而引发的矛盾和冲突也日益明显。尽管当今世界的发展并非如亨廷顿所言的文明之间剧烈的冲突，但是文化身份在塑造今天国际政治格局、引发民族国家内部矛盾等方面的力量得到日益明显的体现。

近代中国现实地面临西方列强这一个外在的“他者”。由于双方实力差距悬殊，近代中国在与西方列强的博弈中，文化自信心明显不足，深陷文化认同、政治认同危机当中。经过新中国成立以来 60 多年的建设，特别是改革开放 40 年来的发展，我国经济总量跃升到第二位，综合国力、国际竞争力、国际影响力迈上一个大台阶，国家面貌发生了历史性的变化。但是，在思想文化领域，西强我弱的格局没有从根本上改变。与我国的国际地位相比，我们的话语权和

① 联合国教科文组织、世界文化与发展委员会著，张玉国译：《文化多样性与人类全面发展——世界文化与发展委员会报告》，广东人民出版社 2006 年版，第 7 页。

文化影响力依然薄弱；与我国的经济地位相比，我们的文化软实力有待增强；在学术领域，“目前在学术命题、学术思想、学术观点、学术标准、学术话语上的能力和水平同我国综合国力和国际地位还不太相称”①。面对复杂而激烈的意识形态和价值观较量，中国作为社会主义国家，将长期面对西方遏制、促变的压力，意识形态领域中渗透与反渗透、分裂与反分裂、颠覆与反颠覆的斗争必将长期进行下去。面对在话语权方面居强势地位的他者——西方，我们迫切需要有效应对意识形态的渗透、分裂和颠覆，巩固主流意识形态的地位；迫切需要把中国故事讲好，把中国声音传播好，让世界了解和认同我们倡导的价值理念，塑造和传播社会主义中国的良好形象，彰显社会主义制度的优越性。

（二）社会转型导致了差异性和多样性的扩张

认同具有“同一性”的含义，既表示两个事物之间的相同或同一，也表示同一事物在时空跨度中所体现出来的一致性和连贯性。自我“同一性”或社会“同一性”的实现，有赖于自我或社会内部拥有一种主导性的因素，从而将各种差异性的力量有效统合起来。

传统社会植根于自然经济基础之上。自然经济以家庭为生产单位，规模小，分工协作程度低，产品的生产和消费基本上是为了满足生产者的自身需要，资本的积累、扩大再生产并不存在。这对传统社会的劳动产生了深刻影响，使得社会扩大再生产的源泉——剩余价值——得不到有效积累。少量剩余劳动的分配被纳入政治轨道，

① 习近平：《在哲学社会科学工作座谈会上的讲话》，人民出版社2016年版，第15页。

并被优先用于等级制度的维护：保证官僚机构的运行；用于生产统治集团各个等级所消费的豪华物品，如宫殿、祠堂、庙宇、特权服饰，等等。与之相对应，传统自然经济条件下的精神生产也相对不够发达。精神生产领域在很大程度上是由少数人独占的。由于受社会资源匮乏的限制，识字、写作是属于少数人的特权，大众教育和文化普及在古代社会中是难以想象的。劳动人民尽管在神话、传说、民间故事中创作了丰富多彩的文化，但是他们往往与科学、艺术、哲学等自觉的精神活动成果的生产、享用或消费关系不是很大。“当只有少数人有机会与能力认识文字与写作时，‘知识阶层’的文字创作——历史叙事、诗词与种种学说理论等等——容易形成一套文化系统，这套系统有别于民间，或者所谓村落族群、乡里社会的文化形式。”[①] 这些由“士大夫”阶层主导的“高级”文化与在普通民众中流行的“民间文化”，二者之间形成了高低分明的等级秩序。这套“高级”文化构筑了一整套通贯宇宙和人间事物的整体性的学说，为政治统治的合法性辩护，并获得政治的强有力支持。这样，在传统社会中，经济、政治、文化、社会等各领域之间尚未分化，缺乏自主性，社会的整合依靠自上而下政治力量的强制。

与传统社会诸领域合一的状况不同，在现代社会，经济、文化、社会诸领域从政治的宰制中获得独立，从而摆脱了传统社会中各领域被动整合于政治当中的“机械团结”现象，各领域通过功能的分化和有机互补实现“有机团结”。在现代社会，以追求实利为导向的经济活动获得了与政治活动平等的地位。从事经济活动，通过合法

---

① 蔡英文：《主权国家与市民社会》，北京大学出版社 2006 年版，第 145 页。

方式获得财富最大程度的增长，不仅不是对上帝的不敬，相反是对上帝旨意的最好回应。如此一来，从事经济活动与从事政治活动一样，都具有同等的尊严和价值。传统社会横亘在士大夫和商贾之间的价值高低序列被打破了。不同的领域也各自有着自身追求的特定价值，在政治领域，人们追求的主要是“正义”，在经济领域追求的主要是“公平”和“效率”，在文化领域追求的是“自由”和“个性”，等等①，每个领域追求的价值在其他领域中往往难以适用，各领域不需要也不可能接受其他领域的价值约束自身，相反，所需要的是从自己内部生发出的具体规范。

社会诸领域的分离，各个领域不同的价值追求，使得“没有一种教条可以被无限制地提升到神圣的地位而独自整合社会秩序。政治权力的地位就像其他活动或工作的位置，是轮流更替的，它无法获得无与伦比的报酬。”② 如此一来，任何一种生活方式，任何一种价值理念，只要不违反法律规定都有其存在的意义和价值。那种力图通过自上而下强行贯彻“元叙事”获得价值共识的方式，已经不再适用于现代社会。相反，不同价值理念之间的理性交往和沟通成为现代人的选择。无疑，价值多元化为人们的价值选择提供了充分自由。但多种竞争性价值观念的存在，也使人们面临着价值认同的万花筒。认同的万花筒在客观上分散着人们价值选择的注意力，人们的文化价值认同因此也容易失去焦点。

具体到中国，当代中国社会呈现出明显的“多样化”特征：经

① 参见贺来《“道德共识”与现代社会的命运》，《哲学研究》2001年第5期。

② Ernest Gellner, *Conditions of Liberty: Civil Society and Its Rivals*, Allen Lane/Penguin Press, 1994, p. 188.

济成分和利益多样化、社会组织形式多样化、社会生活方式多样化、就业岗位和就业形式多样化。多样化的社会现实促使多样化价值观念的生成。随着经济体制的深刻变革、社会结构的深刻变动、利益格局的深刻调整，人们在思想认识上的独立性、选择性、多变性、差异性将会进一步增强，思想领域日趋多元、多样、多变，各种思潮此起彼伏，各种观念也交相杂陈，不同价值取向同时并存，彼此之间甚至发生矛盾和冲突。确立全体社会成员认同上的最大公约数，增强社会主义意识形态认同，汇集共识，有效引领和整合复杂的社会思想意识，避免因利益格局调整可能带来的思想对立与混乱，显得十分迫切。

（三）独立私人空间的存在使得价值个体化日益明显

与经济、文化不够独立相对应，在传统社会，独立的私人空间并不存在。人的一生几乎由外在的共同体事无巨细地规定好了，人的生命世界被限定在特定的群落和阶层身份范围当中。“龙生龙，凤生凤”，一个人一生下来就处在特定的阶层之中，如果没有特殊意外，这种身份是伴随其生命全过程的。对于传统社会中的人们而言，这种原本社会性的、外加性的身份，就如同一个人的肉体生命一样自然。确定的社会身份严格规范着个体行动的点滴，“每一个人都占据分给他的位置，他必须依此行事。他所扮演的社会角色预先规定了他的行为的整个‘脚本’，很少留有独出心裁和打破常规的余地……一举一动都被赋予象征意义，必须遵守公认的格式，按照既定的形式进行”[①]。个人的内在情感体验、价值追求，也无不与外在秩序保持高度一致。价值选择绝不是自由的事情，对“善”的理解也绝不可能私人化。任何游离于既定秩序之外的行为方式，都会招致怀疑和谴责。价值反思、价值批判、解构权威，这些在现代社会中常见的事情，在缺乏个性与自由的传统社会是难以被容忍的。

在现代社会，私人领域和公共领域、社会道德与个人道德被区分开来。价值回答的是什么是善的问题，而规范处理的是什么是正当的问题。前者属于私人领域，涉及的是个人的价值追求；而后者属于公共领域，关涉到社会规范的一致性。价值和规则、社会道德和个人道德所处理的问题不同。社会道德和规则是每个生存于社会中的个体必须履行的责任和义务，它是维系一个社会存在的基本条件，是社会所有成员必须遵守的规范。它具有类似法律规范一样的强制约束力，社会上的每个成员都可以感受到它的压力。一个个体不论具有什么样的兴趣、爱好，他都必须执行社会道德的规定，否则要受到道德舆论的谴责，甚至面临放弃作为社会成员的权利或资格。从这个意义上说，隶属公共领域的社会道德，它们作为明确的规则，要排除私人性的东西。因此，公共领域追求的是“对”或“正确”，它强调的是“正当优先于善”。也就是说，当自己的宗教、道德或哲学学说与社会正义原则发生冲突的时候，普遍的正义相对于特殊的善，拥有无可争辩的优先性。这样，公共领域强调的是清晰明澈的工具理性，那些事关终极意义和关怀的东西，统统被排除在外。在现代社会，个体拥有一个不受外在专制权力干预的私人空

① 伊·谢·科恩著，佟景韩等译：《自我论：个人与个人自我意识》，生活·读书·新知三联书店1986年版，第129页。

间。这一空间构成了对外在力量“说不”的边界。外在的力量，包括来自其他个体、国家和社会的力量，可以无限制地朝这一边界靠近，但绝不能逾越该边界，否则就对个人自由构成侵犯。如此一来，公共权力对私人生活全盘控制的可能性消失了，个人自由与国家权力之间具有相对清晰的界限，公权的运作受到法律的严格限制，任何人也不能借公共利益之名侵犯他人的自由。

相比起公共领域的开放性，私人领域是一个隐蔽的场所，它不为社会所有人共享，具有高度的私人性。隶属于这一领域的个人道德，“是在满足社会道德要求或不违反社会道德规定的条件下，经由自我选择的个人特殊的生命理想，所构成的道德自我期许和自我约束，这部分的道德原则由于是自我设定的，所以不能普遍地适用于每一个人；换句话说，任何个人都可以选择自己独特的道德理想，所以他的道德标准不必然为其他人所共享”①。相对于义务和责任的普遍强制性，一个美好的社会所展现出来的德行，亦即个人道德，基本上取决于个体的自我选择。相比起对的原则（principles of right）不能任由个人选择而为社会强行要求而言，善的观念（conceptions of the good）是私人的，现实中的每个个体在按照自己的理解追求自己的善的观念。因此，在遵循社会道德，遵从公共领域中的善的前提下，私人领域的个人道德表现出极大不同，也没有一个可以衡量的公共标准。私人空间的存在，使得价值、信仰成为个人的事情。从个体的角度对价值做出富有个性化的理解和诠释，成为现代社会的一个显见事实。

---

① 林火旺：《正义与公民》，吉林出版集团有限责任公司 2008 年版，第 96 页。

（四）现代性语境下个体的反思性和批判性不断增强

价值多元化和价值个体化意味着价值怀疑在现代社会成为常态。当已有的价值观念被置于理性法庭面前时，就成了自我批判、质疑和解构的对象。从某种意义上说，现时代是一个缺少价值权威的时代。在传统社会，已有的风俗习惯、传统观念在人们的头脑中占有重要地位，通过潜移默化的熏陶，这些价值观念自然而然地渗透到人们的头脑中。同时，价值权威的确立通常离不开"克里斯玛型"的人物。"这些伟大的先知以他们非凡的人格力量与深邃智慧，把人类的基本价值和文化的早期积累凝结为系统的文献形式，取得了经典的意义。"[①] 与普通民众相比，这些先知具有神圣性、神秘感，他们拥有一般人难以企及的洞察力和至高的道德水准。这些伟大的先知经过后人的膜拜，披上了一层又一层既神秘又神圣的面纱，他们的话语、训诫和作品经过后人一遍又一遍的解读获得了经典的权威性。

与之形成鲜明对照，现代化的过程是个体理性反思能力不断提升的过程。现代性意味着个体独立意识的产生和发展。现代性拥有一个强烈的信念：不要成为过去的奴隶，不要为过去所累赘，不要盲从任何权威。"要有勇气运用你自己的理智"，"脱离自己所加之于自己的不成熟状态"[②]，构成了现代性的最强音。现代性就是力图消除束缚个体理性和个体自由的枷锁，使自我真正成为自我规定、自我存在和自我发展的存在者。在现代社会，任何制度设计、任何意

① 陈来：《价值・权威・传统与中国哲学》，《哲学研究》1989年第10期。
② 康德著，何兆武译：《历史理性批判文集》，商务印书馆1990年版，第22页。

识形态，都需要经受住理性法庭的检验才能获得合法性。一种意识形态，如果理论完备性不够，如果与人们的实际感受不符，如果经不起个体理性的检验，就会面临被抛弃的危险。

与传统社会不同，现代社会知识高度分化。在大众教育的现时代，每个人的受教育程度大大提高，系统学习不再是局限于少数人的事情。每个人在各自领域成为专家的同时，在其他领域则成了门外汉。知识不再集中于少数人，亚里士多德式的百科全书人物不复存在，那种上知天文地理，通晓世间万物的圣人难以寻觅，那种依靠圣人的权威性建构起来的价值体系由此受到巨大冲击。在现时代，权威的塑造面临前所未有的挑战。信息获取方式的多样化和便捷化，使一些典范人物被“祛魅”，笼罩在他们头上的光环被稀释或消解。特别是随着后现代文化的出现，解构权威似乎成为一种时尚：英雄被庸俗化，经典被恶搞，庄重的话语被嬉笑。一切都可以戏说，都可以颠覆。在解构价值权威的过程中，告别崇高似乎成为时尚，一切似乎都是短暂的，没有什么恒久的价值。如此一来，精神的、超验的追求在世俗生活中成为嘲讽的对象，曾经激起人们无尽热情的崇高感伴随着轻浮的调侃而烟消云散。

二、增强意识形态认同：夯实政治认同的思想基础

马克思指出：“如果从观念上来考察，那么一定的意识形式的解体足以使整个时代覆灭。”① 意识形态是一个政党、一个国家的思想意志和政治制度的根本体现，意识形态工作事关政权的稳固、社会

① 《马克思恩格斯全集》（第30卷），人民出版社1995年版，第539页。

的稳定、民族的凝聚力和向心力。我们需要采取行之有效的方式，不断增强意识形态的说服力、感召力和吸引力，进而不断增强人们的政治认同。

（一）坚定意识形态自信

要想使受众对教育内容产生认同，教育主体首先应该有高度的认同感。要引导受众确立对马克思主义、社会主义的认同，教育者首先应该对其保持高度的认同感。

教育与价值观紧密相关，任何教育都不同程度地具有价值渗透和价值追求，那种所谓纯粹客观中立的知识讲授是不可能的。“学校无论使用旧方法还是使用新方法，都旨在强迫学生接受适量的、统治意识形态隐匿其中的‘专门知识’（法文、算术、博物学、科学知识和文学），或者干脆就是提纯的统治意识形态（伦理学、公民教育和哲学）。”[①] 以所谓的国家中立原则来对意识形态工作的合法性提出质疑是不成立的。国家中立原则是自由主义的一项基本原则，这一原则要求“必须在什么可以被称为好的生活的问题上，或在什么能使生活具有价值的问题上保持中立”[②]。也就是说，在涉及人们关于不同的善的理解和追求时，政府必须保持中立，对于何种生活方式更有意义和价值不作评价。自由主义担心的是，如果在事关终极问题上作价值观高低的排序，会引发公共领域的持续动荡，政体将被派别纷争和仇恨所危及。尽管自由主义的这一顾虑不无道理，但这不能构成质疑传播主导价值观和确立主流意识形态的理由。教育旨

① 路易·阿尔都塞著，李迅译：《意识形态和意识形态国家机器》，《当代电影》1987年第3期。
② Ronald Dworkin，*A Matter of Principle*，Harvard University Press，1985，p. 191.

在解决把人培养成什么样的人的问题，即引导人们认同什么样的文化、价值观念，具有怎样的行为方式。实际上，任何一个国家都在采取特定的方式进行意识形态教育，尽管一些国家不冠之以意识形态的称谓。现代国家承担着传播主流意识形态的职责，在意识形态教育的过程中，我们除了对各种思想流派予以客观地讲解和分析外，还需要对人们进行有效的价值引导。对一些特定的价值观念予以阐述是一项基础性工作，但不是工作的全部。意识形态工作者还需要对价值观念的优劣作出评判。那种认为价值教育的“主要任务不是认同和传授‘正确’的价值观，而在于帮助学生澄清其自身的价值观”① 的观点是不成立的。意识形态工作有其鲜明的政治立场和政治导向，对于何谓正确、何谓错误，哪些观点应该坚持和倡导，哪些观点应该摒弃和抵制，立场必须清楚。

意识形态工作者需要并且应该保持道路自信、理论自信、制度自信、文化自信。马克思主义是科学的理论体系，包含着崇高的价值追求。在马克思主义特别是中国化马克思主义的指引下，当代中国的面貌焕然一新，无论中国在世界的影响力，还是中国人民的生活状况，都发生了翻天覆地的变化，中国取得的成就是毋庸置疑的，是有目共睹的。意识形态理论工作者有理由对马克思主义和社会主义保持高度自信，同时也有责任有义务对中国社会主义建设的伟大实践予以系统的理论反思和总结。对于中国社会发展中出现的问题，要以理性的态度加以审视。的确，当代中国的发展面临不少矛盾和挑战，但发展是在解决矛盾、克服困难中前行的。如同任何一个国

① L. E. Raths, M. Harmin, Simon, *Value and Teaching*: *Working With Rules in the Classroom*, Merrill, 1978, pp. 8—9.

家的发展都面临不同程度的挑战一样，对于中国这样一个幅员辽阔、人口众多、社会状况复杂的国家，在发展中遇到这样那样的困难是在所难免的。对于每个意识形态工作者而言，最为关键的是，在肯定我们发展成就的前提下，本着建设性的态度，进行理性的分析，提出切实可行的问题解决方案，从而使自己的理论研究发挥应有的价值。

（二）提升意识形态的说服力

马克思指出："理论只要说服人［ad hominem］，就能掌握群众；而理论只要彻底，就能说服人［ad hominem］。所谓彻底，就是抓住事物的根本。"① 一种理论体系能否打动人，关键在于它是否科学、逻辑是否严密，论证是否透彻，能否经得起理论的质疑和实践的检验。

理论要富有说服力，首先要逻辑自洽。逻辑的自洽性体现为理论体系的"若干个基本假设之间，基本假设和由这些基本假设逻辑地导出的一系列结论之间，各个结论之间必须是相容的，不是相互矛盾的"②。逻辑的自洽性不是静止的，而是动态的，它要根据实践的需要不断进行自我调整，以便使理论体系能够有效地适应变化了的现实。也就是说，意识形态的有效性表现为它不是封闭的教条，而是开放的理论体系，具有理论弹性和现实适应性。"我们的理论是发展着的理论，而不是必须背得烂熟并机械地加以重复的教条。"③

① 《马克思恩格斯选集》（第 1 卷），人民出版社 1995 年版，第 9 页。
② 陈殿林：《论社会主义核心价值体系的自洽性》，《长江论坛》2007 年第 3 期。
③ 《马克思恩格斯选集》（第 4 卷），人民出版社 1995 年版，第 681 页。

意识形态的建构必须与时俱进，不能墨守成规。一个不能接受新思想新观念、不能进行自我反思自我批判的理论体系，将会在自我封闭、故步自封中失去生机和活力，最终被民众淘汰。我们必须本着开放的态度，积极吸收和借鉴人类文明的一切优秀成果，兼容并蓄、海纳百川，既坚持立场和原则，又积极交流互鉴。

意识形态要富有说服力，需要对现实保持高度敏感性。问题是时代的声音。一个落后于现实乃至违背现实的理论体系，不仅不能发挥理论的先导作用；相反，会阻碍现实的发展。当代中国社会正发生着巨大变化，当代中国人的生产生活方式、思想观念在经历着巨大的变革。时代在发展，理论需要不断创新，我们必须正视和有效回答面临的时代问题。只有以创新的理论为支撑的意识形态工作，才具有真正的生命力。正如习近平总书记所指出的："如果不能及时研究、提出、运用新思想、新理念、新办法，理论就会苍白无力，哲学社会科学就会'肌无力'。"[①]意识形态工作者必须提高自身对现实问题的敏感性，提高对问题的应答能力。只有直面问题、分析问题、抓住事物根本、做出科学回答的理论，才具有活力，才能够获得受众的认同。

意识形态要富有说服力，还需要具备自我反思、自我批判的精神和勇气。马克思主义本质上是批判的学说，它将实践的批判、理论的批判和自我批判有机统一起来，从而实现理论的自我超越。马克思主义不仅对旧有的思想体系进行了彻底批判，对资本主义的现实进行了严厉批判，同时还对自身的理论和实践保有批判态度。马

① 习近平：《在哲学社会科学工作座谈会上的讲话》，人民出版社 2016 年版，第 20 页。

克思指出："新思潮的优点又恰恰在于我们不想教条式地预期未来，而只是想通过批判旧世界发现新世界。"① 在马克思主义看来，自我批判与革新是批判者应该具有的品质，理论研究者必须具有不惧怕对自身理论进行革新和批判的勇气。在马克思看来，"如果我们的任务不是构想未来并使它适合于任何时候，我们便会更明确地知道，我们现在应该做些什么，我指的就是要对现在的一切进行无情的批判，所谓无情，就是说，这种批判既不怕自己所作的结论，也不怕同现有各种势力发生冲突"②。在意识形态工作中，我们必须坚持马克思主义的基本立场、基本观点，与此同时，我们也应该对自我进行建设性的反思和批判。"我们过去往往批判别人，而对自己的不足反而忽视或遮掩，这不仅使我们的理论丧失了解决问题的穿透力，而且也使公信力受损。实际上，只有以自我批判的态度，才能真正重建建设性批判，才能避免破坏性的外在的批判。"③

（三）增强意识形态的感召力

意识形态工作的效果与个体的切身感受紧密相关，受众的切身感受是意识形态是否具备合法性的最根本评判标准。因而意识形态的合理性一方面体现为自身论证的逻辑自洽性，同时"这种自洽的论证和说明必须与多数个体对世界的经验和感觉相符合"④。民众的感受既有精神层面的感受，也有物质层面的感受。在意识形态工作中，对于这两种感受要同时兼顾。就第一个层面而言，要考虑受众

① 《马克思恩格斯全集》（第47卷），人民出版社2004年版，第64页。
② 《马克思恩格斯全集》（第47卷），人民出版社2004年版，第64页。
③ 韩震：《如何彰显马克思主义的魅力》，《北京日报》2015年11月2日。
④ 沈湘平：《与时俱进地建构党的先进意识形态》，《中国特色社会主义研究》2005年第5期。

的认知状况和心理体验。意识形态工作需要对受众释疑解惑。习近平总书记指出："凡是广大干部群众普遍关注的深层次问题，都要从历史和现实、理论和实践的结合上作出令人信服的回答。"[①] 意识形态工作者必须对关涉意识形态稳定和发展的重大理论和现实问题作出有效的回答。

意识形态认同是立足一定物质条件基础上的引导、动员、强化，否则，宣传教育会流于空洞的口号，其成效将大打折扣。在现实生活中，人们对一种政治统治是否认同，与它能否保障人们的权利、实现人们的权利密切相关。保障和实现公民的基本权利，是现代政治的基本要求。现代政府必须保护人们的合法权利不受侵犯，需要采取切实有效的行动提升人们的福祉。为此，国家需要推进法治，保障个体的自由权利；不断完善各项民主制度，满足人们的政治参与诉求；创造公正的环境，确保人人平等；建立健全社会保障制度，为人们的生存和发展提供良好的条件。只有在国家利益与个体利益之间找到恰当的结合点，使人们切实感受到国家给予自己的福祉，才能够使人们对其产生高度认同感。因此，在意识形态工作中，必须关注人们的切身感受，着力解决人们面临的实际问题。将教育、引导、鼓舞与尊重、理解、关怀紧密结合起来；要关注民生、倾听民意，切实解决人们最关心、最直接、最现实的利益问题，使人们在共享改革发展成果的过程中理解、认同党和政府的政策主张。

（四）促进不同价值观念的理性交流与沟通

认同是一个关系性概念而非实体性概念。认同感是自我在与他

---

① 习近平：《在全国党校工作会议上的讲话》，《求是》2016 年第 9 期。

者的互动中形成的。“我们总是在与一些重要的他人想在我们身上找出的同一特性的对话中，有时是在与它们的斗争中，来定义我们的同一性。”① 诠释一个人的身份，需要立足于与他者异同性的辨识基础上。“文化身份的形成以对‘他者’的看法为前提，对文化自我的界定总包含着对‘他者’的价值、特性、生活方式的区分。”② 对某种价值理念的认同，离不开对差异性价值理念的理解和分析，离不开不同思想观念之间的互动。价值多元的时代，在很多问题上人们难以获得绝对同一的看法，对于同一个问题，人们也会从不同的角度表达自己的观点，这些观点之间很可能存在冲突。不同的价值观念也都有着数量不等的受众，都程度不同地获得受众们的支持。为此，应当遵循平等、真诚、宽容的原则，营造良好的舆论氛围，允许不同的声音存在，让每个公民在法律允许的范围内自由地表达自己的观点；要包容差异，每一种价值观念，只要没有触犯法律，都有存在的权利，都有展示自己的机会。

牢固确立马克思主义的主导地位，并不意味着对其他意识形态采取回避的态度。思想问题是十分复杂的。确保马克思主义在意识形态中的主导地位，一方面需要讲清、讲透马克思主义；另一方面，还需要加强对各种非马克思主义思潮甚至反马克思主义思潮的研究，对其基本主张、产生的根源予以深入地理解和把握，只有知彼知己，才能做到立足马克思主义的立场，对各种社会思潮作出批判性的考察，才能用马克思主义有效引领社会思潮。我们要坚定理论自信，

---

① 查尔斯·泰勒著，程炼译：《现代性之隐忧》，中央编译出版社 2001 年版，第 38 页。

② 乔治·拉伦著，戴从容译：《意识形态与文化身份：现代性和第三世界的在场》，上海教育出版社 2005 年版，第 194 页。

对外在的无理批判或攻击敢于积极应对；对外在的建设性的批评和建议，要认真分析和思考，吸收其合理成分，使之成为发展壮大我们自身理论的重要资源。

（五）重视个体的理性反思能力，增强反思性认同

"'认同'不同于简单的意识形态灌输或者角色安排，个人或群体在'认同'方面具有较强的能动性和建构权力，能够对各种外在因素做出适当的'诠释'，做出接受（即内化）或拒绝的选择。"[①] 在认同的建构中，认同主体不是被动的，而是主动的、有选择性的。个体理性反思能力的提升是现代性的突出标志。任何政治社会制度的设计，只有经得起个体理性法庭的审视才能获得合法性，那种依靠强行灌输和压制来赢得民众认同的方式已成为历史。这一点在意识形态工作中表现得更为突出。在现代社会，每个个体的理性反思能力和批判能力得到了很大提高。意识形态教育内容的选择、宣传方式和方法的运用，需要与人们的理性发展水平和发展状况相契合。意识形态工作一方面要重视以情感人，将抽象的理论讲授寓于人们的日常生活体验当中。另一方面，还要考虑人们的理论储备和反思批判能力。人们能否发自内心地接受某种理论，关键在于该理论能否提供令其信服的论证。在信息获取方式日益便捷化的今天，在人们的理性反思能力极大提升的现代社会，唯有建立在反思性认同基础上的意识形态教育，才能获得持久的生命力。

因此，意识形态工作不是对某些价值观念、社会思潮的简单围

① 李友梅、肖瑛、黄晓春：《社会认同：一种结构视野的分析》，上海人民出版社、格致出版社2007年版，第5页。

堵，也不是将某些价值理念和社会思潮强行灌输到人们的头脑中。透彻的说理和论证，润物细无声式的娓娓道来方能真正说服人。独立理解、自由思想的价值应该在意识形态工作中得到体现，理性、审慎能力的提升是包括意识形态教育在内的一切教育应该坚守的品质。在这一意义上，一种理论体系能否获得受众的认同，取决于该理论能否进行好的论证，从理论上作出令人信服的说明，能否贴近受众的日常生活，使人感同身受。意识形态工作者必须不断提高自身理论水平，能够对棘手问题作出令人们信服的回答，只有这样，才能使受众心悦诚服地接受和认可其传播的理念。为此，切实加强学术研究，对相关重大理论问题进行深入考察，作出有力的分析，是意识形态工作者必备的功课。需要认识到，意识形态工作是有很强的理论含金量的，意识形态工作者不能仅仅停留于文件的复述上；相反，他们需要以深厚的理论研究为后盾，对政治、社会作理性的洞察，引导人们以科学的态度触摸社会的脉搏，锻造他们理性的、审慎的能力，提升其反思和批判水平，增强其反思性认同。

第三章

文化认同感的培养

当今时代，文化越来越成为民族凝聚力和创造力的重要源泉，越来越成为综合国力竞争的重要因素，越来越成为经济社会发展的重要支撑，谁占领了文化发展的制高点，谁就能在激烈的国际竞争中掌握主动权。一个国家凝聚力的强大，不能仅仅凭借物质力量的提高、军事实力的增强，还要有文化特别是价值观的感召力和影响力的提升。在日益激烈的综合国力竞争中，以价值观为核心的文化软实力的地位和作用越来越凸显。随着经济全球化的深入发展，各种思想文化相互激荡，不同文明交流、交融、交锋更加频繁，进一步凸显了文化软实力在综合国力竞争中的战略地位。

在文化软实力中，文化认同最基础、最关键。所谓文化认同，是指人们由于分享共同的历史记忆、文化习俗等形成的某一共同体的归属感。文化认同是凝聚民族国家共同体的精神纽带，是民族国家共同体生命延续的精神基础。一个国家只有具备为全体国民所认可的共同的价值观念，形成共同的民族心理、共同的集体记忆和公共文化，才能形成稳固的国家认同感，才能保证国家的统一和安全，才能在激烈的国际竞争中立于不败之地。反之，如果失去了文化认同，就失去了共有的精神家园，失去凝聚力和向心力，从而沦为一盘散沙。

第一节　高度重视文化认同问题

国家的生存和发展离不开文化的滋养，国家在处理国与国之间的关系时必定要考虑文化利益。在一些特定的时刻，文化会成为决定国家、民族及个人命运的关键因素。对文化资源的占有和控制也逐渐反映到国际竞争中，文化利益冲突成为引发国际冲突的重要因素。当今世界，很多政治危机和军事冲突的背后都与文化身份或文化认同密切相关。对此，亨廷顿就认为，在后冷战时期，“最普遍、重要的和危险的冲突不是社会阶级之间、富人和穷人之间，或其他以经济来划分的集团之间的冲突，而是属于不同文化实体的人民之间的冲突”①。如今，在各种动荡、冲突等不确定性因素不断增加的情况下，无论是个人、群体还是国家，都不同程度地在寻找和重新定位自身的文化身份。

一、文化认同的功能

文化认同是国家认同的核心，是国家凝聚力的源泉。“文化认同一旦形成，便表现出较强的稳定性、内聚性、亲和性和排异性。它

---

① 塞缪尔·亨廷顿著，周琪等译：《文明的冲突与世界秩序的重建》，新华出版社 2002 年版，第 7 页。

可以不受地域、环境、语言、经济生活的限制而独立存在。”① 因之，“在当代世界，文化认同与其他方面的认同相比，其重要性显著增强”②。作为一种特定的心理机制，文化认同包括文化比较、文化辨识、文化类比、文化定位等方面，通过比较、辨识，文化主体为自己找到身份定位，他者也为其贴上特定的标签，从而使自我同一性不断增强，文化心理归属感不断提高。具体说来，文化认同对于国家认同的建构、国家凝聚力的增强具有多重意义。

首先，文化认同是民族国家共同体延续的精神纽带。认同的最基本含义即同一性，即一个事物经过了时间和空间的变化后仍然保持自身的同一性。对于一个民族、国家而言，其领土可能会发生变化，其人口规模也会增长或减少，其血统甚至也会随着通婚而有所改变，但会因长期以来形成的文化传统保持相对稳定而得以延续和发展。例如，犹太人虽然历经两千多年的流浪史，但因其对本民族宗教文化的坚定信仰，对自身文字不间断地应用，其民族特性并未泯灭，相反，却显示出了顽强的生命力。再比如，中华民族在发展过程中，特别是近代以来遭受沉重的民族灾难，甚至一度面临亡国灭种的危险，但每当处在危难关头，伟大的中华民族精神总能焕发出强大的力量，各族人民在民族精神的感召下，团结一致，自强不息，英勇斗争，使中华民族凤凰涅槃，浴火重生。文字是民族文化的根，是民族精神的符号和情感的载体，展现了民族的精神与特性。中华文字具有强大的生命力，记录着中华民族延续不断的历史，记

---

① 徐则平：《试论民族文化认同的“软实力”价值》，《思想战线》2008年第3期。

② 塞缪尔·亨廷顿著，周琪等译：《文明的冲突与世界秩序的重建》，新华出版社2002年版，第133页。

载着民族的荣光，也记载着民族的屈辱和灾难，承载着民族的精神追求。在四大文明古国中，中国是唯一历史没有中断的国家，在这其中，文字起到了关键作用。一个缺少共同语言文字、共同历史记忆和共同精神价值追求的民族，将会在历史发展中逐渐消失，失去自己的民族特性，更谈不上屹立于世界民族之林。习近平总书记在纪念孔子诞辰2565周年国际学术研讨会上指出："文明特别是思想文化是一个国家、一个民族的灵魂。无论哪一个国家、哪一个民族，如果不珍惜自己的思想文化，丢掉了思想文化这个灵魂，这个国家、这个民族是立不起来的。"①

其次，文化认同有助于自我在与他者的比较中增进对自身特性的理解和把握。认同与身份密切相关，认同凸显一种身份特质。文化是人们在长时期共同生活中凝结下来的具有稳定性的价值观念、思维方式、共同心理乃至风俗习惯等观念形态的总和，它彰显了一个民族、一个国家的特性，体现出有别于其他民族和国家的特质。文化认同成为群体成员辨别自我身份、区分自身群体与其他群体的重要标志。对此，亨廷顿就指出，不同民族的人们常以对他们来说最有意义的事物来回答"我们是谁"，"用祖先、宗教、语言、历史、价值、习俗和体制来界定自己。他们认同于部落、种族集团、宗教社团、民族，以及在最广泛的层面上认同文明"②。文化认同影响着个体的自我认同和社会身份认同，引导每个成员热爱和忠实自己的文化，进而保存和光大自己的文化，并将其内化到价值观这一深层

---

① 习近平：《在纪念孔子诞辰2565周年国际学术研讨会暨国际儒学联合会第五届会员大会开幕会上的讲话》，《人民日报》2014年9月25日。

② 塞缪尔·亨廷顿著，周琪等译：《文明的冲突与世界秩序的重建》，新华出版社2002年版，第6页。

的文化心理结构当中。通过建构一种与其他民族国家相比具有独特性的文化价值体系，并在差异性的比较中彰显“自我性”，这一方面可以增进群体成员内部的共同感，另一方面也增进民族国家成员的自豪感，进而有效地抵制外部不良文化的侵蚀瓦解。

最后，文化认同能够增强人们的文化心理归属感，促进国家的团结统一。文化具有构建民族心理，造就民族性格，形成民族传统，塑造民族精神的功能。文化及其认同是维系民族国家的重要纽带，也是民族国家合法性的来源和国民凝聚力之所在。个体的存在从来都是归属特定的文化传统之中的，特定的文化传统塑造着民众的性格、心理，构成了其认识自身和他人的基本思维框架。共同的文化、理想和价值追求，将一个群体紧密团结起来，超越血缘、种族、地域的差异而构成稳固的共同体。一个民族国家的成员，由于共享特定的文化和价值观念，不论他们身处何地，都会具有强烈的认同感，在心理上和行动上表现出共同性和一致性。可以说，文化认同是最深层次的认同，是民族团结之根、民族和睦之魂，只有实现了文化认同，才能谈得上其他的认同。中华民族之所以具有强大的凝聚力和向心力，其根本的原因在于文化心理的自我认同感和超地域的文化归属感。因此，加强中华民族大团结，长远和根本的是增强文化认同，建设各民族共有精神家园，积极培养中华民族共同体意识。

二、当代中国的文化认同面临的挑战

认同是主客观因素相互作用的结果。外在环境的改变会使认同主体的认识、情感态度、价值观发生变化。反之，认同主体的改变也会对认同对象产生重要影响，一旦人们对原本的认同对象产生质疑，后者也就失去了民众心理基础。文化认同危机的出现，新的身份感、归属感的确立，是主观因素和客观因素相互作用的结果。当代中国的发展蕴含着一些基本的理论前提和实践前提：当代中国在进行着现代性的追求，中国的现代化进程是在全球化语境中展开的，是以市场经济为基础的。国内与国际两个语境，传统与现代两个维度构成了考察当代中国文化认同问题的基本坐标。具体说来，当代中国文化认同面临如下重大挑战。

（一）现代性的断裂与传统文化传承问题

当代中国的发展，是在“当下—历史”这一时间坐标中展开的。市场化、现代化对传统文化造成冲击，使传统文化离我们当今的社会生活渐行渐远。

任何一种文化的产生，都是多重因素作用的结果。自然环境、生产和生活方式、社会组织结构影响和决定着文化的样态。从总体上看，半封闭的大陆型地理环境、以农业为主的自给自足的自然经济、血缘宗法制，相对封闭的人际交往关系，共同决定了中国传统文化的类型，使中国传统文化形成了自身的鲜明特质。

传统农业社会以农耕为主，人们发明使用农业生产生活工具，制定了一系列农业制度，形成了农业习俗和具有浓厚农业文明特征的节日。例如，春节就不单单是一个抽象的节日概念，其背后承载着一个完整的文化生态系统，体现了中国人对农业生产、一年四季轮回的理解和感知。再比如，中国中秋的来历，其中有一种说法就和农业生产有关。“庄稼成熟曰秋”，“中秋”就是秋天中间的意思，农历的八月是秋季中间的一个月，十五又是八月的正中间。中秋是农作物收获的时间，人们为了表达丰收的喜悦，就以“中秋”作为节日，因而中秋节可能是古人“秋报”遗传下来的习俗。

与农业生产方式的相对稳定性紧密相关，中国传统社会政治结构的特点是宗法制度。它以血缘关系为基础，尊崇共同祖先，维系亲情，在宗族内部区分尊卑长幼。在这里，家庭、宗族等共同体构成了个体信任感和安全感的稳固支撑。已逝的祖先、当下的人们、尚未出生的后代，通过血缘将家族的过去、现在和未来紧密联系起来，构筑起个人信赖的社会安全网络。在传统社会，人口迁徙，商人和冒险家的长途旅行尽管比较常见，但对于普通民众来说，大规模的、频繁的迁徙或更换生活工作场所，是比较少见的。人们的交往大都限定于特定的共同体当中，在其中过着日出而作、日落而息的生活，与家人、族人有着面对面的交流。前现代这种共同体“既是本体性安全的焦点，也有助于本体性安全的构成”[①]。生活于特定共同体中的人们，都有专属自己阶层的美德体系，通过前辈的教导和社会的礼仪教化，每个人清楚地知道自己在社会体系和价值链条中的位置。“众多繁杂的等级标志弥漫于整个社群共同体的外在生活。它赋予一个人稳固且无可逃遁的身份认同，一个人可以确切地知道他是谁，以及别人对他的期望是什么。”[②] 这种外在的、先赋性的社会角色使自我获得稳定的文化心理认同感。

现代化作为一种颠覆性的力量，对传统的东西进行着涤荡，将不确定性带入人们的日常生活之中。置身于流动的世界中的人们再也体

① 安东尼·吉登斯著，田禾译：《现代性的后果》，译林出版社 2000 年版，第 90 页。

② Ernest Gellner, *Conditions of Liberty: Civil Society and Its Rivals*, Allen Lane/Penguin Press, 1994, pp. 7—8.

验不到传统社会那种年复一年、宁静不变的感觉。科学技术的日新月异，生产力的迅猛发展，使人们的生活发生着翻天覆地的变化。四季仍然轮回，昼夜依然交替，但自然而然的生活很大程度上被人为的力量改变。休息时间不再等同于黑夜，夜间的生产生活丝毫不逊于白昼；农闲时节不再等同于冬季，冬季生产的忙碌程度丝毫不亚于春夏。线性的进步取代了封闭的循环，“时间就好像高速公路一样，展现在我们眼前，从遥远的过去，穿过现在，通向未来”①。田园诗话般的宁静与祥和被机器的轰鸣取代；大规模的劳动力大军从相对封闭的农村走向开放的城市；个人走出狭小的共同体，个体对共同体的物质依赖和人身依赖消除了。自由、平等的观念深入人心，发展、进步的观念为现代人认可。在“一切社会状况不停的动荡，永远的不安定和变动”② 的现代社会，农耕社会所形成的一些文化与现代人特别是青年人的文化诉求有些不太适应。年轻人崇尚的变化、张扬、激情与传统社会人们所推崇的平静、稳重与含蓄形成了对照。快节奏的生活方式、快餐式的文化、直白的情感表达，深得现代人的喜爱。

工业化、城市化的快速推进，家族共同体的相对式微，传统权威的解构，在侵蚀着传统文化的社会结构。在工业文化的冲击下，很多优秀的传统文化资源的生存遭遇了巨大挑战。今天，一些非物质文化遗产的生存处境可谓步履维艰，面临后继无人的窘境。影片《百鸟朝凤》一方面让我们惊叹唢呐艺人的高超技艺，体会到唢呐曲《百鸟朝凤》蕴含着的崇高人格追求，感受到传统乡土文化的独特魅

---

① 阿尔温·托夫勒著，朱志焱等译：《第三次浪潮》，生活·读书·新知三联书店 1984 年版，第 168 页。

② 《马克思恩格斯选集》（第 1 卷），人民出版社 1995 年版，第 275 页。

力；同时，影片又展现了传统乡土文化面临被现代流行文化和外来文化吞噬的挑战，传统乡土文化和一代艺人在城市化、商业化面前的无奈，让我们真切体会到了在现代商业社会，对传统文化的坚守和传承显得那样的凄凉和悲怆。优秀传统文化作为民族精神的载体，对于增进民族凝聚力，增强国民的国家认同感具有重要作用。当代中国的发展，必须高度重视民族精神的培育，珍惜和传承中华优秀传统文化，让中华优秀文化基因代代相传。

（二）西方文化的强势与自身文化的不自信问题

当代中国的发展是在全球化语境中展开的。全球化使中国面临着一个外在的“他者”，这既催生和强化着中国民族认同的产生和发展，也使中国的民族认同面临着重大挑战。鸦片战争以后的中国，进入了当时由资本主义列强所主导的全球化进程。中国民族文化现实地面临一个外在的“他者”——西方列强。近代中国在与西方列强的博弈中，由于实力差距悬殊，传统文化的理想自我形象失落，“华夏中心主义”观念受到挑战直至被否定，由此开始了民族文化认同危机。[①] 在中国沦为半殖民地半封建社会的过程中，有些人形成了一种文化自卑心理，认为西方文明代表人类文明发展的方向，西方文化优越于中华文化。

当前，文化上西强我弱的格局没有根本改变，特别是西方加紧文化渗透，加强价值观包围，一些人在文化上产生了受压迫感，进而产生文化自卑感。近代以来，我们一直通过西方“他者”这一坐

① 关于近代中国文化的自卑心理，我们在后文中将作详细的讲述。

标审视自身，将自身作为被审视、甚至是被拷问的对象。这种观点在今天一些人的心目中还占据一定的位置。这种现象，在一定程度上体现了中国人自我反思和批判的精神，展现出努力改变自身困境、奋发图强的决心和勇气。但是，作为一个拥有悠久的历史、辉煌的文化的国度，对于一个拥有13亿多人口、56个民族，进行着世界上史无前例的复杂的现代化进程的国家，我们必须对自己的发展道路、理论体系、社会制度和文化保持自信，对自己的历史、对现在的努力、对未来的目标充满信心，不能人云亦云，不能简单地用他者的发展模式界定自身，更不能简单地以他者认可与否作为判定自身发展道路正确与否的标准。民族文化、民族精神是民族凝聚力的核心和基础，文化自信，是更基础、更广泛、更深厚的自信。一个民族、一个国家，如果没有文化自信，没有文化认同感，共有精神家园就失去了文化根基和文化底蕴，更难形成文化优势。

（三）革命文化的严肃性、崇高感受到挑战

近代中国，国家积贫积弱，人民饱受磨难。诞生于民族危亡局势下的中国共产党，为中华民族的独立，为中国人民的解放做出了不懈努力并付出了巨大牺牲，在中国波澜壮阔的革命中创造出了带有鲜明中国烙印的“革命文化”。革命文化“是中华民族优秀传统文化与马克思主义先进文化理论相互交融而产生的文化新形态，它见证了中国共产党领导人民群众实现民族独立和人民解放、国家富强和人民富裕的艰难历程”①，彰显了中国共产党人对理想信念的无比

① 韩玲：《红色文化的价值意蕴》，《人民日报》2013年8月1日。

忠诚，凝聚了中国人民深沉的爱国情怀。但在现实生活中，一些人以讽刺、嘲弄、诋毁的心态对待中国革命文化，认为革命文化与现时代不符，其意义和价值应该重新评价；一些人以娱乐化心态戏说革命文化，消解权威、解构英雄，矮化和庸俗化革命文化，损害了其神圣性，侵蚀着其崇高感。近来，"戏说"革命英雄似乎正成为一种"时尚"："邱少云违背生理学"，"黄继光堵枪眼不符合物理规则"，"刘胡兰精神不正常"……诸如此类诋毁英雄的言论在网络上一度盛行。这种以还原"历史真实"为名的论调，不仅歪曲了历史，更是解构着英雄的崇高。英雄，是用来崇敬的，不是用来娱乐的，更是不能用来批判乃至诋毁的。在中国长期的革命战争中和伟大的社会主义建设实践中，涌现出了无数的革命先烈、数不清的英雄集体。他们在民族和国家危亡时刻挺身而出，表现出了坚贞不屈、舍生忘死的高贵品格，展现了伟大的民族精神和时代精神。生活于和平时代，享受着幸福生活的人们，有责任、有义务传承英烈的精神，弘扬革命文化，让英烈精神长存，让革命文化不断发扬光大。

（四）当代文化尚不能有效满足人们的精神文化需求

改革开放以来，我们党始终把文化建设放在党和国家全局工作的战略地位，促进文化事业和文化产业发展，文化建设不断取得新成就。但是，在文化建设方面还存在一些不容忽视的问题。尽管我们的文化产品生产量很大，但是有影响的作品还不太多，存在着有数量缺质量的现象。原创性的作品不够，简单的、机械的模仿现象比较严重。一些文化作品缺少扎实的理论根基，缺乏对社会、对人生的深入洞察和体悟，有故事没有思想，有语言没有精神现象比较突出，产生不了震撼人心的效果，更谈不上流传后世。在市场化、商业化冲击下，理想、精神、信念、价值引领受到侵蚀，“娱乐无底线、道德无节操”的内容充斥屏幕，给人以轻浮之感。对于这些问题，习近平总书记在文艺工作座谈会上就指出：“在文艺创作方面，也存在着有数量缺质量、有‘高原’缺‘高峰’的现象，存在着抄袭模仿、千篇一律的问题，存在着机械化生产、快餐式消费的问题。在有些作品中，有的调侃崇高、扭曲经典、颠覆历史，丑化人民群众和英雄人物；有的是非不分、善恶不辨、以丑为美，过度渲染社会阴暗面；有的搜奇猎艳、一味媚俗、低级趣味，把作品当作追逐利益的‘摇钱树’，当作感官刺激的‘摇头丸’；有的胡编乱写、粗制滥造、牵强附会，制造了一些文化‘垃圾’；有的追求奢华、过度包装、炫富摆阔，形式大于内容；还有的热衷于所谓‘为艺术而艺术’，只写一己悲欢、杯水风波，脱离大众、脱离现实。凡此种种都警示我们，文艺不能在市场经济大潮中迷失方向，不能在为什么人的问题上发生偏差，否则文艺就没有生命力。”① 优秀作品反映着一个国家、一个民族的文化创造能力和水平。要想使人们对自身文化具有高度的认同感，需要创作出富有吸引力、引导力，给人以思想的启迪、精神的洗礼、情感的陶冶、理想的追求的优秀文化作品。只有这样的作品，才能展示中华文化特别是社会主义先进文化的蓬勃生命力，也只有这样的作品才能赢得世人的尊重与认可。

（五）中华文化的海外影响力尚需进一步提高

“从某种意义上说，谁开始喜欢你的文化，你就开始拥有了谁。

① 习近平：《在文艺工作座谈会上的讲话》，《人民日报》2015 年 10 月 15 日。

只有在世界文化中占有一定的份额，才能成为文化大国；而只有文化大国，才可能成为世界强国。”[①] 拥有五千年历史的中华文化在世界上曾经产生过巨大的影响力。随着我国经济社会的快速发展和文化“走出去”战略的实施，中国文化的海外影响力不断增强。但总体上看，中国文化在世界的影响力与中国经济迅猛发展的前景，中国政治、军事日益提升的地位，以及中国发展理念和模式日益扩大的影响还不太匹配。在科学文化艺术领域，原创性、对世界文化产生重大影响的成果还不多。在对外文化交流中，输入和输出的比重还不平衡。中国文化运行的市场化程度还偏低，尤其是文化产业的实力和竞争力跟一些文化强国相比还存在不小差距，文化在国际上的影响力还需要进一步增强。深化文化体制改革，壮大文化产业，更好地推动文化“走出去”，提高中华文化的国际竞争力和影响力，形成与我国国际地位相称的文化软实力，是我们面对的紧迫任务。

第二节　增强文化自觉，坚定文化自信

文化认同内含文化自觉和文化自信。我们从哪里来？我们又要走向何方？这一萦绕在每个文化主体心头的问题，其认识和解决，需要对自己的文化有切实的理解和把握，需要对自己文化的前途有坚定信心。文化自觉，是指人们对自身依托的文化及其特点的体认，明白自己的文化从哪里来，现在处在什么方位，又将走向何方，并

① 谢雪屏：《文化软实力竞争：关注中国国家文化安全》，《福建师范大学学报》（哲学社会科学版）2008 年第 5 期。

在理性认知基础上自觉承担起文化责任。费孝通先生就曾指出，文化自觉“指的是生活在一定文化中的人对其文化有‘自知之明’，并且对其发展历程和未来有充分的认识。同时，‘文化自觉’指的又是生活在不同文化中的人，在对自身文化有‘自知之明’的基础上，了解其他文化及其与自身文化的关系”①。文化自信是指人们对已有文化成就予以尊敬并深感自豪，对自身文化创新能力表现出自信，对文化未来发展前景充满信心。文化自觉是文化自信的前提，人们只有对自己的文化拥有科学的理性的认知，才能形成不卑不亢的文化心理态度。为此，我们需要对自身文化特点予以科学的、理性的分析，对自身文化的优势作深入的理解和把握，在此基础上确立我们的文化自信。

文化自信是一个国家、一个民族发展中更基本、更深沉、更持久的力量。文化自信之所以如此重要，“是因为它解决的是这样一些简单而带有终极性的问题，即：我这个民族来到人类世界是有意义的吗？我这个民族在世界民族之林中能生存和发展得更好吗？我这个民族的生存与发展对整个人类是有意义的吗？”② 因此，文化自信与民族自豪感和自信心紧密相关，它激发人们体认到自身所在的民族有决心、有能力自立于世界民族之林，能够为人类发展贡献出自己的智慧和力量。没有高度的文化自信，没有文化的繁荣兴盛，就没有中华民族伟大复兴。

① 费孝通：《文化自觉 和而不同——在“二十一世纪人类的生存与发展国际人类学学术研讨会”上的演讲》，《民俗研究》2000 年第 3 期。

② 竹松：《“文化自信”从何而来》，《广西日报》2012 年 3 月 13 日。

一、近代以来中国的文化不自信

文化自觉源于差异性的比较。一种文化在没有遇到他者的情况下，往往对自身的特性缺乏明晰的认识。也正是在这一意义上，他者的存在或出现，构成了文化自觉的前提。在当代中国，文化自觉、文化自信、文化认同是一个具有沉重历史感的话题，“它是一种伴随着中华民族之近代悲怆与复兴理想而折射出的文化回响”①。在此，我们有必要梳理近代中国民族危难之时中华文化自觉的艰辛历程。

（一）文化优越感和自信心受挫

当自我将他者作为一种差异性的向度，并力图将其纳入自身轨道时，自我就获得了同一性和归属感，即获得认同感。这一点在中国传统的民族认同建构中表现得十分明显。近代以前，中国长期奉行“非我族类，其心必异”的华夏中心主义观念，借助夷狄文化这一他者之镜来确认自己的理想形象。在传统语境当中，华夏夷狄之分表现在文化价值高低与地理方位之别两个方面。华夏是文化和文明的化身，夷狄则是与文化相对立的野蛮的代名词。在儒家经典当中，这一观点得到了很好的阐述。《礼记·曲礼上》中就指出：“鹦鹉能言，不离飞鸟；猩猩能言，不离禽兽。今人而无礼，虽能言，不亦禽兽之心乎？……是故圣人作，为礼以教人，使人以有礼，知自别于禽兽。”② 在中国古人看来，华夏的礼仪教化是普天之下文明存在的唯一形式，夷狄并非没有自己的礼仪风俗，但是由于他们与

① 孙燕青：《文化自觉与文化自信视野下的传统文化定位》，《哲学动态》2012年第8期。

② 《礼记今注今译》，天津古籍出版社1987年版，第5页。

华夏礼仪不符，文明程度远逊于华夏。也正因华夷之间在文化礼仪上的这种显见的区别，两者之间应当保持一种高低有序的等级化状态。华夏是中心，夷狄处于边缘。依据华夏中心主义的观念，这种“莅中国而抚四夷”的心态是十分自然的事情。

“如果说华夏文化中心意识是以领先于‘夷狄’的文化优势为据的话，那么华夏地理中心意识则是夏夷限域的地理格局在观念上的反映。”[①] 西周至春秋时期，夏夷之间虽无明确的地理界线，但夏夷限域的观念已经产生。战国以后，经过春秋的“尊王攘夷”，夷狄要么被同化，要么被迫迁至边远地区。如此一来，便形成了华夏居中、四夷环居周围的格局，华夏与夷狄之间在地理和文化两个方面出现了明显区分。

中心与边缘、自我与他者的划分，对于中国传统民族认同的建构具有重要影响。以“三纲五常”为核心的儒家道德伦理体系的不断完善，礼仪教化水平的不断发展，社会政治制度和交往方式的相对封闭，不断强化着天朝帝国的优越感。这种理想化的自我形象、自我与他者之间稳固的价值秩序，在很大程度上建构了中华民族认同的稳定基础。然而，自我优越感，自我与他者之间中心与边缘的等级关系，在近代发生了重大改变。19 世纪中叶，中国在西方坚船利炮下被强行纳入世界性的现代化进程之中。此刻，中国的发展面临着一个强大的“他者”——西方列强。正是这一外在的他者对近现代中国民族认同产生了极其重要的影响。在此之前，经济、政治、军事力量的相对强大，使得天朝帝国能够以强大的驾驭能力，将外

① 李云泉：《夏夷文野之分与华夏中心意识》，《山东师范大学学报》（人文社会科学版）2002 年第 3 期。

在的他者统摄于自身之中，力图使他者从自我当中获得生存意义和价值的坐标。鸦片战争的失败，从不同层面上对华夏中心主义提出了挑战。

第一，华夏地理中心观的动摇。鸦片战争之后，随着一大批西方地理译著和地理著作的问世，原有的天朝帝国居于中央的观念受到严重挑战。其中，林则徐、魏源、徐继畬等人做了大量工作。林则徐被誉为近代中国“睁眼看世界第一人”。1839 年底，他组织翻译了英国人慕瑞的《世界地理大全》，译名为《四洲志》。该书介绍了关于世界几大洲的新知识，对近代中国“走向世界”起到了重要启蒙作用。1842 年魏源出版了《海国图志》一书，对世界五大洲和许多国家的历史、地理作了详细介绍。1848 年徐继畬出版了《瀛环志略》一书，比较全面地介绍了地球的概貌，介绍了亚洲、欧洲、非洲和美洲四大洲各国地理、历史和现状，还介绍了太平洋、大西洋、印度洋及南极的基本情况。这些著作在当时比较客观地描述了世界的图景。这样一来，中国位于“世界中心”的神话自然也就破灭了，“天朝上国”的迷梦也被打碎。

第二，对器物价值的重视。鸦片战争之前，在中国人的心目中，西方世界的坚船利炮都是奇技淫巧，不足称道。鸦片战争中国的失利给中国士大夫阶层以沉重的打击，使他们重新审视西方的科学技术。魏源的“师夷长技以制夷”的观点最具代表性。对西方器物的引进与学习，也是后来洋务派的一贯主张。洋务派对西方技术的引进持积极态度，力图通过西方的科技弥补中国自身的缺陷。对坚船利炮的重视表明，在与西方的对抗中，中国人对西方的器物文化逐渐持接受的态度。

第三，礼仪优越感的消失。正如前面分析指出的，传统中国人的心目中，西洋各国以及周边国家都不过是夷狄，他们在文化礼仪方面根本无法与华夏平起平坐。也正因如此，所有与清廷交往的国外使节都必须对皇帝行三拜九叩之礼。但是，第二次鸦片战争后进驻北京的英法公使，与清廷交往中首次平起平坐。1861 年，总理衙门这一专管外交事务的机构的成立，标志着中外交往中中国的礼仪已没有什么特权。不仅如此，随着中国半殖民地半封建社会程度的加深，中国的礼仪在所谓的“夷狄”心目中不仅无优越性，相反，连平起平坐的资格也逐渐失去了。如同世界上其他殖民地或半殖民地一样，中国作为一个被西方征服的对象，被西方视作有待开化的非文明国家。

第四，对政治制度的批判。鸦片战争以后，中国社会改革的呼声不断增强，但是最初的革新主要停留在器物层面，洋务运动就是首先从这一层面上开始的。甲午战争的失败表明，单纯依靠器物层面的变革，不对制度进行深层次的变革是无法真正摆脱困境的。此后的“百日维新”、“清廷新政”，乃至后来孙中山领导的资产阶级革命，无不在用不同的方式对已有的政治制度加以革新或革命。“百日维新”和新政所要实现的君主立宪，资产阶级革命所要实现的资产阶级共和国，它们都是以西方的政治制度为基本模板的。原本被作为嘲讽对象的西方他者，在此成了学习的榜样。这样，19 世纪 40 年代至 20 世纪初的短短几十年间里，自我（中国）与他者（西方）之间的价值排序在中国出现了极其剧烈的变化。

华夏中心主义观念在鸦片战争后被突破的事实表明，传统的民族认同体系面临着困境，已经无力应对西方外来挑战，认同危机由此产生，并且这种认同危机随着中国与列强交锋中的连续失败而不断加剧。

（二）两种典型的解决路径

中国与西方他者的遭遇使中国的传统叙事遭到破坏，传统文化的理想自我形象开始失落。自我理想形象的恢复有赖于自我重塑一个关于自身的完整叙事，以此重新设定自我的主体地位，引导自我实现心目中的理想目标。然而，这一理想自我叙事的建构，并非一件容易的事情。中国独特的现代化进程决定了自我理想形象的塑造是十分复杂而困难的。外源型的现代化是中国近代社会发展明显不同于西方的地方。中国的现代性不仅面临着自我的传统与当下问题，同时还面临着自我与他者这一东方与西方问题。更为复杂的是，这两个问题往往交织在一起，构成了所有后发国家在全球化条件下追求现代性时所表现出来的共同特征。

发源自西方的现代性在全球化过程当中，由于自身所具有的浓厚“西方中心论”气质，力图凭借自身的经济和军事优势将中国纳入资本主义的框架当中，并力图用自身的价值观念来对其加以改造。面对这一状况，近代中国表现出一种异常矛盾的心态和举动。一方面，强大的外在他者所代表的现代性似乎是任何一个走向现代化的国家所不可抵制的强大力量；另一方面，为了维护自己独特的生存价值，又不可能放弃自己传统文化价值和政治价值的独特性来一味地追求同一化。这样，自我与他者之间同质化与多样化的矛盾产生了巨大冲突。

1. 守成性的自恋

为解决传统认同目标的失落，“中体西用”的民族文化认同建构观最先登上历史舞台。张之洞认为，“中学为内学，西学为外学；中学治身心，西学治世事”。“中体西用”观点承续了中国传统文化当中的道器之说，亦即“形而上者谓之道，形而下者谓之器”。“中体西用”既是对西方文化之于中国文化器物层面侵袭的反应，同时也是中国传统社会变迁的内在惯性作用的结果。“中体西用”这一观点的功用就在于：“它既为在器物层次作趋利避害和急功近利的变革提供可能性，对于传统民族认同符号而言，又具有保护性功能。”[①] 尽管如此，“中体西用”还是蕴含着自身的逻辑矛盾：文化不仅仅是器物层面的问题，制度层面和思想观念层面的文化在整个文化结构当中具有更为重要的作用。文化作为器物文化、制度文化和观念文化的综合体，其变革往往需要各个层面的相互支持。

“体用”之说在甲午战争当中受到重创，中国之“体”的合理性受到质疑。尽管如此，文化的自恋性情节还是保持着顽强的生命力，并力图通过对西方列强这一他者弊端的揭示来彰显自我的优越感。第一次世界大战的爆发，似乎为中国民族文化认同问题的解决找回了自信和论证的根据。面对第一次世界大战后西方萧条的景象，文化保守主义者辜鸿铭认为，“欧洲人民于这场大战之后将在中国人这儿找到解决战后文明难题的钥匙”，中国人“拥有欧洲人民战后重建新文明的奥秘”[②]。这一点在梁启超那里也得到了体现。1919 年，在国内因饱受物质文化匮乏而企图到西方世界寻找救亡图存道路的梁

① 申剑敏：《晚清民族主义思潮与近代中国的民族认同》，《人文杂志》2001 年第 6 期。
② 辜鸿铭：《中国人的精神》，海南出版社 1996 年版，第 27 页。

启超踏上了欧洲的土地，然而他所看到的，却是第一次世界大战所造成的满目疮痍和“巴黎和会”对中国权益的野蛮瓜分。于是，他似乎觉得，西方物质文化发达，但精神文化落后，因此发达的科技手段最终竟成为相互残杀的武器；中国精神文化发达，但物质文化落后，故高雅的礼仪之邦只能成为列强欺侮的对象。于是，他在《欧游心影录》中，一方面倡导国人学习欧洲的物质文化，一方面又以批判的眼光来审视欧洲的精神文化，并在末尾写道：“我们可爱的青年啊！立正！开步走！大海对岸那边有好几万万人，愁着物质文明破产，哀哀欲绝的喊救命，等着你来超拔他哩。我们在天的祖宗三大圣和许多前辈，眼巴巴盼望你完成他的事业，正在拿他的精神来加佑你哩。”①

正因为东方文明与西方文明的这种差异，使得中国文明具有自身的优越性。这一点在梁漱溟思想中体现得十分明显。梁漱溟通过其人类文明三阶段说，展示中华文明的优越性。在他看来，西方、中国、印度这三种文明代表了人类文明发展的三个阶段。在当时条件下，西方文明代表了人类文明的第一阶段，但这一文明虽然处于鼎盛时期，却已经显示出了其颓废的一面；处于人类第二阶段的中国文明虽然在现阶段还没有显示自己的力量，但是它却代表了人类未来文明发展的目标。这种表面处于劣势的文明从人类文明发展的整个历程看，却又是一种超前的文明。

可见，自恋性的民族主义都力图从不同角度塑造自身文明的优越性，或者声称自己的文化之“体”与西方文化之“体”相比具有

① 梁启超：《欧游心影录》，《梁启超全集》，北京出版社1999年版，第2987页。

对等的地位，或者声称自己文化之“体”的优越性。这种观点“隐然地意味着本土精神文化的高超性，却同时提倡从现代文化作选择性的引借。这个公式隐含的结果是：本土文化因之具备了现代化控制自然的装备，同时也保有其原有的高超精神性”①。但是，守成性民族主义所具有的中国文化优越感，却回避不了这一历史事实：中国的传统文明在面对西方入侵时难以作出有效回应。纵然从西方文明面临的困境来看，中国文化有其不可忽视的价值，但问题的关键在于传统文化如何有效地解决现实的中国所面临的困境。

2. 激进性的批判

当对自身文化传统弊端的认识深入到内核层次之时，中国民族文化认同问题的解决开始向其相反的方向发展。即由对自身文化传统优越性的极力挖掘走向对其激进的批判。近代中国在与西方的交锋中一再失败的事实，使中国的民族自尊心受到重创。如果不能探索出使中国走向富强的途径，任何问题都无从谈起。

甲午战争之后，中国民族主义情绪高涨。强国的强烈愿望将激进民族主义推上历史舞台。激进民族主义认为，文化不仅具有性质之分，还有高低之别。近代西方的科学精神是引导西方强大的最主要力量，西方的先进之处就在于其科学的理性精神。因而中国所缺乏的正是这种科学的理性精神，中国所面临的任务并不是对传统文化的留恋，而是勇敢地、全面地接受西方文化，用科学的精神引领社会。在激进主义看来，文化无所谓民族、国家之别，文化是世界性的。近代中国与西方交锋的失利表明，中国文化虽然和西方文化

① 艾恺：《世界范围的反现代化思潮》，贵州人民出版社 1999 年版，第 225 页。

同处一个空间，但在时间排序上却属于古代，因此是需要被抛弃的。也正是在这一意义上，陈独秀在《新青年》上发表的《法兰西人与近世文明》一文说："中国与印度的文明，名为近世，其实犹古之遗也，可近世文明者，乃欧罗巴人只所独有，即西洋文明也。"[①] 与陈独秀共同倡导"新文化运动"的胡适更是大声疾呼："我们如果还想把这个国家整顿起来，如果还希望这个民族在世界上占有一个地位，——只有一条生路，就是我们自己要认错。我们必须承认我们自己百事不如人，不但物质机械上不如人，不但政治制度不如人，并且道德不如人，知识不如人，文学不如人，音乐不如人，艺术不如人，身体不如人。"[②] 另一位文化激进主义者陈序经也认为："（1）欧洲近代文化的确比我们进步得多。（2）西洋的现代文化，无论我们喜欢不喜欢，它是现世的趋势。"[③] 这表明，在激进主义者的视野中，文化只有先进和落后之分，没有类型之别，他们在传统文化问题上采取了激进的批判和否定态度，对西方文化和价值予以了充分褒奖。中国激进主义力图以西方为蓝图构筑一个全新的中国，其良好之初衷是不容否定的。求富求强的强烈心态使其在传统民族文化无力有效地应对西方的挑战，无法为国人提供认同感的情况下，毅然决然地采取了"拿来主义"的态度，从自我走向了他者。

内忧外患的情境使中国激进的文化民族主义将强力作为第一位的要素，而对待传统文化采取一些极端化的情绪。特定的历史境遇使得近代中国民族主义承载了过多的功利目的，无暇深入思索文化

① 陈独秀：《法兰西人与近世文明》，《青年杂志》（第1卷），1915年9月第1号。

② 胡适：《介绍我自己的思想》，葛懋春、李兴芝编辑：《胡适哲学思想资料选》（上），华东师范大学出版社1981年版，第345页。

③ 陈序经：《陈序经学术论著》，浙江人民出版社1998年版，第83—84页。

价值观念的深层次问题，价值层面的建构和反思未能充分进入他们的思考范围。彻底将自身的文化抛弃掉，直接拿西方的东西来对抗西方，这种近似“休克治疗”的做法，表面上看非常有效。但是这种简单的“拿来主义”，忽视了民族文化认同建构的复杂性和艰巨性。实际上，文化绝不简单地是物质形态、制度层面的东西，它还包含着更为复杂、更为深层的价值观念的东西。深层次的文化价值观念不是一朝一夕能够建立起来的，也不是一朝一夕就能被抛弃掉的。

守成性的民族主义因对自身文化优越性一面的过度强调而失去自我批判的动力。一味地强调本民族文化价值的独特性和优越性，消解文化的普遍价值和标准，不能有效地解决民族化与世界化之间的矛盾，也不能有效地解决中国近代文化认同的困境。中国近代以来面临的挑战表明，中国人必须对自身文化中的弱点自觉地加以检讨，并对其中的错误的或荒谬的成分予以坚决地摈弃。没有这样的决心和勇气，现代化是难以真正完成的。

全球化作为人类历史发展的基本趋势和事实要求我们，对于源于西方的现代性，我们不能采取盲目反对的态度。“民族主义在强调和捍卫一个国家的文化、宗教或语言上的和谐时，它也应该接纳多样化（diversity）和多元化（pluralism），接纳一个国家内的多元文化、多样化的生活方式、多样化的语言等。”[①] 民族主义在伸张自身民族独特性的同时，应当以一种开放的姿态勇于接纳异质文化的合理要素。中国在饱受近现代凌辱之后，需要加速现代化的进程，而

① 程笑：《爱国主义、民族主义与现代化——维罗里教授访谈录》，哈佛燕京学社、三联书店主编：《公共理性与现代学术》，生活·读书·新知三联书店 2000 年版，第 177 页。

不是固守传统；但对于拥有悠久历史文化传统的国家而言，又不可能也不能够一味地尾随于西方，因为失去自尊的民族是立不起来的。

（三）文化自信心不足

通过分析我们知道，近代中西交流是在不平等的条件下开展的，中国的现代化是外源型的、被迫的现代化。在这一过程中，西方发达国家力图以自身的经济和军事实力为后盾，强行将中国纳入其“中心—边缘”的格局之中，因而这种交往深深烙上了西方中心主义的痕迹。后发民族国家在经济、政治和军事方面的落后状况，使得它面临着一种尴尬的境地：一方面，如果要自强于世，必须追求现代性；另一方面，如果要保持本民族的独立品格，又需要对带有浓厚西方色彩的现代性进行顽强的批判。因此，对于当时西方列强所主导的全球化，后发国家既爱又恨；对于自身的文化传统，它们既忧又憎。处于传统与现代、自我与他者夹击下的这种双重困境，促成了中国民族文化认同矛盾品格的形成。

这种矛盾体验，时至今日还不同程度地影响着当代中国人的文化心理。正如我们前面所指出的，当前，文化上西强我弱的格局没有根本改变，面对西方文化和价值观的冲击，一些人在文化道德上产生了受压迫感，导致文化道德自卑现象，文化自信心不足。同时，随着我国综合国力的提升，人们的民族自信心和自豪感大幅提升，但一些人也一定程度存在自卑和自负交织的复杂心态，这种复杂心态在一定程度上折射出对中国文化优势的不自信。“实现中国文化的现代重建，必须超越这种自我矮化的文化心态。如果不能从文化上的自卑泥沼中真正抽身出来，所谓的民族复兴是不可能实现的。”[①] 面对经济全球化条件下文化之间的交流和交锋，我们需要树立理性的、科学的态度，对自身文化的特性有清楚的理解和把握，对我们文化的优点有充分的自信，对其中的缺点有清醒的认知，对于外来文化要批判性地吸收和借鉴，真正做到洋为中用，不断发展壮大中华文化。

二、坚定中华文化自信

文化自信绝非一味地自我批判而抹杀其意义和价值，也并非对自己的一味赞美而枉顾其中显见的缺陷。文化自信是通过不断地打破原有状态，在以开放包容的态度汲取他者的有益成分基础上实现对自我的超越。近代以来中国遭遇西方列强坚船利炮，中国人的文化自信心遭受严重挫伤。如何重建中国的文化自信，如何在继承优秀文化传统的基础上开辟文化发展的新天地，是近代以来中国发展必须解决的严峻课题。这一历史重任落到了中国共产党人身上。中国共产党不仅带领人民实现国家富强、政治进步、经济发展，还带领中国人民努力实现中华民族的文化复兴。中国共产党注重从延续民族文化血脉中开拓前进，以科学的、理性的态度对待传统文化，既一脉相承，又随时代的新变化、新发展而与时俱进。

马克思主义中国化的过程，就是将马克思主义与中国优秀文化有机融合的过程。早在 1938 年，毛泽东同志在党的六届六中全会上就指出：“我们是马克思主义的历史主义者，我们不应当割断历史。

① 张涛甫：《文化自信与文化自觉》，《社会观察》2014 年第 6 期。

从孔夫子到孙中山，我们应当给以总结，承继这一份珍贵的遗产。”① 2014年，习近平总书记在纪念孔子诞辰2565周年国际学术研讨会上的讲话中指出：“中国共产党人是马克思主义者，坚持马克思主义的科学学说，坚持和发展中国特色社会主义，但中国共产党人不是历史虚无主义者，也不是文化虚无主义者。我们从来认为，马克思主义基本原理必须同中国具体实际紧密结合起来，应该科学对待民族传统文化，科学对待世界各国文化，用人类创造的一切优秀思想文化成果武装自己。在带领中国人民进行革命、建设、改革的长期历史实践中，中国共产党人始终是中国优秀传统文化的忠实继承者和弘扬者，从孔夫子到孙中山，我们都注意汲取其中积极的养分。”② 党的十八大以来，以习近平同志为核心的党中央特别强调文化自信的重要性。2016年5月17日，习近平总书记在哲学社会科学工作座谈会上指出：“坚定中国特色社会主义道路自信、理论自信、制度自信，说到底是要坚定文化自信。文化自信是更基本、更深沉、更持久的力量。”③ 这三个“更”，凸显了“文化自信”在“四个自信”中的地位。我们应该坚定文化自信，增强文化自觉，不断增强对中华文化的认同，提升国家文化软实力，建设社会主义文化强国。

（一）体认中华文化的辉煌

文化自信，首先表现为对自身的文化发展历史和现实有一种理性的把握，并在此基础上对自身文化的作用、地位有着清醒的认知。

---

① 《毛泽东选集》（第2卷），人民出版社1991年版，第534页。

② 习近平：《在纪念孔子诞辰2565周年国际学术研讨会暨国际儒学联合会第五届会员大会开幕会上的讲话》，《人民日报》2014年9月25日。

③ 习近平：《在哲学社会科学工作座谈会上的讲话》，人民出版社2016年版，第17页。

如果对自己的文化资源、文化传统都不太了解，文化认同就无从谈起。

中国是个文明古国，在五千年的历史中，创造了灿烂辉煌的科技成就、博大精深的中华文化，出现了“文景之治”、“武宣盛世”、“贞观之治”、“开元盛世”等富强时期。从经济发展水平来看，古代中国的经济总量曾经占到世界经济总量的一半以上，直到18世纪末期，中国的经济规模仍然是世界上最大的。16—18世纪的中国是世界上最大的商品出口国，那时英国销往中国的商品总值，尚不足以抵消中国卖给英国的茶叶一项。全世界50万以上人口的10个大城市里中国就占了6个。从科技成就来看，古代中国有很多重大科技发明，使中国的农耕、纺织、冶金、手工制造技术长期处于世界先进水平，同时也对周边国家的生产生活产生了重要影响。

灿烂辉煌的中华文明，博大精深的中华文化，不仅影响着一代又一代的中华儿女，也对人类的进步和世界文化的发展产生了深远影响。早在公元前100多年，中国就开辟了通往西域的丝绸之路。汉代张骞于公元前138年和前119年两次出使西域，向西域传播了中华文化，也引进了葡萄、苜蓿、石榴、胡麻、芝麻等西域物产。西汉时期，中国的船队就到达了印度和斯里兰卡，用中国的丝绸换取了琉璃、珍珠等物品。唐代是中国历史上对外交流的活跃期。据史料记载，与唐代中国通使交好的国家多达70多个，那时候的首都长安来自各国的使臣、商人、留学生云集成群。活跃的文化交流使中华文化远播世界，也促进了各国文化和物产传入中国。15世纪初，明代著名航海家郑和七次远洋航海，抵达非洲东海岸的肯尼亚，留下了中国同沿途各国人民友好交往的佳话。明末清初，中国人积极学习现代科技知识，欧洲的天文学、医学、数学、几何学、地理学知识纷纷传入中国，开阔了中国人的知识视野。中国的造纸术、印刷术、指南针、火药四大发明带动了世界变革，推动了欧洲文艺复兴。中国哲学、文学、医药、丝绸、瓷器、茶叶等传入西方，渗入西方民众日常生活之中。

近代中国由于封建制度的腐朽和帝国主义的侵略而落后了。新中国的成立开启了中华文明复兴的伟大征程。毛泽东曾指出："随着经济建设的高潮的到来，不可避免地将要出现一个文化建设的高潮。中国人被人认为不文明的时代已经过去了，我们将以一个具有高度文化的民族出现于世界。"[①] 改革开放以来，我们党在全面推进中国特色社会主义事业的伟大进程中，大力发展社会主义文化，积极推进文化体制改革，建设高度的社会主义精神文明，不断丰富人民的精神世界，增强人民的精神力量。一个国家、一个民族的强盛，总是以文化兴盛为支撑的，中华民族的伟大复兴需要以中华文化发展繁荣为条件。伴随中华民族伟大复兴的，必然会是中华文化的繁荣兴盛，中国特色社会主义事业的全面推进必然催生社会主义文化建设新高潮。源远流长的中华文明，曾长期处于世界领先地位，为人类文明做出了不可磨灭的贡献，中华文化理应在现在和将来为人类文明发展做出新的更大的贡献。我们需要坚定文化自信，加强对中华优秀传统文化的挖掘和阐发，推动中华优秀传统文化创造性转化、创新性发展，让中华优秀传统文化在社会主义现代化建设中焕发出旺盛的生命力。

---

① 《毛泽东文集》（第5卷），人民出版社1996年版，第345页。

（二）理解中华文化历久弥新的时代价值

在当今世界文化体系中，中华文化不仅以其博大精深、包容并蓄、海纳百川的胸怀，与世界各文明展开积极的交流与沟通，为世界文化的发展贡献着自己的力量，同时，它还以其独具匠心的思想观念，展现出了自身的独特优势。中华文化当中蕴含着许多可以为人类共享的、具有普遍意义的智慧。

1. 崇尚和谐

尚和合、求大同的价值理念，源远流长，是中华传统文化的精髓。中华民族在长期实践中，在处理个人与他人、个人与社会、个人与自身关系时，追求和传承和平、和睦、和谐的思想，形成了重和谐、共存共生、互济双赢的价值理念。在中华文化中，以和为贵，与人为善，己所不欲、勿施于人等理念代代相传。“地势坤，君子以厚德载物”，表现出一种器量宏大的宽广胸怀。“礼之用，和为贵”强调以一种和谐友善的态度对待自然、社会和他人，以一种宽广的胸怀处理各种关系。“己所不欲，勿施于人”强调人际交往中要学会换位思考，自己不愿意的事情不要强加于人。“爱人者，人恒爱之；敬人者，人恒敬之”强调人际交往不以权压人、以强凌弱，不拿架子，不摆资格，不伤害和侵犯他人利益，相互尊重，平等协商。在中国历史上，也涌现出了无数崇尚和谐、践行友善的典故：廉颇蔺相如将相和、孔融让梨、郑板桥居官爱民、安徽桐城六尺巷的故事……代代流传。

以和为贵、与人为善的价值理念，也体现在中国与世界各国的交往中。中国人自古就推崇“协和万邦”、“亲望亲好，邻望邻好”

的和平理念，一直强调国家不分大小、强弱、贫富，都一律平等。在对外关系中，中国一贯遵循互相尊重主权和领土完整、互不侵犯、互不干涉内政、平等互利、和平共处的五项原则，在此基础上与世界各国政府和人民开展友好合作关系。中国人民从来不愿将自己的意志强加给别人，中国人民更不愿意将自己曾经遭受的苦难强加给他国。正如习近平总书记在澳大利亚联邦议会发表的题为《携手追寻中澳发展梦想　并肩实现地区繁荣稳定》的演讲中所指出的："中国人自古崇尚'以和为贵''己所不欲，勿施于人'等思想。中国近代以后遭遇了100多年的动荡和战火，国家发展、人民幸福根本无从谈起，中国人民绝不会将自己曾经遭受过的悲惨经历强加给其他国家和民族。"①可以说，"和"的理念，深深地印在中国人的心目中，渗透于中华民族的心理和思维方式之中，成为中国人做人做事的基本准则。

和谐这一价值理念不仅具有鲜明的中国特色、民族传统，同时也具有世界普遍意义。当今世界多极化、经济全球化、社会信息化深入发展，国际社会日益成为你中有我、我中有你的命运共同体，和平、发展、合作、共赢成为不可阻挡的时代潮流。但世界仍然很不安宁。世界经济增长不稳定不确定因素增多，全球发展不平衡加剧；霸权主义、强权政治和新干涉主义有新的发展；民族宗教矛盾、边界领土争端等热点复杂多变，小战不断、冲突不止、危机频发仍是一些地区的常态，世界依然面临现实和潜在的局部战争威胁；气候变化、恐怖主义、金融危机、网络安全、重大自然灾害和疾病疫

① 习近平：《携手追寻中澳发展梦想　并肩实现地区繁荣稳定》，新华网，2014年11月17日。

情等非传统安全威胁上升。面对人类发展的共同挑战，世界各国应该发扬“和为贵”、“和而不同”的思想，摆脱零和思维，树立合作共赢的理念，通力合作，搁置争议，共谋发展。无疑，所有这些都是中国传统文化所秉承的和谐理念的应有之义。

2. 注重群体利益

在对自由的理解中，中国传统文化尤其是儒家文化，与西方观念特别是西方自由主义的理解有很大不同。在西方自由主义的观念中，自由的主体通常指的是独立的个体，它强调个体相对于他人、国家、社会的独立性、不可侵犯性。因此，在自由主义的视野中，自我是自我规定、自我存在和自我发展的存在者。“个人被认为本质上是其自身及能力的所有权人，而他所拥有这些并不对社会有任何欠缺。个人并不被认为是一个道德的整体，也不被认为是一个更大社会的一部分，而是被视为他本身的一个拥有者。”①

与自由主义的理解不同，儒家不把自我看作超越于社会关系之外的存在者，相反，认为自我处于社会情境之中。一个人出生于家庭中并成长为社会和国家的一员，而社会和国家又被看作一个扩展了的大家庭，由此，个人的身份是通过在家庭内的角色与关系教化得到实现，然后再扩展到更大的共同体之中，即《大学》所言的“格物、致知、诚意、正心、修身、齐家、治国、平天下”。作为一个社会性的自我，每个人需要承担相应的社会角色，德行也就在践行君臣关系、父子关系、夫妇关系、兄弟关系、朋友关系等基本的人伦中体现出来。由此，德行就表现在个人能卓越地履行其特有的角

① Macpherson，*The Political Theory of Possessive Individualism：Hobbes to Locke*，Oxford University Press，1962，p. 3.

色上。在社会关系性的存在中，一个人通过认识他在这个关系中的角色知道他是谁，并且借助这种认识，知道自己应该做什么，以及自己能够从其他角色中得到什么。人的合适的（appropriate）功能概念就与一套社会角色的观念联系起来了，亦即儒家所言的“义”。[①]人生意义就体现在对这一角色的忠实践履上。如此一来，自我选择就不是一种任意的行为。每个人的行为实际上与他所继承下来的债务、遗产、合法期望和义务紧密关联在一起。只有获得这种关联性，个人才能获得统一性。每个人的活动是在特定的历史传统中或社会脉络中进行的，人的生命意义的建构与其生活的群体密不可分，而绝不是完全自由选择的结果。正是基于这样的理解，在中国传统文化中，民族利益、国家利益、社会利益占有十分重要的地位。中国传统文化强调每个人对家庭、国家和社会的责任和义务，主张先公后私，反对过分强调个人权利的观念，尤其反对自我中心、自私自利。中国古人所强调的群体本位的价值理念，尽管有其时代和历史的局限性，但在今天个人主义极端膨胀、人际关系紧张的条件下，强调人与人之间紧密联系，化解人际关系的紧张，促进人与人和谐相处，有其不容忽视的意义和价值。

3. 崇尚独立人格

自古以来，中华民族就讲志向、重节操，始终坚守人格的力量。《论语》云：“三军可夺帅也，匹夫不可夺志也。”[②] 强大的外力可以改变统领三军的统帅，却无法改变一个普通人的志节。孔子的这一

---

① 按照美国汉学家郝大维（David Hall）、安乐哲（Roger Ames）的分析，“义”的含义为“合适”，“从社会方面来说，‘义’要解决的是个人在其所处共同体中的合适位置问题”。见郝大维、安乐哲著，何刚强译：《先贤的民主》，江苏人民出版社 2004 年版，第 116 页。

② 《论语·子罕》。

名言，以鲜明对照的句法和毅然决然的语气，表达了这样的信念：人格的力量是不可战胜的。而这种信念又典型地代表着中国文化执着于道德理想的可贵传统。古往今来，对理想人格的追求鼓舞着无数仁人志士对浑浊现实的奋勇抗争，激励着人们对美好理想的不懈追求。孟子所提出的“富贵不能淫，贫贱不能移，威武不能屈”的大丈夫之标准，可谓是独立人格的典范。孟子的一生始终践行大丈夫独立人格：面对至高无上的君王，他彰显出睥睨王者、踔厉风发的人格风范；面对外来压力，他秉承持志、尚志的人格品质；在人生道路上，他奉行“穷则独善其身，达则兼善天下”的人格操守。千百年来，中国历史上涌现出了千千万万具有独立人格、强烈社会责任感的仁人志士。“不为五斗米折腰”的陶渊明，不愿“摧眉折腰事权贵”的李白，无不彰显着进退有度、宠辱不惊的处世态度和卓然独立的“大丈夫”人格。这些仁人志士的高尚道德品质和永久的人格魅力，成为中华民族的精神典型，影响着一代又一代的中国人。

中国传统文化保持着微妙的张力。与儒家主张入世不同，道家认为，获得自由的方式不是入世，相反，是避开现实，忘却现实。在道家看来，现实生活是一种羁绊、桎梏，是不自由的。因此道家喜好隐遁，或隐身草莽，或遁迹山林，如此可避免沾染人间的污秽。道家认为，防止人与自然、人与社会、人与自身异化现象的最好方式是顺其自然。为此，老子鼓励人们找回自然原始的本心、顺应心灵的自然感召，主张“返璞归真”。“璞”是一种自然之美，是未经加工的自然材料，保存了事物的本来面目，没有矫揉造作之感；“真”，是假的对立面，是人本来面貌的体现。“返璞归真”，就是要消除一切矫揉造作，保持本真的状态，从而达到真善美的境界。

保持心灵的洒脱，在庄子那里表现为期望一种“天地与我并生，万物与我为一”的精神境界。庄子告诉人们，只有消除功、名、利、禄的束缚，才能回复自然的“本性”，获得人格的独立和精神上的自由。为此，庄子呈现给人们一种逍遥的情景：在无限的宇宙中自由翱翔，以“万物齐一”的眼光俯视大地，实现心灵的超越。以老庄为代表的道家思想，其所主张的“道法自然”、“返璞归真”、不为物所役、不为物所累的思想，深深地影响着中国人的精神世界，对现代人的安身立命有着很强的启示意义。

总之，历经沧桑而积淀传承下来的中华优秀传统文化，具有超越时代局限，反映文明永恒性的价值特征，与整个民族，乃至整个人类的共同利益和福祉相契合，并对社会的发展产生深刻的影响，是我们在世界文化激荡中站稳脚跟的根基。2014 年 3 月 27 日，习近平总书记在中法建交 50 周年纪念大会上谈到中华优秀传统文化时指出，“老子、孔子、墨子、孟子、庄子等中国诸子百家学说至今仍然具有世界性的文化意义”①，这些思想思考和表达了人类生存与发展的根本问题，其智慧光芒穿透历史，思想价值跨越时空，历久弥新，成为人类共有的精神财富。2014 年 9 月 24 日，习近平总书记在纪念孔子诞辰 2565 周年国际学术研讨会上再次指出：“中国优秀传统文化的丰富哲学思想、人文精神、教化思想、道德理念等，可以为人们认识和改造世界提供有益启迪，可以为治国理政提供有益启示，也可以为道德建设提供有益启发。对传统文化中适合于调理社会关系和鼓励人们向上向善的内容，我们要结合时代条件加以继承和发扬，

① 习近平：《在中法建交 50 周年纪念大会上的讲话》，新华网，2014 年 3 月 27 日。

赋予其新的涵义。”① 我们要坚持马克思主义的方法，采取马克思主义的态度，坚持古为今用，推陈出新，有鉴别地加以对待，有扬弃地加以继承，实现中华优秀传统文化的创造性转化、创新性发展，建设中华民族共有精神家园。

三、以价值观自信推进文化自信

价值观是文化的内核，道路、理论和制度作为价值观的外在表现，始终受到价值理念的规范、激励和引导。价值观具有很强的渗透性，它无时不在，无处不有，深刻影响着有形的存在、有形的现实，对经济发展、制度变革、社会发展产生重要而深远的影响。作为一种隐性的文化，价值观是影响人们思想取向和行为选择的决定性因素，影响着人们的思想观念、思维方式、行为规范。一种价值理念一旦被人们认同，将对人们产生巨大的推动作用，生发出巨大的精神力量。核心价值观是文化软实力的灵魂、文化软实力建设的重点，是决定文化性质和方向的最深层次要素。一个国家的文化软实力，从根本上说，取决于其核心价值观的生命力、凝聚力、感召力。坚持文化自信，从根本意义上说，就是要坚持价值观自信。

（一）当代中国价值观自信从何而来

习近平总书记在庆祝中国共产党成立 95 周年大会上指出：“当今世界，要说哪个政党、哪个国家、哪个民族能够自信的话，那中国

① 习近平：《在纪念孔子诞辰 2565 周年国际学术研讨会暨国际儒学联合会第五届会员大会开幕会上的讲话》，《人民日报》2014 年 9 月 25 日。

共产党、中华人民共和国、中华民族是最有理由自信的。”[①] 马克思主义的正确指导，五千年中华优秀传统文化的深厚积淀，中国特色社会主义的伟大实践，广大人民群众的支持，社会主义的崇高价值追求，共同造就了我们为之自豪、并为之自信的核心价值观。

1. 凝聚着马克思主义的真理力量

社会主义核心价值观以马克思主义这一先进的意识形态为指导，代表着最广大人民的根本利益。马克思主义是经过实践检验证明了的科学理论。马克思主义深刻揭示了人类社会发展的内在矛盾、本质和规律，为人们认识世界、改造世界提供了科学的世界观和方法论。纵观马克思主义诞生以来的人类历史，我们深刻地感受到：马克思主义已不仅仅是一个“幽灵”，而是已经转化成活生生的实践；它已不只是在欧洲游荡，而是冲出了欧洲大陆，影响了全世界；那些企图让马克思主义“寿终正寝”的人虽然依旧对其大加诋毁，但马克思主义已经成为全球数以亿计人的政治信仰。在这个历史过程中，尽管各种学说、理论、主义纷纭繁杂，但没有哪一种理论、学说能像马克思主义那样保持勃勃生机，对推动社会进步起那样巨大的作用，造成那样深远的影响。尽管现在世界上的情况有很多新变化，但历史发展的总趋势并没有越出马克思主义经典作家所揭示的基本规律。也正因为如此，人们重新审视资本主义面临的困境时，马克思主义的思想观念又一次在西方引起了更多人的关注，不少西方舆论指出，“现在马克思的魅力正在增加”、“马克思当年的预言得到了验证”。

---

① 习近平：《在庆祝中国共产党成立95周年大会上的讲话》，人民出版社2016年版，第12页。

一种理论是否具有吸引力、号召力和生命力，还在于它站在什么样的立场，表达怎样的观点，具有怎样的价值追求。马克思主义不仅是科学的理论，同时还包含着崇高的价值追求。马克思主义把崇高的道德价值追求隐含在理论思考之中，隐含在对社会历史发展客观、冷静的剖析之中，隐含在对社会未来发展目标的热烈追求之中。马克思、恩格斯将毕生的精力奉献给了人类解放的伟大事业。他们对资本主义社会条件下资本家对工人的疯狂剥削压榨进行了无情批判，对资本主义社会条件下的异化现象进行了深入剖析，对资本主义标榜的价值观念的虚伪性进行了彻底揭露，向世人展示了资本主义制度的非正义性。马克思、恩格斯通过对资本主义弊端的深刻揭露，通过对资本主义内在矛盾的深入分析，为无产阶级的解放找到一条科学的道路。在他们看来，无产阶级只有通过革命的手段摧毁资本主义制度，建立共产主义社会，才能解放全人类和自身。也正是在这一意义上，我们同意分析的马克思主义者理查德·诺曼的观点。在诺曼看来，“马克思主义的内在吸引力在于它表现了对现存社会制度的批判和对未来更美好社会的向往，这种批判和向往来自于深刻的思考而不是简单的对阶级利益的反映，它是有理性基础的。人们被马克思主义所吸引是基于这样一些判断：资本主义是建立在剥削和压迫基础上的，它压迫和束缚人的生命力，阻碍人们充分实现人生潜能，它应该让位于社会主义社会，在那里人们能够获得更大的自由和更多的平等”①。

马克思主义作为我们党和国家的根本指导思想，是全党全国各

① 罗伯特·韦尔、凯·尼尔森编，鲁克俭等译：《分析马克思主义新论》，中国人民大学出版社2002年版，第51页。

族人民的共同精神支柱，是我们战胜艰难险阻的强大思想武器。在探索中国革命和发展道路的历史进程中，我们党坚持把马克思主义基本原理同中国实际相结合，不断取得马克思主义中国化的理论成果，指导中国革命、建设和改革不断走向胜利，实现了民族独立和人民解放，将一个四分五裂、贫穷落后的旧中国建设成为人民生活总体上达到小康水平、正在蓬勃发展的新中国。如果没有马克思主义的指导，这一切都是不可能的，也是不可想象的。中国的历史发展进程，以具体生动的实践和无可争辩的事实，充分证明了马克思主义理论的巨大力量。可以说，坚持以马克思主义为指导，是党和人民的选择，是中国历史发展的必然选择。作为指引人类社会前进的科学理论，马克思主义包含着极为丰富的关于社会主义价值的思想，这是社会主义核心价值观的指导思想和内在灵魂。以马克思主义为指导，从而确保了我们价值观的性质和正确方向。

2. 植根中华文化的沃土

社会主义核心价值观，不是无源之水、无本之木，而是植根于中华文化的沃土，是中华优秀传统文化的延续和升华，有着深厚的历史渊源。中华优秀传统文化是涵养社会主义核心价值观的重要源泉，社会主义核心价值观蕴含着中华民族共同坚守的道德理想，流淌着中华优秀传统文化的历史脉动，镌刻着中华优秀传统文化的特有印记，展现着中华民族五千多年来持续发展的强大精神力量。“富强、民主、文明、和谐，自由、平等、公正、法治，爱国、敬业、诚信、友善”，既鲜明地体现了社会主义中国的价值追求，又是对源远流长的中华优秀传统文化的继承和发展。今天我们倡导的核心价值观，有许多是传统价值的当代表达，已深深渗透在中国人的精神世界之中。以价值观为载体，中华文化的血脉得以穿越时空；以价值观为引领，今天的我们依然可以为古人的智慧所照亮。

从国家层面来看，富民强国、民本思想、以文化人的理念、追求和谐的思想深深印刻在中国古人的心目当中。自古以来，中华民族就把富民强国作为不懈价值追求。早在春秋时期，思想家管子就曾经说过："凡治国之道，必先富民。"儒家代表人物荀子专门写了《富国》篇，认为"足国之道"，在于"节用裕民"。在漫长的历史发展进程中，中华民族曾经创造了令世界瞩目的先进生产力、辉煌的科技成就、灿烂的精神文化。在中国古代，传统的民本思想也包含着一些民主因素。《尚书》中就指出："民惟邦本，本固邦宁。"孟子也指出："民为贵，社稷次之，君为轻。"历代贤明统治者无不重视人民的力量。唐太宗就常常告诫大臣："君，舟也；人，水也；水能载舟，亦能覆舟。"中国是个文明古国，在五千年的历史中，创造了源远流长、博大精深的中华文化，形成了完备的道德准则、完整的礼仪规范，被世人称为"文明古国，礼仪之邦"，中国人也以其彬彬有礼的风貌而著称于世。实现社会和谐，建设美好社会，是中华民族孜孜以求的社会理想。孔子要求"仁者爱人"、"礼之用、和为贵"，在他理想中的社会是上古三代的"大同社会"；孟子则提出"老吾老以及人之老，幼吾幼以及人之幼"的思想；墨家提出"兼相爱"、"爱无差等"的理想方案，等等。到了近代，康有为的《大同书》，孙中山的三民主义和"天下为公"理想等，都集中体现了我国传统的"和谐"思想。社会主义核心价值观就是对中华民族一直以来所推崇的民富国强的理念、以民为本的思想、文明教化的价值观念、社会和谐的理想追求的继承和发扬，是中华文化中悠久的价值理念在当今时代的升华。

从社会层面来看，自由、平等、公正、法治的理念也渗透于中国传统文化当中。尽管中国人对自由的理解与西方人有所不同，但中国人历来对专制、暴政等自由的反面予以强烈反对，对独断专行、飞扬跋扈、不可一世的做法予以极力贬斥，对唯我独尊、刚愎自用、颐指气使的行为予以严厉批判。中国人追求独立的、不徇流俗的独立人格，崇尚自在、自得、自适、自乐的悠然心境。在封建社会，“君君臣臣父父子子”的等级观念尽管十分强烈，但人们对平等这一价值观念还是有着很强的诉求的。“王侯将相，宁有种乎”的呐喊，“等贵贱，均贫富”的口号，无不鲜明地体现了这一点。在日常交往层面，中国古人也注重平等待人，与人为善的观念深深地印在中国人的心目中，成为中国人做人的基本准则、与人交往遵循的基本方式。公正思想在中国古已有之，并且深深扎根在中国人的内在精神世界之中。《礼记》中就曾描写了“大道之行也，天下为公”的美好社会；孔子提出“有国有家者，不患寡而患不均，不患贫而患不安”。近代思想家康有为在《大同书》中提出要建立一个“人人相亲，人人平等，天下为公”的理想社会。如同其他民族的人们一样，几千年来，公平正义作为重要的价值理念，引导着中国人民为建立一个公平正义的美好社会而进行着不懈的努力和斗争。

关于法治观念，从总体上看，中国古代的法治基本属于如何治理民众而进行的谋划，缺乏现代法治所具有的自由、平等、民主、人权的内涵。现代法治所强调的保护公民的权利，尊重个体的人格尊严等向度，在中国古代是没有的。尽管如此，中国传统文化中，还是具有一些关于法治的思想资源。早在春秋战国时期，法家反对儒家的德治、礼治、人治思想，提出了以法为本、缘法而治、法不阿贵、以刑去刑等法律思想，将法在社会治理中的作用空前提高，推动了当时社会的发展和进步。法治的思想尽管在此后的政治变迁中沦为人治的手段，但是关于法律之于国家发展、社会稳定的作用，逐渐为人们所认可。无论是“治国无法则乱，守法而弗度则悖”、“礼者禁于将然之前，而法者禁于已然之后”的法律箴言，还是法具有“兴功惧暴”之能、“定分止争”之用的论断，无不表明了这一点。这表明，当代中国所倡导的自由、平等、公正、法治等价值理念，绝非舶来品，在自身文化中毫无根基，相反，它们是深深植根于中国传统文化之中，中国传统文化包含着这些价值观念的因素。我们要做的，不是枉费这些土壤、奉行拿来主义，直接将西方的相关价值理念移植过来；相反，我们需要立足自己的历史文化传统，有选择地吸收，有批判地借鉴，取其精华，去其糟粕。

从公民层面来看，爱国主义一直是中华民族的光荣传统。从古至今，爱国主义已深深融入中华民族的民族意识、民族性格和民族气概之中，成为中国人弥足珍贵的精神财富。无论古代、近代、还是现当代，中国人一直把爱国作为神圣的职责，秉承“先天下之忧而忧，后天下之乐而乐”的价值理念，自觉地将国家利益置于个人利益之上；以“苟利国家生死以，岂因祸福避趋之”的忘我精神置个人的功名乃至生死于度外。“位卑未敢忘忧国”、“天下兴亡，匹夫有责”、“风声雨声读书声声声入耳，家事国事天下事事事关心”等名言警句深深扎根于每个中国人的心田。敬业是中华传统美德的重要元素。《礼记》中就有“敬业乐群”之说，孔子也主张“敬事而信”、“执事敬”，强调要“行己也恭，事上也敬”、“言忠信，行笃敬”。近代著名学者梁启超认为，“敬业”是指“凡做一件事便忠于一件事，将全副精力集中到这事上头，一点不旁骛”[①]，即“专心致志以事其业”。诚信是中华民族的传统美德。在中国广为流传的成语中，有不少与诚信有关，如“一诺千金”、“一言九鼎”、“一言既出驷马难追”等。在几千年的历史长河中，许多诚信人物及故事广为传诵，深深刻印在中国人的心中。中华民族历来提倡厚德载物和谐共处，强调与人为善、助人为乐。我国传统文化中有大量关于友善思想的论述，无数践行友善美德的故事代代相传。与人为善的价值理念深深植根于中国人的精神中，体现在中国人的日常行为举止上。

总之，社会主义核心价值观立足中华优秀文化的丰厚沃土，它以我国传统价值观念作为基本的价值资源，并赋予其反映时代要求的新内涵，展示出了鲜明的民族特色，体现出深厚的历史韵味和中国气派。

3. 引领了卓有成效的中国实践

社会主义核心价值观立足中国特色社会主义的伟大实践，有着坚实的实践基础。中国特色社会主义，离不开社会主义核心价值观的支撑和引领，同时中国特色社会主义的伟大成就，也是对社会主义核心价值观正确性、可信性的检验，为当今中国核心价值观自信提供了坚实的实践基础。

近代以来，中华民族遭遇了前所未有的深重灾难，国家贫弱、任人宰割、军阀混战、民不聊生。实现国家富强、人民富裕，成为中国人民必须完成的历史任务。为改变民族的命运，中国人民和无

---

① 梁启超：《饮冰室合集》（第5卷），中华书局1989年版，第26页。

数仁人志士进行了千辛万苦的探索和不屈不挠的斗争。中华民族面对的求得民族独立和人民解放、实现国家富强的重大任务，历史性地落在中国共产党及其团结带领下的中国人民的肩上。中国共产党带领全国人民经过28年艰苦卓绝的斗争，推翻了帝国主义、封建主义和官僚资本主义的反动统治，建立了人民民主专政的国家政权，开辟了人民当家作主的崭新时代，为实现中华民族伟大复兴扫清了障碍、创造了根本前提，开启了中华民族发展的历史新纪元。在全国执政后，中国共产党团结带领各族人民，在恢复和发展国民经济的基础上成功进行了社会主义改造，创造性地实现了由新民主主义到社会主义的历史性转变，全面确立了社会主义基本制度，实现了中国历史上最深刻最伟大的社会变革，为当代中国发展进步奠定了坚实基础。改革开放以来，我国经济实力、科技实力、国防实力、综合国力进入世界前列，推动我国国际地位实现前所未有的提升，党的面貌、国家的面貌、人民的面貌、军队的面貌、中华民族的面貌发生了前所未有的变化，中华民族正以崭新姿态屹立于世界的东方。事实充分证明，除了社会主义道路，没有任何其他道路能够给中国带来这样的发展，能够改变中华民族的前途和命运。改革开放和社会主义现代化建设的辉煌成就，给每个中国人带来了巨大的实惠，让人们清晰地看到中华民族伟大复兴的光明前景，引导人们自觉地投身于中国特色社会主义建设的历史洪流中。改革开放和社会主义现代化建设的辉煌成就，极大地激发了民族自尊心、自信心和自豪感，让人们在感慨百年奥运、千年奔月梦圆之时，更加感到作为中国人的光荣和骄傲。改革开放和社会主义现代化建设的辉煌成就，以其对中国特色社会主义共同理想的生动诠释，极大地坚定了广大人民对社会主义核心价值观的认同。

4. 契合人类文明的发展方向

社会主义核心价值观吸收和借鉴了人类不断追求的共同价值理念，体现了人类的共同价值追求。国家之富强、和谐，社会之公正、法治，公民之诚信、友善，等等，无不是当今世界各国孜孜以求的目标。社会主义核心价值观将自由、平等、民主、法治、公正、和谐等价值观念作为构成要素纳入到自身体系之中，既丰富了我们价值观的内涵，也反映了人类发展进步的要求，使我们的价值观始终保持时代的先进性。社会主义核心价值观崇尚和谐，将中华民族一直秉承的以和为贵，与人为善，己所不欲、勿施于人等理念体现其中，坚持美美与共，建设和谐世界，打造人类命运共同体，这与和平、发展、合作、共赢的时代主题契合，为世界树立了典范。

社会主义核心价值观坚守人类文明的道义制高点。“社会主义价值观试图也必然要超越资本主义价值观狭隘性藩篱。”① 社会主义较之资本主义的优越性，就在于创造出远远高于资本主义的生产率，并在此基础上达到共同富裕，实现社会公平正义，让社会上最大多数人而非少数人实现自由而全面发展。社会主义无论是作为一种理论形态、社会运动，还是制度设计，它都包含着对自由、民主、平等、公正等基本价值理念的强烈追求。作为一种理论形态，社会主义实现了对资本主义意识形态的超越，它将自由平等的原则由政治领域贯彻到了经济和社会领域，将实质正义纳入到正义的内涵之中，从而取代了资本主义将正义等同于形式正义的缺陷。作为一种社会

① 韩震：《从人类历史发展看社会主义核心价值观》，《光明日报》2015 年 7 月 9 日。

运动，社会主义始终以实现无产阶级和劳苦大众的彻底解放为己任，与各种侵犯和违背广大人民利益的行为进行彻底的斗争。作为一种制度设计，社会主义力图将公平正义原则在经济制度、政治制度、社会制度中全面贯彻，建立生产资料公有、人民当家作主、安定和谐的社会。从这一角度讲，社会主义并非抽象地批判资本主义的价值理念，而是以历史的、发展的眼光审视资本主义价值理念的合理性，并在新的基础上实现对资本主义价值理念的批判和超越。

（二）切实增强价值观自信

马克思主义的指导，中华文化的滋养，引领了卓有成效的中国实践，契合人类文明的发展方向，呈现出巨大的感召力、亲和力和凝聚力，是我们坚定社会主义核心价值观自信、自觉践行社会主义核心价值观的基础。在竞争激烈的当今世界，在价值多元的复杂社会，在泥沙俱下的转型时期，我们有底气，而且有必要树立我们的价值观自信，坚守社会主义核心价值观的精神高地，维护我们共有的精神家园。

1. 深入阐发社会主义核心价值观的内涵

社会主义核心价值观内涵十分丰富，核心价值观每个词的背后都有着十分复杂的思想发展脉络。我们既要从人类思想发展脉络出发揭示社会主义核心价值观的丰富内涵，更应该立足中国历史文化传统，着眼近代以来中国发展道路的艰辛探索历程，特别是立足当代中国特色社会主义的伟大实践，来揭示这些概念的丰富价值意蕴。

第一，要对社会主义价值观的历史演变进行梳理分析。从本质上讲，我们的核心价值观是社会主义的。空想社会主义、科学社会主义、苏联社会主义实践所提出的一些价值理念理应成为我们理解和把握社会主义核心价值观内涵的重要思想资源。将社会主义核心价值观与几百年的社会主义的价值追求割裂开来是一种历史虚无主义的做法。为此，我们需要从历时态的角度，对空想社会主义价值观、科学社会主义价值观的基本内涵、理论特征、历史地位进行系统梳理，阐发社会主义价值观从空想到科学的重大飞跃，分析苏联社会主义价值观的理论贡献及其存在的问题，在社会主义发展的历史语境中深入把握社会主义核心价值观的丰富内涵。

第二，要对自由主义、民族主义、共和主义、民主社会主义等流派的相关价值理念进行批判性考察。社会主义核心价值观问题的提出源于理论对现实的自觉。世界范围内各种思想文化相互交织、相互激荡的复杂背景，我国思想观念深刻变化的新形势，构成了当代中国核心价值观建设的现实语境。我们在培育和践行社会主义核心价值观的过程中，必定会面对资本主义价值理念的影响，面临各种非社会主义、反社会主义价值理念的挑战。知彼知己，方能百战不殆。我们只有在分析和考察其他各种主义、思想流派的相关理念，如民主、自由、平等、公正等内涵，揭示其意义和局限的基础上，才能对我们所倡导的核心价值观理念的性质、内涵作出更为清晰的阐述，才能使人们对其作出更为准确的理解和把握。

第三，要对社会主义核心价值观 12 个词的内涵作深入分析。社会主义核心价值观 12 个词看似简单明了，但深入分析，我们会发现每个词实际上都包含着十分复杂的内容。我们需要在综合政治学、哲学、伦理学等相关学科研究成果的基础上，紧紧围绕培育和践行社会主义核心价值观的任务要求，对这些概念的内涵作深入阐述，特别是针对思想界和现实领域对这些概念模糊的认识甚至是错误认识的现状，作出准确的阐述，起到深化理论认识、澄清错误观念的作用。

2. 将价值观转化为人民的自觉行动

社会主义核心价值观绝不是理论家杜撰出来的、外在于民众的空洞口号，也绝不是与民众无关的几个华丽字眼的堆积，它应该是亿万人民的自觉价值追求，是激发人们不断创造幸福美好生活的巨大精神力量。从这个意义上讲，社会主义核心价值观只有成为人们自觉认同的理念，才能发挥其应有的作用。

社会主义核心价值观，反映了社会主义基本制度的本质要求，渗透于经济、政治、文化和社会建设的各个方面，在所有社会主义价值目标中处于统摄地位，它将国家的发展、民族的进步、个人的成长紧密地结合在一起。在当代中国，要大力提升民众的国家认同感，必须将我们的核心价值观真正体现到制度设计、政策规划和社会管理之中，贯穿于经济、政治、文化和社会建设各个领域，推动社会主义核心价值观建设与各方面工作有机融合、协调发展，将价值观念层面的要求转变为现实的东西，创造一个民主法治、公平正义、诚信友爱、充满活力、安定有序、人与自然和谐相处的社会，为每个公民的成长和发展创造良好的环境。只有将核心价值观建设与社会制度的完善、人民生活环境的改善、生活质量的提升紧密结合起来，才能使其中蕴含的美好价值追求转化为人们的自觉行动。

3. 创新社会主义核心价值观传播的方式和方法

理论源于实践，服务于实践，接受实践的检验，这是理论宣传工作的基本遵循。理论宣传只有植根于实践的土壤，才会创作出接地气、富有说服力和生命力的作品，才能发挥引领实践、引领群众、引领社会的功能。社会主义的核心价值观的宣传教育也应如此。社会主义核心价值观教育绝不是高高在上对群众进行思想灌输，相反，需要深入百姓生活，了解人们的所思所想所感，体会人们的酸甜苦辣，以通俗易懂、喜闻乐见的方式，讲述百姓身边的故事，唯有如此，才能引起受众的强烈共鸣，充分发挥社会主义核心价值观的教育引导作用。习近平总书记在十八届中共中央政治局第十三次集体学习时就强调指出："一种价值观要真正发挥作用，必须融入社会生活，让人们在实践中感知它、领悟它。要注意把我们所提倡的与人们日常生活紧密联系起来，在落细、落小、落实上下功夫。"[①] 我们需要认识到，社会主义核心价值观不是高高在上，与民众无关的干巴巴的12个词，相反，是与每个人息息相关，就在我们的身边，渗透在每个人的日常生活中。也正因为如此，社会主义核心价值观教育不能仅仅停留在自上而下的宣传上，相反，它更需要民众自下而上地自觉认同，需要内化于民众的心、外化于百姓的行。我们要用人们愿意接受、乐于接受的语言，采取生动活泼的方式，将价值观娓娓道来，通过生活中一个个动人的故事、一幅幅优美的画卷，使人们感受着生活的美好，体悟着人间的真情，憧憬着美好的未来。在感受、体悟和憧憬中，社会主义核心价值观的丰富内涵得到了具体形象的展现，价值观的力量得到了充分彰显。因而，用人们听得懂的语言、乐于听的方式讲述自己身边的故事，这是引导民众理解、体悟和践行社会主义核心价值观的颇佳途径。

---

① 习近平：《习近平谈治国理政》，外文出版社2014年版，第165页。

4. 积极促进核心价值观的海外传播

当代中国建设取得的巨大成就，国家面貌发生的历史性变化，充分显示了中国特色社会主义道路的优越性。中国立足和平共处五项原则，致力于建设和谐世界的主张得到了越来越多国家和人民的广泛认同。但是，国际上总有一些国家不愿意看到中国的崛起，试图误导世界其他国家和人民对中国发展的认识。有的简单套用西方历史上大国崛起的逻辑看待中国的发展，提出“中国威胁论”，有的片面夸大中国发展中出现的各种问题，提出“中国崩溃论”。在当前西方媒体关于中国的报道中，充斥着大量关于中国的负面报道。一些报道将中国描绘成为没有民主，不讲法治，没有自由人权的国家。有研究表明，美国三大报纸《纽约时报》、《华盛顿邮报》和《洛杉矶时报》中关于中国的报道，负面新闻远多于正面、中性的报道。[①]这一系列论调的背后是冷战思维，戴着有色眼镜审视中国发展。这也在一定程度上反映出我们在价值观推广与传播方面存在不足。与我国的国际地位相比，我们在国际上的话语权和文化影响力依然薄弱，与我国的经济地位相比，我们的文化软实力有待增强。我们应该通过积极有效的宣传，让更多国家和地区的人民了解我们的价值理念和基本主张，让他们知道中国的崛起对于世界来说是福祉而不是威胁。中国的发展是开放的发展、合作的发展、共赢的发展，中国既通过争取和平国际环境发展自己，又以自身发展维护和促进世界和平。推动建设持久和平、共同繁荣的和谐世界，是中国追求的目标，也符合世界各国人民的愿望。

---

① 参见张巨岩《权力的声音：美国的媒体和战争》，生活·读书·新知三联书店 2004 年版。

社会主义核心价值观回答了我们要建设什么样的国家、建设什么样的社会、培育什么样的公民的重大问题。这既是我们的价值追求、价值规定，同时也是我们对世界的价值承诺，是我们国家形象的国际展示。我们需要大力传播社会主义核心价值观，把中国故事讲好，把中国声音传播好，让国际社会对我们独特的历史传统、历史命运、基本国情有一个深入的理解，对我们道路、理论、制度的特色和优势有一个科学的把握，对中国有一个客观、充分、理性的认识，使我国在政治上更有影响力、经济上更有竞争力、形象上更有亲和力、道义上更有感召力。

第三节　增强中华文化认同

民族国家的形成，具有很强的想象成分。当代民族主义思想家安德森就将“民族”定义为一个“想象的共同体”。在他看来，民族之所以具有想象的特征，是“因为即使是最小的民族的成员，也不可能认识他们大多数的同胞，和他们相遇，或者甚至听说过他们，然而，他们相互联络的意象却活在每一位成员的心中”。同时，“民族被想象为有限的，因为即使是最大的民族，就算他们或许涵盖了十亿个活生生的人，他们的边界，纵然是可变的，也还是有限的”[①]。言外之意，民族的形成有赖于边界感，那种世界主义的想象是不适用于民族国家的。

---

① 本尼迪克特·安德森著，吴叡人译：《想象的共同体：民族主义的起源与散布》，上海世纪出版集团2005年版，第6—7页。

民族作为一种“想象的共同体”表明，民族的形成无疑具有自然的成分，但是也离不开人为的建构因素。认同“不是那些已既存的事物，它跨越地域、时间、历史和文化……它并不是永久地固定在某一个本质化的过去，而是处于不断的历史、文化与权力的游戏之中”[①]。在认同建构中，认同主体不是被动的，而是具有主动性和选择性的。同样，国家认同的建构是一个动态过程，不是一种既定的状态。在此，国家将历史、文化、宗教、节日、符号等进行了编码和再编码，使其进入到人们的内心体验之中，使国民体验到自己与同胞，甚至是未曾谋面的同胞具有手足之情，与民族或国家命运紧密相连。当代中国国家认同感的建构，需要采取积极有效的方式，大力弘扬民族精神和时代精神，传承共同的历史记忆，开掘中华文化符号的价值意蕴，展示中华文化的独特魅力，不断增强人们的文化自豪感和认同感。

一、弘扬中国精神

中华民族在长期的历史发展过程中，形成了以爱国主义为核心的民族精神。时代的发展赋予了民族精神以新的时代内涵，即以改革创新为核心的时代精神。民族精神和时代精神所共同构成的中国精神是实现中国梦的强大动力。习近平总书记在第十二届全国人民代表大会第一次会议上的讲话中指出：“实现中国梦必须弘扬中国精神。这就是以爱国主义为核心的民族精神，以改革创新为核心的时代精神。这种精神是凝心聚力的兴国之魂、强国之魂。爱国主义始

① Jonathan Rutherford（ed.），*Identity*：*Community*，*Culture*，*Difference*，Lawrence & Wishart，1990，p. 225.

终是把中华民族坚强团结在一起的精神力量，改革创新始终是鞭策我们在改革开放中与时俱进的精神力量。”①

（一）中国精神是中华民族的灵魂

中国精神是以爱国主义为核心的民族精神和以改革创新为核心的时代精神相互交融的产物。民族精神是指一个民族在长期共同生活中形成和发展起来的，为人们所认同并促进民族进步和发展的理想信念、价值取向、思想品格、道德规范、思维方式和精神气质的总和。最早提出“民族精神”这一概念的是18世纪德国文化民族主义思想家莫泽尔。他认为，在每一种组织中，存在着一种伟大的普遍的观念，从本质上说，它代表着民族观念的充满生机的力量。如果这种观念占据着所有人的心灵，如果它成为民族的信念、民族的政治信条，那么它也就成为民族精神。在莫泽尔看来，德意志人民只有在这一民族精神的激励下，才可能万众一心去实现民族统一和重新恢复其光荣与强大。② 从莫泽尔的论述中，我们可以看到，民族精神是一个民族独特精神气质的展现，它集中体现了一个民族在特定的自然环境和社会历史条件下生存和发展的基本方式，凝结着一个民族的自尊心、自信心和自豪感。也正因如此，民族精神被看作民族魂、国魂，它深深地熔铸在民族意识、民族品格和民族气质之中，是一个民族赖以生存发展的精神动力和精神支柱，是一个民族区别于其他民族的重要特征，对一个民族的生存和发展起到巨大的

---

① 习近平：《习近平谈治国理政》，外文出版社2014年版，第40页。

② 参见李宏图《西欧近代民族主义思潮研究——从启蒙运动到拿破仑时代》，上海社会科学院出版社1997年版，第119页。

支撑和推动作用。一个民族，没有振奋的精神和高尚的品格，就不可能自立于世界民族之林。

民族精神作为民族文化的结晶，其形成和发展是长期历史积淀的过程。在不同时代，在社会发展的不同阶段、不同时期，中华民族精神有着不同的内涵和表现。远古时代的女娲补天、大禹治水、后羿射日等神话传说，以及龙的原始图腾崇拜，既是中华民族精神最初的发源地，同时也是中华民族最初的精神追求。从春秋战国，经魏晋唐宋，到明清时期，中华民族经历了形成自己独具特色的民族精神的历史进程，孕育并奠定了“自强不息”、“革故鼎新”、“厚德亲民”、“居安思危”等中华民族精神的基本形态，形成了“国而忘家，公而忘私”，“先天下之忧而忧，后天下之乐而乐”，“天下兴亡，匹夫有责”等爱国主义精神信念。近代以来，中华民族的民族意识空前觉醒，民族团结极大增强，中华民族精神在血与火的洗礼中不断升华，在艰苦卓绝的奋斗中不断崛起。从这时起，“抗击外辱、捍卫民族尊严”、“救亡图存、变法图强”、“追求民主与科学”等重要的精神传统，融入中华民族精神之中。中国共产党带领各族人民进行革命、建设和改革的实践中，形成了自己的优良传统，丰富和发展着民族精神，培育了井冈山精神、长征精神、延安精神、抗战精神、西柏坡精神、“两弹一星”精神、大庆精神，等等。这些精神，继承和发扬了中华民族的优良传统，使中华民族精神得到前所未有的发扬光大，成为推动中华民族实现伟大复兴的强大精神动力。在五千多年的发展中，中华民族形成了以爱国主义为核心的团结统一、爱好和平、勤劳勇敢、自强不息的伟大民族精神。伟大的民族精神体现着人们对中华民族的价值认同，是中华民族团结统一的精神纽带。

时代精神是社会的时代本质及其发展趋势在精神领域的反映，是一定时代的精神主流和基本价值。时代精神体现在一个时代的生活实践和精神生活中，是一定时代的社会存在的反映。我们讲的时代精神就是在新的历史条件下，在中华民族改革开放的伟大实践中激发出来的，体现民族精神特质、反映社会发展方向、引领时代进步潮流、为社会成员普遍认同和接受的思想观念、价值取向、道德情操、精神风貌、思维方式、行为方式和社会风尚的总和，是时代的精神气质、精神风貌、社会风尚的集中体现。

改革开放以来，在深化改革、扩大开放的进程中，在党的领导下，全国人民锐意进取、敢为人先的创新精神不断迸发；与市场经济相适应的自主、平等、竞争、效率观念不断增强；扶贫济弱、公平共享，着眼于人的全面发展的人文精神得到普遍推崇；民主、科学、法治的理念成为广泛共识，形成了以改革创新为核心的时代精神。

伟大的事业需要伟大的精神，伟大的精神托举伟大的梦想。中国精神是中华民族伟大复兴的中国梦的精神动力，是中华民族的精神支柱。在国家面临生死存亡考验的时刻，中国精神是中华民族紧密团结、救亡图存的精神纽带。在和平建设时期，这种精神是团结一切可以团结的力量，调动一切可以调动的积极因素，汇聚起实现中华民族伟大复兴中国梦的强大动力。中国精神使中华民族不断焕发出蓬勃的创造力，中国进入了百年来发展最快最好的时期，迎来了伟大复兴的光明前景。

（二）弘扬中国精神，创作文化精品

一种文化要想得到人们的认同，自身必须具有强大生命力、创造力和吸引力。优秀的文化作品应该是思想性和艺术性的统一，应该有筋骨、有道德、有温度，能够触及人们的灵魂，激发人们的共鸣。只有那些蕴含着思想的力量、充满道德的光芒、饱含人性温度的作品，才能堪称精品力作，才具有无尽的魅力和永恒的价值。创造精品力作，不断满足人们的精神文化需求，提升人们的精神境界，是提升文化软实力、增进人们的认同感的关键。当代中国文化发展必须弘扬中国精神。中国精神是中国文化的精髓，体现了民族的独特精神气质和价值取向，是中华民族的重要身份标识。中华民族以自身特有的民族精神和时代精神，向世界展示了中国这一东方古老国度的神韵与和平、开放、自信、文明的现代形象。文化创作要唱响爱国主义的主旋律，展现中华民族不屈不挠的精神气质，弘扬以改革创新为核心的时代精神，展现当代中国人民昂扬奋进、锐意进取的精神状态。要坚持以人民为中心的创造导向，自觉从人民的创造智慧中产生灵感，从社会生活的无尽矿藏中挖掘素材。只有反映人们的生活，表现人们的情感、体现人们的心声、表达人们的愿望的作品，才能有坚实的根基，才能引起人民的共鸣。的确，作家、诗人、艺术家对文化创作发挥着十分重要的作用，但文化创作的源泉在广大人民的生活，文化的基因深深植根于民族精神和时代精神之中。对此，18 世纪德国文化民族主义者赫尔德就指出："文化是每一个民族有机体的民族精神的产物，并不是作为个人的个体精神的产物……每个作家、艺术家、诗人，只是体现和代表着民族精神去创造、表达一种民族文学、民族语言和民族宗教，他们是这个民族中最敏感地接受和呼应着由民族精神所发出的激励与号召的人，民族通过他们发言和体现，他们是民族的喉舌。”① 从这个意义上说，文化艺术作品不单单是个别的文化工作者的创作，它是全民族集体智慧的结晶，是世世代代的人们在生产生活中不断创作的成果。唯有植根中华文化的沃土，深入生活，扎根人民，才能创作出无愧于时代的精品力作，也唯有这样的作品才能增进人们的认同感，激发人们的民族自豪感和爱国心，才能为国家认同建构提供有力的精神支撑。

二、传承历史记忆

文化不是一个静止的概念，而是一个历史的动态的过程。民族精神也是开放、发展着的存在。中华民族精神是中华民族在漫长的社会历史发展过程中逐步形成的，并随着时代的发展而被赋予新的时代内涵，从而呈现出鲜明的时代特征。黑格尔曾说：“历史对于一个民族永远是非常重要的，因为他们靠了历史，才能够意识到他们自己的‘精神’表现在‘法律’、‘礼节’、‘风俗’和‘事功’上的发展行程。”② 中国精神的弘扬和培养，中华文化的传承和发展，是在一个历时性中展开的。也正因如此，增强中华文化认同，弘扬民族精神，离不开对中华民族历史的认识、理解和把握。没有丰厚的历史底蕴为根基，没有具体生动、不断发展着的实践为基础，民族精

① 参见李宏图《西欧近代民族主义思潮研究——从启蒙运动到拿破仑时代》，上海社会科学院出版社 1997 年版，第 125—126 页。

② 黑格尔著，王造时译：《历史哲学》，生活·读书·新知三联书店 1956 年版，第 206 页。

神和时代精神就成为无源之水、无本之木。只有了解中国五千年的历史，知道汉唐盛世，才会知道统一是中国历史的主流，才能深切地体会到统一时期也是中国社会发展、百姓安居乐业、国威远播的时期；相反，分裂时期则是社会经济发展受到严重破坏，生灵涂炭、国势衰败的时期。只有深刻地理解中国历史，才能知道中华民族自古以来是一个爱好和平的民族，中华民族的血液中没有侵略他人、称霸世界的基因，才能够懂得中国人民不接受“国强必霸”的逻辑。只有了解中国的四大发明、璀璨的中华文化、中国人民不屈不挠的奋斗历程，才能深刻地体认到我们的民族是一个勤劳勇敢、自强不息的民族。只有了解近代以来中国人民苦苦寻求救亡图存的艰辛探索历程，才能懂得中国道路来之不易。也只有了解和体验改革开放以来中国社会发生翻天覆地的变化，才能懂得改革创新的意义与价值。引导人们对历史的认同感，学会从历史的角度分析中国的国情，理解中华文明的意义和价值，理解中华民族不屈不挠的奋斗历程，充分认识到国家的统一、民族的团结和社会稳定是国家发展的根本保证。当代中国国家认同的建构，需要充分发挥历史的功能，重视历史记忆的价值，通过行之有效的教育引导人们体验民族的共同历史命运、共享的价值理念、共同的利益关切、荣辱与共的情感。

（一）集体记忆的保存

国家认同感的形成，需要成员之间拥有某种历史连续性的认同，这种连续性不仅要指向过去，也指向未来。历史连续感的形成、认同感的获得有赖于历史记忆。

记忆是人们关于外在世界的心理反映，它代表着人们对已逝的经验、感受的累积。认同与记忆密不可分。记忆与认同有着密切的关联。认同最基本的内涵是同一性，是指一个事物经历了时空的变化之后，还保持其基本特性。认同还意味着某种连续性，“指的是认同主体的一种自我体验和自我经验感，它造就了一种时间和空间的意识。在自我和个体认同那里，认同的连续性指的是时间和空间关系的动态的一致性，它在个体认同那里表现为记忆”[①]。记忆呈现了意识的连续性，使人在记忆中体认到自己是一个连续的共同体，进而实现自我认同。不仅自我认同是建立在记忆基础上的，个体对国家的认同也是建立在历史记忆基础之上的。钱穆先生就指出：“若一民族对其以往历史了无所知，此必为无文化之民族。此民族中之分子，对其民族必无甚深之爱，必不能为其民族真奋斗而牺牲，此民族终将无争存于并世之力量。”“欲其国民对国家有深厚之爱情，必先使其国民对国家以往历史有深厚的认识。欲其国民对国家当前有真实之改进，必先使其国民对国家既往历史有真实之了解。”[②] 一个失去历史记忆的民族，如同一个失忆的个体，不知道自己从哪里来，现在身处何地，要走向哪里，简言之，这将是一个失去认同感的民族。

记忆和失忆是相伴随的。历史记忆在时间海浪的冲刷下容易消逝。为此，必须将历史记忆以恰当的方式加以保存。历史叙事是保存和传承记忆的有效方式。叙事，顾名思义，就是叙述事情，即通过语言或其他媒介再现发生在特定时间和空间里的事件。历史叙事是以文献、档案和遗迹为依据，对发生过的历史事件的叙述。“历史

① 王成兵：《国家认同：当代认同问题研究的新焦点》，《学术论坛》2010 年第 12 期。

② 钱穆：《国史大纲》（上册），商务印书馆 1996 年版，引论第 2—3 页。

之父”希罗多德在《历史》一书开篇中就告诉人们：“其所以要发表这些研究成果，是为了保存人类的所作所为，使之不至于随时间流逝而被人淡忘，为了使希腊人和异族人的那些值得赞叹的丰功伟绩不致失去其应有的光彩。”[①] 为此，必须通过历史的叙述对过去加以记载，从而为维系民族认同提供记忆的支撑。

历史记忆有助于使人们形成历史连续感。通过历史记忆，人们能够“穿越”时间的隧道，与自己从未谋面也不可能谋面的先人建立起文化心理上的强烈关联，感受到历史中的事件、历史中的人物和自己拥有着共同的特质。如此一来，历史叙事搭建起了沟通过去和现在、个体与民族有机关联的桥梁，每个民众由此体认到自己在历史中扮演的角色，进而生发对民族和国家的责任感与使命感。

历史记忆的过程也是差异性比较的过程，它有助于国民在区分自我和他者的过程中生发共属一体的想象。认同是一个关系性概念而非实体性概念。认同感的形成，源于自我和他者的区分。正是通过他者异于自我之特性的展示，自我的特点凸显了出来，正是在这种比较中，自我确立起自己的身份和归属。历史记忆能够为自我与他者的互动比较创造情境。历史叙事不是事实的平铺直叙，往往夹杂着叙事者的情感，呈现出跌宕起伏的斗争场景。在叙述中，叙事者往往会自觉不自觉地展现出哪些是“我们自己人”，哪些是“异己”的对象。在阅读历史文献，倾听历史故事中，读者很容易进入叙事情境中。在这其中，读者既能感受到自己群体的特质，也能感受到他者的明显不同；既能感受到自己先辈的荣光或屈辱，也能够

① 希罗多德著，徐松岩译：《历史》（上册），中信出版社 2013 年版，第 1 页。

体会到他者给予自身命运共同体的益处或创伤。他者的与众不同，映衬出自我的鲜明形象。他者留给自己的益处或创伤性记忆，强化着自我内部的紧密团结。所有这些，都有助于增强成员的归属感。

历史记忆还有助于激发民众为民族和国家奋斗的决心与勇气。不可否认，记忆主要调动的是读者的想象力，读者跟随历史叙述者的逻辑能够在头脑中形成共属一体的想象。而历史叙事对于读者意志力的驱动作用也是不容忽视的。“阅读行为中包含着‘激发时刻’，并转变成‘去是’和‘去行动’的诱因。”① 阅读戚继光抗倭、林则徐虎门销烟等历史故事，不仅让读者建构出“我是中国人”的想象，而且让读者自然生发出努力奋斗、报效国家的崇高使命感。

时间与空间紧密相连。人的存在既是历史性的存在，也是空间性的存在。每个个体，每个群体都生活在特定的地理空间之中。历史记忆与空间边界的划分往往紧密联系在一起。在历史发展过程中，每个民族都拥有一个特定的生存空间，在这个地理空间中生存、繁衍创造着属于自己的文明。“边界是一种物理界限，它在民族认同的生产和再生产空间中是最突出的象征”②，“一切民族主义运动都或明或暗地提出的首要问题是，作为一个民族，它的领土到何处为止；它的界限是什么，或者说，在大多数情况下，这些界限应当是什么，应当以什么标准来划定”③。疆域的概念是历史记忆中必不可少的内容。历史记忆中往往都有关于本民族生存空间或多或少的记载。我

① 刘惠明：《作为中介的叙事》，世界图书出版公司2013年版，第198页。

② 胡安·诺格著，徐鹤林、朱伦译：《民族主义与领土》，中央民族大学出版社2009年版，第33页。

③ 胡安·诺格著，徐鹤林、朱伦译：《民族主义与领土》，中央民族大学出版社2009年版，第31页。

们知道祖国的边界在哪里，边界之内的人们有哪些特征，我们的国土上有哪些地理风貌。正是通过对历史记忆的认知和地理相关知识的学习，一个身居漠河的居民，会感到远在云南未曾见面的居民是自己的同胞；一个纵使没有亲身去过西藏、台湾的人，通过地理学习也会清楚地知道这是祖国神圣不可分割的领土。相反，对于边界两侧的中缅居民而言，尽管他们会经常性地谋面，甚至在边境贸易中经常性地互动，但他们并不感到彼此是一个国家的同胞。正是地理边界、界碑的存在，将边界两侧的人们区分开来。历史教育提供给人们连续感，给当下的人们与自己的祖先建立紧密的关联。地理教育给人们提供边界感或区分感，告知人们哪些属于“我们”，哪些属于“他们”。两种看似方向相反的过程，却起到了增强国家认同感的相同效果。

（二）历史叙事方式的恰当运用

在国家认同的建构中，历史记忆的书写、空间想象感的激发是相当严肃的事情。历史记忆决不能采用“戏说的”、“大话的”方式进行，地理空间的阐述应该是科学的、严谨的、规范的。在历史记忆的建构中，对于革命史这样严肃的政治题材，是不能戏说的。戏说，尽管给人们带来精神的愉悦，但不能激发人们的崇高感。我们必须通过特定的方式激发起人们内心世界的崇高感，无论是辉煌的崇高，还是悲壮的崇高，都是国家认同建构所必需的。“辉煌记忆”和“悲壮记忆”这两种类型的记忆是不可或缺的，民族自豪感和民族屈辱感是国家认同感的基本维度。进行爱国主义教育，既要让人们了解中华民族五千年的辉煌，也要人们深刻理解和体会近代以来的中华民族遭受的屈辱。辉煌的记忆可以激发人们的自豪感，使人们对民族、对国家的未来充满信心，激发起复兴民族伟大和光荣的崇高使命感。悲壮的记忆可以激起人们知耻而后勇的决心，为民族、国家献身的勇气。

在国家认同的建构中，历史记忆的书写应当是相当严肃的事情。的确，历史的书写有主观的成分，完全“价值中立”秉笔直书历史是不可能的。但是，历史记忆的书写决不能采用“戏说”的方式进行。尽管人们可以“戏说和珅”、“戏说乾隆”，但是，对于严肃的政治题材，是不能戏说的。最近一段时间以来，一些抗战题材的作品“雷人”成分太多。抗日英雄徒手撕鬼子，一颗手榴弹可以炸下侵略者的飞机，一把飞刀可以灭敌重炮，诸如此类令人惊愕的镜头频现。我们不禁要问：抗日战争是如此简单吗？我们面对的敌人是如此的懦弱、不堪一击吗？戏说，表面上看，似乎能够展现抗日英雄的勇敢，这样的剧情，似乎给人带来暂时的欢愉。实际上，这种历史书写方式是很成问题的。这是对历史毫无根据的乱说，历史的真相被商业化的娱乐消解得不见踪影。这样的剧作不仅是对观众的愚弄，更是对抗日英烈的不敬。假如我们面对的敌人是如此不堪一击，如此拙劣，我们十四年抗战怎么堪称伟大的抗战？怎么堪称近代以来中华民族命运的伟大转折？怎么解释抗战在全体中华儿女心中的伟大地位？这样任意书写历史，这样戏说抗战，不能激发全体人民沉痛的历史记忆，不能激发中华儿女内心的崇高感，不能激起当下的国人对抗战英烈的无上崇敬。国家认同教育是十分严肃的事情。如同其他教育一样，国家认同教育应该回归日常生活。但回归日常生活的目的，是让受众内心受到强烈的震撼，激发起他们为民族、为国家奉献的决心和勇气。国家认同教育，应该尊重历史基本事实，既要让国人了解中华民族五千年的灿烂文明，同时也要人们深刻理解和体会近代以来中华民族饱受的屈辱。历史的悲痛不能忘记，忘记曾经遭受的屈辱，抹去沉痛的记忆，使历史变得过于轻松，是非常不合适的。我们遭受的伤痛需要抚慰，但是不能采用阿Q式的自欺欺人的方式麻醉自己。残暴的敌人屠杀了无数无辜民众，抗日志士曾一次又一次进行着顽强而又悲壮的抵抗，付出了巨大的代价和牺牲。抗战的伟大胜利，是建立在无数抗日将士、无数爱国志士的殊死抵抗基础上的。保留刻骨铭心的历史记忆，认识到我们付出的巨大代价，才能激起我们热爱和平、保卫家园的坚强决心。这恰恰是国家认同教育所必需的。

历史不容戏说也表明，在历史教育中，我们必须要牢牢掌握话语主动权，将那些不应该进入历史话语的内容从历史教育中剔除出去。历史是历史史实、历史认识和历史话语的统一。在历史教育中，究竟哪些内容会进入历史教科书，哪些内容可以进入言说的范围，究竟采用哪种方式、从哪个角度对其加以言说，所有这些都是话语掌控者选择的结果。在现代国民教育中，每个国家都会成立教材委员会对教科书进行审核。之所以这样做，一个重要原因就是国家要掌握话语的主导权。从本体论的角度来看，历史指过去发生或经历的事情。在这一意义上，历史课的基本职责是真实地陈述发生过的事实。但从认识的角度看，历史不会主动地呈现自身，历史事实必须借助语言来呈现。“语言是存在的家。”语言的界限就是历史认识的界限，历史最终以话语的方式进入人们的视野中。在国民教育中，现代国家凭借其强大的力量，对历史事实进行特定的选择和编排，以确定哪些历史事实可以进入教科书，这些历史事实应当如何叙述。也正因如此，世界各国，特别是多民族国家的历史教科书中，强调民族团结、维护国家领土完整和统一的历史事实和人物占主导地位，而那些鼓吹民族分裂、背叛国家的人物要么不进入教科书，要么纳入教科书后被列为批判的对象。由此不难理解在我们的历史学习和讲解中，戚继光、林则徐、张自忠、马本斋等一个又一个人物符号，以及与之相伴随的抗击倭寇、虎门销烟、抗日战争等事件被呈现来，不断强化着人们的国家认同感。正因如此，在国家认同的建构中，国家必须牢牢掌握话语主动权，采取有效方式将恰当的内容材料呈现出来，以此强化国民的集体记忆，最终增进民众的国家认同感。

三、展示中华文化符号的意义

记忆和想象的开掘，同样离不开文化符号的有效运用。自然景观、历史文献、祖先、神话、象征等以特有的方式显现其功能，它们将国家的客观现实和悠久的历史联系了起来。从某种意义上讲，国家认同感的建构就是一个创造符号、解释符号、革新符号和使符号“物化”的过程。国家凭借自身掌握的有关知识分类和控制的权力，将这些符号用于民族国家想象的建构之中。

（一）符号意蕴的开掘

符号是人们共同约定用来指称一定对象的标志物。符号通常可分成语言符号和非语言符号两大类，在信息和意义的表达与传播过程中，这两类符号往往交织在一起发挥作用，发挥着表述、指代、象征、交流、传达、建构等功能。

按照符号学理论，任何一个符号都包括“能指”和“所指”。“能指”是符号外在的可感形式，“所指”是符号内在的意义。符号总是具有意义的符号，意义也总以一定符号形式表现出来。符号的建构作用就是在可感符号与其意义之间建立联系，并把这种联系呈现在我们的意识当中。

作为能指的符号是简单的、抽象的。但是这些能指背后的“所指”的意义是丰富的。例如，“五一”、“六一”、“十一”等符号看似抽象，但是这些符号一旦具体化，并与一些特定的事件联系起来，就具有了丰富的内涵。将抽象的时间具体化、神圣化，并将其与特定的事件结合在一起就形成了独具特色的时间符号。每个民族都有自己独特的时间符号，这些符号产生于该民族独特的发展历程中，承载着特定的历史蕴含，凝结着这个民族特定的历史记忆，因之对其成员有着特定的含义。例如，“9 月 3 日”这个时间符号，对于中国人民而言就具有特殊的含义。这一天是中国人民抗日战争胜利纪念日，它意味着中国人民经过浴血奋战终于战胜了日本帝国主义，取得了抗日战争的伟大胜利。正是在这一天，中华民族结束了近代以来抗击外敌入侵屡战屡败的屈辱，标志着中国由衰败走向振兴。诸如中国人民抗日战争胜利纪念日、烈士纪念日、南京大屠杀死难者国家公祭日等政治性节日是中华民族集体记忆的坐标。“记忆是需要坐标的。这个坐标有了时间的经度，有了空间的维度，有了人物的温度，记忆就有了永恒的可能。一个国家、一个民族的集体记忆，更需要一个天地人三位一体的坐标。这些坐标构成国家历史叙述的书签，构成民族身份认同的边界，构成文明血脉传承的基因。”① 这些政治性节日所包含的历史记忆，所具有的国家认同功能需要我们认真开掘。历史是不容遗忘的，那些为国捐躯的英烈，我们需要永远铭记他们为民族的奉献和牺牲。饱受摧残蹂躏的过去永远是我们的伤痛，我们不能好了伤疤忘了痛。

一些非政治性的时间符号，如春节、端午节、中秋节等也因承载的文化内容而周而复始、潜移默化地强化着中华民族的集体记忆和情感认同。它们“深蕴着中华文化的层层积淀，是五千年文明史中一段历程、某个片段的升华和折射，堪称是无数前哲先圣巧思佳构的创造转化”②。这些特定的时间符号对个体起到“定义”作用，“重新赋予裂变、碎片的个体以深度，使其避免成为赤裸的现代人”③。在经济全球化、现代化的今天，我们应该充分重视传统节日的价值。我们需要意识到，传统节日符号本身只有借助有效的载体，才能呈现其内在的意义。例如，过春节，如果离开了拜祖、祭天、贴对联、放鞭炮、逛庙会等内容，其中的价值意蕴将大打折扣。从这个意义上讲，家谱、祠堂、庙宇等传统文化载体的保存，是有意义和价值的，我们不能对其全盘否定，关键的问题是对其实现创造性转化、创新性发展。

把空洞的空间与特定的事物结合起来就形成了具体的空间符号。雄伟的长城、威严的天安门、气势恢宏的故宫，这些名胜古迹构成了独具中华特色的空间符号。这些空间符号承载着中华儿女对国家

---

① 雍浩：《抗战胜利纪念日国人的集体记忆坐标》，《京华时报》2014 年 9 月 1 日。
② 赵东玉：《中华传统节庆文化研究》，人民出版社 2002 年版，第 209 页。
③ 舒开智：《传统节日、集体记忆与文化认同》，《天府新论》2008 年第 2 期。

的感知，激发起人们共属一体的想象。因此这些建筑不单单是一些可感知的物质符号，它们的背后承载着一个民族的文化传统，凝结着一个民族的集体记忆。参观、体悟这些空间符号，有助于强化人们的历史连续感，生发共同生活的强烈愿望，进而促进国家认同感的形成。各类博物馆，纪念馆，烈士纪念建筑物，革命战争中重要战役、战斗纪念设施，文物保护单位，历史遗迹，风景胜地，展示我国两个文明建设成果的重大建设工程，城乡先进单位，等等，都是进行爱国主义教育的重要场所。置身历史博物馆，我们可以看到“自从盘古开天地，三皇五帝到于今”的悠久历史，可以领略祖国疆域辽阔、景色壮观、气象万千，感受到作为中华儿女的自豪感；同时我们也可以感受到近代以来国家山河破碎、生灵涂炭、民不聊生的悲苦，从而激发知耻后勇的决心与勇气。这些“物化”的文化符号直观、形象、真实、可信，易为人们接受和理解，在一些方面要比单纯的文字宣传更有效果，是引导人们了解历史、认识国情、学习传统的生动教材。

各种历史记忆符号，记载了一个民族经历的光荣和梦想、不幸和灾难，将一个民族的过去、现在和未来紧密联系起来，构成了该民族人民集体意识的基础，保存和传承了这个民族的集体记忆。各种地理空间符号激发起国民对自己国家领土的想象，唤起对祖国大好河山的热爱和对国家统一的强调。这些独具特色的时间符号和空间符号，将一个民族不同于其他民族的独特之处表征出来，将“自我”与“他者”区分开来，进而强化自我的身份感。我们应该将符号意义的展示作为培养公民亲近民族文化、理解民族文化、领悟民族文化、热爱民族文化，立志对国家忠诚、为民族奉献的重要途径。

（二）符号意义展示中话语权的把握

符号作为能指和所指的复合体，其所指的概念、事物及其意义的展示需要依赖其背后意义更为庞大和丰富的能指系统，而能指就是一整套语言符号系统。因此，符号意义的展现必须借助于话语。话语由语言符号组成，但是，不能把它简单地归结为言语和语言。话语的作用已远远超出了语言本身，它往往表现为一种潜在的现实权力，甚至可以说，话语本身就是一种权力。

1. 符号与话语紧密相关

在法国思想家福柯看来，在任何社会里，话语一旦产生，就受到若干程序的控制、筛选、组织和再分配。没有纯粹的、不计功利的话语，存在的只是权力制约下的话语。在一定条件下，话语本身可以转化为权力。话语通过排除程序将某些东西列入“禁律”的范围。通过这种过滤机制，对话语加以净化，从而使那些不符合通行规则的话语获得不了表达的机会。不仅如此，话语还从内部受到“评论”、学科规范等权力表征的约束。对于一个话语主体而言，他必须具有某种身份，受过某种专业训练，具有某种素质，能够在对话和评论中使用某种形式的陈述。作为一个更大的话语群体的学科规范，则规定了真理的方法，命题的论述形式以及研究对象等。它规定了什么可以被说，什么样的说法被视为真实的。如此一来，只有符合这一话语群体规范的东西才被认为是合法的。任何一个话语主体如果想在特定的话语群体中存在，就必须接受这种话语的言说方式，假如不能做到这一点，则被排除于话语系统之外。这样，话语作为每一种制度的规范性媒介，它规定了什么样的言语者才拥有权威，权威性的话语在什么样的情境下才可以言说，等等。

2. 英雄人物符号不容被任意书写

和历史记忆的书写类似，在国家认同建构中，究竟哪些空间符号和时间符号可以进入讲述的范围，究竟采用哪种方式、从哪个角度对其加以讲述，所有这些都是话语掌控者选择的结果。也正因如此，在不同的时代、不同的国度，对于同一个文化符号，可能会作出不同的诠释，开掘出不同的价值意蕴。处于特定情境下的人们，总是根据自己的时代要求，对符号作出不同的解读。因之，在国家认同的建构中，符号意义的阐发是十分严肃的事情，特别是对于一些具有特定价值意蕴的符号而言，我们对其解读应该十分慎重。在此，我们以英雄人物符号的展示加以说明。

众所周知，英雄人物符号在国家认同建构中发挥着重要作用。讲述英雄人物的事迹，展现英雄的伟大和荣光，是世界各国在国家认同教育中通用的方法。英雄被讲述、被铭记、被崇拜。他们的名字被镌刻在纪念碑上，接受着来访者的虔诚祭拜；他们的形象出现在课本里，接受着学生的真心崇敬；他们的事迹回放在影片中，唤起了观众的无限感动。英雄人物符号的书写叙述，有助于增进全体民众的自豪感，激发人们的使命感。

英雄的成就赋予共同体以昔日的荣光，从而给予共同体成员一种自豪感。英雄首先作为个体而存在，但英雄人物绝对不是一个普通的个体，而是一个具有代表性的、一个典型的个体。英雄人物是共同体形象浓缩而成的精华，是集体形象的投射物。他（她）是成功的，所以我们是成功的。这是英雄成就叙述背后的逻辑。英雄的成就不仅属于他（她）自己，更是共同体的财富。其成功也不仅是个体才华的实现，更是集体品质的见证。同时，英雄形象成为民族国家的精神标杆，激发全体民众的效仿。英雄作为一个范本在现实中起到榜样的作用。每个人在形塑自我意识，确立行动目标的过程中，都会选择他人作为参照系。英雄的卓越品格、不凡成就召唤共同体成员追随他们的脚步、继续他们未竟事业的决心。英雄经受苦难、为民族、为国家牺牲的悲壮形象，会激发全体民众的忠诚感和使命感。英雄为了民族国家的事业而做出自我牺牲，不仅凸显英雄的无私气质与博大胸怀，更是体现了伟大事业的神圣与崇高。英雄人物为国家、为民族英勇献身的历程，描绘出一幅波澜壮阔的人生画卷，让人们产生强烈的心灵震撼。于是，那些为了民族事业慷慨捐躯的英雄被隆重地埋葬。在特定的纪念日里，人们对其进行隆重的纪念，被铭刻在纪念碑上、载入历史书中，他们的名字昭示着其不凡与不朽。

今天，受消费主义和后现代主义的影响，解构权威和经典现象频现。贝多芬的《命运交响曲》被用作音响产品广告的开头曲，宗教偶像的肖像被制成商品在各个旅游景点廉价出售，巨幅的《蒙娜丽莎》复制品被用作瓷砖与隐形眼镜广告挂在街头，《西游记》被“大话”，《三国演义》被“水煮”。文学的权威、政治的权威、意识形态的权威，以及宗教的权威成了解构的对象。在嘲讽和解构已有价值权威的过程中，告别崇高成了时尚。但是，我们需要认识到，英雄人物符号不单单是一个普通的符号，其意义和价值已经超越了英雄个体本身；英雄人物符号承载了一个民族的精神追求，彰显着一个时代特有的精神气质。也正因如此，对英雄人物的敬重，体现了人们对一个民族的敬重，对一个时代的缅怀。因之，对英雄人物的书写是一件严肃认真的事情，那种随意书写英雄人物的做法是有问题的。

英雄人物的叙事的确有建构的、主观的成分，但这种建构需要基于尊重历史事实的基础上。历史叙事不是叙事者想象力任意驰骋的创作，而是受历史事实约束的“戴着镣铐”的叙述。在国家认同建构中，我们既反对为了增强国家自豪感而肆意夸大历史成就的历史叙事，也反对为了抚慰民族历史的伤痛而歪曲历史真相的历史叙事。正如前文所指出的，近年来，一些反映抗战的“雷人”作品之所以受到批评，重要原因是其中的一些情节与历史事实甚至与生活常识不符。手撕鬼子、手榴弹炸毁飞机等令人惊愕的场景，这种以夸张的手法来叙述英雄抗击日本侵略者的做法，看上去似乎有助于增强民族自豪感，但实际上，这些叙事情节却遮蔽了抗日将士殊死抵抗日本侵略者的真实情景，将抗战中悲壮的一面消解了，读者和观众难以从中体会到悲壮的崇高感。缺少崇高感的叙事，是琐屑的、娱乐化的，是不具备严肃性的。这对于激发民众为民族献身、保家卫国的决心是不利的。

此外，那种以所谓还原历史真相来重新书写英雄人物符号的做法是需要警惕的。的确，英雄也是历史或现实中的人，他们也有普通人的情感和价值追求，也有与普通人一样的生活。在英雄符号的叙事中，我们不可能将英雄身上所具有的和普通人一样的东西全部遮蔽掉而只凸显其闪光的一面。但是，在历史叙事中，我们也不能走向另一个极端，将英雄人物身上的光辉和崇高的一面消除殆尽，而仅仅描绘其身上的普通人的一面，甚至是有缺点的方面。这样的做法，实际上是对英雄人物的人为解构。符号与权力密切相关，符号的诠释是话语选择的结果。任何一个民族、任何一个国家，在诠释英雄符号的过程中，都不可能遵循“价值中立”的原则。英雄事迹书写的深层次目的，是唤起共同体成员对过去的记忆，从而激发他们的使命感和责任感。只有展现英雄人物的崇高与伟大，才能激发起人们的爱国热情，激起对民族和国家奉献的决心与勇气。

（三）加强中华文化符号的海外传播

文化符号是一个民族、一个国家文化的抽象表达，是文化的重要载体。挖掘具有中国特色、富有正能量的文化符号的价值意蕴，并借助文化符号的海外传播推介中华文化，让国外民众在审美过程中感受中华文化的魅力，加深对中华文化的认识和理解，在今天显得十分必要。对此，有几点我们需要注意。

第一，注重中华文化符号的全方位展示，将历史的中国、当代的中国全面展示给世界。中国是个文明古国，在五千年的历史中，涌现出了一大批具有影响力的文化符号。孔子、老子等人物符号，长城、故宫、华表等物质符号，国画、中医、功夫等非物质文化符号，等等，都成为中华文化符号的典范，成为展示中国形象的亮丽名片。在对外文化交流中，我们要用好这些文化符号，展示这些文化符号所承载的丰富价值意蕴，让世界通过这些文化符号感知、了解、认识、体验中华文化，从而展示中华文化的独特魅力和对人类的巨大贡献。与此同时，我们需要认识到，展示中华文化不仅是要展示中华优秀传统文化，中华文化符号不仅仅包含异彩纷呈的优秀传统文化符号，更因当代中国发展所创造的生动典型的文化符号而不断丰富。“文化中国”既有传统的舞龙、太极、针灸、包饺子等元素，还应该包含鲜活的当代科技、文化、经济元素。蛟龙下海、神州飞天这些代表中国日新月异科技成果的符号，洋溢着灿烂笑容、对未来充满希望的当代中国人的形象，所有这些都会将一个崭新的、不断发展进步的中国展示给世界。习近平总书记在同德国汉学家、孔子学院师生代表座谈时指出："介绍中国，既要介绍特色的中国，也要介绍全面的中国；既要介绍古老的中国，也要介绍当代的中国；既要介绍中国的经济社会发展，也要介绍中国的人和文化。"[①] 在文化符号的对外展示中，我们要以社会主义核心价值观为指导，处理好传统与现代的关系，在继承和弘扬传统的同时，立足当代中国的发展进步，将最能代表当代中国发展成果，最能体现当代中国人精神面貌，最能展现当代中国人价值追求的文化符号纳入其中，不断丰富中华文化符号的内涵，不断提升中国当代文化符号的影响力，将积极、进步、现代的中国呈现给世界，立体地、完整地展示中国形象。

第二，聚焦普通民众的生活，增强中华文化符号的亲近感与感染力。文化符号不是外在于人们生活的空洞抽象的东西，也不是政府部门、社会精英所杜撰出来的与普通民众没有关联的东西。相反，文化符号与普通民众的生活息息相关，它源于人们的生活，包含着特定时代的人们的价值关切。文化符号之所以具有长久的生命力，首先取决于广大民众的理解、认可与赞同。从这个角度讲，阐述中华文化符号，离不开对中国普通民众日常生活的展示。我们应该更多地通过对普通中国民众日常生活、精神面貌、价值追求的呈现，

① 《习近平同德国汉学家、孔子学院师生代表座谈》，新华网，2014 年 3 月 29 日。

将文化符号的内在价值意蕴揭示出来，传播出去，以此获得世界各国人民的广泛理解。也正因如此，在文化符号的海外传播中，我们切忌高高在上，脱离中国民众日常生活的情境，使文化符号的推介变成纯粹理性的讲解。相反，我们应该聚焦中国亿万民众的日常生活，通过展示中国人的喜怒哀乐，以柔和的、艺术化的方式，将文化符号的价值意蕴娓娓道来，以生活化的方式，以艺术化的形式讲好中国故事、传播好中国声音、阐发中国精神、展现中国风貌。我们要“改变习惯用原则和概念阐述国家和政府立场和观点，反而对人民群众日常生活关注不够的问题。只有把焦点放在人民群众的生活和创造性活动上，才能彻底改变传播方式单一和缺乏感性生命力的毛病”①。

第三，创新中华文化海外传播的机制，拓展传播的渠道和平台。“酒香也怕巷子深”，再富有创意、再富有哲理、再能体现中国价值观念的文化符号，如果传播渠道不畅通，推介形式相对单一，包装形式不够优美，同样不能打动国外受众，不能得到广泛传播。要创新传播机制，在传播主体上，要从政府为主体转变为政府为主导、社会力量广泛参与的文化对外传播格局。社会力量和民营机构在文化海外推广方面拥有独特优势，其市场敏感度高，运营机制灵活，日益成为中华文化海外传播的生力军，要充分发挥和调动好社会的力量。政府部门应进一步转变职能，重点做好顶层设计和协调统筹工作，发挥市场机制活力，挖掘民间及海外华侨华人的潜力，让社会力量更多、更充分地参与到中国文化的海外传播当中。同时，要

---

① 《践行社会主义核心价值观　提升国家文化软实力——访北京外国语大学党委书记韩震》，《中国社会科学报》2015 年 6 月 29 日。

运用好传统传播渠道，拓展新的传播平台。要运用好电影、电视、广播、报纸、文学作品等传统传播渠道，同时发挥好新兴媒体的作用。要充分运用互联网传播新平台，运用动漫、微电影、手机视频等新兴文化传播手段，开展富有时代特色、现代元素的文化海外推介活动，扩大覆盖面，形成传播声势，达到更广泛更深入的传播效果。

第四，注重文化符号的译介，展现文化符号内涵的积极意义和价值。每个人都置身于特定的社会和文化背景中，有其特定的文化心理结构，这构成了解释学意义上的理解前见。由于文化传统、生活习惯、价值理念不同，知识体系和结构有所差别，对同一个文化符号，人们对它会有不同的理解。在文化符号的对外传播中，我们必须注意这一点。例如，龙是中华民族的图腾、中华文化的象征。在中华文化中，龙象征着神圣、威严、强大、祥瑞。也正因如此，“龙的子孙”、“龙的传人”这些称谓常令国人激动和自豪。在中英文的互译中，“龙”通常被翻译为“dragon”。但在英语世界中，“dragon”一词所包含的意义往往是攻击性的、负面性的。因此，“我们在对外传播中应该逐渐修改以前将龙翻译为 dragon 的做法，逐渐赋予中国龙吉祥、幸运等含义，树立中国龙的新形象”[①]。很多具有独特中国意蕴的文化符号，如果在国外的语境中没有合适的对应词语，我们不妨直接以拼音的形式甚至是以中国文字的形式加以标记，以免出现误解的情况。

第五，大力发展文化产业，增强中华文化的海外影响力。文化

① 王丽雅：《中国文化符号在海外传播现状初探》，《传播学研究》2013 年第 5 期。

的内核是价值观，但价值观往往通过有形的文化产品来展现。因此，价值观往往被物化成商品并通过市场经济运作的方式加以传播。例如，随处可见的可口可乐产品和广告其实是美国消费文化的缩影；好莱坞大片反映的是美国对个人主义等价值理念的追求。通过将价值理念附着在有形的产品上，实现着价值理念的对外传播和输出，这是现时代价值观交流乃至较量的重要方式。从这一意义上讲，谁的文化产品制作更精良，更受到消费者的青睐，谁的价值观念就会得到更为有效的传播。长期以来，我们的文化产品在与西方文化产品的较量中处于弱势，在国际市场的占有份额比较低。如何通过发展文化产业，开发文化产品增强中华文化的传播力就变得十分重要。近年来，我国通过机制和体制创新，推出了一批有影响力的文化创意作品。例如，奥飞动漫 2015 年推出的《超级飞侠》动画片，已在全球 70 多个国家和地区播出，2017 年覆盖了欧美大部分国家。深圳华强数字动漫有限公司推出的《熊出没》系列动画片，不仅创下了在国内 200 多个电视频道播出、网络频道点击量超过 800 亿次的纪录，在国际市场上也取得了优秀的销售成绩，已出口至 50 多个国家和地区，进入全球知名的迪士尼儿童频道等。我们应该进一步加大文化创意产品的生产力度，创作出富有竞争力和魅力，能为世界各国广为理解和接受的文化产品。通过实现从文化产品“走出去”到文化价值“走出去”，让世界各国更多地认识、理解和认同中国的价值观。

第四章

民族认同感的塑造

当今世界绝大多数国家属于多民族国家，都面临着协调民族认同与国家认同的关系问题。现代国家认同的形成需要国家建构起能为各族人民理解、接纳的物质因素和精神因素，并采取各种方式使这些因素在人们的日常生活中稳固化，以便形成稳固的国民心理。但是，这一转变过程是十分复杂的。人们能否接纳一种为各族人民共享的文化、能否自觉认可共同的政治制度和政治理念，是至关重要的因素。如果一个国家内不同民族的人们仍然习惯性地把自己的民族作为情感的归属对象和行为的依托对象，而不能建构起共属一个国家的感觉，从而出现民族认同超越国家认同的现象，那么民族认同与国家认同之间的关系将不会得到很好的解决，结果将不仅是破坏社会的稳定，甚至可能引发国家内部秩序的崩溃。因此，在一个多民族国家中，如何正确处理民族认同与国家认同的关系，建立起一种超越各民族个别利益的共同的价值观念，并在现实生活中切实有效地贯彻这一价值观念实现各族人民的共同富裕和共同发展，是国家认同建构的重要任务。

第一节　促进民族认同与国家认同的和谐共生

尽管极端民族主义主张国家与民族的一致性原则，即只有当国家的人口属于一个民族，并且这个民族的边界和它的国界重合的情况下，才可以说存在着某个民族国家，但在当今国际社会很少有国家能够满足这样纯粹的“民族国家”的条件。一个国家往往包含了多个民族。即使像日本这样的民族成分相对单一的国家，其国民也不仅仅包含大和族这一个民族，还包含琉球族、阿伊努人等非大和族的群体。特别是在全球化时代，随着外来移民的增多，不同的血缘、文化传统的人们在一起工作生活，甚至通婚等，这样的情况越来越普遍，生活和文化杂糅使得民族与国家完全一致是难以见到的。

中文中“民族”一词与英文语境中的“民族”一词在内涵上有很大区别。中文中的“民族”一词包含不同层次的含义，对应英文中“ethnic group”、“nation”、“nationality”等多个具有不同含义的词。在中国的语境中，民族既指中华民族，也指构成中华民族的56个民族。中华民族是与中国相对应的民族概念，有的学者将其称为“国族”。因此，在民族认同这一概念的使用中，有时指的国家所有成员（不论其分属56个民族中的哪个民族）对作为“国族”的中华民族的认同，有时又指人们对自己所属的56个民族中的某个民族的认同。为了克服这一指称上容易导致混淆的情况，有学者指出用“族群”这一概念指谓56个民族，用“民族”这一概念指谓中华民族。关于族群与民族概念的区分和使用，国内学术界存在争议，观点存在不同。由于主题使然，本书不对这一争论予以讨论，仍将沿用约定俗成的民族认同这一概念，并将民族认同限定于次国家层次的族类共同体，即“占据某一地域具有自治权的民族（nationality）；散居在一国内部拥有文化权利的族裔群体（ethnic group）；社会发展水平较低的部族（tribe）等”[①]。而与“国族”相对应的民族认同，我们将使用“中华民族认同”一词。

一、民族认同的持久性

每个人生来分属特定的民族，民族身份构成了一个人的基本身份。生活于特定民族的成员，对自身所属民族的起源、文化、宗教、习俗保有认可、赞成和支持的态度，并由此产生民族归属感和忠诚感，即民族认同感。民族认同的产生有其特定的历史和现实根源。民族是在一定的历史发展阶段形成的稳定的人类共同体。民族成员在历史渊源、生产方式、语言、文化、风俗习惯以及心理认同等方面具有共同特征。民族的产生既有建构性的成分，如社会精英的示范、政治引导，对于强化民族意识和民族情感，增进民族认同发挥着重要作用；民族的产生、存在和发展也离不开血缘因素，离不开长期以来形成的文化心理基础。共同的祖先神话、共享的历史记忆、共同的家园感、成员之间休戚与共的感觉，所有这些都构成了民族认同的基本要素。而这些要素，无论如何是不能抹杀的。从这个意义上讲，民族主义者的民族动员绝非无本之木、无源之水。他们的工作与其说是在创造民族认同，倒不如说他们在激发和强化人们已

① 高永久、朱军：《论多民族国家中的民族认同与国家认同》，《民族研究》2010 年第 2 期。

有的民族认同感。

随着市场经济的发展，全球化的深入推进，同一血缘的人们分散到世界各地。通婚的发展，也使原有的血统谱系中融入了更多的异质因素。尽管血缘联系在一些群体身上不再表现得那么明显，但人们还会以文学艺术作品的形式，将这种血缘关系进行抽象性的关联。“通过强调根、土地、祖国这些自然的比喻，民族认同不仅形成了一种植根的感觉，而且还产生了排外感——它只可能属于一棵民族的谱系树。”① 今天各民族强调自己文化的保护就表明了这一点。人口的流动，民族之间的交往的确促进了不同文化的交流乃至文化的融合，但民族特性或民族认同不会由此消失。认同产生于差异性比较，不同的民族也在比较的过程中发现和强化着对自身民族特性的认知。在这一点上，民族主义理论家安东尼·史密斯的观点不无启发意义。史密斯认为，民族具有四项“神圣属性”：相信民族的被选择性，依恋于一片神圣的领土，共享“黄金时代”的记忆，崇拜“光荣的牺牲者”。② “只要这四项神圣的属性曾经并且依然在族群的民族人口中广泛传播，作为其结果的民族认同也就曾经并且还将继续特别强大和明显，并且在自己的成员和外人之间划出深刻的界限；同时在其他条件都一样的情况下，不愿意给予新成员以完全的民族文化共同体成员身份。”③ 正因如此，“在可预见的未来，民族——拥有领土、由自己的历史和命运而与他者区别开来的人的共同体——

① 迈克·费瑟斯通著，杨渝东译：《消解文化：全球化、后现代主义与认同》，北京大学出版社2009年版，第198页。

② 参见安东尼·史密斯著，叶江译《民族主义：理论、意识形态、历史》（第二版），上海世纪出版集团2011年版，第157页。

③ 安东尼·史密斯著，叶江译：《民族主义：理论、意识形态、历史》（第二版），上海世纪出版集团2011年版，第158页。

无疑会为政治的团结提供最受欢迎的和有用的架构”①。

民族作为一个历史范畴，是人类社会发展到一定历史阶段的产物，民族的产生、发展和消亡是一个漫长的历史过程，有其特定的规律，是不以人的意志为转移的。依靠国家的力量消除少数民族的文化身份，按照主体民族的文化价值标准强行建构同质性的国民文化，进而形成同一的国民特性，以此建构国家认同，这种做法是有问题的。

19世纪中后期至20世纪上半叶，同化主义一度成为西方国家建构国家认同的基本方式。按照自由主义这一在西方占主导地位的意识形态，“自由民主制度最基本的承诺是对它的个体公民的自由和平等承诺”②。自由主义坚持权利的普遍性，认为每个个体都平等地享有天赋的生命权、自由权和追求幸福的权利。它否认出身、性别、种族、种姓等在决定个人价值方面的作用，强调个人以人的身份享有其应得的尊严。在自由主义看来，任何一个人不论其分属哪个群体，在享有平等权利这一点上是完全一致的，没有任何人例外。也正因如此，在罗尔斯的《正义论》中，平等的自由原则被作为公平正义的首要原则，保证每个个体享有平等机会是自由民主社会的基本要求，而差异性原则被安排在辞典序列的第二位，不能逾越平等的自由原则。

根据平等的自由原则，在如何保护少数群体的权利问题上，自由主义希望通过平等维护每个公民的权利，而不是将少数群体加以

---

① 安东尼·史密斯著，叶江译：《民族主义：理论、意识形态、历史》（第二版），上海世纪出版集团2011年版，第156页。

② 威尔·金里卡著，杨立峰译：《多元文化公民权：一种有关少数族群权利的自由主义理论》，上海世纪出版集团2009年版，第3页。

特别对待来实现。自由主义认为，不应该通过赋予特殊权利来保护那些易受伤害的群体，相反，需要通过保证所有公民的基本权利，而非考虑其群体成员身份来保护少数族群。“在宪法中确认群体往往被视为是一件有关‘集体权利’的事。许多自由主义者担心集体权利——顾名思义——破坏个体权利。”[①] 也正因如此，自由主义主张让每个公民特别是少数群体的成员享受与多数群体的成员同样的权利，这是对自由平等原则的坚持与捍卫，因而具有合法性，也有利于社会的团结。

自由主义在处理包括民族在内的群体问题上的观点，是其理论逻辑贯彻实践的产物。自由主义认为，自由国家解决的是作为个体的公民与国家公共权力之间的关系，国家的制度安排针对的是作为个体的公民，其设计初衷是为了保护个体的平等权利。多元的文化群体的存在，对个别群体的过度关注，会破坏国家的自由平等原则，不利于国家的有效整合。相反，将具有不同的价值观念、生活方式的少数群体化约为享有平等自由权的公民，使其按照自由民主的原则框架行事，不仅有利于社会的稳定发展，同时对于少数民族群体而言也是有利的。对此，19 世纪英国自由主义的代表约翰·密尔就认为，“一般说来，自由制度的一个必要条件是，政府的范围应该大致和民族的范围一致”[②]。在他看来，“在一个由不同的民族构成的国家，自由制度建制是不可能的。在一个缺乏共同感情，特别是语言不同的人民中，不可能存在实行代议制政府所必要的统一的舆论”[③]。

① 威尔·金里卡：《加拿大三种群体差异的公民》，塞拉·本哈比主编，黄相怀、严海兵等译：《民主与差异：挑战政治的边界》，中央编译出版社 2009 年版，第 159 页。

② J. S. 密尔著，汪瑄译：《代议制政府》，商务印书馆 1982 年版，第 225 页。

③ J. S. 密尔著，汪瑄译：《代议制政府》，商务印书馆 1982 年版，第 223 页。

的确，共同感的确立是民族国家正常运行的重要条件。但是这种共同感的确立，并不意味着仅仅通过同化的方式，将具有不同民族特性的群体化约入由平等自由的公民构成的单一民族，进而形成单一的民族国家。

传统上，西方国家主要采取三种模式处理主流文化与各民族文化之间的关系：一是单一文化模式，对少数民族实行同化政策，使其放弃自己的文化，融入占支配地位的经济文化体系当中；二是大熔炉模式，政府实行中立原则，让不同民族的文化自由成长，最终自发融合成一种新文化；三是马赛克模式，不同民族文化和平共处，保留各自的特色，组成一个“美丽的马赛克”。第一种模式显然存在致命的缺陷，以人为的、强制的方式让少数民族文化同化消失掉是对其群体权利的严重侵犯。对于后两种模式，也需要谨慎小心对待。按照大熔炉模式，不同文化相处的目的在于生成一种新的文化。政府在其中不作干预，表面看来保证了不同文化之间的平等交流和融合，但实际上，由于现实中各种文化群体之间力量的不平衡，这种国家中立原则并不能保证不同文化群体彼此之间的事实平等。同样的问题也出现在第三种模式中，如果没有国家力量的介入，不同文化之间能够和平共处吗？的确，自由主义主张在文化成员身份问题上国家的行为一定要小心谨慎，否则会导致类似宗教冲突性质的问题。但事实上，如果采用市场竞争的法则，让不同的文化群体在市场上展开自由竞争，表面上看好似创造了一个公平竞争、和平共处的环境，但事实远非如此简单。“一旦民族主义的政治阶层掌握了国家权力，他们都会按照一种绝对的信念进行统治。这必然会影响到种族和文化上的少数民族，歧视和迫害政策就会变成‘正确的’，而不是‘错误的’，并且在这种理论的意义上具有法律上的正当性。”[①]因此，表面的价值中立并不能保证事实上的中立。西方国家对少数民族问题上的价值理念，实际上蕴含着深刻的危机，它危及一些少数民族生存和发展的权利，造成了种族矛盾和仇视，引发社会的不稳定，进而影响国家认同感的建构。

首先，侵害了民族平等的原则，违背了自由平等的基本价值。要求少数族群放弃自己的民族特性，经过某种适应性过程，成为单一民族的新成员，这对于少数民族群体来说，意味着民族特性的消亡。对于强烈主张维护民族特性、保留文化成员身份的少数民族成员而言，即使同化政策以温和的方式进行，他们也会予以抗拒。“对于国家而言，在保障民族成员作为个体享有的自由参政、社会安全和经济福利权利的同时，还要保障民族作为一种异质性要素延续本民族集体及其文化的权利，这不仅是国家合法性的来源，而且也是民族成员国家认同建立的基础。”[②] 以尊重和保护个体的平等权利为理由，忽视和否定民族差别，进而以消除民族认同来实现国家认同的方式，有其显见的缺陷。每个民族的存在都有其正当性理由，每个民族都有生存和发展的基本权利。每个民族的文化都有自己独特的意义和价值，都有在这个星球上存在下去的理由。从现代政治的角度看，一个民族，只要其生存和发展对外没有对其他民族构成威胁，对内没有对成员的自由权利构成侵犯，那么其存在的正当性就应该得到其他民族的认可，其特性就有在多民族国家当中保存和延续下去的正当理由。从这个角度讲，以暴力或准暴力的方式消除一

---

① 菲利克斯·格罗斯著，王建娥、魏强译：《公民与国家》，新华出版社 2003 年版，第 109 页。
② 高永久、朱军：《论多民族国家中的民族认同与国家认同》，《民族研究》2010 年第 2 期。

个民族的特性，使其融入主体民族当中，是对民族平等权的侵犯。

其次，忽视了文化身份在界定人们的认同方面的重要作用。文化是形塑人们的认同、界定人们是谁的一种依恋关系。对于绝大多数人而言，这是一种不可选择的、不可改变的构成性的关系，当人们被剥夺了文化成员身份时，继之而来的是绝望感、漫无目标和认同的丧失。在这一问题上，金里卡的观点不无启发性。在金里卡看来，“一个人的出身不是随便可以抹杀的；它是也将依旧是形成他是谁的一个构成部分。文化成员身份影响了我们对个人认同和地位的理解。围绕个人认同和文化成员身份的关系有许多讨论……为什么一个正在衰败的文化，其成员不能简单地融入另一种文化呢？……这是由于文化成员身份在人们的自我认同上的作用……民族认同……为个人自律和自我认同提供了坚实的基础”①。

再次，以形式的正义掩盖了实质的非正义。对每个个体作无差别化的对待，所创设的仅仅是一个形式化的公平框架，而非一个实质性的公平环境。政府为每个个体建构平等的竞争框架，每个人在其中展开自由竞争，表面上看，这为每个个体提供了完全平等的机会，但实际上，一些少数群体由于特定自然历史条件的限制，由于受教育水平等社会条件的影响，他们往往获得不了这样的平等竞争机会。不仅如此，从民主的角度来看，这种普遍主义的权利原则，也会置少数民族群体于不利的地位。按照自由主义的自由民主原则，每个人的选票效力是相同的，任何人没有例外。这种做法表面上看

① Will Kymlicka，*Liberalism*，*Community*，*and Culture*，Oxford University Press，1989，p. 175. 转引自埃文查尼著，甘会斌译：《认同与自由主义的民族主义》，翟学伟等主编：《全球化与民族认同》，南京大学出版社 2009 年版，第 227 页。

起来是公平的，但在现实的政治生活中，任何一项决策往往都是由拥有政治权力、控制社会资源、掌握话语权的强势群体做出的，社会边缘群体在其中很少拥有话语权，他们不仅无法从中获益，反而会成为其中的受害者。在公共决策中，由于一人一票的原则，必然会造成多数群体主导政策的发展，使得其利益得到充分实现，而少数群体的利益得不到有效维护。

因此，自由主义对公民身份的赋予不分性别、种族、阶级等，完全以无差异的普遍原则对待每一位公民，把权利看作非社会性的、既定的东西是有问题的。实际上，权利不是天赋的、既定的东西，它是随着社会的发展而不断生成和发展的，它必然受到个体所生活于其中的社会环境的影响和制约。也正因如此，文化多元主义认为，政府不应像自由主义所主张的那样仅仅消极地保护个体的权利，还应该积极主动地扩展自己的职能范围，为公民提供更多的公共利益和公共服务。只有政府强大到能够促进群体的公益，并进而通过公益的实现来促进个人的自由权利，这样的政府才是合理和有效的。同时，在公共政策的制定和执行过程中，政府应该对不同的群体作差别性对待，特别是应该朝弱势群体或少数群体加以倾斜。政府需要确保社会的实质公正而非形式公正。让所有成员尤其是弱势群体享有真正充分的平等权是政府应尽的职责。当某些群体因受歧视、排挤而无法获得平等的发展机会时，政府必须予以干涉。也正因如此，针对自由主义的普遍主义原则，少数权利的捍卫者包括少数民族权利的捍卫者着力证明：实行差异性原则、包容文化差异并非不正义，相反，强调少数群体的权利，主张其权利的优先性有助于改变少数群体的不利处境，恰恰是提升社会公平正义的具体表现。

最后，引发社会内部的矛盾与冲突，甚至会导致国家的动荡乃至解体。渴望受尊重，渴望得到平等的对待，是人的一种深层次需求。受尊重的需要，作为人的一种基本需要构成了平等感的重要心理根源。“人的平等感的心理根源之一乃是人希望得到尊重的欲望。当那些认为自己同他人是平等的人在法律上得到了不平等的待遇时，他们就会产生一种挫折感，亦即产生一种他们的人格和共同的人性遭到了侵损的感觉。”① 对于民族而言，这一点也同样适用。少数民族希望得到社会其他成员的认可，并获得与其他群体同样的地位。如果他们发现自己利益受损，必定会采取相应的方式甚至是极端的方式摆脱不利处境。对于一个多民族的国家而言，不同民族之间需要做到平等相待，否则让一些民族，特别是少数民族群体处于受压制包括文化上的受压制地位，这个国家无论如何是不能够稳固的，这些被压制的群体无论如何是不能对这个国家产生认同感的。“多民族国家只有承认并适应族裔文化多样化的现实，承认族裔文化群体独特的民族认同和集体权利要求的正当性，在现行国家的政治框架内创造各民族进入国家公共权力结构的制度空间，制定和贯彻切实保障各民族政治权利的政策，使少数民族能够在各个民族平等地共享国家政治权力和利益的前提下，保持和发展其独特的文化传统和生活方式，并且在现代化进程当中共同发展、共同繁荣，才能在各民族中间创造出社会凝聚力和向心力，实现多民族国家社会生活的和谐与稳定。”②

---

① E. 博登海默著，邓正来译：《法理学：法律哲学与法律方法》，中国政法大学出版社 2004 年版，第 311 页。

② 王建娥：《族际政治民主化：多民族国家建设和谐社会的重要课题》，《民族研究》2006 年第 5 期。

二、正确处理民族认同与国家认同的关系

在国家的建构中，国家认同和民族认同居于不同的层级。但是这并不意味着高层级的认同否定、取代其他认同。民族认同并非天然地对国家认同构成威胁。事实上，“高层次的认同并不一定取代或排斥低层次的认同，不同层次可以并存不悖，甚至在不同层次的认同基础上可以各自发展原有的特点，形成多语言、多文化的整体”①。民族认同作为一种客观的存在，是不能忽视也不能人为消除的，不能为了实现国家认同而消灭民族认同。同时，每个民族都生活在特定国家当中，其生存和发展离不开国家的保护与支持，不能因为强调自己的民族认同感而否定国家认同。在我国，56 个民族实体已经形成强烈的更高一层的民族认同意识，“在这个民族实体里所有归属的成分都已具有高一层次的民族认同意识，即共休戚、共存亡、共荣辱、共命运的感情和道义”②。

我国自古以来就是一个统一的多民族国家。从很早的古代起，各民族的祖先就劳动、生息、繁衍在中华大地上。纵观我国民族发展历史，早在四五千年之前，中华大地就形成了华夏、东夷、南蛮、西戎、北狄五大民族集团。在长期的历史发展进程中，各民族经过不断交融，形成了分布上交错杂居、政治上团结统一、情感上的相互亲近、文化上兼容并蓄、经济上相互依赖，形成了你中有我、我中有你，谁也离不开谁的多元一体格局。我们需要充分认识到，一

① 费孝通：《简述我的民族研究经历和思考》，《北京大学学报》（哲学社会科学版）1997 年第 2 期。

② 费孝通：《简述我的民族研究经历和思考》，《北京大学学报》（哲学社会科学版）1997 年第 2 期。

体中包含着多元，多元组成一体，一体离不开多元，多元也离不开一体，两者辩证统一。为此，我们需要充分认识到如下几点。

首先，中华民族是一个休戚与共的命运共同体。“中华民族是我国各族人民共同组成的有机的、历史的、文化的共同体，也是由一个个中国人组成的国民集合体，有着共同的身份与信念，坚守着共同的荣辱，肩负着共同的命运。”[①] 自成一体的地理单元，大一统的政治理念和政治格局，相互依赖的经济关系，多元一体的中华文化，救亡图存的共同历史命运，构成了中国各民族团结统一的牢固纽带。各族人民共同开拓了祖国辽阔的疆域，共同发展了祖国的经济，共同创造了祖国灿烂的文化，共同捍卫了祖国的独立和尊严。在中国历史上，无论是哪个民族建鼎称尊，建立的都是多民族国家。无论哪个民族入主中原，都把自己建立的王朝看作统一的多民族国家的正统。从秦汉到隋唐，再到元明清，这三次统一每次都比上一次更为广泛，力度更强，吸纳进的民族越来越多。近代以来，在捍卫国家统一、抵抗外来侵略的斗争中，“各族人民加深了福祸与共、休戚相关的思想意识，产生了守望相助、急难相扶的兄弟情谊，形成了政治上的团结一致和抵御外侮的共同行动”[②]。抵御外侮、救亡图存的共同经历，使各族人们深刻地认识到，中华民族是一个命运共同体，各族人民只有将自己的命运与中华民族的命运紧密联系在一起，才有前途和希望。在救亡图存的过程中，“中华民族从一个自在的民族，变成了一个自觉、自强、自新的民族，变成了一个团结、统一、

① 《总体国家安全观干部读本》编委会：《总体国家安全观干部读本》，人民出版社 2016 年版，第 247 页。

② 国家民族事务委员会编：《中央民族工作会议精神学习辅导读本》，民族出版社 2015 年版，第 27 页。

强大的民族，拥有了全新的意义，成为中国各民族的普遍认同和共同归属”①。

当代中国国家认同的建构，必须引导人们深刻地认识中国是全国各族人民共同缔造的国家，中华文化包括56个民族的文化，中华文明是各民族共同创造的文明，中华民族是各民族共有的大家庭，牢固树立各民族水乳交融、唇齿相依、休戚相关、荣辱与共的观念，确立中华民族共同体意识。

其次，尊重民族差异，“各美其美，美人之美，美美与共，和而不同”。每个民族都有自己的历史、文化和传统，有的民族还有自己的宗教、语言文字。各民族之间在历史、文化、宗教、心理和价值观念等方面存在着显见的差异，是不以人的意志为转移的。中华文化多元一体的格局中“多元”本身包含了民族文化的多样性。这种多样性是中华文化的优势，为中华文化提供了强大的活力因子。要充分尊重每个民族特有的生活习惯、风俗传统。因为文化是其保持自身特性的最为重要的基础。我们不仅要承认每个民族有文化保存的权利，在社会政策中要允许合法的集体性要求，同时要充分认识到，不同的文化具有平等的价值，应该得到存续、发扬和光大。只有正视文化差异，承认其在人类文化中的作用，才能真正实现平等尊严政治的承诺。增进中华文化的认同，增强中华民族的认同，绝不是要消除各民族的自身认同。文化认同绝不是磨灭掉一个民族的文化，去强求它顺从另一种文化，相反，文化认同应该是各民族以平等尊重的态度，欣赏对方的优点，在互相学习、互帮互助过程中，

① 国家民族事务委员会编：《中央民族工作会议精神学习辅导读本》，民族出版社2015年版，第27页。

增进民族之间的感情，增强民族共同体意识。

最后，尊重差异而非固化差异。要坚持尊重民族差异而不强化差异，保持民族特性而不强化特性，营造尊重各民族文化、风俗习惯的社会氛围，在尊重差异中增进社会认同，在包容多样中达成思想共识。要培养各民族相互欣赏的文化心态，促进不同文化间相互学习、互助和交流，使文化能够充分发挥促进社会团结和睦、融合一体、创新发展的积极作用。我们所建构的文化价值观念，是为56个民族、13亿多中国人所共享和认同的文化价值观念。我们所要建构的文化价值观念应该是一种立足于各个民族基础之上，同时又超越了各个民族的以国家认同建构为目标的价值观念。为此，我们应该明确指出，中华民族文化是56个民族共同创造的成果。“我们首先要构建涵盖少数民族文化内容的多元一体的中华文化概念和符号系统，实施‘文化包容’策略，决不能仅把中华文化符号象征系统界定在汉族文化的有限范围内，要强调中华文化的多样性形式和多重性内涵，要把少数民族的文化更多地纳入到中华民族整体文化系统之中。”①

第二节　建设各民族共有精神家园

民族文化将一个民族共有的精神与性格凝结在一起，是民族发展的天然纽带。对于多民族国家来说，需要在尊重不同民族的语言文化、

---

① 韩震：《论国家认同、民族认同及文化认同——一种基于历史哲学的分析与思考》，《北京师范大学学报》（社会科学版）2010年第1期。

习俗传统的基础上，有效地构建起一种能为各族人民共享的文化和价值理念，通过文化认同特别是核心价值观认同，推动民族认同和政治认同，进而牢固树立起各民族水乳交融、唇齿相依、休戚相关、荣辱与共的观念，调动起国民共属一体的牢固想象，确立国家利益高于一切的思想。唯有如此，才能使国家认同拥有稳定的、可靠的文化心理基础。普及国家通用语言文字，建构共享的历史记忆，坚定共同的理想信念，是增强中华民族认同，提升全民国家认同感的重要途径。

一、搭建促进各民族沟通的语言桥梁

心灵相通才能团结，心灵之间要有桥梁才能相通，而语言就是促进心灵相通的重要桥梁。国家通用语言文字的推广，为不同方言、不同民族群众沟通交流奠定了重要基础。语言文字为增强民族凝聚力、构建共有精神家园发挥着无可替代的重要作用。语言文字是一个民族、一个国家独特的精神标识和文化印记，一个国家文化的魅力、一个民族的凝聚力主要通过语言表达和传递。中华文明之所以源远流长，中华民族之所以能够屹立于世界民族之林，其中一个十分重要的原因就是在于我们语言文字没有中断，一直使用至今，由语言文字所承载的精神追求、精神特质、精神脉络一脉相承。作为一个多民族、多语言、多方言的人口大国，增强各族民众对国家通用语言文字的认同感，有利于培育中华民族共同体意识，有利于增进中华民族认同、中华文化认同和国家认同。

语言文字应用能力是人类生存和发展所必需的基本能力，是人的综合素质的组成部分。随着新型工业化、城镇化的深入发展，人口流动更加频繁，全国统一的劳动力市场形成，迫切需要国民具备通用语言文字的沟通能力。语言是存在的家，语言的界限是世界的界限。语言的接受和掌握程度影响人们对世界的认识和把握。相关研究表明，人们用自己不熟悉的语言接受信息，其接受速度和接受的容量将比通过母语接受起来要差很多。在我国，普通话和规范汉字是国家通用语言文字，社会中大多数的知识和信息都是用普通话和汉字来表达的。如果少数民族学生普通话和汉字掌握程度达不到一定水平，将直接影响他们对学科知识的接受程度。今天，无论出于提高学习成绩，还是出于孩子以后更好的发展，越来越多少数民族学生家长更加重视国家通用语言文字的学习。

新中国成立以来，党和国家十分重视国家通用语言文字建设工作。毛泽东、周恩来、陈毅等党和国家领导人亲自决策，确定了“简化汉字、推广普通话、制定和推行汉语拼音方案”的三大任务，奠定了国家语言文字方针政策的基础，为新中国开基创业发挥了关键作用，开创了江山一统、文字通用、文化昌盛的新时代。多年来，我国颁布实施了多部规范和推进国家通用语言文字的法律法规。1956 年，国务院发布了《关于推广普通话的指示》和《汉字简化方案》。1982 年，“国家推广全国通用的普通话”写入宪法，推广普通话成为我国的基本国策。2000 年，全国人大常委会通过了《国家通用语言文字法》，法律于 2001 年 1 月 1 日起正式实施。《国家通用语言文字法》规定：“本法所称的国家通用语言文字是普通话和规范汉字。”“国家推广普通话，推行规范汉字。”这一法规进一步明确了普通话和规范汉字的法定地位。普通话的推广，逐步消除了不同民族、不同地域人们的语言交流障碍。普通话普及率从 2000 年的 53%提高到 2015 年的 73%左右，识字人口使用规范汉字的比例超过 95%。国家通用语言文字已经成为公务活动、教育教学、新闻出版和广播影视以及公共服务行业的主导用语用字，成为我国不同民族和地区间主要的交际工具。国家通用语言文字的推广，为不同方言、不同民族的群众沟通交流奠定了重要基础，为增强民族凝聚力，促进国家统一和民族团结，构建共有精神家园发挥了积极作用。

为更好地搭建各民族沟通的语言桥梁，我们需要在民族地区积极稳妥地开展双语教育。一方面，要坚定不移推行国家通用语言文字教育，全面开设国家通用语言文字课程，确保少数民族学生基本掌握和使用国家通用语言文字。必须认识到，推广国家通用语言文字，不仅有利于国家发展、民族团结、社会和谐进步，也有利于每个民族的发展和每个成员的发展。每个民族语言文化的发展从来都不是封闭的，尤其是在经济全球化深入推进、市场经济深入发展的条件下，每个民族要想发展进步、更好地融入现代文明社会，就必须在传承本民族语言和文化的同时，学习和运用好国家通用语言文字，积极吸收和借鉴世界先进文化。对于民族成员而言，要想在激烈的市场竞争中生存和发展，必须积极与外界交流沟通。没有通用语言文字的使用能力，显然在今天的竞争中是难以立足的。另一方面，我们需要充分认识到，中国是一个统一的多民族国家，部分民族在发展的过程中创造、丰富、发展了自己的语言文字，每一种语言文字都承载着本民族深厚的历史文化和民族品质。母语对民族个体和群体的成长、发展具有重要作用。国家需要对不同民族的语言文字予以积极保护，并通过教育实现其有效传承和发展。为此，我们需要尊重和保障少数民族使用本民族语言文字接受教育的权利，不断提高少数民族语言文字教育水平。

二、深入挖掘民族团结的历史记忆

关于历史记忆问题，我们在“文化认同感的培养”一章中进行了比较详细的论述。在此，我们主要从增进民族认同的角度对这一问题予以简要说明。

为增强各族人民对伟大祖国、中华民族、中华文化、中国共产党、中国特色社会主义的认同，在历史记忆书写和叙事过程中，要牢固树立中华民族共同体意识，坚决反对一切危害各族团结的言行，筑牢维护民族团结、社会稳定的铜墙铁壁。在教育宣传当中，我们应该挖掘历史和现实中维护民族团结的史实和实例，通过文学艺术形式记载、保留和复活民族融合、民族团结的记忆，将民族团结的种子深深扎根在各族民众的心田。实际上，“50、60 年代以来，一批又一批内地大学生援助边疆，许多就生活在新疆或献身于新疆，少数晚年回到了内地。关于他们的故事，尤其是与新疆少数族群共同生活的岁月，如今基本上封尘于历史中，需要人们唤醒这些民族融合的历史记忆”①。对于那些扎根边疆、服务各民族群众的支边人员，那些为维护各民族团结而兢兢业业的民族干部，理应以丰富多样的方式和方法呈现出来，使之家喻户晓。

同时，在历史记忆的书写中，必须处理好本民族文化认同与中华民族文化认同之间的关系，不应该过度突出某个民族的刚性特征，不宜过多地渲染和强化每个社会成员的民族身份，而应该强调中华民族自古以来团结一家的历史事实。我们要通过对中华民族共有特

① 申欣旺、陈燕：《族群融合是新疆政策的最高目标——专访北京大学法学院教授强世功》，《南风窗》2010 年第 12 期。

征的强化（当然不是进行汉族特征的强化），增进全体国民的“中华民族感”。只有将中国感与中华民族感有机融合在一起，才能为当代中国国家认同构筑稳固的心理基础。必须采取行之有效的措施使各族人民都牢固树立国家意识、中华民族共同体意识，把中华民族的共同利益和国家利益摆在首位，将维护祖国统一，促进民族团结作为神圣职责。积极促进不同民族的融合，使各族人民交错杂居、文化兼收并蓄、经济相互依存、情感相互亲近的良好局面不断深入和发展，使你中有我、我中有你，谁也离不开谁的多元一体格局不断得到巩固和发展，不断夯实各族人民共属一体的民族心理基础。

三、坚定共同理想信念

理想是人们对美好未来的向往和追求，是激励人们奋发向上、不断进取的强大精神动力。共同理想作为社会全体成员基于共同的生活条件而形成的共同价值追求、价值取向和价值目标，是一个民族、一个国家奋力前行的向导。只有树立坚定的共同理想，才能凝聚社会各方面的智慧和力量，动员整个国家、民族的潜能，形成统一的步调和强大的战斗力。

2012 年 11 月 29 日，习近平总书记在观看“复兴之路”展览时指出：“实现中华民族伟大复兴，就是中华民族近代以来最伟大的梦想。这个梦想，凝聚了几代中国人的夙愿，体现了中华民族和中国人民的整体利益，是每一个中华儿女的共同期盼。”[①] 此后，习近平总书记还在多个场合对“中国梦”作了更一步的阐述。2013 年 3 月

---

① 习近平：《习近平谈治国理政》，外文出版社 2014 年版，第 36 页。

17日，习近平总书记在第十二届全国人民代表大会第一次会议上的讲话中指出："实现全面建成小康社会、建成富强民主文明和谐的社会主义现代化国家的奋斗目标，实现中华民族伟大复兴的中国梦，就是要实现国家富强、民族振兴、人民幸福。"① 2013年3月25日，习近平同志在俄罗斯的莫斯科国际关系学院演讲时进一步阐述了"中国梦"的基本内涵："实现中华民族伟大复兴，是近代以来中国人民最伟大的梦想，我们称之为'中国梦'，基本内涵是实现国家富强、民族振兴、人民幸福。"2017年10月18日，习近平总书记在中国共产党第十九次全国代表大会报告中描绘了国家未来发展的宏伟蓝图：从2020年到2035年，在全面建成小康社会的基础上，再奋斗15年，基本实现社会主义现代化。在此基础上再奋斗15年，到本世纪中叶把我国建成富强民主文明和谐美丽的社会主义现代化强国。"到那时，我国物质文明、政治文明、精神文明、社会文明、生态文明将全面提升，实现国家治理体系和治理能力现代化，成为综合国力和国际影响力领先的国家，全体人民共同富裕基本实现，我国人民将享有更加幸福安康的生活，中华民族将以更加昂扬的姿态屹立于世界民族之林。"② 这一目标既催人奋进、鼓舞人心，同时又非常明确、切实可行，为全体中国人民绘制了美好的蓝图，指出了未来的奋斗方向。"'中国梦'以一种大众化的方式宣誓了中国特色社会主义的核心价值和奋斗目标，它揭示了中国特色社会主义共同理想的基本特征，'中国梦'的提出清晰地勾勒了中国特色社会主义共同

① 习近平：《习近平谈治国理政》，外文出版社2014年版，第39页。

② 习近平：《决胜全面建成小康社会 夺取新时代中国特色社会主义伟大胜利——在中国共产党第十九次全国代表大会上的报告》，《人民日报》2017年10月28日。

理想的历史发展，彰显了中国特色社会主义道路的正确性与中国特色社会主义理论的科学性，‘中国梦’的提出科学地回答了中国特色社会主义共同理想实现的具体路径。”[①]

实现国家富强、民族振兴、人民幸福，是中华民族近代以来最伟大的梦想。这个梦想凝聚了几代中国人的夙愿，体现了中华民族和中国人民的整体利益，是每一个中华儿女的共同期盼。中华民族作为世界上最具创新精神的伟大民族之一，在历史上曾经创造了令世界瞩目的先进生产力、辉煌的科技成就、灿烂的精神文化，长期领先于世界。但近代以来，中国沦为半殖民地半封建社会。在三座大山压迫下，中华民族遭受了深重灾难。国家贫弱、任人宰割、军阀混战、民不聊生。“天下兴亡、匹夫有责”，抵御外侮、变法图强，推翻帝制、建立共和……面对民族危亡、生灵涂炭的悲惨境遇，中华儿女为救亡图存上下求索，进行了反压迫、反奴役、反侵略的英勇斗争，书写了中华民族不屈不挠、顽强抗争的悲壮一页。为了中华民族的伟大复兴，中国共产党人勇敢肩负起民族独立、人民解放、国家富强、人民幸福的神圣使命，领导中国人民经过艰苦卓绝的斗争，建立了新中国，实现了民族独立和人民解放，中国人民从此站起来了。在社会主义建设时期，中国共产党领导人民走上了富强的光明道路，尤其是十一届三中全会，开启了改革开放历史新时期，并形成了中国特色社会主义理论体系。改革开放以来，中华民族取得了举世瞩目的伟大成就。经过鸦片战争以来 170 多年的持续奋斗，中华民族伟大复兴展现出光明的前景。现在，我们比历史上任何时

---

① 袁银传、赵倩：《论“中国梦”与中国特色社会主义共同理想的关系》，《高校党建与思想教育》2014 年第 9 期。

期都更接近中华民族伟大复兴的目标，比历史上任何时期都更有信心、有能力实现这个目标。

“把我国56个民族、13亿多人紧紧凝聚在一起的，是我们共同经历的非凡奋斗，是我们共同创造的美好家园，是我们共同培育的民族精神，而贯穿其中的、更重要的是我们共同坚守的理想信念。”[①] 中国梦将中华民族的奋斗史放在一个悠久的历史长河中去考察，将中华民族五千年的辉煌、近代以来的屈辱经历与当下中国人的奋发图强、对未来的美好憧憬紧密联系起来。中国梦也将国家和民族的发展与每个人的成长紧密联系起来。中国梦是国家的、民族的，也是每一个中国人的。中国梦昭示人们，国家好、民族好，大家才会好，只有每个人都为美好梦想而奋斗，才能汇聚起实现中国梦的磅礴力量。中国梦描绘了中国未来发展的宏伟蓝图，集中反映了中华儿女的共同心愿，道出了各族人民的心声，具有强大的感召力和凝聚力，具有广泛性和包容性，构建了对中国人民最具普遍意义的国家认同和文化认同。

一个国家，一个民族，要同心同德迈向前进，必须有共同的理想信念作支撑。要把56个民族、13亿多人口凝聚起来，形成民族复兴的强大合力，必须在全社会形成统一的指导思想、共同的理想信念、强大的精神支柱和基本的道德规范，使人们超越民族、血缘、语言、习惯、地域等方面的差异，超越阶层、行业、职业、利益方面的差异，消除彼此之间的分歧和隔阂，进一步增强人们的归属感和向心力。把我国建设成为富强民主文明和谐美丽的社会主义现代

① 习近平：《习近平谈治国理政》，外文出版社2014年版，第39页。

化强国，实现中华民族伟大复兴的中国梦，这一共同的理想信念，把国家、民族与个人紧紧地联系在一起，强调了国家要实现现代化、民族要实现伟大复兴、人民要过上富裕的生活，是保证全体人民在政治上、思想上、精神上团结一致，凝聚各党派、各团体、各民族、各阶层、各界人士的智慧和力量，是克服任何困难、创造美好未来的精神纽带和强大动力。不论哪个社会阶层、哪个利益群体的人们，都能够也应该认同与自身息息相关的这一目标，并为实现这一共同理想而不懈奋斗。要把各民族紧紧团结在实现中国梦的伟大旗帜下，引导各民族坚定中国特色社会主义理想信念，牢固树立正确的国家观、民族观、历史观、文化观，不断增强各族人民对伟大祖国、中华民族、中华文化、中国共产党、中国特色社会主义的认同。

第三节　增强各民族交往、交流、交融

封闭和隔阂不可能增进认同，加强团结只有在交往交流交融中才能深化。中华民族五千多年的历史，就是一部各民族之间不断迁徙、交往交流、互相影响、共生共长的历史。在五千多年的历史发展进程中，各民族在历经迁徙、贸易、婚嫁，甚至矛盾冲突、碰撞对立过程中，交往范围不断扩大，交融程度不断加深，逐步形成了中华民族多元一体的格局。各族人民通过交往加深了彼此的了解，在交流过程中取长补短，在交融中相互认同。我们要加强各民族交往交流交融，从居住生活、工作学习、文化娱乐等日常环节入手，创造各族群众共居、共学、共事、共乐的社会条件。

一、积极促进各民族跨区域大流动

改革开放以来，特别是建立社会主义市场经济体制以来，人口的流动越来越频繁。市场经济打破了过去对生产要素流通的不合理束缚，包括对劳动力流通的束缚，使少数民族有了走出传统聚居区到全国各地谋发展的条件。今天，越来越多的少数民族成员走出传统聚居区，到中东部地区求学、打工、经商，也有越来越多的中东部地区的民众到少数民族地区发展，我国已进入了民族跨区域大流动的活跃时期，各民族之间的联系比以往任何时候都更为紧密。

少数民族人口的跨区域流动，使其原有的生产和生活方式发生了巨大变化。这些流动人口也由原来的农、牧等第一产业为主的传统生产方式，向以服务业和现代工业为主的生产方式转变，由传统的、具有浓厚地域特点和民族特色的生活方式，向城市化、多样化、多元化、现代化的生活方式转变。我们应该抓住市场经济发展和城镇化建设的历史契机，促进各民族的人口流动，形成各民族在国土之内共同居住的态势，使各族民众和谐相处，友好交往。

二、让少数民族流动人口更好融入城市

城市认同问题，是城市化进程中面临的一个突出问题。这一点对于汉族同胞而言是如此，对于少数民族同胞而言也是如此。城市化是人的存在方式的根本变革，从传统农业社会向现代城市文明社会的变迁、城市文明的扩散和形成，是人类社会存在形态和人的存在方式的根本性变革。随着城市化进程的加快，大批农牧民走出土地和草场，从相对封闭的农村和牧区融入城市文明的激流之中。农

牧区生活方式向城市生活方式的转变必然对个体心理层面带来巨大冲击。当数以万计的农村人口满怀对新生活的向往来到城市，却因各种原因无法融入城市生活体系当中时，会导致城市认同问题。自己与城市原有居民在价值观念、生活方式等方面存在比较大的反差，在就业、社会福利、子女教育、公共服务等方面遇到一些困难，往往会影响他们顺利融入城市生活之中，进而影响他们对城市的认同感。城市认同问题，在少数民族流动人口身上得到了特别的体现。由于语言文字、风俗习惯等原因，一些少数民族群众进城后不太容易适应城市生活，与城市原有居民之间以及不同民族同胞之间容易产生摩擦甚至冲突；而城市居民在风俗习惯等方面与少数民族流动人口往往存在一些显见的差异，对进入城市生活的少数民族同胞也显得不太适应；从事基层民族工作的个别同志由于对少数民族人文历史、风俗习惯缺乏充分的了解，对国家民族政策缺乏深刻的领会，对涉及少数民族的案件事件不敢管、不愿管、不会管，从而使得城市管理方式和管理机制没有跟上新形势的变化。习近平总书记在中央民族工作会议上强调指出，要重视做好城市民族工作，对少数民族流动人口不能采取“关门主义”的态度，也不能采取放任自流的态度，而是要持欢迎的心态。为了让少数民族流动人口更好地融入城市，我们需要做好如下工作：

第一，加强少数民族流动人口的引导，使其尽快适应城市生活。少数民族流动人口的城市认同问题，很大程度上源自原有生活情境与现有生活情境的强烈对比。对一位从农牧区进入城市特别是一个陌生大城市的少数民族成员而言，他（她）所面对的是一个陌生的环境，身处一个全新的生活情境，无论对其视觉的冲击，还是对心灵的震撼，都是非常巨大的。尽管今天信息技术十分发达，但置身于其中，心理的影响还是十分明显的。对此，卢梭在《新爱洛漪丝》中所描绘的场景很有代表性。卢梭著作中的主人公来到巴黎，面对大城市生活产生了认同焦虑：

> 我开始感到这种焦虑和骚乱的生活让人陷入的混乱状态。由于眼前走马灯似的出现了如此大量的事物，我感到眩晕。在我感受到的所有事物中，没有一样能够抓住我的心，但它们却扰乱了我的情感，使我忘记了自己的身份和应当归属的对象。[①]

少数民族流动人口，很多人的学历不高，工作技能比较缺乏，对市场信息的了解程度也相对较低。进入城市特别是大城市以后，由于面对陌生的生活环境，一时之间找不到合适的工作，面临着巨大的经济压力和心理压力。同时，由于前述因素的限制，少数民族流动人口在城市中普遍存在工作种类相对单一、工资水平不高、居住场所相对隔离等问题，不能全面融入城市生活。为此，城市要加强服务，为少数民族流动人口提供更好的服务和保障，切实解决他们在城市生产生活中面临的问题，为其积极排忧解难。少数民族流动人口的“流出地”要加强与“流入地”的对接，为少数民族流动人口做好岗前技能培训，充分了解他们在城市生活和工作中面临的困难，积极与流入地政府部门和相关组织做好沟通协调工作，切实增强跨区域之间的联动和沟通。

---

① 转引自马歇尔·伯曼著，徐大建、张辑译：《一切坚固的东西都烟消云散了》，商务印书馆2003年版，第19页。

第二，建立各民族相互嵌入式社会结构和社区环境，形成相互往来、邻里守望的友好关系。现代化是一个同质性因素被解构，异质性因素逐步生成的过程。正如伯杰所言，“现代化的力量就像一把巨大的铁锤，无所顾忌地砸向所有旧的社区机构——氏族、村庄、部落、地区……”[①] 它使得原有的社会结构受到极大的冲击，使得人们的生存方式得到了极大的改变。前现代社会条件下以血缘、姻缘和地缘为基础的纽带被割断，情感化的交往被代之以中立化的契约关系。生老病死于其中的温情脉脉的共同体被代之以具有陌生感的社会。尽管如此，我们需要看到，人需要在变动的社会生活中寻找家园感和归属感，让漂泊的心灵获得皈依。在这种情况下，城市社区的作用是显而易见的。

社区并不是单纯的区域概念，在构成社区的诸多要素中，由社区成员在共同生活基础上形成的社区归属感是最为关键的。正是基于归属感这一纽带，才能形成类似于迪尔凯姆所谓的“有机团结”，或者滕尼斯所谓的共同体。为此，城市社区应该建立一种嵌入式的人际关系，建立一种你中有我、我中有你，谁也离不开谁的基本格局，形成各民族群众共居、共学、共事、共乐的生活场景。各民族群众在城市里亲密无间地交往、畅通无阻地交流、自然而然地交融，大家相互了解、相互尊重、相互包容、相互欣赏、相互学习、相互帮助，成为知心朋友、和睦邻居，乃至结成美满姻缘。相反，如果进城的少数民族同胞还是按照民族聚居，每个民族在城市中占据一个位置，不同民族的成员抱团扎堆，久而久之，就形成城中村、民

① 伯杰：《面向现代性》，转引自大卫·格里芬编，王成兵译：《后现代精神》，中央编译出版社1997年版，第13页。

族屯。这样的情形于民族交流是十分不利的。为此，我们要有效地引导城市原有居民与少数民族外来移民之间、不同民族的城市居民之间建立良好的人际互动关系，通过交流和沟通、彼此欣赏学习，形成一种良好的人际关系。

第三，完善社会保障制度，让包括少数民族同胞在内的全体成员享有基本的社会保障。尽管今天中国的城市移民更多受市场因素的影响，但是绝不能让市场成为唯一的主导因素。少数民族流动人口由于语言、生活习惯、受教育程度等客观因素的限制，他们在融入城市的过程中遇到不少困难。城镇化的过程不应该是一个纯粹自然市场化的过程，它应该是在政府的推动下，通过市场机制作用的发挥而有序发展的过程。对少数民族流动人口，我们不能采取放任自流的态度，不能任其随市场竞争而浮沉。从政治角度来讲，现代社会的一个重要特征就是努力实现政治权利、经济权利和社会权利的平等。让每个公民享有同等的国民待遇，是现代国家应当追求的目标。为此，政府应该着力提升公共服务的质量，应当使全体社会成员包括进城务工的少数民族成员，在就业、医疗、住房、养老、教育方面获得基本保障。只有这样，这些进入城市的新移民才能在城市生活中获得安全感和归属感。要将包括少数民族流动人口在内的城市务工人员纳入城市服务体系当中。我国城市公共服务的提供，目前大都以户籍为准，只有那些户籍在城市的人才能享受其服务。这样一来，大量的新移民，特别是还没有落实户口的居住者就被排斥在城市公共服务系统之外。这样的治理模式既不利于新移民对城市的认同和适应，也不利于城市本身的综合治理。“当这些少数民族流动人口面临城市公共服务供给诸多问题时，街道和政府职能部门又无法有效地提供积极的服务和回应，那么这些少数民族流动人口就可能选择通过‘抱团维权’等方式来表达自身诉求。”① 必须实现资源的有效整合，特别是通过公共资源的下沉，建立少数民族流动人口服务站等公共服务和公共资源的注入平台，有效提高对少数民族流动人口的服务水平，使其在面临困难时能够从政府主导的公共服务机构中获得帮助。

三、加强各民族学生的交流沟通

青少年是国家和民族的未来，青少年的价值取向决定了未来整个社会的价值取向。同时，青少年又处在价值观形成和确立的时期，他们能否认同和践行社会主义核心价值观，是否具有强烈的国家认同感，不仅关系到民族团结进步事业的发展前景，而且直接影响到中华民族伟大复兴中国梦的实现。我们需要将爱我中华的种子埋在每个孩子心灵的深处。在这其中，加强各民族学生的交流和沟通十分关键，要提倡和鼓励不同民族的学生合校合班上课。我们要通过不懈的努力，让各族的孩子从小生活在一起，学习在一起，促进思想上贴近、生活上融入。目前，在少数民族地区特别是民汉杂居地区实行的民汉合校办学模式，就是促进各民族学生交往交流、共同进步的有效平台。

由于不同历史时期教育发展水平不同，加之对民汉分校与合校的认识存在差异，民族学校和汉族学校经历了“合后分、分后合”的曲折历程。20 世纪 90 年代，随着市场经济的发展、人口流动的加

① 任勇：《少数民族流动人口的认同序列及其优化：基于两个案例的研究》，《政治学研究》2016 年第 3 期。

快和空间分布的调整，民族地区中小学适龄儿童数量减少，单纯的民族学校教学质量低等问题突出。为合理利用教育资源，教育部门推行集中办学、就近入学的原则，在少数民族集中居住的地区，特别是民汉杂居的地区实行了民汉合校办学模式。

民汉合校有利于教育资源的整合，充分发挥资源优势，提高教育教学质量。“现代学校教育是以集体教学为基本特征的班级教学制度。”[①] 具备一定数量的学生，拥有学科相对齐全的师资，配备相应的教学管理和服务队伍，是开展班级教学的基本前提，也是教育教学质量得以保证的基本条件。少数民族聚居区和民汉杂居的地区，人口数量相对较少，人口密度偏低，教学点分散。在实行民汉分校的情况下，这一问题变得更加突出。有限的教育教学资源被点多面广稀释。在民族地区，校舍、教学设备相对落后，育人环境相对较差，导致教师资源浪费，教育质量差，教育投入成本高。民汉合校后，对相关师资进行整合，资金集中投入，学校基础设施得到显著提升，资源配置更为合理，育人环境得到优化，教育教学质量得到明显提高。

民汉合校显著提升了双语教学的质量。新中国成立以来，我国采取有效措施保障少数民族的权利。为帮助少数民族发展教育，建立了从学前到大学的主要招收少数民族学生的学校体系。在民族学校开展双语教育，虽然取得了一定成绩，但总体效果不尽如人意。众所周知，语言是在交流和运用中不断习得并加以巩固提高的。现实的语言交往情境，经常性的练习和使用，是提高语言水平的最有

① 李晓霞：《新疆民汉合校的演变及其发展前景》，《新疆大学学报》（社会科学版）2001 年第 2 期。

效途径。但民族学校学生语言的同质性强，语言环境相对单一，制约了双语教育质量的提升。而多民族合校、合班则为学生提供了学习国家通用语言的良好环境，有助于提升教学质量。

最为重要的，从国家认同的角度看，民汉合校增进了少数民族和汉族师生之间的交往交流，增进了对彼此文化、习俗、价值观念的了解。民族团结和相互认同的前提是消除隔阂、增进了解，而这需要一个交往交流的环境。只有置身于现实情境之中的民族团结教育，才能深深扎根青少年学生的心田，才能防止形式化。为推进民族团结教育的开展，一些民族学校和汉族学校定期开展一些联谊活动，以便加强学生的民族团结意识。这些活动的开展，的确有一定成效，对于增进不同民族学生的互动产生了一定效果。但是，形式化的成分比较重，实质效果还有待进一步提高。经常性的交流而非特定时刻的见面，日常生活中的点滴交往而非仪式性的互动，潜移默化的影响而非显见的外在的形式，往往对一个人内心世界的影响是深刻的。民汉合校的情境下，不同民族的学生更容易培养起深厚的友谊，他们的交流互动不仅局限在学校学习生活之中，同时还延伸到家庭交往和社会交往当中。大量的调查和相关报道表明，少数民族学生在过自己民族传统节日时，会邀请自己的同学包括汉族同学到家中共同庆祝。同样，在汉族的春节等传统节日里，汉族同学也会邀请少数民族同学到家中做客。不仅节日时刻如此，不同民族的孩子因为相互认识，了解彼此的兴趣而很自然地一起看电影、一起逛街、一起玩耍，等等。在这里，我们看到的是同学、伙伴的身份，而非民族成员的身份。学生在全身心的交流交往中，他们感知到的是伙伴之间的友谊，孩子脸上洋溢着的是儿童的纯真。

两个孩子之间的交往，往往会带动两个家庭之间的交流互动。因为孩子的密切交流，两个家庭之间会经常性地走动，亲密的交往可能因此而展开。当两条交往的线条出现沟通时，交往的网便开始编织起来。不同民族之间的交往就通过一个又一个活生生的个体延展开来。当孩子们带着同学友谊的美好记忆走上社会时，这将会对未来产生不可估量的积极影响。“虽然教育不是万能的，但如果能够实现民汉合校，那么民族团结教育便会进入从同质文化到异质文化的变迁过程。在这个过程中，必然会发生两种文化和两种心理的相互冲突、沟通、适应，最后，在新起点上达到融合。”[①]

当然，任何事情都有其两面性。民汉合校的开展，也面临着新挑战和新课题。由于不同民族的学生生活在一起，在日常交往中容易出现误解，难免存在矛盾和摩擦。一些研究也指出，民汉合校也会带来少数民族自我意识和自我认同感的增强，而这对民族之间的交流和中华民族认同感的建构带来不利影响。的确，认同来自差异性比较。诠释一个人的身份，需要立足与他者异同性的辨识基础上。对某种价值理念的认同，同样也离不开对差异性的价值理念的理解，离不开不同价值理念的比较。少数民族学生对自我民族身份的认同是不可回避的问题，也是十分正常的现象。并且这种自我民族认同感也是在与其他民族包括汉族学生的交往中得到显现或强化的。一些少数民族学生过于强调自己的民族身份，而对其他民族同学不能予以包容，由此会对学校管理带来不小的挑战。

对于这一问题，我们需要辩证地看待，并予以理性地引导。我

① 张建珍：《民汉合校好》，《中小学管理》2000年第2期。

们需要认识到，不同文化、不同生活方式、不同价值观念的人们交往时，一方面会增进彼此的了解，进而达成共识；另一方面，也会更为明晰自己的身份，进而强化自己的特性。这是文化交流过程中不可避免的现象。在此，也凸显了民汉合校教学模式中对各民族学生进行跨文化适应训练的必要性。

跨文化适应是指一个人或一个群体从一种文化转移到另一种不同文化中时，会基于对两种不同文化的认知和感情依附而作出的有意识、有倾向性的选择和调整。跨文化适应包含心理适应和社会文化适应两个维度。"心理适应是以情感反应为基础，指向在跨文化接触中的心理健康和生活满意度，在跨文化接触的过程中，如果没有或较少产生抑郁、焦虑、孤独、失望、想家等负面情绪，就算达到心理适应。社会文化适应是指适应当地社会文化环境的能力，是否能与当地文化的人有效进行接触。一般来说，研究跨文化适应的影响因素时，所使用的因变量是心理适应。"① 在民汉合校条件下，我们需要充分关注孩子们（不仅包括少数民族的孩子，也包括汉族的孩子）置身于新的文化环境中的心理适应和人际交往适应问题。

在进入民汉合校之前，每个孩子在特定的家庭和自己民族的文化氛围中成长，特定的文化氛围形成了自身的民族文化认同感和归属感。当进入另一种不同的文化氛围中时，他们会感受到文化差异带给自己的心理压力和冲突。潜藏于自己内心深处的已有文化经验会影响他们对异质文化的认知和接受。如果这种心理体验被不断强化，文化差异感会被放大，将影响他们与其他民族伙伴的交往。他

---

① 陈慧、车宏生、朱敏：《跨文化适应影响因素研究述评》，《心理科学进展》2003 年第 6 期。

们在这种差异比较中，会强化自身对自己民族同伴“我们感”的体验和认知。如此一来，“原有文化的中断使他们更执着于在校园中寻找具有相似特征的‘我们’作为交往对象，往往把个人交际圈限制在老乡或同民族群体中，缺乏与‘他们’交往的内在动机”①。为此，在民汉合校中需要开设专门的跨文化交流内容的课程或讲座，引导学生认识、体悟、包容和悦纳其他民族的优秀文化，从心理上消除对非本民族文化的排斥。同时，积极开展跨文化适应训练，通过开展艺术赏析、体育运动、社团活动等，为不同民族学生提供彼此了解的机会。

在国民教育课程的设计中，也要注意不同民族题材内容的比例配置。跨文化交流障碍出现的一个重要原因是“文化中断”。如果新教育内容没有基于受教育者已有的文化经验展开，受教育者突然置身陌生的文化环境中，面对不同民族文化题材的内容，全新的文化体验会使他们产生不适感。为此，有学者就指出，在民族教育中要考虑民族生的实际，在教材中和教学中都要充分考虑选择贴近民族生实际的素材。例如，在藏族儿童教育中，要有唐诗宋词的内容，使孩子们亲近和识记李杜的名篇，同时，《格萨尔王》等藏族题材的诗歌同样需要进入藏族孩子们的教科书，如此一来，藏族学生会有一种文化的亲近感。当然，我们需要认识到，文化认同、文化心理调适在跨文化交流中是十分常见的现象。“十里不同风，百里不同俗”，不仅不同民族的学生交往过程中会出现跨文化适应问题，同一民族、不同地域的学生因为风俗习惯的不同在交往中也同样面临

① 谭忠秀：《从文化不连续性看少数民族大学生的文化适应》，《人民论坛》2016 年第 11 期。

“文化中断”现象。交往过程难免存在不解、矛盾甚至冲突。正因为存在隔膜，存在不了解的情形，才有沟通的必要。也正是因为交流和沟通，彼此之间才有了进一步的理解，从而在情感上产生共鸣，在价值理念上逐步认同。

第四节　保障和实现各民族的合法权利

现代社会个体自由权利意识日益增长，个体对自己的私人利益、权利诉求越来越强，国家要通过自身功能积极有效的发挥来保障个体自由权利的实现，让国民切实感到国家带给自己切切实实的利益。一个不能为民众提供基本权利保障、不能提供基本物质供给的国家，要想使国民始终对其保持高度认同感是不可能的。处理民族关系也是如此。在一个多民族国家，如果国家不能切实有效地保护每个民族的基本权利，不能为每个民族的生存和发展提供保障，不能够有效地改善不同民族的物质生活条件，就难以使不同民族对整个国家形成强烈的认同感，整个国家就难以形成强大的凝聚力和向心力。我们应该在民族工作中切实践行社会主义核心价值观，贯彻各民族一律平等的原则，保障各民族的自由权利，保障各族民众当家作主，保障各民族共同繁荣、共同发展，用法治的方式和方法解决民族工作中的问题。

一、各民族平等地享有基本权利

平等原则是现代社会的基本原则，也是社会稳定的基石。在现代社会，人人应该享有平等的权利，拥有平等的发展机会，过富有尊严的生活。在一个多民族的国家里，平等也体现为各民族不论人口多少，历史长短，居住地域大小，经济发展水平高低，语言文字、宗教信仰和风俗习惯是否相同，其政治地位一律平等，平等地享有基本权利，在经济、文化、社会生活等所有领域一律平等。各民族成员在法律面前一律平等，享有相同的权利，承担相同的义务。“经过不懈努力，目前，我国已经基本形成了包含有人身自由和人身权利不受侵犯、法律面前一律平等、平等地享有管理国家事务的权利，平等地享有宗教信仰自由、享有使用和发展本民族语言文字的权利，享有保持或改革本民族风俗习惯的自由等实实在在内容的具有中国特色的民族平等政策。”①

民族平等是党和国家民族政策的基石。新中国成立以来，我国的民族平等建设工作取得了巨大成就。各民族一律平等的原则在宪法层面上得到确认，在制度上得到有效保障，在政策上得到有效贯彻落实，各民族在平等的基础上，团结有爱，互助进步，共同繁荣。

1949 年 9 月，中国人民政治协商会议第一次全体会议通过了《中国人民政治协商会议共同纲领》（以下简称《共同纲领》）。这部具有临时宪法作用的《共同纲领》以法律形式确定了中国境内各民族的平等地位和平等权利。《共同纲领》总纲明确规定：“中华人民共和国境内各民族，均有平等的权利和义务。”第五十条明确规定：“中华人民共和国境内各民族一律平等，实行团结互助，反对帝国主义和各民族内部的人民公敌，使中华人民共和国成为各民族友爱合

① 马启智：《中华民族多元一体格局与我国的民族政策》，《求是》2010 年第 23 期。

作的大家庭。反对大民族主义和狭隘民族主义，禁止民族间的歧视、压迫和分裂各民族团结的行为。”[①] 此后，“民族平等”成为新中国每一部宪法都一再强调的基本原则。我国宪法明确规定，“中华人民共和国各民族一律平等”，“禁止对任何民族的歧视和压迫”。为保证各民族一律平等落到实处，有关法律和政策又具体规定每个民族不分大小，都以平等的地位参加国家大事和各级地方事务的管理；全体公民不分民族和宗教信仰，都同等地享有选举权和被选举权；各民族享有同等的就业权利，都有言论、出版、集会、结社、游行、示威的自由，等等。

宪法中关于民族平等的原则在相关制度建设和政策实施中得到了有效贯彻。民族区域自治制度是我国的基本政治制度。民族区域自治制度是指在国家的统一领导下，以少数民族聚居区为基础，建立相应的自治地方，设立自治机关，行使自治权。民族区域自治制度是国家的集中统一领导与民族区域自治的有机结合，既保障了国家的集中统一，又充分保障了各少数民族的平等地位和平等权利。它使具有一定聚居区的少数民族能够自主管理本民族的地方性事务，充分体现了各少数民族人民的当家作主，使各族人民特别是少数民族把热爱本民族与热爱祖国的深厚感情结合起来，更加自觉地担负起捍卫祖国统一、保卫边疆的光荣职责。

我国不仅保障聚居地区少数民族的各项权利，对于散杂居少数民族的平等权也给予了高度重视和有效保障。1952 年，中央人民政府政务院做出《关于保障一切散居的少数民族成分享有民族平等权

---

① 《中国人民政治协商会议共同纲领》，中国人民政治协商会议全国委员会网站。

利的决定》，该决定除明确规定少数民族应当享有的各项平等权利外，还特别规定："一切散居的少数民族成分，如遭受民族歧视、压迫或侮辱，有向人民政府控告的权利。各级人民政府对此种控告须负责予以处理；对于歧视、压迫或侮辱行为严重者，应依法予以惩治。"[①] 该决定表明，千百年来饱受民族压迫和歧视的散居少数民族，第一次以主人翁的姿态生活在祖国大家庭之中。

我国宪法和法律同时赋予少数民族广泛的参政议政权。我国宪法明确规定，国家有保障少数民族管理国家事务的权利，保障少数民族管理本民族内部事务的权利。我国是各族人民共同缔造的统一的多民族国家，国家的一切权力属于人民，人民行使国家权力的机关是全国人民代表大会和地方各级人民代表大会。在国家最高权力机关——全国人民代表大会的选举中，各少数民族与汉族享有同样的权利，人口较少的民族还受到特殊照顾。《中华人民共和国全国人民代表大会和地方各级人民代表大会选举法》（以下简称《选举法》）规定，"人口特少的民族，至少应有代表一人"，"自治区、聚居的少数民族多的省，经全国人民代表大会常务委员会决定，代表名额可以另加百分之五"。[②]历届全国人民代表中少数民族代表所占代表总数的比例，均高于同期少数民族人口所占全国人口的比例。在地方各级人民代表大会中，少数民族也都有适当数量的代表。对于聚居的少数民族，《选举法》规定："有少数民族聚居的地方，每一聚居的少数民族都应有代表参加当地的人民代表大会。"对于散居的少数民

① 《政务院关于保障一切散居的少数民族成分享有民族平等权利的决定》，中华人民共和国国家民族事务委员会网站。

② 《中华人民共和国全国人民代表大会和地方各级人民代表大会选举法》，中国人大网。

族，《选举法》规定："散居的少数民族应选当地人民代表大会的代表，每一代表所代表的人口数可以少于当地人民代表大会每一代表所代表的人口数。"[①] 宪法和相关法律法规的贯彻实施，有效保障了各少数民族广泛的参政议政权。

同时，我国宪法和法律还明确规定，尊重和保障少数民族使用和发展本民族语言文字的权利、保持或改革风俗习惯的权利、民族宗教信仰自由的权利，以及发展经济文化的权利。各族人民在政治、文化、宗教信仰自由等方面的权利获得了法律的确认和相关政策的有效保障。

二、对少数民族实施特殊优惠政策

自由不是一些抽象的权利，"自由绝不仅仅意味着每个人享有某些抽象的自由权利，而且还意味着个人有能力、有资源享受这种权利"[②]。平等也并非仅仅意味着人们拥有一些平等的抽象权利。平等的自由权的实现需要一定的社会条件，没有社会条件保障的自由和平等，是建立在空中楼阁上的。宪法和法律对各民族权利平等的法律确认，为民族平等的实现提供了基本前提，但各民族自由权利的实现程度却受到其生存和发展条件的制约。

机会，对于一个人、一个群体而言十分重要。但是我们需要认识到，在现实生活中，机会之于每个人的意义和价值是不同的。一个人在竞争中能否取得成功，除了主观努力与否，还受到多种因素的影响。一些非自致性的偶然因素对一个人竞争成败产生重要影响。

① 《中华人民共和国全国人民代表大会和地方各级人民代表大会选举法》，中国人大网。
② 李强：《自由主义》，吉林出版集团有限责任公司2007年版，第172页。

良好经济条件、家庭背景、受教育状况等，往往对一个人的成长产生重要影响。在一个国家内部，不同的民族因为人口规模、资源占有、居住区域、民族文化差异等客观条件的限制，在经济和社会发展水平上呈现很大差别。由于历史和现实等各方面原因，我国民族地区大多位于中西部地区，地理位置比较偏远，自然条件较差，基础设施落后，市场化程度低，经济社会发展总体相对落后，产业发展层次水平偏低，竞争力不强，人口居住分散，基本公共服务供给不足，创新发展能力弱，对内对外开放水平不高。对此，如果仅仅强调形式平等，就等于让各民族在不平等的基础上竞争，结果可想而知，这必然会使少数民族和少数民族地区更加落后，实质平等无法有效实现。因此，要实现各民族一律平等，在对少数民族权利进行保护时，除了要禁止歧视外，还要对其予以特殊保护，采取积极措施确保少数民族能够得到充分发展和保护，使民族实质平等落到实处。为此，我们需要充分认识和做到如下几点：

第一，要站在国家认同、中华民族认同的高度认识保障和实现各民族平等的重要性。“国家凝聚力和国民对它的忠诚，取决于国家保证人们福祉的能力。”[①] 一个不能保障人们过上富有尊严的生活的国度，要想使人们特别是弱势群体保持对它具有高度认同感是不可能的。如果民族地区发展差距持续拉大的趋势长期得不到根本扭转，就会造成心理失衡乃至民族关系、地区关系失衡。对此，邓小平就指出：“社会主义最大的优越性就是共同富裕，这是体现社会主义本质的一个东西。如果搞两极分化，情况就不同了，民族矛盾、区域

① 埃里·凯杜里著，张明明译：《民族主义》，中央编译出版社 2002 年版，第 4 页。

间矛盾、阶级矛盾都会发展，相应地中央和地方的矛盾也会发展，就可能出乱子。”[①] 采取差别化政策，逐步扭转民族地区发展差距扩大的趋势，促进少数民族地区经济社会发展和进步，不仅是重大的经济问题，也是重大的政治问题。它事关现代化建设的全局，事关中华民族的凝聚力和向心力，事关社会的稳定和国家的长治久安。我们必须从全局和战略的高度，充分认识加快民族地区发展的极端重要性，采取有效措施逐步缩小各民族经济社会发展差距，促进各民族共同繁荣。始终把改善民生、凝聚人心、增进人民福祉、促进人的全面发展作为工作的出发点和落脚点，着力实现好、维护好、发展好各族人民的根本利益，切实增强各民族群众的获得感和幸福感，让少数民族和民族地区共享改革发展的成果。

第二，正确处理市场竞争与公共服务供给的关系。自由竞争是市场经济遵循的基本原则，“物竞天择，适者生存”是其基本表现。这种体制可以称为“自然自由体系”，它主张凡是有才能的人就应该出人头地，并且市场竞争中的成功者除了为自己创造更多的财富和社会地位以外，也可以因为他的成就而使其他人获得好处。的确，市场竞争能够激发个体和群体的内在潜能，有助于充分发挥其积极性、主动性和创造性。但是，市场经济并不同情弱者的眼泪，它讲究规则的平等、机会的平等。表面上看，机会均等的市场竞争为每个人的成长和发展创造了公平的环境，但是这种发展实际上只是对那些有才能者，准确地说是对那些现实的有才能者（不包括潜在的有才者）有利，它实际上是以牺牲弱者的利益为代价尽可能地满足

① 《邓小平文选》（第3卷），人民出版社1993年版，第364页。

强者的利益。单纯的自由市场竞争体系忽视了人的潜能发挥所需的社会条件问题，忽视了社会性偶然因素对一个人的成长的制约作用。

那些对自由市场竞争高度迷恋的人，实际上对自由权利作了过于狭隘的理解，将社会权利排斥于权利之外，将个人的自由权利视为消极的东西，以不受其他人和公共权力的侵犯为自由的基准。这种权利理解方式，将属于政府公共服务范畴的社会权利排除于自由权利之外。实际上，一个人的权利绝不仅仅包括法律权利和政治权利这些消极的东西，还应该包括获得受教育权、健康权等积极的权利。在现代社会，每个公民除有权获得平等的法律保护，获得平等的发展机会以外，还应该有权利从国家得到必需的救济、社会保障。国家积极发挥功能而非将自身仅仅限定在“守夜人”的地位上，才能切实保障个体的社会权利，使人们的生存和发展获得稳定的预期。

也正因如此，一个公平正义的社会，表现为使每个个体获得基本的自由，即政治自由、言论和结社自由、良心自由、思想自由、人身和财产的自由、根据法律不受随意监禁的自由等，表现为每个个体能够获得平等的发展机会，同时还要表现为对社会上那些弱势群体或处境不利者的利益加以特别的关怀。对于这一点当代政治哲学家罗尔斯就提出了其正义两原则：

> 第一个原则：每个人对与其他人所拥有的最广泛的平等基本自由体系相容的类似自由体系都应有一种平等的权利。
>
> 第二个原则：社会和经济的不平等应这样安排，使它们（1）被合理地期望适合于每一个人的利益；并且（2）依系于地

位和职务向所有人开放。[①]

罗尔斯的正义两原则表明，一个公正的社会首先要保障每个公民平等的自由权利，同时要对社会当中的弱者予以特殊的政策倾斜。由于地理和历史等多方面的原因，少数民族地区市场经济起步晚，市场化意识比较薄弱，市场化程度较低，竞争能力比较弱，体制改革相对落后，民族地区与东部地区发展绝对差距比较大问题突出。民族地区教育水平比较落后，通信、交通等基础设施相对落后，制约了人们的整体竞争力。从平等的角度看，市场原则尽管为民族地区和民族成员的发展提供了和其他地区人们一样的平等竞争环境，但是，这种社会性偶然因素所造成的民族地区成员的竞争劣势，无论如何是不能被忽视的。如果将市场竞争的原则同等引入其中，民族地区成员势必处于一种不利的竞争地位。对民族地区实施特殊优惠政策，使欠发达的民族地区成员的生存生活状况得到改善，特别是通过政府公共财政投入的倾斜，为各民族成员提供实质的机会平等，进而保证实质正义的实现，是十分必要的。

在民族工作中，我们必须把握好市场竞争与社会保障的关系。既要发挥民族地区的特殊优势，向改革要动力、要活力，不断释放发展潜力，增强自我发展能力。同时，中央要给予少数民族特别的政策支持，发达地区要给予少数民族地区特殊的帮助。要完善和实施好差别化支持政策，进一步完善一般性财政转移支付增长机制，确保对民族地区转移支付在总盘子中的比重持续增加，让民族地区

① 约翰·罗尔斯著，何怀宏等译：《正义论》（修订版），中国社会科学出版社2009年版，第47页。

群众共享改革发展成果。要加强东部地区的支援力度，加快中西部和民族地区发展，实现各民族共同团结进步、共同繁荣发展。

第三，要充分认识特别保护政策的合理限度。在现实的民族政策中，之所以要对少数民族地区和人群实行特护的政策倾斜，是为了尽可能降低或消除因社会环境等外在因素所造成的不同民族在竞争过程中的起点不平等从而保证社会公正。但是，这种特别保护的目的是保证每个民族、每个成员不因外在处境的不利而降低其自致性因素的发挥。因此，在推进实质平等过程中，我们要注意将“输血”和“造血”紧密结合起来。国家的扶持和东部发达地区的帮助只能从外部为民族地区经济社会发展提供条件，民族地区要摆脱相对落后的状况，需要激发内生动力，注重发挥资源优势，积极进行产业结构调整，更新观念，注重教育和人才开发，变“输血”为“造血”。

同时，在制定和实施民族地区的扶持政策时，既要考虑民族因素，也要充分考虑地域因素，要坚持民族因素与地域因素相统一。我国的民族分布格局，全国是交错杂居，民族自治地方也是交错杂居，现在这种趋势越来越明显。在一个自治地方，往往共同生活着几个甚至数十个民族，由一个民族完全聚居在一个地方的情形很少。民族区域自治不是某个民族独享的自治，民族自治地方更不是某个民族独有的地方。在民族地区的大多数问题都是区域性的共同问题。类似生态保护、扶贫开发、边疆建设、教育和基础设施建设等问题，并不是某个民族单独面对的问题，而是该民族地区生活的所有民族共同面对的问题。正因如此，在对民族地区实行差别化的扶持政策时，要考虑该民族地区所有民族成员的利益，而不能仅仅考虑某个主体少数民族的利益。如果仅仅关注聚居区占主体地位的少数民族的利益，而不能有效顾及其他少数民族和汉族的利益，将显失公平，造成群体和群体之间、个体与个体之间的不平等，进而导致民族区域内民族关系的紧张。

近年来，少数民族考生高考加分问题受到社会广泛关注。高考加分是国家为消除教育机会实际不平等而实施的补偿性政策。对于少数民族考生而言，之所以享受高考加分待遇，其原因概括说来有两种类型：一是语言文字的原因，即他们的国家通用语言文字掌握程度相对较低，在考试中处于不利竞争地位。二是少数民族地区教育设施、师资配备、社会发展水平等原因所导致的不利处境。第一种类型的原因是与少数民族身份相关的，而第二种类型的原因并非与民族身份有关。事实上，生活在民族聚居地区的汉族考生、生活于非民族地区教育条件落后的所有民族的考生，也都面临着同样的处境。而目前的高考加分，考虑的重点是身份，同一地、同一学校、同一班级的学生，其他条件一样，但因民族成分不同，在高考时享受的优惠不同，导致高考录取结果有差别。对此，一些汉族考生和家长感到不公平。不仅如此，同样是少数民族的成员，有的生活在偏远落后的地区，教育水平落后；而一些人生活在大城市，享受现代教育资源，他们对国家通用语言文字的掌握水平和生活在城市中的其他民族的考生没有什么差别。他们都因为具有少数民族身份，而享受同样的高考加分，这显然有失公平。因此不加区别地因民族身份而加分，不考虑地域因素的客观实际，往往会在少数民族之间以及汉族与少数民族之间形成事实上的不平等，违背了国家少数民族高考加分政策的初衷。

事实上，从文化教育水平看，很多少数民族已经不处于“弱势”地位。北京大学马戎教授根据2010年人口普查数据，依据“族群分层”的几个核心指标对此进行了考察。他认为：“比较受教育结构：2010年汉族6岁及以上人口中完成大学本科教育及以上的比例为4.10%，高于这一比例的有朝鲜族（8.56%）、蒙古族（6.58%）、满族（5.40%）、回族（4.25%）等16个族群。再比较人口普查的职业结构，2010年汉族的‘专业技术人员’在16岁以上就业人口中的比例为7.00%，高于这一比例的有朝鲜族（13.45%）、蒙古族（9.09%）、满族（7.35%）等13个族群。汉族的‘农业劳动者’的比例为46.40%，低于这一比例的有朝鲜族（26.36%）等6个族群，而高于这一比例的有藏族（82.96%）、维吾尔族（82.74%）、彝族（82.58%）、蒙古族（63.25%）等51个族群。”[①] 从这个角度讲，笼统地执行少数民族高考加分政策是不合理的，这种做法需要作出调整。对国家通用语言文字已经普及、教育水平大体相同的地区，可以逐步缩小差距，逐步做到一律平等。对通用语言文字应用程度较低、教育质量不高的一些地区的少数民族学生，除要大力普及双语教育、提高教学质量外，还要实行高考加分政策，这是确保教育公平的需要。

第四，正确处理民族集体权利保护与个体权利保护的关系。众所周知，在现代国家中，一些群体特别是一些特殊的宗教群体为了维护自身文化的纯洁性，防止外在力量干扰而禁止其成员接受现代教育，从而出现群体对其成员的限制问题。在此就出现了如何协调

① 参见马戎《民族平等与群体优惠政策》，《中南民族大学学报》（人文社会科学版）2015年第6期。

个体权利的保护与群体权利的保护的问题。对于如何解决这一问题，当代政治哲学家金里卡的多元文化公民权理论具有很强的启发性。金里卡区分了群体的两种要求，一种是内部限制（internal restrictions），另一种是外部保护（external protections）。内部限制涉及一个群体针对它自己的成员的要求，其目的在于保护群体免受内部不满的破坏性影响。外部保护涉及一个群体针对较大社会的要求，其目的在于保护群体免受外部决定的影响。这两种要求表面上看都属于集体权利，但它们却提出了完全不同的问题。对于内部限制而言，群体会以维护自身的稳定为名动用各种力量限制内部成员的个体权利，而外部保护所涉及的是群体之中的关系，“确切地说，种族性或民族性群体可以寻求通过限制较大社会的决定的影响来保护它的独特存在和身份”[①]。金里卡认为，现代社会应当对这两种要求区别对待，一方面必须保护每个群体的权利，支持和促进群体之间的平等，不允许一个群体对另一个群体进行压迫，即实现一个群体的“外部保护”；另一方面，群体内部应该充分保护和尊重个体的权利，绝不允许出现对个体权利的压制现象，任何群体都不应该以维护自身的集体权利为名对其成员的自由权利予以侵犯。在现代社会，“对于少数民族成员自愿放弃其传统习俗、接受其他文化，自愿放弃本民族的语言文字、接受其他语言文字等类型的权利行为也应当受到法律保护，本民族群体不能基于任何理由侵犯其成员的个体权利，阻碍或限制此类选择”[②]。每个公民都享有人之为人的基本权利，拥有人

① 威尔·金里卡著，杨立峰译：《多元文化公民权：一种有关少数族群权利的自由主义理论》，上海世纪出版集团 2009 年版，第 45 页。

② 田钒平：《民族平等的实质内涵与政策限度》，《湖北民族学院学报》（哲学社会科学版）2011 年第 5 期。

之为人的基本尊严，这是现代社会的重要标志，也是现代社会发展进步的基本要求。任何人、任何公共权力部门、任何社会组织和群体，都不应该以任何理由非法剥夺公民的基本权利和自由。自由这一社会主义核心价值观的重要内容，理应受到全社会的尊重与认可，社会主义自由理念应该得到认真践行。现代国家应该对每个公民的自由权利予以平等确认和保护，尊重和保护每个人的生命权、财产权和自由权，充分实现每个人的生存权和发展权。

第五，以法治的方式处理民族问题，维护民族团结。法治是现代社会治理的基本方式，是迄今人类社会探索总结出来的最有效的社会治理方式，是饱含人类政治智慧的重要文明成果。作为人类共同创造的文明成果，法治是当代中国的价值追求。依法治国是党领导人民治理国家的基本方略。依法治国是指，人民群众在党的领导下，依照宪法和法律的规定，通过各种途径和形式管理国家事务，管理经济文化事业，管理社会事务，保证国家各项工作都依法进行，逐步实现社会主义民主的制度化、法律化。要用法治思维和法治方式深化改革、推动发展、化解矛盾、维护社会稳定。如今，办事依法、遇事找法、解决问题用法、化解矛盾靠法，成为社会的强烈期盼，也成为法治中国建设的重要内容。全面推进依法治国，当然包括依法开展民族工作，依靠法治处理民族问题，维护民族团结。

依法开展民族工作，需要与时俱进地细化和规范涉及民族工作的法律法规。《中华人民共和国民族区域自治法》（以下简称《民族区域自治法》）是我国实行民族区域自治制度的基本法。由于地位使然，《民族区域自治法》主要做一些原则性的规定。在具体工作中，我们应该依据《中华人民共和国宪法》《民族区域自治法》，对涉及民族工作的具体法律法规进行调整、补充和完善。1993 年国家民委经国务院批准颁发并组织实施的《城市民族工作条例》，随着现在形势的发展，需要与时俱进地加以调整，使之更加适应变化发展的实际。同时，随着城市化的快速发展，原来居住在农村或牧区的少数民族人口大量迁移到城市，城市少数民族流动人口越来越多，流动人口的权益如何保障，利益诉求如何表达，发生矛盾冲突时如何解决，对于这些问题，需要有明确的法律法规作为基本依据。法治不仅是一种精神，更是解决问题和矛盾的可操作的技术规则。如果在民族工作中遇到问题找不到相应的法律法规作为依据，对于问题的解决显然是不利的。

要严格区分和正确把握不同性质的矛盾，坚持具体问题具体分析，是什么问题就按什么问题处理，不能把与民族关系无关的问题归入民族问题。在实际工作中，涉及少数民族群众的民事和刑事问题是法律问题，不能因为发生在民族地区或者与少数民族成员有关就将其归结为民族问题。一些涉及民族因素的矛盾和问题，有些是因为执法不当侵犯到民族群众的权益造成的，有些是因为民族群众不懂法或者不守法酿成的。对于这些问题，其法律特征十分明显，解决的法律依据充分，要严格依法办事，依法化解，通过法律的方式和方法将问题限定在法律范围内，防止因处理不当导致事态扩大和矛盾激化。对人民内部矛盾，要采取教育、疏导、化解的办法来解决；对极少数蓄意挑拨民族关系、破坏民族团结的违法犯罪分子，则要坚决依法打击。

要坚持法律面前人人平等。在中国，任何公民既一律平等地享有宪法和法律规定的权利，又一律平等地履行宪法和法律规定的义务；公民的合法权益一律受到平等保护，对违法行为都要依法追究，在适用法律上一律平等，不允许任何人有超越法律的特权。法律面前人人平等，意味着谁都没有超越法律的特权，既没有特殊公民，也没有特殊民族。不管是什么人，不管是哪个民族，都必须遵纪守法，都必须在法律的框架内行动。凡属违法犯罪的，不论涉及哪个民族，都要坚决依法处理。

结 语

爱国：公民的神圣职责

爱国是千百年来固定下来的人们对于自己祖国的一种深厚的依恋、爱护感情，以及与此相应的实际行为。爱国，就是爱祖国的大好河山，爱自己的骨肉同胞，爱祖国的灿烂文化，爱自己国家的社会制度。它表现为对养育自己的锦绣家园的由衷赞美和深深依恋；对祖国悠久的文化传统、灿烂的文明、闻名于世的辉煌成就的自豪感；对祖国各族人民和骨肉同胞的热爱；对维护祖国的荣誉、民族的尊严的高度责任感；对国家无限忠诚，对国家的前途、命运的无比关心。

爱国主义是贯穿中华民族发展过程中的鲜明主线，滋润着民族精神的生成，并为民族精神的弘扬和发展提供强大的激励力量和鲜明的目标指向，是中华民族精神的核心。从古至今，爱国主义已深深地融入中华民族的民族意识、民族性格和民族气概之中，成为中国人弥足珍贵的精神财富。几千年来，中国人以“捐躯赴国难，视死忽如归”的精神，投入保卫家园、保卫国家的战斗中，涌现出了无数爱国英雄。屈原投江、岳飞抗金、林则徐虎门销烟、邓稼先为中国核武器研制隐姓埋名 28 年，无数仁人志士可歌可泣的爱国故事，感人至深、世代相传。

几千年来，爱国主义的精神早已深入到我国亿万人民群众的心里，成为我们中华民族传统精神的核心。正是依靠这种民族精神，中国人民在祖国辽阔的土地上创造了一个又一个人间奇迹，缔造了为世人惊叹的中华文明。在5000多年的历史长河中，爱国主义以其巨大的凝聚力和生命力，成为凝聚和动员全民族的伟大力量，成为各族人民风雨同舟、自强不息的强大精神支柱。据统计，在5000多年的中华文明史里，我们的民族曾遭受过1000多次大旱灾、1000多个大水灾，发生过800多次大地震，但并没有毁灭我们中华民族。从1840年至1949年的百余年间，世界上十多个帝国主义列强多次侵略中国，先后发动了上百次侵略战争，强迫当时腐败政府签订了1175件不平等条约，掠夺1000亿两白银。但是，中华民族并没有被外力击垮，相反，凤凰涅槃，浴火重生，在实现中华民族伟大复兴的征程中不断前进。之所以如此，一个重要的原因在于，爱国主义已深深融入中华民族的血脉基因，成为中华民族发展壮大的精神动力，激励着一代代中华儿女不懈奋斗。

一、 公民责无旁贷的 “天职”

祖国是生育养育我们的父母，我们是祖国的儿女，生长在祖国的大地上，享用着人民创造的劳动果实，使用着祖国的语言文字，沐浴在祖国文化的熏陶之中。从根本上说，每个人的命运与国家的命运紧密相关。“国安则民无忧。”从落后挨打的痛苦经历中，从“华人与狗不得入内”的歧视中，中国人痛心地慨叹近代国家积贫积弱，生灵涂炭，深刻地体会到没有国家的富强，就没有每个人的安全、幸福与尊严。历经百年沉浮，中国人民深刻懂得“有国才有家”的深意。正如习近平总书记在2012年参观“复兴之路”展览之后所指出的：“历史告诉我们，每个人的前途命运都与国家和民族的前途命运紧密相连。国家好，民族好，大家才会好。”[①] 祖国统一、民族团结既是国家最高利益，也是人民安居乐业的根本保障。每个公民应该将爱国视为自己的神圣职责，珍惜和维护安定团结的政治局面，不断增强对伟大祖国、中华民族、中华文化、中国共产党、中国特色社会主义的认同，不断筑牢国家统一、民族团结、社会稳定的铜墙铁壁，守护我们的共同家园。

每个公民负有维护国家统一和民族团结的神圣职责。中华民族是由56个民族组成的大家庭，具有高度一致的整体感、责任感和忠于国家民族整体利益的价值取向，以及各个民族之间和睦相处、友好相待、共赴国难、共渡难关的优良传统。团结统一，已经深深印在中国人的民族意识中，是中华民族的立身之本。从遥远的古代起，我国各族人民就建立了紧密的政治经济文化联系，两千多年前就形成了幅员广阔的统一国家。共同经历的非凡奋斗、共同创造的美好家园、共同培育的民族精神、共同坚守的理想信念，将56个民族、13亿多中国人民紧密凝聚在一起。在漫长的历史岁月中，中华民族坚持贵和尚德、和而不同、宽厚包容的原则，各民族和睦相处，你中有我、我中有你，唇齿相依、荣辱与共，亲同一家。维护民族团结、祖国统一是中华民族的核心利益。任何旨在制造国家分裂、损害国家主权和领土完整的行为，都将遭到具有强烈爱国主义精神的

① 习近平：《习近平谈治国理政》，外文出版社2014年版，第36页。

海内外中华儿女的坚决反对。

要坚持爱国主义和社会主义相统一。爱国主义是一个历史范畴，在社会发展的不同阶段、不同时期有不同的具体内容。在当代中国，爱国主义与社会主义本质上是统一的。社会主义制度的确立，为我国社会的发展和进步提供了可靠的保证与光明的前景，集中体现着国家、民族、人民的根本利益。中国特色社会主义道路，使中国走向了繁荣富强。历史和现实都充分证明，只有社会主义才能救中国，只有中国特色社会主义才能发展中国。爱国就是要爱社会主义的中国，建设中国特色社会主义是新时期爱国主义的主题。对于割裂爱国主义与社会主义的错误观念，邓小平就斩钉截铁地指出："有人说不爱社会主义不等于不爱国。难道祖国是抽象的吗？不爱共产党领导的社会主义的新中国，爱什么呢？港澳、台湾、海外的爱国同胞，不能要求他们都拥护社会主义，但是至少也不能反对社会主义的新中国，否则怎么叫爱祖国呢？"① 中国共产党领导中国人民的奋斗史、创业史、改革开放史，无不有力地证明了中国共产党是当之无愧的中国特色社会主义事业的领导核心。一个真正的爱国主义者应该懂得，祖国的命运、前途和社会主义道路，与中国共产党的正确领导是密不可分的。那种把热爱祖国与坚持社会主义道路、拥护党的领导割裂开的错误观点，既不符合历史事实，也脱离当前社会现实。

要尊重和传承中华民族历史和文化。对祖国悠久历史、深厚文化的理解和接受，是人们爱国主义情感培育和发展的重要条件。文化认同是增强国家认同的重要力量。一个民族、国家区别于另一个

① 《邓小平文选》（第2卷），人民出版社1994年版，第392页。

民族、国家的特征大都是在历史中形成的，这些特征通过文化的形式保留在人们的记忆中。通过历史学习，人们知道自己民族的过去，更好地把握当下、洞察未来。历史是过去的现实，现实是未来的历史。历史与文化通过给人以归属感和方位感，不断强化着人们的民族自尊心和责任意识。“辉煌的历史记忆”，激发起人们的民族自豪感和自信心；“悲壮的历史记忆”，使人们铭记历史的教训，激发起知耻而后勇的决心与勇气。在爱国主义教育中，我们特别强调，要让人们了解中华五千年的辉煌成就，又要让人们懂得中国近代遭受的屈辱。源远流长的中华文化，积淀着中华民族最深层的精神追求，代表着中华民族独特的精神标识，为中华民族生生不息、发展壮大提供了丰厚滋养。我们要以时代精神激活中华优秀传统文化的生命力，推进中华优秀传统文化创造性转化和创新性发展，引导人民树立和坚持正确的历史观、民族观、国家观、文化观，不断增强中华民族的归属感、认同感、尊严感、荣誉感。

二、行动报国，理性爱国

爱国不仅是一种责任担当的思想和情感，更是一种报效祖国的实际行动。爱国，不是索取，而是贡献。作为公民，既要有“国家兴亡，匹夫有责”的精神和担当，又要有立足本职岗位，努力工作，报效国家的实际行动。把对祖国、对人民深沉的爱，把个人的远大理想和抱负，化作励志图强、报效祖国的实际行动，为建构民族精神大厦尽自己的一份力量。也正因为如此，每个公民应该有敬业精神，树立正确的岗位意识，需要充分认识到，岗位只有分工不同，每个岗位都可以施展理想抱负、奉献聪明才智、展示人生价值。需要保持良好的工作态度，在岗言岗、在岗爱岗、在岗为岗，做到心无旁骛，专心致志，埋头苦干，积极奋进，恪守职业道德，永葆职业操守。要争创一流业绩，刻苦学习工作需要的各项技能，掌握工作中需要的知识，努力成为本行业、本岗位的行家里手、业务骨干，在平凡的岗位上书写非凡的人生篇章。

中华民族历来具有勤劳勇敢、自强不息的坚强品格。中华民族的意识中，勤劳勇敢是一切事业成功的保证，是兴家立业之宝、兴国立世之本，也是众德之首、万善之源。“天道酬勤”、“克勤于邦，克俭于家”、“民生在勤，勤则不匮”是我们民族一直信奉的古训。从古至今，勤劳勇敢贯穿于中华民族社会生活的各个领域，表现在中华民族言行的各个方面，鲜明地体现了中华民族的道德精神和民族性格。正是依靠这种精神，中国人民战胜了无数的艰难险阻，创造了一个又一个的人间奇迹，缔造了世人惊叹的灿烂文明。“幸福不会从天而降，梦想不会自动成真。实现我们的奋斗目标，开创我们的美好未来，必须紧紧依靠人民、始终为了人民，必须依靠辛勤劳动、诚实劳动、创造性劳动。我们说‘空谈误国，实干兴邦’，实干首先就要脚踏实地劳动。”① “业精于勤，荒于嬉。”中华民族伟大复兴的中国梦的实现，每个人幸福生活的取得，都离不开在自己的岗位上兢兢业业、勤勤恳恳、精益求精。爱国，就是立足本职，以勤劳的双手，以实实在在的行动为国家建设和社会发展贡献出自己的一份力量。

理性和情感是相辅相成的：没有情感的理性是空洞乏味的，没

① 习近平：《习近平谈治国理政》，外文出版社 2014 年版，第 44 页。

有理性的情感是盲目的。早在19世纪，法国思想家托克维尔就曾对两种爱国心进行比较，他指出："有一种爱国心，主要来自那种把人心同其出生地联系起来的直觉的、无私的和难以界说的情感。……这种爱国心本身就是一种宗教，它不做任何推理，只凭信仰和感情行事。……同所有的轻率激情一样，这种爱国心虽能暂时激起强大的干劲，但不能使干劲持久。它把国家从危机中拯救出来以后，往往便任其于安宁中衰亡。……另有一种爱国心比这种爱国心富有理智。它虽然可能不够豪爽和热情，但非常坚定和持久。它来自真正的理解，并在法律的帮助下成长。它随着权利的运用而发展，但在掺进私人利益之后便会削减。"[①] 托克维尔所说的前一种爱国心是本能的爱国心，后一种则是理智的爱国主义。我们所倡导的行动报国，是在法律的框架下，在道德的范畴内，以维护国家和民族的利益为出发点和着眼点，理性合法有序地表达爱国情感，并有理有利有节地表达爱国行为。这种理性的爱国是开放的、包容的爱国，它反对一切形式的闭关自守、盲目排外的狭隘的民族主义。

改革开放之于当代中国的重要意义，便在于打破了近代中国长期以来的与世隔绝的封闭状态，通过融入世界的开放性进程，不断汲取世界各国的技术、资金、经验等先进的文明成果，成为当今国际舞台上举足轻重的重要力量。中国的发展离不开世界，世界繁荣稳定也离不开中国。中国改革开放40年来积累的一条重要经验就是，以改革的精神推动开放，以开放促改革、促发展。中国和世界联系日趋紧密、相互影响不断加深，中国改革发展比以往任何时候都需

① 托克维尔著，董果良译：《论美国的民主》（上卷），商务印书馆1988年版，第268—269页。

要坚持和扩大对外开放。中国政府在不同场合都郑重声明，会一如既然地在更大范围、更广领域、更高水平上推进对外开放，实施更加积极主动的开放战略。“我是中国人民的儿子，我深情地爱着我的祖国和人民。”“我荣幸地以中华民族一员的资格，而成为世界的公民。”① 每个公民既是“中华民族一员”，又是“世界公民”，在全球化今天，每个人都应该具有世界眼光，提升国际素养，在认识和解决问题的时候，既立足中国，又放眼世界，把实现中华民族的复兴和实现世界人民的和平发展结合起来。

全球化并非世界一体化，全世界不可能只有一种社会体制、一种文化或一种价值观念，也不应该把某一种社会体制、某一种文化或某一种价值观念强加给所有其他民族和国家，未来世界必定是一个文化和文明更加多样的世界。因此，应该尊重各国的历史文化、社会制度和发展模式，承认世界多样性的现实。这是人类社会的基本特征，也是人类文明进步的动力。中国人历来有海纳百川的心胸。在中国人看来，“一花独放不是春，百花齐放春满园”。正是不同文明之间的交流互鉴，才促进了人类的共同发展进步。老子说过：“大邦者下流。”大国要像居于江河下游那样，拥有容纳天下百川的胸怀。当代中国以开放包容心态与各国积极开展对话沟通，虚心倾听世界的声音，以包容精神推动不同社会制度互容、不同文化文明互鉴、不同发展模式互惠。这也是当代中国公民的爱国情怀应该具有的基本向度。

① 《邓小平思想年谱（1975—1997）》，中央文献出版社 1998 年版，第 182 页。

参考文献

一、著作：

（一）中文部分：

1.《马克思恩格斯选集》，人民出版社 1995 年版。

2.《列宁选集》，人民出版社 1995 年版。

3.《毛泽东选集》，人民出版社 1991 年版。

4.《邓小平文选》（第 3 卷），人民出版社 1993 年版。

5.《江泽民文选》，人民出版社 2006 年版。

6.《胡锦涛文选》，人民出版社 2016 年版。

7. 习近平：《习近平谈治国理政》，外文出版社 2014 年版。

8. 中共中央宣传部：《习近平总书记系列重要讲话读本》，学习出版社、人民出版社 2016 年版。

9. 中共中央文献研究室编：《习近平总书记重要讲话文章选编》，中央文献出版社、党建读物出版社 2016 年版。

10. 中共中央宣传部：《社会主义核心价值体系学习读本》，学习出版社 2009 年版。

11.《中共中央关于全面推进依法治国若干重大问题的决定》，

人民出版社 2014 年版。

12. 国家民族事务委员会编：《中央民族工作会议精神学习辅导读本》，民族出版社 2015 年版。

13.《总体国家安全观干部读本》编委会：《总体国家安全观干部读本》，人民出版社 2016 年版。

14. 亚里士多德著，吴寿彭译：《政治学》，商务印书馆 1965 年版。

15. 亚里士多德著，廖申白译注：《尼各马可伦理学》，商务印书馆 2003 年版。

16. 康德著，田力苗译：《道德形而上学原理》，上海人民出版社 2005 年版。

17. 黑格尔著，王造时译：《历史哲学》，生活·读书·新知三联书店 1956 年版。

18. 孟德斯鸠著，许明龙译：《论法的精神》，商务印书馆 2012 年版。

19. 阿克顿著，侯健、范亚峰译：《自由与权力——阿克顿勋爵论说文集》，商务印书馆 2001 年版。

20. J. S. 密尔著，汪瑄译：《代议制政府》，商务印书馆 1982 年版。

21. 约翰·密尔著，许宝骙译：《论自由》，商务印书馆 1959 年版。

22. 邦雅曼·贡斯当著，阎克文、刘满贵译：《古代人的自由与现代人的自由》，商务印书馆 1999 年版。

23. 托克维尔著，董果良译：《美国的民主》（上下卷），商务印书馆，1988 年版。

24. 约瑟夫·奈著，门洪华译：《硬权力与软权力》，北京大学出版社 2005 年版。

25. 塞缪尔·亨廷顿著，程克雄译：《我们是谁：美国国家特性面临的挑战》，新华出版社 2005 年版。

26. 塞缪尔·亨廷顿著，周琪等译：《文明的冲突与世界秩序的重建》，新华出版社 2002 年版。

27. 莱恩·布鲁纳著，蓝胤淇译：《记忆的战略：国家认同建构中的修辞维度》，商务印书馆 2016 年版。

28. 乔纳森·弗里德曼著，郭建如译：《文化认同与全球性过程》，商务印书馆 2004 年版。

29. 乔治·拉伦著，戴从容译：《意识形态与文化身份：现代性与第三世界的在场》，上海教育出版社 2005 年版。

30. 彼得·桑德斯著，张浩译：《资本主义——一项社会审视》，吉林人民出版社 2005 年版。

31. 斐迪南·滕尼斯著，林荣远译：《共同体与社会》，商务印书馆 1999 年版。

32. 马歇尔·伯曼著，徐大建、张辑译：《一切坚固的东西都烟消云散了——现代性体验》，商务印书馆 2003 年版。

33. 安东尼·吉登斯著，田禾译：《现代性的后果》，译林出版社 2000 年版。

34. 安东尼·吉登斯著，夏璐译：《现代性与自我认同》，中国人民大学出版社 2016 年版。

35. 齐格蒙特·鲍曼著，欧阳景根译：《流动的现代性》，上海三联书店 2002 年版。

36. 齐格蒙·鲍曼著，郇建立、李静韬译：《后现代性及其缺憾》，学林出版社 2002 年版。

37. 丹尼尔·贝尔著，赵一凡等译：《资本主义文化矛盾》，生活·读书·新知 三联书店 1989 年版。

38. 艾恺：《世界范围内的反现代化思潮——论文化守成主义》，贵州人民出版社 1991 年版。

39. 伊·谢·科恩著，佟景韩等译：《自我论：个人与个人自我意识》，生活·读书·新知三联书店 1986 年版。

40. 马克斯·韦伯著，冯克利译：《学术与政治》，生活·读书·新知三联书店 2005 年版。

41. 马克斯·韦伯著，林荣远译：《经济与社会》，商务印书馆 1997 年版。

42. 查尔斯·泰勒著，韩震等译：《自我的根源：现代认同的形成》，译林出版社 2001 年版。

43. 查尔斯·泰勒著，程炼译：《现代性之隐忧》，中央编译出版社 2001 年版。

44. 阿尔温·托夫勒著，朱志焱译：《第三次浪潮》，生活·读书·新知三联书店 1984 年版。

45. 约翰·罗尔斯著，何怀宏等译：《正义论》（修订版），中国社会科学出版社 2009 年版。

46. 约翰·罗尔斯著，万俊人译：《政治自由主义》，译林出版社 2000 年版。

47. 罗伯特·诺齐克著，姚大志译：《无政府、国家和乌托邦》，中国社会科学出版社2008年版。

48. 以赛亚·伯林著，胡传胜译：《自由论》，译林出版社2003年版。

49. 大卫·哈维著，王钦译：《新自由主义简史》，上海译文出版社2010年版。

50. 阿巴拉斯特著，曹海军等译：《西方自由主义的兴衰》，吉林人民出版社2004年版。

51. 理查德·贝拉米著，王萍等译：《重新思考自由主义》，江苏人民出版社2005年版。

52. 许纪霖主编：《共和、社群与公民》，江苏人民出版社2004年版。

53. 阿玛蒂亚·森著，任赜、于真译：《以自由看待发展》，中国人民大学出版社2002年版。

54. 约翰·杜威著，王承绪译：《民主主义与教育》，人民教育出版社2001年版。

55. 麦金太尔著，龚群、戴扬毅译：《德性之后》，中国社会科学出版社1995年版。

56. 迈克尔·桑德尔著，朱东华、陈文娟、朱慧玲译：《公共哲学：政治中的道德问题》，中国人民大学出版社2013年版。

57. 诺内特、塞尔兹尼克著，季卫东、张志铭译：《转变中的法律与社会：迈向回应型法》，中国政法大学出版社2004年版。

58. 埃里克·H. 埃里克森著，孙名之译：《同一性：青少年与危机》，浙江教育出版社1998年版。

59. 阿克塞尔·霍耐特著，胡继华译：《为承认而斗争》，上海世纪出版集团 2005 年版。

60. 本尼迪克特·安德森著，吴叡人译：《想象的共同体：民族主义的起源与散布》，上海人民出版社 2003 年版。

61. 安东尼·史密斯著，叶江译：《民族主义：理论、意识形态、历史》（第二版），上海世纪出版集团 2011 年版。

62. 安东尼·史密斯著，龚维斌、良警宇译：《全球化时代的民族与民族主义》，中央编译出版社 2002 年版。

63. 戴维·米勒著，刘曙辉译：《论民族性》，译林出版社 2010 年版。

64. 厄内斯特·盖尔纳著，韩红译：《民族与民族主义》，中央编译出版社 2002 年版。

65. 埃里·凯杜里著，张明明译：《民族主义》，中央编译出版社 2002 年版。

66. 埃里克·霍布斯鲍姆著，李金梅译：《民族与民族主义》，上海世纪出版集团 2006 年版。

67. 胡安·诺格著，徐鹤林、朱伦译：《民族主义与领土》，中央民族大学出版社 2009 年版。

68. 迈克尔·赫克特著，韩照颖等译：《遏制民族主义》，中国人民大学出版社 2012 年版。

69. 威尔·金里卡著，杨立峰译：《多元文化公民权：一种有关少数族群权利的自由主义理论》，上海世纪出版集团 2009 年版。

70. 塞拉·本哈比主编，黄相怀、严海兵等译：《民主与差异：挑战政治的边界》，中央编译出版社 2009 年版。

71. E. 博登海默著，邓正来译：《法理学：法律哲学与法律方法》，中国政法大学出版社 2004 年版。

72. 让-马克·夸克著，佟心平、王远飞译：《合法性与政治》，中央编译出版社 2002 年版。

73. 瓦列里·季什科夫著，姜德顺译：《苏联及其解体后的族性、民族主义及冲突——炽热的头脑》，中央民族大学出版社 2009 年版。

74. 罗伊·麦德维杰夫著，王晓玉、姚强译：《苏联的最后一年》，社会科学文献出版社 2013 年版。

75. 以赛亚·伯林著，潘永强、刘北成译：《苏联的心灵：共产主义时代的俄国文化》，译林出版社 2010 年版。

76. 尼古拉·伊万诺维奇·雷日科夫著，徐昌翰等译：《大国悲剧——苏联解体的前因后果》，新华出版社 2012 年版。

77. 阿尔弗雷德·格罗塞著，王鲲译：《身份认同的困境》，社会科学文献出版社 2010 年版。

78. 莫里斯·哈布瓦赫著，毕然、郭金华译：《论集体记忆》，上海人民出版社 2002 年版。

79. 保罗·康纳顿著，纳日碧力戈译：《社会如何记忆》，上海人民出版社 2000 年版。

80. 劳拉·赫茵等著，聂露、尹钛译：《审查历史：日本、德国和美国的公民身份与记忆》，社科文献出版社 2012 年版。

81. 罗伯特·N. 贝拉等著，翟宏彪、周穗明、翁韩松译：《心灵的习性：美国人生活中的个人主义和公共责任》，生活·读书·新知三联书店 1991 年版。

82. 詹姆斯·洛温著，马万利译：《老师的谎言：美国历史教科书中的错误》，中央编译出版社 2012 年版。

83. 詹姆士・O. 罗伯逊著，贾秀东等译：《美国神话　美国现实》，中国社会科学出版社 1990 年版。

84. 埃里克・霍布斯鲍姆、T. 兰格著，顾杭、庞冠群译：《传统的发明》，译林出版社 2004 年版。

85. 柯武刚、史漫飞著，韩朝华译：《制度经济学：社会秩序与公共政策》，商务印书馆 2000 年版。

86. 斯蒂芬・马塞多著，马万利译：《自由主义美德——自由主义宪政中的公民身份、德性与社群》，译林出版社 2010 年版。

87. 尼克・史蒂文森编，陈志杰译：《文化与公民身份》，吉林出版集团有限责任公司 2007 年版。

88. 奥斯勒、斯塔基著，王啸、黄玮珊译：《变革中的公民身份：教育中的民主与包容》，教育科学出版社 2012 年版。

89. 巴特・范・斯廷博根编，郭台辉译：《公民身份的条件》，吉林出版集团有限责任公司 2007 年版。

90. 杜赞奇著，王宪明等译：《从民族国家拯救历史：民族主义话语与中国现代史研究》，江苏人民出版社 2008 年版。

91. 菲利克斯・格罗斯著，王建娥、魏强译：《公民与国家——民族、部族和族属身份》，新华出版社 2003 年版。

92. 保罗・霍普著，沈毅译：《个体主义时代之共同体重建》，浙江大学出版社 2010 年版。

93. 郝大维、安乐哲著，何刚强译：《先贤的民主》，江苏人民出版社 2004 年版。

94. 汪晖、陈燕谷主编：《文化与公共性》，生活・读书・新知三联书店 1998 年版。

95. 江宜桦：《自由主义、民族主义与国家认同》，台北扬智文化事业股份有限公司 1998 年版。

96. 韩震：《全球化时代的文化认同与国家认同》，北京师范大学出版社 2014 年版。

97. 檀传宝、王啸、班建武编：《中国公民教育评论（2016）：国民身份认同教育研究》，社会科学文献出版社 2016 年版。

98. 杨光斌：《让民主归位》，中国人民大学出版社 2015 年版。

99. 汪民安等主编：《现代性基本读本》（上下），河南大学出版社 2005 年版。

100. 包亚明主编：《现代性与都市文化理论》，上海社会科学院出版社 2008 年版。

101. 包利民、M. 斯戴克豪思：《现代性价值辩证论》，学林出版社 2000 年版。

102. 晏辉：《现代性语境下的价值与价值观》，北京师范大学出版社 2009 年版。

103. 钱永祥：《纵欲与虚无之上——现代情境里的政治伦理》，生活·读书·新知三联书店 2002 年版。

104. 杜维明、卢风：《现代性与物欲的释放》，中国人民大学出版社 2009 年版。

105. 应奇、刘训练主编：《公民共和主义》，东方出版社 2006 年版。

106. 翟学伟等主编：《全球化与民族认同》，南京大学出版社 2009 年版。

107. 王明柯：《华夏边缘：历史记忆与族群认同》，社会科学文献出版社 2006 年版。

108. 翟学伟、甘会斌、褚建芳编译：《全球化与民族认同》，南京大学出版社 2009 年版。

109. 欧阳可惺等著：《民族叙述：文化认同、记忆与建构 》，暨南大学出版社 2013 年版。

110. 李友梅、肖瑛、黄晓春：《社会认同：一种结构视野的分析》，上海人民出版社、格致出版社 2007 年版。

111. 彭刚：《叙事的转向：当代西方史学理论的考察》，北京大学出版社 2009 年版。

112. 刘超：《历史书写与认同建构：清代民国时期中国历史教科书研究》，社会科学文献出版社 2016 年版。

113. 陈来：《中华文明的核心价值：国学流变与传统价值观》，生活·读书·新知三联书店 2016 年版。

114. 范瑞平：《当代儒家生命伦理学》，北京大学出版社 2011 年版。

115. 韦政通：《中国文化与现代生活伦理思想的突破》，广西师范大学出版社 2005 年版。

116. 赵东玉：《中华传统节庆文化研究》，人民出版社 2002 年版。

117. 李强：《自由主义》，吉林出版集团有限责任公司 2007 年版。

118. 唐士其：《西方政治思想史》，北京大学出版社 2008 年版。

119. 刘诚：《现代社会中的国家与公民：以共和主义宪法理论为视角》，法律出版社 2006 年版。

120. 林火旺：《正义与公民》，吉林出版集团有限责任公司 2008 年版。

121. 复旦大学历史学系、复旦大学中外现代化进程研究中心编：《近代中国的国家形象与国家认同》，上海古籍出版社 2003 年版。

122. 台湾历史学会编：《国家认同论文集》，台北稻乡出版社 2001 年版。

123. 孟樊：《后现代的认同政治》，台北扬智文化事业股份有限公司 2001 年版。

124. 马戎：《民族社会学——社会学的族群关系研究》，北京大学出版社 2004 年版。

125. 马戎：《族群、民族与国家构建——当代中国民族问题》，社会科学文献出版社 2012 年版。

126. 马戎：《中华民族史和中华共同文化》，社会科学文献出版社 2012 年版。

127. 张祥云：《兴衰之路：民族问题视域下的苏联民族国家建设研究》，人民出版社 2011 年版。

（二）外文部分：

1. Stephen Macedo，*Liberal Virtues：Citizenship，Virtue and Community*，Oxford University Press，1990.

2. Isaiah Berlin，*The Crooked Timber of Humanity*，Alfred A. Knopf Publishing，1991.

3. Homi K. Bhabha，*Nation and Narration*，Routledge，1990.

4. William A. Galston，*Liberal Purposes：Goods，Virtues，and Diversity in the Liberal State*，Cambridge University Press，1991.

5. Ernesto Laclau, *The Making of Political Identities*, Verso, 1994.

6. Fred Twine, *Citizenship and Social Rights: Aliens, Residents and Citizens, The Interdependence of Self and Society*, Sage, 1994.

7. Ross Poole, *Nation and Identity*, Routledge, 1999.

8. Derek Heater, *What is Citizenship?* Polity Press, 1999.

9. Joseph E. Davis (ed.), *Identity and Social Change*, Transaction Publishers, 2000.

10. Simon Franklin, *National Identity in Russian Culture: An Introduction*, Cambridge University Press, 2004.

11. Peter Kivisto, Thomas Faist: *Citizenship: Discourse, Theory and Transnational Prospects*, Blackwell Publishing, 2007.

12. Ruth Wodak, *The Discursive Construction of National Identity*, Edinburgh University Press, 2008.

13. Allan Megill, *Historical Knowledge, Historical Error*, The University of Chicago Press, 2007.

14. Jonathan Rutherford (ed.), *Identity: Community, Culture, Difference*. Lawrence & Wishart, 1990.

15. Harriet Bradley, *Fractured Identities: Changing Patterns of Inequality*, Polity Press, 1966.

二、论文：

1. 林尚立：《现代国家认同建构的政治逻辑》，《中国社会科学》2013 年第 8 期。

2. 王卓君、何华玲：《全球化时代的国家认同：危机与重构》，《中国社会科学》2013 年第 9 期。

3. 周光辉、刘向东：《全球化时代发展中国家的国家认同危机及治理》，《中国社会科学》2013 年第 9 期。

4. 韩震：《论国家认同、民族认同及文化认同——一种基于历史哲学的分析与思考》，《北京师范大学学报》（社会科学版）2010 年第 1 期。

5. 韩震：《如何彰显马克思主义的魅力》，《北京日报》2015 年 11 月 2 日。

6. 周平：《民族国家认同构建的逻辑》，《政治学研究》2017 年第 2 期。

7. 李捷、杨恕：《国家认同危机与认同政治：国家统一的视角》，《兰州大学学报》（社会科学版）2017 年第 2 期。

8. 王震中：《国家认同与中华民族的凝聚》，《红旗文稿》2016 年第 1 期。

9. 杜宴林、才圣：《中国多民族视域下的"国家认同"政治建构》，《东北师大学报》（哲学社会科学版）2016 年第 3 期。

10. 殷冬水：《论国家认同的四个维度》，《南京社会科学》2016 年第 5 期。

11. 陈玉聃：《国家的自我认同与"他者"的关系：理论与渊源》，《上海行政学院学报》2006 年第 4 期。

12. 暨爱民：《百年凝聚：近代中国民族国家的认同建构》，《西南民族大学学报》（人文社会科学版）2017 年第 3 期。

13. 王成兵：《国家认同：当代认同问题研究的新焦点》，《学术论坛》2010 年第 12 期。

14. 吕芳、殷存毅：《认同政治与国家的衰落》，《世界经济与政治》2005 年第 5 期。

15. 龙太江、王邦佐：《经济增长与合法性的“政绩困局”——兼论中国政治的合法性基础》，《复旦学报》（社会科学版）2005 年第 3 期。

16. 王海明：《平等新论》，《中国社会科学》1998 年第 5 期。

17. 沈湘平：《与时俱进地建构党的先进意识形态》，《中国特色社会主义研究》2005 年第 5 期。

18. 李素华：《意识形态：政治认同的理念性资源》，《上海行政学院学报》2013 年第 3 期。

19. 崔新建：《文化认同及其根源》，《北京师范大学学报》（社会科学版）2004 年第 4 期。

20. 韩玲：《红色文化的价值意蕴》，《人民日报》2013 年 8 月 1 日。

21. 徐则平：《试论民族文化认同的“软实力”价值》，《思想战线》2008 年第 3 期。

22. 费孝通：《文化自觉 和而不同——在“二十一世纪人类的生存与发展国际人类学学术研讨会”上的演讲》，《民俗研究》2000 年第 3 期。

23. 孙燕青：《文化自觉与文化自信视野下的传统文化定位》，《哲学动态》2012 年第 8 期。

24. 李云泉：《夏夷文野之分与华夏中心意识》，《山东师范大学学报》（人文社会科学版）2002 年第 3 期。

25. 柳新元、杨腾飞：《国家认同建构及其效用分析：基于清朝后期反侵略战争失败的分析》,《西南民族大学学报》(人文社会科学版)2017 年第 3 期。

26. 史文、许敏:《晚清时人对国家构成要素的思考和诠释》,《吉林大学社会科学学报》2006 年第 3 期。

27. 申剑敏:《晚清民族主义思潮与近代中国的民族认同》,《人文杂志》2001 年第 6 期。

28. 舒开智:《传统节日、集体记忆与文化认同》,《天府新论》2008 年第 2 期。

29. 张士闪:《春节:中华民族神圣传统的生活叙事》,《河南社会科学》2010 年第 1 期。

30. 侯灵战:《时间符号与民族认同》,《读书》2010 年第 10 期。

31. 纳日碧力戈:《象征与认同符号现代化》,《民族艺术》1998 年第 2 期。

32. 汪铮:《历史记忆、认同构建与政策行为:两种分析框架》,《复旦政治学评论》(第 12 辑)。

33. 彭刚:《历史记忆与历史书写——史学理论视野下的“记忆的转向”》,《史学史研究》2014 年第 2 期。

34. 关凯:《历史书写中的民族主义与国家建构》,《新疆师范大学学报》(哲学社会科学版)2016 年第 2 期。

35. 陈孔立:《台湾社会的历史记忆与群体认同》,《台湾研究集刊》2011 年第 5 期。

36. 王丽雅:《中国文化符号在海外传播现状初探》,《传播学研究》2013 年第 5 期。

37. 石义彬、熊慧:《媒介仪式,空间与文化认同:符号权力的批判性观照与诠释》，《湖北社会科学》2008 年第 2 期。

38. 杨生平、谢玉亮：《全球化时代的文化身份与中国文化主体性建构》，《马克思主义与现实》2015 年第 2 期。

39. 范可：《全球化语境下的文化认同与文化自觉》，《世界民族》2008 年第 2 期。

40. 曹海峰：《全球化视阈下的文化博弈、认同危机与文化创新》，《中州学刊》2014 年第 5 期。

41. 李兰芬：《国家认同视域下的公民道德建设》，《中国社会科学》2014 年第 12 期。

42. 赵剑英、干春松：《现代性与近代以来中国人的文化认同危机及重构》，《学术月刊》2005 年第 1 期。

43. 胡玉荣：《价值观维度下的国家文化安全》，《宁夏大学学报》（人文社会科学版）2016 年第 1 期。

44. 威尔·金里卡著，刘曙辉译：《多民族国家中的认同政治》，《马克思主义与现实》2010 年第 2 期。

45. 蔡文成、王婷鹤：《多民族国家的公民身份培育与政治认同建构》，《贵州民族研究》2014 年第 10 期。

46. 叶江：《当代西方的两种民族理论：兼评安东尼·史密斯的民族（nation）理论》，《中国社会科学》2002 年第 1 期。

47. 郭艳：《全球化时代的后发展国家：国家认同遭遇“去中心化”》，《世界经济与政治》2004 年第 9 期。

48. 王立新：《美国国家认同及其对美国外交政策的影响》，《历史研究》2003 年第 4 期。

49. 伍慧萍、陈秋琴：《欧洲后国家认同的缺失和建构》，《德国研究》2006年第2期。

50. 马启智：《中华民族多元一体格局与我国的民族政策》，《求是》2010年第23期。

51. 朱维群：《对当前民族领域问题的几点思考》，《学习时报》2012年2月13日。

52. 马戎：《民族平等与群体优惠政策》，《中南民族大学学报》（人文社会科学版）2015年第6期。

53. 高永久、朱军：《论多民族国家中的民族认同与国家认同》，《民族研究》2010年第2期。

54. 陈茂荣：《论“民族认同”与“国家认同”》，《学术界》2011年第4期。

55. 贺金瑞、燕继荣：《论从民族认同到国家认同》，《中央民族大学学报》2008年第3期。

56. 钱雪梅：《从认同的基本特性看族群认同与国家认同的关系》，《民族研究》2006年第6期。

57. 张殿军：《城市民族问题治理法治化的路径选择——以东南沿海城市为例》，《学术界》2015年第2期。

58. 高永久、陈纪：《论中华民族共有精神家园的内涵与价值核心》，《科学社会主义》2008年第2期。

59. 蒋红：《民族认同与价值观建设》，《思想战线》2015年第1期。

60. 程笑：《爱国主义、民族主义与现代化——维罗里教授访谈录》，哈佛燕京学社、三联书店主编：《公共理性与现代学术》，生活·读书·新知三联书店2000年版。

后 记

自2002年跟随导师韩震老师从事博士生阶段的学习起，我对认同问题就一直有着浓厚的兴趣。在过去的十多年里，先后围绕现代性与认同，历史记忆与国家认同，符号、话语与国家认同，叙事与国家认同等问题，承担和完成几项相关课题研究，出版了著作《非确定性与现代人的生存》、《现代性语境下的认同》，在国内外报刊上发表了一些文章。社会主义核心价值观也是我十年来一直学习和研究的重要领域。2007年，我参加了韩震老师主编的《社会主义核心价值体系研究》；2008年，参加了中宣部《社会主义核心价值体系学习读本》的编写工作；2015年，作为课题组成员参加了韩震老师主持的马克思主义理论研究和建设工程重大项目暨国家社科基金重大项目“社会主义核心价值观研究”，承担了子课题“社会主义核心价值观基本理念的深度考察”的研究，参与写作了课题的阶段性成果《中国的价值观》。

在对国家认同和社会主义核心价值观的研究过程中，基于对社会主义核心价值观在当代中国国家认同建构中的重要意义的理解，我试图将两者联系起来进行考察。现在呈现给读者的《社会主义核心价值观与国家认同建构》一书，就是这几年来我在这一问题上思考的阶段性成果。社会主义核心价值观和国家认同问题，是具有十分丰富的理论内涵和重大实践意义的问题。尽管国内学术界将两者联系起来进行探讨的著作和文章还不是很多，但围绕着这两个问题而展开的研究已经非常深入，产出的成果十分丰富。在本书的写作中，我参考了各位专家学者在这一领域的大量成果，在此表示衷心的感谢。这几年来，我的多位研究生和我一道开展了国家认同问题的研究，其中多位学生围绕国家认同问题进行了学位论文的写作。在与学生们的切磋交流中，我受到了很大的启发，获益颇丰。

非常感谢导师韩震老师一直以来对我学习和工作的指导、鼓励与支持，非常感谢韩震老师将本书纳入“社会主义核心价值观与当代中国发展”丛书。非常感谢四川人民出版社章涛主任以及各位编辑老师为本套丛书以及本书的出版付出的努力。

吴玉军

2018 年 3 月

社会主义核心价值观认同研究

李晓东　刘　丹　石　芳　著

四川人民出版社　学习出版社

图书在版编目（CIP）数据

“社会主义核心价值观与当代中国发展”丛书 ：全五册 韩震主编. —成都：四川人民出版社；北京：学习出版社，2018. 8

ISBN 978－7－220－10785－6

Ⅰ. ①社…　Ⅱ. ①韩…　Ⅲ. ①社会主义建设－价值论－研究－中国　Ⅳ. ①D616

中国版本图书馆 CIP 数据核字（2018）第 085804 号

“社会主义核心价值观与当代中国发展”丛书
韩　震　主编

SHEHUIZHUYI HEXIN JIAZHIGUAN RENTONG YANJIU

社会主义核心价值观认同研究

李晓东　刘　丹　石　芳　著

出 版 人	黄立新
执行组稿	章　涛
责任编辑	章　涛　石　龙
封面设计	张　科
版式设计	戴雨虹
责任校对	袁晓红
责任印制	李　剑
出版发行	四川人民出版社（成都市槐树街 2 号）
网　　址	http://www.scpph.com
E-mail	scrmcbs@sina.com
新浪微博	@四川人民出版社
微信公众号	四川人民出版社
发行部业务电话	（028）86259624　86259453
防盗版举报电话	（028）86259624
照　　排	四川胜翔数码印务设计有限公司
印　　刷	四川机投印务有限公司
成品尺寸	170mm×240mm
印　　张	15.75
字　　数	166 千
版　　次	2018 年 8 月第 1 版
印　　次	2018 年 8 月第 1 次印刷
书　　号	ISBN 978－7－220－10785－6
定　　价	480.00 元（全五册）

丛书主编简介

韩震，1958年生，山东省阳谷县人，哲学博士，博士生导师，北京师范大学哲学思维与发展战略研究中心主任。

曾任北京师范大学副校长、北京外国语大学校长、北京外国语大学党委书记。兼任中央马克思主义理论研究和建设工程咨询委员会委员、《西方哲学史》首席专家及召集人，《马克思恩格斯列宁经典著作选读（大纲）》首席专家，国家教材委员会委员（兼任大中小德育一体化工作委员会主任）、第十届国家督学，国家社会科学规划办哲学组召集人、教育部社会科学委员会（哲学学部）委员、教育部高等学校哲学类专业教学指导委员会主任委员，《中国高等学校学术文摘·哲学》（英文）主编。

入选北京市“跨世纪青年理论工作者百人工程”培养计划、教育部“跨世纪人才”培养计划、人社部等部委首批“新世纪百千万人才工程”国家级人选、中宣部“文化名家暨‘四个一批’人才”、国家“万人计划”首批哲学社会科学领军人才。

著有《西方历史哲学导论》、《生成的存在》、《重建理性主义信念》、《全球化时代的文化认同与国家认同》、《思考的痕迹》、《教育的价值与价值的教育》、《社会主义核心价值观五讲》、《社会主义核心价值观新论》、《中国的价值观》、《社会主义核心价值观与中国文化的国际传播》、《大国话语》等，译著有《自我的根源》、《历史与转义》等，发表论文、译文600余篇。成果多次获教育部、北京市等人文社会科学优秀成果奖。

分册作者简介

李晓东，哲学博士，北京师范大学哲学学院、哲学思维与发展战略研究中心副教授，硕士生导师，学科教学论（思想政治）学科带头人。国培专家，高中思想政治课程标准修订组核心成员，中职思想政治课程标准修订组核心成员，北师大版《道德与法治》教材副主编，国家统编教材《道德与法治》八年级上册主编，中国教育学会中小学德育研究分会常务理事、思想政治课教学学术委员会常务副主任兼秘书长。北京师范大学未来教育高精尖创新中心初高中政治学科项目首席专家，北京师范大学中国基础教育质量监测协同创新中心“中学人文和思想品德素养测评与诊断改进”项目负责人。

刘丹，女，教育学博士（中美联合培养）。北京师范大学哲学学院、价值与文化研究中心、哲学思维与发展战略研究中心副教授。主要研究方向为公民教育理论与实践、学科教学（思政）。

石芳，女，法学博士，副研究员。主要研究方向为思想政治教育、考试评价。

目　录

代　序

培育和弘扬社会主义核心价值观的路线图

韩　震

习近平总书记在十九大报告中强调指出，我们要“坚持社会主义核心价值体系”就“必须坚持马克思主义，牢固树立共产主义远大理想和中国特色社会主义共同理想，培育和践行社会主义核心价值观，不断增强意识形态领域主导权和话语权，推动中华优秀传统文化创造性转化、创新性发展，继承革命文化，发展社会主义先进文化，不忘本来、吸收外来、面向未来，更好构筑中国精神、中国价值、中国力量，为人民提供精神指引”。目前，全国上下大力培育和弘扬社会主义核心价值观，目的是为建设社会主义先进文化指明方向，坚定全党、全国人民中国特色社会主义文化自信，为中华民族伟大复兴中国梦的实现提供精神支撑，为中华儿女提供共同的精神家园。

一、 我们应该培育和弘扬什么样的核心价值观

我们培育和弘扬的社会主义核心价值观是特定的价值观，有着

特定的规定性和内涵。我们所说的社会主义核心价值观，首先是当代中国的价值观，是当代中国建设什么样的国家、构建什么样的社会、塑造什么样的公民的价值取向；我们所说的社会主义核心价值观，也必定是中国特色社会主义的价值观，是关于中国特色社会主义道路、理论和制度的价值宣示。综合起来，社会主义核心价值观就是当代中国特色社会主义价值观。

既然社会主义核心价值观就是当代中国特色社会主义价值观，那么我们首先要把中国特色社会主义事业伟大实践作为培育和弘扬社会主义核心价值观的坚实社会基础。

新中国成立以来特别是改革开放以来，中国共产党带领全国各族人民，在短短几十年时间内，使中国经济、政治、文化和社会建设等方面取得了举世瞩目的成就。我国从一个积贫积弱、备受欺凌的国家，重新回到世界舞台的中心。正如英国剑桥大学政治与国际研究系高级研究员马丁·雅克说的，“近年来，世界经济的重心开始向发展中国家倾斜。对发展中国家而言，同中国的经济往来变得越来越重要。中国是很多发展中国家最大的贸易伙伴，也是发展中国家的转型推动器。很多发展中国家都将中国视为学习的榜样以及未来的目标”①。我国经济总量稳居世界第二位，人均国内生产总值增至7800美元左右；农业持续增产，城镇化取得新进展，常住人口城镇化率达到55%；各级各类教育都得到全面发展，教育水平大幅提升，一批重大科技成果达到世界先进水平；公共服务体系基本建立、覆盖面持续扩大，新增就业持续增加，贫困人口大幅减少，生态文

① ［英］马丁·雅克：《中国梦蕴含自信心》，《人民日报》2014年2月21日第3版。

明建设取得新进展，人民生活水平和质量加快提高；全面深化改革有力推进，人民民主不断扩大，依法治国开启新征程；全方位外交取得重大进展，对外开放不断深入，我国成为全球第一货物贸易大国和主要对外投资大国；中国特色军事变革成就显著，强军兴军迈出新步伐；全面从严治党开创新局面，党的群众路线教育实践活动成果丰硕，党风廉政建设成效显著。中国特色社会主义事业是前无古人的伟大创新实践，也取得了震撼世界的成绩，这是我们凝练社会主义核心价值观的坚实社会基础，也是我们价值观自信的基础。

中国的经济发展已经创造了世界奇迹。最近几年，虽然中国的经济不像头些年那样以两位数的增长率发展了，但仍然是全球几个大经济体中发展最快的。由此，英国学者罗思义认为，“中国的社会主义模式优于资本主义模式”，理由是：一、“当前世界上增长最快的经济体并非遵循……‘华盛顿共识’发展，反而是仿效中国的‘社会主义发展战略’或深受其影响”；二、“仿效中国的发展战略或深受其影响的国家对世界减贫的贡献率是85%，而资本主义国家的贡献率仅为15%”。[①] 不过，在经济发展的同时，我们也需要关注发展带来的新问题。经济的迅速发展也使人们的价值观或思想取向在社会结构和文化范式的快速转型之中发生某种不确定的漂移。中国人富裕了，但似乎心理却不像原来那么宁静了。我们必须反思和重塑我们的价值观。对于现代社会而言，价值观都是非常重要的。“价值观之所以重要，是因为它们将国家和民众凝聚在一起。它们帮助

① ［英］罗思义：《没错，“中国模式”优于“西方模式”》，《环球时报》2016年9月20日。

定义一个社会所支持和所反对的东西。”① 正如习近平总书记在主持中共中央政治局第十三次集体学习时强调的，要“把培育和弘扬社会主义核心价值观作为凝魂聚气、强基固本的基础工程”②。

价值观既是对社会实践的总结从而反映着当前的社会状态，同时作为一种理想性理念也必定引导和塑造未来的社会。就如习近平总书记指出的，“核心价值观是文化软实力的灵魂、文化软实力建设的重点。这是决定文化性质和方向的最深层要素。一个国家的文化软实力，从根本上说，取决于其核心价值观的生命力、凝聚力、感召力。培育和弘扬核心价值观，有效整合社会意识，是社会系统得以正常运转、社会秩序得以有效维护的重要途径，也是国家治理体系和治理能力的重要方面。历史和现实都表明，构建具有强大感召力的核心价值观，关系社会和谐稳定，关系国家长治久安”③。

其次，既然社会主义核心价值观就是当代中国特色社会主义价值观，那么我们就要把中华优秀传统文化作为涵养社会主义核心价值观的活水源泉。

我们是立足中国国情建设中国特色社会主义，我们的经济政策和政治设想都是以这个现实为前提的。同样，我们不可能离开既有的文化传统来进行精神活动，中华优秀传统文化是我们取之不尽用之不竭的思想根源，因此，培育和弘扬社会主义核心价值观必须立足中华优秀传统文化，用中华优秀传统文化涵养社会主义核心价值

① ［美］格拉特·哈丁著，葛鸣译：《欧洲人之谜》，《国外社会科学文摘》2012 年 8 月号，第 24—25 页。原载美国《外交政策》2012 年 1/2 月号。

② 参见新华社北京 2 月 25 日电《把培育和弘扬社会主义核心价值观作为凝魂聚气强基固本的基础工程》，《人民日报》2014 年 2 月 26 日第 1 版。

③ 参见新华社北京 2 月 25 日电《把培育和弘扬社会主义核心价值观作为凝魂聚气强基固本的基础工程》，《人民日报》2014 年 2 月 26 日第 1 版。

观。习近平总书记要求我们，“要讲清楚中华优秀传统文化的历史渊源、发展脉络、基本走向，讲清楚中华文化的独特创造、价值理念、鲜明特色，增强文化自信和价值观自信。要认真汲取中华优秀传统文化的思想精华和道德精髓，大力弘扬以爱国主义为核心的民族精神和以改革创新为核心的时代精神。牢固的核心价值观，都有其固有的根本。抛弃传统、丢掉根本，就等于割断了自己的精神命脉”。割断了精神命脉，不仅使文脉失去生命的有机性，也会使文化成为缺乏生命力的空洞观念。必须辩证地对待历史和当下，“不忘本来才能开辟未来，善于继承才能更好创新”。因此，习近平总书记号召我们，“要深入挖掘和阐发中华优秀传统文化讲仁爱、重民本、守诚信、崇正义、尚和合、求大同的时代价值，使中华优秀传统文化成为涵养社会主义核心价值观的重要源泉”[①]。

培育和弘扬社会主义核心价值观，就必须融通于中华民族的文化根基和精神传承过程。中华民族5000多年文明史，中国人民近代以来170多年斗争史，中国共产党90多年奋斗史，中华人民共和国60多年发展史，改革开放30多年探索史，这些历史一脉相承，不可割裂。脱离开中国的历史绵延，脱离开中国的文化传统，脱离开中国人的精神世界演进，脱离开当代中国社会的深刻变革，是难以正确认识中国的社会主义核心价值观的。

由于中华优秀文化传统是基于中华民族几千年历史演化而铸就的，反映着中华民族在中国大地上的生命体验、观念思考和精神追求，因此必然带有中华民族特有的形态、内涵和实质。我们从大禹

① 参见新华社北京2月25日电《把培育和弘扬社会主义核心价值观作为凝魂聚气强基固本的基础工程》，《人民日报》2014年2月26日第1版。

治水的故事，就可以理解中国这个东方农耕民族对群体合作的依赖和重视，个人只能在群体中才能获得生存的机会和发展的环境。因此，对于价值和价值观，中国人往往更多从整体优先于局部、集体优先于个人的角度去思考。譬如，也许西方人更多从个人的角度去思考人权，而中国人更关注大家之间要相互尊重人权，这就是“和谐”的价值观。中国人不把人权理解为个人权利或利益之间的自由竞争，而是相互之间达成和谐的状态，这就是为什么中国人如此重视“和为贵”以及“和而不同”。在当今中国，根据社会主义核心价值观，只有整体的社会和谐了，个体的人们才能过民主、自由、平等、公正的生活，才能在敬业和友善的环境下获得富足而有尊严的生活机会。

不过，社会主义核心价值观需要中华优秀传统文化的滋养，但并不是回到中国传统的价值观就是社会主义核心价值观了。中国传统的价值观是基于传统社会而酝酿的，必须经过创造性转换和创新性拓展，才能成为社会主义核心价值观的有效构成要素，这些要素纳入中国特色社会主义的理想追求，才能够展现出现代功能和价值。

第三，既然社会主义核心价值观就是当代中国特色社会主义价值观，那么我们就要在国际交流互鉴中，把提升文化软实力和抢占道德制高点作为弘扬社会主义核心价值观的文化追求。

善于学习和借鉴的民族，才有创新和发展的可能。培育和弘扬社会主义核心价值观，就需要在与世界各国日益密切的交流互鉴中加以思考。中华民族历来就有天下一家的开放胸襟，有协和万邦的气度，中华文化就是在与其他文化的相互激荡中发展。从古至今，中国与世界各国进行多方面的交流互鉴，从中学到许多东西，经过

消化吸收转化成为中华文化的成果，例如佛学思想的传入，西域音乐的滥觞，西方的文艺复兴、启蒙运动、工业革命、社会变革思潮，等等，特别是马克思主义和社会主义的理论，都深刻地影响和改变了中国的面貌。中国人对国家富强目标的追求，显然是受了欧美的影响，才有了更强烈的动力。自由、平等、民主、法治等价值，显然有浓厚的欧美影响，但最终也是在中国人民启蒙和解放的双重运动中逐渐清晰起来的。

当然，中国也需要有足够的勇气，树立价值观自信，我们也可以对世界价值观的发展作出自己的贡献。美国学者哈尔珀有句名言："打赢如今的战争靠的不是最好的武器，而是最好的叙述方式。"[①] 我们在中国特色社会主义实践上已经取得了举世瞩目的成就，我们还要在文化表述上坚定我们的价值观自信。譬如，中国人和而不同的价值观，不仅意义非凡，而且完全可以成为调节国际关系的最佳规范。我们主张"万物并育而不相害，道并行而不相悖"。这要比霸权思维和价值观合理得多，也公正得多。中国梦绝不是世界霸权梦，而是和平共处、合作共赢的梦。"中国梦是奉献世界的梦。"中国人"穷则独善其身，达则兼济天下"的胸怀，可以转化为经济全球化时代的中国担当。和谐价值观更是中华民族对人类社会的独特贡献。对内，我们构建和谐社会，实现祖国的和平统一、繁荣富强；对外，我们主张和平发展，实行相互尊重、互惠互利。不同的民族、不同的国家，由于所处的发展阶段和空间条件不同，从而发展出不同的文化，对问题的看法也就不同。相互之间应该采取和而不同的理念，

---

① ［美］彼得·纳瓦罗：《中国"三战"战略让美国束手无策》，《参考消息》2016年1月7日。

而不是采取威胁和冲突的方式，这样世界才能和平。中国的和谐价值观和国际义利观具有现实的、普遍的世界意义，具有很高的国际道德意义。

正因如此，习近平总书记在省部级领导干部学习贯彻十八届三中全会精神全面深化改革专题研讨班上讲：我们应该大力培育和弘扬社会主义核心价值体系和核心价值观，加快构建充分反映中国特色、民族特性、时代特征的价值体系，努力抢占价值体系的制高点。

二、 怎样培育和弘扬社会主义核心价值观

培育和弘扬社会主义核心价值观，需要有合适的途径和正确的方法。有了合适的途径和正确的方法，才能取得事半功倍的效果。

第一，培育和弘扬社会主义核心价值观，需要把其纳入国民教育全过程，作为培育和弘扬社会主义核心价值观的主渠道。

培育和弘扬社会主义核心价值观，要从娃娃抓起、从各级各类学校抓起，做到进教材、进课堂、进头脑，让教育在传递知识和文化的过程中塑造有理想有信念有责任感的人。社会主义核心价值观是社会的主导价值观，要求全体社会成员遵循这些基本的价值观规范。社会主义核心价值观不是对少数人的要求，而是对所有领域、所有人的价值规范。既然学校的功能是培养社会主义建设者和接班人，我们就必须坚持育人为本、德育为先，围绕立德树人的根本任务，把社会主义核心价值观全方位地纳入教育总体规划，贯穿于教育的教学、科研、社会服务、文化传承创新和国际交流的各个环节，覆盖到学校的全部师生员工。培育和践行社会主义核心价值观不仅是辅导员、班主任的职责，而是所有教职员工的任务；不仅是道德

与法治、思想政治和马克思主义理论课教师的工作，而是所有专业课程都必须有机融入的事情。当然，不是专业课程都有形地讲核心价值观，而是把价值观的精神实质和方向创造性地融入专业知识之中。实际上，思想理论课本身也不能天天只讲核心价值观的 12 个概念，而是基于核心价值观讲出感动人心的故事来。

因此，培育和践行社会主义核心价值观，就要遵循思想政治工作规律、遵循教书育人的规律、遵循学生成长的规律，适应不同年龄段学生的身心特点和成长规律，完善思想教育方法，深化学生思想品德培育和思想政治教育，构建有效衔接、内容先进、形态生动的思想品德和马克思主义理论课程的教材体系，创新思想品德和政治理论课教育教学方法，提高教学的针对性和实效性。大家都知道，作为物质食粮的奶粉是要根据年龄分段的，同样作为精神食粮的社会主义核心价值观也需要根据学生的年龄特点来“配方”。价值观需要行为的体验才能内化于心，价值观的目的及价值观自身的价值就在于它见诸行动。因此，我们还必须注重发挥社会实践对学生的养成作用，完善实践教育教学体系，开发实践课程和活动课程。

第二，培育和弘扬社会主义核心价值观，需要把党员干部带头以及知识分子、文化名人和其他杰出人物示范效应作为培育和弘扬社会主义核心价值观的关键抓手。

共产党员、领导干部和社会精英要在培育和践行社会主义核心价值观的过程中起模范带头作用。中国共产党是中国工人阶级的先锋队，也是中国人民和中华民族的先锋队，所以共产党员都应该在培育和践行社会主义核心价值观时走在前列，其中领导干部更应该率先垂范，形成上行下效的正能量。我们要以党章为根本遵循，完

善党内法规，健全制度保障，构建起配套完备的党内法规制度体系，推动党员干部带头践行社会主义核心价值观。把从严治党实践成果转化为道德规范和纪律要求，做到依规治党和以德治党相统一，充分展现共产党人高尚思想道德情操和价值追求。

社会各界的精英或名流，有很大的示范作用，因此也要肩负起更大的社会责任，在引导社会风气方面发挥积极功能。2017 年 3 月 4 日下午，习近平总书记在看望参加全国政协十二届五次会议的民进、农工党、九三学社委员时，希望全国广大知识分子自觉做践行社会主义核心价值观的模范。在总书记看来，勇立潮头、引领创新是知识分子“应有的品格”；天下为公、道义担当是知识分子“应有的情怀”。他希望知识分子坚持国家至上、民族至上、人民至上，始终胸怀大局、心有大我，始终坚守正道、追求真理，从自我做起、从现在做起、从日常生活做起，身体力行带动全社会遵循社会主义核心价值观。根据唯物史观，人是生产力中最活跃的要素，而人才是最活跃要素中的活跃要素，是创造新知识、新技术和新思路的关键力量。知识分子无疑是推动实现中国梦的中坚力量，正因为如此，知识分子应该义不容辞地担负起时代的重任。创新驱动实质要靠人才驱动，靠高远的价值观引领，知识分子正是先进生产力的开拓者，也应该成为先进价值观的践行者和引领者。

先进典型是社会主义核心价值观的集中体现。公众人物社会知名度高、影响力大，是传播核心价值观的重要力量。各类明星人物也应该加强自律、提高素质，无论是影星、歌星、舞星，还是球星和其他体坛明星人物，往往是青少年的偶像，他们的言行和装束往往引领时尚。假如他们在践行社会主义核心价值观时有好的言行，

将会对青少年有广泛的影响和引领作用。

第三，培育和弘扬社会主义核心价值观，需要把贯穿结合融入、落细落小落实作为培育和弘扬社会主义核心价值观有效手段。

培育和弘扬社会主义核心价值观，必须在贯穿结合融入上做文章，在落细落小落实上下功夫，坚持不懈地推动社会主义核心价值观学习宣传，践行弘扬具体化、系统化、长效化，将核心价值观的种子播撒在中华儿女的心田。

一要充分发挥政策导向作用，使经济、政治、文化、社会等方方面面政策都有利于社会主义核心价值观的培育。强化公共政策的价值目标。制定经济社会政策和重大改革措施，出台与人们生产生活和现实利益密切相关的具体政策措施，要充分体现公平正义和社会责任，注重政策目标和价值导向有机统一，注重经济效益和社会效益有机统一，形成有利于培育和弘扬社会主义核心价值观的良好政策导向和利益引导机制。各种社会管理要承担起倡导社会主义核心价值观的责任，注重在日常管理中体现价值导向，使符合核心价值观的行为得到鼓励、违背核心价值观的行为受到制约。我们还要完善政策评估和纠偏机制，防止具体政策措施与社会主义核心价值观相背离，实现公共政策和道德建设良性互动。

二要切实把社会主义核心价值观贯穿于社会生活方方面面。一种价值观要真正发挥作用，必须融入社会生活，让人们在实践中感知它、领悟它。要注意把我们所提倡的与人们日常生活紧密联系起来，在落细落小落实上下功夫。要按照社会主义核心价值观的基本要求，健全各行各业规章制度，完善市民公约、乡规民约、学生守则等行为准则，使社会主义核心价值观成为人们日常工作生活的基

本遵循。要利用各种时机和场合，形成有利于培育和弘扬社会主义核心价值观的生活情景和社会氛围，使核心价值观的影响像空气一样无所不在、无时不有。

三要相信人民群众、依靠人民群众，充分发挥群众的自主意识和首创精神，广泛开展灵活多样的群众性道德实践活动。例如，开展群众性的评选表彰道德模范活动，让人习惯于在现实中学会见贤思齐。开展学习宣传先进典型活动，尤其注意把学习雷锋等模范与学习身边的好人好事结合起来，在平凡的人和事中发现崇高，让高尚的道德和价值理想在民众生活中落地生根，形成学习先进、争当先进的浓厚风气。在国家博物馆设立英模陈列馆，保护好英烈墓地，让英雄主义鼓励青少年的报国之志。要把对烈士的纪念活动与大众的生活节点——如成人仪式、结婚仪式——结合起来，让国家认同融入大众百姓的日常生活之中。正如习近平总书记强调的，我们要通过教育引导、舆论宣传、文化熏陶、实践养成、制度保障等，使社会主义核心价值观内化为人们的精神追求，外化为人们的自觉行动。要润物细无声，运用各类文化形式，生动具体地表现社会主义核心价值观，用高质量高水平的作品形象地告诉人们什么是真善美，什么是假恶丑，什么是值得肯定和赞扬的，什么是必须反对和否定的。

四要把以文化人作为培育和弘扬社会主义核心价值观的精神支撑。要以良好的家风、校风、村规民俗，传播主流价值；要建立和规范一些礼仪制度，组织开展形式多样的纪念庆典活动，增强人们的认同感和归属感；要把社会主义核心价值观的要求融入各种精神文明创建活动之中，吸引群众广泛参与，推动人们在为家庭谋幸福、

为他人送温暖、为社会作贡献的过程中提高精神境界、培育文明风尚；要把传统的节日与传承中华民族的美德结合起来，使节日的意义得到升华。

三、 推动社会主义核心价值观入法入规

坚持和发展中国特色社会主义是一项长期而艰巨的历史任务，必须准备进行具有许多新的历史特点的伟大斗争。推动社会主义核心价值观入法入规，目的是促进价值观念的制度化、对象化和客观化，运用法律法规和公共政策向社会传导正确的价值取向，把社会主义核心价值观融入法治建设，从而使社会主义核心价值观的价值取向成为有法律保障的长期落地生根的公序良俗。

实际上，法律法规本身就体现鲜明价值导向，不同的法律体系体现不同的价值观。一方面，弘扬社会主义法治精神本身就是践行社会主义核心价值观。法治精神，是社会主义核心价值观建设的基本内容和重要基础。要坚持法治宣传教育与法治实践相结合，建设社会主义法治文化，推动全社会树立法治意识、增强法治观念，形成守法光荣、违法可耻的社会氛围，使全体人民都成为社会主义法治的忠实崇尚者、社会主义核心价值观的自觉践行者。另一方面，社会主义法律法规直接影响人们对社会主义核心价值观的认知认同和自觉践行。要坚持以社会主义核心价值观为引领，恪守以民为本、立法为民、公平正义理念，把社会主义核心价值观的要求体现到宪法法律、法规规章和公共政策之中，转化为具有刚性约束力的法律规定。无论如何，社会主义核心价值观是社会主义法治建设的灵魂。把社会主义核心价值观融入法治建设，是坚持依法治国和以德治国

相结合的必然要求，是加强社会主义核心价值观建设的重要途径，但这个途径更具有时代意义。

推动社会主义核心价值观入法入规，首先要以社会主义核心价值观的价值理想完善法律法规体系。我们必须认识到，由于法律法规体系是历史的产物，随着社会的发展就会出现某些不适应的地方。例如，有的法规和政策价值导向不鲜明，针对性、可操作性不强，保障不够有力；一些地方和部门在执法司法过程中存在与社会主义核心价值观要求不符的现象；部分社会成员尊法学法守法用法意识不强，全民法治观念需要进一步提高，等等。本着问题导向的原则，深入研究分析社会主义核心价值观建设的立法需求，把法律的规范性和引领性结合起来，通过立改废释并举，积极推进相关领域立法，使法律法规更好体现国家的价值目标、社会的价值取向、公民的价值准则。对与社会主义核心价值观要求不相适应的法律法规，依照法定程序及时进行修改和废止。

推动社会主义核心价值观入法入规，也要通过法律法规的刚性要求，强化社会治理的价值导向。注重把一些基本道德规范转化为法律规范，把实践中行之有效的政策制度及时上升为法律法规，推动文明行为、正直诚信、见义勇为、尊崇英雄、志愿服务、勤劳节俭、孝亲敬老、仁爱友善等方面的立法工作。我们要从巩固全体人民团结奋斗的共同思想道德基础的战略高度，切实发挥法治的规范和保障作用，推动社会主义核心价值观内化于心、外化于行。

推动社会主义核心价值观入法入规，除了完善法律法规体系，还要促进善治。这就是说，推动社会主义核心价值观建设既要靠良法，又要靠善治。我们必须坚持人民主体地位，拓宽人民群众有序

参与立法、执法、司法的渠道和方式，调动人民群众投身依法治国实践的积极性和主动性，使法律及其实施充分体现人民意志、体现社会主义核心价值观要求。注重总结推广新创造新经验，不断提高工作针对性实效性，依靠教育引导、实践养成和良法善治，开创社会主义核心价值观建设新局面。社会治理要承担起倡导社会主义核心价值观的责任，注重在日常管理中体现鲜明价值导向，使符合社会主义核心价值观的行为得到倡导和鼓励，违背社会主义核心价值观的行为受到制约和惩处。进一步把社会主义核心价值观融入法治建设，必须把社会主义核心价值观融入法治国家、法治政府、法治社会建设全过程，融入科学立法、严格执法、公正司法、全民守法各环节，以法治体现道德理念、强化法律对道德建设的促进作用，推动社会主义核心价值观更加深入人心，为实现“两个一百年”奋斗目标、实现中华民族伟大复兴的中国梦提供强大价值引导力、文化凝聚力和精神推动力。

推动社会主义核心价值观入法入规，要实行适应社会主义核心价值观要求的司法政策，增强适用法律法规的及时性、针对性、有效性。遵循法治的价值取向，为惩治违背社会主义核心价值观、严重失德败德行为，提供具体、明确的司法政策支持。准确把握法律精神和法律原则，适应社会主义核心价值观建设的实践要求，发挥司法解释功能，正确解释法律。完善案例指导制度，及时选择对司法办案有普遍指导意义，对培育和弘扬社会主义核心价值观有示范作用的案例，作为指导性案例发布，通过个案解释法律和统一法律适用标准。司法是维护社会公平正义的最后一道防线，司法公正对社会公正具有重要引领作用。要努力让人民群众在每一个司法案件

中都感受到公平正义，推动社会主义核心价值观落地生根。

推动社会主义核心价值观入法入规，还要进一步增强法治的道德底蕴。我们要把法治教育与道德教育结合起来，深化社会主义核心价值观学习教育实践，深入开展社会公德、职业道德、家庭美德、个人品德教育，大力弘扬爱国主义、集体主义、社会主义思想，以道德滋养法治精神，以美德温润法治。我们要强化规则意识，倡导契约精神，弘扬公序良俗，引导人们自觉履行法定义务、社会责任、家庭责任，努力形成中华儿女互有责任的良好风尚。我们要广泛开展时代楷模、道德模范、最美人物和身边好人学习宣传活动，积极倡导助人为乐、见义勇为、诚实守信、敬业奉献、孝老爱亲等美德善行。我们要积极探索有效途径和办法，使社会主义核心价值观和社会主义法治建设相得益彰、相互促进，推动社会文明的进步。

总之，社会主义核心价值观与中国特色社会主义建设事业是互相塑造的关系。中华民族伟大复兴的事业孕育并产生了社会主义核心价值观，社会主义核心价值观则引导并塑造着中国特色社会主义建设的伟大社会实践。中国特色社会主义实践发展到什么阶段，培育和弘扬社会主义核心价值观也应该推进到相应的境界。

2018 年 6 月 12 日于北京师范大学
哲学思维与发展战略研究中心

引　言

以价值引领发挥信念作用

随着社会主义核心价值观的提出和深入讨论，社会主义核心价值观正在逐步深入人心，成为社会各界普遍关注的热门话题和推动社会实践的精神支撑。如何将社会主义核心价值观教育落到实处，让社会主义核心价值观被普遍认同和真正得到践行，也成为当前各种讨论中关注较多的问题之一。落实社会主义核心价值观教育、增强社会主义核心价值观认同，是一个无法回避的重要问题。

一

任何一种理论，只有自身具有清晰的思维逻辑，才容易被接受和采纳。从这个意义上说，理论教育的根本前提，是理论本身的自洽。马克思曾经对理论说服力的问题有过一段非常经典的论述，他说："理论只要说服人，就能掌握群众；理论要说服人，就要彻底，所谓彻底，就是抓住事物的根本，而事物的根本不是别的，只能是人本身。”[1] 社会主义核心价值观教育要想说服受教育者，首先要明确的也是讲清道理的问题。

曾几何时，我们采用“选立场”的方式落实我们的思想意识教育。我们的教育对象不是心悦诚服地接受我们的教育内容，而是口是心非地接受了一些空洞抽象的口号式语言。其结果，就是那些本来正确的东西，却不能深入人心。而那些源于被教育者内心的疑惑，则大大削弱了我们的教育效果。我们在思想政治课堂上苦口婆心数小时的教育，竟然抵不过学生家长一句漫不经心的“都是假的”，不得不说这是对思想政治教育的极大挑战。社会主义核心价值观教育要深入人心，就必须改变这种状况，真正将“人本身”作为立足点，去说服受教育者。

要讲清社会主义核心价值观，就要对其理论内涵有清楚的认识。社会主义核心价值观的24个字，涵盖了价值观的三个基本层次，聚焦社会发展在价值观方面的核心问题，具有十分深刻的理论内涵。与以往的理论呈现相比，社会主义核心价值观更多地呈现为日常化、具体化的形式，呈现为与日常生活相关的核心理念和关键词。这也导致了其理论性被忽视和低估的问题。要讲好社会主义核心价值观，就必须改变这种状况，充分重视社会主义核心价值观的理论内涵，从理论基础的角度，讲清楚24个字的具体含义和理论支撑。不可否认，当前学界对社会主义核心价值观的理论认识，还存在不到位、不彻底的情况，还有不少理论问题，需要我们深入探讨。但不容置疑的是，从理论层面深化和澄清社会主义核心价值观认识的努力，

① 《马克思恩格斯选集》（第1卷），人民出版社1995年版。

对于被教育者，积极的作用总是大于消极的作用的。

要讲清社会主义核心价值观，就要对其内在逻辑有深刻的认识。社会主义核心价值观的三个层面，涵盖了每个人日常生活的人文环境，其相互之间的密切关联也需要我们深刻认识。所以，从逻辑展开的角度来讲，要讲清楚国家、社会、个人之间的关联。这种关联对于理解社会主义核心价值观具有十分重要的意义。同时，也要注意到每一层面的几个基本方面之间，也存在确定的逻辑关系。例如，爱国、敬业、诚信、友善，所指向的国家、工作、交往、品质等方面，就明显表现出由外到内的过程性。如果我们不把这种联系搞清楚，就无法说明当前社会发展进程中价值观作用的机制，就无法将社会主义核心价值观的科学性与个人价值观的发展建立可靠和稳定的联系。内在逻辑的梳理，是社会主义核心价值观教育被认可和接受的基础条件。

就思想政治教育的发展而言，要落实社会主义核心价值观教育、将社会主义核心价值观落到实处，就必须在课程与教学的各个方面，进行全面改革，充分体现社会主义核心价值观的理论要求和内在逻辑。当前，社会主义核心价值观教育，还大多停留在“时事教育”的范畴内，无论是高校的政治理论课，还是中学的道德与法治课和思想政治课，社会主义核心价值观教育的针对性、系统化的内容都不够充分，这对任课教师提出了更高的要求。从学科的专业发展来说，需要在相关课程教学中，增加社会主义核心价值观教育的理论内涵和内在逻辑的内容，让学生充分理解、全面认识社会主义核心价值观的意义和价值，为他们践行社会主义核心价值观奠定基础。

二

社会主义核心价值观的内容具有丰富性、系统性和广泛性。应该从何处下手落实社会主义核心价值观教育？就当前的实践而言，道德教育无疑是重要的切入点和关键点。

我国历来都有重视道德的传统，道德问题也容易引起人们的关注和思考。道德爬坡还是道德滑坡的激烈争论，“小悦悦”事件的道德诘问，反映的都是人们对社会道德水平的关注和忧虑。而“道德楷模”、“感动中国”人物事迹的广受认可，则让凡人善举成为传递社会正能量的有力助推器。这些都表明，以公民道德为抓手，对落实思想政治教育来说具有不可忽视的积极作用。

社会主义核心价值观与公民道德有着不可分割的密切联系。社会主义核心价值观的基本方面，都可以从优秀传统文化“修身”、“育德”的内容中找到相关的基础性内容。比如，爱国，在传统文化中就有“苟利国家生死以，岂因祸福避趋之”的责任意识和“人生自古谁无死，留取丹心照汗青”的慷慨豪迈。国无德不兴，人无德不立。从公民道德培育的维度落实社会主义核心价值观教育，是培育“中国精神”的重要手段。2013 年 11 月习近平总书记在山东曲阜考察时明确提出：“必须加强全社会的思想道德建设，激发人们形成善良的道德意愿、道德情感，培育正确的道德判断和道德责任，提高道德实践能力尤其是自觉践行能力，引导人们向往和追求讲道德、尊道德、守道德的生活，形成向上的力量、向善的力量。只要中华民族一代接着一代追求美好崇高的道德境界，我们的民族就永远充满希望。”[①] 这里所说的“讲道德、尊道德、守道德”，就是落实社会主义核心价值观教育，促进社会主义核心价值观认同的重要方式。

从“讲道德”的角度来说，思想政治教育应该把公民道德培育作为教学的重要内容。从公德培育的角度落实社会主义核心价值观教育、促进社会主义核心价值观认同，首先要把“道德”的基本要求讲清楚。我们要培养思想政治课教师，就要把这一职业的道德要求，明确地教给我们的学生。我们要培育社会主义建设的“时代新人”，就要把“公民道德”的基本要求讲清楚。只有这样，才能让被教育者明确哪些是自己应该做的、哪些是自己不能做的，进而为自己的道德选择确定前提和界限。

从“尊道德”的角度来说，思想政治教育应该把高尚道德追求作为教学的主要价值导向。随着社会主义市场经济建设的不断深入，社会发展中的一些不良现象和行为，对青少年的道德观念和道德选择，产生了一些不良影响。见利忘义者可以名利双收、见义勇为者却可能“英雄流血又流泪”之类的事件，如何在我们的教学过程中合理呈现，就成为很多教师纠结的问题。从这个角度来说，思想政治教育要讲好正面的例子，更要讲好反面的例子，给学生呈现社会真实状况的同时，解决他们的思想疑惑，启发他们积极思考，为其进行正确的价值判断提供方向和必要的帮助。

从“守道德”的角度来说，思想政治教育应该注重践行，从学生行为习惯的养成中落实社会主义核心价值观教育，促进社会主义

① 《习近平论社会主义核心价值观——十八大以来重要论述选编》，《党建》2014 年第 4 期。

核心价值观认同。公民道德的培育，不是要塑造可以熟记口号式语言的表演者，而是要让受教育者成为践行社会主义核心价值观的建设者。从这个意义上说，思想政治教育应该充分关注学生道德行为习惯的养成，引导学生从“事不关己、点评江山”的旁观者，变成“有理想、有本领、有担当”的实践者，引导他们从遵守交通规则、遵守公共秩序之类的小事做起，身体力行，行为示范，以个人道德行为的示范，推动社会道德水平的提升。

2017 年 1 月，中共中央办公厅、国务院办公厅印发了《关于实施中华优秀传统文化传承发展工程的意见》，对中华优秀传统文化的落实提供了重要的参考和依据。在这一文件中，提出了中华文化包括核心思想理念、中华传统美德和中华人文精神三个组成部分，并对优秀传统文化如何落地生根提出了具体的意见和指导。这一工作的落实，对于社会主义核心价值观的认同来说，意义重大。

三

生活理念，是思想政治课教学中的一项重要原则。具体到社会主义核心价值观教育，这一理念就要求我们把“源于生活、高于生活”作为培育和实践社会主义核心价值观的基础性理念，予以落实。对此，可以从以下几个方面来说明：

以生活理念体现社会主义核心价值观教育、促进社会主义核心价值观认同的生活基础。这里所说的“生活理念”包括两个方面的内容，一是“源于生活”的价值还原，二是“高于生活”的价值追求。一方面，社会主义核心价值观不是某些理论工作者或者某位领导者的心血来潮，而是当前时代发展和社会生活的必然要求和客观反映。从这个意义上说，要理解社会主义核心价值观，就必须充分挖掘这些基本价值观念在生活中的意义和价值，将高度概括的价值观念，还原为社会生活的基本要求。应该说，社会主义核心价值观具有丰富的生活气息，对于社会发展也具有十分重要的指导性。坚持社会主义核心价值观教育中的生活理念，就是要将这一点充分显现出来。另一方面，社会主义核心价值观是从社会生活中凝练出来的具有普遍原则和价值导向的内容，对于引导社会生活，具有指引和提升的作用，是“倡导”的内容，是需要社会成员经过一定努力才可以实现的“应然”的东西，这也是对学生进行社会主义核心价值观教育的价值所在。

以生活教育体现社会主义核心价值观教育、促进社会主义核心价值观认同的实现途径。这里所说的“生活教育”，主要试图强调的是“以被教育者可以理解的社会生活为基础”的教育。也就是说，我们要从被教育者实际接触到的、可以感受到的生活案例出发，用被教育者可以理解的“实”，体现社会主义核心价值观的“理”。无论是高校的政治理论课，还是中学的思想品德、思想政治课，都应该贯彻这一原则。需要说明的是，这里所说的“生活教育”，不是社会生活的简单复制，更不应该是貌似中立的“负面展台”。思想政治教育的生活案例，应该是经过任课教师选择的、可以体现社会主义核心价值观要求的典型。有些教师为了满足学生的好奇心，刻意采取一种“批评者”的立场，把思想政治教育的课堂，变成传递负面信息的舞台，缺乏正确的引导，这是不可取的。

以改善生活体现社会主义核心价值观教育、促进社会主义核心价值观认同的本质要求。社会主义核心价值观教育的本质要求，就是要落实于践行，落实于社会成员的行为习惯养成和文明水平的提升。改善每一个社会成员的生活，才是社会主义核心价值观教育的目的所在。从这个意义上说，思想政治教育要致力于受教育者改善自己社会生活的能力的培养，致力于帮助和引导受教育者通过价值观念的确立，在参与社会生活的过程中不断提升自我，为他们的价值实现提供基础性的引导。这是塑造新时代中国特色社会主义建设的建设者和接班人的必然要求和趋势，也是思想政治教育义不容辞的责任和使命。

客观地说，实现社会主义核心价值观教育，绝非易事。社会生活的多样化、价值观念的复杂化、国际局势的新发展等因素，都对思想政治教育提出了新的挑战。每一个思想政治教育工作者，都应该清楚地认识到这一点。我们应该从自我观念更新开始，形成对社会主义核心价值观的正确认识，在此基础上采取学生喜闻乐见的形式，把我们认为正确的东西，传递给我们的教育对象，让他们在接受这些内容的同时，真正实现自己的道德成长。

本书对于社会主义核心价值观认同的研究和探讨，只是从局部提供了一个研究社会主义核心价值观落地的策略，其深远意义和实现，还需要经过长期的实践过程和持续的探索发现。从这个意义上说，本书只是抛砖，希望能引来各位读者的真知灼见，让社会主义核心价值观的认同不是留在纸上谈兵的层面，而是深入社会实践的实际，变成对新时代中国特色社会主义切实发挥推动作用的行动指南。

第一章

寻据究理：社会主义核心价值观认同的根据

近数十年来，“认同”（identity）在各种学术文本中是一个出场率相当高的概念，它所指称的是一种被赋予具有军事、暴力等“硬权力”（hard power）所无法企及的独特的和具有非凡能量的“软权力”（soft power）形态。在日常话语中，虽然我们每个人都能够自如地使用这一概念，但是却无法给出一个简洁而准确的定义来说明其丰富的内涵。在学术研究中，也是如此。学者们一般把“认同”作为一个具有足够解释力的概念来分析社会现象和社会行为，并且往往根据研究对象的需要而把它具体化，如民族认同、国家认同、文化认同、青少年认同，等等，却很少去追究它到底是什么，这样一来就只研究了这些认同的具体含义而非普遍意义上的“认同”概念。正如詹姆斯·D. 费伦（James D. Fearon）所表明的那样，“不同的研究传统……已经发展出关于这个词的颇为互异的标准与惯例。……可能某些学者只打算规定某一个关于‘认同’的定义来适用于特殊的目的，因此，由于不同的目的可能会使这些定义之间存在一些差异。”[①] 很明显，对社会主义核心价值观的认同是一种价值认同，这种价值认同，是指“个体或社会共同体（民族、国家等）通过相互交往而在观念上对某一或某类价值的认可和共享，是人们对自身在社会生活中的价值定位和定向，并表现为共同价值观念的形成。这样一种价值认同，不仅是个体和社会共同体这两个层面的认同都必然具有的一个维度或方面，而且是一切个体认同和社会共同体认同的基础”[②]。由此可见，社会主义核心价值观提出的目的，在于构建社会主义和谐社会的价值观基础，而构建成功与否的关键，就在于社会主义核心价值观能否得到广大人民群众的认同。因为，社会主义核心价值观只有获得人民群众的广泛认同、接受与内化并能自觉指导其实践，才能发挥其化解认同危机、引领和整合多元化思想观念的基本作用。基于此，提升广大人民群众的社会主义核心价值观认同就成了培育和践行社会主义核心价值观的关键。

第一节　构建社会主义核心价值观认同面临的机遇和困境

2014 年 2 月 24 日，中共中央政治局就培育和弘扬社会主义核心价值观、弘扬中华传统美德进行第十三次集体学习。中共中央总书记习近平在主持学习时发表了讲话。他指出，核心价值观是文化软实力的灵魂、文化软实力建设的重点。这是决定文化性质和方向的

① Fearon，James D. *What is Identity* (*As We now Use the Work*)? Department of Political Science of Stanford University，1999：6，unpublished.

② 汪信砚：《全球化中的价值认同与价值观冲突》，《哲学研究》2002 年第 11 期。

最深层次要素。一个国家的文化软实力，从根本上说，取决于其核心价值观的生命力、凝聚力、感召力。培育和弘扬核心价值观，有效整合社会意识，是社会系统得以正常运转、社会秩序得以有效维护的重要途径，也是国家治理体系和治理能力的重要方面。历史和现实都表明，构建具有强大感召力的核心价值观，关系社会和谐稳定，关系国家长治久安。[①] 可见，认同社会主义核心价值观是当今的时代使命。但在经济全球化发展的今天，构建社会主义核心价值观认同在面对机遇的同时也有不容忽视的挑战。

一、时代发展为社会主义核心价值观认同提供了重要机遇

随着经济全球化的推进，全球不可避免地进入了一体发展的时代。近年来中国经济的迅速发展，更让中国在世界舞台上的地位更加重要。无论是国际环境的改善，还是国内经济社会发展取得的显著进步，都为社会主义核心价值观认同提供了前所未有重要机遇。

1. 全球化语境开阔了价值视野

经济全球化是经济过程和政治过程的统一，也是思想文化交流的统一。经济全球化使经济超越民族、地理界线和文化障碍融为一体的同时，也促使意识形态的不断交流而呈现多元化。这种意识形态的多元化表现在我们生活的方方面面，并且随着全球化的蔓延而不断地开阔我们的视野。经济全球化在改变我们生活方式的同时，相应地也会影响我们的思维方式，影响着我们对主流意识形态的认同以及价值观念的树立。

---

① 习近平：《把培育和弘扬社会主义核心价值观作为凝魂聚气强基固本的基础工程》，《人民日报》2014 年 2 月 26 日。

作为当今世界的基本特征，“全球化”提出的最初含义是指经济的全球化。1985年，提奥多尔·拉维特在《市场全球化》中首次提出“全球化”这一概念，并认为“商品、资本、技术、服务行业在世界性生产、消费和投资等领域的扩展已经突破国家的边界，走向全球化”[①]。早在19世纪中期，马克思、恩格斯就已经对源于15世纪地理大发现的全球化历史发展趋势进行了哲学式的阐释，对经济全球化提出了具有建设性的预见：在资本主义条件下，“不断扩大产品销路的需要，驱使资产阶级奔走于地球各地。它必须到处落户，到处开发，到处建立联系”[②]。在经济形式方面，资本和私有财产的发展打破了封建土地关系的区域性、空间性的限制，“使一种世界主义的、普遍的、摧毁一切界限和束缚的能量发展起来”[③]。在技术形式方面，“资产阶级历史时期负有为新世界创造物质基础的使命：一方面要造成以全人类相互依赖为基础的普遍交往，以及进行这种交往的工具；另一方面要发展人的生产力，把物质生产变成对自然力的科学支配”[④]，科技的发展也成为经济全球化趋势的加速器。在生产交往方面，“各个相互影响的活动范围在这个发展进程中越是扩大，各民族的原始封闭状态由于日益完善的生产方式、交往以及因交往而自然形成的不同民族之间的分工消灭得越是彻底，历史也就越是成为世界历史。”[⑤] 由此世界上彼此隔绝的安宁被打破，世界上的民族都被卷入了世界交往的圈子之内，“资产阶级由于开拓了世界市

① 吴万迈：《经济全球化与民族文化：兼论文化的民族性与世界性》，《中国社会科学院研究生院学报》2001年第2期。

② 《马克思恩格斯选集》（第1卷），人民出版社1995年版，第275页。

③ 《马克思恩格斯选集》（第1卷），人民出版社1995年版，第276页。

④ 《马克思恩格斯选集》（第1卷），人民出版社1995年版，第276页。

⑤ 《马克思恩格斯选集》（第1卷），人民出版社1995年版，第88页。

场，使一切国家的生产和消费都成为世界性的了。”①

“物质的生产是如此，精神的生产也如此。各民族的精神产品成了公共的财产。民族的片面性和局限性日益成为不可能，于是由许多种民族的和地方的文学形成了一种世界的文学。”② 经济全球化的本质在于人类社会生活跨越国家和地区的界线，在全球范围内展现全方位的沟通和联系。这种沟通和联系势必从经济领域不可遏止地延伸至文化领域。国家、地区间的经济依存性势必推进价值观念的冲突、交会和融合。对此，我们从以下诸方面可以看出：其一，全球经济运行的整体关联性推动价值观的扩展。虽然社会价值观并不一定同社会生产方式保持同步，存在超越或落后于生产方式的情况，但从根源上看，主流价值观念的内容仍取决于社会生产方式，价值观的发展趋向在总体上将与社会生产方式的内在要求保持基本一致。世界经济发展的全球化趋势，势必通过世界范围内社会生产方式的日益关联而推动着价值观念的丰富和开阔，为价值观念的更新和选择提供更多的基础。其二，经济全球化的全方位性开阔了人们的价值视野。经济全球化不仅影响着政治和经济，而且影响着文化；伴随着经济运行全球化的，是日益频繁的文化交流；而各国之间的文化流动和渗透，不仅为世界范围内的文化找到越来越多的共同点，而且为各国的风情时尚、生活习惯、生活方式、消费方式乃至思维方式带来越来越多的共同点，这无疑为全球范围内的价值认同提供了通途。以语言传播为例，当今时代，英语几乎成为一种世界性语言，英语国家的人们也在学习其他国家和民族的语言。截至 2015 年

---

① 《马克思恩格斯选集》(第 1 卷)，人民出版社 1995 年版，第 67—68 页。

② 《马克思恩格斯选集》(第 1 卷)，人民出版社 1995 年版，第 276 页。

12 月，中国已在 134 个国家和地区建立了 500 所孔子学院和 1000 个孔子课堂，学员总数达 190 万人，为促进中华传统文化与价值观传播搭建了广阔的平台。语言的交流不仅能让交往各方突破自己原有的本土视野界限，提升自身文化水平，开拓双方的文化视野，形成语言文化的全球化语境，而且能在差异中寻求共同，竞争中达成共识。其三，全球性利益的驱动推进着价值观的认同。马克思认为，"发展着自己的物质生产和物质交往的人们，在改变自己的这个现实的同时也改变着自己的思维和思维的产物。"① 利益是价值的基础，价值是利益的反映。社会价值观、集体价值观，无不是在一定共同利益的基础之上形成的。随着经济全球化进程中超越各民族利益和各阶级利益的普遍的、共同的利益问题（如环境、人口、资源问题等）的强化，日益遍及全球的共同价值观的认同程度也就越高。

总之，经济全球化突出了人的类意识，促使人们站在人类发展的高度去认识共同价值问题。有西方学者说："人类今天面临的基本任务就是需要去促进关于我们相互依存的一种全球性的伦理上的自我意识，以及去缓和妨碍这种共识达成的强硬态度。"② 这就是说，从最终意义上说，经济全球化会带来人类共同价值的追求，并倡导一种为人类共同接受的普遍价值作为主导价值观。"全球交往实践"为基础的文明发展新模式极大地拓展了人类文明的生存空间和全球视野，提供了价值观共存、认同的广阔平台。③

① 《马克思恩格斯选集》(第 1 卷)，人民出版社 1995 年版，第 73 页。

② ［美］保罗·库尔兹：《21 世纪的人道主义》，东方出版社 1998 年版，第 408 页。

③ 贺善侃：《经济全球化背景下的价值认同与冲突》，《毛泽东邓小平理论研究》2003 年第 5 期。

2. 文化多元化更新了思想基础

文化多元化是当代世界的另一个重要特征，全球化不仅带来经济全球化，也带来了文化全球化。文化在本质上是多元化的。文化包含十分丰富的内容，给处在这一文化背景下的人的思想打上了深深的烙印，文化多元化的发展又在这些或深或浅的烙印中增添了新的色彩。

中国古代的《易经》中就有“观乎人文以化成天下”的说法。《中国大百科全书》认为，“广义的文化包括人类物质生产和精神生产的能力、物质和精神的全部产品。狭义的文化指精神生产和精神产品，包括一切社会意识形态。”① 北京语言文化大学的李庆本认为，“它是流淌在每个民族的心灵中，体现着不同民族的特征的东西，它既是一种思维和行为模式，同时它还包括民族信仰和价值倾向等。”②因而，构成文化核心的是那些在全球范围内将不同民族文化加以区别的文化的根本性特质，即本尼迪克特在《文化模式》中所认为的那样，文化是通过某个民族的活动而表现出来的一种思维和行为模式，一种使该民族不同于其他民族的模式。③ 中国文化大师余秋雨先生也为文化做了定义，他认为“文化是一种精神价值以及与此相呼应的生活方式，它的最终成果是集体人格”④。可见，文化对人产生的影响是伴随着一个人生活的方方面面以及发展轨迹的，同样也伴随着一个民族、一个国家的发展轨迹。

---

① 《中国大百科全书》，中国大百科全书出版社 1987 年版，第 24 页。

② 李庆本：《全球一体化与文化多元化》，《中国文化研究》1999 年第 1 期。

③ ［美］鲁恩·本尼迪克特著，张燕、傅铿译：《文化模式》，浙江人民出版社 1987 年版，第 45 页。

④ 余秋雨：《何谓文化》，长江文艺出版社 2012 年版，第 9 页。

文化多元化的含义也是多层次的，它不仅仅是指在全球范围内不同民族文化的共存共荣，而且它也意味着在某一单一民族国家中的传统文化对其他民族文化的宽容以及必要时的吸收。最重要的是，文化多元化还是一种新思维，它要求人们从传统的一元式思维方法转变到多元式思维方法，从绝对论转变到相对论。因此，在某种意义上我们可以说，文化多元化指的是不同民族、国家的文化共存的一种状态。即在同一时间，同一个社会、国家或民族中存在多种文化，它们之间并非孤立存在的，而是处于相互联系、相互影响的状态。这些多元化的文化资源既是各民族生存与发展的重要条件，又是人类文化得以延续和保存的重要前提。

联合国教科文组织在通过的《世界文化多样性宣言》中指出，文化多样化是指“文化在不同的时代和不同的地方具有各种不同的表现形式，具体表现为构成人类群体和各社会的独特性及其全部独特性所构成的多样化”。这个宣言提出，文化多样性是交流、革新和创造的源泉。如同生物多样性对维持生态平衡是必不可少的，文化多样性对人类及人类社会而言也是不可或缺的。从这个意义上讲，文化多样性是人类的共同遗产，应当从当代人和子孙后代的利益考虑予以承认和肯定。文化多样性的特征之一为文化多元性，在日益走向多样化的当今社会中必须确保属于多元的、不同的和发展的文化特性的个人和群体和睦共处。

从文化的内涵来看，文化本身就蕴含了丰富的内容，文化多元化是在丰富文化内涵的基础之上又彰显了其价值及作用，特别是在思想基础层面的改造作用。从国家和民族角度来看，文化多元化促进了不同国家和民族之间的文化交流与借鉴，使得不同文明之间的思想剧烈碰撞，促使各国整合不同文化的优势，从而提升整体文化软实力。正如罗素所言："不同文化之间的交流过去已被多次证明是人类文明发展的里程碑。希腊学习埃及，罗马借鉴希腊，阿拉伯参照罗马帝国，中世纪欧洲又模仿阿拉伯，文艺复兴时期的欧洲则仿效拜占庭帝国。"[①]由此可见，文化的相互借鉴可以使得国家在文化发展中认识到自身文化所存在的不足，突破一元论唯我独尊的思维模式，丰富本国文化内容，创建文化多元发展的开放式理念，更新本国文化的思想基础，为其注入更多具有时代性以及发展性的内容。同时，从个体层面出发，文化多元化是个体多样化发展的精神基础，每个个体都有追求自我发展的权利，文化多元化对于彰显文化自由、全面发展自我和表现文化自信奠定了坚实的思想基础。正如亨廷顿在《文明的冲突与世界秩序的重建》中所言："文明是最大的'我们'，在其中我们在文化上感到安适，因为它使我们区别于所有在它之外的'各种他们'。"[②] 有鉴于此，文化给予了不同的人以不同的精神特质，文化多元化又使得这种独特性变成了普遍事实。20 世纪 80 年代的人和 90 年代出生的青年在思想与个性层面都存在着极大的不同；即使是 90 年代内部，由于信息与文化知识接收程度的不同也会造成一定的个体差异。文化多元化的发展使得个体有更多途径接触多样化的文化及思想，同时也使得个体更为关注自身思想独特性和个性化的发展。甚至在很多情况下，文化的渗透使得个体的思想"无意识地"进行了自我转变。如今的青年在成长过程中所形成的思

① ［英］罗素：《中西文化比较》，北京出版社 2010 年版，第 2 页。

② ［美］塞缪尔·亨廷顿著，周琪等译：《文明的冲突与世界秩序的重建》，新华出版社 1998 年版，第 26—27 页。

维批判能力、思想更新能力、文化选择能力、自我价值认同以及文化传播能力都随着文化多元化的发展而不断被培养。

从人类发展角度，文化多元化为每一代人类思想的更新乃至社会的发展起到了不小的作用。从最早春秋战国时期百家争鸣至民国时期国外思想的引进，新文化运动的开展某种程度上是多元文化刺激之下的思想洪流的击撞和思想意识的觉醒。文化多元化是人类的共同遗产，在人类活动中产生同时又反过来促进人类思维的发展。不仅如此，文化多元化也是人类在现代化发展过程中形成的生活方式。文化多元化实质上就是人类价值观、思维方式和行为模式的多元化，它是人化的过程，是在社会劳动中形成，又在社会生活中共生的，是各民族生存与发展的重要条件，又是人类文化得以延续和保存的重要前提。文化多元化还是构成人类各群体和各社会的独特性及其全部独特性所构成的多样化。文化中的价值观念、文化心理往往是一个民族文化中“最稳固”、也最“保守”的核心内容，它们维系、延续着一个民族文化的命脉，塑造着一个民族的行为方式、生活习惯，也保持着民族文化的独特性。正是这种独特性使得人类思想文化得以稳固发展，思想更新得以可能。最重要的，它是一种坚持主流文化前提下，允许多种文化并存、交融和共同发展的状态和趋势。在阶级社会里，就某一个国家和民族来说，它总有自己的主流文化和价值观；为了阶级统治的需要，它们势必要坚持、倡导其主流意识形态。在这样一个前提下，允许多种在不同国家和民族中生长起来的文化共存共生，使自己的主流文化在与其他文化相互碰撞、交融的过程中吸收借鉴其他文化的优势因子以取长补短，使自身文化得以更新和发展，保持旺盛的生命力。这恰恰是一种文化在激烈的竞争中获得重生的唯一路径。

3. 信息网络化拓展了发展空间

信息技术时代，互联网已经成了人们必不可少的交流学习工具。与传统的传播媒介相比，互联网具有传播速度快、信息容量大、交流性强、开放度高的特点，为信息传播的方便、迅速和跨区域性提供可能，从而也使得互联网成为各国主流意识形态传播的新手段和新渠道，为主流意识形态的传播开辟了新的阵地。随着我国网民数量的逐年激增，互联网受众的增多，信息网络化为主流意识形态的传播拓展了极大的空间，创造了很大的可能。

首先，互联网扩大了社会主义意识形态的影响范围。进行社会主义核心价值观的宣传与教育，进行马克思主义大众化，是我们目前进行社会主义精神文明建设的工作重心。要使得社会主义核心价值观深入人心，用马克思主义理论武装群众，就必须利用互联网的优势，加大社会主义核心价值观的宣传和教育攻势。互联网的传播迅速及时便捷的特点能够使群众在第一时间了解党和国家的方针政策，有助于社会主义核心价值观在群众中广泛传播。同时，互联网的交互性特点也为人们深入学习社会主义核心价值观及马克思主义理论提供了较好的平台。通过互联网人们可以搜索到更多的马克思主义理论文章，并就马克思主义中国化以及社会主义核心价值观的树立提出自己的见解，结合现实问题进行自由而深刻的探讨。通过互联网，还可以扩大社会主义文化和价值观在世界中的影响。互联网的跨区域性特点，能够将社会主义的政治理念、意识形态及价值观念迅速及时地传递到世界各地，以文字、图片、影视等多媒体手段展示社会主义核心价值观的内容，增强吸引力和影响力。[①]

其次，互联网能够扩展社会主义意识形态的创新空间。科学技术与社会意识形态发展有着密切关系。在1847年，马克思在《哲学的贫困》中就指出："社会关系和生产力密切相连。随着新生产力的获得，人们改变自己的生产方式，随着生产方式即谋生的方式的改变，人们也就会改变自己的一切社会关系。手推磨产生的是封建主的社会，蒸汽磨产生的是工业资本家的社会。人们按照自己的物质生产率建立相应的社会关系，正是这些人又按照自己的社会关系创造了相应的原理、观念和范畴。"[②] 由此可见，科学技术的进步推动着生产力与生产方式的变革，每次生产方式的变革伴随着社会意识的更新和构建。如今"互联网＋"时代的到来正在丰富着人们的生活方式和生活观念，它为产业创新和跨界融合创造空间的同时也为科技和意识形态的传播创造可能，在"大众创业、万众创新"的理念引导之下使得全民参与成为热潮，也为主流意识形态的发展和传播创造了机会。同时，网络社会具有的开放性、平等性、主体性和民主性也是社会主义核心价值观所要反映和彰显的重要内容，这些基本的政治价值追求与人们的生活实践相关联，为社会主义核心价值观的传播创造了良好的环境，开阔了极大的发展空间。

最后，互联网的发展给思想政治教育工作的开展创造了有益环境。思想政治教育工作是党的工作的重要组成部分，同时也是社会主义核心价值观传播的重要途径，也是社会主义精神文明建设的重要内容。互联网的诞生不断促使传统思想政治教育工作发展转变，

---

① 崔志胜：《社会主义核心价值观基本问题研究》，中国社会科学出版社2014年版，第36页。

② 《马克思恩格斯选集》（第1卷），人民出版社1995年版，第141—142页。

力求与时俱进，创造了多样化的教育方式和教学手段。中学政治课堂上，教师通过电子化教学，图文影像结合、课本和实例结合，不断调动学生的课堂积极性，深化学生对主流意识的理解，激发学生对社会主义核心价值观的主动探讨、深入反思并且积极实践。高校课堂里，网易公开课、慕课等网上授课工具的诞生为学生自主学习政治提供了更大的平台，满足了不同地区不同学校学生的学习需求，为主流意识形态的传播提供了强大的在线工具，给予了充足的技术保障和支持。在生活中，思想教育工作者也通过形式多样的多媒体工具给民众展现了社会主义主流文化及主流意识，使得马克思主义及社会主义意识形态从高高在上说不得、读不懂的神坛上走下来，让民众真切地了解到社会主义核心价值观是和民众生活息息相关的思想意识，是对人民未来生活的概括和展望，是从人民的生活和劳动实践中总结而来，在人民的劳动实践中得以彰显的社会主义意识形态，是亿万中国人需努力彰显和弘扬的主流意识形态。互联网渗透式的教育方式避免了灌输式的方式所带来的累赘和反感，使得人们更为主动地接受和思考，对社会主义核心价值观的探讨也更加加深了人们的理解和互相之间的传播，为思想政治教育工作的开展创造了无形的广阔的空间①。

4. 教育现代化提供了多元选择

随着社会现代化的发展，教育现代化应运而生。教育现代化是以现代信息社会为基础，以先进教育观念为指导，运用先进信息技术的教育变革的过程，是传统教育向现代教育转变的过程。这一过

① 崔志胜：《社会主义核心价值观基本问题研究》，中国社会科学出版社 2014 年版，第 41 页。

程的转变利于实现精英教育向大众教育的发展，教育观念、教育内容和手段的现代化，为人类思想和观念的传播提供了更为多元的选择。

首先，教育现代化的发展依托信息社会的发展，信息化带动了教育现代化实现路径的多样选择。1957年，苏联发射了第一颗人造地球卫星，成为人类由工业社会向信息社会转变的标志。这一举措震惊了世界，也震惊美国朝野。美国许多学者指出，美国之所以在发射卫星上落后于苏联，是因为教育的落后，主要表现在中小学教育内容陈旧、教学方法落后等。由此1958年，国会通过了《国防教育法》，其中提出要加强数学、自然科学、外语的教学，更新学校设备，为优秀人才提供奖学金。在《国防教育法》的推动下，美国进行了新课程的改革，信息技术逐渐进入学校课堂，教育现代化开始启动。由此可见，教育现代化是社会现代化发展的必然要求，也是社会现代化的组成部分。中国社会正在完成西方发达国家用两个半世纪完成的社会现代化的两个阶段，建设有中国特色的社会主义现代化社会。邓小平提出的“教育要面向现代化，面向世界，面向未来”，作为中国教育现代化的指导思想推动着教育改革和体制创新，由传统教育向现代教育转变①。

《教育信息化十年发展规划（2011—2020年）》指出，“教育信息化是实现我国教育现代化宏伟目标不可或缺的动力和支撑”，“以教育信息化带动教育现代化，是我国教育事业发展的战略选择”②。其一，我国大力开展运用网络开放共享名师教学资源，促进数字资源

① 顾明远：《试论教育现代化的基本特征》，《教育研究》2012年第9期。

② 陈琳、陈耀华：《以信息化带动教育现代化路径探析》，《教育研究》2013年第11期。

共享和教育公平，使得人们获取了多样化的学习途径。国家精品课程的开发，使得5000多门国家精品资源共享课与1000多门国家精品视频公开课广泛传播，充分利用了现代信息技术促进学习方式的转变，使学生们充分享受教育现代化的成果。其二，结合应用现代信息技术新发展的数据挖掘、内容分析以及社会网络分析、自动批改、自动组卷等技术，开发智慧性练习、测试系统，为学生进行过关式的练习提供了多样化的学习方式，极大地提升了学生学习的兴趣和自主性。更多人可以通过免费手机软件获取教育信息，实现“网络学习空间人人通”。其三，网络直播技术的兴起，使得在线教学和在线竞赛成为可能，极大地扩展了人员的参与范围和教育的影响力度，降低了知识获取的门槛和成本。从某种意义上可以说，以信息技术为依托的教育现代化的发展为人类教育事业的发展起到了革命性的作用，诸多成果都可被充分利用到意识形态教育内容中去，诸多的技术也可以被深化到思想政治教育过程中去。

其次，教育现代化的发展意在促进人的现代化发展，教育现代性的要求为人的现代性和主体性发展提供价值支撑。教育现代性的框架由教育的人道性、多样性、理性化、民主性、法治性、生产性、专业性、自主性所构成，是由人的现代化和社会的现代化的客观要求所决定的。联合国教科文组织的报告《教育——财富蕴藏其中》指出：“教育应当促进每个人的全面，即身心、智力、敏感性、审美意识、个人责任感、精神价值等方面的发展。应该使每个人尤其借助于青年时代所受的教育，能够形成一种独立自主的、富有批判精神的思想意识，以及培养自己的判断能力……教育的基本作用，似乎比任何时候都更在于保证人人享有他们为充分发挥自己的才能和尽可能牢牢掌握自己的命运而需要的思想、判断、感情和想象方面的自由。”[①] 在教育现代性发展的要求之下，现代化的人不再只是某种体制或者社会发展的工具，而是更加注重个体发展及对个体命运的掌握，这让多元化的教育方式、成长模式和生活方式成为可能。

最后，教育现代化的发展带动了思想政治教育现代化的跟进，思想政治教育现代化的反思对意识形态教育的落实提供指导。如今思想政治教育现代化研究与中国社会的总体转型相伴随，即在国家治理现代化的语境中，以对传统思想政治教育模式的理解、批判和创造为基础，深入分析不同时代思想政治教育传统的价值特性，同时从理性层面审视思想政治教育现代化的可能性，推动思想政治教育现代化从观念层面向实践层面转变，从而在更为广泛的平台和视域之下开阔国际视野，实现外部资源的丰富化。对思想政治教育现代化的反思和转变可以为意识形态教育的深化提供更为科学合理、具体多样的实践路径，也为落实教育现代化和人们对教育的多元化选择提供了有力支撑。

二、构建社会主义核心价值观认同面临的挑战

机遇总与挑战并存。虽然经济全球化开阔了价值视野，文化多元化更新了思想基础，信息网络化拓展了发展空间，教育现代化带来了多元选择。但是，我们也需要清醒地认识到，在这些机遇背后也存在着巨大的挑战。

---

① 联合国教科文组织国际教育委员会：《教育——财富蕴藏其中》，教育科学出版社 1996 年版，第 85 页。

1. 全球化及转型期背景下价值冲突激增

全球化固然为中国社会主义意识形态的发展开阔了全球视野，但不可否认的是，发达资本主义国家在这一进程中仍然占据着主导地位。众所周知，利益是价值的基础，价值是利益的反映，因此价值认同的方向必将由全球的利益分配驱动。在这样的背景下，全球化无疑给中国主流意识形态的发展带来巨大的挑战，表现在以下方面：

首先，全球化境遇对中国传统价值生态有所破坏。全球化固然给予了中国社会意识形态以新的视角，带来了丰富的文化内容，推动着社会意识的进步，但是不容忽视的是西方价值观的侵入和中西方政治及文化价值的冲突给中国社会意识形态安全造成了很大程度上的威胁。国外形式多样的生存方式和思维方式以其外来文化的独特形式对中国传统的社会结构、生活方式甚至人伦秩序的格局产生了不小的挑战，中西价值文化的碰撞在一定程度上打破了传统意识形态赖以生长的栖息环境。“在中西价值观念的矛盾和对仗中，由于中国的文化价值与政治意识形态处于相对封闭的空间结构之中，因此，面对突如其来的、猛烈的外来价值观念的冲突，中西政治价值的矛盾性就十分清晰地显露出来。”① 在传统的意识形态面对国外新颖丰富的思想文化无力招架的情况下，植根于传统意识形态而逐渐发展的当今中国社会主流意识形态的根基也会随之动摇，大量的受众主体面临着价值冲突与价值选择的艰难境地，甚至出现了一系列价值错位及思想迷失的现象。

① 徐蓉：《现代性语境下的中国价值观建设》，复旦大学出版社 2014 年版，第 89 页。

其次，全球化在一定程度上对我国社会主义意识形态有所弱化。全球范围内的价值观冲突常常采取一种极端的形式，即强势价值观将自身的特殊性盗用为普遍性。在这种情形下，一种价值观往往借助某种地位和权势，企图覆盖、统摄甚至抹杀其他一切价值观，并取而代之，形成全世界单一的价值模式。而这种单一价值模式的形成极大地破坏了各国价值观念的独特性，不利于世界文化的多样性发展。19世纪以来，西方资本向海外扩张和近现代资本主义的世界性发展，就是一个以其核心价值观强行“侵略”世界的过程。由于这种价值观有强大的武力和经济势力为后盾而具有绝对优势，因此在与其他价值观抗衡时往往显不出其侵略性，却凸显出普遍性；在这里，认同性掩盖了冲突性。在市场经济充分发展的今天，上述过程的根本性质丝毫未变，只是手段起了变化，由殖民化手段转为市场化手段。这种被认同性掩盖了的冲突性并未减弱具有对抗性质的价值观的矛盾，反而使得各种冲突在内部蓄力，造成了现代意义上的文化殖民。例如西方盛行的个人主义思想进入中国，与集体主义思想相抗衡，致使部分群众主体意识从集体本位转向个人本位，更关注自己的得失，对集体对社会产生怀疑、漠视甚至抵触情绪，在社会上造成了严重的不良影响，道德失范事件频频发生。这对于当今社会主义核心价值观个人层面的“爱国、敬业、诚信、友善”等集体主义意识的传播造成了阻碍。

最后，全球化成为西方发达资本主义国家对中国实施意识形态渗透、文化殖民与“和平演变战略”的工具。正如美国学者德里克所说：“全球化也具有意识形态性，因为它试图根据一种比任何一种都更有效地服务于一些利益的全球想象来重新构建世界。”[①] 以美国为首的发达资本主义国家借助其科技、经济与文化的优势，极力向社会主义中国推销自己的发展模式、政治制度、价值观念、意识形态和生活方式，进行长期的文化渗透，以期通过经济全球化、文化多元化达到用资本主义意识形态取代社会主义意识形态的目的，从而实现资本主义的一统天下。这给我国的社会主义意识形态和文化建设带来了巨大的阻碍，使得我国社会主义意识形态和文化建设的独立性和安全性受到严重威胁，社会主义核心价值观的传播进程受阻。与此同时，我国正处于社会转型时期，改革进入“深水区”，体制的转换、制度的变革和社会的转型以及多元意识在社会中并存都在一定程度上影响着人们的价值观念，导致人们对核心价值观的认同缺失；更有甚者，会严重影响人们的精神生活，同时为西方资产阶级的极端个人主义作风、享乐主义和拜金主义等腐朽思想观念的生存和发展提供了沃土。因此，加快对社会主义核心价值观的宣传，加强对社会主义主流意识形态的教育，提升民族文化自信心、增强民族凝聚力刻不容缓。

2. 健全的法律及制度保障较为缺乏

社会主义核心价值观传播的外部环境较为严峻，内部问题同样不容乐观。任何一项国家大计都需要各部分的通力合作，意识形态的培育与落实同样依赖国家制度的保障实施。如今我们倡导国家治理现代化，提倡建立完善的法律、制度促进社会管理，解决社会问题，就是希望变“人治”为“法治”，让一切有法可依，有制可循。

---

① 王宁、薛晓源：《全球化与后殖民批评》，中央编译出版社 1998 年版，第 3 页。

社会主义核心价值观是社会主义意识形态的核心，是国家精神文明建设的重要内容。从国家治理视域研究社会主义核心价值观的培育问题，就是从法制角度认识社会主义核心价值观培育的问题。依此可以看出，我国社会主义核心价值观在培育过程中存在以下问题：

首先，社会主义核心价值观培育的法律保障有缺位。社会主义核心价值观的培育需要法律保障，因为“任何社会要使其主流价值理念得到广泛认同并保持稳定性、持续性，都必须通过国家的法律法规和方针政策对核心价值的基本精神加以规约和体现”①。

理论上来看，与道德这种靠个体自觉遵循，对人进行内在的约束主要依靠道德舆论引导的方式不同，法律则带有强制性，并且具有可执行性。这种强制性可以使社会价值选择明晰化，便于个体找到具体的行为准则，避免了价值选择的困境；同时法律着眼于对每个人的行为及后果的约束，提高了选择代价，使得人们进行价值选择时更为慎重。强制性实施也伴随着可执行性的良好落实，正是基于此，社会主义核心价值观的培育需要法律保驾护航。但现实中，随着社会主义市场经济体制的建设和改革开放的逐步深入，随着利益格局的不断变化和利益矛盾的日益突出，我国的法律建设也面临着新的挑战，人们的价值主体意识复苏，价值取向呈现多元化趋势，法律领域出现了立法不符合实际、执法不严、违法无人追究的空白现象。社会层面，相关的法律保障缺位致使社会上的一些丑恶现象频发，出现了严重破坏文明与和谐的现象，诸如校园暴力、家庭暴力、论文抄袭、坑蒙拐骗等现象，拷问着人们的良心与底线。信仰

① 潘玉腾、陈赵阳：《推进社会主义核心价值体系大众化的路径选择》，《福建师范大学学报》（哲学社会科学版）2009年第1期。

的迷失、精神的错位、法律的无保障使得价值观念的游离更加明显，“扶”与“不扶”的思考是法律缺失和道德迷失的体现，显示出对社会主义法治与社会主义主流意识形态的深深不信任感。法律底线的突破导致道德的底线更无法得到保障，社会主义核心价值观的价值理念也便无法深入人心，更不能外化为实际行动①。

法律制度尚需完善还表现在：社会主义核心价值观培育的法律主体不明确，一些领域存在法律空缺的现象，执法不严，犯罪成本低等，自由、平等、诚信等社会主义核心价值观念在法律中没有得到足够的体现，良好的法治环境还未形成，优良的道德教育的土壤还未得到培育。

其次，社会主义核心价值观培育的配套机制不健全。机制是事物各组成部分、各构成环节之间形成的稳定的相互作用的程序，具有系统性、稳定性和可操作性等特点，涉及事物发展的全局性和长远性。缺乏机制，工作就缺少合理的运行模式，陷入混乱，停留在认识和应然层面。因此，能否创建一个科学高效、富有活力的社会主义核心价值观培育落实机制，决定着能否真正把社会主义核心价值观建设落到实处。

社会主义核心价值观建设是长期的、复杂的，必须常抓不懈。这就要求从细入手，从小抓起，从实落地。从细入手就是要具体化，价值观是高度凝练的，同时也是抽象的、普遍的，只有紧密联系人们的日常生活加以细化、具体化，才能转化成践行的标准。从小抓起，就是要注重细节，日常生活中平平淡淡的琐碎小事，一个人的

① 李正光：《国家治理视域下社会主义核心价值观培育路径研究》，天津师范大学 2015 年论文。

言行举止，折射出的却是一个国家、一个民族的道德水准和价值追求。从实落地，就要强调落实效果。细和小都是核心价值观建设的切入点，而落细、落小的价值只有通过落实才能真正体现出来。

目前，因为社会主义核心价值观培育的配套机制还不健全，落实方式不得当，使得社会主义核心价值观的一些理念未能深入人心，部分地区、部分领域出现了理论脱离实际的现象，造成了大街小巷上至老人下至孩童能说能背社会主义核心价值观，但是并不能真正理解并在实际中主动落实，这就使得社会主义核心价值观的培育流于形式。

最后，培育社会主义核心价值观的合力机制不成熟。社会主义核心价值观的认同和培育是一项系统工程，需要系统的制度和各项机制做保障。这就需要经济、政治、文化与社会等各个领域通力合作，完善社会教育机制、规范舆论引导机制、推动实践养成机制、健全法律规范机制、加强道德建设机制、建构体制保障机制、建立心理认同机制以及加强监督评价机制等，使各项机制形成合力。而现实情况是社会教育机制还在不断探索改革，舆论引导的主动权有待加强，实践养成模式有待检验，法律规范更是需要大力完善，心理认同机制亟待普及，各方面的通力合作还不够成熟，且不具有系统性，相应的制度只能负责相应的部门、领域，还不能适应社会主义核心价值观内化于心、外化于行的系统要求。

3. 网络化时代传播的信息良莠不齐

如前文所述，与以往传统的传播媒介相比，互联网具有传播速度快、信息容量大、开放度高、交互性强的特点，给社会主义意识形态教育的传播拓展了空间，带来了积极的影响，然而互联网这把

“双刃剑”也给我国社会主义意识形态和文化安全造成了一定的危害。

首先，美国在网络上的文化霸权对中国社会主义核心价值观的传播造成威胁。信息传递的快速性和开放性隐含着强烈的竞争性和占有性，网络信息传播的过程亦是话语权占有和争夺的过程，但这一权利的归属和占有上的不平等，极易在信息的传播和发布上产生话语霸权和话语歧视现象。“由于信息网络发端于美国并兴盛于美国，它的构造方式是由美国人所设计并符合美国文化的特点，英文是网络上的主流语言，网络上流动的信息也主要来自美国，因此它实际上也就要求任何一个入网者必须学会美国的语言，适应美国式的思维方式和熟悉美国的文化，在这种情况下，全球网络化的过程更是像美国文化的全球化过程，或者说是一种以美国文化为代表的英语文化的殖民化过程。”① 目前，华语人数已经占全球总人数的20%以上，然而互联网上的中文信息却占不到5%，英文信息高达80%以上。这充分表明，在网络世界中，“英语”和“英语文化”获得了绝对性的霸权优势。虽然语言并不直接等于意识形态或国家利益，但是因为语言可以传递文化信息，同时语言沟通的便捷加快了价值的传播，有助于谋求国家利益。因此，西方国家尤其是美国借助互联网的语言主导优势，大事推销自己的意识形态、价值观念、道德标准、生活方式、宗教传统等，想通过文化的征服来实现背后的经济利益，从而在很大程度上对发展中国家尤其是社会主义国家的文化安全造成威胁，对主流价值观的培育造成阻碍。

---

① 冯志鹏：《延伸的世界——网络化及其限制》，北京出版社1999年版，第290页。

其次，互联网对我国社会主义核心价值观的正向传播造成了挑战。其一，它直接影响了社会主义核心价值观中倡导的“爱国”价值观，导致民族认同感和爱国主义观念弱化，非理性爱国的极端化现象也日益凸显。西方国家通过网络宣传对当今中国大学生进行思想灌输，使得部分青年西化倾向加剧，爱国主义思想淡薄；同时利用中国多民族的复杂性特点，蓄意煽动反对分子制造民族分裂，使得民族虚无主义蔓延。其二，网络化的生存方式揭开了个体化、个性化和私人生活空间与价值世界的时代，造成了个体性对整体性的冲击，对我国社会主义集体主义思想造成了一定的挑战，对个人利益的过分追求导致“诚信”意识缺失，奉献精神丧失①。其三，网络平台是不同意识形态和思想文化进行交锋的场所，其间充斥着不同的文化背景和政治倾向，尤其是西方发达国家利用信息和网络优势，进行资本主义意识形态的渗透，极易造成有些人的思想迷惘和信仰迷失。

最后，网络空间意识形态的多元化对马克思主义意识形态主导地位的冲击。在我国当代思想意识形态中，以马克思主义为指导的社会主义意识形态居于核心地位，并且起着主导作用，引领着中国化马克思主义的发展以及社会主义核心价值观的传播。然而，网络的开放性为各种社会思潮的涌现和渗透提供了广阔的空间，充斥于其间的各种“思潮”“主义”在某种程度上削弱了马克思主义在社会主义意识形态中的主导地位，甚至对马克思主义进行歪曲和攻击，完全否认马克思主义的一元指导和中国共产党的领导地位，这对社

① 崔志胜：《社会主义核心价值观基本问题研究》，中国社会科学出版社 2014 年版，第 43 页。

会主义核心价值观的传播起到了抵制和阻挠作用。

4. 传统的传播教育方式成效不彰

面对各种各样的阻力和威胁，面对日新月异的传播技术和教育方式，面对更为广泛的教育群体，传统的意识形态灌输模式某种程度上已经失去实效性。目前社会主义核心价值观教育仍主要依靠高校阵地进行价值观输入，然而高校这一重要阵地，其成效依旧不显著。在对大学生的调查和访谈中我们发现，虽然绝大多数大学生对社会主义核心价值观有所了解，但是大多停留在浅显的认知阶段。而对于社会主义核心价值观的具体内容、每一个价值观的内涵，能够完全准确理解和掌握的大学生则少之又少[①]。究其原因，有以下几个方面：

首先，在大学校园中普遍开设的思想政治理论课，课程内容更新滞后，不能及时跟进关于社会主义核心价值观的内容，使得这一部分的内容无法通过课堂的教育来加深大学生对其认同，这是思想政治理论课存在的首要问题。社会主义核心价值观在课本上都无迹可寻，这使得本该通过高校思想政治理论课，有针对性地、系统性地对大学生进行社会主义核心价值观的教育在实践中更加难以落实。社会主义核心价值观的培育不仅在于认同更在于实践，教材内容更新的滞后使得理论层面的学习要求更难以在实践中得以彰显。

其次，部分高校教师自身的知识结构、理论水平和宣传热情不够。教师作为知识的传播者、道德的传道者，理应起到践行社会主义核心价值观的引领示范作用。然而现实是，有些高校教师自身对

① 周古月：《当代大学生对社会主义核心价值观的认同现状及教育对策研究》，华中师范大学2014年论文。

于马克思主义的信仰不够坚定，有些教师在课堂上有传播不符合主流价值观言论的行为，更有甚者，有些教师存在违法乱纪等不良作风，对高校学生产生了诸多负面影响，从而导致践行和认同社会主义核心价值观的效果大打折扣，极不利于高校学生的发展。

最后，传统社会主义意识形态教育方式固化。很多学校为了贯彻社会主义精神文明建设的要求，将思想政治教育与学分挂钩、与考试挂钩，让很多学生只是把思想政治理论课当作一门影响顺利毕业的必修课，而没有对其从心底真正地认可和接受。传统的灌输模式也严重背离社会主义核心价值观的实践理念，脱离当前师生的思想意识发展状况，违背了当今社会主义精神文明建设的实质要求。不仅如此，社会主义核心价值观在社会中的传播面临着宣传模式官方化、宣传目标强制化、宣传形式固定化、传播深度浅层化等方式问题。虽然一些媒体利用网络传播方式加大人们对于社会主义核心价值观的了解，有些单位和组织也积极落实和响应号召，采取各种各样的活动来践行社会主义核心价值观，但通常只产生了“寓教于乐”的“乐”的效果，而没有什么实际的教育效果，更不要说将社会主义核心价值观的内容融入娱乐活动中了。这种为了实践而实践、为了开展活动而开展活动，走走过场、流于形式的活动往往收效甚微。总而言之，若不能从根本上引导人们对于社会主义主流意识形态的认同和追随，不能从根本上促进人们对于社会主义核心价值观的理解，对社会主义核心价值观的培育与认同只能沦为空谈。

第二节　实现社会主义核心价值观认同的内在机制

认同社会主义核心价值观并非与生俱来，也绝非一蹴而就，它有一个科学的认知和转化过程。通过这个过程，个体将科学的思想理论体系转化为日常生活的意识、观念、语言与行为准则。因此，研究社会主义核心价值观认同的过程与内化机制，对于实现和提升社会主义核心价值观认同具有重大的理论价值和现实意义。

一、利益机制

党的十八大提出的“倡导富强、民主、文明、和谐，倡导自由、平等、公正、法治，倡导爱国、敬业、诚信、友善”24字社会主义核心价值观，既积淀了中华民族悠久的优秀传统文化，又顺应了现代社会发展的潮流，涉及国家、社会和个人三个层面，是当代中国发展在价值取向和目标方向上的“最大公约数”，能够激励全体人民为共同的美好愿景而戮力同心、不懈奋斗。然而，这一体现广大人民群众根本利益的最高形式的价值规范，在人们的日常生活实践中却没能很好地实现其功能和作用，价值“失范”的现象层出不穷，许多优良的传统和习俗失去其原有的魅力，违纪违规违法现象增多，诸如虐待亲人、背弃朋友、见利忘义、以权谋私，甚至扰乱社会、危害国家等，导致社会发展总体处于集体意识衰落、个体意识缺乏整合的态势，这也成为众多学者在传统社会向现代社会转变的过程中关注的焦点。

为什么在经济发展蒸蒸日上的当代中国会出现上述问题？其重要原因之一就在于忽视了“人的需要”维度，忽视了现实的人的需要在社会主义核心价值观认同中的根基性作用①。根据马克思关于人的需要理论，需要是人的实践活动动机的基础，任何人如果不为自己的某种需要和为这种需要的器官做事，他就什么也不能做②。换言之，需要是人的本性，需要构成了人的世界的价值基础。关于需要的层次和种类，许多研究者从不同角度做过研究，如马克思关于人的需要理论把需要分为生存需要、发展需要和享受需要三种；马斯洛的需要层次理论则把需要分为生理需要、安全需要、爱和归属的需要、尊重的需要和自我实现的需要五个层次等。需要的层次和种类说明需要会随着个体和社会的发展而不断变化，而这反过来也会促进个体和社会的不断拓展，所以需要是人和社会发展的动力之源。

如前文所述，自改革开放以来，经济的快速发展以及经济体制的深刻转型，带来了我国社会结构的巨大变化，而这一巨大变化直接带来的便是基于社会阶层多样化的利益多元化格局。人们对利益的追逐，无论是行为目标还是行为本身都具有一定的排他性，这必然会导致各种形式的利益冲突的发生③。利益说到底其实就是“需要在生产关系上的表现”④，所以利益冲突就表现为不同的需要主体基于不同的需要层次和种类而发生的冲突，而这种冲突的存在必然会阻碍价值共识的形成。如不良商家为了追逐个人利益的最大化而使

① 赵伟：《人的需要：社会主义核心价值观认同的现实根基》，《社会主义研究》2014 年第 5 期。

② 《马克思恩格斯全集》（第 23 卷），人民出版社 1972 年版，第 286 页。

③ 王建国：《社会阶层结构和利益格局变革条件下的党内民主与党内和谐》，《社会主义研究》2007 年第 6 期。

④ 孙承叔：《真正的马克思〈资本论〉三大手稿的当代意义》，人民出版社 2009 年版，第 74 页。

得的食品安全问题、产品质量问题等现象频发，毫无疑问地侵害了广大人民群众的利益，从而导致了社会信任危机，而“诚信”正是社会主义核心价值观之一。因此从某种意义上来说，正是这些来源于现实需要的利益冲突阻碍了社会主义核心价值观认同的实现和提升。正如马克思所言，“‘思想’一旦离开‘利益’，就一定会使自己出丑”①。毛泽东也曾经指出：“一切群众的实际生活问题，都是我们应当注意的问题……满足了群众的需要……群众就会真正围绕在我们的周围，热烈地拥护我们。”② 广西师范大学谭培文教授等更是指出，研究核心价值认同，决不可只从思想到思想，有必要深入探索如何发挥社会主义利益机制对推进核心价值认同的功能与作用问题③。

在实践活动当中，主体以实践活动作用于客体，客体以自己的属性满足主体的需要。而利益作为人的物质生活条件，实质上就表征着这种主体需要与客体满足的关系。马克思曾经指出，是“发展着自己的物质生产和物质交往的人们，在改变自己的这个现实的同时也改变着自己的思维和思维的产物”④。这就是说，随着时代的发展以及物质实践条件的不断变化，就会产生相应的思想、意识及其观念，物质实践条件不同，随之产生的思想、意识及其观念就会不同。因此，在某种意义上我们可以说，利益决定人的价值观，价值观反映人的利益需求，价值观认同的基础是利益认同。所谓“利益

---

① 《马克思恩格斯全集》（第2卷），人民出版社1957年版，第103页。

② 《毛泽东选集》（第1卷），人民出版社1991年版，第137页。

③ 谭培文、张文雅、莫凡：《利益机制是推进社会主义核心价值认同的基本动力》，《理论学刊》2013年第3期。

④ 《马克思恩格斯文集》（第1卷），人民出版社2009年版，第525页。

认同”，就是指人的物质、精神利益需要方面的一致性与统一性①。所谓“价值认同”，就是观念上对客体是否满足主体需要程度的认可。马克思曾指出：“理论在一个国家实现的程度，总是决定于理论满足这个国家的需要的程度。”② 即脱离一定的利益关系的思想是不存在的。由此可见，社会主义核心价值观认同能否实现取决于其能否使人们的自身需求得到满足。只有符合广大人民群众的实际需要的价值观，才能广泛激发人们接受并认同这一价值观的主动性和积极性；也只有这样，才能使社会主义核心价值观的功能得以充分发挥。而利益机制是主体以利益为载体实现利益的方式，它通过主体利益的实现与满足，从而使主体获得利益认同，以实现主体的价值认同。所以，利益机制指向的利益认同对价值认同具有十分重要的基础作用，它可以为社会主义核心价值观的认同提供动力。

二、过程机制

虽然“认同”这一概念的内涵非常丰富，无法对其给出一个简洁而准确的定义，但对于“认同过程”特别是“价值认同过程”，学界还是有一定共识的，即“价值认同作为一个复杂的动态发展和变化的过程，一般要经历认知认同、情感认同和行为认同三个阶段，这三个阶段体现出价值认同过程的三个层次”③。而社会主义核心价值观认同作为一种价值认同，也同样需要遵循这样一个过程。对社会主义核心价值观的认知认同指的是完整、准确理解社会主义核心

---

① 曹新高：《思想政治工作的一般规律——从利益认同到价值认同》，《青岛行政学院学报》2001 年第 2 期。

② 《马克思恩格斯选集》（第 1 卷），人民出版社 1995 年版，第 11 页。

③ 邹国振：《社会主义核心价值体系认同的层次性分析》，《学术论坛》2011 年第 2 期。

价值观的丰富内涵，这不仅包括知晓“三个倡导”的具体内容，更为重要的是要理解核心价值观的历史渊源和现实基础，以及每个层面内部的关联性等。对社会主义核心价值观的情感认同是指在深刻认知的基础上，对核心价值观产生的满意、肯定及信任的态度。对社会主义核心价值观的行为认同则是指在自己的学习生活实践中能积极践行社会主义核心价值观，能够以社会主义核心价值观作为标准来规范自己的行动，或把社会主义核心价值观作为自己的信念、尺度、原则，并自觉内化为自己的价值取向。作为一个价值认同过程的三个阶段或三个层次，它们之间的关系并不是相互独立的，而是相互依存且密切相关的。

首先，对社会主义核心价值观的认知认同是基础。“认知”作为心理学中的一个常用术语，是指通过形成概念、知觉、判断或想象等心理活动来获取知识的过程，即个体思维进行信息处理的心理功能。虽然有认知不一定意味着有相应的认同，但任何方面的认同都是在有相关认知的基础上发生的，没有认知则无认同。换言之，认知是认同这一心理过程的第一个阶段，是认同的起点。正是在这个意义上，我们说认知认同是实现社会主义核心价值观认同培育中最基础、最重要的因素，是个人认同、信仰、实践得以形成的必要条件。因为人们要认同一定的价值观或价值体系首先取决于其对该价值观或价值体系的认知状况，只有在认知的基础之上才有可能产生相应的价值观念，并成为支配和制约其他心理要素的主导力量。所谓社会主义核心价值观的认知，就是社会大众通过形成关于社会主义核心价值观的概念、知觉、判断或想象等心理活动来对社会主义核心价值观内容、性质、形成及结构进行了解和理解的过程，进而知道什么是社会主义核心价值观、什么价值选择是对的、什么价值选择是错的。

马克思主义哲学最基本和最首要的观点就是实践，而且贯穿其始终。毛泽东也曾经通过阐明中国共产党哲学思想中“知与行”的辩证关系，将马克思主义基本原理同中国哲学进行了有效的结合：“从感性认识能动地发展到理性认识，用理性认识能动地指导革命实践，进而改造主观世界和客观世界。”[①] 这一论述阐明了实践和认识循环往复的相互作用过程，也是辩证唯物论的全部认识论。2014 年 5 月 4 日，习近平在北京大学师生座谈会上作了《青少年要自觉践行社会主义核心价值观》的讲话，指出：青少年必须勤学、修德、明辨及笃实。[②] 这也表明了认知是树立社会主义核心价值观的重要基础，不能人为地割裂二者的联系。因此，要促进社会主义核心价值观从理论形态转化为实践形态，真正落实于实际生活，成为整个社会普遍遵循的价值准则，并内化为社会成员的价值追求，外化为社会成员的行为自觉，首先必须深化社会大众对社会主义核心价值观的认知，并引导社会大众在对社会主义核心价值观念形成感性认识的基础上进一步完成理性认同，从而达到对社会主义核心价值观内容、性质、形成及结构等方面的较为稳定的正面的印象和认识，使社会大众由“知其然”的感性认识阶段上升到“知其所以然”的理性认识阶段。

其次，对社会主义核心价值观的情感认同是重要环节。在人的认识发展过程中，主体不仅需要了解客体“是什么”，同时还需要估

---

① 《毛泽东选集》（第 1 卷），人民出版社 1991 年版，第 296 页。

② 习近平：《习近平谈治国理政》，外文出版社 2014 年版，第 172—173 页。

量客体的社会价值以及对自己的价值，进而产生情感上的认可。所谓情感，是人对客观现实中的对象和现象所采取态度的体验，带有明显的主观色彩。普通心理学认为，情感是指人在对事物的属性、特征及其关系等形成认识的同时所产生的对该事物满意与不满意、喜爱与厌恶、肯定与否定等一系列态度。换言之，情感是在对事物有一定认识的基础上产生的，源自对事物的真切、深刻了解。不仅如此，在认知的基础上，如果情感一旦形成，情感就会成为调控认知活动的重要因素，它会充实认知内容，使认知更加丰富，并能进一步激发人们的认知活动。一句话，有情感的认知会更加深刻、牢固。鉴于此，社会主义核心价值观的培育和践行，不仅需要对社会大众奠定理论内涵的认知认同，还需要从情感上进一步激发社会大众的感性认同，即情感认同。对社会主义核心价值观的情感认同就是指社会大众在对社会主义核心价值观有了认知认同的基础上，产生信任、充实、愉悦等积极、强烈及稳定的情绪体验，从而为进一步内化和认同这一价值观打下基础。

从伦理学的角度讲，道德行为与道德认知相比，前者比后者更难以实现。因为人们道德品质的形成，是知和行相互作用、辩证发展的过程。在这一过程中，道德认知是前提和基础，它对道德行为起支配和调节作用。道德行为则是人的道德认识和道德品质的外在表现。从道德认识到道德行为的转化不是一蹴而就的，而是需要道德情感和道德意志作为中介。社会主义核心价值观的培育和践行同样如此。对社会主义核心价值观的践行要比社会主义核心价值观的认知更难以实现，主要原因就在于人们在认知上接受了社会主义核心价值观的内容、意义等并不意味着情感上也接受了它。列宁曾说，没有“人的感情”，就从来也不可能有对于真理的追求。可见，情感能够激发并强化主体的能动性。汤姆金斯也认为，人类活动的内驱力的信号需要得到放大，才能激化有机体去行动，具有这种放大作用的就是情感[①]。情感可以将认同主体的需要自觉地反射到意识中，从而吸引主体的注意力，激发主体对认同对象的兴趣。即使当主体缺乏内驱力时，情感也可以直接成为主体展开认识活动的动力。正如爱因斯坦所认为的那样：“感情和愿望是人类一切努力和创造背后的动力。”[②] 鉴于此，社会主义核心价值观的认知认同离不开社会大众对社会主义核心价值观的情感认同，没有这种道德的情感动力，外在的社会主义核心价值观是无法进入社会大众的内心世界的，也不可能作为一种“内驱力”自觉而时时、事事地影响社会大众的一言一行。

当然，社会大众对社会主义核心价值观的认识并不是毫无障碍的，甚至也有可能会产生厌恶、消极的情绪，这可能源于客观环境的影响，也可能源于自身的认识能力及水平，等等，而这些都会影响到社会主义核心价值观培育和践行活动的继续。不仅如此，我们还需要意识到，情感作为认同主体所固有的非理性因素之一，并不是认同活动中的一个独立环节，它渗透于认同活动的各个阶段或者不同状态之中。也就是说，在认知认同、行为认同的过程中，情感都有可能发挥其导向、调控作用。因此，我们所要培育的社会主义核心价值观的情感认同，是一种使认同主体强大的自我肯定的情感认同，这种认同可以让认同主体在对社会主义核心价值观的认知过

① 转引自付国辉：《论情感在生产劳动中的作用》，湖南师范大学 2005 年论文。

② 转引自苗东升：《什么是大成智慧学》，《西安交通大学学报》（社会科学版）2010 年第 6 期。

程中形成一种持久稳定的支撑力，从而保证认同主体认识活动的顺利进行。

最后，对社会主义核心价值观的行为认同是最终目标和归宿。价值认同的落脚点是知行统一，即在认知认同和情感认同的基础上，人们需要对自己已有的价值准则和行为规范进行重构，并用其来指导和检验自己的实践行为，这就是行为认同。行为认同是在认知认同、情感认同等内化认同基础上的外部行为表现，具体到社会主义核心价值观，就是需要社会大众从行动上认同社会主义核心价值观所倡导的价值内容和道德观念，并在自我的言行表达上与社会主义核心价值观要求一致，形成一种内心自发的习惯过程，最终固化为自我人格稳定的组成部分。这是社会主义核心价值观培育和践行的最终目标和归宿。

价值行为是衡量价值认同的重要标志。如果人们对社会主义核心价值观只是停留在认知与情感的层次上，而没有把社会主义核心价值观用来指导自身行动的价值取向，那是没有现实意义的。正因为社会主义核心价值观是关于社会发展的理想和目标，所以践行这一价值观的实际行动比认知更具意义。据此，社会主义核心价值观不只是思想意识范畴的问题，从根本上说更是实践的范畴，社会主义核心价值观的价值正是通过对这一价值观的践行来体现的，它需要社会大众在实现对社会主义核心价值观的认知认同和情感认同之后，在生活中仍然能以实际行动来表达对它的认同。因为，对社会主义核心价值观的认同培育，一旦离开相应的践行行为，之前一切有关对社会主义核心价值观的认知、情感和态度则无从把握和体现，对社会主义核心价值观的发展也不具有实质性的作用和意义。

由于我国社会正处于社会转型期，同时因为西方社会思潮及互联网消极方面的不利影响，社会大众在面对实际问题时，极易产生知行分离，甚至是不相吻合的现象。一方面，绝大多数人可以在认知和情感上高度认同三个层面的社会主义核心价值观，能够深刻地认识到应该坚持什么、反对什么，弘扬什么、贬损什么，但另一方面，也有一小部分人的行为却呈现出功利化、诚信缺失、不文明、不友善等违背社会主义核心价值观的价值取向。比如爱国，一般来说不会有人认为自己不爱国，在战争年代，我们可以义无反顾甚至牺牲自己的生命来表现自己的爱国精神，但在新时代的爱国主义精神如何来体现？我们如何在平淡的日常生活中来表达自己的爱国精神？现在出国旅游的人越来越多，但由于在社会经济大力发展的同时，公民素养却没有提升到相应的水平，致使有些国人做出的不文明举止屡见报端，他们在观念上肯定否认自己不爱国，但殊不知这种不文明的言行有损中国的国际形象，实质是不爱国的表现。再比如诚信，人人都知道它对于建立一个有信誉的社会有多么重要，人人也希望自己生活在一个信任成本偏低的社会之中，但不良商家却可以为了一己私利泯灭自己的良心，轻则牟取暴利，重则损害并剥夺他人生命。试问对于这样一些人，他们如何来践行诚信这一核心价值观？

据教育部价值与文化研究中心重大项目“中国社会价值观现状的调查研究”课题组的调查，当前我国公众高度认同社会主义核心价值观，但在认知与实践这两个环节上还存在一定差距，必须在如何化认知为实践上做进一步努力。而社会主义核心价值观要被社会大众接受，并转化为比较稳定的价值标准，就必须要同他们的日常生活密切联系起来，使得社会主义核心价值观融入其日常的工作、学习和生活之中，真正用社会主义核心价值观去指导他们的日常生活实践，让社会大众把对社会主义核心价值观认知认同和情感认同的追求转化为实践上的追求，从而推进整个民族、国家、社会精神品格的升华。

总之，社会大众对社会主义核心价值观的认同沿着认知认同—情感认同—行为认同的路径递进式发展，是一个从感性到理性、从内在情感到外在实践反复进行的过程。其中，认知认同是基础，情感认同是重要环节，行为认同是最终归宿。认知认同可促进形成情感认同，情感认同会反过来强化认知认同，并通过行为认同得以体现，而体现行为认同的实践行为也会进一步增强认知认同和情感认同。

三、制度保障机制

提升社会主义核心价值观的认同是一项综合性工程。我们需要遵循利益机制，即通过满足各利益主体的利益需求来引导认同社会主义核心价值观；我们也需要按照过程机制，即沿着认知认同—情感认同—行为认同的路径培育和践行社会主义核心价值观。但除此之外，我们也不能忽视制度对于实现和提升社会主义核心价值观认同的重要作用和意义。

制度与核心价值观是两种不同的存在，但它们又有着密切的相互影响、相互制约的内在关系。制度是人类社会的重要现象，是一个社会良序运行的保证，也是整个社会风气的导向标。那么，什么是制度？不同的学者有自己不同的理解。马克思认为制度不是单个人的创造物，而“是个人之间迄今所存在的交往的产物”[①]，具有不以人的意志为转移的客观必然性。康芒斯从制度的作用出发，认为制度是“集体行动抑制、解放和扩张个体行动”[②]。亨廷顿则从行为的角度认为“制度就是稳定的、受尊重的和周期发生的行为模式”[③]。我们将制度与核心价值观联系起来理解。核心价值观作为社会共同体的精神基础和思想精髓，是其社会成员在长期的交往实践活动过程中形成的价值共识，而制度则是社会价值共识的载体，是社会共同价值理念和价值追求规范化的体现[④]，是社会通行的或被社会采纳的由法律、规章、规程以及习惯、道德、戒律等构成的一种约束个人行为、调节人与人之间利益关系的社会机制。正是在这个意义上我们认为，制度是在社会共同的价值观念指导下建立的，制度本身必然蕴含着社会的价值规范，是社会共同的价值观念、伦理精神的具体化、规范化。因此，制度作为社会规范体系实际上是实现特定价值的规范体系，一个社会坚持什么样的核心价值观就会有相应的规范体系来保障其实现。

在塑造和制约人的观念和行动的诸因素中，制度的作用不容忽视，因为内含着社会价值规范的制度，其功能之一就是对人的社会行为进行控制和约束，人在存在方式上就是“一种制度里的公民”[⑤]。制度明确规定人们应该、必须做什么，以及禁止做什么，规范和塑造着每个社会成员的行动模式、思想观念和个性品质。合理的制度

① 《马克思恩格斯选集》(第1卷)，人民出版社1995年版，第78页。

② ［美］康芒斯：《制度经济学》(上册)，商务印书馆1962年版，第113页。

③ ［美］塞缪尔·亨廷顿：《变化社会中的政治秩序》，三联书店1989年版，第12页。

④ 乔春霞、张泽一：《加强社会主义核心价值观培育的制度建设问题探讨》，《理论导刊》2014年第12期。

⑤ ［美］康芒斯：《制度经济学》(上册)，商务印书馆1962年版，第93页。

能促进人的发展，调动人的积极性，激发和实现人的潜能。不合理、不健全的制度则会滋生和扩展人性的弱点，甚至使人性扭曲、变形，产生违背社会发展的不良行为。由此可见，社会主义核心价值观同作为保障机制的制度建设之间亦存在不可分割的内在联系。一方面，社会主义核心价值观是制度建设的价值基础，是制度建设在价值层面的本质规定性。各项制度要遵循社会主义核心价值观，要以实现社会主义核心价值观为目标。另一方面，制度建设为实现和提升社会主义核心价值观认同提供了坚实的制度保障，尤其是相应的法律法规政策的建立和完善会为顺利推进社会主义核心价值观的培育和践行保驾护航。总而言之，社会主义核心价值观同作为保障机制的制度建设相互影响、相互作用、相互制约、相互保障，实现和提升社会主义核心价值观认同，不仅要靠思想教育、实践养成，而且要靠制度机制加以保障、固化和定型，需要建立健全相关的制度，实现价值观建设与制度建设的良性互动。

然而在现实生活中，围绕社会主义核心价值观的政策、法律法规和制度建设工作却存在各种偏差、失误、弊端，进而影响制约社会主义核心价值观的培育和践行，导致社会主义核心价值观的认同水平和能力受到了极大阻碍。其一，在政策、法律法规、制度制定中没有很好地融入、体现社会主义核心价值观的内容和要求，使得实现和提升社会主义核心价值观的认同缺乏有力的政策、法律法规、制度的依据和保障。其二，有些政策、法律法规和制度的制定在系统性、协调性和操作性等方面存在不足，未能充分发挥相关保障作用，影响和制约了社会主义核心价值观认同水平和能力的提升。其三，部分相关政策、法律法规和制度在实施与操作过程中存在着执行不严，违背政策、法律法规和制度等问题，严重损害了政策、法律法规和制度的严肃性和权威性，使得符合社会主义核心价值观的行为和现象得不到应有的肯定和激励，而违背社会主义核心价值观的行为和现象也得不到应有的约束和惩罚，进而影响并制约了社会主义核心价值观认同。

为了在最大的范围内对多元化的社会进行社会整合以及增进价值共识，我们需要将社会主义核心价值观融入经济、政治、文化、社会等各方面的制度体制机制之中，各级组织、各社会层面都应将社会主义核心价值观有针对性地融入各项规章规范之中，使制度成为培育和践行社会主义核心价值观的有力支撑和可靠保障，进而实现和提升社会主义核心价值观认同。

第三节　提升社会主义核心价值观认同的现实路径

如前文所述，随着经济的快速发展和经济体制的深刻转型，提升社会大众的社会主义核心价值观认同需要面对很多困难和挑战，但通过对社会主义核心价值观认同的内在机制分析，我们发现，实现社会主义核心价值观认同是有其内在的路径可循的。

一、加强国家顶层设计，重视制度建构

提升社会主义核心价值观认同的根本路径是制度建设。离开制度这一路径去探寻培育和践行社会主义核心价值观的现实道路几乎是不可能的。一个国家和社会是否具有强大的凝聚力和向心力取决

于社会成员对社会制度的认同及认同程度，确切地说，是对制度能否蕴含、体现和实现社会的共同价值理念和价值追求的肯定及认可程度①。为了有效保障和提升社会主义核心价值观认同，我们需要加强国家顶层设计，重视契合社会主义核心价值观的制度建设。

首先，以社会主义核心价值观引导制度的顶层设计。价值观的认同，从本质上来说就是利益的认同。民生问题即各利益主体利益需求的满足是社会主义核心价值观认同的物质基础，如果我们的制度致使民生问题解决不好，无法体现对民生问题的关怀，就会弱化这一物质基础，从而阻碍社会大众对社会主义核心价值观的认同。因此在设计和完善制度时，要有明确的价值导向，即要以社会主义核心价值观引导制度的顶层设计。换言之，社会主义核心价值观是制度建设的基本价值遵循，我们需要在设计和完善制度的过程中落实社会主义核心价值观。

富强、民主、文明、和谐是制度设计与完善的题中应有之义。“搞社会主义，一定要使生产力发达，贫穷不是社会主义”②，可见经济发展、国家富强是中国特色社会主义的价值追求，因而在推进制度设计和完善的过程中，也要坚持提高生产力水平、实现国家富强人民富裕这一价值取向，从而夯实社会主义核心价值观认同的物质基础。民主也是社会主义的本质体现，对全体人民负责是社会主义民主与资本主义民主的本质区别，通过民主制度的设计和完善可以进一步凸显中国特色社会主义的制度优势，这对树立社会大众的制

① 乔春霞、张泽一：《加强社会主义核心价值观培育的制度建设问题探讨》，《理论导刊》2014年第12期。

② 《邓小平文选》（第3卷），人民出版社1993年版，第225页。

度自信是非常必要的。社会主义的优越性不仅体现在经济发达，也体现在精神生活丰富，社会主义文化繁荣发展。所以中国特色社会主义文化制度的设计和完善应从人民群众的生活实际出发，以充分发挥人民群众的创造性和调动人民群众参与文化建设的积极性为目标。和谐是制度设计和完善的终极旨归，制度设计和完善的目标之一就是实现社会的良好秩序，促进社会和谐。因此承载着社会主义核心价值观的制度设计和完善需要协调好各利益主体的利益关系和人际关系，以促进人与人、人与社会以及人与自然的和谐发展。

自由、平等、公正、法治是制度设计与完善的价值主题和衡量标准。人与制度是相辅相成的，创设制度不是为了约束人的自由，而是在规范人行为的同时促进人更大的自由，以社会主义核心价值观为价值导向的制度设计与完善就是要去除阻碍人自由发展的不合理规则，为人更高层次的自由发展提供制度保障。平等要求做到制度面前人人平等，即制度的设计与完善不为特权服务和开道，而是要保障每个人不分职务、等级、阶层都能平等地享有自由发展的条件。公平正义需要体现在制度设计与完善及制度执行的全过程，这对人们关于公平正义、是非善恶等价值观念和行为规范的导向具有重要意义。党的十八大报告明确指出，要突出法治在国家治理和社会管理中的作用，维护法制的权威和尊严。可见，法治已成为我国治国理政的基本方略。以社会主义核心价值观为价值导向推进制度的设计与完善，就是要不断健全和完善中国特色社会主义法律体系，树立社会主义法治理念，让法治落到实处。

爱国、敬业、诚信、友善是制度设计与完善的功能导向。爱国主义是民族精神的核心，是“千百年来巩固起来的对自己祖国的一种最深厚的感情”[①]，也是调节公民个人与国家之间关系的价值准则与法律规范，制度的设计与完善也需要引导社会大众以国家、民族的核心利益为个人利益的出发点。作为推动中国特色社会主义事业发展、实现中国梦的动力之源，爱岗敬业、艰苦奋斗从来都没有过时，也不会过时，制度的设计与完善更是要积极引导人们认识到，“开创我们的美好未来，必须依靠辛勤劳动、诚实劳动、创造性劳动。”随着市场经济改革的深入发展，社会的诚信危机却日益严重。制度的设计与完善要积极引导三个层面的诚信：一要政务诚信，政府对群众要保持真诚，做到政务公开，透明行政；二要商务诚信，社会主义市场经济是一种信用经济，要加强经济行为的诚信建设；三要社会诚信，即人与人之间要做到诚实守信[②]。相较于传统的“熟人社会”，置身于现今的“陌生人社会”，友善在维护社会秩序方面有着重要作用，因而制度的设计与完善需要通过友善这一价值观的融入与强化来引导人们构建和谐的人际关系。

其次，将社会主义核心价值理念转化为可有效执行的制度规范。制度是社会主义核心价值观从理念转化为现实的媒介，如果不能建立起行之有效的制度，社会主义核心价值观就只能停留在观念形式，无法在现实中发挥其功效，更谈不上提升对其的认同。社会主义核心价值观认同的实现和提升有赖于经济、政治、文化、社会等各方面的制度及政策的健全完善与创新，只有建立起蕴含社会主义核心价值理念的社会制度及政策，并切实有效执行，才能更好地促进社

① 《列宁全集》(第28卷)，人民出版社1984年版，第168—169页。

② 刘伟：《社会主义核心价值观视阈下的制度现代化》，《山西社会主义学院学报》2015年第2期。

会大众对社会主义核心价值观的认同。

健全提升社会主义核心价值观认同的经济制度及政策。随着改革开放市场经济的深入发展，我国的经济建设取得了举世瞩目的成就，综合国力大幅度提升，人民生活水平得到明显改善，为提升社会主义核心价值观的认同提供了强大的经济基础和物质保障。但我们仍应看到，在经济建设取得巨大成就的同时，也存在着很多问题。譬如经济结构、产业结构不够合理，粗放型的经济增长方式还没有根本改变；自主创新能力不强，科技进步对经济增长的贡献度还很低；环境、资源瓶颈制约越来越大；城乡区域发展不平衡，城乡统筹发展的任务还十分艰巨；经济发展与社会发展不协调还十分明显，等等[①]。这些都是我们在当前及未来的经济建设中必须面对且需解决的挑战及难题。经济基础决定上层建筑，人们的价值观念是以物质生产为基础，并随着物质生产的发展而发展。因此，为了解决人民日益增长的美好生活需要和不平衡不充分的发展这一社会的主要矛盾，实现社会主义经济与社会主义核心价值观的良性互动，确保在大力发展社会主义经济的基础上提升人们对社会主义核心价值观的认同，我们需要在存在问题的具体领域建立和完善契合社会主义核心价值观的经济制度及政策。

健全提升社会主义核心价值观认同的政治制度与政策。经济体制与政治体制是相互促进的，经济体制的发展决定着其他体制的发展，具有牵一发而动全身的作用，这其中就包括政治体制，但反过来政治体制的发展也能进一步促进经济体制的发展。“我们提出改革

① 罗会德：《社会主义核心价值观培育的制度之维》，《山西师大学报》（社会科学版）2014 年第 2 期。

时，就包括政治体制改革。现在经济体制改革每前进一步，都深深地感到政治体制改革的必要性。不改革政治体制，就不能保障经济体制改革的成果，不能使经济体制改革继续前进，就会阻碍生产力的发展，阻碍四个现代化的实现。”① 那么，什么样的政治体制才是好的呢？邓小平指出，“我们评价一个国家的政治体制、政治结构和政策是否正确，关键看三条：第一是看国家的政局是否稳定；第二是看能否增进人民的团结，改善人民的生活；第三是看生产力能否得到持续发展。”② 改革开放以来，我国在解决经济发展面临的制度障碍中不断推进社会主义政治体制的发展，并取得了很大的成效；但与此同时，也存在着很多问题，比如民众参与民主选举的程序性规定、民众参政议政的制度通道、民众表达诉求的法律渠道等，这些都是政治体制发展的过程中需要面对的具体问题。我们需要健全和完善与经济体制发展相适应的政治体制，通过引导和强化人们对国家政治制度的认同来实现和提升社会主义核心价值观的认同。

健全提升社会主义核心价值观认同的法律制度及政策。习近平总书记指出，要把社会主义核心价值观的要求转化为具有刚性约束力的法律规定，用法律来推动核心价值观建设。③ 可见，在法治成为世界话语权的今天，我们尤其需要重视和加强法律制度及政策的建设，以保障实现和提升社会大众对社会主义核心价值观的认同。长期以来，由于受传统文化和儒家思想的影响，国人更多遵循的是一种软性的道德伦理，而非刚性的规章制度，从而导致部分公民的法

① 《邓小平文选》（第3卷），人民出版社1993年版，第176页。
② 《邓小平文选》（第3卷），人民出版社1993年版，第213页。
③ 习近平：《习近平谈治国理政》，外文出版社2014年版，第165页。

律观念淡薄，在市场经济飞速发展的映衬下，体现出整体素质水平不高，比如中国式过马路、酒后驾车等违反规则的现象就屡禁不止。不仅如此，司法不公、执法不严等现象也仍然存在，极大地影响了法律的权威。中共十八届四中全会以依法治国为主题，提出了全面推进依法治国的总目标，做出了《关于全面推进依法治国若干重大问题的决定》，并对我国法治建设的蓝图和实现路径作出了描绘和设计。这就决定了我国要建设的是中国特色社会主义法治国家，这一特殊性不在于法治国家的形式，而在于法治国家的本质和内容。我们所要建设的法治国家，在本质上要体现社会主义核心价值观①。我们所要健全的法律制度及政策，也是受社会主义核心价值观指导和引领的法律制度及政策。也只有这样，我们才能通过具体的法律制度及政策实现社会主义的核心价值观，进而实现和提升社会大众对社会主义核心价值观的认同。

健全提升社会主义核心价值观认同的文化制度及政策。文化是包括知识、理想、信念、信仰、价值、态度等在内的一种复杂而稳定的精神整体，是人的价值观的外化形式，也是决定人的行为的精神核心②。因此，特定历史时期的文化反映了人们在特定历史时期的价值追求和精神状态。改革开放以来，我国经济稳步增长，政治稳定，在改善广大群众物质生活的基础上，也要不断地提高其精神文化水平，弘扬自身所拥有的优秀传统文化，创新文化价值和文化观念，保持我国文化发展的民族特色。文化制度及相关政策是保持文

---

① 汤维建：《用法律推动社会主义核心价值观建设》，《人民政协报》2015 年 8 月 27 日。

② 郑海祥：《以社会主义核心价值观指导先进文化建设的实践路径》，《陕西社会主义学院学报》2012 年第 1 期。

化发展活力的制度保障，其发展、完善及运作关系到国家和民族文化发展的兴衰成败。随着市场经济的深入发展，我国的文化制度及政策逐步从过去那种相对封闭的状态向着先进开放的状态过渡，但对文化体制改革的人力和物力投入还远远不够，许多思想观念和关系还没有理顺，相关的配套政策还不太健全，如一些文化管理体制缺乏市场竞争力、文化事业管理模式僵化，文化产业中管理机制和运营机制存在矛盾①，等等。这些都阻碍着文化的进步与发展，进而影响社会大众对社会主义核心价值观的认同。社会主义核心价值观揭示了社会主义最本质的精神，反映了时代和人民大众的现实需求，其中，文明更是集中体现着社会主义先进文化的前进方向和社会主义精神文明的价值追求。因此，我们需要在社会主义核心价值观的指导下，推进文化制度及政策的健全和完善，实现先进文化建设质的飞跃，促进社会主义文化大发展大繁荣，为建设社会主义文化强国奠定基础。

社会主义核心价值观认同的实现与提升有赖于经济、政治、法律、文化等各方面的制度及政策的健全完善和创新。只有以社会主义核心价值观为导向，并将社会主义核心价值观具体化为明确的可供执行和操作的相关制度及政策，才有可能在实践过程中逐渐将社会主义核心价值理念转化为社会现实，进而得到社会大众的认同。

最后，加强制度有效性的监督体系建设。制度的健全和完善不仅包括制度的设计、安排与规范，还包括制度的执行和制度的监督，三者是制度建设不可或缺的组成部分。其中，制度监督保障制度的

---

① 姚妙妍、王红武：《社会主义核心价值观指导文化创新的策略》，《长春教育学院学报》2016年第9期。

有效执行，促使制度真正起到管人、管权、管事的功能和作用。因为再好的制度规范，如果没有被尽可能多的人严格遵守，就违背了当初健全和完善制度的初衷，致使制度处于形同虚设的低效甚至无效状态。对此，以社会主义核心价值观为导向的制度监督体系的建设，就是要确保建立一套落实制度执行的监督机制，明确责任到人，实行奖惩分明，激发制度执行者的积极性，同时避免执行不力、执行走样的无序状况发生。

监督体系的建设是一个系统性的工程，不同社会领域的具体制度要避免成为“一纸空文”，都需要健全和完善相应的监督机制来推进执行。一般而言，可以从以下三个方面努力：其一，监督要准。要准确把握制度的出发点和落脚点，着重于重点部位、关键环节和执行成效，瞄准重点，采取“打靶式”监督方式，防止制度执行“走岔路”。其二，监督要广。仔细梳理制度执行的每一个环节，注重分层设计，强调一级带一级、一级抓一级，实行“地毯式”监督模式，防止制度执行不均衡。其三，监督机制要严。严格监督结果运用，不搞模糊监督、特殊监督，坚决做到处理问题有原则、有力度，不断增强监督机制生命力，防止制度执行出现“缓冲区”。[①] 比如，贪污腐败问题。国家公务人员的责任和义务是严格遵纪守法，但部分国家公务人员因为贪赃枉法的行为违背了自己的责任和义务，本应遵守的制度规则被潜规则取代，同时由于其影响的广泛性，腐败行为就像瘟疫一样广泛传播，并侵蚀到社会的各个方面，这是阻碍整个社会良性发展的根源所在。针对这一问题，我们如果有一套

---

① 汪圆：《完善制度执行的监督机制》，《中国组织人事报》2014 年 9 月 29 日。

准、广、严的监督机制，防止任何凌驾于制度之上的特权，对任何违背制度的行为进行严厉的制裁，这必将增强人们遵守制度规范的信心和信念，并使人们切实感受到社会主义核心价值在社会生活和实践中的实现和彰显，从而提升人们对社会主义核心价值观的认同。

二、以改善民生作为推进社会主义核心价值观认同的基本路径和动力

根据前文对利益机制的分析，利益机制指向的利益认同对价值认同具有十分重要的基础作用，它可以为社会主义核心价值观的认同提供动力。而遵循利益机制的路径提升社会大众的社会主义核心价值观认同，最重要的就是完善社会主义市场经济体制，以改善民生作为推进社会主义核心价值观认同的基本路径和动力，同时满足社会大众各个方面及层面的合理需要。

首先，坚持社会主义核心价值观的价值引领，完善社会主义市场经济体制。社会主义市场经济体制与社会主义制度在本质上是一致的，这就要求市场经济多元利益主体的利益竞争必须建立在社会主义制度基础上，必须始终以不断扩大和增大社会的共同利益为最高目标。而要达到这一目标，必须建构完备的市场法律、道德规范来完善社会主义的市场经济体制，并通过努力健全不同利益群体之间的利益协调机制、利益表达机制、利益补偿机制、利益导向机制等利益机制来调节协调国家、集体和个人关系，消解各种利益冲突。

扩大和增进社会共同利益，实质上就是努力朝向“共同富裕”的奋斗目标迈进，这也是提升社会主义核心价值观认同的物质基础。在“共同富裕”这个概念中，“富裕”是社会生产力发展水平的集中

体现，“共同”则反映了社会成员对财富的占有方式，是社会生产关系性质的集中体现。由此可见，共同富裕包含着生产力与生产关系两方面的特质，从质的规定性上确定了共同富裕的社会理想地位，使之成为社会主义的本质规定和奋斗目标。然而，社会主义初级阶段的基本国情决定共同富裕不可能是同时、同步、同等富裕，而只能是部分到整体的逐步富裕，是从低层次到高层次的过程富裕。共同富裕思想表明，我们既不能离开共同富裕讲发展生产力，否则就会导致两极分化，也不能离开发展生产力讲共同富裕，否则就会导致共同贫困。可见，实现共同富裕的前提是一方面解放和发展生产力，为实现共同富裕创造雄厚的物质基础；另一方面则要坚持社会主义，防止两极分化，为实现共同富裕提供牢固的政治保障。实现共同富裕的过程，尤其要处理好国家、集体和个人的关系，努力实现国家利益、集体利益和个人利益三者的统一；只有这样，才能在创造“利益共享、平衡和保障”的氛围中，让更多人走出私人生活领域，乐于同他人合作交往，从而促使社会发展与个性发展的空间得到不断开拓，进而缓和个人利益冲突，并形成约束价值观分化的基础。

然而现实是，我国各级政府尽管为了有效协调各种利益冲突而使用了大量的利益机制，但结果却不尽如人意，不仅未能达到认同核心价值的目标，还在一定程度上催生了个人与集体、国家的矛盾，其根源还在于社会主义市场经济体制的不完善。只有完善社会主义市场经济体制，人们才可以通过合法合理的自主经营、自负盈亏，公平公正地获得自己的应得利益，最终实现共同富裕。在当前形势下，为了完善社会主义市场经济体制以及保障利益机制的社会主义性质和方向，尤其要注重社会主义核心价值观的引领作用，否则不仅未能达到认同核心价值观的目标，还会在一定程度上催生个人与集体、国家的矛盾。这就要求，通过健全利益机制来完善社会主义市场经济体制时，一定要以社会主义核心价值观为导向，使社会主义核心价值观融入利益机制实施的整个过程，并以是否推进核心价值观认同作为检验利益机制实施效果的一个重要标准，以给社会的和谐与稳定带来保障。

党的十八届三中全会公报指出，要紧紧围绕使市场在资源配置中起决定性作用深化经济体制改革，坚持和完善基本经济制度，加快完善现代市场体系、宏观调控体系、开放型经济体系，加快转变经济发展方式，加快建设创新型国家，推动经济更有效率、更加公平、更可持续发展；紧紧围绕建设社会主义核心价值体系、社会主义文化强国深化文化体制改革，加快完善文化管理体制和文化生产经营机制，建立健全现代公共文化服务体系、现代文化市场体系，推动社会主义文化大发展大繁荣；紧紧围绕更好保障和改善民生、促进社会公平正义深化社会体制改革，改革收入分配制度，促进共同富裕，推进社会领域制度创新，推进基本公共服务均等化，加快形成科学有效的社会治理体制，确保社会既充满活力又和谐有序，等等。所有这些战略举措的目标就在于从根本上通过全方位的深度改革，努力消除社会矛盾，解决好人民群众最关心最现实的利益问题，从而不断扩大和增进全体人民的共同利益和福祉。这必将为建立和巩固社会主义核心价值观主导的社会价值共识奠定最坚实的物质和利益基础，也是我们对社会主义核心价值观建设的信心和希望之所在。

其次，以改善民生为基本利益机制推进核心价值认同，尤其是加快分配制度的改革。实现共同富裕的目标，不仅要处理好各利益主体与共同利益之间的关系，还需要协调各利益主体之间的冲突和矛盾。社会主义的本质是要实现社会公平，但由于各个利益主体的自然禀赋、占有资源及社会境遇的不同，市场经济的运行却必然导致不公平。换言之，市场经济虽然遵循平等竞争原则，但因自身的限制却无法保障所有利益主体的公正和平等发展。对此，为了协调各利益主体之间的冲突和矛盾，保障各利益主体在利益分配上的机会均等，特别是针对弱势群体的利益分配问题，我们需要发挥政府“有形的手”的作用，加快分配制度的改革，以改善民生为目标进而推进社会主义核心价值观认同。

随着改革开放的逐步深入，我国的经济发展取得了举世瞩目的巨大成就，但同时也引发了一些新的社会矛盾和问题，最突出的表现在利益分化问题。以贫富差距来看，随着我国社会主义市场经济的逐步发展，我国社会的阶层结构由原来的“两大阶级、一个阶层”逐步裂变为国家与社会管理者阶层、经理人员阶层、私营企业主阶层、专业技术人员阶层、办事人员阶层、个体工商户阶层、商业服务业员工阶层、产业工人阶层、农业劳动者阶层和城乡无业失业半失业者阶层十个社会阶层[①]。不论阶层如何划分，一个不容忽视的事实就是高收入者与低收入者之间的贫富差距在不断扩大。北京大学曾经公布的《中国民生发展报告 2015》引起了外界的广泛关注。报告明确指出，中国目前的收入和财产不平等状况正在日趋严重。近

① 陆学艺：《当代中国社会阶层研究报告》，社会科学文献出版社 2002 年版，第 9 页。

30 年来，中国居民收入基尼系数从 20 世纪 80 年代初的 0.3 左右上升到现在的 0.45 以上。上述报告还称，中国家庭财产基尼系数从 1995 年的 0.45 扩大到 2012 年的 0.73。顶端 1%的家庭占有全国约三分之一的财产，底端 25%的家庭拥有的财产总量仅在 1%左右。在 2016 年第一季度宏观经济形势分析会上，国家发改委宏观研究院副院长马晓河也曾指出，就 2015 年中国居民人均可支配收入而言，20%低收入人均收入 5221 元，而 20%高收入人均收入为 54544 元，高是低的 10.45 倍[①]。除了贫富差距，我们的城乡差距也不容小觑。同样是在这次会议上，马晓河还指出，我们过去历年来政府都在强调的城乡居民收入差距缩小，但是城市内部和农村内部的消费阶层在分化，城市、农村内部的收入差距也在扩大。2000—2014 年，中国城市 20%的高收入和城市 20%的低收入之间的收入差距，由 3.6 倍扩大到 5.5 倍，十几年间扩大了 1.9 倍；同期农民内部 20%的高收入人群和 20%的低收入人群间的收入差距也从 6.47 倍扩大到 8.65 倍，十几年间扩大了 2.18 倍。[②] 另外按照区域来看，东、中、西和东北区域这四大区域也由于在自然、地理及经济基础等多方面存在显著差异，其经济发展水平也有着较大的差别。贫富差距、城乡差距以及区域差距的日益拉大，将会导致各利益群体的价值观发生分化，进而产生对立和矛盾，这必然会阻碍社会主义核心价值观认同的实现，从而威胁到经济发展所必需的秩序与安全。

罗尔斯在《正义论》一书中指出，公平是人所应该享有的一种

① http：//finance. sina. com. cn/roll/2016—04—10/doc-ifxrcizu3913811. shtml，《发改委官员预警：收入差距在扩大 高低倍差超 10 倍》，《21 世纪经济报道》。

② http：//finance. sina. com. cn/roll/2016—04—10/doc-ifxrcizu3913811. shtml，《发改委官员预警：收入差距在扩大 高低倍差超 10 倍》，《21 世纪经济报道》。

“天赋权利”，因而“社会的和经济的不平等应当这样安排；使它们：①适合于最少受惠者的最大利益；②依系于在机会公平平等的条件下职务和地位向所有人开放”[①]。罗尔斯其实是站在“最少受惠者”的角度来审视和衡量市场经济运行下必然产生的不平等，并且尽力想通过再分配的方式调节各利益主体之间的利益冲突，尽可能地使最少受惠者得到某种补偿。因此，针对当前我国社会主义市场经济在促进经济发展的同时所存在着的严重利益分化现象，也需要建立起有效的利益分配机制，比如，改革当前以财政税收为主的再分配体制，增强针对弱势群体的转移支付力度；通过信息、资金与管理等方面的系统扶持，增加弱势群体的非政府组织，建构多元化的利益主体；完善利益协调互动机制，形成良性的利益发展格局；建构利益竞争与合作机制，通过合作式竞争得到合理利益；完善利益互助互惠机制，依靠社会捐助等途径进行帮扶；建立利益均衡机制，推动社会公共服务的均等化[②]，等等。目标就是统筹经济与民生的协调发展，防止市场经济在“民生公共产品”和“公平”问题上的“失灵”，切实保证社会大众占有和分配国家资源、生产资料、劳动产品的权利，从而实现真正的民生，奠定社会主义核心价值观认同的现实基础。

三、通过宣传教育增强社会主义核心价值观的认知认同

如前文所述，社会主义核心价值观的认知认同是社会成员通过

① ［美］约翰·罗尔斯著，何怀宏、何包钢、廖申白译：《正义论》，中国社会科学出版社 1988 年版，第 83—84 页。

② 莫凡：《跨越卢比康河的共同利益之桥：借鉴欧洲认同推进社会主义核心价值认同》，《江淮论坛》2009 年第 6 期。

形成关于社会主义核心价值观的概念、知觉、判断或想象等心理活动来对社会主义核心价值观内容、性质、形成及结构进行了解和理解，从而获得较为稳定、正面的认识与印象，它是社会主义核心价值观认同这一心理活动过程的第一个阶段，是情感认同、行为认同的前提和基础。换言之，欲“感”必先“知”，欲“行”必先“知”。一般来说，“知”有两种，一是主体自身的自发学习认知，二是主体通过外在的教育引导获得的相应认知。[①] 对社会主义核心价值观的认知认同，无论是通过自身的自发学习获得，还是通过外在的教育引导获得，追本溯源都离不开全面有效的宣传教育这一系统性工程，这也是古往今来社会大众认同核心价值观的基本经验。

创新全面有效的宣传教育方式，需要健全灌输引导机制。马克思主义经典作家历来重视科学理论的灌输和宣传。列宁曾经指出，“工人本来也不可能有社会民主主义的意识。这种意识只能从外面灌输进来。”[②] 社会主义核心价值观作为对社会主义核心价值体系的一种凝练，要为社会大众所认知并认同必须要充分发挥灌输引导机制的作用。但要明确的是，这种灌输引导机制并不是我们传统意义上依靠行政手段的强制性灌输，而是灌输和引导相结合，理论联系实际，从不同人群和地区特色出发，采取社会大众容易接受的宣传教育方式，从而营造出以社会主义核心价值理念为内容的主导性社会信息环境，引导人们从思想深处提升对社会主义核心价值观的认同。我们可以从以下几个方面进行努力：

---

① 孟轲：《论民众认同社会主义核心价值观的外推路径》，《毛泽东邓小平理论研究》2015 年第 11 期。

② 《列宁选集》（第 1 卷），人民出版社 1995 年版，第 317 页。

首先，用“中国语言”讲好“中国故事”。思想观念的传统宣传教育方式通常是从概念到概念，抽象的内容往往使得社会大众不知所云，自然无法深入人心，达不到宣传教育的预期效果。现在提倡用“中国语言”讲好“中国故事”，就是力求换一种接地气的方式，用社会大众日常生活中熟悉的语言来对社会主义核心价值观进行宣传教育，换言之，就是做到深入浅出，通俗易懂。列宁曾经说过：“最高限度的马克思主义＝最高限度的通俗和简单明了（Umschlag)”，“最高限度的马克思主义＝（Umschlag）最高限度的通俗化”[①]。毛泽东也曾强调：“洋八股必须废止，空洞抽象的调头必须少唱，教条主义必须休息，而代之以新鲜活泼的、为中国老百姓所喜闻乐见的中国作风和中国气派。”[②]

一方面，使用的“中国语言”要符合社会大众的认知水平和认知结构。不同的教育对象因受教育水平的差异而在认知水平和认知结构等方面存在较大差异，因而在对社会主义核心价值观进行宣传教育时，要根据不同的对象采取不同的话语表达方式，正如毛泽东曾经指出的那样，“共产党员如果真想做宣传，就要看对象，就要想一下自己的文章、演说、谈话、写字是给什么人看、给什么人听的，否则就等于下决心不要人看，不要人听”[③]。换言之，社会层面、学校层面以及家庭层面要讲的“中国故事”在具体的表达方式上需要根据具体的对象具体分析，以提高宣传教育的针对性。另一方面，使用的“中国语言”要符合社会大众的语言使用习惯。要实现和提

① 《列宁全集》（第36卷），人民出版社1959年版，第467—468页。
② 《毛泽东选集》（第2卷），人民出版社1991年版，第534页。
③ 《毛泽东选集》（第3卷），人民出版社1991年版，第836页。

升社会大众对社会主义核心价值观的认知认同，要基于社会大众对社会主义核心价值观真正的理解和接受，即听得懂，而这一过程的顺利推进则有赖于能按照社会大众熟悉的语言表达方式来传达社会主义核心价值观的内容。比如，城市和农村的人民群众在日常话语表达上难免会有不同的语言习惯，这就需要在开展关于社会主义核心价值观的宣传教育活动时要尽量采取不同的语言表达方式。再比如，在网络飞速发展的今天，网络用语深受当代青年人追捧，它代表着一定的时代潮流，使用网络用语进行社会主义核心价值观的宣传教育便可以在自然而然的过程中影响大多数青年人。不仅如此，一些日常生活中人们经常阅读的都市类、行业类的报纸与杂志以及人们经常浏览的一些大型门户网站，也需要增强传播主流价值的社会责任，依据自身的优势，根据受众的基本特点，联系群众身边事例，运用大众化语言、多样的宣传报道形式，将社会主义核心价值观融入格调健康的网络文化作品之中，引导人们增强对社会主义核心价值观的认识与理解，这也必将为实现和提升社会主义核心价值观的认知认同这一系统性工程助上一臂之力。

其次，善于借鉴优秀传统文化资源。中国的传统文化源远流长，是中华民族在长期发展的历史长河之中的文化积淀，是社会主义核心价值观的重要思想源泉。习近平总书记在 2014 年 10 月 15 日召开的文艺座谈会议中就曾指出：“中华优秀传统文化是中华民族的精神命脉，既是涵养社会主义核心价值观的重要源泉，也是我们在世界文化激荡中站稳脚跟的坚实根基。”

历史一再证明，核心价值观及体系的建立必须在继承传统文化的基础上才能成功。近代以来，由于外敌入侵，国力衰弱，中国传统文化曾备受质疑。加之帝制的瓦解，到了五四时期，中国的价值系统发生了全面的变动。胡适强调要“重新估定一切价值”，随后五四时期的知识分子不但彻底冲击了传统的价值系统，而且也引进了许多新的价值，如民主、科学、自由、人权等。然而，旧的瓦解了，新的价值体系并没有很快建立起来。五四时代，人们认为西化就是现代化，只有这一条路可走，所以他们极力地反传统。然而，他们虽然鼓吹西方文化，但是由于他们自幼受中国传统的熏陶，其意识深处并未完全摆脱传统价值观的影响。五四以来的新价值尽管名目繁多，但从根源上说，都可以归结到一个中心价值上，即个人的自我主宰。但这并不是说他们所向往的是西方式的个人主义，而置国家民族大群于不顾。相反，他们都是在建立新的群体秩序这一大前提之下提倡个性解放、个人自由的。显然他们受到了中国传统的群体意识的影响。从文化心理的层面来说，五四时期的知识分子都出身于儒学系统，如果民主、民权、共和、平等、自由等西方价值和观念在此系统内不能获得定位，他们将找不到途径去认同这些异质的外来文化因素。因此，重建中国的价值系统，必须通过弘扬传统文化的价值观才能得以实现。[①]

可见，折射着民族心理、民族气质以及民族品格的中国传统文化，理应成为全国各族人民共同价值取向的基础。当然，中国作为一个文明古国，几千年的封建历史也产生了很多与现代社会发展不相吻合的糟粕。在时代发展的今天，要实现和提升社会大众对社会主义核心价值观的认同，我们必须善于运用传统文化中的优秀精神

---

① 欧阳军喜、崔春雪：《中国传统文化与社会主义核心价值观的培育》，《山东社会科学》2013年第3期。

价值资源来引领社会精神风貌，否则，我们就会丧失民族精神的独立品格。正如习近平总书记指出的那样，“如果我们的人民不能坚持在我国大地上形成和发展起来的价值观，那就真正要提出我们的国家和民族会不会失去自己的精神独立性的问题了。如果没有自己的精神独立性，那政治、思想、文化、制度等方面的独立性就会被釜底抽薪。”①

为了使具有浓厚中国风格、中国气派的社会主义核心价值观真正融入民心，被社会大众认知认同，我们需要深入挖掘和创新优秀传统文化资源，并立足于中国特色社会主义伟大实践，充分调动民族情结和社会实践的元素，对优秀传统文化资源的丰富素材进行符合时代的阐释与解读。比如“尚和合、求大同”就体现了社会主义核心价值观国家层面的价值理念，“仁爱共济、立己达人”则不仅表现了社会层面的价值取向，也可以引导人们在面对矛盾及难题时，如何正确处理与他人之间的关系，并培养人们尊老爱幼、与人和睦相处的美德，这恰与“自由、平等、友善”等核心价值观念不谋而合。总而言之，善于借鉴与社会主义核心价值观相契合的优秀传统文化，可以激发人们内心深处的理想观念及文化情结，这是对社会大众进行社会主义核心价值观宣讲教育的有效时机，可以此为基点实现和提升社会大众对社会主义核心价值观的认同。

最后，充分利用网络传媒的交流互动。当今时代已经进入互联网时代，社会大众的网络化生活意味着以往被报纸、广播、电视等传统媒体掌控信息的舆论格局被以互联网、移动通信等技术为基础

① 《习近平关于全面深化改革论述摘编》，中央文献出版社 2014 年版，第 88 页。

的新媒体打破，这也给社会主义核心价值观的宣传教育带来了前所未有的挑战与机遇，也引起了我国高层的高度关注。胡锦涛同志指出，“我们要充分认识以互联网为代表的新型媒体的社会影响力”①；2013 年 12 月，《关于培育和践行社会主义核心价值观的意见》提出“建设社会主义核心价值观的网上传播阵地”②；刘云山在 2014 年 1 月出席培育和践行社会主义核心价值观座谈会中明确指出：“要善于运用大众媒体传播核心价值观，加强核心价值观的网上传播。”③ 这些都表明党和国家十分重视运用新媒体加强社会主义核心价值观宣传教育。

数据表明，2015 年微信有近 200 万的注册公众账号，其中有超过 4 万家的原创认证账号，而每天的公众号内点击量有近 10 亿次。如果算上公众分享的朋友圈点击，总的点击还可以翻三倍。而今日头条有 3.5 万的注册账号，每日的点击量有近 4 亿。④ 截至 2015 年 12 月，中国有 50.3%的居民上网，总数达到 6.88 亿。其中手机网民增速最快，总数达 6.2 亿。⑤ 网络传媒的迅猛发展不仅带来了媒体内容和形式的多样化，使得媒体的传播渠道得到了全面变革，更为重要的是深刻地改变了人们接受新的价值观念的方式和内容：其一，现代传播媒介对文化的传播改变了人们对外在世界的理解认知系统。

---

① 胡锦涛：《在人民日报社考察工作时的讲话》，《人民日报》2008 年 6 月 21 日。

② 中共中央办公厅：《关于培育和践行社会主义核心价值观的意见》，《光明日报》2013 年 12 月 24 日。

③ 刘云山：《着力培育和践行社会主义核心价值观》，《求是》2014 年第 2 期。

④ 郑春晖、侯长海、李国琦：《独家重磅：解析〈2015 中国新媒体发展趋势〉》，速途网 2015 年 11 月 14 日。

⑤ CNNIC 发布第 37 次《中国互联网络发展状况统计报告》，中国互联网络信息中心 2016 年 1 月 22 日。

对于世界的认识从传统的面对面交流转向了现代媒介跨时空的交流。其二，现代传播媒介改变了人们构建价值观念的方式。由传统的封闭共同体内的交流转向现代跨共同体的观念交流与碰撞。其三，现代大众传播媒介改变了人们价值意识建构的内容。对于文化的学习及价值观的形成，由传统社会的风俗习惯、伦理道德等礼俗文化和观念转向现代社会的科技知识、政治知识、艺术知识甚至包括世界各地的奇风异俗。①

虽然网络传媒有着传统媒体不可比拟的优势，但我们也应该认识到，由于传播的生活嵌入度欠缺、不同区域网络传媒发展的不平衡、不同部门运用网络传媒的能力差异以及相关网站的信息更新不及时等原因，利用网络传媒进行的交流互动相对欠缺，无法切实担任起对社会主义核心价值观进行宣传教育的重任。例如兰州大学、福建师范大学、哈尔滨工业大学专题网站“培育和践行社会主义核心价值观”尚未设置交流互动板块；已设置交流互动板块的网站，如复旦大学，只是简单链接了人民微博“24 字社会主义核心价值观，哪个词最触动你?”而没有彰显自身的特色②。对此，我们需要加强网络传媒的阵地建设：对于宣传教育对象，要根据受众不同的认知身份和认知心理，实施因众制宜的宣传教育，同时增强教育对象的价值判断力和媒介素养；对于宣传教育主体，需要明确自身的角色与担当，增强其道德责任感；对于宣传教育的媒介，需要提升主流网络媒体的传播力、公信力和影响力，同时优化整合新老传媒的合

① 任广鑫：《基于马克思传播思想的社会主义核心价值观大众化路径研究》，浙江财经大学 2013 年论文。

② 郑萌萌：《基于新媒体的社会主义核心价值观传播研究》，苏州大学 2016 年论文。

力作用。总而言之一句话，充分发挥网络传媒的交流互动功能，健全和完善社会主义核心价值观的网络话语体系，使互联网成为有效传播社会主义核心价值观的新渠道，成为社会正能量的有效传播平台。

四、强化大众文化渗透，提升社会主义核心价值观的情感认同

情感认同是社会主义核心价值观认同这一心理活动过程的第二阶段，对认知认同和行为认同起着承上启下的作用，它一方面是认知认同的升华，另一方面则是行为认同的导火索和催化剂。习近平总书记指出："一种价值观要真正发挥作用，必须融入社会生活，让人们在实践中感知它、领悟它。"[①] 这也就是说，要想使社会主义核心价值观获得社会大众的广泛接受与情感认同，需要使社会主义核心价值观全方位、多维度地融入大众日常生活，并使之成为人们日常生活的价值引领和行动指导。

首先，开展富有仪式感的社会活动。情感主要是一种体验，这种体验并不局限于主体个人的主观感受，还来自与他人的交流互动。富有仪式感的社会活动是人们之间交流互动的一种重要方式。美国社会学家兰德尔·柯林斯（Randall Collins）提出的"互动仪式链"（interaction ritual chains）理论就指出，仪式互动的核心机制是相互关注和情感连带，是一种相互关注的情感和关注机制，通过仪式的互动能够对共同关注的话题形成一种共同的情感，通过情感能量激

① 习近平：《把培育和弘扬社会主义核心价值观作为凝魂聚气强基固本的基础工程》，《人民日报》2014年2月26日。

发人们有信心、热情和愿望去做出他们认为道德上允许的事情[①]。相应地，互动仪式有四种主要的结果，即当组成要素有效地综合，并积累到高程度的互相关注与情感共享时，参与者会有以下体验。一是群体团结：一种成员身份的感觉；二是个体的情感能量：一种采取行动时自信、兴高采烈、有力量、满腔热忱与主动进取的感觉；三是代表群体的符号：标志或其他的代表物（形象化图标、文字、姿势），使成员感到自己与集体相关；四是道德感：维护群体中的正义感，尊重群体符号，防止受到违背者的侵害[②]。可见，富有仪式感的社会活动可以使理论化的价值观进一步具体化和形象化，它以某种共同的目的把人们联合起来，表达的是一种团体的团结和情感，人们能够在活动中感受到集体的力量，从而产生相应的情感共鸣和认同感。这是接受集体教育的一种方式，因为不论是活动的形式、内容抑或是氛围都能产生极富感染力的教育意义。因此，社会主义核心价值观也同样可以通过一系列共同的动作、语言以及氛围的营造，在心理上更容易得到社会成员的情感认同。

重要节庆日的纪念活动以及爱国主义教育基地的参观游览是非常重要的富有仪式感的社会活动方式。例如，2014 年，国家以立法的形式将每年的 9 月 3 日、9 月 30 日、12 月 13 日分别定为“中国人民抗日战争胜利纪念日”、“烈士纪念日”和“南京大屠杀死难者国家公祭日”，并在这些特定的日子举行相关的纪念活动；2015 年 9 月 3 日中国人民抗日战争暨世界反法西斯战争胜利 70 周年的阅兵仪式、

---

① 参见［美］兰德尔·柯林斯著，林聚任、王鹏、宋丽君译《互动仪式链》，商务印书馆 2009 年版。

② ［美］兰德尔·柯林斯著，林聚任、王鹏、宋丽君译：《互动仪式链》，商务印书馆 2009 年版，第 87 页。

2017年6月30日香港回归20周年的阅兵仪式、2017年7月30日首次以庆祝建军节为主题的盛大阅兵仪式等声势浩大、振奋人心的纪念活动；在重要节庆日举办庄严盛大、内涵丰富的庆祝纪念活动的同时，推进公共博物馆、纪念馆、爱国主义教育基地和文化馆、图书馆、美术馆、科技馆的免费开放，积极开发红色旅游，等等。这些富有仪式感的社会活动可以使社会大众在欢庆佳节、休闲娱乐的同时感受到国家的日益强大，认识到独立自由的难能可贵，自豪及骄傲之情会油然而生，从而自然而然地接受社会主义核心价值观的熏陶，进而提升对社会主义核心价值观的情感认同。

其次，有机融入大众文化。依据不同的文化划分标准，从宏观结构上，我们可以把文化分为主流文化、精英文化和大众文化。主流文化是特定社会意识形态的表现，是统治阶级的意志表现，对于大众生活具有现实的规范性；精英文化是由知识分子所创造的学术文化，具有超前性和创造性的特点，对于人们的生活具有导向的作用；大众文化是大众生活的文化，大众文化作为最为广泛的文化承载形式影响着人们的生活及其生产方式。所谓大众文化，是以大众传媒（影视、网络）为载体，以文化消费、娱乐为目标的世俗文化形态，体现了文化的商业逻辑和消费逻辑①。大众文化所具有的商业性、娱乐性、世俗性和流行性等基本特征决定了它关注的是世俗生活的平凡叙事而并非道德价值的宏大叙事，它与大众的日常生活更为贴近，关注社会普通群体的喜怒哀乐，诠释着大众的世俗幸福和

① 竺恒：《用社会主义核心价值观引领大众文化发展研究》，西北大学2014年论文。

当下意义，因而更易引起大众的情感共鸣[1]。因此，将社会主义核心价值观融入大众文化，可以使社会主义核心价值观“所承载的情感关怀、心灵净化和审美体验内化到大众的心理世界，使大众在无意识中实现对社会主义核心价值观的情感认同和审美共鸣”[2]。

将社会主义核心价值观有机融入大众文化，实质上就是通过喜闻乐见的文化形式将社会主义核心价值观渗透到大众生活，从而提升社会主义核心价值观的感染力，增强社会大众对社会主义核心价值观的情感认同。要做到这一点，就需要寻找社会主义核心价值观与大众文化之间的契合点。大众文化的典型特点就是世俗性，社会主义核心价值观只在立足于这样一个基础之上，才有可能以一种潜移默化，即高大上的理念、接地气的形式渗透到大众文化之中，使社会大众在“润物细无声”中受到感染和启发。比如，《感动中国》等系列节目就是社会主义核心价值观和大众文化相结合的完美典范。它称颂和传播的是社会主义核心价值观的价值理念，但评选出的人物大多数都是在平凡的岗位上做出不平凡成绩的普通人，同时通过视频的形式播放，这就是高大上的理念和接地气的形式的完美结合，人们伴随着心灵的震撼在收看节目的过程中不知不觉地受到了社会主义核心价值观的理念熏陶，这将极大地促进提升对社会主义核心价值观的情感认同。

然而，伴随着我国市场经济的深入发展，我国的社会结构、利益格局也发生了深刻的调整和变动，这必然带来思想观念的深刻变

① 胡春阳：《转型时期社会主义核心价值观认同建构》，《中国特色社会主义研究》2015 年第 1 期。

② 邓伯军：《大众文化对马克思主义意识形态话语权的影响及对策研究》，《宁夏党校学报》2012 年第 4 期。

化。就我国大众文化而言，一味地追求商业价值和迎合观众导致影视作品中肥皂剧泛滥、虚假戏说成分严重、低俗暴力色情场景增多等非理性化价值导向越来越多，为了新奇和卖点排斥和对抗历史事实、教育意味等理性价值的成分越来越重。在价值领域表现为大众文化单纯追求华丽的外景和强大的明星阵容，缺少或没有价值引导，造成了“价值真空”和“价值错位”；在人们精神生活领域，大众文化所传播的商业化、娱乐化的内容容易引起受众道德失范，造成拜金主义、享乐主义等[①]。正如尼尔·波兹曼所说的那样，我们的文化正在从以文字为中心向以形象为中心转变。这种拒斥主流意识形态的大众文化世俗化的倾向是危险的，它会麻痹人们的精神，只顾追求享乐却忘了付出和责任，没有了发展的动力，当然也就不愿动脑筋去创新了[②]。因此，将社会主义核心价值观有机融入大众文化的同时，强调社会主义核心价值观对大众文化的引领建设同样刻不容缓。具体来说，可以从这几方面入手：理论引领，就是要加强对社会主义核心价值观的理论研究、创新研究，揭示出社会主义核心价值观的科学性、合理性和崇高性，从而使社会主义核心价值观在大众文化的价值观结构系统占据充分的优势和优越地位，通过与其他价值观平等对话的方式，收到以理服人的效果，确立社会主义核心价值观在大众文化价值观结构中主导地位；实践引领，就是要关注民生、服务民生，在用社会主义核心价值观引领大众文化建设的过程中，从人民利益出发，从国家民族利益出发，来推动大众文化建设，使

① 竺恒：《用社会主义核心价值观引领大众文化发展研究》，西北大学2014年论文。

② 冯周卓：《以马克思主义意识形态建设推进社会主义核心价值观认同》，《道德与文明》2009年第6期。

人民群众能够真正得到精神生活上的实惠，从而收到以情动人的效果；心理引领路径，就是要通过优化环境，消除使人们对社会主义核心价值观产生抵触心理的因素，提高人们对社会主义核心价值观的认同感①。

最后，注重榜样的引领作用。2013 年底，中共中央出台的《关于培育和践行社会主义核心价值观的意见》提出要紧紧围绕“三个倡导”这一基本内容，注重宣传教育、示范引领、实践养成相统一。其中的示范引领即是强调通过先进典型的激励和楷模示范，以促动社会大众的情感共鸣，进而推动学习和积极效仿，提升对社会主义核心价值观的情感认同。

要充分发挥榜样的示范引领作用，榜样的选择很重要，一方面要具体，另一方面则要好学。换言之，来自人民群众的榜样因为贴近人民群众的日常生活而最能引起社会大众的情感共鸣，如党员和公务员群体、先进典型人物群体、公众人物群体以及社区模范群体等都是榜样不错的选择来源。比如，通过《感动中国人物》、《大国工匠》等系列节目的播放，大批来自群众身边的先进典型人物所体现出的忠诚报国、见义勇为、无私奉献、爱岗敬业、诚实守信的高尚品德和感人事迹，以超越平常人的思想境界、精神风貌和道德修养让每一个观众的心灵都受到了极大的震撼并产生了强烈的共鸣，这会进一步触动和激励每一个观众把这些积极的情感体验转化为自己的主观选择，进而提升对社会主义核心价值观的情感认同。

选定的榜样必须切实履行自身的引领职责，因为一旦出现违背

① 邓名瑛：《用社会主义核心价值观引领大众文化建设》，《求索》2011 年第 8 期。

社会主义核心价值观的行为和言行，理想与现实的极大落差势必会影响社会大众对社会主义核心价值观的情感认同。比如，党员领导干部是弘扬和践行社会主义核心价值观的先行者，他们需要用自身的廉洁品质和模范行为来感召和带动社会大众，但是每当在反腐过程中揭露出“塌方式”腐败现象时，则会大大动摇社会大众对社会主义核心价值观的信心和信仰，使得社会大众对社会主义核心价值观的情感认同大打折扣。党的十八大以来，特别是开展党的群众路线教育实践活动以来，“四风”问题得到了较好解决，密切了新时期干群、党群关系，但我们仍须承认，反腐败斗争依然任重道远，领导干部在人们心目中的形象还有待进一步改善。

因此，为了充分发挥榜样示范机制的作用，我们需要做到：一是发挥党员干部的带头作用。党员干部以身作则，讲党性、重品行，用自身廉洁的品质和模范的行为感召群众、带动群众，率先为人民群众树立榜样。二是鼓励发掘各行各业的先进典型人物和事迹。围绕在身边的小人物小事迹往往存在闪光点，各行各业的人民群众常常富于智慧。在日常生活中善于发现发掘身边的典型人物、典型事迹、典型经验，树立起践行社会主义核心价值观的楷模，使人民群众依靠榜样的力量感受感悟社会主义核心价值观，进而认同社会主义核心价值观。三是大力发挥新闻媒体的舆论宣传作用。榜样通常以新闻媒体通过典型报道的形式在社会传播开来，一个榜样的树立，不仅依靠其自身经验的典型性，更以强大的舆论宣传为后盾，从而具备更广泛的影响力。新闻媒体是意识形态、思想观念传播的重要途径，大力发挥新闻媒体传播社会主流价值的主渠道作用，通过报纸杂志、广播电视、手机网络等渠道，加大典型宣传、主题宣传和舆论监督的规模，营造健康的社会舆论环境和良好的社会生态，提升人们对社会主义核心价值观的认知和认同①。

五、践行社会主义核心价值观以增强实践认同

实践认同是社会主义核心价值观认同这一心理活动过程的最终目的和归宿，换言之，对社会主义核心价值观的培育，贵在知情行统一。其中，知是前提与基础，情是中介和桥梁，行是结果与关键。社会大众只有在行为上能够自觉践行社会主义核心价值观，才真正实现了对社会主义核心价值观的实践认同。“应该坚守什么样的核心价值观，既是一个理论问题，也是一个实践问题。”② 因此，为了达到社会主义核心价值观认同的最终目的和归宿，我们需要构建社会主义核心价值观的实践平台，进一步建立和拓展相应的实践活动渠道，通过志愿实践活动，将社会主义核心价值观的理想信念和行为准则落实到社会大众的日常行为中。

首先，弘扬志愿精神，促进志愿主体多元化。“志愿精神是一种在自愿的、不计报酬或收入的条件下参与推动人类发展、促进社会进步和完善社区工作的精神”，它是“公众参与社会生活的一种重要方式”，是“个人对生命价值、社会、人类和人生观的一种积极态度”③。它也是“一种以关爱、互助为思想内核的价值取向，体现了和谐社会的核心价值观，是促进社会和谐的精神力量”④。“奉献、友

---

① 陆树程、杨倩：《论培育和践行社会主义核心价值观》，《毛泽东邓小平理论研究》2014 年第 8 期。

② 《把核心价值观化为全民行为准则：学习贯彻习近平总书记五四重要讲话精神之三》，《北京日报》2014 年 5 月 9 日。

③ 丁元竹：《建设健康和谐社会》，中国经济出版社 2005 年版，第 15 页。

④ 丁元竹、江汛清、谭建光：《中国志愿服务研究》，北京大学出版社 2007 年版，第 4 页。

爱、互助、进步”是对当前中国志愿精神的总体概括。可见，志愿精神作为一种高尚的、先进的价值观念，与社会主义核心价值观这种有优秀底蕴的主流意识观念有诸多契合点，相得益彰。正如刘云山 2008 年 9 月 4 日在“迎奥运讲文明树新风”志愿服务行动座谈会上所指出的那样，“以弘扬志愿精神为核心，能够把服务他人、服务社会与实现个人价值有机结合起来，引导人们在做好事、献爱心的过程中陶冶情操、提升境界，有利于倡导爱国、敬业、诚信、友善等基本道德规范，提高公民思想道德素质，把建设社会主义核心价值体系的任务落到实处。志愿服务形式多种多样、方式灵活便捷，适应了社会结构、社会组织形式、社会利益格局发生深刻变化的新特点，能够满足不同层次人们关爱他人、服务社会、展示特长的愿望，有利于充分发挥群众的主体作用，激发群众的参与热情，为精神文明创建活动注入新的生机与活力。”① 这就说明，志愿精神不仅在理念上与社会主义核心价值观相符合，而且能通过实践活动提升社会大众对社会主义核心价值观的实践认同。

弘扬志愿精神，需要扩展参与志愿活动的主体力量。就目前而言，参与社会志愿活动的人群主要是青年志愿者和社会各界名流，而其他社会各界人士，如非国有企业职工、外来务工人员、社区普通居民、私营企业及外资企业的员工等参与志愿服务活动则相对缺乏系统的组织保障、时间保证、人员保证。以高校学生为主力的青年志愿者时间充裕，精力充沛，能以极大的热情投入，许多社会志愿活动都由他们发起并具体执行实施。而社会各界名流则主要利用

① 刘云山：《大力弘扬志愿精神　广泛开展志愿服务》，《人民日报》2008 年 9 月 9 日。

其影响号召力举办慈善类公益志愿活动，来推动公益事业的发展。应该说，这两类主要人群对于深化社会主义核心价值观的传播和推广有着强有力的动力作用。但若仅仅依赖这两类主要人群则无法适应我国社会志愿活动发展的需要，因为任何人都可以做社会志愿活动的行动者，而且各行各业也都需要通过广泛参与社会志愿活动，来真正发挥社会主义核心价值观的实践导向功能，从而提升对社会主义核心价值观的实践认同。对此，我们需要号召社会各界人士，不论性别、民族、学历、年龄、职业、宗教信仰及社会地位如何，都有义务参与到社会志愿活动中来，努力形成一支人员众多、结构合理、覆盖面广的志愿活动团队。不仅如此，我们还需要鼓励志愿活动的服务对象也可以跳出受助者的框框，借助自己在受助活动中汲取的力量，将平等互助的爱心理念散播出去，形成积极向上的舆论优势，让更多的人了解、认识到践行社会主义核心价值观的益处。这样，我们就可以通过促进公益主体的多元化，最终形成全民参与、共建和谐社会的良好局面，从而提升社会大众对社会主义核心价值观的实践认同。

其次，推进形式多样的志愿活动持久深入开展。就目前而言，志愿活动内容涵盖了政治、经济、社会、民生等多个方面，但以社会志愿活动为实践渠道提升社会主义核心价值观的实践认同，需要注重社会志愿活动形式上的创新。从形式的角度看，中国志愿服务仍存在着重大型群体服务、轻长期持续性针对服务，重补救性服务、轻预防性服务的问题，这在一定程度上影响着志愿服务的发展。群体性服务的发动更能体现社会主义的优越性，促进社会主义精神文明建设，但采取有针对性的、多样的小型团体或个人服务活动也不意味着削弱了思想道德上的建设，反而会因更加符合个体兴趣爱好、专业性，充分满足社会多元需求而使志愿服务更具有感染力[①]。

志愿活动的形式不仅需要创新，我们还需要关注志愿活动的持续开展，即把志愿活动作为一项全民事业而不是一次活动或一场运动，长期有序地持久地开展下去，避免流于形式，而这也是社会主义核心价值观的内在价值要求和体现。坚持志愿活动长期有序地持续性实施是一项系统性工程，我们不仅要坚持持续性、系统性、组织性、创新性等原则，最重要的是要构建志愿活动的长效性机制。其一，推动管理项目化。即一项好的志愿服务活动一经实施就应坚持并固定下来，以作为品牌项目长期推广。如上海普陀区坚持以人为本理念，推出了许多贴近基层、服务群众、富有特色的志愿服务品牌项目。全区现有3个市级志愿服务品牌项目，即长寿社区慈善超市、长寿社区“爱心银行”志愿服务总队、真如镇“循环生活进社区　变废为宝绿色行”志愿服务项目。此外，还形成了甘泉社区“百姓小广场”志愿服务活动、曹杨社区“百灵鸟”志愿者服务队、长风社区护河志愿者服务队、石泉社区“大篷车”志愿者服务队、宜川社区党员自行车宣传队、长征镇家校合作教育服务项目、区教育系统明辉志愿者服务队、“惠民热线”市政志愿者服务总队、区机关志愿者服务总队、区青年志愿者服务中心等一批区级品牌项目。这些志愿服务项目接地气、有生气、聚人气，深受市民群众欢迎[②]。其二，重视人力资源的合理开发和利用。比如在志愿者招募中，变

① 刘鹏：《弘扬志愿精神与社会主义核心价值观教育的有效途径研究》，北京工业大学2010年论文。

② 中共上海市普陀区委宣传部：《推动志愿服务常态化的实践探索》，《党政论坛》2014年第5期。

一次性、突击性的志愿者招募为长期性、专业性志愿者的招募，并引导和鼓励志愿者用自己的专长服务社会，这样会让他们有更大的施展空间和服务热情，最大可能地发挥他们的智力优势和更大的人才效益。其三，重视志愿活动的基地建设。基地建设可以使对社会主义核心价值观的学习有场所、活动有阵地、作用发挥有舞台，从而增强社会大众对志愿活动组织的归属感和认同感，自觉提高自身的责任意识。如1984年，上海普陀区的长风公园内建成了著名的雷锋铜像。2002年，普陀区又在铜像旁竖立起雷锋墙。近30年来，围绕这一活动基地开展活动，已经形成了传统，经久不衰。2013年普陀区将长风公园学雷锋主题公园建设列入全区精神文明建设重点项目，给予专款支持。一方面，对公园的主题内容进行了充实，增加了雷锋同志生平事迹和精神介绍，以及普陀区新时期14位先进典型人物的简介和格言，增强了宣传教育的时代感和感召力。另一方面，组织全区志愿服务活动的资源、项目向长风公园集聚。2013年公园共开展各类学雷锋志愿服务活动20余场、服务项目1000多项，超过2万人次参与。长风公园已经成为全区学雷锋志愿服务活动常态化的重要载体和平台。①

① 中共上海市普陀区委宣传部：《推动志愿服务常态化的实践探索》，《党政论坛》2014年第5期。

第二章

继往开来：社会主义核心价值观认同的发展脉络

对于社会主义核心价值观认同的研究，离不开对这一重要思想观念产生历程的回顾。在本章，我们试图通过对社会主义核心价值观提出过程的梳理，说明社会主义核心价值观是如何实现从无到有、逐渐明晰的，这也为本书之后的研究和呈现提供基础。

第一节　社会主义核心价值观的提出历程

社会主义核心价值观的提出，经历了一个发展的过程。社会主义核心价值观所涉及的 12 个关键词，在我国传统文化的发展当中都有比较悠久的历史，以及形形色色的论述说明。而将这些内容与社会主义关联起来，可以从社会主义核心价值体系的提出开始说起。因此，本节就拟从社会主义核心价值体系的提出开始，梳理社会主义核心价值观的提出历程。

一、社会主义核心价值体系的提出

1. 十六届六中全会提出建设社会主义核心价值体系

2006年10月，中国共产党第十六届中央委员会第六次全体会议，通过了《中共中央关于构建社会主义和谐社会若干重大问题的决定》，第一次明确提出了“建设社会主义核心价值体系”这个重大命题和战略任务。这一文件中，社会主义核心价值体系被作为社会主义文化建设的一部分提出来，并被视为“建设和谐文化的根本”。对于社会主义核心价值体系的作用和重要性，文件提出：“必须坚持马克思主义在意识形态领域的指导地位，牢牢把握社会主义先进文化的前进方向，弘扬民族优秀文化传统，借鉴人类有益文明成果，倡导和谐理念，培育和谐精神，进一步形成全社会共同的理想信念和道德规范，打牢全党全国各族人民团结奋斗的思想道德基础。”[①] 从这些内容来看，社会主义核心价值体系，实际上已经包含了对社会思想意识发展引领的核心组成部分。

对于社会主义核心价值体系的内容，在文件中明确提出：“马克思主义指导思想，中国特色社会主义共同理想，以爱国主义为核心的民族精神和以改革创新为核心的时代精神，社会主义荣辱观，构成社会主义核心价值体系的基本内容。”[②] 对于如何在社会实践中落实社会主义核心价值体系的认同，文件也有明确的说明：“坚持把社会主义核心价值体系融入国民教育和精神文明建设全过程、贯穿现

---

① 《中共中央关于构建社会主义和谐社会若干重大问题的决定》，《求是》2006年第20期，第3—12页。

② 《中共中央关于构建社会主义和谐社会若干重大问题的决定》，《求是》2006年第20期，第3—12页。

代化建设各方面。坚持用马克思主义中国化的最新成果武装全党、教育人民，用民族精神和时代精神凝聚力量、激发活力，倡导爱国主义、集体主义、社会主义思想，加强理想信念教育，加强国情和形势政策教育，不断增强对中国共产党领导、社会主义制度、改革开放事业、全面建设小康社会目标的信念和信心。加强马克思主义理论研究和建设，增强党的思想理论工作的创造力、说服力、感召力。坚持以社会主义核心价值体系引领社会思潮，尊重差异，包容多样，最大限度地形成社会思想共识。”① 这里所提及的教育过程和建设过程，以及“最大限度地形成社会思想共识”，都为主流价值观与主导价值观的融合提供了较为充分的实现路径，是促进价值观认同的重要参考。

为实现以上目标，文件还对树立社会主义荣辱观做出了特别说明，提出了“树立社会主义荣辱观，培育文明道德风尚”的任务。文件提出：“坚持依法治国与以德治国相结合，树立以‘八荣八耻’为主要内容的社会主义荣辱观，倡导爱国、敬业、诚信、友善等道德规范，开展社会公德、职业道德、家庭美德教育，加强青少年思想道德建设，在全社会形成知荣辱、讲正气、促和谐的风尚，形成男女平等、尊老爱幼、扶贫济困、礼让宽容的人际关系。普及科学知识，弘扬科学精神，养成健康文明的生活方式。发扬艰苦奋斗精神，提倡勤俭节约，反对拜金主义、享乐主义、极端个人主义。弘扬我国传统文化中有利于社会和谐的内容，形成符合传统美德和时代精神的道德规范和行为规范。加强政务诚信、商务诚信、社会诚

① 《中共中央关于构建社会主义和谐社会若干重大问题的决定》，《求是》2006 年第 20 期，第 3—12 页。

信建设，增强全社会诚实守信意识。”① 这里所强调的内容，为其后社会主义核心价值观的提出，提供了重要的思想认识基础。

2007 年 6 月 25 日，胡锦涛在中共中央党校发表重要讲话，强调要大力建设社会主义核心价值体系，巩固全党全国人民团结奋斗的共同思想基础。这一讲话再次明确社会主义核心价值体系包括四个方面的基本内容，即马克思主义指导思想、中国特色社会主义共同理想、以爱国主义为核心的民族精神和以改革创新为核心的时代精神、社会主义荣辱观。

2. 党的十七大报告深化认识

2007 年党的十七大报告进一步对社会主义核心价值体系进行了专门说明。具体而言，这一报告从以下几个方面深化了对社会主义核心价值体系的认识。

首先，进一步梳理了社会主义核心价值体系与社会主义意识形态的关系。报告将“建设社会主义核心价值体系，增强社会主义意识形态的吸引力和凝聚力”作为社会主义文化建设的重要内容，并指出：“社会主义核心价值体系是社会主义意识形态的本质体现。”② 这一论断，旗帜鲜明地将社会主义核心价值体系与社会主义意识形态关联起来，为社会主义核心价值体系的建设提供了可靠的思想基础和认识支撑。

其次，明确了社会主义核心价值体系建设的主要内容。报告明确提出：“要巩固马克思主义指导地位，坚持不懈地用马克思主义中

---

① 《中共中央关于构建社会主义和谐社会若干重大问题的决定》，《求是》2006 年第 20 期，第 3—12 页。

② 胡锦涛：《高举中国特色社会主义伟大旗帜　为夺取全面建设小康社会新胜利而奋斗》，《人民日报》2007 年 10 月 25 日第 1 版。

国化最新成果武装全党、教育人民，用中国特色社会主义共同理想凝聚力量，用以爱国主义为核心的民族精神和以改革创新为核心的时代精神鼓舞斗志，用社会主义荣辱观引领风尚，巩固全党全国各族人民团结奋斗的共同思想基础。”①

再次，报告还提出了社会主义核心价值体系的具体实现路径。对此部分内容，可以从两部分予以解读，其一，加强理论创新研究及队伍建设。报告提出：“大力推进理论创新，不断赋予当代中国马克思主义鲜明的实践特色、民族特色、时代特色。开展中国特色社会主义理论体系宣传普及活动，推动当代中国马克思主义大众化。推进马克思主义理论研究和建设工程，深入回答重大理论和实际问题，培养造就一批马克思主义理论家特别是中青年理论家。”② 理论研究的推动、理论宣传的加强和研究队伍的建设，构成社会主义核心价值体系建设的重要推动力和可靠保障机制。其二，加强社会主义核心价值体系与国民教育和精神文明建设进程的有机结合，让社会主义核心价值体系深入人心。报告提出：“切实把社会主义核心价值体系融入国民教育和精神文明建设全过程，转化为人民的自觉追求。积极探索用社会主义核心价值体系引领社会思潮的有效途径，主动做好意识形态工作，既尊重差异、包容多样，又有力抵制各种错误和腐朽思想的影响。繁荣发展哲学社会科学，推进学科体系、学术观点、科研方法创新，鼓励哲学社会科学界为党和人民事业发

① 胡锦涛：《高举中国特色社会主义伟大旗帜　为夺取全面建设小康社会新胜利而奋斗》，《人民日报》2007年10月25日第1版。

② 胡锦涛：《高举中国特色社会主义伟大旗帜　为夺取全面建设小康社会新胜利而奋斗》，《人民日报》2007年10月25日第1版。

挥思想库作用，推动我国哲学社会科学优秀成果和优秀人才走向世界。”[①] 这里所说的几个部分，都是实现社会主义核心价值体系“落地生根”的重要形式和关键环节。

此外，在“建设和谐文化，培育文明风尚”部分，报告提出“大力弘扬爱国主义、集体主义、社会主义思想，以增强诚信意识为重点，加强社会公德、职业道德、家庭美德、个人品德建设，发挥道德模范榜样作用，引导人们自觉履行法定义务、社会责任、家庭责任。加强和改进思想政治工作，注重人文关怀和心理疏导，用正确方式处理人际关系。动员社会各方面共同做好青少年思想道德教育工作，为青少年健康成长创造良好社会环境。深入开展群众性精神文明创建活动，完善社会志愿服务体系，形成男女平等、尊老爱幼、互爱互助、见义勇为的社会风尚。弘扬科学精神，普及科学知识”；在“弘扬中华文化，建设中华民族共有精神家园”部分，提出“要全面认识祖国传统文化，取其精华，去其糟粕，使之与当代社会相适应、与现代文明相协调，保持民族性，体现时代性。加强中华优秀文化传统教育，运用现代科技手段开发利用民族文化丰厚资源。加强对各民族文化的挖掘和保护，重视文物和非物质文化遗产保护，做好文化典籍整理工作。加强对外文化交流，吸收各国优秀文明成果，增强中华文化国际影响力”[②]。这些内容，与社会主义核心价值体系的建设既相互呼应，又保持各自的独立性，对于其后社会主义核心价值观的提出具有重要影响和参考借鉴作用。

---

① 胡锦涛：《高举中国特色社会主义伟大旗帜　为夺取全面建设小康社会新胜利而奋斗》，《人民日报》2007 年 10 月 25 日第 1 版。

② 胡锦涛：《高举中国特色社会主义伟大旗帜　为夺取全面建设小康社会新胜利而奋斗》，《人民日报》2007 年 10 月 25 日第 1 版。

3. 十七届六中全会的进一步深化

2011年10月18日中国共产党第十七届中央委员会第六次全体会议通过《中共中央关于深化文化体制改革推动社会主义文化大发展大繁荣若干重大问题的决定》，进一步将社会主义核心价值体系的建设推向深入。这个文件明确提出了建设社会主义文化强国的任务，提出“以建设社会主义核心价值体系为根本任务”的重大战略，明确提出“社会主义核心价值体系是兴国之魂，是社会主义先进文化的精髓，决定着中国特色社会主义发展方向”[①]。这个文件对社会主义核心价值体系的四个方面，分别进行了说明，提出了社会主义核心价值体系建设的必要性和主要路径。这个文件是对社会主义核心价值体系建设的全面集中论述，反映了党和国家在指导思想上的重大变化。

对于坚持马克思主义指导地位，文件先是充分肯定了马克思主义的重要作用，提出：“马克思主义深刻揭示了人类社会发展规律，坚定维护和发展最广大人民根本利益，是指引人民推动社会进步、创造美好生活的科学理论。”在此基础上，文件分别从以下几个方面说明了如何在社会实践中落实这一根本任务：（1）坚持。要毫不动摇地坚持马克思主义基本原理，紧密结合中国实际、时代特征、人民愿望，用发展着的马克思主义指导新的实践。（2）学习。坚持不懈用中国特色社会主义理论体系武装全党、教育人民，推动学习实践科学发展观向深度和广度拓展，引导党员、干部深入学习贯彻党的基本理论、基本路线、基本纲领、基本经验，学习马克思主义经

① 《中共中央关于深化文化体制改革推动社会主义文化大发展大繁荣若干重大问题的决定》，《求是》2011年第21期，第3—14页。

典著作，系统掌握马克思主义立场、观点、方法。（3）认识深化。科学分析世情、国情、党情新变化，深入研究解决改革开放和社会主义现代化建设新课题，不断深化对共产党执政规律、社会主义建设规律、人类社会发展规律的认识，不断把党带领人民创造的成功经验上升为理论，不断赋予当代中国马克思主义鲜明的实践特色、民族特色、时代特色。（4）实践落实。坚持以领导班子和领导干部为重点，以提高思想政治素养为根本，以建设学习型党组织为抓手，大力推进马克思主义学习型政党建设。深入推进马克思主义理论研究和建设工程，实施中国特色社会主义理论体系普及计划，加强重点学科体系和教材体系建设，推动中国特色社会主义理论体系进教材、进课堂、进头脑，加强和改进学校思想政治教育。这几个方面的实际工作，都应该充分落实马克思主义的指导，让马克思主义从理论的建构变成行动的指南。

对于坚定中国特色社会主义共同理想，文件明确提出了中国特色社会主义对于我国经济和社会发展的重要作用。报告提出："中国特色社会主义是当代中国发展进步的根本方向，集中体现了最广大人民根本利益和共同愿望。"① 为实现这一任务，主要需要重视以下几个方面的工作：（1）通过理想信念教育落实认识深化。要深入开展理想信念教育，引导干部群众深刻认识中国共产党领导和中国特色社会主义制度的历史必然性和优越性，深刻认识中国特色社会主义道路既是实现社会主义现代化和中华民族伟大复兴的必由之路，也是创造人民美好生活的必由之路，自觉把个人理想融入中国特色

① 《中共中央关于深化文化体制改革推动社会主义文化大发展大繁荣若干重大问题的决定》，《求是》2011 年第 21 期，第 3—14 页。

社会主义共同理想之中，最大限度把广大人民团结和凝聚在中国特色社会主义伟大旗帜之下。（2）面对社会实际，澄清错误认识。紧密结合中国特色社会主义成功实践，联系干部群众思想实际，针对社会热点难点问题，从理论和实践结合上作出有说服力的回答，引导干部群众在重大思想理论问题上划清是非界限、澄清模糊认识，有力抵制各种错误和腐朽思想影响。（3）坚持历史观教育，增强历史思维。深入开展形势政策教育、国情教育、革命传统教育、改革开放教育、国防教育，组织学习中国近现代史特别是党领导人民进行革命、建设、改革的历史，坚定广大干部群众对中国特色社会主义的信心和信念。

对于弘扬以爱国主义为核心的民族精神和以改革创新为核心的时代精神，文件明确说明了爱国主义的重要性，说明了改革创新在当代中国的重要作用，提出："爱国主义是中华民族最深厚的思想传统，最能感召中华儿女团结奋斗；改革创新是当代中国最鲜明的时代特征，最能激励中华儿女锐意进取。"[①] 为落实这一任务，需要从以下几个方面加强工作：（1）民族精神教育。要广泛开展民族精神教育，大力弘扬爱国主义、集体主义、社会主义思想，增强民族自尊心、自信心、自豪感，激励人民把爱国热情化作振兴中华的实际行动，以热爱祖国和贡献自己全部力量建设祖国为最大光荣、以损害祖国利益和尊严为最大耻辱。（2）时代精神教育。广泛开展时代精神教育，引导干部群众始终保持与时俱进、开拓创新的精神状态，永不自满、永不僵化、永不停滞，以思想不断解放推动事业持续发

① 《中共中央关于深化文化体制改革推动社会主义文化大发展大繁荣若干重大问题的决定》，《求是》2011 年第 21 期，第 3—14 页。

展。大力弘扬一切有利于国家富强、民族振兴、人民幸福、社会和谐的思想和精神，大力发扬艰苦奋斗、劳动光荣、勤俭节约的优良传统。（3）民族认同教育。加强民族团结进步教育，增进对伟大祖国和中华民族的认同，促进各民族共同团结奋斗、共同繁荣发展。（4）爱国主义基地建设。加强爱国主义教育基地建设，用好红色旅游资源，使之成为弘扬培育民族精神和时代精神的重要课堂。

对于树立和践行社会主义荣辱观，文件明确了社会主义荣辱观与社会主义道德的密切关系，提出"社会主义荣辱观体现了社会主义道德的根本要求"[①]。这一任务需要通过以下几个方面予以落实：（1）宣传教育，塑造风尚。要深入开展社会主义荣辱观宣传教育，弘扬中华传统美德，推进公民道德建设工程，加强社会公德、职业道德、家庭美德、个人品德教育，评选表彰道德模范，学习宣传先进典型，引导人民增强道德判断力和道德荣誉感，自觉履行法定义务、社会责任、家庭责任，在全社会形成知荣辱、讲正气、作奉献、促和谐的良好风尚。（2）文明创建，改善关系。深化群众性精神文明创建活动，广泛开展志愿服务，拓展各类道德实践活动，倡导爱国、敬业、诚信、友善等道德规范，形成男女平等、尊老爱幼、扶贫济困、扶弱助残、礼让宽容的人际关系。（3）加强学校德育体系建设。全面加强学校德育体系建设，构建学校、家庭、社会紧密协作的教育网络，动员社会各方面共同做好青少年思想道德教育工作。（4）学习雷锋。深入开展学雷锋活动，采取措施推动学习活动常态化。（5）扶正祛邪，弘扬正气。深化政风、行风建设，开展道德领

① 《中共中央关于深化文化体制改革推动社会主义文化大发展大繁荣若干重大问题的决定》，《求是》2011 年第 21 期，第 3—14 页。

域突出问题专项教育和治理，坚决反对拜金主义、享乐主义、极端个人主义，坚决纠正以权谋私、造假欺诈、见利忘义、损人利己的歪风邪气。(6) 践行诚信。把诚信建设摆在突出位置，大力推进政务诚信、商务诚信、社会诚信和司法公信建设，抓紧建立健全覆盖全社会的征信系统，加大对失信行为惩戒力度，在全社会广泛形成守信光荣、失信可耻的氛围。(7) 法治理念培育。加强法制宣传教育，弘扬社会主义法治精神，树立社会主义法治理念，提高全民法律素质，推动人人学法尊法守法用法，维护法律权威和社会公平正义。(8) 注重人文关怀，弘扬科学精神。加强人文关怀和心理疏导，培育自尊自信、理性平和、积极向上的社会心态。弘扬科学精神，普及科学知识，倡导移风易俗、抵制封建迷信。深入开展反腐倡廉教育，推进廉政文化建设。

这些内容的系统说明和论述，让我们对社会主义核心价值体系的认识进一步深化。这些论述也为社会主义核心价值观的产生提供了重要的参考和基础。

二、从社会主义核心价值体系到社会主义核心价值观

1. 十八大报告的初步转化

2012 年 11 月，中国共产党第十八次全国代表大会在北京召开。胡锦涛在会议上作了题为《坚定不移沿着中国特色社会主义道路前进　为全面建成小康社会而奋斗》的报告。这一报告在回顾过去的成就与经验的基础上，进一步提出了“在新的历史条件下夺取中国特色社会主义新胜利，确保实现全面建成小康社会宏伟目标”的历史任务，对党和国家的未来发展制定了宏伟蓝图。在报告中，提出

了“社会主义核心价值体系深入人心，公民文明素质和社会文明程度明显提高。文化产品更加丰富，公共文化服务体系基本建成，文化产业成为国民经济支柱性产业，中华文化走出去迈出更大步伐，社会主义文化强国建设基础更加坚实”① 的新要求，为中国特色社会主义建设的文化发展提出了明确的方向。

这个报告中，第一次提出了“积极培育和践行社会主义核心价值观”的任务，提出：“倡导富强、民主、文明、和谐，倡导自由、平等、公正、法治，倡导爱国、敬业、诚信、友善，积极培育和践行社会主义核心价值观。”② 这是社会主义核心价值观在中央报告中的首次亮相。“三个倡导”的提法，虽然被有些学者解读为“并不等于这些就是社会主义核心价值观”，但社会主义核心价值观这一理念，从此开始进入人们的视野，成为受到普遍关注的热点和焦点。

在十八大报告中，对于加强社会主义核心价值体系建设、全面提高公民道德素质和丰富人民精神文化生活等内容也进行了明确说明。在具体措施的落实方面，基本是重复和强调了此前的几项任务，此处不赘述。

2. 社会主义核心价值观的系统梳理

2013 年 12 月，中共中央办公厅印发了《关于培育和践行社会主义核心价值观的意见》。这一文件对社会主义核心价值观的相关问题做出了系统规定。

首先，这个文件明确提出 24 字就是社会主义核心价值观。文件

① 胡锦涛：《坚定不移沿着中国特色社会主义道路前进　为全面建成小康社会而奋斗——在中国共产党第十八次全国代表大会上的报告》，《求是》2012 年第 22 期，第 3—25 页。

② 胡锦涛：《坚定不移沿着中国特色社会主义道路前进　为全面建成小康社会而奋斗——在中国共产党第十八次全国代表大会上的报告》，《求是》2012 年第 22 期，第 3—25 页。

明确："富强、民主、文明、和谐是国家层面的价值目标，自由、平等、公正、法治是社会层面的价值取向，爱国、敬业、诚信、友善是公民个人层面的价值准则，这24个字是社会主义核心价值观的基本内容，为培育和践行社会主义核心价值观提供了基本遵循。"[①] 这一表述是对于"24个字就是社会主义核心价值观基本内容"的明确和肯定。

其次，这个文件明确了社会主义核心价值观建设的重要作用、指导思想和基本原则。对于社会主义核心价值观的重要作用，文件明确："培育和践行社会主义核心价值观，是推进中国特色社会主义伟大事业、实现中华民族伟大复兴中国梦的战略任务。""这与中国特色社会主义发展要求相契合，与中华优秀传统文化和人类文明优秀成果相承接，是我们党凝聚全党全社会价值共识作出的重要论断。"[②] 这些内容的提出，为社会主义核心价值观的认同实现，提供了根据和基础。在指导思想方面，文件提出："高举中国特色社会主义伟大旗帜，以邓小平理论、'三个代表'重要思想、科学发展观为指导，深入学习贯彻党的十八大精神和习近平同志系列讲话精神，紧紧围绕坚持和发展中国特色社会主义这一主题，紧紧围绕实现中华民族伟大复兴中国梦这一目标，紧紧围绕'三个倡导'这一基本内容，注重宣传教育、示范引领、实践养成相统一，注重政策保障、制度规范、法律约束相衔接，使社会主义核心价值观融入人们生产生活和精神世界，激励全体人民为夺取中国特色社会主义新胜利而

---

① 中共中央办公厅印发：《关于培育和践行社会主义核心价值观的意见》，《党建》2014年第1期，第9—12页。

② 中共中央办公厅印发：《关于培育和践行社会主义核心价值观的意见》，《党建》2014年第1期，第9—12页。

不懈奋斗。”[①] 这一指导思想的明确，将社会主义核心价值观的认同与社会发展的最新成果相结合，突出了这一任务的时代特征和价值。

关于培育和践行社会主义核心价值观需要坚持的基本原则，文件提出了以下几项：（1）坚持以人为本，尊重群众主体地位，关注人们利益诉求和价值愿望，促进人的全面发展；（2）坚持以理想信念为核心，抓住世界观、人生观、价值观这个总开关，在全社会牢固树立中国特色社会主义共同理想，着力铸牢人们的精神支柱；（3）坚持联系实际，区分层次和对象，加强分类指导，找准与人们思想的共鸣点、与群众利益的交会点，做到贴近性、对象化、接地气；（4）坚持改进创新，善于运用群众喜闻乐见的方式，搭建群众便于参与的平台，开辟群众乐于参与的渠道，积极推进理念创新、手段创新和基层工作创新，增强工作的吸引力和感染力[②]。

关于如何将培育和践行社会主义核心价值观融入国民教育全过程，文件提出了以下几项措施：（1）培育和践行社会主义核心价值观要从小抓起、从学校抓起；（2）拓展青少年培育和践行社会主义核心价值观的有效途径；（3）建设师德高尚、业务精湛的高素质教师队伍。

关于如何把培育和践行社会主义核心价值观落实到经济发展实践和社会治理中，文件提出了以下几项措施：（1）确立经济发展目标和发展规划，出台经济社会政策和重大改革措施，开展各项生产经营活动，要遵循社会主义核心价值观要求，做到讲社会责任、讲

① 中共中央办公厅印发：《关于培育和践行社会主义核心价值观的意见》，《党建》2014 年第 1 期，第 9—12 页。

② 中共中央办公厅印发：《关于培育和践行社会主义核心价值观的意见》，《党建》2014 年第 1 期，第 9—12 页。

社会效益，讲守法经营、讲公平竞争、讲诚信守约，形成有利于弘扬社会主义核心价值观的良好政策导向、利益机制和社会环境；（2）要把社会主义核心价值观贯彻到依法治国、依法执政、依法行政实践中，落实到立法、执法、司法、普法和依法治理各个方面，用法律的权威来增强人们培育和践行社会主义核心价值观的自觉性；（3）要把践行社会主义核心价值观作为社会治理的重要内容，融入制度建设和治理工作中，形成科学有效的诉求表达机制、利益协调机制、矛盾调处机制、权益保障机制，最大限度增进社会和谐。

关于如何加强社会主义核心价值观宣传教育，文件提出的主要措施有：（1）用社会主义核心价值观引领社会思潮、凝聚社会共识；（2）坚持团结稳定鼓劲、正面宣传为主，牢牢把握正确舆论导向，把社会主义核心价值观贯穿到日常形势宣传、成就宣传、主题宣传、典型宣传、热点引导和舆论监督中，弘扬主旋律，传播正能量，不断巩固壮大积极健康向上的主流思想舆论；（3）建设社会主义核心价值观的网上传播阵地；（4）发挥精神文化产品育人化人的重要功能。

关于如何开展涵养社会主义核心价值观的实践活动，文件提出：（1）广泛开展道德实践活动；（2）深化学雷锋志愿服务活动；（3）深化群众性精神文明创建活动；（4）发挥优秀传统文化怡情养志、涵育文明的重要作用；（5）发挥重要节庆日传播社会主流价值的独特优势。

这个文件的上述表述，对于培育和弘扬社会主义核心价值观具有非常重要的指导作用。此后，教育部在 2014 年 4 月 1 日发布《教育部关于培育和践行社会主义核心价值观　进一步加强中小学德育工作的意见》，将上述要求进一步落实于学校德育工作中，明确提出“充分体现时代性，加强中小学德育的薄弱环节”，“准确把握规律性，改进中小学德育的关键载体”，“大力增强实效性，夯实中小学德育的基本保障”[①] 等任务，进一步将社会主义核心价值观教育落实。

此后，社会主义核心价值观的培育，成为国民教育的重要内容，成为落实社会主义核心价值观认同的根本手段和主要抓手。中央也在持续通过各种措施推进这一工作。如 2016 年 12 月，中共中央办公厅、国务院办公厅印发了《关于进一步把社会主义核心价值观融入法治建设的指导意见》，提出“大力培育和践行社会主义核心价值观，运用法律法规和公共政策向社会传导正确价值取向，把社会主义核心价值观融入法治建设”的任务，明确提出“推动社会主义核心价值观入法入规”、“强化社会治理的价值导向”、“用司法公正引领社会公正”、“弘扬社会主义法治精神”等措施。这些措施的落地对社会主义核心价值观的认同发挥了重要作用，成为推动社会主义核心价值观落实的重要推动力量。

第二节　社会主义核心价值观的时代表现

2017 年 10 月，中国共产党第十九次全国代表大会在北京召开。这是一次将载入史册的盛会。习近平总书记所作的题为《决胜全面

① 《教育部关于培育和践行社会主义核心价值观　进一步加强中小学德育工作的意见》，《中国德育》2014 年第 9 期，第 6—8 页。

建成小康社会　夺取新时代中国特色社会主义伟大胜利》的报告，全面总结了中国过去五年取得的辉煌成就，客观分析了中国发展还存在的问题，明确提出："中国特色社会主义进入了新时代，这是我国发展新的历史方位。"① 报告对社会主义核心价值观建设成就和未来要求的分析和说明，就成为社会主义核心价值观的时代表现。

一、过去五年的成就与不足

报告在分析过去五年的成就时，充分认可了社会主义核心价值观建设方面的成就，认为："加强党对意识形态工作的领导，党的理论创新全面推进，马克思主义在意识形态领域的指导地位更加鲜明，中国特色社会主义和中国梦深入人心，社会主义核心价值观和中华优秀传统文化广泛弘扬，群众性精神文明创建活动扎实开展。公共文化服务水平不断提高，文艺创作持续繁荣，文化事业和文化产业蓬勃发展，互联网建设管理运用不断完善，全民健身和竞技体育全面发展。主旋律更加响亮，正能量更加强劲，文化自信得到彰显，国家文化软实力和中华文化影响力大幅提升，全党全社会思想上的团结统一更加巩固。"② 这一概括，简明扼要地说明了我国在文化建设方面取得的显著成就。社会主义核心价值观成为大家普遍认同的理念追求，是这些成就得以变成现实的基础条件。

同时，我们也应该看到，这一领域的问题和挑战也非常值得关注。报告中就明确指出："社会文明水平尚需提高；社会矛盾和问题

① 习近平：《决胜全面建成小康社会　夺取新时代中国特色社会主义伟大胜利——在中国共产党第十九次全国代表大会上的报告》，《前线》2017 年第 11 期，第 4—28 页。

② 习近平：《决胜全面建成小康社会　夺取新时代中国特色社会主义伟大胜利——在中国共产党第十九次全国代表大会上的报告》，《前线》2017 年第 11 期，第 4—28 页。

交织叠加，全面依法治国任务依然繁重，国家治理体系和治理能力有待加强；意识形态领域斗争依然复杂，国家安全面临新情况；一些改革部署和重大政策措施需要进一步落实。”① 这些问题和挑战的现实存在，提醒我们必须保持清醒的头脑，坚持把社会主义核心价值观的认同作为一项重要工作，坚持不懈地予以落实。

二、坚持社会主义核心价值体系

十八大以来，国内外形势发生了巨大变化，我国各项事业也取得了发展，这些都给我们提出了一个重大时代课题，这就是必须从理论和实践结合上系统回答新时代坚持和发展什么样的中国特色社会主义、怎样坚持和发展中国特色社会主义。中国共产党坚持以马克思列宁主义、毛泽东思想、邓小平理论、“三个代表”重要思想、科学发展观为指导，坚持解放思想、实事求是、与时俱进、求真务实，坚持辩证唯物主义和历史唯物主义，紧密结合新的时代条件和实践要求，以全新的视野深化对共产党执政规律、社会主义建设规律、人类社会发展规律的认识，进行艰辛理论探索，取得重大理论创新成果，形成了习近平新时代中国特色社会主义思想。这一指导思想，为未来中国发展明确了方向。而坚持社会主义核心价值体系，就是落实习近平新时代中国特色社会主义思想的重要内容之一。

对于这一历史任务，十九大报告从以下几个方面进行了说明。

其一，明确文化的重要作用和文化自信对于我国发展的重要性。报告指出：“文化自信是一个国家、一个民族发展中更基本、更深

① 习近平：《决胜全面建成小康社会　夺取新时代中国特色社会主义伟大胜利——在中国共产党第十九次全国代表大会上的报告》，《前线》2017 年第 11 期，第 4—28 页。

沉、更持久的力量。”“文化是一个国家、一个民族的灵魂。文化兴国运兴，文化强民族强。没有高度的文化自信，没有文化的繁荣兴盛，就没有中华民族伟大复兴。要坚持中国特色社会主义文化发展道路，激发全民族文化创新创造活力，建设社会主义文化强国。”[①] 文化自信作为“四个自信”的重要组成部分，是中华民族以何种姿态参与国际社会的重要支撑。从这个意义上说，只有坚持文化自信，才能实现社会主义核心价值体系的建设，而不是用他国文化，反衬我们的不足。

其二，报告对社会主义核心价值体系的内涵做了重新诠释。报告指出：“必须坚持马克思主义，牢固树立共产主义远大理想和中国特色社会主义共同理想，培育和践行社会主义核心价值观，不断增强意识形态领域主导权和话语权，推动中华优秀传统文化创造性转化、创新性发展，继承革命文化，发展社会主义先进文化，不忘本来、吸收外来、面向未来，更好构筑中国精神、中国价值、中国力量，为人民提供精神指引。”[②] 我们可以看到，社会主义核心价值观作为社会主义核心价值体系的重要组成部分，取代了原来的“以爱国主义为核心的民族精神和时代精神”以及“社会主义荣辱观”的内容，进而表现为“中国精神、中国价值、中国力量”的“精神指引”。这一诠释，对于我们理解社会主义核心价值观的当代发展，具有重要指导意义。

① 习近平：《决胜全面建成小康社会　夺取新时代中国特色社会主义伟大胜利——在中国共产党第十九次全国代表大会上的报告》，《前线》2017 年第 11 期，第 4—28 页。

② 习近平：《决胜全面建成小康社会　夺取新时代中国特色社会主义伟大胜利——在中国共产党第十九次全国代表大会上的报告》，《前线》2017 年第 11 期，第 4—28 页。

三、培育和弘扬社会主义核心价值观

在报告对于“坚定文化自信，推动社会主义文化繁荣兴盛”部分的论述中，对“培育和弘扬社会主义核心价值观”进行了专题说明。对此，我们可以从以下几个方面来深入理解。

首先，进一步明确和强调社会主义核心价值观的重要性。报告指出：“社会主义核心价值观是当代中国精神的集中体现，凝结着全体人民共同的价值追求。”[①] 这是第一次将社会主义核心价值观与当代中国精神相提并论。这一观点的明确，意味着我国的社会主义核心价值观建设在整个中国特色社会主义建设中的地位有更加重要的提升。

其次，对于社会主义核心价值观的弘扬和培育策略，报告有了更为全面细致的说明。报告指出：“要以培养担当民族复兴大任的时代新人为着眼点，强化教育引导、实践养成、制度保障，发挥社会主义核心价值观对国民教育、精神文明创建、精神文化产品创作生产传播的引领作用，把社会主义核心价值观融入社会发展各方面，转化为人们的情感认同和行为习惯。”[②] 在这一表述中，“时代新人”是与“新时代”的历史方位相关联的，“教育引导、实践养成、制度保障”既是对以往成功经验的概括总结，也是对未来工作开展的概要说明。从某种意义上说，这些内容的落实过程，就是社会主义核心价值观被认同的实现过程。“国民教育、精神文明创建、精神文化

① 习近平：《决胜全面建成小康社会　夺取新时代中国特色社会主义伟大胜利——在中国共产党第十九次全国代表大会上的报告》，《前线》2017 年第 11 期，第 4—28 页。

② 习近平：《决胜全面建成小康社会　夺取新时代中国特色社会主义伟大胜利——在中国共产党第十九次全国代表大会上的报告》，《前线》2017 年第 11 期，第 4—28 页。

产品创作生产传播”则涵盖了培育和弘扬社会主义价值观的几个关键领域。“情感认同和行为习惯”则是培育和弘扬社会主义核心价值观的目标和落地点。只有将社会主义核心价值观内化为情感认同、外显为行为习惯，才能达到社会主义核心价值观的认同。

再次，从参与者的角度来说，社会主义核心价值观的认同是全社会共同参与的过程，但不同的社会成员在其中的作用是不同的。报告指出：“坚持全民行动、干部带头，从家庭做起，从娃娃抓起。”[①] 干部的带头示范，是社会主义核心价值观培育和弘扬的关键，因为他们对周围的人能产生比较大的影响力。家庭是教育实施的第一场所，是辅助和巩固学校教育效果的重要舞台。充分把握住家庭在培育和弘扬社会主义核心价值观进程中的作用，可以让我们更好地发挥教育合力。未成年人是社会成员的新生力量。让未成年人在价值观尚未定型的时候就能接受社会主义核心价值观的培育，对于他们的价值观形成、情感认同和行为习惯养成，都具有重要意义。在这几个关键人群的参与下，全社会的实践过程就能更好地体现社会主义核心价值观的方向和目标，进而让社会主义核心价值观深入人心。

最后，从社会主义核心价值观的历史传承与时代特征来说，社会主义核心价值观应该既体现中华优秀传统文化的建设要求，又体现时代发展的最新要求。报告指出：“深入挖掘中华优秀传统文化蕴含的思想观念、人文精神、道德规范，结合时代要求继承创新，让

① 习近平：《决胜全面建成小康社会　夺取新时代中国特色社会主义伟大胜利——在中国共产党第十九次全国代表大会上的报告》，《前线》2017 年第 11 期，第 4—28 页。

中华文化展现出永久魅力和时代风采。”[①] 这一内容的强调，对于我们理解社会主义核心价值观认同与中华优秀传统文化的传承发展具有重要作用。在今后一个时期，这个方面的发展，必将成为中华民族伟大复兴的一道靓丽风景线。

① 习近平：《决胜全面建成小康社会　夺取新时代中国特色社会主义伟大胜利——在中国共产党第十九次全国代表大会上的报告》，《前线》2017 年第 11 期，第 4—28 页。

第三章

纲举目张：社会主义核心价值观认同的落实

社会主义核心价值观的培育和弘扬，需要多方着力、共同参与，这样才能在全社会范围内形成持久的影响力。而教育领域对于这一工作的落实，则是这一工作落到实处的关键所在。从学校教学工作的点滴浸润，到学校德育活动的春风化雨，社会主义核心价值观的认同始终在学校教育的实施过程中发挥着十分重要的作用。因此，要研究社会主义核心价值观的落实，我们就必须关注学校教育，关注学校整体德育工作的展开。从这个意义上来说，认识和理解了我们当下在学校教学和学校教育中的关键做法，我们就能更好地理解社会主义核心价值观的培育和践行如何落到实处。

而从当下学校进行的教育与教学改革来看，核心素养是一个不可回避的关键内容。中国学生发展核心素养的提出给中国的课程改革提出了明确的发展方向，学科核心素养的日渐明晰则让立德树人的实现方式有了新的状态和呈现。因此本章拟以面向核心素养时代的教育和教学为对象，分析当前社会主义核心价值观认同面临的实际境遇、进行的深刻改革和力图实现的美好前景。

第一节　落实社会主义核心价值观认同的理念基础

随着新一轮课程改革的展开与不断深入，“核心素养”在教育理论研究和教学实践探索中迅速升温，成为受到普遍关注的热词。而与这种热度不相称的，则是对于“核心素养”的种种偏见与误解。有的人以“不过是素质的另一个称呼而已”来理解“核心素养”，认为所谓的课程改革新发展不过是一次新的“造词”运动；而有的人则试图用三维目标的体系去消解“核心素养”概念，试图以“旧瓶装新酒”的形式实现一种“将新事物归于旧系统”的归并。而更为普遍的表现，是广大一线教师对于“核心素养究竟为何物”的迷茫与疑惑。可以说，正确面对这些问题，是当前深化课程改革的前提，而如何科学解答这些问题，则成为这次课程改革能否深入开展的关键环节。以科学的方式理解“核心素养”，已经成为教师们普遍的期待。

林崇德教授主编的《21 世纪学生发展核心素养研究》对这一问题的分析和说明，给我们提供了解决这一问题的重要思路。该成果详细梳理了“核心素养”这一基本概念的含义，区分了“素养”概念与“素质”概念的实质内涵的不同，进而科学解释了当下进行的以“核心素养”为主要特征的新课程改革所要实现的变化，并在此基础上从国际视角、传统文化、现实需求和课程标准等不同角度，对于学生发展“核心素养”的相关问题进行了详尽准确的分析，为每一个阅读者提供了科学认识“核心素养”的基本框架，为教师们正确理解“核心素养”提供了重要的参考。基于对这本书的理解，我们可以更加深入地理解当前的课程改革，可以更为准确地把握这一改革的发展趋势，进而澄清自己的认识，让自己有更为充分的准备，以迎接“核心素养时代”的到来。可以说，做好正确理解“核心素养”的基本功，是当前每一个教育工作者，特别是中小学教育工作者无法推卸的重要责任。因此，在本节，我们拟以对这本书的理解为例，说明核心素养对于社会主义核心价值观认同教育的重要性。

一、为理念更新奠基：明确核心素养的育人价值

从教育理念的角度来说，要正确理解核心素养，就必须准确把握和深刻认识核心素养对于“立德树人”的实现方式。教育的根本是要为社会的未来发展培养人才，这一点在古往今来的教育发展过程中并无二致。但不同的时代对于“什么样的人算是人才”和“如何培养人才”的认识则大相径庭。回顾我国教育发展的历史，我们不难得出结论，不同的时代的教育在实际效果上有着天壤之别。从2000年开始的以“新课程”为标签的课程改革，在教育理念的更新上较之以往迈进了一大步，以三维目标的体系化设计，为基础教育的发展开出了一条新路。这一改革的时代价值是不容否定的，但很多人不解的是，设计如此美好的“新课程”，为什么不能将我们的孩子从沉重的应试教育枷锁下解放出来？

有的人将这个问题归咎于一线教师，认为“经是好的，被歪嘴和尚念坏了”。那些先进的教学理念，到了一线老师那里，就成了束之高阁的东西，而在课堂上落地的，则是以应试能力为主的强化训

练。按照这样的模式，“再好的理念也没有用武之地。”而一线教师也是怨声载道。因为这样的模式不仅折磨学生，也折磨老师。那些将强化训练奉为至宝的老师，长期处于高度紧张状态，这已经从心理和生理上对老师们造成了严重的伤害。有的人则将其归咎于高考制度，认为是现行高考制度的恶性发展将学校、学生、老师、家长全部绑在了疾驰的战车上，让各方面都无奈地接受“千军万马过独木桥”的客观事实，以“狭路相逢”的心态，让学生陷于“题海”，无法自拔。高考的一丝风吹草动，都会立即在社会上引起轩然大波。而各种形式的“状元”、“过线率”的比拼，则是这种问题的外显。以上现象的出现，固然有其历史的原因，但“唯考为尊”的教育教学理念所产生的恶劣影响是“罪魁祸首”。看似先进和科学的教学理念，被支离破碎地解析成为每个学科的知识要点和高考考点，学科之间也从共同实现育人目标的“战友”变成了相互争夺学生的“对手”，导致整个教育状态的失常与失衡。要改变这个状况，首先必须对前述两个问题作重新思考和科学回答。

核心素养的提出，正是破解这个难题的积极尝试。核心素养所聚焦的核心问题，正是“教育要培养什么样的人”，而核心素养所强调的“必备品格和关键能力”，正是回答“如何培养人”的全新思考。按照核心素养的理念，教育的对象不再是被“肢解”为“各个学科的学习者”的片面化的学生，而是成为整体的有生命活力的学生，学科间的关系也不是此消彼长的竞争和对立，而是共同服务于学生发展核心素养培育的“协同”关系。每个学科都是学生核心素养的培育者和促进者，都应该按照“培育素养”的理念去实现教学、落实评价。要适应未来的教育教学发展，就必须从理念的更新入手，以教育教学的育人价值作为根本的出发点，着眼于学生的未来发展和社会发展的现实需要，着眼于学生成长的“历时性”与“共时性”相结合的整体化过程，着眼于培养学生真正需要的核心素养。只有把握住这一点，我们才能明白当下的课程改革对于我国教育发展的重大意义，也才能理解我们在面对学科核心素养的挑战时应该采取怎样的应对。林先生整本书的内容，都是在回答这两个问题，在为我们理解这两个问题提供参考。

二、为行为导向奠基：确立核心素养理念的行为起点

在核心素养的概念迅速火遍大江南北的时候，不少一线教师表示出这样的忧虑：现在的教学是以三维目标为核心架构的，那么核心素养来了之后，是不是就要让当下的教学状态发生天翻地覆的变化？面对即将到来的以核心素养为基础的课堂，很多老师充满了“手足无措”的不安全感。那么，体现核心素养的课应该怎么上？从林崇德教授和他的团队所进行的研究中，我们可以发现一些解答问题的线索。

基于核心素养的课程，一定不是完全抛开历史传统和当前教育教学实际的课程。很多老师将核心素养理解为一种全新的教学观念，这固然不错，但若基于此而得出“当下的教学要完全改变”就未免失之偏颇了。无论是我国传统文化中的优秀元素，还是当前的课程标准所取得的创新成果，都在尊重学生成长、体现学生为本方面有着非常突出的表现。以传统文化的优秀传统为例，林先生和他的团队，深刻挖掘了我国传统文化修身成德的思想，提出传统文化与传统教育对核心素养遴选的建议，明确提出“建构以道德修养为核心

的学生核心素养指标体系，需要以培养学生的仁爱精神为根本，以社会关怀、家国情怀和人格修养教育为重点，引导儿童青少年学生形成崇高的道德品质、文明的行为方式和深厚的文化修养”。如果我们审视一下当前的课程与教学实践，就会发现这些内容正在成为落地生根的东西，成为那些愿意让课堂教学有所改进的教师的实际追求。在这些老师的课堂上，能体现学科核心素养的情况不是凤毛麟角，而是俯拾皆是。罗丹说过：“生活中不是缺少美，而是缺少发现美的眼睛。”同样的，在当前的教学实践中，缺少的不是能体现学科核心素养的教学行为，而是发现这些行为并从学科核心素养培育的角度予以强化的意识和自觉性。每一个教师，都应该既充满使命感，又充满自信。相信我们每一点微不足道的努力，都会在学生那里变成点亮希望的星火；相信我们每一次脚踏实地的改进，都会给学生带来潜移默化的成长。

基于核心素养的课程，也一定不是当前教学模式“换汤不换药”的原样翻版。消极对抗学科核心素养的一种表现，就是“任你千变万化，我有一定之规”。这样的教学行为，排斥学科核心素养给教育教学可能带来的革命性变化，而继续坚持“念下来、画下来、背下来”等陈旧方式。本来生动而丰富的教学内容，经过这些教师的教学，就变成了让学生深恶痛绝的东西。有的学生甚至“恨屋及乌”，将自己的不满和怨气直指学科，认为“这个学科就是靠死记硬背的，一点都没意思”。如果按照这个思路去理解和处理核心素养时代的教育教学，就难免重蹈覆辙，在损害了教育本义的同时，也会使核心素养“很受伤”。基于核心素养的课程与教学，一定要在育人理念、教育方式、课堂呈现状态、学生评价方式等方面实现质的突破，要对学生物质生命的完整性在精神世界给予足够的尊重，对学生实现成长与进步的可能性给予充分尊重，对学生获取新知识、掌握新能力、形成新认识的积极性和主动性给予充分尊重。以此为根据的教学行为改进，才会对教育教学的改革有实质的推动。从表现的意义上说，理解当下教育实践中存在的不足，是我们实现这种改进的根本。而林先生和他的工作团队，在这个方面进行了很好的基于文本的研究。对于当下的课程标准中相关内容的条分缕析，为我们在教学中发现那些在当前的教学实践中可以体现学科核心素养的教学实践提供了根据和参考。从这个思路出发，我们就可以不断探索和发现那些利于学生养成核心素养的新方式、新方法。有了这样的努力，我们的课堂才会呈现出新的状态，学生才会表现出新的面貌，核心素养也才可能从理想变成现实。

三、为视野拓展奠基：理解核心素养观念的发展趋势

对于我国的教育界来说，核心素养的提出是一件备受关注的重要事件。从 2014 年底到 2016 年上半年，关于核心素养的讨论迅速升温，各级各类报刊对于核心素养研究成果的发表，也呈现显著增长。而对于很多教师特别是中学一线教师来说，对于这一“突然出现”的概念，则需要一个适应的过程。至于这一核心观念对于我国教育的未来发展所产生影响，则更是认识不足。如何从世界教育发展趋势的角度理解核心素养的来龙去脉，是科学理解核心素养的关键。而林崇德教授及其研究团队所做的工作，对于教师解开前述困惑无疑具有十分重要的指导作用。

从历史发展说，理清核心素养在世界范围内发展的基本脉络是

理解核心素养的组成部分。核心素养观念是世界范围内教育发展的结果与表现。林崇德教授的著作中，从纵向历史演变历程和横向国际研究两个维度，为教师理解核心素养提供了丰满的背景与可靠的国际视野。从“德性”的观点到“能力”的观点的转化，反映了核心素养从传统走向现代的发展历程，而从“能力”的观点到“素养”的观点，则反映了核心素养从现代到当代与教育发展与社会发展的与时俱进。从经合组织对核心素养三个维度及其内容的界定，到联合国教科文组织检测学生学习成果七个维度的说明，以及欧盟对于八大关键核心素养的说明，都为教师理解核心素养的发展提供了很好的文本基础。西方主要国家对核心素养的界定，则为教师们充分展示了核心素养在世界各地研究和实践的关键性成果。这些内容可以让教师们较为充分地理解和感受世界范围内对于核心素养的关注，理解核心素养观念发展的来龙去脉。中国的教育既不能脱离于世界发展趋势之外，又不能照搬别人现成的模式和定论。核心素养观念的提出，既顺应世界教育发展趋势，又坚持中国立场和中国实际，这就使得我们对于核心素养的探索既不是无源之水、无中生有，又不是简单的拾人牙慧、人云亦云。有了这样的背景性认识，教师们就可以更好地理解我们当下的学生发展核心素养在中国教育改革舞台上的角色和地位、意义和价值。

从未来趋势说，理解核心素养的发展是适应未来教育的必然要求。正如林崇德先生所说，未来基础教育的顶层理念是强化学生的核心素养。要适应这一趋势，教师们就必须准确把握核心素养的具体内容和实现方式，理解核心素养对于教师提出的新要求，并从当下开始，做好思想理念、教学方式、评价方式等内容的充分准备，努力探索优化学生核心素养培育的路径，努力实现自我的专业成长，以适应课改的变化需要。学生核心素养的强化，需要教师先从自身基本素质培育做起，在专业成长上有所作为。就目前教师队伍的现状来说，对于核心素养时代的课程呈现，还有很多不能适应的情况。不能指望我们的教师队伍在一夜之间完全满足核心素养培育的需要，也不可能将现在的教师队伍解散，再去组建符合学科核心素养要求的教师队伍。比较现实的做法是，教育主管部门和教育研究机构尽可能利用现有条件，为教师提供培训学习机会，在各级培训中增加对于核心素养培育方式与路径的引导与探讨，而教师也要审时度势、自我觉识，积极争取机会，真正珍惜机会，努力创造机会，在与核心素养的“亲密接触”中发现自己需要改进和提高的方面，发现自己当下的教育教学实践中有利于学生发展的做法，对于前者予以纠正，对于后者进行强化。只有依据核心素养培育的教师要求修正自己的成长航标，才能在未来的讲台上绽放新的精彩。

强化核心素养，任重道远；落实立德树人，义不容辞。每一个教育人，都应该以此作为标杆和尺度，对自己的素养水平和教学实践进行反思与省视，让自己在已经到来的核心素养时代能够有所作为。核心素养时代需要我们为学生打下成长的新基础，需要在实现社会主义核心价值观培育的过程中充实自己，让自己有发自内心的动力驱动。面对富有生命活力的学生，面对日新月异的时代，我们必须主动改变。期待在不久的将来，可以有更多的关于核心素养的设计在教学实践中闪耀光辉。

第二节　落实社会主义核心价值观认同的认识基础

2016年9月13日，中国学生发展核心素养正式对社会公布。这一事件对于整个教育界来说，都是非常重要的。各界对于这一事件的关注也就在情理之中了。作为核心素养的载体与体现，学科核心素养自然也逐渐引起学界的关注。而在这些关注中，的确存在见仁见智的情况。只有深入理解了学科核心素养，才能准确理解基于核心素养的新课程改革，为即将全面铺开的新课程标准及其教学提供充分的准备。基于此，本节拟从理解学科核心素养的几个关键问题入手，探讨理解学科核心素养的意义和价值，以期实现对学科核心素养的深入思考。

一、认识定位：基础能力还是独特贡献?

对于核心素养的关注，早已有之。随着社会经济的发展，从联合国教科文组织到欧盟，都有关于核心素养的热切关注和经典表达。风靡世界的PISA测试对于核心素养的测查，则让我们对于核心素养的关切有了更多的根据和理由。我国的各位研究者，也分别从各自角度，提出了关于核心素养的认识。例如，钟启泉先生强调，界定核心素养需要考虑独特性、层级化、学科群等因素[①]。而成尚荣先生则借用“关于学生发展核心素养的四句话”，表明核心素养的教育价

① 钟启泉：《核心素养的“核心”在哪里》，《中国教育报》2015年4月1日第7版。

值和意义[①]。对于基于学科背景的核心素养，目前的研究者也已经开始关注。我们可以看到越来越多基于学科的研究与探讨。这些成果对于各个学科的核心素养，有形形色色的表达。但有些时候，不同成果对于核心素养的表达，彼此之间也存在分歧。这些分歧的产生，主要基于对以下问题的不同回答：应该如何界定学科核心素养的位置？学科核心素养，重点应该强调的是基础能力，还是学科的独特贡献？

从基础能力的角度来理解学科核心素养，其重点是强调核心素养的基础定位。从这个意义上说，学科核心素养应该与该学科的基础性学习密切关联，从一个学科最基本的教学内容中，落实对学习者的素质培育和人格培养。所以，素养关注的不应该是以题海战术为基础所形成的应试经验，更不是“两耳不闻窗外事”的回避与逍遥。学科核心素养与学生的成长历程、学科的教学推进，都有着密不可分的联系，它关注的正是学生通过学科学习可以得到培育和塑造的素质和能力。从这个角度来说，学科核心素养的培育过程，就是一个学习者通过学习实现成长的过程。在这个过程中，我们首先关心的，是要将学习者培养成什么样的人，而不仅仅是关心他们记住了多少固化了的条目。这种目标的设计，应该是基础性的，面向学习者成长的全过程，可以在较长的时间内对其持续产生影响的。

从独特贡献的角度来理解学科核心素养，其重点是强调学生发展核心素养的学科意义。学生发展核心素养体系繁杂，教育课程门类繁多。如何将这么多素养，通过这么多课程，整合到学生身上，

① 成尚荣：《关于学生发展核心素养的四句话》，《中国教育报》2014 年 11 月 19 日第 12 版。

成为一种具有整体性的学生素养表现？有的研究者就曾经提出这样的担心：每个学科都要有自己的核心素养，汇总到学生那里，会不会成为负担？这是在理解学科核心素养与核心素养关系时必须面对的一个重要问题。学科核心素养如何才能做到既能体现学科价值，又不增加学生的负担？我认为，最根本的方法，就是各个学科必须从自己的特性中提取本学科对于学生核心素养培育最有价值的东西，将这些东西作为本学科的核心素养，并落实到教育教学中，发挥其他学科不可替代的独特贡献。从这个意义上说，学科核心素养突出的应该是学科价值的个性与学生专业成长的综合性、整体性的有机结合，是该学科对于学生成长的意义和价值所在。

综上所述，学科核心素养与学生发展核心素养的关系，可以从素养和学科两个角度来理解。从素养的角度来说，二者是相辅相成的关系。学科核心素养是学生发展核心素养的基础性作用在学科意义上的呈现；从学科的角度来说，学科核心素养是学生发展核心素养的育人功能与学科价值的有机结合，是该学科实现立德树人根本任务的价值所在。学科核心素养的培育，离不开学科的沃土，也不能抛弃基础性的育人价值。学科核心素养应该是植根于学科的核心素养，是关注学生基础素质培育的素质和能力要求。

二、认识评价：学科核心素养的评价原则是什么?

在新的课程改革进程中，对于核心素养的关注，是与评价机制的变化紧密联系在一起的。近年来，中高考在各地都在进行一些有益的改革探索。作为教育评价机制改革的关键环节，这些探索牵动千家万户，一直是人们关注的焦点。2014 年 12 月，教育部公布《关于加强和改进普通高中学生综合素质评价的意见》，对高中学生的素质评价提出了新的要求。这些都对即将公布的高中课程，特别是对学科核心素养产生重要的影响。学科核心素养的培育，必然要以有效的评价机制为保障，才能落实到学生培养的过程中，成为对教育教学有现实指导意义的东西。从这个意义上说，关注学科核心素养，就必须关注其在评价机制方面如何落实与落地。只有学科核心素养成为可能实际影响评价的东西，对学科核心素养的理解才能更加清楚准确。结合当前的研究进展，我们可以从以下几个角度来对这一问题进行更加细致的分析。

一方面，学科核心素养应该是可评价的，成为高中学生综合素质评价和高考选拔评价的标准和尺度。学科核心素养所讲的“素”，应该是一个量与质结合的因素。而各种评价与测量所构成的量化指标，应该在最终归结为基于学科教育目的所实现的教育成果定性认识。我们要培育的那个教育对象，在经历了课堂之后，能够成为具备核心素养的人。不仅如此，其核心素养的水平，也会存在一定程度的差异性。这种差异性，与学生的先天条件有关，更与教育实践活动的过程和效果息息相关。刘月霞认为：“我们要基于学科的核心素养，再把它划分成可以测量学生学业状况的学业质量标准。”① 这一设计要落到实处，就必须从核心素养的层级化入手，通过学科核心素养的量化设计，落实其作为学生学业质量水平测量的基础和根据的作用。当前社会对中国的教育现状存在的诸多质疑之中，质疑考试等评价形式的声音尤其显著。如果无原则地服从这种声音的要

① 刘月霞：《课程教学改革的几个关键问题》，《基础教育课程》2015 年第 2 期。

求，不对学科核心素养的表现进行层级化和可测量的设计，就很可能将学科核心素养变成无人问津的抽象概念，悬置于课程之上而无实际的用武之地。如果学科核心素养只是一个无法通过测量予以量化的性质描述，那么学科的学业质量标准也就无从谈起了。对此，我们必须有清醒的认识。

另一方面，基于学科核心素养的评价，应该有别于当前以纸笔测试为主的评价模式。毋庸讳言，尽管我国多年来一直追求素质教育的育人目标，考试制度改革在不断进步，但高考的指挥棒作用，依旧明显。很多地方，还是在或明或暗地将应试能力作为学生能力培养的首要任务。要想实现对学生的全面培养，基于学科核心素养的评价就必须从内容到形式实现转变，通过多元化、多形式的评价模式，切实改进评价机制，通过情境式、活动性等多样化的形式，实现对学生的学科综合评价①。只有这样，才能将评价与课程改革协调起来，才能基于核心素养，对学生的学业质量水平和综合素质水平进行科学地界定和描述。将原来“一纸试卷定终身”的平面化评价，变成基于学科核心素养水平的立体评价，是当前的高中课程改革必须做的努力。这一方面的改革，与高考改革相辅相成、相得益彰，不仅可以改善我国教育的生态环境，更能对未来教育的走向产生积极影响，使得学科核心素养的培育真正成为学生培养的首要和根本任务。

① 辛涛等：《基于学生核心素养的课程体系建构》，《北京师范大学学报》（社会科学版）2014 年第 1 期。

三、认识实施：学科核心素养如何在教学中呈现?

学科核心素养的提出和实施，对于当前的教育教学实践来说是不小的考验。当前有些教师对于学科核心素养的关注甚至焦虑，也或多或少与这一问题有关。从基于三维目标的教育教学，转变到基于学科核心素养的教育教学，需要教学活动的参与者在理念上和方法实现新的探索。

从教学理念的更新来看，基于学科核心素养的教学需要教师更新教学观，也需要学生更新学习观。基于学科核心素养的教学过程，其关注的焦点，知识、能力、情感态度价值观转向了素养，其根本的意义就在于教学活动不再是单纯的知识传输一能力培养一情感态度价值观升华的过程，而变成了师生互动、教学相长的过程。在这个过程中，教师的“教”不再局限于只是给予学生完整的知识体系，而时刻体现为对于学生核心素养的培育与关切；学生的学也不仅仅局限于再现和理解教师教授甚至灌输的知识，而主要体现为通过参与课堂呈现素养提升。以这一理念为指导的教学过程，就不再是单向性的，而是综合性的。这种综合，是教与学的综合，也是基于学科核心素养的综合。充分发挥教师的主导作用，让学生的主体地位进一步彰显，让他们在主动参与的过程中充分发挥优势，才能真正实现素养的提升。有了这样的理念支撑，教师敢放手，学生爱参与，课堂一定会有惊喜。

从教学方法的探索来说，基于学科核心素养的教学追求更为灵活、开放的改进探索。近年来，慕课、翻转课堂、混合式教学等教学新形态在各地风生水起、势头强劲。这些新形式，对于学生的学科核心素养培育进行了很好的探索，值得肯定。但基于当下各方面条件的限制，一些行之有效的新教法、新学法，还不能得到广泛的运用。一些地方不顾自己的实际情况，盲目照搬别人的“模式”，也产生了一些不太理想的结果。有些教师，则以各种理由或者借口，拒斥改变，试图“一招破百招”，以“应试”作为追求理想教学效果的“不二秘籍”。学科核心素养进入教学实践，将打破当下的固有格局。那些对于学科核心素养具有积极作用的教学方法，将得到更为广泛的运用，而那些故步自封的教学方法，势必会因失效而逐渐丧失其原有市场。这种变化对于目前在教学一线的老师来说并不容易。但只有经历了这样的改变，才能将学科核心素养的要求，变成充满生气的课堂，也才能让学生们有更高的兴趣和热情投入学习，在自主探究的过程中，得到综合素质的培养。这实际上是给广大一线教师开拓了展现才华的空间，让他们在面对学生的时候，能有更多的机会和手段发现适合自己特色的方法，更好地完成育人任务。

作为一个正在引起关注的学术热点，学科核心素养对于教育教学实践的影响，正在逐渐显现。这就要求每一个教育教学工作的研究者和实践者对其给予充分的重视，为推进基于学科核心素养培育的教学实施做好准备。

第三节 落实社会主义核心价值观认同的拓展思维

前文所述对于学生发展核心素养和学科核心素养的分析，是以正在进行的高中课程改革为背景的。但社会主义核心价值观的落实，绝不仅仅是高中的事情。核心素养该是什么样子？核心素养如何在学科教学中落地？多数一线教师对这些问题非常关心，但有些迷茫。尤其是担任义务教育阶段教育教学的老师，更加关注如何将学生发展核心素养与自己的教学实践“对表”。初中学段和小学学段要不要贯彻、如何贯彻学科核心素养？高中各学科的学科核心素养，是否需要以及如何在义务教育阶段落实？在核心素养的内容与表现方面，义务教育阶段与高中阶段有何差异？这些都是当下亟待回答的问题。而对这些问题的回答，离不开对学科核心素养理解的两个关键字，即“通”与“同”。因此，本节就以这两个关键字为切入点，从拓展思维的角度理解核心素养对于社会主义核心价值观认同的作用。

一、通则不痛：学科核心素养的现实价值

以“新课程”为标志的课程改革，至今已历十余年时光。我们可以深刻地感受到，基于三维目标的课程建构，让教学产生了和以往不同的新变化。各地对于改进教学的有益探索，也都取得了前所未有的成效。但我们不得不承认，这些有关课程和教学的重大改革，并没有在学生那里实现效果最大化。“减负”政策年年有，学生的书包却越来越重。在不少地方，三维目标的综合评价标准，被简单地归结为以应试能力为本的机械学习，进而导致换汤不换药的应试模式大行其道。这种理念在学科层面的表现，就是每个学科都试图以“学习时间”为标准衡量自己的价值。其结果就是每个学科都在对学生说：“我给你们布置的作业并不多啊！”而所有学科作业叠加的结果，就是学生只能拼体力、拼健康，挑灯夜战已成家常便饭。

核心素养的提出与付诸实践，就是针对这一“病痛”开出的良方。核心素养将学生视为完整的生命个体，关注个体成长所需的必

备素质和核心能力，试图通过各学科协同的“共同作用”，让学生成长。在这个意义上说，与以往的课程体系相比，以核心素养为基础的课程建构最大的贡献就在于将学生的培养方式，从分解式变成了整合式。所谓分解式，就是将学生成长需要的东西分解为每个学科，每个学科要分别完成各自的三维目标。在这种模式下的各学科，更强调学科的独立性，而忽视了作为教育对象的学生个体是一个完整的人。这种分解的最终结果落到学生身上，出现前述状况也就不足为奇了。而当前的核心素养建构，先确定学生发展核心素养的顶层设计，在此基础上提出各学科的学科核心素养，再将这些学科核心素养要求具体化为学科的学习内容和学习过程。核心素养的着眼点，不再是各学科的任务分解，而是整体的学生应具备的适应终身发展和社会发展需要的“正确价值观念、必备品格和关键能力”。

基于这种理解，义务教育阶段的学科核心素养，也应该着眼于整合思维，聚焦于中国学生发展核心素养的落实与具体化。2011 版义务教育阶段课程标准的全面实施，以及以此为根据的语文、历史、道德与法治统编教材的推广使用，是当前义务教育阶段的大事。在课程标准未做新的修订之前，义务教育阶段的教育教学，也应该根据有关政策文件和研究成果，深入研究如何在教学实际中转换思维，培育学生的“正确价值观念、必备品格和关键能力”。这是学生成长的素养基础，也是高中阶段实现学科核心素养培育的前提条件。义务教育阶段不可能脱离中国教育教学改革的潮流。从这个意义上说，义务教育阶段的教育教学也必须关注学科核心素养的发展及其在教学中的实现，关注以学科核心素养更新育人理念的路径探索。只有这样，才能面向未来，实现学生培养的“通”。

二、同中有异：学科核心素养的学科特质

对于学科核心素养的理解，另外一个需要解决的问题，就是不同学科之间、同一学科不同学段之间的关系问题。这个问题看起来比较容易回答。就算是不说核心素养，我们也可以大而化之地说“既区别又联系”。而实际上，对于“如何区别与联系”的问题，很多教师目前的认识是不够的。有的教师甚至提出：每个学科若干学科核心素养，到了学生那里，就变成了几十个核心素养，这怎么实现啊？解决这些问题的关键，就是从前述角度考察学科核心素养的学科特质。

从核心素养培育的整合思维来说，不同学科之间、不同学段之间的学科核心素养有“同”的一面，即都是实现学生整体性培养的具体要求和内容。在这个意义上理解学科核心素养，学科核心素养在不同学科之间、同一学科的不同学段之间应该存在内在的一致性。这种一致性，主要包括以下几个方面：基本性质的一致性，即不同学科和不同学段的学科核心素养都是中国学生发展核心素养体系的有机组成部分，都是服从和服务于“完整”培养学生素养的需要；发展方向的一致性，即学科核心素养都是基于“立德树人”的根本任务，致力于正能量的培育；实现路径的一致性，即都要基于学生成长的特点，采取合适的方式落实到教育教学过程中。这些“共同性”基于“整体性”的学生素养培育，从学生的发展出发，致力于将学生成长的“历时性”状态与教育教学的“共时性”状态结合在一起，体现的是教育教学活动系统性与过程性的统一。从这个意义上说，不同学科的学科核心素养在学生那里的表现，不应该是简单

的“加法”，而应该是“乘法”，是以学生发展的核心素养为表现的统一体。

从核心素养培育的呈现维度来说，不同学科之间、不同学段之间的学科核心素养，都应该表现出其对于学生素养培育的“独特价值”。不同的学科，从各自不同的侧面，对学生进行素养培育。这种“独特价值”既是学科差异的表现，也是学科价值的体现。这种“与众不同”的独特价值，就是学科核心素养的“同中之异”。每个学科都有自己学科性质的表达方式，都有自己的研究对象和问题领域，都有自己解决问题的思维方式和表达方式，都可以在不同的程度和水平上满足学生的多样性需求和个性化发展需要。这些内容，都具有鲜明的学科烙印和学段差异。例如，同样是培养学生的“人文底蕴”，语文学科主要在经典诗篇的学习中实现，而德育学科则关注于尊重与自尊；同样是关注学生的“政治认同”，小学阶段实现的主要方式是对于“国家观念”的初步感受，初中阶段就要落实到对于基本国情国策的认识，而高中阶段，这一素养的落实，就不能仅仅停留在感受的层面，而应该通过更加深化的认识，形成学生的国家立场和人生态度。

如果我们把教育教学比作一份“大餐”，那么学科核心素养的“同”强调的就是“大餐”的每一份“菜品”都必须符合营养与美味的要求，而学科核心素养的“同中之异”，强调的就是各种营养充分的“菜品”应该是口味、材料、外观各有千秋的。不同学科、不同学段的教师，都是做好“拿手菜”的“大厨”，为这份“大餐”做出自己独特的贡献。从这个意义上说，义务教育阶段的教师，也应该成为自信的“大厨”，成为学生成长“营养大餐”的“制作者”。

三、求同存异：学科核心素养的落实方式

就义务教育阶段的教育教学来说，当下要完成双重任务。一方面，是落实当下正在实施的2011版义务教育阶段课程标准的要求，另一方面则是学生发展核心素养的培育。如前所述，后者虽然目前只在高中课程设计中与学科关联，但无论是课程改革推进的现实需要，还是学科发展与衔接的必然趋势，都要求义务教育阶段的教育教学同样对学科核心素养予以充分重视。而基于学科核心素养“同中有异”的学科特质，当下的义务教育段教育教学应该以“求同存异”的方式实现学科核心素养的落实与实现。

从“求同”的角度来说，就要基于学生发展核心素养的总体架构，通过寻求当下课程标准与高中学段学科核心素养的对应与衔接，深入发现和挖掘现有教学过程中符合核心素养理念的内容和做法，结合现实发展的实际状况，积极探索学科核心素养的实现路径。高中学段对于学科核心素养的探索，对于义务教育阶段的教育教学，起到了示范和引领的作用。无论是从理念的更新，还是从内容的衔接来说，义务教育阶段的学科核心素养，都不可能抛开高中阶段学科核心素养的建构“另起炉灶”。所以，义务教育阶段的教师应该积极主动地关注和关心高中阶段学科核心素养的研究发展，关注和关心高中阶段的学科核心素养实现路径及其方式，真正领会学科核心素养培育的科学内涵和正确方法，做到“为我所用”，在自己的教育教学实践中努力致力于学科核心素养的落实。

从“存异”的角度来说，就要基于学段差异和学科差异，基于学生成长的阶段性特点，充分研究自己所在学科和学段对于学科核

心素养培育的“独特价值”，充分探索学生发展核心素养框架下本学科、本学段的核心价值表现。从这个意义上说，义务教育阶段的学科核心素养研究和设计，可以不局限于高中阶段学科核心素养的具体表达和呈现方式，而更多体现符合本学段学生特点的学科核心素养，以使得本学科、本学段的学科核心素养培育在针对性、科学性等方面，均能实现效率、效益和效果的最优化，切实落实“立德树人”的育人任务。

“求同”与“存异”不是两个相对孤立的过程，而应该统一于义务教育阶段课程改革的整体进程中。从事义务教育阶段教育教学与教学研究的教育工作者，既要积极关注和参与学科核心素养的整体推进和科研进展，又要在当下的教学教研过程中增强自我意识，努力让自己从当下开始的每一堂课，更接近学科核心素养培育的理念要求，更有利于学生整体素养的培育。只有二者兼顾，才能紧跟课改的时代步伐，充满自信地投身以核心素养为标志的课程改革新潮流。

第四节　落实社会主义核心价值观认同的道德实现

在社会主义核心价值观的培育和弘扬过程中，道德养成无疑是必不可少的一个重要环节和组成部分。如何将社会主义核心价值观的基本要求有效落实，学生的道德呈现在其中发挥的作用不可忽视。基于此，本节以高校德育工作的实施和中学道德培育的落实为案例，说明社会主义核心价值观的培育过程如何才能成为学生真正的成长过程。

一、高校道德培育的实现路径分析

1. 高校道德培育是两难的问题吗?

"复旦投毒案"被告人林某原为复旦大学研究生，因投毒杀害同寝室的同学，犯故意杀人罪被判死刑。此后不久，林某的父母到被害人家登门道歉，也被报警驱逐。近年来，此类事件的发生，引起社会舆论的广泛关注。有不少人，将此类悲剧的发生归咎于高校德育工作的失效，认为当今的大学生德育状况已经"全面沦陷"，没有办法再达到人们所预期的高度。象牙塔里的天之骄子，成了种种道德不端行为的实施者，让人不免扼腕叹息。有些人据此对高校德育工作提出诸多质疑，其核心的观点，可以归结为高校德育工作已经无效，"孺子不可教也"。致死人命，只是这种"无效"的极端化表现而已。

也有人对此持反对态度。他们认为，大学生村官的"热火"、大学生假期社会实践活动的不断扩张等事例，都表明那些曾经被不屑一顾的"80后"、"90后"，在高校德育工作的作用和影响下，已经有了"天下大任，我来担当"的自觉意识，有了更高的道德追求和付诸行动的现实努力。按照这种说法，高校德育工作可以利用好这种需求，提出更为宏远的目标。前述个例，不足为虑。

2. 对前述问题的原因分析

作为教育工作者，我们应该以哪种观点作为自己教育的出发点?客观地说，在上述两者中进行"二选一"的抉择，是一个"伪命题"。当今社会思想意识所呈现的复杂性，已经渗透到大学校园。所以，在大学里的思想意识也呈现了多样化的特点。与之相对应，大学生的思想道德水平和道德需求，也就呈现出多样化的特点。上述两种现象，都是这种多样化在不同侧面的表现形式而已。大学生年轻气盛，对社会生活的关注，往往产生不全面的认识，进而导致一些极端化观点的出现。这就让这种多样化的特点在某些局部呈现出复杂性和片面性的倾向。而作为教育者，我们在选择出发点的时候，需要充分认识这一点。因此，高校要完成“立德树人”的神圣使命，就必须以前述特点为基础，找到能得到绝大多数学生认同的教育点，作为高校德育工作“接地气”的基点。这样的德育工作，才能深入人心，兼顾不同学生的多样要求，达到理想的教育目的。

3. 解决策略思考

2013年11月，习近平总书记在山东曲阜考察，提出：“必须加强全社会的思想道德建设，激发人们形成善良的道德意愿、道德情感，培育正确的道德判断和道德责任，提高道德实践能力尤其是自觉践行能力，引导人们向往和追求讲道德、尊道德、守道德的生活，形成向上的力量、向善的力量。”2013年12月30日，习近平总书记在主持中共中央政治局第十二次集体学习时，再次强调“要继承和弘扬我国人民在长期实践中培育和形成的传统美德，坚持马克思主义道德观、坚持社会主义道德观，在去粗取精、去伪存真的基础上，坚持古为今用、推陈出新，努力实现中华传统美德的创造性转化、创新性发展，引导人们向往和追求讲道德、尊道德、守道德的生活，让13亿人的每一分子都成为传播中华美德、中华文化的主体”。这一观点对我们确定前述“接地气”的基点，具有十分重要的指导意义。要培育和践行社会主义核心价值观，让高校德育工作“接地气”，也必须在引导学生向往和追求“讲道德、尊道德、守道德”。

让大学生向往和追求“讲道德”，就要让汇聚了正能量的道德行为被认可和接受，为他们的行为确立道德标准。纵观当下对大学生道德现状的种种忧虑，其核心内容就是认为“邪气压倒正气”。“见义勇为的流血又流泪，见利忘义的得名也得实”，“扶起倒地老人，不会得到褒奖，反而惹来麻烦”……诸如此类的说辞背后，都隐含着一个可怕的逻辑：当今世风日下，讲道德已经成为没有价值的空谈。在这个逻辑之下，“好人好事”成为被讥笑的对象，有些时候真诚的奉献被视为捞取资本的手段。所以，在高校德育工作中，我们首先要站稳立场，明确告诉学生各种观点背后的是非曲直，给学生一双“慧眼”，让他们发现道德行为的内在价值，理直气壮地表达自己的观点，理直气壮地从事道德行为。某高校提出了“老人倒地你去扶，惹了官司母校挺你”的口号，的确让人振奋。只有将“能讲道德、敢讲道德、愿讲道德”的正气转化为高校德育工作的目标，才能为培育学生正确的道德观奠定基础。

需要说明的是，让学生“讲道德”，不能停留于空洞抽象的理论层面。现在有些大学生，在参加公共课、校内党课等场合的时候，可以口若悬河地讲出一堆“大道理”，而在私下里与同学交流的时候，则呈现出完全另外的一种立场和态度。这种“假、大、空”的讲法，不仅不能让学生树立正确的道德观，而且会让他们形成言行不一的恶劣习惯。所以，高校德育工作，应该在具体层面，引导学生“讲道德”。可以通过典型道德事例、热点社会话题等材料，让学生从具体的行为习惯层面，形成正确的道德认识。“凡人好事”所传递的“正能量”能够得到学生的认可，就是让他们落实“讲道德”的最好方式。

让大学生向往和追求“尊道德”，就要积极引导学生，让他们树立正确的价值观，按照正确价值观的引导，尊重道德行为。对于高尚道德的尊崇，是中华民族的优秀传统。但不可否认的是，随着社会生活的复杂变化，一些与我们的教育方向背道而驰的观念，也开始在高校蔓延。“宁愿坐在宝马车里哭，不愿坐在自行车上笑”的拜金主义观念等为高校德育所不容的东西，在大学生中并不缺少“拥趸”。对此，我们不能采取简单化的处理方式，只是以全部否定的态度拒斥和批判。这种观念背后隐含的“物质生活质量对于整体生活水平的影响”、“物质满足与精神追求之间的平衡”等话题，都可以成为我们对学生进行教育的切入点。同时，可以利用白芳礼老人等道德楷模的事例，引导学生深化认识，进而形成正确的价值观，认识到物质至上不足之处，进而遵从正确价值观的引导，尊重道德行为。

在这个方面，要防止的一种观念就是“我在道义上尊重舍己为人等高尚道德行为，但我不会去做”。就如一则笑话所言：“俗说齐人有女，二人求之。东家子丑而富，西家子好而贫。父母疑不能决，问其女，定所欲适。女便两袒，怪问其故。云：‘欲东家食，西家宿。’”[①] 以这种方式所呈现的对道德的“尊重”，只是“敬而远之”的排斥而已。只有发自内心地对那些值得称颂的道德行为予以赞赏，并能做到“虽不能达，心向往之”，才是真正的“尊道德”。从这个意义上来说，不宜采用过于抽象的要求，让学生具备崇高的道德水准，但也不能过于迁就社会不良倾向。曾几何时，在我们的教育文

① 出自《艺文类聚》卷四十引《风俗通》。

本中，充斥了太多的“看似高大上，实则假大空”的标准。其结果，并不是培养出了爱国守法、遵纪有德的公民，而是纵容了“言行不一，眼高手低”的恶劣习惯。而当下的德育课堂，有的老师为了让学生喜欢自己的课，采取了“愤青”或者“媚俗”的方式，对社会进行极端化的批判，或者“无厘头”的解读。这种方式也无法让学生形成正确的道德观念，“尊道德”也就无处“落地”了。对此，我们要坚决反对。

让大学生向往和追求“守道德”，就要规范学生言行，形成道德行为习惯，让大学生成为社会主义核心价值观的践行者和体现者。道德最本质的意义在于践行，即落实于道德行为，形成道德习惯。所以，高校德育工作要充分利用好各种学生喜闻乐见的德育手段，引导与规范并行，示范与督促结合，从学生的日常行为规范和习惯培养方面落实社会主义核心价值观的要求，让大学生成为有道德的社会主义公民，成为公民道德的示范。要通过教育，让学生理解社会对于道德水平的基本要求，理解每一个人作为社会成员对于社会道德发展水平不可推卸的责任。只有从学生的行为习惯入手，我们才能让学生在对社会有所作为的同时对社会发展的积极方向充满希望。对学生道德言行的约束，也要遵循教育基本规律，充分考虑学生特点。

当前的德育工作，存在着“不会管”和“不敢管”两种错误做法，需要纠正。所谓“不会管”，就是不考虑学生的接受程度和个性差异，简单化、一刀切，这种管法所导致的后果就是“好心办坏事”，甚至诱发学生的消极对抗甚至逆反心理，最终让教育的手段与目的背道而驰。所谓“不敢管”，就是对于特殊学生，如“刺头型”、

“脆弱型”、“封闭型”等，不敢严加管束，唯恐出现点什么事与愿违的情况，自己不好处理。所以，对于这些学生的失德行为，采取“睁一只眼闭一只眼”的纵容态度，得过且过，只愿这批学生从自己手里顺利毕业就万事大吉。这两种做法看似不同，实质都是一样的。纠正这些错误方法的根本，就是“把握根本，明确规范，小处灵活，大处坚持”。具体而言，“把握根本”就是时刻把握好德育工作的根本目标，即社会主义核心价值观所要求的基本道德水准；“明确规范”就是将对学生的规范要求事先跟学生讲清楚，不能临时起意，也不能随心所欲；“小处灵活”就是在学生具体执行规范的时候，允许特殊情况、例外情况和反复情况的存在，考虑学生特点和个性化差异；“大处坚持”就是指道德规范的标准不能因人而异、不同的人采取不同的标准。对于那些“触及底线”的行为，必须坚决予以处理。

高校德育工作在当前备受关注，大学生的道德水准和行为方式在社会层面有广泛影响。从这个意义上说，高校德育工作既有使命感，又有危机感。坚持“接地气”的教育原则，从基础道德入手展开工作，就能将二者结合起来，让这件意义重大的任务富于生机，让大学生们为社会道德水平提供示范和榜样。

二、中学道德教育的实现路径分析

立德树人是教育的神圣使命，也是党的十八大确定的今后一个时期教育工作的重点。中学生正处于世界观、人生观和价值观的形成时期，未定型的状态要求我们在这一阶段重视公民道德教育，这对正确公民道德的培育具有“奠基石”的重要价值。

1. 中学生公民道德教育亟待加强

道德包括社会公德、家庭美德、职业道德和个人品德等不同的方面。公民道德教育，主要以社会公德为切入点，通过合格公民的培养，实现教育对象整体道德水平的提升。近年来，我国公民道德建设取得了显著的成果，社会整体道德水平有了令人欣慰的进步与提高。但不得不承认，随着社会多元化发展的加剧，也出现了诸多影响正确道德观念培育的现象，需要引起我们足够的关注。就中学生群体来说，以下几个方面现象的存在，就对公民道德教育提出了严峻的挑战。

从道德意愿与道德情感的角度来看，存在善恶倒置、以丑为美的现象。善良是优秀品格和健康人格不可缺少的组成部分，正确的审美观和价值观是道德品味和人际交往的基础。但在部分中学生中，这些方面的缺失已经导致严重的问题。不时见诸报端或者网络的“同学打同学”之类的新闻或者视频，让我们感受到问题的严重性和紧迫性。对善良品格的向往一旦被“人善人欺”的观念取代，必然在人际关系方面导致“用拳头说话”的不良后果。有些中学生为了一些微不足道的小事对朝夕相处的同学大打出手，甚至纠集社会青年为自己“摆平”对手，都是善恶倒置的表现。而对奇装异服的向往、对不良行为和严重不良行为的崇拜等，则是“以丑为美”的典型表现。如果听任这些现象发展，公民道德教育就无从谈起。

从道德判断与道德责任的角度来看，存在是非不分、推卸责任的现象。正确道德判断是道德选择的基础，敢于承担责任是履行道德义务的基础。但在部分中学生那里，这些方面的教育亟待加强。见义勇为的道德楷模，被曲解为沽名钓誉的势利小人；教师的无私奉献和严格要求，被误解为肉里挑刺、无端找茬的“挑衅”行为；影响正常教学秩序的恶劣言行，被当成敢作敢为的“英雄壮举”……这些现象，在不少学校都不同程度地存在着。在团队合作中，将成绩归于自己，将过错归于伙伴；在社会生活中，将进步归于自己，将错误归于家长；奉献时拈轻怕重，索取时意犹未尽……这些行为的存在，则是推卸责任的突出表现，需要引起足够的关注。

从道德践行能力特别是自觉践行的角度来看，存在言易行难、眼高手低的现象。当前的中学教育特别是中学的思想品德和思想政治教育中包含了丰富的公民道德教育内容。但中学生对这些内容的认可与落实程度并不理想。有的学生在上课时的表态和日常生活的表现不一样，有的学生在学校的表现和在家里的表现不一样。从道德人格养成的角度来看，这种现象与我们的道德教育的要求恰恰是背道而驰的。那些为了讨好老师而故意为之的“道德”行为，反映的不是道德的进步，而是认识的扭曲。对道德习惯的养成，“长大了自然会好”等观念也导致很多中学生放弃了践行德育要求的努力，这也导致公民道德教育的低效甚至失效。

2. 中学生公民道德教育的三维目标

习近平总书记在谈到道德建设问题时，提出：“必须加强全社会的思想道德建设，激发人们形成善良的道德意愿、道德情感，培育正确的道德判断和道德责任，提高道德实践能力尤其是自觉践行能力，引导人们向往和追求讲道德、尊道德、守道德的生活，形成向上的力量、向善的力量。”根据这一要求，结合中学生公民道德教育的具体实际，我们可以将中学生公民道德教育的目标确定为三个互相联系的方面。

从道德认识的维度来说，要努力培养中学生“讲道德”，激发中学生形成善良的道德意愿、道德情感。要通过公民道德教育，让学生在认识和情感上认可和倾向于正面的和阳光的方面，对善良的道德行为予以肯定，理解道德行为对于社会的进步意义，自觉倾向于这些道德行为所表达的积极信息。通过对凡人善举的肯定，引导学生形成“向善而行”的自觉意愿。只有在道德情感上有了这种认可与肯定，形成“心向往之”的心理倾向，学生才会“愿意听道理”、“喜欢讲道德”，为道德养成的过程开一个好头。

从道德选择的维度来说，要努力培养中学生“尊道德”，培育中学生正确的道德判断和道德责任。正确价值判断的形成，是进行价值选择的前提和关键。要通过公民道德教育，引导学生尊重道德行为、尊敬高尚品格，为进行正确的道德判断打好基础，为承担道德责任确定前提。中学生正处于价值观形成的关键时期，他们的道德判断，也往往受到外界的影响，出现摇摆不定的情况。在公民道德教育中明确道德要求，指引道德方向，才能让学生形成明确的认识和坚定的立场，知道哪些是正确的和值得倡导的，哪些是错误的和需要避免的，实现道德成长，承担道德责任。

从道德践行的维度来说，要努力培养中学生“守道德”，提高中学生道德实践能力尤其是自觉践行能力。坚守道德底线，是道德教育最实际的效果追求。中学生公民道德教育的最终目标，也是让学生能自觉践行道德要求，在坚持做到公民道德基本要求的基础上，追求更高道德理想。

以上几个维度的目标，存在递进关系。从认识开始，经过选择，落实于实践，是中学生公民道德教育的实现路径，也是中学生道德养成的生成路径。

3. 中学生公民道德教育应避免的几个误区

在中学生公民道德教育的过程中，应该避免以下几个误区：

应避免“理想化”误区，合理确定公民道德教育标准。公民道德教育倡导高尚的道德追求，但不是说只有“圣贤”的道德境界才是我们的理想标准。有的老师以高远的理想道德人格为目标，在教育实践中则往往因为目标“过于远大抽象”，影响教育效果。我们的道德目标，也应该按照“先成人，再成才”的思路，先培养合格公民，再追求更高目标。只有那些处于“最近发展区”的道德目标，才能激发学生的兴趣，让他们形成学习的自觉性。公民道德教育目标的渐进式“衔接”和体系化“构建”，是中学生公民道德教育得以实现的保证。只有设置恰当阶段目标，才能循序渐进地实现最终目标。

应避免“口号化”误区，用学生喜闻乐见的方式实现公民道德教育。公民道德教育的理想方式，是用生活化的案例和真实生动的身边故事，感染学生，引导他们在日常生活中学习道德榜样，养成道德习惯。有的老师在教学过程中缺乏这种“软化”的技巧，以“训导”的方式将自以为正确的内容灌输给学生，并理直气壮地说“是为了你们好”。殊不知，这样的“填鸭式”教育方式，在学生那里，往往会得到适得其反的结果。老师的“对的你就要学好做到”，到学生那里往往变成了“你要我学的，我偏不学”的逆反心态。只有采用学生喜闻乐见的方式，采取“浸润式”的方式，才能让学生认可道德教育，在不知不觉中从别人那里学到可以使自己成长的东西。

应避免“单一化”误区，充分关照每个学生的个性发展。学生的个性差异，是中学教育的过程中必须考虑的重要内容。表现在公民道德教育方面，就是不同的学生对教师的教育内容、教育案例的理解、态度等存在差异。这些差异的存在，有的是源于学生自身认识水平，有的则是因为认识角度、生活背景等的不同，并不存在“唯一标准”。有些老师在进行公民道德教育的过程中，图省事，就“一个标准到底”、“所有学生整齐划一”，这种做法是不合适的，也是实现不了的。我们必须承认学生的认识差异，允许学生有不同想法和看法，允许个别学生的认识和别人不一样。通过引导，让那些“有想法”的学生实现道德提升，是中学生公民道德教育的题中应有之义。

中学生是祖国发展的未来，中学生的思想道德状况是中国社会思想道德发展整体水平的一个重要方面。每一个教育人都应该付出自己的努力，为实现“只要中华民族一代接着一代追求美好崇高的道德境界，我们的民族就永远充满希望”的美好期盼，尽自己的力量。

第四章

立德树人：社会主义核心价值观认同的实现策略

随着以核心素养为主要特征的课程改革不断深化，越来越多的教师陷入关切与迷茫的复杂情绪中。明晰教师应对学科核心素养时代的基本策略，是思想政治课教师积极参与课程改革的前提条件和基础准备。

第一节　落实社会主义核心价值观培育的教师策略

本节拟从对于学科核心素养存在的几种错误认识出发，探索面对学科核心素养时代思想政治课教师可以采取的若干策略，以期为教师解决思想疑难提供参考。

一、当前存在的几种错误认识

综观当前的教学实践，不少教师对于学科核心素养，存在一些不正确的理解。与此相适应，也就存在一些错误的应对方式。这主要表现为排斥改变、忽视发现、拒绝发展。

1. 排斥改变

排斥改变的教师，主要的表征是不愿接受以核心素养为基础的新课改，不愿接受以核心素养作为教育教学的根本追求。其常见的典型表述有："现在的三维目标教学体系就挺好的啦，为什么要改成核心素养?""核心素养让人摸不着头脑，学生根本无法备考，教学实效很难衡量。"有的教师则坚持："没有一种教育方式是完美的。虽然当下的教育也有不好的方面，但这种教育是有效的，所以不必折腾。"探究这些表征背后的原因，我们就可以发现，从根本上说是这些教师在坚持和固守现有教学模式，并认为这才是实现教育目标的最好方式，而忽视或者否认这些教学方式在不同程度上存在不利于学生全面发展的方面。应试教育已经成为教育理论界人人批评的"过街老鼠"，而一些以应试教育为主要方式的教学实践在不少地方却仍然受到家长和学生追捧。这是这种认识得以生存的"土壤"。很多思想政治课教师理直气壮地认为"政治课就得靠背"，坚持"以背为本"、"题海战术"，不愿意接受与此方向不一致的学科核心素养，是这一类型的典型表现。

2. 忽视发现

忽视发现的教师，主要的表征是将基于核心素养的课程改革与以往的课程改革成果割裂开来，将本轮课改所主张的"基于核心素养"理解为"推倒重来"的"另起炉灶"。在此观念指导下，对现有的教育教学采取简单否定的方式，并期待"一种全新的教育教学方式"的出现。这种观点，表面上看起来把核心素养放到了显著和突出的地位，实际上则削弱了本轮课程改革所依赖的现实基础，在否定新课改与现有教育教学实践联系的同时，否定了已有课改成果的意义和价值。以“新课程”为主要特征的课程改革，打破了以往的陈旧教学模式，对于学生成长产生了非常积极的作用。思想政治课中已经被证明效果显著的一些做法，如鼓励学生自主探究、主动学习，“体验发现的乐趣”，“做社会生活的参与者”，等等，都让学习者的积极性、主动性和参与性有了很大提高，也让课堂呈现出前所未有的新样态。学科核心素养的培育，必须依赖这些已有成果的宝贵经验，而不能忽视开展学科核心素养培育的这一现实基础。

3. 拒绝发展

拒绝发展的教师，主要的表征是不愿意接受本轮课程改革对于自己已有教学习惯和知识体系的冲击，不愿意通过专业成长让自己适应课程改革的新要求。其比较常见的观点表述有：“我还有几年就要退休了，还管什么学科核心素养?”“我刚刚适应了三维目标的教学，又要改成学科核心素养，那我原来学的那些东西就都没有用处了，难道我还得从头学起?”有些教师以此为根据，不愿参加基于学科核心素养的专业成长培训，拒绝知识更新，拒绝基于学科核心素养的专业学习和专业成长。

以上几种现象，是当下阻碍思想政治课教师积极贯彻和主动探索学科核心素养培育的主要困难。虽然这些问题只存在于部分教师那里，但对于课程改革的推进来说，其影响不可小视。克服这些困难已经成为推进课改的当务之急。只有在教师层面解决了思想认识问题，才有可能在课程和教学中将学科核心素养培育落到实处。

二、立足变化的理念更新

教师应对学科核心素养时代，首先要实现的就是立足变化的理念更新。正确认识变化，敢于面对变化，积极适应变化，是这一理念更新的主要表现形式。

1. 正确认识变化

正确认识变化，就是充分认识以核心素养为基础的课程改革对于以往课程结构和教学方式的全面更新，充分认识学科核心素养的本质和价值，充分认识学科核心素养对于学生成长和教学实践的意义和作用。核心素养培育打破了以往“基于课程”的思维方式，着眼于学生基于完整生命个体的基本属性，从对于“正确价值观念”、“必备品格”和“关键能力”的培育入手实现对学生的培养，是“培养能自我实现与社会和谐发展的高素质国民与世界公民的基础”①。作为这一理念的具体化，学科核心素养的关注焦点，是基于学科基本问题实现学生核心素养的培育。具体到思想政治学科而言，“从三维目标到核心素养整合的效果就是：在政治认同方面，培养有立场、有理想的中国公民；在理性精神方面，培养有思想、有理智的中国公民；在法治意识方面，培养有自尊、守规则的中国公民；在公共参与方面，培养有担当、有情怀的中国公民。”② 要实现这一目标，就要将学生的被动学习改变为主动探究，从关注学生的知识掌握转向关注学生的学科能力表现和核心素养培育。基于这种变化，教师

---

① 林崇德：《21 世纪学生发展核心素养研究》，北京师范大学出版社 2016 年版，第 1 页。

② 韩震：《核心素养与活动型课程——从本轮思想政治课程标准修订看德育课程的发展趋势》，《思想政治课教学》2016 年第 3 期。

应该关注的不应该只是落实课程教学的内容，而首先是基于特定教学内容的学生学科能力表现和核心素养培育。

2. 敢于面对变化

敢于面对变化，就是要明确这次课改对教师提出的新要求，明确这次改革给教学生态带来的新变化，明确教育教学改革的新方向。从对教师的新要求来说，与以往教学模式相比，这次课改的最大变化就是教师不再是知识体系的拥有者和解读者，而是学生发现和成长的支持者和引导者。“我们的中小学教师也不能只是一个知识传承者角色，应该成为一个有创新能力和反思能力的学习者。”[①] 从教学生态的新变化来说，就是要变基于知识落实的“传授”课堂为基于学生学科能力表现和学科核心素养培育的“互动”课堂。从教育教学改革的新方向来说，学科核心素养时代的学生培育，已经让学生从“记得住”的知识学习向“忘不了”的素养培育转化。作为与社会生活的发展深度相关的学科，思想政治课教师在这方面的任务更加艰巨，也更有价值。这就要求思想政治课教师放下身段，真正从学生的角度去思考和发现。按照这种思路，思想政治课教师在教学中，就要抛开“唯我独尊”的“真理拥有者”和“学业指导者”的架子，而设身处地从学生视角学生考虑问题，思考学生们会想什么问题、有什么困惑，真正成为“路标”，成为学生成长的帮手。

3. 积极适应变化

积极适应变化，就是要主动关注基于学科核心素养的课程改革进展，主动参与基于学科核心素养的教学改进过程，主动开展基于学科

---

① 韩震：《核心素养与活动型课程——从本轮思想政治课程标准修订看德育课程的发展趋势》，《思想政治课教学》2016 年第 3 期。

核心素养的教学创新探索。学科核心素养的研究和实践，正在迅速成为教育教学的热点和焦点。要适应当前课改带给我们的深刻变化，就必须关注这一改革的推进过程，主动调整教学理念，采取适合学科核心素养培育要求的教学方法。这需要教师告别“旁观者”心态，不仅在技术层面有所创新，更在理念层面实现更新。从开展教学创新探索的角度来说，学科核心素养的培育，最终表现为综合意义上的学生发展核心素养的提升，而其关键就在于教师对于这种提升的价值认同和实践推进。“学生发展核心素养是确定思想政治学科核心素养的根据，思想政治学科核心素养是成就学生发展核心素养的条件。”① 所以，思想政治课教师要充分发挥积极性和主动性，立足变化，主动更新教育教学理念，以灵活多样的形式实现立德树人的根本任务。

三、立足发现的教法探索

基于核心素养的课程改革，不是对于已有课程改革成果的全盘否定，不是在全盘推翻当下教学之后的“另立门户”。已有的教学方法、教学资源和教学策略，都有符合和体现思想政治学科核心素养要求的方面和内容。充分发现和拓展这些方面和内容，对于学科核心素养培育来说，是不可或缺的重要功课。因此，思想政治课教师必须充分意识到已有成果的价值，从中发现适合学科素养培育要求的要素和部分，为学科核心素养培育提供充分和可靠的基础。具体而言，教师可以从三个维度实现这种发现，即守成的维度、整合的维度和调整的维度。

① 朱明光：《关于思想政治学科核心素养的思考》，《思想政治课教学》2016 年第 1 期。

1. 守成的维度

从守成的维度发现现有教法的可取之处，作为实现学科核心素养的基础。每一位教师都不缺乏对于教学实践的种种感受，而有心的教师可以从教学实践中发现更多对于自己的教学改进有重要价值的东西。这种发现，需要教学经验，更需要教学智慧。思想政治学科核心素养的培育，首先必须依赖这种发现。只有主动与当下正在进行的教育教学实践建立关联，才能更好地在教育教学实践中迅速展开学科核心素养的培育。可以说，只有坚持“守成”，我们的课程改革才能实现“更进一步”的持续性发展，而不是陷于每次都是“从头再来”的怪圈。只有认识到这一点，思想政治课教师才能找到自己参与新课改的着力点和立足点，在已有成果的基础上实现进步和发展。

2. 整合的维度

从整合的维度发现现有教法的价值所在，促进学科核心素养的培育。思想政治学科核心素养的培育，除了要依赖现成的教学方法与设计，还必须从这些方法与设计的整合中找到更具生命力和发展前景的教学方法。基于学科核心素养培育的整合思维，教师必须打破已有学科框架体系的约束，以新的理念对以往教学方式进行重新审视和发现，以学科核心素养为根本依据实现课程的再理解和再设计。从这个意义上说，教法的整合探索的重点不在于“合”，而在于“整”。也就是说，这种整合不是将过去使用过的教学方法进行简单“合并”或者“累加”，而是基于学科核心素养培育的“总蓝图”，将原有的教学方式按照全新的结构框架进行优化组合，进而形成适合思想政治学科核心素养培育要求的教法思路。这种整合离不开已有的教学实践，但不是已有教学实践的简单复制，而是基于已有教学方式的创造和开拓，因而对于学科核心素养的培育来说无疑提供了新的空间。在整合的维度上，可以发现更好实现思想政治学科核心素养培育的好教法、好学法，让已有教学方式在这种整合中“获得新生”，促进学科育人目标的实现。

3. 调整的维度

从调整的维度改进当下教学方法中那些不符合学科核心素养培育要求的部分，优化学科核心素养的培育。从课程改革推进的角度来说，这次高中课程标准的修订，以核心素养作为基础，具有革命性的意义。这种变化，在教学中必然体现为对于过去教学方式的“扬弃”。“扬”的部分，主要通过前述的守成和整合的维度得以实现，而“弃”的部分，则主要通过调整来实现。这种“弃”不是简单的一扔了之，而是基于课改的新要求，审视现有的教学，发现那些需要根据思想政治学科核心素养的培育要求相应改进的方面，对这些部分进行更新，进而对教育教学的关注焦点从单纯的应付考试的方向，转变到切实关心学生的发展素养的方向上来。按照这一方式，现存教学方式就不再是一无是处的“明日黄花”，而是有待开发的宝贵资源。基于这样的思考，学科核心素养就不是教师望而生畏的外在压力，而是让教师可感受、可参与的内容，可以让教师从教学发现中得到成就感，从学生改变中提高获得感，切实成为课改有效开展的推动者。

四、立足发展的专业成长

“教师是影响核心素养落实的重要因素，在学生核心素养的发展过程中扮演着转化者的重要角色。”① 每位思想政治课教师都必须认识到自己的理念转变对于学科核心素养培育的重要性，主动关注学科核心素养的研究进展，主动探索学科核心素养的实现方式，在主动参与课程改革的过程中实现自己的专业成长，努力使自己成为学科核心素养培育的践行者和推动者。

1. 关注学科核心素养的研究进展

关注学科核心素养的研究进展是教师实现专业成长的基础工作。对于很多一线中学教师而言，关注核心素养的研究进展是一项非常艰巨的任务。一方面，因为高中课程标准的修订稿刚刚发布，教师对于学科核心素养的内容界定及水平等的表现形式研究不够，同时，“阐述思想政治学科核心素养，只能采用创新理论的话语体系。”② 这就导致了很多教师对于学科核心素养的“神秘化理解”，在客观上增加了关注其研究进展的难度。另一方面，目前关于核心素养的成果，大多是大学和教研部门的研究者完成的，且说法各异、侧重也各不相同，一线教师对此投入研究并取得显著成果的还属于凤毛麟角。对于学科核心素养具体要素的研究，更是如此。而要让一线教师充分理解学科核心素养，是绕不过去的“一道关口”。这固然需要各方面学科核心素养的研究者做出努力，在研究成果呈现的时候充分考虑一线教师的需求，但更需要一线教师积极主动地关注学科核心素养的研究进展，自觉地以学科核心素养培育的新理念和新思路及时更新自己的课程观和教学观，自觉地加深和优化对于学科核心素养的理解和认识，在主动关注的过程中及时调整和不断深化认识。只

① 林崇德：《21世纪学生发展核心素养研究》，北京师范大学出版社2016年版，第259页。
② 朱明光：《关于思想政治学科核心素养的思考》，《思想政治课教学》2016年第1期。

有以这样的方式实现成长，教师才能胜任学科核心素养时代的新要求。

2. 探索学科核心素养的实现方式

探索学科核心素养的实现方式是教师实现专业成长的重要方式。一线教师实现发展的重要方式，就是理论与实践的结合。而在某种意义上说，在教学实践方面教师更有优势。每一位思想政治课教师都应该做教育教学实践中的“有心人”，在实施教育教学的过程中多思考、多发现，通过探索思想政治学科核心素养的实现方式，发现可以优化当前教育教学的有效方法，在改进教学的同时提高自身的教学能力和水平，促进自身的专业成长。要做到这一点，就需要教师将探索的过程与研究的过程结合起来，将教学实践的改进与研究能力的提升结合起来，努力实现教育教学实践成果的科研转化。只有具备了这种结合与转化的自觉性与思维习惯，教师才能建立实现自身专业成长的稳定机制和持续过程。

3. 主动参与本次课程改革进程

主动参与本次课程改革的过程是教师实现专业成长的必经之路。本轮课程改革对于思想政治学科所带来的革命性变化，目前只是初现端倪。无论是老教师还是新教师，都必须努力适应、积极应对。只有教师们将这次课程改革的核心要求与自己的成长紧密关联起来，认识到自己参与其中的必要性与可能性，才能真正让自己实现从旁观者到参与者的转变，实现从“应对者”到“引领者”的转变。就这个过程来说，教师要克服急躁情绪，充分理解课程改革的过程性，理解课程改革中“破”与“立”、旧与新的关系，理解课程改革的方向性与阶段性的关系，既坚定课改信心，又能循序渐进地在参与课改过程中实现专业成长。虽然每一次成长都要经历“化蛹成蝶”的艰苦过程，但这种经历和体验，以及融于其中的获得感和成就感，正是每一位真心付出的思想政治课教师孜孜以求的宝贵财富。

新课改的稳步推进，意味着核心素养时代的到来。面对这个时代，每位思想政治课教师必须从更新自我开始实现转化与发展。基于学科核心素养的课程改变如“风吹幡动”，积极适应变化则需要思想政治课教师“自我觉识”。这是思想政治课培育学生学科核心素养的必然担当，也是思想政治课教师回应时代要求的最佳策略。

第二节　落实社会主义核心价值观培育的教学策略

自觉培育社会主义核心价值观，引导学生认同社会主义核心价值观，促使其在学习和生活中自觉遵循社会主义核心价值观的根本要求，努力做社会主义核心价值观的践行者，是中学德育课程的重要任务。而随着以核心素养为基本特征的新一轮课程改革的不断推进，如何在中学德育课堂更好地实现对社会主义核心价值观的培育，通过恰当教学策略的合理安排和有效实施，引导学生发自内心地认同社会主义核心价值观，就成为需要一线教师和教研员迫切关注的话题。以思想政治学科核心素养为基础的社会主义核心价值观培育，需要从学科核心素养的本质要求出发，通过教师的有效教学活动，落实到学生的思考和收获中。

一、基于政治认同的社会主义核心价值观培育策略

政治认同是思想政治学科核心素养的首要内容，其核心内容是引导学生认同我国当前以社会主义为根本特征的社会制度和意识形态，在基本立场上确立对我国的根本制度的认可。社会主义核心价值观作为社会主义制度在思想和精神层面的表现，正是政治认同教育需要落实的重要内容。从这个意义上说，二者在根本目标和主要任务上都是一致的。

1. 问题呈现

从当前的教学实际来看，在政治认同的落实方面存在的主要问题，主要表现为不讲根据、不问理由的“政治强制”。有的教师在教学相关内容的时候，不允许学生反问和质疑，而通常以这样的方式回答学生：“党和国家的文件就是这样规定的，只有按照这个答题也才能得分，你们记住就行了，不要问那么多为什么!”在这种理念指导下，这些教师对于社会主义核心价值观相关内容的教学，往往采用机械记忆的方式予以落实，社会主义核心价值观的本质要求和精神实质，则往往被忽视在教育之外，似乎只要学生能熟练背诵社会主义核心价值观的 24 个字，就等于他们已经认同社会主义核心价值观的基本要求。而实际上，这种做法，正使得我们的教学活动与我们的教学目标背道而驰。

此外，社会现实中存在的一些不理想的社会现象，也被归咎于社会主义制度，进而导致社会意识对于政治的疏离。这种疏离也对政治认同造成了一些不利的影响。这种影响在学生那里的表现也是十分显著的。之所以如此，是因为一些教师在思想认识上存在立场

不稳、认识不足的问题，对于社会主义核心价值观的信心不足，不能坚定自己的立场，在教学中出现摇摆或者模糊的情况，进而导致不能正确引导学生。有些教师受不良思想意识的影响，不能理直气壮地坚持社会主义，不能把社会主义立场作为自己教学的立足点和出发点，对于不良社会现象的解释，也就没有说服力。这样的课堂对于政治认同的教育效果，就可想而知了。

2. 解决策略

要解决这些问题，在教学策略方面需要从两个方面着手。一个方面是对于国家立场的坚持。社会主义核心价值观的教学，首先是坚持社会主义，这是政治认同在教学中得以实现的根本落脚点。这就需要在教学中强调基本立场的重要性，坚持把应有的国家立场作为社会主义核心价值观培育的根本前提和出发点。在社会主义核心价值观的教学过程中，要理直气壮地把社会主义理论、制度和道路与我国的社会历史发展结合在一起，说明社会主义是适应我国的，并对我们国家的发展起到了根本性的作用，充分体现了社会主义的优越性。对于社会主义核心价值观的解读，也应该从这个维度，让学生树立明确的立场。为达此目的，在教学中，应该用社会发展的现实变化作为生动案例，让学生实实在在地理解和感受到社会主义在我们国家创造的丰硕成果。

另一个方面是采取恰当的方式讲好中国故事，采取实事求是的态度引导学生形成对社会发展的全面认识。应该着眼于历史唯物主义的基本立场，用全面的观点和发展的观点说明我国的发展。从全面的观点来说，就是不仅要讲社会主义发展取得的辉煌成就和历史进步，也要讲当前阶段面临的巨大挑战和现实问题。从发展的观点来说，就是要不仅讲过去的光荣与辉煌，而且要讲我们面向未来的使命与担当，特别是要说清楚我国当前全面深化改革的现实努力和发展前景。社会主义核心价值观的基本内容，是对过去发展经验的概括与总结，更是对中国未来发展起到关键性作用的指导和根据。所以，要从这个角度培育学生的使命感和责任感，让他们在将来投身社会建设、参与社会生活的时候能够站稳脚跟、坚定立场。从某种意义上说，这个方面的任务更为艰巨，也更有意义。对此，我们会在本章的第四节进一步展开论述。

二、基于科学精神的社会主义核心价值观培育策略

作为思想政治核心素养的科学精神，强调的是引导学生坚持正确立场，以辩证唯物主义和历史唯物主义的基本理论为根据，遵循逻辑思维的基本规律，以全面的观点看问题，形成对认识对象的科学、完整、准确的认识。社会主义核心价值观的基本内容所包含的各个方面，都是建立在科学精神的基础之上的，是对我国社会发展的现实状况和未来需要进行理性认识的集中呈现。学生对于社会主义核心价值观的认同，也需要坚持理性态度，以科学精神作为深化理解和付诸实践的基础。

1. 问题呈现

当前教学实践中，在科学精神方面存在的主要问题，主要表现为基本认识的片面性问题。社会发展是复杂、多维、综合性的，由此出发，我们的基本认识也应该是多样和综合的。只有这样，才能形成对社会的完整认识。而在教学中，有些教师缺乏科学精神培养的自觉性，经常出现以点带面、以偏概全的教学思维，对教学中使

用的生活案例，不能全面客观地进行说明和分析，进而导致学生产生认识偏差。这种教学方式，会直接影响学生对社会主义核心价值观的认同。例如，对社会中存在的腐败等现象的看法，如果教师不能正确引导，很容易让学生形成错误认识。建立在这种认识基础上的社会主义核心价值观培育，也就失去了说服力，不能让学生形成准确完整的认识。而这种缺失导致的主要问题，就是学生不能自觉地以科学精神进行分析和判断，以非理性的态度对待社会现象，往往以片面的认识当作整体性的认识。

有的教师在教学中采取机械的教学方式，只注重学生应对考试的能力培养，忽视了学生在应对实际问题的时候需要具有的基本精神的培育，也导致了科学精神的缺位或者变味。有些教师在教学中甚至将科学精神的培育庸俗化为“见什么词，答什么原理”的公式化和程式化操作，其意义和价值更是无从谈起了。很多学生对社会主义核心价值观非常不理性地予以排斥，与这种教学方式也有很大关系。

2. 解决策略

要解决这些问题，就需要在教学各环节中重视思维方式的培育，通过灵活多样的形式，注重科学思维培育，引导学生从全面的角度看问题。从教学策略的角度来说，质疑和反思是落实科学精神培育的两个环节。通过质疑环节，教师引导学生提出与教学内容相关的疑问和困惑，让学生说出自己对某些现象的疑惑和看法，然后通过学生自主讨论和教师有效引导，达成科学释疑的目标，进而通过反思环节，深化学生的理解，提升学生的认识，实现教学目的。

仍以前述的社会中存在腐败现象为例，在教学中，首先可以让学生谈谈对这一社会现象的看法。这时学生的思路，一定会在某种程度上反映社会现实，以及社会上的一些看法或者说法，比如腐败现象如何普遍、中国的人情社会，等等。在学生将这些问题呈现出来之后，教师则要根据情况，或采取案例说明，或组织学生讨论，让各种观点在相互质疑与辩论中经受考验。这一环节的目标，就是让学生认识到：腐败现象是客观存在的，但不是社会生活的主流，我们国家正在采取措施，遏制和杜绝腐败，这些措施的效果是显著的。在此基础上，教师再通过引导，让学生进行“及于自身”的再思考，通过反思深化对解决腐败问题的任务艰巨性和重要性的认识，理解每个社会成员都应该是反腐倡廉的推动力量，都应该为这一工作的深入开展提供支持。中学生作为社会中的一员，也应该有所作为，为遏制和杜绝腐败现象做些事情，进而让学生明白社会主义核心价值观所要求的东西与这种努力的一致性。有了这样的转化，学生对社会主义核心价值观的认同感也就自然得多，不那么生硬了。而且，基于这种反思所形成的使命感和责任感，会成为强化学生科学精神的有力手段。这种良性循环对学生的成长来说是至关重要的。

三、基于法治意识的社会主义核心价值观培育策略

法治意识是社会成员在参与社会生活、处理社会关系过程中对法律法规的认识、态度与依赖性。法治意识强的社会成员会自觉地将法律法规作为参与社会生活和处理社会关系的基本准则，将诉诸法律作为处理矛盾与纠纷的最高权威。法治意识的教育，要引导学生认可法律权威，形成和强化学生的尊法学法守法用法意识和自觉

性。党的十八届四中全会提出了“全面依法治国”[①] 的总方略，将依法治国提高到“事关我们党执政兴国，事关人民幸福安康，事关党和国家长治久安”的历史高度，明确提出“建设中国特色社会主义法治体系，建设社会主义法治国家”的总目标。社会主义核心价值观所涉及的各项内容，都可以在法治的视野中找到根据。社会主义核心价值观中的“法治”，是法治意识的直接体现，而其余几个方面的要求，也必须以法治意识的培育为基础。当前义务教育阶段的教材更名和法治专册的编写，也成为中学德育与法治意识更好结合的最佳时机。所以，法治意识的提高是社会主义核心价值观培育的题中应有之义，必须将法治中国作为实现社会主义核心价值观的重要基础和保证。

1. 问题呈现

当前的教学中，在法治意识方面存在的主要问题，主要表现为部分教师在教学工作中法治意识程度不高，不能自觉将法治意识的培育作为教学活动的根据和目标。受到社会实践的影响，有些教师在教学过程中没有将法治意识的培育作为教学的目标，不能引导学生将法律法规作为认识和处理社会关系的基本手段。这一方面的问题集中呈现在两个方面：其一，将法律的作用局限于“规训”和“惩戒”，而忽视了法律的规范与保护作用。有些教师在教学中，将“依法治国”解读和理解为“依法惩戒”，让学生误解为“只有被法律惩罚才是法治的表现”。有的教师在教学管理中，以“法治”的名义对学生进行体罚等不当行为，也导致学生在思想认识上对法治的

① 《中共中央关于全面推进依法治国若干重大问题的决定》，http：//news.xinhuanet.com/2014－10/28/c_1113015330.htm。

排斥。其二，在教学中不能坚持正确立场，以人情冲淡甚至取代法治的作用。有的教师在课堂管理中，以“是否听话”和“成绩好坏”作为标准决定对学生的亲疏，“同事不同罚”，不能按照确定的规定办事，给学生留下不好的印象。社会生活中形形色色的以情代法、以权凌法的案例，也对学生正确价值观念的形成产生不利影响。有些教师在教学中刻意回避或者曲解这些现象，在实际上也强化了学生对“人情大于法治”的认识，对法治意识的培育产生消极影响。

2. 解决策略

要解决这些问题，就需要教师在教学实践中正确理解法治意识的基本要求，切实利用正确教学策略，不断强化教学过程中的法治意识培育，将法治意识的培育作为落实社会主义核心价值观培育的有机组成部分，使之在促进社会主义核心价值观认同方面发挥实际作用。就此而言，教师可以从两个方面予以完善：

其一，采用现实案例，将“科学立法、严格执法、公正司法、全民守法”的基本原则讲清楚，让学生对依法治国的核心内容和基本要求有完整准确的理解。“新十六字方针”是我国法治进步的重要表现，也是依法治国的当代要求。1978 年中共十一届三中全会确立“有法可依，有法必依，执法必严，违法必究”的十六字方针，被称为“依法治国”的 1.0 版；而中共十八届四中全会提出“科学立法、严格执法、公正司法、全民守法”十六字方针，则被视为“依法治国”升级版的 2.0 版。“新十六字方针”在内容上体现了我国社会主义法律体系建设的最新成果，对于法治中国的建设和发展也提出了非常明确的方向。理解这些内容的科学含义和基本要求，是实现法治教育的重要内容，也是增强学生社会主义核心价值观认同的根本保证。只有把这些内容讲清楚，才能让学生感受到法治的意义和价值，理解法治的重要性和必要性，为学生法治意识的培育奠定可靠基础。这就需要思想政治课教师充分认识这些基本原则的重要性，在教学中切实努力，实现“讲对、讲全”的目的。需要说明的是，这些内容的学习，不能采取不讲道理的灌输式教育，不能一味追求“记住”。让学生从实际案例中理解其内容，才是我们努力的方向。

其二，在教学和班级管理实践中建章立制，让学生切实体会到依法管理的客观存在和价值，进而培育其“自觉守法、遇事找法、解决问题靠法”的基本意识，为其法治意识的培育和提高提供实践基础。法治意识的培育，需要条分缕析的法理诠释，更需要可见可感的实际体验和感受培育。对于社会实际中出现的案例，按照法治意识培育的要求做出科学解释，就可以让学生培养鲜明的是非观；在班级管理、校规校纪等方面强调“不以规矩，不成方圆”，则可以让学生直观地感受到“法律面前人人平等”的实际价值。在思想政治课教学中，这个方面的案例在选择上需要优先考虑，因为这方面的内容与学生的生活实际关联更为密切，更容易引起学生的关注和共鸣。

这两个方面的工作，不是各自独立的，而是相辅相成、相互促进的。对于社会主义核心价值观的培育来说，只有将二者结合起来，学生才能从理论理解与现实践行的一致性中确信法治意识的重要性，才能引导学生自觉认同社会主义核心价值观中的法治要求。同时，在教学中教师也要实事求是地对学生说明，我们社会上存在的那些违法现象，不会一夜之间自然消亡。而我们的教育目的，就是要学生理解，法治中国的建设所要求的应然的东西，需要我们每个人为之付出努力，这才是符合发展方向的东西。实然与应然之间的矛盾，正是我们要有所作为的基础。有了这样的解读，学生们就不会在二者之间纠结不清了。

四、基于公共参与的社会主义核心价值观培育策略

公共参与是社会责任感的重要表现，是社会成员积极参与社会生活、承担社会责任的主动意识和精神。在德育课程中强调公共参与，就是引导学生自觉树立社会责任感和担当意识，认识到自己对于社会建设与发展所负担的责任和义务，能够形成尽己所能主动为社会发展有所作为的思想认识。社会主义核心价值观的基本要求，需要成为全体社会成员共同践行的东西，最终体现为社会成员对社会生活的主动关注和积极参与，体现为每一个社会成员为社会作贡献的自觉意识，这与公共参与的要求在本质上是一致的。从这个意义上说，基于公共参与的社会主义核心价值观培育，就要将课堂教学与社会实践结合在一起，充分发挥社会大课堂的作用，努力提高学生参与社会的自觉性、积极性和主动性。

1. 问题呈现

从当前的教学实践来看，公共参与方面存在的主要问题是形式化和低参与。目前，为了加深学生对社会生活实践的理解，各级各类教育部门对学生的社会实践提出了很多要求，让学生走出校门、了解社会，已经成为教学中较为普遍的现象。但不可否认的是，在有些地方，这些实践活动还是流于形式的。形式化的社会实践，主要表现为学生参与社会实践走过场。其结果，就是被赋予诸多内涵的社会实践活动，变成了参观游览活动，其结果也就可想而知了。

学生的社会学习，变成了走马观花式的参观浏览。活动组织者的用心良苦，也因为这种浅尝辄止而大打折扣。低参与的社会实践与应试教育的氛围密切相关，其主要表现就是学生被隔离在学校的象牙塔内，失去了参与社会实践活动的机会，其主动性就更是无从谈起。很多家长和老师为了实现对分数的极致追求，尽可能减少学生对社会生活的接触机会，甚至要求学生“两耳不闻窗外事，一心只读圣贤书”。其结果，就是学生在实际上被隔离在丰富多样的社会生活之外，无法感受社会生活的脉动。在这样的状态之下，社会主义核心价值观的认同与践行也就失去了坚实的生活基础，变成远离学生的抽象口号和远离生活的“空中楼阁”。

2. 解决策略

要解决这些问题，就需要中学德育课程切实更新教学观念，注重理论解释与实践培养的密切关联，将德育课堂变成理论与实践有机结合的统一体。这一点，可以从课堂教学和社会实践两个方面着手改进。

从课堂教学的角度来说，公共参与的培养要求教师在教学中更多关切学生的行为倾向。学生参与公共生活的现实态度，与他们对自己与社会关系的认识是紧密关联的。因此，教师在教学中，应该从这一维度为学生加深认识提供条件。具体而言，在教学中教师可以让学生进行主题辩论、情景扮演等活动，呈现社会发展的现实状况，感受社会生活的多样性，并就“我们该做什么”和“我们能做什么”进行深入思考。按照这样的引导，学生就能理解虽然社会是复杂多样的，但我们每个人的努力，会让社会变得更加美好。有了这样的认识，就能让学生在参与社会生活的实践中找到自信心，感受到使命感和成就感，社会主义核心价值观的培育也就落到了实处。例如，有的教师在教学中组织学生就“倒地的老人该不该扶不扶?”的话题进行讨论。学生在讨论中，比较容易形成“该扶”的结论，理解主动参与社会生活的价值。但如果我们的教学止于此处，对学生的意识培养来说还是远远不够的。在这个问题的讨论之后，如果再组织学生就“如果是你，会不会扶？该如何扶?”之类问题继续讨论，则能让学生在这个方面有更多及于自身的思考。社会主义核心价值观不是远离生活的空洞口号，也不是只有将来走向社会才可以付诸实践的更高要求。社会主义核心价值观就是学生在学习和生活过程中应该秉持和坚守的基本理念，就是社会参与过程中需要落地的基本精神追求。有了这样的导向，社会主义核心价值观的认同对学生而言也就更有实际的意义和价值。

从社会实践的角度来说，公共参与的培养要求教师将学科内容的学习与学生的社会实践密切结合，更加关注学生参与社会实践的效度和深度。新的课程方案，在高中思想政治学科的必修环节，专门提出了“三分之一社会活动学时”的新要求。这个要求对广大一线教师来说，既是巨大的挑战，又是难得的机遇。基于这一要求，思想政治课教师需要充分挖掘学生社会实践的学科价值，让学生“带着真问题”进入实践，“带着真思考”回到课堂。要做到这一点，教师需要在社会实践的各个环节深入研究、有的放矢。有的学校在学生进入社会实践的时候采取“任务单”的形式，在学生参与实践之前，就给他们明确具体任务，引导学生基于“任务单”进行实践计划和任务分工。而在反馈环节，则通过“小组报告”、“成员报告”等形式，让学生真实呈现自己参与社会实践的收获和感受。这种形式的社会实践，在学生参与的积极性和实际效果方面表现都非常显著，值得肯定。

需要说明的是，目前的教学实践中的社会实践，多为以学校为单位组织的，其实践的对象和场所也是经过严格筛选的。这样固然在保证学生安全和保障流程顺畅方面有显著优势，但对于学生的社会实践过程来说，则存在“只能看到好的”和“实践场所不真实”等问题。这就需要教师在实践的实施和评价环节予以引导，让学生意识到社会实践的多样性和复杂性。在条件允许的情况下，可以组织学生感受一下社会发展的各个层次的现实状况。同时，还可以利用网络等手段，采取案例对比、时事追踪等形式，让学生形成全面关注社会、积极参与社会的意识，为他们在公共参与的过程中理解社会主义核心价值观提供更为坚实的基础。

社会主义核心价值观的认同，是思想政治课教学的核心追求。在学科核心素养的背景下，这一追求应该变成既基于社会实际、又着眼于学生发展需求的教学改进与提升。从这个意义上说，中学德育课程大有可为，也需要大有作为。

第三节　落实社会主义核心价值观认同培育的评价策略

随着思想政治学科核心素养研究的不断深入，基于学科核心素养的思想政治课应该如何评价的问题，更是备受关注。如何在新课程方案推进的过程中实现思想政治课评价的同步改进，如何在基于学科核心素养的课程评价中以评促教、以评促学，让社会主义核心价值观不是停留在嘴上的口号，而是能在学生的思想上达到认同、行动上得到践行，成为学界普遍关心的话题，也对课程改革的落地产生着至关重要的影响。基于这些问题的紧迫性，我们需要从当下的教学与评价现状出发，探索基于学科核心素养的评价策略，以期为学科核心素养时代的思想政治课评价改进提供参考。

一、现状呈现：成果显著，问题明显

一般来说，评价包括课堂评价和课程评价。课堂评价就是教师对学生在教学过程中的表现进行评价，其核心内容是考察学生在课堂学习中的具体表现，如回答教师提问、参与课堂讨论等。课程评价主要是指对学生学习课程的结果进行评价，其主要表现是通过过程性或者终结性评价，对学生在学科学习中的表现程度进行评价。从当前的教育教学现状来看，无论是课堂评价还是课程评价，都既有让我们刮目相看的显著成果，也有让我们深感忧虑的问题和不足。

1. 课堂评价

从课堂评价的方面来说，以“新课程”为旗帜的课程改革，在教学模式更新、教学气氛调整、学生成长表现等方面取得了显著进步，形成了一些特色鲜明的课堂评价模式，给思想政治课堂带来了新的面貌，也让学生受益良多。对此，必须予以肯定。但是，我们也不得不承认，也有不少教师在教学实践中不能切实将新课程理念落实到底，不能把新课程的理念要求与自己的教学实际相结合，也就产生了很多与教书育人的本质不相符合的现象。具体而言，突出的表现为以下两种情况：其一，坚持“政治靠背”，以学生“听话”和“记住”的程度作为学生课堂评价的首要标准，主要表现就是将

“圈点勾画”作为教学的主要手段，信奉“背多分”的原则，甚至采取苛刻措施检查督促学生背书的情况。其二，坚持“高分靠练”，以考点频次作为教学重难点处理的首选，以考题训练作为教学实践的关键环节，以“不说理”的方式，试图通过强化训练，强化学生做题的训练，并以学生对这种强化训练的适应程度作为评价学生优劣的标准。按照这种思路，教学的主要落地方式，就是从准备考试开始，到分析考卷结束。而对学生的评价，则主要根据学生的考试表现来完成。特别是到了复习阶段，这种处理方式更为普遍。

2. 课程评价

从课程评价的方面来说，目前我国的课程评价在考试模式和评价形式上有了非常显著的实质进步，学业水平测试与高考的功能区分，考试题目的灵活性和时代性，学生综合素质评价在评价机制中的体现，都已经成为比较公认的课程改革成果。但是，从实践的维度来说，还是有不少教师没有真正领会课程评价的根本要求，进而在实施评价的过程中回到“知识本位”和“考点对应”的老路上，试图“一招拆百招”，“以考为本”落实教学，“以分为据”评价学生。除了必不可少的期中、期末考试，还有形形色色的随堂考、阶段考、月考、单元考……而与这些考试相对应的，就是严格而细致的排名，从科目总体的校名次、班名次，到各个题目的得分与均分的比较……只要学生成绩好，其他方面的表现就可以淡化甚至忽视。个别的老师，甚至通过明示或者暗示的方式，鼓励学生为了取得好的分数而不择手段。在这样的功利心驱使之下，固然学生的分数非常好看，但是在分数之后我们应该给予学生的东西，却被抛诸脑后，视而不见。

针对上述现象，有不少老师会表示出这样的无奈："我也不想这样啊，但是校长和家长要分数啊，所以只能这样!"这个理由听起来冠冕堂皇，似乎只有以上做法才是提高学生分数的最终"法宝"。事实真的如此吗？不可否认，当前教学实践中在评价方面存在的问题，有些是体制的问题，这也正是此次课程改革要解决的关键问题。但因此认为教师可以不承担任何责任，也是有失公允的。有些问题，正是由教师本身的理念和认识问题所引起的。首先有教师从理念到行动的改善与更新，才会有学生基于核心素养提升的发展与成长。因此，要面向学科核心素养的时代，就必须首先从教师做起，去探索和发现基于学科核心素养培育的课堂评价和课程评价新方式。

二、课堂评价：学生为本，重在素养

学生为本的观念，历来是教育者普遍认同的课堂理念。而在核心素养时代，这一理念需要我们进一步赋予新的内涵，分析和落实"以学生的什么为本"和"怎样才是以学生为本"等问题。思想政治学科核心素养的提出，体现的是培育"完整的生命个体"的整合思维。要落实素养的要求，就要以此为根据，充分体现学生在课堂上的主体地位，让学生有更多的空间去完成探索、发现和展示的任务，并在这个过程中通过在实际行动中落实和践行，实现学生的精神成长。因此，我们对学生的评价，也要告别以往的方式，从新的着眼点，发现教育的价值所在。从这个意义上说，"学生为本"就要从过去以学生的"分数"为本，转向以学生的"素养"为本。要实现这种转化，有很多方面需要我们给予关注，其中，最为重要的就是关注学生的意愿表达、行为倾向和呈现逻辑。

1. 关注学生的意愿表达

关注学生的意愿表达，要求教师用学生愿意回答的问题，激发学生的真思考。基于学科核心素养的教学过程，对教师提出的新要求就是对学生关注程度必须提高。审视当下那些让我们不太满意的课堂，我们就会发现，有些老师提出了很多问题，但那些问题并没有引起学生的兴趣，甚至不能引起学生的注意。其结果，一些“比较乖”的孩子开始猜测教师需要什么样的答案并努力迎合，而那些“想法比较多”的孩子则自觉不自觉地将自己置于旁观者的立场，把问题与教师同时排斥于“千里之外”。这样的问题所能达到的教学效果，也就可想而知了。也有一些老师，不愿在教学中呈现那些“学生容易跑题”的问题，是担心学生的天马行空可能会影响甚至打断教学的进度。如果说基于分数的课堂评价还可以坚持这一点的话，那么基于核心素养的课堂评价，则不得不考虑重新适应新标准的课堂评价。以富有张力和吸引力的问题引领教学方向，观察和评价学生对待这些问题的反应和表现，作为和学生实现良性互动的方式，无疑是实现教学效果优化的理想选择。这就要求教师在教学设计的过程中做好问题设计，在教学实践的进程中及时通过追问、反问、点评、拓展等手段，及时给学生反馈，将课堂评价与教学进程融合在一起。从这一点来说，教师不仅要关注更多教学生成的可能性，更要关注基于学生素养培育的学生表现的多样性。促进学生真思考，正是学生素养培育的根本要求和最佳路径。

2. 关注学生的行为倾向

关注学生的行为倾向，要求教师用学生可以感受的情境，发现学生的真意图。思想政治学科的特殊学科性质，使其在学生发展核心素养的培育中所承担的任务更加突出。本轮课程改革在教学上的重要调整之一，就是压缩了必修课的学分，而增加了选择性必修课程和选修课程的比重。这些都对思想政治课教学提出了新的要求。在基于核心素养的课堂评价中，思想政治课教师要从这些新要求出发，给学生设置他们需要通过自主探索去发现问题和提供解决方案的特定情境，让学生在探索和表达中，呈现自己的态度和价值观，进而为他们在将来真正面对类似情境的行为选择提供支持和根据。这样的情境，应该是学生能参与或者能感知的，只有这样的情境学生才能做出真实的反应。需要说明的是，有些时候学生的反应可能与我们的预期不相符合，甚至完全相反。这时教师应该采取的做法，不是简单化的否定，而是深究学生行为选择背后的考虑。如果学生的立场的确有违我们的教育方向，可以引导他们回到正确的道路上来；如果学生的想法背后其实另有原因，教师就应该实事求是地通过“就事论事”让学生理解自己行为选择应然的方向，让他们在感到教师对自己的尊重的同时，主动调试自己的行为方向。

3. 关注学生的呈现逻辑

关注学生的呈现逻辑，要求教师用学生能够明确的角度，提升学生的思维力。学生发展核心素养是内容与形式的统一，是学生“正确价值观念”、“必备品格”和“关键能力”的实质内涵和外在表现的统一。所以，在课堂评价过程中，我们不能只关注学生所呈现和表达的学科内容，同时必须关注学生表达和呈现的基本逻辑，关注学生在发现问题和解决问题的过程中所遵循的理论根据和内在逻辑。当下教学中，有些教师对于学生出现的思维问题，习惯于用“听我说”之类的话予以打断，试图通过把自己的思维强加于学生，让学生实现转化。从教学实践来看，这样的做法收效甚微。因为教师能理解的，只有通过学生的自我转换，才能变成学生能理解的。这就要求教师在教学过程中及时切换身份，既能清楚自己作为教师的引导者立场，也能理解学生角度思考问题的思维逻辑。基于学生成长的阶段性特征，学生呈现的思维逻辑可能是不完美的，有些时候甚至存在明显的瑕疵或者片面性。但只有理解了学生的思维方式，才能为他们的思维改进提供有针对性的引领。所以，比较恰当的方式，是让学生充分呈现其思维逻辑，然后进行引导性追问："你说得不错，也很有想法，但好像还有点什么东西你还没有注意到，对那个问题，你是怎么考虑的?"有了这样的引导，学生的思维就能更为顺畅地到达更加开阔的层次和水平，这对学生思维力的提升来说是至关重要的。

三、课程评价：形式多样，主体多元

课程评价的改进，是决定课程改革成败的关键环节和主要标志。"千改万改，高考不改，都是白改"的说法，一定程度上正反映了课程评价的突出地位。与过于重视纸笔测试的课程评价相比，基于学科核心素养的课程评价在很多方面都有了根本性的变化，这些变化也要求教师采取相应的策略调整。

1. 纸笔测试的改进

从纸笔测试的改进来说，需要教师改变研究范式，发现考试发展新趋势。应该说，最近一两年的高考题，已经在尝试基于能力和素养的考查。以往那种"抓知识点"，"以关键词定位教材内容"的"模式化"答题，在这种转换中面临越来越多的"失灵"状态。在这种背景下，教师如果还是固守原来的那种“答题模板”式的试题研究策略，可能就无法给学生准确有效的指导。在一些地方省份的考试换成全国卷之后，都在一定程度上表现出不适应，这正是这种研究思路的“跟不上”导致的结果。基于学科核心素养的纸笔测试，倾向于一种“没有标准答案，但有评价标准”的学生测查新方向。试题的开放性更强，学生回答问题的多样性一定会随之大大增加。这必然让我们的课程评价有新的表现。基于学科核心素养的应对策略，也必然以关注学生的核心素养及其准确恰当表达为主要着力点，让学生从“做不完的题”中解放出来，通过学科能力培育，实现对更多问题有“说得明白的解决方案”转化。这种转化，对于课程评价的改变一定是革命性的。每位老师都应该对此做好准备。

2. 评价形式的改进

从评价形式的改进来说，需要教师研究综合评价，注重学业质量新标准。本次课程标准修订的一个重要变化，就是在课程标准的结构框架中，有了明确的学业质量水平的规定。学业质量水平是学生学科核心素养水平的具体落实和表现，是测查学习具体教学内容学习和掌握尺度的重要标尺。这一部分内容对于学业水平考试的命题将起到规范和指引的作用，也必将改变目前的学业水平考试形式化、走过场的局面。而学生综合评价也成为教育行政管理部门明确强调的学生评价基本方式。这些规定，在很大程度上丰富了学生课程评价的具体形式，是我们对学生形成综合评价的必要手段。教师要适应这些新的评价形式对于我们的教学生态带来的深刻变化，自觉采用灵活多样的方式，及时对学生进行有效评价。应该说，相对于以往的单一纸笔测试来说，这些创新评价形式对于教师的要求还是非常高的。关注这些评价形式的实践探索和研究进展，关心这些评价创新所指向的学生素养培育，正是当前优化课程评价的重要任务。

3. 评价主体的改进

从评价主体的改进来说，需要教师注重力量整合，实现家校社会共评价。随着新的课程标准的实施，对学生进行课程评价的主体也比以往更加多元化。而基于教师与学生和各种评价主体的密切关联，教师自然也就成为整合与协调各种评价主体的“关节点”。从当前的教学实践来说，有些教师存在着重视学校评价、轻视学生的成长环境的倾向，对来自校长、学校的评价标准和评价内容非常重视，而对来自家长和社会的评价则不以为然。有的老师甚至以“不管你怎么说，以我的为准”之类的借口，事实上否定家长评价和社会评价。学科核心素养的推进，一定会在这个方面有重要突破。这就要求教师彻底改变观念，在学生表现评价方面充分重视各方面的评价，坚持多元评价与完整认识的统一、评价的系统性与过程性的统一，做到“兼听则明”、“动态认识”，及时、准确、全面地把握学生的成长动态，进而整合各方面力量，为学生的健康成长提供有效助力。

随着各省高考改革方案和日程表的陆续推出，对学生的课堂评价和课程评价，必然呈现出新的样态。这个转换对教师来说并不容易，但没有这样的转换，就没有思想政治课面向未来的发展；没有这样的转换，就没有思想政治课教师完整而充分的专业成长。期待思想政治课教师能积极面对这种趋势，主动参与到评价改进路径的探索中来，成为学生评价改进的实际推动者，在造就和成全学生的同时，提升和完善自己。

第四节　落实社会主义核心价值观认同培育的故事策略

当前，中学德育课程的教学方式发生着根本性的变化。在这样的背景下，要落实社会主义核心价值观认同的培育，如何“讲好中国故事”就成为教师不得不慎重对待的新考验。与以往相比，德育课程所承载的“讲好故事”的重要使命也具有了截然不同的要求。但在具体落地的细节上，当前的教学实践中还存在不够理想的方面。基于此，本节拟就德育课程在社会主义核心价值观认同培育过程中如何讲好故事进行分析，以期对基于核心素养培育为德育课程的教学改进提供参考。

一、如何选故事?

要讲好故事，首先必须选好故事。从当前的教学实践来看，把故事作为教学手段的并不少见。但遗憾的是，不少教师没有把好第一关，随便将来自网络的内容作为教学的素材，进而导致不同程度的理例分离、远离学生实际等问题，难以达到预期的效果。要避免这种情况，教师就必须在教学设计之初，认真遴选适合教学的恰当故事作为教学素材。具体而言，应该遵照以下原则：

1. 注重故事的生活化

注重故事的生活化，就是以学生可以参与或者感受作为遴选故事的标准。只有学生可以参与或者感受的故事，才能较好地引起学生的兴趣，让他们从感同身受的角度，将故事所涉及的情境与自己的已有生活经验密切联系，用自己的生活经验理解故事的推进过程，进而为实施德育课程奠定良好基础。需要说明的是，这种生活化不完全是从故事内容的角度说的。不是只有生活琐碎之类的“小故事”才能进入德育课堂。时政热点、国家大事等“大故事”也都可以成为教学选取的合适内容，但在呈现形式上，一定要从学生可以感受的角度入手。只有这样，“大故事”才能成为对学生而言有意义的东西。比如，同样是说我国的飞速发展，给学生列举我国高铁建设的数据，就不如让学生说明自己出行方式发生的变化，进而展示这些变化背后的社会发展，更能调动学生的积极性。

2. 注重故事的时政化

注重故事的时政化，就是要尽可能选择新近发生的故事作为案例，或者将案例的最新进展作为教学的重要组成部分。世界的飞速发展，让我们不得不面对瞬息万变的多样世界。在这样的背景下，我们必须给学生呈现具有鲜活时代感的例子，才能让他们对故事本身具有更为直接的关切。特别是有些教材上出现过的案例，一定要找到案例在编入教材之后的最新发展，这样在教学过程中才能提高故事的说服力。从当下的教学趋势来说，我们要尽可能地选择中国正在进行的社会主义建设实践过程中的鲜活案例，或者中华优秀传统文化中与当下的某个社会热点有密切关联的故事。讲好故事首先要讲好中国故事，用中华文化的丰沃土壤滋养学生们的道德成长与家国情怀。这样的故事是新近发生的，或者与新近发生的事情有密切联系，容易引起学生的兴趣。比如，如果给学生讲诚信，我们可以让学生了解我国传统文化中“立木取信”、“曾子杀猪”的经典案例，也要给学生讲那些在今天感动中国的诚信道德模范。前者学生可能接触过，但以前未必知道与相应教学点的关系，而后者的时代性则可以增强学生的亲近感，也更容易让学生信服。

3. 充分考虑故事的教育价值

我们可以选择的故事很多，但并不是所有的故事都适合呈现在教学中。哪些事情可以作为德育故事进入我们的课堂？一个基本的标准就是故事的教育价值。只有那些可以从正面激励学生或者从负面警醒学生的故事，才有德育教育的价值。所以，故事的呈现形式可以多样，但蕴含于故事之中的德育功能始终不能忽视。这正是德育课程的本质决定的，也对教师提出了比较高的要求。德育课堂上的故事呈现，不能片面追求新奇热闹，更不能无原则地以满足学生的好奇心为唯一标准；不宜将格调不高的低俗故事作为教学案例使用，不宜片面夸大具有负面暗示的案例，不宜将“怪力乱神”之类的无厘头故事作为展开教学的基础。

二、如何讲故事?

有了好的故事，并不等于有了好的德育课。教师在台上慷慨激昂、学生在台下窃窃私语的情况，在教学实践中时有发生。所以，作为德育教学的重要引导者，教师还必须学会讲好故事。要讲好故事需注意以下几点：

1. 让故事有情节

有情节的故事，更容易带学生进入故事情境，在参与、体验或者感受的过程中实现学科核心素养的培育。当下教学实践中的“一例到底”，就是利用故事的情节化设计，让学生在故事情节的复杂化过程中，不断深化自己的思考，逐步形成全面的认识。通过故事情节的不断展开，学生面对的问题也逐渐复杂多样，这是教学实现的基本流程，也符合思维展开的基本规律。有一位教师在讲授“消费及其类型”时，设计了一个某同学准备参加好朋友的生日晚会的故事，通过购置生日礼物、筹备生日晚会等环节，将消费的几种类型隐于其中，并通过“选何种礼物最合适”等问题的讨论，落实了“理性消费”、“厉行节约”等情感态度价值观内容的教育。可以说，“给朋友过生日”这个有情节的故事是这堂课成功的关键。

2. 让故事有张力

有张力的故事是引导学生深入思考的重要基础。从讲故事的角度来说，这种张力不应该是非此即彼的线性思维，更不应该是教师主观臆测的难度定位。只有在故事展开的过程中恰当设置有张力的问题，才能引导学生通过对相关问题的思考与讨论，不断深化故事蕴含的道理的理解与认识。问题张力的节点，应该设置在相应的教学内容重难点的呈现上，主要体现为学生对故事的可能走向、解读方向、思维内涵、变化因素等方面的思考。学生对这些问题的思维展开过程，就是教师利用这些问题实现学科核心素养培育的渐进过程。所以，在给学生讲故事的时候，一定不要在没有张力的环节让学生去讨论探究。比如，在讲诚信的时候，如果我们只是给学生们讲“狼来了”的故事，然后问学生“说谎好还是不好?”之类的问题，一定很难引起学生深入思考。而如果我们给学生讲的故事是“一个穷困潦倒的人，意外地捡到一个装有巨款的箱子，现在丢东西的人问这个人是否见到这个箱子的时候，他该如何回答?”这样的情境，就可以让学生更好地体会诚信品质的价值。

3. 讲故事须留白

一个好的说书人，会用尽手段设置各种机关，在故事的关键环节吊足听众的胃口。这样在最后呈现的故事结局才会让听众恍然大悟。讲德育故事也应如此。如果我们开始就义正词严地把故事的德育内涵直接抛给学生，势必剥夺学生通过故事思考道理的机会和空间。所以，我们应该学会留白，在故事的关键环节让学生更多思考“会发生什么”或者“如果你在现场会怎么做”等问题，这就容易让学生将故事与自身建立关联，进而为落实教学任务提供可靠基础。只有让学生经历思考的过程，他们才有机会体会发现的乐趣。所以，经验丰富的教师会在展开故事的关键环节“暂且按下不表”，让学生根据业已呈现的故事情节猜想故事发展的可能，或者讨论故事中的德育内涵。而在故事的结尾，也可以“欲知后事如何，且听下堂课分解”，给学生留下余音绕梁的无尽回味。

三、如何评故事?

德育课程的故事呈现，是为实现德育目的服务的。因此，在德育课堂，发挥故事育人价值的关键就在于对故事的分析与评价。具体而言，可以从以下几个方面发挥故事在教学中的作用。

1. 注重学生的真实意思表达

德育课程的“讲道理”，是建立在“学生可以说理”的基础上的。当下的教学实践中，有的老师忽视了这个方面，其结果就是学生逐渐学会“顺着老师的意思说”，完全走向了我们期待的反面。要避免这种状况，就必须让学生在点评故事的时候说出自己真实的想法。在这个意义上说，让学生说出自己的一个错误的真实观点，胜于他们用念书的方式呈现一个正确观点。如果学生表述的想法与我们期待的方向一致，就应该继续引导、强化。如果学生的想法与期待不一样，则要判断学生的思维逻辑，从学生的思路中找到问题所在，有针对性地进行指导。这种指导不应该是生硬的、强制的，而应该以循循善诱的方式让学生考虑得更加全面、长远。这样的氛围有利于学生更愿意主动表达自己的真实想法，这对德育课程来说是十分重要的。

2. 注重学生的学科核心素养培育

学科核心素养的培育并不是独立于教学流程之外的独立过程，而是蕴含在“以事说理”过程中的。因此，在评析故事的过程中，教师要着眼于学科核心素养培育，着眼于学生在评析故事的过程中表现出来的素养水平和发展可能。从这个角度来说，教师在教学过程中关注的重点，就不应该是学生对于故事细节的看法，而应该是学生对于故事背后的德育内容的态度和看法。在此基础上，根据学科核心素养的要求，引导学生不断深化思考。只有通过这样的方式，德育课堂才能更好地对学生的精神成长发挥积极的作用。比如，让学生评析“倒地的老人扶不扶?”就不能只是关心学生“是否去扶了”这一结果，而应注重引导学生全面分析、理性选择，关注他们对于“扶”或者“不扶”的理由呈现，进而根据思维呈现对学生的行为倾向进行客观评价。

3. 注重学生的思想认识提升

故事是德育课堂的起点，但不是也不应该是德育课堂的终点。因此，德育课程的故事呈现，最终应该表现为学生在理解与评析故事的基础上所实现的认识深化和思想意识发展。所以，在评析德育故事的时候，一定不要满足于对故事本身的感受与剖析，而在点评故事之后，我们可以问学生：“你从故事里学到了什么？得到了什么启示?”这样的引导有助于学生将故事转化成道理，将理解故事的过程变成思想认识提升的过程。每一个德育故事都应该致力于“让学生明白一个道理”，致力于学生在理解故事、分析故事的过程中实现进步与成长。同时，要培养学生“由事及理”、“由此及彼”的眼界，真正关注学生在学习过程中的精神成长。一个德育故事所实现的东西可能并不显著，但只要坚持这样的积累，我们就会在经历一段时间的教学之后，欣喜地发现学生的道德进步，深刻体会到故事对于德育课程实现育人价值的重要作用。

故事是德育的载体，是学科核心素养“落地”的手段。一个好的教师，会通过娓娓动人的故事，让学生感受到丰富多样的社会生活，体会到纷繁复杂的社会现象背后的深刻道理。期待更多的教师从“好讲故事”的探索者，变成“讲好故事”的引导者，让学生在故事展开过程中感悟生活、感受教化、实现成长。

第五章

重在实效：社会主义核心价值观认同的评价促进

教育评价是进行价值观教育和促进价值认同的重要手段。教育评价代表着国家选拔人才的标准，这个标准内含的文化内容对全社会的价值观产生着深刻影响。教育评价表面上看只是针对学习阶段的学生，只涉及社会纵向流动的终结性考试，其实不然。以我国古代的科举考试为例，不仅包含着对科举及第人士进行文化教育，同时科举制更具有强大的政治认同功能，对国家政治治理与维护统治秩序发挥了重要作用。科举考试的内容直接指向捍卫统治阶级合法性的政治制度和社会规范，考查治国之理和经世致用。李世弼在《金登科记序》中说："是知科举岂徒习其言说，诵其句读，章绘句而已哉！篆刻雕虫而已哉！固将率性修道以人文化成天下，上则安富尊荣，下则孝悌忠信，而建万世之长策，科举之功不其大乎！国家所以稽古重道者，以《六经》载道，所以重科举也。后世所以重科举者，以维持《六经》，能传帝王之道也，科举之功不其大乎！"[①]

① 《金文最》卷二三《玉堂嘉话》。

通过作为国家权力精英遴选机制的科举制，封建社会在不知不觉中完成了国家的政治认同过程。美国学者罗兹曼说："科举制度曾经是联系中国传统的社会动力和政治动力的纽带，是维护儒家学说在中国的正统地位的有效手段……它构成了中国社会思想的模式。"① 科举制不仅影响着统治阶级内部的思想认同，而且贫民子弟也可以通过科举改变命运，正所谓"蓬门之下，或有兰香；茅茨之屋，或有公王"，"朝为田舍郎，暮登天子堂"，这反映出科举考试的评价系统所形成的政治认同的广泛性。

在当代，教育评价制度在促进社会成员价值观念和价值规范的认同方面也发挥着极其重要的作用。2014 年教育部《关于全面深化课程改革　落实立德树人根本任务的意见》中指出，"要使考试评价更加准确反映人才培养要求……注重综合考查学生发展情况，引导学生实施素质教育，科学选拔人才。加强发展性评价，发挥评价促进学生成长、教师发展和改进教学实践的功能。各地要组织实施教育质量综合评价改革，鼓励学校积极探索，完善科学多元的评价指标体系，引导树立科学的教育质量观。"教育部在《关于全面深化课程改革　落实立德树人根本任务的意见》中也明确指出，"加强考试招生和评价的育人导向……各地要组织实施中小学教育质量综合评价改革，鼓励学校积极探索，完善科学多元的评价指标体系，引导树立科学的教育质量观。将学生践行社会主义核心价值观情况纳入综合素质评价体系，使社会主义核心价值观内化为学生的精神追求，外化为实实在在的自觉行动。"2016 年 12 月 7 日至 8 日召开的全国高

① 罗兹曼主编：《中国的现代化》，江苏人民出版社 1995 年版，第 338 页。

校思想政治工作会议强调，思想政治工作要围绕培养什么样的人、如何培养人以及为谁培养人的根本问题，坚持把立德树人作为中心环节，把思想政治工作贯穿教育教学全过程，实现全程育人、全方位育人。“教育教学的全过程”、“全程育人”、“全方位育人”必然包含着教育评价这个重要环节和手段，教育评价必须贯彻党的教育方针，坚持立德树人的导向，在学科知识和学科能力考查的过程中，贯彻马克思主义科学理论和思想方法的指导，将学科知识与思想道德教育结合起来，通过教育评价机制积极培育和大力弘扬社会主义核心价值观，帮助学生坚定正确的政治方向，形成正确的政治认同，促进学生全面发展。同时，建构起全面综合的人才评价体系，积极探索社会主义核心价值观的评价方法，力求科学、客观、全面地评价学生的综合素养。

第一节　评价目标：价值认同为核心

评价目标作为教育对象通过学习所要达成的预期结果，代表着国家和社会对人才培养的总体要求，表明课程设置和规划的努力方向，指明教育工作者和教育对象在教学活动中所追寻的价值目标。

我国教育教学评价目标的发展主要经历了双基目标、三维目标与素养目标三个阶段。

一、双基评价目标

双基评价目标，是以学生掌握的基础知识和基本技能的广度和深度作为人才评价的质量标准。此阶段的教育教学活动和考试评价均以知识为中心，围绕知识内容展开，关注所教授的知识的全面性和系统性，关注学生是否能够准确记忆和理解知识点，突出基本技能的反复训练。

此阶段的考试命题，相应地处于知识立意阶段。试题侧重考查知识的记忆和再现能力，强调各学科、各单元、各部分知识的全面覆盖，测量中关注学生掌握的知识点的精准度、知识范围的广度和学科内容的深度。试题的呈现方式通常是没有生活情境和材料，直接问答书本知识，回答时学生直接复制、照搬书上的概念和原理即可。试题的答案均是统一化的标准答案，评阅时严格按照知识踩点给分。在双基评价目标下，教与学都十分“扎实”。这样的评价目标使中国学生在毕业时，基本上具备了完整的知识体系和熟练的基本技能，但是在一定程度上存在着重记忆轻理解、重背诵轻运用、重智育轻德育，忽视学生全面发展和价值观教育的问题。

二、三维评价目标

为了解决死记硬背知识点带来的问题，扭转应试教育的弊端，国家积极推进素质教育改革，在双基评价目标的基础上，进一步提出了知识、能力、情感态度价值观的三维评价目标。在评价目标上，增加了学生情感态度价值观和行为表现的维度。从一维、二维到三维的演进，不仅使得评价目标更加全面、丰富，而且对原有的评价目标序列进行了重新排序，“知识目标是支撑全部课程目标实施的基础，服从服务于能力目标即情感、态度与价值观目标。能力目标是认知能力和行为能力的发展，是组织和呈现教学内容的主导。情感态度与价值观目标是优先设置的课程目标”。新的目标序列阐释了一种新的评价目标，情感态度价值观在整个评价体系中处于优先地位，体现了从“知识为本”到“育人为本”的转变。

此阶段的考试评价也发生了很大的变化，开始在纸笔测试中尝试探索进行价值观教育。传统评价理论认为价值观念和价值行为是纸笔测试难以考查的，因为不能通过考场上考生可观察的行为表现出来，也不能通过阅卷中可操作的评价标准去实现。但是，近年来国家教育部考试中心、各省市考试机构、各学校在中考和高考试题、模拟试题，以及模块考查题中，有意识地探索把社会主义核心价值观融入考试内容中，努力把学科知识能力的考查与思想政治教育结合起来，认为考试也是一种重要的价值观教育途径，试题也存在着弘扬什么、批评什么的价值导向，并且积极通过考试内容与形式的改革，通过具有时代感和吸引力的素材选择、设问指向，进行马克思主义教育，传承中华优秀传统文化，培育学生的法治精神和诚信意识等。本阶段开始有了在考试评价中渗透价值认同的思想，但是在评价中，特别是在纸笔考试中，如何有效地进行价值观教育，在确保科学性的基础上怎样使价值观变得可测，以何种形式考查价值观才不是死记硬背，不是停留于知识层面，而是考查了政治认同和价值认同，成为实践中需要突破的难题。

三、基于素养的评价目标

第三阶段是基于核心素养的评价目标。素养目标超越了知识和能力的考查目标，包含了政治认同和价值认同的目标维度，体现了人的全面发展的教育目的。“中国学生发展核心素养”以形成学生发展为核心的完整育人体系为目标，明确提出培育学生的“国家认同”，重点是：具有国家意识，了解国情历史，认同国民身份，能自觉捍卫国家主权、尊严和利益；具有文化自信，尊重中华民族的优秀文明成果，能传播弘扬中华优秀传统文化和社会主义先进文化；了解中国共产党的历史和光荣传统，具有热爱党、拥护党的意识和行动；理解、接受并自觉践行社会主义核心价值观，具有中国特色社会主义共同理想，有为实现中华民族伟大复兴中国梦而不懈奋斗的信念和行动。

“中国学生发展核心素养”指出了在教育实践中落实核心素养的三条基本途径，教育评价就是其中之一，提出“学生发展核心素养是检验和评价教育质量的重要依据。建立基于核心素养的学业质量标准，明确学生完成不同学段、不同年级、不同学科学习内容后应该达到的程度要求，把学习的内容要求和质量要求结合起来，可以有力推动核心素养的落实”。可见，本阶段已明确教育评价是帮助学生形成价值观认同等素养的重要手段。

在与学生发展核心素养相对接的新版普通高中课程标准中，各学科都强调了价值观教育的内容。例如在思想政治学科的课程标准中，“政治认同”是四大核心素养之一，课程标准指出“我国公民的政治认同，就是拥护中国共产党的领导，坚持和发展中国特色社会主义，认同中华人民共和国、中华民族、中华文化，弘扬和践行社会主义核心价值观。中国特色社会主义是改革开放以来中国共产党的全部理论和实践的主题，是党和人民历尽千辛万苦、付出巨大代价取得的根本成就。社会主义核心价值观是当代中国精神的集中体现，凝结着全体人民共同的价值追求。认同中国特色社会主义和社会主义核心价值观，才能形成全国各族人民团结奋斗的共同思想基础，坚持中国道路、弘扬中国精神、凝聚中国力量，为实现中华民族伟大复兴的中国梦而奋斗。青少年的政治认同是他们创造幸福生活的精神支柱、价值追求和道德准则；发展政治认同素养，才能牢固树立中国特色社会主义理想信念，成为社会主义合格建设者和可靠接班人”，指出政治认同关乎学生的成长方向和理想信念的确立，也是“科学精神”、“法治意识”和“公共参与”有中国特色的共同标识。

历史学科在课程标准中提出，学生通过高中历史课程的学习，“能够从历史发展的角度理解并认同社会主义核心价值观和中华优秀传统文化，认识并弘扬以爱国主义为核心的民族精神和以改革创新为核心的时代精神，具有广阔的国际视野，树立正确的世界观、人生观、价值观和历史观，为未来的学习、工作与生活打下基础”，“使历史教育成为形成和发展社会主义核心价值观的重要途径，努力培养德智体美全面发展的社会主义建设者和接班人。发挥历史学科立德树人的教育功能，使学生能够从历史的角度考察国家的命运和世界的发展，形成现代公民应具有的历史素养和国家历史认同……要增强学生的历史使命感，使学生具有正确的国家意识、民族意识、社会意识、公民意识，以及世界意识和国际视野”。

因此，现阶段基于核心素养的教育评价，十分重视培养学生对社会主义核心价值观的认同，强调发挥社会主义核心价值观对学生思想认识的引领作用，将育智与育德、知识学习与价值观教育有机结合起来，有效地解决了前两个阶段出现的在一定程度上重智轻德的问题。

第二节 评价功能：选拔与育人并举

一、评价功能的再认识

应试教育的评价体系把对教师教学和学生学习的选拔功能放在了头等重要的位置，以考试分数的高低作为评定学生优劣和教师教学质量的唯一标准，导致评价“促进学生发展”的本体功能，特别是价值观教育的功能被淹没和淡化了。当然，不能忽视教育评价的鉴定与选拔功能，但是从根本上讲，评价的选拔功能要服从和服务于促进学生全面发展的目标。评价的根本目的不是为了给学生按照分数进行排序，不是通过数据统计的正态分布曲线冷冰冰地对学生进行横向比较，从中挑选出一部分孩子，相应地淘汰一部分孩子。在根本上教育评价不应是“选拔适合进一步教育的学生”，而是“创造适合学生的教育”。教育评价应该是发展性评价，即应该把促进学生的发展放在第一位，由对考试分数、竞争胜负和曲线工程的关注，转变为对人本身的关注和关怀，特别是对人作为宇宙万物之灵的独特的精神世界的关注，强调人的理想信念的树立和精神家园的建构。

笼统地说，教育有两大核心任务，一个是知识教育，一个是价值观教育。里克纳说：“纵观历史，世界上的任何一个国家，都为教育树立了两个伟大的目标：使受教育者聪慧（smart），使受教育者高尚（good）。”[①] 亚里士多德曾经将教育划分为实用类的教育和灵魂方面的教育。实用教育是为了人们现世的生活和生存需要，而进行必要的知识和技能教育；灵魂教育是对人的思想、信仰和价值观念方面的教育。

教育的这两大目标是由人的生命的双重属性决定的。人的生命有着双重属性，一个是自然方面的生物学生命，二是超越于“自然存在”的精神生命。其中，第二重生命是人在宇宙中与其他万物的根本区别，是人的本质属性的标识。与此相应，教育作为对人的生命的“成全”，也相应地具有两重属性：一是为了维持人的自然状态的生命，帮助受教育者认识外部世界的规律，掌握改造周围世界的本领，满足生存发展需要的教育，即“求真”；二是关于存在意义的思考和教育，即个体和作为人的关系总和的社会存在和发展的意义的教育，它通向“善”，关注人的精神、情感和思想世界。

在教育的双重任务中，第二个任务十分重要，它赋予第一重任务以意义和价值。教育是以追寻和实现某种价值为终极目标的，这是教育的本质和真谛。教育具有价值性，必须为了追寻某种价值而存在，失去了价值就失去了真正的教育。教育的本质力量在于精神教化和思想启蒙，唤醒价值维度的思考。被誉为美国教育界“施洗约翰”的特潘把教育目标定位于“理想性的”、“哲学性的”。这意味着教育不仅仅是要向人们传授某种专业的知识和技能，而是要把真理和价值观的力量给予他们[②]。因此，教育不能仅仅是谋生本领

---

① ［美］托马斯·里克纳著，刘冰等译：《美式课堂——品质教育学校方略》，海南出版社 2001 年版，第 4 页。

② ［美］乔治·M. 马斯登著，徐弢等译：《美国大学之魂》，北京大学出版社 2009 年版，第 116 页。

的习得，如果不能给学生的精神以引领和给价值观的发展以导向，任何知识和能力都将陷入盲目，难以满足个人发展和社会发展的需要。[①]

二、教育评价的价值认同功能

社会主义核心价值观是社会主义本质的体现，它承载着中华民族的共同理想，凝聚着人们对美好社会的向往，体现着社会判断是非曲直的标准，是人民幸福安康的根本保障。通过社会主义核心价值观教育，可以帮助个体建构稳固的精神家园，进行自我认同、自我确证，回答“我是谁”和“我应该如何生活”的问题，形成明确的自我意识。在国家维度上，核心价值观是在一个民族、一个国家价值体系中起决定作用的价值观，它支撑和影响着社会上基本的价值判断，是民族、国家最本质、最深层、最持久的精神要素。失去了核心价值观，国家的政治制度就会出现合法化危机，社会成员就会出现信仰真空和思想认识的混乱。核心价值观是社会的“精神黏合剂”，是民族精神的集中体现，通过影响和塑造社会成员的精神世界，使他们团结起来形成强大的凝聚力和向心力，从而达到维护国家稳定、促进社会和谐的目的。

深入理解和自觉践行社会主义核心价值观，是新时期人才培养的重要内容，是中国特色社会主义建设者和接班人的本质要求。价值观关涉人的生活方式、行为选择和实践活动，明确而坚定的价值观是一个人心理成熟和社会化程度的重要标志。特别是青年学生正

① 石芳：《多元文化背景下的核心价值观教育》，人民出版社2014年版，第33—34页。

处于价值观形成的关键时期，扣好人生的第一粒扣子十分重要。社会成员在学习他所处的国家、民族、时代的价值标准和行为规范的过程中，将个人价值观与社会价值观协调起来，由自然意义的人变为文化人、社会人，成为名副其实的社会成员和国家公民。因此，教育评价要以适当的方式将社会主义核心价值观传递给学生，通过具体落实在课程评价、教师评价和学生评价体系中，给教育教学活动以正确的价值引领。

1. 课程评价

在课程评价中，教育部在《全面深化课程改革　落实立德树人根本任务的意见》中指出，“课程是教育思想、教育目标和教育内容的主要载体，集中体现国家意志和社会主义核心价值观，是学校教育教学活动的基本依据，直接影响人才培养质量。全面深化课程改革，整体构建符合教育规律、体现时代特征、具有中国特色的人才培养体系，建立健全综合协调、充满活力的育人体制机制，落实立德树人根本任务。”课程要集中体现国家意志和社会主义核心价值观，因此在课程评价中，要关注课程的设置与实施是否充分利用必修课、选修课、校本课程和学校的实践活动进行社会主义核心价值观教育。在必修课中，在语文学科优秀作品的阅读中，在爱国文言文和古诗词的教学中进行社会主义核心价值观教育；思想政治学科可以借助国家课程中初中“做知法守法用法的人”、“实现我们的共同理想”、国情教育等内容进行价值观教育，高中在“文化生活”、“生活与哲学”等模块的课堂教学中，直接正面地宣传社会主义核心价值观，传承中华优秀传统文化，培育学生的法治意识；音乐学科可以进行爱国歌曲赏析与爱国歌曲合唱比赛，开设琵琶、古筝、笛子等传统乐器的学习。同时，可以结合学校的历史传统、师资特点，以及学生的需求开发选修课程。比如一些学校开设了科学社会主义、中国共产党党史、法律问答、四大名著阅读、论语导读、传统智慧与现代生活等相关课程。某些地区还开设了相关的地方课程，比如北京市西城区开设的“爱我西城”课程，详细介绍本地区的爱国人士，宣传他们的事迹，带领学生参观名人故居和爱国主义教育基地等，西城区教师研修中心还为师生们编制了翔实的教材和学案，引导学生从热爱自己的出生地和家乡，到热爱伟大的祖国。

下面是北京八中开设的校本选修课“传统智慧与现代生活”的课程说明，该课程力求通过传承源远流长、博大精深的中华优秀传统文化，让学生感受灿烂的中华文明，懂得中华文化的价值追求和独特创造，增强文化自信。

北京八中“传统智慧与现代生活”选修课

课程名称	传统智慧与现代生活			授课教师	
授课时数	20	人数要求	10—30人	课程类型	B
课程说明	古今一瞬，沧海桑田。时代在变，环境在变，社会在变，始终不变者，人心，人性，人情。推一己之心，一己之性，一己之情，可以及于他人，万人，以至于古今万万人之心，之性，之情。故千载之下，能通于心性情者，也能上通千载，与古人神交遨游于天地之间。基于此信念，古人之心性情，也必有无数精华能资鉴于当今之世者。故本课程拟探求传统的立志，事亲，尊师与交友之道，考其源流，寻其精神；进而探问当今之世，面对立志，事亲，尊师与交友，“我”当如何自处？				

续表

授课内容	1	志者，心之所之也：传统中的立志
	2	匹夫不可夺其志：现实中的秉志
	3	哀哀父母，生我劬劳：传统中的孝亲之道
	4	惟孝父母，可以解忧：现实中的尊亲之道
	5	传道授业解惑：传统中的师道
	6	三人行必有我师：现实中如何事师
	7	人之相知贵在知心：传统中的交友之道
	8	友直友谅友多闻：现实中如何处友
	9	交流报告（1）
	10	交流报告（2）
授课方式	讲授、交流分享	
评价方式	学习心得报告一篇	
学校审批		

2. 教师评价

在教师评价中，一些学校片面强调升学率，片面地以学生的中考成绩、高考成绩作为对教师评职称和评先进的标准，但是忽略了教师承担价值观教育的职责。在每学期或学年结束的时候，大部分学校会组织学生们评价教师，学校通常有着详细的教师评价细则，比如语言流畅、教态自然、板书工整、按时评阅作业、概念原理讲解清晰等，但是绝大部分教师评价量表中没有涉及价值观教育的内容。

下面是两所学校的教师评价量表，从表1中可以看出，学校评价教师的题目并不多，看似比较抽象、笼统，但是问题大都切中了要害与本质，并不是表面化的、一些形式上的内容，问题也比较全面，涉及上课的吸引力、发挥学生的主体作用、学习方法的指导、知识能力价值观教育、课堂管理、师生关系、工作态度等方面。特别是第5题“既教书又育人”体现了教育“求知”与“育人”的双重目标。表2中的教师评价量表更多地涉及课堂内容的容量、作业量、作业批改情况、准时上课、准时下课、板书等相对表面的指标，没有涉及教师进行价值观教育的内容。

表1

教师评价题目			
1. 能引起你的学习兴趣	A. 是	B. 一般	C. 否
2. 能发挥你的主动性	A. 是	B. 一般	C. 否
3. 知识讲授清晰	A. 是	B. 一般	C. 否
4. 注重学法指导和学科能力培养	A. 是	B. 一般	C. 否
5. 既教书又育人	A. 是	B. 一般	C. 否
6. 课堂管理严格且方法得当	A. 是	B. 一般	C. 否
7. 平易近人，师生关系和谐	A. 是	B. 一般	C. 否
8. 认真负责	A. 是	B. 一般	C. 否
9. 请描述学校里你心中的好老师。（800字左右）			

表2

教师评价问卷

1. 对待学生［10］
   A. 尊重学生，真诚关爱，公平公正（10）
   B. 关心学生，教育方法有待改进（8）
   C. 有体罚或讽刺挖苦学生行为（0）
2. 教学方式［10］
   A. 教法灵活，启发性强（10）
   B. 讲课明白，易于接受（8）
   C. 讲课平淡，能听明白（5）
   D. 教法枯燥，不易听懂（2）
3. 组织教学［10］
   A. 纪律良好，积极参与，主动学习（10）
   B. 纪律良好，参与不够，氛围沉闷（7）
   C. 纪律一般，能完成教学任务（5）
   D. 纪律较乱，教师不能组织课堂纪律（2）
4. 教学目标［5］
   A. 每节课都有清晰明确的教学目标和学习目标（5）
   B. 每节课的教学目标和学习目标不明确（2）

续表

5. 课堂容量［5］ A. 内容充实，学生思维活跃（5） B. 内容适中，有一定思维量（3） C. 知识量少，思维量小（2） D. 知识量少，无思维量（0） 6. 落实情况［10］ A. 方法有效落实课堂学习内容（10） B. 方法简单落实课堂学习部分内容（8） 7. 因材施教［5］ A. 尊重学生差异，分层教学与指导（5） B. 尊重学生差异，教学方法单一（3） C. 对学情不了解，满堂灌，无分层（1） 8. 辅导答疑［10］ A. 经常答疑，耐心讲解（10） B. 有时答疑，应当更主动（8） C. 答疑的次数少，有时缺乏耐心（5） D. 基本不辅导答疑（0） 9. 课后作业量［5］ A. 作业量适中（5） B. 作业量大（2） 10. 作业批改情况［10］ A. 全批全改，及时反馈，复判错题（10） B. 部分批改，及时反馈（8） C. 只做批改，而无反馈，无错题落实（5） D. 不批改，不反馈（0） 11. 准时上课［5］ A. 坚持准时上课（5） B. 偶尔有迟到（3） C. 经常迟到（0） 12. 准时下课［5］ A. 从不拖堂（5） B. 偶有拖堂（3） C. 经常拖堂（2） 13. 板书设计［10］ A. 板书结构清晰，重点突出，有助提高学习效率（10） B. 课堂教学有板书，对学习有促进作用（8） C. 课堂教学有板书，比较随意而无重点（5） D. 几乎没有板书（2）

教育评价对师生的行为起着明确的导向作用。在学校评价指标体系的导向下，如果学校对教师教育教学的评价指标全面，教师就会有意识地贯彻全面育人的目标，但是如果学校的评价指标仅仅关注知识的讲授，以及教师工作程序的履行等方面的内容，教师就常常做不到有意识地和自觉地进行思想政治教育，价值观教育的目标就仅仅是在做公开课或者班主任工作检查时才写在教案上或班级活动的设计中，仅仅是个摆设，而平日教育教学中几乎无视这个领域，把所有的注意力都集中于知识点的讲解、习题训练和班级管理等事务上。

3. 学生评价

在学生评价中，学校和老师习惯于用单一的考试成绩评价学生的好坏，以学习成绩的单向度指标代替对学生的整体评价。“三好学生”在现实中常常成为成绩好的“一好学生”，价值观的方面被有意地忽略了。学校和教师应该把学生的思想品德和行为表现作为重要的评价内容纳入到综合评价中。比如，关注国家的发展，经常收看新闻，与同学交往宽容友善，乐于助人，做事守信重诺，有社会责任感，敢于担当，具有家国情怀和崇高的理想信念等。

北京四中学生手册①

北京四中校训：勤奋、严谨、民主、开拓。

我们的人生观：集体主义人生观。

三个为重：关心他人比关心自己为重，关心集体比关心个人为重，关心国家比关心个人为重。

四个关心：关心国家，关心学校，关心师长，关心同学。

北京四中校风核心：优、苦、严。

北京四中人的情感：荣誉感，责任感。今日我以北京四中为荣，明日北京四中以我为荣。

成才三意识：栋梁意识、竞争意识、艰苦奋斗意识。

---

① https://wenku.baidu.com/view/5bf845ec998fcc22bcd10de5.html

北京四中的学生评价以《北京四中学生手册》作为标准，对照学生手册开展学生自评和教师对学生的评价工作。《北京四中学生手册》不仅鼓励学生好好学习，更在成绩的背后强调学习的意义和做人的准则，将个人与社会、国家联系起来，强调集体主义价值观，引导学生胸怀国家，培育栋梁意识。

教育评价主要具有选拔、激励、发展、诊断等四项基本功能，这些功能并不是非此即彼、相互对立、彼此排斥的关系，不能因为发展一个或一些功能就摒弃另一些功能。在我国，当前评价的选拔功能有其存在的必要与实际需求，发挥着社会人才纵向流动的评价标尺的作用，发展和诊断的功能也需要依据分数帮助进行分析与判断，适度的选拔和竞争还可以产生一定的刺激作用，激发学习动力。因此，教育评价要做的是将教育评价的多种功能有机地结合起来，以立德树人为核心，促进学生健康成才和全面发展。

第三节　评价方法：过程与结果结合

评价方法又叫评价策略，现代教育评价领域正在积极探索和实施多样化的评价方法。在价值观认同的评价方法中，除了传统的对价值观念内涵的理性认知的评价之外，一些新型的评价方法正在被开发和使用。请注意，这里的评价是一个大概念，不局限于传统意义的纸笔测试，纸笔测试仅仅只是终结性评价的具体形式之一，评价是一个包括多种多样的过程性评价和终结性评价、表现性评价和纸笔评价的系统。

一、表现性评价

作为一种新型的评价方式，表现性评价近年来受到国内外教育评价领域的广泛关注。

表现性评价是指在真实的生活情境中或者模拟真实情境的练习中，来观察或评价学生对于某种价值观念的分析判断、对某种社会现象的价值理解，以及在生活中实际奉行的价值标准和具体行为的表现。

表现性评价的表现形式是多种多样的，可以是对某个社会价值问题的文字阐释、口头陈述、心得体会、演讲、辩论、投入某项议题的讨论、亲身参与实践活动的行为表现记录，也可以是某些实物作品。

比如北京师范大学二附中开展的"special painting 志愿项目——明信片义卖活动"。"哦。这是一幅手绘精美的明信片，可是它的意义不仅在于绘画爱好者的聚集地，而是进行售卖。利润我们将捐助给云南某中学的一位同龄贫困生。还记得高一有一篇课文 What can you do with 5 Yuan? Not a lot，you may think. Well，if buying a bag of candies or cookies doesn't appeal to you，how about buying a bookmark? Yes，a bookmark drawn by our mates to help the teen in poor. 买一张明信片、书签的意义是什么？拥有一张独一无二的明信片或书签，寄给你亲爱的朋友，认同志愿者们的努力，帮助一个同龄人让她/他有一个更好的生活。"①

---

① 北师大二附中微信公众号。

北师大二附中“明信片义卖”活动

真实性价值评价，还可以是回答纸笔测试中模拟真实情境的论述题。纸笔测试中开放性主观题考查也属于表现性评价，如果试题的任务具有真实性，提出了生活中的实际问题，并引导学生探究问题的解决方案，也属于表现性评价。因此，表现性评价并不在于其表现形式，而在于任务是否真实，是否能够真实地反映学生对生活中实际的价值问题的认识、判断和行为表现。

表现性评价十分适合关于价值认同的评价。价值认同是社会成员对一种社会价值观念或价值规范的认可、接受和表现出的自觉遵守行为。认同通常可以由知情意行等方面表现出来，可以表现为经过独立思考对某种价值观念进行深入的阐释，或者通过某个“作品”（研究论文、社会问题分析报告、演讲稿等）表达自己对某种价值观的理解，可以表现为对某个社会事件或现象的情感和态度，还可以表现为现实生活中通过实际的行为表现和反映自己赞同和支持的价值观念，即通过实际行为的践行去表达自己认同的价值观。比如，学生的社会责任感和公共精神，可以表现在日常生活中关注社区存在的实际问题，积极参与社区问题的讨论，主动地、有创造性地解决社区实际问题的具体行为。

由此可见，表现性评价与传统的客观认知型评价相比，更加适切于价值认同问题。客观认知型评价是直接考查对某种价值观念或思想认识的背诵和记忆，这种评价方法在测量事实性知识方面比较有效，但在评价学生对社会问题，特别是价值问题的思考和行为表现上存在一定的局限性。表现性评价因为揭示出真实的价值问题、面向真实的生活情境，评价更具现实性、开放性、实践性和参与性，同时表现性评价可以把死记硬背的价值观念和价值理论背后的理解、体悟、经历、情感、态度、行为等丰富的内容呈现出来，能够更加真实而全面地评价学生价值思考力、价值判断力、价值选择力和价值行为力的情况。

示例1：北京三十五中忆“一二·九”运动——思历史使命，念少年责任

1. 学生汇报研究成果

学生查阅相关资料，通过阅读书籍与论文，了解相关的历史史实，将自己的学习成果，以个人擅长的方式表达出来，与同学们分享。

汇报研究成果

2. 学生心得体会的记录

不知不觉中我们已经步入高中生活三个月了，不知大家是否已经适应了高中生活，还是正在寻找着自己的方向呢？作为一名中学生，面对色彩斑斓、琐碎繁杂的高中生活，往往容易迷失自我，我们在生活当中肯定会遇到一些挫折，但是作为一名学生、一位有志青年，应该有责任去克服一切困难。让我们学习“一二·九”精神，培养勇敢和克服困难的顽强意志，以微笑和勇气面对挫折，以坚决的态度和果断的行动担当责任。

每一代年轻人，有每一代年轻人需要承担的责任，这和国家的大环境和世界格局有着密不可分的联系。1935 年正是国家危亡的关键时期，所以，当时的青年学生喊出：“华北之大，已放不得一张平静的书桌了！”没过多久，他们中的很多人走上了抗日救亡的战场，那一代人和我们的国家一起经历了漫长的生与死的考验。历史的残酷事实让我们这些生活在和平年代的人不愿回顾；国家曾经的积弱和耻辱已经成为我们这些后来人身上永久的烙印[①]！

3. 教师评价

该生在纪念“一二·九”活动中，表现比较突出。他在图书馆查阅了大量资料，做了1万多字的文献综述，了解“一二·九”运动的历史背景与具体史实，结合阅读，组织并协同小组同学撰写研究报告，承担了其中的主要部分，制作了完整、精美的PPT，代表小组将研究成果向同学们展示，并且在个人感悟中，深刻地分析了“一二·九”运动给当代青年留下的思考与意义，能够感受到自身的责任与使命。整个活动中该生的参与热情都非常高，研究比较深入，认识比较深刻。

示例2：人大附中学生谈理性爱国[②]

真实性评价可以是学生针对某种价值观念，撰写文章，阐释自己的想法，也可以是对其他同学的某种价值认识，展开讨论与互动。在本示例中，人大附中的老师们围绕爱国主义价值观，通过微信公众号，向学生们征文，并由教师加以指导，其他学生参与讨论互动，帮助学生们深化思考何为理性爱国。

① 北京三十五中微信公众号。
② “政有趣”微信公众号。

编者按：

“爱国”是社会主义核心价值观的重要内容之一，近年来，“爱国”这一话题变得越来越脍炙人口。“南海仲裁闹剧”结果出炉时，有爱国民众围堵在当地肯德基店门口，呼吁国民抵制肯德基；里约奥运会霍顿侮辱孙杨，有网友要求霍顿道歉，“抵制澳大利亚货”……可是，吃肯德基＝帮忙美国对抗中国＝卖国贼吗？抵制外货＝爱国吗？这些都是值得商榷的。

中学生处在价值观形成的重要阶段，爱国究竟意味着什么？厘清这一问题显得尤为紧迫和重要。针对此，人大附中政治教研组初中部的老师们围绕“爱国”这一主题，通过向初中生征文并加以指导的形式，帮助学生学会理性爱国。学生们从不同角度对如何理性爱国展开了思考，我们将陆续推出一些学生的作品。

学生作品：什么样的爱国才是真正的爱国

初二（4）班　武彤桉

中华文明源远流长，在中华民族上下五千年的历史长河之中，曾经有一段历史，一段屈辱的历史，中国人民惨遭殖民者的践踏。英法联军火烧圆明园、八国联军洗劫北京、日寇入侵……西方列强的铁蹄无情地践踏着我们的国土；《南京条约》、《北京条约》、《马关条约》、《辛丑条约》……一个个不平等条约给中华民族带来了莫大的屈辱。人们愤怒、不平，因此，在新中国成立后，“爱国主义”这四个字眼变得广为流传。尤其是近几年，“抵制日货、美货”、“抵制肯德基”等的呼吁声越来越响。但是，抵制外国货就是爱国吗？用外国的东西、吃外国的食品就是卖国贼吗？如今，非理性的爱国行为越来越普遍，人们不禁要问了：究竟什么才是真正的爱国？

举世闻名的法国大文豪雨果，在第二次鸦片战争后曾经说过这样一段话：“有一天，两个强盗闯入了夏宫，一个动手抢劫，一个把它付之一炬……之后，他们双双拉着手荣归欧洲。这就是两个强盗的一段经历。在将来交付审判的时候，一个强盗就会被人们叫作法兰西，另一个叫作英吉利。”众所周知，维克多·雨果是法国大文豪，也是个十分爱国的人，而他却这样谴责自己国家军队的暴行。这究竟是为什么呢？其实，真正的爱国，是正义的，是不希望自己的国家犯历史性的错误的，这番话是从世界的角度和人类的立场出发。真正的爱国，是能够接受别国对本国合理的批评，是衷心地希望自己的国家正义、光明正大、问心无愧的，而不是盲目地去维护自己的国家。

当清政府腐败无能，清朝已沦落为列强统治中国的工具时，无数的爱国人士悲愤难平，提起笔，扛起枪，敢于直言，毫不畏惧，上书、变法、打仗、起义，为救国贡献自己的一份力量。真正的爱国，就是要让这个国家走向民主而不是走向专制；要让国民走向自由而不是成为奴隶；要勇于支持弱势群体正义的行为，敢于反对贪官权贵的横行霸道。

当日寇的铁蹄践踏到东北三省、北平城等地时，国共两党齐心协力，一致对外，共御外侮，经历了艰苦卓绝的作战，历尽千辛万苦，终于把日本侵略者打败，保卫了国土；当把日寇赶出中国后，人民解放战争时期，中国共产党不畏强敌，英勇反击，最终打垮了南京国民党政府，成立了新中国。真正的爱国，就是要勇于为人民的自由而牺牲，而不是被人利用成为排外的工具。

在中国共产党长征、打仗期间，尽管伤亡惨重、物资短缺，却坚决不抢夺普通老百姓的钱财粮食；他们本着“冻死不拆屋，饿死不掳掠”的原则，一切为人民着想。真正的爱国，就是爱自己生活的这片土地，爱这个国家的人民。

现在，经常听见有人说，看大阅兵了、看《建国大业》了、看世博了，爱国心再次升华了。其实，那所谓的“爱国之心”并不是真正的爱国之心。国家不是个空概念，人是国家的核心要素，爱国的本质应是爱民，关心他人疾苦才是真正的爱国。民之不存，国将焉在？不爱民者，何谈爱国？爱国，就是要爱民，要同情民众的疾苦，要善意地对待每一个中国人。

如今，很多人都说要抵制日货，不买日本车，不去日本旅游，不买日本的家用电器……可是，这样就真的管用了吗？如今全球经济一体化，抵制了外国品牌，却无法真正抵制外国的产品。一个产品的制成，是由很多个国家合作完成的，总有一部分是我们想要“抵制”的那个国家制造的。我们应该理智地去爱国，既不盲目排外，也不能骄傲自满。

这个时候，也会有很多人说：“中国的有些东西就是没有外国的东西好，像相机啊电器啊手机啊就是没有美国日本的好！”

于是又有很多人开始和这些天生推崇外国货的人们争执起来。其实这些都是不理智的行为，我们应该维护中国的尊严，捍卫民族品牌，同时，若我们国家真的有做得不如别人的地方，也应该坦诚地面对，并努力地学习外国的技术，尽最大的努力让祖国变得更好更富强。真正的爱国，既要勇于承认别国的优点，也要敢于正视自己的不足。

让我们做一个真正的爱国者，理性爱国，尽自己的一份力量，让我们的祖国变得繁荣富强吧!

教师点评：

武彤桉同学就什么样的爱国才是真正的爱国这个问题作了深刻的思考，从历史的角度出发，回顾了近代以来被迫签订不平等条约的丧权辱国的屈辱史，由此引出了爱国主义的问题。从为救亡图存而努力探索的仁人志士，为独立民主浴血奋战的共产党人，再到打着爱国旗号宣泄个人情绪的伪爱国者，作者娓娓道来，层层递进，来说明什么才是真正的爱国。文章最后落脚于当下存在的不恰当的爱国行为，提出爱国需理性，“要勇于承认别国的优点，也要敢于正视自己的不足”。（李书华老师）

学生的文章从历史到现实，从经济问题到民族意识，从抵制日货的社会行为到爱国概念、爱国主义、爱国行为的思考，最后，归纳出自己对理性爱国的认识，展现出学生的较强的价值分析能力。

该讨论问题的设置十分恰当，既结合学生感兴趣的价值问题，也反映了当前人们对爱国的不同认识和观点，是一个充满张力的价值议题，有利于学生水平的展现。同时，教师的点评，话虽不多，但是比较到位。

二、成长记录袋评价

成长记录袋评价是指把学生价值观念不断成熟、价值分析和价值选择能力不断提高、价值行为能力不断增强的过程、轨迹和最终结果进行记录与分析的评价方法。价值观很难采用量化的评价方式，成长记录袋评价属于质性评价，具有具体性、情境性、生动性、个性化的特点，所以在价值观认同方面，记录袋评价能够真实鲜活、有针对性地反映每个学生价值认同、价值思考和价值行为的具体情况。

使用成长记录袋进行价值观方面的评价，评价内容和方式可以十分丰富、多种多样，资料可以来自各科老师在课堂上所观察的学生参与价值问题分析和讨论的记录、学生在团队合作中的协作意识和奉献精神、班主任和德育处老师观察和记录的日常学习生活中的价值行为表现，也可以由学生自己进行总结和记录，提供丰富的材料。价值观表现记录的方式可以是对某个社会问题的价值分析报告、研究论文、参与公共活动的方案设计、对经历事件的过程记录、自我反思性的日记随感、获得的表彰证书、记录的照片图片，以及获得的他人评价等多种形式。

示例 1：北京三十五中“学雷锋活动”的自我记录[①]

我的成长——我记录！我选择！我建构！

学生姓名：________　　日期：________
活动名称：学雷锋活动
• 活动内容：活动共有四项内容——清理站牌、清除小广告。发放同学们精心撰写的明信片。我们在上面认真书写雷锋曾经说过的“要把有限的生命，投入到无限的为人民服务中去”等励志名言。为来往的行人指路，引导车站秩序，并提供充电宝给需要的人士。
• 我理解的活动意义：每年的 3 月 5 日是雷锋纪念日，雷锋同志的事迹影响着一代又一代的青年人。雷锋精神的实质和核心是全心全意为人民服务，为了人民的事业无私奉献，这是一种伟大的信念，是一种随着时代进步而不断发展的与时俱进的精神，更是我们中华民族传统美德的一种积淀。“助人为乐”不仅在眼前看来是一种奉献精神，积少成多之后，它更能使我们所生活的社会更加和谐美好！
• 我的感悟：现在已是初春，但寒风还在肆虐着，春寒料峭。大家在寒冷中，依旧认真坚守着自己的职责。短暂的一个小时过去了，我付出了辛苦和努力，得到了满足、自信和为他人服务的那一份愉悦。不得不说志愿服务是一份神奇的职务，当你全身心的投入当中时，你就会忘记疲惫和劳累，还能够感到充实和快乐。大家在同一个车站的短短一小时，却遇到去各个地方的人们。相信他们再拿出那张明信片的时候，一定会把它带到更远的地方去的——雷锋精神。
• 活动后我最想说的话：雷锋精神不是一句简单的标语，也不应该只停留在口头上，而是需要大家体现在行动中。雷锋精神不仅仅是在这一天体现，而是一个长久的精神历程。希望每一个社会公民将雷锋精神实实在在地体现在每一天的生活中！

示例 2：模拟政协活动的记录

模拟政协活动自我记录表
学生姓名：________　　日期：________
活动名称：模拟政协活动
活动内容：以小组为单位，确定研究主题，进行社会调查，深入了解问题，探究问题的解决措施，撰写提案。

① 北京三十五中微信公众号。

续表

自我记录：在模拟政协的活动中，我们小组的提案是“外来务工人员子女的教育问题”。在研究过程中，我们发现部分地区外来务工人员的子女由于没有固定居所，没有合适的小学或初中可以就读，只能离开父母回到老家读书。而且外来务工人员作为父母由于自身知识与能力的限制，不能给孩子提供很好的家庭教育。针对上述问题我们提出了几项对策和建议……我们希望能够为社会成员平等地享受社会教育资源创造更为宽广的途径，希望我们能够对与我们同龄的孩子给予更多的关心，尽我们所能去帮助他们，把我们不用的辅导书和学习经验与他们分享。在对话政策、对话不同群体的过程中，我们增强了社会责任感、公民意识和参与意识，我们开始关注民生，关注他人，关注社会。 在确定选题、调查研究、撰写提案、听证辩论过程中，我们增长了知识和能力，提案活动的规范的流程使我们体会到我国政治协商制度的优越性，了解我国政府对不同群体的关注与努力，使我增强了道路自信、理论自信、制度自信和文化自信，提升了社会责任意识，提高了发现问题、分析问题和解决问题的实践能力。我深深地感受到我们为实现中华民族伟大复兴的中国梦应该担当的责任与使命。

从上面的示例可以看出，记录袋评价不是干巴巴地对学生的思想道德或价值观念与行为表现给出一个分数或者评价等级，或是几句高大空的评语，而是能够真实地记录学生的思想、认识和行为发展过程中的重要信息，记录下他们的经历、转变、进步与体会。成长记录袋超越了等级分数把每个人的思考、创造、鲜明的个性、思想认识的特点、践行活动的表现都具体地呈现出来，场景性、叙事性、真实性的记录超越了抽象的评价。而且学生也作为记录的主体积极参与到价值评价的记录过程中，不断地反思自己、评价自己，也理解自己、认识自己，学会自我负责、自我发展。

示例 3：家长关于孩子价值观认识与发展的记录

今天孩子回家后提到思想政治课关于“爱国主义”议题的

讨论活动。他感慨地说："老师今天组织我们讨论'女排精神可以带给我什么'。在里约奥运会上中国女排以三比一战胜了塞尔维亚队，夺得了中国代表团第26金，这真是国家的光荣和自豪。而且中国队并不是一帆风顺，在小组赛中失利，但是教练和队员们没有放弃，顽强拼搏，时隔12年后重新问鼎奥运之冠。"看得出今天的课堂教学活动深深地触动了他。我和他交流想法，为什么女排会有这样的行为，我想"顽强拼搏、永不言弃"是女排精神的核心所在。郎平在赛后也说："只要有1%的希望，我们也会付出100%的努力。"我以为正是一种深深的爱国情怀激励着她们，能让她们不畏困难，具有百折不挠的意志，在心底里要为国争光，才具有如此强大的动力。我还和孩子探讨，我们现在应该如何爱国，对国家的责任感应该体现在哪里？应该如何去做？我十分认同老师把鲜活的正能量的事例引入课堂，激发孩子们的爱国热情，这对于今天的青少年来讲十分重要，只有形成国家认同，个人才能找到归属感和自我的价值感，我也惊喜于孩子在学校教育下理想信念的提升，这个话题的讨论让我和孩子之间也找到了共同的话语和精神层面的共鸣。（某高二学生家长）

三、基于观察的评价

"观察"是一种自古有之的评价方法，在具体情境中观察、记录和收集资料，并在概括、分析观察资料的基础上对被观察者的价值行为表现作出评价。细致、全面、系统的观察，能够获得丰富的第一手材料，这是真实、科学、客观评价学生的思想认识、价值理解、价值行为的前提和基础。

对价值观的观察不是随便看看、随便记录，教师需要围绕学生的价值思考、价值选择和价值行为，抓住以下几个关键问题进行观察：

（1）明确观察的目的，希望通过观察达到什么价值观教育的效果。

（2）确定观察的任务和重点，准备对哪些对象的哪些方面、哪些问题进行观察（要确定是针对学生对某个社会现象的价值分析力，还是两难情境下的价值选择力，是对诸如公正、诚信等复杂的价值问题的理解能力，还是实践中践行这些价值观的行为能力等进行观察）。

（3）围绕观察的任务，制订详细、周密的观察计划。

（4）结合评价目标和评价对象的特点，选择恰当的价值观观察方法和评价工具。

（5）制定科学、规范的价值观评价量表，明确列出所要观察的分项内容和评价水平标准。

（6）对观察记录做出恰当的解释，进行合理的价值判断与推理。

（7）能够根据现有的观察，进一步确定后续观察的目标与计划。

（8）能够为价值观教育和学生思想认识的科学诊断提供有效的信息。

轶事记录法就是一种比较典型的观察评价记录方法，通过对被观察者在日常学习生活中发生的事件、价值判断、价值选择和价值行为表现等如实的记录，进行分析和评价。

轶事观察记录表

学生姓名：________　　观察教师：________ 记录日期：________　　事件发生时间（段）：________ 　　活动或事件记录：连续一个月了，我每天早晨都在教室门外进行观察。看到他早早地到达教室，在班上没有什么同学，也没有老师的情况下，默默地随手把没有摆放整齐的桌椅摆放好，用扫把把掉在纸篓外纸片扫进去，把讲台上的物品码放整齐，细心地将黑板槽里的粉笔灰清理干净。 　　教师的现场感受和理解：在静悄悄的观察中，我想到的是“慎独”。在其他人不在场的情况下，仍然能够默默地做好事，而且不是一时一刻，能够持之以恒，不为表扬，朴实地做事，这种品质难能可贵。

四、纸笔考试评价

1. 价值观可测吗？

测量理论一般认为纸笔考试的功能是有限的。纸笔考试的功能主要在于测量认知水平，即纸笔考试能够测量事实性知识，测量人们对于某些概念、原理的认知与理解。同时现代测量学也开始利用纸笔考试测量策略性知识，即对复杂问题做出解决方案与策略的水平。总体而言，评价理论认为纸笔测试更加擅长测量认知，在认知评价方面能够做到相对科学、客观和准确，但是普遍认为人的价值认同、思想道德方面是不可测量的，即纸笔考试的功能无法实现准确测量人的真实的思想道德、情感态度和价值行为的任务。这种观点的理由是价值观问题涉及知情意行多个复杂维度，情感、态度、意志、行为等方面在书面作答中很难考查和表现出真实的水平，认为学生即使在实际生活中不认同某种价值观，但是在考试中由于涉及成绩与分数，影响个人的升学，也可能会违心作答，难以测量出真实的思想认识和行为表现。所以在很多考试项目中，比如 PISA 财经考试，采用纸笔考试测量学生在财经方面的知识与能力，但是关于学生的金钱观和消费观等价值观问题则采用调查问卷的方式，对教师、学生和家长进行了解，调查结果不作为评价学生价值观情况的依据，也不打分评价，只是将相关的价值观念和价值行为的基本情况汇总，为国家教育政策和教育发展战略的制定提供一定的参考。

在传统测量学理论的指导下，纸笔测试，特别是在我国作为纸笔测试代表的高考和中考，在很长一段时间里，只专注于学科基础知识和基本能力的测量，而将价值观的引导和考查排除在考试命题的范围之外。如前所述，在知识立意阶段，考试以测量学生掌握知识的广度、深度和准确度为中心。在能力立意阶段，以考查学科方法和学科能力为目标，注重各项能力的均衡覆盖和不同水平的科学设计。无论是知识立意阶段，还是能力立意阶段的评价，都是在认识论的意义上理解教育评价。这种科学认识论的评价目标是培养现代工业社会的“知识人”和“技术人”，即教育的使命是培养有知识、有效率的技术专家。因此，教育评价被看作是一项纯粹的技术性的工程，无论是考查内容、考查方式、参考答案、作答表现，都被量化为一系列认知领域的技术指标，各种数据充斥着整个教育评价系统。而且认为似乎只有排除了人的主观性和思想性的考试才足够的科学、客观和公正，才能令人信服。于是，考试越来越“精确”，也越来越机械，变得与人的生命价值和意义系统毫无关系，教育本身教化的意蕴和人文精神都被各项统计指标磨灭了。人的生命世界的丰富、多样、复杂的情感、思想、态度和人类高贵的品格都被科学量化的数字代替。

国务院《关于深化考试招生制度改革的实施意见》指出，要坚持育人为本，把促进学生健康成长作为改革的出发点和落脚点，扭转片面应试教育倾向，坚持正确育人导向，践行社会主义核心价值观，深入推进素质教育，培养德智体美全面发展的社会主义建设者和接班人。“培养什么样人、如何培养人以及为谁培养人是教育的根本问题”，教育的终极目的是使人成为人，这个“人”不是片面的人、不是工业社会被异化的单向度的人，是德智体美劳全面发展的人、是知情意行和谐统一的人。“立德树人”的人是整全的人，是有理想、有本领、有担当的人。教育评价要由以纯粹的数据指标和技术标准为核心，向马克思主义的全面的人学标准回归，体现育人为本。传统的教育评价只关注对知识的终结性评价，忽视学生的思想品德、社会态度和价值观的培养，在一定程度上导致片面追求升学率的不良后果。新的评价观要将纸笔考试作为促进人的发展的有效方式和重要途径。纸笔考试不单纯是客观理性的科学知识的考查，考试评价不纯粹是一套准确判定学生认知水平和作答表现的数据指标体系，而是要在本质上还原“教育”本义上对人的道德教化和心灵滋养的作用，服从、服务于人的全面发展的教育目的。

纸笔考试，特别是反映国家人才培养目标的高考和中考，需要承担起进行社会主义核心价值观教育的职能。高考作为国家选拔人才的重要环节，常常被比喻为教育教学的“指挥棒”和衡量人才的“标尺”，它反映国家人才培养的质量标准。指挥棒的方向是否正确、尺子的标准制定得是否合理、恰当，对于一个国家的教育发展十分重要。

考试不仅仅是教育评价的手段，考试也是学生重要的学习途径之一，也存在着倡导什么、批判什么、崇尚什么、反对什么的价值导向问题。我们的考试要坚持不懈地传播马克思主义基本理论、进行马克思主义理论教育，为人的终身发展打下科学、牢固的思想基础，要坚持不懈地培育和弘扬社会主义核心价值观，引导广大师生做社会主义核心价值观的坚定信仰者、积极传播者、模范践行者。考试不是无生命的、冰冷的知识问答，爱国、敬业、诚信、友善、公正、民主、法治的种子也要深深根植于试题的立意中，要把中华民族的几千年的灿烂文化、历史绵延中积淀的民族智慧、社会变迁中激荡的时代精神传递给学生，帮助学生树立正确的世界观、人生观和价值观。

近年来，教育考试中心命制的高考全国卷，各省市考试机构命制的高考、中考试卷，积极贯彻落实党和国家的教育方针，通过考试内容与形式的改革，把知识考查与价值观教育、思想道德修养的提高结合起来，强调命题工作要牢牢把握正确的政治方向，注重试题的政治性、思想性和教育性，给学生积极向上的价值引领。

在考试命题中突出社会主义核心价值观的导向作用，并不是说不考知识和能力了，或者说知识和能力不重要了，而是要在文化立意、价值观立意下审视知识和能力的考查，即考查何种知识、如何考查，要看其是否能够促进学生发展和满足社会需要，把学科内容与学习意义联通起来。价值观维度统摄下的知识，不仅揭示了关于事物规律的客观理论，也通向知识背后的社会文化价值意义，这时知识不再是纯粹的客观真理和科学事实，而是表达着人们对社会、世界的把握方式、情感态度和价值取向，是主观与客观、事实与价值的统一。

2. 价值观如何测？

当前纸笔考试正在积极探索进行价值观教育与评价的多种方法，努力做到不生硬、不呆板，既要能够测量学生的价值认知、情感态度和行为选择的真实情况，也要对学生的思想认识和价值认同起到提升的作用。下面介绍几种纸笔测试中进行价值观教育和考查的典型方法。①

（1）讲好中国故事

讲故事是一种有效的价值观教育方法，也是近年来纸笔测试中常用的培育和考查社会主义核心价值观的方法。作为一种别样的叙事方式，娓娓道来的故事不同于准确无误的科学原理陈述，也不同于严密的逻辑推理论证。真实的人物、鲜活的事例、生动的叙述、具体的情境……活灵活现、有血有肉、原汁原味、真实可感，这比一味的抽象说教和宏大叙事，对于教育对象来说更具有感染力，更容易引起移情和产生共鸣。借由发生的事件、具体的情节、人物的心理活动和行为表现，使社会主义核心价值观教育的内容不再遥远和空洞，可读性增强的同时，拉近了与学生的距离，更容易引发认同感。

故事教育法必须抓住两个关键问题——讲什么故事和怎么讲故事。近年来，各级各类试题精选和宣传了很多值得学习的经典故事，并且创新了一些在测验中讲好故事的方式方法。2017 年高考文综北京卷第 24 题，以新闻报道的鲜活方式，讲述了某校中学生在鸡年春节庙会上练摊儿，发挥主动性和创造性，设计了多种多样的小鸡玩

① 石芳：《在高考中进行社会主义核心价值观教育》，《中学政治教学参考》2017 年第 2 期。

偶，在庙会上热卖，并将全部销售收入捐献给西部贫困中学的故事，引导青少年形成关心他人、扶危救困的价值观。2017年一些省份和地区的政治、化学和生物试题，引入了我国诺奖得主屠呦呦研究的素材，介绍了中国科学家研究青蒿素治疗疟疾的伟大成就与最新进展，这使得试题在完成测试功能的同时，彰显自主创新、科技强国的主题，增强了学生的民族自信心、自豪感和积极投身国家建设的责任感与使命感。

39. 阅读材料，完成下列要求。（2016年全国3卷政治高考试题）

中国药学家屠呦呦因发现青蒿素治疗疟疾新方法而获得2015年诺贝尔生理学或医学奖。这是中国本土培养的科学家首次获得诺贝尔奖。

疟疾是威胁人类生命的一大顽疾，困扰了人类几千年。20世纪60年代末，治疗疟疾的常用药物——氯喹或奎宁的药效已经减弱，疟疾的发病率再次升高。为了找到新型抗疟药物，中国政府启动了研制治疗疟疾药物的“523项目”，中医研究院成立以屠呦呦为组长的科研组参加研究工作。在极为艰苦的条件下，屠呦呦小组与全国7个省市、30多个单位的科研人员协同合作，经过数百次试验、无数次失败，并从《肘后备急方》等传统中草药文献中获得灵感、汲取智慧，最终使用乙醚从青蒿中提取了疗效高的青蒿素，开创了治疗疟疾新方法，挽救了全球数百万人的生命。世界卫生组织将青蒿素和相关药剂列入其基本药品目录，以青蒿素为基础的复方药物已经成为疟疾的标准治疗药物。

屠呦呦说，获得诺贝尔生理学或医学奖，是中医中药走向世界的一项荣誉。它属于科研团队中的每一个人，属于中国科学家群体。用现代科学手段不断认识中医药，是我们一代代科研工作者的责任。

(1) 结合材料，运用追求真理的知识说明我国科学家是如何发现疟疾新疗法的。

(2) 结合文化生活的知识，谈谈屠呦呦团队的发现对于继承和发展中华优秀传统文化的启示。

(3) 在世界各国文化交流日益频繁的今天，为什么要坚定中华文化自信？请列举两条理由。

【参考答案】

(1) 人们在实践中认识和发现真理，在实践中检验和发展真理。受主客体条件的限制，追求真理是一个曲折的过程，具有反复性。根据社会的需要选择课题。克服困难、反复试验，经历多次失败仍坚持不懈。发挥团队精神，协作攻关。发掘中国传统中医中药学资源，并与现代科技相结合。将研究成果应用于疟疾治疗实践，接受检验。

(2) 立足于实践，在继承的基础上发展中华优秀传统文化；运用现代科技手段研究中华优秀传统文化，发掘其当代价值；推进中华优秀传统文化的传播，增强其世界影响力。

(3) 中华文化越来越成为中华民族凝聚力和创造力的重要源泉。坚定文化自信，是提升中华文化软实力、建设文化强国的必要条件。坚定文化自信，才能以我为主，在国际交流中借鉴吸收各国文化的优秀成果。坚定文化自信，才能坚定中国特色社会主义道路自信、理论自信、制度自信。

试题讲述了屠呦呦团队在极为艰苦的条件下研究治疗疟疾药物的过程和屠呦呦的感人至深的话语，引发学生学习故事中人物坚持不懈追求真理的意志品质，理解在实践中继承和发展中华优秀传统文化的价值，坚定文化自信。

故事可以是有一定影响力的国际和国内大事，也可以是普通的身边人和身边事。讲故事不能停留于叙事本身，故事只是载体，每个人物、每个故事、每个事例都有自己的“主题”与“核心”——爱国、敬业、友善、法治、诚信、和谐……意义深藏于故事之中，亲切入心的叙述、温暖感人的故事、易于理解的语言，能够使教育对象在无形中自然而然地认同故事内含的教育意义，接受故事传递的思想观念和价值取向。

（2）多元价值辨识

当今时代经济全球化和信息化的飞速发展，使人们置身于一个复杂的多元价值观共在的文化场域中。彼此矛盾的价值观念相互冲突、多重文化思潮相互激荡，价值世界呈现出五彩缤纷、绚烂多彩的图景。这一方面，为核心价值观教育提供了更加宽广的视野和丰富的资源，但是也像潘多拉的盒子，带来很多困扰的新问题。在多元价值观并存的时代，如果人们缺乏价值辨识能力，就会迷失于多元价值观的无序和混乱之中，陷入价值选择的困惑和认同危机之中，失去了“主心骨”。多元价值观并存的文化特征要求人们具有比以往更强的价值判断能力和价值选择能力。

当代价值观教育不是在理想的、纯净的真空环境里进行，多种价值观相互冲突、激荡，教育不能无视和回避社会的价值冲突，而是要将现实生活中的价值对立与价值矛盾揭示出来，引导人们在分析和比较中，形成自己赞成什么和反对什么的价值判断，明确应该做什么和应该怎么做的行为标准。

比如2016年江苏卷第34题讨论了一个当代价值观领域的热点问题——“什么是好电影”。试题把社会上存在的不同的人对于好电影的不同观点展现出来，揭示了现实生活中“叫好”与“叫座”的矛盾现象——“有些电影的艺术价值很高，但是票房却遭到冷遇，有些电影过度关注‘眼球效应’，缺乏社会主义核心价值观这样立得住的文化内核，虽然获得高票房，却是低口碑。”试题的设问深入而准确地抓住了这种社会文化现象的核心，引导学生从文化生活的角度，思考和分析好电影的文化内核应该是什么，通过运用马克思主义哲学的基本观点对“只要能‘叫座’的电影就是好电影”观点的评析，让学生从中领会和理解先进文化的本质和教育力量。

2016年浙江卷第30题，结合整治、打击、查处网络诈骗、传播谣言等违法信息网站的“净网行动”，使学生认识到面对互联网良莠不齐、纷繁复杂、多维多元的海量信息，要努力增强自己的价值辨识能力，同时以身作则积极传播正能量。

全国Ⅰ卷第39题以“英雄”为话题，“英雄精神是中华民族精神的突出表现”，英雄精神代表着一个民族、一个时代所倡导和弘扬的价值观。试题从现实生活中歪曲历史、抹黑英雄、混淆是非的言论入手，引导学生分析、辨别信息的真伪，通过对抹黑英雄的错误言论进行批驳，澄清思想认识，树立和弘扬正确的价值观。试题的考查方式十分贴近中学生，第（3）问通过撰写“我为英雄点个赞”主题班会发言要点的方式，引导学生进一步领会和提炼英雄精神，捍卫崇高的精神家园。

（2016年全国Ⅰ卷高考政治试题）39. 阅读材料，完成下列要求。

一个有希望的民族不能没有英雄，一个有前途的国家不能没有先锋。中华民族英雄是中华民族的脊梁。

近年来，有的人打着“还原历史真相”的旗号颠覆英雄、歪曲历史、消解崇高。如，胡诌“黄继光堵枪眼不合情理”、“‘火烧邱少云’违背生理学”、“董存瑞炸碉堡为虚构”等。凡此种种混淆是非的谣言借助网络等传媒随意传播，一些网民盲目跟风、随手转发。这种抹黑英雄形象的谣传引起了一些人历史认知混乱和价值观迷失。

还原历史、守护英雄、捍卫崇高，就是守护良知、正义和精神家园。战场上多次负伤的志愿军老战士李继德动情地说：“黄继光堵枪眼时，我在现场！”当年的老排长郭安民挺身直言，燃烧弹点燃伪装草，“大火整整烧了二十多分钟，邱少云始终一动不动”。董存瑞的生前战友郅顺义多次口述力证，董存瑞舍身炸碉堡，就在他的掩护之下……

（1）结合材料，运用价值观的知识，对否认英雄的错误言论加以批驳。

（2）结合材料和文化生活知识，探究如何守护英雄、弘扬中华民族精神。

（3）班级召开“我为英雄点个赞”主题班会，请就如何学习英雄列出发言要点。（两条，每条10—30个字）

【参考答案】

（1）价值观影响人们对事物的认识和评价，只有遵循社会发展的客观规律，才能树立正确的价值观，从而做出正确的价值评价。受错误价值观驱动，否认英雄的言论歪曲了历史，遮蔽了真相，导致人们思想的混乱。只有尊重历史，坚持真理，树立和弘扬正确价值观，才能抵制否认英雄的谣言，消除其影响。

（2）尊重历史事实，增强辨别信息真伪、抵御落后文化和错误言论的能力。利用网络等大众传媒传播英雄事迹，抵制和批驳肆意抹黑英雄。批驳歪曲历史的言行，大力宣传英雄精神，使群众懂得英雄精神是中华民族精神的突出表现，继承和弘扬英雄精神。

（3）树立崇高理想，为实现中华民族伟大复兴的中国梦而奋斗；勤奋学习，掌握为国家、为社会、为人民作贡献的本领；深入社会实践，在实践中增长才干。

《普通高中思想政治课程标准（实验）》明确指出，要让学生“面对现代化进程中出现的各种思潮，以及伦理和人生问题，具有辨识、判断的理性思维能力”。试题没有采用独白的话语表达方式单方面地进行正面教育，而是将社会上关于英雄的一些混淆是非的谣言呈现出来，材料的第2段和第3段展示了两种不同的观点、不同的言论，通过多重话语的讨论，引导学生在多种不同声音的交锋、对话、挑战和质疑中，明辨是非，做出正确的价值判断，形成正确的价值选择。在不同思想观点的冲突、碰撞、回旋和应答中，可以加深学生对问题的认识，经过“审问”、“慎思”、“明辨”的辨识过程形成的价值观念，是一种更为成熟、更加坚定的认识。不同价值观之间的比较和辨别，能够培育学生更辩证、更全面、更审慎地看待文化价值问题的态度，使学生不盲从、不偏信，成为具有正确价值判断力的人。

（3）理性分析与思考

社会主义核心价值观教育除了情感教育外，还要彰显自身的真理性和科学性，使受教育者以追求真理、捍卫真理的方式去理解和践行社会主义核心价值观。社会主义核心价值观是道义力量与真理力量的统一。对社会主义核心价值观的认同过程，就是探求真理的过程。课堂教学和考试命题中要重视加强价值观方面的理论教育，从理论层面上深刻揭示社会主义核心价值观的内涵与本质，通过切实抓好马克思主义理论的教育，引导学生自觉运用马克思主义的立场、观点和方法理解价值范畴的深刻含义。比如，法治价值观中对于公平正义的价值追求。公正价值观中，对机会公正、过程公正、结果公正、程序公正、实质公正的多层面的理解。

2016 年北京卷第 38 题围绕“科技与人”的关系，给出了三段文本，文本既有对社会现实的陈述，也有对问题的思考，引导学生在阅读中探究科技伦理的问题。试题在材料中揭示了一个矛盾的现象，一方面我们实实在在地感受到科技进步的辉煌成就，科技发展给人们衣食住行的日常生活和社会发展带来了天翻地覆的变化，如生产工具的变革、手机导航定位、大数据医疗、劳动者素质的提高等，但是也产生了一系列新的问题——环境污染、病毒传播、隐私泄露、黑客攻击等，这些成为新时代的“隐忧”。科技是一把“双刃剑”，既可能给人们带来幸福，也可能是一种巨大的破坏力量。试题引导学生探究科技应用所产生的两种不同后果背后的原因。科技只是工具，科技的双重影响是人的不同的价值观造成的，因此只懂得发明和应用科学技术本身是不够的，要关心人本身，使科学技术成果朝着造福于人类的方向发展，而不是成为祸害。试题使学生认识到在学习和掌握科学技术本身的同时，一定要明确发展科学技术的目的是为了人类的福祉，树立正确的科技价值观。

（4）参与社会实践

“实践育人”是社会主义核心价值观教育的重要途径。社会主义核心价值观不能仅停留于理论认知和价值分析的层面，而是要落实到日常生活行为中，成为社会成员共同遵守的行为规范。马克思指出，“实践是人的存在方式”。实践与人、人的生活是同一的。人在实践中生存，并在实践中创造和发展自己，实践天然地具有育人的内在属性。近年来考试命题改革呈现出强调实践性、应用性和参与性的趋势，引导学生在具体的社会实践中，去探究价值问题，做出价值选择，制定正确的行动方案，提升实际的行为能力。

39. 某校开展“我为社区献一策”的社会实践活动，下面是一组同学撰写的调查报告。请在横线处按要求填写内容。（2016年北京卷高考政治试题）

某小区“潮汐式”停车方案调查报告

一、调查背景

某小区建成于20世纪80年代，未规划停车位，且无专门物业公司管理。近年来，“停车难”成了小区居民头疼的问题。针对这一问题，居委会积极采取应对措施。第一阶段，应部分居民要求，居委会将小区绿化用地改造为停车位，但遭到另一些居民的强烈反对。第二阶段，居委会计划引入外地的“潮汐式”停车经验，与附近不对外开放停车位的写字楼达成协议：夜间，小区居民可以在写字楼付费停车；白天，写字楼里的上班族可以在小区付费停车，利用“错时停车”共享车位，盘活闲置资源。但这一计划公布后，担忧、质疑也随之出现。本调研小组受居委会邀请，对小区“潮汐式”停车方案展开调查。

二、调查过程

（1）文献查阅

① 相关报道，如其他地区的实践经验。

② ______________________________。（填写一种其他类型的文献资料）

（2）访谈及问卷调查

访谈对象：居民、________、________（填写其他两类访谈对象）

问卷调查结果：

“潮汐式”停车方案居民意见统计

调查对象	赞成		反对	
	比例	理由	比例	理由
有车居民	70%	缓解停车难	30%	夜间在写字楼停车需要付费
无车居民	40%	缓解小区道路拥堵	60%	存在安全、噪音等问题

三、结论及建议

（1）本报告对该社区居委会第一阶段做法的评价是：

____

____

（2）鉴于“潮汐式”停车方案涉及多元利益主体，本报告认为需要进一步完善小区的民主管理，为此提出3条建议：

____

____

2016年北京卷第39题以某校开展“我为社区献一策”的社会实践活动，学生撰写某小区“潮汐式”停车方案调查报告的方式呈现。围绕日常生活中小区“停车难”的问题，引导学生探究问题的解决，鼓励学生积极参与社区建设，为社区发展出谋划策，客观地评价现有停车政策的利弊，并针对现实问题，按照民主程序富有创造性地提出问题解决的方案和建议。完成调查报告的过程，既需要政治学科知识的支撑，也反映出学生处理问题背后的价值观念和价值行为能力。比如通过列出访谈对象，观察学生是否考虑了社区居民不同的利益诉求，考查学生是否具有民主、平等、公正的政治价值观和思维方式；通过对居委会第一阶段做法的评价，考查学生在实际生活中理性地进行利益协商的行为能力，以及公民行使监督权的意识；通过对采取潮汐式停车方案后产生的新问题的思考和解决方案的制定，反映出他们通过自身行为影响公共政策的实践智慧，理性处理问题的公共精神，以及为人民服务的社会责任感和担当的公民意识。试题尝试探索一种把课堂学习与日常生活、社会实践相结合的学习方式，引导学生在学习理论和社会实践的融通中，提高能力，完善人格。

结束语

社会主义核心价值观的认同，是一项任务，也是一个目标。从任务的角度来说，只有每一个参与者积极投入、主动推进、自觉内化，社会主义核心价值观的认同才能变成真正有效和有用的东西。从目标的角度来说，实现社会主义核心价值观的认同，是一个理想状态，是中华人民共和国的每一个公民，都应该努力向往和自觉实现的理想状态。在某种意义上说，只有实现了这样的状态，富强、民主、文明、和谐、美丽的社会主义强国才能从理想变成现实。应该说，从理想到现实的过程、从任务到目标的过程，非常艰苦。正如习近平总书记所说，“中华民族伟大复兴，绝不是轻轻松松、敲锣打鼓就能实现的。”社会主义核心价值观的认同，也必然经历各种挑战，经历艰苦的磨砺过程。

但我们没有退路。只有每一个教育工作者，乃至每一个社会成员都能自觉地参与到这个过程中来，我们才能切实推动社会主义核心价值观的认同，才能真正让全体国民“心往一处想，劲往一处使”，才能真正让中国“强起来”，才能让中华民族以由衷自信昂然屹立于世界民族之林。

“千里之行，始于足下。”实现中华民族伟大复兴的新征程，从我们“与其坐而论道，不如起而行之”的自我觉识开始。那就让我们行动起来吧，用我们的智慧和汗水，描绘我们的新未来！

参考文献

经典著作：

1.《马克思恩格斯选集》（第1卷），人民出版社1995年版。

2.《马克思恩格斯全集》（第2卷），人民出版社1957年版。

3.《马克思恩格斯全集》（第23卷），人民出版社1972年版。

4.《列宁选集》（第1卷），人民出版社1995年版。

5.《列宁全集》（第28卷），人民出版社1984年版。

6.《列宁全集》（第36卷），人民出版社1959年版。

7.《毛泽东选集》（第1卷），人民出版社1991年版。

8.《毛泽东选集》（第2卷），人民出版社1991年版。

9.《毛泽东选集》（第3卷），人民出版社1991年版。

10.《邓小平文选》（第3卷），人民出版社1993年版。

外文译著：

1.［美］康芒斯：《制度经济学》（上册），商务印书馆1962年版。

2.［美］约翰·罗尔斯：《正义论》，中国社会科学出版社1988年版。

3.［美］塞缪尔·亨廷顿：《变化社会中的政治秩序》，三联书店1989年版。

4. 联合国教科文组织国际教育委员会：《教育——财富蕴藏其中》，教育科学出版社 1996 年版。

5.［美］塞缪尔·亨廷顿著，周琪等译：《文明的冲突与世界秩序的重建》，新华出版社 1998 年版。

6.［美］托马斯·里克纳：《美式课堂——品质教育学校方略》，海南出版社 2001 年版。

7.［美］乔治·M. 马斯登：《美国大学之魂》，北京大学出版社 2009 年版。

8.［美］兰德尔·柯林斯：《互动仪式链》，商务印书馆 2009 年版。

9.［英］罗素：《中西文化比较》，北京出版社 2010 年版。

国内著作：

1. 习近平：《习近平谈治国理政》，外文出版社 2014 年版。

2.《习近平关于全面深化改革论述摘编》，中央文献出版社 2014 年版。

3. 陆学艺：《当代中国社会阶层研究报告》，社会科学文献出版社 2002 年版。

4. 丁元竹：《建设健康和谐社会》，中国经济出版社 2005 年版。

5. 丁元竹、江汛清、谭建光：《中国志愿服务研究》，北京大学出版社 2007 年版。

6. 余秋雨：《何谓文化》，长江文艺出版社 2012 年版。

7. 崔志胜：《社会主义核心价值观基本问题研究》，中国社会科学出版社 2014 年版。

8. 徐蓉：《现代性语境下的中国价值观建设》，复旦大学出版社 2014 年版。

9. 林崇德：《21 世纪学生发展核心素养研究》，北京师范大学出版社 2016 年版。

研究论文：

1.《习近平论社会主义核心价值观——十八大以来重要论述选编》，《党建》2014 年第 4 期。

2. 李庆本：《全球一体化与文化多元化》，《中国文化研究》1999 年第 1 期。

3. 吴万迈：《经济全球化与民族文化：兼论文化的民族性与世界性》，《中国社会科学院研究生院学报》2001 年第 2 期。

4. 汪信砚：《全球化中的价值认同与价值观冲突》，《哲学研究》2002 年第 11 期。

5. 贺善侃：《经济全球化背景下的价值认同与冲突》，《毛泽东邓小平理论研究》2003 年第 5 期。

6. 潘玉腾、陈赵阳：《推进社会主义核心价值体系大众化的路径选择》，《福建师范大学学报》（哲学社会科学版）2009 年第 1 期。

7. 邹国振：《社会主义核心价值体系认同的层次性分析》，《学术论坛》2011 年第 2 期。

8. 邓名瑛：《用社会主义核心价值观引领大众文化建设》，《求索》2011 年第 8 期。

9. 顾明远：《试论教育现代化的基本特征》，《教育研究》2012 年第 9 期。

10. 欧阳军喜、崔春雪：《中国传统文化与社会主义核心价值观的培育》，《山东社会科学》2013 年第 3 期。

11. 陈琳、陈耀华：《以信息化带动教育现代化路径探析》，《教育研究》2013 年第 11 期。

12. 辛涛等:《基于学生核心素养的课程体系建构》,《北京师范大学学报》(社会科学版)2014 年第 1 期。

13. 罗会德:《社会主义核心价值观培育的制度之维》,《山西师大学报》(社会科学版)2014 年第 2 期。

14. 赵伟:《人的需要:社会主义核心价值观认同的现实根基》,《社会主义研究》2014 年第 5 期。

15. 陆树程、杨倩:《论培育和践行社会主义核心价值观》,《毛泽东邓小平理论研究》2014 年第 8 期。

16. 乔春霞、张泽一:《加强社会主义核心价值观培育的制度建设问题探讨》,《理论导刊》2014 年第 12 期。

17. 胡春阳:《转型时期社会主义核心价值观认同建构》,《中国特色社会主义研究》2015 年第 1 期。

18. 刘月霞:《课程教学改革的几个关键问题》,《基础教育课程》2015 年第 2 期。

19. 朱明光:《关于思想政治学科核心素养的思考》,《思想政治课教学》2016 年第 1 期。

20. 韩震:《核心素养与活动型课程——从本轮思想政治课程标准修订看德育课程的发展趋势》,《思想政治课教学》2016 年第 3 期。

中文报纸:

1. 成尚荣:《关于学生发展核心素养的四句话》,《中国教育报》2014 年 11 月 19 日第 12 版。

2. 钟启泉:《核心素养的“核心”在哪里?》,《中国教育报》2015 年 4 月 1 日第 7 版。

重要文件：

1. 习近平：《决胜全面建成小康社会　夺取新时代中国特色社会主义伟大胜利——在中国共产党第十九次全国代表大会上的报告》，《前线》2017 年第 11 期，第 4—28 页。

2. 胡锦涛：《坚定不移沿着中国特色社会主义道路前进　为全面建成小康社会而奋斗——在中国共产党第十八次全国代表大会上的报告》，《求是》2012 年第 22 期，第 3—25 页。

3. 胡锦涛：《高举中国特色社会主义伟大旗帜　为夺取全面建设小康社会新胜利而奋斗》，《人民日报》2007 年 10 月 25 日第 1 版。

4.《中共中央关于深化文化体制改革推动社会主义文化大发展大繁荣若干重大问题的决定》，《求是》2011 年第 21 期，第 3—14 页。

5. 中共中央办公厅印发：《关于培育和践行社会主义核心价值观的意见》，《党建》2014 年第 1 期，第 9—12 页。

6.《教育部关于培育和践行社会主义核心价值观　进一步加强中小学德育工作的意见》，《中国德育》2014 年第 9 期，第 6—8 页。

7.《中共中央关于构建社会主义和谐社会若干重大问题的决定》，《求是》2006 年第 20 期，第 3—12 页。

电子文献：

1.《中共中央关于全面推进依法治国若干重大问题的决定》，http：//news. xinhuanet. com/2014—10—28/c _ 1113015330. htm。

2.《青少年法治教育大纲》，http：//www. moe. edu. cn/srcsite/A02/s5913/s5933/201607/t20160718 _ 272115. html。

后　记

社会主义核心价值观的研究，是近年来学界关注的一个焦点内容。认同问题的研究，也是受到学界普遍关注的热点话题。但从政治学与教育教学实施相结合的角度对其丰富内涵和实施策略进行研究，是本书努力实现的一个尝试。从研究问题的聚焦，到核心内容的呈现，从对社会主义核心价值观的系统梳理，到对核心素养及其评价改进的系列化认识。我们试图解答的，就是如何将美好的社会主义核心价值观理念，变成我们学生，以及他们的家长可以认可和接受的行为指南。我们不能确定这样的研究路径是否有助于相关问题的解决，也不能确定这样的研究能产生多大的作用。所以，即便是到了交卷的时候，我们依然心怀忐忑。恳请各位方家，不吝赐教，给我们指出改进和完善的方向。

本书是集体劳动的成果。具体分工是：李晓东（北京师范大学哲学学院、未来教育高精尖创新中心）完成引言、第二、三、四章，刘丹（北京师范大学哲学学院、价值与文化研究中心）完成第一章（其中第一节由李蕊君完成初稿），石芳（北京教育考试院）完成第五章。最后由李晓东负责统稿。

感谢恩师韩震教授，给我们参与重大课题的机会，也让我们有机会表达对社会主义核心价值观的理解与看法。希望我们不辜负恩师期望。感谢四川人民出版社章涛主任。作为师大校友，他给予我们的宽容和帮助，远非语言所能表达。也要感谢王成兵教授、吴玉军教授及各位同门在本成果完成过程中的帮助。研究道路并不平坦，但能与你们携手并进、砥砺前行，实在是人生幸事。

最后要特别感谢坚持读到这一行的每一位读者。不知道您用了多大的耐心和勇气，才坚持到了这最后的时刻。所以，要特别感谢您的支持，感谢您的宽容与忍耐！

期待您的批评指教！

作　者

2017 年 12 月 21 日凌晨

近现代中国的价值观建构

王 葎 金梦兰 著

四川人民出版社 学习出版社

图书在版编目（CIP）数据

“社会主义核心价值观与当代中国发展”丛书：全五册 韩震主编．—成都：四川人民出版社；北京：学习出版社，2018.8

ISBN 978－7－220－10785－6

Ⅰ.①社… Ⅱ.①韩… Ⅲ.①社会主义建设－价值论－研究－中国 Ⅳ.①D616

中国版本图书馆 CIP 数据核字（2018）第 085804 号

“社会主义核心价值观与当代中国发展”丛书

韩 震 主编

JINXIANDAI ZHONGGUO DE JIAZHIGUAN JIANGOU

近现代中国的价值观建构

王 葎 金梦兰 著

出 版 人	黄立新
执行组稿	章 涛
责任编辑	段瑞清 章 涛
助理编辑	任学敏
封面设计	张 科
版式设计	戴雨虹
责任校对	袁晓红 王 璐
责任印制	李 剑
出版发行	四川人民出版社（成都市槐树街 2 号）
网 址	http://www.scpph.com
E-mail	scrmcbs@sina.com
新浪微博	@四川人民出版社
微信公众号	四川人民出版社
发行部业务电话	（028）86259624 86259453
防盗版举报电话	（028）86259624
照 排	四川胜翔数码印务设计有限公司
印 刷	四川机投印务有限公司
成品尺寸	170mm×240mm
印 张	21
字 数	220 千
版 次	2018 年 8 月第 1 版
印 次	2018 年 8 月第 1 次印刷
书 号	ISBN 978－7－220－10785－6
定 价	480.00 元（全五册）

丛书主编简介

韩震，1958年生，山东省阳谷县人，哲学博士，博士生导师，北京师范大学哲学思维与发展战略研究中心主任。

曾任北京师范大学副校长、北京外国语大学校长、北京外国语大学党委书记。兼任中央马克思主义理论研究和建设工程咨询委员会委员、《西方哲学史》首席专家及召集人，《马克思恩格斯列宁经典著作选读（大纲）》首席专家，国家教材委员会委员（兼任大中小德育一体化工作委员会主任）、第十届国家督学，国家社会科学规划办哲学组召集人、教育部社会科学委员会（哲学学部）委员、教育部高等学校哲学类专业教学指导委员会主任委员，《中国高等学校学术文摘·哲学》（英文）主编。

入选北京市“跨世纪青年理论工作者百人工程”培养计划、教育部“跨世纪人才”培养计划、人社部等部委首批“新世纪百千万人才工程”国家级人选、中宣部“文化名家暨‘四个一批’人才”、国家“万人计划”首批哲学社会科学领军人才。

著有《西方历史哲学导论》、《生成的存在》、《重建理性主义信念》、《全球化时代的文化认同与国家认同》、《思考的痕迹》、《教育的价值与价值的教育》、《社会主义核心价值观五讲》、《社会主义核心价值观新论》、《中国的价值观》、《社会主义核心价值观与中国文化的国际传播》、《大国话语》等，译著有《自我的根源》、《历史与转义》等，发表论文、译文600余篇。成果多次获教育部、北京市等人文社会科学优秀成果奖。

分册作者简介

王葎，女，江苏扬州人，哲学博士、教育学博士后。现任北京师范大学哲学学院、价值与文化研究中心、哲学思维与发展战略研究中心教授，博士生导师。主要从事价值哲学、教育哲学以及公民理论、价值观教育等领域的教学与研究。近年先后主持国家哲学社会科学基金项目“现代西方公民观反思研究”，教育部人文社会科学重点研究基地重大项目“社会主义核心价值观的理论内涵与实践逻辑”等课题研究。出版专著《价值观教育的合法性》、《启蒙传统与教育现代化》、《社会主义核心价值观关键词：公正》等。

金梦兰，女，辽宁海城人，北京师范大学哲学博士。现任教于沈阳航空航天大学马克思主义学院，主要从事科学哲学、马克思主义理论方向的研究与教学。

目 录

代　序

培育和弘扬社会主义核心价值观的路线图

韩　震

习近平总书记在十九大报告中强调指出，我们要“坚持社会主义核心价值体系”就“必须坚持马克思主义，牢固树立共产主义远大理想和中国特色社会主义共同理想，培育和践行社会主义核心价值观，不断增强意识形态领域主导权和话语权，推动中华优秀传统文化创造性转化、创新性发展，继承革命文化，发展社会主义先进文化，不忘本来、吸收外来、面向未来，更好构筑中国精神、中国价值、中国力量，为人民提供精神指引”。目前，全国上下大力培育和弘扬社会主义核心价值观，目的是为建设社会主义先进文化指明方向，坚定全党、全国人民中国特色社会主义文化自信，为中华民族伟大复兴中国梦的实现提供精神支撑，为中华儿女提供共同的精神家园。

一、 我们应该培育和弘扬什么样的核心价值观

我们培育和弘扬的社会主义核心价值观是特定的价值观，有着

特定的规定性和内涵。我们所说的社会主义核心价值观，首先是当代中国的价值观，是当代中国建设什么样的国家、构建什么样的社会、塑造什么样的公民的价值取向；我们所说的社会主义核心价值观，也必定是中国特色社会主义的价值观，是关于中国特色社会主义道路、理论和制度的价值宣示。综合起来，社会主义核心价值观就是当代中国特色社会主义价值观。

既然社会主义核心价值观就是当代中国特色社会主义价值观，那么我们首先要把中国特色社会主义事业伟大实践作为培育和弘扬社会主义核心价值观的坚实社会基础。

新中国成立以来特别是改革开放以来，中国共产党带领全国各族人民，在短短几十年时间内，使中国经济、政治、文化和社会建设等方面取得了举世瞩目的成就。我国从一个积贫积弱、备受欺凌的国家，重新回到世界舞台的中心。正如英国剑桥大学政治与国际研究系高级研究员马丁·雅克说的，“近年来，世界经济的重心开始向发展中国家倾斜。对发展中国家而言，同中国的经济往来变得越来越重要。中国是很多发展中国家最大的贸易伙伴，也是发展中国家的转型推动器。很多发展中国家都将中国视为学习的榜样以及未来的目标”[①]。我国经济总量稳居世界第二位，人均国内生产总值增至7800美元左右；农业持续增产，城镇化取得新进展，常住人口城镇化率达到55%；各级各类教育都得到全面发展，教育水平大幅提升，一批重大科技成果达到世界先进水平；公共服务体系基本建立、覆盖面持续扩大，新增就业持续增加，贫困人口大幅减少，生态文

① ［英］马丁·雅克：《中国梦蕴含自信心》，《人民日报》2014年2月21日第3版。

明建设取得新进展，人民生活水平和质量加快提高；全面深化改革有力推进，人民民主不断扩大，依法治国开启新征程；全方位外交取得重大进展，对外开放不断深入，我国成为全球第一货物贸易大国和主要对外投资大国；中国特色军事变革成就显著，强军兴军迈出新步伐；全面从严治党开创新局面，党的群众路线教育实践活动成果丰硕，党风廉政建设成效显著。中国特色社会主义事业是前无古人的伟大创新实践，也取得了震撼世界的成绩，这是我们凝练社会主义核心价值观的坚实社会基础，也是我们价值观自信的基础。

中国的经济发展已经创造了世界奇迹。最近几年，虽然中国的经济不像头些年那样以两位数的增长率发展了，但仍然是全球几个大经济体中发展最快的。由此，英国学者罗思义认为，“中国的社会主义模式优于资本主义模式”，理由是：一、“当前世界上增长最快的经济体并非遵循……‘华盛顿共识’发展，反而是仿效中国的‘社会主义发展战略’或深受其影响”；二、“仿效中国的发展战略或深受其影响的国家对世界减贫的贡献率是85%，而资本主义国家的贡献率仅为15%”。[①] 不过，在经济发展的同时，我们也需要关注发展带来的新问题。经济的迅速发展也使人们的价值观或思想取向在社会结构和文化范式的快速转型之中发生某种不确定的漂移。中国人富裕了，但似乎心理却不像原来那么宁静了。我们必须反思和重塑我们的价值观。对于现代社会而言，价值观都是非常重要的。“价值观之所以重要，是因为它们将国家和民众凝聚在一起。它们帮助

① ［英］罗思义：《没错，“中国模式”优于“西方模式”》，《环球时报》2016年9月20日。

定义一个社会所支持和所反对的东西。"[①] 正如习近平总书记在主持中共中央政治局第十三次集体学习时强调的，要"把培育和弘扬社会主义核心价值观作为凝魂聚气、强基固本的基础工程"[②]。

价值观既是对社会实践的总结从而反映着当前的社会状态，同时作为一种理想性理念也必定引导和塑造未来的社会。就如习近平总书记指出的，"核心价值观是文化软实力的灵魂、文化软实力建设的重点。这是决定文化性质和方向的最深层要素。一个国家的文化软实力，从根本上说，取决于其核心价值观的生命力、凝聚力、感召力。培育和弘扬核心价值观，有效整合社会意识，是社会系统得以正常运转、社会秩序得以有效维护的重要途径，也是国家治理体系和治理能力的重要方面。历史和现实都表明，构建具有强大感召力的核心价值观，关系社会和谐稳定，关系国家长治久安"[③]。

其次，既然社会主义核心价值观就是当代中国特色社会主义价值观，那么我们就要把中华优秀传统文化作为涵养社会主义核心价值观的活水源泉。

我们是立足中国国情建设中国特色社会主义，我们的经济政策和政治设想都是以这个现实为前提的。同样，我们不可能离开既有的文化传统来进行精神活动，中华优秀传统文化是我们取之不尽用之不竭的思想根源，因此，培育和弘扬社会主义核心价值观必须立足中华优秀传统文化，用中华优秀传统文化涵养社会主义核心价值

① ［美］格拉特·哈丁著，葛鸣译：《欧洲人之谜》，《国外社会科学文摘》2012年8月号，第24—25页。原载美国《外交政策》2012年1/2月号。

② 参见新华社北京2月25日电《把培育和弘扬社会主义核心价值观作为凝魂聚气强基固本的基础工程》，《人民日报》2014年2月26日第1版。

③ 参见新华社北京2月25日电《把培育和弘扬社会主义核心价值观作为凝魂聚气强基固本的基础工程》，《人民日报》2014年2月26日第1版。

观。习近平总书记要求我们，“要讲清楚中华优秀传统文化的历史渊源、发展脉络、基本走向，讲清楚中华文化的独特创造、价值理念、鲜明特色，增强文化自信和价值观自信。要认真汲取中华优秀传统文化的思想精华和道德精髓，大力弘扬以爱国主义为核心的民族精神和以改革创新为核心的时代精神。牢固的核心价值观，都有其固有的根本。抛弃传统、丢掉根本，就等于割断了自己的精神命脉”。割断了精神命脉，不仅使文脉失去生命的有机性，也会使文化成为缺乏生命力的空洞观念。必须辩证地对待历史和当下，“不忘本来才能开辟未来，善于继承才能更好创新”。因此，习近平总书记号召我们，“要深入挖掘和阐发中华优秀传统文化讲仁爱、重民本、守诚信、崇正义、尚和合、求大同的时代价值，使中华优秀传统文化成为涵养社会主义核心价值观的重要源泉”[①]。

培育和弘扬社会主义核心价值观，就必须融通于中华民族的文化根基和精神传承过程。中华民族5000多年文明史，中国人民近代以来170多年斗争史，中国共产党90多年奋斗史，中华人民共和国60多年发展史，改革开放30多年探索史，这些历史一脉相承，不可割裂。脱离开中国的历史绵延，脱离开中国的文化传统，脱离开中国人的精神世界演进，脱离开当代中国社会的深刻变革，是难以正确认识中国的社会主义核心价值观的。

由于中华优秀文化传统是基于中华民族几千年历史演化而铸就的，反映着中华民族在中国大地上的生命体验、观念思考和精神追求，因此必然带有中华民族特有的形态、内涵和实质。我们从大禹

① 参见新华社北京2月25日电《把培育和弘扬社会主义核心价值观作为凝魂聚气强基固本的基础工程》，《人民日报》2014年2月26日第1版。

治水的故事，就可以理解中国这个东方农耕民族对群体合作的依赖和重视，个人只能在群体中才能获得生存的机会和发展的环境。因此，对于价值和价值观，中国人往往更多从整体优先于局部、集体优先于个人的角度去思考。譬如，也许西方人更多从个人的角度去思考人权，而中国人更关注大家之间要相互尊重人权，这就是“和谐”的价值观。中国人不把人权理解为个人权利或利益之间的自由竞争，而是相互之间达成和谐的状态，这就是为什么中国人如此重视“和为贵”以及“和而不同”。在当今中国，根据社会主义核心价值观，只有整体的社会和谐了，个体的人们才能过民主、自由、平等、公正的生活，才能在敬业和友善的环境下获得富足而有尊严的生活机会。

不过，社会主义核心价值观需要中华优秀传统文化的滋养，但并不是回到中国传统的价值观就是社会主义核心价值观了。中国传统的价值观是基于传统社会而酝酿的，必须经过创造性转换和创新性拓展，才能成为社会主义核心价值观的有效构成要素，这些要素纳入中国特色社会主义的理想追求，才能够展现出现代功能和价值。

第三，既然社会主义核心价值观就是当代中国特色社会主义价值观，那么我们就要在国际交流互鉴中，把提升文化软实力和抢占道德制高点作为弘扬社会主义核心价值观的文化追求。

善于学习和借鉴的民族，才有创新和发展的可能。培育和弘扬社会主义核心价值观，就需要在与世界各国日益密切的交流互鉴中加以思考。中华民族历来就有天下一家的开放胸襟，有协和万邦的气度，中华文化就是在与其他文化的相互激荡中发展。从古至今，中国与世界各国进行多方面的交流互鉴，从中学到许多东西，经过

消化吸收转化成为中华文化的成果，例如佛学思想的传入，西域音乐的滥觞，西方的文艺复兴、启蒙运动、工业革命、社会变革思潮，等等，特别是马克思主义和社会主义的理论，都深刻地影响和改变了中国的面貌。中国人对国家富强目标的追求，显然是受了欧美的影响，才有了更强烈的动力。自由、平等、民主、法治等价值，显然有浓厚的欧美影响，但最终也是在中国人民启蒙和解放的双重运动中逐渐清晰起来的。

当然，中国也需要有足够的勇气，树立价值观自信，我们也可以对世界价值观的发展作出自己的贡献。美国学者哈尔珀有句名言："打赢如今的战争靠的不是最好的武器，而是最好的叙述方式。"[①] 我们在中国特色社会主义实践上已经取得了举世瞩目的成就，我们还要在文化表述上坚定我们的价值观自信。譬如，中国人和而不同的价值观，不仅意义非凡，而且完全可以成为调节国际关系的最佳规范。我们主张"万物并育而不相害，道并行而不相悖"。这要比霸权思维和价值观合理得多，也公正得多。中国梦绝不是世界霸权梦，而是和平共处、合作共赢的梦。"中国梦是奉献世界的梦。"中国人"穷则独善其身，达则兼济天下"的胸怀，可以转化为经济全球化时代的中国担当。和谐价值观更是中华民族对人类社会的独特贡献。对内，我们构建和谐社会，实现祖国的和平统一、繁荣富强；对外，我们主张和平发展，实行相互尊重、互惠互利。不同的民族、不同的国家，由于所处的发展阶段和空间条件不同，从而发展出不同的文化，对问题的看法也就不同。相互之间应该采取和而不同的理念，

① ［美］彼得·纳瓦罗：《中国"三战"战略让美国束手无策》，《参考消息》2016 年 1 月 7 日。

而不是采取威胁和冲突的方式，这样世界才能和平。中国的和谐价值观和国际义利观具有现实的、普遍的世界意义，具有很高的国际道德意义。

正因如此，习近平总书记在省部级领导干部学习贯彻十八届三中全会精神全面深化改革专题研讨班上讲：我们应该大力培育和弘扬社会主义核心价值体系和核心价值观，加快构建充分反映中国特色、民族特性、时代特征的价值体系，努力抢占价值体系的制高点。

二、 怎样培育和弘扬社会主义核心价值观

培育和弘扬社会主义核心价值观，需要有合适的途径和正确的方法。有了合适的途径和正确的方法，才能取得事半功倍的效果。

第一，培育和弘扬社会主义核心价值观，需要把其纳入国民教育全过程，作为培育和弘扬社会主义核心价值观的主渠道。

培育和弘扬社会主义核心价值观，要从娃娃抓起、从各级各类学校抓起，做到进教材、进课堂、进头脑，让教育在传递知识和文化的过程中塑造有理想有信念有责任感的人。社会主义核心价值观是社会的主导价值观，要求全体社会成员遵循这些基本的价值观规范。社会主义核心价值观不是对少数人的要求，而是对所有领域、所有人的价值规范。既然学校的功能是培养社会主义建设者和接班人，我们就必须坚持育人为本、德育为先，围绕立德树人的根本任务，把社会主义核心价值观全方位地纳入教育总体规划，贯穿于教育的教学、科研、社会服务、文化传承创新和国际交流的各个环节，覆盖到学校的全部师生员工。培育和践行社会主义核心价值观不仅是辅导员、班主任的职责，而是所有教职员工的任务；不仅是道德

与法治、思想政治和马克思主义理论课教师的工作，而是所有专业课程都必须有机融入的事情。当然，不是专业课程都有形地讲核心价值观，而是把价值观的精神实质和方向创造性地融入专业知识之中。实际上，思想理论课本身也不能天天只讲核心价值观的 12 个概念，而是基于核心价值观讲出感动人心的故事来。

因此，培育和践行社会主义核心价值观，就要遵循思想政治工作规律、遵循教书育人的规律、遵循学生成长的规律，适应不同年龄段学生的身心特点和成长规律，完善思想教育方法，深化学生思想品德培育和思想政治教育，构建有效衔接、内容先进、形态生动的思想品德和马克思主义理论课程的教材体系，创新思想品德和政治理论课教育教学方法，提高教学的针对性和实效性。大家都知道，作为物质食粮的奶粉是要根据年龄分段的，同样作为精神食粮的社会主义核心价值观也需要根据学生的年龄特点来“配方”。价值观需要行为的体验才能内化于心，价值观的目的及价值观自身的价值就在于它见诸行动。因此，我们还必须注重发挥社会实践对学生的养成作用，完善实践教育教学体系，开发实践课程和活动课程。

第二，培育和弘扬社会主义核心价值观，需要把党员干部带头以及知识分子、文化名人和其他杰出人物示范效应作为培育和弘扬社会主义核心价值观的关键抓手。

共产党员、领导干部和社会精英要在培育和践行社会主义核心价值观的过程中起模范带头作用。中国共产党是中国工人阶级的先锋队，也是中国人民和中华民族的先锋队，所以共产党员都应该在培育和践行社会主义核心价值观时走在前列，其中领导干部更应该率先垂范，形成上行下效的正能量。我们要以党章为根本遵循，完

善党内法规，健全制度保障，构建起配套完备的党内法规制度体系，推动党员干部带头践行社会主义核心价值观。把从严治党实践成果转化为道德规范和纪律要求，做到依规治党和以德治党相统一，充分展现共产党人高尚思想道德情操和价值追求。

社会各界的精英或名流，有很大的示范作用，因此也要肩负起更大的社会责任，在引导社会风气方面发挥积极功能。2017 年 3 月 4 日下午，习近平总书记在看望参加全国政协十二届五次会议的民进、农工党、九三学社委员时，希望全国广大知识分子自觉做践行社会主义核心价值观的模范。在总书记看来，勇立潮头、引领创新是知识分子“应有的品格”；天下为公、道义担当是知识分子“应有的情怀”。他希望知识分子坚持国家至上、民族至上、人民至上，始终胸怀大局、心有大我，始终坚守正道、追求真理，从自我做起、从现在做起、从日常生活做起，身体力行带动全社会遵循社会主义核心价值观。根据唯物史观，人是生产力中最活跃的要素，而人才是最活跃要素中的活跃要素，是创造新知识、新技术和新思路的关键力量。知识分子无疑是推动实现中国梦的中坚力量，正因为如此，知识分子应该义不容辞地担负起时代的重任。创新驱动实质要靠人才驱动，靠高远的价值观引领，知识分子正是先进生产力的开拓者，也应该成为先进价值观的践行者和引领者。

先进典型是社会主义核心价值观的集中体现。公众人物社会知名度高、影响力大，是传播核心价值观的重要力量。各类明星人物也应该加强自律、提高素质，无论是影星、歌星、舞星，还是球星和其他体坛明星人物，往往是青少年的偶像，他们的言行和装束往往引领时尚。假如他们在践行社会主义核心价值观时有好的言行，

将会对青少年有广泛的影响和引领作用。

第三，培育和弘扬社会主义核心价值观，需要把贯穿结合融入、落细落小落实作为培育和弘扬社会主义核心价值观有效手段。

培育和弘扬社会主义核心价值观，必须在贯穿结合融入上做文章，在落细落小落实上下功夫，坚持不懈地推动社会主义核心价值观学习宣传，践行弘扬具体化、系统化、长效化，将核心价值观的种子播撒在中华儿女的心田。

一要充分发挥政策导向作用，使经济、政治、文化、社会等方方面面政策都有利于社会主义核心价值观的培育。强化公共政策的价值目标。制定经济社会政策和重大改革措施，出台与人们生产生活和现实利益密切相关的具体政策措施，要充分体现公平正义和社会责任，注重政策目标和价值导向有机统一，注重经济效益和社会效益有机统一，形成有利于培育和弘扬社会主义核心价值观的良好政策导向和利益引导机制。各种社会管理要承担起倡导社会主义核心价值观的责任，注重在日常管理中体现价值导向，使符合核心价值观的行为得到鼓励、违背核心价值观的行为受到制约。我们还要完善政策评估和纠偏机制，防止具体政策措施与社会主义核心价值观相背离，实现公共政策和道德建设良性互动。

二要切实把社会主义核心价值观贯穿于社会生活方方面面。一种价值观要真正发挥作用，必须融入社会生活，让人们在实践中感知它、领悟它。要注意把我们所提倡的与人们日常生活紧密联系起来，在落细落小落实上下功夫。要按照社会主义核心价值观的基本要求，健全各行各业规章制度，完善市民公约、乡规民约、学生守则等行为准则，使社会主义核心价值观成为人们日常工作生活的基

本遵循。要利用各种时机和场合，形成有利于培育和弘扬社会主义核心价值观的生活情景和社会氛围，使核心价值观的影响像空气一样无所不在、无时不有。

三要相信人民群众、依靠人民群众，充分发挥群众的自主意识和首创精神，广泛开展灵活多样的群众性道德实践活动。例如，开展群众性的评选表彰道德模范活动，让人习惯于在现实中学会见贤思齐。开展学习宣传先进典型活动，尤其注意把学习雷锋等模范与学习身边的好人好事结合起来，在平凡的人和事中发现崇高，让高尚的道德和价值理想在民众生活中落地生根，形成学习先进、争当先进的浓厚风气。在国家博物馆设立英模陈列馆，保护好英烈墓地，让英雄主义鼓励青少年的报国之志。要把对烈士的纪念活动与大众的生活节点——如成人仪式、结婚仪式——结合起来，让国家认同融入大众百姓的日常生活之中。正如习近平总书记强调的，我们要通过教育引导、舆论宣传、文化熏陶、实践养成、制度保障等，使社会主义核心价值观内化为人们的精神追求，外化为人们的自觉行动。要润物细无声，运用各类文化形式，生动具体地表现社会主义核心价值观，用高质量高水平的作品形象地告诉人们什么是真善美，什么是假恶丑，什么是值得肯定和赞扬的，什么是必须反对和否定的。

四要把以文化人作为培育和弘扬社会主义核心价值观的精神支撑。要以良好的家风、校风、村规民俗，传播主流价值；要建立和规范一些礼仪制度，组织开展形式多样的纪念庆典活动，增强人们的认同感和归属感；要把社会主义核心价值观的要求融入各种精神文明创建活动之中，吸引群众广泛参与，推动人们在为家庭谋幸福、

为他人送温暖、为社会作贡献的过程中提高精神境界、培育文明风尚；要把传统的节日与传承中华民族的美德结合起来，使节日的意义得到升华。

三、 推动社会主义核心价值观入法入规

坚持和发展中国特色社会主义是一项长期而艰巨的历史任务，必须准备进行具有许多新的历史特点的伟大斗争。推动社会主义核心价值观入法入规，目的是促进价值观念的制度化、对象化和客观化，运用法律法规和公共政策向社会传导正确的价值取向，把社会主义核心价值观融入法治建设，从而使社会主义核心价值观的价值取向成为有法律保障的长期落地生根的公序良俗。

实际上，法律法规本身就体现鲜明价值导向，不同的法律体系体现不同的价值观。一方面，弘扬社会主义法治精神本身就是践行社会主义核心价值观。法治精神，是社会主义核心价值观建设的基本内容和重要基础。要坚持法治宣传教育与法治实践相结合，建设社会主义法治文化，推动全社会树立法治意识、增强法治观念，形成守法光荣、违法可耻的社会氛围，使全体人民都成为社会主义法治的忠实崇尚者、社会主义核心价值观的自觉践行者。另一方面，社会主义法律法规直接影响人们对社会主义核心价值观的认知认同和自觉践行。要坚持以社会主义核心价值观为引领，恪守以民为本、立法为民、公平正义理念，把社会主义核心价值观的要求体现到宪法法律、法规规章和公共政策之中，转化为具有刚性约束力的法律规定。无论如何，社会主义核心价值观是社会主义法治建设的灵魂。把社会主义核心价值观融入法治建设，是坚持依法治国和以德治国

相结合的必然要求，是加强社会主义核心价值观建设的重要途径，但这个途径更具有时代意义。

推动社会主义核心价值观入法入规，首先要以社会主义核心价值观的价值理想完善法律法规体系。我们必须认识到，由于法律法规体系是历史的产物，随着社会的发展就会出现某些不适应的地方。例如，有的法规和政策价值导向不鲜明，针对性、可操作性不强，保障不够有力；一些地方和部门在执法司法过程中存在与社会主义核心价值观要求不符的现象；部分社会成员尊法学法守法用法意识不强，全民法治观念需要进一步提高，等等。本着问题导向的原则，深入研究分析社会主义核心价值观建设的立法需求，把法律的规范性和引领性结合起来，通过立改废释并举，积极推进相关领域立法，使法律法规更好体现国家的价值目标、社会的价值取向、公民的价值准则。对与社会主义核心价值观要求不相适应的法律法规，依照法定程序及时进行修改和废止。

推动社会主义核心价值观入法入规，也要通过法律法规的刚性要求，强化社会治理的价值导向。注重把一些基本道德规范转化为法律规范，把实践中行之有效的政策制度及时上升为法律法规，推动文明行为、正直诚信、见义勇为、尊崇英雄、志愿服务、勤劳节俭、孝亲敬老、仁爱友善等方面的立法工作。我们要从巩固全体人民团结奋斗的共同思想道德基础的战略高度，切实发挥法治的规范和保障作用，推动社会主义核心价值观内化于心、外化于行。

推动社会主义核心价值观入法入规，除了完善法律法规体系，还要促进善治。这就是说，推动社会主义核心价值观建设既要靠良法，又要靠善治。我们必须坚持人民主体地位，拓宽人民群众有序

参与立法、执法、司法的渠道和方式，调动人民群众投身依法治国实践的积极性和主动性，使法律及其实施充分体现人民意志、体现社会主义核心价值观要求。注重总结推广新创造新经验，不断提高工作针对性实效性，依靠教育引导、实践养成和良法善治，开创社会主义核心价值观建设新局面。社会治理要承担起倡导社会主义核心价值观的责任，注重在日常管理中体现鲜明价值导向，使符合社会主义核心价值观的行为得到倡导和鼓励，违背社会主义核心价值观的行为受到制约和惩处。进一步把社会主义核心价值观融入法治建设，必须把社会主义核心价值观融入法治国家、法治政府、法治社会建设全过程，融入科学立法、严格执法、公正司法、全民守法各环节，以法治体现道德理念、强化法律对道德建设的促进作用，推动社会主义核心价值观更加深入人心，为实现“两个一百年”奋斗目标、实现中华民族伟大复兴的中国梦提供强大价值引导力、文化凝聚力和精神推动力。

推动社会主义核心价值观入法入规，要实行适应社会主义核心价值观要求的司法政策，增强适用法律法规的及时性、针对性、有效性。遵循法治的价值取向，为惩治违背社会主义核心价值观、严重失德败德行为，提供具体、明确的司法政策支持。准确把握法律精神和法律原则，适应社会主义核心价值观建设的实践要求，发挥司法解释功能，正确解释法律。完善案例指导制度，及时选择对司法办案有普遍指导意义，对培育和弘扬社会主义核心价值观有示范作用的案例，作为指导性案例发布，通过个案解释法律和统一法律适用标准。司法是维护社会公平正义的最后一道防线，司法公正对社会公正具有重要引领作用。要努力让人民群众在每一个司法案件

中都感受到公平正义，推动社会主义核心价值观落地生根。

推动社会主义核心价值观入法入规，还要进一步增强法治的道德底蕴。我们要把法治教育与道德教育结合起来，深化社会主义核心价值观学习教育实践，深入开展社会公德、职业道德、家庭美德、个人品德教育，大力弘扬爱国主义、集体主义、社会主义思想，以道德滋养法治精神，以美德温润法治。我们要强化规则意识，倡导契约精神，弘扬公序良俗，引导人们自觉履行法定义务、社会责任、家庭责任，努力形成中华儿女互有责任的良好风尚。我们要广泛开展时代楷模、道德模范、最美人物和身边好人学习宣传活动，积极倡导助人为乐、见义勇为、诚实守信、敬业奉献、孝老爱亲等美德善行。我们要积极探索有效途径和办法，使社会主义核心价值观和社会主义法治建设相得益彰、相互促进，推动社会文明的进步。

总之，社会主义核心价值观与中国特色社会主义建设事业是互相塑造的关系。中华民族伟大复兴的事业孕育并产生了社会主义核心价值观，社会主义核心价值观则引导并塑造着中国特色社会主义建设的伟大社会实践。中国特色社会主义实践发展到什么阶段，培育和弘扬社会主义核心价值观也应该推进到相应的境界。

2018 年 6 月 12 日于北京师范大学

哲学思维与发展战略研究中心

前　言

文化冲突中的继承与选择

中国近代历史的开始，以 1840 年—1842 年英国对中国发动的侵略战争为标志，持续一百零九年之久。在此之前的很长一段时间里，中国与中国以外的世界几乎完全隔绝，世界不了解中国，中国也不了解世界。以炮舰政策为前驱的西方资本主义侵略势力的到来，严重地改变了中国社会发展的方向，也影响了近代中国和世界的关系。

鸦片战争以后，由于西方列强的入侵，中国社会长期处于经济被掠夺、政治被支配、文化受冲击的地位。近代中国经历了痛苦的文化蜕变，在文化的各个层面开始了一场旷日持久的中西文化的冲突与整合过程。这一过程所引发的社会文化变化之大、意义之深远以及变化方式之独特，成为中国社会价值观转型的重要奠基。

整个中国近代史，按其文化表现，以重大历史事件为标志，大致可分为：一是从鸦片战争，经洋务运动，至甲午战争失败，是“经世致用”观念的复活时期；二是从甲午战争失败，经戊戌变法运动，至 1911 年共和革命成功，是怀疑一切成法，勇于革除、勇于建立的时期；三是从辛亥革命，经粉碎帝制复辟，至 1919 年五四新文化运动，是新旧思想较量、东西文明比较，从文化根本上进行反思的时期；四是五四以后马克思主义传入中国，逐渐与中国文化的结合时期。通过对这几个时期文化发展轨迹的依次描画，可以大致把握近代中国社会文化结构的逻辑变迁，分析中国社会价值观近代转型的独特进路。

五四新文化运动退潮后，站在被压迫者、被压迫民族的立场，具有强烈的实践品格的马克思主义，满足了中国文化的根本诉求，受到了中国知识分子的广泛认同和热切向往。以李大钊、陈独秀、瞿秋白等为代表的早期马克思主义者，沿循各自不同心路，最终达到了对于社会主义道路的“共同选择”。

立足中国的具体国情，社会主义是对近代中国社会文化冲突所宣誓的诸多价值合乎历史逻辑的继承与发展，是中国现代性价值的历史选择。自社会主义思潮嵌入中国历史的“主观逻辑”，并逐步成为先进思想的主流，中国共产党人取得了将社会主义学说与中国国情科学结合的一系列历史性胜利。当今，中国社会主义发展进入新时代。在新的历史境遇中，中国文化的近代轨迹可以给我们带来怎样的历史启示？立足“全球化”的世界格局，结合现代民族国家认同建构所面对的新挑战和新机遇，启示我们可以沿循中国社会价值观在近现代奠基的历史逻辑，进一步思考当代中国社会主义核心价值观建构的相关理论与实践问题。

一般而言，解读历史的主要依据是思想史资料。然而，历史过程是由人的行为构成的，其行动背后必有行动者的思想动机。只有理解了这些思想动机，才能真正理解行动以及由行动构成的历史过程。在此意义上，一切历史都是思想史。本研究从一些重要的历史人物的重要思想出发，但又不局限于思想家个案，而是围绕救亡图存、改造中国、振兴中华的时代主旋律，聚焦近代中国一百多年间起伏跌宕、异彩纷呈的社会思潮，系统地展示中国近代社会思潮的多样性、完整性及其演变发展的轨迹，把握中国近代社会思潮的主流和方向，揭示救亡图存、振兴中华、改造中国、走近代化道路是近代社会思潮的中心，爱国主义是这些社会思潮的原动力，科学社会主义在各种社会思潮博弈中最终取得了主导地位。同时，从文化的角度，把近代各种社会思潮的发展演变，以及它们之间的相互关系，包括中西文化的冲突与融合，与当时的社会环境和社会心理的嬗变联系起来考察，描画近代思想潮流兴衰替嬗、发展演进的基本线索和规律，重点反思近代思想家们在思想文化领域的思考和努力。

历史学家克罗齐曾说，人们对历史发生兴趣，主要是由于现实生活中出了问题。因此，历史研究的任务不仅是如实说明历史，更是为了现在和将来。现实是由历史生成的，它囊括了过去的全部历史，以改变了的形式浓缩在现实之中。“历史是现在和过去之间的永无止境的回答交流”，“过去的事件和眼前前进中出现的将来的目标之间的对话”，“是今天的社会和昨天的社会对话”①。关注近代中国的过往“历史”，重点在于探寻历史中含蕴的真理性价值及其启示。当前，通过对于近现代中国的文化“回望”，揭示中国社会核心价值观自近代以来的嬗变，分析近现代中国如何通过自己的文化眼光和

① 参见［英］爱德华·霍列特·卡尔著，吴柱存译《历史是什么》，商务印书馆1981年版。

文化框架吸纳西方，取己所需，为我所用，产生出具有近现代中国特色的价值追求，对于中国传统文化的创造性继承、创新性发展，开启当代中国价值求索的时代新进程，具有重要的价值启示。

第一章

“救亡图存”中的价值求索

中华民族拥有数千年的古老文明，在历史的大部分时间内曾经拥有一个充满生机的、开放的文化系统，在兼收并蓄其他文明成果方面，有着极大的灵活性和广阔的胸襟。作为整个东亚文明的文化导师，中华文明历经战国时期的百家争鸣，两汉时期的独尊儒术，六朝隋唐的儒释道共生，开创了一整套以儒家经典为主、佛教和道教并举的传统文化话语体系，并凭借丰富璀璨的文化资源，持续处于东亚文明的中心，在东亚文化圈产生了巨大的辐射力和向心力。

在这种文化优越感的长期浸淫下，中华民族逐渐滋生出一种故步自封的文化心理：兼收并蓄的灵活性让位于固守家业的心态，民族文化的创造力蜕变成唯我独尊的偏执。正像冯友兰先生在《中国哲学简史》中指出的：“清朝的前二百年，整个地说，是中国内部和平繁荣的时期。在这个时期，在某些方面，中国文化有了重大进展；但是在其他方面，这个时期滋长了文化的和社会的保守主义。”[①] 这种文化保守心态，不把历史看成发展进步的过程，不把传统看成继

① 冯友兰：《中国哲学简史》，北京大学出版社 2012 年版，第 300 页。

往开来的起点，结果成为中华民族文化现代化的巨大障碍。在这种心态支配下，整个19世纪，中国人对挟持现代工业文明的西方文化的挑战毫无准备。日渐强盛的“西学东渐”风潮终于在19世纪中叶打开了中国的古老大门，“天朝帝国万世长存的迷信破了产，野蛮的、闭关自守的、与世界文明隔绝的状态被打破”①。鸦片战争和甲午战争的失败，使得中国社会结构的沉浮以及统治阶级的无能暴露无遗。围绕着“中国向何处去”的问题，一大批先进的知识分子肩负“救亡图存”的时代使命，开始了见仁见智的价值求索。

第一节　“师夷长技以制夷”

从人类文明的一般进程而言，近代史是一部“走出中世纪”的历史，即由农业文明转型为工业文明的历史。然而，中华民族走过的这段历程，其情形迥然不同。西欧的现代化是在社会自身的演变中完成的，中国却是由于西方殖民势力的侵入，被迫中断了本国历史的自然进程，被强行纳入世界现代化进程。这决定了近代中国的所有价值关切都与解决民族救亡的危机紧密联系在一起。

一、从“华夷之辨”到“师夷长技”

晚清以降，中华民族内忧外患。鸦片战争以前，中国的封建统治者巩固了中央集权的皇家政权，这个政权对内能以强大的力量克

① 《马克思恩格斯选集》第1卷，人民出版社1995年版，第691页。

服地方势力的分裂割据，对外雄踞东亚，没有能与之匹敌的对手。长此以往，清朝统治者养成了“唯我独尊”的心态，把暂时的相对优势作为闭关自守、与世隔绝的依恃。对此，马克思曾描述说：“一个人口几乎占人类三分之一的大帝国，不顾时势，安于现状，人为地隔绝于世并因此竭力以天朝尽善尽美的幻想自欺。”①

而同时期的欧洲，却是完全不同的另一副景象。在经济领域，18世纪，工业革命首先在英国发生。这场工业革命以机器代替人力，以大规模工厂生产代替个体工场手工业，飞梭、动力纺纱机、蒸汽机、鼓风机等纷纷在英国诞生并投入应用，极大地提高了社会生产力。工业革命后，英国正式跃居头号资本主义国家。与此同时，其他一些资本主义国家，如法国、德国、意大利等，也相继完成了近代工业化，纷纷迈入世界强国之列。在思想文化领域，西方社会经历文艺复兴、宗教改革、启蒙运动的洗礼，完成了从中世纪到近代的演进更新。日趋强大的资产阶级通过革命或改良执掌了政权，依恃自己的强大实力开始在世界各地谋取霸权，变中国为其殖民地成为列强们蓄谋已久的计划。

1840年，鸦片战争爆发。鸦片战争的炮声惊醒了酣睡已久的中华民族，西方殖民者通过鸦片叩开了这个僵滞而封闭的国家。传统农业文明面临被近代工业文明取代的命运，中国陷入了“以夷变夏”的“千古之变局”之中。鸦片战役以后，“对外求索之欲日炽，对内厌弃之情日烈”②。在此大背景下，以龚自珍、林则徐、魏源为代表的一批思想家围绕“中国向何处去”，开始积极寻找“弃旧求新”的出路。

---

① 《马克思恩格斯选集》第1卷，人民出版社1995年版，第716页。

② 梁启超：《清代学术概论》，上海古籍出版社1998年版，第72页。

“变易”的观念在中华传统文化中是一个起衰振弱的重大命题，所谓“穷则变，变则通，通则久”。在“变易”思想的指导下，近代中国的知识分子竞相走出狭小书斋，积极关注矛盾丛生的现实社会以及陌生的西方世界，率先进行观念的更新。

> 鸦片战役以后，志士扼腕切齿，引为大辱奇戚，思所以自湔拔，经世致用观念之复活，炎炎不可抑。又海禁既开，所谓西学逐渐输入，始则工艺，次则政制。[①]

以龚自珍、林则徐、魏源为代表的儒学士林，作为弃旧求新的先行者，面对内外矛盾激发引起的社会震荡和民族危机，开始重新审视、反思儒学文化传统及其治世功能。他们立足民族求存图兴的现实需要和中西文化交融汇聚的历史趋势，突破固守的“华夏中心主义”儒学道统，主张应当借鉴西方“夷狄”社会的优长之处来御侮救国。由此，开启了从“华夷之辨”到“师夷长技”的观念转变。

“华夷之辨”是中国古代儒家的基本政治思想，“华”，即中原的汉族，“夷”，即周边的少数民族，是古代统治者处理汉族和少数民族关系时提出来的。“华夷之辨”最初包含三个层面的划分：一是地域层面，以中原农耕文明为中心，将中原汉族称为“华夏”，四周少数民族称为“夷狄”；二是政治层面，以距离周天子的远近为标准，内中国而外诸夏，内诸夏而外狄夷；三是文化层面，以是否具备儒家礼乐、典章、声文教化为标准。这种划分依据后来慢慢成为处理

① 梁启超：《清代学术概论》，上海古籍出版社1998年版，第71—72页。

民族和外交关系的基本准则，并得到封建统治者的极力推崇。随着中国封建大一统局面的形成和逐步发展，文化层面的划分渐渐成为主要或最高的标准，中国人关于“华夏”与“夷狄”的区分从此更多从文化而不是从种族上来强调，并在中国民族发展史上形成了“华夏中心论”和“礼乐文明优越感”的定调。清朝时期，满族统治中原，为免遭汉族“攘夷”的非难，清统治者以理学的君臣、父子伦常和“有德者据天下”等作变通，同时通过执行民族高压政策，并依靠高度繁荣的封建经济，确立了满族作为华夏正统的地位。由此，逐渐冲淡了传统的华夷观念，奠定了中华民族现今的基本格局。从那时起，“夷”成为对“外部”的专指。

“华夷之辨”曾一度促进了中华民族的融合，加速了中国一体化的进程，其作用功不可没。历史发展到清代，由于自身经济发展的滞后和文化的保守，再加上列强的入侵和西方文化的渗透，绵延两千多年的中国封建社会已经进入没落阶段，中国传统社会所认定的世界格局和秩序被打破，中国社会内部正酝酿着新的变化。经济上出现了以手工业工场为代表的资本主义生产关系的萌芽，政治上出现了对封建专制主义传统的抗议，人们逐渐认识到，封建专制政体已成为社会进步的桎梏，而西方的先进科技、政治制度、价值观念和文化体系又在不断冲击人们固有的文化定位，促使人们重新审视自身和列强的关系。

龚自珍、魏源等首先从华夏文化模式的最外层认识到自己“技不如人”，提出要在“器物”层面向西方学习。早在1820年，龚自珍在《西域置行省议》中，主张“颁制西洋奇器”，表明了他对西方“长技”的重视。第一次鸦片战争期间，林则徐在抗英卫国的斗争中亲眼目睹了外国武器的先进，逐步产生了解外国、“汲取其长处”的想法。针对英军“船坚炮利乘风破浪的长技”，以及中国军队“器不良、技不熟、船炮之实实不相敌”的落后现状，林则徐提出，要取得禁烟运动和反侵略战争的胜利，必须“时常采访夷情，知其虚实，始可以定控制之方”①。为此，他主持编译了《四洲志》、《华事夷言》等，以帮助国人了解熟悉夷情。同时，购买西方先进技术装备，坚持“制炮造船必求其坚”，主张剿夷要“器良”、“技熟”、“胆壮心齐”，实现“师敌之长技以制敌”。

魏源继承并进一步完善了林则徐“悉夷情”的思想，提出为了制伏西人，拯救社稷，应该摈弃鄙夷排外的陋习，“尽收外国之羽翼为中国之羽翼，转外国之长技为中国之长技”，主张学习西方先进科技，以抵御外来侵略，挽救国家于“衰世”。1842年，魏源在林则徐《四洲志》基础上，编撰《海国图志》。这是一部中国最早系统研究西方世界历史、地理、文化、科技的专著。在序言中，魏源明确说明了写作该书的目的，是“为以夷攻夷而作”、“为师夷长技以制夷而作”，系统阐发了其“师夷长技以制夷”的完整命题②。

魏源最具代表性的“师夷”主张包括：第一，世界之大远远超过中国人心目中的“天下”，中国人面对自己并不占优的“华夷相争”，不仅不应卑视西方文明，自我隔绝于外域文化，还必须老老实实地“师夷”，以彼之长补己之短，即“善师四夷者，能制四夷；不善师外夷者，外夷制之”。针对顽固派闭目塞听，不肯学习西方，以及将西方科技看作“奇技淫巧”的愚昧行为，魏源慨叹：“岛夷通市

① 《林则徐集》，中华书局1965年版，第765页。
② 魏源：《海国图志》，岳麓书社1998年版，第27页。

二百载，茫茫昧昧竟安在?”① 明确指出：“今西洋器械，借风力、水力、火力，无非竭耳目心思之力，以为民用。因其所长而用之，即因其所长而制之。”积极呼吁摈弃锁国旧制，主张通过学习西方“长技”来“制夷”。

第二，魏源认为，所谓“师夷长技以制夷”，是既要承认“夷之长技”，同时也要求华夏文明在面对优势文化时，敢于奋起应战，通过吸收对方的长处来壮大自己，保持自身的独立地位与自主发展。他主张“不必仰赖外夷”，应仿制西法自己制造军器。他在《海国图志》中向国人系统介绍了西方“长技”，特别是战舰、火器等西方近代军器的制造和使用，以及养兵练兵之法。魏源认为，只有吸收西夷长技来独立创建发展本国的近代军器工业，才能真正摆脱牵制而达到御辱“制夷”的目的。

第三，在关注西方军之“长技”的同时，魏源十分重视学习西方民用技术，鼓励发展民族资本主义新式工业，建议以造船业为中心，加强民间商业与国家军事保护之间的联系。魏源主张，对于西方近代的机械仪器，只要“有益于民用”，政府和民间都可设厂制造，“沿海商民，有自愿仿设厂局以造船械，或自用或出售者听之”②。

鸦片战争中列强的坚船利炮，惊醒了“天朝上国”的迷梦，促使一批有识之士开始突破“华夷之辨”的严防，承认技术落后于“夷狄”，走出了挣脱“中国中心论”的第一步，打开了“华夷之防”的缺口。立足近代价值的视角，魏源等通过“睁眼看世界”，起到了

① 《魏源集》下册，中华书局 1976 年版，第 677 页。
② 魏源：《海国图志》，岳麓书社 1998 年版，第 32 页。

使华夏文明“受光于天下见四方”的思想启蒙，代表了民族文化在“世界历史”新境遇中自我保存与发扬光大的理性选择。

二、力倡“变法改图”

自鸦片战争将中国社会推进“数千年来未有之变局”，近代中国一直在解答着如何“应变”、“求变”的时代难题。以魏源为代表的近代儒士的“师夷”主张，虽然最初主张学习的是西方器物，理论依据也是“器变道不变”，主张中国传统的伦理规范（道）不能改变，而具体的技术（器）却可以变通，达到自强、卫“道”的目的，然而，在实际的“师夷”过程中，魏源们又都不自觉地远远超出了这一层面。在分析英国称霸和富强的原因时，魏源指出，英国殖民主义在创造以军事、垄断、占领、工业和金融信贷为纽带的世界市场的同时，也通过内部分工和制度发展与世界市场之间建立起密切互动。因此，魏源首倡的“师夷长技以制夷”之“技”，既包括器物，也包括军事管理、训练，以及人的教育。他们在“悉夷情”、“译夷书”的过程中，将“师夷”的领域逐步扩展到西方历史、政治、商务、文化等众多方面。

清初，“康乾盛世”的蓬勃发展，加重了统治者“中国世界中心论”的自闭心理。乾隆时修订的《皇朝文献通考》曾这样描述：中土居大地之中，瀛海四环。其临边傍海而居者，是谓之裔；海外诸国，亦谓之裔。裔之为言边也。此时的清统治者醉心于自身辽阔的疆域，自认为中国就是世界中心，外邦为夷狄，自视其大，鄙视外邦。另一方面，中国传统文化丰厚的底蕴积淀，也使得清朝统治者长期以来形成了只认儒家礼仪、典章和教化的文化本位心理，对外来文化一味地排斥，认为其一无是处，对外来文明持全盘否定态度，实行傲慢的闭关政策。鸦片战争中，列强的坚船利炮使得与世隔绝的清帝国江河日下，“天朝上国”的迷梦被打破，促使一部分有识之士开始摆脱虚骄之气，睁眼观察陌生的外部世界。

因为对清朝腐败政治的深恶痛绝，龚自珍、魏源等人竭力反对复古守旧，力倡变法改图。他们通过在学术上反叛独尊至上的儒学道统，摒弃了传统儒学“先王三代盛世”的政治理想，以一种展望拓新的价值取向阐立自己的变法主张，走向背离复古守旧的政统。不同于顾炎武、黄宗羲等对于儒学传统的固守，龚自珍、魏源呼吁要从儒学的今文经学中吸取拓新学术、改良政治的思想营养，首先要破除儒学道统对社会变革的束缚。他们反对“汉学”的琐碎和“宋学”的空疏，倡导学术要“经世致用”。龚自珍大力抨击不问国忧民患的学风，主张“兰台序九流，儒家但居一”，呼吁学人应治“天地东西南北之学”[①]。同时，反对把儒学道统奉为唯一圣典，主张社会改革应当立足现实需要而兴利除弊，革旧布新。龚自珍认为，人类历史是不断演化发展的，各项社会制度、措施等也应随之不断变革更新。统治者要能平治天下，就应不断变法改图。他痛陈清朝的政治腐败和内忧外患，通过引用大量社会变迁实例，论证社会改革的必然性和合理性，规劝清朝统治者为避免社稷倾覆而变法改图。

魏源则在“变古愈尽，便民愈甚”的命题下，进一步系统论证了变法的理论根据。针对那些固守并美化“祖宗旧制”的顽固派，魏源强调“天下无数百年不弊之法，亦无穷极不变之法”，主张只有

① 《龚自珍全集》，中华书局 1959 年版，第 487 页。

顺应时势，革除成法中的弊端，方能使国运转衰为盛。同时，明确指出现实的变法，应该根据天地万物和人类社会的不断交替演进，根据现实需要弃旧创新。在魏源看来，任何人都难以驾驭和扭转历史的发展趋势，谁要废除有利于国计民生的新法而复古循旧，无异于“反江河之水而复归之山”。由此，他竭力反对厚古薄今，是古非今，反对执古以“绳今”、“诬今”的陈腐之学。

与此同时，他们大量译介西方近代政治制度典籍。林则徐主编《四洲志》，首次详细介绍了欧美资本主义政治制度，包括英国的上议院、下议院的组成和权限，以及美国的国会、参议院、众议院等机构。因为痛感于英国的对华侵略，魏源通过对英美近代政制的比较，推崇美国独立战争胜利后实行的政治制度，认为西方近代民主制是“变古今官家之局”的政治革新。

纵观这一时期龚自珍、魏源的“变法”主张，既有由“师夷长技”继而追羡近代西方政治制度的向往，也有明显的承循传统的痕迹，其变法主张的理论依据和具体做法本质上仍然是传统和陈旧的。具体而言，一方面，他们以历史循环论作为自己的理论依据，把人类历史的发展进程视为一种周而复始的循环演变过程，并由此认定这种循环演变只是具体制度、法令以及习俗的交替更新。比如，龚自珍主张“万物一而立，再而反，三如初”，且事物的变化只在于其功用而不是本体。魏源认为历史进化沿着“太古”、“中古”、“末世”的社会交替序列演进，到“末世”后又“复返如初”，其“不变者道”。另一方面，由于阶级地位的局限和保守派的强烈压制，龚自珍、魏源他们最终并没有能够摆脱封建礼制的传统窠臼。当时的保守派坚决反对学习西方，认为学习西方就是以“夷”变“夏”，就是抛祖弃宗，就是大逆不道。因此，魏源等人虽主张“师夷”、“变法”，但他们亦不敢离经叛道，在各方面都不敢深入，倡导的变法举措最终还是寄希望于一种自上而下的局部的封建改良，并未摆脱儒学“圣君决定”论的影响。而且，他们都没有直接接触西方实际，只是肤浅地了解西方的一些基本知识，并没有提出全面学习西方的具体政治主张。

尽管如此，这一时期有志之士们的“变法改图”主张，因为置身中西文化开始撞击的历史转折时期的特殊环境，它对儒学“华夏中心主义”文化传统的突破，在一定程度上否定了儒学唯我独尊的道统观和复古守旧的政统观，导引了中国社会的价值取向从反省鉴旧到展望拓新再到鉴取求通序列交替的最初转移，迈出了从中世纪向近代思想观念更新的关键首步。梁启超曾评价说：“魏源著《海国图志》倡师夷之说，林则徐乃译西报，实为变法的萌芽。”“其论实支配百年来之人心，直至今日犹未脱离净尽，则其在历史上关系不得不谓细也。”[①]“敷新思想之明蘖，其因缘固不得不远溯龚魏。”龚魏的师夷变法主张，其倡导学习西方的思维路向，折射出近代早期难能可贵的思想启蒙之光。

三、近代之初的启蒙之光

19 世纪中叶是中国历史上一个屈辱和希望交织的特殊时代。说它屈辱，是因为鸦片战争以来，中华民族备受欺凌，历经磨难，主权独立和领土完整遭受践踏，天朝帝国的“华夏中心”、“万世长存”

① 梁启超：《中国近三百年学术史》，山西古籍出版社 2001 年版，第 308 页。

幻想受到致命打击。所谓希望，是因为“西力东荡”无意中也把痛苦蜕变的历史机缘给了中国，刺激它变革旧的传统，吸收西方先进文明，通过启动近代化的车轮以获取摆脱外侮、振兴民族的历史转机。

以魏源为代表的爱国士人的学说正是在这新旧交替的历史转折关口，应运而生。广阔深厚的传统文化背景，旷古未有的社会变动现实，赋予他们的学说以浓烈的新旧过渡色彩。他们力倡“变法”、“师夷”主题，坚持反对外来侵略，拯救民族危亡的立场，是对其儒林前辈民族爱国精神的积极继承。其“师夷长技以制夷”的主张，承认技术落后于“夷狄”，走出了“华夏中心论”第一步。在他们心目中，天朝的中心地位只是初步受损，只要学习西方技术，仍可补救，重新自强，并反制“诸夷”。他们以“器变道不变”作为理论依据，主张作为中国传统伦理规范的道不能改变，具体的技术（器）则可以变通，带有明显“中学优越”论和“西学中源”说余味。而他们所主张的学习西方长技，目的也是为拯救“天朝帝国”。所有这些都说明，这一时期魏源们的主张远未挣脱与传统“华夷”观相连接的脐带。同样，魏源等人对于西方近代政治制度的介绍，也只是一种以“师夷”为基点的朦胧政治向往。事实上，他们并未能深入洞察资产阶级政治统治的实质，也无法明确如何借鉴它来改良中国的封建制度。

近代早期志士们的“师夷”、“变法”主张，虽因当时中国社会的种种条件限制，未能收获如期成果，但这一时期的“师夷”、“变法”主张第一次打开了“华夏中心主义”的缺口，它号召人们摒弃“夷夏之防”、“重道贱器”等传统训条，倡导学习西夷之技，让中国“风气日开，智慧日出”，以获得民族的独立鼎兴。正是这股振聋发聩的新思想，集中展示了中华民族在近代之初的价值觉醒。在其后随着社会矛盾的不断激化以及新兴力量的觉醒，对近代中国的思想启蒙产生了重大而深远的影响。对此，梁启超曾说："语近世思想自由之向导，必数定庵。"

在新的民族危机的激发下，"师夷长技以制夷"突破了"华夷之辨"、"天朝中心"、"重道轻器"等思想禁锢，打开了向西方学习的一扇窗户，深刻影响着后人的思维方式和世界观，是一个具有近代早期思想启蒙意义的划时代命题。如果说"制夷"还在一定程度上体现出以爱国主义为主要特征的民族精神的继承，那么面对当时中国社会十分严重的妄自尊大，"师夷长技"的呼声更恰似一剂清醒剂，激发人们从沉睡中醒来放眼看世界。当林则徐、魏源将学习西方之"长技"——尊重科技，并将之与国之兴衰相结合，无疑带给沉睡在"天朝帝国梦"中的国人以及鄙视科技的顽固派极大的震撼和挑战。他们认识并承认中外差距，呼吁学习西方船炮制造技术，介绍西方先进科技，不仅催生了中国社会尊重事实，崇尚理性的科学精神，而且使得民族精神与科学精神第一次得以有机结合。

鸦片战争爆发之后，抗击外国侵略成为时代主题，救国是当时中国的当务之急。然而，救国不仅需要爱国主义为特征的民族精神，也要借助一定的物质手段才能战胜洋枪洋炮，这就需要尊重科学、发展科学，依靠科学保障物质基础。尽管林则徐、魏源们所主张学习的更多是器物层面的科技，是一种比较表浅的科技观，但从文化角度，两种异质文化接触并发生冲突时，最容易发现的，就是器物层面的或外在的东西。因此，中西在科技文化上的冲突不可能一下子就进入科学理论、科学方法和科学精神的内部，必然只能从科学作为器物状态的技术层面开始。“师夷长技以制夷”的思想，正是应和着时代的呼唤，充分彰显并实现了民族精神和科学精神的有机结合。受此激发，许多有识之士自此开始抛弃自大空疏的学问方式，转向学习西方先进的科学文化，国人学习西方先进技术以图富强的序幕由此拉开。

早期资产阶级改良派、洋务派、维新派以及后来的“科学救国派”都深受“师夷长技”思想的影响。林则徐的学生，比魏源稍后的早期维新思想家冯桂芬，继承并推进了林则徐、魏源的学说。他在19世纪60年代著作《校邠庐抗议》一书，主张奋起直追，广泛学习西方先进技术：“始则师而法之，继则比而齐之，终则驾而上之，自强之道，实在乎是。”[①] 同时，他还提出了一系列“采西学”、“制学器”、“善驭夷”的“变法”、“自强”主张和具体措施，内容包括：注重培养人才，以制造技艺为取士标准；强调炮舰要能自造、自修、自用，不受制于人；主张效仿西方科技在工商业、农业中的应用等，号召向西方学习，发展民族实业。

后来的洋务派也对“师夷长技”十分推崇，而且尤为注重付诸实践。洋务主将奕䜣曾经奏疏，“识时务者，莫不以采西学、制洋器为自强之道”；张之洞将魏源的《海国图志》颂誉为中国西政之始；左宗棠重刻《海国图志》并亲自作序，痛感于“此时而言自强之策，又非师远人之长以治之不可”。在“师夷长技”思想的影响下，洋务派自上而下、轰轰烈烈地开展了学习西方科技以自强的洋务运动，他们派遣留学生、办学堂、译西书、设工厂、修铁路、兴水利，对

① 冯桂芬：《校邠庐抗议》，上海书店出版社2002年版，第50页。

推动中国社会进步起到了十分重要的作用。甲午战败后的维新派，也从西方学习“进化论”和“科学方法”，将之作为变法的思想武器。辛亥革命成功后，孙中山等大力倡导科学建国，“师夷长技”的科学思想进一步升华。国民政府颁布了系列法令保护工商业发展，鼓励科技教育，奖励发明创造，科学组织和科学机构大量涌现，科学思想广泛传播。五四时期，“科学”与“民主”并驾齐驱成为当时中国社会的两面大旗，首批庚子赔款的留学生直接喊出了“科学救国”的口号。

另外，近代早期启蒙志士对于近代西方民主政制的关注，包含着对于传统中国“君权神授”、“君作民主”的反叛，迈出了中国社会向近代思想观念更新的关键首步，标志着中国传统政治价值观向近代形态演进的一次关键性飞跃。正是经由龚自珍、魏源等“师夷”、“变法”学说的引导激发，康有为、梁启超提出，要救国只有变法维新。他们立足批判和革新传统的基础，充分吸收西学的进化论，构建起资产阶级改良主义启蒙理论。以孙中山为代表的革命党人，他们所借助的反帝反封建的思想武器以及资产阶级民族民主革命的政治原理，也都是变革传统、学习西方的产物，是西学中国化、民族化的重要成果。五四新文化运动沿着近代早期“师夷”、“变法”的思想轨迹，体现出一种变“体”更“用”的彻底变革和在思想观念上学习西方的更深层次的“师夷”和“变法”。它从批判封建等级依附制度出发，力图用各种各样的新知识来取代以天理为中心的儒学世界观，并将这一意识形态的斗争扩展到社会生活的各个领域，主张以西方资产阶级的“科学”、“民主”来改造国民性。随着工人阶级的壮大和十月革命的炮声，这股启蒙思潮升华到一个更加崭新的境界——批判腐朽没落的西方资本主义制度，引进马克思主义学说指导彻底的反帝反封建革命。中华民族在近代无数次斗争实践中的反复求索，顺应时代发展趋势，最终选择了马克思列宁主义指导下的无产阶级革命道路，把近代思想启蒙的伟大先驱们所倡行的种种爱国遗愿，变成为美好现实。

第二节 “以群为体，以变为用”

近代中国在“器物”层面的“师夷长技”，嬗变至“洋务运动”，走到了发展可能的极点。1894 年的中日甲午战争宣告了“洋务运动”的破产，它同时开启了中国现代化进程中具有实质意义的“变法时期”。以康有为、梁启超为首的维新派和以孙中山为代表的革命派，试图以传统中国的“仁政”为基础，采用“中体西用”的文化模式，构筑新型政制。

一、“中学为体，西学为用”

鸦片战争时期，以林则徐、魏源为代表的近代早期知识分子因为阶级立场的局限，看不到封建专制对中国社会发展的束缚，对封建王朝还存有强烈的依附心，只是希望通过广泛学习、引进西方先进技术，最终来拯救天朝帝国。到了以李鸿章、曾国藩、左宗棠为代表的“洋务派”，已经进一步发现在西方先进科学技术背后，潜藏着一套完整的技术理性话语。于是，洋务派秉持“自强”和“求富”的主张，明确提出“中学为体，西学为用”的口号，将“师夷长技”

的思想在实践和理论层面全面推向深入。

实践层面，洋务派创办了一系列军事工业和民营企业。到1894年，中国大约有216个机器矿厂和小轮公司，其中官办军事企业19个，官办或官督商办、官商合办的民用企业27个，私人资本企业170个；大约有9万至10万名工人[①]。洋务派奉行“办天下事，非才不举”的传统信念，推进了以京师同文馆为代表的新式学堂的创立。19世纪60至90年代，创办了大约24所新式学堂。当时的同文馆，引进、翻译了大量关于先进科学技术的书籍，奠定了西方话语传播的理论基础。其间培养的一批进步知识分子为科学技术话语提供了实践主体，开启了近代文化教育事业的先河。同时期电报局等实业的逐步创设，也为科学技术话语的传播提供了媒体依托。以出版物为例，从1843年到1898年，出版西刊西书多达561种[②]。自此，在洋务派的推动下，西方的科学技术话语在中国社会开始全面走向实践层面。

理论层面，为宣传兴办洋务的主张，洋务派明确提出了“中学为体，西学为用”（简称“中体西用”）的理论主张。作为近代中西文化冲突和交流的产物，“中体西用”的最初提出，主要是为应对顽固派的诘难。1851年，太平天国起义爆发，两年之间，革命形势遍及全国。与此同时，英法发动第二次鸦片战争，满清帝国再次屈服于殖民者的脚下。在内外交困的形势下，清廷中央以奕䜣为代表，地方以曾国藩、李鸿章、左宗棠为代表提出兴办洋务，学习西方制器之术。1861年，曾国藩创设安庆军械所，标志着洋务运动正式开

① 许涤新、吴承明：《中国资本主义发展史》第2卷，人民出版社1991年版，第340页。
② 戈公振：《中国报学史》，三联书店1986年版，第113页。

始。然而，洋务运动从一开始就遭到了守旧官僚地主的强烈攻击，认为学习西方乃是“以夷变夏”，应坚决禁止。为了与顽固派作斗争，保证洋务运动能继续进行下去，洋务派与顽固派进行了论战，提出了“中体西用”的口号。当时的洋务思想家冯桂芬认为：“如以中国之伦常名教为原本，辅以诸国富强之术，不更善之善者哉！”[①]“本辅”说一时间成为“中体西用”的基本框架。1885 年，当时的《万国公报》发表文章称：“中西学问，本自互有得失。为华人计，宜以中学为体，西学为用。”不过，在“中体西用”提出之初，相比较“中国之伦常名教”之体，当时洋务派们更强调以“诸国富强之术”为用，“中体西用”的着重点在于“西用”，认为“中体”必须有“西用”才能更好地发展。“中国所尚者道为重，而西方所精者器为多，欲求御外之术，于外人所长，亦勿设藩篱以自隘，斯乃道器兼备，不难含四海为一家。”

纵观洋务派早期的“中体西用”，其“西用”的范围实际并没有超出魏源“师夷长技”的范围，注重的仍是西方的坚船利炮。随着洋务运动的深入开展，以及中外交流的加深，一批对西方有深入了解的激进洋务派人士，思想开始发生变化。他们不但扩大了“西用”的范围，而且在对中国落后、西方先进的原因进行考察思考后发现，西学也有体有用，有本有末。曾经出使英、法等国的郭嵩焘认为，西洋立国有本有末，其本在朝廷政教，其末在商贾、造船、制器。以前，洋务运动所学习的不过是西方之坚船利炮。现在，既知这些乃是西末，西方强大乃在于政治制度等“西体”。于是，激进的洋务

① 冯桂芬：《校邠庐抗议》，上海书店出版社 2002 年版，第 57 页。

思想家要求扩大“西用”的范围，广泛学习西方的政治制度。但是，洋务派的“中体西用”，其“中体”原来只限于传统的纲常礼教，这就不可避免要面对“西体”与“中体”的冲突。

在这个难题面前，洋务派束手无策，不得不重新捡起“中体”加以强调。在继之而起的要求变革中国政治制度的维新派面前，洋务派退缩不前并最终与顽固派站在了一起。甲午战争后，维新派兴起并主张实行君主立宪。这时，洋务派代表人物张之洞撰写《劝学篇》，以“中体西用”为旗号攻击维新派。“中体西用”的天平重新发生倾斜。张之洞在《劝学篇》中这样概括“中体西用”：“中学为内学，西学为外学；中学治身心，西学应世事。……如其心圣人之心，行圣人之行，以孝弟忠信为德，以尊主庇民为政，虽朝运汽机，夕驰铁路，无害为圣人之徒也。”张之洞的《劝学篇》既是关于“中体西用”进行系统论述和发挥的样本，也标志着近代中国“中体西用”论的终结。和起初重点强调“西用”不同，这次转向以“中体”为中心，着重强调中国传统纲常名教的正统地位和不可动摇性，“中体西用”的局限性自此日益显露。事实上，洋务派所无法解决的难题，所反映出的正是“中体西用”这一范式本身所存在的不可克服的局限。

“中体西用”，这一在近代中国历史上产生过巨大影响的文化模式，流行于近世，一度成为从洋务自强到变法维新的改革运动的指导原则。“中体西用”的命题，在其以实用主义为旨归的价值取向背后，始终贯穿并面临着一个难题：即，近代西学能否、以及怎样与中国传统文化相结合，并在中国传统文化中找到它的生根之处，从而通过对西学的有益吸收实现中国文化的自我更新。在一定意义上，

“中体西用”体现了洋务派立足儒家传统引进西方文化时守持的价值原则，既保持传统，又容纳西学。但是，被近代中国深重的民族苦难所困扰的思想家们迫于救亡图存的使命引进西学，并没有系统清理早期启蒙思想的遗产，也没有认真去探寻中国思想启蒙的特殊道路。

“中体西用”缺乏对于中国传统文化和西方近代文化的科学分析，其结果使得近代中国长期陷于中西对立、体用两极的思维模式之中。作为近代中西文化冲突与整合过程中的初步反应，“中体西用”的实质类似传统文化的自我防御机制的本能反应，它是一种文化折中主义的表现。而且，“中体西用”模式本身包含着内在矛盾，一方面它忽视了文化的“体”、“用”之间的统一，仅仅把西方文化理解为一种“用”，忽视与它的制度、器物和心理诸方面的联系。另一方面，“中体西用”论者希望在保存封建伦理纲常和封建政治经济制度的基础上，引进西方的器物文化，并用以维护封建统治的基础，这无疑是一种巨大的矛盾。最终成为洋务运动招致失败命运不可克服的内在根源。

尽管如此，“中体西用”作为近代中国对西方文化与传统文化的一种最初整合模式，成为中国传统文化走向近代的初始环节。从 19 世纪 60 年代初期起，“中体西用”不仅是洋务派官僚政治经济变革的指导模式，也是以早期维新派人士为代表的进步知识分子所普遍认同的一种文化模式。无论是林则徐、魏源还是洋务派官僚，以及早期的维新派思想家，尽管他们拒绝承认中国的政治经济制度或纲常名教的不切实际，毫不例外地把这些当作是根本之道，不可移易，但是，他们毕竟开始承认在中国文化之外的西方文化尚有可取之处，可以当作“富强之术”加以吸收，反映出中国人在近代中西文化冲突与交融初期的一种价值判断和文化选择。

作为中国近代化的开端，洋务派所主张的“中体西用”论的长期流行，集中反映了历史现象背后的某种真实：面对鸦片战争以来西方文化的剧烈冲击，如何能够在传统文化中找到西学的生根之处，实现近代西学与中国传统文化的融合。“中体西用”的本质价值诉求在于，中华文化如何依靠自身固有的活力，吐故纳新，继往开来，通过对于西学精华的吸收消化实现中国文化的自我更新，实现中华文明朝向现代化的伟大飞跃。

二、“人道、仁道和群道”

历时三十余年的洋务运动在大力传播技术理性话语的同时，推进了政治、经济、文化事业的发展。但是，这种技术理性话语却没有能够真正改变国家遭受欺辱的命运，甲午中日战争的失败不仅是朝廷军事失败的象征，更寓示一种由外及内的危机和一种体系性的崩溃。维新运动时期，资产阶级力量日渐壮大并逐渐登上历史舞台。他们出于自身利益的需要，开始表现出对于封建王朝强烈的离心力，主张从各方面向西方学习，尤其是在政治体制以及相关的历史观方面。以康有为、梁启超为代表的维新派意识到，科学技术的运用离不开与之适宜的政治制度、习俗风尚、伦理道德规范，要进步要发展不能只停留在学习西方的“技艺”，而要究其根本——政治制度。于是，一场以“新政”为宗旨，要求变更封建君主专制为君主立宪的维新变法运动应运而生。同时，由于西方进化论思想的传入，社会思想观念在这一时期发生了根本转变，突出表现为“器变，道也变”的价值诉求。

康有为首开近代中国“变法”运动的先河。目睹洋务运动解决不了民族救亡的问题，康有为试图另辟蹊径，其思想的价值理路以“求乐免苦”的人本质论开端，继而通过改变传统政体的方式，完成“救亡图存”的历史使命。不同于传统儒学主要是从人伦道德的角度界定和把握人，以康有为为代表的近代思想家们首先把人看作有自然欲求的存在，主张“普天之下，有生之徒，皆以求乐免苦而已，无他道也……。”[1] 康有为认为，“人”只是动物中的一个“类”，所有的人，就其生物学意义而言，彼此并不存在实质性的差异。这无疑在哲学意义上表达了一种完全不同于程朱“理欲”世界观的“新人”立场。自先秦以来，传统儒学始终执守人禽之辨，主张基于血缘基础之上的人伦秩序，认为对这种人伦秩序的自觉全在于“人之所以异于禽兽”。而在康有为的思想世界里，有了一种新的不同于传统儒学的逻辑。作为前提，他提醒人们的是，人首先是“动物之一种”：

> 夫性者，受天命之自然，至顺者也。不独人有之，禽兽有之，草木亦有之。若名之曰人，性必不远。故孔子曰“性相近也”。……夫相近，即平等之谓。故有性无学，人人相等，同是食味、别声、被色，无所谓小人，无所谓大人也。有性无学，则人与禽兽相等，同是视听运动，无人禽之别。[2]

① 康有为：《大同书》，北京古籍出版社1956年版，第6页。

② 康有为：《长兴学记》，《康有为全集》第1卷，中国人民大学出版社2007年版，第341页。

康有为的“无人禽之别”主张，其根本意图在于，通过反对儒学传统对“人欲”的贬抑，在功能的意义上把传统“德性”暂时搁置起来，同时进一步从价值和形上根源的角度将对人的理解直接与中国传统哲学中的“元气”关联，最终试图从人的本身证实人的价值和意义。他在《康先生口说》中指出，元、气、天、人这四个概念所要表达的根本意义是一致的，元统天，天为仁，人示仁，天人实为一体，若一分为二，则指天为元，指人为仁；若合二为一，则合天人为元仁①。在这里，康有为真正想要表达的是，人是自本自根的存在，其价值和意义不假外求。由这一判断所引发的政治价值观的重大变革在于，所有的制度、道德、文化都不能界定人，相反，唯有根源于自身“本性”的人，构成所有制度、道德、文化的最初界定，成为所有道德、制度、文化的正当性和合理性的源泉。

按照康有为的“新人”逻辑，每个人都有权利依据自主追求物质与精神的满足，获得世俗幸福。与此相关，“求乐免苦”的生命个体必然要过社会生活，因为“喜群而恶独，相扶相植，乃人情之所乐”，而自由平等的个人之所以能“合群”，其根据就在于人的本质中含有宇宙本体所授予的“仁”质，它在个体身上体现为“不忍人之心”，扩至人类表现为“博爱”精神，而博爱的“仁德”归落在社会管理上，就是民主的“仁政”。在康有为看来，“仁”还会随着社会的演进不断进化：古代社会，“仁”在亲亲；现代社会，“仁”及同类；而“仁”之终极——“至仁”——就是“大同世界”。“大同”社会是康有为所认为的“求乐免苦”人性的完满完成，是宇宙

① 昌切：《清末民初的思想主脉》，东方出版社1999年版，第55—56页。

"仁—爱"本质的真正达成。

从人的自由平等说"群"，以"博爱"解释"仁"，康有为思想的价值逻辑是："仁"必"爱"，"爱"必"通"，"通"则"群"。于是，"人道"即是"仁道"、"群道"。"以群为体"归落到政治上的"以变为用"，就是主张用近代的民主新制改变旧的君主专制。这种具有现代意义的"仁政"从本质上超越了古典式的"仁政"理念。康有为的民主"仁政"，主张"圣不秉权，权归于众。古今言论以理为衡，不以圣贤为主……"，凡"立法创教，令人有乐而无苦，善之善者也，能令人乐多苦少，善而未尽善者也，令人苦多乐少，不善者也"①。在此之前，中国人追求国家富强、人民幸福的"仁政"的所有努力，都依托于故有君臣框架内的"贤者在位"。

在有着深厚的宗法人伦文化传统的中国，居于思想文化主流地位的儒家，一直主要是从伦理道德价值的角度，即从"德性"的角度来对人进行界定。一旦对人的界定走出"德性"的视域，"天理"与"人欲"彻底置换位置，即，"人欲"获得不依赖"天理"的正当资格，整个社会的价值秩序必然会呈现出另外一种逻辑。在程朱开创的"理欲"世界观体系中，"天理"与"人欲"构成激荡人们思想对立的两极。到了康有为这里，开始走出传统儒学关于"人禽有别"和"人性之善与恶"的纷争，主张性无善恶之分别的自然人性论，重点强调人性中"智"的重要。而"人欲"，也由传统中消极的、被否定的负面坐标移转为积极的被肯认的正面坐标，以此为端绪，进一步对以个体本位主义为价值诉求的新人格作了开创性的探究，成

① 康有为：《大同书》，北京古籍出版社 1956 年版，第 7 页。

为中国价值思想史内在演变的一个关键节点。

康有为提出的“由人道，而仁道和群道”的思路，开启了中国社会从个人平等权利层面追求“仁政”的近代政治价值探索。在这里，对“人”的重新界定和把握构成了近代中国政治价值观演化和发展的逻辑起点。值得强调的是，近代思想家们对“人”的重新认识和界定，或者说近代中国政治价值观中“新人”立场的确立，尽管在一定程度上受到源于西方近代科学思维的影响，但其更主要的是中国思想文化传统自身内在演变的逻辑结果。也就是说，中国社会有着不同于西方、独具自身禀赋的“新人”观念的演生路径。因此而来的关于“大同”社会的构想，也在相当程度上契合了当时中华民族心理的“社会期待”。当近代中国身陷绝境，“大同”理念为近代中国问题的解决提供了希望。一批志士仁人在为之奋斗的事业中找到了精神寄托，点燃了中国人民摆脱黑暗、奔向光明的希望，激发中国人朝向“终极目标”不懈追求，永不停步，对于此后中国社会的理想社会建构具有不容小觑的价值范导作用。

三、“新人观”的全面阐发

不同于传统儒家把“性”与“天道”关联，重在从“仁”说人，也不同于程朱“理欲”观中借由“性”与“天理”的转换所带来的对于个体欲望的可能抑制，以康有为代表的近代思想家，将“性”与“人道”联系，在近代中国思想史上首次举起人道主义的大旗，创造性地阐发了一种全新的“新人”观念。

首先，近代思想家们从“非人情无以为道”的立场出发，普遍将“人性”作自然“天性”理解。在康有为看来，人的自然之天性包括“魄”与“魂”两个方面：一是从体魄表现出来的食味声色等人之欲；二是从魂知表现出来的知觉、理性的能力。人之欲之所以不能禁而去之，人的理性之所以不能受压抑、钳制，都在于它们是一种自然之性。而且，自然之性，人人所同，不应有等级之分。如果偏离了这一点，所有的思想主张、伦理道德以及制度设计都是不“人道”的。而“人道”不是虚无缥缈的玄学，是依据感性的“人情”以为“道”。“人道者，依人以为道。依人之道，苦乐而已。”与此相关，“苦乐”构成人道的具体内涵。具有灵魂与体魄的现实个人，在同外界接触的实际社会生活中必定会产生种种感觉：“其于脑筋适且宜者，则神魂为之乐；其与脑筋不适不宜者，则神魂为之苦。”[①] 因此，它提醒我们所有的价值关切都应该：第一立足于人自身，而不是离开实实在在的物质基础来抽象地谈论人的内心感受——苦与乐；第二先保证人的体魄感到舒适，然后才谈得上神魂的快乐，体魄不适，神魂自然也就感觉痛苦。康有为强调说：圣人不以天为主，而以人为主。人乃天地之精华，人性首先是指人的自然欲求，人人同等，所谓的善好就体现在关心人的基本生活需要。在这里，康有为创造性地继承并改造了传统儒学的“气质之性”学说，根据人性出于自然之性的原理，直接推导出人的自然欲望满足的正当性和合理性。主张人生而有欲乃人之天性，这是对人的一切言与行作道德评判所必须首先承认的前提。同时强调“以人情为道”。认为满足人的欲望，解决人们的物质生活问题，使人得到快

① 康有为：《大同书》，北京古籍出版社1956年版，第5页。

乐，是“人道”的根本。主张对体现人本性合理要求的人欲，“只有顺之，而不绝之。”人“既受生身，敬而保之”，所谓敬和保的具体内容就是“发挥舒畅其质”。由此，使人去苦求乐被康有为设定为“大同”世界所要追求的基本目标。

> 普天之下，有生之徒，皆以求乐免苦而已，无他道矣。其在迂其途、假其道，曲折以赴，行苦而不厌者，亦以求乐而已矣。[①]

这表明，人性虽无善恶的先在规定，但并非空洞无物，其实质性内容就是人的去苦求乐的趋向。康有为认为，从人道的角度理解人的幸福观，不仅人的物质生活欲望是出于人的自然“天性”，所谓“人生而有欲，天之性哉”，而且既然人的欲望出于天性自然，那就“不能禁而去之，只有因而行之”。换言之，人们追求快乐与幸福，满足人的自然欲求本身是合理的、正当的，它不再接受超验道德的抽象评判，本身就是一种新道德，这种新道德同时构成人类社会制度的正当性基础。康有为把人人极乐，愿求皆获，进而达到“至仁”（至善）的社会称为“大同”社会。

其次，近代思想家以自然人性论为基础，确立了人的幸福追求这一基本价值取向。在康有为看来，从人道的角度理解人的幸福观，不仅应该给予人的求乐免苦以积极的、正当化肯定，而且一切的国家政治法律制度、社会活动都应以此为自己追求的价值目标。相应

① 康有为：《大同书》，北京古籍出版社 1956 年版，第 7 页。

的，人们也应具有批判、改造与此价值相背离的一切制度的正当性权利。

谭嗣同与康有为一样，主张以人的幸福为基本价值取向。他同样以自然人性论为基础，对人的幸福追求、财富增进、自然情欲的实现、人与人之间平等的诉求给予了正当化论证。他主张不以道德至上性作为评判的价值标准，而是首先强调人的自然存在因素，即以正视人的存在本身为前提，由此去揭露道德禁欲主义的虚伪和不合理性，批判视人之自然人性为羞耻的传统道德及风俗制度。不同于康有为、谭嗣同的“人道”重在“理”“欲”关系的辩证，严复的“人道”论引入了西方的功利主义思想，特别强调人性的趋利本质，并对传统儒学所抱持的“义利之辨”进行了批判。严复认为，中国几千年来之所以效能不佳，原因在于自孟子与董仲舒以来，社会主流价值把“义”与“利”对立起来，主张兴“义”而不谋“利”。事实上，道义与功利是不可分的，如果简单地排斥“利”，民众也会丧失求“义”的动力。

> 大抵东西古人之说，皆以功利为与道义相反，若熏莸之必不可同器。而今人则谓生学之理，舍自营无以为存。但民智既开之后，则知非明道则无以计功，非正谊则无以谋利。功利何足病，问所以致之之道何如耳，故西人谓此为开明自营。开明自营，于道义必不背也。复所以谓理财计学，为近世最有功生民之学者，以其明两利为利，独利必不利耳。[①]

① 《严复集》第5册，中华书局1986年版，第1395页。

严复主张，必须要穿衣吃饭的常识意义上的人，其人生的目标不是追求抽象的道德意义上的善，“人道以苦乐为究竟乎？以善恶为究竟乎？应之曰：以苦乐为究竟”。人的本性原本是无善无恶的，要说善恶，也不是伦理道德评价意义上的善恶，而是对人生之苦乐的界定。“人道所为，皆背苦而趋乐。必有所乐，始名为善，彰彰明矣。故曰善恶以苦乐之广狭分也。”[①] 作为每一个体，具体生存感受的苦与乐才是评判人间万象的实实在在的标准，对物质财富和利益的追求，非但不是传统儒家那样用善或恶加以评判的对象，恰恰是善恶本身的评判标准，“乐者为善，苦者为恶，苦乐者所视以定善恶者也”。由此，严复进一步强调，趋利是人的本性，协调利害关系的合群，为人们带来的是共利，它不但与自利不矛盾，相反是对自利的真实体现。所以，以人的趋利之本性为基点，合道义与功利为一体，这不仅必要，而且完全有可能。被严复所关注的“利”的问题，一样为梁启超所重视。在其《〈史记·货殖列传〉今义》一文中，梁启超满腔热情地接受了追求利润的商业主义和工业主义的理想，并试图将求利思想扩展为一种与人性相关联的新的“人道”观，证明求利活动的合理性和正当性，批评传统中国对物质欲求所持的苦行和抑制的态度，反对在道德上因一味高度推崇“俭”的美德从而极力贬低对物质财富和享受的追求。

近代思想家赋予人的求乐免苦本性以积极的正当化肯定，其主要价值意趣在于，以此明证一切政治法律制度、社会活动都应以此作为追求的价值目标，人们也应具有批判、改造与此价值相背离的

① 《严复集》第5册，中华书局1986年版，第1389页。

一切制度的意识和权利。“远人不可以为道”。所谓“尽诸圣之千方万术，皆以为人谋免苦求乐之具而已矣，无他道矣。能令生人乐益加乐、苦益少苦者，是进化者也，其道善；其于生人乐无所加，而苦尤甚者，是退化者也，其道不善。”①

纵观晚清以来中国社会经济、社会、政治的变化历程，因为西方列强的冲击，传统社会秩序面临内外交困的双重挑战。学习西方在促成晚清社会部分现代化的同时，更对政治体制变革提出了“不变不可”的要求。这种因政治体制改革滞后所引发的矛盾与冲突迫使社会中越来越多的人认识到必须通过自下而上的力量来迫使清政府加快改革。清政府政治改革的滞后，成为日益广泛的政治动员的直接原因，促使社会中各种改革思潮兴起。但晚清的政治变革最终又受制于中国的政治文化，文化既可赋予政治变革以合法性、执行力，又可凝滞社会变革的范围和限度。这就是为何晚清应对危局，经历了从器物到制度的艰难转变，最终仍功败垂成的关键原因。

第三节　人权、民权与国权

肇端于康有为、梁启超、谭嗣同、严复等人的近代中国的“变政”运动，延续至孙中山时代，达到了它的历史性顶峰。孙中山领导的辛亥革命结束了中国的千年帝制，为中华民族创设现代民主提供了历史前提。其依据“平等”对权力和权利关系的集大成解释，

---

① 康有为：《大同书》，北京古籍出版社 1956 年版，第 293 页。

代表着近代中国的价值探索从“模仿”到“创造”的重要开端。

一、“弃旧图新”

近代中国，西方资本主义的入侵，直接冲击了中国传统政治结构，一系列不平等条约的签订，打破了皇权、国家主权、中央政府权力三位一体的权力结构。但是，随后引发的中国社会转型呈现的整体态势，却是经济体制在前，教育、军事体制转型在后，政治体制改革严重滞后。19 世纪后半期，尤其是甲午战争后，由于统治者既缺乏现代意识，也缺乏足够的领导改革和促进社会全面转型的能力，致使社会各结构的变化没有能够互相协调发展，政治体制转型的滞后成为制约社会发展的瓶颈。一时间，因为政治体制改革滞后所引发的矛盾冲突及其所带来的人心背离，促使社会中各种改革思潮兴起，成为日益广泛的政治动员并最终成为引爆革命发生的直接原因。

> 吾党于是怃然长叹，知和平之法无可复施。然望治之心愈坚，要求之念愈切，积渐而知和平之手段不得不稍易以强迫。且同志之人所在而是，其上等社会多不满意于军界，盖海陆军人腐败贪黩，养成积习，外患既迫，则一败涂地矣。因此人民怨望之心愈推愈远，愈积愈深，多有慷慨自矢，徐图所以倾覆而变更之者。[①]

① 《孙中山全集》第 1 卷，中华书局 1981 年版，第 52 页。

按照孙中山对当时中国前途、革命时机以及革命条件的分析，中国的未来特别是中国现代化的责任，清政府已经完全不足以担当和完成。因此，唯有彻底推翻清廷，所谓“弃旧”；同时，建立理想中的共和政府，所谓“图新”，中国社会才有希望。作为中国近代民族民主革命的先行者，孙中山领导的辛亥革命推翻了统治中国两千年之久的皇权专制统治，建立了资产阶级民主共和国，带来了中国政治、经济、文化等翻天覆地的大变化。

政治上，在孙中山时代，西方资本主义自身的弊端开始暴露，引发了国人对于“模仿”西方模式的救亡道路的质疑。面对历史性难题，孙中山通过对西方和中国现代化进程的深刻反省，设计了超越西方模式的中国现代化道路。孙中山认为：“我们学习外国，是要迎头赶上，不要向后跟着学……现在我们去学外国所长，亦必可以学得比外国还要好，所谓后来居上。”① 中国作为后发的现代化国家，不需要将西方走向现代化过程中的每一个环节都充分展开，可以借鉴其经验教训，“举政治革命、社会革命毕其功于一役”。1905 年同盟会成立时，孙中山设计了未来民主政体的基本蓝图：“今者由平民革命以建国民政府，凡为国民皆平等以有参政权，大总统由国民共举，议会以国民公举之议员构成，制定中华民国宪法，人人共守。”孙中山把宪法、人民权利、代议制作为民主宪政的基本标志。辛亥革命后，民主共和建立，从一开始就高举起民权的大旗，宣称“中华民国属于国民全体”，实行有利于国计民生的经济政策和教育政策，大刀阔斧地废除了前清时代的陈规陋习。“共和之所以异于专制

① 《孙中山选集》，人民出版社 1981 年版，第 690 页。

者，专制乃少数人专理一国之政体，共和则国民均有维持国政之义务。”[①] 1912年元旦，孙中山在南京举行临时大总统受任典礼，宣告中华民国正式成立，延续了两千余年的封建帝制从此寿终正寝。同年3月11日，南京临时政府正式颁布《中华民国临时约法》，成为近代中国第一部具有资产阶级共和国宪法性质的根本大法。其第一章“总纲”规定：“中华民国由中华人民组织之；中华民国主权属于国民全体。”从根本上否定了两千年来的君主专制制度，确认了“主权在民”的政治原则和资产阶级政权的合法性。

经济上，孙中山领导的南京临时政府在初建时虽不断忙于应付政治、军事、外交和财政等各方面的诸多难题，但同时也实施了若干保护实业的政策，努力恢复市场经济秩序，在当时产生了一定的积极影响。作为中国历史上第一个具有资产阶级共和国性质的革命政权，为代表和反映广大工商业者的利益及愿望，临时政府积极推行了一系列促进实业发展的政策和措施，促进了更多新式企业的创办，推动了工商业的发展。临时政府成立后，制定并颁行了新的商业注册章程，实施了一系列保护和鼓励创办新式企业的政策，各类民间实业团体的创立日益增多，开创了民初民间实业团体兴盛的起点。临时政府不仅大力鼓励创办各类民间实业团体，孙中山、黄兴等主要领导人还身体力行，亲自参与发起民间实业团体的兴办，许多民间实业团体迅速相继诞生。民间实业团体的兴盛，既是实业发展的具体反映，同时也进一步促进了实业的发展。在近代中国特殊的历史条件下，实业的发展不仅需要政府实行各种保护与奖励性的

① 《孙中山全集》第2卷，中华书局1982年版，第478页。

经济政策，也离不开民间人士的积极响应，它需要国家与社会建立良性的互动关系，共同致力于实业的发展。民国初年民间实业团体的纷纷成立，是民间人士响应南京临时政府发展实业政策的具体表现，对推动实业发展具有十分重要的促进作用。更重要的是，南京临时政府实施保护和鼓励实业发展的一系列经济政策，对社会各界人士的思想观念在更深层次上产生了积极影响。在政府实施保护和鼓励实业发展政策的促进之下，振兴实业、建设民国、实现民生主义的思想日益为更多的社会各界人士所接受、认同。

在教育文化领域，近代中国教育自第二次鸦片战争结束后才蹒跚开始自己的早期现代化进程，到辛亥革命成功之时，近代中国教育改革历时整整半个世纪。先是随着洋务运动的兴起而以创办洋务学堂为其主要内容的洋务教育事业的发展，接着是戊戌维新运动时期的短暂教育改革，再后来，是清末“新政”开启了晚清时期教育应变求变的历史。辛亥革命的成功，中华民国的创立，对于中国教育的早期现代化，是一个重要的历史转折。中国教育的变革和发展在经历了洋务运动时期、维新运动时期和清末“新政”时期的三级递进之后，开始走上现代化的正常发展轨道，教育变革的主要时代任务在于破旧立新。

1912 年中华民国成立后，组建了以教育家蔡元培先生为总长的中央领导机关教育部，开始了全国性的教育改革。这场民国初年的教育改革，首先颁布了《中华民国教育部普通教育暂行办法》和《普通教育暂行课程之标准》，对旧教育成分进行了较为彻底的清除，构建了适应政治秩序和经济发展的新教育体制和教学秩序。当时的课程标准，对小学、中学、师范学校课程的开设都分别进行具体规定，推进了学校教育的正规化和标准化。1912年7月，《全国临时教育会议开会词》对民国教育方针和教育宗旨进行了新的阐发：

民国教育与君主时代之教育，其不同之点何在？君主时代之教育方针，不从受教育者本体上着想，用一个人主义或用一部分人主义，利用一种方法，驱使受教育者迁就他之主义。民国教育方针，应从受教育者本体上着想，有如何能力，方能尽如何责任；受如何教育，始能具如何能力。[①]

与之相应，中华民国的教育宗旨被确立为：“注重道德教育，以实利教育、军国民教育辅之，更以美感教育完成其道德。”其中道德教育即德育，是为了培养学生具有自由、平等、博爱的道德观念；实利教育即智育，是为了发展资本主义经济生产的知识技能的教育；军国民教育即后来的体育，是为了培养学生健全的体魄；美感教育即美育，是包括美术、音乐、图画、手工等在内的艺术教育，借以为陶冶情操、提高思想修养之手段[②]。这个教育宗旨，体现了关于人的德、智、体、美和谐发展的思想，否定了君主的绝对权威和儒学的独尊地位，其最终目的是培养出具有共和精神的健全国民。经过民国初年的改革，中国的学校教育，在这一时期初步确立了现代教育的价值取向，推进了中国学校教育的现代化进程。

① 《蔡元培全集》第2卷，中华书局1984年版，第262页。
② 舒新城编：《中国近代教育史料》上册，人民教育出版社1981年版，第223页。

二、“三民主义”纲领

辛亥革命推翻了帝制，建立了共和，同时也在意识形态领域发动了一场深刻的革命，试图从根本上改变人们的价值标准和道德观念。孙中山期望：“今者满廷已覆，民国成功，凡我同胞，允宜涤旧染之污，作新国之民。”民国旗帜下的国民应当具有全新的价值标准和道德观念。围绕当时社会主义思潮倡导的“平等”价值，孙中山契合近代中国追求的人权、民权与国权，设计了“三民主义”的现代化纲领，即民生主义、民权主义、民族主义。

1905 年同盟会成立时，孙中山提出“民生主义”，这是一种以土地国有为杠杆来调节资本，并促进资本主义发展的经济模式。孙中山认为，民生主义是三民主义之本，它代表着每个人求生存的不可剥夺的人权。“其最要之原则不外二者：一曰平均地权；二曰节制资本。”[①] 在孙中山看来，历史是一个由“天演而人为”的过程。“人的本源是动物……我们要人类进步，就是在减少动物性，增多人性。”随着社会的发展，人性的成分不断增长，“物种以竞争为原则，人类则以互助为原则，人类须顺应此原则”。此后，在领导民主革命的过程中，孙中山对中国国情、对西方资本主义有了更多的了解。1912 年 4 月，他在南京同盟会所作的《民生主义与社会革命》演说中，对民生主义作了新的诠释，称民生主义是国家社会主义。而同盟会的政纲“之所以采用国家社会主义政策”，是因为“一面图国家富强，一面防资本家垄断之流弊”。从辛亥革命后到 20 年代初，孙中山在逐

① 《孙中山选集》，人民出版社 1981 年版，第 593 页。

步完善他的民生主义思想的过程中，建构了其关于国家经济体制的基本思想，主张建立一个国家主导型的经济模式，吸取东西方各国经济发展体制的经验，既着眼于中国的现实，又着眼于中国的未来，适应中国这个后发外源型现代化国家经济发展的现实条件与要求，从而为中国经济的现代转型找到一条切实的路径。

民权，是资产阶级革命派民主革命纲领的基本内容之一。按照孙中山对民权主义的解释，国民应享有平等权、参政权和选举权。但在革命时代，这一切都无法付诸实践。南京临时政府成立后，首先从国家根本大法的角度肯定了人民权利，主张保障人权平等的民权主义是资产阶级“政治革命”的根本。孙中山强调：“要中国强盛，实行革命，便非提倡民权不可。”临时政府成立伊始，即规定民国主权属于人民，各族人民一律平等，努力革除封建苛政所造成的等级制度和践踏人权的劣行。呼吁“共和告成，人道昌明”，“凡属国人，咸属平等”，力倡所有国民一样享有选举、参政、居住、言论、出版、集会、信教等方面的权利与自由，“以重人权而彰公理”。同时明确规定，对少数民族不能取歧视态度，“推翻帝制，改造民国，原合汉、满、蒙、回、藏之土地人民为立国之第一要素，则五大民族所享之权利，所负之责任，自应一视同仁，无偏于党，庶能巩固民国之邦基，遵行共和之宗旨”。为保护人民权利，孙中山一再命令废除严刑逼供的野蛮审讯制度。为保障人权不受侵犯，临时政府颁布了保护人民财产的命令，规定：人民的一切私产仍归个人享有；发布了禁止买卖人口的命令，指令临时政府外交部妥善提出杜绝贩运华工出国和保护海外华侨的办法，“务使博爱平等之义，实力推行”。在此期间，孙中山还把妇女解放和民主权利的实行联系在一起，特别强调："天赋人权，男女本非悬殊"，"女子将来之有参政权，盖所必至"[①]。民权主义，代表了孙中山"社会主义"理想中关于政治制度的价值主张。其"民权"的本质是人民群体的政治委托权，而其实现形式则是政治精英引领民众走向完全的民有、民治、民享，最终实现"大道之行，天下为公"。

民族主义，即所谓"国权"，是孙中山倡导"民生"、"民权"的根本目的所在——构建现代民族国家，拯救民族危亡，体现出对国家主权平等的价值追求。

孙中山的民族主义主张，从其最初提出，经历了一个随着中国革命实践和对中国革命的认识不断丰富发展的嬗变过程。1894 年成立的兴中会，以"驱除鞑虏，恢复中国，创立合众政府"为口号，这一时期，孙中山的民族主义主要强调建立以汉族为主体的民族国家。同盟会成立后，孙中山在政治上明确坚持国家统一思想，主张民族主义和民权主义的紧密结合，革命口号由"驱除鞑虏，恢复中国"改为"驱除鞑虏，恢复中华"，强调民族主义必须和民权主义紧密结合起来，民族革命和政治革命一次完成。此时，孙中山已经把民族主义解释为推翻封建君主专制政权，并进一步依靠这条民族革命的特殊道路来号召全国各族人民，推行民族革命，推翻中国长达两千多年的封建专制制度，创建资产阶级民主共和国，为废除中国封建社会的民族歧视、民族压迫政策，实现民族平等提供了重要的政治条件，标志着孙中山的民族主义思想日趋成熟。

南京临时政府成立后，孙中山主张汉、满、蒙、回、藏"五族

① 朱英主编：《辛亥革命与近代中国社会变迁》，华东师范大学出版社 2001 年版，第 64 页。

共和”，号召各族人民团结起来，为维护民族统一而奋斗。在后来的《中华民国临时约法》中，又进一步明确规定“中华民国人民一律平等，无种族、阶级、宗教之区别”，第一次提出了中国境内各民族一律平等的主张，将民族平等的适用范围进一步扩大。这是孙中山民族主义思想发展史上的重要里程碑。辛亥革命失败以后，中国陷入了西方列强控制的军阀割据和混战之中，民族灾难更加深重。曾经对帝国主义抱有幻想的孙中山，终于认识到，帝国主义才是中国人民的最大敌人，继而将其民族主义的旗帜转向坚决反对帝国主义，维护国家主权，争取民族独立自由，开始了他一生中民族主义立场的最伟大转变。孙中山坚持民族独立、维护国家主权的严正立场，反复强调一定要废除一切不平等条约，收回主权。

> 我们中国人的地位，堕落到了这个地步，如果还不想振作国民的精神，同心协力，争回租界、海关和领事裁判权，废除一切不平等的条约，我们中国便不是世界上的国家，我们中国人便不是世界上的国民。①

至此，孙中山对中国革命的对象有了新的认识，开始将民族主义旗帜的锋芒直指西方列强，标志着其民族主义思想发展的新阶段。在这个阶段，孙中山明确提出了“反帝”口号，完成了其民族主义思想发展过程中质的飞跃。1921 年，中国共产党诞生，中国革命的面貌焕然一新，孙中山看到了中国社会的新生力量和中国革命的希

① 《孙中山全集》第 11 卷，中华书局 1986 年版，第 387 页。

望。在国民党一大会议上，对其民族主义作了新的解释——国民党之民族主义，有两方面之意义：一则中国民族自求解放，二则中国境内各民族一律平等。前者目的是“使中国民族得自由独立于世界”，后者要求“国内诸民族宜可得平等之结合”。孙中山的民族主义思想从“反满”到“五族共和”，再到“中国民族自求解放，国内各民族一律平等”，最后到“联合世界平等待我民族”的嬗变历程，既顺应了时代要求和历史进步，也符合中国革命发展的规律。民族主义既是孙中山领导中国革命的一面旗帜，也是其三民主义理论体系的基本出发点和落脚点，在一定程度上，民族主义既是孙中山政治理念中的阶段性目标，也是其终极目标。在他的政治意识中，中国只有真正完成了民族主义革命的任务，建立了强大的民族国家，才说得上是中华民族对世界人类的贡献。“我们今日要把中国失去的民族主义恢复起来，用此四万万人的力量为世界上的人打不平，这才算是我们四万万人的天职。”[①] 孙中山的民族主义理论打破了中国传统族类民族主义思想，为解决近代中国民族问题提供了带有原则性的创见。

纵观孙中山的三民主义理论建构，不难发现其中具有的时代及阶级局限。但这一理论确实在一定程度上代表了中国前进的方向，标志着进步的中国人探索救亡图存道路的集大成智慧，也是向此后新民主主义和社会主义发展的一个必然过渡环节。

三、朝向“现代”的关键过渡

孙中山领导的以“三民主义”为思想纲领的辛亥革命，推翻了

① 《孙中山选集》，人民出版社 1981 年版，第 661 页。

清朝的封建专制，使得自由、平等、民主共和的政治制度话语愈加深入人心。“历史上许多伟大事件仿佛是一块又一块路碑，它们记载着社会发展的里程、前驱者的劳绩和继续行进的去向，辛亥革命就是近代中国历史上这样一块丰碑。”[①] 辛亥革命给近代中国政治、经济、思想、文化带来了亘古未见的震撼，推动着近代中国社会前所未有的变迁。作为近代中国涉及范围最广、动摇传统根基最深的社会变革，辛亥革命既是中国社会各领域较长时期不断渐变的历史必然，又必然地对各社会领域发生着较为深远的历史影响，从而在某一历史发展阶段成为中国社会从近代朝向现代过渡的关键点。

首先，理性的中西文化观的初步形成。近代后期，伴随着社会经济政治的发展和中西文化交流的深入，国人对中西文化的认识和选择开始突破传统思维的框架，逐步以理性和科学的方法来进行文化鉴别和选择，在中西文化的冲突与整合进程中迈出了新步伐。

作为近代中国紧跟时代潮流的资产阶级民主革命的先行者，孙中山在近代与现代之交，充分显示出这一理性与科学选择的新取向。孙中山立足历史进化论的哲学基础，对当时中国社会的文化问题进行了新的思考。孙中山认为，文化不是固定不变的，而是随着时代的变化而发展的，因而旧文化与新文化之间存在差异。同时，世界各国不同的地区、国家和民族有着不同文化形态，这些不同的文化形态各有优劣之处。据此，孙中山进一步提出了整合近代中西文化的原则：取人之长补我之短，博取兼收，融合中西。对于如何学习西方文化，孙中山认为，不能采用全盘照搬的办法，必须坚持民族

① 章开沅：《辛亥革命辞典》序言，武汉出版社 1991 年版，第 1 页。

独立，从中国的国情出发。

> 中国几千年来社会上的民情风土习惯，和欧美的大不相同，中国的社会既然是和欧美的不同，所以管理社会的政治自然也是和欧美不同，不能完全仿效欧美，照样去做，象仿效欧美的机器一样……我们能够照自己的社会情形，迎合世界潮流去做，社会才可以改良，国家才可以进步。[①]

孙中山明确反对“崇拜外国，事事都仿效外国”的态度，反对虚无主义的“全盘西化论”。他倡导的中西文化观，主张学习西方文化，但并不排斥传统文化。对待传统文化，要做到“能用古人而不为古人所惑，能役古人而不为古人所役”，反对文化传统主义的保守本位。孙中山对洋务派为代表的“中体西用”的文化折中主义也提出了批评。他指出：“窃尝深维欧洲富强之本，不尽在于船坚炮利、垒固兵强，而在于人能尽其才，地能尽其利，物能尽其用，货能畅其流——此四事者，富强之大经，治国之大本也。我国家欲恢扩宏图，勤求远略，仿行西法以筹自强，而不急于此四者，徒惟坚船利炮之是务，是舍本而图末也。”[②] 孙中山的中西文化价值判断和选择模式，开始突破传统的思维框架，向理性与科学的方向迈进了一大步。孙中山在总结自己的思想理论时说：“余之谋中国革命，其所持主义，有因袭本国固有之思想者，有规抚欧洲之学说事迹者，有吾所独见

① 《孙中山全集》第 9 卷，中华书局 1986 年版，第 320 页。
② 《孙中山全集》第 1 卷，中华书局 1981 年版，第 8 页。

而创获者。”[①] 而这正是理性的文化价值取向的体现。

其次，现代民权政治观的初步确立。南京临时政府颁布的《中华民国临时约法》，是中国近代宪政运动史上绝无仅有的一部具有资产阶级共和国宪法性质的根本大法。它明确规定中华民国由“人民”组成，主权属于全体国民。它用国家根本大法的形式，确认了资产阶级在国家中的统治地位，赋予国民广泛的民主权利和充分发展资本主义的自由。它肯定了资产阶级民主共和国存在的合法性，这在中国历史上是一个伟大的创举，从此，“世界的潮流，由神权流到君权，由君权流到民权；现在流到了民权，便没有方法可以反抗”。而从文化变迁的立场看，肇始于晚清的政治现代化是一场经历了从“变法到新政，从新政到立宪”的专制政治文化到民主政治价值的变迁。1908 年的《钦定宪纲》把“君上大权”载入宪法性文本，反映了中国权力文化的危机与更新。从此，无论是思想论战，还是立宪运动，寻求宪法的证成是各方论战的基点和行动的逻辑。所不同之处在于，皇权希望通过制宪实现皇权永固；立宪派希望设立虚位的君主制，将中央权力下移的现实反映到政权体制中来；革命党人则以革命为立宪的前提，希望实现由立宪而民主共和。最高权力形式上源于宪法，这是《钦定宪纲》提供给后世的最大遗产，它标志着最高权力形式上源于宪法的时代的来临。此后，中国社会历史开始步入更为复杂的、共和国体下的民主政治建设阶段。

第三，激发了现代国民意识的萌发。在全球卷入“世界历史”的近代，中国的有识之士已经清醒地意识到，作为“全球化”主体

① 《孙中山全集》第 7 卷，中华书局 1985 年版，第 60 页。

的民族国家，首先要找到“界他国而自立”的民族特性，并在此基础上构建适合自身国情的民族国家。孙中山认为，中华民族的立国之基与西方的“契约论”不同，“中国国民和国家结构的关系，先有家族，再推到宗族，再然后是国族”，所以华夏民族国家不像西方“以个人为本位”，而应采取“集体关怀”的方式。与此相关，中华民族的民族精神也与西方不一样。“欧美的文明，在物质的一面……他们的物质科学，一百多年来发明到了极点，许多新发明巧夺天工”，而中国的民族精神为“心性文明”，“中国从前的忠孝仁爱正义和平种种，这些特别好的道德，便是我们民族的精神。我们对于这种精神不但要保存，而且要发扬光大”①。

面对近代中国的现实处境，孙中山慧眼独具地意识到了中国现代化价值求索与西方的根本差异——它是一场救亡图存的民族复兴运动。因此，他试图引导国人到传统、到文化中，找寻构建近代民族国家的价值资源，鼓励国人“居住”在传统中，在传统精神的推动下自己发展自己……所有这些主张，为力图摆脱殖民命运的中华民族，提供了振奋民族自信心、激发民族变革热情的强大思想武器。这一时期，民众的国家意识开始突破传统的“忠君爱国”的观念，充满着为新生的共和国做贡献的热情，国人开始逐步具有强烈的主人翁责任感，能够将个体生命与近代意义上的民主国家的命运联系在一起。几万万被压迫的、沉睡在中世纪停滞状态的人民觉醒过来了，他们要求新的生活，要求为争取人的起码权利、为争取民主而斗争。实现人的近代化，乃是实现政治民主化和经济近代化的不可

① 《孙中山选集》，人民出版社1981年版，第788页。

缺少的前提条件。按照美国社会学家英格尔斯在《人的现代化》一书所说：“许多致力于实现现代化的发展中国家，正是在经历了长久的现代化阵痛和难产后，才逐渐意识到：国民的心理和精神还被牢固地锁在传统意识之中，构成了对经济与社会发展的严重障碍。”①

第四，奠立了国民教育的现代化价值取向。近代中国社会变革初期，人们对于学校教育的要求，是要讲究“实用之学”。而且其时人们对“实用之学”的认识，更多是对经世致用的注重。辛亥革命以后，国人开始致力于追求受教育权利的扩大，即实现教育的民主化，并力图使教育真实体现自身的科学内涵，实现教育的科学化。具体表现为：一是在教育目的上，强调现代教育必须重视受教育者在谋求个人生计的同时服务社会、贡献国家。主张现时中国的教育要“发展人的身心所长而去其短”，“以求适应世界之生存”②，真正实现对己自立立人，对群造福社会。二是在教育对象上，吁求教育为“全体国民之所有”，主张教育走向平民化、大众化，并在教育权利和机会的享受上力行男女均等。三是在教学内容上，将学校教育与社会的现实需要联系起来，尤其注重教育与经济的“联姻”，注重受教育者谋生济世的真实才干和技能的培养。为此，除了书本知识力求接近社会实际，教学方法上也开始重视实验操作能力的提高和劳作习惯的培养。四是在师生关系上，传统的“师道尊严”受到冲击，学生个性人格日渐得到尊重，学生在学校生活中实行自治受到鼓励。教学内容的安排，也能够照顾青少年的身心成长，国家主人翁的意识在学校教育中日益增长。辛亥革命后的中国教育，已经体现出了

① 参见朱英主编《辛亥革命与近代中国社会变迁》，华东师范大学出版社2001年版，第78页。
② 陈独秀：《今日之教育方针》，《青年杂志》第1卷第2号，1915年10月15日。

教育现代化的主要特征，教育日益重视国民的普遍参与，适应社会的职能分工，切合社会的实际应用。

辛亥革命是中国历史上的重大变局。它推翻了帝制，建立了共和，突破了社会转型中最坚固的环节。随之而后的一系列政治制度改革，促使政治结构迅速完成了转换。辛亥革命前，民主共和只是少数革命者的理想与目标，辛亥革命使这一理想成为现实，并进一步使少数人的目标成为大众所认可的价值。但是，在辛亥革命这场伟大的民主革命之中，以孙中山为代表的革命党人，当他们在民族危亡的严峻形势下忽略对人民的启蒙而相信“革命可以开民智”的时候，实际上对民主抱有了一种急切的心态。而且，他们始终把民主作为一种手段来追求，其结果，必定是忽视民主革命运动所必需的民主启蒙的开展。另外，孙中山试图借助资本主义生产方式而又超越资本主义，从而使中国社会的转型避免西方社会的弊端，问题在于，孙中山心目中的社会主义，不是马克思主义所阐述的科学社会主义，而是儒家的大同理想。其民生主义与其说是对西方资本主义的超越，不如说是对儒家大同理想的向往和复归。另外，由于中国社会的思想和观念基础没有能够随着政治的变动而变化，因此，当中国人的意义世界随着帝制的粉碎而破裂的时候，信仰的危机也随之产生。

从中国历史发展的总趋势看，辛亥革命是中国历史上的一个重要分水岭，它一方面结束了中国的传统社会，另一方面开辟了中国历史的新纪元。在某种程度上，辛亥革命时期的思想文化变动，是中国自先秦以来最为激烈的时期之一，是中国思想文化从传统走向现代的一个最为关键的时刻[①]。辛亥革命结束了两千年帝制，中华民国的建立为中国思想文化的变动提供了新的契机。然而，由于当时特殊的政治、经济及外交背景的制约，中国社会思想文化的转型不但没有随着民主共和体制的建立而完成，反而在民国初年发生了一系列具有“倒退”性质的“复古”事件，接踵而至的袁世凯称帝、张勋复辟、军阀混战，使得国家形势仍然危在旦夕。而那些具有浓厚复古性质的思想文化变动，作为民国初年中国社会思想文化变动的一部分，说明了辛亥革命没有能够真正解决困扰近代中国的“救亡”问题，中国社会迫切需要重建适应近代中国现代化进程的价值体系和文化系统。同时，它也为中国思想文化的再转变提供了新的契机。由此，才有了五四新文化运动的发生，使得中国思想文化开始走出“辛亥时代”，真正向“现代”过渡。

第四节　新文化运动：重塑“国民性”

1919 年前后的五四新文化运动，以陈独秀、胡适、鲁迅等为代表的“新青年”，坚持以“民主”与“科学”作为新的价值认同系统，通过倡导“向传统求解放”、“向西方求解放”，力图重塑华夏民族的“国民性”，在中国社会开启了一场自觉、深刻的伟大思想解放运动，掀起了鸦片战争以降国人思想解放的高潮。

① 朱英主编：《辛亥革命与近代中国社会变迁》，华东师范大学出版社 2001 年版，第 252 页。

一、“向传统、向西方求解放”

民国初年，面对共和徒具虚名、民族危局依旧的形势，陈独秀认为，其根本原因就在于作为政治基础的中国思想界，以纲常名教为核心的封建旧思想仍然禁锢着国人。因此，仅有政治层面的变革不足以拯救中国，谋国人的思想解放才是根本。他力主“新旧思想之激战”、“伦理的觉悟为吾人最后觉悟之最后觉悟”，发起了声势浩大的对于封建旧思想、旧道德、旧文化的猛烈批判。

近代启蒙志士之所以向传统文化开战，其根本原因在于传统文化所服务的对象——封建帝制的腐朽落后。五四时期，陈独秀曾毫不避讳地指出：“孔教与帝制，有不可离散之因缘”，“妄欲建设西洋式之新国家，组织西洋式之新社会，以求适今世之生存，则根本问题，不可不首先输入西洋式社会国家之基础，所谓平等人权之新信仰，对于与此新社会新国家新信仰不可兼容之孔教，不可不有彻底之觉悟，勇猛之决心。”据此逻辑，要救中国，必须有新政体；要引进新政体，必须学得与新政体相配套的西方新文化。因此，一切“与此新社会新国家新信仰不可相容”的旧文化，都必须清除，“否则不塞不流，不止不行”[①]。在五四知识分子眼中，传统文化完全是旧政治、旧统治者的象征符号，为此，他们开展了对于文化传统主义的深入反思。

文化传统主义是近代中国具有深远影响的文化思潮，是近代中西文化冲突过程中，知识分子群体对西方文化的一种最初的本能反

① 《独秀文存》，安徽人民出版社 1987 年版，第 79 页。

应模式。文化传统主义者主张，中国文化优于他种文化，近代文化的进化必须以传统为本位，因而它排斥并轻视西方文化，具有一种保守主义的价值取向。在近代中国的不同时期，文化传统主义表现为不同的形式。

近代之初的文化传统主义者，是政治上极端守旧的封建顽固派的文化代表。当鸦片战争的炮火带着西方文化冲开天朝的大门时，中国的士大夫们表现出两种不同的反应：一种是以林则徐魏源为代表的“开眼看世界”；另一种是文化保守主义沉溺于天朝梦幻，对向西方学习、引进西方文化，持强烈的反对态度。此时的文化传统主义者之所以反对学习西方文化，一部分原因是为保守其政治上的统治，更深层的原因在于其文化本位的价值取向。这一时期的文化传统主义表现出文化上强烈的自我中心意识，他们对传统中国文化，特别是对封建的纲常名教，持一种绝对崇拜的维护态度，确信传统文化的正宗地位，忧惧学习西方会导致“用夷变夏”。因此，他们极力贬低西方文化的价值，这既是文化自我中心意识的必然逻辑表现，也是近代之初文化保守主义者的显著思想特征。

与近代之初的文化传统主义思潮不同，清末的国粹主义，是在新的政治与文化背景下出现的一种文化传统主义的变种。随着西方文化在中国的广为传播，以及国人在不同程度上对于西方文化逐步有所接纳，清末国粹主义的兴起，是对 20 世纪初西方文化弊病的反思。20 世纪初，随着开埠通商的发展，西方文化以前所未有的广度和深度传入中国，而 19 世纪与 20 世纪之交的两次对外战争（甲午战争和八国联军侵华战争）中国的失败，也使得相当一部分知识分子对西学发生兴趣，讲求西学的风气日盛，引起了爱国知识分子的深切忧虑。

与此同时，进步的知识分子也逐步看到了正在向帝国主义过渡的西方及其文化的弊端，帝国主义对殖民地的瓜分奴役，资本主义国家内部风起云涌的社会革命，使进步知识分子对西方文化产生了困惑。如何使中国既达到西方的富强而又能避免欧洲社会的弊端，20世纪初进步思想家、政治家和改革者面临着深刻的矛盾选择。孙中山先生的“毕其功于一役”的思想，便是当时这种现实的典型反映。国粹主义者则从文化的角度来寻求“药方”，试图从中国古代的文明中，发掘“国粹”，以拯救中华民族的危机，进而建构中国的新文化。虽然国粹主义和近代之初的文化传统主义者都对传统采取了认同的态度，但后者是以全盘接受为价值取向，并以此来否定西方文化的存在价值，保持政治上的封建专制主义统治。另外，20世纪初的国粹主义者虽尊崇国学，但对孔子及其儒学在传统文化中的独尊地位提出了挑战。他们大力阐扬诸子之学，以此作为政治上反对封建专制的基础。同时，这一时期的国粹主义者提倡“国粹”，目的在于“用国粹激励种性，增进爱国的心肠”，实现反清的民族主义，建立资产阶级的民族国家，抵制西方侵略，所谓“国学之不知，未有可与言爱国”。

就此而言，20世纪初的国粹主义，是当时反满、反侵略的民族民主革命在文化上的深刻反映。20世纪初的国粹主义思潮产生于“不仅苦于资本主义的发展，而且苦于资本主义的不发展”的思想背景，这种矛盾心态，使得国粹主义一方面提倡复兴国学，以避免传统文化受到西方文化的侵略；另一方面又试图从传统文化中寻找资源，使中国文化的发展避免出现西方社会中的种种弊病。这种矛盾的文化心态在传统文化强大的认知结构和社会氛围中，逐步地倾向于文化本位的价值取向，最终使得国粹主义思潮逐步丧失其现实的革命意义，成为一种复古主义，一种文化传统主义的变种。

从近代之初的文化保守主义到20世纪初的国粹主义，透过近代文化传统主义的发展轨迹可以发现，作为近代中国文化对西方文化的一种反应，文化传统主义是近代中西文化冲突与整合的一种最主要表现形式，反映出传统文化对于中国社会发展的深厚制约力。文化传统主义思潮，其直接的思想文化背景来源于辛亥革命后中国社会的秩序混乱，以及中国人千百年来安身立命之所在的核心价值体系的崩溃。在此意义上，传统主义所强调的国体虽变，而纲常并非一定要变的观念，实际上也对辛亥革命这一急剧性的政治变动，发挥了一定程度上的补偏救弊作用，其积极意义不应低估。

文化传统主义以及19世纪后半期以“中体西用”为典型的文化折中主义等价值选择模式，最终都没有能够正确地解决中西文化之间的关系。相反，它们在社会政治实践中的取向，导引的却是中国在对外反侵略战争和现代化运动中的步履维艰。戊戌维新、辛亥革命等一系列政治改革失败后，进步知识分子开始了对19世纪文化选择和政治变革模式的深刻反思，开展了具有重要思想解放意义的新文化运动。新文化运动“力图用各种各样的新知识来取代以天理为中心的儒学世界观，并将这一意识形态的斗争扩展到社会生活的各个领域”[①]，特别是从思想观念，即从文化的更深层次来批判传统文化，以民主与科学为思想武器，对中国的传统伦理道德、纲常名教进行反思批判。这是一场近代史上对传统文化进行的最深刻和全面

① 汪晖：《现代中国思想的兴起》，三联书店2008年版，第1207页。

的检讨，触及了传统文化的核心。

诚然，每一个民族的文化都有其不可忽视的传统和历史渊源，对于传统的保持和弘扬，是文化转换、重构和发展的基础。文化传统主义的误区在于，它过分夸大了传统的稳定和不可变异性，把传统绝对化，且通过对自身传统的固守来排斥外来文化。因此，文化传统主义的价值选择模式，最终不能实现中国文化的近现代转换。五四时期，激进的民主主义者在接受马克思主义之前，对传统文化采取了激烈的批判态度，表现出一种强烈的反传统主义的倾向。五四新文化运动中，五四精英以反对当时北洋军阀政府将孔子思想定为“国教”写入宪法为契机，发动了从文化审视的角度对孔教和儒学思想的猛烈批判。

二、倡导“科学”与“民主”

维新变法和辛亥革命的经验教训使得先进知识分子意识到：新旧异同，其要点本不在枪炮工艺以及政法制度，等等。本源所在，在其思想。向西方寻求真理的仁人志士开始深入文化心理层面，从中西之间的形下比较进入到形上的比较，主张“社会文化是整套的，要拿旧心理运用新制度，决计不可能”。当时中国社会的进步知识分子，开始深刻感受到，中国传统文化的思维模式和价值话语已与现代生活格格不入，要改变这一现状不能只停留在技术理性、政治制度话语的层面，必须触及最根本的伦理道德，即人的精神价值层面。因此陈独秀呼吁：“继今以往，国人所怀疑莫决者，当为伦理问题。此而不能觉悟，则前之所谓觉悟者，非彻底之觉悟，盖犹在惝恍迷离之境。吾敢断一言曰：伦理的觉悟，为吾人最后觉悟之觉悟。”

1915 年 9 月，陈独秀在上海创刊《新青年》杂志，发起新文化运动。在《敬告青年》一文中，陈独秀明确提出了使人成为自主的而非奴隶的、进步的而非保守的、进取的而非退隐的、世界的而非锁国的、实利的而非虚文的、科学的而非想象的六大启蒙任务。陈独秀坚信文化的力量，认为今日能够救中国的，只有民主和科学这两样东西。

> 新文化运动要影响到别的运动上面。新文化运动影响到军事上，最好能令战争止住。新文化运动影响到产业上，应该令劳动者觉悟他们自己的地位，令资本家要把劳动者当作同类的“人”看待，不要当作机器、牛马、奴隶看待。新文化运动影响到政治上，是要创造新的政治理想，不要受现实政治的羁绊。①

五四新文化运动时期，进步知识分子秉承西方文化之“科学”与“民主”，激烈抨击居于统治地位的封建传统。以陈独秀为代表的中国思想界、文化界形成一个共识：中国落后的根源在于民主和科学精神的缺失，而导致这一结果的根本原因就在于中国传统文化的因循守旧以及它所塑造的国民性。因而，宣扬民主与科学，反传统与改造国民性，成为新文化运动前期的主题。在改造国民性方面，又以陈独秀和鲁迅成就卓著。新文化运动的倡导者在批判国民性的同时，不遗余力地向国人宣扬西方的政治民主文化，希望借此创造出新人格、新国家、新社会、新家庭和新民族。正是经历新文化运动的洗礼，缺乏民主与人权意识的中国国民开始慢慢觉醒。

---

① 《陈独秀文章选编》上册，三联书店 1984 年版，第 516 页。

所谓“民主”，在陈独秀看来，一方面意味着“个人之自由权利，载诸宪法，国法不得剥夺”[①]；另一方面，民主所提倡的个人权利，其目的在于“立人”——培育以天下为己任的个性，改变国民性，从而使每个人都能自觉投身“救国”运动，致力于建设“新国家”、“新社会”、“新民族”。胡适十分强调人的改造对于社会整体改造的意义，认为“改造社会须从改造这些造成社会、造成个人的种种势力做起”，“改造社会即是改造个人”，从而欲图通过对“这个那个人”的改造，为中国的政治建立一个“革新的基础”。与此相应，鲁迅坚持“立人”的取向，开辟了“国民性”改造的新路径。鲁迅认为，中国传统文化导致的国民性的三大弱点，一是不知自己的愚昧，二是缺乏责任的自私，三是自我感觉的偏执。解决国民性问题要采取“拿来主义”的态度，以西方民族的国民性为参照，重铸中国的国民性。其具体实践既要从“外部”，通过社会改造致力于社会规范与制度的再造，更要从“内部”，借助国民性批判，启发个人自觉，激发人的主体性、独立性。

所谓“科学”，在首倡者陈独秀那里，主要是作为“民主”的意识形态的保证，其实际意图是将“科学”看作统摄世界万物、重估一切价值的依据。作为《新青年》的主编，“反传统”思想运动的领袖，陈独秀关注更多的是科学能够提供多大的反叛或革命的思想力量。受19世纪末20世纪初美国的实用主义（又称实验主义）影响，胡适则大力宣传实用主义的经验论、实在论及其真理观，提倡怀疑的精神。他依据杜威的经验“一元论”，将经验看作囊括一切外界存

① 丁守和主编:《中国近代启蒙思想》中卷，社会科学文献出版社1995年版，第33页。

在的整体，认为“经验的活用，就是理性，就是智慧，此外更没有什么别的理性”。基于此，胡适宣扬“存疑主义”，主张“重新估定一切价值”，号召人们建立一个新的价值观。在此基础上，胡适进一步伸张了“科学”的怀疑精神与探索方式，力图用“实验主义”作为科学方法论，寻求“科学救国”。胡适认为，“科学的根本精神在于求真理”。受美国实用主义哲学家杜威影响，胡适的“科学知识”即是“经验”。他同时提出了“大胆假设，小心求证”的主张，声称“假设不大胆，不能有新发明；证据不充足，不能使人信仰”。为此，胡适进一步强调一是要求“证据”，二是“实验室态度”。胡适深信经验科学的研究方法同样适用于人文对象，“科学实验”应该成为中国现代化的根本方法。据此他详细设计了“研究问题”、“输入学理”、“整理国故”、“再造文明”的四大“科学实验”工程。其中，“研究问题”和“输入学理”是中国现代化的奠基工程。所谓“研究问题”，是指研究中国社会向现代转型过程中的种种切要问题。而为了解决问题，就要“输入学理”——西方实验主义的科学理论，使得人们在研究问题的过程中培养出现代思维模式。而“整理国故”，是“宁疑古而失之，不可信古而失之”。在胡适看来，“整理国故”是民族现代化的关键，它具有两方面的重要意义：“一方面是反对盲从，反对调和；一方面是用科学的方法来做整理的功夫。”① “整理国故”既可以化玄妙为平常，化神奇为凡庸，又可以对固有文明中至今仍具有价值的精神蕴藏进行发掘。它是胡适为了中国的今天和明天，朝向“昨天”所做的询问，也是其引导传统文化向现代转型的

① 《胡适文存》第1集，远东图书公司1985年版，第736页。

文化“实验”。

“再造文明”是胡适理想的中国现代化的成型工程，即通过学习西方，实行整体改革，最终在中国实现“新文明”。按照胡适的思路，中国“再造文明”的方法需要“科学实验”，即必须依靠各种“科学工具”解决具体问题。由此，进一步引申出其工具主义的“社会改良观”和实用主义的“科学人生观”。“社会改良观”主张，鉴于科学实验的工具效能只能逐步释放，社会进步也应该采取改良途径。“科学人生观”则强调中国人必须借鉴西方的“科学”思想、“不知足”精神来重构自己的人生观，从而为实现民族现代化发挥人的“实用”功能。可以看出，胡适倡导的“实验主义”是其“科学救国”思想的必然选择，也是五四知识分子寻求“救亡图存”的一种积极努力。在一定程度上，它符合当时社会变革的总趋势，迎合了青年知识分子对社会系统改造的迫切理论需求。与此同时，它所宣扬的科学方法、怀疑的精神、评判的态度和求证的方法，以及对独立个性的推崇等，无论是对学术研究，还是对社会民众的启蒙，都有着一定的积极意义。

三、价值意识由“破”到“立”

近代中国，“五四”已然成为固定的专有名词，它紧密地与政治改良、制度革命和启蒙运动联系在一起，分别代表中国社会文明前进的三个阶段，即，从经济的物质文明，到政治的制度文明，再到观念文化的精神文明这样一条递进的轨迹。新文化运动开启了近代中国在现代化进程中文化价值意识由“破”到“立”的重要历史转折，思想的自由，人性的解放，理性的复归……各种的思想流派，各种学术的知识以及各种自然科学，等等，构成了中国社会一个心智上的解放时代。中国思想文化的承前启后，中国社会现代价值追求由浅入深、由表及里的发展，以及崇尚科学、反对盲从、注重求实、追求个性解放等思想观念，经由新文化运动，逐渐成为近代中国社会文化的普遍共识。

所谓“破”，主要体现在剔除封建迷信的糟粕，将文化建立在近代科学的理性基础之上。两千余年封建历史的积淀，在中国传统文化上表现出来的压制个性自由、埋没人格独立的极权专制，孕育出的是精神依赖、听命自从的文化因子。新文化运动举起的民主和科学旗帜，以前所未有的威力震撼了中国传统文化的根基。其时，陈独秀宣传的科学已经不局限于单纯的技艺范围，而是将它伸展为指导思维的科学精神；民主也不局限于制度构造的内容，而是将它与人权相联系，提升到个人思想启蒙的境界。从文化的角度来看五四时期的新文化运动，其主攻方向就是扫除中国传统文化中的封建遗毒，将民主和科学的精神融入文化之中。五四新文化运动包含着一种内在的自觉，即试图用一种新的价值、公理重构天理世界观覆盖下的知识和生活领域。五四时期的文化斗争最为激烈的是关于东西方文化的论战。这场论战以陈独秀、李大钊与《东方杂志》主编杜亚泉之间的辩论拉开序幕，到1920年以后围绕梁漱溟的《东西文化及其哲学》一书展开的讨论，争辩延续十余年。五四精英们自始至终关注和参与了论战，并以鲜明的立场和态度，形成文化倾向上占主导地位的一派力量。以陈独秀、李大钊等人为主力的《新青年》同人，基于东西方社会发展的巨大落差，痛感两种文明之间先进和落后的明显区别，认定东方文化“其质量举未能脱古代文明之窠臼，名为近世，其实犹古之遗也”。他们断言，中国社会要与世界相融合，必须采用西方的近代文化。五四精英的这种文化倾向，虽有矫枉过正的偏激之处，在抨击传统文化的过程中缺乏冷静和科学的理智态度，但他们表现出的彻底的反封建精神使得这一文化运动的价值取向具有了合理内涵，在引导中国社会的先进文化方面具有领先地位。

所谓价值意识之“立”，是指五四时期基本确立起了把握文化问题的衡量标准和尺度。五四精英发动对孔教和儒学的批判，掀起东西方文化的讨论，其宗旨十分明确：为中国定立一种能够指导社会前进的文化。因此，他们在把握文化问题时，心中始终有一个落后与先进的衡量尺度。陈独秀明确指出，无论提倡哪一种文化，都应该“确为现社会进步所需”。从社会进步的需要来确定文化的价值取向，这是五四精英能够把握先进文化的重要原因所在。就五四时期的文化价值选择而言，其积极意义主要表现在：

一是立足时代的进化来审视文化的价值意义，树立与时俱进的文化发展观念。自 19 世纪末，严复的译著《天演论》出版以后，进化观念支配了中国的先进思想界。许多五四精英接受了马克思主义，与时俱进的文化发展观念建立在唯物史观的基础之上，这是一个重要的思想飞跃。李大钊、陈独秀在这一时期的文章中都突出强调一个重要思想：思想文化的变动是物质变动的必然结果。五四精英对中国传统文化和西方文化的价值取舍正是基于这种与时俱进的文化发展观念。

二是力求从世界的整体性来思考中国先进文化的重新建构，倡导汲取人类的先进文化。近代以前，中国传统文化基本上是在封闭状态下演化的，封闭导致了中国社会长时期对自己文化的孤芳自赏，排斥或拒绝接受任何外来先进的文化。新文化运动迎来了思想解放，五四精英接受了世界先进文化潮流的洗礼，认识到文化的选择应该从世界的角度来考虑。李大钊指出：

> 由今以后的新生活、新社会，应是一种内容扩大的生活和社会，是人类一体的生活，世界一家的社会。我们所要求的新道德，就是适应人类一体的生活，世界一家的社会之道德。①

三是主张把满足民众的普遍需要作为文化取舍的标准，强调文化的大众性。以儒学为核心的传统文化，是统治阶级奴役人民群众的工具，文化成为少数人的专利品。五四新文化运动倡导文学革命，出发点就是要打破统治阶级对文化的垄断。以文学领域的“平民主义”为代表，五四时期的文学创作在形式上提倡用白话文代替文言文，使更多的民众能够读书看报。在内容上，提倡写实主义，主张更多地去反映社会现实问题。在衡量文化的价值标准上，强调代表普遍大众的要求。

四是坚持把创新与文化建构相联系，引导文化朝向创新的方向拓展。五四时期中国社会的剧烈变动决定了它是一个创新的时代。创新时代呼唤创新的意识。李大钊指出：“人类最高的欲求，是在时时创造新生活。”他崇尚创新，强调创新，希望人们“于政治、社会、文学、思想种种方面开辟一条新径路，创造一种新生活”②。陈

① 《李大钊文集》第3卷，人民出版社1999年版，第116页。
② 《李大钊文集》第2卷，人民出版社1999年版，第250页。

独秀认为，人类生活之特色，乃在创造文明。因此他强调，新文化运动要注重创造的精神。他们深恶中国传统文化的病疾，对西方文化出现的问题也尽情揭露。从五四精英的创新意识来看，他们重新建构了中国新文化的使命感，整体的文化态度侧重于再造中国文化的探寻上，从而把中国社会的前进方向与先进文化关联在一起。

与西方的启蒙运动相比，五四新文化运动自始至终秉承自身的历史轨迹和民族特点，其根本目的仍然服从于近代中国“救亡图存”的现实革命运动，“社会改造”是其价值关切的主流逻辑和志趣所在。五四新文化运动提出了启蒙的任务，却苦于缺乏科学革命的基础，由此，中国的启蒙者力图通过输入西方的“科学”与“民主”，来推进近代中国的启蒙事业。然而，面对中国社会异常坚韧的传统政治权威，五四精英们一直身处严重的民族危机以及由这一危机激起的政治运动风暴之中，最终，延续了将近半个世纪的反帝动员的旋涡，又不以人的意志为转移地将他们卷离了“启蒙者”的角色。

五四新文化运动的自我意识虽然是文化，是国民性的改造，是旧传统的摧毁，是把社会进步的基础放在民主启蒙工作上，但其启蒙的目标，文化的改造，传统的扬弃，仍然没有脱离中国士大夫“以天下为己任”的固有传统，也没有脱离近代中国反抗外侮，追求富强的主线。在新文化运动与中国思想传统之间，一直有着诸多微妙的传承。陈独秀、胡适等新型知识分子强烈的政治承担意识，都有来自士大夫传统的某些因素，在他们所谓的新道德、新伦理中，我们不难发现其间所隐含的浓重的社群取向，这些显然与西方近现代伦理思想的个人主义的特性不同，而是更多地来源于儒家传统。另外，新文化运动的几位领袖人物，都轻视具体的、实际操作层面的制度设计，重视文化、道德、思想、人性方面的革新，这一点，也与传统中国的文化性格息息相关。正是“五四”思想在理性主义与浪漫主义、个人主义与群体意识、传统与反传统、民族主义与世界主义等之间的这些两歧性，最终使得近代中国启蒙与救亡（革命）的双重主题在五四时期并没有能够得到真正解决。

正逢其时，马克思主义唯物史观伴随着十月革命来到中国，作为一种完整的、逻辑严密的世界观和方法论，它满足了五四新青年对于中国社会问题作“根本解决”的内心期待。特定的历史境遇，决定了近代中国的价值目标必然从“科学”、“民主”的求索转向符合进一步“救亡”需求的马克思主义。在林林总总的“主义”中，中国人民选择了马克思主义，开始了马克思主义中国化的理论与实践探索。

第二章

民主革命时期的社会主义价值转向

第一次鸦片战争到新中国成立的百余年中国近现代史，既是中华民族备受欺凌历经磨难的屈辱史，也是中国人民不屈不挠寻求救国道路的抗争史。20 世纪初，民族危机的加剧与国内军阀混战，使得“民族与人民的生存”成为当时中国最为急迫的问题。面对特殊的历史境遇和现实国情，五四新青年的思想逻辑开始从“争取个性自由”，进一步扩充为“天下兴亡，匹夫有责”的使命意识。当建立现代主权国家与确立现代工业文明的价值求索，难以在学习西方资本主义模式的基础上完成，中国的先进知识分子开始另辟蹊径。以 1919 年爆发的五四爱国运动为标志，中国社会价值的主流取向开始折入新民主主义和社会主义的轨道。

第一节　社会主义思潮应运而生

近代中国的社会主义价值转向，和寻觅中国道路的创造性实践紧密关联，又承续着中华民族从先秦至明清千百年间保家卫国斗争中锻造出的精神传统。十月革命送来的最直接的革命理论和最实际的成功经验，直接促成了20世纪初中国式的社会主义革命运动。

一、吁求“另一种新文化”

五四新文化运动以后的中国社会，其早期科学社会主义思潮发端于先进知识分子对西方文明的幻灭，转而寻求未来社会的理想情怀和理性探索。在这种历史眼光中，社会主义成为民主革命时期扬弃西方文明模式的中国现代化替代方案。五四新青年们普遍接受社会主义理想，并据此开展了中国近现代史上波澜壮阔的社会主义运动。

马克思在《政治经济学批判·序言》中指出：“无论哪一个社会形态，在它所能容纳的全部生产力发挥出来以前，是决不会灭亡的；而新的更高的生产关系，在它的物质存在条件在旧社会的胎胞里成熟以前，是决不会出现的。”[①] 社会主义传入中国，其一开始所面临的，不是单纯地介绍和宣传马克思主义理论的问题。就近代中国的实际条件来看，它首先要解决的是中国社会的“救亡图存”——中华民族既面临列强环伺的险恶处境中的“救亡”，也面临由落后的农业文明和长期封建专制压迫而导致的普通民众的“求存”。鸦片战争后，中国逐渐沦为半殖民地半封建社会。近代中国的先进知识分子为挽救民族危亡，反抗民族压迫，进行了长期的反帝反封建的英勇斗争，始终没有间断过对救国救民真理的探索。从鸦片战争到五四运动的八十年间，中国社会先后爆发了太平天国农民战争、义和团

① 《马克思恩格斯选集》第2卷，人民出版社1995年版，第33页。

运动和孙中山领导的资产阶级民主革命等伟大的反帝反封建的革命运动。但是，由于农民阶级自身的局限性以及传统意识、宗法意识的根深蒂固，加之缺乏广泛的民众根基，这些革命运动均以失败而告终。与中国人民反帝反封建的革命斗争相适应，这八十年间也曾先后出现过各种反映这些斗争并为之服务的理论、思潮。其中，既有地主阶级开明派和资产阶级改良派提出的改良主义思想，也有资产阶级和小资产阶级提出的革命民主主义思想等。由于中国社会发展和政治思想文化的落后，以及新兴资产阶级的软弱，它们同样没有能够成为担负“救亡图存”重任的强有力的思想武器。

1919年五四运动前夕，旧的顽固的封建主义思想武器宣告破产，国人被迫向西方学习“进化论”、“天赋人权论”和资产阶级“共和制”等思想武器和政治方案。然而，就在新文化运动洪波涌起之时，一向被国人视为自由、平等、博爱故乡的西方，也正面临着“重新估定一切价值”的困窘局势。第一次世界大战的创深痛巨，令西方人开始深刻反省西方的社会与文化。罗素五四后来华讲学时，反复告诫中国人，不要盲从西方：

> 欧洲文化的坏处，已经被欧洲大战显示得明明白白。我们文化的基础，是资本主义的产业主义。这种制度在早年的时代，虽然带进了许多物质上科学上的进步，然而只能引到破坏的战争的道路上去。……所以决计不是一味效法西方，中国人才能为他的国家或世界谋幸福。①

① 《罗素在华演讲集》，北京大学出版社2004年版，第300页。

西方反省现代性思潮的东传，一时间在中国社会产生了很大的影响，打破了国人对于西方文明的盲从心态。确实，西方社会“以个体为本位”的近代价值观与中华民族“救亡图存”的历史要求本质上相悖，近代中国与西方民族国家形成过程中面临的又是完全不同的历史境遇与国情。西方民族国家的建立是一个适合市场经济发展的自然演变过程，其民族国家的理论基础被还原为彻底世俗化的“个人主义”，国家的意义被定位于保护“个人发展”。中国作为应对西方殖民挑战而被迫实现现代化的国家，中国人民只有万众一心，共赴国难，才能创建独立主权的民族国家以保证“民族生存”。在这个历史前提下，中华民族需要以高度统一的集体主义来凝聚国民，依靠全民族的力量争取国家的独立与主权。另外，在社会实际生活层面，资本主义生产方式进入中国后，没有开拓出小生产者进入工业文明的通道，未能切实解决大多数民众当下的“存活”问题。中国的传统生产方式中，农民是耕种自己土地的私有者，手工业者是自己工具的私有者，这种生产方式以生产资料的分散性为前提，它排斥生产资料的积聚，排斥同一生产过程内部的分工与协作，排斥生产力的自由发展和社会对自然力的支配。更关键的是，国际资本主义从进入中国开始，就同传统的君主官僚专制主义相勾结，使得资本主义的生产方式在严重瓦解小生产的同时，也没能像在西方那样，给农民开拓出新的出路，从而进一步激化了农民同新旧世界的两重矛盾。

与此同时，随着中国近代哲学、思想和文化变革浪潮的不断高涨，传统的封建旧文化的腐朽性日益暴露。五四运动以前，先进人物引进的西学虽然同封建文化作了斗争，但“只能上阵打几个回合……就偃旗息鼓，宣告退却，失了灵魂”。对此，1920年初，梁启超在其著名的《欧游心影录》中，曾针对国人的思想解放提出一个十分尖锐的命题：

> 提倡思想解放，自然靠这些可爱的青年，但我也有几句忠告的话：既解放便须彻底，不彻底依然不算解放。中国旧思想的束缚固然不受，西洋新思想的束缚也是不受。[①]

在这里，梁启超所提示的“彻底”的思想解放的“原则”，其强调的重点是要打破当时中国人对西方文化的盲从心态。据此，梁启超将后者提出的“重新估定一切价值”的思想解放原则，应用于对西方文明的评判，将国人“对西方求解放”的新构想，第一次明确提升为带有普遍性的社会诉求。继梁启超之后，这一原则和观点在中国社会逐渐传播，直接激发了李大钊等人突破新文化运动早期奉西方文化为圭臬的教条，开始强调要对西方文明做具体分析，择善而从，体现出更高层次的“向西方求解放”的思想。李大钊指出：“由今言之，东洋文明既衰颓于静止之中，而西洋文明又疲命于物质之下。为救世界之危机，非有第三新文明之崛起。”[②] 瞿秋白也分析强调：东方封建文化已不适应经济的发展，是社会进步的障碍；而西方资产阶级文化则是人类文化进步的巨魔，这两种文化都不可取。在这种情势下，人们迫切期待并呼唤能克服这两种文化弊端又兼有两种文化特质的新文化。“为救世界之危机，非有第三新文明之崛

① 梁启超：《饮冰室合集·专集第廿三册》，中华书局1936年版，第26页。
② 《李大钊文集》上册，人民出版社1984年版，第560页。

起”，这成为近代中国在思想文化需求上的迫切主题。而这种新文化，既要能反映传统的文化根基，又要超越旧有传统意识、宗法意识的局限，拥有新的思想精神资料；既要符合中国传统的理想信念，又要符合当时中国革命的历史需求，救中国于时代的水深火热之中。一次次惨痛的失败和教训，使中国人民在付出巨大代价的同时，追求救国救民理论的需求愈加强烈。

在中国向何处去的紧要关头，俄国十月革命的炮声，宣告了马克思主义在俄国的胜利，给中国送来了马克思列宁主义。十月革命的胜利，一方面使社会主义从书本学说变成活生生的现实，极大地鼓舞了先进的中国人，促使中国的许多先进人物决心运用马克思主义思想武器，开辟拯救中国的新道路；另一方面，由于对帝国主义压迫的深切感受和痛恨，使饱受帝国主义列强欺凌的中国人民对十月革命发出的反对帝国主义的号召，深切认同也深受鼓舞，有力地推动了先进的中国人倾向于社会主义。先进的知识分子开始认识到，只有社会主义“才能救济中国的危急及不独立”，才“可以和世界革命合流”。当时，几乎所有的报刊都热衷于社会主义新思想的宣传，把富国强民的希望寄托在社会主义身上。

马克思主义顺应历史潮流，在对旧世界的科学批判与分析中掌握了中国的命运，以其巨大的理论穿透力深入到中国传统文化的根基。对于马克思主义的巨大力量，中国的先进分子给予了充分的肯定。李大钊称马克思主义是可以成为组织群众运动的“宗教的权威”，他预言：“岂但今日的俄国，二十世纪的世界，恐怕也不免为这种宗教的权威所支配，为这种群众的运动所风靡。”陈独秀将马克思主义看作是新道德的化身，视之为凝聚人心、统一行为的伦理规范。据此，马克思主义最初是作为不同于中西固有文化的“另一种新文化”，而被中国社会的先进分子所选择和接受。

二、与中国文化传统的价值契合

从近代中国的客观条件看，社会文化价值目标的社会主义转向，一方面，直接源于当时的中国“民族与人民的生存问题”比“争个性自由而图发展”更为急迫，由此导致五四新青年的主流价值旨趣顺理成章转向“争互助以求共生”。另一方面，则因缘于中国传统文化的思想理据。中国传统价值观从主张“存天理灭人欲”到强调“大公无私”，以所谓“理欲之辩”要求在个人与集体的关系问题上，优先服从集体的利益与意志。立足于这一基点，“不患寡而患不均”的价值观念和“先天下之忧而忧，后天下之乐而乐”这一中国传统思想中的整体意识，很自然地成为近代先进知识分子接受社会主义的思想基础。

马克思指出：“理论在一个国家实现的程度，总是决定于理论满足这个国家的需要的程度。”[①] 任何外来文化要实现成功移植，必须从本土文化中找到其生长点和结合点，即，外来文化必须与本土文化传统具有某种价值契合性。马克思主义虽产生并形成于欧洲工业文明时代，是现代文明发展的产物，但它又是整个人类文明时代发展过程的结晶，其体系中容纳了人类文化的积极成果，这是马克思主义和中国传统文化具有某种相容的一个前提。另外，人类生存方式的普遍同一性，面临的生存和发展的共同问题，决定了在一定的、

---

① 《马克思恩格斯选集》第1卷，人民出版社1995年版，第11页。

可比的历史条件下，人类思想必然会超越时代和民族的局限，具有普遍共同性。正因为此，马克思主义哲学和中国传统哲学虽然分属于不同历史文化背景中形成的哲学，但两者之间不可避免地具有某种相容或相通之处。对于马克思主义与中国文化传统的价值契合点和学理上的一致性，张岱年、程宜山说：

> 中国人接受马克思主义，与中国传统文化有密切关系。中国文化中本有悠久的唯物论、无神论、辩证法的传统，有民主主义、人道主义思想的传统，有许多历史唯物主义的思想因素、有大同的社会理想，如此等等，因而马克思主义很容易在中国的土壤里生根。①

服务于“中国向何处去”这一时代主题，是马克思主义中国化最重要的内在文化根据，也与中国传统的社会理想价值契合。另外，关于社会理想与人生理想的价值追求，中国传统文化中的“大同”理想、对于理想人格的追求等也和共产主义理想以及新人观具有某种契合。尽管中国传统文化中的这些因素有空想、主观的成分，但正是这些思想观念一定程度上的相通，打破了中国先进分子接受马克思主义的认知障碍，奠定了他们接受马克思主义的心理基础，提供了马克思主义中国化的深层理论契机。具体来说：

从主观逻辑看，近代中国社会的价值追求向社会主义转折，主要源于国人向资本主义文化学习的失败。五四新文化运动试图用

---

① 张岱年、程宜山：《中国文化与文化论争》，中国人民大学出版社 1990 年版，第 190 页。

“民主”与“科学”取代传统文化的价值认同系统，采取了对本土文明激烈的“反传统”态度。事实证明，在民族文化变迁过程中，旧有的文化价值体系并不只是一种单纯的否定性力量，对此进行简单的、绝对地否定，会使得变革者的价值判断陷入历史性悖谬。五四新文化运动中几次关于东西文化的论争，充分说明资产阶级文化在20世纪早期的中国已经无力再起主导作用。“因为中国资产阶级的无力和世界已经进到帝国主义时代……旧的资产阶级民主主义文化，在帝国主义时代，已经腐化，已经无力了，它的失败是必然的。”[①]不仅如此，当变革者试图用一种“他者”的价值文化完全取代本土文化系统，这种价值选择如果不能合理地纳入本土文明的“主观逻辑”，就会违背社会文化变迁的规律，最终导致价值转换难以完成。历史境遇的改观，决定了“科学”与“民主”的社会文化价值取向，最终让位于符合进一步拯救民族的“救亡”和人民解放的“革命”需求的马克思主义。

就内在规定而言，新文化运动倡导的“科学”与“民主”包含着向马克思主义、社会主义过渡的精神机制。首先，五四时期的“个体主义”本质上是一种“精神个体主义”。它伸张的是个人为救国而参与政治的权利和责任，并非某种现实的既得利益。因此，当近代中国历史运动的重心转向直接的社会革命时，五四新青年顺理成章地在人道主义层面实现了“个体主义”与马克思主义的契通，将“救亡”工具从“个体主义”转换为马克思主义。面对巴黎和会关于山东问题的消息，中国的知识分子对“个体主义”能否作为救

① 《毛泽东选集》第2卷，人民出版社1991年版，第9页。

国理论观念开始有了怀疑，其自身所秉赋的“师夷变革”与“反传统”的特性，又决定了他们不可能回转到旧有文化传统中汲取对资本主义的批判力量。此时，马克思主义对于帝国主义的批判，以及其追求“人类解放”的价值旨趣，既来自“先进的”西方，也适应五四爱国主义对西方资产阶级的怀疑，使得对于狭隘的“爱国主义”与“国家主义”持批判态度的启蒙学者倍感亲切。由此，个体主义的救国功能被马克思主义所承续就具有了某种历史必然性。

其次，五四时期“个体主义”的真谛在于唤醒天下为己任的个性自觉。由于现实中的个人大多数是“平民”，关注平民的个性觉悟并组织民众团结救国，从而达到群体奋起共赴国难的集体主义目标，这种价值关怀进一步落实到底层劳苦大众与初步出现的工人即“无产阶级”，合逻辑地转化为消灭阶级剥削与压迫、实现民主与平等的社会主义价值诉求。如李大钊所言：“真正合理的个体主义，没有不顾社会秩序的；真正合理的社会主义，没有不顾个人自由的。个人是群合的原素，社会是众异的组合。”[①] 此外，新文化运动倡导“个体主义”的真意，在于完成中国社会从农业文明向工业文明的转型，实现文化变革。然而，由于缺乏系统的方法论基础，社会转型的“根本解决”没能经由“五四”时期的“个体主义”真正实现。

直到马克思主义的唯物史观伴随十月革命来到中国，为五四新青年提供了完整的世界观和方法论。对于近代中国先进的知识分子来说，唯物史观不仅可以科学地说明历史和现实，而且为他们明确使命，坚定信念，满足“根本解决”中国社会问题的价值期待。马

① 《李大钊文集》下册，人民出版社 1984 年版，第 437 页。

克思主义传入中国后，逐渐与中国传统文化、中国具体实际相结合，不仅完成了对西方资本主义的现代性及其精神生活的物化、异化困境的批判，还带动了中国传统文化的现代转化，使得中华传统文化的某些核心层面的恒久性成分得到强化，中华传统文化的某些陈旧成分得到扬弃，有力地推动了中华传统文化的现代性诠释和创造性转化，为中华民族共有精神家园的建构找到了根基。唯物史观也因此成为近代中国先进知识分子理所当然的价值选择和理论归宿。

三、服膺马克思主义

马克思主义思想体系形成于19世纪，是当时西方资本主义社会各种矛盾的一种理论反映，它凝聚了其创始者对19世纪资本主义文明的深刻批判和对人类历史的整体把握。然而20世纪的中国，却有着与西方资本主义社会迥然不同的特点。就近代中国的理论条件来看，奠基于小农经济基础之上、旨在维护专制政治的占统治地位的“三纲五常”价值观，完全相异于倡导市场经济、民主政治、科学理性、进步主义等价值观的近代西方“启蒙理性”。同样，中国的传统文化是在农业自然经济基础上产生并形成的，与马克思主义分属于一种不同性质的文化。因此，马克思主义之所以能为近代以后的中国社会和民族所接受，并得以中国化，除了中国社会的实际需要，以及它与中国文化传统一定程度的内在契合，更在于其理论本身的内在要求和俄国十月革命的实践中介推动。

马克思主义是无产阶级的科学世界观与方法论，是无产阶级和广大人民群众认识世界和改造世界的强大思想武器。从理论本性来说，马克思主义是一种实践的理论，它从实践中产生，在实践中发展，并以改变现实世界的实践为目的。实践性是马克思主义最主要、最根本的特点，马克思主义的深厚生命力和发展动力就在于其对于社会主义革命和建设实践的科学把握。因此，马克思主义在不同时代、不同国家的实践必然具有不同的形式，只有把马克思主义同各国的具体实际相结合，才能成功地运用马克思主义普遍原理解决实践提出的新任务和新问题。同样，马克思主义揭示了人类社会发展的一般规律，但它没有也不可能指出每一个民族的具体特点和发展道路。列宁指出，马克思主义理论“所提供的只是总的指导原理，而这些原理的运用具体地说，在英国不同于法国，在法国不同于德国，在德国又不同于俄国”①。这意味着，马克思主义的实际运用必须随时随地以具体的历史条件为转移，同一定历史阶段的历史任务、一定国家和民族的具体情况相结合。中国共产党所处的社会历史条件，既不同于欧美各国，也不同于俄国。因此，独立地探讨马克思主义的一般原理如何在中国具体运用，是摆在中国共产党人面前的一项迫切任务。只有把马克思主义基本原理同中国的具体实践相结合，才能取得中国社会主义革命和建设的伟大胜利。

马克思主义中国化的必然性内在于与中国国情的契合。尽管社会主义的终极关怀定位于超越民族国家的国际主义理论，但由于它明确坚持民族解放运动为实现自身的重要手段，因而契合了中国人的现代化心路。马列主义的世界革命理论采用阶级分析法把世界民族划分为统治民族和被统治民族、压迫民族和被压迫民族。它强调民族不平等的根源在于国际资本的存在，帝国主义是其政治表现，

① 《列宁选集》第1卷，人民出版社1995年版，第274—275页。

任何民族要争取独立自主都必须反对帝国主义。由此，民族解放运动构成了国际社会主义革命的重要组成部分。正是在此意义上，马克思主义为近代中国提供了一个将现实与未来连为一体的理想，它既确认建构民族国家的必要性，同时又承诺对民族国家的超越性解放——国际共产主义背景下高于资本主义的现代价值理想，自然受到包括中国在内的许多“被迫现代化的国家”的欢迎。李大钊曾寓意深刻地阐述“社会主义革命”：“现在已经是我们世界的平民的时代了，我们应该自觉让我们的势力，赶快联合起来，应我们生活上的需要，创造一种世界的平民的新历史。”[①] 在这里，当李大钊用“世界无产阶级的时代”代替“世界平民的时代”，在观念的层面上难能可贵地把中国的“平民”和世界无产阶级紧密联系起来。从而，马克思“揭露资本主义的不公”和“罪恶”的剩余价值学说，和在中国揭露地主、资本家的剥削具有了同样的意义；世界上无产阶级反对资产阶级的“最后的阶级斗争”和中国下层民众反压迫、求解放的斗争紧密关联；而“世界的经济组织既然已经自资本主义至社会主义”，那么，中国实现社会主义就成为一种历史和时代的必然。

马克思主义的民族化也是马克思主义理论的内在要求。对此，恩格斯指出：“毫无疑问，美国工人阶级的最终纲领，应该而且一定会基本上同整个战斗的欧洲工人阶级现在所采用的纲领一样，同德美社会主义工人党的纲领一样。在这方面，这个党必须在运动中起非常重要的作用。但是要做到这一点，它必须完全脱下它的外国服装，必须成为彻底美国化的党。”[②] 这就是说，马克思主义只有与各

① 《李大钊文集》下册，人民出版社 1984 年版，第 363 页。

② 《马克思恩格斯选集》第 4 卷，人民出版社 1995 年版，第 394 页。

个民族的具体特点相结合，与其文化传统相结合，并通过一定的民族形式，才能在这个国家扎根并真正发挥自己改造世界的功能。由此，实现马克思主义的中国化，必须把马克思主义的基本原理同中国革命的具体实践相结合，而要做到这一点，必须使马克思主义获得民族的形式，使之中国化。历史和实践证明，要实现这一目的，必须遵循两个途径：一是要把马克思主义同中国的实际相结合，使马克思主义“取得民族形式”，“使之在其每一表现中带有必须有的中国的特性”；二是要在马克思主义的指导下对中国的传统文化进行正确的批判和改造，使二者有机结合，更贴近中国社会的现实和民族的文化心理，并内化为民族精神的精髓和思维方式，取得“为中国老百姓所喜闻乐见的中国作风和中国气派”。只有这样，马克思主义才能成为本民族的指导思想，并能够最终解决中国的实际问题。换言之，中国化也是马克思主义在中国发展的根本途径。

诚然，马克思主义是一种在西方文化土壤中发展起来的理论学说，其社会经济基础和文化土壤与中国社会和文化有很大不同。它之所以能如此迅速地为中国人民所认同和接受，除了其理论自身的内在要求，也和俄国马克思主义这一中介分不开。正如李大钊所说：“俄罗斯之文明，诚足以当媒介东西之任。”[①] 俄国的历史、经济、文化传统和现实条件与中国具有很多相似之处。首先，俄国和中国都经历了漫长的封建社会，两国的近代史也是惊人地相似：一是俄国和中国都因落后而受到西方国家的欺辱，都是在挨打的痛苦中领略到了西方资本主义文明的力量，从而开始寻求出路向西方学习，并

① 《李大钊文集》上册，人民出版社 1984 年版，第 560 页。

由此开始了自己的近代历史；二是两国的资产阶级都未得到充分的发展，都比较软弱，无力完成领导资产阶级民主革命的任务。其次，当时中俄两国有着相类似的国内形势，都处于世界各种矛盾的焦点，工人、农民与资本家、地主的矛盾日益激化。在俄国，有封建沙皇的专制统治与人民群众以及新兴资产阶级的矛盾，有俄国与其他帝国主义的矛盾；在中国，众多的帝国主义强盗为瓜分中国而争斗不已，中国人民反抗帝国主义的侵略、反抗封建地主压迫的斗争日趋高涨，民族矛盾、阶级矛盾日益尖锐。所有这一切，都为两国的人民革命提供了十分有利的条件。第三，中俄两国的文化特征也有某些共同之处。重集体主义，注重人自身的内在修养、精神生活和人际关系等，这些文化特征，都是以自然经济为基础的中俄封建专制传统的共同反映。正是这些相似性，使得中国人更易于认同俄国的马克思主义。十月革命的胜利，进一步推动了中国社会的进步知识分子，去认真学习和研究指导俄国十月革命取得胜利的马克思主义学说。

五四运动以后，一批主张革命救国的知识分子从俄国革命看到了中国的曙光，因而坚定了马克思主义的信念，主张“以俄为师”，走十月革命的道路，认为只有坚持暴力革命、阶级斗争、无产阶级革命，坚持社会主义和马克思主义，才能救中国。中国人接受马克思主义，是以俄国马克思主义为中介的，对此，毛泽东曾作经典说明：

中国人找到马克思主义，是经过俄国人介绍的。在十月革命以前，中国人不但不知道列宁、斯大林，也不知道马克思、恩格斯。十月革命一声炮响，给我们送来了马克思列宁主义。十月革命帮助了全世界的也帮助了中国的先进分子，用无产阶级的宇宙观作为观察国家命运的工具，重新考虑自己的问题。走俄国人的路——这就是结论。①

在俄国马克思主义的影响下，中国共产党诞生，并从诞生之日起始终坚持将马克思主义作为指导思想。当时中国共产党的早期领导人绝大部分都到苏联学习过，他们在苏联亲自感受和体会到苏联社会主义革命的成功，比较全面地接受了马克思主义的教育。这一时期，中国译介的马克思主义的书籍也大都由苏联引进、翻译，早期的马克思主义哲学理论家如李达、艾思奇等编写的马克思主义哲学教科书，也受到了苏联教科书的很大影响。正是以俄国马克思主义为中介，使得中国共产党在把马克思主义同中国革命实践相结合的过程中少走了许多弯路，取得了举世瞩目的成就。

总之，马克思主义能在中国广泛传播，实现马克思主义的中国化、民族化，既是马克思主义理论自身的内在要求，也离不开俄国马克思主义的中介推动，更因为中国的社会条件具有这种现实需要。在民族与人民的生存问题高于一切，而马克思主义又能与中国社会传统文化契接整合的情势中，社会主义思潮的应运而兴，成为合乎中国社会现实也合乎历史逻辑的必然选择。“马克思列宁主义来到中国之所以发生这样大的作用，是因为中国的社会条件有了这种需要，是因为同中国人民革命的实践发生了联系，是因为被中国人民所掌

① 《毛泽东选集》第4卷，人民出版社1991年版，第1470页。

握了。任何思想，如果不和客观的实际的事物相联系，如果没有客观存在的需要，如果不为人民群众所掌握，即使是最好的东西，即使是马克思列宁主义，也是不起作用的。”[①] 历史证明，马克思主义之所以能够在中国获得如此成功，从根本上说，是因为中国革命需要科学的世界观和方法论的指导，尤其需要科学历史观和社会革命理论的指导。

第二节 “中国式”社会主义的早期诠释

五四新文化运动时期，传统封建专制及其文化价值体系开始土崩瓦解，辛亥革命创建的“共和”政体也屡遭挫折。同一时期，两件世界性的大事也深刻影响着当时中国的政治、文化等诸多方面：第一次世界大战以及大战结束后的巴黎和会，暴露了帝国主义的真实面目，使得一部分先进知识分子抛弃了对帝国主义的幻想；俄国十月社会主义革命的胜利，吸引一部分中国先进的知识分子试图以俄国方式解决中国问题。围绕着“中国向何处去”的问题，以陈独秀、李大钊为代表的五四知识分子展开了空前探索，开启了中国现代化运动在实践上突破早期资本主义“西化”模式，寻求中国道路的创造性尝试。

一、社会主义价值的初步阐释

社会主义在新文化运动中是被当作西方文化引进的，但究竟什

① 《毛泽东选集》第 4 卷，人民出版社 1991 年版，第 1515 页。

么是社会主义，在当时的中国并不十分清晰。社会主义从空想走向科学，在欧洲曾经过几个世纪的漫长岁月。列宁在讲述俄国人寻找科学社会主义的过程时说："俄国在半个世纪期间真正经历了闻所未闻的痛苦和牺牲……它经过失望，经过检验，参照欧洲经验，终于找到了马克思主义这个唯一正确的革命理论。"[①] 诚然，有了欧洲经验和俄国经验，特别是十月革命的巨大影响，中国人找寻马克思主义，不再需要几个世纪或"半个世纪"的漫长岁月。但是，就人类认识的一般规律而言，实践、认识、再实践、再认识，却是一条必经之路。事实上，"社会主义"概念在19世纪即已传入中国，但直到20世纪20年代以后，才在和无政府主义等各种社会思潮的相互激荡中传播开来。

19世纪末20世纪初，世界历史进入到帝国主义和无产阶级社会主义革命的时代。近代中国社会的变迁清楚地告诉我们，中国资产阶级从西方学得的先进思想理论，并以此为武器向封建宗法思想体系的各种进攻，在封建主义和帝国主义的围攻之下都统统败下阵来。先进的中国人、激进的革命民主主义者，从长期的革命实践中深刻领会到资产阶级共和国的梦想在半殖民地半封建的中国不可能得到实现。十月革命的胜利开辟了世界历史新纪元，改变了人类历史的发展方向。此时的中国社会，经过五四运动的洗礼，各种思潮归隐匿迹，科学社会主义思潮异军突起，得到广泛认同，成为中国社会思想文化的主旋律。

① 《列宁选集》第4卷，人民出版社1972年版，第182页。

"五四"以前与"五四"以后，构成了两个不同的历史时期。[①]

在"五四"以后，中国产生了完全崭新的文化生力军，这就是中国共产党人所领导的共产主义的文化思想，即共产主义的宇宙观和社会革命论。[②]

在"五四"以后，中国的新文化，却是新民主主义性质的文化，属于世界无产阶级的社会主义的文化革命的一部分。[③]

从五四运动开始，中国社会开始了轰轰烈烈的学习和传播社会主义的思想运动。1920年下半年，大批具有初步共产主义思想的知识分子，掀起了追求科学社会主义的热潮。一批青年马克思主义者，从国内的实际活动中，从留俄、留法的勤工俭学运动中脱颖而出。1921年7月，中国出现了第一个无产阶级政党——中国共产党。中国早期的马克思主义者，从经济和文化的关系、文化的定义和本质、文化的阶级性和为人民大众服务、文化的民族性和继承遗产等方面，进行了许多探索性的分析和论述。在这些先进知识分子当中，李大钊最早通过俄国十月社会主义革命，发现马克思主义是"世界的新文明"和"新潮流"，并预言："二十世纪初叶以后之文明，必将起绝大之变动，其萌芽即茁发于今日俄国革命的血潮之中。"[④] 1918年7月，李大钊发表《法俄革命之比较观》，同年10月又在《新青年》发表《庶民的胜利》和《布尔什维主义的胜利》。1919年1月发表的

① 《毛泽东选集》第2卷，人民出版社1991年版，第696页。
② 《毛泽东选集》第2卷，人民出版社1991年版，第697页。
③ 《毛泽东选集》第2卷，人民出版社1991年版，第698页。
④ 李大钊：《东西文明根本之异点》，《言治》季刊第3册，1918年7月。

《新纪元》中，他明确主张中国革命必须以马克思主义为指导思想，指明了中国革命的崭新方向。1919 年 5 月，李大钊在《晨报》副刊创辟“马克思研究”专栏，并在《新青年》6 卷 5 号编为“马克思主义研究”的专号上，发表了著名的《我的马克思主义观》，比较系统地阐述了马克思的唯物史观、政治经济学和科学社会主义。

不同于陈独秀对“俄式社会主义”实用功能的更多青睐，李大钊对马克思主义的解读重在理论层面、价值层面。对于如何理解社会主义经济，李大钊指出，资本主义的根本缺陷在于迫使劳动者与生产资料相互分离，从而使劳动者成为无自由自觉本质的“非人”。社会主义公有制取代资本主义私有制的必然性在于，它打破了一切奴役人和压迫人的经济特权，消除了社会经济利益的对抗，从而真正奠定了人自由发展的基础。此外，李大钊进一步强调，人的自由发展要有丰厚的生产力基础作保障，因而“社会主义是要富的，不是要穷的”，“社会由竞争而进步，良好的竞争，是愉快而有味，无不可以行之。至于资本主义的竞争，使人类入于悲惨之境，此种竞争，自不可以”[①]。

关于如何理解社会主义政治，李大钊认为，唯物史观承认人民群众是历史的创造者，无论在经济基础还是上层建筑领域，社会主义都应该实行“民主”。因为只有在民主制度下，人民群众才能真正发挥主人作用，从而名副其实地体现历史创造者的地位。因此，社会主义运动的任务包括以人道主义改造人类精神，同时以社会主义改造经济组织这两个方面。“我们主张物心两面的改造，灵肉一致的

① 《李大钊文集》下册，人民出版社 1984 年版，第 671、374 页。

改造”。由此可见，在早期马克思主义者李大钊这里，社会主义是一种人道的社会制度，它在经济上实行合作生产，在社会关系上注重互助协调，在道德生活中提倡博爱精神。与此相应，李大钊强调，民主而人道的社会主义政治其运行机制是“自由”与“法治”。一方面，社会主义政治必须扎根于“自由”的基础。马克思主义的本质力量在于以理服人，任何借学理之外的“强权”推行“一尊”学说的行为，只能使学说成为无本质力量的外在异化物，绝不会真正起到进步的作用。另一方面，人的自由必须以“法治”为归依。“宪法上之自由，为立宪国民生存之必需之”。因此，“当先求宪法能保障充分之自由”，而“此类尊重自由之风习……其持己之严，至尊重他人之自由，与要求他人尊重己之自由相为等量，则自由之基始固，立宪之治始成”[①]。

对于社会主义的文化价值目标，李大钊立足辩证理性，指出社会主义须以“个人与社会相统一为本位”，发展个性自由的任务，是社会主义新生活新秩序所必不可少的。而社会主义对人性的改造，也应该选择符合人道的方式。在李大钊看来，要解决劳动问题，除了实行“按劳分配”与“不劳动者不得食”的原则，更重要的是要在全社会形成“劳动神圣”的共识。社会主义的文化价值目标应被合理界定为：“真正合理的个人主义，没有不顾社会秩序的；真正合理的社会主义，没有不顾个人自由的。”[②] 在社会主义社会中，个性是自由的，社会又是有秩序的，而秩序不是划一的规范，它同时保有个性选择的自由度。

① 《李大钊文集》下册，人民出版社 1984 年版，第 315 页。
② 《李大钊文集》下册，人民出版社 1984 年版，第 151 页。

综观以李大钊为代表的早期马克思主义思想家，其对于社会主义价值的诸多真知灼见，特别是对于社会主义社会中个人与社会、自由与秩序关系的本质理解，寄托了近代中国先进知识分子寻求理想社会的浪漫情怀和理性思索。正是这种历史眼光，促使他们最终选择社会主义作为扬弃西方模式的中国现代化的替代方案。

二、“问题”与“主义”之争

马克思主义在中国传播并被中国先进分子选择、接受并不是一帆风顺的。马克思主义在中国广泛传播之时，西方各种资产阶级和小资产阶级思想如实验主义、基尔特主义等也纷纷亮相中国，各种新思潮新流派竞相激荡，一些资产阶级知识分子对马克思主义的传播表现出了忧虑、恐惧和抵制的态度。李大钊、陈独秀、瞿秋白、蔡和森、李达等信仰马克思主义的进步知识分子同各种非马克思主义、反马克思主义的社会思潮进行了激烈论战，有力地推进了社会主义在中国的广泛传播。

面对在五四运动中日益得到广泛传播的马克思主义，以胡适为代表的一部分资产阶级知识分子，不愿意看到新文化运动发展为传播马克思主义的运动。1919 年 7 月，胡适在《每周评论》第三十一号上发表《多研究些问题，少谈些“主义”！》一文，掀起“问题”与“主义”之争，劝说人们“多多研究这个问题如何解决，那个问题如何解决，不要高谈这种主义如何新奇，那种主义如何奥妙”。反对人们谈论各种主义，主张中国不需要经过革命就能够解决他所说的一个个问题。针对胡适的观点，李大钊于 1919 年 8 月撰写《再论问题与主义》进行批驳，声明“我是喜欢谈谈布尔什维主义的”，

“布尔什维主义的流行，实在是世界文化上的一大变动”。他指出：宣传理想的主义与研究实际的问题“是交相为用”，“并行不悖的”。一方面，研究问题必须有主义的指导。

> 因为一个社会问题的解决，必须靠着社会上多数人共同的运动。那么，我们要想解决一个问题，应该设法使他成了社会上多数人共同的问题。要想使一个社会问题，成了社会上多数人共同的问题，应该使这社会上可以共同解决这个那个社会问题的多数人，先有一个共同趋向的理想、主义，作他们实验自己生活上满意不满意的尺度（即是一种工具）。那共同感觉生活上不满意的事实，才能一个一个的成了社会问题，才有20世纪中国哲学视域中的马克思主义哲学中国化研究解决的希望。[①]

李大钊认为，如果研究的社会问题与社会上多数人没有关系，那么那个社会问题就“仍然永没有解决的希望”，问题的研究也“不能影响于实际”。另一方面，主义的宣传必须与具体实际相结合。“一个社会主义者，为使他的主义在世界上发生一些影响，必须要研究怎么可以把他的理想尽量应用于环绕他的实境”，而“我们只要把这个那个的主义，拿来作工具，用以为实际的运动，他会因时、因所、因事的性质情形生一种适应环境的变化”。针对胡适反对“根本解决”的改良主张，李大钊运用马克思主义的唯物史观，阐明了中国问题必须从根本上寻求解决的革命立场。他指出：“经济问题的解

① 《李大钊文集》第3卷，人民出版社1999年版，第1页。

决，是根本解决。”对于中国这样一个没有生机的社会，“必须有一个根本解决，才有把一个一个具体问题都解决了的希望。”针对胡适反对阶级斗争的观点，李大钊强调，阶级斗争学说是唯物史观的一个重要内容，要解决经济问题，就必须进行阶级斗争，进行革命。如果不重视阶级斗争，“丝毫不去用这个学理做工具，为工人联合的实际运动，那经济的革命，恐怕永远不能实现，就算能实现，也不知迟了多少时期”①。经过论战，李大钊和其他共产主义知识分子论证了马克思主义适合中国的需要，论证了对中国社会进行一次彻底革命的必要性，对扩大马克思主义的影响，推动人们进一步探索中国革命的正确道路起了思想澄清的积极作用。

继“问题”与“主义”之争后，早期共产主义知识分子和以张东荪、梁启超为代表的一些资产阶级知识分子之间，还发生了一场关于社会主义是否适合于中国国情的论争。张、梁等与胡适不同，他们并不否认帝国主义的掠夺和压迫是中国落后的根源，他们自称信奉基尔特社会主义，赞成社会主义理想，但又认为中国唯一的病症就是穷，且大多数人民无知识，因此断言救治中国的办法必须依靠“绅商阶级”来发展资本主义，而“绝对不能建设劳动阶级的国家”，也不能建立共产党，对社会主义只可“冷静研究”。对此，陈独秀、李大钊、李达、蔡和森等早期共产主义知识分子纷纷著文，反驳张东荪、梁启超等的言论，指出：中国必须发展实业，但要改变中国贫穷落后的状态，出路“必在社会主义之实行”。“今日在中国想发展实业，非由纯粹生产者组织政府，以铲除国内的掠夺阶级，

① 《李大钊全集》第3卷，人民出版社2006年版，第7页。

抵抗此世界的资本主义，唯有依社会主义的组织经营实业不可。”“除了中国劳动者联合起来组织革命团体，改变生产制度，是无法挽救的”①。基尔特社会主义想用“温情主义”的社会政策来“矫正”资本主义的弊病，只不过是一种改良主义的幻想。在早期共产主义知识分子的有力回击下，资产阶级改良主义者既无法说明在中国当时条件下如何实行基尔特社会主义，又无法掩盖在帝国主义和封建主义统治下，资本主义不可能在中国发展起来的事实。

早期共产主义知识分子在回击反马克思主义思潮的同时，也批驳了在中国有很大影响的无政府主义的“绝对自由观”。在近代中国，由于环境不同，无政府主义最初是以革命面貌出现的，在揭批封建军阀的专制统治，帮助人们了解十月革命和新思潮的过程中，无政府主义曾起过一定的积极作用。辛亥革命前，无政府主义思潮作为民主革命的一脉支流，也对推翻帝制起到了很大的促进作用。中华民国建立后，它又成为反独裁、反强权、反压迫潮流中的一支劲旅，对团结民众进行抗争产生了积极的推动。但无政府主义最终不可能提供一条解决中国问题的正确出路，正如列宁所指出的，无政府主义“除了讲一些反剥削的空话以外，再没有提供任何东西”。它所崇尚的个人极端自由主义，反对一切国家和一切权威，反对一切政治斗争和暴力革命，并把攻击矛头也指向马克思主义国家学说和俄国的无产阶级专政，企图超越社会发展的历史阶段，宣扬“各取所需”的分配原则，提倡个人主义，主张绝对自由，反对任何组织纪律，这些思想在青年知识分子中具有很大的消极作用。

① 陈独秀：《复东荪先生底信》，《新青年》1920 年第 8 卷第 4 号。

针对无政府主义者的一系列错误观点，早期共产主义知识分子围绕革命的形式、国家的本质等问题，对无政府主义者进行了批判，阐明了无产阶级领导人民群众进行革命斗争、用暴力夺取政权、建立无产阶级专政的必要性和重要性，论证了无产阶级国家同资本主义国家的本质区别，指出彻底推翻封建贵族、资产阶级国家，巩固和加强无产阶级专政是由资本主义通向社会主义的正确途径。他们既肯定无政府主义者的革命积极性，又批判他们在国家问题上的错误观点。针对无政府主义者在分配问题上的平均主义思想，早期共产主义知识分子指出这是不顾生产力发展水平的一种空想，“以这有限制的生产，听各人消费的自由得其平等是绝对办不到的”。早期共产主义知识分子还着重驳斥了无政府主义者“绝对自由”的主张。李大钊在《自由与秩序》中说：“我们所要求的自由，是秩序中的自由；我们所顾全的秩序，是自由间的秩序。”[①] 在人类社会中，自由总是相对的，所谓“绝对自由”是根本不存在的。“要绝对自由就不能联合，要联合就不能绝对自由”。这场论战，澄清了思想，甄别了谬误，揭开了无政府主义标榜的“社会主义”面纱，改变了共产主义知识分子与无政府主义在思想、组织上混杂不清的状况，使一大批受无政府主义思想影响的青年抛弃了错误思想，接受了马克思主义。

在与形形色色的社会思潮的论战中，马克思主义充分彰显了其历史唯物主义的巨大诠释力，找到了与中国传统文化和中国革命实际的相通相近之处，并在中国共产党成立后成功地指导了中国革命。

---

① 《李大钊文集》下册，人民出版社 1984 年版，第 438 页。

从此，马克思主义“在中国新文化运动中占据主要的地位”，中国社会开始进入马克思主义中国化的话语时代。

三、社会主义思想的“学理化”

早期共产主义知识分子同各种非马克思主义、反马克思主义思潮的斗争，是马克思主义与中国实际相结合过程中的第一场交锋，作为“中国式”社会主义价值早期诠释的经典样态，在当时中国思想界产生了重大而深远的影响。在论争过程中，早期共产主义知识分子运用马克思主义这一理论武器，批驳资产阶级和小资产阶级的种种错误思潮，一步一步地扩大了马克思主义的思想阵地，为中国共产党创建后进一步推动马克思主义与中国革命实际相结合，扫清了思想障碍。经过广泛的思想交锋，一大批以救国救民为己任，立志改造中国社会的进步青年，初步感受到马克思主义理论的科学性和真理性，认清了科学社会主义与实用主义、基尔特社会主义、无政府主义之间的本质区别，认识到只有依靠科学社会主义才能实现救国救民和从根本上改造中国社会。他们在确立自己的人生信仰和选择何种“主义”来改造中国社会的过程中，经过反复比较，最终抛弃资产阶级改良主义和无政府主义，选择科学社会主义，转变为马克思主义者，并迅速投入到宣传马克思主义，与工人群众相结合和创建中国共产党早期组织的行动中去。早期共产主义知识分子对于形形色色的非马克思主义、反马克思主义思潮的彻底清算，把社会主义思潮一浪接一浪地推向高涨，使得“我们的党从最初建立时起，就是一个完全新式的无产阶级政党，是全心全意为中国人民服务而在最坚固的中国化的马克思列宁主义理论的基础上建立起来的党”①。

五四时期的社会主义思潮着眼于社会主义的伦理价值，它针对资本主义私有制所导致的贫富差别、阶级剥削和阶级压迫，进而主张财产公有、消灭剥削和人人平等，这一时期的各种社会思想体现出明显的学理化特征。所谓思想的学理化就是思想“受科学的洗礼，把科学的精神，明明白白告给大众，是近年思想界的最大特色。”五四时期的社会主义思想主要以新文化运动为载体得以传播，而新文化运动的精神就是民主与科学。因此，五四时期的社会主义追随者与反对者展开的“问题与主义之争”、“社会主义之争”、“无政府主义之争”等几次激烈的争论，社会主义者对反对者的种种诘难都一一作了学理上的回答。当时进入论战的流派非常庞杂，社会主义追随者从学理上对阶级斗争、唯物史观、剩余价值、社会主义含义、社会主义本质、社会主义目的等理论均作了比较系统的阐述。李大钊在其著名的《我的马克思主义观》一文中，对唯物史观、政治经济学和科学社会主义三者的联系作了初步阐述，指出这三者“有不可分的关系，而阶级斗争说恰如一条金线，把三大原理从根本上联络起来”。在“问题与主义之争”中，李大钊对胡适的改良主义予以批评，坚持中国问题应“根本解决”的革命主张。李达在“社会主义论战”中对社会主义的目的作了精要解释，他说：“社会主义简单说起来，就是救经济上的不平均的主义。”蔡和森在批评无政府主义时指出，“马克思的学理由三点出发：在历史上发明他的唯物史观，

① 《刘少奇选集》上册，人民出版社 1985 年版，第 315 页。

在经济上发明他的资本论，在政治上发明他的阶级战争说”，并指出无产阶级专政是“客观的，必然的”。这一时期的社会主义者，不但牢牢抓住了社会主义这一革命理论武器，而且逐渐认识到了民众的力量，其社会主义思想经历了从理论到实践的演进，具有重要的实践和学理价值。

中国早期共产主义知识分子致力于马克思主义的研究、宣传和世界观的改造。经过五四运动的锤炼和洗礼，从近代知识分子中分化出来的早期共产主义知识分子，一经接受马克思主义，便热情地研究和宣传马克思主义。“五四运动时期虽然还没有中国共产党，但是已经有了大批赞成俄国革命的具有初步共产主义思想的知识分子。”① 这批知识分子一开始就不是把马克思主义当作单纯的学理来探讨，而是把它作为观察国家命运的工具加以接受的。他们一旦学得马列主义的基本原理，就以此为指导，推动马克思主义在中国传播的同时完成对自己世界观的改造。在此期间，陈独秀完成了由资产阶级激进民主主义者向马克思主义者的转变，开始接受和宣传马克思主义，他旗帜鲜明地指出：“社会主义要起来代替共和政治，也和当年共和政治起来代替封建制度一样，按诸新陈代谢底公例，都是不可逃的运命。”② “由封建而共和，由共和而社会主义，这是社会进化一定的轨道，中国也难以独异。”③ 先进的知识分子笃信，只有用无产阶级的宇宙观作为观察国家命运的工具，重新考虑自己的问题，走俄国人的路，中国才有前途。李达是早期马克思主义的又一

① 《毛泽东选集》第 2 卷，人民出版社 1991 年版，第 699—700 页。
② 《陈独秀著作选》第 2 卷，上海人民出版社 1993 年版，第 179 页。
③ 《陈独秀著作选》第 2 卷，上海人民出版社 1993 年版，第 178 页。

重要研究者和传播者。五四运动爆发后，他积极为国内报刊撰文介绍马克思主义，阐述马克思主义的基本原理。1919 年秋至 1920 年夏，他翻译了包括马克思主义学说三个组成部分的三本著作，《唯物史观解说》、《马克思主义经济学说》和《社会问题总览》，对马克思主义的各个组成部分作了比较系统的阐述，对传播马克思主义起了很大的推动作用。与此同时，中国早期共产主义知识分子蔡和森、周恩来、陈望道等纷纷翻译马克思主义著作或发表文章，从各个方面介绍和宣传马克思主义。1920 年 8 月，在陈独秀等人的努力下，陈望道翻译的中国第一个中文全译本《共产党宣言》由社会主义研究社出版发行，《共产党宣言》第一次在中国人民面前展现了马克思主义科学社会主义理论的全貌。另外，早期共产主义知识分子，还积极组织各种研究团体宣传马克思主义，创办了许多刊物作为宣传马克思主义的阵地。

中国早期共产主义知识分子正是在学习、研究、宣传马克思主义，研究、宣传十月革命以及把马克思主义与中国实际相结合的斗争中，完成了对自己世界观的改造，同时也为马克思主义中国化的实践提供了系统的、科学的理论准备。

第三节　社会主义文明目标的确立

以李大钊为代表的早期社会主义者注重对社会主义价值的理论诠释。作为中国共产党早期重要领导者与理论家之一的瞿秋白，根据历史运演的规律，合乎逻辑地将社会主义文明作为中国现代化的理想目标，赋予国人为社会主义奋斗的理想信念，开启了中国式社会主义演进过程中不可或缺的重要环节。

一、“两种文明”的辩证法

19 世纪 20 年代初，东方“精神文明”的发源地、“礼教之邦”的中国遭遇了西方世界物质文明的巨大冲击，以梁启超、章士钊、张君劢等为代表的“东方文化派”一直坚持用“东方的精神文明”去和“西方的物质文明”相对抗。对此，瞿秋白在 1923 年 11 月发表《现代文明的问题与社会主义》一文，明确提出了“物质文明”和“精神文明”的概念，并联系当时国际、国内实际，科学地揭示了“文明”概念的内涵和本质，考察了“物质文明”的历史发展过程及其性质，分析了西方式的“物质文明”的历史作用、局限性及其发展趋势，初步探讨了“物质文明”和“精神文明”的关系，阐述了社会主义是两个文明的“谐和发展”等重要思想。

瞿秋白指出：“文明是人类劳动的创造”[①]。其中，物质文明是物质生活的生产劳动的结晶，精神文明是精神生活的生产劳动的结晶。不同阶级在不同时期对待物质文明发展的态度是不同的，人类从学会制造粗糙工具时起，物质文明史开始发轫。随着人类实践的深入、生产生活资料的发展，技术精益求精、不断拓展，文明程度也日益提高。但是这种技术文明在以往各个历史时期常常被“治者”所垄断，当“受治者”被技术训练而强盛到了足以同“治者”较量的时候，必然发生因为阶级分化而产生的阶级冲突，“受治阶级”要“夺

① 《瞿秋白选集》，人民出版社 1985 年版，第 93 页。

取此文明以为利器而创造新文明”[1]。由此可见，单纯的技术文明必定会产生“治者”的精神不文明（压迫和剥削“受治者”的思想道德），也必定会产生“受治者”的精神文明（对“治者”的反抗、革命斗争及其思想道德），即：“受治者”试图夺取原先的技术文明以利器，创造出新的技术文明、物质文明。这一“文明”发展的辩证法则，支配着整个人类的发展史。所以，文明的本质是发展、进步和革命的。正因为此，一切旧的统治阶级到了没落期，都会恐惧技术文明的发展以及由此而产生的被统治阶级的新文化、新思想，并企图用他们的所谓“精神文明”来阻止其进一步发展。而一切被统治阶级无论什么时候都应对技术文明的发展持欢迎态度，夺取和利用原有的技术文明创造新的物质文明和精神文明。这就是统治阶级和被统治阶级对文明发展进步持迥异态度的阶级实质。

瞿秋白在历史唯物论的世界观和方法论指导下，揭示了“文明”概念的内容和本质之后，又进一步分析了历史上由人类劳动共同创造的技术文明的特点及性质。瞿秋白认为，既然人类历史发展的最终动力是生产力，所以应该依据生产力标准来判断当下的东西文明，并据此觅得“救国”的正确路向。在一般意义上，东西文明并无本质上的高下之分。换言之，“西方的物质文明”与“东方的（物质）文明”，本来“都是征服自然和增强人类权力的利器，没有本质的区别”，仅仅在程度上有所不同。然而，由于掌握者的阶级性质不同，它们就具有了不同的特点和性质。“技术有神秘性的，便是封建时代的文明，技术有科学性的，便是资产阶级的文明，技术更进而有艺

① 《瞿秋白选集》，人民出版社1985年版，第95页。

术性（指科学技术贯彻到解决社会现象、使其和谐发展），便是无产阶级的文明。”[①] 因为科学技术在资本主义社会中表现为治者阶级对受治阶级的威权统治，它更加造成了社会的不平等。因此，无产阶级欢迎科学技术的同时，必须反对一切旧统治阶级利用手中掌握的技术科学、物质文明，必须“利用科学文明以打破旧社会制度，使封建社会的神秘性完全扫净，将资产阶级的科学性引导到底，彻底显露艺术的文明”。瞿秋白指出：

> 技术和机器，说是能解放人类于自然威权之下。然而它不能调节人与人之间的关系。资本主义时代的科学尤其只用在人与自然之间的技术上，而不肯用到或完全用到人与人之间的社会现象上去。技术的单独发展虽然始终要引导社会革命后的真文化，而在最初一切确亦不免发生流弊。[②]

据此，瞿秋白强调，单单现代式的技术发展，并不能从残酷的自然之下解放人类。单纯的技术的科学的发展，也绝不能是社会主义的唯一基础。物质文明不等于、也不能代替精神文明。“实际上人类对于物质生活的关心并不因为技术发达而减少，技术的发明愈多，人类的物质的需要也愈多，如此转辗推移，永无止境。”[③] 以全社会而论，技术文明始终只能解放一部分人。事实是，科学文明使人类社会的阶级分化得更加清楚，人与人之间的关系因为新文明的影响

---

① 《瞿秋白选集》，人民出版社 1985 年版，第 97 页。
② 《瞿秋白选集》，人民出版社 1985 年版，第 100 页。
③ 《瞿秋白选集》，人民出版社 1985 年版，第 102—103 页。

更不平等。

瞿秋白一方面批判极端的“否认物质文明派”，指出物质文明始终统辖着精神文明，物质文明的发展进步，是不以“无为”的“向后转派”和提倡“东方精神文明”的“立定派”的主观意志为转移的，物质文明总在可能的范围里进步，并始终统辖着精神文明也向前进步。另一方面，瞿秋白也批判“现代学者”所主张的“资产阶级的文明”论，反对他们把“文明”仅仅限于自然现象的科学性，“从根本上否认社会现象有规律”。在瞿秋白看来，“技术文明发达的结果并不能解放人类”，只有同时也把“社会主义的科学”，应用于社会现象，或所谓精神文明，“求得各方面之因果”关系，才有“创造各方面谐和的艺术文明之可能”。社会主义的文明是“以扩充科学的范围为起点，而进于艺术的人生、谐和的发展”为终极目标的。只有到那个时候，“技术的发展能成为各方面无所偏畸的，精神文明自然也能真正改善，以至于大同”①。而要实现这种物质文明和精神文明的谐和发展，就必须走阶级斗争到无产阶级专政的道路。“社会主义的文明”是经过“热烈的斗争和光明的劳动所能得到的”，“人类什么时候能从必然世界跃入自由世界，那时科学的技术文明便能进于艺术的技术文明。”

二、“技术有艺术性”的文明

经过五四新文化运动，瞿秋白发现，中国的现代化问题绝非单纯的学理问题，而是实际国情问题。带着“担一份中国再生思想发

① 《瞿秋白选集》，人民出版社 1985 年版，第 105—108 页。

展之重任”，向苏俄寻求救国之道的瞿秋白，将重视个体的能动作用与人类演进的普遍规律作为首先要掌握的真理，提出人类的发展是一个由个性而社会、由自发而自觉的演变过程。个人的动机总是从自己出发的，但他既然是在社会中，则不可避免又是社会的和阶级的。因此，尽管每一个个体都参与了历史由利己而利他的转换过程，但无数自我的不同意欲与活动无不来自社会文化情境。社会文化情境是一个由全部社会历史的人通过文化交互作用而构成的“合力”世界，它不仅是自我意识的发源地，更是自我与外部世界的中介，自我意识只有通过这个中介才能不断深化、延伸、扩大，为新的实践认识铺平道路。

依据对于唯物史观的研究发现，瞿秋白认为，根据生产力发展程度，站在世界文化的角度，如果将某种具体的文化模式视为绝对先进的价值，大谬不然，但东西文明确实具有时间上的迟速。在历法时间上处于共时态的东西文明，在历史时间中分别处在封建主义与资本主义两个不同阶段。中国的技术文明（生产力）尚处于非科学的神秘性——农家手工业自然经济——的阶段，在唯物史观提供的文化坐标中，时代向度上的“东方文化”与欧洲的前资本主义文化大体相当。而西方的技术文明已进至科学阶段，它具体表现为，思想上不承认君权、神权、父权、师权，学术已非祖传或神授，而是理智的逻辑的；技术亦不专赖熟练或天才，而渐重原理，由于科学能极大地创造物质财富，因此西方的物质文明显得尤为突出。相比之下，处于封建时代的华夏文明则凸显物质匮乏的衰势。但是，资本主义的科学文明并非人类的理想胜境，它有两个致命弱点：一是科学技术被少数资产阶级所垄断、所利用，科学不能为人类大多数造福，甚至还给人类带来灾祸。二是科学技术不能解决人与人的关系。瞿秋白说："技术的发展一定影响到社会关系……能使人与人之间的关系形成一种新形式……此种新形式中，大多数平民成为无产阶级，实际上享受物质文明而绝对没有幸福……"[①] 据此，瞿秋白指出，人类为了能"科学"地处理人与自然、人与人的关系，就不能驻足于资本主义的科学文明，还要进一步演进到"技术有艺术性"的社会主义文明。而这种"演进"必须通过激烈的社会革命，在这种情况下，无产阶级借助革命打破垄断，成为实现社会主义文明的前提条件。

依据人类发展的客观规律，瞿秋白遵循从"技术有神秘性"的封建文明到"技术有科学性"的资本主义文明，再到"技术有艺术性"的社会主义文明的发展进路，指出中华民族自救的正确路向，就是要实现"技术有艺术性"的社会主义文明。瞿秋白坦承，现代资产阶级的科学文明比封建宗法时代的文明先进，资产阶级的技术文明进步能在一定程度上将人类从封建主义的残酷威权下解放出来，"科学文明很有民权主义的性质"。但一个社会的文明程度，不仅仅指物质的丰富程度，还包括人精神方面的富足程度。现代资本主义社会的技术发展，并没有完全解放人类。工具理性的滥觞和效率原则的强化，导致了某种程度的技术专制及生命意义的失落；功利原则所带来的商品化，直接侵蚀着主体的内在价值；基于个体原则确认的竞争机制，加剧了人际关系的紧张；对自然的过度掠夺与占有，引发了日益严重的生态危机……资本主义文明非但没有将人类从痛

① 《瞿秋白选集》，人民文学出版社 1985 年版，第 107 页。

苦之中解放出来，反倒使人们陷入更大的痛苦之中。最关键的是，在资本主义社会，技术日趋进步，社会分工日趋明显，社会财富也日趋集中在少数人手中，大部分的人，特别是无产阶级一直处于被压迫的地位。

瞿秋白断言，任何民族的文化不论显示怎样的个性，归根到底都要受“文化整体律”的制约。“我对社会为个性，民族对世界为个性。无我无社会，无民族性无世界。”同样，“无社会与世界，无交融洽作的社会与世界，无所谓我，无所谓民族，无所谓文化。”[①] 这意味着，围绕自我、民族、国家有多种文化价值力量，构成一种超越自我以及个别民族和国家而存在的整体文化价值，表现出一种总体性的规律性趋势，制约着处于该时代的任何具体文化模式。社会主义文明是代表当代的整体文化价值力量，是任何国家文化演进趋向的总归宿。

社会主义追求的文明不只是资本主义的技术文明。社会主义社会经济的发展使得人民的生活水平得到提高，人们需要在物质上获得“文明”，即依靠科学技术的发展来提高生活水平，提升自我。瞿秋白强调：“人对自然的威权愈大，治者阶级对受治阶级的威权亦愈大，——受治阶级就不得不寻求利用科学文明以打破旧社会制度，使封建社会的神秘性完全扫净，将资产阶级的科学性引导到底，彻底显露艺术性的文明。”[②] 在社会主义制度还没有完全实现的时候，技术层面的文明能成为被统治阶级的武器，推翻旧的制度，使得一切社会运动趋向于社会主义。随着技术的发达，物质的丰厚，人们

---

① 《瞿秋白文集》第1卷，人民文学出版社1953年版，第166页。

② 《瞿秋白选集》，人民出版社1985年版，第96页。

必然会去追求除了物质以外的其他东西，因为单调的技术科学的发展并不是社会主义的唯一基础。无产阶级需要利用并改造资本主义先进的技术文明，使之达到更高层次的文明。倡导社会主义、共产主义的无产阶级，正是在夺取资产阶级技术文明的成果，推翻旧阶级统治的基础上，创造出属于无产阶级、属于社会主义的文明。瞿秋白指出，社会主义的文明是要获得物质与精神两方面的文明。单纯地只强调精神文明不是社会主义，同样的，仅仅技术上的科学，也不是社会主义。所谓的“艺术的技术文明”指的就是真正地结合了精神与物质的文明。社会主义文明能够扬弃在它之前的所有文明，充分扩延科学的功能，使之为社会发展服务。

> 社会主义的科学正是彻底的以因果律应用之于社会现象，或所谓“精神文明”的。不但封建制度文明的“玄妙不可测度”的神秘性应当推翻，就是资产阶级文明仅仅限于自然现象的科学性，也不能不扩充。①

瞿秋白指出，艺术文明是文明的最高境界，那是人类向往的自由世界。艺术文明的主要特征是圆满谐和，人与自然的谐和圆满，人与人关系的谐和圆满，以及个体人生的圆满快乐。在社会主义条件下，圆满的社会关系之中，人类对于技术自当精益求精，但人不单为适应环境或改良物质生活而工作，工作的结果已经无足轻重，而工作的过程成为社会主义制度下每个人的必需品。于是，社会主

① 《瞿秋白选集》，人民出版社 1985 年版，第 106 页。

义文明不但是自由的世界，而且是正义的世界；不但是正义的世界，而且是更美的世界①。在瞿秋白笔下，社会主义文明暗合着马克思所说的“每个人的自由发展是一切人自由发展的条件”的人道主义精神。

瞿秋白沿循历史逻辑推绎出的社会主义文明，以未来愿景的形式提醒国人对于自身境况的关注。他承认人类文化的一般演进规律构成东西文化的同一性，指出可做比较的两种文化的差异是时代性的差异，主张对时代向度上滞后的东方文化要持鞭策态度。同时，从西方的当下推演至超越当下的理想明天，把人的实践的创造力看作社会运行的基本动力，主张通过革命催生出一种超越现时代、超越东西范畴的文化，充分反映了当时知识分子急于实现民族解放和国家发展的心态。

三、构建理想“新社会”

随着社会主义思潮的传播逐渐成为进步思想界的主流，瞿秋白等进一步开始了向着社会主义发展的“新社会”的构想和设计。关于构建“新社会”的历史文化基础和进路，瞿秋白指出：“中国社会组织，有几千年惰性化的（历史学上又谓之迟缓律）经济现象做基础”，受传统家族式生产制等不利因素的影响，使得“历史的迟缓律因此更增其效力”。进入近世，国人从睡梦中醒来。但由于不懂得现代科学的方法，仅有热烈的主观愿望，面对各种新思潮难免眼花缭乱，一些在西方已成重新估定价值的东西，国人却还觉得很新鲜。

① 《瞿秋白选集》，人民出版社1985年版，第109页。

在瞿秋白看来，传统的构建中国“新社会”的进路，经济生活、生产方法不变，一方面既不能有文化的要求，以进于概括而论的文明；另一方面更不能有阶级的觉悟，担负再造文明的重任。对此，他主张，处在东西文化既相交流又有冲突之际，“新社会”的构建既不能固执自我的文化性不善融洽适应，又不能以牺牲民族的个性为代价去附庸所谓的“新派”，必须在推进社会进步的过程中排除困境，主动进取。

关于“新社会”的建设及前进方向，瞿秋白对比、分析了无产阶级和资产阶级在中西社会中的各自表现，认为中国资产阶级标榜的“自由平等”革命，并没能建立起真正的共和国。五四运动后国人的普遍觉醒，无产阶级力量的日益壮大，社会主义思潮的广泛传播，都深刻表明中国“未来的时代将是社会主义时代”。在西方，资产阶级在文艺复兴时期创造的“人间美”，已经暴露出它的市侩气，已渐渐“恶化，怠化，纵恣化”，其“创造的内力已自趋于磨灭”[①]。因此，唯有作为先进生产力代表的无产阶级才能担负起改造社会的责任，“独有无产阶级的组织力经济力政治力之增长才是新社会的基础”。

关于构建“新社会”的理论指导及实践参照，瞿秋白指出：马克思的理论学说指明了创造无产阶级文化和人类文明的新道路，俄国人正是按照这个学说来建设自己的新社会的。按其性质和意义来说，他们的经济和政治建设的总方向是国际主义的。中国人民尽管现在还不完全了解俄国人的社会建设事业，但是相信“不久的将来

① 《瞿秋白文集·文学编》第 1 卷，人民文学出版社 1998 年版，第 117 页。

我国人民也将能掌握和实现马克思主义的伟大原则”。瞿秋白目睹了俄国无产阶级创业的艰辛，指出：在俄罗斯这样一个国家里要实行共产主义，真是一项伟大而且艰巨的工程，“共产主义从此不能仍旧是社会主义丛书里一个目录了”，“中国人亦应当用一用心，俄国革命是一部很好的参考书”[①]。

关于创建新社会的具体途径，瞿秋白强调，在中国内无民主、外无主权的背景下，必须要先行解决进行社会革命这个先决条件。他指出，经济制度没有根本动摇的时候，社会意识里决没有“法律之前人人平等”的观念。因此，要创建社会主义文明的新社会，“则非以革命的方法不能行，实际上不得不诉之于强力”。“中国的新的文化生活——几万万群众的文化生活，固然要在残酷的政治经济斗争之中，才能开辟自己的道路。”[②] 这样，待到“社会革命渐次完成改造人与人之间的关系之后，技术发展的途径便大不同了”。因此，空想社会主义者欧文所采取的和平宣传、模范示范的方法，在瞿秋白看来，是不切实际的，欧文的讲坛以外的实际生活教给工人另一个结论——工人应当用别一种方法达到自己的福利，建设人类将来最光明的新世界。

马克思主义告诉我，要达到这样的最终目的，客观上无论如何也逃不了最尖锐的阶级斗争，以致无产阶级专政——也就是无产阶级统治国家的一个阶段。为着要消灭“国家”，一定要先组织一时期的新式国；为着要实现最彻底的民权主义（也就是所谓的

① 《瞿秋白文集·政治理论编》第1卷，人民文学出版社1998年版，第230页。
② 《瞿秋白文集·文学编》第1卷，人民文学出版社1998年版，第494页。

> 民权的社会），一定要先实行无产阶级的民权。这表面上“自相矛盾”，实际上很有道理的逻辑——马克思主义所谓辩证法。①

关于如何开展社会主义运动，针对当时中国的社会主义发展现状，瞿秋白指出，社会主义不是空洞的口号，而是实实在在的行动。“无产阶级是资产阶级社会的产儿，亦是颠覆资产阶级社会的健将。”为此，无产阶级应该在资产阶级社会不断地汲取各方面的养分，为自己的目标不断努力。在反对封建主义的时候，资产阶级和无产阶级之间的矛盾可以暂时搁置，无产阶级只有通过联合与帮助资产阶级，才能获得活动的自由以及广泛的政治运动的可能，这是无产阶级成熟的必要经验前提。无产阶级应当和资产阶级联合反对君主诸侯及军阀，但同时又务必时时刻刻使无产阶级与资产阶级的矛盾确实深入于群众的意识，使得工人能利用资产阶级政治之下所发现的新式的社会政治关系，立刻就反对资产阶级。具体而言，就是要充分利用资产阶级革命，赢得社会主义革命的胜利，最终建立无产阶级专政。瞿秋白认为，在近代中国这样落后的国家中，代表着先进力量但却尚在发展时期的无产阶级如何才能夺取政权、实现社会主义，答案就是要充分利用资产阶级，取人之长，补己之短，通过资产阶级革命的胜利逐步走向社会主义革命的胜利。

> 不论先进或落后的国家里，在封建军阀政治之下无产阶级必定先参加或进行民权革命，可是愈落后的国家，他的无产阶

① 《瞿秋白文集·政治理论编》第7卷，人民出版社1989年版，第705页。

> 级在民权革命中愈有势力，他的资产阶级革命的胜利，变成无产阶级的机会也愈多。无产阶级赞助资产阶级革命是为无产阶级自身的利益，可是这种赞助必定不能永久。[①]

在一定的历史时期，无产阶级需要辅助资产阶级完成历史的任务，并从其中吸取教训，为今后推翻资产阶级的统治做准备。资产阶级革命愈彻底愈普遍，无产阶级为社会主义而与资产阶级的斗争也愈有保证愈易开展。最终，无产阶级要掌握革命的主动权，牢牢掌握革命的领导权，不断引导本阶级成员，参与实现社会主义的伟大事业。同时，无产阶级还要引导大多数的农民阶级参与革命，推翻封建主义和资本主义。瞿秋白认为，社会主义有着种种的优越性，所以社会主义的未来必然比资本主义光明，社会主义的胜利是必然的，社会主义事业是正义的，社会主义必然战胜资本主义。

另外，瞿秋白特别强调发挥文学艺术在促进社会变革中的作用。瞿秋白指出："文学是民族精神及其社会生活之映影；文学家的心灵，若是真能陶铸锻炼生活里的'美'，真实的诚意的无所偏袒的尽量描画出来，——必能代表'时代精神'，客观地就已经尽他警省促进社会的责任。"[②] 在瞿秋白看来，文学具有"引导着人类的文化进程和人生目的"的重要作用。为此，他呼唤文学家自觉担负起引导社会进步、创造人类新生活的责任。主张既要创造，就要有研究。瞿秋白指出，宇宙间及社会里一切现象都有因果可寻，观察、分析、综合，因而推断一切现象之客观的原因及结果，并且求得共同的因果

① 《瞿秋白文集·政治理论编》第 2 卷，人民出版社 1987 年版，第 198—199 页。
② 《瞿秋白文集·文学编》第 1 卷，人民文学出版社 1998 年版，第 255 页。

律，便是科学。自然科学用这种方法去研究自然界物质的相互关系，社会科学便用这种方法来研究社会里人与人之间的相互关系，即：社会现象既在科学的因果律范围之内我们便可以研究将来的社会。

瞿秋白关于社会主义文明目标的建构思路，遵循唯物史观确立人与历史规律的关系，依据以“技术”为底蕴的客观规律进行中西文化对比，提出“救国”的路向是实现“技术有艺术性”的社会主义文明，他根据历史运演的客观规律，合逻辑地确立了社会主义文明作为中国现代化的理想目标，从而赋予国人为社会主义奋斗的坚定信念。尽管，这种源于俄式社会主义观的见解不可避免地包含着某种历史局限性——绝对化地看待历史规律，但其理论的重要贡献在于，确立了与社会主义文明所关联的人性根基，同时，按照科学技术自身发展的逻辑，并依托政治意识形态的功能性分析，一方面揭示科学技术因受资产阶级思想影响所带来的缺陷，另一方面又揭示出科学技术能走上正确发展道路的可能性，即依靠无产阶级革命取得胜利而进入社会主义科学形态，从而论证了人类社会从资本主义社会进入到社会主义社会的合理性。这不但为科学技术在中国社会的自身发展阐明了一条革命性的道路，而且为马克思主义的社会主义学说在中国社会获得其科学地位提供了实践指引。

第四节　马克思主义中国化的最初实践

社会主义思想在中国，自陈独秀、李大钊奠基，经瞿秋白的发展，到了青年毛泽东时代，不仅在理论上阐明了开展民主革命的目标、前途、方针、政策等问题，而且逐渐将社会主义的理想与中国具体国情相结合，开辟了“农村包围城市”的社会主义革命成功之路，开启了马克思主义中国化——中国式社会主义道路的最初实践探索。

一、马克思主义中国化的价值逻辑

“马克思主义中国化”，作为中国革命与建设的经典表述，其实质内涵按照1938年10月毛泽东在《中国共产党在民族战争中的地位》一文中的阐述，是指“马克思主义必须和我国的具体特点相结合并通过一定的民族形式才能实现”，“离开中国特点来谈马克思主义，只是抽象的空洞的马克思主义。因此，使马克思主义在中国具体化，使之在其每一表现中带着必须有的中国的特性，即是说，按照中国的特点去应用它”①。这里所揭示的马克思主义中国化的实质，重点强调马克思主义的民族化，即作为普遍真理的马克思主义要转化为现实，必须和具体民族的历史状况及现实实践相结合，从而产生出马克思主义与民族国家“当时历史条件”的结合物——新的理论形态。这种新理论既蕴藉着马克思主义的基本精神，又植根于当地的实践条件，同时构成实践者进一步发展这一理论的出发点。具体到马克思主义与中国民族文化的关系，马克思主义中国化绝不是要用马克思主义替代中国文化，造成文化传统的断裂，而是要在代表着人类现代文明发展方向的马克思主义的引导下，使中国传统文化获得现代文明的生长机制与内涵。

马克思主义中国化内在地包含着“马克思主义”与“中国”相

---

① 《毛泽东选集》第2卷，人民出版社1991年版，第534页。

互作用而产生的“两化”过程。一方面，马克思主义来到中国，与中国实际相结合，获得了它的中国形态和中国内容，可谓中国“化”马克思主义；另一方面，马克思主义指导中国实践，深刻地影响和改变了中国的历史走向、社会面貌和文化形态，给中国社会的政治、经济、文化、制度、体制，乃至中国人的文化心理、思维方式、话语表达等都打上马克思主义的烙印，所谓马克思主义“化”中国。这两方面的结合，就是我们所说的马克思主义中国化。它在本质上是一个文化化和核心价值化的过程。所谓文化化，就是马克思主义嵌入中国文化，成为中国文化血脉的分子和元素，从而使马克思主义本身在中国具有了独特的文化学意义。所谓核心价值化，是指马克思主义被中国人民普遍采纳，成为全党全国人民的指导思想。

在中国，马克思主义的传播从一开始就带有鲜明的解决中国社会矛盾的任务。以李大钊为代表的中国早期共产主义知识分子在传播马克思主义之初已经充分认识到这一点，他们从接受马克思主义开始起，就将其视为理论与方法统一的世界观，致力于马克思主义与中国实际的结合。

> 马克思主义是一个时代的产物，接受某一学说时，不要忘了他的时代环境和我们的时代环境。对一个社会主义者来说，为使他的主义在世界上发生一些影响，必须要研究怎么可以把他的理想尽量应用于环绕着他的实境。[①]

① 《李大钊文集》下册，人民出版社1984年版，第69页。

注意同实际结合，同群众结合，这是中国马克思主义思想运动一开始就具有的一个特点和优点。为推动马克思主义与工人运动的结合，1920 年 5 月 1 日，《新青年》、《星期评论》、《晨报》等报刊出版了国际劳动节纪念专号，引发了全国性的“五一节”纪念活动，掀起了马克思主义同中国工人运动相结合的一次较大规模的尝试。在广大共产主义知识分子的有力推动下，各地工人运动由过去分散斗争汇合成为整个阶级的统一行动，使中国工人阶级成为一支独立的政治力量登上了历史舞台。

无产阶级的斗争实践进一步推动了马克思主义的传播，信仰马克思主义的队伍日益壮大。在马克思主义与工人运动结合的过程中，越来越多的人认识到建立无产阶级政党的必要性。1920 年 8 月，在共产国际的帮助下，陈独秀在上海成立中国第一个共产主义小组，同年 10 月，北京共产主义小组成立。到 1921 年春，武汉、长沙、济南、广州等地共产主义小组也先后成立。这些共产主义小组通过出版刊物，办工人补习学校等方式，有计划、有组织地传播马克思主义，为进一步促进马克思主义同工人运动相结合以及中国共产党的创建做了思想上和组织上的准备。各地共产主义小组的成立和中国共产党的创立是早期共产主义知识分子推动马克思主义中国化的必然结果，也为马克思主义中国化提供了实践基础和组织保障。

青年毛泽东登上中国政治舞台的时代，华夏中国正身临外患催逼的剧变之中，旧的社会形态因剧变而解体，新的社会形态迟迟没有在剧变中长成。对于近代中国数十年的现代化历程一直成效甚微，毛泽东认为，因为“今日变法，俱从细节入手”，没有抓住“大本大源”，而只在“枝节”上下功夫。沿循这一心路，毛泽东求索人类社会的“大本大源”，并在唯物史观中找到了答案：设置民众能够接受的奋斗目标——社会主义，从“心”之深处激发动员“民”的社会关怀和热情，通过“动”的变革实践改造中国社会。

在青年毛泽东看来，既然人类的前途在于追求宇宙的“大本大源”，与此相应，个体生命只有融入这一追求，才能获得终极关怀的意义，这是个人对于“大本大源”应负的责任和实践主体地位。它意味着，人之所以拥有做人的权利，其正当性源于“我”的正当性，个人有权做自我生存和自我创造的行为并自我负责。不仅如此，个人还应将责任扩延至社会与他人，尽自己所能服务于社会与他人。这种逻辑顺理成章导向“个人与社会相统一”的价值取向，同时强调“集体主义”是所有个人维护能保障他们共同权益的“真正的集体”，构成了内在的辩证张力。

在青年毛泽东的社会主义运思中，包含着求索“大本大源”的道德理想国的情结，更有不执迷于学理教条，根据具体国情采取“可行性”的现实主义态度，后期进一步发展为“实事求是”的马克思主义思想路线。依此精神，毛泽东成功地解决了中国现代化的历史难题，创造性地运用马克思主义于中国实践之中，实现了马克思主义的中国化，启动了东方古国向现代社会转型的历史任务，实现了理论与实践的双重超越。

二、“新民主主义”：社会主义的价值中转

在中国革命史上，“马克思主义中国化”作为解决民族与人民生存问题的伟大武器，其理论与实践前提，就是作为马克思主义普遍真理与中国具体实践相结合的产物——毛泽东思想的灵魂“实事求

是”。毛泽东指出：“‘实事’就是客观存在着的一切事物，‘是’就是客观事物的内部联系，即规律性，‘求’就是我们去研究”①。正是依据“实事求是”的精神，毛泽东有效地解决了中国现代化的历史难题。

在方法论角度，毛泽东依据世界历史的新格局，提出了著名的“古今中外法”。所谓“古今”，是指从时间的角度把握文化及其传统的演变过程，而“中外”，则是从空间的角度正确面对和处理民族文化和外来文化的关系。毛泽东主张把这两方面“对照起来研究”，全方位实现古今中外文化精华的融合创新。毛泽东的“古今中外法”有三条原则：一是“学无体用，不分中西”。毛泽东指出：“中学为体，西学为用”和“全盘西化论”所以是错误的，是因为它们都在概念上犯了错误，因为“学”是指基本理论，这是中外一致的，不应该分中西②。文化的民族差异，不在于中西各有不同的“学”（基本理论），而在于基本理论在各国实践的不同表现。因此，如果说文化问题上确实也存在体用关系，真正的“体”不是任何思想，而是物质实践活动，理论要以实践为基础。二是“古为今用，洋为中用”。“古今中外法”有明确的价值取向，即：借鉴历史经验要为现实实践服务，吸取中外文化要以解决中国问题为目的。把这两方面结合起来，就是“向古人学习是为了现在的活人，向外国人学习是为了今天的中国人”③。三是“批判创新”。对待古今中外的文化要有分析有批判，取其精华，去其糟粕。而鉴别精华与糟粕的客观标准

---

① 《毛泽东选集》第3卷，人民出版社1991年版，第801页。
② 《毛泽东著作选读》下册，人民出版社1986年版，第748页。
③ 《毛泽东著作选读》下册，人民出版社1986年版，第752页。

只能是实践。在实践中，传统文化既受到批判继承，也得到推陈出新。而“创新”就是要实现各类文化精华的有机结合，不是机械地拼合。毛泽东指出，新文化不但要有益于革命和建设的内容，还要有“新鲜活泼的为中国老百姓喜闻乐见的中国作风和中国气派”，在文化的内容与形式上都有所创新。

在价值路径上，依据中国近代现实境遇，毛泽东认为，在深陷农业文明而难以自拔的近代华夏，连倡导工业文明的“个体主义”都寸步难行，更毋论推行社会主义价值——“个人与社会相统一为本位”了。因此，中国的社会主义远景要借助近期目标的实现来催生。毛泽东借助“古今中外法”创设了“新民主主义论”，为中国社会主义运动树立了近期目标。抗日战争初期，毛泽东于1939年12月撰写《中国革命和中国共产党》，1940年2月发表《新民主主义论》，明确指出，中国资产阶级民主革命取得胜利，包括抗日战争胜利后，不能变成资产阶级专政的资本主义社会，但也不能马上变成社会主义社会。这个社会里有社会主义因素，但又有资本主义因素。无产阶级在资产阶级民主革命（包括抗日战争）中要争夺领导权，以至掌握领导权，这就不是旧民主主义革命，而是新民主主义革命，从而在中国革命历史上，第一次提出了新民主主义革命的概念。

> 中国革命的历史特点是分为民主主义和社会主义两个步骤，而其第一步现在已不是一般的民主主义，而是中国式的、特殊的、新式的民主主义，而是新民主主义。①

---

① 《毛泽东选集》第2卷，人民出版社1991年版，第666页。

> 这种殖民地半殖民地革命的第一阶段，第一步，虽然按其社会性质，基本上依然还是资产阶级民主主义的，它的客观要求，是为资本主义的发展扫清道路；然而这种革命……是新的、被无产阶级领导的、以在第一阶段上建立新民主主义的社会和建立各个革命阶级联合专政的国家为目的的革命。因此，这种革命又恰是为社会主义的发展扫清更广大的道路。[①]

“新民主主义论”立足于近代中国半封建半殖民地的现实，在鉴古辨今、中西对勘的基础上，提出了社会主义革命“分两步走”的战略思路，将“新民主主义革命”设定为社会主义的前站。毛泽东创设的“新民主主义论”，提出了政治自由（新民主主义共和国）、经济繁荣（工业化）、文化先进（民族的科学的大众的文化）三位一体的现代化纲领。它是对近代以来维新运动、革命运动、新文化运动等一系列改革运动的价值整合，进一步明确了社会主义的现代化前景。通过设置近代中国转型为现代社会主义的价值“中转”，中国的社会主义运动得以有效展开。

毛泽东的新民主主义理论在指导中国革命取得胜利的过程中，有两个方面最能显示其特点，即它完全是从中国实际出发，是马克思主义原有书本上没有的，但又的确符合马克思主义原理。一是对待资本主义的态度。和“左”倾机会主义在民主革命过程中反对一切资产阶级不同，新民主主义理论主张，要区别民族资产阶级中的大资产阶级和中等资产阶级，主张对后者采取慎重的政策，不是一

① 《毛泽东选集》第2卷，人民出版社1991年版，第668页。

概打倒，一律反对。对于如何处理资本主义的问题，毛泽东指出："在中国的现阶段，在中国人民的任务还是反对民族压迫和封建压迫，在中国社会经济的必要条件还不具备时，中国人民也不可能实现社会主义的国家制度。"[①] 1949 年 3 月，在党的七届二中全会报告中，毛泽东依据当时全国范围内现代工业大约只占国民经济的百分之十左右，农业、手工业占百分之九十左右的基本国情，强调这是在中国革命的时期内和在革命胜利以后一个相当长的时期内一切问题的基本出发点。党的新民主主义的方针以及对资本主义的政策，都应从这一具体情况出发。由此，对待私人资本主义的态度是：在革命胜利以后一个相当长的时期内，还需要尽可能地利用城乡私人资本主义的积极性，以利于国民经济的向前发展。

> 新民主主义社会的基础是工厂（社会生产，公营的与私营的）与合作社（变工队在内），不是分散的个体经济。分散的个体经济——家庭农业与家庭手工业是封建社会的基础，不是民主社会（旧民主、新民主、社会主义，一概在内）的基础……新民主主义社会的基础是机器，不是手工。我们现在还没有获得机器，所以我们还没有胜利……现在的农村是暂时的根据地，不是也不能是整个中国民主社会的主要基础。由农业基础到工业基础，正是我们革命的任务。[②]

另一个方面是农民问题。毛泽东和他的战友们根据实事求是的

---

① 《毛泽东选集》第 3 卷，人民出版社 1991 年版，第 1055 页。
② 《毛泽东书信选集》，人民出版社 1983 年版，第 238—239 页。

现实主义态度，开拓出“无产阶级领导的农民战争”的独特路径。即：在农村党领导组织农民武装，建立农村革命根据地，在战争和革命中提高农民水平，以农村包围城市，武装夺取政权，最后取得全国胜利。在此之前，社会主义道路的唯一范例是苏俄的“十月革命”。然而，中国的国情决定了简单地套用经典马克思主义或俄国模式，只能事与愿违。毛泽东匠心独具地超越了教条主义的理论范式，在东方农业大国中发现了中国革命的主体——农民，确定了中国革命的性质——新民主主义革命，找到了变革中国革命的重要力量——工农联盟（以农民群众为主体，工人阶级为领导）。毛泽东的农民革命理论具有伟大的原创性意义，开辟了东方殖民地半殖民地农业国走向社会主义现代化的可行路径，揭示了实现社会主义道路的曲折性和复杂性。

在党的六届六中全会上，毛泽东对“农村包围城市”的中国特色革命道路作了理论概括，指出：在半殖民地半封建的中国，中国的革命不是先占城市后取乡村，而是走相反的道路。随后，在《新民主主义论》和《论联合政府》等著作中，他进一步回答了什么是新民主主义革命和怎样进行新民主主义革命等一系列根本问题，精辟地论述了新民主主义革命的对象、任务、领导权、动力、前途、发展阶段、总路线，以及新民主主义社会的经济、政治、文化的基本纲领和政策等。毛泽东领导的新民主主义革命之所以能够取得胜利，就在于有工人阶级、共产党的领导，团结、动员了中国人口中占最大多数的农民，组成了一个由参加这个革命的一切人组成的统一战线。这个“统一战线是十分广大的，这里包括了工人、农民、独立劳动者、自由职业者、知识分子、民族资产阶级以及从地主阶级分裂出来的一部分开明绅士”①。

新民主主义理论是马克思主义中国化第一次历史性飞跃的核心理论，标志着作为党的指导思想的毛泽东思想理论体系的最终形成。新民主主义理论是完全符合中国国情、指导中国民主主义革命阶段的理论，是马克思主义普遍原理与中国革命具体实际相结合的完美典型。

三、马克思主义中国化的初步成果

马克思主义中国化，是相对于马克思主义教条化而提出的。20世纪20年代末30年代初，“左”倾教条主义者所犯的错误，主要就在于没有真正地研究中国国情，照搬照抄外国经验。因此，马克思主义中国化，首先强调的就是对于国情的了解。什么是中国国情?它不仅仅指自然地理状况，也不仅仅是社会阶级关系，而是涵盖自然和社会、现实和历史等诸多要素的总和。它包括社会面貌、经济结构、阶级关系、政治斗争、文化教育等方面，还有自然状况、人口构成、民族传统、宗教信仰、历史发展等。要实现马克思主义中国化，就要认识这样复杂的国情，从而在总体上把握中国的社会性质和革命的发展规律。

马克思主义中国化是将马克思主义运用于各民族国家具体实际的必然要求。因此，讲马克思主义中国化，民族的形式和民族的内容是很难割裂的，它要求继承民族的优秀历史文化，创造民族的特殊形式，形成民族的特色风格。中国共产党人在实现马克思主义中国化的过程中，很注重继承民族的优秀历史文化。马克思主义既是

① 《毛泽东选集》第4卷，人民出版社1991年版，第1313页。

意识形态，也是文化形态。作为意识形态，它有其鲜明的阶级性和政治性，是一个完全崭新的世界观；作为文化形态，它有对人类优秀历史文化的继承性和共通性，继承人类文明的优秀成果，与各民族国家的历史文明连接相通。尽管马克思主义属于西方文化，与中华文化有很大差异，但两者都有着博大的吸纳性，使它们能够融合相通、共存共荣。

以毛泽东为代表的中国共产党人，信仰马克思主义，也担当中华文明传承的历史责任。他们用马克思主义“化”中国历史文化的目的，不是对中国旧传统的复归，而是要创造中华民族的新文化，建设一个新社会和新国家。

> 新民主主义的文化，就是人民大众反帝反封建的文化。①
>
> 这种新民主主义的文化是民族的。它是反对帝国主义压迫，主张中华民族的尊严和独立的。②
>
> 对于外国文化，排外主义的方针是错误的，应当尽量吸收进步的外国文化，以为发展中国新文化的借镜；盲目搬用的方针也是错误的，应当以中国人民的实际需要为基础，批判地吸收外国文化。……对于中国古代文化，同样，既不是一概排斥，也不是盲目搬用，而是批判地接收它，以利于推进中国的新文化。③

① 《毛泽东选集》第2卷，人民出版社1991年版，第698页。
② 《毛泽东选集》第2卷，人民出版社1991年版，第706页。
③ 《毛泽东选集》第3卷，人民出版社1991年版，第1083页。

在新社会和新国家里，这个新文化是民族的、科学的、大众的文化。所谓民族的，即是反对帝国主义压迫，坚持中华民族的尊严和独立、带有民族特性的、革命的民族文化。所谓科学的，即是反对一切封建思想和迷信思想，坚持实事求是，坚持理论和实践相统一的文化。所谓大众的，即是民主的，为广大工农群众服务的，并逐渐为他们所掌握的文化。这就是说，新文化不仅有革命的内容——在新民主主义革命时期是新民主主义的内容，在社会主义时期是社会主义的内容，而且还要有民族的形式。这个民族形式的创造，一个重要方面是要通过批判地继承中国历史文化而获得。毛泽东思想是中国共产党创造的民族的、科学的、大众的新文化的高度发展，它“完全是马克思主义的，又完全是中国的”。它使马克思主义从欧洲形式变为中国形式，是马克思主义民族化的优秀典型。

中国是世界的中国，先进的中国人历来都坚持世界眼光，积极吸收人类文明一切优秀成果。1840 年鸦片战争失败后，中国屡遭外国列强欺凌和侵略，先进的中国人为了改变国家命运，不断地向西方国家寻找真理。历经千辛万苦，20 世纪初，经过俄国十月革命的中介，终于找到马克思主义作为改变国家命运的工具。中国共产党以马克思主义做指导思想，正是坚持世界眼光的体现。就马克思主义理论而言，它作为“世界历史”的产物，是从“人类知识的总和”中产生出来的，因而是世界文明的伟大成果。中国共产党人坚持马克思主义中国化，绝不是与世隔绝，脱离世界文明轨道，搞狭隘的民族主义。以毛泽东为代表的中国共产党主要领导人，坚持世界眼光，善于吸收人类文明优秀成果，比较系统地接受了西方近代思想文化的启蒙教育。正由于有了世界眼光，毛泽东才提出了完整的新民主主义革命理论，从而形成了作为马克思主义中国化的伟大理论成果——毛泽东思想的核心理论。《新民主主义论》，明确将中国革命作为世界革命的一部分，是坚持用世界眼光来分析中国革命特点和规律的马克思主义中国化的杰出代表作。

马克思主义刚传到中国，先进的知识分子就将它与工农群众相结合，让马克思主义理论掌握群众，使之成为改造中国的强大物质力量。中国共产党诞生后，致力于宣传马克思主义，既让群众掌握马克思主义，又让马克思主义掌握群众，使广大人民群众创造历史的活动由自发上升为自觉，从而更具主动性和创造性。以毛泽东为主要代表的中国共产党人，让马克思主义理论掌握群众，使之成为改造中国的强大物质力量。主要表现为四个方面。

一是对马克思主义的群众史观作了进一步提升。毛泽东明确指出"人民群众是历史的创造者"，强调"人民，只有人民，才是创造世界历史的动力"[①]，从而规定中国共产党是全心全意为人民服务的政党，它的一切言论行动必须以合乎最广大人民群众的最大利益，为最广大人民群众所拥护为最高标准。二是明确提出有无群众观点，是共产党同其他非无产阶级政党的根本区别，并对群众观点做了精辟概括。刘少奇将毛泽东的群众观点概括为：一切为了人民群众的利益的观点，一切向人民群众负责的观点，相信群众自己解放自己的观点，向人民群众学习的观点。毛泽东系统的群众观点，是党的群众路线理论的全面阐发。三是形成了一整套群众路线的工作方法。"从群众中来，到群众中去"的工作方法，就是宣传群众、组织群

① 《毛泽东选集》第3卷，人民出版社1991年版，第1031页。

众，让马克思主义理论掌握群众，使之成为改造中国的强大物质力量。四是重视马克思主义理论教育，努力将马克思主义通俗化，使之更易于为广大群众所掌握。为此，中国共产党人大力推动马克思主义哲学通俗化、普及化工作，号召广大理论工作者运用通俗易懂的语言，形象生动、深入浅出地说明比较抽象难懂的哲学理论，从而更好地实现物质变精神、精神变物质的飞跃。

马克思、恩格斯创立的马克思主义，是人类思想史上一次空前的理论创新。马克思主义传播到中国后，以毛泽东为主要代表的中国共产党人，通过种种努力使马克思主义理论真正为广大人民群众所掌握，同时，坚持解放思想，不断总结实践经验，实现理论创新，不断推进马克思主义中国化的新进程。

第三章

中华民族精神的近现代重铸

秦汉以降，中国社会每一次社会形态的转换都意味着社会物质生活条件和社会意识的急剧变化，中华民族生存与发展的历史主题也随之产生阶段性的变迁。从历史发展的角度，近现代中国处在中国历史向现代过渡的重要转折阶段，其独特的承上启下的“过渡”特性，使得近现代中国社会发生的变迁显得尤其广泛而又深刻。处于过渡时代的中国社会，各种不同的变迁形式并存互动，在不断改变着中国社会面貌的同时，也重塑了中华民族的精神传统。中华民族的民族精神在不同的历史主题下得到重新洗练，成为一代又一代炎黄子孙砥砺前行的不竭动力。

第一节　民族意识的觉醒和升华

要了解自己必须通过他人。当我们发现自己与他人的差别，就会提出两个问题：“为什么他们是那样的?”以及“为什么我们不是那样的?”由此，我们获得自我认知以及自我反思的镜鉴。自觉的民族意识的产生同样如此。梁启超先生曾说："民族成立之唯一的要素，在'民族意识'之发现与确立"；"何谓民族意识，谓对他而自觉为我。'彼，日本人；我，中国人'，凡遇一他族而立刻有'我中国人'观念浮于其脑际者，此人即中华民族之一员也"①。近代中华民族的民族意识正是在列强围剿之下逐步觉醒，并在反帝反封建的斗争中进一步升华出以爱国主义为核心的民族精神。

一、民族意识与民族精神

民族意识是一种群体的主体意识，是民族成员内心自觉到的共同体意识，是维系民族生存、发展最基本的思想价值观念。民族意识是所有与民族有关的观念形态，诸如民族精神、民族道德、民族文化等的基础。民族意识的产生及其在不同社会场景下的演变是一个复杂的理论问题。我国民族理论学家熊锡元将"民族意识"概括为："第一，它是人民对自己归属于某个民族共同体的意识；第二，在与不同民族交往的关系中，人们对本民族生存、发展、权利、荣辱、得失、安危、利害等等的认识、关切和维护。"② 也就是说，民族意识这种共同体意识，首先是一种社会意识，它同该民族在特定时空中的生存实践密切相关；其次，民族意识虽然存在于个体心理层面，但却并不是纯粹抽象的，它是一个民族群体在长期休戚与共的日常生活实践中逐步形成的；另外，民族意识表达了一个人对自身存在所拥有的身份标识的认同感、归属感、荣誉感，等等，并且

---

① 梁启超：《中国历史上民族之研究》，《饮冰室合集·专集第廿四册》，中华书局 1936 年版，第 1 页。

② 熊锡元：《民族心理与民族意识》，云南大学出版社 1994 年版，第 92 页。

会现实地以个体具体的情绪、情感、意志、信念、认知、行为等方式表现出来。当一个民族共同的生存境遇发生剧烈动荡之时，尤其是面临外在力量的威胁之时，民族意识就会逐步觉醒，并且激发出巨大的民族凝聚力和原动力，催生一系列维护民族存续的观念、意愿以至于行动本身。

精神出于意识层次而又高于意识层次，它是自觉的，也是自为的。如黑格尔在《哲学史讲演录》导言中所说：

> 精神并不仅只是个人的有限的意识，而它自身乃是普遍的具体的精神。这种具体的普遍性包括着它自身一切发展出来的形态和方面，在这些形态和方面里，精神是并且将成为符合理念的对象。所以精神对于它自身的思维的认识，同时就是那充满了发展的全部实在的进展。这种进展并不是通过个人思想，表现在个人意识里面的进展，而乃是具有丰富形态，揭示其自身于世界史中的普遍精神的进展。在这种发展的过程里，理念的某一形态某一阶段在某一民族里得到自觉；而这一民族在这一时间内，只表现这一形式，即在这一形式内它造成它的世界，它造成它的情况。①

民族精神植根于民族的传统文化，凝结于民族意识，或者也可以说，民族意识是民族精神成长的胚胎。民族意识在文明的沧桑中缓慢地累积，在历史的浪潮中得到过滤，在仁人志士的脑海中思考

① ［德］黑格尔：《哲学史讲演录》第一卷，商务印书馆1959年版，第37页。

和提炼，最终在普通民众的心灵中化育成型，并在民族生存发展的特定历史时刻迸发出璀璨的精神之光，这就是民族精神，它是一个民族自觉成长进步的灵魂气质。

民族意识的觉醒和民族精神的凝聚，是中华民族在近代历经暴风骤雨仍然砥砺前行的精神支柱。中国近代史只有短短百年，然而百年间的战争既打破了原来僵硬的地域之分、阶级之别、党派之争，也造就了中华民族共同的历史命运与集体记忆，使得中华民族在短期内达到了空前的团结一致，中华民族以危机意识、自强意识、复兴意识为主要内容的民族意识，经历了从鸦片战争、甲午战争时期的初步觉醒，到五四时期的意识升华，再到抗日战争期间全面高涨的发展历程。近代中国社会的每一场变迁，无不体现着中华民族的民族精神的自觉运动。对于现代中国人而言，那段历史距离我们太近了，近到那些战场的废墟还触手可及，那些先辈洒下的热血犹有余温。虽然百年后的中国大地已经发生了翻天覆地的变化，那些我们自己、我们的父辈或祖父辈的人生记忆却还是清晰而鲜活的，在这些记忆里涌动的民族精神也已经融入我们的骨骼血液，成为我们共有的精神家园，并时时提醒着：我们是谁，我们从何而来，我们要向何处而去。

二、民族意识的初步萌发

早在鸦片战争之前，西学东渐的过程已经随着明末传教士的到来而开启。然而，中国封建王朝历来以华夏文化为正统，对待外来文化一直是拒斥与贬抑的态度，所谓“华夷之别，在于文野”，所以中国传统文化并未因之受到实质性的冲击。清代乾隆时期所编纂的

《四库全书总目提要》对于西学所做的官方评价中认为：中学与西学虽有相近之处，但西学终归只是上不得台面的“异学”，“其致力亦以格物穷理为本，以明体达用为功，与儒学次序略似。特所格之物皆器数之末，而所穷之理又支离神怪而不可诘，是所以为异学耳”①。当时的清政府对待西方的科技文明也相应地采取了仅取其技能而禁绝其学术的态度。此时，作为一个多民族组成的中央集权国家，“中国”一词首先是一个文化认同的概念，而不是一个族群的概念，中华民族还不是一个“自觉”的民族实体。直到晚清时期，除了少数开明的知识分子之外，国人普遍还沉浸在天朝上国的迷梦之中，麻木落后却又妄自尊大，“不知此界外，更有几重天”。既不了解世界，也不能正确认识自身，民族意识混沌未明。

文化自觉是民族意识与民族精神觉醒的重要方面。文化可以决定文明的命运，文明的程度可以影响文化的改变。文化没有高低之分，却有强弱之别。前现代，中国与西方沿着不同的历史轨迹前行，很少发生交集，而在中国与西方的有限的文化交集中，又很难找到平等的话语互动平台。中国人眼中的西方要么是不屑与之为伍的蛮夷草寇，要么是不愿与之交结的洪水猛兽。自鸦片战争之后，列强之强与清政府之弱愈发显明，中国一步一步地沦为半殖民地半封建社会，自然经济形态趋于瓦解，封建专制统治风雨飘摇，中华民族的文化形态也逐步丧失了独立自主发展的经济和政治基础。于是，对自己的传统文化进行反省以及引进外来文化成为近代中国文化转型的开端。围绕要不要学习西方文化、怎样学习西方文化的问题，

---

① 《四库全书总目》上册，中华书局1981年版，第1080页。

洋务派、维新派、资产阶级革命派等各种政治势力在社会政治主张、经济主张以及思想文化主张方面同保守的封建旧文化的代表展开了激烈论战，试图以民族文化精神的自省和自新来寻求实现民族文明的自救与自强。

两次鸦片战争，给中华民族带来了空前的灾难和耻辱。《中英南京条约》签订不久后，“曾闻兵革话承平，几见承平话战争？鹤尽羽书风尽檄，儿谈海国婢谈兵。梦中疏草苍生泪，诗里莺花稗史情。官匪拾遗休学杜，徒惊绛灌汉公卿。”魏源的诗《史感》道尽了鸦片战争后中国社会民生凋敝的状况。战争的惨痛教训深深刺激了中国人，亡国灭种的民族危机与文化危机迫使国人不得不重新思考中国与世界的关系问题，痛定思痛，束缚中国人千百年之久的“夷夏之辨”开始动摇，一批先进的中国人开始觉醒，不再盲目自大，而是睁开双眼直面世界，同时也重新认识自身。面对西方国家不仅具有先进于中国的“夷之长技”，诸如战舰、火器和养兵练兵之法，更有在人才使用、经济发展、社会制度等方面优势的事实，中华民族的危机意识、雪耻自强意识应运而生。以林则徐、魏源、冯桂芬等为代表的近代中国先进知识分子，正视中国封建王朝所存在的各种社会问题，试图从世界的角度思考中国社会的发展道路问题，承认中国落后于他人的严酷事实，但同时又明确指出，国人应该知耻而后勇：“人自不如，尤可耻也，然可耻而有可为也。如耻之，莫如自强。”[①] 主张中国人不能因落后而望洋兴叹、无所作为，应该以落后为耻，树立雪耻

① 冯桂芬：《制洋器议》，中国史学会主编：《戊戌变法》第 1 册，第 29 页。

自强的信心，并且意识到，要改变落后的国家状况，首先应该吸收西方先进的科学技术来抵御外敌侵略，同时要唤起民众的忧国忧民之心，改造落后的国民性，以同仇敌忾。

鸦片战争后，魏源在《海国图志》的序言中指出，“人心之寐患”与“人材之虚患”，是当时清政府的两大弊端，同时也是造成政治衰败和鸦片战争失败的重要因素。他提出如下几点解决方案：其一，将忧患意识与发愤精神看作把国民从蒙昧状态中唤醒的精神推动力，号召国人发愤图强，改变中华民族失败与屈辱的境遇。“凡有血气者所宜愤悱”，“愤与忧，天道所以倾否而之泰也，人心所以违寐而之觉也，人材所以革虚而之实也”。其二，号召国人冲破夜郎自大的心态，强调“必知夷情”以祛除“寐患”。指出从长远来看，要战胜欧洲列强，就要了解他们的实际情况，尤其是学习其先进的科技文化。通过“立译馆，繙夷书”来“刺夷事”、“悉夷情”。《海国图志》正是第一部帮助人们“悉夷情”、认识世界的完整著作。“是书何以作？曰：为以夷攻夷而作，为以夷款夷而作，为师夷长技以制夷而作。”其三，倡导转变学术风气，使学术面向社会现实，关心与国计民生密切相关的经世实学，反对泥古不化的虚腐风气，形成经世致用的学风，以祛除“虚患”。虽然这种学习要求仍限于中体西用的器物层面，但终归是走上了学习其它民族之长以补己之短的正确方向。其四，要求摆脱封建观念对人心的束缚，以对外开放的观念摒弃夷夏之辨，积极引进外国先进的科学文化，把国人的心性从封建隔绝状态中挽救出来。

三、民族意识的普遍觉醒

“吾国四千余年大梦之唤醒，实自甲午战败割台湾，偿二百兆以后始也。”[1] 1894 年中日甲午战争爆发，中华民族陷入空前危机，“山河破碎”、“亡国灭种”，成为当时中国人必须面对的严酷事实。甲午战败给国民心理带来的巨大震撼，促使中华民族的民族意识开始普遍觉醒，而这一时期民族意识的普遍觉醒既体现在众多仁人志士对中华民族历史命运的深刻省思与大声疾呼中，也体现在广大人民群众奋起救亡图存的斗争实践中。

从理论层面来讲，这一时期民族意识的普遍觉醒，集中表现为危机意识的强化和新的民族观念、民族意识的形成。在一批新兴知识分子的探索和推动之下，中华民族这一具有近代意义的民族共同体观念得以形成，并日渐获得全国各族人民的普遍认同。

甲午战争后国民心态的根本转变与“中华民族”观念的提出。国民心态是指在一定社会发展时期，国家成员对社会现实的心理反映，包括认识倾向、情感倾向和行为倾向等。甲午战争失败后，中国社会各阶层在对国家命运前途的忧虑、悲愤之余，也开始对当时的清政府统治普遍产生失望，这种失望的情绪反过来促进了各个不同社会群体民主意识和凝聚力的加强。当《马关条约》签订的消息传到北京，康有为、梁启超发动在京应考的各省举子 1300 多人一起上书请愿，要求光绪帝“下诏鼓天下之气，迁都定天下之本，练兵强天下之势，变法成天下之治”。这场由维新派发动的“公车上书”，痛陈民族危机之重，号召国人“保国、保种、保教”，是一场以强烈的民族忧患意识，力图促使全民族的觉醒，挽救民族危亡，对国人进行爱国救亡的思想启蒙运动，是近代中国知识分子第一次群众性

① 梁启超：《饮冰室合集・专集之六》，中华书局 1989 年版，第 1 页。

的爱国行动。在此推动下，维新变法运动应运而生。维新变法既是一次政治改良运动，同时也是一场爱国救亡的思想解放运动，民族共同体意识在这场运动之后逐步得以凝聚和传播。

梁启超既是中国近代民族主义最为有力的传播者，也是中国近代民族主义话语体系的直接创建者。1901 年，梁启超先生在他的《中国史叙论》一文中首次提出了“中国民族”的观念，他从中国自身发展及其与世界其他国家关系的角度把中国民族的演变分为三个历史阶段：第一，上世史，自黄帝以迄秦之一统，是为中国之中国，即中国民族自发达、自竞争、自团结之时代也；第二，中世史，自秦统一后至清代乾隆之末年，是为亚洲之中国，即中国民族与亚洲各民族交涉、繁赜、竞争最激烈之时代也；第三，近世史，自乾隆末年以至于今日，是为世界之中国，即中国民族合同全亚洲民族与西人交涉、竞争之时代也[①]。其后，他又在《论中国学术思想变迁之大势》一文中，第一次使用了“中华民族”这个词：“齐，海国也。上古时代，我中华民族之有海权思想者，厥惟齐。故于其间产出两种观念焉，一曰国家观；二曰世界观”[②]。在《新民说》中，梁启超进一步提出，国家既由国民构成，国家应以民族主义立国，中国必须藉自己的民族主义去抵御西方帝国主义，“非合吾民族全体之能力，必无从抵制也”[③]。

民族主义在资产阶级民主革命中的发展。19 世纪末，在和西方先进文化接触、走向近代化的过程中，中国的知识分子在精神上遭

① 梁启超：《中国史叙论》，《饮冰室合集·文集之六》，中华书局 1989 年版，第 11—12 页。

② 梁启超：《论中国学术思想变迁之大势》，《饮冰室合集·文集之七》，中华书局 1989 年版，第 21 页。

③ 梁启超：《新民说》，《饮冰室合集·专集之四》，中华书局 1989 年版，第 4 页。

受到了西方文化的巨大震慑，并因此开始质疑自己的文化传统。当国人发现存在着多种而不是一种文化，自己也只是众多“他人”中的一个“他人”而已，天朝大国心态受到了强烈挑战。于是，维护封建统治的反现代化思潮与要求资本主义革新的现代化思潮之间展开了激烈论战。反现代化者对于文化传统近乎偏执的信仰和热爱，在一定程度上重新发掘了中国传统精神文明的价值，但也自觉或不自觉地起到了维护封建统治的作用，其中所带有的虚假自恋的心态阻滞了中国民族文化从传统到近代的顺利转型，民族文化面临更深刻的危机。当民族文化的危机同亡国灭种的危险积聚到一起，强烈的民族主义观念首先在资产阶级民主革命的浪潮中得到了迅速发展。

20 世纪初，中国完全沦为半殖民地半封建社会，在夹缝中求生存的中国民族资本主义企业得到了较快发展，资产阶级和小资产阶级知识分子的队伍随之迅速壮大，资产阶级民主革命思潮迅猛传播。1894 年 11 月，孙中山在檀香山建立了第一个资产阶级革命团体——兴中会，提出“驱除鞑虏，恢复中华”的口号，并进一步将民族主义作为其三民主义思想的重要组成部分。其代表的革命派明确主张：“今日救国存种之策，惟民族主义，乃一线之生机。”[①] 1905 年成立的中国同盟会则将“驱除鞑虏，恢复中华，创立民国，平均地权”作为政治纲领，中国资产阶级民主革命由此进入了一个新的发展阶段，这期间各种爱国社团与学会的活动对于中国近代知识分子群体意识与现代国家意识的培养起到了极大的促进作用。

此时的资产阶级革命家作为一个进步群体，把民族主义看成中

① 郑师渠、史革新主编：《历史视野下的中华民族精神》，广东人民出版社 2014 年版，第 313 页。

华民族摆脱危机、走向独立富强的必由之路，同时开始注重对于民族主义、民族革命等问题的理论阐发，逐步摆脱传统民族观念的狭隘性，吸收西方近代民族理论，从学理上深化近代民族主义的内涵，形成了近代民族观念和民族主义思想，萌发出了民族复兴的观念。

民众的民族意识在反帝反封建斗争中的普遍觉醒。甲午战争后，《马关条约》的签订使得中国的主权和领土完整遭到进一步破坏，巨额的战争赔款更使得中国百姓的生活困苦不堪。面对亡国灭种的危机，上自社会精英，下至普通百姓，民族危机意识空前强烈，以爱国主义为核心的民族主义精神勃发，并转化为广大人民群众救亡图存的热血实践。

中国社会底层的劳动人民是甲午战争恶果的最直接受害者。面对清政府的大肆搜刮，他们强烈不满和极度失望，被迫开始抗捐、抗税、抗租的斗争，并且纷纷加入一些民间宗教或秘密社会组织，反封建斗争遍及全国各地。面对帝国主义侵略者的疯狂掠夺，他们痛恨一切西洋事物，反侵略斗争此起彼伏。其中的义和拳起义在1898年发展为义和团运动，以农民阶级为主力的义和团运动提出了“扶清灭洋”口号，由原来试图“反清复明”转变为“扶清灭洋”，当认识到清政府的反动本质后又转变为“反清灭洋”，掀起了广大中国民众反帝反封建斗争的高潮。虽然义和团运动在帝国主义和封建主义双重夹击下以失败告终，但它朴素的保家卫国的民族意识使得中国人民在帝国主义侵略者面前初步显示出中华民族爱国主义精神的伟大力量。《清议报》在第16册发表的时评文章中说：“夫义和团岂不知寡不适敌众，弱不可敌强哉！然出爱国之心，忍之无可忍，故量万死以一敌八，冀国民之有排外自立之日”[①]。义和团运动展现出了中国社会底层民众思想意识的觉醒，是一场由下层民众为主要力量的爱国主义运动，这场运动沉重地打击了封建帝制，削弱了清王朝的统治力量，大大促进了近代中国人民的民族意识觉醒，使国人开始认识到要打倒帝国主义，必须彻底推翻封建王朝的统治。

四、民族意识的升华与民族精神的高涨

1912年中华民国的成立为两千多年的封建专制制度画上了句点，民主共和的理念渐入人心。中华民国的成立，至少在官方意识形态上确立起了一体化的中华民族的整体形象[②]，使得整个中国社会的风貌为之一新。然而，民国的新政权浸染的还是旧官僚的性质，封建陋习依然比比皆是，中华民国终究未能将中国人带向民主富强和自由解放，中国需要一场真正深入人心的现代思想文化启蒙。是五四运动揭开了中国历史的新篇章，开启了近代文化向现代文化、近代民族精神向现代民族精神的重要转变。五四运动后，爱国主义基调的奠定与民族复兴观念的形成，成为中华现代文明获得新生的标志。

1919年，中国外交在巴黎和会失败，为抗议列强对中国主权的侵害践踏与北洋政府的卖国行径，爱国的青年学生、民众高呼“外争国权，内惩国贼”，发动了声势浩大的五四爱国运动。“在巴黎和会的祸害中，产生了一种令人鼓舞的中国人民的民族觉醒，使得他

① 《义和团有功于中国说》,《义和团档案史料》上册，中华书局1959年版，第30页。

② 1912年，孙中山就任中华民国临时大总统，在其所发布的官方文件《对外宣言书》中首次使用了“中华民族”一词，原文：“今幸义旗轩举，大局垂定，吾中华民国全体，用敢以推翻满清专制政府、建设共和民国，布告于我诸邦……盖吾中华民族和平守法，根于天性，非出于自卫之不得已，决不肯轻启战争。”引自孙中山《对外宣言书》,《孙中山全集》第2卷，中华书局1982年版，第8页。

们为了共同的理想和共同的行动紧密结合在一起。”① 五四运动表现出了中国真正的、积极的民族特性，此时的中国民众历经战乱的磨砺和近代社会教育的洗礼，已经具有全面自觉的民族意识，中华民族的民族意识由此得到了历史性升华，国人对于帝国主义列强本质的认识有了新深化。正如毛泽东在《实践论》中指出的：“中国人民对于帝国主义的认识，第一阶段是表面的感性的认识阶段……第二阶段才进到理性认识的阶段……并看出了帝国主义联合中国买办阶级和封建阶级压榨中国人民大众的实质，这种认识是从一九一九年五四运动前后才开始的。”②

从狭隘民族主义到大民族主义意识的升华。五四运动时期，陈独秀、李大钊初步运用马克思主义学说，揭露帝国主义的本质，呼吁国人反对帝国主义，争取民族独立。1916 年，结束留日生活的李大钊在上海参与筹办进步刊物《晨钟报》，并在创刊号上发表了《〈晨钟〉之使命》一文，作为早期马克思主义者，他在文中首次使用“中华民族”一词，指出中华民族正处于一个新旧交替的历史变革时期，向广大国人尤其是青年人发出了复兴中华民族的思想呼唤：

> 吾人须知吾之国家若民族，所以扬其光华于二十稘之世界者，不在陈腐中华之不死，而在新荣中华之再生；青年所以贡其精神于吾之国家若民族者，不在白发中华之保存，而在青春中华之创造。《晨钟》所以效命于胎孕青春中华之青年之前者，不在惜恋奄奄就木之中华，而在欢迎呱呱坠地之中华。”“期与

① ［美］保罗·芮恩施：《一个美国外交官使华记》，商务印书馆 1982 年版，第 284—285 页。
② 《毛泽东选集》第 1 卷，人民出版社 1991 年版，第 289 页。

我慷慨悲壮之青年，活泼泼地之青年，日日迎黎明之朝气，尽二十稘黎明中当尽之努力，人人奋青春之元气，发新中华青春中应发之曙光……俾吾民族之自我的自觉，自我之民族的自觉，一一彻底，急起直追，勇往奋起，径造自由神前，索我理想之中华，青春之中华。[①]

1917 年，李大钊又在《甲寅》日刊上连续发表《新中华民族主义》和《大亚细亚主义》两篇文章，指出无论从历史文化、血统联系还是从现实的政治条件上说，中华民族都应是满、汉、藏等族一体化的多民族融合的“新中华民族”[②]。1919 年 8 月 4 日，毛泽东在《湘江评论》第 4 号发表《民众的大联合》一文，其中写道：“我们中华民族原有伟大的能力……他日中华民族的改革，将较任何民族为彻底。中华民族的社会，将较任何民族为光明。中华民族的大联合，将较任何地域任何民族而先告功”[③]。

同时期的孙中山，进一步深化了对于民族问题的认识。1919 年，他所写作的《〈战后太平洋问题〉序》、《八年今日》、《三民主义》等文中都使用过“中华民族”一词，把中国境内各民族看作是一个命运共同体。在《三民主义》中，孙中山重新思考了民族主义，对清末排满的革命作出反省，认为，“汉族当牺牲其血统、历史与夫自尊自大之名称，而与满、蒙、回、藏之人民相见于诚，合为一炉而冶之，以成一中华民族之新主义，如美利坚之合黑白数十种之人民，

---

① 李大钊：《〈晨钟〉之使命——青春中华之创造》，《晨钟》创刊号，1916 年 8 月 15 日。
② 《李大钊文集》上册，人民出版社 1984 年版，第 450 页。
③ 《毛泽东早期文稿》，湖南出版社 1995 年版，第 393—394 页。

而冶成一世界之冠之美利坚民族主义”[①]。孙中山认为，新的中华民族应是多民族的团结与融合体。他把抵制和反对帝国主义侵略作为民族主义的任务提了出来，为新三民主义中民族主义的提出奠定了思想基础，也为第一次大革命时期反帝反封建爱国斗争浪潮和争取民族独立运动高潮准备了重要的政治条件。随后，中国国民党和中国共产党先后建党，国共两党都对多民族融合的中华民族做出整体的认同，并积极向各阶层的民众进行宣传渗透。

“中华民族复兴”观念的逐步形成。五四运动之后，中国无产阶级登上了历史舞台，以李大钊为代表的早期马克思主义者不仅提出复兴中华民族的观念，而且为实现这一伟大复兴的目标作出了道路选择，现实地赋予了中国工人阶级及其先锋队中国共产党以领导全中国实现民族解放的任务。1926 年发表的《湖南省第一次农民代表大会宣言》直接喊出了“中华民族解放万岁”的口号。1931 年“九一八”事变后，日本帝国主义吞并东三省。1937 年 7 月 7 日，日军制造卢沟桥事变，发动了旨在灭亡中国的全面侵华战争，中华民族处在生死存亡的关头。这一时期，日本帝国主义的野蛮侵略激发了国人民族复兴的强烈意识，一时间，民族复兴成为中国各抗战团体、各界人士的共同心声和讨论热点。有关民族复兴的一系列重要问题，包括民族复兴的重要性与紧迫性、民族复兴的先决条件和精神基础、民族复兴的途径和前景等成为当时国民密切关注的问题，对鼓舞民心、推动全民抗战发挥了重要作用。

围绕民族复兴问题，一大批救亡刊物相继创刊并展开了宣传讨

---

① 《孙中山全集》第 5 卷，中华书局 1985 年版，第 187—188 页。

论，如北平的《再生杂志》、天津的《评论周报》、上海的《复兴月刊》等，这些复兴言论的广泛传播在客观上起到了推动全民抗战的积极作用。张君劢在《再生》杂志中指出，民族意识与一个民族的强盛与否密切相关，唤醒民族意识是实现民族复兴的精神前提。后来，他又将自己有关民族复兴的一系列文章集结出版为《民族复兴之学术基础》一书，其中包含了较为系统的复兴方案。黄郛在《复兴月刊》的《发刊词》中写道："中国今日，内忧外患，困难重重，物质精神，俱形枯槁，实离总崩溃之时期已在不远。试问吾四万万人同立在此'不沦亡即复兴'之分水岭上，究竟将何以自处？吾敢断言，无男无女，无老无幼，全中国无一人甘沦为亡国之民"。既然没有人选择"沦亡"，那么，中华民族的唯一的出路只能是"复兴"①。

民族精神的全面高涨。"九一八"事变后，抗日民族统一战线建立和全民族抗战局面的形成，进一步增强了各族人民对中华民族整体的认同感。在抗日民族统一战线的感召下，中国各阶层、各族人民团结一致，同仇敌忾，掀起了全民抗战高潮。抗战期间，中华民族的民族意识空前高涨，成为中国人民最终战胜日本法西斯的巨大力量。抗战期间，民族意识高涨的最突出表现是：面对强敌，国人以民族利益为重、国家存亡为上，空前一致地团结，体现出全民族万众一心、共赴国难的坚强意志。中国人的民族意识从未如此强烈，中华民族的凝聚力、向心力发挥到最佳状态。

① 黄郛：《发刊词》，《复兴月刊》第1卷第1期，1932年9月1日。

> 几千年来，中国人所怀抱的观念是天下，是家族，近代西方的民族意识和国家观念，始终没有打入我们老百姓的骨髓。现在，顽敌攻进来的巨炮和重弹轰醒了我们的民族意识……我们从亡国灭种的危机中，开始觉悟了中国民族的整全性和不可分。生则俱生，亡则俱亡，这是民族自觉史的开端，是真正新中国国家的序幕。①

鸦片战争以后的中国，列强的入侵给中华民族带来了巨大的历史灾难。深重的民族危机，激发起中国人的民族危机意识，促进了中华民族的觉醒。民族意识的日益增强、民族自觉的不断升华，最终成为催生近代中国民族解放运动的伟大精神动力。正是依靠这种“热烈的民族意识”，中华各族人民捍卫了祖国的独立和民族的尊严，书写出可歌可泣的历史篇章。

第二节　以爱国主义为核心的民族精神新阐发

中华民族精神根植于中华民族历史的丰厚土壤，并不断随着时代的变化而推陈出新。近代民主主义革命时期，中华各族人民在争取民族独立、国家富强的斗争中，进一步升华发展了爱国救亡、科学民主、开拓自强等精神追求，中华民族精神得到了前所未有的发扬光大。

---

① 晏阳初：《农民抗战的发动》，转引自《历史视野下的中华民族精神》，广东人民出版社 2014 年版，第 318 页。

一、近代“爱国主义”观念的形成

相比古代中国，中华民族精神在近代所面临的最重要问题，就是转变其固有形态，适应时代发展。以“爱国”为例，自古以来，中华民族就有爱国主义精神的历史传统。先秦至明清的千百年间，爱国主义始终维系着中华民族全体成员的意志和信念，是鼓舞中华民族开拓进取的强大精神动力。鸦片战争以后，中国的历史条件发生了翻天覆地的变化，爱国主义在时代动荡、社会变革的熔炉中得以重铸，升华为近代爱国主义，成为鼓舞中国各族人民进行爱国救亡斗争的强大精神力量。

从君主国家观到民主国家观的近代转变。欧洲文化观念中的国家“state”，只有“国”的含义而无“家”的含义，源于古希腊的城邦“polis”，意味着共享权力、共保安全、共担责任的共同体，有地缘意义，也有政治意义。汉语中的“国家”则表明了中国传统社会家国一体的政治文化特征。周礼强调“家国同构”，为“国”与“家”的合一奠定了基础。之后《左转》、《荀子》、《中庸》等春秋战国时期的经典著作都将国视为国家，“国”与“家”渐渐有了一体的含义。家是国的基础，国是家的放大。

中国传统社会组织方式是儒家意识形态与社会政治组织的一体化，儒家思想文化的浸润与两千多年的封建专制统治使得中国人通常把忠君与爱国视同一体。在古代，“天下兴亡，匹夫有责”，“先天下之忧而忧，后天下之乐而乐”，历来是广受赞誉的民族优秀品德。但是，这里所说的国与天下，其最大特点是把国家等同于君主，“君权神授”，君主是国家的代表和化身。因此，中国古代的爱国观，既有对国家民族的热爱，又存在着“君国不分，忠君就是爱国”的思想。中国古代的爱国主义因为受到阶级和历史的局限，对于真正“国”的概念十分淡薄。中国社会步入近代，随着爱国救亡斗争的深化以及西方观念的输入，以“君权至上”为核心内容的国家观受到挑战和冲击。近代仁人志士开始用“民为国本”等新的观念取代“朕即国家”的君权思想，实现了国家观念以及与此相关的爱国主义思想从传统向近代的历史性转变。

戊戌维新运动中，一些维新派思想家引入西方的民权思想，并加以大力宣传，他们重新审视传统的国家观念，“国家”不再被视为君主的“私产”，而是全体国民的“公产”。所谓“国者，斯民之公产也；王侯将相者，通国之公仆隶也”①，“方今急务在兴民权”②，“从知天下为公产，应合民权救我疆”③，“民权兴则国权立，民权灭则国权亡”④。以严复、谭嗣同、康有为、梁启超等为代表的维新派用近代民权思想大胆抨击君权观念，初步阐明了新的国家理念，进而使广大国民逐步在心理上否定传统的君权神授思想。20 世纪初，梁启超在其《爱国论》、《少年中国说》等文章中，围绕国家的构成、主体，以及国民的权利、国与民的关系等问题，阐明了对于国家的看法：“国者何？积民而成也……爱国者何？民自爱其身也。故民权兴则国权兴……言爱国必自兴民权始”⑤，进一步丰富了新的国家观

① 严复：《辟韩》，《严复集》第 1 册，中华书局 1986 年版，第 36 页。

② 谭嗣同：《与徐仁铸书》，《谭嗣同全集》，中华书局 1981 年版，第 270 页。

③ 康有为：《康有为政论集》上册，中华书局 1981 年版，第 242 页。

④ 梁启超：《论中国积弱由于防弊》，《饮冰室合集・文集之一》，中华书局 1989 年版，第 99 页。

⑤ 梁启超：《新民说・爱国论》，转引自《历史视野下的中华民族精神》，广东人民出版社 2014 年版，第 330 页。

念。总体来说，近代知识分子在国家观上逐步达成了这样的共识，即国家的实质在于主权，主权在民而不在君，主权不可侵犯。

近代意义上的爱国主义民族精神的表达。1894 年中日甲午战争的爆发及其引发的空前民族危机，对于激发中华民族的爱国主义具有特殊的意义。“甲午以前，吾国之士夫，忧国难，谈国事者，几绝焉。自中东一役……慷慨爱国之士渐起，谋保国之策者，所在多有……”[①] 甲午战败产生的亡国亡种的危机感，给中国人带来极大震动，国人的爱国情感因民族危机的空前加深而进入了新的阶段。这一时期的维新派积极探索救亡之道，在疾呼救亡图存，用民族危亡唤醒国人的爱国意识、“保国情怀”的同时，提出通过变法改制，学习西方国家发展经济的办法和政治制度，探索强国之道，为近代爱国主义注入实质内容。维新志士们不仅宣扬爱国救亡思想，努力探索变法强国之路，而且舍生忘死参与了戊戌变法的政治实践。为变法而献身的谭嗣同等人，其牺牲个人变法强国的政治理想，成为近代中国弘扬爱国主义精神的典范。

20 世纪初，面对东西方列强的瓜分危机，中国爱国志士把救亡图存同民主共和、民族主权结合在一起，使推翻帝制、建立共和的思想深入人心。不同于严复们的国家观与君主立宪的关联，以孙中山为首的革命派，在充满理想、信念的爱国理念鼓舞下，为救民族于水火，自成立伊始，发动和组织了一系列艰苦卓绝的武装斗争。他们用“创立民国”完全否定了君权，主张实行民主共和制度，建立新型的现代国家，进而用现代化的国家结构，彻底划清了“忠君”

① 梁启超:《饮冰室合集·文集之三》，中华书局 1989 年版，第 67 页。

与“爱国”的界限，成为传统爱国主义升华为近代爱国主义的认识起点。“……使我二十世纪初之中国，进而为世界第一强国，是则吾人之主义：爱国主义。”① 革命党人以“振兴中华”的时代强音，用为国家民族舍身成仁的革命豪情，联合其他进步力量，为实现民族独立和国家富强进行了可歌可泣的斗争。他们对中华民族繁荣富强的未来蓝图的描画，为救国救民披肝沥胆的革命实践，在中华民族的爱国主义史上写下了壮丽的一页。梁启超曾在《中国史之命名》中对中华民国的名称做了详尽的说明：

> 吾人所最惭愧者，莫如我国无国名之一事。寻常通称，或曰诸夏，或曰汉人，或曰唐人，皆朝名也。外人所称，或曰震旦，或曰支那，皆非我所自命之名也。以夏汉唐等名吾史，则戾尊重国民之宗旨，以震旦、支那等名吾史，则失名从主人之公理。曰中国，曰中华，又未免自尊自大，贻讥旁观。虽然，以一姓之朝代而污我国民，不可也。以外人之假定而诬我国民，犹之不可也。于三者俱失之中，万不得已，仍用吾人口头所习惯者，称之曰中国史，虽稍骄泰，然民族之各自尊其国，今世界之通义耳。我同胞苟深察名实，亦未始非唤起精神之一法门也。②

梁启超反对以一家一姓来命名国家，希望建立起真正属于全民的民族国家，表现出热爱这个全民的国家而不是一家一姓的王朝的

① 梁启超：《饮冰室合集·文集之三》，中华书局1989年版，第332页。
② 梁启超：《饮冰室合集·文集之六》，中华书局1989年版，第3页。

近代爱国主义精神。诚然，20世纪初，尽管人们在表达“爱国主义”一词时，更多使用的是“爱国心”、“国魂”、“民魂”等词语，但这一时期，国人已经从君权神授的旧思想中解放出来，国家是每个国民的国家，国家的命运和前途掌握在每个国民的手中。因而，要救国，要兴国，就要国民共同努力，捍卫国家主权和争取国民的民主权利。爱国主义思潮经过传统向近代的转型，使得近代爱国主义精神在民族主义的弘扬和民族救亡的紧迫性中得到了空前的强化，成为近代中国激励人心的一股重要精神力量。

二、现代主体意识的确立与转变

20世纪以来，在爱国主义的推动下，中国人民的主体意识开始觉醒，民族自觉性与时代精神相结合，一场新的思想文化启蒙运动轰轰烈烈地展开。俄国十月革命的炮声之后，共产主义思潮同西方科学主义思潮、民主主义思潮一同涌入中国，东方文化与西方文化、现代文化与传统文化猛烈碰撞。随后，五四运动爆发，学生运动、工人运动、农民运动激荡起伏，马克思主义在中国大地生根发芽，中国共产党成立，作为中国最先进的主体开始发挥历史作用。

在哲学意义上，现代性精神发轫于主体性原则的确立。法国哲学家笛卡儿所提出的“我思故我在”标志着欧洲人主体意识的觉醒。这个观念从思维主体出发，从自我的确定性入手，推证万事万物的确定性。首先，自我的确定性是由纯粹自我意识，即先验理性的自明性来保证的，从这时开始，理性在西方世界逐步取代上帝的位置，成为价值之源和对现存事物批判的标准。其次，把自我从万事万物中抽离出来，在得到一个纯粹思维实体的同时也消解了束缚着个体的传统共同体及其历史文化，也就是说，自我存在与外物无关，当然，这个脱离了自然、社会和历史的自我也相应地具有了一种抽象的自由。

近代中国，主体意识的觉醒则同当时急剧的社会变迁交相呼应，从19世纪末的戊戌变法开始，经辛亥革命到五四运动，知识分子阶层鲜明地走出了一条改造国民性、重构人的精神意识与社会主体地位的道路。首先，以严复、梁启超等人为代表的知识分子在维新变法运动失败后重新思考中国社会发展的问题，开启了一场造就“新民”的思想运动。梁启超认为：“然则苟有新民，何患无新制度、无新政府、无新国家。”[①] “新民”是与传统的“臣民”相对立的范畴，它在伦理道德的意义上否定了旧式的君臣社会关系，使得中国人开始从现代视角思考人作为一个独立个体而不是依附性个体的自主性问题，希望借此传播新的伦理道德观，造就具有新的理想价值观念与行为方式的“新民”。随着辛亥革命的爆发，资产阶级民主主义思想促使“新民”运动向“国民”运动转变，此时的梁启超从伦理道德层面转向社会政治层面，认为“有国家思想能自布政治者，谓之国民”[②]。“国民”着重于对人民的政治思想与能力的解放，然而这种解放要求是当时中国社会现实中大部分阶层和群体根本无法企及的。

五四运动在吸纳和延续新民思想与国民思想的基础上掀起了又一个思想解放浪潮。这是一场旨在“立人”的思想革命，它把对人的主体性的认识推进到了人作为社会主体的认识层面，同时也是一场从封建文化和专制制度深处发起的思想文化批判。李大钊在《由

① 梁启超：《中国沉思——梁启超读本》，内蒙古大学出版社2008年版，第73页。

② 梁启超：《饮冰室合集·文集之四》，中华书局1989年版，第16页。

经济上解释中国近代思想变动的原因》一文中指出："所谓孔子的政治哲学，修身齐家治国平天下，'一以贯之'全是'以修身为本'；又是孔子所谓的修身，不是使人完成他的个性，乃是使人牺牲他的个性。"① 他从文化和社会角度批判了"孔子之道"的不合时宜，以消除旧的"臣民意识"的思想基础。这一时期的知识分子们意识到全体大众的觉醒才是真正中华民族的觉醒，意识到只有警醒大众、发动大众才能拯救国家民族。

三、人民群众主体地位的确立与"人民"概念的价值建构

人类社会大部分时间都处在阶级对立的社会状态中，统治阶级为维护其自身的统治地位，用各种手段愚弄民众，有意识地鼓吹神创历史和英雄创造历史的唯心主义历史观，贬低人民群众的历史作用，以至于长久以来，社会等级尊卑被认为是天经地义，大多数人的存在价值被工具化甚至从根本上虚无化，人们始终站在历史的迷雾中，既难以辨别历史前进的方向，也无法认清自己在社会历史中的真实位置。直到马克思主义的唯物主义历史观面世，人民群众作为社会历史主体与社会历史创造者的地位才得到科学地确认。如恩格斯所说：

如果要去探究那些隐藏在——自觉地或不自觉地，而且往往是不自觉地——历史人物的动机背后并且构成历史的真正的最后动力的动力，那么问题涉及的，与其说是个别人物，即使

① 《李大钊文集》下册，人民出版社 1984 版，第 178 页。

> 是非常杰出的人物的动机，不如说是使广大群众、使整个的民族，并且在每一民族中间又是使整个阶级行动起来的动机。[①]

人民群众是创造历史和推动历史前进的决定性力量，这在中国波澜壮阔的近现代历史发展中得到了具体的例证。在古汉语中，“人民”一词最早出现于春秋战国时期，泛指人类，并无特殊的社会含义与价值指向，后来逐渐用于指称平民百姓。纵观整个中国漫长的封建社会，儒家思想固然有民本主义的思想倾向，但对于普通人民群众的重视更多建立在为阶级统治固本的基础上，君权来自神授或者世袭，民归属于君，统治阶级与被统治阶级、贵族与平民之间的等级体制不容僭越。因而人民群众更主要地被视为帝王将相建功立业的工具，其社会地位低下，本质上如同土地、牛羊一样，只是统治者的附属物。19世纪下半叶，“人民”在汉语中的使用也主要指代一个国家的人口或普通民众。直到清王朝末期，封建统治在帝国主义的疯狂侵略下风雨飘摇，处于社会最底层的人民群众受到封建主义和殖民主义的双重压迫，在苦难中磨砺出最坚定的革命性，并且这种自发的革命精神随着整个民族危机的加重而越发强烈，直到同科学的批判武器相结合，最终升华为自觉的革命行动。

“人民”一词在中国近代的词义转换，最初源于西方政治民主思想的传入。在早期传入的君主立宪思想中，“人民”是在与“统治者”相对立的政治意义上使用的，意指通过契约委以君主国家公共权力的绝大多数人民群众。在这里，人民是国家的构成主体，也是

---

① 《马克思恩格斯选集》第4卷，人民出版社1995年版，第255页。

国家政治权力的主体，“人民”得到了现代性的政治含义。这种思想成为近代中国尝试走君主立宪道路的思想先声。梁启超曾撰文详细论述了政府与人民的关系问题：“天下未有无人民而可称之为国家者，亦未有无政府而可称之为国家者，政府与人民，皆构造国家之要具也。故谓政府为人民所有也不可，谓人民为政府所有也尤不可，盖政府、人民之上，别有所谓人格（人格之义屡见别篇）之国家者，以团之统之。……故构成一完全至善之国家，必以明政府与人民之权限为第一义。”[①] 梁启超还曾经区分了“国民”和“人民”的内涵，认为我国近代的人民缺乏现代政治思想和国民素质，是一个不知道自己权利的驯服的群体。孙中山试图通过建立民国的政治制度将这种现代民主观念付诸实践，以赋予并保障人民具有一定的政治权利。辛亥革命之后，具有现代政治实体意义的“人民”概念在官方文件中的使用频率开始迅速增长。1936 年出版的《辞海》从现代政治民主思想意义上对“人民”概念的内涵做出了正式的界定：“按近世国家学以人民、主权、领土为构成国家三要素。凡取得人民之资格者，则对于其国家有应享之权利，有应负之义务。”[②] 自此，“人民”作为国家政治权利和义务的主体这一内涵开始被广泛接受。广大底层民众通过“人民”概念内涵的转换开始获得一种现代性的政治身份，历史性地担当起反抗民族压迫，建造新型民族国家的重任。

中国共产党人对“人民”内涵的早期价值建构。人民群众是社会物质财富和精神财富的创造者，也是推动社会历史向前发展的决定性力量。人民群众作为推动社会历史向前发展的主体性力量，其

---

① 梁启超：《论政府与人民之权限》，《梁启超全集》，北京出版社 1997 年版，第 881 页。

② 舒新城等主编：《辞海》（1936 年版合订本），中华书局 1948 年版，第 80 页。

历史作用在社会的革命性变革中体现得尤为突出。在近现代中国历史上，随着社会革命运动的全面、深入展开，民众的革命觉悟和集体力量爆发，而中国共产党人在民主革命早期就开始按照唯物主义历史观有意识地建构起“人民”概念的价值内涵。正是由于中国共产党人在历史洪流中始终坚持自觉地运用唯物主义历史观看待人民群众的主体性地位，在中国革命和建设事业中广泛发动人民群众的力量，以人民群众为社会价值的最高指向，使得社会历史规律与人的自觉能动性紧密地结合在一起，才能最终经受住历史的考验，引领时代前进的步伐，在实践中领导中国人民不断走向新的胜利。

早在1922年，李大钊就在文章中通过揭露资产阶级平民政治的虚伪性分析了人民的阶级性、人民的主体性问题，指出普通所说的平民政治，不是真正的平民政治，乃是中产阶级的平民政治。中国共产党人清楚地知道，社会主义道路的开辟只能依靠广大无产阶级民众的力量，毛泽东在《中国革命和中国共产党》一文中总结了新民主主义革命的无产阶级主体属性：“所谓新民主主义的革命，就是在无产阶级领导之下的人民大众的反帝反封建的革命。”[①] 此外，毛泽东认识到，“人民”是一个变动着的历史范畴，随着革命形势的发展与中国社会矛盾的变化，他及时调整“人民”概念的涵盖范围，以团结一切可以团结的力量，孤立和打击反动势力，最大限度地集合并发挥人民大众在革命运动中的主体性力量。

人民这个概念在不同的国家和各个国家的不同的历史时期，

① 《毛泽东选集》第2卷，人民出版社1991年版，第647页。

> 有着不同的内容。拿我国的情况来说，在抗日战争时期，一切抗日的阶级、阶层和社会集团都属于人民的范围，日本帝国主义、汉奸、亲日派都是人民的敌人。在解放战争时期，美帝国主义和它的走狗即官僚资产阶级、地主阶级以及代表这些阶级的国民党反动派，都是人民的敌人；一切反对这些敌人的阶级、阶层和社会集团，都属于人民的范围。在现阶段，在建设社会主义的时期，一切赞成、拥护和参加社会主义建设事业的阶级、阶层和社会集团，都属于人民的范围。[①]

20世纪40年代，在社会主义文化的积极传播和渗透下，“人民”概念所具有的神圣价值意味越发明显。臧克家在诗中写道：“人民是什么？人民是面旗子吗？用到，把它高高举着，用不到了，便把它卷起来。人民是什么？人民是一顶破毡帽吗？需要了，把它顶在头顶上，不需要的时候，把它踏在脚底下。人民是什么？人民是木偶吗？你挑着它，牵着它，叫它动它才动，叫它说话它才说话。人民是什么？人民是一个抽象名词吗？拿它做装璜‘宣言’、‘文告’的字眼，拿它做攻击敌人的矛和维护自己的盾牌。人民是什么？人民是什么？这用不到我来告诉，他们在用行动，作着回答!”[②] 在社会主义文化价值体系中，“人民”不再是一个虚伪的政治幌子，他们是新社会的创造者和主人。正是亿万人民群众的群体性“合力”，汇成了不可阻挡的历史洪流，推动中国社会走上社会主义大道。也正是基于对“人民”概念的价值建构，中国共产党找到了社会主义革命

① 《毛泽东文集》第7卷，人民出版社1999年版，第205页。
② 中国现代文学馆编：《臧克家代表作》，华夏出版社1998年版，第90—91页。

和建设的制胜法宝——群众观点和群众路线，新中国建国后的土地改革运动、人民公社运动等都是“人民”概念的政治实践探索。

总之，“人民”概念在中国共产党领导的革命和建设事业中一直占据着核心的位置，并且成为命名政府行政体制与行政机构的关键词。在共产党人的话语体系中，“人民”不是“国家的人口”，也不是与政府对立的“人民群众”，而是以无产阶级为主体的绝大多数人，他们是国家的主人，是历史的创造者，是社会发展进步的价值标尺。近现代人民观的确立也成为当代社会主义核心价值观建设的基础和指南。

第三节　新民主主义时期的独特精神锻造

五四运动是新民主主义革命的开端，也是中华民族主体意识与主体性现代重建的开端。其中，科学、民主和创新的理念是唤醒民族思想解放的最强音，蕴含了对于现代世界存在方式的一种必然的解答、实然的领悟和应然的设计，这些新的理念融入古老的中华民族精神，进一步彰显了中华民族在新世界潮流面前重建民族文化精神的价值追求。

一、科学精神

人类理性的自觉是通达人的自由、人类自由的必经之路，而理性自觉所引发的最重要的现代成果就是科学的昌明。科学从属于文化范畴，包含物质层面、知识层面和精神层面，它体现着一种特定的文化精神，表达着特定的理想追求、价值准则和行为规范。在《十七世纪英国的科学、技术与社会》一书中，默顿认为："近代科学除了是一种独特的进化中的知识体系，同时也是一种带有独特规范框架的社会体制。"[①] 科学精神是西方文化现代性的表征之一，西方近代启蒙运动在相信社会历史具有不可逆转的进步模式的前提下，倡导以科学理性裁制精神世界，反抗自然对人类生存自由的限制，以天赋人权争取民主、平等、自由的社会权利，反抗社会对个人自由发展的限制，科学精神的启蒙是欧洲资本主义文化对抗宗教文化的最有力武器。

中国古代，主流思想文化重社会政治伦理而轻自然科学探索，重经验直觉而轻理性逻辑，因而在科技发展方面古代技术先发于欧洲而近代科学滞后于欧洲，并且在思想认识方面，科学精神以及科学教育一直处于缺失状态。产生于近代欧洲的"science"（科学）概念，经日本学者西周之手译为汉语的"科学"一词，康有为在 1896 年所编写的《日本书目志》中将这一用法引入国内。20 世纪初开始，"科学"一词逐渐被中国思想文化界广泛接纳，并在书报杂志上流行开来[②]。但中国早期的科学传播仅限于一些西方科学译著，19 世纪的中国人仍将西方科学文化视为不登大雅之堂的微末之说，是手段而

---

① ［美］罗伯特·金·默顿著，范岱年等译：《十七世纪英国的科学、技术与社会》，商务印书馆 2000 年版，第 6 页。该书中，默顿探讨了科学崛起的人文背景，指出了科学活动的价值关联，认为清教同科学一样强调理性和经验，是清教为科学社会化提供了价值基础和科学发展的新动力，为科学注入了所有的价值模式。默顿眼中的科学并不仅仅是一种知识体系，而是内含一种完整的价值体系的文化活动，它"通过这种价值体系与其他文化有着深刻的互动关系，并实现着它的文化价值"。也就是说，科学不仅具有理论上的认识价值和实践上的技术一功利价值，而且具有重要的精神文化价值。

② 参见李双璧《从"格致学"到"科学"：中国近代科学观的演变轨迹》，《贵州社会科学》1995 年第 5 期。

非“大道”。人们只以功利的态度看待科学，并不真正了解科学所代表的精神价值：“他们只知道科学研究所产结果的价值，而不知道科学本身的价值；他们只有数学、几何学、物理学、化学……等等概念，而没有科学的概念。”①

民国初年，一些学者倡导“科学实为救国之第一事”②，把“科学”与“救国”相结合，形成了“科学救国”这一近代爱国主义思潮。“科学救国”思潮不仅把科学技术作为工具，而且开始注重探讨科学意识、科学方法以及科学精神的价值和社会功能，努力尝试将西方科学体制和科学精神进行中国化，认为应该以科学求真务实的精神去除国人驰骛空虚的状况。科学救国思潮的代表人物任鸿隽曾经对科学精神做过比较全面的阐述：“科学精神者何？求真理是已”，“真理之为物，无不在也。科学家之所知者，以事实为基，以试验为稽，以推用为表，以证验为决，而无所容心于已成之教，前人之言。又不特无容心已也，苟已成之教，前人之言，右与吾所见之真理相背者，则虽艰难其身，赴汤蹈火以与之战，至死而不悔，若是者，吾谓之科学精神”③。在科学救国思潮的影响下，民国初期一大批知识分子怀着救亡图存、富国强民的民族责任感投身到科学研究事业之中，为中国科学事业的发展培养和储备了一批重要人才。

与此同时，科学精神的传播也促使人们用理性的目光和科学的态度来认识中国的社会现实，“科学实为开导国人之惟一利器”④，促

---

① 梁启超：《科学精神与东西文化》，《晨报》1922 年 8 月 26 日。

② 康有为：《物质救国论》，《康有为政论集》，中华书局 1981 年版，第 576 页。

③ 樊洪业、张久春：《科学救国之梦——任鸿隽文存》，上海科技教育出版社 2002 年版，第 722 页。

④ 杨铨：《中国科学社中国工程学会联合年会记事》，《科学》1918 年第 5 期。

进了人们对民主自由思想的深入理解，为中国社会文化思想的现代转型奠定了基础。新文化运动期间，陈独秀、钱玄同等人纷纷扛起现代科学的大旗，倡导怀疑批判、求真务实的科学精神，唤醒人们摆脱封建权威的控制，摆脱封建迷信的枷锁。胡适在 1923 年出版的《科学与人生观》序言中指出："这三十年来，有一个名词在国内几乎做到了无上尊严的地位，无论懂与不懂的人，无论守旧和维新的人，都不敢公然对它表示轻视或戏侮的态度。那个名词就是科学。"①

二、民主精神

中国近代的民主思想导源于古代儒家的"民本主义"思想，近代早期林则徐提出的"民惟邦本"思想、谭嗣同提出的"君末民本"② 思想等可谓古代民本主义思想的近代回声。随着西方民主思想的传入和中国民族资本主义的发展，尤其是旨在学习西方先进器物以力保中国封建制度与文化的洋务运动破产之后，原先与君主制度相辅相成的古代朴素民本思想开始动摇，早期资产阶级维新派从洋务派中分化出来，提出了发展资本主义民主政治的主张。如郑观应称赞议院是公议政事之院也。集众思，广众议，用人行，一秉至公，法诚良，意诚美矣。认为君主立宪政体是令"昏暴之君无所施其虐，跋扈之臣无所搜其权"的最好政体。

甲午战争失败之后，以康有为、梁启超、谭嗣同、严复为代表的资产阶级维新派以西方的进化论、民权论等思想理论为武器，进一步充实和发展了早期维新派的民主理论。后来以孙中山、章炳麟、

---

① 胡适：《科学与人生观》，上海亚东图书馆 1923 年版，第 2 页。
② 蔡尚思、方行：《谭嗣同全集》，中华书局 1981 年版，第 339 页。

邹容、陈天华等人为代表的资产阶级革命派也对民主思想尤其是民权学说进行了广泛宣传，他们把民权学说与爱国主义结合起来，以此唤起国民的责任感，为资产阶级革命做广泛的阶级动员，孙中山的三民主义可以说是近代民主思想体系的结晶。在资产阶级民主主义思想的影响下，20世纪初，中国大地掀起了广泛的革命民主运动，如拒法运动、拒俄运动、收回利权运动等。然而，这一时期的民主思潮和民主运动局限于知识分子阶层和上层统治阶级的理想设计和实验，此时的资产阶级革命是不彻底的，社会经济与社会文化思想仍处在封建传统的压制之下，革命民主意识并未真正深入到广大民众的精神层面。如鲁迅先生所塑造的阿Q，代表了辛亥革命时期仍处于封建礼教压制下的部分底层中国民众的典型形象，他们根本不懂何为革命，何为民主，更缺乏基本的国民意识。

辛亥革命的失败警醒了一些有识之士，他们意识到：其一，要实现民主自由，需要在文化层面上辞旧迎新，清除封建专制主义思想传统的影响；其二，普通劳动群众是民主革命的基础力量，他们的觉醒才是中华民族真正的觉醒。1915年，陈独秀在《新青年》创刊词的《敬告青年》一文中鲜明地举起了民主的旗帜："国人而欲脱愚昧时代，羞为浅化之民也，则急起直追，当以科学与人权并重。"① 新文化运动轰轰烈烈地展开，一时之间，倡导和宣传民主的思想理论流行于各种新期刊。新文化运动时期的民主思想凸显了"个性解放"和"民权政治"的内涵，陈独秀在《一九一六年》一文中明确表达了个性解放的民主意蕴："尊重个人独立自主之人格，勿为他人

① 陈独秀：《敬告青年》，《青年杂志》1卷1号，1915年9月15日。

附属品”。“自负为一九一六年之男女青年，其各奋斗以脱离此附属品之地位，以恢复独立自主之人格!”[①] 1918 年，蔡元培在《劳工神圣》一文中提出了“劳工神圣!”的口号，并且界定了劳工包括体力劳动者和脑力劳动者：“我说的劳工，不但是金工、木工，等等，凡是用自己的劳力做有益他人的事业，不管他用的是体力、是脑力，都是劳工。所以农是种植的工；商是转运的工；学校职员、著述家、发明家，是教育的工；我们都是劳工。”[②] 1919 年 7 月，毛泽东在《湘江评论》创刊号发表的《创刊宣言》中宣称：“各种对抗强权的根本主义，为平民主义，宗教的强权、文学的强权、政治的强权、社会的强权、教育的强权、思想的强权、国际的强权，丝毫没有存在的余地。都要借平民主义的高呼，将他打倒。”[③] 1920 年 5 月 1 日，陈独秀在上海船务栈房工界联合会的演说中指出：“世界上是些甚么人最有用、最贵重呢？必有一班糊涂人说皇帝最有用、最贵重，或是说做官的、读书的最有用、最贵重。我以为他们说错了，我以为只有做工的人最有用、最贵重。”[④] “劳工神圣”思想的流行，充分表明五四精神已经走入民间，激发了广大民众高昂的民主热情。

在五四运动的狂飙中，“无论是古是今，是人是鬼，是《三坟》、《五典》，百宋千元，天球河图，金人玉佛，秘制膏丹，全都踏倒他”[⑤]，专制与愚昧的封建旧礼教被打下尘埃，追求“民主”与“科学”的现代文明观念蔚然成风。

---

① 陈独秀：《一九一六年》，《青年杂志》1 卷 5 号，1916 年 1 月 15 日。
② 蔡元培：《劳工神圣》，《新青年》5 卷 5 号，1918 年 11 月 15 日。
③ 毛泽东：《创刊宣言》，《湘江评论》创刊号，1919 年 7 月 14 日。
④ 陈独秀：《劳动者底觉悟》，《新青年》7 卷 6 号，1920 年 5 月 1 日。
⑤ 《鲁迅全集》第 3 卷，人民文学出版社 1956 年版，第 36 页。

三、创新精神

创新是对常规方式机械重复的反叛，包括器物的创造、制度的创造和创造性思维等各个方面。它是人作为主体特有的能力，是人类文明与文化演进的动力。如雅斯贝尔斯所说："其它一切生物的特殊结构都是完善的，都是立即受到限制的，然而人的潜力却毫无止境，他没有获得完美的存在形式，他也永远不可能达到这一步。"① 生命本身即是一种创造物，它总是要超越当下的存在状态，不断开拓生活世界的可能性空间。人类创新能力的发挥会受到环境尤其是包括人文传统和时代精神在内的人文环境的影响和制约。中国20世纪初的新文化运动是一场以爱国主义为基调的政治运动，是一场弘扬科学民主精神的社会运动，同时也是一场改造人文环境以释放人的自由创新精神的思想解放运动。

1895年，严复译介的《天演论》详细介绍了西方近代的进化论思想，在中国思想界风靡一时。近代的知识精英们大多将进化论释读为强调进步力量与竞争意识的思想，并用以引导人们求新思变和发愤图强。梁启超说："物竞天择一语，今世稍有新知识者，类能言之矣。曰优胜劣败，曰适者生存。……故明夫之天演之公理者，必不肯弃自力不用而惟命是从也。"② 章太炎说："物苟有志，强力以与天地竞，此古今万物之所以变。变至于人，遂止不变乎？"③ 在西方进化论思想的激发之下，中华民族"自强不息"的进取精神得到了

---

① ［德］雅斯贝尔斯：《历史的起源和目标》，华夏出版社1989年版，第58页。

② 梁启超：《饮冰室文集》，中华书局1989年版，第14—17页。

③ 《章太炎全集》第3卷，上海人民出版社1984年版，第27页。

升腾。这种进取精神在新文化运动中成为推动国民破除旧文化创造新文化的重要力量。陈独秀在《一九一六年》一文中说："盖人类生活之特色，乃在创造文明耳。"① 他认为"新青年"的时代任务就是努力创新，创新国家、创新社会、创新民族。李大钊也多次号召青年学生除旧布新，以大无畏的精神冲破封建罗网，创造一个新世界："人类的生活，必须时时刻刻拿最大的努力，向最高的理想扩张传衍，流转无穷，把那陈旧的组织、陈腐的机能一一扫荡摧清，另开一种新局面。"② 正是这种开拓创新精神，使得新文化运动由旧民主主义文化运动升华到新民主主义文化运动。1920 年 4 月，陈独秀更明确地指出了新文化运动的实质就是要创新。

> 新文化运动要注重创造的精神。创造就是进化，世界上不断的进化只是不断的创造，离开创造便没有进化了。我们不但对于旧文化不满足，对于新文化也不要满足才好；不但对于东方文化不满足，对于西洋文化也要不满足才好；不满足才有创造的余地。③

五四新文化运动的创新精神体现在打破偶像、革新传统、反对束缚、倡导思想自由等思想观念的创新。当时先进的中国人正是试图用这种新文化精神塑造一批新国民，缔造一个新世界，创造一种新生活。毛泽东对此评价说："五四运动还有和这相联系的反对帝国

① 《陈独秀文章选编》，上海三联书店 1984 年版，第 101 页。
② 《李大钊文集》上册，人民出版社 1984 年版，第 174 页。
③ 《陈独秀文章选编》上册，上海三联书店 1984 年版，第 516 页。

主义的大功绩；这个反对老八股，老教条的斗争，也是它的大功绩。”“五四运动时期还不过是一个开端，要使全国人民完全脱离老八股和老教条主义的统治，还须费很大的气力，还是革命改造路上的一个大工程。”新文化运动由宣传资产阶级民主主义到以传播马克思主义为方向，马克思主义先进思想文化的传播引导中国新民主主义革命取得胜利，并最终推翻了旧的社会制度，建立了崭新的社会制度。张岱年先生说过，“一个没有深厚的文化底蕴和强大的文化竞争力的民族，很难说是一个有希望的民族。”中华民族拥有深厚的文化底蕴，它就像一块丰饶的沃土，滋养着一代又一代中华民族的优秀儿女。而文化的生命力就在于文化的创新能力，在人类文明高速前进的现时代，我们更应该继承新文化运动中所体现出来的创新精神，进一步发展社会主义新文化，提高中华民族文化的世界竞争力。

四、马克思主义对近代中国民族精神的影响

马克思主义理论是人类共同的文化精髓和思想财富。19 世纪末，马克思主义已经成为指导世界无产阶级和广大人民群众谋求自身解放的世界观和方法论，这一预见资本主义文明衰亡的理论在 20 世纪初的两次世界大战期间更是获得了广泛的社会认同。新文化运动中，尤其是五四时期，随着中国工人阶级登上政治舞台，当时中国先进的知识分子如李大钊、陈独秀、李达等人都热情洋溢地对马克思主义作了较为详尽的介绍，包括马克思主义的唯物史观、阶级斗争学说、无产阶级专政理论，等等。马克思主义理论的科学性、阶级性和实践性的品性既契合中国传统文化精神的优秀品质，又适应近现代中国社会发展的时代要求。因而，从鸦片战争到五四运动的七十

多年间，伴随着东西方各种不同文化思潮和社会思潮的跌宕交织，中国社会各阶层在爱国主义精神的感召下探索并尝试实践了多条迥然不同的救国道路，最终还是马克思主义成为代表民族新思想文化发展的主流，社会主义和共产主义成为中国历史和中国人民共同选择的社会发展道路。

20 世纪初的中国社会站在一个向何处去的历史关口。当时中国知识分子大规模引入了包括实用主义、科学主义、人本主义、自由主义、无政府主义等各种西方文化社会思潮，借以批判中国传统文化中的痼疾。在这个过程中，各种思潮相互争鸣甚至是互相攻讦，形成了文化选择上的几次著名的大论战，这在客观上使得人们对西方文化有了更深刻的认识，而不再是一味地赞赏或是反对。一战的爆发也使得中国人在现实面前看到了资本主义文明光鲜表面背后的致命问题，原来盛极一时的资本主义改造和资本主义革命道路显得不再那么具有吸引力了，中华民族需要一种崭新的思想文化力量来激发出它固有的活力。

如丹尼尔·贝尔所说："社会群体鉴别一个政治制度是否合法的依据，是看它的价值取向如何和它们相吻合。"[①] 马克思主义之所以在中国社会扎根，首先是因为它取得了中华民族文化心理层面的价值认同。其一，马克思、恩格斯所设计的未来理想社会蓝图——共产主义社会与中国古代的"大同"社会理想有着异曲同工之处。《礼记·礼运》篇中所描绘的"人不独亲其亲，不独子其子，使老有所终，壮有所用，幼有所长，矜寡孤独废弃者皆有所养"的大道之行

① ［美］丹尼尔·贝尔：《资本主义文化矛盾》，三联书店 1989 年版，第 232 页。

的大同理想社会，本质上表达的就是一种自然经济条件下的原始共产主义追求，而后来的陶渊明、王安石、王夫之、洪秀全、康有为等人也都承继了这种天下为公的思想追求与社会主张。其二，马克思主义的民主理论和群众创造历史的唯物史观在自古就具有民本主义思想萌芽的中国社会更容易引起共鸣。在中国的传统文化中，儒、道、墨、法等诸家均有丰富的民本主义倾向的思想表达，《左传》曰“民之所欲，天必从之”，孟子曰“民为贵，社稷次之，君为轻”，荀子也主张民为邦本、民贵君轻。其三，马克思主义的实践观与中国传统注重经验与务实精神的倾向相契合。中国古代哲学思想中关于知与行的关系有诸多论述，其中有相当一部分表现出注重践行与事功的理论倾向，如荀子说“不闻不若闻之，闻之不若见之，见之不若知之，知之不若行之，学至于行之而止矣”，王充强调要坚持以“效验”这一实践标准来辨别各种认识与言论，“订其真伪，辨其虚实”。到了近代，这种重行动重事功的观点更加突出，如魏源所说的“以实事求实功，以实功从实事”。其四，马克思主义唯物辩证法的哲学思维与中国古代的朴素辩证法思维不谋而合。中国哲学中的朴素唯物主义思想传统源远流长，包括阴阳学说、五行学说、八卦学说等，《易经》作为古代哲学的经典已经孕育着较为完善的辩证逻辑体系，其字里行间都闪耀着辩证法的光芒。马克思主义与中国传统文化在文化精神上的内在相通，使得两种文化之间有了相互融合从而实现文化转型与文化提升的价值基础，促成了中国化的马克思主义文化精神应运而生。

中国文化传统为马克思主义从理论到实践的转换提供了文化土壤，而在半殖民地半封建的近代中国，洋务运动、维新变法运动与辛亥革命的先后失败，使得中国人民更渴望一种既不同于中国封建文化也不同于西方资本主义文化的新的科学理论来指引自己前进的方向，完成反帝反封建的双重任务，改变国家与民族的历史命运。

随着中国产业经济的近代化发展，中国无产阶级作为革命的主体性力量得到了现实的确认。相对于资本主义社会的工人阶级，中国近代工人阶级遭受了更残酷的剥削和压迫，因而其革命精神也更为强烈。美国著名记者斯诺曾说："在这样一个国家里，十到十二岁的童工在晚上时常被关起来，睡在他白天操作的机器之下的破布堆里；人们不必要有锐利的观察力，便可以明白为什么《共产党宣言》会被这个国家的人民奉为圣经。"中国共产党将自己定位为中国工人阶级的先锋队组织，代表着中国最广大的无产阶级的利益和要求，在中国近代特殊的国情背景下，将马克思主义与中国传统文化相结合，创造性地对马克思主义做了民族化与本土化的发展，使其慢慢深入人心，战胜了封建文化和资本主义文化，并发起了轰轰烈烈的新民主主义革命运动。1923 年，在《现代文明的问题与社会主义》一文中，瞿秋白掷地有声地指出："社会主义的文明是热烈的斗争和光明的劳动所能得到的；人类什么时候能从必然世界跃入自由世界，——那是科学的技术文明便能进入艺术的技术文明。那不但是自由的世界，而且还是正义的世界；不但是正义的世界，而且还是真美的世界！"① 当马克思主义同中国无产阶级为主导的新民主主义革命相结合，中国革命的面貌与中国人民的思想面貌都焕然一新。

① 陈崧编：《五四前后东西文化问题论战文选》，中国社会科学出版社 1985 年版，第 565 页。

第四节　中国共产党人对民族精神的发扬光大

诞生于中华民族生死存亡危急时刻的中国共产党，以国家独立、人民解放为己任，继承发扬中华民族爱国主义光荣传统，团结一切可以团结的力量，在长期的革命斗争中，使爱国主义精神进一步发扬光大。

经过新文化运动的洗礼以及俄国十月革命的影响，中国共产党人选择马克思主义作为民族独立、人民解放的思想武器，将爱国主义和为人民服务作为立党的精神支柱。陈独秀、李大钊、毛泽东等中共领导人及无数党员，在拯救国家于水深火热的道路探索过程中，对爱国主义进行了精辟的阐述和总结。毛泽东亲自撰文表彰倡导“鲁迅精神”、“张思德精神”、“白求恩精神”、“愚公精神”，以崭新的内容丰富和发展爱国主义，团结领导全国人民，在爱国主义的旗帜下，为中华民族的独立、解放和振兴进行艰苦卓绝的斗争，创造和培育了催人奋进的“井冈山精神”、“长征精神”、“延安精神”，取得了新民主主义革命的伟大胜利。

一、井冈山精神

1927年大革命失败后，“中国革命往何处去”成为摆在共产党人面前的一个极为尖锐的问题。同年8月，周恩来、贺龙、朱德等发动了南昌起义，开始了“中国革命走武装斗争、夺取政权的道路”的第一步。随后，毛泽东等共产党人领导秋收起义，在湘赣边界的井冈山创建了由中国共产党领导的第一个农村革命根据地，点燃了“工农武装割据”的星星之火。从此，中国革命走上了建立农村根据地，以农村包围城市，最后夺取全国胜利的道路。在血与火的战斗与考验中，中国共产党人以崇高的理想信仰和不怕牺牲的顽强意志，铸就了一种先进的思想、优良的作风及革命精神，这就是井冈山精神。

井冈山是中国共产党领导的红色革命的摇篮，在井冈山斗争中形成的井冈山精神是中国共产党革命精神的源头，这种革命精神是中国传统民族精神的传承，是中国现代民族精神的精华，也是中国当代民族精神的基础。“‘坚定信念、艰苦奋斗，实事求是、敢闯新路，依靠群众、勇于胜利’的井冈山精神所蕴含的多维价值，对树立中国特色社会主义共同理想、发扬党的优良作风、坚持党的思想路线、选择中国特色社会主义道路、改变党的执政方式和执政理念、奠定中国共产党革命精神的基础、熔铸成新的民族精神和时代精神具有重大现实意义。”①

1. 井冈山精神的形成背景

井冈山精神是中国传统民族精神的传承和现时代升华。中华民族在长期的历史融合中形成了以爱国主义为核心的民族精神，这是一种被世代中国人所认同和信守的思想观念和价值取向。2002 年 11 月 8 日，江泽民在中国共产党第十六次全国代表大会上的报告《全面建设小康社会，开创中国特色社会主义事业新局面》中对其进行了充分阐释：“在五千多年的发展中，中华民族形成了以爱国主义为核心的团结统一、爱好和平、勤劳勇敢、自强不息的伟大民族精神。”

① 引自李忠等《论井冈山精神的多维价值》，《科学社会主义》2010 年第 4 期。

而其核心——爱国主义，则是千百年来形成的对于自己祖国挚爱的深厚情感。近代以来，为了民族的独立、解放、发展和强大，一代又一代中华儿女前赴后继，进行了不屈不挠的奋斗。从古代的屈原、文天祥、郑成功到近代的邓世昌、杨靖宇，等等，都是爱国主义精神的现实典型。在爱国主义的砥砺下，民族血液中的那些优秀品质在关键时刻被激发出来，中国共产党人更是在残酷的革命斗争实践中创造性地发扬了它们。中华民族优秀传统与共产主义思想结合在一起的井冈山精神既注入了马克思主义的科学内容，从而超越了中国历史传统中的民族英雄主义，又吸纳了新时代最先进的思想文化成果，达到了无产阶级价值理想的新境界。

井冈山精神是中国革命实践的产物。1927 年，大革命失败，这是一场以工农民众为主体包括民族资产阶级和上层小资产阶级在内的革命联合力量发起的人民革命运动，它的失败一方面使中国共产党的力量遭受重大损失，另一方面也锻炼了各革命阶级，使得中国共产党的先进性凸显出来。中国革命陷入低潮之后，以毛泽东为代表的中国共产党人在关键时刻审时度势，把队伍带上井冈山，革命的火种开始在这里燃烧。1928 年 4 月，朱德和毛泽东领导的工农革命军会师井冈山，军民团结一心，坚定共产主义信念，不怕牺牲，经过连续艰苦的战斗，多次粉碎了国民党的“围剿”，在斗争中创造新局面，唤起更多工农群众投身革命。革命精神是无产阶级世界观的本质表现，是革命队伍战胜一切敌人、克服一切困难的强大精神力量。中国共产党人的革命精神正是从井冈山斗争开始逐步形成了自己较为完备的形态。按照毛泽东在《新民主主义论》中的看法，土地革命战争时期同时也是文化革命的深入时期，民族的、科学的、大众的先进文化正是随着井冈山精神的产生而产生的。井冈山精神是中国共产党成立后最先树立起的一面精神旗帜，是中国共产党创造新文化的重要标志[①]。

井冈山精神是马克思主义与中国具体实际相结合的产物。近现代中国社会是一个农民占绝大多数的半殖民地半封建社会，这一实际特征决定了中国革命道路不同于欧洲革命与俄国革命的特殊性。井冈山道路是以毛泽东为代表的中国共产党人，根据中国具体革命实际所开创的第一条适合中国国情的革命道路，“井冈山道路是马克思主义中国化的伟大开篇”。在井冈山上，毛泽东同志针对具体革命实践，撰写了《中国的红色政权为什么能够存在?》、《井冈山的斗争》、《星星之火，可以燎原》等系列文章，阐明了武装斗争、土地革命、根据地建设三位一体的工农武装割据理论，形成了毛泽东思想的早期成果。在这些早期成果的指导下，井冈山革命根据地率先实行了民主建军，加强了党对军队的领导，并指出了“农村包围城市武装夺取政权”的新方向。“马克思主义者不是算命先生，未来的发展和变化，只应该也只能说出个大的方向，不应该也不可能机械地规定时日。但我所说的中国革命高潮快要到来，决不是如有些人所谓‘有到来之可能’那样完全没有行动意义的、可望而不可即的一种空的东西。它是站在海岸遥望海中已经看得见桅杆尖头了的一只航船，它是立于高山之巅远看东方已见光芒四射喷薄欲出的一轮朝日，它是躁动于母腹中的快要成熟了的一个婴儿”[②]。中国共产党人“不唯上”、“不唯书”，在真正意义上贯彻了“一切从实际出发”

① 参见刘孚威《论井冈山精神》，江西人民出版社 2007 年版，第 271 页。
② 《毛泽东选集》第 1 卷，人民出版社 1991 年版，第 106 页。

的实事求是精神和开拓创新精神。

2. 井冈山精神的内涵与精神实质

井冈山精神是中国革命精神的生长点，包含着革命新思想、新文化、新作风、新道路，具有科学性、引领性、开创性、大众性等社会主义先进文化精神的特性。其精神基础是依靠群众、艰苦奋斗，精神核心是实事求是、敢创新路，精神实质是信念坚定、矢志不渝。

中国共产党建设和发展的初期，党内一直存在着“左”倾和右倾的错误思想。在革命危急时刻，毛泽东既批判了陈独秀的右倾投降主义错误，又反对王明等人的“左”倾机会主义和冒险主义错误，针对中国革命性质、革命对象、革命动力等问题，创造性地走出了一条依靠农村革命根据地和农民群众，以农村包围城市武装夺取政权的革命道路。面对当时井冈山斗争艰苦卓绝的现实情势，中国共产党人领导的革命队伍依靠艰苦奋斗的精神、依靠坚定的共产主义信念、依靠广大人民群众，打开了革命斗争的新局面。经过半年的艰苦奋斗，井冈山周围建起了农会、赤卫队、少先队、妇女会等各式群众革命组织，井冈山革命根据地得到了巩固、发展和壮大，星星之火，有了燎原之势。

中国共产党人的崇高理想是对于实现共产主义这一人类最美好的理想社会的坚定信念。这一信念要成为全体共产党人的组织信念，更要成为全中国人民的共同信念，这样才能唤起人民群众的革命斗争精神，为争取自身解放而不懈努力。井冈山精神的实质就在于对共产主义理想信念的坚定信仰。秋收起义失败后，毛泽东领导的起义部队损失惨重，士气受到严重影响，一部分人几乎丧失了革命信念，而人民群众最初对于这支革命力量也没什么特殊的感情。为此，毛泽东及时对部队进行了整编，确立了“党指挥枪”的原则，确保把党的信念和意愿融合入军队的作战思想，同时在组织原则上贯彻了官兵平等的民主原则，整肃队伍的组织纪律，密切官兵关系和军民关系，“经过政治教育，红军士兵都有了阶级觉悟……都知道是为了自己和工农阶级而作战”①。与此同时，中国共产党人深入农村和农民中间进行调查研究，关心群众、依靠群众、服务群众，从农民根本利益出发进行土地革命。从根本上说，马克思主义、共产主义能够被中国人民所接受，因为其能够最大限度地代表中华民族、中国人民群众的根本利益。

在井冈山精神中，实事求是，敢闯新路是核心。马克思主义理论是指导世界无产阶级革命的具有普遍性的科学理论，但任何科学理论都不能脱离具体实际当作教条。理论本身是晦涩的，现实却处在活生生的流变之中。大革命的失败就是革命理论与革命实际相脱离所产生的直接恶果。以毛泽东为代表的中国共产党人所开辟的井冈山革命根据地，是一种适应中国具体国情的崭新实践探索。这个探索的核心在于一个“闯”字。“闯”，不是缺乏理智不顾一切的横冲直撞，而是在实事求是地调查和分析实际情况之后找到的一条真正切合自身的新路。正如邓小平同志所指出的：“中国革命为什么能取得胜利？就是以毛泽东同志为首的中国共产党人，独立思考，把马列主义的普遍原理同中国的具体情况相结合，找到了适合中国情况的革命道路、形式和方法。”②

① 《毛泽东选集》第1卷，人民出版社1991年版，第64页。
② 《邓小平文选》第3卷，人民出版社1993年版，第27页。

3. 井冈山精神的发展及其当代意义

井冈山精神是特定时代的产物，却拥有超越特定时代的精神辐射力。自其形成之日起，就在中国革命和建设的不同历史时期被赋予一系列新的精神凝聚和价值指向功能，逐步汇聚了各个时代的风格烙印。1965年，七十二岁的毛泽东重上井冈山，写下了那首脍炙人口的《水调歌头·重上井冈山》。

久有凌云志，重上井冈山。千里来寻故地，旧貌变新颜。到处莺歌燕舞，更有潺潺流水，高路入云端。过了黄洋界，险处不须看。

风雷动，旌旗奋，是人寰。三十八年过去，弹指一挥间。可上九天揽月，可下五洋捉鳖，谈笑凯歌还。世上无难事，只要肯登攀。

其时，毛泽东语重心长地对陪同的干部说："今天井冈山各方面比起36年前大不相同了……我相信，井冈山将来还会变得更好、更神气。但我劝大家日子好过了，艰苦奋斗的精神不要丢了，井冈山的革命精神不要丢了。"[①] 这里，既展现了社会主义建设过程中变化了的井冈山，同时也展现了中国人民始终不变的自强精神、奋斗精神。在那个艰苦的革命建设年代，井冈山精神演化出独立自主、自力更生、艰苦奋斗、自强不息的精神，伴随中国人民度过了那段艰难的国际环境和国内环境。

---

① 赵赓：《1965年毛泽东重上井冈山》，中国共产党新闻网，2013年2月27日。

1972年，邓小平偕夫人卓琳访问了井冈山等革命老区，他在参观茅坪时指出，“井冈山精神是宝贵的，应当发扬。”1993年胡锦涛同志初步概括了井冈山精神的内涵，在新的历史条件下，发扬井冈山精神尤其要弘扬以下三个方面：第一，实事求是、敢闯新路的精神；第二，矢志不移、百折不挠的精神；第三，艰苦奋斗、勇于奉献的精神。2001年，江泽民同志对井冈山精神做出了“坚定信念、艰苦奋斗，实事求是、敢创新路，依靠群众、勇于胜利”① 的经典概括。

习近平总书记曾分别在2006年、2008年和2016年先后三上井冈山。2016年春节，他登临井冈山进行实地考察调研，看望山村群众。考察期间，习近平强调指出：“井冈山是中国革命的摇篮。井冈山时期留给我们最为宝贵的财富，就是跨越时空的井冈山精神。今天，我们要结合新的时代条件，坚持坚定执着追理想、实事求是闯新路、艰苦奋斗攻难关、依靠群众求胜利，让井冈山精神放射出新的时代光芒。每一名党员、干部特别是各级领导干部，都要把理想信念作为照亮前路的灯、把准航向的舵，转化为对奋斗目标的执着追求、对本职工作的不懈进取、对高尚情操的笃定坚持、对艰难险阻的勇于担当；都要一切从实际出发，解放思想、开拓进取，善于用改革的思路和办法解决前进中的各种问题；都要保持艰苦奋斗本色，不丢勤俭节约的传统美德，不丢廉洁奉公的高尚操守，逢事想在前面、干在实处，关键时刻坚决顶起自己该顶的那片天；都要认真践行党的宗旨，努力提高宣传群众、组织群众、服务群众的能力

① 《江泽民指出：深入基层为百姓办实事好事》，《人民日报》2001年6月4日。

和水平。”[①] 在这里，习近平同志发出了把时代的最强音同井冈山精神结合在一起的要求，新时代的新发展理念需要继续发扬革命精神来实现。

井冈山革命根据地是中国革命史上的伟大创举，井冈山精神则是中国工农红军创立并维持其发展壮大的重要支柱。井冈山精神凝结着中国共产党人和工农红军对祖国和人民的深切热爱，他们坚信，只有经过革命斗争，才能推翻国内外反动势力的统治。井冈山精神表现出的最主要特点是创建农村革命根据地，探索农村包围城市的革命道路。因此，井冈山精神成为以后中国革命发展历程中各种革命精神的源头。

二、长征精神

1934 年 10 月，在紧迫的革命局势促动下，中国共产党领导中央红军主力 86000 余人，从瑞金、古城向西转移，开始了著名的战略大转移——长征。二万五千里的漫漫长征路铸造了一个军事史上的奇迹，也铸造了一个人类精神史上的奇迹，中华民族不屈不挠的奋斗精神在长征中表现得淋漓尽致。中国工农红军以英勇无畏的战斗精神，战胜了无数敌人和苦难，用鲜血和生命走完了史无前例、震惊世界的伟大征程，谱写了一部革命英雄主义的壮丽史诗，铸就了伟大的长征精神。长征精神是中国共产党人和人民军队革命风范的生动反映，它既是中国革命历史传统的延伸，又具有浓郁的时代气息，拥有非凡的影响力、号召力和感染力，给炎黄子孙和世界人民留下了宝贵的精神遗产。

---

① 《习近平江西行纪实：登临井冈山看望山村群众》，《江西日报》2016 年 2 月 4 日。

1. 长征精神的形成

1934年10月至1936年10月两年间，红军第一、第二、第四和第二十五军在中国共产党领导下，爬雪山，过草地，进行了艰苦卓绝的万里长征。红军将士粉碎围追堵截，克服艰难险阻，其历时之长，行程之远，路途之艰险，与敌作战之激烈，在人类战争史上罕见。1935年12月27日，毛泽东在陕北瓦窑堡党的活动分子会议上，总结并高度评价了红军长征的重大精神价值："……长征是历史纪录上的第一次，长征是宣言书，长征是宣传队，长征是播种机……它散布了许多种子在十一个省内，发芽、长叶、开花、结果，将来是会有收获的。"[①] 1935年10月，共产国际第七次世界代表大会在莫斯科召开，陈云在大会报告中揭示了长征传奇面纱背后的真实轮廓，指出了红军长征胜利的原因在于："我们战士大无畏的英雄主义和我们红军的团结一致"，"我们拥有一支真正富有自我牺牲精神、英勇无畏、为实现共产国际总路线而斗争的干部队伍"，我们"正确对待群众和得到群众的支持"[②]。1936年10月，周恩来在陕北大会师时最早提出了"长征精神"这一概念，指出"我们一刻也不能丢掉长征精神"[③]。老一辈无产阶级革命家是长征精神的见证者，更是长征精神的主要缔造者。美国记者埃德加·斯诺也曾以一个外国人的视角真诚地赞叹红军长征中表现出来的无可比拟的吃苦耐劳、无私的忠诚和从不承认失败的不屈不挠精神。

---

① 《毛泽东选集》第1卷，人民出版社1991年版，第149—150页。

② 陈云：《在共产国际执行委员会书记处会议上关于红军长征和遵义会议情况的报告》（原俄文记录稿标题为《共产国际执行委员会书记处会议史平同志的报告》——编者注），《党的文献》2001年第4期。

③ 韩振峰：《中国共产党人对长征精神的概括凝练》，《光明日报》2016年11月23日。

2. 长征精神的基本内涵

红军长征犹如一部革命英雄主义的长篇史诗，长征精神中包含着整个人类精神中令人震撼的力量和价值，是中华民族精神在革命斗争中充分表现出来的自觉、自信与自强。长征精神具有十分丰富的内涵，胡锦涛同志概括说："长征精神，就是把全国人民和中华民族的根本利益看得高于一切，坚定革命的理想和信念，坚信正义事业必然胜利的精神；就是为了救国救民，不怕任何艰难险阻，不惜付出一切的牺牲精神；就是坚持独立自主、实事求是，一切从实际出发的精神；就是顾全大局、严守纪律、紧密团结的精神；就是紧紧依靠人民群众，同人民群众生死相依、患难与共、艰苦奋斗的精神。长征精神，是中国共产党人和人民军队革命风范的生动反映，是中华民族自强不息民族品格的集中展示，是以爱国主义为核心的民族精神的最高体现。"① 对于长征精神，艰苦卓绝是其表征，百折不挠是其底蕴，团结进取是其中坚，实事求是为其内核。

艰苦卓绝，百折不挠。长征途中，行军条件的恶劣、物质供给的匮乏，加之敌人的围追堵截，只靠两只脚跋涉二万余里的红军，其艰难困苦程度旷世罕见。毛泽东回忆长征时也说道："从前红军长征过草地的时候，有五十天没有饭吃，吃树皮，这只有共产党能做到，别人是做不到的。"② 在这种极端恶劣的条件下，支撑红军的是坚强的革命意志和为实现理想百折不回的革命精神。正是凭借这样的革命意志和革命精神，凭借共产主义信念这一强大的精神支柱，中国共产党领导红军突破敌人的重围，创造了一番革命新天地。

---

① 胡锦涛：《在纪念红军长征胜利70周年大会上的讲话》，2006年10月22日。

② 《毛泽东文集》第2卷，人民出版社1993年版，第193页。

实事求是，团结进取。长征的胜利是党的实事求是、一切从实际出发思想路线的胜利。长征开始时，中共中央主要负责人不顾实际情况所制订的战略计划致使红军遭受惨重损失。毛泽东、周恩来等人坚持实事求是、一切从实际出发重新制订了西征计划，并且根据实际情况，中途几次及时转变战略，灵活机动地制定行动方针，不畏艰难险阻，以超强的勇气和超前的智慧保留了革命的有生力量，跳出敌人的包围圈。长征是在中国革命具体实践过程中遵循实事求是、一切从实际出发思想路线的典范。在艰难险阻面前，红军将士展现出了不怕牺牲、团结互助的崇高品德，昭示出中华民族优秀儿女为成就民族大业不惜自我牺牲的集体主义精神。

3. 长征精神与中国社会主义建设

新中国成立前夕，毛泽东在中国共产党七届二中全会上指出："夺取全国胜利，这只是万里长征走完了第一步。如果这一步也值得骄傲，那是比较渺小的，更值得骄傲的还在后头。在过了几十年之后来看中国人民民主革命的胜利，就会使人们感觉那好像只是一出长剧的一个短小的序幕。剧是必须从序幕开始的，但序幕还不是高潮。中国的革命是伟大的，但革命以后的路程更长，工作更伟大，更艰苦。"[①] 所以，长征只是一个开端，长征精神作为中国革命精神的标识必然成为整个社会主义建设时期推动中华民族锐意进取的强大精神力量。

2016 年 7 月，习近平同志参观三军会师纪念馆，指出：我们党领导的红军长征，谱写了豪情万丈的英雄史诗。伟大的长征精神是

① 《毛泽东选集》第 4 卷，人民出版社 1991 年版，第 1438 页。

中国共产党人革命风范的生动反映，我们要不断结合新的实际传承好、弘扬好。推进中国特色社会主义事业的新长征要持续接力、长期进行，我们每代人都要走好自己的长征路。红军长征创造了中外历史的奇迹。革命理想高于天，不怕牺牲、排除万难去争取胜利，面对形形色色的敌人决一死战、克敌制胜，这些都是长征精神的内涵。我们要继承和弘扬好伟大的长征精神。有了这样的精神，没有什么克服不了的困难。我们完全有信心有决心有恒心实现中华民族伟大复兴的中国梦①。

红军长征已经过去八十多年，当前我们面临的是新时期的新长征——为实现中华民族伟大复兴的中国梦而长征。中华民族的伟大复兴需要的就是中国红军在长征中表现出来的伟大精神力量。始终坚定革命信念，不怕任何艰难险阻，这是长征精神最突出的特征，也是它留给当前社会主义建设最宝贵的精神财富。

三、延安精神

延安是中国革命的圣地。1935 年 10 月，中共中央和中国工农红军陕甘支队到达延安，从 1935 年到 1948 年的十三年间，以毛泽东为首的中共中央在这里领导、指挥了抗日战争和解放战争，为创建中华人民共和国奠定了坚实的基础，孕育了催人奋进的延安精神。20 世纪三四十年代，面对日军和国民党顽固派的双重夹击，经历了长征艰苦战斗风雨洗礼的中国共产党及其武装力量，在思想上、政治上进一步成熟，确立了以毛泽东为核心的党中央的领导，科学总结

① 《习近平宁夏考察第一天：长征永远在路上》，《人民日报》2016 年 7 月 19 日。

正反两面经验，开展思想整风，成功推进了马克思主义中国化。毛泽东的许多重要著作，如《实践论》、《矛盾论》、《新民主主义论》、《论联合政府》等，都是在延安时期完成的，毛泽东思想在这一时期逐渐成熟并正式写在了党的旗帜上。延安时期是中国共产党力量大充实、革命事业大发展、革命文化大繁荣、革命人才大荟萃的时期，延安精神是中国共产党在这一时期形成并发展起来的党魂。

1. 延安精神的形成

延安精神是中国共产党最宝贵的精神财富。延安精神的形成有其重要的思想理论基础和现实基础，其中的现实基础包括现实的自然环境、政治环境、社会环境和实践环境。

延安精神的思想理论基础。马克思主义中国化的第一大理论成果——毛泽东思想，是延安精神的思想理论基础。遵义会议后，共产国际减少了对中国革命进程的直接指导，毛泽东在党内的领导地位得到确立，他总结大革命以来的经验教训，更清晰地看到了中国革命的规律。同时，抗战时期复杂多变的国内国际局势也在客观上为共产党人积累了处理现实问题的丰富经验和教训。延安时期，毛泽东思想已初步成型并逐步成熟，通过《实践论》、《矛盾论》、《论持久战》、《在延安文艺座谈会上的讲话》、《中国革命和中国共产党》等系列文章，毛泽东揭示了中国革命的特殊规律，构建了马克思主义中国化的第一个理论范本——毛泽东思想。实事求是、群众路线、独立自主作为毛泽东思想活的灵魂已经确立起来，中国共产党开始按照中国的国情领导红军队伍走具有中国特色的革命道路。中共七大，毛泽东思想被确定为全党的指导思想。延安精神是伴随毛泽东思想走向成熟的阶段而逐步形成的，它是中国共产党自井冈山精神、长征精神之后优秀革命精神持续传承的结果，同时也是毛泽东思想重要内涵的精神闪现，是马克思主义同中国革命相结合而孕育成长起来的中国革命精神。

延安精神的社会基础。当年，延安独特的社会政治生态环境使得其在中国革命事业中占据独特地位，延安时期的社会政治、经济、军事及文化环境为延安精神的形成提供了客观条件。1935 年瓦窑堡会议的召开使得党在新的历史时期将要到来时掌握了政治上的主动权，成熟起来的中国共产党从当时的实际情况出发，创造性地开展起各项工作。1936 年西安事变的和平解决促成了抗日民族统一战线的正式形成，中国共产党的合法地位得到了承认。1938 年毛泽东发表《论持久战》，科学阐述了抗日战争的规律和胜利道路。在毛泽东军事思想的指挥下，抗战士气受到极大鼓舞，随后的平型关大捷、百团大战直至抗战胜利，不仅捍卫了中国国家主权，也进一步促进了中华民族精神的成长和中华民族的团结。1939 年，马克思主义吸引了千千万万进步青年奔赴延安。印度援华医生柯棣华说：“信仰的力量是巨大的，在黑暗的岁月里生活的中国人，特别是青年，终于从共产党人身上找到了希望，看到了光明。”这些进步青年为根据地建设注入了新的生机和活力。1941 年八路军三五九旅屯垦南泥湾。三五九旅战士发扬自力更生、艰苦奋斗的精神，在短短三年内将南泥湾变成了“陕北的好江南”。随后，以“发展经济，保障供给”为总方针，解放区开展了大生产运动，巩固了根据地经济与社会稳定，保障了敌后抗日根据地的物质供给。1946 年解放战争初期，陕甘宁边区开展生产与减租，之后又进行了土地改革，从根本上废除了边区范围内的封建及半封建土地制度，削弱了农村封建势力，得到广大农民群众的支持与拥护，极大提高了军民保卫解放区的积极性。此外，中国人民抗日军政大学、鲁迅文艺学院的建立以及毛泽东在抗大与在延安文艺座谈会上的系列讲话精神，使得延安精神获得了丰饶的文化艺术土壤。

2. 延安精神的基本内容

抗大精神、张思德精神、整风精神以及南泥湾精神是延安精神的重要组成部分，是延安精神的“原生形态”。

抗大精神。为培养大批推动抗战的干部和骨干，延安时期组建了中国人民抗日军政大学，以革命理论、军事理论为主要内容，边学习、边战斗、边生产，总结出一套适应抗战需要，富有中国民族特色的革命教育理论。“抗大”秉承“团结、紧张、严肃、活泼”的校训，坚持“坚定不移的政治方向，艰苦奋斗的工作作风，机动灵活的战略战术”，形成了崭新的学风和校风。这些“抗大精神”连同中国共产党实事求是、艰苦奋斗、联系群众、批评和自我批评等优良作风，构成延安精神的精华，成为代表中国未来和希望的时代新风。

张思德精神。1944 年 9 月，中央警卫团战士张思德为抢时间挖新窑多烧炭，遇到炭窑垮塌不幸牺牲。毛泽东在张思德烈士追悼会上宣读了以《为人民服务》为题的悼词：“我们的共产党和共产党所领导的八路军、新四军，是革命的队伍。我们这个队伍完全是为着解放人民的，是彻底地为人民的利益工作的。张思德同志就是我们这个队伍中的一个同志……”在《为人民服务》中，毛泽东以张思德精神为例，阐述了为人民利益而牺牲的重大意义，同时提出了中国共产党的立党之本——“为人民服务”。“为人民服务”在中共七大被确立为党和军队的唯一宗旨。

整风精神。从 1941 年到 1945 年，中国共产党党内开展了一场“反对主观主义、反对宗派主义、反对党八股”的马列主义教育运动——“延安整风运动”，对学风、党风、文风进行了大整顿。整风精神，就是解放思想、实事求是的精神，就是认真开展批评与自我批评的精神，就是坚持真理、修正错误的精神，就是与时俱进、勇于创新的精神。在整风运动中，全党的思想理论水平得到了提高，马克思主义的思想路线在全党确立起来，党在思想上、政治上、组织上达到了空前的统一和团结。

南泥湾精神。延安时期，为克服因为封锁而造成的物资匮乏，中共中央及时发出“自己动手，丰衣足食”的号召，指出克服根据地困难的唯一出路是“自己动手”，并从人类历史发展的高度强调发扬自力更生精神的深远意义，动员全体党政军民，开展大生产运动，涌现出把南泥湾改造成“陕北好江南”的先进典型，形成了“自力更生、艰苦创业，同心同德、团结奋斗”的“南泥湾精神”。1943 年 10 月，毛主席视察南泥湾讲话时说：“困难，并不是不可征服的怪物，大家动手征服它，它就低头了。大家自力更生，吃的、穿的、用的都有了。目前我们没有外援，假定将来有了外援，也还是要以自力更生为主。”

延安精神是中国共产党人在革命年代形成的一整套革命经验和优良作风，是在中国共产党领导下以延安为中心的各根据地、各解放区军民体现出来的革命精神的总汇。《中共中央在延安十三年简史》一书中，将延安精神概括为：坚持马克思主义，实事求是、解放思想、理论联系实际、一切从实际出发，在实践中检验和发展真理的思想路线；全心全意为人民服务，同群众同甘苦，保持密切联系，一切为了群众，一切依靠群众，从群众中来，到群众中去的根本宗旨；自力更生，艰苦奋斗，独立自主，锐意进取；批评与自我批评，勇于坚持真理；维护团结与统一，坚持民主集中制的组织原则[①]。

3. 延安精神的时代意义

延安精神不但在中国革命时期发挥了重要作用，在社会主义现代化建设事业以及实现中华民族伟大复兴的事业中仍然具有不可或缺的作用。延安精神是马克思主义中国化所产生的精神成果，为当前中国共产党继承和发展马克思主义提供了历史经验。延安精神是当前爱国主义教育的重要教材，是改善社会不良风气，凝聚中国精神，建设社会主义核心价值体系的重要精神给养。延安精神是中国共产党的党魂，是当前加强党风建设、推进民主政治、实践群众路线的范本。延安精神蕴含的是中国共产党人科学、民主的、革命的思维方式、价值取向和行为规范，无论在历史上还是在现时代以至未来，都闪耀着不可磨灭的光辉。

2002年，江泽民同志在陕西考察工作时指出，延安精神就是“坚定正确的政治方向，解放思想、实事求是的思想路线，全心全意为人民服务的根本宗旨，自力更生、艰苦奋斗的创业精神”。2006年，胡锦涛同志在看望延安老区人民时指出，延安精神是党的性质和宗旨的集中体现，是党的优良传统和作风的集中体现，是中国共产党人崇高品德和伟大情怀的集中体现。2015年春节，习近平在延安考察时强调：我们党是一个具有长期奋斗历史和优良革命传统的

① 申沛昌、任学岭主编：《中共中央在延安十三年简史》，中央文献出版社2007年版，第314页。

党，也是一个紧跟时代步伐、善于与时俱进的党。党的建设必须坚持继承和创新相结合，结合时代条件发扬党的光荣传统和优良作风。老一辈革命家和老一代共产党人在延安时期留下的优良传统和作风，培育形成的延安精神，是我们党的宝贵精神财富。今天，全面从严治党要继续从延安精神中汲取力量。要把抓理想信念贯穿始终，提高辩证思维、系统思维能力，保持党同人民群众的血肉联系，始终为党和人民事业艰苦奋斗、不懈奋斗。弘扬延安精神，对于推进中国特色社会主义事业、实现中华民族伟大复兴具有重要意义。

井冈山精神、长征精神、延安精神是中国共产党人对鸦片战争以来反帝反封建斗争的优良传统的继承，是中国共产党领导中国人民在开展新民主主义革命过程中锻造出的独具特色的精神财富。在长达二十八年的艰苦奋斗历程中，中华民族世代相传的爱国主义精神在中国共产党人身上得到继承并发扬光大。“中国共产党人，是最坚定、最彻底的爱国者。中国共产党的爱国主义，是中华民族、中国人民爱国主义的最高风范。”①

四、抗战精神

2014 年 7 月 7 日，习近平在纪念抗战七十七周年仪式上首次代表中共中央正式提出“抗战精神”的概念。历时十四年之久的抗日战争是自鸦片战争以来百年间中国人民第一次取得完全胜利的民族解放战争，是中华民族从衰败走向复兴，中国民族解放和民主革命走向胜利的重要转折。中国人民抗日战争的胜利，得益于国际反法

① 江泽民：《努力开创社会主义精神文明建设的新局面》，《十四大以来重要文献选编（下）》，中央文献出版社 2011 年版，第 165 页。

西斯力量的支持与援助，更得益于抗战精神的激励和鼓舞。

1. 抗战精神的形成

抗战时期，中华民族的精神，在日本侵华过程中逐渐被激发而形成，并随着日本侵略的扩大和加深而逐渐深化。1931 年“九一八”事变，全国上下掀起了规模空前的反日浪潮。中国共产党人高举爱国主义旗帜，号召全国同胞停止内战，一致抗日。1937 年 9 月，抗日民族统一战线的建立，对于动员形成全民抗战形势起到了关键作用。在伟大的抗日战争中，中华民族空前觉醒，万众一心，同仇敌忾，民族精神召唤中国人民全力以赴投入抗战洪流，成为鼓舞全民抗战的力量源泉。抗战精神是中华民族精神的又一次觉醒与重塑。

中国共产党对民族统一战线的核心凝聚力量是抗战精神生成的根本。中国共产党是抗日战争取得胜利的坚强领导核心，始终指引着抗日战争的正确方向。从战争初期，中国共产党就注重广泛发起思想动员，号召广大群众团结抗战，赢得了群众阵地，建立起了最广泛的革命统一战线。“九一八”事变后，东北沦陷，华北危机，短时间内激起了全国人民的爱国抗日高潮。不仅仅是爱国官兵，还包括知识分子、青年学生以及各种党派团体，都一致发出了共赴国难、抗日救国的声音。正是在这种救亡的危机感与强烈的爱国主义情怀推动下，中华民族各阶层找到了最基本的自我身份认同，决心携起手来团结抗战。

抗战期间，日军曾经集中侵华主力对中共领导的抗日根据地进行疯狂“扫荡”，妄图以“三光”政策彻底摧毁抗日根据地。国民党顽固派也对解放区实行军事包围和经济封锁，部分汉奸配合日寇进攻解放区，分裂抗日阵营。天灾人祸致使解放区军民的生存步履维艰。在这样恶劣的条件下，中国共产党发扬艰苦奋斗不屈不挠的精神，坚定地带领广大群众冲破重重困难，抗战到底。中国共产党制定了一系列文化方针，在解放区、国统区和沦陷区大力开展文艺救亡运动，宣传抗战文化，鼓舞了全国军民的抗战士气。《黄河大合唱》、《在太行山上》等大批抗日救亡歌曲响彻大江南北，“保卫家乡、保卫黄河、保卫华北、保卫全中国”的歌词与韵律在抗战中激励着每一个爱国者保家卫国的前进步伐。

中国共产党在抗战时期的群众动员与教育为抗战胜利奠定了重要的基础，是抗战精神形成的重要条件。“抗日以前，没有抗日的政治动员，这是中国的大缺陷，已经输了敌人一着。抗日以后，政治动员也非常之不普遍，更不说深入。”而一旦“动员了全国的老百姓，就造成了陷敌于灭顶之灾的汪洋大海”①。中国共产党从政治、经济、军事、文化等方面开展的动员激发了广大群众的民族情怀，掀起了“全民族抗战”的热潮，中华民族在抗战中呈现出崭新的民族精神面貌。

2. 抗战精神的内容

关于抗战精神的内容，近二十年来，我国学者从不同角度进行深入探讨，主要观点包括：抗战精神“就是实事求是的精神；就是团结统一的精神；就是革命的创造精神；就是不怕牺牲和无私奉献的精神；就是自力更生、艰苦奋斗的精神；就是愚公移山的精神”②；抗战精神即“争取国家独立、民族解放的爱国主义精神；追求和平、民主、自由、平等的民族奋斗精神；自尊、自信、自立、自强的民

① 《毛泽东选集》第2卷，人民出版社1991年版，第480页。

② 师迎详、李君才：《论抗战精神》，《兰州大学学报》（社会科学版）1995年第3期。

族坚韧精神；百折不挠、勇于胜利的民族战斗精神；万众一心、同舟共济的民族团结精神；英勇无畏、敢于献身的民族奉献精神；互援互助、共御仇寇的国际主义精神”①；抗战精神即“万众一心，团结御辱；百折不挠，不怕牺牲；艰苦奋斗，敢于战胜困难；抗战到底，争取胜利”②；抗战精神即“天下兴亡、匹夫有责的爱国精神；万众一心、共御外侮的大局意识；百折不挠、越挫越勇的必胜信念；不畏强暴、血战到底的英雄气概”③；抗战精神是“以实事求是、民族团结、兵民为本、艰苦奋斗、持久必胜的革命精神构成的有机整体，核心是实事求是的思想路线”④；抗战精神是“中国共产党在艰苦卓绝的抗日战争实践中、在马克思主义理论熏陶下、在继承和发扬中国优秀传统文化基础上逐步形成的，其内涵可概括为实事求是的务实精神是其首要内容；爱国主义精神是其灵魂与主线；自力更生、艰苦奋斗精神是其根本立足点；全心全意为人民服务精神是其落脚点与归宿”⑤，等等。

抗战精神内涵丰富，取之不竭，是抗战胜利的强大精神支柱，同时也是中国革命最宝贵的精神财富。抗战精神进一步继承和发展了中华民族的优秀精神传统。首先，民族自信心得以重建。1936 年，毛泽东指出，日本帝国主义侵略者是中华民族最大的敌人，中国人应该团结起来，一致对外，“有力出力，有钱出钱，有枪出枪，有知识出知识，以一当十，是我精神，以十当一，是我实力。中华民族

① 龙立军：《论抗战精神及其时代意义》，《楚雄师范学院学报》2005 年第 6 期。

② 中共河南省委党史研究室编：《伟大的抗战精神》，中共党史出版社 2006 年版，第 54—56 页。

③ 危兆盖：《论抗战精神》，《中州学刊》2005 年第 5 期。

④ 陈邵桂：《简论中华民族在抗日战争时期形成的抗战精神》，《邵阳师专学报》1996 年第 1 期。

⑤ 张士海、吴敏先：《论中国共产党人的抗战精神》，《理论学刊》2008 年第 8 期。

之不亡，日本帝国主义之必倒，胜败之数，不辩自明”[①]。这是一个抗战号召也是对抗战必胜的民族自信心的一种宣示。

其次，发扬了艰苦奋斗精神。抗战时期，在反动派的经济封锁和帝国主义的疯狂扫荡下，中国共产党领导的抗日根据地面临人力、物力、财力匮乏的严峻考验。中国共产党在广大农村地区动员开展了大生产运动，包括部队、学校、农民在内的根据地军民团结奋斗，有效缓解了根据地的经济困难，弘扬了中华民族传统的艰苦奋斗作风。1938 年，毛泽东曾经对陕北公学毕业生指出，中国青年要继承“永久奋斗”的革命传统，要肩负起解放中华民族的重任，勇往直前不懈努力地为新中国的建设贡献力量。“抗日战争的征途上困难还很多，你们要下一个更大的决心——不怕任何艰难困苦向前迈进的决心”[②]。

再次，发扬了民族团结精神。在外族侵略面前，民族利益高于一切。1937 年的洛川会议上，中共中央制定了抗战时期的基本政治、军事方针，阐明了把抗日战争发展为全国、全民族的抗战是夺取抗战胜利的关键所在。此后，共产党人组织战地动员委员会发动群众，展开了一场众志成城的全民抗战，陷敌人于人民战争的汪洋大海。毛泽东在《论联合政府》中指出：“正是这个战争，锻炼了中国人民。这个战争促进中国人民的觉悟和团结的程度，是近百年来中国人民的一切伟大的斗争没有一次比得上的。”[③]

最后，发扬了中华民族自强不息精神和开拓进取精神。为改变

① 《毛泽东文集》第 1 卷，人民出版社 1993 年版，第 383 页。
② 《毛泽东文集》第 2 卷，人民出版社 1993 年版，第 119 页。
③ 《毛泽东选集》第 3 卷，人民出版社 1991 年版，第 1032 页。

国民的封建意识和奴化意识，动员国民发扬自强不息精神，中共中央于1939年4月5日、26日、27日先后发出《关于国民精神总动员的指示》《为开展国民精神总动员运动告全党同志书》和《关于国民精神总动员的第二次指示》，号召全国各界先进人士以各种方式和手段进行国民精神总动员。除了报刊宣传和成立抗日团体外，文艺宣传也发挥了重要作用。部队中开展了大规模的演唱运动；农村中编排了大量宣传抗日与生产劳动的群众演艺活动。群众的民族意识被唤起，群众的革命热情和革命创造力在抗战中得到了充分发挥。

3. 抗战精神的特征

中华民族在抗战时期体现出的民族精神具有鲜明的时代特征，一是舍身为国的牺牲精神，一是同仇敌忾的团结精神[①]。抗日战争中，中国各族人民为拯救祖国的危亡，地不分南北，人不分老幼，前赴后继，舍身为国。壮烈殉国的杨靖宇烈士，挽臂投江的抗联女战士，毅然跳崖的狼牙山五壮士……集中体现了革命军人杀敌报国、不畏牺牲的牺牲精神。著名的平型关大捷、百团大战、全连殉国的刘老庄战斗……是我军指战员英勇顽强、无所畏惧的战斗精神的最高表现。“八路军、新四军的英雄主义，是新英雄主义，革命的英雄主义，群众的英雄主义……它视革命的利益高于一切，对革命事业有高度的责任心和积极性，以革命之忧而忧，以革命之乐而乐，赤胆忠心，终身为革命事业而奋斗……为了革命利益的需要，不仅可以牺牲自己的某些利益，而且可以毫不犹豫贡献出自己的生命。”[②]

---

① 郑师渠、史革新：《历史视野下的民族精神》，广东人民出版社2014年版，第358页。

② 朱德：《八路军新四军的英雄主义》，《朱德选集》，人民出版社1983年版，第116—118页。

抗日战争期间，中华民族团结在全民抗日统一战线的旗帜下，各阶层各民族实现了前所未有的大团结，万众一心，同仇敌忾，打响了一场拯救祖国危亡、炎黄子孙人人有责的伟大民族解放战争。在抗战期间，分布在广袤神州大地的少数民族，组织的各种抗日团体遍布全国，成为抗战的重要力量。抗战中参加的少数民族之多，地域之广，斗争之坚决，远远超出鸦片战争以来历次对外自卫战争。全国抗战爆发后，宗教界爱国人士，纷纷声讨日本帝国主义的侵略罪行，成立了救国会等救亡组织，参加抗日宣传、救护等工作。随着战势的进一步扩展，全国各阶层人民纷纷出钱出力通过各种方式支持抗战。居住在海外的华侨，通过为将士募捐、抵制日货等活动，筹集大量物资，以各种形式支持参加祖国的抗战事业。国民党军队和中国共产党领导的抗日军队，分别担任着正面战场和敌后战场的作战任务，形成了共同抗击日本侵略的战略态势。整个中华民族，上下一致，同心同德，众志成城，共赴国难，为捍卫民族生存、拯救祖国危亡，同呼吸、共命运，在中华民族史上谱写了惊天动地的辉煌精神篇章。

习近平指出，抗战精神是克服一切艰难险阻的精神动力：“在中国人民抗日战争的壮阔进程中，形成了伟大的抗战精神，中国人民向世界展示了天下兴亡、匹夫有责的爱国情怀，视死如归、宁死不屈的民族气节，不畏强暴、血战到底的英雄气概，百折不挠、坚忍不拔的必胜信念。伟大的抗战精神，是中国人民弥足珍贵的精神财富，永远是激励中国人民克服一切艰难险阻、为实现中华民族伟大复兴而奋斗的强大精神动力。”[①] 抗战精神是传统中华民族精神与时代特色相结合产生的中国现代民族精神，是中华民族的凝聚力和战斗力的精神源泉，是当代中国实现伟大复兴“中国梦”的精神基础。

① 习近平：《抗战精神是克服一切艰难险阻的精神动力》，人民网 2015 年 9 月 1 日。

第四章

社会主义精神的时代彰显

中国有着五千多年的文明史，但人民当家做主，真正成为国家、社会和自己命运的主人，却是在新中国成立以后才成为现实。1949年10月1日，中华人民共和国的成立，标志着中国历史从此翻开了新的篇章，新民主主义革命基本结束，中华民族进入了崭新的社会主义新时代。

新中国的成立，彻底结束了近代中国一盘散沙的局面，实现了国家的高度统一和各民族的空前团结。中国共产党作为执政党，把实现由新民主主义向社会主义的转变作为首要任务，领导人民为实现国家繁荣富强和人民共同富裕不懈探索，创造了前所未有的辉煌业绩。国家的经济实力、国防实力、科技实力明显增强，工业、农业、国防和科学技术领域的许多方面进入了世界先进行列，为中华民族的伟大复兴奠定了良好的物质基础。

社会主义事业创生了社会主义精神。在社会主义精神的引领下，社会主义事业蓬勃发展，经济实力和综合国力显著增强，社会主义文化日益繁荣。中国共产党人坚持马克思主义的指导地位，用爱国主义、集体主义、社会主义教育人民，大力推进社会主义精神文明建设。社会主义精神作为一面最鲜明、亮丽的旗帜，成为这一时期中国人的核心价值和精神追求，并在其后的六十多年里，深入千家万户，植根每一个中国人的心中。

第一节　独立自主、自力更生

独立自主，即自己做自己的主人，不依赖别人的力量而生存；自力更生，即依靠自己的力量自我发展。近代英国经济学家沃尔特·白哲特有一句名言：坚强的信念能赢得强者的心，并使他们变得更坚强。“独立自主、自力更生”的社会主义精神就是中华民族在社会主义道路上昂首阔步展现出来的强者之心，自尊、自信与自强是其精神底蕴。

一、独立自主、自力更生精神的形成

自古以来，独立自主、自力更生就是中华民族的立国之本和坚不可摧的精神力量。在这一精神力量的鼓舞下，中国作为人类文明的发祥地之一，在几千年的历史进程中，文化传统始终独立自主地绵延发展。近代中国，虽屡遭列强欺辱，全国各族人民仍矢志不渝，坚持独立自主的百年抗争。抗战时期，中国共产党明确指出，无论何时何地中国都应以自力更生为基本立脚点，坚信中国依靠自力更生，完全应该并且能够战胜日本侵略者。新中国成立后，以毛泽东为代表的中国共产党人，积极探索适合中国国情的社会主义建设道路，独立自主的精神传统得到新的体现和发展。

社会主义道路开拓的现实需要。马克思恩格斯为我们提供了建设未来共产主义社会的科学原则，俄国革命和苏维埃政权为我们提供了缔造社会主义国家的借鉴。然而，中国的社会主义建设既不能把马克思主义当教条，也不能以经验主义的思维照搬照抄别国的模式，中国的社会主义并没有现成的道路可走。

马克思主义的社会主义、共产主义理论是在批判空想社会主义的基础上，综合人类一切文明成果与时俱进而形成的。马克思、恩格斯运用辩证唯物主义和历史唯物主义的世界观揭示了当代资本主义经济运行的规律以至整个人类社会发展的规律，从而得出了科学社会主义的理论结论。科学社会主义的基本原则给予我们的是社会主义的本质和价值，而不是社会主义的具体实现道路。马克思、恩格斯的科学社会主义是一种科学的理论模型，但决不是可以拿来即用的现成的实践模式。“我们的理论是发展的理论，而不是必须背得烂熟并机械地加以重复的教条”①，“在我看来，马克思的历史理论是任何坚定不移和始终一贯的策略的基本条件；为了找到这种策略，需要的只是把这一理论应用于本国的经济条件和政治条件”②，“要使社会主义变为科学，就必须首先把它置于现实基础上”③。科学社会主义基本原则的运用要以物质实践状况为导向，一切以时间、地点、条件为转移，这也是马克思主义理论的科学性与实践性相统一的基本特征决定的。

“现实基础”就是不断变化着的客观实际状况。新中国建设社会

① 《马克思恩格斯选集》第4卷，人民出版社1995年版，第681页。
② 《马克思恩格斯全集》第36卷，人民出版社1975年版，第301页。
③ 《马克思恩格斯选集》第3卷，人民出版社1995年版，第416页。

主义的“现实基础”就是解放后一穷二白的国情与周遭意识形态对抗中的复杂世界局势，这个现实基础同马克思恩格斯在科学社会主义理论中所预示的那个社会主义的现实基础迥然不同，同俄国十月革命所缔造的苏维埃国家政权的现实基础也天差地别。要在这样的现实基础上建设社会主义，必然要求中国人民发扬独立自主、自力更生的精神，用具有中国现实特色的新的视角、新的理念、新的经验来丰富和发展马克思主义。理论的创新需要以主人翁精神进行实践并对新的实践经验加以总结，同时以批判的态度对过往的人类文明成果加以扬弃。离开了这两者，社会主义只会陷入新的空想。而主人翁的精神与批判的态度体现出的正是一种独立自主的精神。

新中国的特殊国情与外部环境的需要。旧中国是一个半封建半殖民地的农业大国，政治、经济与文化观念都处于落后状态，复杂的内外环境交互作用，形成了错综复杂的客观局势。在反帝反封建的时代主题下，国家的独立、民主和富强一直是近代中国人的梦想。在这一共同梦想的激励下，以毛泽东为代表的中国共产党人根据中国社会实际，坚决反对各种形式的教条主义和经验主义的错误，领导中国革命取得胜利并选择了社会主义制度。然而这个社会主义是遭受封建势力千年压迫基础上的社会主义，是遭受帝国主义百年掠夺基础上的社会主义，是遭受军阀官僚几十年盘剥基础上的社会主义。

建国初期，中国红色政权仍处在外国敌对势力的封锁之下，他们试图通过在外交和对外贸易等方面的包围封锁把社会主义新中国扼杀在摇篮中；军事上，解放战争尚未根本结束，而国民党政府的残余势力又成为社会的不安定因素；经济上，旧中国的工农业生产力水平低下，连年战争的荼毒可谓雪上加霜，农业、轻工业等生产人民生活必需品的生产部门的生产能力已经远低于战前水平，交通运输业也在战争中遭受极大破坏；社会上的一些投机商以及一些民主人士对中国共产党的执政能力持怀疑态度，一些不法投机商趁火打劫大肆哄抬物价，破坏经济发展，对抗人民政权。此外，1949 年发生了自 1931 年以来最严重的自然灾害，全国受灾面积一亿亩以上，灾民约四千万，受灾地区人民要生产自救也需要政府救济，已遭国民党官僚掏空的政府财政更加难以为继。总之，新中国建立在一片千疮百孔的战争废墟上，旧山河需重头收拾，国民经济亟待恢复。①

客观地说，刚刚起步的中国社会主义建设得益于苏联的支持和帮助，得益于对苏联社会主义建设经验的借鉴，从而在短期内迅速恢复并稳定了国民经济，完成了社会主义改造，为接下来的社会主义建设准备了坚实的经济基础和政治基础。然而，苏联社会主义建设的主要弊端——高度集中的计划经济体制也在此时烙印在了中国社会主义建设的进程之中。在“向苏联老大哥学习”的热潮中，“苏联的今天就是中国的明天”成为全党全国人民的共识，如毛泽东所说，“因为我们没有经验，在经济建设方面，我们只得照抄苏联……这在当时是完全必要的，同时又是一个缺点，缺乏创造性，缺乏独立自主的能力”②。苏联的大党主义和大国主义立场既损害了当时包括中国在内的社会主义阵营国家的民族自尊心，也使得这些国家在简单移植苏联模式社会主义道路的进程中遭遇了各种困难。

随着国际国内形势的变化、苏联自身社会主义建设的转折，以

① 参见陈夕《156 项工程与中国工业的现代化》，《党的文献》1999 年第 5 期。
② 《毛泽东文集》第 8 卷，人民出版社 1999 年版，第 305 页。

及苏联大国沙文主义倾向的逐步显露，中苏在对社会主义的认识问题上发生了重大分歧。中国逐步脱离了苏联的社会主义阵营，成为新兴的争取民族解放、民族独立的第三世界力量的中坚，在坚持马克思列宁主义、毛泽东思想与社会主义道路的前提下，开始独立探索社会主义建设的中国道路。

毛泽东思想鲜明民族品格的体现。独立自主、自力更生的精神是中华民族传统精神的现代展现，是适合中国实际国情的时代精神，同时也是毛泽东思想活的灵魂，体现了毛泽东思想鲜明的民族品格："我们中华民族有同自己的敌人血战到底的气概，有在自力更生基础上兴复旧物的决心，有自立于世界民族之林的能力。"[①] 强烈的民族自尊心、自信心是中国共产党人独立自主地开辟中国社会主义革命和建设道路的强大推动力。

独立自主的基本思想，即从中国实际出发，找出适合中国国情的前进道路，并依靠中国人民自己的力量实现奋斗目标。1958 年 6 月，毛泽东明确提出："自力更生为主，争取外援为辅，破除迷信，独立自主地干工业、干农业、干技术革命和文化革命，打倒奴隶思想，埋葬教条主义，认真学习外国的好经验，也一定研究外国的坏经验——引以为戒，这就是我们的路线。"[②] 从此，独立自主作为一条基本方针路线被应用到社会主义建设的各条战线。

政治上，毛泽东主张建立适合中国国情的人民民主专政的政治体制和共产党领导下的多党合作与政治协商制度。在国家结构形式上，为维护国家统一和民族团结，采取单一制下的民族区域自治制

---

① 《毛泽东著作选读》上册，人民出版社 1986 年版，第 86 页。
② 《毛泽东文集》第 7 卷，人民出版社 1999 年版，第 380 页。

度。这些政治体制的确立，符合中国的具体社会实际，丰富了无产阶级政权的具体组织形式，保障了社会主义事业的顺利开展。经济上，为在物质基础上实现民族自立，毛泽东提出走中国式的社会主义工业化道路，要求主要依靠中国自己的人力、物力和财力，建立部门完整协调的、独立的、现代化的工业体系和国民经济体系，反对资本主义道路，也不主张完全照搬苏联的经济建设模式。这里的独立自主、自力更生并非封闭排外，而是根据中国实际有选择地吸收外来文明成果，形成自己独立的具有民族特色的东西。毛泽东指出：

> 我们的方针是，一切民族、一切国家的长处都要学，政治、经济、科学、技术、文学、艺术的一切真正好的东西都要学。①
>
> 应该学习外国的长处，来整理中国的，创造出中国自己的、有独特的民族风格的东西。这样道理才能讲通，也才不会丧失民族信心。②

外交上，毛泽东一直以独立自主、自力更生的精神坚持民族独立，捍卫国家主权，新中国成立初期的"打扫干净屋子再请客"，"另起炉灶"和"一边倒"的外交政策都从不同侧面体现了毛泽东领导下的中国共产党在处理同资本主义国家与社会主义国家关系方面的独立自主精神，反对大国主义和大党主义倾向。万隆会议上"互相尊重主权和领土完整、互不侵犯、互不干涉内政、平等互利、和

① 《毛泽东文集》第 7 卷，人民出版社 1999 年版，第 41 页。
② 《毛泽东著作选读》下册，人民出版社 1986 年版，第 753 页。

平共处”五项原则的提出，开创了国际社会处理国家间关系的基本准则。“建国以前和建国以后，在党和毛泽东同志领导下，无论遇到什么样的困难，我们都没有动摇过独立自主、自力更生的决心，没有在任何外来的压力面前屈服，表现了中国共产党、中国各族人民的大无畏的英雄气概。”①

毛泽东领导的中国社会主义建设虽然在某些方面留下了沉痛的历史教训，但其独立自主、自力更生地探索和开拓社会主义道路的精神，无疑是一笔宝贵的精神财富。对于当前中国改革开放事业和中华民族伟大复兴事业而言，这笔财富不但要继承，还必须要持久地发扬下去。在新的时代条件下坚持独立自主、自力更生，把民族精神和时代精神有机融合，走出一条具有中国特色的自主创新的社会主义道路。

二、社会主义建设初期的精神典范

新中国成立后，为摆脱“一穷二白”的落后面貌，中国人民在共产党领导下，本着自力更生的决心和意志，以主人翁姿态，积极投身社会主义革命和建设。这一时期，中华民族的革命精神与建设精神紧密结合在一起，中国最普通的人民群众展现出了作为共和国主人着手建设自己家园时的高涨热情。他们战胜了许多难以克服的困难，在工业、农业、国防、科技等各条战线上，涌现出一大批自力更生、艰苦奋斗的时代英雄。

以孟泰为代表的劳模精神。劳模是新中国的时代领跑者，他们

---

① 《关于建国以来党的若干历史问题的决议》，人民出版社 1983 年版，第 58 页。

不仅创造社会物质财富，而且创造社会精神财富，代表着一个时代的价值观、道德观和精神风貌。孟泰、郝建秀、时传祥等人是新中国第一代劳动模范，他们坚持在平凡的岗位做出不平凡的业绩，不怕脏不怕累，爱岗敬职，艰苦创业，以一种对事业不求回报和全身心为他人为社会付出的奉献精神，生动展现了社会主义时代精神的内涵。

以孟泰精神为例，在解放初期物质极端匮乏的条件下，孟泰带领工人兄弟们以艰苦奋斗勤俭节约的精神到陈冰积雪的废旧矿区抠器件，扒铁堆，把四处翻捡来的各种器材和零件加工整理，创建了一个小备用品仓库——“孟泰仓库”，凭借这样的仓库，鞍钢最早修复的三座高炉没花国家一分钱。抗美援朝时期，美国飞机在边境狂轰乱炸，为保护厂房设备，孟泰爱岗敬业，无私奉献，日夜守护在高炉旁，用自己的身体护卫高炉，用自己的心血浇灌钢铁事业。中苏关系恶化后，原本科技基础薄弱的中国企业又失去了技术外援，孟泰等人组织技术骨干自力更生，迎难而上，发挥自主创新精神，协作进行技术公关，成功解决了多项技术难题，并通过技术革新和发明为国家节约了大量能源。勤俭节约、吃苦耐劳、爱岗敬业、心系国家、大公无私、不计名利，是孟泰精神的主要品质。

1950 年，第一次全国劳动模范代表大会召开。毛泽东称赞劳模“是全中华民族的模范人物，是推动各方面事业前进的骨干，是人民政府的可靠支柱和人民政府联系广大群众的桥梁”[①]。1956 年，全国先进生产者代表会议上，刘少奇指出：“先进生产者是人类经济生活

① 《毛泽东选集》第 5 卷，人民出版社 1977 年版，第 30 页。

向前发展的先驱，也是社会历史向前发展的先驱。”[①] 1999 年，庆祝“五一”国际劳动节大会上，胡锦涛指出：“广大劳模的先进思想和优秀品质，充分展示了中华民族的伟大精神，昭示着我们时代前进的方向，是全社会的宝贵精神财富。”2000 年，在全国劳动模范和先进工作者表彰大会上，江泽民指出：“全国劳动模范和先进工作者是建设社会主义物质文明和精神文明的先锋，他们的思想和行动，体现了中国工人阶级的高贵品格，他们不愧为我们民族的精英、国家的脊梁、社会的中坚和人民的楷模。”2013 年，全国劳动模范代表座谈会上，习近平指出：“广大劳模以高度的主人翁责任感、卓越的劳动创造、忘我的拼搏奉献，谱写出一曲曲可歌可泣的动人赞歌，为全国各族人民树立了光辉的学习榜样。”可见，劳模精神不仅在共和国初期起到了先锋模范作用，而且始终伴随着中国社会主义建设的进程，引领民族精神和时代精神。

抗美援朝精神。1950 年，朝鲜内战爆发，美国出兵朝鲜的同时肆意侵犯我国东北边境领空，并派遣海军第七舰队侵入台湾海峡，百废待兴的中国再次面临战火的考验。应朝鲜劳动党和朝鲜政府的要求，为保卫国家安全，维护世界正义，以毛泽东为首的党中央果断决策：“抗美援朝”；并于 1950 年 6 月派出中国人民志愿军赴朝作战，号召“全国和全世界的人民团结起来，进行充分的准备，打败美帝国主义的任何挑衅”[②]，在全国范围内掀起抗美援朝运动的高潮。抗美援朝战争是由中国共产党人独立自主领导的第一次对外战争，志愿军抗美援朝的战争持续了三年，在炮火连天的战场，杨根思、

① 《刘少奇选集》下卷，人民出版社 2004 年版，第 195 页。
② 引自 1950 年 6 月 28 日毛泽东在中央人民政府委员会第八次会议上发表的讲话。

黄继光、邱少云、罗盛教等无数志愿军战士，用自己的血肉之躯和大无畏精神，彰显了社会主义精神和国际主义精神的伟大。

抗美援朝的战略决策，是为了保家卫国，维护国家和民族的最大利益，粉碎帝国主义的侵略野心，捍卫中华民族得之不易的民族革命成果而做出的正确决策。它体现了中国人民面对强敌毫不退缩的爱国主义精神，体现的是中国人民维护和平伸张正义的国际主义精神。抗美援朝战争的胜利依靠的是优秀的军事指挥，更离不开志愿军战士英勇战斗、不怕牺牲的大无畏精神。面对强大的美国现代化作战部队，缺乏战术经验并且装备简陋的中国人民志愿军毫不退缩，面对战备物资“敌有我无，敌多我少，敌好我差”的恶劣形势，志愿军将士发扬革命英雄主义和革命乐观主义精神，打赢了一场又一场艰难的战斗，他们用自己的鲜血和生命雪洗了被列强欺凌的百年耻辱，捍卫了中华民族的尊严，赢得了中华民族在世界民族之林中的重要地位。

抗美援朝战争得到了全中国人民的倾力支持。在世界人民保卫和平统一阵线的基础上，中国在外交上积极开展和平宣传，抗议美国在世界发动战争的霸权行径，争取国际上的支持与同情，表达抗美援朝的正义性与合法性。与此同时，国内也开展了大规模的战争宣传和动员工作。1950 年 10 月 26 日，中国人民保卫世界和平反对美国侵略委员会（简称“中国人民抗美援朝总会”）成立，这是全国人民抗美援朝运动的统一领导机构，他们一方面开展宣传，把中朝之间唇亡齿寒的密切关系以及维护和平与正义的正能量传递给广大民众，消除部分民众对抗美援朝战争的恐惧和不解心态；另一方面开展战争动员工作，要求全国各界爱国同胞，不分男女老少，都开展增加生产、增加收入的爱国运动，用新增加的收入捐献武器，支援前线志愿军。全国人民同仇敌忾，克服各种困难，革命斗志被激发出来，新生的中华人民共和国再次显示出团结统一的民族凝聚力和不可战胜的民族自信心。新加坡前总理李光耀曾说，中国人走向民族复兴是从跨过鸭绿江那一刻开始的。

习近平在纪念志愿军抗美援朝六十周年座谈会上的讲话中指出："纪念抗美援朝战争胜利，就是要大力弘扬抗美援朝精神，为坚持和发展中国特色社会主义提供强大精神动力。抗美援朝战争是对新中国凝聚力和战斗力的严峻考验。伟大的抗美援朝精神是全国各族人民同仇敌忾、克敌制胜的强大精神力量。今天，我们要把弘扬伟大的抗美援朝精神同弘扬以爱国主义为核心的民族精神和以改革创新为核心的时代精神结合起来，巩固全党全国各族人民在新形势下团结奋斗的共同思想基础，最大限度地凝聚全民族力量，万众一心地为夺取全面建设小康社会新胜利、坚持和发展中国特色社会主义而不懈奋斗。"①

三、社会主义道路探索时期的精神典型

20 世纪 50 年代中后期，中、苏两党在意识形态上发生严重分歧，中、苏关系恶化，导致中国很多建设处于停顿或半停顿状态，中国经济发展严重受损。面对困难，毛泽东强调，中国革命和中国建设，都是依靠发挥中国人民自己的力量为主，以争取外援为辅。邓小平在总结这段历史时指出："中国的经验第一条就是自力更生为

① 《习近平在纪念志愿军抗美援朝 60 周年座谈会上讲话》，新华社 2010 年 10 月 25 日。

主……从五十年代中期到七十年代，即在建国三十二年多的时间里大体有二十几年，我们完全或基本处于没有外援的状况，主要依靠自力更生。没有外援也有好处，迫使我们奋发努力。在这种精神的激励下，我们在此期间搞出了原子弹、氢弹、导弹，发射了人造卫星等等。”①

“两弹一星”精神。新中国的成立使得科技工作者得以施展才华，而科技工作者才华的施展则为新中国的发展开辟了一方新天地。在建国初期的科研战线上，面对新中国落后的条件，华罗庚、钱学森等科学家，放弃国外优厚待遇，投身祖国科学事业，长期潜心研究，克服种种困难，为繁荣祖国科技事业做出了巨大贡献。起步于20世纪50年代的“两弹一星”事业，是新中国科技成就的重要象征，极大地丰富和升华了中华民族的民族精神。

“两弹一星”事业的开展有其特殊的背景。二战后，导弹、原子弹的出现深刻改变了传统战争形态。朝鲜战争后，中国领导人开始进一步思考如何应对美帝国主义的核威胁问题。为更好地维护民族利益和国家安全，1955年1月15日，毛泽东同志主持召开中共中央书记处扩大会议，把发展原子能提上国家战略的高度，做出了发展核武器的战略决策。1956年10月8日，国防部第五研究院正式成立，我国的导弹研制事业正式全面展开。当时主管国防和科技事业的聂荣臻代表党中央提出了“自力更生为主，力争外援和利用资本主义国家已有的科学成果”的建院方针。在缺钱、缺人、缺技术的情况下，中国的科研人员就这样白手起家了。“自力更生”精神是

① 《邓小平文选》第2卷，人民出版社1993年版，第406页。

“两弹一星”精神生成的基础，也是后来提出的航天精神的开端。随后青海的金银滩被选定为核武器研制基地。在当地政府与人民群众的大力支持下，研制基地很快建成并投入使用。1964 年 10 月 16 日，中国第一颗原子弹在罗布泊爆炸成功。中国科技工作者在不到十年的时间里自主研制成功了达到世界先进水平的原子弹。这是一枚“争气弹”，不仅提升了我国的国防实力和战略威慑力，而且彰显了中华民族自强不息的民族精神。

“两弹一星”科研队伍集爱国主义、集体主义、科学精神于一身，“热爱祖国，无私奉献”的精神，是“两弹一星”精神最重要的内容。在 23 位“两弹一星”功勋奖章获得者中，钱学森、钱三强、郭永怀等在内的 19 位科学家，当年怀抱“科学救国”的梦想出国，同样抱着“科学救国”的梦想不顾物质条件的艰苦，冲破重重阻力回国。他们中的大多数都在“干惊天动地的事，做隐姓埋名的人”，把自己的人生乃至最后的生命都献给了中国科技事业。1968 年，郭永怀在飞机失事的最后时刻一直同警卫员一起用自己的身体牢牢保护住了绝密材料。他们不仅具有科学家独具的自主创新，勇于开拓的科学精神，更具有中华民族最优秀的精神品质：强烈的爱国主义、艰苦奋斗、无私奉献的精神。邓小平曾高度评价新中国成立后科技工作者为国家做出的贡献和争得的荣誉：“大家要记住那个年代，钱学森、李四光、钱三强那一批老科学家，在那么困难的条件下，把两弹一星和好多高科技搞起来……搞科技，越高越好，越新越好。越高越新，我们也就越高兴。不只我们高兴，人民高兴、国家高兴。”①

---

① 《邓小平文选》第 3 卷，人民出版社 1993 年版，第 378 页。

中国航天部将“自力更生，艰苦奋斗，大力协同，无私奉献，严谨务实，勇于攀登”[①] 定为航天传统精神，这正是对早期“两弹一星”精神的总结、继承和发展。“两弹一星”精神创新性地发展了中华民族精神，它所体现的爱国奉献精神对于中华民族伟大复兴事业尤其具有深远意义。习近平指出：“‘两弹一星’精神是宝贵的精神财富，一定要一代一代地传下去，使之转化为不可限量的物质创造力。”[②]

大庆精神与大寨精神。“工业学大庆，农业学大寨”，大庆精神和大寨精神是社会主义建设时期自力更生、艰苦创业精神的象征。建国初期，中国4.6亿人口，年产原油只有12万吨，远远无法满足大规模经济建设的需要，“贫油国”的帽子一直扣在中国头上。新中国领导人对中国的能源状况高度担忧，如毛泽东所说，要进行建设，石油是不可缺少的，天上飞的，地下跑的，没有石油都转不动。1953年，毛泽东、周恩来把石油专家李四光请到了中南海，认真听取了他关于中国地质条件的汇报，支持他关于“中国的陆地一定有石油”的观点及相关的勘探建议，开始在松辽平原、华北平原进行大规模的石油勘探，并相继找到了大庆油田、大港油田、胜利油田、华北油田等大油田，摘掉了“中国贫油”的帽子。李四光独创的地质力学理论，为我国的地质、石油勘探和建设事业做出了巨大贡献。这一科学理论离不开他常年奔波于祖国各地进行的野外考察，也离不开他求真务实的独立探索精神。

“大庆”这个名字源于石油、取之国庆。大庆油田开发初期，是

---

① 李君、戴品华：《试论航天精神体系（上）》，《中国航天》2008年第7期。
② 新华社：《习近平亲切看望著名科学家》，《人民日报》2011年11月26日。

经历“大跃进”运动后新中国最困难的时期，在极端困难的条件下，为解决困扰中国经济发展的石油问题，以“铁人”王进喜为代表的中国石油工人和科技工作者，在滴水成冰的一片荒野上自力更生、艰苦创业，几万名参加石油大会战的大庆干部职工日夜奋战，以顽强的意志、无私奉献的精神鼓起冲天干劲，打破了我们无法开采出大油田的国外偏见，闯出了中国自己的油田开发道路，实现了大庆油田大会战的全面胜利，显示出大庆精神、铁人精神的强大战斗力，为中国经济走出困难时期，立下了汗马功劳。从此，大庆精神和铁人精神，成为中国工业建设的榜样。大庆精神是革命精神和科学精神相结合的产物，是中国人民自主创新精神的展现，是现代中华民族精神的生长点之一。1990 年，江泽民同志视察大庆时高度概括了大庆精神的内涵：为国争光、为民族争气的爱国主义精神；独立自主、自力更生的艰苦创业精神；讲究科学、三老四严的求实精神；胸怀全局、为国分忧的奉献精神。大庆精神“爱国、创业、求实、奉献”的精神内涵，新时期再焕新光芒。

大寨，是中国太行山区的一个普通小山村，新中国成立初期，全村 64 户人家、190 多位村民，自然环境恶劣，稀缺而又贫瘠的农田散布于“七沟八梁一面坡”，全村的主要家当只有“七牛八驴一猪百只羊”。然而，勤劳勇敢的大寨人，靠自力更生、艰苦奋斗的精神改天换地，1953 年冬，大寨人开始了工程浩大的修山造地运动，秉持“苦熬不如苦干”的朴素信念，在十年之间开垦荒坡造梯田，荒山变成了大片的良田，并且实现了农业机械化、水利化，成为当时人与恶劣自然条件抗争的典范。难能可贵的是，大寨人在改善自身生活的同时，不忘国家。在当时困难重重，粮食产量普遍不高的条件下，十年间坚持向国家交售粮食175万斤。在1963年的洪水灾害中，大雨冲塌了新窑洞，冲垮了大量梯田，大寨人十多年的辛勤建设毁于一旦。然而自然灾害并未击倒大寨人，他们积极组织生产自救。为减轻国家财政负担，坚持自力更生对抗自然灾害，不仅确定了“不要国家救济款，不要国家救济粮，不要国家救济物资”的“三不要”原则，还立下“向国家卖粮不少，村民口粮不少，集体库存粮不少”的“三不少”决心。

大寨人在农村建设中鼓足干劲在逆境中求发展，改变了家乡的面貌，也改变了自己的生活，他们藐视困难、发愤图强的先进事迹和奉献精神，极大地激发了全国人民发愤图强的斗志。大寨精神为困难时期中国农民解决温饱、战胜自然灾害提供了宝贵的精神财富，人民群众在社会主义建设的曲折期作为历史创造者的力量和精神得到了充分发挥。

此外，在交通发展方面，这一时期南京长江大桥的修建，开创了我国自力更生修建大型桥梁的新纪元。南京长江大桥1960年1月18日开工，建设工程在缺乏技术、物力维艰的条件下进行，1968年12月29日得以建成，是我国第一座自行设计、自行施工、规模最大的铁路、公路两用桥，成为连接大江南北的唯一通道，曾经以“最长的公铁两用桥”被收入吉尼斯世界纪录。

四、改革开放时期的独立自主、自力更生精神

20世纪70年代末，随着和平与发展代替战争与革命成为新的时代主题，中国也进入了改革开放的社会主义现代化建设新时期。面对世界新形势新格局，为改变十年“文化大革命”造成的落后局面，

中国共产党坚持解放思想、实事求是，制定了“一个中心，两个基本点”的发展目标，确立了坚持经济建设为中心，坚持四项基本原则，坚持改革开放的发展方向。在改革开放中，中国共产党人继续弘扬中华民族独立自主、自力更生的精神传统，并在新的时代条件下丰富和发展了这一精神。

独立自主、自力更生与改革开放的辩证法。在20世纪后期新科技革命和经济全球化的宏观语境下，每个国家的存在与发展都同其他国家息息相关。民族国家的外部环境的变化，使得其内部结构也随之发生改变，传统的、相对封闭的民族精神与民族价值观生长的土壤被更加开放、更加多样化的环境所取代，适应新的全球化语境成为中国改革开放之后民族精神发展的一种时代诉求。中国的改革开放目标是建设社会主义现代化的中国，然而这个现代化与资本主义文明意义下的现代化并不相同。“中国语境中的现代化概念与现代化理论中的现代化概念有所区别，这是因为中国现代化概念包含了以社会主义意识形态为内容的价值取向。”[①] 在此意义上，中国的现代化建设价值目标高于经济目标。

在对外开放和独立自主的关系上，坚持独立自主、自力更生与对外开放是统一的。中国共产党人明确指出：独立自主不是闭关锁国，自力更生不是盲目排外。讲独立自主、自力更生，绝不是要关起门来搞建设，而是要把改革开放提高到一个新的更高水平。对外开放是中华民族自强不息精神和变革创新精神在当代的集中体现和创造性发展。这样的自力更生，是对外开放的自力更生，它随着时

① 汪晖：《当代中国的思想状况与现代性问题》，《天涯》1997年第5期。

代的发展，赋予中华民族独立自强的精神传统以新的特色和内涵。

首先，坚持独立自主、自力更生是改革开放的前提。整个近现代中国历史折射出的，是处于现代化进程中的中国社会所遭受到的时空挤压。中国要搞现代化建设，但我们不是要重演西方文明的道路，为西方文明做注脚，而是要充分运用中国人民的智慧和创造力，开辟一条具有中华民族特色的现代化发展道路。对外开放必须以政治上独立自主、经济上自力更生为前提，这是一道必须的防线，防止中华民族沦落成为他国的附庸甚至他国利益的牺牲品。全球化社会也是一个风险社会，加入全球化进程如同手持一柄双刃剑，它给中国发展带来了机遇，也带来了挑战。坚持独立自主、自力更生是迎接挑战、化解风险的最坚实保障。“现行的‘全球化’意味着附庸经济形式的市场开放及其面对帝国资本时的脆弱……，穷国经济面临的主要危险不是帝国市场对它们的封闭，而是它们自身市场在面对帝国时的脆弱。”[①] 改革开放任重而道远，为了保证改革开放社会主义事业的健康发展，中国共产党在改革开放时期始终坚持独立自主、自力更生的社会主义精神：

在我们这样一个人口众多的发展中社会主义大国，任何时候都必须把独立自主、自力更生作为自己发展的根本基点，任何时候都要坚持中国人民自己选择的社会制度和发展道路，始终把国家主权和安全放在第一位，坚决维护国家主权、安全、发展利益，坚持中国的事情按照中国的情况来办、依靠中国人

① ［加拿大］埃伦·M. 伍德著，王恒杰、宋兴无译：《资本的帝国》，上海译文出版社 2006 年版，第 101 页。

民自己的力量来办，坚决反对外部势力干涉我国内部事务。①

其次，独立自主是改革创新中的独立自主，自力更生是对外开放中的自力更生。鸦片战争后，列强的坚船利炮迫使中国开放了国门，同时也迫使中国人意识到了封闭并不能自固，锁国亦难保国门。这是一种被迫的开放，是基于被侵略被掠夺的不平等的开放。甲午战争后，中国人在亡国灭种的危机面前开始图强思变，主动引进西方文明改造中国社会，这种对外开放是主动的，却也是一种基于文化自卑心理的不平等的开放。历史经验告诉我们，封闭僵化只能导致落后，开放才能发展进步。但这种开放不是无疆界地开放，不是盲目地照搬，是在理性的自觉下有所鉴别、有所取舍。中国共产党第十一届三中全会后，在邓小平同志的开创性思维指引下，中华民族坚持独立自主、自力更生，开始了真正理性、自觉的、全方位、多层次的改革开放进程。“我们历来提倡自力更生，但并不是像四人帮解释的那样，什么东西都要自己搞，连世界上先进的东西都不接受。为什么不接受世界上先进的东西呢？这是人类的共同成果。”②通过吸收国外先进的科学技术、管理经验、资金、人才与优秀文化成果，中国经济在短期内迅速腾飞，自力更生能力和国际自主地位都得到了巩固和提高。

砥砺奋进的抗震救灾精神。进入21世纪，一场突如其来的灾难，让整个世界再次见证了社会主义的精神力量。2008年5月12日14点28分，四川省汶川县遭遇里氏8.0级特大地震。面对这场共和国

① 《胡锦涛在纪念党的十一届三中全会召开30周年大会上的讲话》，新华网2008年12月18日。

② 《邓小平思想年谱（1975—1997）》，中央文献出版社1998年版，第35页。

历史上破坏性最强、涉及范围最广的特大灾难，中国人民万众一心，众志成城，迎难而上，百折不挠，涌现出无数感人至深的英雄人物。这些社会主义时代精神的传承者，以实际行动向世界展示了可歌可泣的伟大抗震救灾精神。新世纪抗震救灾的壮举，是中华民族精神的一次重要洗礼，在这一过程中形成的抗震救灾精神，大大丰富和发展了社会主义时代精神的宝贵内涵。

抗震救灾精神的核心是面对灾难时表现出来的勇敢与团结精神，以及灾后重建家园时表现出来的自强不息与艰苦奋斗精神；是中国共产党在组织整个救灾和重建过程中表现出来的以人为本、尊重科学的精神；是全国人民在参与救灾和援建过程中表现出来的万众一心、众志成城的精神。

在大灾难面前，人民教师谭千秋，面对学校教学楼坍塌，他在最后的瞬间张开双臂把四个学生护在身下，学生得救了，而谭老师却不幸遇难。在面临生死、亲情、金钱、道德考验时，灾区群众面对灾难患难与共，自救互救，展现了舍己为人的高贵精神，释放了团结奋斗的巨大力量。灾区的基层组织和广大党员干部坚守岗位，自觉履行抗震救灾职责，尽力拯救和帮助每个被困人员，形成了坚强的抗灾阵地。只有奋斗，才能治愈过去的创伤。在汶川重建期间多次前往灾区的英国摄影记者韦伯在博客文章中写道：“让我驻足的不光是这里漂亮的景色，还有大人孩子们脸上的笑容……他们还有悲伤的记忆，但是从那些闪亮的眼睛里，你能看到希望。”震后的灾区人民没有被震垮，而是勇敢地站立起来，以一种革命乐观主义精神和坚强不屈的民族精神重建家园。

灾难发生后，中国政府做出了最及时有效的抗震救灾部署，体现了“以人为本”的精神和科学救灾的理念。以人为本是中国共产党的执政理念，作为社会主义价值体系的核心，它是人民群众团结奋斗的思想基础。地震发生后，时任总书记的胡锦涛立即作出指示：尽快抢救伤员，确保灾区人民群众的生命安全。国务院总理温家宝在震后两小时迅速赶到灾区指挥救援工作，明确“只要有一线希望，我们就要尽全力救人，废墟下哪怕还有一个人，我们都要抢救到底”。另一方面，整个抗震救灾的组织和行动始终体现了“尊重科学”的理念，迅速为受灾群众开启了一条绿色生命通道。在抢险过程中，紧急动员起来的十几万解放军和武警官兵克服种种困难，以最快的速度赶赴灾区，解放军工程兵部队利用装备、技术和人才优势发挥了关键作用。在救治伤病员过程中，为最大限度降低死亡率和致残率，实行“集中伤员、集中专家、集中资源、集中救治”的“四集中”救治策略。此外，国务院在灾后重建过程中及时安排740亿元恢复重建资金，并公布了首个地方地震灾后恢复重建的条例《汶川地震灾后恢复重建条例》，使得灾后安置和恢复重建工作依法而行，井然有序[①]。这次抗震救灾是新中国救援速度最快、动员范围最广、投入力量最大的一场行动，全国乃至全球华人凝成一体，团结协作，为灾区人民提供人力、物力、财力、智力等各种形式的支援。患难与共、守望相助的社会主义精神得到集中体现。

“中国力量，是精神的力量、制度的力量。用理想凝聚力量，用信念铸就坚强，用真情凝结关爱，抗震救灾的伟大实践，丰富了中国道路的深刻内涵，彰显了社会主义的制度优势，增强了中华民族

---

① 参见张鹏《百日汶川：共度时艰永不放弃》，《南方日报》2008年08月21日。

的道路自信。‘万众一心、众志成城，不畏艰险、百折不挠，以人为本、尊重科学’的抗震救灾精神，贯穿于汶川灾后重建、发展振兴的始终，融汇于中国精神的谱系，成为激励全民族穿越灾难、砥砺奋进的强大动力。”[①] 汶川震后，中国人民很快从悲痛中走出来，圆满主办了奥运会，成功完成了载人航天飞行，展现出新世纪中华民族自强不息的民族精神和勇于应对挑战的大国风范。

第二节 全心全意为人民服务

“为人民服务”，是中国共产党领导革命制胜的重要法宝。新民主主义革命时期，中国共产党人一贯重视人民群众的作用，将其作为取得胜利的根本保证。毛泽东认为，在中国民主革命的历史舞台上，推动社会历史发展的革命主体，就是千百万的劳苦大众。“革命的动力，有无产阶级，有农民阶级，还有其他阶级中一切愿意反帝反封建的人，他们都是反帝反封建的革命力量。但是这许多人中间，什么人是根本的力量，是革命的骨干呢？就是占全国人口百分之九十的工人农民。”[②] 正是依靠人民群众的力量，中国共产党战胜了日本帝国主义，打败了国民党政权，建立了社会主义新中国。如何才能得到群众的拥护？只有真心实意地为群众谋利益，把群众的利益放在第一位，全心全意为人民服务。“共产党人的一切言论行为，必须以合乎最广大人民群众的最大利益，为最广大人民群众所拥护为

① 《在这里我们写下中国力量》，人民网《人民日报》2013 年 5 月 12 日。

② 《毛泽东选集》第 2 卷，人民出版社 1991 年版，第 562 页。

最高标准。”[①] “为人民服务”是毛泽东思想的重要内容，随着社会主义事业的发展，它逐渐从一条领导干部和共产党员必须遵守的政治伦理准则上升为一条全体公民都应该遵循的社会伦理准则，成为社会主义核心价值体系的重要组成部分。共和国成立六十多年来，英雄辈出，涌现出无数的榜样典范。有轰轰烈烈的战地英雄，更有无数在平凡岗位上“全心全意为人民服务”的模范。

一、“为人民服务”精神的形成与发展

在“为人民服务”精神的形成与发展过程中，有中华民族传统文化精神的渗透，有马克思主义思想理论的奠基，有中国共产党执政观的推动，也体现了社会主义建设的本质要求。

“为人民服务”思想的提出。1942 年毛泽东在《在延安文艺座谈会上的讲话》中使用了“为人民服务”的概念：“我们的文艺应当为‘千千万万劳动人民服务’。”[②] 1944 年 9 月 8 日，在张思德追悼会上，毛泽东发表了题为《为人民服务》的演讲：“我们的共产党和共产党所领导的八路军、新四军，是革命的队伍。我们这个队伍完全是为着解放人民的，是彻底地为人民的利益工作的。”[③] 标志着“为人民服务”思想的形成。从此，“为人民服务”作为一种政治理念正式在全党以至全社会传播开来。在 1945 年党的七大上，毛泽东第一次使用了“全心全意为人民服务”一语。“我们应该谦虚，谨慎，戒骄，戒躁，全心全意地为中国人民服务。”[④] “共产党人的一切言论行动，

① 《毛泽东选集》第 3 卷，人民出版社 1991 年版，第 1096 页。
② 《毛泽东选集》第 3 卷，人民出版社 1991 年版，第 854 页。
③ 《毛泽东选集》第 3 卷，人民出版社 1991 年版，第 1004 页。
④ 《毛泽东选集》第 3 卷，人民出版社 1991 年版，第 1027 页。

必须以合乎最广大人民群众的最大利益，为最广大人民群众所拥护为最高标准。”[①] 初步形成了为人民服务的思想体系。

“为人民服务”成为社会主义精神的必然。首先，“为人民服务”精神是对中国传统文化中的“民本”思想的继承和发展。从周公“敬德保民”到孟子的“民贵君轻”，都表达了顺应民心民意对于稳定统治的重要性。尤其是中国的儒家文化，具有十分丰富的民本思想，要求统治者施行“仁政”，贵民、爱民、富民，对后世的封建统治思想的发展影响深远。到了明清时期，中国封建社会走向解体，社会矛盾空前激化，传统的“民本”思想再一次得到发展，这一思想在黄宗羲的《明夷待访录》中表现得尤为明显。近代学者梁启超认为，中国古代的“民本”思想“此理论虽不能完全实现，然影响于国民意识既已甚深，故虽累经专制摧残，而精神不能磨灭。”[②] 然而，传统的“民本”思想产生于专制主义盛行的封建社会，是站在统治者立场提出的为统治阶级谋稳定的思想理论，人民始终处于被剥削、被压迫的地位，不论是统治者还是被统治者，都没有真正的民主意识，统治者更不可能真正成为“为人民服务”的公仆。社会主义社会，人民群众的历史创造者地位得到确认，国家是人民的国家，人民是国家的主人，享有至高无上的地位，而国家管理者则是人民大众的公仆。因此，“为人民服务”思想是对中华民族传统文化精神的继承，更是对中华民族传统文化精神的发展和超越。

其次，社会主义条件下的“为人民服务”思想奠基于马克思主义的历史唯物主义思想基础。马克思早在其中学毕业作文中就曾写

① 《毛泽东选集》第3卷，人民出版社1991年版，第1096页。

② 《梁启超全集》，北京出版社1999年版，第3605页。

道，一个人真正的幸福就在于为更多的人民大众谋幸福：“如果我们选择了最能为人类而工作的职业，那么，重担就不能把我们压倒，因为这是为大家作出的牺牲；那时我们所享受的就不是可怜的、有限的、自私的乐趣，我们的幸福将属于千百万人。”[①] 在《共产党宣言》中，马克思、恩格斯提出：“过去的一切运动都是少数人的或者为少数人谋利益的运动。无产阶级的运动是绝大多数人的、为绝大多数人谋利益的运动。”[②] 在社会主义运动中，无产阶级以及无产阶级政党的根本宗旨都在于为绝大多数人谋利益，这正是我国社会主义革命和建设中提出的“为人民服务”思想的价值取向。

再次，“为人民服务”是中国共产党在革命年代起逐步形成的光辉传统，并通过毛泽东思想逐步演变为中国共产党执政的根本宗旨。党的历次代表大会都会强调或重申“为人民服务”的执政宗旨，党的十六大通过的《中国共产党章程》总纲中明确指出：“坚持全心全意为人民服务。党除了工人阶级和最广大人民群众的利益，没有自己特殊的利益，党在任何时候都把群众利益放在第一位，同群众同甘共苦，保持最亲密的联系，不允许任何党员脱离群众，凌驾于群众之上。党在自己的工作中实行群众路线，一切为了群众，一切依靠群众，从群众中来，到群众中去，把党的正确主张变为群众的自觉行动。”

最后，发扬“为人民服务精神”是加强社会主义精神文明建设的应有之义。“为人民服务”是社会主义价值体系的核心，它不仅是执政党执政的政治伦理要求，也应该成为每个公民日常行为中的社会道德追求。在改革开放的新形势下，市场经济的发展带来了一些

---

① 《马克思恩格斯选集》第1卷，人民出版社1995年版，第458—459页。
② 《马克思恩格斯选集》第1卷，人民出版社1995年版，第283页。

见利忘义的消极思想观念和行为作风，损害了社会主义精神文明，也破坏了社会主义事业本身的健康发展。所以，在全社会范围内弘扬以“为人民服务”为核心的社会主义道德也是社会主义健康发展的时代要求。应该强调的是，“为人民服务”与发展社会主义市场经济并不矛盾，相反，它恰恰是保障社会主义市场经济健康发展的内在需求。我为人人，人人为我，每个人都秉持“为人民服务”的精神搞市场经济建设，才能实现义与利、利己和利他的辩证统一。

总之，“为人民服务”是中国共产党的执政宗旨、工作作风和价值指向，是中国共产党先进性的集中体现。正如毛泽东所说：“共产党就是要奋斗，就是要全心全意为人民服务，不要半心半意或者三分之二的心三分之二的意为人民服务。”① 此外，“为人民服务”具有对党员干部的先进性要求，也有对普通社会成员的广泛性要求，它是每个社会成员应该努力追求的道德境界。中国共产党十四大、十五大和十六大都先后强调了社会主义道德建设要以“为人民服务”为核心，强调在社会主义市场经济条件下发扬“为人民服务”的奉献精神。《中共中央关于加强社会主义精神文明建设若干重要问题的决议》中指出：“在发展社会主义市场经济条件下，更要在全体人民中提倡为人民服务和集体主义的精神，提倡尊重人、关心人，热爱集体，热心公益，扶贫帮困，为人民为社会多做好事，反对和抵制拜金主义、享乐主义和个人主义。”

二、“为人民服务”精神的时代典范

雷锋精神。在中国，雷锋这一名字，是与“做好人好事”紧密

① 《毛泽东文集》第7卷，人民出版社1999年版，第285页。

联系在一起的。雷锋，1960 年参加中国人民解放军，1962 年因公殉职，年仅 22 岁。他留下的一本日记把一个平凡而伟大的生命展现在世人面前，他短暂的一生也随之永远铭刻在了社会主义的道德丰碑上。雷锋牺牲后，1963 年 3 月 5 日，毛泽东主席亲笔题词“向雷锋同志学习”，并把每一年的 3 月 5 日定为学雷锋纪念日。1963 年 3 月 6 日，周恩来将雷锋精神概括为四句话：“憎爱分明的阶级立场，言行一致的革命精神，公而忘私的共产主义风格，奋不顾身的无产阶级斗志。”[①] 雷锋精神具有巨大的文化感召力和文化穿透力。20 世纪 60 年代以后，“学习雷锋好榜样，忠于革命忠于党”这首雷锋之歌，妇孺皆知，响彻中国南北大地，在全国掀起了群众性的学雷锋运动，涌现出大批雷锋式的先进人物。

雷锋是毛泽东思想的忠实践行者。在其短暂的一生中，助人无数，事迹平凡而伟大。首先，雷锋精神体现为毫不利己专门利人的“全心全意为人民服务”精神。雷锋在日记中说：“人的生命是有限的，可是，为人民服务是无限的，我要把有限的生命，投入到无限的为人民服务之中去。”[②] 他立志“把有限的生命投入到无限的为人民服务之中去”，并且用自己的实际行动践行了这一志向。其次，雷锋精神体现为刻苦钻研、爱岗敬业的螺丝钉精神。雷锋在 1961 年 10 月 19 日的日记中写道：“有些人说工作忙，没时间学习，我认为问题不在工作忙，而在于你愿不愿意学习，会不会挤时间，要学习的时间是有的，问题是我们善不善于挤，愿不愿意钻。一块好好的木板，上面一个眼也没有，但钉子为什么能钉进去呢？这就是靠压力硬挤

① 周恩来：《为雷锋题词》，《解放军报》1963 年 3 月 6 日。
② 雷锋：《雷锋日记选》，中国人民解放军战士出版社 1977 年版，第 57 页。

进去的。由此看来，钉子有两个长处：一个是挤劲，一个是钻劲。我们在学习上也要提倡这种‘钉子’精神，善于挤和钻。”最后，雷锋精神体现为助人为乐、无私奉献的集体主义精神，他把个人利益与集体利益的统一建立在个人为集体利益努力奋斗的基础上。

雷锋故事一直伴随着20世纪60年代以后出生的每个中国人的成长过程。在雷锋身上，体现出中华民族传统的优秀道德情操，体现出社会主义革命精神，也体现出社会主义的道德风尚。他全心全意为人民服务、做一个永不生锈的螺丝钉的精神，激励着从部队到学校、从城市到乡村的一代又一代中国人。雷锋精神作为一股强大的精神力量和一种高尚的道德境界，成为社会主义时代精神不可或缺的重要部分。在社会主义新时期，为人民服务的具体内容和形式虽然发生了一些变化，但精神实质仍在延续。“一个只有22年短暂生命的普通共产党员，能够赢得亿万人民如此崇高和长久的敬意；一个普通的战士所表现的高贵品质，能够激励几代人的健康成长；一个群众性的活动，能够在几十年历史进程中延续不断，影响一个时代的社会风尚，这表明雷锋精神对于我们这个民族和社会过去具有、现在仍然具有重大价值和时代意义。”①

焦裕禄、孔繁森精神。全心全意为人民服务是中国共产党的宗旨。新中国成立以来，涌现出焦裕禄、孔繁森等一批优秀党员干部，他们心系群众，舍己为公，执政为民，忠实履行中国共产党全心全意为人民服务的宗旨，为广大干部群众树立了光辉榜样。

1962年底，焦裕禄同志来到当时自然灾害频繁的贫困县河南兰

① 胡锦涛：《在纪念毛泽东等老一辈革命家为雷锋同志题词三十周年大会上的讲话》，《解放军报》1993年3月5日。

考县担任县委书记。兰考是有名的老灾区，1962 年，风沙、内涝、盐碱三害肆虐，全县的粮食产量降到历史最低，人民生活极端困难。为改变兰考穷困落后的面貌，焦裕禄激励干部群众抗灾自救，并亲自带领他们挖河排涝、封闭沙丘、根治盐碱，继承和发扬了奋发图强、自力更生的优良传统，顽强不屈地同自然灾害抗争。在兰考的 470 多天中，他靠双脚和一辆自行车走访了全县 120 多个生产大队，对全县的风口、沙丘和河渠逐个调研，找出自然灾害的发生规律，因地制宜，把工程治理和生态治理相结合，有效降低了自然灾害对人民生产生活的破坏。他经常访贫问苦，与群众同吃、同住、同劳动，想人民之所想，急人民之所急，始终把群众利益放在第一位，以真正的公仆意识服务于兰考人民。他身体力行，亲自和群众一起栽树、运土，以实干精神冲锋在治理灾害的第一线，直到生命的最后一刻。

焦裕禄精神，是在社会主义建设的艰难道路上对爱国奉献精神的再次发扬。其公而忘私、爱国爱民、鞠躬尽瘁、死而后已的奉献精神是对中国共产党全心全意为人民服务宗旨的生动诠释。焦裕禄在接受党组织派他治理兰考的艰巨任务时坚定地表示："感谢党把我派到最困难的地方，越是困难的地方，越能锻炼人，不改变兰考的面貌，我决不离开这里。"焦裕禄精神是中华民族勤劳勇敢、自强不息精神的时代写照。面对兰考贫困落后的实际，焦裕禄与人民群众同甘苦共患难，在困难面前找出路。他鼓励领导干部说："兰考是个灾难县，当地人民的生产、生活都有非常严峻的困难，如果我们自己都没有艰苦朴素、自力更生、奋发图强的决心，根本无法改变兰考县的灾难和贫困。”①

焦裕禄精神体现出中华民族苦干务实的精神传统。干事业要脚踏实地，为官一任，造福一方。面对兰考灾情，焦裕禄亲自下基层调查取得第一手资料，以科学态度和求实精神制定出正确的抗灾治理方案，为兰考人民开拓了一条希望之路。焦裕禄精神也是廉洁奉公精神的典范。他在工作和生活中始终保持艰苦朴素的作风，并且严格要求周围的家人、亲属和党员干部不搞特殊化。“兰考的灾区面貌还没有改变，群众生活还有困难，富丽堂皇的事不但不能做，就是连想也很危险。”他亲自起草了《干部十不准》，规定全县任何干部在任何时候都不能搞特殊化。临终时，他还不忘嘱咐妻子，日子再苦再难也不要伸手向组织上要救济②。

“艰苦奋斗、亲民爱民、科学求实、知难而进、无私奉献”的焦裕禄精神是新时期社会主义建设的宝贵精神财富。习近平强调指出，焦裕禄精神是永恒的。“我们党和国家人民学习和弘扬焦裕禄精神，重点要学习和弘扬焦裕禄同志的道德情操、公仆情怀、奋斗精神和求实作风。我们的干部要做到见贤思齐，同时还要组织党员、干部心中要有一面焦裕禄精神为标准的镜子，自己要经常对着这面镜子照一照，改进作风，纠正思想，争取成为焦裕禄式的好党员、好干部。”③

孔繁森是焦裕禄精神的继承和发扬者。在其有生之年，他不顾家庭困难，两次进藏，为改善藏族人民的生活，促进藏族经济发展，

① 参见赵素萍《弘扬焦裕禄精神，在为民务实清廉上做表率》，《领导科学》2013 年第 24 期。

② 参见《焦裕禄　永不磨灭的丰碑》，《人民日报》2014 年 3 月 24 日。

③ 《大力学习弘扬焦裕禄精神——习近平总书记在河南兰考调研指导党的群众路线教育实践活动纪实》，人民网 2014 年 3 月 19 日。

他深入基层，进行实地调查研究，寻找群众致富道路，为此贡献了全部心血和力量，用生命践行了“一个共产党员的最高境界是爱人民”的无私奉献精神。

新时期，以焦裕禄、孔繁森为榜样，优秀干部不断涌现。他们牢记“权为民所用，情为民所系，利为民所谋”，忠实履行全心全意为人民服务的宗旨，成为社会主义精神的时代符号和时代坐标。这些英雄模范及其光辉事迹，构成了我们时代的脊梁，他们所代表的时代精神，转化成国家建设的强大物质力量，同时，也深深滋养塑造着中国人的心灵，内化为中华民族精神的一部分，成为中国人民的精神共识。

第三节 民族复兴的创造性探索

实现中华民族的伟大复兴，是近代以来中国人最大的梦想和追求。早在民主主义革命时期，一些有识之士就在各种救国思潮和救国方案中提出并初步讨论了中华民族复兴的思想观念和实现路径等问题。“九一八”事变造成的空前民族危机，使得民族复兴的话语体系迅速在中国学术界和文化界发酵、定型，并进一步传播开来，成为一股影响力广泛的社会思潮[①]。1935 年，蔡元培在《复兴民族与学生自治》的讲演中对“民族复兴”的含义作了如下解释：“此民族并不是没出息的，起先是很好的，后来不过是因为环境的压迫以致退

① 郑大华：《“九一八”后的民族复兴思潮》，《学术月刊》2006 年第 4 期。

化，现在有了觉悟，所以要想法复兴起来。我们不能自认为劣等的民族，而只认为民族的退化，所以要复兴。”① 在这股思潮中，“民族复兴”主要被界定为改变民族落后衰微的状态，恢复民族国家的强国地位，再造民族自信力，实现民族文化的复兴。

实现民族复兴首先要面对和解决的根本问题，是选择何种社会发展道路的问题。新中国的成立为民族复兴选择社会主义道路，中国人民在这条道路上经过数十年的艰难探索，终于找到了实现民族复兴的正确方向——中国特色社会主义。中国特色社会主义是社会主义道路、马克思主义理论、社会主义制度与社会主义文化的紧密结合。沿着中国特色社会主义道路实现中华民族的伟大复兴，是时代赋予当代中华儿女的使命。

一、毛泽东民族复兴思想与社会主义根本制度的确立

毛泽东领导下的新民主主义革命的胜利和社会主义制度的确立，为民族复兴创造了根本的政治前提和制度基础；邓小平领导下的中国特色社会主义事业的顺利推进为民族复兴提供了必要的物质保障和社会基础；当前中国共产党人提出的全面复兴战略为民族复兴指明了未来发展的正确方向和科学途径。

早在新中国成立前，毛泽东就提出了一系列有关中华民族复兴的思想和主张。他指出，帝国主义列强的入侵和封建专制主义的压迫是造成近代中华民族陷落的主要原因，因而民族复兴的历史任务是进行“对外推翻帝国主义压迫的民族革命和对内推翻封建地主压

① 《蔡元培全集》第 8 卷，浙江教育出版社 1989 年版，第 69 页。

迫的民主革命，而最主要的任务是推翻帝国主义的民族革命”[①]。毛泽东满怀信心与豪情地写道：“我们中华民族有同自己的敌人血战到底的气概，有在自力更生的基础上光复旧物的决心，有自立于世界民族之林的能力。”[②] 民族复兴是要：

> 建设一个中华民族的新社会和新国家。在这个新社会和新国家中，不但有新政治、新经济，而且有新文化。这就是说，我们不但要把一个政治上受压迫、经济上受剥削的中国，变为一个政治上自由和经济上繁荣的中国，而且要把一个被旧文化统治因而愚昧落后的中国，变为一个被新文化统治因而文明先进的中国。一句话，我们要建立一个新中国。[③]

此后，毛泽东又相继提出了“经济复兴”、“文化复兴”的思想。中华人民共和国成立后，中华民族从此站立起来，大踏步地迈向实现民族复兴的光辉前景。

社会主义制度的确立为民族复兴提供了先进的制度基础。新中国成立后，经过国民经济的恢复期，为进一步解放生产力，为社会主义建设扫清道路，党中央提出了从新民主主义向社会主义过渡的过渡时期总路线，即：从中华人民共和国成立，到社会主义改造基本完成，这是一个过渡时期。党在这个过渡时期的总路线和总任务，是要在一个相当长的时期内，逐步实现国家的社会主义工业化，并

① 《毛泽东选集》第2卷，人民出版社1991年版，第637页。
② 《毛泽东选集》第1卷，人民出版社1991年版，第161页。
③ 《毛泽东选集》第2卷，人民出版社1991年版，第663页。

逐步实现国家对农业、对手工业和对资本主义工商业的社会主义改造。虽然社会主义改造后期留下了一些问题，但总体上保障了国民经济的稳定发展，得到了人民群众的拥护，社会主义的基本制度由此顺利确立起来，中华民族的伟大复兴获得了先进的制度基础保障。

关于中华民族的复兴，毛泽东把它提升到了一种全民族责任的高度。他号召全国各界将我国建设成为一个富强的国家，赶上先进的资本主义国家："我们在整个世界上应该有这个职责。世界上四个人中间就有我们一个人，这么不争气，那不行，我们一定要争这一口气"[1]，"中国应当对于人类有较大的贡献"[2]。在领导社会主义革命和建设的过程中，他先后提出了"超英赶美"、实现"四个现代化"、"两步走"等发展战略，构成了中华民族复兴战略思想的重要内容。

朝鲜战争之后，毛泽东意识到必须有强大的武装力量保卫国家，足够的实力才能换来足够的安全，才能彰显社会主义制度的优越性。1957年，社会主义阵营成员齐聚莫斯科，形成了"社会主义正在上升，资本主义正在衰退"的共识。毛泽东在莫斯科会议上乐观地谈到中国的发展前景："我们中国现在是处在新的历史时期。一个六亿人口的东方国家进行社会主义革命，要在这个国家里改变历史方向和国家面貌，要在大约三个五年计划期间，使国家基本上工业化……中国人是很努力的。中国从政治上、人口上说是个大国，从经济上说现在还是个小国。我们要打掉自卑感，砍去妄自菲薄，破除迷信，振奋敢想、敢说、敢干、敢做的大无畏精神！"[3] 同一年，

---

① 《毛泽东文集》第6卷，人民出版社1999年版，第500页。

② 《毛泽东文集》第7卷，人民出版社1999年版，第156页。

③ 参见吴跃农《毛泽东提出"赶英超美"的台前幕后》，《党史纵横》2012年第4期。

毛泽东在接见外宾时还曾说："我们要好好干五十年，把工业建起来，要有美国那样多的钢铁。"这一时期的"赶英超美"口号，表明中华民族刚刚获得独立自主之后急于在短期内改变落后状况的壮志雄心，但也导致随后的"大跃进"运动脱离客观实际瞎指挥、浮夸风的泛滥。这表明社会主义建设初期，中国共产党人对社会主义经济发展规律和中国客观实际认识的还不够，它为后来的社会主义建设道路提供了长足的经验教训。1959年底，毛泽东完整地提出了建设四个现代化的思想目标："建设社会主义，原来要求是工业现代化，农业现代化，科学文化现代化，现在要加上国防现代化。"[①] 为中华民族伟大复兴提供了基本目标和努力方向。毛泽东尤为重视科技和国防的现代化，在20世纪五六十年代百般困难的条件下，凭着自力更生、艰苦奋斗的精神研制出了"两弹一星"，发展了国防的现代化水平，提振了中国的国际地位。

在毛泽东心目中，中华民族的复兴是全面的，包括政治、经济、文化、人民生活、社会关系状况等各方面。1957年，毛泽东在上海党员干部会议上指出："我们的文化、科学、经济、政治，我们的整个国家，一定可以繁荣发展起来，我们国家就会变成一个有近代农业的、工业化的国家，人民的生活会好起来，人民的政治情绪，人民跟政府的关系，领导者跟被领导者的关系，人民与人民之间的关系，将是一种合理的、活泼的关系。"[②]

毛泽东认为，中华民族复兴不可能一蹴而就，要用一百年或更

① 《毛泽东文集》第8卷，人民出版社1999年版，第116页。

② 中共中央文献研究室：《毛泽东年谱（1949—1976）》第3卷，中央文献出版社2013年版，第123页。

多的时间分几步走来实现。从鸦片战争到新中国成立的一百年间，是民族复兴的第一阶段，是中国人民取得革命胜利、实现民族解放和国家独立的阶段。从新中国成立到建国一百周年，是民族复兴的第二阶段，是中国实现社会主义现代化、实现民族伟大复兴的阶段。并且，“社会主义这个阶段，又可能分为两个阶段，第一个阶段是不发达的社会主义，第二个阶段是比较发达的社会主义。后一阶段可能比前一阶段需要更长的时间。”① 毛泽东最初提出的社会主义建设设想是：十五年打下基础，五十年实现现代化。经过“大跃进”的挫折和三年困难时期之后，毛泽东更切合实际地提出：“建设强大的社会主义经济，在中国，五十年不行，会要一百年，或者更多的时间。”② “中国的人口多、底子薄，经济落后，要使生产力很大地发展起来，要赶上和超过世界上最先进的资本主义国家，没有一百多年的时间，我看是不行的。”③ 改革开放后，邓小平正是在此基础上逐步提出了“三步走”的战略目标和步骤。

中华民族复兴要依靠中华民族伟大的精神力量。这种精神力量包括独立自主、自力更生精神，谦虚谨慎、戒骄戒躁精神，全心全意为人民服务的精神，艰苦奋斗、勇于进取的精神等，尤其是艰苦奋斗的精神。毛泽东在《关于正确处理人民内部矛盾的问题》的讲话中指出：“社会主义制度的建立给我们开辟了一条到达理想境界的道路，而理想境界的实现还要靠我们的辛勤劳动。”④

---

① 《毛泽东文集》第 8 卷，人民出版社 1999 年版，第 116 页。
② 《毛泽东文集》第 8 卷，人民出版社 1999 年版，第 301 页。
③ 《毛泽东文集》第 8 卷，人民出版社 1999 年版，第 302 页。
④ 《毛泽东文集》第 7 卷，人民出版社 1999 年版，第 226 页。

二、邓小平的复兴战略与中国特色社会主义道路的开辟

新中国成立以来，中国社会经历了两次大的社会变迁：一次是社会主义基本制度的建立；一次是党的十一届三中全会以后，中国共产党做出进行改革开放的历史性决策，开创了中国特色社会主义道路。如果说，中国共产党领导的第一次革命，使得中国人民摆脱了被奴役、被压迫和被剥削的命运，实现了政治上的“翻身”，那么，作为“第二次革命”的改革，是要使中华民族摆脱旧的僵化的体制束缚，实现经济、文化上的全面“翻身”。新中国成立六十多年特别是改革开放三十多年来，中国人民沿着改革开放和建设有中国特色社会主义道路，开展了一场复兴中华民族的伟大实践，取得了举世瞩目的巨大成就，经济实力、综合国力大幅增强，人民生活显著改善，国际地位空前提升……中华民族的伟大复兴同中国特色社会主义的政治命运紧紧连在一起，坚持建设中国特色社会主义，是实现中华民族伟大复兴的唯一正确道路。

20 世纪 70 年代，国际国内形势发生了深刻变化。国际方面，冷战结束，东西方在经济文化等方面的交流日益增多，资本主义国家与社会主义国家的关系趋于缓和，两极阵营趋于解体，一个崭新的世界政治格局开始出现，在战后头几年中十分盛行的世界力量的两极分化已经消失。国际竞争转向科学技术推动下的以经济实力为基础的综合国力的竞争。国内方面，经过“文化大革命”的十年动乱，人民的生产和生活遭到严重破坏，先进的社会主义制度和人民落后的生活水平形成强烈反差，高度集中的计划经济体制的弊端日益暴露出来。从和平与发展的时代主题出发，从中国社会主义建设的实

际需要出发，邓小平创造性地将国际与国内问题密切联系起来，寻求解决中国发展问题的正确思路，大胆地提出了计划经济与市场经济相结合的发展方式、改革开放的战略路径、“三步走”的长期发展目标。

历史证明，只有社会主义才能救中国，只有改革开放才能发展中国。改革开放是中国共产党的历史上的一次伟大觉醒，孕育着新时期从理论到实践的伟大创造。1978 年底，中国共产党十一届三中全会召开。这次会议全面纠正了“文化大革命”及以前的“左”倾错误，把党和国家的工作重点从以阶级斗争为纲转移到社会主义建设上来，做出了实行改革开放的重大决策。中国改革开放的总设计师邓小平从反思什么是社会主义、怎样建设社会主义这个根本问题入手，提出了“改革是第二次革命”的论断，第一次比较系统和科学地回答了在中国这样一个经济文化比较落后的国家如何建设社会主义，如何发展和巩固社会主义等事关中华民族前途和命运的重大问题，开创了建设有中国特色社会主义的历史新时期。

十一届三中全会后，在继承和发展毛泽东思想的基础上，邓小平提出了自己的“赶超”思想、现代化思想和“三步走”发展战略等民族复兴思想。早在 1977 年，邓小平就曾提出“我们国家要赶上世界先进水平”① 的主张，并且认真论述过赶上先进的可能性，这种始自毛泽东时代的紧迫的赶超精神成为当前民族复兴的奋斗目标。邓小平依据并尊重中国实际，首先提出要把“赶超”世界发达国家的长期目标和赶超中等发达国家的阶段性目标相结合，使“赶超”

① 参见郑大华《论毛泽东的中华民族复兴思想》，《当代中国史研究》2013 年第 5 期。

更具现实的可能性。其次，他科学地认识到综合国力对于一个国家发展的重要意义，而不单纯把发展放在工业上。在制定“赶超”标准时，运用的不是钢铁产量而是国民生产总值和人均国民生产总值。此外，1987 年 4 月邓小平在会见西班牙客人时阐述了“三步走”的步骤，把毛泽东的两步走战略发展为三步走战略：“我们原定的目标是，第一步在八十年代翻一番……达到五百美元。第二步是到本世纪末，再翻一番，人均达到一千美元……我们制定的目标更重要的还是第三步，在下世纪用三十年到五十年再翻两番，大体上达到人均四千美元。做到这一步，中国就达到中等发达的水平。”

邓小平进一步继承和发展了毛泽东关于实现四个现代化的思想。“我们当前以及今后相当长一个历史时期的主要任务是什么？一句话，就是搞现代化建设。能否实现四个现代化，决定着我们国家的命运、民族的命运。在中国的现实条件下，搞好社会主义的四个现代化，就是坚持马克思主义，就是高举毛泽东思想伟大旗帜。”[①] 他强调以经济建设也就是社会主义物质文明建设为中心，但同时也主张现代化建设的任务是多方面的，提出了全面现代化的思想，包括经济现代化、政治现代化、文化现代化以及人的现代化，即，“把我国建设成为富强、民主、文明的社会主义现代化国家”。此外，邓小平还强调我们搞的现代化是社会主义的现代化，而不是资本主义或别的什么现代化。实现现代化目标既要坚持改革开放，又要坚持四项基本原则，坚持社会主义方向。

邓小平民族复兴思想具有鲜明的时代特征。第一，建设社会主

① 《邓小平文选》第 2 卷，人民出版社 1993 年版，第 162—163 页。

义，必须坚持一切从实际出发、实事求是的马克思主义基本立场，这是邓小平理论的出发点。“过去搞民主革命，要适合中国情况，走毛泽东同志开辟的农村包围城市的道路。现在搞建设，也要适合中国情况，走出一条中国式的现代化道路。”① 在邓小平看来，对于社会主义中国而言，发展才是硬道理，因而，他坚决抵制“两个凡是”的教条主义和个人崇拜，改变了毛泽东时期以阶级斗争为纲的原则，提出经济建设为中心和改革开放。第二，邓小平强调实现民族复兴要继承和发扬独立自主、自力更生、艰苦奋斗的精神：“我们自己要保持警惕，放松不得。要维护我们独立自主、不信邪、不怕鬼的形象。”② “像中国这样大的国家搞建设，不靠自己不行，主要靠自己，这叫做自力更生。”③ “中国搞四个现代化，要老老实实地艰苦创业。我们穷，底子薄，教育、科学、文化都很落后，这就决定了我们还要有一个艰苦奋斗的过程。”④ 第三，邓小平把马克思主义同20世纪下半叶的世情与国情相结合，指出要把爱国主义和社会主义相统一，实现中华民族的大团结、实现中华民族的和平统一，并在此基础上创造性地提出了“一国两制”的思想。此外，他还强调中华民族的民族尊严和民族气节。中国人民有自己的民族自尊心和民族自豪感，以热爱祖国，贡献全部力量建设社会主义祖国为最大光荣，以损害社会主义祖国利益、尊严和荣誉为最大耻辱⑤。第四，在发展社会主义的具体路径上，邓小平主张破除僵化的旧观念，提出计划经济与

① 《邓小平文选》第2卷，人民出版社1993年版，第163页。
② 《邓小平文选》第3卷，人民出版社1993年版，第320页。
③ 《邓小平文选》第3卷，人民出版社1993年版，第78页。
④ 《邓小平文选》第2卷，人民出版社1993年版，第257页。
⑤ 参见《邓小平文选》第3卷，人民出版社1993年版，第3页。

市场经济相结合的方针，对外实行开放政策："为什么一谈市场就提是资本主义，只有计划才是社会主义呢？计划和市场都是方法嘛。只要对发展生产力有好处，就可以利用。"① 在此思想指引下，中国社会建立起了充满生机和活力的社会主义市场经济体制。

三、"中国梦"：21世纪的民族复兴梦

改革开放以后，中国经济以远高于世界同期平均水平的速度快速增长。进入21世纪，改革开放四十年的成果使得中国综合国力迅速提升，中国发展模式引起世界瞩目。习近平总书记以其时代眼光和世界胸怀适时地提出了"中国梦"思想，号召全国人民弘扬中国精神、凝聚中国力量、发挥创造活力，为实现中华民族伟大复兴继续奋斗。"在新的历史时期，中国梦的本质是国家富强、民族振兴、人民幸福。我们的奋斗目标是，到2020年国内生产总值和城乡居民人均收入在2010年基础上翻一番，全面建成小康社会。到本世纪中叶，建成富强民主文明和谐的社会主义现代化国家，实现中华民族伟大复兴的中国梦。"② "中国梦"的基本内涵包括"实现国家富强、民族振兴、人民幸福"③，是三者的高度统一。

中国是世界新兴的发展中大国，是当代最具影响力的社会主义国家，也是历史文明古国，因而，中国梦是国富民强的梦，是实现社会主义的梦，同时也是复兴中华文明的梦。中华民族的伟大复兴，既要复兴传统文明，又要融入世界文明，最重要的是要创新人类文

① 《邓小平文选》第3卷，人民出版社1993年版，第65页。
② 《习近平接受拉美三国媒体联合书面采访》，《人民日报》2013年6月1日。
③ 习近平：《顺应时代前进潮流 促进世界和平发展——在莫斯科国际关系学院的演讲》，人民网2013年3月24日。

明。中国梦的提出，表明中国不仅要成为自己的中国，还要成为“世界的中国”，并且开创出“中国的世界”。它同时表明了当下中国进一步发展不得不面对的重大课题：作为崛起中的大国，中国的社会建设正由物质生产的必然性逻辑转化到一个意义和价值建构的语境。

中国梦是民族复兴梦想的时代表达。绵延五千年的中华文明为人类文明的发展做出了巨大贡献，到了近代，随着工业革命而崛起的西方文明在短时间内创造了巨大的社会生产力，并在科学技术、器物制造、社会制度等各方面迅速超越了古老的东方文明。中华民族在腐朽没落的封建王朝统治下日渐衰弱，以致屡遭西方列强的凌辱。一百七十多年来，中华民族始终怀揣民族复兴的梦想在救亡图存的道路上艰难探索。直到中国共产党领导的新民主主义革命、社会主义革命和改革开放事业取得辉煌成就，中华民族开启了民族自立、自强、自信的伟大复兴征程。中国共产党人把中华文明的优秀传统同西方文明的先进成果——马克思主义结合起来，创造了当代具有中国特色的社会主义文明。中国特色社会主义文化脱胎于五千年的中华文化积淀，陶铸于中国革命、建设和改革的火热的历史进程，在这一进程中，整体和部分的辩证法在实践中被反复证明。中华民族每个个体的命运与前途同整个国家民族的命运与前途紧密地联系在一起，没有民族的独立，就没有真正的个体自由，没有国家的昌盛，就没有真正的人民幸福。人的价值和力量就在于其个体性中具有总体性，总体性中又具有个体性。在爱国主义旗帜下，中华民族虽经历重重磨难仍然团结奋进，始终坚持走全民族共同发展的道路，既奋力实现全民族的共同梦想，也积极促进个体梦想的实现。

虽然圆梦之路漫长，面临诸多障碍，但我们比历史上任何时候都更接近这个梦想，都更有力量实现这个梦想。

中国梦是科学社会主义梦想的中国化。当代中国首先是一个社会主义国家，中国梦的实现过程，也就是社会主义的实现过程。它昭示着世界社会主义运动的复兴，预示着社会主义作为一种运动、一种制度和一种信念将得到更广泛的支持。自鸦片战争以来，中国人民为实现国家富强、民族振兴、人民幸福的中国梦，前仆后继，视死如归，从太平天国与义和团的农民革命、封建贵族与知识分子的洋务运动、百日维新到资产阶级革命，虽然震天动地却终究梦想成空。如同西方早期试图救赎资本主义罪恶的空想社会主义者们，一腔热血却没有寻找到科学正确的方向。共产党人追求的共产主义理想建立在对历史发展客观规律的揭示之上，并带领中华民族找到了中国特色社会主义这条正确的道路，坚持以马克思主义唯物史观为指导，以中国的现实国情为依据，不断解放和发展生产力，以人民群众的利益为价值标尺，以实现共产主义为最高理想，坚持科学社会主义的基本原则，批判地继承了以往人类精神文明的优秀成果，充分展示了社会主义制度的优越性，是社会主义建设的精神动力和思想保证。

中国梦是中华民族对世界的承诺与贡献。现阶段，中国的民族复兴事业有了较为雄厚的物质基础作为支撑，然而民族文化的实力和影响力还未能得到同步的提升。越是民族的，越是世界的。我们需要进一步唤起民族的文化自觉，增强中国特色社会主义文化的自信力，推动中国文化的复兴，以“中国梦”推动“世界梦”，推动整个世界人类文明的发展，为世界做出更大贡献。2013 年，习近平在莫斯科国际关系学院的演讲中指出："中国将坚定不移走和平发展道路，致力于促进开放的发展、合作的发展、共赢的发展，同时呼吁各国共同走和平发展道路。中国始终奉行防御性的国防政策，不搞军备竞赛，不对任何国家构成军事威胁。中国发展壮大，带给世界的是更多机遇而不是什么威胁。我们要实现的中国梦，不仅造福中国人民，而且造福各国人民。"中国梦是中华民族对世界承诺的责任和贡献，中国梦的实现不仅会造福中国人民，而且会造福世界。实现中国梦，必须弘扬以爱国主义为核心的民族精神和以改革创新为核心的时代精神，凝聚中国力量，坚持走中国特色社会主义道路，大力发展中国特色社会主义文化事业。

增强对中国特色社会主义的自信力。实现中华民族伟大复兴的中国梦的提出和实践，是坚定中国道路自信、理论自信、制度自信与文化自信的集中体现。首先，中国特色社会主义道路，是实现我国社会主义现代化和创造人民美好生活的必由之路。"过去，我们照搬过本本，也模仿过别人，有过迷茫，也有过挫折，一次次碰壁、一次次觉醒，一次次实践、一次次突破，最终走出了一条中国特色社会主义成功之路。"[①] 中国特色社会主义道路，是中国人民在中国共产党的领导下一步步摸索出来的。新中国成立以来的历史实践证明，马克思主义和社会主义符合中国人民的意愿和价值追求，适应中国和时代发展的进步要求。中华民族已经实现了由积贫积弱到根本扭转命运，一步一个脚印地走向繁荣富强，这是一条建设富强、民主、文明的社会主义现代化国家的道路，也是一条实现中华民族

---

① 《邓小平文选》第3卷，人民出版社1993年版，第3页。

伟大复兴的道路。

其次，中国特色社会主义理论体系，是马克思主义中国化的最新成果，它和马克思列宁主义、毛泽东思想是坚持、发展，以及继承、创新的关系。马克思主义理论体系是实现中华民族复兴的科学真理。毛泽东曾经说过："主义譬如一面旗子，旗子立起来了，大家才有所指望，才知所趋赴。"旗帜指引前进的方向，引导中华民族走向伟大复兴正确方向的旗帜就是马克思主义理论体系。中国共产党在中国革命和建设实践中把马克思主义同中国具体国情相结合，创造性地继承和发展了这面旗帜，形成了毛泽东思想、邓小平理论等一系列马克思主义中国化的理论成果，这些理论成果源自于实践，立足于时代前沿，是与时俱进的科学理论。在它们的指导下，中国共产党领导中国人民克服各种错误倾向，在中国革命、建设与改革中不断取得新的胜利。

再次，中国特色社会主义制度，既坚持了社会主义的根本性质，又借鉴了古今中外制度建设的有益成果，是中国社会发展进步的根本制度保障。商鞅在《商君书》中说："夫圣人之治国也，能抟力，能杀力。制度察则民力抟，抟而不化则不行，行而无富则生乱。"这就是说，要治理好国家就应该知道怎样凝聚民众的力量和使用民众的力量。有好的制度，制度清楚，才能集中民众的力量建功立业。先进的社会制度是推动社会发展进步的根本保障。制度形成于成功的经验积累。社会主义基本制度确立之后，中国共产党人不断总结实践中的经验教训，推动社会主义制度的不断完善和发展，形成了中国特色的社会主义制度体系："人民代表大会制度的根本政治制度，中国共产党领导的多党合作和政治协商制度、民族区域自治制度以及基层群众自治制度等基本政治制度，中国特色社会主义法律体系，公有制为主体、多种所有制经济共同发展的基本经济制度，以及建立在这些制度基础上的经济体制、政治体制、文化体制、社会体制等各项具体制度。”[①] 这套制度体系具有强大的自我完善能力，是社会主义建设事业顺利发展与中华民族复兴事业得以实现的坚实保障。

最后，中国特色社会主义文化是中华民族复兴的重要支撑。文化如河，源远流长，文化的生长离不开持续的历史传承。文化如海，海纳百川，文化的发展离不开对古今中外优秀文化的有力整合。文化如山，高山仰止，文化力量的发挥在于培育起核心价值作为引领各种社会思潮的中流砥柱。中国特色社会主义文化主要包括中华优秀传统文化、革命文化和社会主义先进文化三个层面。“文化自信”是对全党全国各族人民精神状态的新要求。我们的文化是独特的，也是强大的，积淀着中华民族最深层的精神追求，代表着中华民族独特的精神标识，是社会主义发展过程中的重要动力和精神支撑。我们不仅要对自己的文化内容自信，更要增强文化主体的自信，以更加奋发有为的精神状态投入到中华民族复兴的伟大事业中去。

第四节　社会主义核心价值观汇聚共识

当前，要保障社会主义事业健康发展，沿着中国特色社会主义道路实现中华民族的伟大复兴，最重要的就是要进一步发展民族复

① 邸乘光：《“四个自信”：中国特色社会主义的自信——学习习近平总书记“七一”重要讲话》，《中共青岛市委党校（青岛行政学院）学报》2016 年第 5 期。

兴的精神条件，发挥社会主义核心价值观的意识形态引领作用，达成民众最广泛的价值共识。

一、社会主义核心价值观提出的现实语境

当代中国，社会主义核心价值观的提出有其深刻的社会历史背景。它是对中国社会主义建设过程中出现的各种问题的纠偏，也是对当今全球性的时代问题给予的积极回应。

社会主义建设中的成就与价值观问题。经过六十多年的发展建设，社会主义中国已经由建国初期的“一穷二白”发展成一个日益繁荣昌盛的现代化国家。中国人民依靠自力更生解决了13亿人的温饱问题，国民生活总体上达到小康水平。在工业、农业、国防和科学技术领域，中国在诸多指标上已经进入世界先进行列，经济总量跃居世界第二，成功实现了从低收入国家向中等偏上收入国家的跨越。在政治领域，人民代表大会制度、中国共产党领导下的多党合作和政治协商制度、民族区域自治制度和基层群众自治制度不断完善，社会主义民主法治建设不断加强，政治体制改革稳步推进。改革开放以来，中国共产党团结带领中国人民在发展社会主义民主政治建设方面取得了重大进展，坚持党的领导、人民当家做主、依法治国的有机统一，成功开辟和坚持了中国特色社会主义政治发展道路。在文化领域，坚持走中国特色社会主义文化发展道路，弘扬社会主义先进文化，推动社会主义文化大发展大繁荣，不断丰富人民精神世界，增强人民精神力量，努力建设社会主义文化强国。党的十八大以来，党中央坚持以民为本、以人为本执政理念，把民生工作和社会治理工作作为社会建设的根本任务，让改革发展成果更多

更公平地惠及全体人民。同时，按照尊重自然、顺应自然、保护自然的理念，贯彻节约资源和保护环境的基本国策，把生态文明建设融入经济建设、政治建设、文化建设、社会建设的各方面和具体过程，建设美丽中国，大力推进社会主义生态文明建设。

面对改革开放以来当代中国社会发生的巨大而深刻的变化，习近平总书记指出："今天之中国，同新中国成立以前的中国相比，同鸦片战争以后的中国相比，有天壤之别！"① 同时，我们也清醒地看到，中国特色社会主义是前无古人的伟大事业，前进的道路不可能一帆风顺。我国社会主义还处在初级阶段，面临许多没有弄清楚的问题和待解的难题，对许多重大问题的认识和处理都还处在不断深化的过程之中。就社会价值观而言，经济体制的改革，也带来了政治、文化、社会等方面的改变，在发展社会主义市场经济的过程中，人们的价值观也随着发生变化，社会价值观念相应地呈现出多元趋向。生活中，对财富的合理追求不再被人所诟病；在生产中，人们追求的往往是"最大效益"。在这种时代背景下，中国人的价值观念更多了一些对实际利益的关注，关注在实际生活中如何实现人生理想获得幸福。当竞争、效率等价值观念在市场经济中进一步得到强化，唯利是图、享乐主义、拜金主义等也在不断滋生。一些人为了金钱不顾良心、责任，不惜贪赃枉法，腐化堕落，这些人尽管是少数，但在社会上产生了很坏的侵蚀作用。对此，邓小平曾旗帜鲜明地指出，特别要防止只顾本位利益、个人利益而损坏国家利益、人民利益的破坏性的自发倾向，批判和反对损人利己、唯利是图、一

---

① 《习近平总书记系列重要讲话读本》，学习出版社 2014 年版，第 15 页。

切向钱看的腐朽思想，批判和反对无政府主义、极端个人主义。

全球化时代的文化价值问题。全球化时代，世界各国间的文化交流进一步扩展与加强，呈现出多元文化并存的局面，各文化间相互影响、相互渗透的程度空前增强。各种文明、文化与价值观念在异质与同质、差异与同一之间的紧张和巨大张力中相互碰撞。中国如何在异质、多元、差异的世界中既能“开眼看世界”，又不至于迷失自我、丧失自信，通过“中国梦”的展开在全球文化谱系中合理定位并保持民族的自我认同和真正的个性？如何使中国特色社会主义话语体系成为民族自觉的话语、民族自为的话语、民族自信的话语？这些都是摆在我们面前需要思考和应对的迫切问题。当前，我们处在世界文明发展速度最快的时代，一方面，这是一个开放的信息高度发达的时代；另一方面，这也是一个各种社会矛盾凸显、叠加和纠结的时代。随着经济全球化以及市场经济的发展，人们日益重视和强调个人的主体自由和权利，然而，这种源自西方文化传统的价值原则使得人们的社会责任意识日益淡薄，侵蚀了我国的文化事业与经济社会的健康发展，阻碍了社会主义和谐社会的建构，导致主流价值观对社会精神的引导作用被弱化。中国要实现和谐发展的目标，需要找到应对各种不同价值观挑战的有力武器。近年，一股历史虚无主义思潮在学术界以致整个社会生活领域蔓延渗透，有少数人用一些片面的材料和细节歪曲总体的历史真实，否定我们的革命历史、质疑我们的民族英雄、丑化我们的民族精神、瓦解社会主义核心价值体系，引发了一定程度的信仰危机和民族认同危机，最终很可能导致价值虚无主义和民族虚无主义。

社会主义实践的发展需要有力的核心价值观支撑。社会实践的发展是社会价值观发展的物质基础。在改革开放的实践环境下，一方面，个体逐步确立起新的主体性，更加能动地认识、把握、变革周围的环境，力求认识自己、确立自己、改造自己、发展自己，人们获得了更加广阔的自由发展空间。另一方面，新的实践也创造出了各种各样新的复杂的社会关系，人与人之间的矛盾在巨大的社会系统中不断展开、消解和转换，人们以不同的方式思考和行为，在新的社会向度下探寻更民主、文明、进步的解放之路。然而不论是个人的发展道路还是群体的发展道路，都需要明确的方向指引。社会主义核心价值观的提出，有利于强化社会主义意识形态的现实批判力，形成具有中国特色的具有科学性、时代性、民族性的价值观话语体系，并将其升华为广大人民群众的生活方式和生活理念，完成从国家意识形态话语向民众思想文化话语的转化。社会主义核心价值观既体现党和国家的意志，也充分反映广大人民群众的利益和发展要求，把政党、国家和人民群众的价值目标有机地统一起来，在政治、经济、文化、社会建设和生态文明建设等方面充分发挥意识形态的统领作用。我们需要认清时代发展的新特点，培育良好的社会心态，增进社会责任感，肩负起用社会主义核心价值观引领社会思潮、弘扬主旋律与传递正能量的社会责任。

二、社会主义核心价值观的科学内涵

近代以后，在传统社会文化、马克思主义文化与战争年代特殊的革命文化的共同锻造下，中国传统的价值观经历了一次次深刻转型，社会主义核心价值体系也在战争与革命的考验中一步步建立起来。进入全球化时代，随着世界图景的变化，人们对自己、对他人、对世界的理解和看法都在不断变化。在新的历史时期，新形势下，如何看待人们价值观念以及社会价值观的变化，如何进一步凝练、巩固和发展社会主义价值观，成为继续发展和壮大社会主义事业的重大课题。从历史发展的角度看，价值观从单一到多元，是一种时代的进步，价值观的变化扩宽了人们的活动天地，可以让人们找到实现人生价值的多种途径。然而，当社会的价值观呈现一种多元价值冲突的格局，不同利益主体的价值取向不同，也会使得社会价值观常常处于一种无序乃至冲突的状态，人们在多元的价值观面前会出现茫然迷失的困惑。这种情况说明，当代中国社会迫切需要树立起一面汇聚共识的“旗帜”，确立社会主义核心价值观。

一个社会的生产方式决定了生活在其中的人们的交往方式与价值观念。同理，什么样的社会，需要什么样的价值观。中国特色社会主义事业的发展需要社会主义核心价值观的支撑和引领。面对经济全球化、国际政治多极化和文化多元化的挑战，伴随着中国改革开放和社会主义市场经济的不断深化，中国共产党适时提出了大力建设社会主义核心价值观，以社会主义核心价值观引领社会思潮，尊重差异、包容多样，最大限度地形成社会思想共识。社会主义核心价值观是近现代中国百年以来，社会主义的价值追求在当代中国的必然选择，这一价值追求伴随着中国社会生活实践的不断丰富和发展，对世界文化和文明的发展，也是一个重要的推动。中国特色社会主义事业的成功发展，为我们破解有关发展道路问题的争论提供了有说服力的理论与实践依据，用社会主义核心价值观引领社会思潮、凝聚社会共识，是推动中国特色社会主义事业健康发展的需要。

党的十八大对社会主义核心价值观作了初步的阐述和凝练。社会主义核心价值观是对中西古今各种先进价值观念的传承与超越，是社会主义核心价值体系的精神内核，也是对社会主义核心价值体系的进一步发展。我们当前所倡导的“富强、民主、文明、和谐，自由、平等、公正、法治，爱国、敬业、诚信、友善”的社会主义核心价值观，既有面向构建什么样国家的价值观，也有指向建设什么样的社会的价值观，还有属于公民道德层面的价值观。它是弘扬国家的共同理想、凝聚社会的精神力量与建设个人的道德风尚三个层面的统一。国家和社会层面的核心价值观既是中国特色社会主义道路的本质体现，也是中国社会主义制度对中国人民的承诺、对人类未来命运的把握、对历史发展方向的定位；而公民道德层面的价值观则是人民群众生活的伦理规范，用来调节人们之间以及人与社会之间的关系。三者之间既有密不可分的联系，又有着性质和功能上的区别，共同构成中国社会主义核心价值观的重要内容。总体上说，以人为本是社会主义核心价值观的价值本质，这既是对马克思唯物主义历史观的继承，又是对中国古代民本思想的发展。我们还需要在此基础上进一步发展和完善能够充分反映中国特色、民族特性、时代特征的社会主义价值体系。

社会主义核心价值体系实质上就是社会主义国家的制度化的思想体系和观念形态的国家机器，是社会主义制度的内在精神和生命之魂。它体现着社会主义社会的本质，表达着社会主义的基本价值理念，引导着社会主义发展的方向和目标，决定着整个社会价值体系的基本特征和基本方向，从而也是整合并引领社会主义社会多样化价值取向的核心价值理念。社会主义核心价值观具有强大的激励作用，它可以引导社会多元价值观向着正确的方向行进。作为时代变迁的价值指南，它对社会民众具有独特的内在感召力和外在约束力，能够引导人们面对纷繁复杂的价值现象和价值冲突，做出科学合理的判断，进行恰当的价值选择，形成和遵守共同的社会道德规范。习近平指出："一个国家的文化软实力，从根本上说，取决于其核心价值观的生命力、凝聚力、感召力。"①

三、弘扬和践行社会主义核心价值观

社会主义核心价值观是一个动态的、发展的观念体系，它随着中国特色社会主义事业的推进，持续不断地丰富和完善。价值观在人们社会生活中的确立有一个"因政教则成风俗，因风俗则成心理"的过程，在新的社会历史时期，我们必须充分理论化中国经验，实现理论掌握群众，在价值观层面理顺现实性与超越性、社会性与个体性、民族性与世界性的关系，做好社会主义核心价值观的建设和传播工作，发挥社会主义核心价值观对于中国人民乃至世界人民的聚合力与亲和力。

积极建构核心价值观的大众话语传播体系。社会主义核心价值观的建构充分说明中国社会正在走向一种文化精神的自觉、自立与自强。我们一方面要正面面对特定的历史经验，面向现实的生活世界，面向多元的社会意识，面向多维的意义空间；另一方面要通过马克思主义价值观的理性逻辑将中国道路上升为"道"，将中国力量

① 习近平：《习近平谈治国理政》，外文出版社2014年版，第163页。

凝聚为“义”，将中国精神升华为“魂”。从中国的实际出发，立足于中国的历史与现实，牢牢植根于中华民族优秀传统文化的沃土，敏锐捕捉中国人民的意愿、实践、思维和语言，用中国的学术研究和话语体系解读中国实践和中国道路，建设具有中国特色、中国风格、中国气派的社会主义核心价值体系。马克思指出：“批判的武器当然不能代替武器的批判，物质力量只能用物质力量来摧毁；但是理论一经掌握群众，也会变成物质力量。理论只要说服人，就能掌握群众；而理论只要彻底，就能说服人。”[①] 要使理论能够充分彻底地被群众所掌握，变成改造社会、改造世界的物质力量，一个首要的前提条件就是要使理论掌握人民群众。这就要求核心价值观的传播工作需遵循深入浅出、形象生动、简单明了的表达方式，使用清新朴实、生动鲜活的语言，在概念范畴的具体应用中结合人民群众的思维习惯和语言习惯，把抽象的理论观念转化为通俗易懂的语言，把抽象的理论逻辑转化为生动形象的生活逻辑。

积极建构社会主义核心价值观的国际化传播渠道。我们必须精心建构、加快形成独具中国特色、能与国际对话的对外话语传播体系，积极拓展对外传播平台和载体，把当代中国的价值观念贯穿于国际交流和传播之中，不断增强中国成就、中国理念、中国道路的说服力和认可度。对中国成就、中国道路进行理论总结和概括，寻找制度原因和理论原因，形成科学准确反映中国共产党和中国人民这些年的奋斗、创造、经验的概念、理论、观点，向外传播，使中国道路、话语体系对西方、对全世界都具有影响力。注重传承那些

① 《马克思恩格斯选集》第 1 卷，人民出版社 1995 年版，第 9 页。

历经岁月沧桑而积淀下来的中华民族优秀传统文化，认真汲取其中的合理元素，充分挖掘其中符合时代精神、具有普遍意义的思想精华，积极打造同自身历史文化和民族精神相承接、具有强大思想引领力和现实解释力的价值传播系统。社会主义核心价值观的切实推进要求价值观话语体系不能仅仅作为单纯的学术或政治话语体系，而要面向现实生活世界进行话语追问与提升。作为文化意识，它要实现向社会主体的社会心理深度渗透；作为信念形态，它要实现对社会主体的价值信念的高度升华；作为意义建构框架，它要实现对社会文化系统的全方位整合。

凝聚共识，坚定自信，向着中华民族的共同奋斗目标迈进。习近平总书记在中国共产党建党九十五周年之际，提出了现阶段实现中华民族复兴的具体目标："现阶段，建设中国特色社会主义的主要任务，就是到2020年中国共产党成立100年时实现第一个百年奋斗目标、全面建成小康社会，为进而到本世纪中叶中华人民共和国成立100年时实现第二个百年奋斗目标、建成富强民主文明和谐的社会主义现代化国家打下坚实基础。"[①]"两个一百年"奋斗目标的实现要求全民族团结统一，坚定自信，在共同的价值信念指引下凝聚起持续前行的巨大精神合力。这一共同的价值理想，反映了我国社会客观实际与发展需要，体现了我国人民的迫切愿望和根本利益，关系到中国的国际地位和前途命运。

对于广大中国人民来说，什么样的人生是最光荣、有意义的人生，就是投身于建设有中国特色社会主义的伟大实践。在我国，每

---

① 习近平：《在庆祝中国共产党成立95周年大会上的讲话》，《人民日报》2016年7月2日。

个人的人生道路都与国家的发展紧密相关，建设有中国特色社会主义的“基本结论”和人生观建设的“最大光荣”是紧密联系在一起的。《中共中央关于社会主义精神文明建设指导方针的决议》指出：建设有中国特色社会主义，把我国建设成高度文明、高度民主的社会主义现代化国家，是现阶段我国各族人民的共同理想。当前，我们加强社会主义核心价值观建设，最根本的一点就是要坚定中国特色社会主义自信，坚定不移走中国特色社会主义道路，与时俱进拓展中国特色社会主义道路，不断开创中国特色社会主义事业新局面。

第五章

危机意识、文化自觉与国家认同

一部近代中国思想史，就是一部近代西方文化对中国的冲击史。“一八四零年鸦片战争以后，中华民族蒙受了百年的外族入侵和内部战争，中国人民遭遇了极大的灾难和痛苦，真正是苦难深重、命运多舛。”[①] 近代中国的危机意识始于百余年前，中国传统文化作为弱势文化备受欺辱压迫之际。由此，近代中国的文化自觉，从一开始就带有强烈的忧患意识和文化复兴的愿望。实现中华民族伟大复兴，是中华民族近代以来最伟大的梦想；当代中国的社会主义核心价值观，则是近代中国的危机意识在新的历史条件下的价值创造，凸显了具有充分时代意识的中国特色社会主义的文化自觉和国家认同建构。

第一节 近代中国的危机和忧患意识

进入近代历史之前，中国是东亚乃至亚洲历史上最先进、强大

① 《习近平关于实现中华民族伟大复兴的中国梦论述摘编》，中央文献出版社2013年版，第5页。

的国家，也是积淀和内容最为丰富的文化体，周边国家大都长期笼罩在中国主导的朝贡体系中。由于长期处于优势地位，中国对周边国家一直有着显著的优势心态和领导地位。18 世纪后期，随着科技的进步和工业革命的演进，西方中心主义的观念伴随着西方国家的殖民运动开始在全球扩张。进入 19 世纪，特别是鸦片战争以后，中国文化的内核遭受严重冲击。其问题集中表现为如何处理中国传统和现代西方文化之间的关系，即，在吸收西方的制度和器物文明的时候，如何安顿本土的价值秩序。与此相应，近代以来，国人一直都在一种忧患意识和文化自觉的氛围中寻求文化的本土化建设。冯友兰先生认为，无论哪个国家或民族，都必须以自己为本位，竞争生存，并主张用“性、习、情”的判别方法正确对待中西文化，从而为中国传统文化的本土化建设找到“自由之路”

一、近代中国危机意识的发生

在一般意义上，危机意识类似某种人们在正常状态下无法应对周边事务所带来的问题时会产生的焦虑感，这种焦虑感的累积和扩散积累到一定程度，会改变人们对于周边世界的认知态度。中国社会在各个不同时期曾出现过各种危机意识，比如制度层面的王权合法性建构问题，疆域拓展中所遭逢的“夷夏之辩”问题等。不过，鸦片战争之前的数千年里，在以孔孟为代表的儒家文化的影响下，中国社会建立起了超稳定的“人道一体”的文化体系和“天下一统”的文明，使中华传统文明耸立于世界文化之林，由此建立了稳固的精神家园。所以，上述的那些“危机”在相当长的时间内都能够在一个相对较为封闭的文明统一体内自足地加以解决。19 世纪中叶以后，随着鸦片战争的爆发，西方列强用坚船利炮打开了中国国门，中华文化因此受到冲击。面对中西文化的碰撞，中国人固有的、安宁的精神家园受到前所未有的冲击，受西方文化的影响，中国人开始不得不依赖与外部世界的互动来定位自己、确认自己。如何坚守中国本土文化，防止被异质文化同化或者吞并，成为近代中国人无法逃避的问题。因此，中国社会的“危机意识”有了“前近代”和“近代”之分。

不同于古代中国的伦理本位、职业分立，以及以伦理“理性”为主导的稳定的社会结构，近代以来，中国社会陷入了全面的危机之中，旧的社会构造出现裂痕，社会秩序出现混乱。晚清时局巨变，随之而来的是中西文化关系发生了根本性的变化。

> 在1898年百日维新前夕，中国的思想和体制都刻板地遵从了中国人特有的源于中国古代的原理。仅仅12年后，到了1910年，中国人的思想和政府体制，由于外国的影响，已经起了根本性的变化……在思想方面，中国的新旧名流，改变了语言和思想的内涵，一些机构以至主要传媒也藉此表达思想。在体制方面，他们按照外国模式，改变了中国长期以来建立的政府组织，改变了形成国家和社会的法律与制度。①

近代中国在西方列强的蹂躏下惨遭“落后挨打”，与古代中国的“辉煌盛世”形成巨大的历史反差。正是这种反差激发起了中国人深

① 任达：《新政革命与日本——中国，1898—1912》，江苏人民出版社1998年版，第215页。

深的危机和忧患意识，洋务运动、戊戌变法、新文化运动、新民主主义革命等无不体现了国人想迅速改变落后挨打命运的强烈愿望。实现中华民族伟大复兴，成了近代以来中国的最强音。

近代中国危机意识的产生，首先面对的是遭遇西方压迫下如何自存，即所谓“救亡”的问题。近代中国的前七十年是在清皇朝统治下，此时的清皇朝，是被帝国主义所利用的驯服工具。清皇朝覆灭以后，帝国主义又支持一个个代表地主阶级和买办官僚资本利益的军阀官僚势力。封建的土地关系、商业高利贷资本和一切前资本主义的剥削制度及其上层建筑，由于受到帝国主义的维护而得以继续存在，成为帝国主义统治和剥削中国人民的工具。帝国主义的侵略阻断了中国的工业化、民主化独立发展的道路，使得近代中国在成为半殖民地的同时，又处于半封建的境地。由此，近代中国面临着的两个主要问题是：一、如何摆脱帝国主义的压迫和统治，成为一个独立的国家；二、如何使中国近代化。这两个问题密切相关，因为落后，所以挨打；因为不断地挨打，所以更落后。换言之，近代中国，与中西冲突的历史现状相伴随的，是帝国崩溃后的道路、文化选择问题，这是以往任何一个朝代都未曾经历的难题。皇权丧失所引发的是从政治到深层心理发生的全面危机，而不是普通的王朝更替。它意味着千百年来靠皇权象征凝聚整合制度、社会、文化与心理的中国人，需要开始学会重新选择新的路径再造一个“中华民族”，近代中国的危机意识由此生发。

另外，近代中国的危机意识的发生不单是面对西方文化的挑战所做出的回应，也不是一个单纯的国家转型的困惑。西方文化的东渐扩张，“完全是被极卑鄙的利益驱使的，在谋取这些利益的方式上也很愚钝”，它依靠对殖民地人民的野蛮奴役来实现，是一种“用人头做酒杯才能喝下去的甜美琼浆”[①]。因此，它在扩张的过程中，必然伴随着广大的殖民地人民的民族运动，包括民族文化复兴运动。这样一种民族的、文化的运动，包含着两种历史趋向：

> 第一个趋向是民族生活和民族运动的觉醒，反对一切民族压迫的斗争，争取民族国家的建立。第二个趋向是民族之间各种联系的发展和日益频繁，属族壁垒的破坏，以及资本、一般经济生活、政治、科学等等的国际统一的形成。[②]

中国具有悠久的文化传统，拥有作为统一国家的长期历史，外来帝国主义列强的侵略和压迫，从一开始就遇到了中国人民的强烈反抗。从文化发展与变迁的角度看，西方资本主义扩张所引起的民族运动，在文化上必然引起民族文化危机意识的觉醒，激发国人奋力反抗西方文化的奴役和侵略，振兴本民族文化。同时，积极寻求打破民族文化本位，吸收新的文化因素，从而使民族文化融于世界文化的可能。

再者，一次世界大战以后，西方世界的现代性危机开始凸显，西方文明的问题逐渐显露。个人主义包含了自我中心的闭锁与孤独；一味追求经济发展给人类带来了道德和心理的萎顿；科学技术促进了社会进步，同时也带来了对环境、文化的破坏，造成了新的不平等。而第一次世界大战作为一个重要契机，它带给中国知识人的最

---

① 《马克思恩格斯全集》第 2 卷，人民出版社 1962 年版，第 68 页。
② 《列宁全集》第 20 卷，人民出版社 1989 年版，第 8 页。

大刺激在于，西方作为一种完美的现代国家榜样的神话开始被质疑。“中国知识界还没有来得及对近代资本主义的发展及其历史进步性取得较深入的认识和应有的评价，对资本主义的各种批判已纷至沓来。”①

最终，近代中国的危机意识，就在这种多重文化视域纠缠的境遇中产生了。一方面，是西方文明传入带来的刺激。如马克思所说："资产阶级，由于开拓了世界市场，使一切国家的生产和消费都成为世界性的了……过去那种地方和民族的自给自足的闭关自守状态，被各民族的各方面的相互往来和各方面的相互依赖所代替了。物质的生产是如此，精神的生产也是如此。”② 另一方面，是本土文化遭受的野蛮剥削与掠夺。1840 年鸦片战争到 1919 年五四运动前，中国人被迫从帝国主义即西方资产阶级革命时代的武器库中学来了“进化论”、“天赋人权”和资产阶级“共和制”等思想武器和政治方案，组织过政党，举行过革命，以为可以外御列强，内建民国。但是，都抵挡不住帝国主义与中国封建势力的勾结而败下阵来。一次次惨痛的失败和教训，打破了中国人学西方的迷梦。再加上资本主义自身发展暴露的问题：

> 随着那些掠夺和垄断这一转化过程的全部利益的资本巨头不断减少，贫困、压迫、奴役、退化和剥削程度不断加深，而日益壮大的由资本主义生产过程本身的机构所训练、联合和组织起来的工人阶级的反抗也不断增长。资本的垄断成了与这种

① 罗荣渠：《现代化新论：世界与中国的现代化进程》，商务印书馆 2004 年版，第 398 页。

② 《马克思恩格斯全集》第 4 卷，人民出版社 1962 年版，第 470 页。

垄断一起并在这种垄断下繁盛起来的生产方式的桎梏。生产资料的集中和劳动的社会化，达到了同它们的资本主义外壳不能相容的地步。这个外壳就要炸毁了。资本主义私有制的丧钟就要响了。剥夺者就要被剥夺了。①

所有这些不同视域的相互缠绕，使得近代中国在认识西方、定位自己的现代道路时困惑重重、焦虑丛生。

二、近代危机意识的内涵

近代中国，民族危机、社会危机、文化危机交相为厉，前所未有的危机境遇和时代苦难，激发起近代先驱的忧国忧民之思，促使他们去探索救国救民、改造社会之道。近代中国的危机意识承载着强烈的“救亡图存”的使命。

第一，忧患列强侵略、帝制腐败。近代以来，西方列强发动了一次次侵华战争，迫使清政府订立了一系列不平等条约，使中华民族面临严重的生存危机。近代先驱怀着强烈的忧患意识思虑国家前途，抨击列强侵略。冯桂芬、郑观应看到“夷患不已”而“梦寐不安，行愁坐叹”，“忧国念家，万虑垒集”，他们大声疾呼，“以期上下一心，重见唐虞盛世”。康有为分析甲午战后中国形势，指出当时的中国，处在“俄北瞰，英西睒，法南瞬，日东耽”的强邻围困之中，呼吁官僚士大夫起来挽救民族危亡。20 世纪初，中华民族危机更加深重。资产阶级革命派揭露帝国主义政治、经济、文化的侵略

① 《马克思恩格斯选集》第 2 卷，人民出版社 1995 年版，第 267 页。

罪行，痛斥帝国主义不顾天理、不依公法的扩张主义、侵略主义和强盗主义，其弱肉强食的侵略理论，已经完全背弃了革命时代的自由、平等、独立的旗帜。他们号召全国上下同仇敌忾，救民众于水火，扶大厦之将倾。在抨击西方列强的同时，近代先驱控诉君主专制政体的腐败。严复指出："自秦汉以来，无所谓天下也，无所谓国也，皆家而已。""安得不治世少而乱世多乎？"[①] 革命派抨击专制政体是野蛮政体、国民公敌，清政府实行妥协媚外的卖国政策，已成为"洋人的朝廷"、帝国主义的"守土长官"和"奴隶总管"，是使国家濒临灭亡的罪恶之源。

第二，忧患民生疾苦、国民不觉悟。近代先驱深切同情劳动群众的苦难。李大钊指出，世界上最痛苦最悲惨的就是劳苦群众，他们像牛马一般劳动，却过着不如牛马的生活。康有为目睹国家衰败、民生艰难，产生了"哀物悼世，以经营天下为志"。为此，康有为在"公车上书"中建议清政府实行务农、劝工、惠商、恤穷的养民方法，设想以土地公有化、工厂公有化和商业公营化来消灭民困。"早知稼穑之艰难"的孙中山则把土地国有作为社会革命的主要内容，提出平均地权，使耕者有其田，来解决民困问题。尽管由于历史的、阶级的局限，这些富民主张都未能实现，但近代先驱的一腔忧民之心昭然若揭。在探索救亡图存的过程中，近代先驱痛感国民素质严重缺陷。梁启超从中西方国民性的比较中指出了中国国民的保守性、盲目性和狭隘性，认为"欲其国之安富尊荣，则新民之道不可不讲。"并在其《新民说》中全面阐述了一个"新国民"应该具备的品

① 参见桑咸之《中国近代政治思想史》，中国人民大学出版社1986年版，141页。

德和能力，指出民德、民智、民力“实为政治、学术、技艺之大原”，“苟有新民，何患无新制度，无新政府，无新国家。”所以，“新民是今日中国之第一急务”[①]。严复则把鼓民力、开民智、新民德看作是自强之本。当时的激进民主主义知识分子认为，辛亥革命失败的根本原因就在于国民不觉悟，所以救国的首要任务就是打破封建思想对人们的束缚，扫除人们头脑中的封建愚昧。陈独秀号召人们以科学和人权并重，从消极、迷信、保守、退缩的束缚中摆脱出来，树立积极进取的人生观。李大钊则把教育农民、解放农民作为民族解放的首要任务。孙中山在总结了自己曲折的革命历程后疾呼，要“扶助农工”、“唤起民众”。近代先驱都认识到了民德、民智、民力的重要性，把国民素质的高低看作是国家强弱兴衰的根本。

第三，忧患图强之道和社会未来。面对内忧外患，近代爱国先驱立足对社会现实的批判，意识到要救亡图存就必须变革封建体制，学习西方先进制度。早期改良派主张实业救国，学习资本主义经济制度，把振兴工商业作为兴国之道，提出以“商战”使中国富强。洋务派则主张在不触动封建体制的前提下通过大办洋务即建立近代军事工业、组建新式海军、兴办民用工业来实现“自强求富”。维新派从洋务运动的失败中吸取教训，认为仅仅从局部变更封建体制远远不够，必须全面变法来改良社会，他们提出了一系列关于政治、经济、军事、文化改革的方案，试图依靠自上而下道路推行新政，变革中国社会。革命派总结了改良运动失败的教训，明确提出革命救国，主张以革命手段推翻清朝政府，建立民主共和国。从局部到

① 《梁启超选集》，四川文艺出版社 2009 年版，第 210—212 页。

全部从改良到革命，近代先驱在探索救亡图存道路上的种种救国方案，最终虽然没有把中国从半殖民地半封建的深渊中挽救出来，但却在不同程度上打击了帝国主义和封建主义，推动了中国社会的进步。面对内外交困的时代境遇，近代先驱始终憧憬美好未来，精心设计和描绘未来社会前景。康有为在其《大同书》中详尽描述了一个无私产、无阶级、无家族、无邦国、无帝王、人人劳动、人人相亲的至善至美的大同世界。孙中山则从民族、民权、民生三个方面描绘了资产阶级共和国的蓝图。这些对于未来社会的美好规划，反映了近代先驱对国家前途的忧思，激发了近代国人对美好未来社会的向往和渴望。

第四，忧患本土文化和新的文化形态的重建。近代中国文化危机是更为深刻的民族危机。鸦片战争以降，随着西方侵略势力的不断扩大，近代中国民族危机深重。与此同时，社会急剧转型，自然经济崩溃，传统的社会结构解体，新政治、新经济、新思想、新风尚蔚然而起，动摇了以儒家纲常名教为代表的社会精神支柱与道德规范，“礼崩乐坏”成为当时社会的普遍写照，中国传统文化陷入全面危机。面对新旧文化、中西文化的急剧冲突，近代先驱开始全面审视传统文化，批判儒家学说和纲常礼教。资产阶级思想家以西方文化为武器批判旧习俗、旧观念、旧道德。康有为借用历史进化论重新解释公羊三世说，并将之作为变法的理论基础。严复在甲午战后的民族危机之下，广泛比较中西文化的异同，提出标本兼顾的整体性的学习西方文化的理论和方案，主张以“开民智”为中心，实现文化的创造者“人”的智力结构、思维方式、伦理观念、价值观念、政治观念等的近代化，促进文化载体——经济、军事和社会政治制度层面的近代化。革命派把对封建思想文化的批判和民主革命的任务结合起来，把思想解放作为民族解放和政治革命的先导，提出“欲脱君权、外权之压制，则必先脱数千年来牢不可破之风俗、思想、教化、学术之压制。”① 新文化运动的领袖以民主和科学作口号，号召打破封建思想文化的束缚，树立自主、进步、进取、开放、务实、科学的新思想、新文化。近代国人的文化忧思，表现出近代先驱卓越的智慧和远见，构成了近代中国危机意识的深刻和本质内涵。

三、近代危机意识的时代特征

近代危机意识是近代中国社会现状在思想意识形态的集中反映，是近代中国精神文化遗产的重要组成，具有鲜明的时代特征。

近代中国的危机意识和责任意识紧密关联。救亡图存是近代忧患意识的主旋律。面对亡国灭种的危机，近代先驱者没有坐而论道，他们在悲愤痛苦中觉醒，在危机重压下抗争，以天下兴亡为己任，把忧国忧民之情化为爱国爱民之心、报国报民之志和救国救民之行。在民族危机面前，林则徐亲自率军抵抗英军入侵，康有为、梁启超积极领导维新运动，孙中山坚持把政治斗争、思想斗争和武装斗争结合起来以救国难，李大钊“铁肩担道义，妙手著文章”，“自束发受书，即矢志努力于民族解放之事业，实践其所信，励行其所知，为功为罪，所不暇计”②，体现出高度的历史使命感和责任意识。

向西方学习，走自己的路是近代中国危机意识的主要价值诉求。中国传统文化衍生于中国悠久的历史，在以自然经济为依托的封建

① 参见桑咸之《中国近代政治思想史》，中国人民大学出版社 1986 年版，第 182 页。
② 《李大钊全集》第 5 卷，人民出版社 2006 年版，第 230 页。

专制统治下，以儒家思想为主的传统文化话语始终居于文化的一元主导地位。鸦片战争以后，西方的坚船利炮粉碎了中国人“华夏中心”的迷梦，在列强逐步入侵、国家主权大量丧失的激发下，近代先驱痛感旧体制的腐败，他们看到了科学技术的落后，发现了经济、政治制度的弊端，同时也看出了自身思想文化上的缺陷，把学习先进的西方作为改造中国社会的捷径。因此，不仅借用西方革命理论来论证自己斗争的合理性和必要性，还借鉴西方资本主义制度来变革中国社会，试图通过向西方学习把贫弱可欺的中国变成一个近代化的强国。近代先驱倡导向西方学习，但明确反对全盘西化，主张冷静看世界，不盲目崇洋。梁启超、章太炎等批判一些人热衷于欧风美雨、主张全盘西化的错误。孙中山说：“我们拿欧美已往的历史来做材料，不是要步他们的后尘，而是要建立一个驾乎欧美之上的全民政治的民国。”

近代中国的危机意识包含着理性的乐观精神。危机意识，是基于对某种威胁的认识而产生的一种不安全感。就危机意识本身而言，其作用的发挥客观上取决于对现实或潜在威胁的判断是否正确。中国近代所发生的全面危机自古未有，在“历法时间”中处于共时态的东西文明，在“历史时间”中却分别处于封建主义与资本主义两个不同阶段。由此，中国人在近代转型的过程中，面临着一个“列文森悖论”，即，理智上逐渐认可西方的“价值”，但目光又无法从“历史”中移开，在情感上仍认同于历史中形成的人文传统。按照杜维明的分析，这种悖论状态是因为对“过去”的留恋缺乏现代的智性支持，而对现实价值的认同又缺乏情感强度的支撑。因此，近代中国，面对西方文明的强烈冲击，很容易产生虚骄、虚无这两种心态。为此，近代先驱立足近代中国实际，坚持爱国而不妄自尊大，忧患而不自暴自弃。梁启超说：“今天下可忧者莫中国若，今天下可爱者莫中国若。吾愈益忧之，则愈益爱之，愈益爱之，则愈益忧之。”他预言少年中国必将胜于欧洲，雄于地球。孙中山也坚信中华民族一定能够发奋为雄，无敌于天下。在国家濒临灭亡的危机时刻，近代先驱以满腔热情对国家前途进行了精心的设计和描绘，展现出强烈的民族自尊和自信。

历史经验证明，在半殖民地半封建的中国，一切工业救国、教育救国的主张，最终没有能实现中国独立自强的近代化目标，也无法动摇原有的政治和社会秩序。唯有首先解决民族独立的问题，才能改变中国所面临的恶性循环的命运；只有先争取民族的解放和国家的独立，才能谈近代化的政治、经济、文化的建设。诚然，帝国主义列强在侵略中国中的相互矛盾，帝国主义在中国的代理人之间的相互矛盾，是落后的中国争取解放、独立可以利用的条件，但根本的问题还在于要把中国一切反对帝国主义侵略压迫的力量动员和团结起来。作为这个阶段的最大成果，在中西文化、古今文化的激烈争论和碰撞中谋求中国文化新生的中国人，最终选择了马克思主义并将其中国化，在中国共产党的领导下，摆脱了西方的压迫和帝国主义的枷锁，结束了半殖民地半封建社会的历史，实现了国家独立，从而为中国的近代化、现代化开辟了宽广道路。

忧患意识是中国传统文化的精华，近代先驱继承了古代忧患意识，同时积极反思时代发展和文明进步，不断变换、拓展其价值关切，把忧思引向更广阔的空间和更长远的时间。他们突破华夷之辨的局限，开始思考整个中华民族的命运；突破传统的忧世局限，开始关心人类整体的命运；突破了对现世忧思的局限，开始思考人类社会的未来。近代中国的危机意识承前启后继往开来，为现代危机意识的形成奠定了基础。

第二节　文化自觉和文化重建

鸦片战争以降，随着西方侵略势力的不断扩大，近代中国的民族危机日益深刻地表现为一种“心态失衡”、社会失范的文化危机。“中国近百年来的危机，根本上是一个文化的危机。”[①] 这一文化危机集中表现为以儒家纲常为代表的传统文化作为社会精神支柱的根本动摇，中国传统文化面临着如何消化西方、重建自我的严峻挑战，因文化危机激发的文化自觉使得近代中国获得了文化新生。

一、文化危机及其内涵转换

按照梁启超基于进化论观点的分析，近代中国对于民族危机的认识，经历了一个逐步深入的过程。梁启超将之概括为三个时期：第一个时期从鸦片战争到洋务运动，第二个时期从甲午战争到民国初年，第三个是新文化运动时期。梁启超认为，国人文化危机意识的形成始于第三个时期，并依次经由器物、制度层面，最终达到深层次的一种民族自觉。它意味着，文化危机意识的形成也是一个渐进的过程，所谓器物、制度层面必然包含着某种文化理解。无论是

① 贺麟：《文化与人生》，商务印书馆 1988 年版，第 5 页。

魏源的“师夷长技”，还是洋务派主张的“中体西用”，其间或多或少都包含着中国文化有不如人处的前提预设。严复通过反省甲午败绩，比较中西，更进一步地显现出中国文化岌岌可危的忧患意识。在《论世变之亟》一文中，严复写道：“我四千年文物声明（名），已涣然有不终日之虑。逮今日而始知其危，何异齐桓公以见痛之日，为受病之始也哉！”[①] 近代中国，以章太炎为代表的晚清国粹派，第一次明确地提出文化危机是中国更为深刻的民族危机这一重要见解。他们认为，近代的西方侵略者不同于历史上落后的少数民族，他们的侵略不限于政治、经济、军事，而且力图从文化上亡我中国。一旦文化澌灭，民族“元气”尽消，中国所面临的将不仅是亡国，而且将陷万劫不复的灭种之灾：“学亡则亡国，国亡则亡族。”因此，他们强调文化救亡是民族救亡的根本，提出了“保种、保国、存学”的口号，主张“爱国以学，读书保国，匹夫之贱有责焉”，淋漓尽致地表达了时人心中沉重的文化危机感。新文化运动时期的陈独秀等对传统文化进行了全面猛烈的批判，在不同层面上更为深切、系统地表达了国人的文化危机意识，并将之提升到了富有理性批判精神与思想解放意义的全新高度。

近代志士仁人的文化忧思，在新文化运动之前尤其是在晚清，追求的目标主要是对固有文化的“保”或“存”，如康有为主张“保教”，张之洞倡导“存古”，晚清国粹派提倡“存学”。新文化运动时期是国人的文化危机意识发生内涵转换的重要转折点。在陈独秀等全力批判传统的同时，梁启超提出了“中国人之自觉”的重要命题，

---

① 《严复集》第 1 册，中华书局 1986 年版，第 2 页。

反对妄自菲薄，并断言中国虽落后，但在全人类文化史中尚能占据一个位置。梁漱溟用直觉论批判西方的现代性观念，提出了著名的世界文化发展三种路向说，并自信中国文化将复兴。梁漱溟认为，在古代，儒家和西方走不同的路，有不同的生活态度，儒家没有发展出西方的资本主义生产方式是“自然”现象，但这并不意味着现在和未来也同样如此。梁漱溟对未来儒家伦理“理性”与中国现代性之间的融合关系确信不疑，他在其乡村建设中努力要做的就是要在儒家伦理“理性”思想内开发出现代性发展的资源，为中国的现代性发展寻求精神支柱，充分体现了五四以后知识阶层为中国现代性发展寻求价值依托的文化自觉。

五四之前的文化危机意识，更多体现为强调“要救国就要讲维新，讲维新就要学西方”，即不断追求西学和否定中学的价值取向。五四以后，随着民族主义运动的空前高涨，国人的文化自信心得到极大提升。钱穆在其《国史大纲》引论中说：

> 以我国人今日之不肖，文化之堕落，而犹可以言抗战，犹可以言建国，则以我先民文化传统犹未全息绝故……我民族国家之前途，仍将于我先民文化所贻自身内部获得其生机。[①]

同时期的胡适在《独立评论》三论“信心与反省”，一方面要求人们反省“祖宗的罪孽深重”，而不必一切怪罪于帝国主义，同时主动顺应潮流，发表《悲观声浪里的乐观》，承认中国社会毕竟有了

① 钱穆：《国史大纲》上册引论，商务印书馆 1994 年版，第 32 页。

“大进步”，不应该悲观，而“应该勉励我们鼓起更大的信心来”。五四是一个重要的分水岭。第一次世界大战后，西方资本主义文化的内在矛盾和弊病开始集中显现，西方资本主义文明的危机激发国人重新审视中西文化成了合乎逻辑的必然。而且，最重要的是，五四前后，尽管民族危机犹存，但国人毕竟已站立在民族国家新的时代支点，其视野、心态与胸襟，和晚清时期已不可同日而语。对此，贺麟写道：

> 近数十年来，虚心努力，学习西洋新学术，接受西洋近代化的结果，我们整个民族已再生了，觉悟了，有精神自由的要求了，已决非任何机械武力、外来的统治所能屈服了。①

五四前后，是近代文化危机意识内涵深刻转换的重要节点。鸦片战争以后的七十多年间，在时代潮流的推动下，中国文化思想的发展呈现两种反方向的变化。从新思想的传播方面，是从那种没有反抗精神、充满对王朝忠诚的“师夷长技以制夷”，一步步发展成主张对旧文化传统坚决实行“根本扫荡”的新文化运动，这是呈现为不断减弱直至消除对旧传统妥协心态和调和方式的激进进攻线路。而从旧思想的维护方面，则是在新思想的进攻下，一次次不断展开的文化的新旧之争、中西之争，民族性和现代性之争，保守与激进之争。这期间，中西文化交错并存，时起时伏，曲折反复，但总的趋势是：国人认识西学，总是以固有文化为出发点，通过中西比照，

① 贺麟：《文化与人生》，商务印书馆 1999 年版，第 20 页。

发现西方文化的长处，映照出传统文化的不足。于是，向西方学习成为中国走向现代化的必然选择。同时，在西方文化的折射下，又发现中国文化的内在优势，进而促成传统文化的近代复兴。新文化运动以后，近代中国的文化危机意识开始全面转向要求重新审视中西文化，在恢复文化自信与坚持学习西方的基础上，积极开展富有理性的文化争论和学理探讨，努力谋求民族文化复兴。

二、文化自觉的内涵与时代意义

近代中国的危机意识，源于国人对于近代中国内忧外患的忧思，在其更深层次上，标志着近代中国文化自觉的开始。什么是文化自觉？按照费孝通先生结合历史传统和时代特点的经典论述：

> 文化自觉是指生活在一定文化中的人对其文化有“自知之明”，明白它的来历，形成过程，所具的特色和它发展的趋向。不带任何“文化回归”的意思，不是要“复旧”，同时也不主张“全盘西化”或“全盘他化”。自知之明是为了加强对文化转型的自主能力，取得决定适应新环境、新时代时文化选择的自主地位。[①]

近代中国的文化自觉，肇始于中国文化传统遭受西方文化的冲击之际。正如英国人类学家科恩所说：“一个社会群体只有在被逼到自身文化的边缘时，才又重新发现本身的文化，并对此文化重加评

① 费孝通：《反思·对话·文化自觉》，《北京大学学报》（哲学社会科学版）1997 年第 3 期。

估。”[1] 近代中西文化的遭遇、碰撞，是中国历史的一个重大转折。长达两千年的封建社会，中国一直保持着“文明大国”的文化优越感。鸦片战争爆发，在西方文化的冲击下，中国文化被迫卷入现代化进程，即便如此，当时的清朝统治者仍然没有放下“礼仪之邦”的心态。直到甲午战争失败，八国联军侵华，民族危机进一步加深，中国人才真正意识到中西文明在发展层面的差距。在被动的现代化面前，中国文化长期纠结于传统与现代、外来文化与本土文化相互冲突所引发的“文化失衡”和文化背反心理之中。它具体表现为：中国文化如果为维护民族尊严和情感固守自己的本土民族性，极力维护自己的传统，拒斥西方文化，会导致中国与西方的差距越来越大；如果认同西方文化的先进性和超越性，并主动用其来改造长达几千年之久的传统文化，也有可能导致对本民族文化的不自信，从而丧失民族尊严。这种文化背反心理使得近代中国长期陷入两难境地，再加上西方列强野蛮入侵带来的屈辱和挫败，近代中国思想文化的主流一直围绕着民族危机和文化危机而展开。

> 对于近代中国人来说，重新确认自己不是个人成长过程中的自然事件，而是一种集体命运。由于传统社会制度和伦理结构的崩解，我们的社会角色本身不再能提供道德评价的客观基础和理解我们自己的条件。[2]

这期间以各种方式出现的有关中西文化的长期争论，归根结底

① Anthony P. Cohen. *The Symbolic Construction of Community*. Routledge. 1985. p. 69.

② 汪晖：《汪晖自选集·自序》，广西师范大学出版社 1997 年版，第 2 页。

一直围绕着一个问题，即：在西方文化的强烈冲击下，中国人究竟能不能继续保持原有的文化认同？还是必须向西方文化认同？

发端于一种危机意识的文化自觉，其发展成熟更是一个复杂艰巨的过程。它要求认识自己的文化，理解所接触到的其他文化，进而在多元文化的世界里确立自己的位置。同时，经过自主适应，和其他文化一起，取长补短，和平共处，各舒所长，联手发展。在此意义上，文化自觉首先要求能够深刻认识自身文化历史传统的最根本的种子或基因，并为这个基因的发展创造新的条件。费孝通先生指出：文化的生和死不同于生物的生和死，它有它自己的规律，它有它自己的基因，也就是它的种子……种子是生命的基础，没有了这种能延续下去的种子，生命也就不存在了。这种文化也是一样，如果要是脱离了基础，脱离了历史和传统，也就发展不起来了。因此，历史和传统就是我们文化延续下去的根和种子，主动自觉地维护一种文化的历史和传统，使之得以延续并发扬光大，是文化自觉的首要之义。

文化自觉集中体现为文化的主体性价值诉求。费孝通先生强调，文化自觉的意义在于生活在一定文化中的人对其文化有“自知之明”，其目的是为了加强文化转型的自主能力，获得适应新环境、新时代中文化选择的自主地位。“无论哪个国或民族，都须以自己为本位，竞争生存。”① 近代以来，国人一直在一种文化自觉的氛围中发掘、寻求文化的主体性。文化主体性，反映了一个民族对自身文化的推崇与认同，体现了一个民族的国民品格、价值理念、道德规范

① 冯友兰：《贞元六书》，华东师范大学出版社1996年版，第228页。

等深层次的东西，是一个民族赖以生存的精神支柱。在其内涵构成和发展趋向上，文化主体性既是本民族文化自觉、自信与自强的过程，又是本民族文化与外来异质文化相互融合，充分吸收异质文化的优秀基因，然后融入本民族文化的过程。所有活的文化都是充分利用开放的优势，在和异质文化的融合和碰撞当中发展的。

因此，基于文化自觉的文化主体性建设，首先要立足本土语境和本民族文化的优秀资源，守护与传承中华民族优秀传统文化。优秀传统文化是中华民族的宝贵精神财富，是建设中华民族共有精神家园的力量源泉。守护和传承中华民族优秀传统文化，是建设文化主体性最重要的文化自觉。同时，要在传统文化与现代文化之间保持适度张力。传统文化是文化主体性建设的历史根基，现代文化是文化主体性建设的活力源泉。传统因为现代不断获得新的生命力，现代因为传统而获得深厚的历史认同。“任何文化它都是有根的，因此要了解一种文化就是要从了解它的历史开始。这种文化的根是不会走的，它是一段一段的发展过来的。”[①] 守护历史传统文化，要注重它的一步一步发展过程。文化主体性建设不是一味回归传统走“复古”道路，如果只是固守本民族文化，很容易形成夜郎自大、唯我独尊的文化心理。而这种心理一旦遇到外来强势文化，往往不知所措，丧失自我。同样，也不能一味否定传统，走向“西化”极端。五四以来的复古论和西化论思维，前者主张完全回到传统，拒斥一切外来文化，这种文化思维模式只是简单复制传统文化中的形式性的东西，没有能够把握中华文化的精髓，更不懂得结合时代特征对

① 费孝通：《文化与文化自觉》，北京群言出版社 2010 年版，第 259 页。

传统文化进行现代创新，无法赋予民族文化真正的主体活力；西化论则主张将西方文化完全移植到中国本土，对中国本土文化进行彻底的改造，忽视了文化的民族性与多样性。从文化的本质来看，无论是复古论，还是西化论，都是不可取的，都不能完成中华文化主体性建设的重任。

另外，文化的主体性建设，离不开与外来文化的交融互鉴。中华民族的优秀传统文化，五千年的文明，之所以绵延不断，历久弥新，充满生命力和活力，很重要的一个因素是因为我们始终坚持开放、包容，海纳百川，有容乃大。坚持包容精神，尊重世界各民族的优秀文化内容，尊重它们与中华文化的差异性，在差异性中加强本民族文化与外部异质文化的交流与对话，合理吸收外部异质文化中的先进性因素，真正增强自身的文化主体性，有效抵制各种文化威胁。

当代中国，文化创新是展示文化主体性与文化自觉的时代内涵的灵魂和关键，是自觉抵制复古论、西化论，正确处理文化的传统与现代、外来与本土关系的重要路径。当前，推动文化创新，提升文化竞争力，既要面向传统，积极推动中华传统文化的创造性转化和创新性发展，也要面向世界，将本民族的文化创新深深扎根于世界文化的沃土，使自身获得源源不断的创造源泉，并从人类发展的实践高度不断创新文化，积极将本土化的经验和价值融入世界文明潮流，充分展示当代中国的文化自觉与自信。“非西方社会远不只是西方创造的历史的客体，而是日益成为它们自己的历史和西方的历史的推动者和塑造者。”[①]因此，当代中国的文化自觉不仅要推动和塑造本民族的历史，还要成为世界历史的推动者和塑造者，在文化自觉、文化自信基础上建设文化强国。

三、近代民族文化的重建运动

五四前后，国人文化危机意识内涵的深刻转变，集中体现为对于文化重建和民族复兴的自觉追求。新文化运动以后，围绕复兴民族文化的目标，中国社会掀起了一系列影响深远的民族文化重建运动。

一是由胡适倡导，发端于新文化运动，为了“再造文明”的“整理国故”运动。1919 年 12 月 1 日，胡适在《新青年》第 7 卷第 1 期发表《新思潮的意义》一文，提出“研究问题，引进学理，整理国故再造文明”的口号。胡适提出：“新思潮的唯一目的是什么呢？是再造文明。这是我对于新思潮运动的解释。这也是我对于新思潮将来的趋向的希望。”[②] 在此，胡适第一个提出了“再造文明”，即重建中国文化的目标，明确这是新文化运动进一步发展的方向。在胡适等人的推动下，顾颉刚等的“辨伪史”工作得以顺利开展。1923 年 5 月，顾颉刚《与钱玄同先生论古史书》在其主办的《读书杂志》发表，标志着一个新的重要学派“古史辨派”的兴起，推动了“整理国故”运动的高涨。对此，郭沫若评论说：“整理国故的流风，近来几乎成为了一个时代的共同色彩。”尽管到了 20 年代后期，因为时局剧变与自身的局限，“整理国故”运动渐归止歇，胡适所说的“再

① ［美］塞缪尔·亨廷顿：《文明的冲突与世界秩序的重建》，新华出版社 2010 年版，第 32 页。
② 《胡适全集》第 1 卷，安徽教育出版社 2003 年版，第 697 页。

造文明”的目标也远未达到，但这场运动看到了学术研究是文化的核心，其“再造文明”的学术实践不仅为中国学术由传统向现代的转型，包括现代学术体系的建立、科学研究方法的运用，以及现代学术研究机构与团体的创建等奠定了重要基础，更为近代中国民族文化的重建，提供了重要的学术支持。

二是近代中国的各种文化论争，作为文化变革与建设的先导，构成了民族文化重建的有机部分。从新文化运动到抗日战争的二十多年间，中国社会发生了很多次文化争论，其中最重要的有东西文化之争、中国本位文化与全盘西化之争。这两场论争一脉相承，但在内涵上又有明显区别，反映了国人对文化重建认识的深化。经过争论，文化重建必须坚持科学与民主，成为社会普遍共识。新文化运动高举科学与民主旗帜，力主“东方文化”的梁启超对此也充分认同，与胡适共同成为倡导以“科学方法”整理国故的主将。国民党《文化运动纲领》强调“讲求科学，笃行真理”和“树立民主政治之楷模”，中国共产党主张“民族的科学的大众的文化”，科学与民主贯穿了当时文化论争与文化重建运动的全过程。另外，当时的文化论争也有力地推动了复兴民族文化大方向的确立。在关于中国本位文化与全盘西化的争论中，“西化”、“东方化”的表达逐渐被“现代化”、“工业化”等更加具有现代和科学色彩的概念所取代。冯友兰认为，“工业化”这一概念可以包容“中国本位”与“全盘西化”论所内含的合理因素，而又有别于晚清洋务派。对此，他借用黑格尔的历史哲学，指出：

清末诸人的主张是“正”，五四时代是“反”，我们今日的主张是“合”，“合”虽然有点像“正”，然而他已包有了“反”在内。[①]

在这里，文化概念的改变本身，说明了人们对文化重建问题的认识前进了一大步。最重要的是，争论各派最终都归趋于认同文化重建的大方向，即抗战建国、复兴民族文化。“今日是我们为复兴民族而奋斗之日，也是为复兴民族文化而奋斗之时”，复兴民族文化成为时代最强音。

三是发端于抗日战争，为了“抗战建国”的“全国文化建设运动”。1935 年底，国民党第五次全国代表大会通过《确定文化建设原则与推进方针以复兴民族案》，提出了“文化建设之振废，关系国家兴衰民族存亡，至深且巨”，以及推进全国文化建设运动等 14 条方针。文化建设运动由此发端。1938 年，国民党临时全国代表大会通过《抗战建国纲领》和《关于确定文化建设原则纲领》提案，强调“文化建设之于建国工作与国防建设、经济建设同其重要”，提出“当以文化力量，发扬民族精神，恢复民族自信，以达民族复兴之目的”。这场文化建设运动一直贯穿八年抗战的始终，它第一次提出了“文化建设”、“民族文化建设”、“全国文化建设运动”以及“民族文化复兴”等一系列重要概念。不同于“整理国故”运动主要由少数民间学者发起与推动，且主要限于学术研究领域，“抗战建国”的文化建设运动由国民党及国民政府由上而下发起与推动，并作为抗战建国总体战略中一个重要的有机组成部分，不仅具有全国规模，且举全国之力，其声势与影响使得“抗战建国纲领”成为当时包括中

① 罗荣渠主编：《从“西化”到现代化》，黄山书社 2008 年版，第 328 页。

国共产党在内各党派所认同的共同“国策”。在“文化建设运动”的团结推动下，大批“文化人”奔赴抗日前线与广阔大后方，以各种喜闻乐见的文化形式动员民众，高扬民族精神，直接服务于全民抗战，对国人进行了广泛的文化普及，积极宣传文化建设在抗战建国与实现民族复兴中的重要地位与作用，增强了国人重视文化建设的意识与自觉，从而为新文化建设奠定了广泛的群众基础。抗战胜利后，政局的变动使得这场文化建设运动最终没能进一步继续，但抗日战争的伟大胜利既是中华民族复兴的起点，抗战中的文化建设运动也成为民族文化复兴的起点。

四是选择马克思主义，回应文化危机。在中西文化、古今文化的激烈争论和碰撞中，探索中国文化的新生，必然涉及到整个社会政治经济在内的整体性改造。此时，马克思主义传入中国和苏俄革命的示范，带来了新的思想世界和社会改造的新选择，近代中国知识分子从中看到了拯救中国社会与中国文化的出路，马克思主义从此进入中国知识分子的视野。近代以来，中国文化发展的主题是吸收西方文化借以改造传统文化救亡图存，马克思主义受到中国知识分子的认同和向往，一个基本原因就是马克思主义满足了中国文化的根本诉求，它站在被压迫者、被压迫民族的立场，在资本主义弱肉强食的时代让中国人看到了希望，为中国社会走向新生打开了一扇大门。同时，马克思主义具有强烈的实践品格，致力于解决现实社会的问题，它与中国文化注重现世生活的入世倾向不谋而合，与中国文化注重践履的精神相一致，这种取向也正适合了近代中国社会变革的实践需求。

马克思主义传入中国既是中国社会和文化发展史上的重要事件，

也是马克思主义世界传播史上的重要事件。以李大钊为代表的中国知识分子对于马克思主义的选择，是对近代以来中国文化危机的积极回应与自救努力，这种选择体现了马克思主义本身的某种特征，也体现了中国文化对于自身发展的一种自觉选择。

第三节　近代知识分子群体的精神取向

中国文化从传统走向现代的进程，步履维艰。面对西方文化的传入和冲击，中国的现代化道路何去何从，怎样才能使中国文化的发展摆脱困境，适应时代潮流，近代中国知识分子上下求索，提出了各种各样的主张，表现出了前所未有的矛盾、分裂和彷徨，更有前所未有的勇气、激情与担当。

一、从传统士绅到近代知识阶层

近代中国是中国社会的思想文化由传统向现代过渡、转型，具有承前启后意义的关键时期。这一时期，无论是思想文化的内容，还是制度性的传播媒介都发生了一些突破性变化，而这些变化的发生，都和这一时期新的知识阶层的大量涌现有关。

中国古代，常用“儒”或“士”来统称那些有知识修养和思想能力之人，这些作为“读书人”的士绅阶层，不仅拥有国家所赋予的功名，具有种种法律和政治的特权，更重要的是在文化上拥有威权。按照传统儒家的理想与社会期待，中国社会的士绅阶层，秉承天命、天道，在现世社会肩负弘道的使命，“士志于道，任重而道”，他们以道统自命，与王权平行，代表着一般的心灵秩序和道德威权。可谓在朝为中华帝国的官僚，辅助君王统治天下，在野为地方领袖，领导乡民建立民间秩序。封建中国数千年历史，社会唯士大夫马首是瞻，士大夫也以天下己任为自我使命，传统士绅一直高居“四民社会”（传统中国的士农工商）之首，扮演着传统社会的中坚和枢纽，成为传统中国当仁不让的社会重心。这样的社会格局，直到19世纪末发生了三千年未有之变局，才受到了根本性的挑战。

1905年科举制度的废除，传统士大夫阶层失去了制度上的保障，新型知识阶层虽然凭借现代学校和公共传媒拥有文化的影响力，但随着商人和军人地位的上升，读书人的地位下降，已不再被视为社会重心。与此同时，作为中华帝国礼治秩序重要部分的士农工商及其等级秩序，因为晚清国民观念的出现，原有的四民社会格局被打破了。1899年，梁启超在《论近世国民竞争之大势及中国前途》一文中，首先提出了“国民”这一观念：

> 国民者，以国为人民公产之称也。国者，积民而成，舍民之外，则无有国。以一国之民，治一国之事，定一国之法，谋一国之利，捍一国之患，其民不可得而侮，其国不可得而亡，是之谓国民。①

近代国民观念的出现，无论是以梁启超为代表的改良派侧重国家意志层面的阐释，还是以《民报》为代表的革命派强调民权本位，

① 《梁启超全集》第1册，北京出版社1999年版，第309页。

都预设了所有国民在国家面前人人平等，从而在法律和政治层面否定了传统四民社会的不平等，它意味着，士大夫从此不再享有社会的特权。不仅如此，当国民藉以存在的民族国家，处于一个西方列强竞相掠夺、充满紧张冲突的世界之中，能力的竞争成为关键。按照梁启超在《新民说》中的论述，“今日谈救国者，莫如养成国民能力之为急”[①]，即民族国家要强盛，取决于是否有德力、智力和体力全面发展的国民。国民不是法律上的身份，而是一种智性上的自觉，一种适合竞争的生存能力。由此，传统士绅修身与经世的两个实践面向，由于近代中国内忧外患的形势逼迫，尽管修身依然重要，但经世思潮已经占据主流。为了建立现代的民族国家，最重要的不是德性，而是能力；不是立德，而是建功。英雄豪杰代替了有德君子，成为晚清的精英人格象征。不同于传统士绅的精英地位来自他们所秉承的超自然的天命或天理，近代英雄豪杰则凭借以进化论为核心的公理和时势，通晓普世公理，顺应时代大势：“豪杰者服公理也，达时势者也。苟不服公理，不达时势，则必不能厕身于此十人数百人之列。天下英雄，皆时势所成。英雄者，乘时者也，非能造时者。”[②]

晚清民初，中国结束了绝对王权的专制，但旧制度的专权与新制度的蜕变一并出现，又使得“今日国家所有之势力，皆是过渡时代之产物，处于分崩离析之中，又缺乏中心人物。此风雨飘摇之国家，唯当顺世界文明之潮流，别创一种新势力以代之。”[③] 以梁启超、

---

① 《梁启超全集》第2册，北京出版社1999年版，第732页。
② 《梁启超全集》第1册，北京出版社1999年版，第354页。
③ 《李大钊全集》第2卷，河北教育出版社1997年版，第667页。

张东荪为代表的民初知识分子，为克服和解决代议制民主政治的弊端，坚信“好的政治”的前提，是要有“好的国民”，并寄希望新式的士大夫阶级，成为社会理性的代表，发挥中坚分子的作用，代表未成熟的社会，制约政治强权，建立一个现代的民族国家。但严酷的现实却是当时腐败的士大夫已不堪重任，他们在社会中逐渐失去原有的威望，无法成为新的精神动力，开始让位于新一代以《新青年》为代表的五四知识分子。

五四是一个“个人重新崛起”的时代。不同于晚清一代士大夫将如何建立近代民族国家、铸造国家所需要的新国民作为核心关切，五四时期，关于“新民”的理想被对“新人”的兴趣所替代。五四知识分子的注意力，从政治转向了文化，从国民转向了人。在五四知识分子眼中，人不再是抽象的集合概念意义上的国民，而是一个个具体的、有血有肉的个人。作为近代中国的启蒙运动，五四所高扬的“新人”观念，具有强烈的精英意识和浪漫主义色彩，而其主流倾向，则是理性主义的、具有现代知识与健全心智的理性人。“知识分子继承人类最好的精神遗产，享受人间的特惠，应该对国家与社会，负起知识的责任。”[①] 此时的胡适等人所期待的，是受到现代教育的知识分子能够站出来，光大古代士大夫的担当精神，成为国家的中坚和栋梁。“一个时代有一个时代的士大夫，一个国家有一个国家的范型式的领袖人物，在今日的中国，领袖人物必须具备充分的现代见识，必须有充分的现代训练，必须有足以引起多数人信仰的人格。”[②] 五四以后，尽管知识分子内部分化，意识形态与政治立

① 罗加伦：《写给青年：我的新人生观演讲》，中国人民大学出版社2005年版，第22页。

② 胡适：《领袖人才的来源》，《独立评论》第12号，1932年8月7日。

场各异，但坚信知识分子在国家中的中坚作用，号召有知识有道德的知识分子精英承担政治责任，却是众多不同派别的基本共识。在张东荪看来，作为“文明的托命者”的知识分子，一方面能维持社会之秩序，一方面主持社会之教化，维系中国文化之不堕：

> 我以为中华民族数千年所以有文化，其文化所以不堕者，大部分是由士在那里负担之。到了今天，如果以为固有文化有缺点而另须搬来新文化，恐怕这个负担者仍不能舍士而另求。[①]

如胡适所言，一个时代有一个时代的士大夫。如果说古代社会，士大夫所凭借的是承接了天命的德性，那么近代中国，知识分子作为社会精英，其所依据的又是什么？

二、近代知识分子的精神特征

在中国历史传统中，文人士绅之所以成为社会精英，是因为他们承受了天命，代表着一个最高的道德伦理秩序，是所谓“学统”与“道统”的承担者。对宇宙大化流行之道的追寻，对当下生活的道义承载是传统文人士绅生命的寄托，他们也被期待具有比一般民众更高的道德水准和社会责任。这样的道德意识深刻地影响了晚清和五四。在中国近代文化发展的历史中，传统士绅逐渐发展成为一个“知识分子”阶层，担当起了塑造新文化的使命。

近代知识分子，大部分经由传统社会培养而出，他们深受传统

---

① 张东荪：《理性与民主》，商务印书馆 1946 年版，第 177 页。

中国德性政治的影响，表现出强烈的精英主义道德意识。民国之始，知识分子们对民主政治充满了期望，但让知识分子们痛心的是，一般民众对政治的态度普遍冷漠，缺乏民主国家人民所需要的公共精神和公民文化。

> 中国知识分子从接受民主开始，就常常认为民主主要是人心中的理想与认识，制度只是这些观念的表现形式……强调民主的实现主要靠人民的意志和精神，必须人民经过一番精神的自觉和觉悟，把人民在政治上当家作主的意志与决心表现出来才是民主。①

五四新文化运动中，以陈独秀为代表的“新青年”，以及梁启超、张君劢、张东荪等知识分子，都将民主政治的希望寄托在国民性的改造上。他们同时坚信，有新知识、新道德和新人格的知识精英，作为国家的中坚，是国民性和人性改造的表率，能够承担起改造重任。梁启超的《新民说》，从提倡普遍的公德开始，最后落在从私德培养公德的传统路径。五四知识分子同样继承了这一由修身而经世的传统。在李大钊看来，知识分子与一般国民在道德人格上确实有不同程度的要求，对一般国民只需“互相敬爱”，但作为“国家之中坚”的知识分子，则应“以身作则，而急急以立宪国民之修养相劝勉，其事事属于德礼之境，并且慎为循守，否则为社会之名誉所不许”②。这表明，近代知识分子，特别是五四知识分子对于国家

① 《张灏自选集》，上海教育出版社 2002 年版，第 301 页。

② 《李大钊全集》第 2 卷，河北教育出版社 1997 年版，第 527 页。

改造和民主政治的理解，依然带有儒家传统的修齐治平道德人格的精神特征。

不同之处在于，中国古代的儒家思想传统中，德性的趋向一直占据无可争议的主流位置。晚清以后，儒家思想中的德与智开始分化，知识脱离德性具有了独立的地位并且逐渐压倒了德性，使得晚清以后的知识分子的精英意识，出现了一种独立于德性的知识主义新趋向，对智性知识的追求成为知识分子内在品质中的主流。重视道德自主性的康有为，其学说中的“智”已经开始超越“德”具有了更重要的位置。在康有为看来，人之性情，无智则无爱恶。智与爱恶为一体，存于内者为智，表现于外者为爱恶[①]。梁启超更是将“智”看成文明进化的本原，主张“胜败之原，由力而趋于智”[②]。纵观这一时期知识分子的精神构成，不仅知识的地位独立于德性且在德性之上，而且知识的内容也发生了变化，即：由过去的士大夫之学变为专家之学。士大夫之学是博雅之学，偏重的是有关宇宙、自然、社会和伦理的价值性知识，专家之学则是分门别类的专业知识。古代社会，士大夫阶级垄断了有关宇宙与伦理价值的博雅之学，因而拥有了文化上的威权。晚清时期，在亡国灭种的危机面前，博雅之学中经世致用的实用性知识逐渐压倒修身的德性知识，继而经世之学发展为外来的科学知识和技术之学，士大夫的博雅之学逐渐为知识分子的专家之学所替代，成为新一代知识分子精英意识的来源。

当知识分子的知识背景从博雅之学转为专业之学，精英的

① 《康有为政论集》上册，中华书局 1981 年版，第 11 页。
② 《梁启超全集》第 1 册，北京出版社 1999 年版，第 17 页。

> 标准也发生了变化：能力代替了德性，建功代替了立德，成为知识精英的人格象征。知识阶级作为“国家的中坚”的理由，从德性的优越转化为知性的优越，从君子的道德理想变为科学的专家政治。传统中国的士大夫意识，到了晚清，获得了在德性论之外科学主义的强有力支撑，赋予了近代知识分子特定的时代精神内涵。①

由此，现代知识再加上道德人格，构成了从梁启超、张君劢到胡适等对近代中国精英群体的重要内涵诠释。到了 20 世纪二三十年代，知识分子中又出现了一股专家政治的基本共识，即：主张政治是一项专门的事业，要由懂得现代知识、有组织管理能力的专家来负责。传统中国，士大夫除了参与政治之外，还拥有议论时政的特权和责任。晚清以后，掌握了治国专业技能和科学方法论的现代知识分子，不仅是治国的专业人才，也是领导公共舆论的意见领袖。不同于传统知识分子主要是在体制内、面向朝廷发声的“清议”，现代公共舆论借助民间的报纸、刊物、演讲、大众化读物和戏曲等传媒手段，直接面向大众。对此，五四知识分子虽赞成平民政治，但在舆论方面，却希望继续由拥有现代头脑和理性意识的知识精英主持舆论。近代知识分子在从事公众舆论的时候，也自觉自承这样双重的使命。1902 年，梁启超发表《敬告我同业诸君》，宣布报馆的两大天职是：对于政府而为其监督者，对于国民而为其向导者。在这里，近代知识分子所流露出来的，不仅是公众意识，更有一种强烈

① 许纪霖：《“少数人的责任”：近代中国知识分子的士大夫意识》，《近代史研究》2010 年第 3 期。

的精英意识。换言之，近代知识分子虽然在观念上产生了国民意识或公众意识，但他们仍然将自己看作是拥有某种道德使命或先知精神的特殊人物，相信只要坚持不懈，便可以领导舆论、改变风气。

晚清到民国这一历史的转型时代，从儒家文化传统中所继承下来的士大夫中心意识依然占据着知识分子的心灵。人民固然是国家的主人，但具有现代知识和政治能力的知识分子应该是政治的实际操盘人和舆论的真正掌控者，这是从梁启超到胡适的所有中国启蒙知识分子的基本共识。尽管这在一定层面上显示出近代知识分子平等公民意识的相对单薄，但在严峻的历史大转变时代，他们所抱有的强烈的精英主义情怀，支撑起他们砥柱中流、力挽狂澜的信念，也构造出近代知识分子独特的浓重精神底色。按照王尔敏先生在其《清季知识分子的自觉》一文中的界说，作为一种现代的命名，近代知识分子具有这样一些显见的共同特点：

> 第一，不再受限于传统的阶级性，而是凭借个人的努力成为社会的精英领袖；第二，受过正统的知识教育；第三，属于传统职性分类“士农工商”中的“士”；第四，对于自己的身份立场，有明确的自我认识。[①]

其中，对于自我身份的明确自觉，又有几条原则性条件，构成知识分子必需的行为表征。一是有开拓并延续民族文化的使命，所谓“为往圣继绝学，为万世开太平”；二是有担负国家政治的责任和

① 王尔敏：《清季知识分子的自觉》，《近代史研究所辑刊》第二期。

过问政治的兴趣，所谓“学而优则仕”；三是有谋致全民幸福乐利的抱负，所谓“穷则独善其身，达则兼济天下”；四是有悲天悯人之情怀，淑世之热肠，所谓“先天下之忧而忧，后天下之乐而乐”。这所有的学识修养与思想能力，集中表现为近代知识分子独特的身份自觉。

三、近代知识分子的主体自觉

近代知识分子身处中国社会的转型时代，从士绅阶层分化出来。与传统士绅相比，其思想取向常常使得他们与现实的政治、社会有着相当程度的紧张，表现出某种自觉求变的趋势。正是这些明显的独特性使得知识分子在近代中国政治、社会和文化等各方面，都扮演着重要的角色。尤其是文化方面，近代知识分子作为影响极大的精英阶层，一直处在核心地位。孙中山曾在《民报》发刊号撰文：“此先知先觉之天职，而吾民报所为作业”。面对近代中国文化的空前危机，近代知识分子正是凭借这种时代的先知先觉，肩负起唤醒和激发民众的时代重任。

近代中国危机重重，外患内乱威胁着国家存亡，中国传统的基本政治结构开始解体。而随着传统政治秩序的由动摇而崩溃，是更深层的文化思想危机，并进一步深入体现为一种文化取向的危机。“所谓取向危机是指文化思想危机深化到一定程度以后，构成文化思想核心的基本宇宙观与价值观随着动摇，因此人的基本文化取向感到失落和迷乱。”[①] 按照张灏的分析，近代中国的文化取向危机和三

---

① 张灏：《中国近代思想史的转型时代》，《二十一世纪》双月刊 1999 年 4 月号。

方面的思想震撼直接相关：一是来自西方的平等自由观念，使得中国传统的“人伦无处立根”，即传统的基本社会价值取向失落。二是中国传统中根据“天地”、“阴阳”、“五行”等范畴形成的宇宙观受到西学冲击，带来了对于生命和宇宙认知的迷茫。三是作为上述结果的文化认同感和自尊感的损害。

鸦片战争特别是1895年以后，传统文化的主流——儒家的基本道德价值，尤其是以礼为基础的规范伦理，成为近代对于传统批判的主要对象，并开始逐渐动摇解体。与此同时，以仁为核心的传统儒家德性伦理也渐渐失去了吸引力。梁启超在其《新民说》中对于理想人格的定义，已经不再是儒家的圣贤君子，而是引入了自由权利、冒险进取等西方价值观念。传统儒家的“家国天下”思想，也被民族国家概念所取代。五四时期，大多数知识分子关于国家社会的理想，已经带有明显的西方共和色彩，道德理想主义人格也充满着个人主义的价值诉求。儒家规范伦理与德性伦理核心的动摇，代表着中国传统价值体系受到严重侵蚀，致使近代中国知识分子对于社会发展和人格发展的方向感，即文化取向出现危机。

任何一种文化，作为一个自成一体的意义世界，其核心包含着一整套基本价值观。传统儒家宇宙观与价值观在近代受到的严峻挑战，打破了“天朝华夏”的文化优越，近代中国知识分子面临的是一个由世界中心转变为文化边缘的落后国度。在一个新的世界格局里，被文化失重感包围的近代中国，如何应对与世界其他文化和国家的关系，确立自身的文化定位，重获群体的文化自尊和自信？这种强烈的自我认同的需要，反映了近代中国知识分子文化取向危机的深层焦虑，凸显出近代知识分子群体可贵的价值主体意识。

当时知识分子主体意识最重要的一面，集中体现在笼罩着那个时代的危机意识。这种危机意识，不仅事关近代中国所面临的政治社会危机，也包括当时因为传统思想与“西学”交互影响而产生的文化思想危机。由此，透视近代知识分子危机意识中所包含的主体自觉，其主要特征包含着一个三段结构：

> 一是对现实日益沉重的沉沦感与疏离感；二是强烈的前瞻意识，投射一个理想的未来；三是关心从沉沦的现实通向理想的未来应采取何种途径。[①]

第一，对现实的沉沦与疏离感。近代以前，中国社会的文化自我批判意识只是零星地出现。包括在鸦片战争以后的很长一段时间里，以“中体西用”为代表的主流思想所希望的仍然是在传统的思想制度框架内，对西方文化做适度调节。1895 年以后，中国社会的文化反省意识开始由边缘进入核心层面，指出当时国家社会的危难是文化核心部分或整体部分的败坏。这一时期激进的文化自我批判与近代中国的危亡感互为表里，是近代知识分子价值主体觉醒的主要表现。

第二，对理想未来的自觉前瞻。五四时代的知识分子展望未来理想社会，热切盼望摆脱帝国主义的压迫，建立一个独立富强的国家，表现出强烈的民族主义意识。从甲午到五四，民族国家观念成为知识分子关于中国社会“未来之梦”的一个核心内容，它和以大

① 张灏：《中国近代思想史的转型时代》，《二十一世纪》双月刊 1999 年 4 月号。

同理想为代表的乌托邦构想一起，共同构造了当时知识分子对于中国社会理想未来的自觉筹划。

第三，对现实通往未来路径的积极探索。知识分子对于现实的失望和对未来的展望，促使他们积极探索如何由落后沉沦的现实通向理想未来的路径。当时围绕中国社会改革和革命的主题，所开展的一系列关于中西文化关系、主义与问题、民主与自由等的争论，都是近代知识分子关于未来路径探索的重要努力。

纵观这一时期知识分子文化意识觉醒的主要表现，其间所包含的强烈的理想主义因素，与这一时期知识分子的危机意识相互映现，彰显出近代知识分子独特的主体自觉。这种理想主义的主体自觉，既奠基于一种新的进化史观，相信历史朝向未来的必然演进，同时也能客观认识理想与现实的差距，相信这一差距可以通过主体的积极努力，达到现实向理想的转化。因此，这种理想主义同时表现出一种高度的积极性和政治行动倾向，以及与之相伴随的强烈的使命感，所谓“国家兴亡，匹夫有责”，“士大夫以天下为己任”。在这种积极性与使命感中，蕴含着对人的主体意识与能动精神的强烈信念，它相信人的思想与意识是改造外在世界的动力。正是这种强烈的主体意识赋予中国社会对于历史发展不同于西方进化史观的价值理解，即：一方面接受历史向前发展的观念，另一方面相信人的意识与意志的主体作用，坚信历史潮流只有透过人的主体意识产生的精神动力才能向前推进。理想主义世界观与历史演进论的结合，使得中国传统文化中的宇宙观与价值观的统一，经由近代知识分子主体意识的觉醒和发挥，得以在转型时代以一种新的形式显现。这一思想的进一步延续和扩展，为马克思主义唯物史观在中国社会的发生与繁盛，准备了重要的思想基础和主体力量。

“中国的国家和社会的当代形式，是一个基本上独立的进化过程的最终产品。”① 在费正清看来，文化民族主义，在西方帝国主义压迫下的国家独立与民族存亡的思想，中国几千年的传统文化，所有这些构成了毛泽东为代表的中国共产党人在中国取得政权的重要原因。中国传统文化在其近代的发展中确实出现了断裂和裂变，但这种断裂和裂变更多是在外在的文化形式，其内核仍然以新的形态在当代延续了下来，并成为当今中国最重要的文化遗产的一部分。

第四节　近代中国的国家认同建构

民族自觉、国家独立是中国文化百年变更的一个最重要成果，中华民族在中国共产党领导下获得的国家独立和民族文化的再生，有着中国历史和文化的内在逻辑。

一、从“帝国”到“国家”

中国古代到清代中期，国族思想的重点是基于共同地域、血缘和文化连接的族类分别、天朝观念和文化优越，表现为一种以族类为中心的传统民族意识。1894 年中日战争爆发，中国对日战争惨败，东西列强竞相在中国瓜分势力范围，极大地刺激了中国朝野上下。列强瓜分激发的危机意识和主权意识，进一步增强了中国社会的民

① ［美］R. 麦克法夸尔、费正清：《剑桥中华人民共和国史（上卷）——革命的中国的兴起》，中国社会科学出版社 1990 年版，第 15 页。

族自觉，使得近代中国的民族意识第一次具备了族类、文化和主权三个要素。在此之前，“中国”一词，泛指同一文化的“诸夏”民族。自秦统一中国以后，增加了政治的意义，但其主权的观念，一直到19世纪，特别是1895年以后才日渐成熟普遍，对于“国”的自我肯定，也自此有了迅速发展。近代中国的民族主义观念因为主权意识的充实，体现出国人对于民族国家的自觉体认。

围绕主权意识的国家和民族的整体觉醒，近代中国的国家主义意识以“立国”“保国”，即建立资产阶级“民族国家”的政治要求和行动为显著特征。1898年，康有为在北京成立“保国会”，坚持“保种”、“保国”、“保教”的宗旨，号召“合四万万人之心以为心”，“中国一家，休戚与共”，将“立国”、“保国”作为整个维新变法运动的重要目标。张之洞也在其《劝学篇》中，进一步明确“保种必先保教，保教必先保国”，将国家主权的地位直接放在第一位。梁启超则断言：“民族主义者，世界最光明、正大、公平之主义也”，“国之独立，有赖于兹”。他明确主张，处此时代，欲抵挡列强之民族帝国主义，以挽浩劫而拯生灵，惟有我行我民族主义之一策，“今日欲救中国，惟有昌国家主义”，国民应该确立“国家思想，效忠于国家”。同样，促使严复采取叛离封建传统的激进姿态的，也是拯救国家存亡、维持民族存续的神圣历史使命。严复清醒地意识到，中国决不是什么“君临万国”、“抚绥中外”的“天朝”，而是与其他国家一样处于“物各竞存，最宜者立”的生存竞争世界中。如果不发愤自主、自强以求生存，势必在“物竞天择，适者生存”的环境里遭到淘汰，沦于灭亡。辛亥革命时期，孙中山在其著名的三民主义的政治纲领中，将民族主义置于首要位置，强调“民族主义就是国族主义”，始终把国家富强和民族独立作为高于一切的头等重要的革命任务，标志着传统民族意识向近代民族意识的真正转变。

> 近代民族意识的觉醒，有其基本内容规定：第一，具有强烈的民族独立富强意识，以振兴中华为基本奋斗目标。第二，基本摆脱了以种族为中心的传统族类意识，确立起民族平等观。第三，反对封建君主专制，把民族革命与政治革命结合起来，突破了单纯的“反满”等狭隘观念。①

维护国家独立、挽救民族危亡是近代民族主义和国家主义的核心价值诉求。“资本主义使亚洲觉醒过来了，在那里到处都激起了民族运动，这些运动趋势就是要在亚洲建立民族国家。”② 近代中国，无论是资产阶级维新派，还是资产阶级革命派，他们改良或革命的最终目的，都是要在中国建立起资产阶级的民族国家。这为近代中国的民族主义和国家主义奠定了一块重要的基石，决定了它与古代华夏中心主义和尊夏攘夷主义根本不同的价值取向，规定了近代中国所向往的“民族国家”与古代农业宗法的、封建专制的“国家”迥然有别的文化内涵。而要实现由古代农业宗法的、君主专制的封建主义国家向近代资产阶级民族国家的转变，必须把封建君主制的国家制度改造成为资产阶级民主制的国家制度，使封建君王的臣民，成为资产阶级民族国家的公民。对此，近代爱国者和思想家主张，要救国，要保国立国，要建立富强的民族国家，首先必须把一片散

① 黄顺力：《孙中山与近代民族意识的觉醒》，《福建论坛》（文史哲版）1996 年第 4 期。
② 《列宁选集》第 2 卷，人民出版社 1972 年版，第 511 页。

沙般的国人，聚合成坚不可摧的团体、群体。孙中山在《三民主义·民族主义》里明确主张："救中国危亡的根本方法，在自己先有团体。"同时，大力宣扬"国民"意识的重要。严复认为，一国之强弱、贫富和治乱，其民力、民智和民德至关重要，"贫民无富国，弱民无强国，乱民无治国"，所以，民力、民智和民德是"自强之本"。

二、民族国家认同的近代形成

"亡国灭种"的危机意识所激发的民族情绪使得中国的民族认同扩充了"保国"、"保种"的时代内涵。对 20 世纪初的大部分中国知识分子来说，要"保国保种"，就意味着必须以民族的方式创立现代意义上的民族国家。但在当时，关于民族国家的建构方案，存在着把满人排斥在外的"排满"和包含在内的"合满"的不同观点，并因此引发了改良派和革命派之间的激烈论战，导致近代民族国家建构过程中认同危机的产生并不断加剧。

辛亥革命前，激进的革命派知识分子依据西方近代"一民族一国家"的民族国家建构理论，提出要"合同种、异异种，以建一民族的国家"，在民族建国的问题上坚持"排满建国"立场。章太炎曾指出，从种族的起源上看，满洲人不是中国人，而根据主权的原则，异族入我中国则中国实亡。在此论调下，激进的知识分子提出，要构建民族国家，首先的任务就是要"仇满"、"逐满"、"排满"。需要说明的是，当时激进知识分子的"排满"主张，更多"只是作为政略而非种族之争"，其真正目的在于推翻日益成为"洋人朝廷"的清政府，进而摆脱帝国主义的压迫，从而建立真正意义上的独立民族国家。所谓"欲思排外，不得不先排满，欲先排满，则不得不革命”。“排满”其实是为“反帝”，从而建立独立的民族国家。因此，“排满”对于革命派知识分子的政治实践的意义，是为建立独立的民族国家以对抗外来强权在清朝政府的统治。但尽管如此，这一时期的“排满”很容易使得原本与西方帝国主义相对而言的中国主权，演变为屈从于清朝封建霸权的汉族的主权，从而在现实政治中带来多民族国家分裂的危险，进而引发民族认同危机。

立宪派知识分子意识到了“排满”可能带来的后果，1907 年，杨度在《“中国新报”叙》一文中指出，排满建国必然引起国家分裂，而分裂则必然遭到列强瓜分，以至于亡国[①]。当时，晚清政府羸弱无能，无力抵抗西方列强，显然不足以成为国人自我认同的对象；而以革命的方式进行排满，并试图建立单一汉民族国家也可能招致亡国的命运。针对这种两难，梁启超提出了“大民族”的观念，并在此基础上提出了一个“大民族主义”民族国家方案，为近代中国民族国家的建构提供了新的思路。梁启超提出，中国要建立统一有力的民族国家，必须摒弃狭隘的民族建国主义，整合帝国境内各民族，形成一个以各“小民族”有机联合为基础的“大民族”观念。“吾中国言民族者，当于小民族主义之外，更提倡大民族主义。小民族主义者何？汉族对于国内他族是也。大民族主义者何？合国内本部属部之诸族以对于国外之诸族是也。”[②] 在 1905 年发表的《历史上中国民族观察》中，明确表述为“中华民族”。虽然这里的“中华民族”依然是以汉族为中心，还不是完全平等意义上的民族共同体，但在内容上已经包括了中国境内的所有民族，具有多元混合的特点。

① 张枬、王忍之：《辛亥革命前十年间时论选集》第 2 卷下册，三联书店 1963 年版，第 872 页。
② 《饮冰室文集点校》第 1 集，云南教育出版社 2001 年版，第 454 页。

相对于革命派的“排满”，梁启超的“大民族主义”避免了激进革命派为建立民族国家而选择国家分裂的畸见，其“中华民族”的提出适应了中国现代化进程中政治整合的需要，为建设现代国家提供了重要的理论支撑。但梁启超所寄希望的“大民族主义”其“实质仍不出文化主义的理论框架，即幻想以一个文化民族的身份进入到民族国家的行列”。因此，“排满”和“合满”的民族主义之争，突出表明了辛亥革命爆发前国人对民族国家建构的认同危机仍然存在，现实层面上的民族一体化的自觉践行更是遥不可及。

1911 年 10 月 10 日，辛亥革命在武昌爆发并取得成功，革命者极力举张“兴汉灭满”、“建立共和”，这一革命取向和宣传策略忽视了各民族历史的动态发展及其日益危迫的生存现状，客观上造成了其他民族的被排斥感，给帝国主义分裂中国提供了可乘之机，最终在中国边疆引发了严重的危机。随着革命形势的扩展，革命党人特别是领袖人物逐渐认识到，在共和力量已占据优势的情况下，必须把民族团结和避免国家分裂问题提高到重要位置。为此，他们放弃了“排满”的种族革命方略，转而宣传“五族共和”。1912 年元旦，孙中山以中华民国临时大总统的身份代表南京临时政府，向海内外宣布了“五族共和”的建国思想及其政策主张：

国家之本，在于人民，合汉、满、蒙、回、藏诸地为一国，即合汉、满、蒙、回、藏诸族为一人，是曰民族之统一。武汉首义，十数行省先后独立。所谓独立，对于清廷为脱离，对于各省为联合，蒙古、西藏意亦同此。行动既一，决无歧趋，枢机成于中央，斯经纬周于四至。是曰领土之统一。[①]

以“民族统一”和“领土（国家）统一”为内涵的“五族共和”建国思想的提出，为当时处于大规模内战和民族分裂境地的中国国民提供了一个崭新的认同符号，它结束了以王朝为核心的传统民族关系与国家认同，赋予了中国这个历史性政治共同体以现代意义，使中国在理论和实践上都开始了由传统单一民族国家向现代多民族统一国家的转向。

但五族共和思想只解决了五个主要民族的建国思想问题，中国还有为数众多的其他民族。要最终在中国完成现代意义上的民族国家建构，需要有各民族都认同的新符号去对全体民族进行整体性确认，使他们拥有共享的民族身份和政治身份。辛亥革命后期，许多民族主义者开始从国家建构的角度，有意识地对“中华民族”进行重新阐释，赋予其“中华民国境内所有民族”的新内涵。李大钊是民国初年“从民族主义意识形态自觉而公开地标举再造现代中华民族旗帜的第一人”。1917 年，李大钊针对日本人提出的以日本民族为中心的“大亚细亚主义”，明确提出要以高举“新中华民族之赤帜”，以实现对中华国家之再造。在李大钊的语境中，中华民族不再是汉族的别称，而是包含了中华民国境内的所有民族，使其被赋予了民族国家建构的现代意义。李大钊之后，孙中山对“中华民族”观念有了更为自觉的认识。“现在说五族共和，实在这五族的名词很不切当。我们国内何止五族？应该把我们中国所有各民族融成一个中华

① 《孙中山全集》第 2 卷，中华书局 1982 年版，第 2 页。

民族。”[①]中华民族已经具有各民族平等融合的整体意义，也不再只是单一民族的称谓，它与“中国”这一政治单位相耦合，在根本上解决了民族国家建国理论与中国多民族国家的事实之间的矛盾。

李大钊、孙中山等民族主义者在辛亥革命后期对“中华民族”的自觉意识和极力倡导，使得各族人民对于“中华民族”作为民族一体和国家一体的身份标识拥有了基本共识。从此，“中华民族”作为一个政治符号，承担着维护国家政治统一的功能，真正确立起了对统一民族和统一国家的认同意识，标志着民族国家认同在近代中国的正式形成。

三、中华民族复兴的起点

在近代中国的爱国者心目中，民族兴旺和国家强盛是高于一切的神圣事业。有着强烈国家主义和民族主义意识的近代爱国者，着眼“立国”，崇尚“群体”，重视“国民”，立足点和出发点都是国家与民族的整体利益，他们把民族解放、国家振兴作为头等重要的历史责任和神圣使命。在梁启超等近代中国爱国者那里，关于个人与国家关系的理解，显现出的是一种强烈的国家主义倾向。“野蛮时代，个人之自由胜，而团体之自由亡；文明时代，团体之自由强，而个人之自由减”是梁启超心目中的“自由之极则”。孙中山也主张，“个人不可太过自由，国家要得到完全自由。到了国家能够行动自由，中国便是强盛的国家。要这样做去，便要大家牺牲自由”。他强调，在当时的中国不能像欧洲那样“为个人争自由”，而必须“为

① 《孙中山全集》第5卷，中华书局1985年版，第394页。

国家争自由”。

然而，国家的现实性及其简单的一般的生存必须寄托在个人的意志和活动内，一个民族的力量和一个国家的强盛，只能通过一个个具体的民族成员和国家公民才能显现出来。近代爱国者们当时所倡导的国家主义，既不同于西方资产阶级关于国家的思想，也不同于马克思主义关于国家的学说。按照马克思主义的观点，包括家庭、社会和国家在内的任何一种社会形式，都是“人的本质的实现”，或“人的本质的客体化”，人永远是这一切社会组织的本质，国家的职能和活动是人的职能，只有个人才是“国家职能和权力的承担者”，国家只有通过个人才能发挥作用，国家普遍的最终目的同个人特殊利益是“统一”的。

由此看来，19 世纪的中国，迫切需要一场彻底的民族解放运动，不如此，便不能挣断民族压迫的镣铐而屹立于世界东方。同时，也更需要一场广泛而深入的人的解放运动，不如此，便不能获得精神的解放和文化自觉，从根本上完成民族复兴的伟业。

五四新文化运动期间，鲁迅力倡启迪“人”的意识，将个性解放和人的自由作为文化批判与社会改造的目标，“生存两间，角逐列国是务，其首在立人，人立而后凡事举”，“国人之自觉至，个性张，沙聚之邦，由是转为人国”[①]。鲁迅认为，“立人”的“道术”就在于“尊个性而张精神”，而要实现“尊个性”和“张精神”，必须彻底否定作为君主专制等级制度思想基础的封建道德伦理，才能真正实现争自由。为此，他全力攻击“吃人”的中国旧文化，号召“向人道前进”，

---

① 《鲁迅全集》第 1 卷，人民文学出版社 2005 年版，第 224 页。

倡导“国民性”改造，为“人的觉醒”而呐喊，呼唤“解放人性”。陈独秀也主张，“举一切伦理、道德、政治、法律、社会之所向往，国家之所祈求，拥护个人之自由权利与幸福而已。”胡适号召青年，只有把自己铸造成器，方才可以希望有益于社会，“争你们个人的自由，便是为国家争自由！争你们自己的人格，便是为国家争人格！”[①]

由“立国”到“立人”，以鲁迅为代表的新文化运动领袖，宣誓了个体对于民族国家的主体地位，赋予近代中国的国家认同以现代价值意蕴，开启了近代爱国主义朝向现代爱国主义的转变。在他们的影响下，五四新文化运动作为一场波澜壮阔的思想解放运动，极大地激发了中国人在精神上由被动变主动，它与五四前后中国民族运动的高涨相适应，增强了国人的民族自信，促进了中华民族民族意识的全面觉醒。

在新文化运动精神的鼓舞下，五四运动为近代中国的救亡图存翻开了新的一页。中国在巴黎和会上关于山东问题交涉的失败，极大地震撼了国人。为反对巴黎和会强加给中国的条约，中国的广大学生、民族资产阶级、小资产阶级和刚刚登上历史舞台的工人阶级，在山河破碎、国家危亡、民族蒙耻之际，组织开展了轰轰烈烈的罢课、罢工、罢市、示威游行和爱国维权宣传。中华民族各阶层的大规模参与，使五四运动成为中国近代一次最广泛的社会动员。回顾中国近代历史，五四运动之前，救亡图存一直是个别政治力量、政治派别和一部分人群的事情，而不是人民大众的事情。鸦片战争以来的历史说明，没有民众的觉醒，没有民众的参与，中国人掌握不

---

① 《胡适哲学思想资料选》上册，华东师范大学出版社 1981 年版，第 341 页。

了自己的命运。五四运动既是一场反帝反封建的爱国运动，又是一场争取民族自立自强的运动，它改变了以往只有觉悟的革命者，而缺少觉悟的人民群众参与的状况，表现了中国人民的民族觉醒和国家意识的空前提高。人民群众的觉醒是中华民族意识全面觉醒的标志，五四运动广泛而深入地唤醒了国民对于国家的责任和爱国情怀。它引发的民族觉醒，超越了以往历史的局限，承接中华民族数千年反抗外来侵略的光荣传统，融汇现实所提出的争取国家独立、人民解放的时代主题，把中华民族的国家认同提升到一个新的高度。五四运动唤醒了沉睡的国人，空前的民族觉醒引发和推进了伟大的新民主主义革命。站在民族国家新的时代支点，拥有精神自由和民族觉悟的中国人，在中国共产党领导下团结奋斗，中华民族从此真正获得独立、获得新生，开始了追求文化重建和民族复兴的现代征程。

从此，中华民族的民族复兴和国家认同建构，借由广泛而深入的民族主体意识的觉醒，获得了现代意义上的积极价值内涵。就其深层内涵而言，所谓民族复兴，乃是一种文化精神的重塑与再造；所谓国家认同，本质上乃是一种文化认同：二者都与“我文化”面对“他文化”挑战时的调整与价值选择有关。传统社会，通常存在着一种支配个人和社会生活诸领域的统一的“整全性”价值。这种“整全性”价值通过自己在不同机构里的“再造”，渗透在社会生活的各个领域，支配着社会的政治、经济以及文化等各个部门，对全部个人以及社会生活起着一种普遍性的制约作用。正如马克思所指出的，当封建主总是把自己的价值观普遍化为整个社会必须无条件遵守的“公德”，并作为维护其统治权力的重要手段，基于这种强制性的“必须无条件遵守”的国家认同，无疑是被动的、消极的。

现代社会，主体的自由和自主，使得国家认同可以本真地依赖主体自觉自愿的承认与服从。“正是由于它的成员有如此自由广阔的活动范围，现代国家才具有巨大的力量和深度。”[①] 但自由主体同时也是差异主体，而差异主体的存在，对于要求某种“共同感”的国家认同而言，必然意味着一个艰难的整合过程。需要说明的是，现代国家认同的建构，这种自由的差异主体的存在，不仅不可避免，更是必不可少。一方面，人的主体性并不天然地拒绝共同性。人之为人的前提，恰恰在于，个人在作为自主的存在物同时，能够首先把自身认同于某种更为重要的东西，即把自身看成是社会、国家或民族的一分子。另一方面，当主体的殊异性越大，寻求“共同性”的努力会越困难越复杂。但是，一种真实的有深度的“共同性”，恰恰可以在各种殊异性的相互比照中，确证自己的存在并最终获得更丰富、更真实、更精微的内涵。现代自由主体对于普遍性价值的内在拥有，将会使得现代社会的国家认同，在一种充分个性化与普遍化的张力中，既保有“分殊”的差异，也赋予“共同性”更有深度的价值意蕴，从而，使得民族国家认同借由一种现代意义上的重新构建，在广度和深度上显现出更强健的生命力。

当今时代，“一”与“多”、“普遍主义与特殊主义”、东方与西方、传统与现代之间的紧张与冲突在世界范围内依然存在。这些矛盾和紧张，既是当代中国建构国家认同，实现中华民族伟大复兴“中国梦”，在理论和实践层面必须正视和解决的核心问题，也赋予当代中国国家认同建构丰富的精神动力和文化支持。

---

① ［英］鲍桑葵著，汪淑钧译：《关于国家的哲学理论》，商务印书馆 1995 年版，第 269 页。

结　语

价值主体与核心价值观培育

一部近现代中国的历史，本质上就是中国人自我发现、自我觉醒和自我选择民族生存方式的文化史。当今社会，作为各民族国家文化自觉重要表征的核心价值观，其价值诉求与近现代文化深刻的主体转向紧密关联。当代中国，社会主义核心价值观建设同样奠基于一种深刻的文化自觉，这一文化自觉的关键是：培育与生成“自主的”、“包容的”、“有责任的”和具有“超越意识”的价值主体。

一

近年来，对于核心价值观的普遍关注，在其现实层面，与世界范围内各民族国家对内增强“认同感”，对外展示“软实力”等议题有关；在其理论层面，则关联着价值多样、价值观冲突的现代世界，现代人对自身生存面临的种种困境及其可能出路的“文化自觉”。

经济全球化时代，随着资本、信息等流动的日益迅速与便捷，传统的构成竞争优势的诸多外部资源如今正被经济全球化的浪潮抵消，本土的因素正变得日益重要并起决定性作用。而在本土因素方面，自然资源、劳动力资源等领域的“比较优势”，正在逐步让位于一种“竞争优势”[①]。这种“竞争优势”，以知识、文化、创新力为基础，突出表现为能够以更优越的生产率创造出更有价值的产品和服务。当今世界，民族国家的繁盛及其在世界舞台上竞争实力的提升与彰显，必须着力培植自身内部的资源优势，特别是文化资源优势。

在诸多表征民族国家文化资源优势的要素中，核心价值观念无疑是其中最为关键的组成部分。立足世界历史的发展进程，我们不难发现，价值观念的竞争从来都是“谁有了代表历史前进方向的核心价值观念，谁就能够创造出代表历史发展方向的政治制度，从而激发出公民无穷的创造力和生产效率，引领世界发展的潮流和方向”[②]。按照价值学的观点，核心价值观念是社会价值观念体系的结构性要素，它体现着社会价值观念体系的实质内容，是社会核心价值体系价值追求、价值理想、价值取向和价值规范的集中体现。而核心价值之所以为“核心”，首先体现为它的内在性。这里的内在性是相对于工具性而言的。所谓工具性的价值，按其自身的定义，它通接事关我们的利害得失，而内在性的价值观则是我们可以不计得失始终秉持遵循的。其次，核心价值的“核心性”体现为它的持续性。一般而言，“直接有利”的价值观，往往也是暂时的。任何工具在完成了它的用途以后往往不再有用，而内在的价值观却“永不满足”，它会持续地引导和推进我们攀登一个又一个高峰。与此相关，

---

① ［美］塞缪尔·亨廷顿、劳伦斯·哈里森主编：《文化的重要作用》，新华出版社 2010 年版，第 63 页。

② 参见韩震《全球化时代的公民教育与国家认同及文化认同》，《社会科学战线》2010 年第 5 期。

具有“持久性”的核心价值观念在其概念形态上总是相对稳定的，它不会经常地变化。变化的只是实现核心理念的策略、方式以及理念本身的深度与广度，即；根据现实历史发展进程核心价值内涵的不断深化与拓展。

具有内在的、持久稳定性的核心价值观念，是民族国家精神样态和价值追求的重要奠基，它形塑着一个国家的整体风貌，是维系社会稳定，对内增加认同感，对外展示影响力的重要因素。然而，作为当今世界各民族国家现实诉求的核心价值观念，在其理论根源上，却缘起于“整体性的世界图景的引退和支离破碎”①。价值世界的分崩离析、普遍共识的标准的阙如，这些相互关联的现代性后果，引发我们必须重新思考作为社会稳定和凝聚力量的核心价值观念的前提与基础。

按照韦伯的理论，近代自然科学的巨大成就，在使世界“剔除”了附着在事实上的意义的同时，直接带来了“事实与价值的分离”。与“事实和价值的分离”相关，价值被视为纯粹私人的偏好——价值多元化从而成为新的“实事”。在“多元化”的视阈里，价值世界多元分殊，个人和共同体间不同的价值观差异并存、彼此竞争，难成共识。此外，当世界陷入多元图式，价值领域分而不合，终极、崇高的价值祈望从公共领域消遁，致使“事实”和事实性效应——关注事实，把握事实的客观逻辑，控制并利用事实以达到事实所可能指示的“实际”目的——全面侵入人类生活的所有领域。最终，在工具性价值的“包围”中，具有内在性的核心价值观念难免会遭

① ［美］A. 麦金太尔：《德性之后》，中国社会科学出版社 1995 年版，第 4 页。

遇失去自己的精神制高点，难以统摄全局的危险。

这意味着，现代社会的核心价值观念，必须也可以经由对于自身赖以存在的前提和基础的批判反思，通过对现代生活所提供的主要成就和困难的本质性思考，重新确立属于自己的根本性的、富有建设性的辩护力量。

二

不同于传统社会里价值权威的“自然天成”，现代社会的核心价值观建构与人类独特的“文化自觉”紧密关联。关于“文化自觉”，20 世纪 90 年代，费孝通先生提出：“（文化自觉）表达了当前思想界对经济全球化的反应，是世界各地多种文化接触中引起人类心态的迫切要求，要求知道：我们为什么这样生活？这样生活有什么意义？这样生活会为我们带来什么结果？”①

按照费孝通先生的说法，其所谓“文化自觉”，从思想史的角度，溯源于中西文化论争的传统；从社会生活实践的角度，立足于全球化时代文化交往的现实。这段关于“文化自觉”的经典描述，从历史与经验层面为我们揭示了“文化自觉”的丰富意蕴：第一，文化自觉首先意味着生活在一定文化中的人对其自身的文化有“自知之明”，明白它的来历，明白它的形成过程，明白它所具有的特色和发展趋向；第二，在深刻认识自身文化历史传统的最根本基因的

① 费孝通：《反思·对话·文化自觉》，《北京大学学报》（哲学社会科学版）1997 年第 3 期。

基础上，文化自觉意味着对自身文化的历史与传统的自觉维护，也包含着对自身文化传统的主动发展和创造。第三，对于自身文化长短得失的清醒认知，离不开对于世界文化多样性的自觉理解，它要求我们既能在多元文化的世界图谱里找准自己的方位，同时又能主动与其他文化互补，积极参与全球文化的创建。

纵观“文化自觉”的现实内涵，我们不难发现，在其观念性层面，文化自觉发生于现代文化深刻的主体转向的重要时刻。

被黑格尔誉为现代世界首要原则的主体性，其最为核心的观念是对主体自由的确认。当个体自我被确认为一个自由、自律的主体——天然拥有对其生活方式自主选择、自主筹划和自我承担的能力，无疑为现代社会的核心价值观念建构提供了一个全新的视角。正是在对“我自己”和“我自己”的独特的存在方式的忠实中，卢梭发现了道德与人的内在天性的重要联系。同样是对自由主体的肯认，赫尔德进一步指出了主体性不仅在于对自己独特性的忠实，更在于对自身独特性的发现、表现和塑造，从而深刻地提示了自由主体实现的真正可能。“我们的认同部分地是由他人的承认构成的”，“人类生活的本质特征是其根本性的对话特征”[①]，我们总是在同某种东西的对话（有时候是同它的斗争）中建构起我们的认同。”这意味着，在私人领域表现为价值自律、自我导向和自我指示的自由主体，在社会关系领域，对于自我与他者的联系原则也是自愿的、可修正的。

基于主体自由的“文化自觉”，有力地促成了核心价值观的现代

① ［加拿大］查尔斯·泰勒：《承认的政治》，参见汪晖、陈燕谷主编《文化与公共性》三联书店2005年版，第296—297页。

形态建构。首先，自由主体的确证，使得核心价值观的建构可以本真地依赖主体自觉自愿的承认与选择。其次，自由的主体是自主的主体，它自己规定自己，自己忠实于自己，自主的主体使得核心价值观念因此获得了具有内在性的价值意蕴。再次，自由的主体是自律的主体，自律的主体是对自己思想和行为负责的主体，正是基于对自律主体的文化自觉，现代社会的核心价值观念就不仅仅是一种思想观念的表达，它内在地包含着对主体价值承当的责任诉求。最后，自由的主体是一个关系中的主体，自由主体对于“他者”的充分意识，使得核心价值观获得了基于相互“承认”的最大包容性。

现代文化允诺并成全的自由主体，使得核心价值观的前提和基础，借由一种现代意义上的重新“构成”或“建构”，在广度和深度上都显现出更为强健与深厚的生命力。然而，现代主体文化在其开端处纠结的两难，同时使得现代社会的核心价值观建构面临诸多挑战。

在人类思想史上，与自由主体的最初发现相伴随的，是对主体理性思维能力的认可。理性在人类事务中发挥作用，自由的个人是理性的载体的观念，是20世纪从启蒙时代继承下来的最重要的思想主题。笛卡儿的“我思故我在”所确立的，首先是以“我思”为核心的主体。“我思”主体，因为其所独有的理性化，直接导致了韦伯所谓的现代世界的“除魅”：一方面，那些终极的、高贵的价值，逐渐从公共生活中销声匿迹，世俗功利价值被视为推动社会发展的根本动力。另一方面，当“自我”成为一切领域的立法者，“自我”的主观“偏好”可以堂而皇之地超越各领域之上，那就意味着一种具有普遍性和客观性的价值标准和价值权威将失去约束力量，其结果必然像“希腊人时而向阿芙罗狄蒂献祭，时而又向阿波罗献祭……”[①] 最终导致一种统一的价值评价和意义认同难以存在，普遍的、公共性的价值共识成为困难。

按照麦金太尔的说法，现代道德文化的一个显著特征就是，道德争论的双方谁也说服不了谁，彼此没有任何可以使对方信服的理由，因为争论的双方都站在与对方无法沟通的理论立场上，最终导致道德的解体和道德相对主义。“神圣价值”的消失，价值共识的困难，使得依托某种价值标准信任的核心价值观念的建构面临挑战。

三

现代主体文化在自我确证的同时，也面临着自我怀疑的命运，这是现代主体文化在其基础深处即隐藏着的、无法逃避的两难，其间所包含的种种游离也充满种种可能的张力，同时预示着作为现代民族国家文化自觉重要表征的核心价值观念，其合理建构必须奠基于另一种充分的文化自觉，这种文化自觉集中体现为对一个“自主的”、“包容的”、“有责任的”和具有“超越意识”的价值主体的全面诉求。

“自主的”价值主体是核心价值观念建构的前提。自由、自主是人作为主体的基本规定。人与其他自然存在物的根本区别就在于他摆脱了自然的因果规律，可以通过自主的实践活动摆脱外在之物的束缚，自己规定自己，自己主宰自己，自己创造自己的历史和未来。

① ［德］马克思·韦伯：《学术与政治》，三联书店 2005 年版，第 40 页。

这意味着，社会主义核心价值观既是价值主体自由、自主构建的必然结果，同时也正是依托价值主体的自由自主，可以使得核心价值观念的现代建构拥有对于自身文化传统、当下文化现实以及自身文化发展未来的充分“自知”。这种“自知”，是增强民族国家文化凝聚力、感召力的重要因素，更是激发文化自强和文化自信，不断发展、创新民族文化的不竭动力。

“包容的”、“有责任的”价值主体是核心价值观建构的关键。自由主体的发现是伴随着对于他者的依赖而产生的，内在发生的、个人的和独特的主体意识必须在“我们”中才能合理建立起来。“既然自由在于我和他人的同一性，所以我只有在他人也是自由的并被我承认是自由的时候，才是真正自由的。”① 每一个意识都在另一个意识中寻求承认，我们只有在得到承认的条件下才能正常成长。黑格尔在具有共同目标的社会中进一步发现了这种可能：在具有共同目标的社会中，“我们”就是“我”，“我”就是“我们”。这类似于古老的政治哲学的一个基本思想，即人类精神只有在一个精神的共同体中才能获得完美而高尚的生命。在此意义上，现代社会的核心价值观建构集中体现为一个“我们感”的确立和形塑过程，它意味着对“我们”过去一直凭借的价值信念、思维模式和行为方式的自觉坚守与维护，也意味着积极参与“我们”共同拥有的社会历史的发展与创造，勇于承担可能伴随的风险与责任。这一价值主体，在现代社会同时意味着不同标准的视界融合，意味着价值观念从多样性走向共识的可能。

---

① ［德］黑格尔：《精神哲学——哲学全书·第三部分》，人民出版社 2006 年版，第 227 页。

首先，“人总是把自身当作现有的、有生命的类来对待，因为人把自身当作普遍的因而也是自由的存在物来对待”[①]。人不仅对自己自由自主的特性有自我意识，而且这个特性同时是作为类特性被意识的。因此，人的自我意识与类意识是相辅相成相互映射的。个体在类意识中确证了自己，类也在个体的自我意识中得以确证，而价值共识就诞生于人类的类意识之中。当人视自己为一个自由的主体，同时也视同类为一个自由的主体；当自由自主被当作人类值得肯定和保有的特性，它同时可转化为一个可以共享的价值。由此而来的人类的其他核心价值，诸如平等、正义、人道、和平，等等，都可以在主体自我意识与类意识的辩证统一中获得共识性的理解。

其次，作为价值主体人类对价值的自主选择和追求是人的自由本质的表现。但是从主体本质方面看，任何一个从事目的和价值选择的自我都不可能是一个价值真空、透明苍白、天真无知的先在主体，他存在于特定的时空中，因而都是经过了历史的价值和经验积淀的主体，已有的经验和价值构成了他进行选择的前见和价值资源，甚至构成了他目标选择的自我导向。因此，人们选择价值的过程，既是一个自主选择的过程，又是一个价值认同的过程。选择是融合了他者视域的选择，认同是经过了自主选择的“赞同”。由此形成的价值共识是建立在现代主体性原则基础上的自由自觉的理性共识。

近代以来，伴随着各民族内部的等级、阶级斗争和个人权利的普遍获得，以及各民族之间激烈的相互博弈和平等互利关系的最终确认，人类正在成为一个具体的社会历史概念。伴随着“人类社会”

① 《马克思恩格斯全集》第3卷，人民出版社2002年版，第272—273页。

和“社会化的人类”的生成，现代社会的核心价值观念建构，应当同时体现为在“个人”、“自然”、“共同体”、“人类”四个领域的主体文化类型建构，呈现出代表历史前进方向和具有世界历史意义的理念形态，吸引民族国家以至全人类的普遍认同和向往。

兼具“自主性”与“类意识”的价值主体具有超越的内在品质。我们承认（并尊重）差异性的价值是平等的，但是对差异的平等尊重的基础在于我们共享某种超出差异的价值标准。“除非我们共享更多的东西，否则我们并不真正共享一个对平等的理解。认同差异，如同自我选择一样，要求一个关于重要意义的视野，一个在此情形下共享的视野。”①因此，现代社会的核心价值观念必然具有一定的超越性和引领性，它在理念的超越性和视域的历史性、共享性的辩证统一中，确立自己的生成性标准和客观实在性。

社会主义的理想与实践产生于现代社会，并致力于推动现代社会向着更完善的目标发展，从而使自身成为一种更优越的独特现代社会形态。因此，社主义社会作为一种现代社会而非前现代社会，其核心价值观也必须是一种符合现代社会特质的价值观念体系。这一价值体系建构必须具备自己的现代构成要素，遵循自身的生成逻辑。在此意义上，社会主义核心价值观的建构，不仅要着眼于价值观内容的建设，更重要的是要着眼于健全的价值主体的生成与培育，从而在主体价值自觉乃至文化自觉的基础上，围绕社会主义核心价值观形成理性、有效、稳定、持久的广泛共识。

① ［加拿大］查尔斯·泰勒：《现代性之隐忧》，中央编译出版社2001年版，第59—60页。

主要参考文献

1.《马克思恩格斯选集》(1—4 卷)，人民出版社 1995 年版。

2.《列宁选集》(1—4 卷)，人民出版社 2012 年版。

3.《毛泽东著作选读》(上、下册)，人民出版社 1986 年版。

4.《毛泽东选集》(第 1、2、3 卷)，人民出版社 1991 年版。

5.《毛泽东文集》(第 6、7、8 卷)，人民出版社 1999 年版。

6.《邓小平文选》(第 2、3 卷)，人民出版社 1993 年版。

7.《习近平总书记系列重要讲话读本》，学习出版社 2014 年版。

8.《习近平总书记系列重要讲话读本》，学习出版社 2016 年版。

9.《康有为政论集》(上册)，中华书局 1981 年版。

10. 梁启超:《饮冰室合集》，中华书局 1989 年影印本。

11.《章太炎全集》(第 3 卷)，上海人民出版社 1984 年版。

12.《严复集》(第 1 册)，中华书局 1986 年版。

13.《谭嗣同全集》，中华书局 1981 年版。

14.《孙中山全集》(第 2、5 卷)，中华书局 1982、1985 年版。

15.《陈独秀文章选编》，上海三联书店 1984 年版。

16.《李大钊文集》(上、下)，人民出版社 1984 年版。

17. 《鲁迅全集》（第 3 卷），人民文学出版社 1956 年版。

18. 《蔡元培全集》（第 8 卷），浙江教育出版社 1989 年版。

19. 《关于建国以来党的若干历史问题的决议》，人民出版社 1983 年版。

20. 郑观应：《盛世危言》（卷 5），中州古籍出版社 1998 年版。

21. 熊锡元：《民族心理与民族意识》，云南大学出版社 1994 年版。

22. ［德］黑格尔：《哲学史讲演录》，商务印书馆 1959 年版。

23. ［德］卡尔·雅斯贝尔斯：《历史的起源和目标》，华夏出版社 1989 年版。

24. ［美］丹尼尔·贝尔：《资本主义文化矛盾》，北京三联书店 1989 年版。

25. ［加拿大］查尔斯·泰勒：《现代性之隐忧》，中央编译出版社 2001 年版。

26. ［美］A. 麦金太尔：《德性之后》，中国社会科学出版社 1995 年版。

27. ［德］马克思·韦伯：《学术与政治》，北京三联书店 2005 年版。

28. ［美］罗伯特·金·默顿：《十七世纪英国的科学、技术与社会》，商务印书馆 2000 年版。

29. ［美］艾伦·M. 伍德：《资本的帝国》，上海译文出版社 2006 年版。

30. ［美］保罗·芮恩施：《一个美国外交官使华记》，商务印书馆 1982 年版。

31. 张岱年、程宜山：《中国文化精神》，北京大学出版社 2015 年版。

32. 冯友兰：《新原人》，北京大学出版社 2014 年版。

33. 梁漱溟：《中国文化要义》，上海人民出版社 2011 年版。

34. 龚书铎：《社会变革与文化趋向：中国近代文化研究》，北京师范大学出版社 2005 年版。

35. 费孝通：《费孝通学术文化随笔》，中国青年出版社 1996 年版。

36. 罗荣渠主编：《从“西化”到现代化》，黄山书社 2008 年版。

37. ［美］成中英：《从中西互释中挺立：中国哲学与中国文化的新定位》，中国人民大学出版社 2005 年版。

38. 李泽厚：《中国近代思想史论》，人民出版社 1979 年版。

39. 许倬云：《中国文化与世界文化》，贵州人民出版社 1991 年版。

40. 余英时：《钱穆与中国文化》，上海远东出版社 1994 年版。

41. 陈来：《人文主义的视界》，广西教育出版社 1997 年版。

42. 许纪霖：《二十世纪中国思想史论》（上），东方出版中心 2000 年版。

43. 许纪霖：《近代中国知识分子的公共交往：1895～1949》，上海人民出版社 2008 年版。

44. 杨念群：《儒学地域化的近代形态》，三联书店 1997 年版。

45. 郑师渠、史革新主编：《历史视野下的中华民族精神》，广东人民出版社 2014 年版。

46. 朱英主编：《辛亥革命与近代中国社会变迁》，华中师范大学出版社 2001 年版。

47. 高旭东：《梁实秋与中西文化》，中华书局 2007 年版。

48. 张立文：《传统文化与现代化》，中国人民大学出版社 1987 年版。

49. 冯天瑜：《东方的黎明：中国文化走向近代的历程》，巴蜀书社 1988 年版。

50. 吴剑杰：《中国近代思潮及其演进》，武汉大学出版社 1989 年版。

51. 吴雁南等主编：《中国近代社会思潮》，湖南教育出版社 1998 年版。

52. 汪澍白主编：《文化冲突中的抉择》，湖南人民出版社 1989 年版。

53. 宋惠昌：《人的发现与人的解放》，四川人民出版社 2008 年版。

54. 邹千江：《冲突与转化：中国社会价值的现代性演变》，中国传媒大学出版社 2008 年版。

55. 王继平：《近代中国与近代文化》，中国社会科学出版社 2003 年版。

56. 胡成：《困窘的年代：近代中国的政治变革和道德重建》，三联书店 1997 年版。

57. 陈旭麓：《近代中国八十年》，上海人民出版社 1983 年版。

58. 袁洪亮：《人的现代化：中国近代国民性改造思想研究》，人民出版社 2005 年版。

59. 周兴樑：《孙中山与近代中国民主革命》，中山大学出版社 2001 年版。

60. 张昭军：《传统的张力：儒学思想与近代文化变革》，吉林人民出版社 2004 年版。

后　记

东方与西方、传统与现代之间的紧张，一直伴随着近代以来中国社会的价值文化变迁。在日益全球化的今天，曾经集中表现为“中化”与“西化”的那些对峙和冲突，如今开始更多地以“一元”与“多元”、“特殊主义”和“普遍主义”、“本土化”与“全球化”、“民族认同”与“国家认同”等的矛盾显现出来。近代中国关于“古今中西”的种种纷纭诉讼表明，对各民族国家而言，文化传统和价值理念的现代转型，最根本的是如何选择一条适合民族国家自身的恰当的转型方式或道路。诚然，走出传统的“中西古今之争”，是现时代对待中国现代化的正确态度，也是中国新型文化建设的重要特征。但无论如何，文化首先而且在大多数情况下总是地方的、民族的，任何跨文化传统的价值目标和价值认同都需要基于这一事实前提。唯有如此，我们或许才能理解当今时代世界各地民族文化的多元权利诉求日益高涨的情势，从而在“世界历史体系”中坚守中国文化的自觉和自信。

本研究是韩震教授主持的国家社科基金重大课题“社会主义核心价值观研究”系列研究成果的一部分。感谢韩震教授的信任，将子课题“近代中国文化冲突及价值观转型”的研究工作交付给我。尽管这份研究任务一直让我深感惶然忐忑，但它确实间接地敦促我部分地弥补了自己在中国近代思想文化领域的阅读空白。

与合著者梦兰博士的相识，是我严格意义上的学术训练开始之初，收获的一份珍贵友谊。这些年，她致力于人文学的理解和经验范式的研究，天生自带一种人文的婉约、聪慧和温暖。这次的合作，是我们二十年深厚友情的一个纪念。

书稿最后部分的完成，适逢我在英国伦敦访学。伦敦街头，帝国繁盛的印记依旧满目可寻。退欧谈判、独立公投、恐怖袭击、提前大选、民族主义、国家主义、世界主义的紧张弥漫于现实的日常。当这些场景，与肇始于一百七十多年前“天朝华夏”的那场风云变幻，以一种跨越时空的方式相互映现，一次次地闪回进我这一段时间的中国近代史阅读，不断激发起我对当今世界的价值与文化问题，以及近年关于现代西方公民观和社会主义核心价值观研究的一些新思考。

感谢浙江财经大学马克思主义学院朱其永博士，作为“近代中国文化冲突与价值观转型”课题研究团队的主要成员，他对于中国近代价值观的历史演进和内在逻辑的系统探析，支持并丰富了课题研究的成果。四川人民出版社为本书的策划出版做了大量热情、细致和辛苦的工作，在此一并表示诚挚的感谢。

王 葎

2017 年 5 月

中国传统价值观及其当代转换

章伟文 著

四川人民出版社 学习出版社

图书在版编目（CIP）数据

“社会主义核心价值观与当代中国发展”丛书：全五册 / 韩震主编. —成都：四川人民出版社；北京：学习出版社，2018.8

ISBN 978－7－220－10785－6

Ⅰ.①社… Ⅱ.①韩… Ⅲ.①社会主义建设－价值论－研究－中国 Ⅳ.①D616

中国版本图书馆 CIP 数据核字（2018）第 085804 号

“社会主义核心价值观与当代中国发展”丛书
韩 震 主编
ZHONGGUO CHUANTONG JIAZHIGUAN JIQI DANGDAI ZHUANHUAN
中国传统价值观及其当代转换
章伟文 著

出版人	黄立新
执行组稿	章 涛
责任编辑	邹 近 章 涛
封面设计	张 科
版式设计	戴雨虹
责任校对	韩 华
责任印制	李 剑
出版发行	四川人民出版社（成都市槐树街 2 号）
网 址	http://www.scpph.com
E-mail	scrmcbs@sina.com
新浪微博	@四川人民出版社
微信公众号	四川人民出版社
发行部业务电话	（028）86259624 86259453
防盗版举报电话	（028）86259624
照 排	四川胜翔数码印务设计有限公司
印 刷	四川机投印务有限公司
成品尺寸	170mm×240mm
印 张	19
字 数	211 千
版 次	2018 年 8 月第 1 版
印 次	2018 年 8 月第 1 次印刷
书 号	ISBN 978－7－220－10785－6
定 价	480.00 元（全五册）

丛书主编简介

韩震，1958年生，山东省阳谷县人，哲学博士，博士生导师，北京师范大学哲学思维与发展战略研究中心主任。

曾任北京师范大学副校长、北京外国语大学校长、北京外国语大学党委书记。兼任中央马克思主义理论研究和建设工程咨询委员会委员、《西方哲学史》首席专家及召集人，《马克思恩格斯列宁经典著作选读（大纲）》首席专家，国家教材委员会委员（兼任大中小德育一体化工作委员会主任）、第十届国家督学，国家社会科学规划办哲学组召集人、教育部社会科学委员会（哲学学部）委员、教育部高等学校哲学类专业教学指导委员会主任委员，《中国高等学校学术文摘·哲学》（英文）主编。

入选北京市“跨世纪青年理论工作者百人工程”培养计划、教育部“跨世纪人才”培养计划、人社部等部委首批“新世纪百千万人才工程”国家级人选、中宣部“文化名家暨‘四个一批’人才”、国家“万人计划”首批哲学社会科学领军人才。

著有《西方历史哲学导论》、《生成的存在》、《重建理性主义信念》、《全球化时代的文化认同与国家认同》、《思考的痕迹》、《教育的价值与价值的教育》、《社会主义核心价值观五讲》、《社会主义核心价值观新论》、《中国的价值观》、《社会主义核心价值观与中国文化的国际传播》、《大国话语》等，译著有《自我的根源》、《历史与转义》等，发表论文、译文600余篇。成果多次获教育部、北京市等人文社会科学优秀成果奖。

分册作者简介

章伟文，1969年生，历史学博士、哲学博士后，北京师范大学哲学学院、哲学思维与发展战略研究中心、价值与文化研究中心教授，中国哲学与文化研究所所长，博士生导师。曾在中国道教协会研究室工作，担任过国家“十五”重点图书出版规划项目《中华道藏》编委，中国道教学院特聘教授，主要研究方向为中国传统哲学中的易学哲学、历史哲学、道家哲学、价值哲学。先后主持国家社会科学基金项目“道教易学研究”、北京市哲学社会科学规划重点项目“中国哲学历史观研究”，参与国家社会科学基金重大项目“中国传统价值观变迁史”的研究。出版学术专著主要有《宋元道教易学初探》（巴蜀书社2005年版）、《全真学案：郝大通学案》（齐鲁书社2010年版）、《易学历史哲学研究》（中国社会科学出版社2012年版）、《中华经典名著全本全注全译丛书：周易参同契》（中华书局2014年版）、《社会主义核心价值观·关键词：和谐》（中英文版，中国人民大学出版社2015年版）、《全真学案：钟离权学案》（齐鲁书社2018年版）等；在《世界宗教研究》、《周易研究》、《中国哲学史》、《中国宗教》、CONTEMPORARY CHINESE THOUGHT等海内外学术刊物发表学术论文80余篇。

目 录

下部　中国传统价值观的当代转换

代　序

培育和弘扬社会主义核心价值观的路线图

韩　震

习近平总书记在十九大报告中强调指出，我们要“坚持社会主义核心价值体系”就“必须坚持马克思主义，牢固树立共产主义远大理想和中国特色社会主义共同理想，培育和践行社会主义核心价值观，不断增强意识形态领域主导权和话语权，推动中华优秀传统文化创造性转化、创新性发展，继承革命文化，发展社会主义先进文化，不忘本来、吸收外来、面向未来，更好构筑中国精神、中国价值、中国力量，为人民提供精神指引”。目前，全国上下大力培育和弘扬社会主义核心价值观，目的是为建设社会主义先进文化指明方向，坚定全党、全国人民中国特色社会主义文化自信，为中华民族伟大复兴中国梦的实现提供精神支撑，为中华儿女提供共同的精神家园。

一、 我们应该培育和弘扬什么样的核心价值观

我们培育和弘扬的社会主义核心价值观是特定的价值观，有着

特定的规定性和内涵。我们所说的社会主义核心价值观，首先是当代中国的价值观，是当代中国建设什么样的国家、构建什么样的社会、塑造什么样的公民的价值取向；我们所说的社会主义核心价值观，也必定是中国特色社会主义的价值观，是关于中国特色社会主义道路、理论和制度的价值宣示。综合起来，社会主义核心价值观就是当代中国特色社会主义价值观。

既然社会主义核心价值观就是当代中国特色社会主义价值观，那么我们首先要把中国特色社会主义事业伟大实践作为培育和弘扬社会主义核心价值观的坚实社会基础。

新中国成立以来特别是改革开放以来，中国共产党带领全国各族人民，在短短几十年时间内，使中国经济、政治、文化和社会建设等方面取得了举世瞩目的成就。我国从一个积贫积弱、备受欺凌的国家，重新回到世界舞台的中心。正如英国剑桥大学政治与国际研究系高级研究员马丁·雅克说的，“近年来，世界经济的重心开始向发展中国家倾斜。对发展中国家而言，同中国的经济往来变得越来越重要。中国是很多发展中国家最大的贸易伙伴，也是发展中国家的转型推动器。很多发展中国家都将中国视为学习的榜样以及未来的目标”[①]。我国经济总量稳居世界第二位，人均国内生产总值增至7800美元左右；农业持续增产，城镇化取得新进展，常住人口城镇化率达到55%；各级各类教育都得到全面发展，教育水平大幅提升，一批重大科技成果达到世界先进水平；公共服务体系基本建立、覆盖面持续扩大，新增就业持续增加，贫困人口大幅减少，生态文

① ［英］马丁·雅克：《中国梦蕴含自信心》，《人民日报》2014年2月21日第3版。

明建设取得新进展，人民生活水平和质量加快提高；全面深化改革有力推进，人民民主不断扩大，依法治国开启新征程；全方位外交取得重大进展，对外开放不断深入，我国成为全球第一货物贸易大国和主要对外投资大国；中国特色军事变革成就显著，强军兴军迈出新步伐；全面从严治党开创新局面，党的群众路线教育实践活动成果丰硕，党风廉政建设成效显著。中国特色社会主义事业是前无古人的伟大创新实践，也取得了震撼世界的成绩，这是我们凝练社会主义核心价值观的坚实社会基础，也是我们价值观自信的基础。

中国的经济发展已经创造了世界奇迹。最近几年，虽然中国的经济不像头些年那样以两位数的增长率发展了，但仍然是全球几个大经济体中发展最快的。由此，英国学者罗思义认为，“中国的社会主义模式优于资本主义模式”，理由是：一、“当前世界上增长最快的经济体并非遵循……‘华盛顿共识’发展，反而是仿效中国的‘社会主义发展战略’或深受其影响”；二、“仿效中国的发展战略或深受其影响的国家对世界减贫的贡献率是 85％，而资本主义国家的贡献率仅为 15％”。[①] 不过，在经济发展的同时，我们也需要关注发展带来的新问题。经济的迅速发展也使人们的价值观或思想取向在社会结构和文化范式的快速转型之中发生某种不确定的漂移。中国人富裕了，但似乎心理却不像原来那么宁静了。我们必须反思和重塑我们的价值观。对于现代社会而言，价值观都是非常重要的。“价值观之所以重要，是因为它们将国家和民众凝聚在一起。它们帮助

① ［英］罗思义：《没错，“中国模式”优于“西方模式”》，《环球时报》2016 年 9 月 20 日。

定义一个社会所支持和所反对的东西。”[①] 正如习近平总书记在主持中共中央政治局第十三次集体学习时强调的，要“把培育和弘扬社会主义核心价值观作为凝魂聚气、强基固本的基础工程”[②]。

价值观既是对社会实践的总结从而反映着当前的社会状态，同时作为一种理想性理念也必定引导和塑造未来的社会。就如习近平总书记指出的，“核心价值观是文化软实力的灵魂、文化软实力建设的重点。这是决定文化性质和方向的最深层要素。一个国家的文化软实力，从根本上说，取决于其核心价值观的生命力、凝聚力、感召力。培育和弘扬核心价值观，有效整合社会意识，是社会系统得以正常运转、社会秩序得以有效维护的重要途径，也是国家治理体系和治理能力的重要方面。历史和现实都表明，构建具有强大感召力的核心价值观，关系社会和谐稳定，关系国家长治久安”[③]。

其次，既然社会主义核心价值观就是当代中国特色社会主义价值观，那么我们就要把中华优秀传统文化作为涵养社会主义核心价值观的活水源泉。

我们是立足中国国情建设中国特色社会主义，我们的经济政策和政治设想都是以这个现实为前提的。同样，我们不可能离开既有的文化传统来进行精神活动，中华优秀传统文化是我们取之不尽用之不竭的思想根源，因此，培育和弘扬社会主义核心价值观必须立足中华优秀传统文化，用中华优秀传统文化涵养社会主义核心价值

---

① ［美］格拉特·哈丁著，葛鸣译：《欧洲人之谜》，《国外社会科学文摘》2012年8月号，第24—25页。原载美国《外交政策》2012年1/2月号。

② 参见新华社北京2月25日电《把培育和弘扬社会主义核心价值观作为凝魂聚气强基固本的基础工程》，《人民日报》2014年2月26日第1版。

③ 参见新华社北京2月25日电《把培育和弘扬社会主义核心价值观作为凝魂聚气强基固本的基础工程》，《人民日报》2014年2月26日第1版。

观。习近平总书记要求我们，“要讲清楚中华优秀传统文化的历史渊源、发展脉络、基本走向，讲清楚中华文化的独特创造、价值理念、鲜明特色，增强文化自信和价值观自信。要认真汲取中华优秀传统文化的思想精华和道德精髓，大力弘扬以爱国主义为核心的民族精神和以改革创新为核心的时代精神。牢固的核心价值观，都有其固有的根本。抛弃传统、丢掉根本，就等于割断了自己的精神命脉”。割断了精神命脉，不仅使文脉失去生命的有机性，也会使文化成为缺乏生命力的空洞观念。必须辩证地对待历史和当下，“不忘本来才能开辟未来，善于继承才能更好创新”。因此，习近平总书记号召我们，“要深入挖掘和阐发中华优秀传统文化讲仁爱、重民本、守诚信、崇正义、尚和合、求大同的时代价值，使中华优秀传统文化成为涵养社会主义核心价值观的重要源泉”①。

培育和弘扬社会主义核心价值观，就必须融通于中华民族的文化根基和精神传承过程。中华民族5000多年文明史，中国人民近代以来170多年斗争史，中国共产党90多年奋斗史，中华人民共和国60多年发展史，改革开放30多年探索史，这些历史一脉相承，不可割裂。脱离开中国的历史绵延，脱离开中国的文化传统，脱离开中国人的精神世界演进，脱离开当代中国社会的深刻变革，是难以正确认识中国的社会主义核心价值观的。

由于中华优秀文化传统是基于中华民族几千年历史演化而铸就的，反映着中华民族在中国大地上的生命体验、观念思考和精神追求，因此必然带有中华民族特有的形态、内涵和实质。我们从大禹

① 参见新华社北京2月25日电《把培育和弘扬社会主义核心价值观作为凝魂聚气强基固本的基础工程》，《人民日报》2014年2月26日第1版。

治水的故事，就可以理解中国这个东方农耕民族对群体合作的依赖和重视，个人只能在群体中才能获得生存的机会和发展的环境。因此，对于价值和价值观，中国人往往更多从整体优先于局部、集体优先于个人的角度去思考。譬如，也许西方人更多从个人的角度去思考人权，而中国人更关注大家之间要相互尊重人权，这就是“和谐”的价值观。中国人不把人权理解为个人权利或利益之间的自由竞争，而是相互之间达成和谐的状态，这就是为什么中国人如此重视“和为贵”以及“和而不同”。在当今中国，根据社会主义核心价值观，只有整体的社会和谐了，个体的人们才能过民主、自由、平等、公正的生活，才能在敬业和友善的环境下获得富足而有尊严的生活机会。

不过，社会主义核心价值观需要中华优秀传统文化的滋养，但并不是回到中国传统的价值观就是社会主义核心价值观了。中国传统的价值观是基于传统社会而酝酿的，必须经过创造性转换和创新性拓展，才能成为社会主义核心价值观的有效构成要素，这些要素纳入中国特色社会主义的理想追求，才能够展现出现代功能和价值。

第三，既然社会主义核心价值观就是当代中国特色社会主义价值观，那么我们就要在国际交流互鉴中，把提升文化软实力和抢占道德制高点作为弘扬社会主义核心价值观的文化追求。

善于学习和借鉴的民族，才有创新和发展的可能。培育和弘扬社会主义核心价值观，就需要在与世界各国日益密切的交流互鉴中加以思考。中华民族历来就有天下一家的开放胸襟，有协和万邦的气度，中华文化就是在与其他文化的相互激荡中发展。从古至今，中国与世界各国进行多方面的交流互鉴，从中学到许多东西，经过

消化吸收转化成为中华文化的成果，例如佛学思想的传入，西域音乐的滥觞，西方的文艺复兴、启蒙运动、工业革命、社会变革思潮，等等，特别是马克思主义和社会主义的理论，都深刻地影响和改变了中国的面貌。中国人对国家富强目标的追求，显然是受了欧美的影响，才有了更强烈的动力。自由、平等、民主、法治等价值，显然有浓厚的欧美影响，但最终也是在中国人民启蒙和解放的双重运动中逐渐清晰起来的。

当然，中国也需要有足够的勇气，树立价值观自信，我们也可以对世界价值观的发展作出自己的贡献。美国学者哈尔珀有句名言："打赢如今的战争靠的不是最好的武器，而是最好的叙述方式。"① 我们在中国特色社会主义实践上已经取得了举世瞩目的成就，我们还要在文化表述上坚定我们的价值观自信。譬如，中国人和而不同的价值观，不仅意义非凡，而且完全可以成为调节国际关系的最佳规范。我们主张"万物并育而不相害，道并行而不相悖"。这要比霸权思维和价值观合理得多，也公正得多。中国梦绝不是世界霸权梦，而是和平共处、合作共赢的梦。"中国梦是奉献世界的梦。"中国人"穷则独善其身，达则兼济天下"的胸怀，可以转化为经济全球化时代的中国担当。和谐价值观更是中华民族对人类社会的独特贡献。对内，我们构建和谐社会，实现祖国的和平统一、繁荣富强；对外，我们主张和平发展，实行相互尊重、互惠互利。不同的民族、不同的国家，由于所处的发展阶段和空间条件不同，从而发展出不同的文化，对问题的看法也就不同。相互之间应该采取和而不同的理念，

① ［美］彼得·纳瓦罗：《中国"三战"战略让美国束手无策》，《参考消息》2016年1月7日。

而不是采取威胁和冲突的方式，这样世界才能和平。中国的和谐价值观和国际义利观具有现实的、普遍的世界意义，具有很高的国际道德意义。

正因如此，习近平总书记在省部级领导干部学习贯彻十八届三中全会精神全面深化改革专题研讨班上讲：我们应该大力培育和弘扬社会主义核心价值体系和核心价值观，加快构建充分反映中国特色、民族特性、时代特征的价值体系，努力抢占价值体系的制高点。

二、 怎样培育和弘扬社会主义核心价值观

培育和弘扬社会主义核心价值观，需要有合适的途径和正确的方法。有了合适的途径和正确的方法，才能取得事半功倍的效果。

第一，培育和弘扬社会主义核心价值观，需要把其纳入国民教育全过程，作为培育和弘扬社会主义核心价值观的主渠道。

培育和弘扬社会主义核心价值观，要从娃娃抓起、从各级各类学校抓起，做到进教材、进课堂、进头脑，让教育在传递知识和文化的过程中塑造有理想有信念有责任感的人。社会主义核心价值观是社会的主导价值观，要求全体社会成员遵循这些基本的价值观规范。社会主义核心价值观不是对少数人的要求，而是对所有领域、所有人的价值规范。既然学校的功能是培养社会主义建设者和接班人，我们就必须坚持育人为本、德育为先，围绕立德树人的根本任务，把社会主义核心价值观全方位地纳入教育总体规划，贯穿于教育的教学、科研、社会服务、文化传承创新和国际交流的各个环节，覆盖到学校的全部师生员工。培育和践行社会主义核心价值观不仅是辅导员、班主任的职责，而是所有教职员工的任务；不仅是道德

与法治、思想政治和马克思主义理论课教师的工作，而是所有专业课程都必须有机融入的事情。当然，不是专业课程都有形地讲核心价值观，而是把价值观的精神实质和方向创造性地融入专业知识之中。实际上，思想理论课本身也不能天天只讲核心价值观的 12 个概念，而是基于核心价值观讲出感动人心的故事来。

因此，培育和践行社会主义核心价值观，就要遵循思想政治工作规律、遵循教书育人的规律、遵循学生成长的规律，适应不同年龄段学生的身心特点和成长规律，完善思想教育方法，深化学生思想品德培育和思想政治教育，构建有效衔接、内容先进、形态生动的思想品德和马克思主义理论课程的教材体系，创新思想品德和政治理论课教育教学方法，提高教学的针对性和实效性。大家都知道，作为物质食粮的奶粉是要根据年龄分段的，同样作为精神食粮的社会主义核心价值观也需要根据学生的年龄特点来“配方”。价值观需要行为的体验才能内化于心，价值观的目的及价值观自身的价值就在于它见诸行动。因此，我们还必须注重发挥社会实践对学生的养成作用，完善实践教育教学体系，开发实践课程和活动课程。

第二，培育和弘扬社会主义核心价值观，需要把党员干部带头以及知识分子、文化名人和其他杰出人物示范效应作为培育和弘扬社会主义核心价值观的关键抓手。

共产党员、领导干部和社会精英要在培育和践行社会主义核心价值观的过程中起模范带头作用。中国共产党是中国工人阶级的先锋队，也是中国人民和中华民族的先锋队，所以共产党员都应该在培育和践行社会主义核心价值观时走在前列，其中领导干部更应该率先垂范，形成上行下效的正能量。我们要以党章为根本遵循，完

善党内法规，健全制度保障，构建起配套完备的党内法规制度体系，推动党员干部带头践行社会主义核心价值观。把从严治党实践成果转化为道德规范和纪律要求，做到依规治党和以德治党相统一，充分展现共产党人高尚思想道德情操和价值追求。

社会各界的精英或名流，有很大的示范作用，因此也要肩负起更大的社会责任，在引导社会风气方面发挥积极功能。2017 年 3 月 4 日下午，习近平总书记在看望参加全国政协十二届五次会议的民进、农工党、九三学社委员时，希望全国广大知识分子自觉做践行社会主义核心价值观的模范。在总书记看来，勇立潮头、引领创新是知识分子“应有的品格”；天下为公、道义担当是知识分子“应有的情怀”。他希望知识分子坚持国家至上、民族至上、人民至上，始终胸怀大局、心有大我，始终坚守正道、追求真理，从自我做起、从现在做起、从日常生活做起，身体力行带动全社会遵循社会主义核心价值观。根据唯物史观，人是生产力中最活跃的要素，而人才是最活跃要素中的活跃要素，是创造新知识、新技术和新思路的关键力量。知识分子无疑是推动实现中国梦的中坚力量，正因为如此，知识分子应该义不容辞地担负起时代的重任。创新驱动实质要靠人才驱动，靠高远的价值观引领，知识分子正是先进生产力的开拓者，也应该成为先进价值观的践行者和引领者。

先进典型是社会主义核心价值观的集中体现。公众人物社会知名度高、影响力大，是传播核心价值观的重要力量。各类明星人物也应该加强自律、提高素质，无论是影星、歌星、舞星，还是球星和其他体坛明星人物，往往是青少年的偶像，他们的言行和装束往往引领时尚。假如他们在践行社会主义核心价值观时有好的言行，

将会对青少年有广泛的影响和引领作用。

第三，培育和弘扬社会主义核心价值观，需要把贯穿结合融入、落细落小落实作为培育和弘扬社会主义核心价值观有效手段。

培育和弘扬社会主义核心价值观，必须在贯穿结合融入上做文章，在落细落小落实上下功夫，坚持不懈地推动社会主义核心价值观学习宣传，践行弘扬具体化、系统化、长效化，将核心价值观的种子播撒在中华儿女的心田。

一要充分发挥政策导向作用，使经济、政治、文化、社会等方方面面政策都有利于社会主义核心价值观的培育。强化公共政策的价值目标。制定经济社会政策和重大改革措施，出台与人们生产生活和现实利益密切相关的具体政策措施，要充分体现公平正义和社会责任，注重政策目标和价值导向有机统一，注重经济效益和社会效益有机统一，形成有利于培育和弘扬社会主义核心价值观的良好政策导向和利益引导机制。各种社会管理要承担起倡导社会主义核心价值观的责任，注重在日常管理中体现价值导向，使符合核心价值观的行为得到鼓励、违背核心价值观的行为受到制约。我们还要完善政策评估和纠偏机制，防止具体政策措施与社会主义核心价值观相背离，实现公共政策和道德建设良性互动。

二要切实把社会主义核心价值观贯穿于社会生活方方面面。一种价值观要真正发挥作用，必须融入社会生活，让人们在实践中感知它、领悟它。要注意把我们所提倡的与人们日常生活紧密联系起来，在落细落小落实上下功夫。要按照社会主义核心价值观的基本要求，健全各行各业规章制度，完善市民公约、乡规民约、学生守则等行为准则，使社会主义核心价值观成为人们日常工作生活的基

本遵循。要利用各种时机和场合，形成有利于培育和弘扬社会主义核心价值观的生活情景和社会氛围，使核心价值观的影响像空气一样无所不在、无时不有。

三要相信人民群众、依靠人民群众，充分发挥群众的自主意识和首创精神，广泛开展灵活多样的群众性道德实践活动。例如，开展群众性的评选表彰道德模范活动，让人习惯于在现实中学会见贤思齐。开展学习宣传先进典型活动，尤其注意把学习雷锋等模范与学习身边的好人好事结合起来，在平凡的人和事中发现崇高，让高尚的道德和价值理想在民众生活中落地生根，形成学习先进、争当先进的浓厚风气。在国家博物馆设立英模陈列馆，保护好英烈墓地，让英雄主义鼓励青少年的报国之志。要把对烈士的纪念活动与大众的生活节点——如成人仪式、结婚仪式——结合起来，让国家认同融入大众百姓的日常生活之中。正如习近平总书记强调的，我们要通过教育引导、舆论宣传、文化熏陶、实践养成、制度保障等，使社会主义核心价值观内化为人们的精神追求，外化为人们的自觉行动。要润物细无声，运用各类文化形式，生动具体地表现社会主义核心价值观，用高质量高水平的作品形象地告诉人们什么是真善美，什么是假恶丑，什么是值得肯定和赞扬的，什么是必须反对和否定的。

四要把以文化人作为培育和弘扬社会主义核心价值观的精神支撑。要以良好的家风、校风、村规民俗，传播主流价值；要建立和规范一些礼仪制度，组织开展形式多样的纪念庆典活动，增强人们的认同感和归属感；要把社会主义核心价值观的要求融入各种精神文明创建活动之中，吸引群众广泛参与，推动人们在为家庭谋幸福、

为他人送温暖、为社会作贡献的过程中提高精神境界、培育文明风尚；要把传统的节日与传承中华民族的美德结合起来，使节日的意义得到升华。

三、 推动社会主义核心价值观入法入规

坚持和发展中国特色社会主义是一项长期而艰巨的历史任务，必须准备进行具有许多新的历史特点的伟大斗争。推动社会主义核心价值观入法入规，目的是促进价值观念的制度化、对象化和客观化，运用法律法规和公共政策向社会传导正确的价值取向，把社会主义核心价值观融入法治建设，从而使社会主义核心价值观的价值取向成为有法律保障的长期落地生根的公序良俗。

实际上，法律法规本身就体现鲜明价值导向，不同的法律体系体现不同的价值观。一方面，弘扬社会主义法治精神本身就是践行社会主义核心价值观。法治精神，是社会主义核心价值观建设的基本内容和重要基础。要坚持法治宣传教育与法治实践相结合，建设社会主义法治文化，推动全社会树立法治意识、增强法治观念，形成守法光荣、违法可耻的社会氛围，使全体人民都成为社会主义法治的忠实崇尚者、社会主义核心价值观的自觉践行者。另一方面，社会主义法律法规直接影响人们对社会主义核心价值观的认知认同和自觉践行。要坚持以社会主义核心价值观为引领，恪守以民为本、立法为民、公平正义理念，把社会主义核心价值观的要求体现到宪法法律、法规规章和公共政策之中，转化为具有刚性约束力的法律规定。无论如何，社会主义核心价值观是社会主义法治建设的灵魂。把社会主义核心价值观融入法治建设，是坚持依法治国和以德治国

相结合的必然要求，是加强社会主义核心价值观建设的重要途径，但这个途径更具有时代意义。

推动社会主义核心价值观入法入规，首先要以社会主义核心价值观的价值理想完善法律法规体系。我们必须认识到，由于法律法规体系是历史的产物，随着社会的发展就会出现某些不适应的地方。例如，有的法规和政策价值导向不鲜明，针对性、可操作性不强，保障不够有力；一些地方和部门在执法司法过程中存在与社会主义核心价值观要求不符的现象；部分社会成员尊法学法守法用法意识不强，全民法治观念需要进一步提高，等等。本着问题导向的原则，深入研究分析社会主义核心价值观建设的立法需求，把法律的规范性和引领性结合起来，通过立改废释并举，积极推进相关领域立法，使法律法规更好体现国家的价值目标、社会的价值取向、公民的价值准则。对与社会主义核心价值观要求不相适应的法律法规，依照法定程序及时进行修改和废止。

推动社会主义核心价值观入法入规，也要通过法律法规的刚性要求，强化社会治理的价值导向。注重把一些基本道德规范转化为法律规范，把实践中行之有效的政策制度及时上升为法律法规，推动文明行为、正直诚信、见义勇为、尊崇英雄、志愿服务、勤劳节俭、孝亲敬老、仁爱友善等方面的立法工作。我们要从巩固全体人民团结奋斗的共同思想道德基础的战略高度，切实发挥法治的规范和保障作用，推动社会主义核心价值观内化于心、外化于行。

推动社会主义核心价值观入法入规，除了完善法律法规体系，还要促进善治。这就是说，推动社会主义核心价值观建设既要靠良法，又要靠善治。我们必须坚持人民主体地位，拓宽人民群众有序

参与立法、执法、司法的渠道和方式，调动人民群众投身依法治国实践的积极性和主动性，使法律及其实施充分体现人民意志、体现社会主义核心价值观要求。注重总结推广新创造新经验，不断提高工作针对性实效性，依靠教育引导、实践养成和良法善治，开创社会主义核心价值观建设新局面。社会治理要承担起倡导社会主义核心价值观的责任，注重在日常管理中体现鲜明价值导向，使符合社会主义核心价值观的行为得到倡导和鼓励，违背社会主义核心价值观的行为受到制约和惩处。进一步把社会主义核心价值观融入法治建设，必须把社会主义核心价值观融入法治国家、法治政府、法治社会建设全过程，融入科学立法、严格执法、公正司法、全民守法各环节，以法治体现道德理念、强化法律对道德建设的促进作用，推动社会主义核心价值观更加深入人心，为实现“两个一百年”奋斗目标、实现中华民族伟大复兴的中国梦提供强大价值引导力、文化凝聚力和精神推动力。

推动社会主义核心价值观入法入规，要实行适应社会主义核心价值观要求的司法政策，增强适用法律法规的及时性、针对性、有效性。遵循法治的价值取向，为惩治违背社会主义核心价值观、严重失德败德行为，提供具体、明确的司法政策支持。准确把握法律精神和法律原则，适应社会主义核心价值观建设的实践要求，发挥司法解释功能，正确解释法律。完善案例指导制度，及时选择对司法办案有普遍指导意义，对培育和弘扬社会主义核心价值观有示范作用的案例，作为指导性案例发布，通过个案解释法律和统一法律适用标准。司法是维护社会公平正义的最后一道防线，司法公正对社会公正具有重要引领作用。要努力让人民群众在每一个司法案件

中都感受到公平正义，推动社会主义核心价值观落地生根。

推动社会主义核心价值观入法入规，还要进一步增强法治的道德底蕴。我们要把法治教育与道德教育结合起来，深化社会主义核心价值观学习教育实践，深入开展社会公德、职业道德、家庭美德、个人品德教育，大力弘扬爱国主义、集体主义、社会主义思想，以道德滋养法治精神，以美德温润法治。我们要强化规则意识，倡导契约精神，弘扬公序良俗，引导人们自觉履行法定义务、社会责任、家庭责任，努力形成中华儿女互有责任的良好风尚。我们要广泛开展时代楷模、道德模范、最美人物和身边好人学习宣传活动，积极倡导助人为乐、见义勇为、诚实守信、敬业奉献、孝老爱亲等美德善行。我们要积极探索有效途径和办法，使社会主义核心价值观和社会主义法治建设相得益彰、相互促进，推动社会文明的进步。

总之，社会主义核心价值观与中国特色社会主义建设事业是互相塑造的关系。中华民族伟大复兴的事业孕育并产生了社会主义核心价值观，社会主义核心价值观则引导并塑造着中国特色社会主义建设的伟大社会实践。中国特色社会主义实践发展到什么阶段，培育和弘扬社会主义核心价值观也应该推进到相应的境界。

2018年6月12日于北京师范大学

哲学思维与发展战略研究中心

绪 论

历史上，中华民族传统文化衍化、整合所形成的价值观念体系，对中国社会的政治、经济、文化、生活等诸多领域都产生了重要影响，奠定了中国古人基本的思维方式、价值理想，成为人们修身、治国的指导思想。因此，不理解民族文化及其特性，就不能透彻理解中国传统社会，也就不能理解中华民族的民族性与民族精神。

2014 年 2 月 24 日下午，中共中央政治局专门就培育和弘扬社会主义核心价值观、弘扬中华传统美德进行了集体学习。习近平同志主持了这次集体学习活动，他用“讲仁爱、重民本、守诚信、崇正义、尚和合、求大同”六个方面对中华优秀传统文化进行了概括，强调培育和弘扬社会主义核心价值观必须立足中华优秀传统文化，要深入挖掘和阐发中华优秀传统文化的时代价值，使中华优秀传统文化成为涵养社会主义核心价值观的重要源泉。

习近平同志的这一概括言简意赅，意义重大！从治政之道的角度看，中华优秀传统文化要求执政者以仁爱、重民为治理天下、国家的价值目标，所谓“仁者爱人”[①]、“民惟邦本，本固邦宁”[②]、“民之所欲，天必从之”[③]、“天视自我民视，天听自我民听”[④] 等，皆体现了“讲仁爱、重民本”的价值精神。中国共产党人以全心全意为人民服务为自己的根本宗旨，这与传统文化“仁爱”、“民本”的价值精神是相互贯通的。

从个人修养的角度看，中华传统文化倡导“诚信”、“尚中守正”等价值品格，如《大学》强调的“正心”、“诚意”以修身，汉儒董仲舒所说的“正其义不谋其利，明其道不计其功”等，即是如此。现代社会中，我们仍然要秉持“诚信”，坚守“正义”，以“守诚信、崇正义”作为自己品格修养的重要价值目标；在日常工作和生活中，分清是非、善恶，培养健全、高尚的人格与情操；通过深入地发掘传统文化中的优秀思想，古为今用，使其在当代社会展现出更加绚丽多彩的光芒。

更进一步，从不同国家、不同民族、不同文化之和谐相处的角度看，中华传统优秀文化表现了“尚和合、求大同”的价值精神，如《尚书·尧典》所说的“协和万邦”，《周易·彖传》的“保合大和，乃利贞”，《礼记·礼运》的“大道之行，天下为公”的“大同世界”等。我们认为，中华传统文化“尚和合、求大同”的和谐价值精神，为现代社会的人们提供了处理不同文化之间乃至不同人际、国际关系的良好范式，可以成为一种具有世界普遍意义的价值理念。

---

① 《孟子·离娄下》，(清) 焦循撰，沈文倬点校：《孟子正义》卷十七，中华书局 1987 年版，第 595 页。

② 《尚书·五子之歌》，(汉) 孔安国传，(唐) 孔颖达正义，黄怀信整理：《尚书正义》卷七，上海古籍出版社 2007 年版，第 264 页。

③ 《尚书·泰誓上》，《尚书正义》卷十，第 406 页

④ 《尚书·泰誓中》，《尚书正义》卷十，第 412 页。

因为“和合”以差异为前提，只有差异性的共存，才有“和合”的存在；差异性必然要求每个个体包括个人、民族乃至国家的自我实现，即要将其所具有的本真性质转变成现实存在；而“大同”则强调差异性的和谐、有序，旨在强调人际、国际间的圆融、无碍。因此，建立在“仁爱”基础之上的“和合”、“大同”的和谐价值理念，才能真正肯定世界不同国家、不同民族、不同文化的本真特性，建构起“差异相通”的和谐国际社会。

应该说，培育和弘扬核心价值观，有效整合社会意识，是社会系统得以正常运转、社会秩序得以有效维护的重要途径，也是国家治理体系和治理能力的重要方面。牢固的核心价值观，都有其固有的根本，抛弃传统、丢掉根本，就等于割断了自己的精神命脉。中华文化源远流长，积淀着中华民族最深层的精神追求，代表着中华民族独特的精神标识，为中华民族生生不息、发展壮大提供了丰厚滋养。习近平同志强调，培育和弘扬社会主义核心价值观必须立足中华优秀传统文化；博大精深的中华优秀传统文化是我们在世界文化激荡中站稳脚跟的根基。可以说，中华民族传统文化不仅在中国古代社会有着广泛而深远的影响，在当代中国的理论与现实中仍然有着旺盛的生命力，她的精髓仍然存活在现代中国人的心灵之中；通过从民族文化、民族精神中汲取其精华，古为今用，我们社会主义核心价值体系的建构将可以获得不竭的精神动力和智力支持。

所以，从社会主义核心价值体系建构的要求出发，从民族文化、民族精神中总结出符合时代和社会需要的内容，仍然是我们当前需要重点研究的问题之一。我们要认真学习习近平同志的讲话精神，认真汲取中华优秀传统文化的思想精华和道德精髓，大力弘扬以爱国主义为核心的民族精神和以改革创新为核心的时代精神，深入挖掘和阐发中华优秀传统文化“讲仁爱、重民本、守诚信、崇正义、尚和合、求大同”的时代价值，使中华优秀传统文化成为涵养社会主义核心价值观的重要源泉。

上部

中国传统价值观的主要内容

第一章

追寻生命内在意义

社会是由不同的个人所组成的，理想社会的实现离不开每个个体之人的自我价值实现。中国传统学术思想中，关于个体之人如何实现自身价值、保持自己身心健康，论述尤其丰富；很多学者皆关注个体之人的生命和谐、健康快乐、精神境界与内在超越等问题。

关于个体之人如何安身立命、实现自身的人生价值，中国传统哲学坚持“天人合一”的立场与“内在超越”的价值实现路径，这也是中国传统价值哲学最基本的特征之一。

第一节　天人合一

一、中国传统哲学价值观的核心理念

通常情况下，人们都要对现实世界价值的来源、价值世界与现实世界之间的关系问题进行探究。中国哲学、中国文化认为，天道与人事之间，也即价值世界与现实世界之间并不是绝对割裂开的，而是互融、互摄，你中有我、我中有你，彼此之间保持着一种发展

的张力。中国哲学与文化一般将人间秩序和道德的价值归源于“天理”、“太极”、“道”、“自然”等本体，以天道作为人道的基础，故“天人合一”是中国传统哲学价值观的“核心”理论。

追求价值是人类实践活动的重要内驱力。中华民族文化及其哲学并没有把价值归结为仅仅是主体的欲望、需求，而将之看成每个事物本身所具有的固有属性。一般说来，中国哲学家皆认为，价值问题不能仅限于社会的价值和人自身的价值这个层面，而要上升至天地、宇宙价值的高度，用中国哲学的专业术语来说，即是“人道”要上升至“天道”的高度。故中国传统哲学各流派一般皆肯定“价值本体”的存在。此价值本体有多种说法，如“天”、“理”或“道”、“太极”等，而人则秉承此“天”或“道”而有“性”与“命”。在中国哲学看来，个体的人安身立命、实现自身的人生价值，就是要追求人与天的合一。中国哲学家们将“天”作为宇宙本体，并赋予其伦理含义；同时又将“人”抽象为一个总体性范畴，概括为一种普遍性的精神存在。在此基础之上，他们从世界本原上说明了天与人的相合，并论证了天人合一的结合点在于“太极”、“理”、“心”、“性”、“诚”等，为天人合一提供了理论上的依据。

我们以先秦道家的《道德经》为例，来说明这个问题。《道德经》认为有一种根本的存在，它先天地生，混混沌沌，听之寂寞无声，看之虚廓无形；亘古亘今，不改其性，独立长存，循环往复，运行不息，为天地万物化生的根本。对于这样的一个根本性的存在，《道德经》认为没有人知道它的名字，姑且称之为道，或者泛称之为“大”。所谓：“有物混成，先天地生，寂兮寥兮，独立不改，周行而不殆，可以为天下母。吾不知其名，字之曰‘道’，强为之名曰

‘大’。大曰逝，逝曰远，远曰反。故道大，天大，地大，人亦大。”①

《道德经》认为，道是生生不息的。道化为一，宇宙发生；一分为二，阴阳始成；阴阳两气交融而生三，三则意味着万物化成。万物千差万别，但总内涵阴阳的相互作用，阴阳相互作用，故事物变化无穷。“道生一，一生二，二生三，三生万物。万物负阴而抱阳，冲气以为和。”② 天下万事万物之所以生成，有其原因，这就是道；万物生成之后，各具自己的本性，这就是德。德是道的体现，是道的殊相。道是一种形而上的本体，它因万物而成形，因天下大势而成就自己的现实存在。万物都体现着道与德。道之所以为尊，德之所以为贵，不是因为道、德自身对万物有一种权威和命令，这都是出于万物各自的天性，是自然而然的。道是万物发生的原因，蕴藏着万物生成、收藏的本性；万物生成、发育、成熟，包括其延续和终结，无不有道在其中发生作用。道生生不已，但没有私意去占有万物；道畜养万物，但不居功自傲。这是一种境界深而远的道德，道就具备此种境界和道德。

道不仅是现实的、显现的存在，即“有”；它也是一种潜在，即“无”。这种潜在与现实相对应，都很玄妙，构成了道的属性。其中，任何一个方面的属性都不可能概括道的全体，故“道可道，非常道；名可名，非常名”③。道亘古亘今。当道先天地而存在时，它是“无”，“无”虽然不是实体，却是实实在在的存在；实在可以是潜在，亦可以是现实，虽然是“无”，却可能生“有”，道由潜在演化

① 《老子》第二十五章，陈鼓应注译：《老子今注今译》，商务印书馆 2003 年版，第 169 页。

② 《老子》第四十三章，《老子今注今译》，第 233 页。

③ 《老子》第一章，《老子今注今译》，第 73 页。

为现实存在，即是“有”。

道通贯“有”、“无”，是“有”与“无”的统一。道，当它作为现象存在，作为“有”时，是明明白白的；当它作为潜在，作为“无”时，则是窈窈冥冥的。道有“常无”的一方面，亦有“常有”的一方面。“常无”，是说道以一种潜在的方式而存在的。当以这种方式存在时，它是玄妙莫测的。“常有”，是说道以一种现象的方式而存在的。当以这种方式存在时，它是清晰明白的。无论是玄妙莫测，还是清晰明白，体现的都是道的玄之又玄的功用。道备包有无，包罗万象，乃众妙之门，所谓：“无，名天地之始；有，名万物之母。故常无，欲以观其妙；常有，欲以观其徼。此两者，同出而异名，同谓之玄。玄之又玄，众妙之门。”①

道先天地而生，但道又是一个展开的过程，这个过程既是道由潜在向现实的过渡，也是由现实向道自身的回归；由道可能发展出非道，非道亦可以返于道，这是一种循环。人是道的产物，秉承有道性，故道大、人亦大。人的历史发展可以反映、体现道的存在。从自然界到人类社会，都处于不断地运动、变化和发展中，这其中存在着道的作用。正因为道亘古亘今，所以，我们通过执掌远古以来的道，就可以驾驭当今的万有。通过洞察万物大化伊始之情，就能把握大道造化生成万物的规律。“执古之道，以御今之有。能知古始，是谓道纪。”②

① 《老子》第一章，《老子今注今译》，第73页。
② 《老子》第十四章，《老子今注今译》，第126页。

二、德性即本体，乃终极价值之源

中国哲学与文化所讲的天道，就其内涵而言，实际上反映、折射的是活生生的现实生活。因其能反映现实生活，故能指导现实生活。因而在现实的此岸与超越的彼岸这两个世界之间并不存在一道不可逾越的鸿沟。现实在天道本体的价值理想的引导下，能不断规正自己的发展方向；天道本体的价值也在规正现实的过程中显现出来。同时，本体的天道因其能不断反映现实生活，故其内涵也就生生不息，从而能不断得到丰富和发展。正因为如此，价值世界与现实世界之间的不断互动，在使现实的人文化成不断得到规范的过程中，也能使价值世界本身的文化理念不断得到升华和发展。

故中国哲学家所关注的“成己”、“成人”、“成物”的理想追求，一开始便有德性本体这一价值理念的预设，没有此价值理念的预设，人和万物的存在、活动便失却其意义。此预设之价值理念，便是人类社会、自然宇宙所应达到的目标，因此价值不仅存在于主体，亦存在于客体，还存在于主客体相互作用的关系中。在中国哲学家看来，价值并不仅仅是某种属人的关系范畴，更是属于实体的范畴。德性即是本体，德性本身即是终极价值之源。

中国哲学从本质上说，即是价值哲学。因为其哲学体系主要建立的基础是价值判断，它认为终极实在是一个至善的存在，整个世界包括人类社会在内，皆是此至善理念统摄下的世界，其发展趋势即是回归于这一至善世界。应该说，中国哲学中的主流观点，皆认同此至善的价值本体。如程朱理学关于“天理”的探讨，象山心学关于“本心”的讨论，都希望从中发掘价值的起源和本质，他们的观点虽有所不同，但都把德性理解为一种本体存在。它可以表现在人，也可以表现在物，故从“亲亲”到“仁民”，从“仁民”到“爱物”，皆体现至善的德性本体；而“仁者”与“天地万物为一体”，也是从这个意义上来讲的。

中国哲学家们一般认为，在事实世界之上尚有一个价值的世界。关于价值世界与事实世界的关系，价值世界是事实世界的基础和归宿，虽然两个世界有时对立，但究其根本，则应该一致。价值世界相较于事实世界而言更为根本，事实可能合于价值，也可能与价值相违；与价值相违的事实，在中国的哲学家们看来，是应该被摒弃的。

第二节　内在超越

与将价值本体实质化、形式化、外在化的理解有所不同，中国哲学一般认为价值本体内在于每个个体之中。个体实现自身价值，即是与价值本体的相合，故对于个体之人实现自身人生价值，中国传统哲学所做的独特思考一般是走“天人合一”的内在超越之路。

一、修己之德，与道相通

在中国哲学看来，每一个个体的人中，都秉承有普遍的道性，每个个体的人都是一个小宇宙，是整个大宇宙的一个缩影和折射，是自足自为的。每个个体的人都可以通过修己之德，达到与大道的相通。这种“天人同构”的思想，即是中国哲学走“天人合一”的内在超越之路重要特点的一个表现。

我们还是以先秦道家的《道德经》为例，说明这一点。《道德经》所谓："夫物芸芸，各复归其根。归根曰静，静曰复命。复命曰常，知常曰明。不知常，妄作凶。知常容，容乃公，公乃全，全乃天，天乃道，道乃久，没身不殆。"[①] 道与德相守，道与器合一，体与用合一，个体的人能通向宇宙，与天地万物成为一体，与道相合，所谓"修之于身，其德乃真；修之于家，其德乃余；修之于乡，其德乃长；修之于国，其德乃丰，修之于天下，其德乃普"[②]。道通贯于个人及家、国、天下之间。道遍及万物，这就体现了善于建立而不可能被拔起的道理；道容纳万物，这就体现了善于抱持、无从脱离的道理。如果人遵循道这种建德抱一的真理，就可以传家久远，子孙祭祀不绝。通过以道德来修身，这样道德才能落到实处；以道德来齐家，其家必有余庆；以道德来润泽乡邻，道德才能得到发展；以道德来治理国家，道德才可以丰大而盛；以道德来引导天下民众，道德就可以普及于天下民众。所以，通过个体的方式来体验道德的存在，可以推己及人；通过家庭的方式来体验道德的存在，可以映鉴其他家庭的情况；通过乡里乡邻的方式来体验道德的存在，可以映鉴其他乡邻的情况；通过一国实践道德的情况，可以映鉴其他国家的情况。人人皆认同的道德标准，可以衡量天下之人心。人心中具有一种价值自觉的能力，每一个人都可以通过修己之德，而与天道的本体合一。

① 《老子》第十六章，《老子今注今译》，第 134 页。
② 《老子》第五十四章，《老子今注今译》，第 271 页。

二、德性自觉与价值实现

中国传统哲学一般把人当作目的而非手段，它强调凸显每一个个人的道德精神和价值。中国哲学家们分别赋予“天”以“诚”、“心”和“性”的含义，突出人在宇宙中的本体性价值，凸显了人在宇宙中的中心地位，凸显了社会发展中人的目标，体现了以人为本的价值。

中国哲学中，关于人性的修养、道德的修养，内容繁复。修养就其应有之义而言，当指以一定的价值评判为基础，主体自觉修养符合价值理念要求的“心”与“行”。“心”指精神和思想、情感、道德意识等，“行”则是指人在社会生活、生产中的活动方式，以达成完善人格的过程。中国哲学家们认为天地宇宙间，存在着一种至善的本体，此本体或谓“天理”，或谓“仁”、“诚”、“本心”，人因情欲之蒙蔽，不能在现实中呈现他们所具有的“天理”、“本心”，因而现实的人和社会皆有不完善之处，价值与事实间存在着悬殊的差异，他们主张通过人的修养功夫，如“先立乎其大”，或“格物致知”、“即物穷理”，来实现天赋予人的价值。

因此，在他们的理论中，价值如何得到实现就是一个重要的问题。中国的哲学家们大都认为，价值的实现离不开个体的自觉；个体通过有目的、有意识地不断深化自己的道德意识和道德理性，培养自己的道德情感，坚定自己的道德信念，从而能够自觉地从事道德修养，践行某种道德义务，履行自己对他人或社会所应负的责任。为此，中国哲学探讨了修养德性之善的种种方法，为每个个体之人的完善提供了基本的价值原则和尺度。这部分内容在中国哲学中相当丰富，可以为我们建构社会主义和谐社会提供宝贵的精神资源。

第三节　修身成己

前文所述，是对个体之人的价值追求、价值实现所做之总体说明。中国传统价值哲学中，儒、道是由本土文化中诞生出来的两种不同理论形态，这两种文化形态构成了中国传统价值哲学的重要支柱。儒、道对于个体价值的实现，有着不同的理解，其个体修养的实践与功夫也有着不同的表现形式。

一、君子人格与大丈夫精神

儒家探讨的一个重要问题是人生境界和圣贤气象问题。通常，儒家将个体生命的价值实现与对“仁”、“义”的追求结合在一起，生命的意义在于求仁、行义，在求仁、行义中成就君子人格与大丈夫精神，并以成圣、成贤为期。君子人格、大丈夫精神乃至成圣、成贤也因此成为儒者的人生追求目标。这种理想人格与成圣、成贤的人生价值追求，既强调治国、平天下的“经世”、“济民”，也强调个体的心安理得、安乐闲适的内在精神“超越”，这也就是其所追求的“内圣外王”。其中，“内圣”又成为“外王”的基础，而“内圣”的内在精神“超越”，便包含有个体的身心健康这一最基本的诉求。

在儒家的伦理、政治理想中，有许多内容展示了其终极的价值追求。虽然现实的情形往往与他们的价值理想背道而驰，但他们对人、社会等存在世界的价值思考对中国传统文化的特质产生了深远的影响。

1. 敬以直内，义以方外

先秦儒家的主要代表人物是孔子。孔子所处的春秋时代，周王室已经式微，一些诸侯王纷纷起来争霸，周王朝所确立的政治、经济和社会文化制度都遭到了严重破坏，孔子认定这是“天下无道”、“礼崩乐坏”的时代。他认为要解决这个时代问题，首先应该致力于缓和当时社会的阶级矛盾，恢复社会的和谐与稳定。孔子希望依靠“礼”来解决这个问题，但孔子也认为，礼治的基础是“仁”。“仁”首先是个体道德修养的依据，它既是德性本体，也可以表现为个体之人的一种精神境界。以“仁”为本，表现出来，则有“忠恕”、“孝悌”、“礼”、“义”、“德”、“信”等各种外在的道德行为。

子曰：“人而不仁，如礼何？人而不仁，如乐何？”①

作为德性本体的“仁”是各种社会政治制度的基础，形式和内容、本质与表现需要有机统一起来。一个人如果没有本质的仁爱之心，即所谓“不仁”，他怎么能很好地制定、遵守“礼制”呢？一个人如果“不仁”，他又怎么能很好地用“乐”呢？故作为德性本体的“仁”是社会礼乐制度的基础。

孔子要求每个人都要修养自己的仁爱之心。人们秉承这种仁爱之心，在日常生活中，就能“孝悌”，孝敬自己的长辈；在政治生活中，就能爱惜民力，为政以德；在个人道德修养方面，就能以礼来约束自己，不做于礼不合、于心不安的事；在人际交往中，就能推

① 《论语·八佾》，（清）刘宝楠撰，高流水点校：《论语正义》卷三，中华书局1990年版，第81页。

己及人，有同情心，能理解别人；自己想有所成就，也帮助他人有所成就；自己想开拓、发展，也帮助他人开拓、发展；自己不能忍受的，也不把它强加在别人头上。

孔子在《论语》中多处论及“仁”：

> 樊迟问仁。子曰：“爱人。”①
>
> 颜渊问仁。子曰：“克己复礼为仁。一日克己复礼，天下归仁焉。为仁由己，而由人乎哉？”颜渊曰：“请问其目。”子曰：“非礼勿视，非礼勿听，非礼勿言，非礼勿动。”②

春秋时期，社会阶级矛盾尖锐，孔子将之归结为“仁”心的缺乏，并希望以“仁爱”来解决社会所存在的种种问题。应该说，孔子“仁”的个体修养和价值实现学说，对当时的统治者而言尤其具有特别的意义。

> 季康子问政于孔子。孔子对曰：“政者，正也。子帅以正，孰敢不正？”③
>
> 子曰：“其身正，不令而行；其身不正，虽令不从。”④
>
> 子曰：“苟正其身矣，于从政乎何有？不能正其身，如正人何？”⑤

---

① 《语语·颜渊》，《论语正义》卷十五，第 511 页。
② 《语语·颜渊》，《论语正义》卷十五，第 487—488 页。
③ 《语语·颜渊》，《论语正义》卷十五，第 505 页。
④ 《语语·子路》，《论语正义》卷十六，第 527 页。
⑤ 《语语·子路》，《论语正义》卷十六，第 532 页。

孔子认为，统治者实施“德政”是以统治者自己的仁德之心为基础的，因此，孔子要求统治者“修己”、“正身”，“修己以敬”，“修己以安人”，“修己以安百姓”[①]。在他看来，所谓政治，无非就是端正统治者自己的身心。统治者率先端正了自己的品行，那么，又有谁敢不端正呢？统治者自己的行为正当，不发布命令也没有关系，百姓都会以他的行为作榜样；统治者自己的行为不正当，他发布命令也没有人听，因为上行下效是很自然的。所以，治理一个大国的窍门不过是要求统治者修养自己的“仁爱”之心，严肃认真地对待政事，讲究信用，爱惜民力，节俭并宽以待人。

在《论语·里仁》中，孔子说“德不孤，必有邻”[②]。《周易·文言》解《坤》六二爻辞“直方大，不习，无不利”时说：“‘直’其正也，‘方’其义也。君子敬以直内，义以方外，敬义立而德不孤。”[③]《文言》承孔子之说，认为“直”即存心之正，“方”乃行事之义；所谓“敬以直内”，即要使自己的心专注于仁、义、礼、智等德性培养而不放逸，“义以方外”就是要使自己所发出的行为皆符合仁、义、礼、智等道德规范和准则，如此则能“大”，即使自己的德行如大地一般广大。我们认为，《文言》“敬以直内，义以方外”的思想，恰当地概括出了孔子学说的精神旨趣。

2. 浩然正气与大丈夫精神

孟子是战国中期儒家学派的主要代表人物。关于个体安身立命的修养，孟子强调每个人皆要培养自身的“浩然之气”，做一个顶天

---

① 《论语·宪问》，《论语正义》卷十七，第605页。
② 《论语·里仁》，《论语正义》卷五，第159页。
③ 《周易·文言》，高亨：《周易大传今注》卷一，齐鲁书社1979年版，第84—85页。

立地的“大丈夫”。

有人问孟子擅长什么？孟子的回答之一是：“我善养吾浩然之气。”[①] 对于什么是浩然之气？孟子认为光用语言去描述，是很难说清楚的；如果要勉强对之加以解说，则这种浩然之气常常与仁义、正道相匹配，是人们践履各种仁义之行后所生出的一种身心修养的状态。这种状态表现为一股凛然正气，它至大至刚，可以充塞于天地之间；当然，如果人的行为不妥、心中有愧，就很难表现出这种浩然之气，甚至会觉得自己非常空虚、乏力。所以，任何人都不可能偶尔或侥幸得到这种浩然之气，而只能用正当的方法去培养它；且在这个过程中，不能对仁、义有丝毫的伤害。既然浩然之气由内在于每个人心中的仁、义等所生发，故告子以仁、义等为外在规范的说法就不能成立。

在孟子看来，若有人想从事于培养自身的浩然之气，就要修养自己的心地，时时发明自己的良知本心，汲汲而为之，这就是“必有事焉”，不如此则可能产生“不及”；当然，也不能人为地、有意识地去助长它，为了做好事而去做“好事”，所谓“勿正”，即这个意思。如果刻意地为了做好事而去“做好事”，则可能会有所“过”；过犹不及，如此则不能保证其所发合于中道。所以，人们若想培养自身的浩然之气，一方面要“心勿忘”，另一方面又要“勿助长”。

孟子并不否认人有自然欲望，他说“人之所以异于禽兽者几希”[②]，认为人与禽兽在很多方面其实是没有什么区别的。但是，人们又都不愿意别人称自己为禽兽，而更愿意被称作“人”，这又是为

① 《孟子·公孙丑上》，《孟子正义》卷六，第 199 页。
② 《孟子·离娄下》，《孟子正义》卷十六，第 567 页。

什么呢？孟子认为，人与禽兽之间存在着一个根本的差别，这就是人具有天赋的道德性和道德感。为此，孟子提出了他著名的“人性善”主张，并以人“乍见孺子将入于井”所生起的“恻隐之心”来证明。

当某个人看到一个小孩子爬到水井的边沿、快要掉到井里去的时候，他的心不由自主地会产生紧张、揪心的感觉，内在自然地会生出一种“怵惕恻隐之心”，孟子认为这完全是出于其人之为人的本性，他将这个“怵惕恻隐之心”称之为“不忍人之心”；除了“恻隐之心”之外，人们与生俱来的还有“羞恶之心”、“辞让之心”、“是非之心”，其谓：

> 恻隐之心，人皆有之。羞恶之心，人皆有之。恭敬之心，人皆有之。是非之心，人皆有之。恻隐之心，仁也。羞恶之心，义也。恭敬之心，礼也。是非之心，智也。仁义礼智，非由外铄我也，我固有之也，弗思耳矣。故曰求则得之，舍则失之，或相倍蓰而无算者，不能尽其才者也。[①]

孟子认为，现实中，有些人不能或不愿意存养自身本有的善性、善心，反而将其所固有的“恻隐之心”、“羞恶之心”、“辞让之心”、“是非之心”放逐、丢失，于是，人世间便有了善人与不善人的区分。因此，“学问之道无他，求其放心而已矣”[②]，一个人只要能“求其放心”，将其放逐、丢失的善的本性、本心找回来；或自然顺应其

---

① 《孟子·告子上》，《孟子正义》卷二十二，第757页。
② 《孟子·告子上》，《孟子正义》卷二十三，第786页。

先天本有的善心、善性而为，就能成为一个德性完满的人。

孟子又提出“大丈夫”的理想人格。有人曾对孟子说，战国的张仪、公孙衍等纵横家真可以称得上是大丈夫：他们一发怒，诸侯王们都害怕；他们安居下来，则天下的战火就熄灭了。孟子却认为，张仪这些人根本称不上大丈夫，真正的大丈夫，当住在天下最宽广的居处——“仁”之中，以“仁”为自己心灵之宅；站立在天下最中正的位置——“礼”之上，以“礼”的名分来规范自己的行为；走在天下最开阔的大路——“义”之上，在日常生活中实践着“义”的道理。得志的时候，引领、教化百姓循着正道前进；不得志的时候，也独自坚守自己的价值理想。“富贵不能淫，贫贱不能移，威武不能屈”①，这样的人才配称为大丈夫！

3. 化性起伪，虚一而静

先秦另一位著名儒者荀子生于战国晚期，他对当时的政治、社会环境非常不满意，认为战国是一个“浊世”，孔子的“大道”不明于世，诸侯兼并、亡国乱君一个接一个，乱俗之风炽盛。荀子有志于阐明孔子的“大道”，他希望在现实中能够化人性之恶，确立一套行之有效的礼、法制度，使“涂之人可以为禹”②。

荀子认为：“人之性恶，其善者伪也。”③ 荀子要“制名”、“定名”，以“礼”、“法”来约束人性之恶。他认为，如果没有“礼”、“法”等来约束，顺人性之“恶”自然发展，就会产生争夺而使天下大乱：人生下来便喜好对自己有利的事情，这是人的本性，如果顺

① 《孟子・滕文公下》，《孟子正义》卷十二，第 419 页。

② 《荀子・性恶》，（清）王先谦撰，沈啸寰、王星贤点校：《荀子集解》卷十七，中华书局 1988 年版，第 442 页。

③ 《荀子・性恶》，《荀子集解》卷十七，第 434 页。

着这个恶的人性发展，社会就会产生争夺，辞让之风就没有了；人生来便有妒忌、愤恶、厌憎之心，顺此恶性发展，则社会就会充满残暴、劫掠，忠诚、诚信之风就没有了；人生来便有喜好声色之心，顺此发展，则社会充满淫乱之风而没有礼乐之秩序。故顺人的性、情之恶，必然会发生争夺，造成对社会秩序和礼仪条理的破坏，而会有暴乱之事的发生。所以，需要用“礼”、“法”等来教导民众，这样才能使社会合于文明之化而使国家得到治理。“故枸木必将待檃栝、烝、矫然后直，钝金必将待砻、厉然后利。”[①] 这就好比弯曲的木头必须依靠矫正然后才能正，不锋利的刀剑需要经过磨砺才能锋利一样，人之性恶也需要经过教化，才可能由“恶”归于正。人如果没有礼义、法度的引导，就会趋于险恶而不走正道，制定礼义法制就是为了矫正人之恶性、恶情，使之向善，这样，社会才能得到治理，从而合于道。人之情性贪利而希望有所得，假如有分家资、财产这样的事情，如果顺从人的贪利之性，则兄弟之间都会发生严重的争夺；如果受礼义、规范的教化，那么即便是没有亲缘关系的普通人也会互相谦让。因此，通过“化性起伪”、“隆礼重法”，就可以将人性恶的方面引导到善的方面来。

通过制“礼”作“法”，化人性之“恶”，社会井然有序，此为天下有“道”的表现。为了更好地遵守“礼”、“法”，荀子又提出“虚一而静”[②] 的人生修养之方，即通过虚心、专心、静心，使每个人皆能循礼、法而行，从而得“大清明”，合于大“道”，更好地“隆礼重法”、“化性起伪”。

---

① 《荀子·性恶》，《荀子集解》卷十七，第 435 页。
② 《荀子·解蔽》，《荀子集解》卷十五，第 396 页。

4. 和顺于道德而理于义，穷理尽性以至于命

先秦文献中，《易经》是非常重要的经典。《易经》关于“君子终日乾乾”的进德修业观，“见群龙无首”、“利牝马之贞”的谦道精神，“履霜坚冰”、“括囊无咎”、“其亡其亡，系于苞桑”的戒慎恐惧思想，“有孚盈缶”、“比之自内”、“盥而不荐，有孚颙若”的诚敬态度，“履道坦坦”的尚中守正精神，“大人虎变”、“君子豹变”的变革精神，“不家食吉”的担待意识，“不恒其德，或承之羞”的坚守态度，“艮其背，不获其身；行其庭，不见其人”的无私、无我精神，“不事王侯，高尚其事”的超越精神等，对于个体的安身立命之方，皆有所探讨。

《易经》的哲学思想得到了《易传》的充分阐释。在《易传》看来，圣人作《易》的最终目的就是“和顺于道德而理于义，穷理尽性以至于命”[①]，故《易传》[②] 以《周易》为一部讲宇宙根本原理和人生修养法则的书，其中包含有儒家君子人格修养的重要内容。

（1）“自强不息”、“厚德载物”

《易传》关于个体安身立命，首先强调人们进德修业要“自强不息”、“厚德载物”，如《周易·象传》谓：“天行健，君子以自强不息”[③]；“地势坤，君子以厚德载物”[④]。《易传》倾向于认为，天地有一个最大的德行，就是生息了人和万物，所谓“天地之大德曰生”，“生”就体现了天地对人和万物的“仁爱”。天地大化流行，生生未

---

① 《周易·说卦》，《周易大传今注》卷六，第 609 页。

② 通行本《易传》是对《周易》的解释之书，计有《彖》、《象》、《系辞》、《文言》、《说卦》、《序卦》、《杂卦》等七种、十篇；近现代以来，另有竹简《周易》、帛书《周易》、帛书《易传》等若干种文献出土。

③ 《周易·乾·象》，《周易大传今注》卷一，第 56 页。

④ 《周易·坤·象》，《周易大传今注》卷一，第 78 页。

尝止息，不断展示其对人与万物的大爱；人既禀受天命之“仁爱”于其心，亦当效法天道生生之仁，自强不息，参赞天地之化育，不断展示自己对他人和万物的爱，永不停息。同理，大地既深厚又宽广，能够包容、承载、成就万物，君子亦当效法地道的厚实与宽广，培厚自己的德行，增强自己的能力，使自己如同大地一样能够承载重任，包容他人和万物，使之各畅其志。

（2）“三陈九卦”，申说君子修养之理

在《易传》的《系辞》篇中有“三陈九卦”之说。所谓“三陈九卦”，就是从《周易》六十四卦中选取九卦，三次对九卦中所包含的个体修养法则进行阐释。如它以《履》卦之义为讲君子如何循礼而行的道理，以《谦》卦之义讲君子如何行“谦”，以《复》卦之义讲君子犯错之后如何复于正，以《恒》卦之义讲君子如何恒久地守正，以《损》卦之义讲君子如何自损其不善，以《益》卦之义讲君子如何施益于人，以《困》卦之义讲君子在遭困时如何守操，以《井》卦之义讲君子当如井水源源而出那般修养道德、居守道德，以《巽》卦之义讲君子如巽风一般因顺、申命，展示自己的美德。

（3）“元、亨、利、贞”四德

《易传》讲人身修养时，在方法上有一个特点，即推天道以明人事，将形而下的人事和社会伦理问题上升为形而上之天道，为人道和社会伦理问题提供天道本体论的根据；其立足点是人道或人事，而天道则成为人事的形而上哲学基础。如《周易·乾》有“元、亨、利、贞”四德，若从四时造化之天道而论之，则物之初生谓之元，于时为春；物之畅达谓之亨，于时为夏；物之成遂谓之利，于时为秋；物之敛藏谓之贞，于时为冬。《易传》中的《文言》将之与人事相结合，认为“元”之春，代表天道的生生之德，有仁爱之意；仁爱为众善之首，君子法《乾》卦之“元”，就要如天道那般生生而行仁，不断展示自己的仁德，君子践履“元”所代表的生生之仁，就足以为众人所认可，可以成为众人的官长。同样，万物各遂其生、众美汇聚为夏之“亨”，“亨”有通达之意；与亨之通达相匹配者即为礼，儒家讲爱有差等，差等之爱其表现即为“礼”，君子法天道而“亨”，则其行能合于“礼”，有“礼”方能走遍天下、通达无碍。秋季是万物成熟、丰收的季节，万物成遂、各成其所宜，此即为“义”，义字本有适宜之义；一首乐曲中，既有主旋律，又有和声，和声是配合主旋律的，有唱而后有和，同样，有义而后有利，利为义之“和”，“和”即唱歌中的和声，君子常常利人、利物，就能够得“利”之德而和于义。冬季万物收藏，各得其正；在义理派解《易》的过程中，“贞”常被训作“正”；而人们要想行事得正，就需要有大的智慧，有智慧方能不断坚持正道，故“贞”又有“智”之意，行正而智，就能主持、操办大事。故“元”之“仁”体现了爱之理，“亨”之“礼”体现了敬之理，“利”乃“义”之和，体现了宜之理，“贞”乃“智”之正，体现了知之理，四者乃天所赋予人者，皆内在于人之心中。君子常常践履“仁、义、礼、智”四德，就可以合于《乾》卦的“元、亨、利、贞”四德。

（4）“君子以成德为行，日可见之行”

《易传》认为，《周易》这部经典就是要通过探讨事物变化法则和人的本性，使人能够穷尽事物之理和自己所禀之善性，从而培养人的德性、提高人的精神境界。如《乾》卦初九爻辞为“潜龙勿用”，《文言》对此解释道：

> 初九曰："潜龙勿用。"何谓也？子曰："龙，德而隐者也。不易乎世，不成乎名，遁世无闷，不见是而无闷，乐则行之，忧则违之，确乎其不可拔，潜龙也。"①

《文言》认为，《乾》卦初九爻辞"潜龙勿用"说的是居浊乱之世君子的修养法则。《乾》卦初九爻居一卦之最下位，象征社会的最底层；"潜龙"则比喻有才德而隐居的君子。君子在浊乱恶世，因不愿意与坏人同流合污，甘心隐藏，不求成名；德操坚定，不为时势、世道而改变自己；虽不为外界所认可、赞同，却悠然自得、胸怀坦荡，无任何之烦闷；对合于其价值理想的事情则积极行之，反之，则避之而不为。他坚定高尚，志不可拔，如泰山般不可动摇！《文言》认为，这就是《乾》卦初九所说的"潜龙勿用"之意。当然，对"潜龙勿用"，《文言》还给予过另外的解释：

> 君子以成德为行，日可见之行也。"潜"之为言也，隐而未见，行而未成，是以君子弗"用"也。②

这里的意思是说，君子要以自我道德的完善为人生的重要目标，他的一切行动皆以完善自己的德性为基准，并且要体现在每天的日用常行中；"潜"意味着虽有美德，却隐而不显；虽有善行，却未完成，君子对此是不认可的，故说"潜龙"、"弗用"。

---

① 《周易·文言》，《周易大传今注》卷一，第62—63页。
② 《周易·文言》，《周易大传今注》卷一，第71页。

（5）“君子学以聚之，问以辩之，宽以居之，仁以行之”

《乾》卦九二爻辞谓：“见龙在田，利见大人。”《文言》对之解释道：

> 九二曰：“见龙在田，利见大人。”何谓也？子曰：“龙，德而正中者也。庸言之信，庸行之谨，闲邪存其诚，善世而不伐，德博而化。”①

《乾》卦九二爻代表的是治世时君子中正、谨信、谦诚、善世、教化的品格与特征。《乾》卦九二居下卦之中，中则无过、无不及，这象征着有道德的君子行事中正而无偏颇，故其最平常的言、行都能够做到严谨而有信；又因其居中不偏，故日用常行中，就能摒除各种邪恶，存其忠诚；九二虽为阳爻，但却甘居阴位②，这象征君子善于利益世人，却不炫耀、自夸，从而其恩德能够广博而施、无所不化。在此基础上，《文言》又说：

> 君子学以聚之，问以辩之，宽以居之，仁以行之。《易》曰：“见龙在田，利见大人。”君德也。③

这主要解释《乾》卦九二爻辞“利见大人”中的“大人”当具有何种品质。“大人”即君子，他的特点如九二爻一般，在于广泛学

① 《周易·文言》，《周易大传今注》卷一，第63—64页。
② 《周易》阳爻称九、阴爻称六，初、三、五为阳位，二、四、上为阴位，《乾》卦九二为阳爻，但所处却为二之阴位。
③ 《周易·文言》，《周易大传今注》卷一，第71页。

习以积聚知识，多思、多问以明辨是非，以宽厚的态度待人，以仁慈之心行事。故学习、问辩、居宽、行仁四种美行，乃《乾》卦九二爻之爻德，可以称之为“君德”，也即大人、君子当有的个人修养之德。

（6）“乐天知命”、“安土敦仁”

《易传》还将道家自然主义的宇宙意识和儒家的人文主义的价值理想、人文情怀巧妙地结合在一起。如《系辞》说：

> 与天地相似，故不违。知周乎万物而道济天下，故不过。旁行而不流，乐天知命，故不忧。安土敦乎仁，故能爱。①

天地自然运化与《易》理不相违背，圣人之德“与天地相似”，与天地之道亦不违背；《易》理“知周乎万物而道济天下”，周遍万物、成就天下之事而无差错，圣人以《易》知万物之理，亦可以利天下而无差错；《易》周流六虚、变化无穷，虽流变、旁通而不失其正，圣人知天之化，乐而顺应之，故总能“乐天知命”、处之泰然而无忧。自然界中，万物之性，静安于大地；人类社会中，圣人之性，敦厚于仁，故仁者方能够真正懂得如何爱人。

《易传》认为，《周易》“穷神知化”、“钩深致远”，旨在探寻事物变化的规律、法则，人的思想修养与行为实践应该与这种法则相应。如《周易·象传》说：“天地不交，否。君子以俭德避难，不可荣以禄。”②《否》上乾、下坤，阳在上，升而不降，阴在下，降而不升，

---

① 《周易·系辞上》，《周易大传今注》卷五，第512页。
② 《周易·否·象》，《周易大传今注》卷一，第156页。

阴阳相背离、不相交合，乃闭塞不通之象；君子观此象，当收敛自己的才德，避开此乱世，不可以享受荣华、俸禄，免得与小人同流合污。“山下有风，蛊。君子以振民育德”[①]，《蛊》上为艮山、下为巽风，故为山下有风之象，狂风为山所阻则激荡回环，草木无不败坏；君子以此“象”比喻社会风气败坏，要想振奋民心，必先培育其美德。“风雷，益。君子以见善则迁，有过则改”[②]，《益》上为巽风、下为震雷，风烈则雷震愈甚，雷激则风势益烈，风雷相得益彰。君子观风雷相益之象以修身，见人有善则如风之拂，必虚心学习之；见己有过则如雷之震，必发心改正之，如此则道德可以得到日益完善。应该说，《易传》对于君子个体安身立命的处世原则，多有论述：如《象传》主张“反身修德”（《蹇》）、“惩忿窒欲”（《损》）、“非礼弗履”（《大壮》），强调“立不易方”（《恒》）、“自昭明德”（《晋》）、“见善则迁，有过则改”（《益》），要求“言有物，行有恒”（《家人》）、“以虚受人”（《咸》）、“远小人”（《遁》）、“独立不惧，遁世无闷”（《大过》）等，对个体的修养以及安身立命之道多有阐发，其中的积极意义是毋庸置疑的。

5. 和而不同，允执厥中；格致诚正，修齐治平

《礼记》是先秦至汉初儒家解释《礼》经的一部文集总汇，《中庸》、《大学》乃《礼记》中的两篇，很受后世儒者的推崇。关于“中庸”的“中”，一般认为有适中、中和，不偏不倚，无过与无不及的意思；“庸”则有平常的意思。

《中庸》提出了个体修养中的“慎独”原则和“致中和”的理

---

① 《周易・蛊・象》，《周易大传今注》卷二，第 202 页。
② 《周易・益・象》，《周易大传今注》卷三，第 362 页。

念。上天赋予每个人的禀赋叫作“性”，人们遵循自己天赋的善性而行叫作“道”，依“道”的原则修养叫作“教”。人与道不能有片刻的分离，能与人分离的就不能算作道了。正因为如此，君子即使是在别人看不见、听不到的地方，也时刻谨慎、畏惧，唯恐自己所作所为不能与道相合。每个人具体修养做功夫时，都会发现，越是在隐秘、细微的事情上，越能体现出自己是否能够真诚与道相合。所以，君子在一个人独居的时候，也是要十分谨慎的，这就是所谓“慎独”。

根据《中庸》的观点，“喜怒哀乐之未发，谓之中；发而皆中节，谓之和。中也者，天下之大本也；和也者，天下之达道也。致中和，天地位焉，万物育焉”①，若人人都能达到“中和”，则整个社会中，大家都心平气和，社会与自然界也能相和谐，天下就太平无事了。

《中庸》强调君子修养自己要时刻保持中道，无过无不及。孔子认为，中庸是一种美好的德行与修养方法，“子曰：中庸之为德也，其至矣乎！民鲜久矣”②，一般人不容易做到中庸。当然，儒家认为“中庸”与“乡愿”是有区别的。所谓“乡愿”，就是无原则的迎合，四面讨好、八面玲珑，其行为看似不偏不倚，但却违背了中庸之道的根本。故孔子说：“乡原（愿），德之贼也。”③ 孟子也说：“同乎流俗，合乎污世，居之似忠信，行之似廉洁，众皆悦之，自以为是，而不可入尧舜之道，故曰‘德之贼’也。”④ 所以，真正的中庸之道，

① 《中庸章句》，（宋）朱熹：《四书章句集注》，中华书局 1983 年版，第 18 页。
② 《论语·雍也》，《论语正义》卷七，第 247 页。
③ 《论语·阳货》，《论语正义》卷二十，第 693 页。
④ 《孟子·尽心下》，《孟子正义》卷二十九，第 1031 页。

应有内在的道、义主乎其中，正所谓“君子和而不同”[1]，“君子之于天下也，无适也，无莫也，义之与比”[2]。正因为有“义”在，君子在处理事物时就能够以“义”为标准，仔细权衡，做出符合中道的行为。

《大学》则提出了修身的“三纲领”和“八条目”之说，其“三纲领”指“明明德”、“亲民”、“止于至善”，所谓：

> 大学之道，在明明德，在亲民，在止于至善。知止而后有定，定而后能静，静而后能安，安而后能虑，虑而后能得。物有本末，事有终始，知所先后，则近道矣。[3]

大学是相对于小学而言的“大人之学”。通常，古代儿童八岁入小学，学习“洒扫应对进退、礼乐射御书数”等基础知识与礼节；十五岁入大学，学习“穷理正心，修己治人”学问。故大学的宗旨在于使每个人皆能弘扬自己本有的光明正大的德行，每日的修行都要去恶、从善以自新，使自己的道德日臻于至善的境地。人们知道止于至善的道理，则其心有定向、志有所属，如此则志向坚定而沉着、安静，沉静则能心神安定，心定则能思虑周详，思虑周详则能于修身有所收获。所以，每件事皆有本末与终始，知止为始，能得为终，以此修行，则能合于道。

《大学》所说的“八条目”，指格物、致知、诚意、正心、修身、

① 《论语·子路》，《论语正义》卷十六，第 545 页。
② 《论语·里仁》，《论语正义》卷五，第 147 页。
③ 《大学章句》，《四书章句集注》，第 3 页。

齐家、治国、平天下。那些想在天下弘扬光明正大德性的君子，先当治理好自己的国家；想要治理好自己的国家，先要使自己的家庭、家族和睦、有序；想要管理好自己的家庭，先要修养自身的品性；想要修养自己的品性，先要端正自己的心，使心无邪念，不为欲望所牵引；想要端正自己的心，先要使自己心意诚实，能够如实展示自己的良知本心而不自欺；想要心不自欺，就要充分发挥良知本心为身、物之主宰的作用，当心与物相接触之时，能灼见物性之理而不昧其心。心格致万物，就能知万物之理；知万物之理则能展示自己的良知、良能而不自欺；本心良知得到充分展示，则能够使自己心无邪念而得正；心正则能修身，培养好的品性；品性端正才能处理好自己家庭、家族的事；能处理好自己家庭、家族的事，才能够治理好国家；治理好国家，天下才能够得到太平！故每个人都要以修养自身的品性为人生的根本目的。如果修养自身品性这个根本被扰乱，则家庭、家族、国家、天下皆不能治理得好。所以，要分清楚先后、轻重、缓急，不能本末倒置；如果轻视修身，而只重身外之事，则不能“知本”。所以德性可以润泽人的身心，存心仁厚则心胸宽广，身体自然能得安适舒泰。

《大学》也强调“慎独”在修身中的重要作用，认为要使自己的良知本心真实无妄地表现出来，主要在于不能自欺，也即不可以自己欺骗自己；而应当像厌恶恶臭的气味、喜欢美色一样，使良知、本心能从自己内心真实地发出，这样自己的心意才能真正得到满足。

6. 承天顺命，化性成俗；见善则迁，有过则改

汉代儒家对于个体的安身立命，一般将修身的根据上溯至天，从而建立起一套天人感应的神学目的论。如西汉时期的大儒董仲舒

说："天者万物之祖，万物非天不生。"[①] 上天的命令可以称之为天命。天具有最美好的仁德，天是仁爱的，天被覆生育万物，既造化而生长它，又培养而成就它；天这种生长、成就万物的功业是不会停止的，终而复始，它的所有作为都是为人服务的。观察天的意志，包含着无穷的仁爱；人从上天那里接受天命，也应该取法天之仁爱而使自己成为仁爱者。但是，人性不经过教化则不能有所成就；人之欲望称之为情，情不经过度量、抑制则不能得到节制。所以，人要很谨慎地承奉天意，以顺从天命；通过规正法度之宜，区别上下之礼序，以此来防止自己私欲的膨胀。

董仲舒认为，人性好比禾苗一样，善好比大米一样，大米是从禾苗来的，但禾苗并不完全是大米；善是从性来的，但性并不完全就是善。善与米都是人们秉承天的赋予、另外加工而成的，不在上天创造的范围之内。上天的创造是有一定限度的，局限于上天所创造范畴之内的叫作天性，超出这个范畴之外的叫作人事，就是因为人事是在天性之外的，因而使得天性不能不成长为道德。

人性未可谓全善，如果不以教化加以扶持，其性就可能会颠倒陷溺、举止猖狂，而不能为善。董仲舒又提出，性就好像人的眼睛，当人在幽暗之处闭着眼睛睡觉时，眼睛是看不见的；一定要等到睡醒之后，来到光明的地方，才能看见东西；普通民众之性虽有善的资质而未能觉悟，就好像睡着了的人要在醒后才能看见东西一样。所以，人只有受了教化之后才能够成善；当人性还未觉悟时，只能说有善的资质而不能说是善。据此，董仲舒不同意孟子的性善说：

---

① 《春秋繁露·顺命》，苏舆撰，钟哲点校：《春秋繁露义证》，中华书局 1992 年版，第 410 页。

> 今谓性已善，不几于无教而如其自然！又不顺于为政之道矣。①

说人性已经是善，这就等于说不要教化而顺其自然，这就不符合为政之道了。名是用来表示性的实际内容，性的实际内容就是性的本质；性的本质没有经过教化，不能为善。性是天生的质朴，善是圣王教化的结果。没有天生的本质，圣王的教育就无从感化；没有圣王的教育，质朴的性就不能变为善。所以，承天顺命、化性成俗，见善则迁、有过则改是圣王、君子的重要责任。

7. “变化气质”、“知行合一”

宋明理学对孔子先秦儒学有重要的继承、发展。宋明儒者皆重视个人的成德成性之学，并强调变化气质以达成之。

(1)“诚”与“中和”

北宋理学的开山祖周敦颐认为，天道流行，造化生成天地万物，真实而无妄，故天之道为“诚”；人之道由天道而来，与天道相合，故人之道为“诚之者”。天、人以“诚”相贯通，天道即太极，太极动而生阳、静而生阴，成天地万物和人之性，故周敦颐所谓“性”既包括天地万物之性，又包括人之性；人性有五类，即刚善、刚恶、柔善、柔恶、中，他强调人性修养要得其“中”，“中”即是“和”，“中和”就能合于仁与礼，故“致中和”为天下之达道、圣人之事业。

(2)“为天地立心，为生民立命，为往圣继绝学，为万世开太平”

北宋张载在其论“天地之性”和“气质之性”命题的基础上，

---

① 《春秋繁露·实性》，《春秋繁露义证》，第311页。

提出性与天、道皆源于“太虚之气”，由“太虚”有天之名，由气化有“道”之名，合虚与气有“性”之名，合性与知觉有“心”之名。天地之性至善至美，气质之性则因人气禀之不同而有善有恶；道德修养的目的，就是要克去气质之性中不好的成分，恢复到至善的天地之性。为此，张载提出“变化气质”之说，认为每个人都要加强道德修养，经常改过迁善，使自已心中恒存仁爱。如果人的心意、行为皆合于仁爱，如此就可以成性、跻圣。张载又提出穷理尽性论，认为尽性是悟解和把握自身所禀天性的过程，通过尽己之性就能尽人和万物之性，达到道德的最高境界“诚”。他以穷理为“明”，尽性为“诚”，有“自诚明”者，即先自其本性之善上有切身之理会，然后再扩而充之，以至于事事物物之理；亦有“自明诚”者，即先穷理，从事事物物的学问上去理会，然后尽已之善性。张载说：“可欲之谓善，志仁则无恶也。诚善于心之谓信，充内形外之谓美，塞乎天地之谓大，大能成性之谓圣，天地同流、阴阳不测之谓神。”[①] 要求“可欲”应以“志仁”为目的，使“仁善”实有诸己，并将之推广于身心内外、充塞于天地，这就是“信”、“美”、“大”，由此，则能成性、成仁；仁与性又不是抽象的概念，而是活泼泼地流行于天地，其运化不测则为“神”。对于个人的出与处，张载说：“人之出处，则出而是以利天下亦可出，为免死之仕亦可出。”[②] 对于“出”有两种情况，一种是为“利天下”而出，另一种情况是“免死”而出，“出”虽然相同，“出”之原因则有异，此异则显出人的境界之不同。人有不避难者，唯义所在；也有人避难而不顾义，此则为妄

① 《正蒙·中正篇》，（宋）张载撰，章锡琛点校：《张载集》，中华书局1978年版，第27页。
② 《张子语录·语录上》，《张载集》，第313页。

动。张载强调士人当“为天地立志（心），为生民立道（命），为去（往）圣继绝学，为万世开太平”[①]，他根据其天地之性、太虚与气之说，认为天地之间一切人物皆气之所化，故人皆是我的同胞、万物皆是我的同伴，所以应该博爱所有的人，并及于物，这就是其著名的“民胞物与”之说，于其中体现出了一种宽广博爱的精神境界。

（3）“定性”与“识仁”

程颢关于个体安身立命的修养功夫，强调“定性”、“识仁”。程颢认为作为人性本原的天理是至善的，但人一出生，除禀受天理之外，同时也禀受了不同的气质。人性从本体上讲是至善的，但由于先天气禀、后天习染等的影响，有发展出“恶”的可能。故他所谓的“为学之道”就在于变化气质、去除习染。变化气质首先要“定性”，也就是要体会自身内在所禀受的天理，对之保持敬、思无邪的心态。他在《定性书》中就提出，要保持人性的本原之善，重要的不在于与外物完全隔绝，而在于待人、接物一循天理而行，这样，不管是动还是静，皆能得心态安定，其所禀受的本来之善也就得到了涵养。程颢又提出“识仁”，强调人不仅仅要在知性上达到对仁德的认识，更重要的是对这种仁德要有切身之体验。人生的意义就在于一切遵循理、义去做，不计个人之得失，如此，就能“乐天知命”，达成自己与他人乃至天地万物完全融为一体也即天人合一的境界。人在这种境界中，“闲来无事不从容，睡觉东窗日已红。万物静观皆自得，四时佳兴与人同。道通天地有形外，思入风云变态中。

① 《张子语录·语录中》，《张载集》，第320页。

富贵不淫贫贱乐，男儿到此是豪雄”[①]。

（4）“涵养须用敬，进学则在致知”

与其兄程颢重视“定性”、“识仁”不同，程颐关于个体修养功夫，更加强调“穷理”、“主敬”。“穷理”即通过对具体形下事物之理的认识逐渐达到对形上普遍之理的认识。当然，程颐的“穷理”主要不在于探讨事物变化的科学法则，而在于对个体德性修养的认识和体验。他将“穷理”与“持敬”相结合，提出“涵养须用敬，进学则在致知”[②]，对于“敬”，他有一解释：“主一者谓之敬。一者谓之诚。主则有意在。”[③] 故他所说的“主敬”与道家的“主静”有所不同，道家“主静”要求无为、清静，消除“成心”、不持成见，则万物之性自现；“主敬”则要每个人于自心之中恒存“天理”，如此则心有所主，不至于被外物所引诱，从而能确保自己天理、善性长存于心。他强调通过敬存“天理”来进行个体的修养：

> 昔吕与叔尝问为思虑纷扰，某答以但为心无主，若主于敬，则自然不纷扰。譬如以一壶水投于水中，壶中既实，虽江湖之水，不能入矣。[④]

当然，程颐所说的持敬并不仅限于内心修养，“若只守一个敬，不知集义，却是都无事也。且如欲为孝，不成只守著一个孝字？须

① 《河南程氏文集》卷三《秋日偶成二首》，（宋）程颢、程颐著，王鱼孝点校：《二程集》，中华书局 1981 年版，第 482 页。
② 《河南程氏遗书》卷十八，《二程集》，第 188 页。
③ 《河南程氏遗书》卷二十四，《二程集》，第 315 页。
④ 《河南程氏遗书》卷十八，《二程集》，第 191 页。

是知所以为孝之道，所以侍奉当如何，温清当如何，然后能尽孝道也。”[①] 个体的修养必须有对现实人伦道德的认识与践履，方可以真实不虚。

（5）理欲之辨

朱熹则认为个体之人修养身心，要通过“存天理，灭人欲”来达到。因为人是理、气合一的产物，理在人身上体现为至善的人性，理与性需要通过人心才能得以显现。当人心不动时，它与理、性相一致，乃至善的存在；当人心活动后，便产生了情，情有善恶之别，与性一致的情，其内容为天理，谓之为“道心”；与性不一致的情，其内容为“人欲”，谓之为“人心”。善的天理与恶的人欲势不两立，所谓“人之一心，天理存，则人欲亡，人欲胜，则天理灭，未有天理人欲夹杂者”[②]。人们若要想做一个有道德的人，就应该在理、欲二者之间做出鲜明的选择，或存天理，或灭人欲。每一个人在社会生活中，都有一个道德修养的使命，那就是保存、发扬自己至善的合乎天理的本性，而排除各种私欲，这就是理欲之辨。

（6）“尊德性”

心学的重要代表人物陆九渊不同意朱熹分理、气为二物，认为理即在心中，穷理也就是理会自己的本心：“心一也，人安有二心?”[③] 他认为，人生修养就是体悟自己心中天赋的道德禀性，这就是“尊德性”；“恶”的生起是由于良知本心被遮蔽、污染，人们只要自觉地发挥本心的主观能动性，去破除遮蔽、污染，就能恢复至

---

① 《河南程氏遗书》卷十八，《二程集》，第 206 页。
② 《朱子语类》卷十三，（宋）黎清德编，王星贤点校：《朱子语类》，中华书局 1986 年版，第 224 页。
③ 《语录上》，（宋）陆九渊著，钟哲点校：《陆九渊集》卷三十四，中华书局 1980 年版，第 396 页。

善的本心。从这个角度说，则善、恶只不过是心中念头的正当与不正当，心本身并不存在道心与人心的二分。当然，陆九渊所说的“心即理”中的心，指的是作为人的本体的本心，也就是人性，并不同于一般所说的情意、思虑之心。

（7）“致良知”与“知行合一”

明代王守仁则通过心外无理来消解程朱的天理，把外在的道德规范转化为内在的道德良知。他说：

> 心之所发便是意，意之本体便是知，意之所在便是物。如意在于事亲，即事亲便是一物；意在于事君，即事君便是一物；意在于仁民爱物，即仁民爱物便是一物；意在于视听言动，即视听言动便是一物。所以某说无心外之理，无心外之物。[①]

于此，王守仁并不是说这个世界离开人心便无物存在，而只是说离开人心单独存在的物没有价值和意义。他更多地从价值论而不是从认识论的角度来理解世界的存在，故在他看来，整个世界不过是一个由人的本心、良知赋予其意义的世界，外在世界只有进入人的实践范围、进入人心之中才有价值和意义，离开人的实践、离开人心而存在的事物是无价值和意义的。

王守仁将程朱理学的“天理”转化为人心，以“良知”为心之本体，认为人进行道德修养也就是要把心中的良知呈现出来并加以扩充，落实到具体的行为之中。

---

① 《传习录上》，（明）王守仁撰，吴光、董平、姚延福编校：《王阳明全集》卷一，上海古籍出版社1992年版，第6页。

心之良知是谓圣。圣人之学，惟是致此良知而已。自然而致之者，圣人也；勉然而致之者，贤人也；自蔽自昧而不肯致之者，愚不肖者也。愚不肖者，虽其蔽昧之极，良知又未尝不存也。苟能致之，即与圣人无异矣。此良知所以为圣愚之同具，而人皆可以为尧舜者，以此也。[①]

人是圣、是贤、还是愚不肖，关键在于是否能致其心所具之良知。能够顺应良知本心自然发展的是圣人，而那些愚、不肖之人的良知也并没有泯灭，它只是暂时被遮蔽而已，若能恢复其心所具之良知本体，他们还是圣贤。从这个角度来说，则良知永恒地存在于人心之中，它虽然会被遮蔽，却不会消失，只要顺应良知，人自然会在人伦日用中践履仁义之道，尽自己做人的职责。至于恶，不过是善的欠缺、过失，它并非是与“至善”对等的另一个本原。

王守仁认为良知是至善的本体，但心受外物引诱而生成之念头，则有善有恶，君子做修养功夫，不过是“为善去恶”。关于个体的道德修养与道德践履，王守仁提倡“知行合一”。因为人在对某一事物进行认识的同时，自然也会对这一事物在意志、感情上有所感应，产生一种或赞同或排斥的价值意向性，这个价值意向性不仅是接受外界信息的知，同时也是心理活动意义上的行。因此，王守仁“知行合一”论的“知”和“行”，都只是在人心的观念性活动。其所谓“知”，侧重于人的道德感受，而其所谓“行”，则不同于一般所说的

① 《书魏师孟卷》，《王阳明全集》卷八，第280页。

主观见之于客观的实践活动，而更多的只是人们的一种道德实践意向[①]。他之所以这么说，是因为：

> 今人学问，只因知行分作两件，故有一念发动，虽是不善，然却未曾行，便不去禁止。我今说个知行合一，正要人晓得一念发动处，便即是行了。发动处有不善，就将这不善的念克倒了。须要彻根彻底，不使那一念不善潜伏在胸中。此是我立言宗旨。[②]

王守仁将人心中的道德意向直接定义为行，实现了主观意识内的知行合一，而道德意向又和一般的纯粹知识不同，它具有将自身外在化的必然趋势和能力，这样，王守仁又实现了主观意识和外在行为层面上的知行合一。他说："知之真切笃实处，即是行；行之明觉精察处，即是知，知行工夫本不可离。"[③] 在王守仁看来，真知自然会行，笃行自然会知，两者是一体的，不能分成两个各自用功。

（8）"性日生日成"

明末清初大儒王夫之认为，天道化育万物，皆一视同仁，无所选择，无所去留，无所谓善与不善的问题；而人类依阴阳合一之气为其本性，则存在继与不继的问题，继之者则善，不继则不善，稍有不善则恶就随之而起，这种区别就叫作"天道无择，而人道有

① 李祥俊教授等持此说，详见李景林、郑万耕主编《中国哲学概论》，北京师范大学出版社 2010 年版，第 309、310 页。

② 《传习录下》，《王阳明全集》卷三，第 96 页。

③ 《传习录中・答顾东桥书》，《王阳明全集》卷二，第 42 页。

辨”[①]。他以“天道无择”和“人道有辨”来区别天道与人道，认为人是自然的产物，不能违背自然的法则，此即“以人合天”；但人类又不同于一般自然物，具有高度的智慧，能自觉地修养自己以达成善的人生和善的社会。在此基础上，王夫之提出了“性日生日成”的养性说和“造命”论，提出人性乃由后天教育逐渐培养而成，“夫性者生理也，日生则日成也。则夫天命者，岂但初生之顷命哉”[②]！环境、教育等因素对人性的养成具有重要作用，故“习与性成者，习成而性与成也”，“未成可成，已成可革”[③]。

应该说，宋明哲学中，蕴含着极为深刻、丰富的价值理论思维的成果，影响后世至深、至远。如“天理”、“本心”、“仁”、“诚”的价值本体思想；“先立乎其大”、“格物致知”、“即物穷理”、“涵养省察”、“知行合一”的道德价值修养之功夫；“义”与“利”、“道心”与“人心”、“理”与“欲”、“性”与“情”、“未发”与“已发”的价值评判思想；“厚德载物”、“乐天知命”、“与天地合其德”的价值超越境界等，对此加以符合时代和社会要求的阐发，对于建构当代人的价值观具有重要的意义。

二、全性葆真，逍遥自在

历史上的老庄道家思想及后来由此演变出来的道教，非常重视个体生命的身心整体健康。通常认为，儒家思想一般重视对社会礼乐文明制度的建构，具有重制度文明的特点；道家之精神重天道的

① 《周易内传》，（明）王夫之：《船山全书》第一册，岳麓书社2011年版，第529页。
② 《尚书引义・太甲二》，《船山全书》第二册，第299页。
③ 《尚书引义・太甲二》，《船山全书》第二册，第301页。

自然、无为，认为人类社会的文明建构应该与天道相合，反对文明制度对人性的异化。

1. 虚灵玄静、清净寡欲

老子虽然对仁、义、礼等伦理规范的形式有一些批评，如其谓“大道废，有仁义；六亲不和，有孝慈；国家昏乱，有忠臣”①。但在他看来，社会中人文和文明的存在方式，实皆据道之自然条理而设，所以道家并不否认忠信、孝慈、素朴、笃厚、慈俭等价值理念的德性内容，只是必须走另外的道路，即“绝圣弃智，民利百倍；绝仁弃义，民复孝慈”②。欲在人伦或文明中保持住孝慈、忠信、慈俭等德性之本真内容，就须消解各种人文设定如仁、礼等的形式化之弊，防止内在于人与万物的“德”堕落为异化的形式，这种异化导致人的沦落、蜕变，故其强调要“尊道贵德”。

在个体的心性修养方面，道家更强调清静、无为。这与儒家的修养观略有不同，儒家一般持“情善论”的立场，人有七情、六欲，在生活中，人们总会感受到喜欢、愤怒、哀伤、快乐、害怕、厌恶、欲求得到等种种情感，这些情感的发出，能否当于其理而合其度，是儒家所关切的；道家则要淡化人的情与欲，强调人要虚灵玄静、清净寡欲，就能返回到先天的道的状态。

在人的心性修养方面，老子道文化精神认为心性本清净，而后天的、非自然的主观作为破坏了这种清净。个体的心性修养就是遵循自身所具道性的自然无为，虚灵玄静，清净寡欲，就能返回到先

---

① 《老子》第十八章，《老子今注今译》，第 145 页。

② 《老子》第十九章，（魏）王弼注，楼宇烈校释：《老子道德经注校释》，中华书局 2008 年版，第 45 页。

天的道的状态。所谓“常无，欲以观其妙”[①]；“致虚极，守静笃。万物并作，吾以观复”[②]；“执一为天下式”[③]；“知其雄，守其雌”[④] 等，皆强调了清净、法自然是人修心性以合于道的重要途径。

道家认为当时天下大乱，是因为人们的情感中的私欲膨胀导致了争夺，由争夺而有战乱，因战乱而天下杀戮不断，灾殃连连。要解决这个问题，老子提出来一种理想的人格，这种理想人格具有善利万物、处下不争、因势利导、随时而行、仁爱万物、诚实守信等品性，就好比是水，“上善若水。水善利万物而不争，处众人之所恶，故几于道。居善地，心善渊，与善仁，言善信，政善治，事善能，动善时。夫唯不争，故无尤”[⑤]。水对于万物都是必不可少的，它哺育万物、利益万物，又从不居功自傲，不与万物争利，只是安然处于卑下、低洼之处，水的这种态度接近于道。道文化精神认为理想的人就是自然的人，就是与天道相通、相合的人，其所追求的目标在于与道相合，与天地大化同在，生生不息，不分彼此。

2. 逍遥无待、全性葆真

战国时期，庄子对老子的思想有所继承与发展。在个体安身立命问题上，庄子强调逍遥无待、全性葆真。

《庄子》所说“逍遥”，指宇宙万有皆各足乎其天性，虽其小、大、夭、寿有别，且性、命各异，然其存在之价值则并无高下之别，

---

① 《老子》第一章，《老子今注今译》，第 73 页。
② 《老子》第十六章，《老子今注今译》，第 134 页。
③ 《老子》第二十二章，《老子今注今译》，第 161 页。
④ 《老子》第二十八章，《老子今注今译》，第 183 页。
⑤ 《老子》第八章，《老子今注今译》，第 102 页。

只要能够充分发挥和实现其本性，都可以得到相应的“逍遥”。“逍遥”是庄子哲学处理人自身、人与人之间关系的核心价值准则。人之不“逍遥”，是因为在人身上有很多的禁锢和束缚。这些禁锢和束缚，皆源出其“有待”、“有己”。人有计较得失、追求功名利禄、贪生畏死等利欲之心，这会影响到人的心灵宁静与“逍遥”。因此，从“有待”、“有己”出发，不能达到真正的“逍遥”；只有做到“无待”、“无己”，彻底解开“有待”、“有己”这个束缚人的心结，才能达到真正的“逍遥”，能够因任宇宙之形化，曲直应变莫非自然，即可不再受有形之物的牵累而达于精神生命之永恒。

庄子的愿望是每个人皆能过一种不受约束、自然逍遥的生活，此以“齐物”作为其理论基础。庄子认为，以道观之，万物一体，“道通为一”而物齐。庄子讲“齐物”，并非要消灭事物之间事实上的差异性，而是在肯定个体性、差异性的前提下，实现不同事物在价值上的齐一。庄子认为，宇宙万有千差万别，各有其不同的情性，此情性的存在皆有其合理性，如人寝于泥水湿处则可能得腰痛之疾，但泥鳅却特别喜欢泥水之湿；人认为漂亮的女人是美的，但鱼见她们却躲藏在水的深处，鸟见她们后高高飞走；千里马中的骐骥、骅骝，一日可驰千里，但让它们去捕鼠，还不如小小的狸狌，因为不同动物其擅长的技能也是各不相同的；鸱鸺也就是猫头鹰夜里眼睛明亮，可以撮蚤、明察毫末，但一到白天，则睁大其双眼也看不清自己面前的丘山，这是因为事物各具不同的性能。

在庄子看来，各种事物只要各自充分表现其性命之情，则它们在其存在价值实现之意义方面并无不同。万物只要各自实现其天然的性、命，则其在价值上就可以达成平等，此即所谓“以道观之，物无贵贱”。人之不能“齐物”，皆由其执着于自己虚妄的价值分别而起。因为人们困于自己的有知、有欲，经常偏执于自己的私意分别，将自己的主观私意强加于物，也强加于己，因而自贵而相贱。庄子认为，宇宙万有虽千差万别，但又并行不悖，互补互成，构成一个统一的整体。在此基础上，人完全融于自然，回归人、兽、万物和谐一体的境界；各依自己的“道术”生存，“全性葆真”，犹如“鱼相忘乎江湖，人相忘乎道术”①。

当然，对于如何修持并获得个体身与心的“逍遥”，由先秦道家所衍生出来的道教对之有丰富的理论论述与修行实践。不过，不同道教派别因其所关注的侧重点有所不同，其观点及修持方法、路径也略有差异。

3. 先命后性

历史上，以北宋金丹派南宗的紫阳真人张伯端为代表的一派，主张个体心身修养的“先命后性”说，其持身心一元之说，以宝精、惜气、存神、修性、复命等为个体心身修持的主要手段。在张伯端看来，中国社会儒、道、释三教所重点关注的，都是人的性命也即身心和谐问题②，所谓“教虽分三，道乃归一”。在身心、性命问题中，关于身体方面的“修命”属有为，关于精神方面的“修性”属

---

① 《庄子·大宗师》，陈鼓应注译：《庄子今注今译》，商务印书馆2007年版，第228页。

② 张伯端在《悟真篇·序》中说：“老释以性命学，开方便门，教人修种，以逃生死。释氏以空寂为宗，若顿悟圆通，直超彼岸。如有习漏未尽，则尚徇于有生。老氏以炼养为真，若得其枢要，则立跻圣位。如其未明本性，则犹滞于幻形。其次《周易》有穷理尽性至命之辞，《鲁语》有毋意、必、固、我之说，此又仲尼极臻乎性命之奥也。然其言之常略而不至于详者何也？盖欲序正人伦、施仁义礼乐有为之教，故于无为之道，未尝显言。但以命术寓诸《易》象，以性法混诸微言故耳。至于《庄子》推穷物累逍遥之性，《孟子》善养浩然之气，皆切几之矣。”详见《中华道藏》第19册，华夏出版社2004年版，第294页。

无为。理论上讲，修行可从修性之无为开始，亦可从修命之有为开始，故修行可分为先性后命、先命后性两宗，有其先后阶次。

张伯端自己则强调“先命后性”，这首先是从修丹实效性的角度来考虑的。张伯端说：“虚心实腹义俱深，只为虚心要识心。不若炼铅先实腹，且教守取满堂金。”[①] 虚心、识心乃修性之事，实腹、炼铅乃修命之事。性命本不可分，但有先后之次。就人身而言，腹实则元精存，元精存则可以补元气，有元气则可以旺元神，神旺、心虚则一尘不染，可以怡养天性。强调修身的“实腹”为先，原因之一在于人心不易“虚”。《论语》记载儒家圣人孔子自言年至七十才“从心所欲不逾矩”，这就说明修性的“心虚”之不易。至于实腹，则相对容易，只要能薄声色，寡嗜欲，保真元，护精气，则腹实可期。故丹道“先命后性”不过要人先聚神气之正以实腹，实腹能为识心、修性奠定基础。

当然，张伯端肯定道教身心和谐的核心是“性命”问题，故他也强调性命双修，认为性命俱了，方能混性命为一，从而与道合真。要以命制性，因命而见性。因为性必借命以为体，命必以性为用。故孤阳不立，独阴不成，体用双全，方为妙道。

4. 先性后命

另一派以金代道教全真派创始人王重阳为代表，继承先秦老、庄思想，主张个体的修持重在以精神修养为主，提出以全性、葆真为主要手段的心身和谐论。王重阳亦认为身心、性命问题是修行的根本。但若以宾、主论性、命，则身为命、为宾，心为性、为主。修

① 《中华道藏》第19册，第332页。

行不能只修肉体，如果不知道修性，只知养肾、肺、心、肝、脾是不行的，因为身体不能做主，真性才是人的真正主人。修命不修性，达不到修行的目的。故王重阳论修行，不从炼铅、实腹的命功开始，而是从无身、无为的性功开始，强调修行只是无身、无为、无漏。因为只有心如虚空，身体才能阴阳和合；心不动则神静，神静再配合全精气，则内能觉性，外能养身，再加上施功德于民，就可以做逍遥之人。

"性先命后"并不意味着不重视修命，只不过王重阳认为性可兼命，修行最重要的是要认取真性，修行不能仅仅以外表的容光焕发为目的，更重要的是应该求得其赤子之心的呈现，此赤子之心即真心，真心呈现，真性亦随之而出，心性修养好了，身体自然就会发生变化。修行即是修心，心要端正，要除去情欲与妄意，使精神安闲自适。

总之，在中国传统哲学与文化中，每个个体性的价值实现与普遍性的天道是不能截然分开的。天或谓太极、天理、本心、良知、太虚、道不仅是价值之源，也是价值之本，即我们所说的价值本体。个体的人因其价值实现必与价值之本的天与道相联系，故中国哲学特别强调"天人合一"。同时，在中国传统哲学看来，个体的人也不是纯粹的原子式个体，每个个体皆内在地赋有普遍性的价值之本，个体的价值实现可由其自身来展示，每个个体只要将其所禀有的内在价值之本充分实现出来，就可以即身"成圣"、"成佛"、"成仙"。在这个过程中，并不会造成对个体真实性、独立性的抹杀。因为无论是道家所说的"尊道贵德"、《周易》所说的"乾道变化，各正性命"，还是宋明理学所强调的"理一分殊"，都认为天道、天理等价值本体的普遍性与个体存在的特殊性相贯通，个体是天道等价值观念的承载者，是价值本体充分的个性化，个体内在地即蕴含有普遍性的天道价值本体，然此天道的价值本体因与个体相结合，又具有了鲜明的特征。当然，这种独特性又不至于使个体的存在陷于原子式的、私人性的不可交通之深渊。例如宋儒所谓的“分殊”，指的是个体存有所得于本体的真实性质，在这个过程中，本质通过一种具体的存在形式来展示自己，这种展示具有一种特殊性、内在性；但是，这种特殊性、内在性又并不是与“理一”相排斥，好比北京颐和园昆明湖水中倒映的月亮影像，可能与北京大学未名湖水中月亮的影像有所不同，这种不同首先就表现在其地理位置、空间是有差异的；然而，它们又都是对悬挂于天穹中的月亮本身的反映，其“理”为“一”，其“分”则“殊”。因此，个体的差异性并不意味着不同个体之间是封闭的、不相关联的；恰恰相反，不同个体之间因“理一”而具有共通性，因“分殊”而具有差异性，在差异性的“分殊”中，因“共通”性的存在，使得不同个体的存在之间有达成整体和谐的可能。这也就是儒家所强调的“和而不同”的含义所在。

第四节　生死正命

一、杀身成仁，舍生取义

在孔子看来，君子对待生死，皆要以是否能够成“仁”为标准。如果生对仁有损害，则不应该贪生；如果死可以成就“仁”，则可以去死。人的生命存在、自然的生与死，这等事非人力之所能为，即

“死生有命，富贵在天”，但孔子也强调“志士仁人，无求生以害仁，有杀身以成仁”[①]，认为君子对道义的追求超过对生命的爱护，所谓“朝闻道，夕死可矣”[②]，故志士、仁人应该以生命的代价来践行“仁”。

与孔子“杀身成仁”说相媲美者，还有孟子的“舍生取义”说。其谓：“生，亦我所欲也。义，亦我所欲也。二者不可得兼，舍生而取义者也。”[③] 当保存生命与维护道义二者发生冲突时，君子就应该舍去生命，而维护道义。

孟子还有“正命”之说，其谓：

> 莫非命也，顺受其正。是故知命者不立乎岩墙之下。尽其道而死者，正命也；桎梏死者，非正命也。[④]

一方面，人要顺从生命的自然过程，这也就是所谓“莫非命也，顺受其正”。另一方面，在生命的展开过程中，人还应该遵循德性、人伦的要求“尽其道而死者”[⑤]，这样才可以称为“正命”；行“正命”之要求，方配得上称为“知命”的人。假如有一堵危险的墙立在某个地方，若有人认为反正死生有命，偏要站在此岩墙之下，这在孟子看来，便不能算是“知命”之人。所以，尽仁义之道而死，这是“正命”；若随便妄为，以至于犯法、“桎梏而死”，这就不能算

① 《论语·卫灵公》，《论语正义》卷十八，第620页。
② 《论语·里仁》，《论语正义》卷五，第146页
③ 《孟子·告子上》，《孟子正义》卷二十三，第783页。
④ 《孟子·尽心上》，《孟子正义》卷二十六，第879—880页。
⑤ 《孟子·尽心上》，《孟子正义》卷二十六，第880页。

作是“正命”了。

孟子认为君子存心、养性，培养自己的德行，旨在“立命”；他特别强调君子当于生死中“立命”，所谓：

> 尽其心者，知其性也。知其性，则知天矣。存其心，养其性，所以事天也。夭寿不贰，修身以俟之，所以立命也。①

人性之善可与天相配，孟子赋予天以至善本原的意义，将天视作其性善论的终极依据，这就为其个体安身立命的道德修养奠定了形上价值学的理论基础。通过尽心、存性，就可以事天。人们通过“反身而诚”、向内自我省察，觉察到自己本有的善之本心；通过尽自己之善心，如此则能了解到自己的仁义本质，发现自己天赋的善性，从而“知性”、“知天”。时刻保存善的本心而不失，并不断扩充，使之实现为现实的仁、义、礼、智之善德，这就是“养性”。在此基础上，不必考虑个体生命之寿夭、祸福，只是不断修养自身之善性，这样人就能事天、立命，体认天命与天道，最终与天道融为一体，达成天人合一的境界。

二、“正命”与“非命”

南宋时，理学家朱熹对孟子的“正命”之说，有一解释：

① 《孟子·尽心上》，《孟子正义》卷二十六，第877—878页。

人物之生，吉凶祸福，皆天所命。然惟莫之致而至者，乃为正命，故君子修身以俟之，所以顺受乎此也。……命，谓正命。岩墙，墙之将覆者。知正命，则不处危地以取覆压之祸。……尽其道，则所值之吉凶，皆莫之致而至者矣。……桎梏，所以拘罪人者。言犯罪而死，与立岩墙之下者同，皆人所取，非天所为也。①

一个人若是能尽其道，遵循天理而行，则无论其生命中所遭遇的是吉、是凶，皆可以谓之为正命；若是一个人行为不合天理、自取灭亡，则不能谓之为正命。故朱熹又说：

若出门吉凶祸福皆不可知，但有正不正。自家只顺受他正底，自家身分无过，恁地死了，便是正命。若立岩墙之下，与桎梏而死，便不是正命。或如比干剖心，又不可不谓之正命。②

对于道义，人们可以有明确的知，故能行道义即是正命；但对于道义之外的吉凶祸福，则非人之所能确知者，故朱熹认为人当顺受其道义之正命，而不计其福祸之际遇，这就好比商朝比干之剖心而死，看起来好似人生之大祸，却可以称之为正命；而明知犯罪或立岩墙之下有人身之险，却仍然要冒险实行之，其死则不能称之为正命。

---

① 《孟子集注》卷十三《尽心章句上》，《四书章句集注》，第 349—350 页。
② 《孟子十 · 尽心上》，《朱子语类》卷六十，第 1429 页。

三、乐天顺命

东汉王充认为，人的形体与精神分别由阴气、阳气而生成，“阴阳之气，凝而为人，年终寿尽，死还为气”，“气之生人，犹水之为冰。水凝为冰，气凝为人”，阳气成为人的精神，阴气构成人的形体，二者相结合，则一个有知觉的人便生成了；人死则“形体朽，精气散”，二气分离而归于无知之本。因“形须气而生，气须形而知。天下无独燃之火，世间安得有无体独知之精”，所以王充认为，人“死不为鬼，无知，不能害人”[①]。

北宋张载同样持王充一般的“气论”思想，却生发出与王充不同的另一种生死观。张载以太虚为本，认为太虚即气，气之聚散于太虚，就好比冰凝释于水一样，所以，人与万物皆禀太虚之气而生；正因为人类皆禀太虚之气而生，故皆为同胞兄弟；万物亦为太虚之气所化，万物皆为人类的朋友，所以，君子要仁人、爱物，视天下为一家。不仅如此，张载还提出“存，吾顺事；没，吾宁也”[②]的乐天顺命的生死观。他指出：“尽性然后知生无所得则死无所丧。”[③]人与万物其生死只不过是气之聚散，人、物生即气之聚，聚之时并无所增；人、物之死即气之散，气散并不意味着消亡，而是复返于太虚本体，故散之时亦无所丧。儒家的圣人在其生命的过程中，只是尽性、尽道而行，无论是气聚而生，还是气散而死，皆一心于尽其性、尽其道。

---

① 《论衡·论死》，黄晖：《论衡校释》卷二十，中华书局 1990 年版，第 883 页。
② 《正蒙·乾称篇》，《张载集》，第 63 页。
③ 《正蒙·诚明篇》，《张载集》，第 21 页。

于此，张载不同意佛教求“无生”的主张，认为“语寂灭者，往而不反”，不能识太虚之气虽散，却仍然可以复聚之理；同时，他也不同意道教求“长生”的观点，认为“徇生执有者，物而不化”，不能识得气聚之时，亦还有散之理。张载主张，既不求无生，亦不求长生；故人生活在世上一日，则于此日中尽其所应尽之义务；若哪天生命终结，则顺其气散而复归于太虚。这即张载所说的“存，吾顺事；没，吾宁也”的生死观。

朱熹的弟子陈淳强调乐天顺命，不过其所顺之命乃天命、天理，他说：

> 夫死生无二理，能原其始而知所以生，则反其终而知所以死矣。盖无极之真，二五之精，妙合而凝，乾道成男，坤道成女，二气交感，化生万物，此天地所以生人物之始也。人得是至精之气而生，气尽则死，得是至真之理所赋，其存也顺吾事，则其没也安死而无愧。始终生死，如此而已。自未生之前是理气，为天地间公共之物，非我所得与。既凝而生之后，始为我所主，而有万化之妙。及气尽而死，则理亦随之一付之大化，又非我所能专有，而常存不灭于冥漠之间也。①

人与物之始生，不过由理、气妙合而成，其中，理为无极之真，气因为分阴阳、五行，故称其为二五之精；人未生之前，理、气充塞于宇宙之间，此时的理、气乃宇宙公共之物，不专属于某个人或

① 《似道之辨》，（宋）陈淳著，熊国桢、高流水点校：《北溪字义》，中华书局1983年版，第80页。

物；理气相凝则生人、生物，此时之理，方为某个具体的人、物所有，而生万化之妙；气有聚有散，散则人、物尽，这就是人与物生命中所谓“死”的现象，“死”则理、气又融入天地大化之流行，而非某一人或物所专有。但死并不意味着理、气因此而灭尽，按照陈淳的说法，理、气常存不灭于无始无终、生生不息的造化之中。以此论之，则人于生时，当尽其天理；于没之时，则安死而无愧。因为生与死的差别，不过是由生时的为我所主之理，变而为死时的天地间公共之理罢了。人的生命有生死，天理则恒存而不朽，能切身体贴天理的人，就能够顺生、安死而无愧、无憾。

四、勘破生死，顺理不妄

明代陈白沙坚持在修心养性的过程中，去超越名利乃至生死对人的束缚。他认为，君子若能领悟到心中万理具备，则世间一切功名、富贵等纷华之物皆不能障其耳目，乃至生与死，亦不能纷乱其心。他倡导孔子“为仁由己”的精神，将孟子“万物皆备于我”的思想做进一步发挥，提出“君子一心，万理具备”，认为君子日从事于明心之学，时久功深，就能“华落实存，乃浩然自得，则不知天地之为大、死生之为变，而况于富贵贫贱、功利得丧、屈信予夺之间哉”[①]！认为修养至此，君子就能超出富贵、名利与生死，达成一种浩然自得、无所负累的道德精神之境界。

王阳明强调“致良知”的目的也是要“存理灭欲”。“存理灭欲”的途径为“克己”，这包括四种境界：一是静坐息虑，因为“初学时

① 《李文溪文集序》，孙通海点校：《陈献章集》（上），中华书局 1987 年版，第 8 页。

心猿意马，拴缚不定，其所思虑多是人欲一边，故且教之静坐、息思虑”[①]；二是省察克治，要“将好色好货好名等私逐一追究，搜寻出来，定要拔去病根，永不复起，方始为快”，“如去盗贼，须有个扫除廓清之意”[②]；三要“防于未萌之先”，“克于方萌之际”，使人之心“纯乎天理”，“无一毫人欲之私”，直至“无私可克”，只存“纯乎天理”的心之本体，“此便是寂然不动，便是未发之中，便是廓然大公”[③]；四则要勘破“生死念头”，认为只有将生死念头看得透彻，才能使心之全体“流利无碍”，达到“无视无听，无思无作，淡然平怀”的境界，实现人之至善本性的彻底归复。勘破生死，成为王阳明“克己”功夫最重要的环节之一。

明末清初大儒王夫之则继承北宋张载的生死气化观，提出“生非创有，死非消灭，阴阳自然之理也”的观点，认为生命现象实乃阴阳二气氤氲变化的自然过程；“散而归于太虚，复其絪缊之本体，非消灭也。聚而为庶物之生，自絪缊之常性，非幻成也”[④]，生绝非无中生有，死也不是散尽无余，故王夫之认为，以生灭说生命现象是不恰当的，但可以往来、屈伸等说之，“故曰往来，曰屈伸，曰聚散，曰幽明，而不曰生灭。生灭者，释氏之陋说也。倘如散尽无余之说，则此太极浑沦之内，何处为其翕受消归之府乎？又云造化日新而不用其故，则此太虚之内，亦何从得此无尽之储，以终古趋于灭而不匮邪”[⑤]。因此，王夫之也不同意“造化日新而不用其故”的

① 《传习录上》，《王阳明全集》卷一，第 16 页。
② 《传习录上》，《王阳明全集》卷一，第 16 页。
③ 《传习录上》，《王阳明全集》卷一，第 22 页。
④ （明）王夫之：《张子正蒙注・太和篇》，中华书局 1975 年版，第 5 页。
⑤ 《张子正蒙注・太和篇》，第 7 页。

说法，而坚持张载气有聚散而无生灭之说，他的生死观要求人们不为生死之事所困扰，而要顺理不妄、超越于生死之上。

五、守一存真，修道成仙

道教继承了先秦老庄道家思想，对生死问题做了进一步的思考。如道教的“守一”之术即起源于《道德经》第十章“载营魄抱一，能无离乎”之说，认为人们行“守一”之术，可以得生命之长存不死。早期道教的《太平经》非常推崇“守一”之术，其谓“古今要道，皆言守一，可长存而不死”，认为人有魂、魄、精、神，此四者相合、相依，人才能够生存。但是，人的魂与神常常好动，而魄为阴则好静，人之嗜欲贪念常引诱人之神昏、魂驰，故道教的修持之士常常通过“守一”之术，来弃绝各种嗜欲、贪念，以断绝魂、神外驰之路，这样就能使魂、神长驻体内，与形魄相合，如东晋道士葛洪就说：“守一存真，乃能通神；少欲约食，一乃留息。”①

道教以“修道成仙”为目的，以长生不死或灵魂不灭之人为“仙”，这种观点直接受庄子的影响。《庄子·天地》说：“天下有道，则与物皆昌；天下无道，则修德就闲。千岁厌世，去而上仙，乘彼白云，至于帝乡。”② 其中所说的仙人不仅可以选择长生在世，而且也可以选择乘白云飞升，至于天帝所居之处，共享逍遥之福。东晋道士葛洪热衷于追求长生、成仙，他根据仙人修炼方式的差异、积功累德的多少和所取得成就的大小，区分了天仙、地仙和尸解仙，如他所说：“上士举形升虚，谓之天仙。中士游于名山，谓之地仙。

① 《抱朴子内篇·地真》，王明：《抱朴子内篇校释》卷十八，中华书局1986年版，第324页。
② 《庄子·天地》，《庄子今注今译》，第359页。

下士先死后蜕，谓之尸解仙。”[①] 那些举身形飞升至虚者为天仙；栖居、游戏于名山大川，无世俗之累者为地仙；再次一等者，于肉体之身死后，灵魂从身体中蜕脱出来，这就是所谓的尸解仙。唐宋以来流行的钟吕金丹道，进一步将“仙”分为五等，即所谓“仙有五等：天仙、神仙、地仙、人仙、鬼仙”[②]，在东晋葛洪所区分的“仙阶”基础上，又有所发挥。

此外，道家子华子一系提出了“贵生”思想。所谓“贵生”，即要尊生、全生，认为圣人深虑天下，莫贵于“生”，这个观点也为道教所承继。道教认为贵生之术在于节制，好比耳虽欲听美妙的声音，眼睛虽欲看美丽的颜色，鼻子虽欲闻芬芳的香味，口虽欲尝爽口的滋味，但如果这些对养生有害，就应该停止。所以，人们不能任由自己的耳、目、鼻、口等感官随欲而擅行，必对之有所克制，由此，后世道教发明出种种贵生之术。

“全性葆真”则是早期道家杨朱学派的人生价值观之一。《淮南子·氾论训》谓：“全性葆真，不以物累形，杨子之所立也。”此说为秦汉神仙家所继承、发展，如《汉书·艺文志》：“神仙者所以保性命之真，而游求于其外者也。聊以荡意平心，同死生之域，而无怵惕于胸中。”主张重视人所具有的自然生命的价值，死生皆不入于胸襟，心中不存对生死的挂碍，而能全其性、葆其真。

作为道教重要典籍之一的《黄帝阴符经》认为，道生阴阳二气，阴阳二气又生金、木、水、火、土五行，人与万物皆从阴阳五行之气而生，故可以说，人与万物即阴阳五行之子。五行之间，更相制

---

① 《抱朴子内篇·论仙》，《抱朴子内篇校释》卷一，第 20 页。

② 《修真十书》之《钟吕传道集》，存于《正统道藏》洞真部、方法类，珍字号至重字号。

伏，递为生杀，如果人逆其理而不顺，则五行与人为害；若善能明五行生杀之理，用心观五气之理，执五气之理而行，明其逆顺而不差，合其天机而不失，则可以宇宙在乎掌中，万化出乎身，如此则吉无不利；又提出天地、人、万物之间相盗为用，人如果能够“戒慎其目，勿令妄视邪淫之色，使心于物不生妄动之机，不挠其性，以固寿保躬也”[①]，就能盗天地、万物之生机，而得人身之长生久视。

六、不生不灭，涅槃寂静

佛教关于人之生命存在形式，有“三世”之说，“三世”指过去、现在、未来的总称。法生已灭，就是“过去世”；法未生、未起，就是“未来世”；法生而未灭，就是“现在世”。在此基础上，中国佛教华严宗提出“三世一时”之说，认为人证悟成佛之时，不仅能现一切万有的现时相，也能现其过去和未来相，如此，则能破除思想上关于现实的一切执着，包括生与死的对待，而得真实之解脱。

佛教中又有“无生”之说，认为一切现象的生灭变化，不过是众生妄自分别所形成的；有生方有灭，若不生也就不灭，所以，“无生”者，即“不生不灭”。佛教把达到对“无生”的认识称为“无生忍”或“无生法忍”；修得“无生”，即能得涅槃。如中国佛教三论宗提出“八不中道”论，认为“中道”可以“不生亦不灭，不常亦不断，不一亦不异，不来亦不出”[②]，并对“八不”加以说明，认为

① 《黄帝阴符经疏·强兵战胜演术章》，李筌疏：《黄帝阴符经疏》卷下，《道藏》第二册，文物出版社、天津古籍出版社、上海书店 1988 年版，第 743 页。

② 《中论·观因缘品》，［日］高楠顺次郎等编：《大正新修大藏经》卷三十，大藏出版株式会社 1979 年再版，第 1 页。

“涅槃与世间，无有少分别”[①]，二者的差别就在于人的“无明”和妄自分别；人若能消除自己的“无明”，即能进入涅槃而成佛的境界。

“无我”也是佛教的基本教义思想之一。“无我”包括“人无我”、“法无我”之义，所谓“人无我”，是指人由色、受、想、行、识五蕴因缘和合而成，并无恒常不变的本性；“法无我”指整个世界亦皆由因缘和合而成，生灭变迁而无恒常之自体。人修持佛法，即当离一切缚，包括生死之缚，方能得涅槃寂静。

中国的禅宗认为，生与死是人所面临的重大问题，他们经常说“生死事大”[②]。为了对治生死，六祖惠能禅师说：“我此法门，从上已来，顿渐皆立无念为宗，无相为体，无住为本。”[③] 要求人们于诸法、诸境之上，心不染著，是为无念；摆脱有相认识而得真如实相，是为无相，无相即名为涅槃。

七、人生自古谁无死？留取丹心照汗青

西汉著名历史学家司马迁提出“人固有一死，或重于泰山，或轻于鸿毛”[④]，他因李陵事件而受宫刑，所谓“祸莫憯于欲利，悲莫痛于伤心，行莫丑于辱先，诟莫大于宫刑”[⑤]。虽然常人之情莫不贪生而恶死，但司马迁不属此类。他之所以甘受宫刑而不就死，乃因其为自身所负之历史责任、使命所激励：司马迁受难之时，《史记》草创未就，他叹惜此书不即成，故受诟而就宫刑，发愤而著《史

① 《中论·观涅槃品》，《大正新修大藏经》卷三十，第 36 页。

② 《坛经·行由品第一》，郭朋：《坛经导读》，巴蜀书社 1996 年版，第 67 页。

③ 《坛经·定慧品第四》，《坛经导读》，第 92 页。

④ 《报任少卿书》，（南朝宋）萧统编，（唐）李善注：《文选》卷四十一，中华书局 1977 年版，第 579 页。

⑤ 《报任少卿书》，《文选》卷四十一，第 576—577 页。

记》，“以究天人之际，通古今之变，成一家之言”[1]。正所谓“勇者不必死节”[2]，慷慨赴难是君子的美德，而司马迁于缧绁之辱中慕义苟活，也是难得的担当！

北宋末、南宋初，统治者抛弃中原大好河山，但求苟且偷生。著名女词人李清照作《夏日绝句》：“生当作人杰，死亦为鬼雄。至今思项羽，不肯过江东。”在此诗中，她鲜明地提出了君子一生所当有的价值取向，即活着就应该争取做人中之豪杰，为国建功，为民立业；即便是死了，也应该死得轰轰烈烈，成为鬼中的英雄。历史上的项羽尚且不肯偷生而独自逃回江东，当今的士人、君子怎能偏安于一隅而不顾社稷存亡、生死大义！李清照此诗表达了一种悲怆、豪迈的爱国之情。

南宋末年著名爱国名士文天祥则在其有限的生命旅程中，真正践行了“正命”的思想。他于《过零丁洋》诗中提出“人生自古谁无死？留取丹心照汗青”，将其舍生取义、视死如归的高贵精神展露无遗。诗云：

辛苦遭逢起一经，干戈寥落四周星。
山河破碎风飘絮，身世浮沉雨打萍。
惶恐滩头说惶恐，零丁洋里叹零丁。
人生自古谁无死？留取丹心照汗青！

山河破碎，如风飘絮，这种凄凉的自然景象，正隐喻出国事的

① 《报任少卿书》，《文选》卷四十一，第580—581页。
② 《报任少卿书》，《文选》卷四十一，第580页。

衰微；亡国之孤臣，犹如无根之浮萍，漂泊在水上，无所依附，且为暴雨所打，更显凄苦！但于此“山河破碎风飘絮”之时，文天祥毅然高举义旗，为国而战！将自己个人的命运与国家的命运紧紧关联在一起。他回忆起自己在惶恐滩头之时，进而往前，则逼近大海；退而往后，则追兵万千，于此九死一生之际，如何转败为胜，是他深为忧虑、惶恐不安之事！所领导的抗元之战也艰苦困厄，乃至义军被元兵打败，自己身为俘虏，被押送过零丁洋。家仇国恨，无力为报，过去之“惶恐”与现今之“零丁”，使文天祥倍感孤苦伶仃。但虽然如此，亦不能苟且偷生；为国捐躯，正适其所愿。文天祥明于大义，能识去就之分，在生死抉择问题上体现了难得的大丈夫精神！

清代政治家、思想家和诗人林则徐禁烟失败后，被发配新疆，临行之际作诗云：“力微任重久神疲，再竭衰庸定不支。苟利国家生死以，岂因祸福避趋之！”于此诗中，林则徐表达了自己将身心奉献给国家的爱国情怀。正如诗中所说，自己力虽微、神虽疲，但如果国家需要，对国家有利，则我可以把生命豁出来，而不能有祸就逃避，有福就迎受。林则徐以自己严禁鸦片、抵抗西方列强对中国侵略的人生实践，很好地践行了自己庄重的誓言！

由上可见，儒家的生死观对生命的价值和意义做了深入探讨，他们一般皆强调通过行道、践仁、赴义，来升华自己的肉体生命；认为人之生死，有正命、有非命，正命而死则重于泰山，非命而亡则轻于鸿毛。在这个过程中，他们将君子行道、践仁的人生追求，与国家、民族的前途、命运紧密相关联，认为一个人若能为国、为民而生、死，他的生命就具有积极的意义和价值。所以，儒家在生死问题上非常理性，强调人无论是生还是死，皆要合于仁与义，顺乎天理、良知，在践仁、行义过程中实现乃至升华自己肉体生命的价值，如此方可以称之为“正命”；反之，逆乎天理、良知，不合于仁与义，则不能称之为“正命”，而只能称之为“非命”；“非命”情况下，无论是生还是死，其生命皆没有任何价值，由此受到批判、谴责，也就是情理当中的事情了。

面对生死问题，儒家要求人们循道义、天理而行，于此过程中，引导人们坦然面对生死，实现对生与死的超越。佛家与道家思想在生死观问题上，则更强调通过追求高于肉体生命之上的终极价值，如成道、成佛、达成涅槃寂静等，来超越个体生命的生与死，从而追寻着自己独具特色的人生境界。由道家演变而来的道教，则进一步提出生命与道相守，道与生命相合的“生道合一”观点，认为生命存在本身即是道的体现，长生久视即与道共存，此为其追求的重要人生目标；在此基础上，道教发现、发明了种类繁多的养生、摄生之术，如内丹、服饵、导引、存思、外丹等，这对人类生命的健康是一大贡献。

第二章

社会的“群际”与“义利”

人们总是不断按照价值的目标去争取乃至实现、创造自己和社会的价值。社会实践是人的有意识、有目的的活动，于此活动中，人类力图建构一个“意义”的世界，并以此作为衡量人类全部活动合理性的标尺。在古代中国，对社会群体整体和谐、协调发展的理想社会状态的追求，是中国人民持续的价值理想。

第一节　仁爱、忠孝与贵德

古人认为，个体身心和谐的价值实现，和人与人之间普遍和谐所提供的社会条件是密不可分的。中国传统哲学在强调个人身心和谐的基础上，对于人与人之间的亲密相处也非常关注。

一、仁爱忠孝

中国儒家文化对于如何处理人与人、社会不同阶层之间的关系，合理生存、生活的问题，做过颇多思考。

1. “仁”及其境界

在儒家看来，“仁”首先是一种内在的道德、精神境界。由“仁”发而在外，则有“忠恕”、“孝悌”、“礼”、“义”、“德”、“信”等各种外在的道德行为。孔子认为，要从根本上解决春秋时期的礼崩乐坏问题，必须要重视仁。礼制、孝悌、忠信等协调社会各种关系的制度和形式皆要以仁爱之心作为基础。子曰：“人而不仁，如礼何？人而不仁，如乐何？”（《论语·八佾》）孔子认为“仁”是各种社会关系的基础。形式和内容、外在与内在需要有机统一起来，一个人如果不“仁”，他怎么能很好地制定、遵守“礼”呢？一个人如果不“仁”，他又怎么能很好地用“乐”呢？“仁”是社会礼乐制度的基础。孔子在《论语》中多处论及“仁”：

樊迟问仁。子曰：“爱人。”①

君子务本，本立而道生。孝弟也者，其为仁之本与！②

己所不欲，勿施于人。③

子贡曰：“如有博施于民而能济众，何如？可谓仁乎？”子曰：“何事于仁，必也圣乎！尧、舜其犹病诸！夫仁者，己欲立而立人，己欲达而达人。能近取譬，可谓仁之方也已。”④

颜渊问仁。子曰：“克己复礼为仁。一日克己复礼，天下归仁焉。为仁由己，而由人乎哉？”颜渊曰：“请问其目。”子曰：

---

① 《论语·颜渊》，《论语正义》卷十五，第 511 页。
② 《论语·学而》，《论语正义》卷一，第 7 页。
③ 《论语·颜渊》，《论语正义》卷十五，第 485 页。
④ 《论语·雍也》，《论语正义》卷七，第 248—249 页。

“非礼勿视，非礼勿听，非礼勿言，非礼勿动。”[①]

孔子认为“仁”，其基本的内核就是“爱人”，就是要有仁爱之心。秉承这种仁爱之心，在日常生活中，就能“孝悌”，孝敬自己的长辈；在政治生活中，就能爱惜民力，为政以德；在个人道德修养方面，就能以“礼”来约束自己，不做于礼不合、于心不安的事；在人际交往中，就能推己及人，有同情心，能理解别人；自己想有所成就，也帮助他人有所成就；自己想开拓、发展，也帮助他人开拓、发展；自己不能忍受的，也不把它强加在别人头上。从自己身边的小事做起，是实行“仁”的方法。“仁”的实施，可以使人际关系和谐，君敬臣忠，父慈子孝，邦家均无怨。

应该说，孔子“仁”的学说，更多地是针对统治者而言的。子贡问孔子，如果一个人能做到广泛地满足老百姓的要求，无私地帮助大家，怎么样？可以认为他达到了“仁”吗？孔子认为，这不仅仅是“仁”，应该说是“圣”啊！尧、舜这些大德都很难做到这样。孔子认为统治者应该循着百姓的要求，“因民之所利而利之”（《论语·尧曰》），要“节用而爱人，使民以时”（《论语·学而》）。因此，孔子强调统治者不仅要修养自己的仁德之心，更要实行“德政”。

子曰：“为政以德，譬如北辰，居其所而众星共之。”[②]

季康子问政于孔子。孔子对曰：“政者，正也。子帅以正，

① 《论语·颜渊》，《论语正义》卷十五，第483—484页。

② 《论语·为政》，《论语正义》卷二，第37页。

孰敢不正?”[①]

子曰:“其身正,不令而行;其身不正,虽令不从。”[②]

子曰:“苟正其身矣,于从政乎何有?不能正其身,如正人何?”[③]

子曰:“道千乘之国,敬事而信,节用而爱人,使民以时。”[④]

孔子认为,统治者实施“德政”,它的好处就好比北斗星有众星拱卫一样,会得到老百姓的拥戴。“德政”又是以统治者自己的仁德之心为基础的,因此,孔子要求统治者“修己”、“正身”,“修己以敬”、“修己以安人”、“修己以安百姓”。[⑤] 政治在某种程度上就是端正统治者自己的身心,统治者率先端正了自己的品行,那么,又有谁敢不端正呢?统治者自己的行为正当,不发布命令也没有关系,百姓都会以他的行为作榜样;统治者自己的行为不正当,他发布命令也没有人听,因为上行下效是很自然的。如果统治者端正自己的品行,要把国家治理好是不难的。如果不能端正自己的品行,又怎么能纠正别人呢?所以,治理一个大国的窍门不过是要求统治者严肃认真地对待政事,讲究信用,爱惜民力,节俭并宽以待人。孔子的这个思想,有很多积极的因素。他的学说对统治者来说,是一个约束,有利于减轻百姓的负担。

① 《论语·颜渊》,《论语正义》卷十五,第 505 页。
② 《论语·子路》,《论语正义》卷十六,第 527 页。
③ 《论语·子路》,《论语正义》卷十六,第 532 页。
④ 《论语·学而》,《论语正义》卷一,第 11—16 页。
⑤ 《论语·宪问》,《论语正义》卷十七,第 605 页。

通过“仁”的调节，孔子认为社会就能达到一个理想的境界。在此理想境界里，“老者安之，朋友信之，少者怀之”[①]，“四海之内皆兄弟”[②]。“仁”是“礼制”等政治社会制度和道德行为规范的基础，也是先王之道的核心理念。虽然随着时代和社会条件的改变，礼乐制度等具体的内容和形式会发生改变，但“仁”的基本精神是不会改变的。

> 子张问：“十世可知也?”子曰：“殷因于夏礼，所损益，可知也；周因于殷礼，所损益，可知也；其或继周者，虽百世，可知也。”[③]

子张问，今后十代的事情我们现在可以知道吗？孔子认为，殷代承袭的是夏代的礼制，不过其中有所损益而已，所损益的部分，我们都可以知道；周承袭的是殷代的礼制，其中也有损益，这些我们也可以知道。如果此后有继周而兴起的朝代，就是延续一百代，对此我们也是可以了解的。

社会历史的发展有没有一以贯之的内核？政治制度和社会文化有没有延续性，这种延续和发展是什么关系？对此，孔子也做出了自己的回答。他认为，每个历史时期并不是孤立的，一个历史时期总和以前的社会保持着联系，这种联系有两个方面，一是损，一是益，但损益都是建立在因的基础之上。因就是因循、因袭的意思。

---

① 《论语·公冶长》，《论语正义》卷六，第 205 页。
② 《论语·颜渊》，《论语正义》卷十五，第 488 页。
③ 《论语·为政》，《论语正义》卷二，第 71 页。

所以，子张问十世是否可知？孔子的回答是百世都可知，因为，商虽然取代了夏，但商的社会政治制度有很多是因袭夏的；周取代了商，但周的制度和文化也是建立在夏和商的文化基础之上的。这是孔子通过研究三代历史所得出的一个结论，认为历史的发展不是截然对立的，有一些因素是一直传续下来了，这种因素是不变的，孔子生活在东周末年，他自信继周而起的王朝，亦必然与夏、商、周有着基本精神相一致的制度和文化，这个基本精神就是“仁爱”。

当然，儒家也特别强调忠恕。其中，忠指尽己的仁爱之心以爱人、爱物，通常指一种积极为人、诚恳的人格和道德修养；恕指推己以及于人，能理解别人，对人有同情心。如孔子很看重忠，强调人们要“居处恭，执事敬，与人忠”[①]；也看重恕，强调“己欲立而立人，己欲达而达人”、“己所不欲，勿施于人”。通常说来，忠恕在儒家学说中被当作“为仁之方”，是实行仁的重要方式，也被当作仁的重要内容。此后，孟子也把忠作为儒家重要的道德价值规范，认为教人以善谓之“忠”。后世儒家对忠恕的论述更加系统，并将忠与尊君、爱国相联系，故“忠”成为中国封建伦理最主要的道德法则。

孝悌也是儒家重要的道德价值规范，孝指孝顺父母，悌指尊敬兄长。孔子及其弟子将孝悌看作“为仁之本”。孟子认为，孝悌乃人先天所具有的“良知”、“良能”，每个人在孩童的时候就知道爱自己的双亲，长大后也知道敬爱自己的兄长，亲亲为仁，敬长为义。一个孝敬父母、敬爱兄长的人，才可能忠于国家，才可能取信于朋友，故孝悌又成为忠的前提，也是信的表达，故后世儒者常将孝悌忠信

① 《论语·子路》，《论语正义》卷十六，第538页。

合起来一并使用。至于如何实现忠恕、孝悌等价值道德规范，儒家重视中庸，中庸既是儒家个体修养的重要价值规范和修养方法，也是衡量人伦群体德性行为是否合适的重要标准。对于中庸的含义，后世儒者多有阐发，如有将中庸解释为中和可常行之德；而北宋的二程则认为“不偏之谓中，不易之谓庸；中者，天下之正道，庸者，天下之定理”①。

2.“深察名号”

汉儒继承和发展了先秦儒学关于处理人与人、人与社会关系的价值思想，一方面，将孔子、孟子的仁义、孝悌、忠信等作为处理人与人、人与社会的重要价值理念；另一方面，又吸取荀子强调制度和价值规范对处理人与人、人与社会的重要作用，综合儒家的仁、义、礼、智、信，将之作为处理人与人之间关系的“五常”。

汉儒所谓“五常”既是人在处理人伦关系时必须遵守的准则，也是统治者永享天命的根本保证，不仅有道德义，还有政治义。如董仲舒就认为，仁义是“五常”的关键，仁的核心是爱人，义的作用是正我，仁之法在爱人不在爱我，义之法在正我不在正人；仁智相辅相成，仁而不智则不能知人，智而不仁则不能爱人；仁而不智，则爱而不别；智而不仁，则知而不为。故仁者所以爱人，智者所以除其害。汉儒提出的“五常”之说，在现代社会中也还可以赋予其新的时代意义，如现代社会倡导公民之间的爱心与助人为乐精神，与“仁”可以相契；其他方面，如公平、正义、见义勇为等与“义”，社会角色与社会责任乃至于人与人之间的互敬、和谐的内容与

① 《中庸章句》，《四书章句集注》，第 17 页。

“礼”，充分发挥聪明才智、出色完成本职工作与“智”，诚信、契约精神与“信”，皆可以有所对应。

汉儒还提出“三纲”之说，认为人与人、人与社会的关系中，最重要的即是君臣、父子、夫妇这三种关系，并分别以忠、孝、敬的价值观念来指导人们处理这三种关系。这种等级伦理价值观把中国传统宗法等级社会的基本人伦关系上升到了恒常不变的天道高度，对中国后世发展产生了深远影响。

要处理好人与人、人与社会的关系，汉儒认为亦要如孔子所说，进行“正名”，也即将个体的人纳入社会的整体，明确其在整个社会体系中的权利、责任与义务。如董仲舒提出要“深察名号”，他分别对社会中天子、诸侯、大夫、士、民五个阶层各自的名号、职分进行了分析，认为社会中不同阶层的人其名号各不相同，其社会责任亦各不相同。帝王接受天命，才有资格成为君王；接受天命的君王，其天命是上天所授予的，因此，以天子为自己名号的人，应该把天作为父亲来看待，用孝道来事奉天，依天之意来教导百姓；而以诸侯为名号的人，应该谨慎对待他所侍奉的天子，因为诸侯的“侯”，就是侍候的意思；以大夫为称号的人，应该格外忠诚，努力发扬礼义，因为大夫之所以称为“大”，就是他的品行必须超出于一般人（匹夫）之上，达到足以感化人的地步；士就是“事”的意思，就是要努力从事各项事业，因为士还不够教化的资格，只可以谨守自己的职责、服从上面的命令就行了；而民则是“瞑”的意思，需要有人来对之进行教化。从天子、诸侯、大夫、士到民这五种称号，表明了他们各自的职分，职分中的每一部分又各有其名，名比号更为众多，号以称呼事物的全体，名则是用来称呼事物的各个部分；号是概括的、大略的，名是具体的、详细的；名作为具体的，是把事物一部分一部分地区别开来，号作为概括的只是举出一个大纲。

董仲舒通过提出“深察名号”，对上至天子，下至士与民各自的职分，分别进行了不同的规定。正因为一切事物都有它们概括性的号，每个号又各有它所包括的“散名”，因此，一切事物都各自顺着名，一切名都各自顺着天意，天和人的关系就这样统一起来了。人与人、人与社会之间其关系是否已经理顺，关键取决于它与自己名号所规定的责任是相合还是违背；逆与顺的价值标准，取决于名与号；天地则是名号大义之由来。董仲舒认为圣人所制的名号反映了天意，这些名就是天意的体现，是不可以违反的。“深察名号”的目的在于“正名”，依据“名”来区分、判断事物的是非真伪，如果现存的事物不符合名的规定，就应该纠正，这就是“正名”。用名来鉴别是非，实际上就是要用儒家的三纲五常、仁义忠孝等思想作为衡量社会制度是否合理的价值标准。

3. 礼义教化

人们的价值意识乃是一种特殊的社会意识，它会引导人们形成一定的价值活动，积淀成一定的价值规范，这种规范又可以反作用于人群、社会，对人的行动产生某种导向、定标的作用。

宋明哲学家大都认为，理想社会的价值实现离不开“教化”。在“教化”中，教化者通过有目的、有意识地向受教者施加系统的道德影响，不断深化他们的道德认识，培养他们的道德情感，坚定他们的道德信念，使受教者自觉地从事道德修养，践行某种道德义务，履行自己对他人或社会所应负的责任。为了实现“教化”，宋明哲学家探讨了关于德性之善的种种表现和实现方式，为个体修养和社会完善提供了基本的价值原则和尺度，使之成为调整人自身、人与社会、人与自然等各种关系的行为规范的总和。

对于现实存在的一切人与事，宋明哲学家的主流基本认为，不能仅以一种功利的标准来进行衡量，而要上升到德性价值的标准。宋明理学强调，天理在人身上体现为至善的人性，天理与人性通过人心得以显现，人心不动之时，它与性、理一致，为至善之心；人心活动之后，性化为情，情则有善恶之别。故以善、恶为标准，可以将人心一分为二：一是道心，即与本性相一致的情，此则为善；一是人心，即与本性不一致之情，此则为恶。善者为天理，恶者是人欲。面对人欲横流、天理沦丧，宋明理学力倡理欲之辨，要“存天理、灭人欲”。天理的实质内容通常表现为伦理、宗法等纲常名教，人欲则通常表现为违反纲常名教的个人私欲，人欲任其发展，会导致社会上人与人、阶层与阶层之间的利益争斗，故从维护社会稳定的角度看，人欲应该克服。理学把“存天理、灭人欲”与“克己复礼”直接联系起来，认为只要天下人都做到存天理、灭人欲，都能遵循礼的规范，社会自然也就稳定有序了。

宋明儒者认为，通过强化“教化”，可以明辨是非，收拾人心，增进人与人之间的仁爱，培养家族观念，形成良好的社会风气，形成忠义的社会价值取向，这对于稳固国家、社会，可以起到重要作用。

二、尊道贵德

1.“道德”与“自然”

道家认为，道、德作为人和万物所禀之天性，实质上规定了人和万物的生存、生活的各种价值准则，故要“尊道贵德”。

在道家看来，人与世间万物各有其天然的本性，人、物天性皆平等，故人“无弃人”，物“无弃物”。万物生成于道，各具有其“德”或性命，万物虽有形有象，迁流不息，但仍在流变中保有其德或性命之“常”。道之所以玄妙广大而无所不包，即因其能够因任万有之性而随处成就之，人法道之自然，亦应消解其有为之偏弊，不要把人的意志强加于他人、他物，因任自然，而使人、物各自“归根”，自成其性。

因此，在道家看来，自然是人类最理想的状态，也是处理人与人之间关系的价值准则。在自然的状态中，每个人都像初生婴儿那样无识无知，天真质朴。但是，文明的发展、知识的积累，却可能造成人无以返其性情而复其初的非本真状态。故“道法自然”，要用道的“自然”价值原则来矫治社会伦理的失序和文明对人性的割裂，以实现人的本真存在。

2.“至德之世”、“在宥天下”

庄子的理想社会是一种“至德之世”，“至德之世”以“齐物”作为其理论基础。庄子认为，宇宙万有虽千差万别，但又并行不悖，互补互成，构成一个统一的整体。在此基础上，他提出了自己的理想社会：“夫至德之世，同与禽兽居，族与万物并，恶乎知君子小人哉！同乎无知，其德不离；同乎无欲，是谓素朴。”[①]“至德之世”中，人完全融于自然，回归人、兽、万物和谐一体的境界；人们各适其性，过着自然简朴的生活，不需要过度、异化的文明，山无蹊

① 《庄子·马蹄》，《庄子今注今译》，第290页。

隧，泽无舟梁，没有私有财产，知作而不知藏，与而不求其报；人们同乎无知、同乎无欲，没有形式、教条的伦理原则和价值准则的束缚，所谓“不知义之所适，不知礼之所将”①。

庄子强调“至德之世”的纯朴、自然，故在治国之道方面，反对一切主观妄为的人治，主张不治之治。在他看来，最理想的政治治理方式在于无为、自然，所谓“闻在宥天下，不闻治天下也”②。“在”是自在的意思，“宥”是宽容的意思，认为圣明之君听任天下安然自在地发展，并不对天下进行主观妄为的所谓“治理”；只要天下人不泯灭其原本的真性，不改变自然的常态，则天下就用不上治理。圣君自身无欲而天下安，无为而万物化，渊静而百姓定。庄子认为主观妄为之“治理”，是一切动乱的根源，仁义、兼爱等具体价值规范皆具有历史性，好比历史上，尧、舜禅让而帝业成就，但燕王哙听从苏代的意见，仿效古代禅让的做法，将王位让给燕国的宰相子之，却导致燕人不服而国乱；商汤、周武革命而成就王业，但楚平王之孙白公争却导致其身灭。由此观之，庄子认为，争让之礼、尧舜之行，贵贱有时，未可以为常。庄子崇尚自由、自然，在这种自由与自然中，人与人、人和万物皆和谐相处，是一种理想的社会存在方式。

综上所述，中华民族比较重视构建一个具有普遍价值意义的德性世界，提供一种人文教化的氛围和环境，形成一种社会的褒赏和惩戒，从而规范、指导乃至制约人们的思想和行为方式，于其中就有传统价值规范、道德模式的存在。

---

① 《庄子·山木》，《庄子今注今译》，第583页。
② 《庄子·在宥》，《庄子今注今译》，第317页。

第二节　和而不同与明分使群

中国古代关于处理社会各系统、各阶层之间的关系，形成了相当成熟的原则，每一时期的重要思想家对此皆有所论述。

一、和实生物，同则不继

在中国古代，如何使社会各阶层处于协调、融洽的状态，是统治者施政中重点思考的一个问题。如西周末年，政治统治出现了危机，一些有识之士开始反思为什么会出现这种危机，出现这种危机意味着什么，他们倾向于认为，之所以出现这种危机是因为社会政治矛盾激化，使整个社会失去了“和谐”，如史伯就认为，周后期的统治者由于不重“和”而重“同”，导致了国家的混乱。“和”指不同事物、不同要素的和合与统一，“同”则指相同东西的简单相加或同一。“和”与“同”的含义还是有较大差异的。

郑桓公是郑国的始封之君，曾在西周幽王时任周之司徒。他看到周王室多难，处于危机四伏的境地，为此深感害怕和忧虑，就问周太史伯，周朝的命运将会如何？应该怎么办才能摆脱这种困境？史伯认为，周朝衰败、戎狄兴盛是必然的，原因就在于统治者抛弃明智有德之人而只亲近奸邪昏庸之人。这种行为上升到理论上，则是“去和而取同”。为此，史伯提出“和实生物，同则不继”[①] 的观

① 《国语·郑语》，徐元诰撰，王树民、沈长云点校：《国语集解》，中华书局 2002 年版，第 470 页。

点，认为只有在“和谐”的政治环境下，社会和万事万物才可能得到发展；如果统治者一味地要求社会和万事万物必须和自己的意志“相同”，则社会和万事万物就会失去发展的生机。

史伯所谓“和”，指的是“以他平他”，就是说不同性质的事物和谐地组成一个统一体，这样事物才能得到丰富和生长；史伯所谓“同”，指的是“以同裨同”，就是说只有相同的事物在一起，事物只是简单地重复而没有变化，新事物也无从产生，所以“尽乃弃矣”。史伯反对“去和而取同”，为了论证他这个观点，他提出了一系列的论据：如自然界的百物都是“和合”金、木、水、火、土五行而生成的；调和酸、甜、苦、辣、咸五味才可能做出可口的饭菜；调和黄钟、太簇、姑洗、蕤宾、夷则、无射六种音律，才可能有悦耳动听的音乐；如此等等。

在社会政治方面，也是同样的道理。君王作为统治者，要以社会“和谐”作为治理的目标，要调和社会上王、公、大夫、士、皂、舆、隶、僚、仆、台等十个等级和阶层人之间的矛盾，并以之来要求和教导百官；要娶异姓之族的女子作为皇后，从持不同政见的谏臣中选取官吏，等等。只有这样，统治者才可能创造一个“和同”的政治环境，社会上下才可能“和乐如一”。史伯强调合理的社会应该是一个多样性和谐统一的社会，如果求同而不存异，则社会必乱。

但是，周后期的统治者弃“和”取“同”，追求社会和事物都必须与自己的意志相一致，君主所看到的、所听到的人和事，都只有相同而没有相异，这样君主就不可能明智地认识社会和事物，不可能成为明君而只能成为昏君。

应该说，史伯提出“和实生物，同则不继”的哲学命题，从事物矛盾统一性的方面，论证了“和谐”对于国家、社会以及自然界万事万物的重要性。史伯看到“和谐”、“统一”是事物发展中不可缺少的，故提出“和实生物”，这是当一个社会处于和平、稳定的发展时期所必须要予以强调的。唯有“和谐”，才能为发展创造一个稳定的社会环境；唯有多样性的统一，社会才不会单一，才能有所发展。

二、礼之用，和为贵

春秋时期，孔子在论“礼治”、“德政”时，对于社会各系统、各阶层如何“和谐”相处，有所阐释。孔子不满意春秋时期的社会现状，认为首先应该致力于缓和阶级矛盾，恢复社会的和谐与稳定。

一个社会中，阶级和社会矛盾太尖锐了，是不容易治理好的，要治理好就必须要缓和矛盾，使社会各个阶层的利益都能妥善得到解决，孔子认为这要依靠“礼”，“礼”的作用就是用来缓和阶级、社会矛盾的。孔子认为，先王最值得称道的地方，就在于“礼”。

礼的作用是为了促进社会的和谐。“礼之用，和为贵。”① 不管大事、小事都要以礼来节制，这样才会有社会的和谐。和谐不是“和稀泥”，不能为了和谐而和谐，和谐要通过礼来规范和衡量，否则在现实中就行不通。如果在现实社会的治理中，不依靠礼治，而仅以政令来治理百姓，以刑罚来整齐、约束民众，老百姓也可能因此而避免犯罪，但不能因此而培养善恶、羞耻的观念；如果以德惠民，以礼齐民，则老百姓不仅能避免犯罪，而且能培养羞耻之心而恪守

① 《论语·学而》，《论语正义》卷一，第29页。

规矩。这就是所谓“道之以政，齐之以刑，民免而无耻；道之以德，齐之以礼，有耻且格”[①]。这样，社会就容易保持和谐，统治者统治起来也很方便。

如何来实行礼治呢？孔子认为，要通过“正名”来达到。由于现实生活中，犯上作乱、僭越坏礼、兼并掠夺等现象比比皆是，周王朝所实行的政治上的分封制、经济上的井田制受到了极大的冲击。孔子认为通过“正名”，来恢复“礼制”，“礼制”恢复了，国家和社会就会重现和谐。因为名分不正，则所说的话让人听着就不顺当；以这种让人听着不顺当的话去指导做事情，则事情也不容易做成；事情做不成，礼乐就兴不起来；礼乐兴不起来，刑罚就不能保证恰到好处；刑罚不能保证恰到好处，则老百姓就不知道该怎么办才好。在这种情况下，怎么能治理好国家呢？所以，君子通过正名分，才可能更好地发布政令，这样的政令才可能得到执行。

三、物生有两

当然，“和谐”并不意味着排斥“差异”、“矛盾”。如春秋时期，晋国的史墨提出了“物生有两”的哲学命题，更多地从事物矛盾的斗争性方面，论证了事物矛盾存在的必然性以及矛盾双方斗争对事物发展的促进作用。这与史伯所强调的“和谐”并不矛盾，因为“和谐”并不意味着没有差异，没有斗争、没有变化与发展。

赵简子问于史墨曰：“季氏出其君，而民服焉，诸侯与之；

① 《论语·为政》，《论语正义》卷二，第41页。

君死于外而莫之或罪，何也?”对曰：“物生有两、有三、有五，有陪贰。故天有三辰，地有五行，体有左右，各有妃耦，王有公，诸侯有卿，皆有贰也。天生季氏，以贰鲁侯，为日久矣，民之服焉，不亦宜乎！鲁君世从其失，季氏世修其勤，民忘君矣。虽死于外，其谁矜之？社稷无常奉，君臣无常位，自古以然。故《诗》曰：‘高岸为谷，深谷为陵。’三后之姓于今为庶，主所知也。在易卦，雷乘乾曰大壮，天之道也。”[1]

晋国的执政者赵简子问史墨，鲁国大夫季氏将鲁昭公驱逐出鲁国，但老百姓没有感到这有什么不合适的地方，其他诸侯国也认可了这件事；鲁昭公逃离鲁国后，死在了乾侯，但没有人认为季氏有罪，这是为什么？史墨认为，“物生有两”，万物生下来，有时是两个在一起，有时是三个在一起，有时是五个在一起，都有与自己相匹配的，这就是“两”，就是事物的“偶”与“对”。从自然界来看，天有日、月、星三辰，地有金、木、水、火、土五行，物体有左、有右，都各有与自己相应的矛盾对立面；从社会现象来看，君王与公侯相对，诸侯与卿大夫相对，也都离不开矛盾的对立与斗争。这种“两”的存在，使得事物必然地处于斗争与发展的过程中。季氏与鲁君的斗争就是矛盾对立面斗争的一个表现。鲁国国君世代不修其德，而季氏虽然是鲁国的大夫，但却世代勤政爱民，以至于百姓都不知道还有君主的存在，既然这样，君主死在外面，又有谁来怜悯他呢？自古以来，王位并不是固定的，君臣之位也不是固定的。正如《诗

① 《左传·昭公三十二年》，杨伯峻编著：《春秋左传注》，中华书局 1990 年版，第 1519—1520 页。

经》中所说的“高岸为谷，深谷为陵”①，也就是说，高岸可能变成洼地，深谷反成为了山陵。虞、夏、商三个朝代的君王，他们的后代如今不再是贵族，而成为了一般的老百姓。在《周易》中，乾象征天和君，震象征雷和臣，雷乘于乾之上，表示臣居于君之上，君臣易位，于卦为《大壮》，是“天之道”的表现，合于历史发展之理。

在自然界中，有“高岸为谷，深谷为陵”的现象，社会中当然也有“社稷无常奉，君臣无常位”的现象。史墨用“两”这个范畴来揭示事物及其内部的矛盾性，认为任何事物内部和事物之间，都存在着矛盾的对立面，矛盾对立面的斗争会推动事物的变化与发展，促使事物向与自己相反的方向转变，这种转变能推动事物向更良性、更合理、更高层次的“和谐”社会发展。

四、隆礼重法，明分使群

在儒家中，也有强调以制度文明来协调、处理人与人之间关系的观点，这种观点更加重视价值规范的作用，重视制度文明的建设，如荀子对于处理人与人、社会不同阶层之间的关系，提出要“隆礼重法”、“明分使群”，即有此意。

人与人之间的关系为什么需要礼仪、法度等制度文明的规范、约束？荀子认为，这主要在于人不同于自然物、不同于禽兽。人是社会性的群居动物，虽然其力气不如牛那么大，也跑不过马，但牛、马最后却都为人所役使，这是因为人能够依靠社会、群体的力量而牛马不能的缘故。群体和谐则天下一心，天下一心则力量强大，力

① 《诗经·小雅·十月之交》，（宋）朱熹注，赵长征点校：《诗集传》卷十一，中华书局 2011 年版，第 174 页。

量强大则有力，有力则能役使自然物，故人是不能离开社会、群体的。

人以群胜物，无群则不能生存，但一个群体如果没有制度规范、没有价值准则，也就是说没有礼义名分，就会发生激烈冲突、就会有争端。因为人生来就是有区别的，如果抹杀这种区别，就会在人与人之间产生不平和争斗，有争端就会造成混乱，混乱就会造成社会的离心离德，一个社会离心离德就会遭到削弱，社会削弱了则人就不能够胜于物，故人与人之间群居无礼、法则必乱。要避免出现这种情况，最好的办法就是“明分使群”。荀子认为，圣王通过制礼、作法，就是要明人群之“分”，使一个社会秩序井然。

“分”是人成为“群”所必需的，是社会存在和发展的基础。关于“分”，荀子认为主要包括两个方面：一是“明于天人之分”，一是明于人与人之分，因为天人各有其职，“明于天人之分”，人就能够知道自己所应尽的职责。“分”的第二个含义在于人与人之区分，荀子所谓礼、法等制度、措施的设想，主要目的就在明于人与人之分，通过“隆礼尊贤”、“重法爱民”，从而达到天下大治。人与人的区分，在荀子看来，其重要内容就是礼义内外、父子、男女、上下的区分，即做到所谓君臣有义、父子有亲、夫妇有别。国家的命脉在于礼制，统治者重视礼制、尊崇贤人就可以称王，重视法制、爱惜民力则可以称霸于诸侯；如果贪爱利益、狡诈欺民则国家就有危险，如果以权术、谋略来暗害人则国家就会灭亡。故人与人之间要区分贤愚，要“隆礼尊贤”，使贤者居于愚者之上，选拔贤能之人不按他所处的等级、秩序，唯才是举；罢免懒散无能的人，不能有稍微的迟疑；诛杀凶恶之元凶，要态度坚决。名分未定则以父子长幼、远近亲疏之序以正之。虽然是王公贵族的后代子孙，如果不能遵守礼义，就将之划归到平常百姓的范围。相反，虽然是平常百姓的子孙，如果能积累文化、学习各种知识，坚持正确的行为，能模范遵守礼义，就可以提拔他们做卿、相、士大夫。

荀子认为，社会价值理念不明，不修礼义，男女淫乱，父子相疑，君臣上下不同心等，都是人为的灾祸。人为的灾祸是最可怕的，故一个社会要想得到治理，必须要重视君臣、父子、夫妇之道，区分清楚各自的职责，君要尽君之职，臣要尽臣之职，父子、夫妇各尽其责，大家都做好分内之事，不怨天尤人、推诿责任，在此基础上，就能处理好人与人、人与社会的关系，从而达到社会稳定、天下大治。

五、无为而无不为

道家则强调社会生活、社会治理皆要法自然而行，这就是社会的最理想状态。具有上德的统治者在进行统治时，并不刻意去造作和经营，而是顺乎人之性和物之理，无为而治。“是以圣人处无为之事，行不言之教”①，“不言之教，无为之益，天下希及之”②。道家之“无为而治”，不是指无所作为，什么都不做，而是指要顺着事物内在发展之规律而行，顺着事物之性情而动，这样才能“无为而无不为”。“无为”指的是不主观妄为。人如果不主观妄为，顺事物发展之规律而行，则能够做到“无不为”，即什么都可以做成功。道无主观之私意，不过是随顺人性、物情而施为，故能无所不为。统治者

① 《老子》第二章，《老子今注今译》，第 80 页。
② 《老子》第四十三章，《老子今注今译》，第 239 页。

如果不以自己的私智来治理天下，而是顺天下万物之情来治理，则天下万物各得其治，这就是无为而治。故治理天下国家，应该本之于天道自然之规律，不能仅凭统治者自己的主观意志和人为。

应该说，道家并不反对一切文明制度，而是反对文明制度对人性的异化。文明制度是圣人根据人性、物情而制定的，其本性是自然而然的。如果这种文明制度过度膨胀，就会失却其本来的自然本性，以这种不合于道的、不自然的文明制度来统治人民，人民就觉得与自己的本性、与事物的情性格格不入，就会造成对人自然本性的压抑，会导致人的自然本性的异化。所以，道家认为根据人性、物情去确立文明制度是必要的，但文明制度不能过分，不能越出其适用的范围，不能违反人性、物情主观地去对文明制度予以加强，这样不仅不能达到治理天下的目的，甚至会适得其反。

第三节　“义利”、“公私”与“群己”

作为主体的人的需要是价值的根源。但价值也离不开存在于主体之外的客体，价值的客体即是与人发生着各种关系的对象性存在物，价值既根源于人的需要，又以和人的实践活动和认识活动发生着对象性关系的客体为基础。

由这种价值主体、客体的区分，必然生发出“人际”与“群际”乃至人与自然等方面关系的问题。仅就处理人际与群际关系而言，义利、公私与群己等话题一向为人们所关注，成为中国传统价值观的重要问题。

一、义与利

“义利观”是中华传统文化所关注的核心价值观问题之一。“义”最早见于甲骨文和金文中，繁体作“義”，从我、从羊，原有己之威仪、美善、适宜之意，后来逐渐成为表示“应该”的道德准则和规范之总称。一般说来，在我们的民族文化中，“义”就是宜，指适宜的意思，也即符合一定时代、一定社会要求的道德原则和范畴；“利”指利益。义利观之探讨，涉及价值的本源、价值的评判标准、价值的社会作用等问题。关于义与利，历史上有各种不同的观点：

1. “君子喻于义，小人喻于利”

以孔、孟为代表的儒家重义轻利。孔子提倡义，认为“君子义以为质”[①]，“君子义以为上”[②]，君子当重义轻利，忧道不忧贫，不能见利忘义，如果只是依从于谋利而行，在人际关系中，就会造成“多怨”的局面。

在孔子看来，君子与小人的区别就在于是否行义，“君子喻于义，小人喻于利”[③]，君子多行道义，小人则只懂得利。当然，孔子虽然罕言利，却并不一般地否认利，而是主张要“因民之所利而利之”[④]。孔子强调君子在利益面前要考虑其是否符合于义，符合义者可以取，不符合于义则不能取，如《论语·宪问》中有“见利思义，见危授命，久要不忘平生之言，亦可以为成人矣”[⑤]，认为君子当行

① 《论语·卫灵公》，《论语正义》卷十八，第629页。
② 《论语·阳货》，《论语正义》卷二十，第706页。
③ 《论语·里仁》，《论语正义》卷五，第154页。
④ 《论语·尧曰》，《论语正义》卷二十三，第766页。
⑤ 《论语·宪问》，《论语正义》卷十七，第568页。

义利之辨，要见利思义，即便自己长久地处于贫困，都不能忘记这一点。如此修养，人就可以成为一个君子。故见利思义也是“成人”的重要标准之一。

孟子把义看成是由人的“羞恶之心”所生发出来的重要道德准则。他反对私利，其见梁惠王，说“王何必曰利，亦有仁义而已矣”[①]，认为君子不应以“利”为追求的目标，人们行动的价值目标要指向仁、义。孟子的义利观是对孔子的继承与发展。

2. “正其义不谋其利，明其道不计其功”

汉代以来，儒者开始将道德评价中的道义论与动机论相联系，贬斥功利。西汉董仲舒把义与仁、礼、智、信合而为“五常”，“五常”成为中国传统社会的基本道德规范。他说：“正其道不谋其利，修其理不计其功”[②]，认为志士、仁人应当唯“仁义之道”是行，而不得以获取功利为行事的目的。

《汉书·董仲舒传》有一个记载，说董仲舒奉天子命，任江都易王之相。易王认为越王勾践有三个仁人辅佐他，这三个人即泄庸、文种、范蠡；易王自比齐桓公，也希望董仲舒像管仲那样辅佐他成就霸业。董仲舒不同意易王“越有三仁”之说，强调儒家即便是五尺之童子都羞于称五霸，这是因为五霸皆推崇诈力，而将仁义摆放在诈力之后的缘故。

3. “正其义则利自在，明其道则功自在”

一般说来，宋明哲学在价值评价问题上，崇尚以“天下之公利”为评价标准，主张以社会群体价值为主要之尺度，所谓“先天下之

---

① 《孟子·梁惠王上》，《孟子正义》卷二，第 36 页。

② 《春秋繁露·对胶西王越大夫不得为仁》，《春秋繁露义证》，第 268 页。

忧而忧，后天下之乐而乐”，他们皆严守义利之辨，认为道德价值高于物质利益。宋明理学家强调义，如程颢说：“大凡出义则入于利，出利则入义。天下之事，惟义利而已。”①

朱熹继承董仲舒和二程的观点，认为义是君子理想人格的主要标准，“正其谊，则利自在；明其道，则功自在。专去计较利害，定未必有利，未必有功”②，强调了重义的重要性。后来，宋明儒者在此基础上，又提出“存天理，灭人欲”的价值观。

应该说，儒家学派主流的观点是重义轻利，认为人们在实际生活中，遇到物质利益问题时，应该遵循道义来决定自己的取舍，而不能唯利是图，不讲原则，不讲道德。现代新儒家的重要代表冯友兰先生提出人生“四境界”说：“人所可能有底的境界，可以分为四种：自然境界，功利境界，道德境界，天地境界。”③ 自然境界中，人依据其生物本性，率其性自然而行；而“在功利境界中底人，对于自己及‘利’，有清楚地觉解”④，故专为自己的利益去筹划、努力；道德境界中的人则努力“行义”，因其以“社会是个全，个人是全的一部分”⑤，所以，他们以尽伦、尽职为人生目的；天地境界的人则“自同于大全，体与物冥”。冯先生人生“四境界”说，义与利分别对应的是道德境界与功利境界，道德境界虽然高于功利境界，然不及于天地境界。

① 《河南程氏遗书》卷十一，《二程集》，第 124 页。
② 《论语十九·子罕篇下》，《朱子语类》卷三十七，第 988 页。
③ 冯友兰：《贞元六书·新原人》，华东师范大学出版社 1996 年版，第 554 页。
④ 冯友兰：《贞元六书·新原人》，第 555 页。
⑤ 冯友兰：《贞元六书·新原人》，第 556 页。

4. 仁人当“兴天下之利，除天下之害”

当然，在义利问题上，也有不同观点的论争。如春秋时期的墨子与南宋功利学派就不太同意儒家的观点。

墨子认为，所谓“义”即利人，利人是价值和道德评判的重要标准。墨子提出，义之所以为天下之“良宝”，就在于“义可以利人”[①]。所以，关于志士、仁人当以什么作为自己的人生追求？墨子的回答是，必兴天下之利、除天下之害，以此作为自己毕生的追求。

万事莫贵于义，贵义重在兴利。墨子说，如果有一个人在路边背负着重重的粟米，想要起身而行，却因担负过重而不能起身，这个时候，路过的人不论年纪大小、身份高低，看到这种情况，都会伸一把手、帮他一下，这就是义。所以，义不离利，无利则义为无用之虚语。在此基础上，墨子进一步提出“义贵于身”的观点，认为志士、仁人应当利人，在社会生活中践行“义”，为此甚至可以献出自己的生命。

南宋功利学派认为，义利是统一的，既要重视道德价值，也要重视物质利益。陈亮就反对性理空论，而主张倡行事功，持功利、道义并立论，认为“功到成处，便是有德；事到济处，便是有理”。讲求实际功利也是叶适的基本价值准则，他提出“义利并立”，强调结合“事功”讲“义理”。清儒颜元主张“正其谊以谋其利，明其道而计其功”[②]，他说：“世有耕种，而不谋收获者乎？世有荷网持钩，而不计得鱼者乎?”“盖‘正谊’便谋利，‘明道’便计功，是欲速，

① 《墨子·耕柱》，吴毓江撰，孙启治点校：《墨子校注》卷十一，中华书局1993年版，第658页。

② 《四书正误》卷一，(清)颜元著，王星贤、张芥尘、郭征点校：《颜元集》，中华书局1987年版，第163页。

是助长；全不谋利计功，是空寂，是腐儒。”①

二、公与私

义利之辨通常与公私之辨联系在一起。在公私之别上，中国传统哲学认为，二者既有国与家之分、人与我之分、物与我之分，还有公与私之分。一般说来，个人如果离开社会，包括家庭、邻里、社团、国家，则很难成为一个社会的人；同样，任何一种排他性地只追求个人利益的行为，必将损害每个人所赖以生存的社会环境。因此，在公与私的关系问题上，中国传统价值观既承认个人的利益，也承认他人、社会的利益，认为个人利益的实现，不可能离开他所处的社会，要把个人利益与公共利益相协调，把个人发展与社会发展相统一。

1. “义与利，只是个公与私”

应该说，在先秦时期，功与利是两个概念。功作功绩、功效讲，与作为动机的“志”相对应，指人们行为的效果；利与义相对应，指人们得到的利益。孔子与孟子皆重道义，在道德评判的标准上，主张重义而轻利，或者说义而后利，不过，孔子、孟子却兼重志功。

宋明儒者倾向于将义利与公私问题联系在一起。如程颐就曾说：“义与利，只是个公与私也”②，程颐重义，但辨别何者为利、何者为义，何者为公、何者为私，则需要有深刻的思考。如一些看似很相似的历史事件，其意义却完全不同甚至是相悖的。就历史事件而言，汉代的萧何与晋代的谢安都曾有过大兴土木、营造宫室之举，但是，

---

① 《颜习斋先生言行录》卷下《教及门》，《颜元集》，第 671 页。

② 《河南程氏遗书》卷十七，《二程集》，第 176 页。

“萧何大营宫室，其心便不好，只是要得敛怨自安。谢安之营宫室，却是随时之宜，以东晋之微，寓于江表，其气奄奄欲尽，且以慰安人心”①。萧何营造宫室是为了解除汉高祖对自己的猜疑，是为了避祸，其出发点是维护个人一己之私利；谢安营造宫室是在东晋面临前秦大兵压境的威胁，为了安定民心，稳定国基所做出的一种行为，是出于爱国忧民之公心。所以，对历史事件的考察，不是就事论事，而是要深入历史事件的背后去探讨，从而形成对历史事件的正确价值评价。这就是程颐所强调的“随时变易以从道”的精神。

又如，历史上，有孔子“尊周”与孟子“勉齐、梁以王”两件看似矛盾的史实，程颐认为这两件史实虽事迹各异，但精神是一致的。孔子和孟子所处的时代各不相同，孔子所处的时代，周之典礼尚存，循之可以达致天下之治，所以，孔子救世则要尊周，要求各诸侯王要维护周天子的权威；孟子所处的时代，周之典礼不存，天命已坠，民不以周天子以主，故孟子济民则要“勉齐、梁以王”，鼓励齐国和梁国之君“王天下”。事各不同，但体现的精神皆是“公”，是一致的。

程颐考察历史时并不是完全不考虑功效性，在符合道义的大前提下，程颐认为功效性和功利的原则是必须要予以考虑的。如：

> 问：“宋襄公不鼓不成列，如何？”曰：“此愚也。既与他战，又却不鼓不成列，必待佗成列，图个甚？”②
>
> 问：“用兵，掩其不备、出其不意之事，使王者之师，当如

① 《河南程氏遗书》卷十五，《二程集》，第152页。
② 《河南程氏遗书》卷十八，《二程集》，第217页。

此否?”曰:“固是。用兵须要胜,不成要败?既要胜,须求所以胜之之道。”[①]

程颐否认价值的评判标准具有主观性,他坚持认为价值的评判标准是客观的,这个标准具有“公”的特征,所谓“公”,就是一种道义,这个标准具有永恒的价值。在合于“义”、合于“公”的前提下,则“利”与功效性是人们必须要予以考虑的问题,所以他否定“宋襄公不鼓不成列”,肯定王者之师用兵也可以“掩其不备,出其不意”。

陆九渊在义利之辨上以动机决定是非,这和他在修养途径上尊德性以道问学是一致的,是他心本体论在人生哲学上的必然推演。朱熹在主持江西白鹿洞书院时,曾邀请陆九渊给学生们做演讲,陆九渊就《论语》中“君子喻于义,小人喻于利”一章,做了解释。其谓:

此章以义利判君子小人,辞旨晓白,然读之者苟不切己观省,亦恐未能有益也。某平日读此,不无所感:窃谓学者于此,当辨其志。人之所喻由其所习;所习由其所志。志乎义,则所习者必在于义,所习在义,斯喻于义矣。志乎利,则所习者必在于利,所习在利,斯喻于利矣。故学者之志不可不辨也。科举取士久矣,名儒巨公皆由此出。今为士者固不能免此。然场屋之得失,顾其技与有司好恶如何耳,非所以为君子小人之辨

① 《河南程氏遗书》卷十八,《二程集》,第217页。

也。而今世以此相尚，使汩没于此而不能自拔，则终日从事者，虽曰圣贤之书，而要其志之所向，则有与圣贤背而驰者矣。推而上之，则又惟官资崇卑、禄廪厚薄是计，岂能悉心力于国事民隐，以无负于任使之者哉？从事其间，更历之多，讲习之熟，安得不有所喻？顾恐不在于义耳。诚能深思是身，不可使之为小人之归，其于利欲之习，怛焉为之痛心疾首，专志乎义而日勉焉，博学审问，慎思明辨而笃行之。由是而进于场屋，其文必皆道其平日之学、胸中之蕴，而不诡于圣人。由是而仕，必皆共其职，勤其事，心乎国，心乎民，而不为身计。其得不谓之君子乎。①

于此，陆九渊就心与理、道德与知识、动机与行为做了阐述。在他看来，专务求利的行为固然不对，但一些人仅停留在口头、知识层面上的“义”，也不是真正的义。好比有些人满口仁义道德，干的却是卑鄙的事情；还有的人表面上按照“义”行事，却是出于达到自己私欲的目的而利用义。陆九渊认为，真正的义是自己心灵深处的一种德性，义是从动机上讲的，它是人们一切感情、知识、行为的根本依据。他对当时士子参加科举考试的切身体验进行分析，认为所谓义与不义，并不以是否参加科举考试而论；做人、做事的志向、动机才最为根本，若存心行义，则做什么事都可以说符合义，即“由是而仕，必皆共其职，勤其事，心乎国，心乎民，而不为身计，其得不谓之君子乎”。若存心谋私，即使终日读圣贤之书也是不

① 《白鹿洞书院论语讲义》，《陆九渊集》卷二十三，第 275—276 页。

义之举。陆九渊认为，若把义外在化，就不能把握义的真谛；他的人生观更重视内在的动机，以立志为本，将朱熹的本体之理纳入人心之中，抛弃了对与道德修养、道德践履无关的物理、人情的探求，直接在人心上下功夫，在人的行为动机上辨是非。[①]

2. “公而不党”、“贵公去私”

老庄及道家非常重视“公”，认为“公”是通向“道”的重要途径，《老子》云“知常容，容乃公，公乃全，全乃天，天乃道，道乃久，没身不殆”[②]；而《庄子·天下》称颂彭蒙、田骈、慎到之学“公而不党，易而无私”。

《管子·心术下》提出：“圣人若天然，无私覆也；若地然，无私载也。”《吕氏春秋》提出“贵公去私”，其书中专门有《贵公》、《去私》两篇，认为圣王治天下，必将公正、无私放在首位，“昔先圣王之治天下也必先公，公则天下平矣，平得于公”[③]；天下之失在于“不公”，也即“偏私”，“尝试观于《上志》，有得天下者众矣，其得之以公，其失之必以偏”[④]，其《去私》篇，举尧、舜不传位于子，祁黄羊外举不避仇、内举不避子等例子以明古人如何去私，认为“天无私覆也，地无私载也，日月无私烛也，四时无私行也，行其德而万物得遂长焉”[⑤]。

在公私关系上，中国传统哲学资源相当丰富，如“天下为公”、“廓然大公”、“大公无私”、“以公克私”、“循理而公”等。一般说来，

---

① 详见李景林、郑万耕主编《中国哲学概论》，北京师范大学出版社2010年版，第296页。

② 《老子》第十六章，《老子今注今译》，第134页。

③ 《吕氏春秋·贵公》，许维遹撰，梁运华整理：《吕氏春秋集释》卷一，中华书局2009年版，第24页。

④ 《吕氏春秋·贵公》，《吕氏春秋集释》卷一，第24页。

⑤ 《吕氏春秋·去私》，《吕氏春秋集释》卷一，第29页。

中国哲学在价值评价问题上，崇尚以“天下之公利”为评价标准，主张以社会群体价值为主要之尺度，所谓“先天下之忧而忧，后天下之乐而乐”，他们皆严守公私之辨，认为公胜于私、道德价值高于物质利益。这些观点一般认为，国家发展、社会进步将会为保障个人利益的实现创造更多、更好的条件；个人在为国家做奉献、对其他社会成员承担必要义务的同时，也实现着自己的价值。他们不太认同公共利益的实现是在个人充分实现其私人价值后自然实现的，而倾向于认同公共利益和群体的价值实现之后，个人价值方得以真正实现。

三、群与己

人们所过的社会生活是一种群体性生活，群体性的生活当有一定的规范，由此便产生了群己关系，故在中国传统价值观中，与义利、公私问题紧密关联的还有群己观。

1.“推己及人”、“以德服人”

历史与现实生活中，有时个人的行为可能危害到他人和社会时，群与己的关系此时就显得非常重要，需要认真对待。对于处理个人、群体之间关系的原则，孔子强调“己欲立而立人”、“己欲达而达人”、“推己及人”，将他人看作目的，而不是为了实现、满足自己私人欲望、利益的工具。

孟子强调处理人际关系，当首推“德”而非“力”。在群体中，要“以德行仁”、“以德服人”，而不能相反，以“霸道”或是凭借武力来压服人，使别人来为自己的利益服务。因此，在理想的“王道”社会里，小德之人听从于大德之人，小贤者听从于大贤者；而在

“霸道”社会里，则小的服从大的，弱者服从强者。“王道”社会重视的是“德”，道德标准是衡量社会各种问题的重要依据；“霸道”社会重视的是“力”，力量的大小成为决定社会各种事务的重要标准。孟子赞同“德”与王道政治，认为在这种社会中，人们心安理得地遵从各种社会秩序，社会和乐融融，是“天下有道”的表现；而“霸道”政治下，则处处以“力”为先，人们虽然也遵从社会的规范，但内心并不认同这种秩序，社会中蕴藏着不满和仇恨，这就为战乱埋下了祸根，是天下无道的表现。

2. 斥虚去诈、率性而行

不同社会群体皆由单个的人所组成，个人虽然是社会的人，却也是有个性的“自己”，实现社会的进步，要充分发挥个性、尊重个性，而不能压抑个性。故先秦道家的老子即认为，群体中所实行的文明制度，乃是圣人根据人性、物情而制定的，其本性是自然而然的；社会要尊重人的个性，不能让形式化的制度扭曲人的个性与自由。如果人为地使制度的内在精神与外在形式相脱离，则这种文明制度就会失却其本来的自然本性，以这种不合于道的、不自然的文明制度来约束人民，人民就觉得与自己的本性、与事物的情性格格不入，就会造成对人自然本性的压抑，会导致人的自然本性的异化。所以，老子一方面认为，根据人性、物情去确立文明制度是需要的，但另一方面，文明制度不能过分，不能越出其适用的范围，不能违反人性、物情主观地去对制度予以加强，这样不仅不能达到治理天下的目的，甚至会适得其反。

应该说，老子并不绝对地排斥名分与制度，并不排斥人们过群体的社会生活，他只是认为在创立了名分和制度之后，在使用这些名分和制度的过程中，要掌握好限度。因为名分和制度本身并不是人们追求的目的，对于名分与制度的制定应该适可而止，力求简政，不能为了名分和制度而制定名分制度。

总之，关于群己关系，中国历史上主要有这样几种认识：

一是主张个人至上，社会服从个人。如战国时的杨朱学派就曾提出："拔一毛利天下而不为。"①

二是社会至上，个人服从社会。如近代康有为认为，人类社会和种种苦难源于世界所存的九界，即国界、级界、种界、形界、家界、产界、乱界、类界、苦界。消灭此九界，人类就可以进入"大同"世界。

三是社会与个人组合成一个有机体，社会需要个人的效用和从属，社会亦要为服务于个人而存在。如明末清初三大家之一的黄宗羲在其名著《明夷待访录》中就认为，治理天下就好比是拉拽大木头，在前面拉的人唱着号子用劲拉，在后面的人则和着号子用劲往前推，前后呼应；君与臣、民，就相当于是共同拉拽大木头的人，君主就相当于在前面拉的人，臣与民就相当于在后面推的人；天下、社会是所有人的天下，故天下之治乱，并不在于某一姓之兴亡，而在于黎民百姓之忧乐，每个人都应该有以天下为己任的责任感。所以，一个社会中占统治地位的政权，如果轻视天下百姓，使民众不免生活于水深火热之中，此政权即有悖于为政之道，就失去了存在的合理性。

① 孟子说："杨子取为我，拔一毛而利天下，不为也。"（《孟子·尽心上》）当然，此说亦体现了杨朱"重生"、"贵生"的思想，即不愿以身之"一毛"以换取"天下"，因天下再贵重，仍然属于外物，不若身之一毛。

在中国传统文化中，上述三种观点都曾经对人们产生过影响，有些内容可以被我们吸收改造，在当代社会中继续发挥其作用。可以说，中华传统文化关于如何处理社会各系统、各阶层的关系，形成了丰富而系统的价值准则。这些价值准则虽然各有侧重，但一般都认为社会群体的价值取向应该以群体的“和谐”为目标，在这个过程中，通过各种具体的制度来使社会群体的和谐落到实处。

第三章

胸怀家国天下

在中国的哲学、伦理与政治理想中，有许多内容展示了中国思想家们对处理国与国之间关系的论述。虽然现实的情形往往与他们的价值理想背道而驰，但他们对不同国家之间如何共处的思考，对中国传统文化的特质产生了深远的影响。

第一节　贵和少争

关于怎样避免因自己的愚蠢而摧毁人类文化与文明的成果，中国历代思想家皆对这个问题做过深入思考。

一、崇尚和平，反对战争

一般说来，中国的道家哲学尤其崇尚和平，反对战争。春秋、战国时期，各个诸侯国为了自己的私欲，驱动百姓，战乱、杀伐不止，这在道家看来，是一个“不道”的世界。老子主观上反对战争，认为战争、武器、杀人等是凶险之事。他认为精良的武器是不吉祥的，为万物所厌恶，君子不能以自己掌握有精良武器为荣，也不应该为了满足自己的私欲而来发动战争；即使善战、战则能胜的一方，也不应美化战争，因为美化战争会败坏人的道德，扭曲人的心灵，将在社会上倡导一种嗜杀成性的恶习，这种好战、好杀之徒，是不可能得志于天下的。

老子深刻认识到战争的残暴，强调不要为取得赫赫战功而喜悦。他甚至认为，即使是打了胜仗，获胜之师也要心怀悲哀，不奏凯旋之歌，而处之以丧礼，“杀人之众，以悲哀泣之，战胜以丧礼处之”①，毕竟战争、杀人是整个人类社会的不幸。一个国家的统治者一定要认识清楚，不能依靠武力来征服天下，喜欢穷兵黩武的人必然遭受“以其人之道，还治其人之身”的下场；在现实中，经常看到的情况是军队曾经驻扎的地方，颗粒无收，遍地长满野草荆棘，“大军之后，必有凶年”②，留下的只是灾疫流行、哀鸿遍野的惨景。

老子认为，如果天下有道，则马不是充当战马，载人在疆场厮杀；而是充当农民的耕田工具，在耕地中忙碌。反之，天下无道，则甚至怀孕的母马也不得不被用来作为战争的工具。之所以会有战乱，他认为这源于统治者炽盛的贪欲，诸侯为争夺一己之利，驱动天下百姓混战，杀人如麻。百姓渴望和平与安宁，老子反对战争、希望天下和平，这在当时来说，代表了广大百姓的利益，道出了时代和民众的心声。也许老子没有区分战争的正义与非正义，但在“春秋无义战”的情况下，我们是不能苛求于古人的。

---

① 《老子》第三十一章，《老子今注今译》，第 195 页。
② 《老子》第三十章，《老子今注今译》，第 192 页。

二、小国寡民

如果想要通过武力威胁、强权来推行自己的意志，这在老子看来，是不可能做到的，因为天下并不是个人私有的产物，天下是神圣的公器，不可能按某一个人、某一个国家的主观意志来加以统治。如果想以自己的私心执持天下人的意志，按己意随心所欲地进行统治，这种统治必然遭到失败，所执持的天下也必然丧失。

老子想要改变他那个时代天下大乱的现状，他希望通过否定当时现实社会制度的方式来达到。老子对理想的国与国之间的关系进行了多角度的描绘，如《道德经》提出："小国寡民。使有什伯人之器而不用；使民重死而不远徙。虽有舟舆，无所乘之；虽有甲兵，无所陈之。使民复结绳而用之。甘其食，美其服，安其居，乐其俗。邻国相望，鸡犬之声相闻，民至老死，不相往来。"①

老子认为，理想的国家具有"小国寡民"的特征。所谓"小国"，不是说国家的规模要小，此处之"小"作动词用，指"小"其国事。但国家大了，国事自然多了，如何才能"小"其国事？老子认为，"小"其国事不是说没有或减少国事，国家通过法道之自然，没有或少有频繁干扰百姓正常生产、生活的妄动，这种妄动越少，则国家的"有为"之政就越少，这就是"小"其国事，能做到这样，就是"小国"。同样，所谓"寡民"，不是指国家的百姓稀少，而是指百姓寡欲之谓，寡欲则百姓朴实无华，故虽然有复杂的器具，但百姓们无利欲难填之心，精神和乐，在器用方面也因此就没有特别

① 《老子》第八十章，《老子今注今译》，第345页。

的企求，舟船车辆、盔甲枪械等皆用不上，文字也用不上，人们好像回到了结绳而用的古代纯朴社会。又因为天下太平，国家治理得很好，所以百姓们热爱生命、热爱生活，不用逃亡到远方去谋生；大家吃得好、穿得好、住得好、享有好的社会环境和风俗，故邻近国家的人们彼此虽然能听到各自鸡犬的叫声，但他们从生至于老、死，也不用过分倚重频繁的贸易、交往来生活，更不会发生相互欺凌、侵伐的现象。

第二节　兼爱非攻

在先秦“百家争鸣”时期，墨家学派是与儒家学派齐名的一个学派。先秦墨家的主要代表人物有墨翟等人，墨翟乃春秋末年鲁国人，早年受过儒家教育，但后来转而批评儒家及其他学派思想，建立了一整套颇具政治价值理念的理论，如尚同、尚贤、兼爱、非攻、节用、节葬、非乐、非命等，创立了具有鲜明特点的墨家学派。

一、兼相爱，交相利

墨子认为，他所处的那个时代是一个乱世。其中，强有力之人欺凌弱小之人；人数众多的诸侯国劫掠人数少的诸侯国；富足有余的人看不起贫困之人；地位高贵者傲视地位低贱者；有智谋的人欺诈智慧不足的人。这些问题的存在，造成了天下人的离心离德，各诸侯国杀伐征讨不断，社会大乱。为此，墨子提出“兼相爱”、“交相利”之说，希望能引导社会摆脱困境，建设一个理想的乐土。

他所谓的“兼相爱”、“交相利”，要求天下之人和天下各诸侯国，彼此不分亲疏远近，互爱互利，要做到对待别人的国家，就好像对待自己的国家一样；对待别人的家庭，就好像对待自己的家庭一样；对待他人的身体，就好像对待自己的身体一样。墨子认为能做到这一点，那么就会形成“天下之人皆相爱”的局面，这也是墨子对理想的国与国之间关系的一个设想。

墨子认为，志士、仁人“必务求兴天下之利，除天下之害”[①]，以此作为自己所追求事业的标准。那么，天下之利是什么？天下之害又是什么？墨子认为，他所处的那个时代，诸侯国与诸侯国之间互相攻击，家庭之间互相篡夺，人与人之间互相贼害，君不惠、臣不忠，父不慈、子不孝，兄弟之间不和睦，他认为这些不良的社会现象就是天下之大害。

这种天下大害是因为人们彼此之间不相爱所造成的。天下的各个诸侯王只知道爱自己的国家，而不爱他人的国家，因此，不惜举自己一国之力以攻取他人的国家。卿大夫只知道爱自己的家，而不爱他人的家，因此，不惜举全家之力以侵夺他人的家。每个人只是知道爱惜自己的身体，而不爱惜他人的身体，所以不惜倾其全力以贼害他人的身体。诸侯国之间不相爱则必然引发战争，卿大夫之间不相爱则必然相互篡夺，人与人之间不相爱则必相贼害，君臣之间不相爱则没有恩惠与忠诚，父子之间不相爱则不慈爱、孝顺，兄弟之间不相爱则不和睦、谐调。天下之人都不相爱的话，就会导致“强必执弱，众必劫寡，富必侮贫，贵必傲贱，诈必欺愚”[②] 的情况。

① 《墨子·兼爱下》，《墨子校注》卷四，第 175 页。
② 《墨子·兼爱中》，《墨子校注》卷四，第 158 页。

要改变这种状况，墨子认为，应通过“兼相爱”、“交相利”的办法，使天下之人都相互爱戴，“视人之国，若视其国；视人之家，若视其家；视人之身，若视其身”[①]，这样就会出现强不执弱、众不劫寡、富不侮贫、贵不傲贱、诈不欺愚的情况，天下之祸害、篡夺、怨恨等事就不会发生，从而形成“天下之人皆相爱”的局面。

二、非攻

在“兼相爱”、“交相利”的基础上，墨子建议国与国之间实现“非攻”。他反对战争，因为战争以亏人自利为目的，属不义之举。好比有人进入别人的果园偷窃桃李，大家都认为这是亏人自利的不义之举；上升到国家层面，一个国家为了自己一国之私利，侵略、掠夺他国，却有人说这是正义之举，墨子认为这是不能明了是非之理。

国与国之间的战争会导致大量人员的伤亡，这是对人生命不尊重的表现，也属不义之举。社会生活中，若有人杀人，大家都会谴责他，说他不义；故杀一个人，必以其自身之死罪来抵，杀十人有十条死罪，杀百人有百条死罪。但是，国与国之间的战争造成成千上万的人死亡，却有人对之赞誉不绝，墨子认为这也是不懂得什么是“义”。更何况国与国之间大规模的战争会严重影响民众生活，妨碍社会生产发展，这对于人类来说，也不是什么好事。故墨子认为战争在任何时候都不能进行，所谓：“冬行恐寒，夏行恐暑，此不可以冬夏为者也。春则废民耕稼树艺，秋则废民获敛。今唯毋废一时，

① 《墨子·兼爱中》,《墨子校注》卷四，第 159 页。

则百姓饥寒冻馁而死者，不可胜数。”①

墨子看到春秋时期，社会动荡不安，杀伐征讨不断，人们生活在水深火热之中。他有志于解决这些社会问题，希望通过在整个社会倡导一种人与人之间彼此相爱、互助互利的风气，来消除战争、消除杀戮与仇恨，使大家能共同过一种充满爱心的幸福生活，墨子所谓理想的国与国之间的关系就是一个“兼相爱”、“交相利”的“和平”关系。

第三节　协和万邦

一、保合太和

儒家所推崇的一些重要典籍皆提及国与国之间应该“仁爱”、“和谐”，如《尚书·尧典》讲“协和万邦”，《周易·乾卦》之《彖传》提及“保合太和，乃利贞”，等等。“万邦”指大大小小的诸侯国，他们虽各有贫富强弱的不同，但都有其存在的价值和自身的权利，应该得到其他国家的尊重；不同国家之间应该求同而存异，和平共处，这就是“协和”。尊重国与国之间的差异，就是“保合太和”；国与国之间和谐相处，这就是“利贞”的“正道”。

二、立德行仁，除暴安良

先秦儒家的孟子认为，每个国家皆有行仁义的责任，国家也应

① 《墨子·非攻》，《墨子校注》卷五，第202页。

当有正义感；国与国之间相处，不论大国还是小国，都要讲究仁义，如此则能有一个良好的国际环境。譬如，滕国是个小国，介于强国齐、楚之间，不知道该服事齐还是楚。孟子认为，滕文公最重要的是要勉力实行仁政，赢得民心，使老百姓宁肯牺牲也要保家卫国；在此基础上，凿深护城之河、筑牢城墙，做好抗击侵略的最充分准备，小国就可以在大国的压迫中得到生存。

那么，大国如何对待小国呢？孔子有一个观点，如果“远人不服，则修文德以来之。既来之，则安之”[①]。大国应该加强自己的文德教化，使远方的人来归服自己；归服之后，还要很好地对他们进行安顿，以仁德待之。孟子与齐宣王也曾经讨论过大国如何对待小国，孟子认为，只有仁人能以大国的地位侍奉小国，如历史上的商汤，曾以大国地位而侍奉弱小的葛国；周文王也曾以大国的地位侍奉小国昆夷。当然，孟子也认为，只有聪明的人才能以小国的地位侍奉大国，如周太王曾侍奉獯鬻，越王勾践曾侍奉吴国；以大国地位侍奉小国属乐于听从天命，以小国地位侍奉大国属于畏惧天命，乐于听从天命就可以安定天下，畏惧天命就可以保住他的国家。孟子认为，勇武有小、大之分，一个人按着剑、瞪着眼说：“谁敢抵挡我！”这是平常之人的小勇武，只能对付一个人罢了；有人横行天下、致天下有难，周文王、周武王怒而起，处罚横行之人，安定天下之民，这是大勇武。孟子勉励齐宣王不要逞小勇武，而要发大勇武！因此，如果有国家不行仁义、残害天下百姓，则志士、仁人可以对之进行讨伐。

① 《论语·季氏》，《论语正义》卷十九，第649页。

如何判断一国对另一国的讨伐是正义还是非正义？孟子认为当以被伐之国的民心为衡量标准。齐国人攻打燕国，大获全胜，齐宣王认为，以一个拥有万辆兵车的齐国去攻打一个同样拥有万辆兵车的燕国，只用了五十天就打下来了，这是天命，齐国应该顺天命占领燕国。孟子则认为，如果齐国占领燕国，燕国的老百姓高兴，“民以为将拯己于水火之中也，箪食壶浆，以迎王师”①，那就占领它；如果占领它而使燕国的老百姓不高兴，那就不能占领它。当齐宣王问起历史上商汤流放夏桀、周武王讨伐商纣之事时，孟子提出，破坏仁的人叫作“贼”，破坏义的人叫作“残”，毁仁、害义的残贼，叫作“独夫”，商纣王只是一个独夫，周武王处死了一个叫作纣的独夫，没有听说是君主被臣下谋杀了，“闻诛一夫纣矣，未闻弑君也”②。

在儒家看来，国家和个人一样，也要行仁义，行仁义当为立国之本。如汉初的陆贾认为，秦王朝所拥有的酒池可以用来泛舟，酿酒后剩下的酒糟像山丘一样堆积成山，站在上面可以望远，不可谓其不富；秦统四海之权、主九州之众，不可谓其不强。但以秦之富强与威武，却功不能自存、威不能自守，这并非秦之贫弱所导致，而是由统治者道德不存于身、仁义不加于天下所致。所以，仅增加国之财富而行无道之政，其财必为众人所谋；仅强调国之威武而行不义，其威武必不能长久。秦尊于位而无德，为汉所黜；富于财而无义，为天下所刑。在儒家看来，以礼义治国者积礼义，以刑罚治国者积刑罚。秦灭六国而王天下后，其道不易、其政不改，仍然重

① 《孟子·梁惠王下》，《孟子正义》卷五，第154页。

② 《孟子·梁惠王下》，《孟子正义》卷五，第145页。

诈力而轻仁义，以暴虐为首务，其亡可立而待。故国家当以德治教化为本，君子不仅在国内要行仁义，处理国与国之间的关系也要行仁义，使仁义能遍于各国，这是君子的责任所在，正如孟子所说：“吾闻用夏变夷者，未闻变于夷者也。”①

第四节 富国强兵

根据《史记·太史公自序》的说法，在《春秋》经中，以下犯上、杀戮国君的事情有三十六件，国家被灭亡的事情有五十二件，诸侯被大夫放逐，国君不能保住江山社稷的事例，更是不胜枚举。这反映了春秋、战国时代，象征着“周文”的礼乐制度已经破产，取而代之的是礼崩乐坏、诸侯纷争、群雄逐鹿的混乱状态。面对这一情形，诸侯国如何自强、自保，就成为一个非常突出而重要的问题。由此，战国时期百家争鸣中的重要一派——法家，便登上了历史的舞台。

一、奖励耕战

商鞅是早期法家的重要代表，他主张富国强兵，认为耕、战水平体现一个国家的实力，国家有实力，才能够在弱肉强食的春秋、战国时期获得生存下来的权利。而要富国强兵，首先必须奖励耕战，对此，他有一些说法，如“国待农战而安，主待农战而尊”②，国家

---

① 《孟子·滕文公上》，《孟子正义》卷十一，第 393 页。
② 《商君书·农战》，蒋礼鸿：《商君书锥指》卷一，中华书局 1986 年版，第 22 页。

要得到安全，有待于农与战；国君想保有自己的尊严，也有待于农与战；如果一个国家的兵、农皆怠，则必然遭到削弱，如此就不能在战国时期激烈的生存竞争中得到保全。所以，要集中国家的力量，使百姓只将注意力放在农与战这两个方面，通过“入令民以属农，出令民以计战”①，来增强国家的农、战水平。

对于耕与战的关系，商鞅提出，耕可以养战，认为农业生产不仅能够使国家富强、为战争提供丰富的物质基础，而且农田生产本身就是培养武卒的学校，老百姓若“归心于农，则民朴而可正也，纷纷则易使也，信可以守战也”②。另外，耕与战是紧密结合的，二者之间可以相互转化与促进，其中，农业的作用在于“生力”，能够使国家、社会增殖力量；而战争的作用在于“杀力”，在商鞅看来，作为“杀力”的战争也是必要的，如果一个国家只有“生力”而无“杀力”，就会造成民力增强而无处施，百姓自然就要谋其私利；若社会中人人谋私利，国家就会削弱，“故能生力不能杀力，曰自攻之国，必削”③。所以，国家要将耕与战紧密结合起来，不能只重视其中的某一个方面。

耕与战对于百姓而言，乃最为苦难之事，“夫农，民之所苦；而战，民之所危也”④。那么，国家如何驱使民众乐于耕战？商鞅认为要依靠法的强制，其具体措施有二，即赏、罚，通过以刑治，民则乐用；以赏战，民则乐死。法家一般持人性好利论，人性好利主要

① 《商君书·算地》，《商君书锥指》卷二，第46页。
② 《商君书·农战》，《商君书锥指》卷一，第25页。
③ 《商君书·说民》，《商君书锥指》卷二，第39页。
④ 《商君书·算地》，《商君书锥指》卷二，第46页。

表现为人的生存欲望和生存需要，所谓“民生则计利，死则虑名”[①]；人好利之本性，是与生俱来、不可改变的，“民之欲富贵也共阖棺而后止”[②]。人性好利的基本内容主要是富贵，即在政治上谋求爵禄，在经济上索取田宅。法家认为，民众这种好利的本性是合理的，君主可以“操名利之柄”以致功，达到富国强兵的目的，所谓“欲战其民者必以重法，赏则必多，威则必严……民见战赏之多则忘死，见不战之辱则苦生。赏使之忘死而威使之苦生”[③]。正因为人性好利，故法家认为，礼义法度对人的行为不起任何约束作用，所以他们奖励告奸，“令民为什伍，而相牧司连坐”[④]，不告奸者与降敌同罚，通过这些措施，来达到稳定社会秩序的目的。奖励耕战，“凡有军功者，各以率受上爵”，“耕织致粟帛多者复其身。事末利及怠而贫者，举以为收孥”[⑤]，以此达到富国强兵的目的。又废除世卿世禄制度，取消没有军功的宗室贵族的特权，社会上出现了历史上少有的布衣将相现象。废除井田制度，以土地为诱饵，来驱使百姓专务农、战；实行郡县制度，破坏分封制带来的层层割据、各自为政的局面，加强权力集中和君主的专制；统一度量衡；等等。商鞅通过上述变法行为，以谋求秦的富国强兵。

二、变法图强

韩非是先秦法家思想的集大成者，他继承了商鞅、慎到、申不

① 《商君书·算地》，《商君书锥指》，卷二，第 46 页。
② 《商君书·赏刑》，《商君书锥指》卷四，第 105 页。
③ 《商君书·外内》，《商君书锥指》卷五，第 128 页。
④ 《史记·商君列传》，（汉）司马迁：《史记》卷六十八，中华书局 1959 年版，第 2230 页。
⑤ 《史记·商君列传》，《史记》卷六十八，第 2230 页。

害等人的思想，对先秦法家的理论进行了总结。他认为，“世异则事异”、“事异则备变”[①]，战国之世，各诸侯国竞于气力，故当今的君主不可能用“先王之政”来“治当世之民”[②]。而要实行变法、富国强兵，只有奉行弱肉强食的丛林法则，方能为国家觅得生存之机。

韩非尤其反对儒家以“仁义”作为处理国与国之间关系的主张，“仁义用于古而不用于今”，儒家“仁义”思想的主张不合于战国时代发展的要求，如果今人还要去赞美尧、舜、禹、汤、武的“仁义”政治与外交，就必然为当代的圣人所嘲笑。他用历史故事来证明自己的观点：古时候，周文王的势力范围在丰、镐这个地方，方圆也就是百里左右，周文王实行仁义，使西戎感其恩，因此称王天下。徐偃王处汉水之东，地方有五百里，他也实行仁义，周围的小国家割地而称臣的有三十六国之多，处于荆地的楚文王害怕徐偃王威胁到自己的统治，举兵讨伐徐国，将徐国灭掉了。周文王实行仁义而称王天下，徐偃王实行仁义却丧灭其国，因此，仁义可以用于古代却不能用于当今，时代不同，世事也有所不同。

上古时期，大家在道德方面进行竞争；中古时期，大家在智谋方面进行竞争；战国之世，各国皆在气力方面进行角逐。韩非举了齐国与鲁国之间战争的例子，来说明这个问题：齐国将要进攻鲁国，鲁国派子贡去游说，希望齐国不要攻打鲁国。齐国人的回答是，子贡所说并非没有道理，但我们所要的是土地，而不是那些合理、动听的言辞。因此，举兵讨伐鲁国，并战而胜之，齐国割占鲁国之地，一直到鲁国城门十里这个地方，以之作为齐国与鲁国的边界。韩非

① 《韩非子·五蠹》，(清) 王先谦撰，钟哲点校：《韩非子集解》卷十九，第445页。
② 《韩非子·五蠹》，《韩非子集解》卷十九，第443页。

的结论是徐偃王实行仁义而徐国灭亡，子贡的辩论充满智慧而鲁国却遭到削弱。从这个角度来看，实行仁义、辩论充满智慧，并不能使国家得到保存。只有抛弃徐偃王的仁义和子贡智慧之辩论，依靠徐国、鲁国之国力，使之增强到能够敌万乘之师，则齐国与荆楚的欲求就不可能在徐、鲁二国得逞。

韩非持一种非道德主义的政治思想，认为政治的本质就是“力”，国与国竞争是实力的较量，一国之内起决定作用的正是权力。他主张将道德原则摒除于政治领域之外，认为在政治中坚持道德原则或把教化作为治国的基本手段是“缘木求鱼”。他强烈反对儒家以“仁义”治国的主张，认为其不合于时代发展的需要，而要求富国强兵以自保，实施刑罚以驱民，高度集权以强国。

第五节　民惟邦本

对于理想国家与社会的价值追求，在中国历史的不同发展阶段，存在不同的观点，但其基本内核皆不离“民惟邦本”的思想。

一、民惟邦本，以德配天

殷商时期，“我生不有命在天”是一种主流的天命论思想。这种天命论思想认为宇宙间存在着至上的主宰神，称作“帝”、“天”。天帝具有绝对权威，人间的一切事情都是由天帝安排的。天帝可以使一年风调雨顺，也可以让一年雨水不充足，年成好坏是由天帝来决定的；天帝的主要职责之一，就是监督下界百姓，决定他们的福祸寿夭；地上的君王作为统治者统治万民，这是受命于天的，是天帝赋予了君王统治百姓的权力。甚至在周武王率讨伐大军逼近商都时，商纣王这个暴君仍然还说："我生不有命在天乎！"① 认为自己是天帝的代表，他的命运只能由天帝来处置和决定。天帝被看成是超出人类社会之上的一种支配人类社会生活的最高主宰力量。

但随之而来的一个问题就是，如果真有天意的话，天意是根据什么来赋予某个人以王权；天意能够赋予某个人王权，是否也可以收回或剥夺这种赋予；如果天意可以收回他赋予给某个人的王权，那他又是在什么情况下才收回呢？这些问题是对殷商时期"我生不有命在天"的天观的进一步追问。

这种理论的追问随着社会实践发展的深入而逐渐明确起来。虽然商纣王认为"我生不有命在天"，但当周武王的讨伐大军逼近他老巢的时候，天命却并没有护佑他，而且周朝最后是取代了商朝。周取代商为什么是可能的？周取代商之后，在什么情况下才可能不重蹈商灭亡的覆辙？周初统治者对这个问题进行了深入思考。

历史上，大禹的孙子太康因为不修其德、不亲其政，在外田猎、长期不归，百姓怨声载道，后羿趁机侵占其国都。太康的母亲还有其五个弟弟被赶到洛河边，心里非常怨恨、哀悔，故追述大禹之言，告诫太康而作《五子之歌》："皇祖有训，民可近，不可下，民惟邦本，本固邦宁。"② 意思是人民是国家的根基，根基牢固，国家才能安定。

周初的统治者在此基础上，深刻反省，认为自己之所以能得到

---

① 《史记·殷本纪》，《史记》卷三，第107页。

② 《尚书·五子之歌》，《尚书正义》卷七，第264页。

天帝的青睐，是因为他们“修德以配天”的结果：

皇天无亲，惟德是辅。[①]

惟不敬厥德，乃早坠厥命。[②]

他们提出，皇天上帝并不讲私情，它只选择有德性的人来赋予天命。人间的统治者必须“明德”、“敬德”、“修德”，才可能与“天命”相配，从而取得天帝的认可，而保持自己政权的稳定。而修德的一个重要方面就是关心民生：

民之所欲，天必从之。[③]

天视自我民视，天听自我民听。[④]

皇矣上帝，临下有赫。监观四方，求民之莫。[⑤]

天帝的意志是通过老百姓的愿望来表达的。如周初的周公就认为，老百姓的眼睛和耳朵也就是天帝的眼睛和耳朵，天帝是通过百姓的耳目来监视君王的所作所为的。天帝监视四方，以百姓是否安定作为君主是否修德的标志，从而做出是否继续授以大命的决定。所以，要探知天意就必须了解民意；通过顺民意、得天心才能稳固自己的统治。

---

① 《尚书·蔡仲之命》，《尚书正义》卷十六，第 662 页。
② 《尚书·召诰》，《尚书正义》卷十四，第 586 页。
③ 《尚书·泰誓上》，《尚书正义》卷十，第 406 页。
④ 《尚书·泰誓中》，《尚书正义》卷十，第 412 页。
⑤ 《诗经·大雅·皇矣》，《诗集传》卷十六，第 244 页。

周初的统治者仍然认为自己是奉天命来统治天下的，但“天命靡常”，是会发生改变的，天命的更迭不是偶然的，而是有一种必然性的因素在其中，这就是“德”；天意重“德”，统治者要修“德”才可以配天；而“修德”必重民心，以民为大邦之本。这就强调了人民在社会发展中的重要地位和作用。

二、民贵君轻、王道政治

孟子认为，民生是“王道”政治的根本。“王道”政治应该从关心民生开始，第一步就要使老百姓有相生养之道，老百姓有相生养之道，不饥不寒，这样，才能推行王道于天下。比如，百姓有五亩地来种植桑树，有百亩的耕地种粮食，统治者不对他们增收额外的苛捐杂税，不随便占用百姓的时间，那么，普通百姓一家人就可以不忍饥挨饿；百姓到了五十岁的时候还可以穿着很好的丝绸衣服，七十岁可以穿丝绸衣、食肉，可以休息，不用再劳作。百姓生活有保障后，还要对他们进行教育，使他们尊老爱幼。这样，“王道”政治就可以实现了。如果老百姓遭受冻饿之祸，统治者不知抚恤之，认为没有自己什么责任，或者把原因归之于天灾，这就是在推卸责任。

“王道”政治的实现，其首要的是要关心民之生计，这是为什么？孟子提出“民贵君轻”的思想。他指出：“民为贵，社稷次之，君为轻。”[①] “保民而王，莫之能御也。”[②] “暴其民，甚则身弑国亡。”[③] 孟子认为，君主只有得民心才可能成为天子，有了君主才可能有诸

① 《孟子·尽心下》，《孟子正义》卷二十八，第 973 页。
② 《孟子·梁惠王上》，《孟子正义》卷三，第 79 页。
③ 《孟子·离娄上》，《孟子正义》卷十四，第 491 页。

侯与大夫，所有这一切的最基本的前提就是百姓。土地、人民、政事就是统治者的“三宝”。民心之向背是国家存亡的关键。君王、诸侯、社稷都是可以改变的，而人民却不可能改变。君王昏聩，可以另立贤明者；诸侯有害于国家，也可以更换；唯独人民无法更换，只有“得其心”，才能“得天下”。如果不得民心，甚至暴民过甚，这样的君主其下场必然是“身弑国亡”。在这里，孟子表达了一种非常可贵的“民本”思想。

三、“尽伦”“尽制”的王政

“王政”思想是荀子的一个政治理想。所谓“圣王”，就是恪尽人伦，遵守礼制、法度的人。在“尽伦”、“尽制”这两个方面，“圣王”是天下人的榜样。只有圣人才能担当起“天子”的角色，因为天下地广人众，天子担负的责任非常重大，而圣王能力强、明辨是非、充满智慧，只有他才能够称职。

“圣王”之政，是王道而不是霸道。霸道的特点是统治者蹈一己之利，其方式是通过争与夺来得到，他们不隆礼重贤，只以力服人，能胜人之口而不能服人之心；虽然他们有时也谈仁义与礼让，这不过是他们掩饰自己争夺私利的遮羞布罢了。而“王者之法”则与之不同，在“王政”下，圣王裁制万物，使之能符合百姓生养的要求；薄赋税，不违背农时，不滥用民力，财物都能得到合理分配、流通；四海虽大，却有如一家，人人都努力为国家、社会劳作，贡献自己的聪明才智。圣王虽然能力很强，但这种能力不是用来压迫人民，而是用来救护弱者，引导不善之人使之向善；圣王以仁德来感化暴掠之国，其征伐、诛讨的只是不道之人。

当然，荀子也认为，王者之所以为王，原因就在于天下之人归附于他，他才可以称“王”；天下之人皆弃之而去，则王者必亡。所以，国家之本在天下之人而不在王。如果王者能兴天下之利，除天下之害，这就为天下人归附他奠定了前提条件。如果王者败坏道德，乱礼义，行禽兽之行，则天下人就将弃之而不顾。所以，是天下人选择了汤、武而抛弃了桀、纣。同样，尧、舜禅让也不是他们个人所能决定的，而在于天下人的意志。如果尧之子贤能，并且得到天下人的认同，那么尧的后代继承尧的天子之位就是顺理成章的事；同样，如果“三公”贤能，并且得到天下人的认可，那么天子的后代就不能继承天子位，而要将位传于三公。所以，是实行“禅让”还是实行“家天下”，这都是不以圣王个人之意志来决定的。天子必须是能够“任天下者”，决定谁能“任天下”则只能是天下之人。虽然圣王对于社会历史来说，起着非常重要的作用，但他们并不是社会历史发展的决定因素。天下人成天下势，天下大势决定了圣王在社会中能够发挥多大的作用。这种天下大势荀子更多地把它看作“礼义之分”，圣王顺此才能治理好国家，逆此而行，则天下大乱。

四、无为而治

先秦道家老子提出“无为而治”的理想社会，认为统治者不必刻意去崇尚贤能，以避免天下人因此都去争夺此虚名；也不能偏好稀奇难得之物，以避免诱发偷盗之心；要提防因物欲而勾起贪情，扰乱民众内心的安宁。圣人治理国家主要采取的手段有：净化百姓的心灵，满足百姓的基本生活需要；不煽动百姓，使之冲动，而致力于增强百姓的体质；使民众不知虚名浮利、无意为此而竞争，不为物欲而妄行。这样，一些别有用心的人也不敢自恃聪明，胡作非为。统治者遵循道之无为的治政纲领，天下国家自然就能达于太平。

在这种理想社会里，圣人治理天下，只是顺人之情，顺物之性，无为而治。如果不顺人之情，不顺物之性，意图主观妄为，则想把天下治理好是不可能的。老子认为，人心和社会安定，政权就容易维护；乱象还不明显，矛盾冲突尚在萌芽状态时，祸患就容易消除；危机不深时，局势就容易扭转；怨气轻微时，民情就容易被说服。所以，统治者应该在麻烦还没有产生时，就预先进行防治；在社会动乱还没有发生时，就对之进行治理。好比几个人手拉手都抱不过来的大树，不过是由毫末那么小的小树苗长成的；九层高的楼台也是由一块块的土块垒起来的；千里远的旅程，是从脚下开始，一步一步走出来的。人们做事情，经常在这个事情将要做成时却失败了，这是因为不能至始至终地谨慎从事的原因。如果始终谨慎从事，则做任何事都能做成功。

理想社会的君王不能与民争利，不能压迫和剥削民众。老子认为，江海之所以能为百川之汇，原因就在于江海甘于处下，所以，百川奔流入江海。同样，圣王想要领导人民，就要效法江海甘于居下的谦逊态度，想要在前引导民众，就要事事为百姓考虑，吃苦在前，享受在后。只有这样，统治者虽居上位，百姓也不会感到有什么压力；虽处前位，对百姓来说也没有什么危害，天下人都拥戴他，而不感到厌烦，这是因为他时时、事事都不与民争利的原因。道家认为，理想社会中，国家违反自然法则、主观妄为的事情非常少，人民清心寡欲、纯朴自然，社会治理得很好，没有战争与争端，百姓们皆过着幸福、祥和的生活。

五、法治与公义

法家认为，理想的国家就是法治的国家。好比一个兔子在田野中跑，可能会有上百人去追逐它，这并不是因为一只兔子足够分配给上百人，而是因为这只兔子最后归谁还没有确定。由于归谁没有确定，即便是尧这种道德高尚的人看到这只兔子也会竭力去追，更何况众人呢？另一方面，在市场卖兔子的地方，兔子多得很，但是路过的人不会太在意它们。这并不是说路过的人不希望得到兔子，而是因为兔子属于谁这个问题已经确定了。归属定下来后，人们虽然很贪鄙，但也不再争了。所以，治理天下国家的首要之点，不过在于定下规矩而已。

通过什么来定规则呢？这就需要“法”。法是用来树立公义的，这种“公义”是用来抑制“私念”的。好比以“投钩”（类似抽签）的方式来分割财产，以“抽签”的方式来分马匹，并不是因为“投钩”、“抽签”能够平均划分财物，而是因为它们能使得到好处的人不用感恩戴德，能使没有得到好处的人也不会产生怨恨。所以，占卜用的蓍、龟是用来加强民众的公共信念的，权与衡等度量工具是用来为社会立公正标准的，书契是用来确立公信的，度量是用来确立公共的审核标准的，法制、礼籍是用来树立公义的。凡是为公义而立的各种法则，皆是用来抛弃私念的。

有了“公义”，有了“法”，治理国家就比较容易。治理国家如果没有法制则会产生混乱，坚守法制而不知道变更则国家衰亡。有法制而不遵守，施行一己之私意，可以称之为无法。百姓守法，官吏执法，君主立法、变法。统治者只根据法则与事物之数理，来观察事物的得失，对于排斥法制的言论，不听！不合于法的功劳，不计！无功劳的亲属，不给他们任命官职，不任人唯亲，不以亲族枉法。这样，社会上下都无事，只有法在起作用。法家认为，国家的任何事务都以法来抉择，这就是理想的国家；依法行事就是治国的大道理。

六、“养德”与“养力”

东汉王充认为，治国的道理有两种，一是重视增强国力，一是重视加强礼仪教化。

关于治理国家的道理，《吕氏春秋·长见》曾记载周公与姜太公对此问题的讨论。太公认为治国要“尊贤尚功”，周公强调治国要“亲亲尚恩”；太公认为周公如果以此原则来治理自己所封的鲁国，鲁国必将一代比一代衰弱；周公则认为太公如果以此来治理自己所封的齐国，齐国虽然会因此而强大，但以后的齐君一定不会是太公的后代。“亲亲尚恩”，强调的是任人唯亲，人与人之间要以道德的恩情来维系，这种政治重封建宗法之关系，社会有一种超强的稳定性；但因为不尚功利，不尚贤能，国家自然就容易衰弱。而“尊贤尚功”，其所谓“功”主要就是富国强兵，有富国强兵之能的人即为贤者，应该得到尊崇；在这种政治之下，国家容易富强，但国君之位也容易被贤能之人所篡夺。

因此，治理国家光靠礼仪教化不行，只凭国力增强也不行。王充认为：“夫德不可独任以治国，力不可直任以御敌也。”① 他对韩非

① 《论衡·非韩篇》，《论衡校释》卷十，第438页。

的“尚法”、“任力”的治国观点发表了不同的看法：徐偃王治理国家虽然有“无力”之祸，但韩非以仁义为无用之物，只有武力才是硬道理的这种观点也是偏颇的。如果以这种理论来治理国家，必然也有“无德”之患。就好比一条河的旧堤坝一样，平时水量少，河水只在离堤坝很远的地方流淌，如果因此认为河的旧堤坝没有用处了，将之铲除，一旦到了雨季河水暴涨的时候，必然就会因为旧堤坝的铲除而发生水患。礼义道德亦是如此，它是维系一个社会正常运转的价值规范，如果认为它不能对富国强兵产生直接影响而将之废除，社会就会因之而产生祸乱。历史地看，若没有礼仪规范，即便是汉高祖这样的枭雄也不能正朝纲；有了礼仪、道德，社会才有了对事物进行价值判断的标准，这个社会才有可能有序、和谐、安定地发展。因此，王充认为治理国家，既要“养德”，也要“养力”。

七、崇本息末

魏晋哲学家王弼强调理想国家应该“崇本息末”。他指出，法家崇尚整齐划一，强调用法律来检束一切；名家崇尚名实相符，强调以言辞的逻辑性来纠正、确定一切；儒家崇尚真诚之爱，赞美道德而加以荐进；墨家崇尚俭约、节省，违背人之情而勉强推行其主张；杂家崇尚各家之美，而汇集、总括以实行之。但是，以法律来检束一切，必然生起巧伪；以名辞之逻辑来确定、纠正事物，有失恕之理；以爱心来赞美道德之行为并加以荐进，必然导致争讼；违背人情来勉强推行俭约、节省，必生乖违；杂集各家之美，必生秽乱。这些都是只用其子而抛弃其母所导致的，事物失去其所载之道，则不可能守住自己的本性。

因此，通过竭尽圣贤之智来治理社会中的巧伪现象，不如致力于展现人性之质朴、本来的一面以清静百姓之欲望；通过兴起仁义等制度来敦厚日渐趋薄的习俗，不如致力于抱素、怀朴以笃实人的本性更为根本；通过发明很多的巧利来使事情更加简捷、方便，不如寡私欲以息去浮华的争竞。王弼的观点是：要防止奸邪，主要的途径在于保存事物如实的、本来之诚，而不在于努力标榜什么是善，以与邪恶相对立；要息灭淫乱之风，主要的途径在于去除奢华，而不在于使浮华更加彰显；要绝去盗贼，主要途径在于息去人们强烈的欲望，而不在于用严刑来禁止它；要减少诉讼，主要途径在于不尚贤能，使民不争，而不在于善于判断讼事。也就是说，遏止争讼在于不尊尚贤才，而不在于善于断狱。

故治理天下百姓，不直接攻击其所作所为之非，而要做到让他们无心于其所为；不妨害其欲望的满足，而要使其无心于欲；要在事物还没有表现出某种苗头的时候就对之进行治理，在事物还没有开始走向不善的时候就对之进行改正。见素抱朴以绝去圣智，少私寡欲以弃去巧利，治理国家和社会，不过就是如此而已。故道家思想之大旨，在于通过探究万物之源，来明确万物所禀有的自然之性；通过演绎幽玄深远的理极，来判断事物迷惑、无知之因；因循事物自然之性而不主观妄为，损去个人的私欲而不主观施为。崇尚道之根本，而灭息事物之末，守护道之母来保存由道所派生的万物。

八、大中至正之道

宋明儒者非常重视发挥传统儒家重视现实关怀，积极入世、济世的淑世精神。他们大都有一种强烈的责任感和忧患意识，如北宋名儒范仲淹在其著名的《岳阳楼记》中有一句名言“先天下之忧而忧，后天下之乐而乐”，这可以说是这种精神的一个集中体现；张载“为天地立志，为生民立道，为去圣继绝学，为万世开太平”[①]的志向和抱负也印证了这种精神；而程颢、程颐兄弟也表现了强烈的救世济民之志和现实关怀之情。程颐十八岁就给仁宗皇帝上书，“《书》曰：‘民惟邦本，本固邦宁。’窃惟固本之道，在于安民；安民之道，在于足衣食”[②]。这表达了他忧国忧民之心。司马光通过编《资治通鉴》，希望统治者能以史为鉴，改善政治统治。其他如朱熹的“即物穷理”、陈亮和叶适的“事功之学”、王阳明的“知行合一”等说，都强调理学为现实社会服务的功能。可以说，宋明儒者中的绝大多数人都非常关注社会现实问题，他们注重从儒家“六经”及“史”中去探寻治国安民之道，以对现实的政治制度和社会秩序进行检讨，探讨文明秩序、政治制度的合理模式。尽管在这个过程中，他们的具体政治见解各异，对国家大政方针有着差异相当大甚至根本相反的理解，但他们在这个过程中都发扬了儒家的注重现实关怀、积极入世济世的淑世精神。他们研习儒学经典的目的，不仅是要对儒学的经典进行文字的训诂和经义的训释，更是要探求其中所蕴藏的大中至正之道，为经世济民提供理论的指导。如程颐在《上仁宗皇帝书》中说：“臣所学者，天下大中之道也。”[③] 这种大中至正之道，圣因之而成圣，贤因之而成贤。此道亘古亘今，三代及其以上，秦汉、

---

① 《张子语录·语录中》，《张载集》，第 320 页。

② 《河南程氏文集》卷五《上仁宗皇帝书》，《二程集》，第 511 页。

③ 《河南程氏文集》卷五《上仁宗皇帝书》，《二程集》，第 510 页。

魏晋直到隋唐，历世都存在，在乎人之“由”与“不由”，大由则天下大治，小由则小康，不由则天下衰而不振。

那么，宋明儒者为什么要从儒学经典中去探求所谓的大中至正之道？历史上可能根本就不存在什么不变的大中至正之道，这不过是一种形而上学的假设，但这种假设在当时是非常有必要的。因为在封建专制体制下，王权在世间具有至高无上的地位，这种专制的权力如果得不到合理的约束，就可能泛滥成灾，给国家生活带来毁灭性的后果。从汉代大儒董仲舒“屈民以伸君”、“屈君以伸天”，以天人感应的神学灾异说来对封建王权进行某种程度的约束起，历代儒者都在这个问题上进行了思考。宋明儒者同样面临着这个问题，作为处在国家权力金字塔顶端的君王在国家生活中总想贯彻自我的意志，以一己之志来统治社会，而儒者们则想通过树立一种更高的文化理想或理性原则来制约君王，达到一种权力的基本平衡，以维护社会的和谐与发展。他们从儒学的经典中要设定一种大中至正的圣王之道，这是一种最高的理性原则和文化精神，他们将之上升到天理和天道的高度，封建君主作为“天子”，要按天理天道行事，才能奉天承运，了知天命而稳固自己的统治，而不能以一己之私意，抗天命而行。宋明儒者通过借助于阐释儒学经典来探求王道政治的理想蓝图，大中至正之道即是他们所设计的政治与社会的价值理想。

九、天下为主，君为客

明末清初黄宗羲提出，理想社会应该是“天下为主，君为客”的社会。他所处之明末清初，正是中国封建社会的衰落期，封建社会最重要的核心就是专制君权，这时候的人们开始思考：专制君权在今后的社会历史发展中是否还有其意义？对此，黄宗羲的回答是否定的。

黄宗羲认为，封建君主专制制度是有缺陷的。如何解决这个问题，黄宗羲进行了艰苦的理论思考，并著《明夷待访录》以说明之。《明夷》乃《周易》一卦，其卦坤上离下，象征日落、并入于地中，太阳的光辉被掩灭了，故卦称“明夷”。“明夷”之后，如何开创新的光明？历史向哪里去？黄宗羲认为，这有待于天下有识之士对之进行深入探讨。

在《明夷待访录》中，黄宗羲首先探讨了君主和国家制度的由来。他认为，兴天下之“公利”，除天下之“公害”，是产生君主、国家制度、政府组织等的根本原因。起初，君主不过是为人民谋利益的公仆而已，“有生之初，人各自私也，人各自利也，天下有公利而莫或兴之，有公害而莫或除之。有人者出，不以一已之利为利，而使天下受其利，不以一已之害为害，而使天下释其害。此其人之勤劳必千万于天下之人。夫以千万倍之勤劳而已又不享其利，必非天下之人情所欲居也”①。相对于人之常情而言，担任古代的君主可不是一件容易的事。因为作为有生命的存在，人从生下来的时候起，就有自私自利的倾向。天下有公利，而没有得到提倡；天下有公害，而没有得到摒除。这个时候，有人挺身而出，不以一已之利的满足为目标，而要使天下人都能享受其利；不以一已之害为害，而要使天下人都能远离祸害。这个人所付出的辛勤劳动一定比天下人多千万倍，付出比天下人多千万倍的辛勤劳动，而自己又不享受其所带

① 《明夷待访录·原君》，《黄宗羲全集》第一册，浙江古籍出版社1985年版，第2页。

来的利益，这就是古时候设立君主的目的！君主要为天下人谋取福利，他的责任就是要兴天下之利，除天下之害。

可是，历史发展到后来，情况便发生了变化。君主掌握了天下大权，把天下看成个人的产业，可以“传之子孙，享受无穷”，完全颠倒了百姓和君主之间的主客关系。“古者以天下为主，君为客，凡君之所毕世而经营者，为天下也。今也以君为主，天下为客，凡天下之无地而得安宁者，为君也。”[①] 后世担任君主的人认为，决定天下利与害的权力皆从自己而出，因而可以将天下之利尽归于自己，而将天下之祸害尽归于别人；他们要求天下之人不能自私、自利，却以自己个人之大私作为天下之大公。开始的时候，他们也感到惭愧，但久而久之，就心安理得了，把天下看作是自己私人的莫大产业，传给子孙后代，让他们受享无穷。

黄宗羲力陈君主专制的危害，公开指出：“为天下之大害者，君而已矣。”[②] 在君主还没有得到天下的时候，为了自己取得天下，他不惜使人民肝脑涂地，使天下之人妻离子散，以博取自己个人之私产，这难道不是很悲惨的事吗？当他们已然取得天下后，就敲榨、剥削天下之人，达到敲骨吸髓的程度，并且离散天下之子女，以奉自己一个人淫乐，把这样做视为理所当然，将自己个人的享乐建立在万民的痛苦之上；他们要求天下百姓不能自私、自利，却以一己之大私为天下之大公。

一些人见识狭窄，他们认为君臣之义是天地间的真理，至于夏桀、商纣这样的暴君，仍然说商汤、周武不应当讨伐他们，而妄传

---

① 《明夷待访录·原君》，《黄宗羲全集》第一册，第 2 页。
② 《明夷待访录·原君》，《黄宗羲全集》第一册，第 3 页。

伯夷、叔齐反对武王伐纣，义不食周粟而饿死于首阳山这样的无稽之事。黄宗羲对此反驳说，难道兆人万姓崩溃之血肉，还不如腐臭了的老鼠？天地这么大，于兆人万姓之中，却单独让君主一人或其一姓享受天下所有的利益，这合理吗？因此，黄宗羲认为，周武王伐纣真可称得上是圣人的事业！许多君主实为“独夫”，是与百姓为敌的人，推翻他们是理所当然的。退一步讲，后世为君之人既然把天下作为私产来看待，这就必然引起天下人对其进行激烈争夺。因此，从这个角度来说，天下最大的祸害仍然还是君主。

黄宗羲认为，天下设立君主的道理应该明确，那种被颠倒的君主与天下百姓的主客关系应该再颠倒过来，要以民为主而以君为客，真正使为君之人做到必须“不以一己之利为利，而使天下受其利，不以一己之害为害，而使天下释其害”[①]。这是黄宗羲对封建社会之后，社会发展向何处去的一个回答，这个回答应该说具有鲜明的民主主义思想的特色。这种思想认为，人类建立国家，设立国君的原因在于兴天下之利，除天下之害，天下人是主，君主是客，客是为主服务的。若君主以天下之利奉一己之乐，这是违背设立国家、君主的初衷的，是不合理的。既然是不合理的，将来的社会就要除去这种不合理的现象，使人类社会重新确立起天下人是天下的主人这一合理的社会状态。

① 《明夷待访录·原君》，《黄宗羲全集》第二册，第2页。

第六节　和合大同

一、 和合之义

中国传统文化非常强调“和合”。所谓“和”，大概意指和谐、和平、祥和；所谓“合”，有融合、合作之意。“和”的最初含义，指的是不同音调的相应、和谐；而“合”的本义，则指的是上、下唇的合拢。

在政治、社会生活领域，“和合”常有和睦、同心之意。如《墨子·尚同》所说“内之父子兄弟作怨仇，皆有离散之心，不能相和合”，以及《史记·循吏列传》“施教导民，上下和合”等，皆是如此。而在自然领域，和合则指的是调和、混合或者汇合，如《韩诗外传》卷三所说：“天施地化，阴阳和合。”引申开来，则和合还有顺当、吉利的意思。

二、大同世界

对于理想社会与国家，中国传统文化还提出“大同”世界，作为追求的目标。所谓：

> 大道之行也，天下为公，选贤与能，讲信修睦。故人不独亲其亲，不独子其子。使老有所终，壮有所用，幼有所长，矜寡孤独废疾者，皆有所养。男有分，女有归，货恶其弃于地也，不必藏于己，力恶其不出于身也，不必为己。是故谋闭而不兴，

盗窃乱贼而不作。故外户而不闭，是谓大同。[1]

大同社会中，天下与国家是公共的，为天下所共有，并不是由哪一个人、哪一家能够据为私有的。因此，应当在大众中公选贤能之人以任其职，不得世袭，传给自己的子孙兄弟。所谓“讲信修睦”，就是要讲究信用、睦邻友好。国与国之间，人与人之间，都各自平等、各自独立，不互相侵犯，互相订立和约并信守和约，根据不同时代的情况来确立社会法则，以促进人们之间的亲和与友好。

同时，每个人皆要把自己看成是大众中的一分子，对其他人都平等地去爱戴。因为谁都不能保证自己不成为老年人、儿童、鳏夫、寡妇、无子女者、有残疾的人，若只靠自己的私亲来帮助自己，这是没有保证的，不如依靠天下大众之公助，这才是有保证的。所以，在天下为公之世，每个人都拿出一部分供养父母、养育妻子的物产、财力，以之作为公产，以抚养天下的老人和幼童，抚恤贫困的人和治疗有疾病的人。如此，则每个人都不再有年老、疾病、孤独、贫困的忧虑，社会风俗变得非常美好。

大同社会中，男子虽然强壮，但各有其权限，不得逾越；女子虽然柔弱，但各自自立，不能对之欺凌、压迫；男女各立和约而共同遵守，这是大同社会关于夫妇关系的公理。

大同社会的最重要特征是强调“公”，人与人之间没有贵贱之分，没有贫富之等。人没有私心，不为各种权术、欺诈、阴谋之术以损害信义；更不可能去做强盗、窃贼以损害自己的名声。每个人

① 《礼记·礼运》，（汉）郑玄注，（唐）孔颖达疏，龚抗云整理，王文锦审定：《礼记正义》卷二十一，北京大学出版社 1990 年版，第 658—659 页。

都能做到表里如一，不用防范别人，夜不用闭户，没有兵革之事。这就是大同之道、太平社会的景象。

中国传统文化将“和合”的“大同”之世看成是人类进化的最高阶段。在大同社会里，天下为公，人们无阶级差别，一律平等，无贵贱之分、无贫富之等、无人神之殊、无男女之异；国家成了社会成员公共共有之器，不再是一个人或一家之私有财产，人人相亲相爱，都把自己的财富分出一部分来，作为公共财产，以帮助社会上失去劳动能力和无人抚养的成员；大同社会建立在政治正义和社会公平的基础之上，没有剥削、压迫和歧视。

追求“和合”、“大同”的社会理想，要坚持贯彻“和谐”的价值精神。当前，人类社会发展的过程中，出现了“全球化”的趋势。“全球化”是人类社会科技进步的一个结果，因为科技的不断发展，使得人们生产、消费的各个环节都具有了世界性；“全球化”也有利于资源的合理配置与应用，可以有效提升市场的功能；“全球化”促进了人与人之间交往，人们对于世界和平的渴望、要求，在这一时期更加明显、突出。在“全球化”的世界大家庭中，各个民族、国家不再是一个孤立的、单独的存在，而是处于相互关联、动态发展的整体当中。因此，“全球化”并不意味着消解不同民族和国家的个性，而是指具有不同个性的民族、国家皆以自己独特的方式，加入“全球化”的过程中来，这就必然要求不同民族、不同国家的“和谐”相处，也就是说，“全球化”的进程必然要求“和谐”。中国文化中的“和谐”价值理念，既尊重各个民族、国家的个性，尊重其应有的主体意识；同时，也强调各个民族、国家的共生、共存，因此能够成为具有世界普遍意义的价值理念。应该说，“和谐”意味着差异，差异各方的相互作用必然导致整个局面的动态发展，故“和谐”并不是静如止水的静态存在。“和谐”导致的动态发展，应该是使局面由低级状态的“和谐”向更高层级“和谐”的过渡，这在当前和平与发展成为世界两大主题的国际形势下，尤其有其重要的现实意义。“斗争”是建构更高层面和谐的一个手段，其与“和谐”价值理念并不相违背。

第四章

顺应自然天理

第一节　道法自然、理通万物

一、物性自然

我们的古人在很早就已经意识到，人类不是自然的主宰，它不能脱离自然界而独立存在；人是自然的一部分，要与自然相互依存、相互促进、共处共融。“道之尊，德之贵，夫莫之命而常自然”[①]，故“人法地，地法天，天法道，道法自然”[②]。在道家看来，宇宙万物包括人类在内皆禀有本体之道或本体之性，万物包括人都是对此本体之道或本体之性的充分展开，故而万物和人只有遵循这些规律、法则，才可能与天道合一、取得成功。人与道相合，就不能主观地破坏自然的规律，而是要循自然规律而行，才能达到与天地合一，修成大道。这表明人对天道乃至万物应持尊重的态度，当然也包括对

① 《老子》第五十一章，《老子今注今译》，第260页。
② 《老子》第二十五章，《老子今注今译》，第169页。

自然规律的尊重。《道德经》中所持的“尊道贵德”说、“道法自然”说，直至“反者道之动”、“弱者道之用”等对天地运转规律进行理论说明的各种理论等，都是人们对天道自然规律进行探讨所总结出来的理论成果。

《周易·系辞》谓：“一阴一阳之谓道。继之者，善也；成之者，性也……日新之谓盛德，生生之谓易。”大自然也是这样，一阴一阳，相互作用、相互转化，这就是规律、法则；大自然有其规律、法则，虽阴阳交替、往来，但万物皆循此法则而不替，此则谓之善；事物皆有阴阳，阴阳各有其性，尽其阴阳之性，即是复其本质。阴阳之道有其显明易见者，这就是其生长万物的种种表现；也有隐藏难知者，这就是其之所以生育万物的功能、作用；阴阳鼓动万物、生长收藏，其无所用心，皆出于自然而能，与人不同。虽然如此，但自然生物的盛德大业是值得尊敬的！其生长万物、种类繁多，万物在阴阳的相互作用下，生生不已，变化日新。天地变化有其规律、法则，天地一般皆以其规律、法则之正以示人；日月运行有其规律、法则，日月也一般以其规律、法则示人。人类要遵循大自然和社会的各种法则，使自己的行为与规律、法则相合。能够知道事物变化法则的人，就能够真正理解、体味大自然神妙莫测的变化功能。

二、无逆天数

《吕氏春秋》有“十二纪”，其《仲秋纪》谓“凡举事无逆天数，必顺其时，乃顺其类”，强调了人应该顺应自然界的法则来从事生产、生活的重要性。道教的重要经典《太平经》说：“天地之性，万物各自有宜，当任其所长。”认为自然界是人类所必须依赖的对象，人们对于自然物要顺其物宜，因其材而用。这些思想，都强调了人类要真正以文明的方式对待自然的态度。

近现代以来，由于人类中心主义思想作祟，人们习惯于对自然界进行过分的索取，导致大自然及其资源被严重透支，形成了恶性的生态危机，这直接威胁到人类的生存和发展。中国传统文化认为人与自然万物是为一体、有其自身的运行法则，自然界不仅仅属于人类，也属于地球上的一切生命，人们要尊其道而贵其德，法天地之道，创造人与自然和谐相处的生态环境，才可能使“天长地久”，从而人类也能够得到可持续发展。这种价值观在今天看来，也还是有其积极的意义。

人只有融入于自然之中，方能体会自然之美，从而达到“无我”的艺术审美之境。如王国维在《人间词话》中，根据老庄道家思想，就提出了艺术审美的“无我之境”，他说：“无我之境，以物观物，故不知何者为我，何者为物”①，“无我之境，人惟于静中得之”②。当人们以超越物我的“自然之眼”静观外在世界时，其利害之心顿失，心境宁静，生出一种“优美”的审美艺术境界，正如他所说：“‘采菊东篱下，悠然见南山’、‘寒波澹澹起，白鸟悠悠下’，无我之境也。”③ 对中国美学的最高价值追求有所揭示。

---

① 王国维：《人间词话》，中华书局 2009 年版，第 2 页。

② 王国维：《人间词话》，第 3 页。

③ 王国维：《人间词话》，第 2 页。

第二节　天行有常、参赞化育

一、明于天人之分

自然的运行是有规律的，它不会因为人们主观意志的不同而有所改变。例如，荀子认为，天不会因为人们厌恶寒冷而废止冬季，地也不会因为人们厌恶辽阔、荒远而废止其广大，天有其不变的规律，地有其不变的常数。天地有天地之道，这就是自然的规律。

但是，人与自然和谐相处，并不意味着人不能利用自然为自己的生存、发展服务。人与自然虽为一体，然其理又各自有所不同，故人与自然各依其天性而存在，各有其所止之实，各有其所适之设，彼此不相紊乱，如此则各自皆能条达、适畅。关于这一点，荀子提出“明于天人之分”，认为“天行有常，不为尧存，不为桀亡。应之以治则吉，应之以乱则凶”①。在荀子的时代，农业是国家的根本，荀子认为，加强农业生产，这是治理国家的根本。节约开支，不奢侈浪费，则老天爷也不可能使人物质贫乏；衣食等生活资料储备丰富了，并按天时变化而活动，天就不可能使人得病；专一地循着事物发展的规律去认识事物，去生产和实践，则天也不可能祸害百姓。同样的道理，农业作为国家之本没有得到重视，奢侈浪费现象严重，则老天爷也没有能力使人富裕起来；衣食等生活资料少，又不辛勤劳作，则天也不可能使人富足；违反天道之规律而主观妄为，则老

① 《荀子·天论》，《荀子集解》卷十一，第306—307页。

天也不会降下吉祥。

人们在乱世所遇到的天时条件同治世是一样的，却遭受到治世所没有的灾殃、祸患，这是不可以埋怨老天爷的。因为人们的行为不合于治世之道，故有此祸患。人有人之道，这就是治国的规律，天和人各有其职分，不可混为一谈。人类社会治理得不理想，不能把原因归结到天，天人各有其职，“明于天人之分”，人就能够知道自己应尽的职责，知道要治理好社会，应该从那些方面去努力。荀子说：“日月、星辰、瑞历，是禹、桀之所同也，禹以治，桀以乱，治乱非天也。”[①] 那么，人类社会的治与乱是不是由时所决定的呢？荀子认为，春、夏之际，众多植物萌芽并茂盛地生长起来，到了秋、冬季，果实成熟蓄积收藏起来，禹之时与夏桀之时都是一样的，但禹时天下治而夏桀时天下乱，所以治乱也不是由时所决定的。那么，治乱是由土地所决定的吗？荀子认为，拥有土地就能够生存，失去土地就不能够生存，这也是禹与夏桀所相同的。但禹之时治而夏桀之时乱，所以治乱并不是由土地来决定的。《诗》说：“天作高山，太王荒之；彼作矣，文王康之。”大自然产生了高山（岐山），古公亶父于此开辟荒地，创立了基业，文王使之富裕、使百姓安居于此，这所说的就是周朝先祖创业时的故事，说明了治乱是不由天，不由时，也不由地，全在于人的努力和作为。

荀子认为，尊崇天的伟大而思慕它，还不如畜养万物而控制它；顺从天而歌颂它，还不如掌握天体和天时变化的规律而利用它；坐待天时而来，还不如顺应不同的时节而利用它；因循物性而增加它，

① 《荀子·天论》，《荀子集解》卷十一，第 311 页

还不如施展人的才能而改变物之性；思念物而使物成为物，还不如顺物之理而使之不消失；希望万物之生长，还不如赞助物，使之能够生成。所以，放弃人的作为而只思慕大自然，则会失去万物之情。

二、参赞天地化育

人类通过观天察地，探赜索隐，了解天地自然的奥秘，则可以“范围天地之化而不过，曲成万物而不遗”，从而“参赞天地之化育”、“知周乎万物，而道济天下”①。人们上则仰观天象，下则俯察地理，观天察地，所以能够知道天之光明、地之幽隐的道理；考察事物之始，故能知道其所以生之理，探求事物终结之因，故能知道其死之理；精与气聚，则生物而有形，精与气散，则魂消而物变，事物之变化虽神妙莫测，但有其理，得其理则能推知其生长、消散的种种情状。所以，人们要遵守自然的规律，与天地自然法则相适应，而不违背天地之道，能通达大自然阴阳对立转化之理而智慧地处理其事。在这种情况下，人们的知识、智慧就可以延及天下万物，就能利万物而生长。

第三节　物各有宜、贵和有度

一、无以人灭天

《庄子》曰“无以人灭天”②，人们通常将自己的欲望追逐到极

① 《周易·系辞上》，《周易大传今注》卷五，第512—513页。
② 《庄子·秋水》，《庄子今注今译》，第496页。

致，只考虑自己，而不顾及自然，故庄子提出不能“以人灭天”。

但是，现实生活中，人们对待自然，常常是以遂己之愿而为，根本不考虑自然的承受能力。《庄子》里面有一则故事，颇能说明这一点：

> 南海之帝为倏，北海之帝为忽，中央之帝为浑沌。倏与忽时相与遇于浑沌之地，浑沌待之甚善。倏与忽谋报浑沌之德，曰：“人皆有七窍，以视听食息，此独无有，尝试凿之。”日凿一窍，七日而浑沌死。[①]

人与自然界也有相类似的关系，如果人们对于自然不是持“参赞天地之化育”，而是持绝对的人类中心主义，以征服者的姿态来征服自然、改造自然，这种行为超过其度，犹如“倏”与“忽”凿开“浑沌”而“浑沌”死，是同一道理。

古代儒家的思想，也强调人与自然和谐相处。如孟子虽主张人们要发展物质生产，不断提高生活水平，但孟子也强调尊重和保护自然，强调人们在生产中不能随心所欲、盲目蛮干、为所欲为。“不违农时，谷不可胜食也。数罟不入洿池，鱼鳖不可胜食也。斧斤以时入山林，材木不可胜用也。”[②] 人要尊重自然的法则、规律，自然就可以不断生产、恢复自己，人在自然中就能获得丰厚的回报，从而达到人与自然的双赢。

人们对于自然的改造，应该遵循其固有的法则，不能揠苗助长，

---

① 《庄子·应帝王》，《庄子今注今译》，第265页。
② 《孟子·梁惠王上》，《孟子正义》卷二，第55页。

如果只以一己之愿来对待自然，自以为是在恢复自然的生机，而实际的效果可能恰恰是扼杀了自然的生机。孟子讲了一个故事，宋国有一个人担心田中的秧苗长得不快，于是跑到田里去拔苗，帮助其长高，累得晕头转向，回到家中告诉他的家人说："我今天累坏了，我帮助秧苗长高了！"他的家人跑到田地去看，发现秧苗都枯萎了。天底下的人不拔苗助长的人实在太少了！如果走向另一个极端，种下秧苗后，根本不管其生长的情况如何，这属于那种不耘苗的人；但拔苗助长的人，不仅对秧苗没有帮助，反而将秧苗给害了！

二、与天地合其德

孟子强调，资源与环境的可再生能力是人们生存、发展的基础。《孟子·告子上》有一个例子讲到"牛山"的树木，山东临淄南边的牛山上，树木曾经非常的繁茂，可是因为生长于大城市的郊外，总是有人用斧头去砍伐，牛山的树木还能长得繁茂吗？虽然按照其生长的习性，这些树木日夜不停地在生息、繁殖，大自然的雨水露珠也滋润着它们，树木也有新条、嫩芽生长出来，可是人们对其用之过度，马上就在牛山上放牧牛羊，这就超过了它的更新、恢复能力了，因此，牛山上就只能那样秃秃的了。自然生态也是这样，假如得到了好的滋养，没有什么东西不能生长；假如丧失了好的滋养，则没有什么东西不会消亡。

因此，自然生态之所以出现问题，其根源还在于人类自身，最主要的在于人类的活动与发展方式。如果想要解决生态问题，归根到底应该检讨人类自身的行为方式、节制人类自身贪得无厌的欲望。只有尊重自然，爱护生态，遵循自然发展规律，才能真正实现人与自然界的协调发展。“夫‘大人’者与天地合其德，与日月合其明，与四时合其序，与鬼神合其吉凶，先天而天弗违，后天而奉天时。”[①]这也可以反映出中国文化在人与自然的关系问题上的基本态度和价值取向。

第四节　寄情山水、抒发性灵

一、天地有大美而不言

自然界除了具有物质的、资源的意义外，还以自身为价值尺度，为人类生活提供了自然美的精神价值。

> 天地有大美而不言，四时有明法而不议，万物有成理而不说。圣人者，原天地之美而达万物之理，是故至人无为，大圣不作，观于天地之谓也。[②]

天地自然虽无言说，然自有其大美在焉；春夏秋冬一年四季虽无言说，其变化之理历历分明；自然界万物虽无言说，然皆各有其生长成遂之理。真正能够与大自然和谐一体的“圣人”，能够效法、通达天地自然之理、欣赏天地自然之美，循天地自然之法则、无主观妄为之作，参与到天地自然之化中。

---

① 《周易·文言》，《周易大传今注》卷一，第 72—73 页。

② 《庄子·知北游》，《庄子今注今译》，第 650 页。

二、吟赏烟霞，醉听箫鼓

人类生活的和谐，有赖于人类社会同自然界的和谐。关于人与自然的和谐相处，《后汉书·仲长统传》谓："使居有良田广宅，背山临流，沟池环匝，竹木周布……蹰躇畦苑，游戏平林，濯清水，追凉风，钓游鲤，弋高鸿。"① 文中描绘了一幅理想的人与自然和谐相处的画面：家居背山临溪，清流、美池环绕，周围还有青青翠竹密布；人们在田野、林苑中流连、散步，在清水中洗濯尘垢，在习习的凉风中追逐、游戏，可以临池钓鲤，也可以张弓射鸿。人们生活在大自然的美景之中，如此舒适！人与自然和美相处，确实应该成为人类的重要价值目标。

宋代大文学家苏轼谓："唯江上之清风，与山间之明月……是造物者之无尽藏也，而吾与子之所共适。"② 天朗气清、惠风和畅，令人心旷神怡；江上之清风、松间之明月，乃造化的神来之笔，足以让人游目、骋怀，极视听之娱！充满了自然的情趣。

著名词人柳永作《望海潮》，对北宋时期钱塘（也就是现在的杭州）的自然与人文美景，有所描绘，其谓：

> 东南形胜，江吴都会，钱塘自古繁华。烟柳画桥，风帘翠幕，参差十万人家。云树绕堤沙。怒涛卷霜雪，天堑无涯。市列珠玑，户盈罗绮竞豪奢。

---

① 《后汉书·仲长统传》，（南朝宋）范晔撰，（唐）李贤等注：《后汉书》卷四十九，中华书局 1965 年版，第 1644 页。

② 《赤壁赋》，孔凡礼点校：《苏轼文集》第一册，中华书局 1986 年版，第 6 页。

重湖叠巘清嘉。有三秋桂子，十里荷花。羌管弄晴，菱歌泛夜，嬉嬉钓叟莲娃。千骑拥高牙。乘醉听箫鼓、吟赏烟霞。异日图将好景，归去凤池夸。[1]

词中对钱塘的形势、湖山优美之处，极尽渲染。如钱塘如烟的翠柳，绘桥与雕梁，风帘与翠幕，十万人家、近百万的人口，云树环绕着沙堤，怒涛卷起霜雪般的浪花。市场上，各种珠玉、珍宝陈列，家家户户绫罗绸缎充盈。湖光山色重叠，参差山岭、清秀美丽，秋天的桂子、十里的荷花，芳香四溢；人们在晴天的时候欢快地奏响羌乐，在月色皎洁的夜晚则划着小船、采菱唱歌，人人喜气洋洋，包括钓鱼的老人、采莲的年青姑娘。人们乘醉听吹箫、击鼓，观赏着美丽的烟霞风光。柳永的这首《望海潮》，勾勒出北宋钱塘的自然与人文美景，读后让人生起无限的遐想。

王安石所著《后元丰行》，亦描绘了当时人们和谐的自然与社会生活情景：

歌元丰，十日五日一雨风。
麦行千里不见土，连山没云皆种黍。
水秧绵绵复多稌，龙骨长干挂梁梠。
鲥鱼出网蔽洲渚，荻笋肥甘胜牛乳。
百钱可得酒斗许，虽非社日长闻鼓。
吴儿踏歌女起舞，但道快乐无所苦。

---

① 《望海潮》，（宋）柳永著，薛瑞生校注：《乐章集校注》卷下，中华书局 1994 年版，第 169 页。

老翁堑水西南流，杨柳中间杙小舟。
乘兴欹眠过白下，逢人欢笑得无愁。[①]

据王安石《后元丰行》所做的描述：元丰年间（1078 年—1085 年），五日一风、十日一雨，风调而雨顺；在麦田走了上千里之远，麦苗稠密茂盛，起伏相连，看不见裸露的土；无论是山地、还是原野，到处种的都是黍，如此广大的原野都种满了黍、麦，秋后的粮食一定会使家给人足、国无饥谨。江南连绵不断的水田里，碧绿的水稻秧苗惹人喜爱；水田作物花色品种增加，人们多种糯稻、多酿美酒。又因风调雨顺，抗旱用的龙骨水车长年被挂在梁上、檐下，任其赋闲；农民不用为灌溉操劳，也就乐得轻闲。江河湖塘，渔民撒网捕得的鲥鱼多得遮蔽了江洲与沙渚，荻笋肥美、甘甜，胜过牛乳。人们花上百钱，即可以买来一斗多的酒；即使不是社日，也可以常听到社戏敲鼓的声音。吴地的男女青年在花前月下踏歌起舞，生活只有快乐、没有忧苦。而对于生活心满意足的老翁坐船进城、寻亲访友，所乘小船随河水向西南漂流，在杨柳岸间穿行；老人乘着兴致，斜躺着、于酣睡中不知不觉便过了白下，逢人便欢笑，没有烦恼、忧愁。

这些文学、艺术作品所作的描述，给我们展示了一幅自然与社会和谐发展时人们的生活景象。

① 《后元丰行》，（宋）王安石著，（宋）李壁笺注，高克勤点校：《王荆公诗笺注》卷一，上海古籍出版社 1958 年版，第 2 页。

第五节　生生不息、开物成务

一、天地絪缊，万物化醇

关于宇宙天地、人与万物的起源，《周易·系辞》是这样说的：

> 天尊地卑，乾坤定矣。卑高以陈，贵贱位矣。动静有常，刚柔断矣。方以类聚，物以群分，吉凶生矣。在天成象，在地成形，变化见矣。是故刚柔相摩，八卦相荡。鼓之以雷霆，润之以风雨。日月运行，一寒一暑。乾道成男，坤道成女。乾知大始，坤作成物。①

站在人的角度观察宇宙、天地，则天位于人的头顶，高远而处上；地位于人的脚下，辽阔而亲近，高远则尊，亲近则卑；天体常动、动则刚，地体常静、静则柔；天地阴阳之气相交，生成万类；物以其类聚，人以其群分，其行有吉、有凶。天有雷霆、风雨、寒暑，地有山泽、草木、鸟兽，各以其时而变化。天的功能在于创始万物，地的功能在于养成万物。

《周易·彖传》的自然观，强调以乾元、坤元作为万物所以生、成的根源。如其云：

① 《周易·系辞上》，《周易大传今注》卷五，第504—506页。

大哉乾‘元’，万物资始，乃统天。云行雨施，品物流形。大明终始，六位时成，时乘六龙以御天。乾道变化，各正性命，保合太和，乃‘利贞’。首出庶物，万国咸宁。[1]

至哉坤‘元’，万物资生，乃顺承生。坤厚载物，德合无疆。含弘光大，品物咸‘亨’。‘牝马’地类，行地无疆，柔顺‘利贞’。[2]

乾之“元”代表天所具有的创生性原则，坤之“元”代表地所具有的终成性原则。故乾元、坤元为宇宙天地万物资之以始、资之以生的重要因素。天之德在于始生万物，地之德在于承天而养成万物。人与万物各禀天之气、受地之形，于天地阴阳变化过程中，获得自身独特的性质。虽人与万物所禀之天性各自有异，但却于此差异性的变化中，构成了大自然和谐、统一的整体。

至于天地万物包括人，具体如何生成，《彖传》又提出“阴阳交感”之说。其谓：

“《泰》：小往大来，吉，亨。”则是天地交而万物通也；上下交而其志同也。[3]

天之阳气下降，地之阴气上升；阴阳之气相交，于是和而通泰，畅顺生成万物。人与万物生成之后，其在宇宙、自然中的存在状态，

① 《周易·乾·彖》，《周易大传今注》卷一，第53—55页。
② 《周易·坤·彖》，《周易大传今注》卷一，第76—77页。
③ 《周易·泰·彖》，《周易大传今注》卷一，第146—147页。

《彖传》又提出“盈虚消息”之说。如其谓：

> 《丰》，大也。明以动，故《丰》。“王假之”，尚大也。“勿忧宜日中”，宣照天下也。日中则昃，月盈则食，天地盈虚，与时消息，而况于人乎，况于鬼神乎。[①]
>
> 《剥》，剥也，柔变刚也。“不利有攸往”，小人长也。顺而止之，观象也。君子尚消息盈虚，天行也。[②]

《丰》卦上震下离，震为动，离为火、有光明之义，合而言之，《丰》卦是阐明人如何才能明理而动，若能明理而动，就可以致事业于丰、大。天地、日月运行有其法则，太阳正午居于天顶之上方，接下来就会偏向西边；月亮于十五圆盈之后，就会转向亏损，人和万物的生成、变化，皆处在消息、盈虚的过程中，若人能法其消息、盈虚之理，与时偕行，就可以明理而动，使自己的事业不断趋于丰、大。

《剥》卦上艮下坤，坤有顺之义，艮有止之象，合而言之，《剥》有顺而止之的意思。顺从阴阳消息的规律，止于阴阳消息的法则，这应该是君子处事所当有的态度。崇尚自然的消息、盈虚，就能与天行相合。

所以，阴阳消息、盈虚并不是杂乱无章的，而是有其规律、法则。对于这种规律、法则，《易传》认为，人可以认识之。如在《彖传》中，作者提出了规律的“恒久”之说以及人当顺从规律、法则的“顺动”之说：

---

① 《周易·丰·彖》，《周易大传今注》卷一，第 446—447 页。

② 《周易·剥·彖》，《周易大传今注》卷二，第 232—233 页。

"《恒》，亨，无咎，利贞"，久于其道也。天地之道恒久而不已也。"利有攸往"，终则有始也。日月得天而能久照。四时变化而能久成。圣人久于其道，而天下化成。观其所恒，而天地万物之情可见矣。①

《豫》，刚应而志行，顺以动，《豫》。《豫》顺以动，故天地如之，而况"建侯行师"乎？天地以顺动，故日月不过，而四时不忒。圣人以顺动，则刑罚清而民服。②

《恒》即"久"的意思。终则有始，就代表恒久不已。无论是日、月，还是四时，其运行、变化皆"终则有始"，有其规律、法则，这就是"恒"、"久"的重要表现；人们治理天下、国家，也要考察其中所具的规律性法则，将之运用于事业中，就可以化成于天下，造福于人类。

《豫》上震下坤，震动、坤顺，合而言之，《豫》有顺规律、法则而动的意思。以天、地之大，尚要遵循规律、法则而动，故能"日月不过而四时不忒"；人类社会的种种重要活动，如建国、治国、行军、打仗、奖惩之类，亦皆要循其规律、法则，方能做到政清、民服。

关于宇宙、天地、人与自然的生化，《易传》提出"天地𬘡缊，万物化醇。男女构精，万物化生"的宇宙发展观，"𬘡缊"指天地阴阳之气交媾，你中有我、我中有你、混融不分的状态；于"天地𬘡缊"中，万物方得以生成，"醇"与"纯"通，万物于天地𬘡缊之中，

① 《周易·恒·彖》，《周易大传今注》卷三，第297—298页。

② 《周易·豫·彖》，《周易大传今注》卷二，第186页。

各得其性，各成其性，此即为“化醇”；至于此句所谓“男”、“女”，乃以人类社会的男、女，喻指自然界一切事物的雌雄、阴阳，雌雄、阴阳相互交媾的过程中，万物得以生成。

《易传》又提出“刚柔相推，变在其中”的变化内因论，强调“刚柔相推而生变化”。由于事物内在一阴一阳、一刚一柔的“刚柔相推”或“刚柔相摩”，从而万物“生生不已”，大化日新，所谓“天地之大德曰生”①、“盛德大业至矣哉。富有之谓大业。日新之谓盛德。生生之谓易”②。天地不仅仅是自然物，《易传》还赋予其德性，认为天、地对于人和万物有巨大的恩德，此恩德便是天地赋予人、万物以宝贵的生命。天、地生人、万物的巨大恩德，无时无刻不在进行当中，遍及宇宙天地之间，无处不存、无处不有。

《易》之特征，在于推天道以明人事。人类社会当法天、地之大德，不仅不去扼杀自然的生机，还应该主动维护自然界的生机，让整个宇宙、天地间的人与物，皆能生生不已，使人与宇宙天地万物和谐相处，整个世界充满生机、活力。

二、开物成务，冒天下之道

《周易·系辞》谓：“夫《易》开物成务，冒天下之道，如斯而已者也。”③ 有人问孔子，《易》是一部什么样的书，孔子的回答是，《周易》这部书揭示了天下万物包括人与自然的生化之理，此即为“开物”；告诉人们如何成就万物、使万物各得其所，此则为“成务”。

① 《周易·系辞下》，《周易大传今注》卷五，第 558 页。
② 《周易·系辞上》，《周易大传今注》卷五，第 515 页。
③ 《周易·系辞上》，《周易大传今注》卷五，第 534 页。

也就是说，《周易》这部书中，包含了人与天地万物种种生化、成就的道理。人们通过研究《周易》，要“通天下之志”、“定天下之业”，即辅助天下人和天下万物，各遂其生、各成其性；在这个过程中，既要“明于天之道”，也要“察于民之故”。通过“仰观天文”、“俯察地理”，认识宇宙、天地、万物之法则，遵循天地、万物生化之道而行事，随万物之性的变化而成就之，所谓“范围天地之化而不过，曲成万物而不遗”，即是此意。

总之，中华传统文化强调人与自然的和谐一体，其哲学依据就在于：承认个体皆秉承本体的本性，都是本体的显现，从而个体与个体之间也构成一个和谐的整体。此说在中国文化中多有体现。如《周易·彖传》谓：“乾道变化，各正性命；保合太和，乃利贞。”佛教在此问题上也有一比喻，叫“月映万川”。如禅僧玄觉《永嘉证道歌》中有“一月普现一切水，一切水月一月摄”的句子，论证了普遍的“佛性”与特定物中的“佛性”的关系，它们不是两种“佛性”，而是“一多相容”、“一即一切，一切即一”的关系，每一个体虽然各自不同，但均有共同之佛性，这就为每一个体成佛提供了根据。朱熹在论证理与事的关系时说：“本只是一太极（即理之大全），而万物各有禀受，又自各全具一太极尔。如月在天，只一而已，及散在江湖，则随处可见。”“只如月映万川相似。”认为每一事物的理并不是分有本体理的一部分，而是禀受了本体理的全体。程朱理学的一个重要命题是“理一分殊”。[①]

中国文化中，探讨人与自然“和谐”相处的价值观念，必然离

① 章伟文：《老子道文化精神的现代价值》，《弘道》2010 年第 4 期。

不开与人与宇宙、世界关系的讨论，这也是中国文化的一大特色。中国古代价值观一般都强调“天人合一”，这种天人“和谐”的价值观，强调人们应该致力于建立人类与自然和谐相处的亲密关系；中国文化还强调“生生不息”，其中，必然蕴含有对自然界、人类社会可持续发展追求的重要内容。

陈来先生认为，人对世界的认识和人对世界的态度，两者是相互联系，相互贯通的；对世界的认识往往反映或影响了对世界的态度，反过来，人对世界的态度来源于对世界的认识，或影响了他们对世界的认识。古典中国文明的哲学宇宙观是强调连续、动态、关联、关系、整体的观点，而不是重视静止、孤立、实体、主客二分的自我中心的哲学。从这种有机整体主义出发，宇宙的一切都是相互依存、相互联系的，每一事物都是在与他者的关系中显现自己的存在和价值，这样的宇宙观所联系的价值观是人与自然、人与人、文化与文化应当建立共生和谐的关系。①

应该说，“天人合一”的命题包含有强调人与自然“和谐”相处的内涵，这种内涵对于化解当今全球生态危机具有其重要的参考价值。近现代以来，人们强调以“科技”来征服和宰制自然，然而，科技不但征服了世界，而且也宰制了人类。我们在追求经济高速发展的同时，更要强调保持一种“和谐”、“科学”、“可持续的发展”，要保护好我们的生态环境，节约资源，倡导人类与自然和谐相处。故而中国哲学与文化精神对于人与自然关系所做的独特思考，在我们现代仍然有着重要的启示意义。

① 陈来：《论中国文化的价值理念和世界意识》，《船山学刊》2013 年第 3 期。

下部

中国传统价值观的当代转换

第五章

中国传统价值观的创造性转化、创新性发展

第一节 “乡愁”引发的思考

习近平同志在近几年的重要谈话中，多次提到一个词，叫“乡愁”。例如，2013 年 12 月 12 日至 13 日，中央城镇化工作会议在北京举行，习近平同志在会上指出：“城市建设水平是城市生命力所在。城镇建设，要实事求是确定城市定位，科学规划和务实行动，避免走弯路；要依托现有山水脉络等独特风光，让城市融入大自然，让居民望得见山、看得见水、记得住乡愁；要融入现代元素，更要保护和弘扬传统优秀文化，延续城市历史文脉；要融入让群众生活更舒适的理念，体现在每一个细节中。”

2015 年 1 月，习近平同志在云南考察工作时，谈到他对“乡愁”的理解：“留得住绿水青山，记得住乡愁。什么是乡愁？乡愁就是你离开这个地方就会想念这个地方。”又说：“这里环境整洁，又保持着古朴形态，这样的庭院比西式洋房好，记得住乡愁。”

2015 年 6 月，习近平同志到贵州遵义花茂村考察。看到鲜花盛

开，道路两旁的房子干净整洁，他有感而发地说："怪不得大家都来，在这里找到乡愁了。"

说起"乡愁"，大概还让人容易联想到鲁迅先生的《故乡》，林海音的《城南旧事》，等等。据说，林海音的《城南旧事》是这样写就的："我是多么想念童年住在北京城南的那些景色和人物啊！我对自己说，把他们写下来吧，让实际的童年过去，心灵的童年永存下来。就这样，我写了一本《城南旧事》。"① 旧时北京的城南，在她的笔下栩栩如生般地展现出它独有的风采。《城南旧事》之所以能触动大家，让大家感受深刻，无疑是其中所蕴含的浓浓的乡愁。

一、对"乡愁"的一种理解

谈到所谓"乡"，人们通常愿意将其理解为故乡，尤其在讲"乡愁"之时，更是如此。人们常说的"乡里乡亲"、"美不美，家乡水；亲不亲，故乡人"，此乡便常作故乡解。

若是让我们来讨论一下什么是乡愁？可能的一个回答便是这样：乡愁一定与我们每个人的故乡相关。由此紧接着便有如下的问题：故乡是什么？故乡不仅仅是我们出生的地方，也就是通常所谓的父母之邦；故乡在某种程度上，更应该是我们每个人的文化和精神家园！在这个文化和精神的家园，我们感觉到了自己真实的自我，我们于此得到了一种身份，以这种身份存在，我们心安理得！自在逍遥！由此，则乡愁的产生，其根源之一在于人的内心或一种文化，是人们因现实之家或心灵、精神之家遭到变故、文化受到破坏而带

① 林海音：《城南旧事》，江苏文艺出版社 2011 年版，封面页。

来的一种对曾经存在的美好家园所具有的一种追求、向往的情绪。

中国文化讲究情理、事理，于此情理、事理中，便体现出形上之道体；道体的呈现通过情理、事理来落实。故乡愁作为情理的一种，实可以呈现形上道体之本身。中国哲学家们认为天地宇宙间，存在着一种至善的本体，此本体或谓“天理”，或谓“仁”、“诚”、“本心”，这便可以看作是文化的原乡。人因情欲之蒙蔽，不能在现实中呈现他们所具有的“天理”、“本心”，因而现实的人和社会皆有不完善之处，价值与事实间存在着悬殊的差异，这便可能产生乡愁。如“子欲养而亲不待”，睹旧物而思故人，皆可于人们的心中产生出一种惆怅。这种惆怅的产生，究其源，可能出于中国儒家文化所执持的“情善论”立场，离别的黯然神伤，团聚的归根之乐，侨居的怀念之思，等等。这些人们所具有的具体的怀念，实根植于内心，这些情感不必斥之为伪！因它是人们内心实在真情的呈现，呈现出来便有乡愁。故“情善论”肯定人的正常情感。因为在生活中，人们总会感受到喜欢、愤怒、哀伤、快乐、害怕、厌恶、欲求得到等种种情感，这些情感的发出，若当于其理而合于其度，便是合理的！如朱自清笔下《背影》所表达的浓浓父爱，之所以容易引起人们在情感上的共鸣，是因为父爱在儒家看来，乃为值得肯定、值得大书特书的一种积极情感！当类似于这种表现父爱的文字、场景被不同时空的人们读到、感受到的时候，便会勾起他们自己心中过去曾经的拥有，若现实中这种情感不能及时得到满足、得到呈现的话，便会生起一种惆怅和对美好过去的向往。以此言之，乡愁当就是这么产生的。

通常而言，对于乡、国，人们皆有一种眷恋！尤其游离于乡、国之外的游子，更是容易产生深切的怀乡之情！乡愁之产生，本质上是内在的。一个人若无内在怀乡的情愫，则眼前之物，虽视之，却若无所视，如一般所说的熟视无睹。只有在内心生起了怀乡的情愫，则于外在客观方面如一草、一木、一花、一叶，方可能于其中兴起怀乡之情！

故中国文化也还有一种倾向，即认为所谓“故乡”，不仅是人们的生养之地，更是指心灵之家、文化之原乡。若乡愁徒为外有，而非内在，则其不足以产生。因外在之存在会随着岁月、时光的消逝，而消逝殆尽。正因为乡愁根植于心，故能随感而发，于其形式的消逝中，而生一种内容的真有。有此内在之心灵，则或可以随时、随地感发而为乡愁；以此乡愁引发一种回归精神家园的冲动，而生起现实的追求、变化。从这个角度言，则对何为故乡的追问，可以一直追问到文化的原乡、或者说心灵之乡。

文化的发展可以表现在外，究其源，则不离我们每个人的心灵。故回到内心，才是回到了人们真正的“故乡”！内心的心灵世界，其本质如何呢？中国的先哲并没有把心灵归结为仅仅是主体的欲望、需求，而认为心灵当中禀赋有先天的本质。如孟子所说，每个人心中都有天赋的良知，此良知乃天所赋予我们每个人的，非由外铄我也。应该说，孟子并不否认人有自然欲望，他说：“人之所以异于禽兽者几希”①，认为人与禽兽等动物在很多方面其实是没有什么区别的。但是，人们又都不愿意别人称自己为禽兽，而更愿意被称作“人”，这又是为什么呢？孟子认为，人与禽兽之间存在着一个根本

① 《孟子·离娄下》，《孟子正义》卷十六，第567页。

的差别，这就是人具有天赋的道德性和道德感。为此，孟子提出了他著名的“人性善”主张，并以人“乍见孺子将入于井”所生起的“恻隐之心”来证明：当某个人看到一个小孩子爬到水井的边沿、快要掉到井里去的时候，他的心不由自主地会产生紧张、揪心的感觉，内在自然地会生出一种“怵惕恻隐”之心，孟子认为这完全是出于其人之为人的本性，他将这个“怵惕恻隐之心”称之为“不忍人之心”；除了“恻隐之心”之外，人们与生俱来的还有“羞恶之心”、“辞让之心”、“是非之心”，有些人不能或不愿意存养自身本有的善性、善心，反而将其所固有的“恻隐之心”、“羞恶之心”、“辞让之心”、“是非之心”放逐、丢失，于是，人世间便有了善人与不善人的区分。因此，“学问之道无他，求其放心而已矣”[①]，一个人只要能“求其放心”，将其放逐、丢失的善的本性、本心找回来；或自然顺应其先天本有的善心、善性而为，就能成为一个德性完满的人。

在孟子那里，良知被看成每个人心中所具有的固有属性，乃天赋我者。人秉承此“天”或“道”而有“性”与“命”，个体的人安身立命、实现自身的人生价值，应当追求人性的回归。只有在人随时可以成为“人”的状态中，人们才真正感受到一种安全，这种安全感，也就是一种家园感！这是人们的精神家园、文化原乡，也是人们心灵的真正故乡！

若是这种家园感遭到破坏，或者现实与之发生了偏离，人们便会从内心产生一种深深的不安，便会有回到故乡、家园的渴求与冲动，这就产生了“乡愁”！乡愁即我们生活实践中所感觉到的美好存

---

① 《孟子·告子上》，《孟子正义》卷二十三，第786页。

在不存在了，由此而生发出一种情感上的失落；由这种情感上的失落，心里便产生了一种弥补的渴求，从而在现实生活中努力去实现这种美好，或者说要努力将这种美好在我们的生活中再现出来。这时，乡愁便成为人们追求美好生活的一种内在动力，而不仅仅是一种悲与愁的情绪。

这种乡愁促使人们回归——回归到心灵的、精神的家园，只有这样才能使自己的情感和心理得到一种妥切的安顿；另一方面，这种乡愁也促使人们对现实进行改造，使现实能够符合、接近于理想家园的要求。从这个角度言，则乡愁实有一种现实的价值，它引导、促使着人们不断追逐梦想、改变现实，趋近于至善，从而升华人们的精神世界，也规范人们的现实生活。

二、“城市化”与“乡愁”

在城市化的过程中，有可能导致“乡愁”被破坏。城市化在什么情况下就有可能破坏“乡愁”呢？在这里，我们首先要意识到城市化究竟意味着什么？通常，城市化一般也意味着现代化、市场化，这种现代化、市场化是建立在高度的科学化基础之上的。应该说，城市化对人类而言有其重要价值！其价值主要体现在形而下这个层面，即物质的高度发达与技术的日益精巧、细致，这种变化直接导致了人类物质生活的高质量，让人们觉得日常生活非常便利！

但也要看到，这种高质量和便利本身，并不一定能保证人们的心灵得到真正的自在、自由。在城市化的发展过程中，如果过度追逐利润、追求物质成果的不断翻新，人们很可能忽视了自己当初大力发展物质文明的初衷。那么，人们大力发展物质文明的初衷是什么呢？一个可能的答案，便是为了满足人的全面发展、包括精神和文化发展的需要。但在现实的城市化过程中，人们往往容易忘记这个初衷；若忘记这个初衷，则人这个社会中最重要的因素就可能因此而被忽略。所以，过度的物化是有可能对人的心灵产生逼仄的。

如前所述，虽然城市化带来物质文明的高度发达，但物质文明的高度发达并不意味着人的精神安顿问题可以相应得到解决。就如大家耳熟能详的《渔夫与金鱼》的故事，这个故事中渔夫的老太婆，可以看作是贪得无厌的物欲的代表，在高度的外在物质满足之后，其心灵仍然得不到妥切的安顿。从这个故事中引发出的一个思考：我们生活的目的究竟是什么？若以追求外在的物欲满足作为生活的唯一目的，则可能如渔夫的老太婆一样，总是处于不满足的过程中，如此则心里充满了焦虑、狂躁、掠夺性。在这种情况下，人类追求物质的技术能力越强，则其迷失也越深。因为人们已经不知道自己究竟要达到或追求一种什么样的生活目的。人要实现其为人，要靠什么来支撑、满足之。当人心胶着于外在物欲的时候，其内在的生命之光却漆黑一团。乡愁的产生，正是人心处于此种矛盾之中，即内在的心境与外在的环境不相应，由此产生出一种意向和冲动，希望此内在光明之心境能够落实于外在之境遇，使之活泼泼地日新、日长，所谓“日新之谓盛德，生生之谓易”。

人的精神生活如何安顿？就城市化的过程而言，它似乎并不能直接解决此问题。或者说，城市化只侧重解决人的物质生活方面的需求；而人们的心灵要得到安顿，在城市化、科学化之外，还得有人文的情愫，要有对心灵的关怀和精神的安顿，才能保证人的全面发展。城市化过程中、市场经济条件下，我们固然有各种生活的规则，但这些规则基本成为一种外在的束缚，而不能真正成为每个人通过自觉而明的“礼”；人们对于规则的遵循，只是出于习惯，而不是出于自己的本初之心。由心灵所发的人之情与意，于是就成为浮泛无根之游魂，随风飘荡。

外在物质世界与人的精神世界毕竟不能相等同，人要诗意地栖居于这个世界，不仅仅要靠高度的物质文明、制度文明，同样也需要高度的精神文明。所以说，文化生活对人来说是不可或缺的。乡愁之所以产生，就在于城市化的过程中，人们不断地扩充自己的物欲，在物欲膨胀过程中，离我们的本心越来越远。不可否认，城市化的过程使人类获得了不少的科学知识，但对于明人所当有的“明德”，则似乎并未显见成效。

三、人类精神、文化之原乡

要追求人的全面发展，明人所当有之“明德”，我们就得探讨人之所以成为人的原因。人之所以成为人，离不开“文化”。对于人类社会而言，“文化”非常重要，人与动物相揖别，大概即因于“文化”。以前的小学语文课本中曾经有一篇《乌鸦喝水》的故事：一只乌鸦口渴了，它看见一个瓶子底部残留着一些水，就把嘴伸进去，却发现自己够不着水。怎么办呢？于是，这只聪明的乌鸦捡来一些小石子，将其扔进瓶中，这使得瓶中的水位得以升高，乌鸦也因此喝上了水。但是，作为动物的乌鸦和人毕竟不同。就拿上述这只乌鸦来说，它拾石子、将其扔进瓶中、最后让自己喝上水，这只是一个偶然的、特定的个案。一般说来，它不能意识到也无力使其“喝水”的这项技能成为整个乌鸦族群的普遍“文化”。那么，待这只乌鸦“百年”之后，它的这项技能也会随着其死去而化“神奇”为“腐朽”。

虽然从科学的角度言，动物也有进化，但其进化只是出于无意识的本能；相较于人而言，这种进化不能算作自觉的“文化”，可以忽略不计。故千百年来，乌鸦还是乌鸦，老虎还是老虎！如此等等。与动物不同，人在实践过程中若有某种宝贵的生产、生活经验，会自觉地、有意识地一代代将之承传下去，并在此基础上创造性地发扬光大，这就属于“文化”。

关于“文化”，中国古典哲学文献《易传》有一段话非常重要，即《贲·彖》所说：

> 《贲》“亨”，柔来而文刚，故“亨”。分，刚上而文柔，故“小利有攸往”。刚柔交错，天文也。文明以止，人文也。观乎天文，以察时变。观乎人文，以化成天下。[①]

如何理解这段话？朱熹认为，从卦变的角度，《贲》卦大概由《损》和《既济》二卦变化而来，其云：

> 贲，饰也。卦自《损》来者，柔自三来而文二，刚自二上而文三。自《既济》而来者，柔自上来而文五，刚自五上而文上。又内离而外艮，有文明而各得其分之象。[②]

---

① 《周易·贲·彖》，《周易大传今注》卷二，第 226 页。

② 《周易本义·贲》，（宋）朱熹：《朱子全书》第一册，上海古籍出版社、安徽教育出版社 2002 年版，第 50 页。

在《周易》中，阳爻为刚，阴爻为柔。若将《损》卦的六三爻与其九二爻互换，则从九二的角度言，即是“柔来而文刚”；从六三的角度言，即是“刚上而文柔”；通过这样的“卦变”方式，《损》卦就变成了《贲》卦。若将《既济》的上六与九五互换，也是如此。

《周易》卦爻的阴阳、刚柔相错，表征的是宇宙天地和人类社会的阴阳、刚柔之变。《周易》哲学思维有一特点，即推天道以明人事。在宇宙天地之间，日月运行、昼夜交替，属刚柔交错；刚柔交错不是杂乱无章，而是有其规律，此乃天之文。与此天文相应，人类社会也有其“文”，因为人类在发展过程中，其变化亦有条理、规律，人们将之总结、保留下来，即是人之“文”。此“文”与“质”相对，质乃质朴、天然的意思，指生而即有的因素；“文”有“饰”的意思，它与质不同，乃人类实践的智慧结晶，代表着继承、创新、发展。故朱熹即提出：“贲，饰也。”就《贲》卦的构成而言，其内卦为离、外卦为艮，“离”有文明之象，“艮”有止之意，合而言之，即有“文明以止”的意思。

《贲》卦所说的“文明以止”，就是我们通常所说之“文化”。所谓“文明以止”，就要求文化、文明要能够“止”住、能够继承得住，使其不因时间的流逝而消失；甚至不仅不让其消逝，还能有意识地将其扩充、强化，这就是《易传》经文所说的“观乎人文，以化成天下”。在这个过程中，文化不断发扬光大，人类的各种知识、技能等就像滚雪球一样，越滚越大、越滚越强。

《周易·贲》卦所说的“文明以止”、“化成天下”的道理，大概只有人才能够真正做到。如前所述，人类的文化、文明，大体可以分为物质文明、精神文明两大类。物质文明方面，如科学、技术等可以作为其代表；精神文明则主要关涉到人之心灵、精神和意识世界的完善。历史和现实中，人们对于先辈所创造的物质文明成果，一般皆能很好地继承、发展。如在当代迅速发展的“城市化”，即可以成为此论的一个重要例证。我们也因此可以很自豪地说，现代的科技和生产力水平远远超过孔子、老子和释迦牟尼那个时代，也远远超越苏格拉底、柏拉图、亚里士多德所处的时代。但是，扪心自问，说现代人的德性与智慧也远远超越孔子、老子、释迦牟尼、苏格拉底、柏拉图、亚里士多德等，人们似乎不那么有底气。于此，就有一些问题值得提出：人类究竟应该如何发展，才是更合理的发展？人类的发展究竟应该向何处去，才能够更好地继承、创新人类文明的各项优秀成果？

对于这些问题解答，我们看看传统的中国哲学为此提供了一个怎样的独特视角。中国哲学发展至宋明，产生了著名的宋明理学；一般来说，它代表着中国传统哲学的一个高峰。在理学家看来，人类发展物质文明包括制度文明等，皆是为培护人的德性、开发人的智慧、安顿人的心灵和精神服务的，故宋明理学也被称为性理之学；物质文明的发展只是手段，它要为人类之安身立命与终极关怀服务。从这个角度言，则人之德性与智慧的开发、心灵与精神的安顿就成为中国哲学尤其是宋明理学所关注的重要问题之一。

要安顿人的心灵与精神、开发人的德性与智慧，不能不涉及到价值的问题。人以什么作为自己的安身立命之本？以什么作为自己的终极关怀？通常情况下，人们皆要对现实世界价值的来源、价值世界与现实世界之间的关系问题进行探究。中国的哲学家们一般将整个世界包括人类社会在内，皆由一至善之理念来统摄。中国哲学认为，人类的发展要护住这个“价值之本”，如此即能保证其发展的正确方向。此“价值之本”既可以呈现在心，也可以体现在物，它即是我们人类精神与文化的“原乡”。人类的发展不能违背此价值之本；相反，我们应该时时关注此价值之本、并以之来规正我们的发展方向，以避免误入歧途。中国哲学之所以称此价值之本为“天理”，大概是要突出其“至公”、“无私”的品性；之所以称其为“本心”，大概是要突出其为心之主宰、为万化之本体的地位。

人类因“文化”而挺立，“文化”因“价值”而有活力与生命。如果我们在城市化过程中，没有文化与价值的指导与引领，势必走向冷冰冰的物化过程；这种冷冰冰的物化必将逼仄、压迫人的心灵，导致人的异化；由此而产生对“乡愁”的破坏，也就成为必然的了！

四、留住“乡愁”

我们发现，城市化过程中，由于物欲的过度膨胀、扩张，导致了古朴的乡村及其文化遭到破坏，民德归厚不复存在，民风浇薄，人们心中的美好记忆也随之而破坏，引发起人们浓浓的乡愁。因此，乡愁的产生，实出于人们的反思，即现实的存在与心中的价值理想存在差距，此“差距感”进一步带来“失落感”，由失落而有惆怅，从而有回到美好家园的渴求，这便诞生了“乡愁”。

当代人们在都市的逼仄之下，急躁盲从，惶惶不安，对于如何安顿自己的心灵？乃至于对自己的人生走向，无所适从，恣肆颠倒，虚无邪恶，适足以颠覆其生命的真实，而不能追求真正的生命存在及其意义。如何解决此问题？我们认为，在城市化的不断发展过程中，伴随着物质文明的进步，要有意识地加进人文的关怀，则能留住人们的“乡愁”。

“乡愁”问题的讨论，重在点醒人们的历史文化意识，呼唤人们的心灵真实，也即“初心”；立此初心，则生活有本有原，在此基础上，引导人们面向未来，追求自己的文化与生活理想。虽然社会生活变化无常，但是，于其中是否有不变之本？纯净的心灵、人的本真之性能否成为其根本，中国文化倾向于对之进行肯定。人如何不至于陷溺于物欲和身体的躯壳限制之中而能得到解放，这似乎与科学的目标不同，而当归入到心灵的解放；这种解放要通过洞察心灵之本真、得其所归宿；再于其内向外展开，得人们日常生活之信念。所以，“乡愁”问题的讨论，是对时下一般只关注于物质层面追求的社会风气的一种反省！人们若只是关注物质的层面，服从于社会市场的法则，则对于人的心灵和精神生命，可能会造成一种戕害！“乡愁”的提出，就是要让每个人觉醒其真实的生命自我，不至于在物欲中丧失其本初；当其向外展开时，则追求其价值理想的实现，当其向内反观时，则要挺立起良知的真实价值本源，如此，则能内外一体，使生命的真实得以在现实中呈现。故通过“乡愁”问题的讨论，恰是要端正其初心，奠定其人生追求的理想之基本方向。

如果说“乡愁”的情绪，引燃了人们内心对美好存在的一种追求，那么，接下来，这种追求是否有实现的可能？我们认为，中国哲学有助于解决城市化过程中的“乡愁”问题。中国的传统哲学与文化要追求真实的人生，与真实的人生相对应者，便是非真实的人生；于是，便有是与非、善与恶的分辨，如此，则中国哲学必蕴有“价值”的判断，因而也成其为价值哲学。所谓价值哲学，非谓只是提供一套价值理论的体系，或者更明确地说，提供一套是非善恶的知识体系；价值哲学更重要的界定，在于其本身即是价值追求的实践、即是功夫，于实践中呈现出人之主体、人之真实存在，要在人这个层面，展示其生命的真实、生命的本质。中国哲学中的心性之学、仁义之教的特点在于其不仅是理论的、更是实践的。因此，同样是对形上之道的探求，若是从概念、逻辑方面入手，通过逻辑圆满的诉求，亦可以建立起最后真实本体的可能。如为了说明宇宙和谐、运动、发展的第一因，可以确立起主宰一切的“上帝”概念。然这种确立只是理论的设定，非带有实践性的实现。若只是就此理论而言，则此理论虽然也可以周延，但此周延只是就其理论与概念逻辑发展之相合，并不意味着现实和生活实践的圆满。

与此不同，中国哲学则强调于人生实践中确立起价值形上之本。如孔子说：“仁远乎哉？我欲仁，斯仁至矣！”[①]“为仁由己，而由人乎哉?”[②] 中国哲学这种对仁爱之本的追求，犹如求仁得仁，是高度自由的；它不受外在物质条件、环境之制约，是一种仁心、仁意的实现；在实现的过程中，人的心灵便得到了安顿，回到了熟悉的家园。如此，则能留住“乡愁”。

城市化侧重的是物质，“乡愁”的产生是要于此高度物质化的过程中启发人的精神自觉，自觉人之所以为人者。在城市化过程中，人们感受到的不安、痛苦、恐惧，皆可能与“乡愁”相联系。“乡愁”之愁得越多，则人们返观内在心灵之解脱就可能越多。关心生命的成长，关心人心的安顿，是当代学人的重要担当和责任。“乡

① 《论语·述而》，《论语正义》卷八，第278页。
② 《论语·颜渊》，《论语正义》卷十五，第483页。

愁”的提出，正表明我们所谓的学问不能仅仅是一种思想与理智的游戏，它应当关注生命，不让人的生命颠倒错乱，不让人的生命在物欲中迷失。纯粹关于物的追求并不代表生命真正的旨趣，因为这会让人沦于与动物相等同的地位。物质文明、科学技术，皆需要有适当的价值引领，要有人为它确立发展方向和维度，否则其便会陷于盲动中、横冲直撞。

因此，所谓“故乡”，不仅仅是人们的生养之地，更是指精神之家、文化之原乡。城市化带来物质文明的高度发达，但这并不意味着人的精神安顿问题可以相应得到解决。人要诗意地栖居于这个世界，不仅要靠高度的物质文明、制度文明，同样也需要高度的精神文明与文化。伴随着城市化和物欲膨胀，现实离我们的本心、精神家园越来越远；人们在都市扩张的逼仄之下，急躁盲从、惶惶不安，对如何安顿自己的心灵、乃至于对自己的人生走向无所适从，追求真正的生命存在及其价值的能力也大打折扣。“乡愁”的产生源于人的内心或一种文化，是因心灵之家遭到变故、文化受到破坏而带来的一种对昔日美好存在的一种眷恋、向往的情绪。在城市化的不断发展过程中，若能有意识地增进人文与价值的关怀，就能留住人们的“乡愁”。

中国如何在城市化、现代化的过程中留住“乡愁”？我们认为，二者之间并不存在尖锐对立的矛盾。就中国传统文化而言，由明德之本心发而在外，必然要求有人文世界的建构，于其中当然也包括城市化。因此，若城市化能由人的良知本心而发，则自有其合理性；城市化若能与人的生命呈现、成长相关联，则它就能与人的生命本真相贯通。因为主体生命的成长、德性的涵养是离不开家国、社会和世界的，不存在孤零零的个体之德性。正所谓“德不孤，必有邻”[1]，有“敬以直内”，必发而有“义以方外”[2]；仁德之良知本体，一定会向外感通，一定会客观化为现实，所谓“亲亲而仁民，仁民而爱物”[3]，由己及人，由人及物，“仁者与天地万物为一体”；城市化若能与此相结合，则得其所而能留住“乡愁”。

第二节　中华传统文化的创造性转化及其可能

由记住“乡愁”、留住“乡愁”，引发我们一种更深的思考：我们如何在现代化的过程中，不割断我们文化本有的优良传统，使中华优秀传统文化继续在当代社会发挥其积极作用。

一、对“传统”的一种理解

以前，一说到“传统”，大家对它的一个直接反应就是阴暗、负面，认为传统就意味着落后；我们要实现现代化，必须要抛开传统、把传统打倒。但由“乡愁”问题的讨论，我们发现，中华传统文化在当代社会仍然有其不可磨灭的重要价值。为此，我们就要深入探讨一下，究竟什么文化才可以称得上是“传统”？

单就字面意思来说，所谓“传”，就是指一代、一代往下传递的意思。例如，孔子说：“殷因于夏礼，所损益，可知也；周因于殷

① 《论语·里仁》，《论语正义》卷五，第159页。
② 《周易·文言》谓：“君子敬以直内，义以方外，敬义立而德不孤。”
③ 《孟子·尽心上》，《孟子正义》卷二十七，第949页。

礼，所损益，可知也；其或继周者，虽百世，可知也。”这句话的直接意思是，殷商之礼对夏礼有所因循，也有所损益；周礼对殷商之礼有所因循，亦有所损益。如果人们掌握了夏、商、周三代更迭过程中那个不变的传统，那么，即便时间过去了三千年以后，仍然能够了解、掌握未来时代的真实情况。

按照中国古代的计算方法，一世大概是三十年，“百世”就是三千年。孔子认为，殷商之礼对夏礼有一个因循，但是也有损益；周革了殷商的命，但它对殷商之礼也有继承，也是有损有益。那就意味着夏礼、殷礼、周礼其实并不完全相同，它是有改变的。但是，虽然有些东西改变了，有些东西却一直传了下来；从夏到商，从商到周，始终未变。

那么，这个不变的传统是什么？如果人们知道并继承了这个传统，又会怎么样？对此，孔子很自信，他认为人们如果能够理解、把握这个变化中的不变，那么，即便是对三千年以后的人类社会的存在状况，也能够有很好的预见。

从这个角度去理解，则这个经历三千年而仍然有存在价值的文化传统，方可以谓之“传”。孔子强调在社会变革中，始终有一个文化的传统在延续。他自己特别强调“仁”与“礼”，其所谓“仁”，一般说来，主要包含两个方面的含义，一是“仁者爱人”，一是“克己复礼”。夏、商、周三代相传的“礼”，虽形式与具体内容皆有所不同，但却始终要体现“仁”的精神；“仁者爱人”，“仁爱”大概就是孔子所谓可以历三千年甚至更久远地往下传的中华价值文化的优秀传统之一。试想一下，难道我们这个时代，人与人之间不需要“仁爱”吗？更进一步，以我们这个时代为基点，再过三千年，难道三千年以后的人类可以不需要“仁爱”吗？从这个角度言，则“仁爱”就可以成为我们代代相“传”的一笔宝贵的精神财富。

接下来，我们讨论一下什么是“统”？以孔子的理解来看，“统”大概有“一以贯之”的内涵。有人认为孔子的学说“乱”，理论的逻辑性、系统性不强。但孔子自己却不这么认为，你觉得我讲学是东一榔头、西一棒子吗？不是！“吾道一以贯之。”我的学说有一个“一以贯之”的精神贯通其中。这个“一以贯之”的文化精神，大概就有“统”的意思。

有一些文化精神是可以贯通古今的，它可以超越历史的局限，而具有其价值。对于这样的一种传统，我们是要承认的。所以，从一定角度来讲，我们所说的“传统”，恰恰表达的是一种具有恒久性、超越性的文化精神。

二、传统“国学”何以能重新热起来

“国学”就是我们的文化传统之一。当前，中华优秀传统文化在社会上被炒得很热，对此，人们可能会去找一些外在的原因来说明之。如一些观点就认为：因为国家现在对传统文化比较重视，因此，所谓“国学”也就热起来了。但是，我们若进一步追问，为什么中华优秀传统文化在现时代会得到国家的高度重视、得到全社会的关注？这个问题，是值得我们深思的。

我们这个时代，由于科学技术与生产力的迅猛发展，人们的社会生活也发生了巨大的变化。即便是孔子，如果生活在现代社会，也会像他当年入太庙一样，每事都要问一问。为什么每事问呢？因为对于我们这个时代的很多东西，他已经搞不懂了。例如，他可能不懂微信、不懂互联网、不懂量子卫星等，因为他根本就没有接触过。所以，随着时代的进步，科学知识、技术在不断累积、不断发展。

但是，人类的进步其实不能够只有科学一个衡量的标准。我们现代的人似乎已经被“科学”这个词所异化。谈任何一个问题，都有人问：这个问题符不符合科学？如果不符合科学，那么，这个问题的可靠性就大打折扣。

其实，这样的一个问题意识本身就是有问题的。因为科学并不能够成为衡量我们人类社会进步的唯一标准；它只是标准之一，但不是唯一的标准。人类社会的进步、人的全面发展，它的重要标准之一，应该包括人本身所当有的德性完善、人格完善。如果科学知识失去德性的引导，就可能会陷入一种罪恶的深渊，不仅不能够给人类带来福利，反而会带来灾难。比如说核能，它既可以用来造福于人，但是它也可以毁灭这个世界。还有现代的克隆技术，这个技术现在已经非常成熟，大概也能够克隆出人。但对此我们可能会面临很大的伦理上的难题：我们怎么对待这个克隆出来的人？如果我们不把其当人，而只当成是某种产品、或者商品，把人克隆出来后，把他的身体器官拿去卖：肾卖多少钱、眼角膜卖多少钱。如果为了这个目的去生产、去克隆人，后果会很可怕！而仅就科学和技术本身的研究而言，其考察的重点则只是理论与技术的原理及其可能性。

上述价值与伦理的问题，恰恰就是中国传统文化所非常关注的。正因为中国传统文化与哲学具有这个特点，这也是为什么国学会重新热起来的一个重要原因。应该说，文化有不同的形态与具体特征。从这个角度，我们不好说哪种文化就一定先进，哪种文化就一定落后。文化有不同的观察、解决问题的视角，视角不同，它解决问题的方案就不一样。因此，我们讲有中国文化、西方文化等不同差异。这种差异，我们并不从先进与落后的角度去定性。例如，我们曾有一种倾向，认为全面的观点就天然正确，以孤立、静止、片面的观点看问题，就天然地不正确。其实，这也是可以商榷的。北京著名心脏病专科医院——阜外医院运用很广泛的治疗方法，其中就有以孤立、静止、片面的观点为主的治疗方法，阜外医院的某些医生研究人的心脏，可能只研究人心脏的某一根血管，甚至研究某根血管的某一段；在研究这一段的时候，他把整体的人体暂时抛开。这样一种观点在具体治疗当中也可以很有效，比如说病人心脏冠状动脉某个地方堵了，医生直接植入一个支架，把血管撑开，然后血管拥堵的症状马上就改善，心梗的病人也因此被救活过来了。我们不能说医生的这种研究与治疗方法不对，他可能就研究心脏的某根血管、甚至这根血管的某一段。若是让一个研究心脏病专科的专家，不去专门关注心脏的问题，而是对人体方方面面通体去细察，则他的注意力、精力也就被分散了，很难成为治疗心脏病的专家了。在西医方面，要求一个医生什么病都治，似乎比较难；即使是所谓的全科医生，也只是一个名称而已，不是说他能够治好所有的病症。于此，我们认为，一个观点和方法在实践中到底有没有价值，应该要将其放到一个具体环境当中去考察。有时候，我们要用全面的观点看问题，这在涉及国家、社会重大战略发展方向等宏观问题的时候，尤其如此；但有时候，也用得上抽象、静止、片面的观点与方法，如上述心脏病专家精益求精的微观研究，就可以如此。

文化也是这样，它有不同的进路、有不同的视角。文化对世界进行把握，它的视角各不相同。那么，中国传统文化也就是所谓的国学，是通过什么样的视角去把握这个世界呢？或者说我们这样的一个学问，它最关心什么问题呢？

如果探讨中国文化和西方文化的不同，那么，我们会发现，西方文化一开始就关注外在的宇宙世界。我们举康德哲学作为例子：假设一下，人们看到了一尊雕像摆在自己面前，于是，产生了对这尊雕像的印象：真漂亮、真美！但是，如果说有一只蚂蚁也在这个地方，也看到了这尊雕像，那么，人眼中看到的雕像与蚂蚁眼中的雕像，虽是同一个对象，但人观察对象得出的印象与蚂蚁观察同一对象得出的印象，却可能完全不同。

这个问题再进一步追溯，就有哲学问题了：人所看到、所认识的世界，到底是一个什么样的世界？康德就关注这个问题，由此形成了他的批判哲学。以康德为代表的西方哲学侧重研究认识论，重点要去认识这个世界、也包括认识人类历史与人本身。这种认识论哲学，基本采取一种主客二分的方法。在这种方法指导下，一个人即便是要了解、认识他自己本人的心理，也要将其主客二分：一个是作为主体的、认识的我；一个是作为客体的、被认识的我，这就是主客二分的一种情况。

但是，哲学应该不仅仅只是认识论。如果问什么是哲学？通常的答复便是哲学是“爱智慧”，是一种追求智慧的学问。在智慧之学中，当然也应该包含这样一种学问：人如何安顿自己的身心？人类社会如何成为一种理想的社会？回答和解决这些问题，当然也需要高度的智慧！

由单个人的身心安顿，到整个人类的发展，乃至于整个宇宙天地的和谐，这些问题的解决，也会导致哲学的产生。西方哲学首先要“睁眼看世界”，例如，有学者将康德哲学的主要内涵，以下面四个问题来概括：我能够知道什么；我应当做什么；我可期望什么；人是什么。但是，如果从中国哲学角度去思考，这四个问题的顺序就会逆转，其首要的问题不是我能够知道什么，而是我应当做什么，它把这个问题放在第一位：我首先要成为一个“人”，然后，我再考虑我能知道什么，我可以希望什么。这是中国哲学、也是国学的一个基本诉求。

我们认为，人对于价值的追问具有普遍性、永恒性。人类作为一个整体，必然要考察这个世界向何处去，社会如何发展，个人如何安身立命，人生的意义是什么，终极的价值关怀是什么，等等这样一些问题，是我们所应该重点考虑的。因此，教育不应该仅仅只是教学生一些公式、一些定理，不光光是教他们一些具体的知识，还要教学生如何成为一个真正的人，如何培养健全的人格，过有品质的、德性的生活。国学所关心的这样一些问题，具有普遍性和永恒性；也就是说，这些问题不仅仅是我们过去、现在教育的问题，将来再过三千年之后，乃至更久远，也仍然会有这些问题存在。

当然，关于什么叫“国学”，有很多不同的说法。在这里，我们暂且不去探讨它。我们只提这样的一个观点：国学的核心应该是哲学。因为哲学是一种带有综合性、纲领性的学问。哲学最早的意思就是爱智慧，它让人们变得更加智慧。这种智慧的一个重要内容，就包括人类生活的智慧，人格与德性养成的智慧。所以，我们说社会的进步，光从科技进步这个角度去衡量，是不可以的；科技的发展是为人类服务的，人的全面发展才是衡量社会进步的最重要尺度。

人的全面发展，离不开对人生意义和价值的探讨；探讨人生的意义、价值，就要思考人存在所当具有的意义，什么是健全、健康的人性，怎么样去修养人性，人的精神生活怎样去安顿，怎样去面对生死问题，在生活实践中怎样进行价值的取舍，等等。这样一些问题其实应该成为人们所当关注的重要问题，在这些问题上，传统国学有其独特的思考。

由此，我们就可以回答一个这样的问题：当前，“国学”为什么会“热”起来。现代中国社会，人们物质生活这方面的需求已基本得到解决。但是，这个问题解决之后，怎么使人们的幸福感随之而呈正比例增长，是我们需要认真思考、对待的问题。现实当中，有可能出现另一种情况，即在物质和科学、技术不断地高速发展的今天，人们似乎比过去还更加焦虑、更加困惑！如何解决？方法之一，也许我们可以回到“国学”，从我们的传统中寻求一些解决的方案。

三、“国学”对现代社会所当有的贡献

我们的“国学”当中，可能存在着一些精神与传统，它在我们当代社会仍然能够起到应有的作用。

中国的文化传统重视的是：人如何成为一个理想的人，由人组成的社会如何成为一个理想的社会。这是中国哲学所关注的重点问题之一，这也是我们传统“国学”的价值所在！

从古希腊开始，哲学的内容主要包括这么几个方面：第一是宇宙论，它研究存在的本质，目的是求得一个对于世界的道理。这个世界到底是怎样一种存在？大家不要忽略了这个问题，这个问题是很能够影响人的。比如说，二十世纪非常有名的、“民国四大高僧”

之一的弘一法师，他很有学问，又风度翩翩，这样一个学者型的人最后遁入了空门。据说，在夕阳西下的灵隐寺，他看见一位僧人一袭僧衣、飘飘然向山门归去。这样一个归去的背影，让他非常感动！看了之后，他就出家为僧了。

这个世界在佛教徒的眼中，是什么样的呢？我们和他们看到的是同一个世界，但是，在佛教徒看来，他们认为他们跟我们看到的其实不一样。比如说，我们看眼前某个物品，很实在！看得见、摸得着，就在这个地方实际地存在着。但是，在佛教徒的眼中，这个物品却“如梦幻泡影，如露亦如电”。那么，佛教徒有怎样的一种世界观呢？佛教讲这个世界因缘而起，“缘”指的是条件；这个世界之所以形成，是由各种条件合成的；既是因缘而起，故这个世界并无不变的自性，无自性则“空”。在佛教徒看来，这个世界的本性是空，因其是缘起的，缘起故性空；因其是性空的，性空方能缘起。认为这个世界的本质是空。这种世界观也属于我们所说哲学当中的一种研究，属本体论的研究。

第二是人生论，要探究人是什么，人究竟应该怎么样。这主要是帮助我们求得一个对于人生的道理。这个问题是我们中国哲学比较关注的问题。

第三是知识论，知识论要研究知识的性质，求得一个对知识的道理。有人问，知识还有道理吗？知识当然有道理了。比如说，我们的数学老师用公理去推算一道题，这体现的就是知识的道理。这里面没有阶级性，无论是林黛玉还是焦大，只要两个人都上学，都来推算 2 + 2 等于几，那么，林黛玉说 2 + 2 等于 4，对焦大来说，2 + 2也等于 4。这个就是我们所说的知识的道理。这个世界之所以是这样一种呈现的方式，那它就会有一套与之相应的知识建构。如我们通常所说的逻辑，就是属于一种纯知识的道理。

第四是实践论，如果说这个世界是可知的、有意义的，那么，将其意义实现出来，就属于哲学的实践论。

所以，哲学是一种什么样的学问呢？它首先是探讨“存在”的学问，尤其是探讨终极的存在。这个学问应该包括“在”、“思”、“言”、“学”。“在”就是存在；“思”就是我们对于这样一个存在的思索；“言”就是把我们这样一种哲思的系统以理论化的方式表述出来；“学”当然就是一种对哲学的教学和研究了。从这个角度来讲，哲学探讨的问题应该包括：第一，世界存在着什么，这个存在是怎么样的，这就是哲学中的存在论；第二，我们如何去认识这个存在，这属于哲学中的认识论；第三，这个存在有什么意义，这属于哲学中的价值论；第四，如果它有意义的话，我们怎么把它实现出来，这属于哲学中的实践论。这样的一些问题，其实就是我们所说的哲学所关心的重要问题。

当然，哲学是一个普遍的说法。但作为一个普遍说法的哲学，它会有不同的研究视角。就好比我们要登顶香山、看红叶，这是一个普遍目的；但登香山会有不同的路径。研究哲学也是如此，研究的角度不同，也可以区分出不同的哲学来。如有些侧重从认识论的角度研究哲学，比如说西方哲学；有些是从“人”这样一个角度去研究哲学，比如说中国哲学。一般认为，中国哲学的基本特征就是特别关注“人”。当然，它关注人不是从医学或生物学等科学的角度，它是从一个德性或价值的角度。

举一个例子，比如说孟子，他的哲学有个最基本的核心概念，就是“人性善”。很多人认为孟子“人性善”这个观点不对：人性当然有善的方面，但是，人性不也有恶的方面吗？

这个时候，大家就要注意，孟子是怎么界定他的“人性善”主张。孟子也说过“人之所以异于禽兽者几希”，认为人和禽兽其实没有什么区别，99%都一样；甚至某些人比禽兽还不如，在现实当中，或者在历史当中，常会有这样的情况出现。但是，孟子说“人性善”，他恰恰是要把“人”的价值挺立起来。这个“立人”问题，常常与“立天”、“立地”相提并论！

在中国文化当中，《易传》讲“立天之道，曰阴与阳”。自然的天道运行，无非是一阴、一阳。白天过去是晚上，晚上过去又迎来白天，这不就是阴阳转换吗？2015年中央电视台的春节联欢晚会，有一首歌让大家很有感触，歌名就叫《时间都去哪儿了》；尤其年纪大了的朋友，就觉得生命中时间“哗哗”在流逝，这就是我们所说的阴阳流转，包括昼夜更迭，春、夏、秋、冬四季流转，等等。这样的阴阳流转，属于自然天道的法则，故“立天之道，曰阴与阳”。

之所以说“立地之道，曰柔与刚”，这大概可以从地理方面的知识，得到印证。我们这个地球70%多都是海洋，只有20%多是陆地，海洋就是柔，陆地就是刚，所以“立地之道，曰柔与刚”。

那么，什么可以把我们“人”立起来？对这个问题的回答，当然有很多的答案。我们看中国哲学怎么解决此问题，孟子怎么解决此问题。《易传》说“立人之道，曰仁与义”。要把“人”立起来，使人和动物相区别，中国哲学家提供的一个答案，就是“立人之道，曰仁与义”。孟子也就是这个意思，本来人和动物没有什么区别，但是，每个人似乎又都不愿意被称为“禽兽”。那么，是什么东西能把人和动物从本质上区别开来呢？孟子认为是人所具有的德性。因此，在孟子的人性概念当中，动物性是不能够算作人性的；人性就是指人所特有的德性，而为动物所无者。例如，关于八达岭野生动物园事件，至今社会上仍然有很多不同的声音、意见。但是，这些声音、意见当中，几乎没有一个声音去谴责野生动物园那只咬人的老虎，为什么？因为动物性和人性是不能相提并论的。

在孟子那里，人性与动物性之间的区分很清楚，也很重要！若问人本身有没有动物性？当然有。但是，究竟什么东西把人“立”起来，从此，人成其为人，而不再是动物？孟子认为是人性，而不是动物性。人性最重要的界定，在孟子看来，就是人所具有的道德性。也就是说，在人这个层面，是要讲德性的。通常，我们不会以这个标准去要求动物，如野生动物园的老虎，本身就没有人性，我们就不能用人性的标准去要求它。

但是，人们会用这个标准去要求人！所以，孟子要求齐宣王等人要以天下为己任。当然，这些人根本不愿意去这么做，就找借口，说我不行，我当不了你所说的圣王，我有很多毛病，“寡人有疾”——我很贪财！孟子说你“贪财”好啊，你若真正贪财，就应该让天下财货富足，让每个老百姓都能够温饱、小康乃至富足，不再流离失所，这不是挺好吗？一看说贪财搪塞不过去，齐宣王改口说我“好色”。孟子说你“好色”也很不错，你要是真“好色”的话，就应该让天下所有的有情人皆成眷属，天下从此没有怨女、旷夫。

有些事物不能做到，是能力不够，真不可能做到。比如说，让齐宣王“挟泰山以超北海”，这对他来说，是真做不到。但是，当看到一个老人在结冰的路面上走，险些滑倒；这时，折一个树枝给他做拐杖，如果说自己做不到，这就是在找借口。孟子认为，这就是你自己不把你自己当人看！故孟子所说的人性，是不包含非道德的动物性的。

如何“立人”，这就是中国哲学关注的问题。中国哲学特别强调“立人”之道的探索，强调要把人的价值主体挺立起来，使人能够顶天立地，这样的人才是真正的人，因为他呈现了他自己的人性，此人性就是指的道德性。中国哲学关心人的生命，是从德性的方面入手。这种对人的生命的关心，并不是一种知识的问题，而是个实践的问题。现代教育存在的问题之一，在于把这个本该是实践的问题，变成了一个知识的问题。孔子说：“我欲仁，斯仁至矣!”这并不是说，我把这些知识都背熟，然后在考卷上把它完美地答出来，我就成为志士、仁人了。中国文化对此不作这样的肯定！能够在考卷上面完美答出“仁”的含义，并不一定是圣人；相反，一个没有多少文化和知识的人，若他在生活当中能够实践、体现出仁爱，他反而可以称得上是一个有德行的人。所以，“仁”与“不仁”不是一个知识的问题，而是一个实践的问题。这是中国哲学的一个特点，也是其贡献于当代社会的一个重要价值理念。

有人曾质疑中国北宋五子之一的张载著名的四为句“为天地立心，为生民立命，为往圣继绝学，为万世开太平”，说这个话完全不合常理：天地哪有心呢？哪个地方是天地之心呢？其实以这种知识论的观念去讲中国哲学，那就南辕北辙了！中国文化讲“天”的时候，更多指的不是自然的天，而是义理的天。中国文化把最高的理念、最权威的存在称作“天”或“天地良心”，“天地良心”是什么？即每个人都有的公正不阿、不偏不倚的道德心。义理之天大概是从这样一个层面来讲。

“天人合一”是中国哲学的一个特点。我们中国人有这样一个特点，愿意把现实生活中美好的东西上升至“天”这个层面。然后，再反过来用“天”去指导人的现实生活，从而在天与人之间达成一种良性的互动。中国文化为什么要立德性、义理之“天”？就是通过立这个“天”，给本不完善的人类社会提供一个理想的价值准则。在这个过程中，天作为价值理想的一个准则，并不是绝对封闭的，它不断要从“人”这个层面去升华，把人类社会中一切好的价值观念不断升华至“天”；然后，再用“天”这个层面的价值理想不断对人类不太完美的现实生活进行规范。这样，天与人之间就达成了一种良性互动。这是中国哲学的特点。中国哲学特别讲究这样的“天人合一”。

“天”是一种至善的、合理性的、理念性的存在。而“人”则包括两个方面，一是人性，一是人事。人性就是人之所以为人者，人所以为人而不是动物，要从道德性方面去判断，人所具有的这种道德性，方可称之为人性。第二是人事，就是社会文明的建构。由人组成的这个社会，怎么样把它变得最美好，这个是文明的建构，属于人事。中国哲学认为，“天”与“人”应该相合。

所以，我们认为，中国哲学在本质上属于价值哲学。中国哲学的主题是探讨天人关系。围绕着这个主题，有两种文化形态，一种是儒家的形态，一种是道家的形态。这是我们中国本土产生出来的两大文化系统。这两大文化系统，至今仍然深刻地影响着当代中国人，并在世界范围内有其重要的文化地位。

四、创造性转化及其可能

“传统”来自于历史。经过历史长河的洗涤，在古代社会发挥作用的某些文化价值理念，在当代社会还能够充分发挥其功能、作用吗？对于这个问题，历史上也曾有过很多讨论。

1. 历史上关于文化创造性转化的讨论：以程颐理学为例

北宋程颐认为，历史上“孔子尊周”与“孟子勉齐、梁以王”两件史实，精神是一致的，但事迹却正相反，这就体现出相同文化精神在不同时代的创造性转化。

> 孔子之时，诸侯甚强大，然皆周所封建也。周之典礼虽甚废坏，然未泯绝也。故齐、晋之霸，非挟尊王之义，则不能自立。……民以为王，则谓之天王天子；民不以为主，则独夫而已矣。二周之君，虽无大恶见绝于天下，然独夫也。故孟子勉齐、梁以王者，与孔子之所以告诸侯不同。君子之救世，时行而已矣。[①]

孔子和孟子所处的时代各不相同，孔子所处的时代，周之典礼尚存，循之可以达致天下之治，所以，孔子救世则要尊周，要求各诸侯王要维护周天子的权威；孟子所处的时代，周之典礼不存，天命已坠，民不以周天子为主，故孟子济民则要“勉齐、梁以王”，鼓励齐国和魏国之君“王天下”。事各不同，但体现的精神是一致的。

① 《河南程氏遗书》卷二十一，《二程集》，第 273 页。

这就可以说，孟子创造性转化了孔子的思想。

在哲学上，程颐是这样来论证创造性转化的必要：天理是不易的普遍原则，但天理的实现又有无限的多变性；天理作为普遍的原则与其实现形式的多变性似乎构成了一对矛盾，但在程颐的思想体系中，对普遍性的理的追求并不妨碍天理在实现过程中的多变性，天理在实现过程中所表现出来的多变性使得世界和人类历史不会凝固、停止在一个固定的点上。天理的实现不是一劳永逸的，天理的状态也不是停滞的，而是复演的。天理的不断重演，意味着天理的内容是历史的，内容是体现精神的，但同样的精神可以由不同的内容来体现，这其中就有文化精神在不同时代、社会如何进行创造性转化的问题。

程颐在论儒家之“礼”的发展历程时，表达了他的这种观点。他说：

> 礼，时为大，须当损益。夏、商、周所因损益可知，则能继周者亦必有所损益。如云“行夏之时，乘殷之辂，服周之冕，乐则韶舞”，是夏时之类可从则从之。盖古人今人，自是年之寿夭、形之大小不同。古之被衣冠者，魁伟质厚，气象自别。若使今人衣古冠冕，情性自不相称。盖自是气有淳漓。正如春气盛时，生得物如何，春气衰时，生得物如何，必然别。今之始开荒田，初岁种之，可得数倍，及其久，则一岁薄于一岁，此乃常理……古之伏羲，岂不能垂衣裳，必待尧、舜然后垂衣裳……所谓“溥博渊泉而时出之”也，须是先有溥博渊泉也，

方始能时出。自无溥博渊泉，岂能时出之？[①]

不同时期的“礼”，就其形式而言，各不相同，有损有益，但其基本精神则相似。“时”与“势”造成了人类的整体行为，变易中有“时”的问题，随时非常重要。程颐提出“随时变易以从道”的思想，认为人类社会的历史是一个生生不息的发展发程，这可以从理在不同时期有不同的表现来得到合理解释。理是在历史的发展中得到呈现的，阴阳的不平衡是一种恒常的现象，理是此不平衡的阴阳对待中的一种理想状态。理的呈现是一个历史的过程，道虽同，其实现方式则各异，这表现为相似文化精神在不同时代、不同社会的创造性转化。

在程颐看来，不同历史事件本身皆体现有价值，此理也即儒家道德仁义的精神。在历史的变化、发展中，人们应该根据不同的具体情况，以这种精神指导自己的行为，遵循此道而行，这也即“随时变易以从道”的含义。所以，今人不必循古礼。伏羲仰观、俯察，画卦以通神明之德；尧、舜则垂衣裳而天下治。事各不同，但所显之理则一。

因历史文化基本精神的不变，故而文化是有历史继承性的，历史也因而是可以被人们理解和认识的；因历史内容的丰富多样性，故而历史文化精神在使自己得到表现的过程中，其形态呈现出历史性、变易性，于其中就有创造性。文化基本精神的不变和体现此精神的历史形态的流动、更迭的结合，使得历史过程呈现出既是生成

① 《河南程氏遗书》卷十五，《二程集》，第146页。

的，又是有规律的。程颐在某种情况下，甚至承认普遍性的历史文化精神只有在具体的历史创造、历史实践之后才能出现，每一次人们对历史文化精神的体认和实践都是在一种新的状态之下来进行的，这种对理的周期性的复演，都是以一种新的历史形式出现的，这就离不开对创造性转化问题的讨论。

在此，有一个问题是需要辨明的。一般认为，程颐是理本论者，道或理是形而上的本体，是不变的存在；而从自然界到人类社会又都是一个生生不息的发展过程。这种不变的道本或理本是如何生发出生生不息的自然界和人类社会来的呢？程颐的理论倾向于认为，理既可以理解为规律，也可以理解为表现为文化基本精神的道义，理的存在本身并不影响自然界和人类社会的历史是生成变化的，理的实现是一种连续性的活动，在历史发展的每一个阶段都有达到理的理想境界的可能。现实的丰富多样性使不同时期理的实现方式都有所不同，理是不变的，理的实现方式则必然是历史的、变化的，不变的理也就在这个过程中表现出了历史性与创造性。

程颐认为，理是普遍的存在，事物不过是理的体现，理将在人类历史的发展中得到不断呈现。他与学生有一段对话：

“礼云礼云，玉帛云乎哉？乐云乐云，钟鼓云乎哉？”“此固有礼乐，不在玉帛钟鼓。先儒解者，多引‘安上治民莫善于礼，移风易俗莫善于乐’。此固是礼乐之大用也，然推本而言，礼只是一个序，乐只是一个和。只此两字，含畜多少义理。”又问：“礼莫是天地之序？乐莫是天地之和？”曰：“固是。天下无一物无礼乐。且置两只椅子，才不正便是无序，无序便乖，乖便不和。”又问：“如此，则礼乐却只是一事。”曰：“不然。如天地阴阳，其势高下甚相背，然必相须而为用也。有阴便有阳，有阳便有阴，有一便有二，才有一二，便有一二之间，便是三，已往更无穷。老子亦曰：‘三生万物。’此是生生之谓易，理自然如此。“维天之命，于穆不已”，自是理自相续不已，非是人为之。如使可为，虽使百万般安排，也须有息时。只为无为，故不息。”①

程颐认为，儒家所谓“礼”，其内容不等于就是作为祭祀实物的某种特定的玉与帛；所谓“乐”，也不等于就等同于演奏音乐的钟与鼓。甚至“礼”的功能也不能说就是安上治民，“乐”的功能也不能说就是移风易俗。程颐将“礼”与“乐”上升到形而上的天道的高度，认为礼是天地之序，乐为天地之和。天地阴阳万变，皆有其序，皆有其和，万变不离其宗。故礼、乐属于天理，天理乃形而上者，由此，程颐建立起他统摄一切存在的天理本体论哲学。理为宇宙天地万物之本，通过人与物的终始变化呈现出来，天理于是自能相续不已，生生不息，即所谓“不见而彰，不动而变，无为而成”。

历史是一个流变的过程，其发展过程中，有常理，有变通。程颐讨论历史事件的一个重要的方法，就是要透过某个具体的历史事件，去寻找这个历史事件之后所反映的一般的、带有规律性的东西。但程颐关于形上的、不变的理体与自然界、人类社会历史的生生不息关系的思想，与黑格尔的绝对理念及其展开的思想并不相同。黑

① 《河南程氏遗书》卷十八，《二程集》，第225—226页。

格尔认为，历史事件的发展、变化不过是绝对本质的展开，存在一种先在的、既定的秩序。事物的本质是不变的、可以预见的，在发展之先，发展的路径和结果便已注定，一切都是既定而非生成。既然本质先于存在，命运早于过程，那么存在和过程就无足轻重。黑格尔的历史哲学是一种本质主义的哲学，它先在地确定了世界和人的命运。

但是，历史之所以是历史，就在于它的变易性、创造性，历史事件不会完全重复，理的呈现有赖于历史性的创造活动。为此，程颐引进“时”的概念，“时”与易之“生生”是紧密联系在一起的。时移事异，则产生不同的变化，理就存在于这种变化之中。“时”又与阴阳的对待、流行相关，阴阳对待、流行的不同状态，就形成了不同的“时”，阴阳对待、流行的动态流变过程中，有一种阴阳相和的理想状态，这种阴阳相和的理想状态就是“道”或“理”，相对于阴阳相“和”的理想状态而言，“时”或者趋近于“和”，或者远离“和”，趋近于“和”则能长久，远离“和”则阴阳统一体将会发生变革，促使新的阴阳统一体的产生，于是又开始了新一轮的追求阴阳相和的过程。人们构成了社会，社会也存在一种现实状态与理想状态的区分。人的行为本身就构成了人的现实存在，这种现实存在相对于理想状态而言，也有一个趋近与远离的问题。目标虽然明确，但在实现的过程中充满着未知因素和未完成的因素，这就使得生成的每一个过程都是非终极的，因而在发展方向上呈现出多角度。但这些角度中，也有一个方向和目标，这就是理。

就个体来讲，自然物乃至个人、家庭、社会、国家都有一个生灭的过程，这注定了个体精神对最高之理的理解必然是个历史的过程、具有创造性，它将随着个体退出历史舞台而寻找新一轮的展开。当然，个体的消亡并不能阻挡理的呈现，理在不同个体精神上的体现是一种复演的过程，在这个过程中，好像是回到了出发点，但实际内容已经发生了非常大的改变，理的内涵也因之而得到不断丰富与发展。千百年前之前圣与千百年后之后圣，其心同，其迹必异。理必须在不同的多样性历史事件才能表达或展示自己，理的存在只有通过历史才能得到认识。故程颐的理本论哲学思想体系本身本不排除历史的存在与发展，相反，历史必须是存在和发展的，由此才能展示理的丰富多彩性。应该说，人类在每一个历史时期，都有内容各异的社会生活，这些社会生活构成了历史的内容。有些人往往过多地强调了不同历史时期社会生活的差异性，这导致人们往往把自己所承袭的过去的历史文化内容视为一种与己无关的他者。程颐的历史观与之不同，他一方面看到文化的历史差异性，但另一方面又认为这些内容又不是各不相干的，而是有理一以贯之。程颐的历史哲学思想是既要关注个性，又要重视普遍性，在追求普遍的共性的同时又必须具备历史主义的眼光。如果历史只是互不关联的个体的展示，这种历史对人类来讲是毫无意义的。对特殊性的关注应该与对普遍性的关注结合起来。理是普遍存在的，理的实现则必然具有某种历史性的创造。故而历史与文化的创造性是程颐哲学思想的一个重要特征。

2. 传统文化创造性转化的可能性、必要性

中华民族的社会生活实践活动，有相关的价值观念为其指导。例如，儒家的“仁爱”，就是指导中国人生活的文化价值观念之一，每个人皆要培养自己的仁爱之心，但是，在如何呈现自己的仁爱之

心时，不同历史时期的人会有不同的表现方式；针对不同对象，人们表现自己仁爱之心的方式也会有所差异。这样一来，文化与哲学的历史性、独特性就产生了，故中国传统文化有不同的历史分期，每个历史时期的哲学与文化之间，皆具有历史性、差异性。

但是，历史性、差异性的存在，又并不妨碍它们之间具有一致性、相通性。通常说来，观念即具有普遍性，文化与哲学皆是普遍性的名词、观念，因其为普遍性，故古代文化与现代文明可以有相通之处。现代文明仍然要讲“仁爱”，要讲“仁者爱人”。“仁”这个普遍性的观念，却要通过中华民族不同历史时期具体的生命来呈现和担当。正因为普遍的价值观念要在特殊的历史时期、特殊的生命限制中表现，故其在表现方式上具有历史性、独特性，因而文化本身需要随着时代、社会的发展，不断进行创造性的转化。

应该肯定，中华优秀传统文化在当代社会，仍然可以发挥其积极作用。当今时代，随着极端个人主义思潮的沉渣泛起，社会也出现了一些不正常的情况：某些人极端自私，只顾追逐自己的利益，从不顾及他人与社群的合法权益，这就有可能会导致人与人之间关系的冷漠。如何解决这一社会问题？也许中国传统的礼乐文化就可以为此提供解决问题的方案。

我们可以通过倡导人与人之间相互的“仁爱”与“尊重”，以之来建立起一个充满正能量的、温暖的、爱的世界。一般来说，人的力量不若牛、也跑不过马，但牛、马却为人所役使、为人服务，原因之一在于人能够依靠群体的力量与智慧，立足于这个世界。我们经常说的“人类社会”一词，正表明人是社会性的群居动物。单独的个人怎样才能结成社会性的群体，这就需要礼，需要倡导人与人之间的相互爱护、相互尊重，“仁爱”与“尊重”是维系、拉近人与人之间关系最好、也是最重要的方式，正是礼所展现的“仁爱”与“尊重”，方使得不同的个体性之人，组成了群体的人类社会。

因此，文化的核心精神可以在相当长的时间中保持稳定，如儒家的“仁者爱人”，道家的“尊道贵德”等，即是如此。但是，体现文化核心精神的各种具体的形式，则会随着时代与社会的变迁而发生改变，故需要与时俱进，随着时代、社会的不断发展，进行创造性的转化。中国传统的礼乐文化在现代社会仍然能够推动人与人之间的“爱”与“尊重”，提高全民素质；但其表现形式则要随着时代、社会的进步而改变，实现自身的创造性转化。

举个例子，中国向来有“礼仪之邦”的美誉，礼乐文明是我们民族的一个重要传统。那么，在现代社会，对传统的礼乐文明，我们该当如何来进行创造性转化呢？孔子曾说：“人而不仁，如礼何?”意思是：一个人如果没有仁爱之心，那么，他怎么能够很好地践行礼呢？在孔子看来，礼即是人们以仁爱之心来对待、要求自己，同时也表达自己对他人仁爱、尊重的重要方式。儒家所言“立于礼”，“礼”也就包括了一些形式性、法则性的规范；人只有在礼之中，才能“立”起来。而礼的内涵，则与人心尤其是人的道德“本心”相关联。孟子所谓的“恻隐”、“是非”、“辞让”、“羞恶”四端，皆发自人的道德“本心”。因此，礼的核心内容是“仁爱”与“尊重”，各种礼仪是表现“仁爱”与“尊重”的不同形式。

礼仪的形式随着时代和社会的发展，可能会有所改变，一些不合时宜的仪式会被淘汰掉。如在孟子那个时代，就存在这样的讨论：在嫂子溺水的情况下，小叔子是否仍然要死守“男女授受不亲”的礼仪形式而不施以援手？孟子认为，以遵守旧礼仪形式为借口，不愿从礼的根本内核“仁爱”出发而施以援手的人，皆不配被称作为“人”，这样的人简直禽兽不如。同样，旧社会所谓“寡妇不能改嫁”之类的旧仪则，在当今时代，都可以考虑将其一扫而光。

因此，如果我们仅仅只是外在地恪守过去某种僵死的礼仪形式，是不可能践行好“礼”的精神的。以孔子、孟子为代表的儒家观点，认为礼以“仁爱”以及人与人之间的相互“爱护”、“尊重”为主要内涵，但是，因时代和社会的发展、进步，表现“爱”与“尊重”的具体形式会有差异，会涌现出一些体现礼之精神的新礼仪形式，这就应该也可以算作是我们所说传统文化的创造性发展的一个表现。

在社会主义阶段，中国社会的方方面面与过去相比，皆发生了翻天覆地的改变。传统文化当然可以在当代社会继续发挥其重要影响、作用，但它如何适应时代和社会的改变，继续发挥其积极功能，就是其所面临的一个重要任务。我们反对以某种僵化、过时的旧礼仪形式的不合时宜，来否定人与人之间需要相互的爱与尊重的基本事实。未来人类的前途、命运，也许就在于我们每一个人能否坚守对自己、对他人的“爱”与“尊重”。

当然，历史性的中华优秀传统文化也有一个如何与现时代有机相融、进行创造性转化的问题。我们必须根据时代和社会的要求，对历史性的传统文化不断做出相应的改进，使之与现代社会相结合，从而保持我们文化的开放性、创造性。

3. 如何实现对传统文化的创造性转化

接下来，我们如何才能实现对传统文化的创造性转化？这也是一个非常重要的问题。

首先，我们仍然要坚持中国传统哲学与文化重视人与社会、关注生命存在的优点。哲学与文化最重要的功能之一，就是为社会和人们的生活提供价值导向。价值导向非常关键，它引领时代和社会发展的方向，担任指导人类社会文化、文明进步的重要责任。

中国哲学与文化引导人们纯化自己的自然生命，追求、向往最完美、最道德的社会生活与精神生活。其所谓成圣、成贤、成真人等，皆有这个特点。这种哲学与文化，能够启发人的思想中最好、最完美的部分，并通过修身的实践，将之转化为现实之存在。例如，中国传统的礼乐文明，其所谓礼仪既包含“礼”，也包含“仪”，礼的核心内容是“仁者爱人”与“克己复礼”；“仪”是表现“仁爱”与“尊重”的各种形式。无论现在还是过去，礼仪都是规范人们行为的价值准则，既可以之律己，又可以之待人，它的核心内容就是人与人之间的“爱”与“尊重”。随着时间的推移，社会的进步，表现礼仪的各种形式会发生改变。但是，其价值精神的内核则具有相对的稳定性。礼仪倡导人们之间的相互尊重，相互爱护，和谐相处，这可以使整个社会的风气变得更加和睦，从而拉近人与人之间的情感距离、心灵距离，乃至精神距离。在对中华优秀传统文化的创造性转化的过程中，我们要肯定和坚持我们自己文化所具有的优点。

其次，中华传统文化要在现代社会实现创造性的转化，还要积极回应当代社会所迫切关注的重要问题，积极探索解决现实问题的各种好的方式、方法。

马克思主义追求“人的全面发展”。中华优秀传统文化恰恰非常关注“人”的问题、重视生命存在的价值。中华传统文化有其生命意识，德性的追求就是其生命意识的表现。站在德性意识的文化生命立场，人类可以从历史、自然的发展中得到升华。在文化生命的照耀之下，社会历史与人的自然生命，就可以永远有理想、追求，就可以代代相传、持续下去；就可以通过人的努力，使“理想”与“梦”不断呈现出来。这就与西方历史哲学家斯宾格勒所说的“文化断灭论”有所不同，德性文化本身即可以成就一个超越，来润泽、提升我们人类的历史、社会与自然生命。

中国传统哲学与文化重视人与社会、关注生命存在及其价值，其最重要的功能之一，就是为社会和人们的生活提供价值导向。例如，现代社会发展起来的民主、科学等，仍然要与中国传统文化所注重的德性相关联。若忽略科学、技术、民主等与德性的关联，使所谓的科学、民主等与人之心、身、性、命全无交涉，于人之为人的道德践履全无交涉，则科学、民主等现代社会运行之模式，就会仅只停留在形式的层面，而不能于其中蕴有德性的内涵，如此则可能会导致其异化，使人类未来的发展误入歧途。中华传统文化要关注现代社会的这些重要问题，探讨解决问题的恰当方式。

中国现代文明发展到今天，并非横空出世，而是有其深厚的历史文化背景。我们若不能承继古往今来的文化意识，就可能使我们的文化成为无源之水、无本之木。所以，从社会主义核心价值体系建构的要求出发，从民族文化、民族精神中总结出符合时代和社会需要的内容，仍然是我们当前需要重点研究的问题之一。

五、中华优秀传统文化对构建社会主义核心价值体系的重要意义

如何构建社会主义核心价值体系，使每个公民自觉确立起正确的文化价值理念，是时代赋予我们的使命。中华民族传统文化中，

蕴含有许多优秀的价值理念，对构建社会主义核心价值体系具有重要的意义。

中华民族在长期的社会历史实践过程中，形成了独具特色的民族文化、民族精神，其所倡导的积极入世、济世之爱国精神，关于理想人格、理想社会之建构的理念等，在我们当前建构社会主义和谐社会的过程中，仍然具有重要意义，可以为构建社会主义核心价值体系服务。如我们所熟知的“良知”、“仁”、“诚”等价值之本的思想；“急乎天下国家之用”、“开物成务”、“通天下之志”、“成天下之务”、“自强不息”、“经世济民”的社会责任感；“善”与“恶”、“公”与“私”、“义”与“利”、“群”与“己”、“荣”与“辱”的价值评判思想；“厚德载物”、“乐天知命”、“与天地合其德”的道德价值的超越境界，等等。这些方面构成了我们民族文化和民族精神的主要内容。

为了实现“教化”，我们的民族文化探讨了关于德性之善的种种表现和实现方式，为个体修养和社会完善提供了基本的价值原则和尺度，使之成为调整人自身、人与社会、人与自然等各种关系的行为规范和准则，这部分内容在我们的民族文化中也相当丰富，如“知”与“行”、“涵养”与“省察”、“正心”与“修身”、“持敬”与“存诚”、“格物”与“致知”等。综观我们的民族文化与民族精神，关于理想人格与理想社会养成的内容，其中存在着许多健康的、积极的、高尚的道德、价值追求，能够激励人们进行创造性的探索，为人们提供追求崇高理想的精神活力。通过从民族文化、民族精神中汲取其精华，古为今用，我们社会主义核心价值体系的建构将可以获得不竭的精神动力和智力支持。

中华民族文化衍化、整合所形成的这些价值观念体系，长期以来，对中国社会政治、经济、文化、生活等诸多领域中都产生了重要影响，它所铸造的文化精神方向，既对此前的中国传统价值精神做出了的理性反思和重塑，也对我们现代社会的文化精神之发展，起着重要的借鉴作用，我们可以通过继承、发扬民族文化和民族精神的理论精华，为当前确立社会主义核心价值体系的文化战略服务，这对构建社会主义和谐社会具有积极意义。

价值观作为文化的核心要素，需要通过教育来得到普及、推广。反思当前的教育，我们发现，教育不仅仅只是简单地上一堂课、传授一些知识，更是在培养一种健全的人格。有效的教育当以立德、树人为根本，立德、树人、育人，这是教育所应具的功能。培养一个符合社会需要的人才，当然要通过教育；但是，我们的教育不能仅仅只是设法让学生记住一些公式、定理、观点、辞章，我们是要实现他精神的成长，让他成为一个具有健全人格的、大写的“人”。

从这个角度来讲，教师需要具备中国传统哲学与文化这方面的素养。因为对于人格的培养，在传统国学中，资源非常丰富，比如说，国学探讨了关于德性之善的种种表现方式，能够为个体的修养和社会的完善提供最基本的价值尺度和原则；对于如何调整人自身，调整人与社会，人与自然等各种关系的一些行为的规范和准则，这在国学中是很丰富的，中国哲学与文化特别重视探讨德性修养过程中的“知”与“行”、“涵养”与“省察”、“正心”与“修身”、“持敬”与“存诚”、“格物”与“致知”等这样一些问题，重视人格的培养。

教育离不开教师。唐代大文豪韩愈曾著《师说》，提出“古之学者必有师。师者，所以传道授业解惑也”，认为教师这个职业在于“传道授业解惑”。在古希腊，“教师”一语源于拉丁语，本义是担任艰苦任务的奴隶或者卫士，其主要职责是引导孩子去上学。那么，从本义上讲，教师就有一个职责：他是学生的引路人，要把孩子带到合适的地方去。如果做不好，就会误人子弟。所以，从这个角度讲，教师的责任是很重大的。

对于教育，古希腊的著名哲学家柏拉图也有一个说法。他提出教育有一个宗旨，即任何以财富、身体的力气以及其他与理智和正义无关的事物为宗旨的训练，都是粗俗的、不雅的，完全不配称作“教育”。那么，教育是什么？在柏拉图看来，就是让学生从小在学校里面接受“善”，使学生抱着一种热情而又坚定的信念去成为一个完善的公民，既懂得如何行使权利，又懂得如何服从正义的合格公民。所以，在柏拉图看来，教育不仅仅是要教给学生以知识，还要教给学生懂得善、懂得做人。

柏拉图论教育的这个精神，与中国文化是很接近的。中国哲学与文化认为，“教育”首先要“传道”；当然，教育也要传递、教授知识，但教师除了让学生掌握知识之外，还要引导学生求真、向善、爱美。所以，孔子说：“其身正，不令而行。其身不正，虽令不从。”在教育中，教师要以身作则、言传身教。我们现代教育所存在的一个缺陷，往往是把知识的传授放在了第一位，反而把学生的人格、德性培养放在了不太重要的位置。从这个方面看，中国哲学与文化恰好可以补足现代教育这方面的不足。因此，我们研究民族文化、弘扬民族精神，固然是为了总结中华民族的精神遗产，但更为根本的目的之一，还在于古为今用、实现民族传统文化在当代的创造性转化。

也许有人要问：旧的、传统的民族文化怎么可以照搬到现代社会？对此，我们建议这样来理解：

第一，社会主义核心价值体系以民族文化、民族精神为支柱，并不意味着死守传统的一切而不与时俱进。

应该看到，不同时代、不同的价值主体所表现出来的价值观是各不相同的，如以一定历史阶段的社会整体为主体，则其价值观具有时代性、社会性；以不同民族为主体，则其价值观又具有民族性。推而广之，个人、集体、阶级、国家等，其价值观亦如此。因此，我们强调继承自己优秀的传统文化，并不意味着照搬、照抄而不对之进行现代创新，通过对民族传统文化中的优秀价值精神做出理性反思和重塑，对我们现代社会文化精神的发展是可以起到重要参考和借鉴作用的。

第二，我们还要看到，我们当前社会主义国家所面临的一些问题，在性质上有些是和过去相一致的。

民族精神的凝聚、弘扬，爱国情操的培养，对社会、他人的关爱，对事业的追求等，古往今来，无不有此性质的问题存在，民族传统文化对这些问题的思考，可以对我们当前解决这些问题提供有益的参考、借鉴。故文化虽然在时间上有新旧之异，但文化发展中亦存在某些共时性的话题，这也是不容我们忽略的。民族文化、道德、价值观中对社会主义社会有促进作用的方面，我们当然应该继承和发扬之。

第三，现实人们的行为和思想并不是从虚无开始，过去特定时期的价值判断和价值理念总是作为现实一切活动的前提和预设条件而存在，成为我们当前行动和实践的出发点。

关注社会主义核心价值观问题的研究，是当代中国社会实践和科学发展所提出的重大课题。社会主义核心价值体系的建构，肩负着对人们的行为、观念进行价值导向的重任，它要在社会生活各个领域肯定其进步的一面，使人们明确什么可以做、什么应当做，从而促进社会的全面进步和人的全面发展。在社会主义和谐社会建构的过程中，我们要确立起社会主体的价值取向，以之来调节、规范人们的行为，从而使人们的活动更加有效、更加符合客观世界及其规律；要对社会活动是否有价值进行评价，帮助人们树立起正确的价值观念。通过建构社会主义核心价值体系，我们就能在新的社会历史时期确立起正确的价值观念和价值导向，这对于有效解决存在于人们思想当中的价值观冲突、价值危机等问题，对把我们国家建设成一个和谐、美好的社会主义国家，必将产生积极地影响。故建构一个科学、严谨、完整的社会主义核心价值体系，是当代中国所面临的一个重大任务。

具有中国特色的社会主义并不能割断自己的历史，社会主义的所有创造无不是在既定的历史传统基础之上来进行的。历史上，中华民族传统文化衍化、整合所形成的价值观念体系对中国社会的政治、经济、文化、生活等诸多领域都产生了重要影响，奠定了中国古人基本的思维方式、价值理想，成为人们修身、治国的指导思想。当然，中华民族文化不仅在中国古代有着广泛而深远的影响，并且在当代中国的理论与现实中仍然有着旺盛的生命力，它的精髓仍然存活在现代中国人的心灵之中，总结其理论思维的成就仍然具有重要的学术价值与现实意义。因此，不理解民族文化及其特性，就不能透彻理解中国传统社会，也不能理解中华民族的民族性与民族精神。如果不了解理想社会的价值理念，我们就不可能在实践中真正寻找到一条科学社会主义社会存在与发展的模式。

第三节　中华传统文化创新性发展及其必要

一、历史上“文化”创新举例：以“道教易学”为个案的考察

文化为什么会不断创新，其创新的机制与路径是什么？我们认为，每一种文化都有各自的特点和所欲解决的重点问题，在特别关注此问题的同时，对其他问题就可能有所忽略；这就导致每一种文化皆有自己所关注的盲点问题。在这个过程中，若此文化与其他文化之间保持交流、互动，就有可以拓展自己的视域，丰富、发展自己，从而导致文化的创新。

我们以中国文化发展史上的“道教易学”为例，来说明此问题。顾名思义，所谓道教易学，或谓道教中的易学，或谓易学在道教中。这两个方面的内容，既相联系，又相区别。

道教中的易学，范围比较广泛，它既涉及《周易》经、传及易学发展中出现的种种概念、哲学命题在道教教义思想中的运用，也包括《周易》的卦爻符号系统作为信仰的象征符号在道教中的运用等。

易学在道教中，指的是作为经学的《周易》学在道教中的应用、发展的情况。从道教的经籍总集《道藏》来看，尽管如元代李道纯作《三天易髓》，曾以《周易》中《乾》、《坤》两卦的爻辞释道教内

丹修炼，且这种情况在《道藏》的其他经文也都一定程度的存在；《道藏》中也收有明李贽的《易因》，但此书《四库全书总目提要》谓其“每卦先列经文，次以己意总论卦象，又附录诸儒之说于每卦之后，书止六十四卦”。故可以说，《道藏》中基本没有完整的、专门通过对《周易》经、传的直接解释来阐发道教的教义思想的经文。

因此，我们所说的道教易学，主要指的是道教中的易学，即以《周易》的卦爻象、卦数及历代易学中围绕着《周易》经、传本身及对其阐释中出现的种种概念、命题来对道教的信仰尤其是教义思想进行解说的一种学术形式。道教易学主要指的是一种“易外别传”，而不是指通过对《周易》经、传的直接解释来阐发道教的教义、信仰，不是指的“易学在道教中”，不是说在道教中存在一种纯经学的易学表现形式，且这种经学的易学表现形式被用来阐释道教的信仰和教义。

那么，为什么从道教中能发展出道教易学的思想体系？道教易学产生的思想渊源和历史背景如何？道教易学是否仅是一种纯主观的设定，其本身的发展有没有一个合乎逻辑的规律性的东西在其中？等等。这些问题决定了我们必须考察一下道教易学确立的理与势的问题，而由此我们就可以看到文化的创新性发展。

一般地说，易学文化和道教文化是在中国远古文化的传统上产生出来的具有代表性的两种文化。这两种文化既有不同的特色，又有其内在的关联。易学文化主要是以一套符号系统，加上神秘的卜辞，所形成的一种文化体系。而道教文化以“道与神仙的信仰”、“追求长生”作为其思想文化的重要内核。两者看起来似乎是不同的，但它们之间实际上有着同源的关系。

我们认为，易学与道教文化有着一个共同的文化源头，这就是中国远古的巫史文化。对中国远古的巫史文化的继承，是道教形成的一个重要原因。之所以这么说，原因如下：

其一，据《汉书·艺文志》称“道家者流，盖出于史官，历记成败存亡祸福古今之道，然后知秉要执本”①，认为道家学派是源出于王官之学中的“史官”之学。而先秦的道家思想是道教的一个重要来源，故道教与史官文化是有着密切联系的。

其次，道教与中国远古的巫术文化也是有联系的。尽管对中国土生土长的道教，从不同的角度出发，不同的专家和学者有着不同的定义和看法，但从一些学者对道教的定义中，都基本肯定了道教与中国远古巫术文化的关系。

李养正先生在其《道教概说》中有一定义，后又在其所著《道教史略讲》中作了修正。他说：“我在1989年出版的《道教概说》中也曾尝试地下了一个定义，原文为：‘道教是以我国古代社会的鬼神崇拜为基础；以神仙存在、神仙可求论和诱使人们用方术修持以追求长生不死、登仙享乐和用祭祀醮仪以祈福免灾为主体内容和特征；又文饰以道家、阴阳五行家、儒家谶讳学说中神秘主义成分为神学理论；带有浓厚的万物有灵论和泛神论性质的宗教。’后经同道教界中之师友讨论，亦认为不尽旨意。他们认为，道教之所以称为道教，关键在于宗仰黄帝、老子之道，尊崇黄老的理论与术说。这是道教教理教义的基础，也是其异于传统宗法宗教与儒、释的特征。因之，宗仰黄、老之道，以神仙家的术说及道家学说为中心，融合传统宗

① 《汉书·艺文志》，（汉）班固撰，（唐）颜师古注：《汉书》卷三十，中华书局1964年版，第1732页。

教习俗以告谕、教化世人，追求宗教和谐、国家太平及相信人们修道积德定能安乐幸福、长生久视的宗教，称‘道教’。我以为这个定义比较贴切，也是值得尊重的。”① 尽管李先生的观点前后有所不同，但道教“以我国古代社会的鬼神崇拜为基础”，“用祭祀醮仪以祈福免灾”为主体内容和特征之一，这些界定应该说是符合创始期道教的实际情况的。

胡孚琛先生主编的《中国道教大辞典》认为：“所谓道教，是中国母系氏族社会自发的原始宗教在演变过程中，将各种巫术、禁忌、方技术数、鬼神祭祀、民俗信仰、神话传说等综合起来，以融汇道家和神仙家的黄老学说为旗帜和理论支柱，杂取儒家、墨家、阴阳家、五行家、医家、方技家、养生家等诸学派的修炼理论、伦理观念和宗教信仰成分，在劝世度人、长生成仙，进而追求与道合一的目标下神学化、方术化为多层次的宗教体系。它是以道的信仰为核心，融汇中华民族传统文化的多种成分，不断汲取佛教的宗教形式，逐步发展而成的具有民众文化特色的宗教。”② 亦认为巫术与先秦道家学说等内容的结合，是道教的一个重要内容和特征。

朱越利、陈敏两先生所著《道教学》，引有日本学者福井康顺等所监修的《道教》第 1 卷中对道教归纳的 13 种定义，其中一些也肯定道教与中国古代巫史文化的关系。诸如道教“（二）是从神仙道吸收服食炼养，从道家哲学吸收治心养性，从民间信仰吸收多神，从巫祝吸收章醮之法，将这些综合统一起来。”③ “（七）道教是从中国

① 李养正：《道教史略讲》，中国道教学院 1997 年编印，第 2 页。

② 胡孚琛主编：《中华道教大辞典》，中国社会科学出版社 1995 年版，第 44 页。

③ 朱越利、陈敏：《道教学》，当代世界出版社 2000 年版，第 3 页。

古老的民间信仰发展起来的，其内容和形式又分为二。一是拥有道观和道士的教团组织的成立道教（亦被称为教会道教或教团道教），另一个是总称民间一切道教信仰的民众道教。道教内容包括：1、道家哲学；2、谶讳、巫祝、阴阳、神仙、卜筮等术数性部门；3、辟谷、调息、导引、房中术等医术性部门；4、民众伦理性部门。道教是以这些内容为基本内容，仿效佛教归纳而成的自然宗教。”① 因此，综合上述观点，可以看出中国远古的巫史文化是道教的一个重要来源。

那么《周易》与中国远古的巫史文化又有什么联系呢？对于《周易》一书的性质，前人早就说过：“《易》本为卜筮而作。”② 卜指的是龟卜，筮指的是占筮。也就是说，《周易》这部书，最早是从卜筮的方术中发展而来的。《左传·僖公十五年》记载韩简的话说：“龟，象也；筮，数也。”“象”与“数”，再加上卜筮者对于这些“象”、“数”解读所形成的卜辞与筮辞，则《周易》最重要的三个因素——理、象、数则都具备了。一些历史上的重要典籍，对于《周易》与巫史文化的关系，亦有一些记载。如《周礼·春官宗伯·大卜》记载：“大卜掌《三兆》之法，一曰《玉兆》，二曰《瓦兆》，三曰《原兆》。其经兆之体，皆百有二十，其颂皆千有二百。”③ 关于占筮，大卜“掌《三易》之法，一曰《连山》，二曰《归藏》，三曰《周易》。其经卦皆八，其别皆六十有四。”④《周易》由卜人和筮人来掌

① 朱越利、陈敏：《道教学》，第3—4页。
② 《易二·纲领上之下》，《朱子语类》卷六十六，第1620页。
③ 《周礼·春官宗伯·大卜》，（汉）郑玄注，（唐）贾公彦疏，赵伯雄整理，王文锦审定：《周礼注疏》卷二十四，北京大学出版社1999年版，第635—636页。
④ 《周礼·春官宗伯·大卜》，《周礼注疏》卷二十四，第637—638页。

握，卜人和筮人是能解读神意和天意的人，能沟通天、神与人的关系，跟巫、史有着相似的功能，在大多数的情况下，巫、史本身也即为卜人和筮人。“最早的巫师又都是传达神旨和利用各种手段预测吉凶的预言家”，“史前时代的巫师又是天文学家和历史记录者”[①]。因此，《周易》及其文化与中国远古的巫史文化是有着密切联系的。

可以说，道教文化与《周易》文化两者都有中国远古巫史文化这个共同的源头，在思想的来源上是有相同之处的，因而两者关注的问题也有相同之处，思想的特点也比较接近。如它们一般都主张“神”、“帝”主宰说，认为在现实世界的背后，有一种力量存在，它可以支配现实的世界。同时，两者都持人神沟通说，认为天、神与人之间是可以沟通的。如《周易》，它的主要特点在于“推天道以明人事”。《周易》著名的天地人“三才说”，认为人可以法天地之道而行事。道教也认为人与天、神之间可以沟通。道教的各种宗教科仪形式，都是人天沟通的形式；道教中还有用丹砂书符以驱邪役鬼之事；甚至道教的服食（也叫服饵），都体现了一种天人合一的思想。天地长久，金丹等物是天地的精华，人服食了天地的精华之物，便能和天地一般长久。这就是所谓“假外物以自坚固”，其中体现出来的思想，就是一种天人可以合一的思想。

道教与《周易》也都持趋福避祸说，认为人通过与天、神的沟通，能了知天、神的意旨，从而主动循天、神之意旨行事，以趋福避祸。如此等等。“神”、“帝”主宰，人与天、神的沟通，趋福避祸等思想，其文化的意义要大于其思想本身的意义。这些命题、思想

① 胡新生：《中国古代巫术》，山东人民出版社1998年版，第11、13页。

在今天看来，非常肤浅，甚至有迷信之嫌，但这种思想背后体现的文化探索的精神对于我们今天来说，仍然有着重要的价值。因为它反映了我们的祖先对于世界本质问题的思考，这种思考认为有一种普遍存在的力量支配着我们的现实世界，这种力量是世界的根据，是世界之所以存在的原因；现实的世界和本质的世界可以沟通，这种沟通非常重要，因其有了这种沟通，故而现实世界能与本质的世界相接近，甚至达到本质的世界；进而人的现实的生活态度，如趋吉避凶，不仅是可能的，而且是必要的。在这种看似非常粗俗的理论形式中，反映出了我们的祖先对于终极问题的思考，对于人文世界与自然世界关系的看法，对于人的现实的生活态度的探讨等。而对这些问题的不同思考，直到今天，对于人类的生活也还是具有重要的价值。

如上所述，道教文化与《周易》文化在源头上的相近，使得两者思想在内在的精神方面有着一些共同的气质，为它们之间的结合奠定了一定的基础。但结合应该是以双方各自的独立为前提的。可以说，道教文化与《周易》文化是同源而异流的关系，所谓同源，是指两者在源头方面有相近的人文精神；所谓异流，是指在发展的过程中，两者由于各自侧重思考的对象的差异，又分别具有不同的特点。但因两者对源头上共同具有的人文精神的继承，在一定的历史条件下，又有可能重新走近，互释互训，进行文化的融合、创新。

因道教前史的研究尚嫌不够，现在学界一般以张道陵创立道教的教团作为道教的正式开始，因此比较起来，《周易》及其文化在道教的正式创立前，已经有了一个较成熟的发展。在道教创立教团之前，《周易》及其文化受儒家思想的影响更多一些，尽管在这个过程中，它也受到诸如道家、阴阳家等诸子百家思想的影响。《汉书·艺文志》“人更三圣”的观点，以及朱熹“人更四圣”的观点，表明《周易》一书的成书历程主要经历了从伏羲、周文王到孔子，或在周文王与孔子之间再加上周公这么一个过程。这个过程，从早期《周易》重卜筮、重对神意的前知和遵循，人事更多地是服从天、神之意；到周公的“以德配天”，积极从事人事，以与天德相配；再到以孔子为代表的儒家“敬鬼神而远之”、“尽人事以听天命”，有一个重与鬼神沟通、重神秘体验到逐渐转向重人事、重理性的转变。在这个转变的过程中，《周易》及其思想渐渐脱去了巫史文化的神秘性外衣，而一步一步地理论化、理性化了。这个过程之所以能发生，不能仅从《周易》及其思想本身去找原因。儒家学说重现实教化的这个特点，决定了它必须对《周易》及其思想做出这个发展方向的改变。教化要切入现实，必须具有更重人事的特点，这使得儒家学者对《周易》及其文化力图进行改造，使之逐渐脱去神秘巫术的形式，更多地以实实在在的理性态度、阐发哲理的方式去对《周易》经传及卦爻象、卦爻辞进行说明。这直接影响到《周易》及其思想的发展历程，使《周易》逐渐地从远古巫史文化时期的卜筮之书转为讲哲理的书。

因为现实统治的需要，西汉经历了由汉初重视以黄老学说治国到汉武帝“罢黜百家，独尊儒术”的转变。儒家学说在汉武帝之后，成为官方的意识形态。作为意识形态，要对现实的生活进行规范，要对至高无上的王权进行监控，故汉易尤其是汉儒之易在先秦易学的发展基础上，从内容到形式又都有了新的发展。朱伯崑先生认为，西汉学者解易，有三种倾向：一是以孟喜、京房为代表的官方易学，以奇偶之数、八卦象征物、卦气说来解说《周易》经传文及其原理，并利用《周易》讲阴阳灾异；二是费直以《易传》文意解经，注重义理；三是以道家黄老之学解释《周易》，讲阴阳变易。[①] 应该说，这些易学形式的出现，都受其内在理势发展的必然所驱使。

我们先看儒家易学，儒学易讲阴阳灾异，似乎又有回到远古巫史文化的倾向。但阴阳灾异的背后，是希望以天道的权威来规范和约束人世间极度膨胀的王权，无论其形式和精神，都与远古巫史文化有着巨大的差别。就其形式而言，汉儒解《易》的卦气说、奇偶之数、纳甲之法，是力图对天道进行理性化的理论说明，它具有一套可具体操作的方式、方法，和巫祝通神的神秘体验是根本不同的。就精神而言，阴阳灾异的出发点是人事，是要对王权进行规范和约束；而远古巫史文化的出发点是要探寻天、神的意旨。因为远古时代，生产力十分低下，人们对于自然、对于社会、对于人本身的认识都非常肤浅，抵御自然灾害的能力非常有限，对于个人和群体的命运，经常出现无所适从的感觉，因此有了对自然力的崇敬而产生的自然崇拜，或者对本部落英雄或祖先的崇拜。可以说，远古巫史文化是自然崇拜的一种形式，它更重视对所谓天、神意旨的探寻；而汉儒言阴阳灾异则更偏重于人事。

但为什么又会在汉儒的易学之外，出现以道家黄老之学解释《周易》、讲阴阳变易和炉火之事的最初的道教易学呢？这也必须联系汉代的具体情况来看。汉武帝独尊儒术，儒学获得了充分发挥其作用的路径，儒学的发展，对于汉代社会来说，有利有弊。卢国龙

① 朱伯崑：《易学哲学史》上册，北京大学出版社 1986 年版，第 108、109 页。

先生说："两汉社会的相对稳定，既有因于儒学切入现实所发挥的作用，又反过来推动儒学更紧密地与现实相结合，使儒学渗透到社会机制以及生活方式等各个层面。于是积久而弊生，使儒学只能发挥稳定社会秩序而不能发挥调整社会关系的作用。儒学不能适应社会变革的要求，道家之学便重登历史舞台。"① 我们知道，道家与儒家两者在学术立场上是相异的。道家在人天关系上，更重天，所谓"人法地，地法天，天法道，道法自然"、"无以人灭天，无以故灭命"。与道家相比，儒家在天人关系中则更重人，孔子"罕言性与天道"，即是如此。以人事为本，从人和现实社会出发，是儒家的特点；而道家更多地是超出人事之外，站在天道的高度对人事进行引导。汉代儒学的僵化，反衬出道家思想的通融无碍，因道家道的概念具有无限的包容性，一切变与不变皆可纳入到其中来。但是道家轻人事、重天道的特征，使其在切入现实生活方面存在一定的难度。而不能切入现实，则不能引领现实。

先秦道家的这个理论的缺陷，使得它必须适应新形式而做出某种改革。而道教便是先秦道家变革后的一个产物。道教直接继承了先秦的道家思想，同时对道家思想又有所扬弃。因为道教作为一种宗教，它要考虑教化世人的问题，因此也就要考虑如何更好地切入现实的问题。如果说道教对先秦道家的思想有所发展的话，那么，如何更好地切入现实是其中的一个重要方面。从教化的形式看，教化有宗教教化与现实教化等。宗教教化是确立一个宗教的理想，以宗教理想为准则，以现实生活服从宗教理想来对信众进行教化，立

① 卢国龙：《道教哲学》，华夏出版社 1997 年版，第 6 页。

足点是宗教理想；现实教化，则主要从现实出发，力图对现实生活进行设计和改造，立足点是现实生活。儒家偏重现实教化。而道教作为一种宗教，在其成立之初，虽然也受到儒家的影响，在教化形式上与儒家可能有相近的地方，但其教化的内容和实质，仍然是宗教的教化。它因应民众信仰的需要，以神道设教的方式，以终极的神、道来统领现实，将现实人事的根据归到终极的神、道之中。两者因其关注点的不同，从而理论的特质也各异，可以说源虽同但流却异。在当时的情况下，两者是相互补充，互为消长的。如果现实教化在现实中遇到阻力，不能持续有效地进行下去；或者人文化成不能适应变化日新的社会生活，在这种情况下，就必然会给宗教教化以更大的活动空间。在汉代后期，如何既推崇天道，确立一个高于现实生活的理想目标，这个目标可以充当引领现实的人事趋向于理想化的准则性的作用，使现实生活不因现实制度的僵化而凝固不化，同时又能有效地切入于现实生活之中，更好地发挥现实教化的功能，是时代提出的课题之一。可以说，道教的产生，亦与此时代的课题有关。道教既吸收了道家在人天关系上的思想，又吸收了儒家重现实教化的特点。它认为人道应该合于天道，天道是人道归趋的目标；同时又重人道之本身，认为归趋于天道的落脚点还在于人道。无论是太平道的“大方”、“小方”，还是早期天师道的“二十四治”、“二十八治”、“靖庐”、“厨会”、“祭酒”、“鬼卒”等一系列政教合一的政治制度和宗教形式，都反映出道教的上述特点。

由人道及于天道为什么是可能的？天道之理为何？由人道及于天道的具体路径为何？道教正是在对这些问题的思考过程中，引入了易学，从而确立了道教易学这种独特的道教义理形式。因为《周易》经、传的义理内容和卦爻象的数理排列，如卦气说、纳甲说、卦的数理、卦序的排列、卦的取象等，对于天道的敷演，是非常有效的理论形式。汉易以八卦、十二辟卦或六十四卦配一年的四时、十二月、二十四节气；纳甲法以天干、地支配卦，如此等等，在当时能非常精致地、有效地说明天道运行的规律。那时的人们认同《易》与天道的关系，认为《易》之理即是天理的表现，循《易》理而行就能与天道相通，达到天与人的合一。将《易》引入道教，可以解决由人道及于天道的路径和阶次的问题。人通过法阴阳的消长，如四时、十二月、二十四节气的卦气变化，卦象和卦理的变化，纳甲的方法，修丹以合于天道。由人道及于天道的路径和阶次等问题因《易》引入道教而变得更加明晰。

同时，引《易》入道，也可以解决先秦道家对道无法具体描述的困难。《老子》认为“道可道，非常道”①，道作为存在是不可知其名的，所谓“有物混成，先天地生。寂兮寥兮，独立不改，周行而不殆，可以为天下母。吾不知其名，强字之曰‘道’”②；《庄子》认为道“有情有信，无为无形；可传而不可受，可得而不可见”③。引《易》入道，天道的内容可以通过《易》来表现。因此，东汉后期出现了道教炼丹术的不朽名作——《周易参同契》，合大易、黄老、炉火而言道教的修丹。它以《易》之乾、坤为天地间两种性质相对的基本因素；因乾、坤而有坎、离，在《易》则生成六十四卦，在造化言则生成万物；屯、蒙至既济、未济，一正一反，既是对事物变

① 《老子》第一章，《老子今注今译》，第73页。
② 《老子》第二十五章，《老子今注今译》，第169页。
③ 《庄子·大宗师》，《老子今注今译》，第213页。

化过程的一个描述，也是炼丹的火候变化规律；至于十二辟卦、月相纳甲等，尽管汉儒都是从对《易》的解说中创制出来的，道教则以之明天道的内容和炼丹的原理。因此，《易》引入道教后，天道不再是恍恍惚惚、不可言说、不可描述的神秘主宰者，而是有着实实在在内容、支配事物变化和发展的规律性存在。而《周易参同契》的出现，也就表明了道教易学的正式诞生。①

道教易学以修道成神、成仙从而长生不老为目标，人通过法天道而行事，就能与天道相合，长生不老，得道成仙。天道又可以通过《易》之理来表达，故道教的修道、成神便与《易》发生了沟通。因道教与《易》的沟通，产生了道教易学，也便形成了道教易学独特的论题：

第一，道教易学结合《易》之理，要探讨天道及其表现，以为道教信仰确立终极的宗教目标，也为道教的宗教修持确立方向。因此，以《易》的理、象、数等形式来论何谓道，道与物的关系，道的各种属性，道的特征等，均属道教易学的内容。

第二，道教易学结合《易》之理，要探讨修道的路径和方法，使道教的宗教修持切实可行。因此，以《易》的理、象、数等形式来论修道的方式，如药物问题、火候问题、鼎器问题、路径问题、层次问题等，也都属道教易学的内容。

第三，道教以及道教易学都是要立足于人事教化，以人合天，从而得道成神、成仙，长生不老。因此，道教易学的内容还应包括以《易》的理、象、数等形式来论人性的修养和人的精神超越，对

① 朱伯崑先生认为《周易参同契》“以《周易》中的阴阳说，特别是汉易中的卦气说，解释炼丹术，标志着汉易发展的另一倾向，成为后来道教易学的先驱”。详见《易学哲学史》上册，第 214 页。

于生与死问题的思考，对于价值问题的思考以及对于社会现实的所应采取的合适的态度等问题。

随着历史的推移、道教的发展，道教易学也经历了具有不同特色的几个发展阶段。到了宋元时期，道教易学发展至极盛，形成了丹道易学、道教图书易学和道教易老学等新的理论形式。

道教文化与易学文化是中华本土文化中较有代表性的、不同质的两种文化，它们各有自己所关注的特殊问题，其文化形态是相异的，但存在可以相通的文化精神，故在历史发展过程中，它们相互碰撞、相互汲取，铸成了一种崭新的文化形态——道教易学。

由此，我们可以看到，每一种文化皆有其产生的文化土壤，这导致了文化与哲学的特殊性。但是，差异性的存在，又并不妨碍它们之间相通、互补。文化与哲学观念因其要通过一些具体的生命形式，包括个人、民族、国家来呈现，故在表现方式上必定具有特殊性，从而文化本身亦具有个性，丰富而多彩。当面对不同于自己的异质文化、文明时，就可以从自身的特殊情况出发，有选择地吸收、借鉴其优秀的文明成果，以之来丰富自己。在这个过程中，因不同质文化之间的相互交流、碰撞，就有可能导致原有文化的创新、发展。

二、中华优秀传统文化创新之必要

我们讨论中国哲学与文化的创新问题，首先要明确我们在什么基础上来谈这个问题。我们为什么要创新，我们如何才能创新，创新之后的中国哲学与文化采取何种形态，等等。这些问题，都是我们在理论和实践中所需要解决的问题。

我们为什么要创新？原因之一，就在于我们所处的时代和社会在不断进步、发展，为不断解决和回应时代和社会变迁所提出的各种新问题，这就要求我们的文化形式必须不断保持开放性和创新性。

其次，在全球一体化趋势明显加快的今天，整个地球成为了一个地球村。世界各种不同类型的文化势必会相互交流、碰撞。不同文化都有各自的特点和所欲解决的重点问题，在特别关注此问题的同时，对其他问题就可能有所忽略，这导致每一种文化皆有自己所关注的盲点问题，需要通过与其它文化的交流、互动，来拓展自己的视域，丰富、发展自己。

相对于西方哲学特别关注对“宇宙世界”与“知识”的反思、解释，中国哲学的重点则侧重于反思和解释“人生”。中国传统文化的重要功能之一，是要安顿人的身心、开发人的德性与智慧。这不能不涉及到价值的问题。人以什么作为自己的安身立命之本？以什么作为自己的终极关怀？中国的传统哲学与文化为此提供了一个答案：即要追求有价值、有意义的真实人生。与此相对应者，便是无价值、无意义、非真实的人生；于是，便有是与非、善与恶的分辨，如此，则中国哲学必蕴有“价值”的判断，因而也成其为价值哲学。故所谓价值哲学，非谓只是提供一套价值理论的体系，或者更明确地说，提供一套是非善恶的知识体系；价值哲学更重要的界定，在于其本身即是价值追求的实践、即是功夫，于实践中呈现出人之主体、人之真实存在，要在人这个层面，展示其生命的真实、生命的本质。

中国哲学与文化所做的这样一种反思和解释，特别强调对诸如“理想人格”与“道德理性”等与价值观、人生观相关问题的探讨。

当然，古希腊著名的哲学家如苏格拉底、柏拉图、亚里士多德等，亦非常重视对“人”的问题的探究，其所谓正义、美、善、理想国、公平、道德等，皆属于“人”的问题。但在对“人”的相关问题进行探究的过程中，我们发现，于其中似乎可以有两种不同的发展路径：一种是以西方哲学家苏格拉底、柏拉图、亚里士多德等为代表，对“美德”与“正义”等做概念、逻辑的理论分析，使之成为客观的求真对象；一种是以中国儒家孔子等为代表，强调以道德实践的方式践行“美德”与“正义”，即不从知识、定义的方面入手，而是从“人”的生命的道德实践入手，通过践仁、成圣的道德实践，现实地开出“内圣外王”的人生境界。比较起来，中国哲学与文化在“人”的问题上，更关注人格养成的实践。例如，孔子的主要哲学思想是“仁”，但其对于“仁”，并不做一个概念的规定、阐释，而只是针对每一个向他问“仁”的人的实际情况，来说明该如何具体地“践行”仁之德。如果我们对东西方文化做一些对比，就应该能从中看出中国文化与众不同的特质：即中国哲学与文化，无论是儒家、道家，还是从古印度传来的佛教思想，非常注重安顿、解决人的身、心问题，以此为中心，发展出高度的人生智慧、人生哲学。

正因为此，中国传统哲学与文化就非常重视“心性之学”。此“心”与“性”代表道德心，也即“道德的主体性”。所谓“为天地立心”，就是强调人要充分展示自己的道德心，做一个堂堂正正的人。人的“道德心”立起来了，人才能够与动物相揖别，堂堂正正地站起来。人若于道德上不能立，站不起来，那么，发展程度再高的科学、技术等文化，也会因缺乏道德价值的导向、追求，变得危险、可怕。这是中国哲学与文化的一个核心思想，也是其贡献于人类发展的非常重要的一点。

中国传统文化特别关注人的身心健康，以妥善安顿人们的身心生活为己任，这是我们传统文化的精神生命之所在。这种哲学与文化，能够启发人的思想中最好、最好完美的部分，并通过修身的实践，将之转化为现实之存在。从这个角度言，即使是在现代社会乃至未来世界，中华传统文化的功能、作用都不容抹杀，我们要确立起对自己本民族文化的自信。

当然，中国的传统文化有自身的鲜明特点，但因历史等原因，我们的文化传统也存在不足，需要与时俱进，进行创新性的发展。历史地看，如二十世纪“五四”运动提出要在中国请进“德先生”与“赛先生”，这个口号就看到了当时中国传统文化的某些不足。中国儒家哲学与文化首重的是“德性之知”，而将经验、科学等“闻见之知”放在为“德性之知”服务的地位。中国的道家如庄学中也有这样的观点，即认为单纯追求知识、技能属于“成心”的范围，“成心”是消极的，只有“道心”，才是积极而值得肯定的。古代中国当然有科学、有技术，这种实用方面的知识在我们国家的历史发展过程中，非常之多。故中国有科学、技术等方面的优良传统，中国社会对于作为实用科学的数学、物理、化学、天文、历法等，皆有好的研究，取得了丰硕成果。正因为此，我们才可以自豪地宣称，中国是世界上最有名的四大文明古国之一。但是，我们也要看到，相比较而言，中国古代社会更为重视实用科学，对于纯粹的理论科学、逻辑等，则关注有所不够。这也是我们传统文化的一个弱项。这个弱项的存在，非谓中国人不擅长于纯粹理论科学、逻辑的研究、创新，实是由于在发展过程中，我们更为强调实用科学研究所导致。

应该说，中国传统的哲学与文化本质上并不排除民主与科学。因其特别关注人、关注生命哲学，要求对我们每个人的生命存在进行升华，以充分彰显其人生的价值。从这个角度而言，其必然对人类所创造的一切美好文化持欢迎的态度，也因此就能够容纳、吸收人类文明的各种优秀成果。民主与科学就是人类在历史发展过程中所创造出来的优秀成果之一，对于这样的一种存在，中国哲学与文化就其本性而言，必将持一种内在接受的态度。故“五四”运动时期，爱国的中国人呼吁：中华民族要屹立于世界先进民族之林，应该加强民主与科学。

就当代中国社会而言，我们仍然需要积极努力，继续开创科学与知识的新传统，故我们在未来的全面发展过程中，于此方面要有所充实、加强。而这也就是对我们传统文化的创造性转化、创新性发展的一个重要方面。我们仍然要加强民主、法治建设，加强科学技术的进步与发展，这样方能够使中国进一步实现现代化，更好地迈向未来，实现中华民族伟大复兴的“中国梦”。通过对民主、科学的强调，我们的文化将可以创新、发展到一个崭新的高度。

第三，人类所共同创造的文化、文明成果，原则上可以向任何一个民族和文化形式敞开，供其参考、分享。

每一种文化皆有其产生的文化土壤，这导致了文化与哲学的特殊性。故中国有中国的哲学与文化，西方也有西方的哲学与文化，它们之间具有差异性。但是，差异性的存在，又并不妨碍它们之间具有一致性、相通性，因为文化与哲学皆是普遍性的名词、观念，因其有普遍性，故不同文化可以有相通之处。

普遍性的文化与哲学观念因其要通过一些具体的生命形式，包括个人、民族、国家来呈现，故在表现方式上必定具有特殊性，从而文化本身亦具有个性，丰富而多彩。我们在面对不同于自己文化的外来异质文化时，可以从自身的特殊国情出发，有选择地吸收、借鉴其优秀的文明成果，以之来丰富自己。在这个过程中，因不同质文化之间的相互交流、碰撞，就可能导致原有文化的创新、发展。

中华传统文化本身具有极强的包容性，这是创新之所以可能的一个重要的原因。如果说中国哲学与文化能够最大限度地消化、吸收外来文化与文明，将之与本民族的文化相融洽、相和谐，其原因之一，就在于我们的文化传统特别重视“人”、特别重视价值导向上的“向善”。例如，儒家认为，人的心灵欲得到妥切安顿，须用“存敬天理”的方式来涵养自己的身心，要“敬存”一切善良、美好的存在；道家认为，万物莫不尊道而贵德，通过“虚”心、“静”心，让万物遵循其本有的内在理则生长、发育，此即是无为、自然。以儒、道为基础的中国本土的传统文化，本质上并不排除外来文化，能够做到“美美与共”；在此过程中，又可能择善而从，故能保持一种对外来思想、文化高度的融合能力。历史上的华夏文明，很好地吸纳、消化了从古印度传来的佛教文化，使之成为中华传统文化的三大支柱之一；近现代以来，十月革命一声炮响，给中国带来了马克思主义，马克思主义与中国文化相结合，创造性地产生了具有中国特色的社会主义思想，皆可以说明这一点。

我们如何才能实现传统文化的创造性转化？这也是一个非常重要的问题。首先，我们仍然要坚持中国传统哲学与文化重视人与社会、关注生命存在的优点。中国哲学与文化引导人们纯化自己的自然生命，追求、向往最完美、最道德的社会生活与精神生活。其所谓成圣、成贤、成真人等，皆有这个特点。这种哲学与文化，能够启发人的思想中最好、最完美的部分，并通过修身的实践，将之转化为现实之存在。在文化的创造性转化和创新性发展过程中，我们要肯定和坚持我们自己文化所具有的优点。

其次，未来中国人文之创新，应包含“德性”的创新。若就自然而言，“创新”之意，主要体现在天地创生万物，使之从无至有上。若从人类科技发展的创新方面论，则体现为物质生产力的不断进步与发展。若从人类文化的创新看，应该主要体现在文化的发展与繁荣，包括各种不同文化形式得到充实展示、体现。但若从人文创新的源头论，则要从人心良知所含之“德性”上探究。人们的日常生活有一套程式，程式虽丰富多彩，差异很大，但其内核可以归为讲究“德性”，社会人伦日常生活之程式，皆以“德性”为基础，所谓“公平”、“正义”等，即由人心良知之“德性”发出，亦即是“德性”的创造。正所谓：“为仁由己，而由人乎哉?”[①] 因为良知之“德性”可以由自己的意志发出，现实上若无之，付之实施即可以有；现实中已有，若发而不中节、不是很妥当，也可以去掉而令之无。这就是《易》所云“革故鼎新”。这种发自“德性”和意志能令“无”变而为“有”，能令“有”而为“无”，亦是“创造”的重要含义。

当然，人文创新之“理”，亦主观、亦客观。从“理”之维系人群、社会的关系而言，其作为上层建筑的一部分，具有相当的客观

① 《论语·颜渊》，《论语正义》卷十五，第483页。

性；若从“理”由人心认同，内化为个体之人内在的道德性而言，则“理”又具有主观的色彩。未来中国人文“创新”的圆融，要将“理”的主、客观两方面有机统一起来。

再次，通过与西方哲学与文化的交流、对话，有机汲取其优秀成果，中国哲学与文化亦可以实现创新性的发展。以宋明理学著名的命题“理一分殊”言，天理为一，人与万物虽殊，然其所分有的天理则为一。于此，天理体现客观性原则，人心则似乎体现主体性原则。但此处所说的人心的主体性原则，对应于天理而言，即是天理的实现原则。这种所谓的人心，不是指的认识心，其功能主要也不是为了认知科学真理，而是指的道德心，实现的是道德之理。故其所说“理一分殊 ”，指的是人之所感的事事物物中，于人而言，其中皆有道德的当然之理则。此理则不离人心，皆从人的心性之中出，道德心如是表现则为仁，如是表现则为义；同样是仁，其具体表现亦各有差异，义亦如此，如此等等。儒家孟子讲“尽心”、“知性”、“知天”，心之德乃由天理而来，为天之所命于人者，人所禀天命之理实乃为一；有理则有气，气之禀则有清浊厚薄，如此，人所禀天命之理虽一，但呈现天命之理的方式，因气禀的差异，而各各有异。就天理而言，人与物所禀天理皆为一，正因其皆为一，故都可以谓之“天”。人、物禀气各异，其所禀天理的呈现方式各种各样，然虽有此多相的存在，此多相又并不妨碍人与万物的本质为一。佛、道教亦认为，一花、一叶、一粒沙、一滴水等皆能够体现整个世界。为什么一花、一叶、一粒沙、一滴水能够体现整个世界，若以儒家的观点来解释，就是因为“理一分殊”，天理具有内在于万物的遍在性。当然，相对于程朱理学言，陆王心学不仅讲天理遍在于万物，更讲人心之天理“创生”万物，如王阳明说：“身之主宰便是心；心之所发便是意；意之本体便是知；意之所在便是物。如意在于事亲，即事亲便是一物；意在于事君，即事君便是一物；意在于仁民爱物，即仁民爱物便是一物。”[①] 此“创生”指人心的良知可以赋予万事、万物属人的道德性法则。因为人可以推此天理、良知于事事物物，主动实现此天理；而物因其所禀气浊等原因，不能自己主观地推其天理于外、将其所具天理活泼泼地呈现出来，这在说人与物同禀受有天理的同时，又将人与动物、植物等区别开来。

西方哲学与文化也讨论“一”与“多”的问题，其讨论亦有其独特性。西方文化关于这“多相”之多，有时候指的是“类概念”之多，因其更多地是从知识与逻辑的立场来讨论此问题。从哲学上看，古希腊著名的哲学家柏拉图讨论“一”与“多”时，一般以实物为“多”，以实物所模拟的理念或“理型”为“一”；例如，现实中存在着许多桌子，但这些桌子皆是对桌子理念的分有，此即他所讨论的“一”与“多”的内容之一；但在柏拉图的哲学理论中，作为现实存在物所模拟的理念或理型，则不是“一”，而是“多”，此则与中国哲学与文化所说的“理一分殊”其意不同，因其学所对应者，可以是科学知识，而不仅仅只限于人与社会。故西方的哲学形而上学要讲客观的、普遍原理之存在，这个普遍原理不必只在人，而可以是科学的物理，即万物之理，其所谓万物，指的就是那些各个不同的具体存在之物。正因为此，故西方的哲学与文化，与科学、技术联系更为紧密，此则为其文化之一大优点。

---

① 《传习录上》，《土阳明全集》卷一，第 6 页。

中国的儒家则将客观、普遍的天理纳入一切个体的人之中，由人之“能推”，以证实天理的真实存在；其所谓“万物”，指的是由人心之良知所赋予万物合于天理的属性，而不是“类概念”的“多”。由此，传统儒家所说“理一分殊”之理，就其侧重点而言，重在人心、人性，而不重科学、技术等内容；中国儒家文化所强调的“内圣外王”，其“内圣”也并不从认知科学真理的角度去说，而是从人是否具有道德的真诚去规定，认为人心具有此真诚，其生命方可得到净化、升华。

应该说，中国传统哲学与文化的这种人生哲学固然很好，但在现代社会，若要进一步地创新、发展，就要与科学真理关涉起来。从这个角度看，中国传统哲学与文化毕竟还有其不足。所以，传统的中国哲学与文化要在现时代有所创新，我们就要将其所特别强调的道德性，与现代文明发展起来的科学性，二者内在关联起来，从而实现对中国哲学与文化在现时代的创新。

既然对中华优秀传统文化的创造性转化与创新性发展，是我们当前所面临的重要文化任务。那么，我们如何将这项文化任务做好？

首先，创新之后的中国哲学与文化，将是以人和社会的良性发展为焦点，重视生命存在价值的文化。

中华传统文化有其生命意识，德性的追求就是其生命意识的表现。站在德性意识的文化生命立场，人类可以从历史、自然的发展中得到升华。在文化生命的照耀之下，社会历史与人的自然生命，就可以永远有理想、追求，就可以代代相传、持续下去；就可以通过人的努力，使“理想”与“梦”不断呈现出来。这就与西方历史哲学家斯宾格勒所说的“文化断灭论”有所不同。德性文化本身即可以成就一个超越，来润泽、提升我们人类的历史、社会与自然生命。

当前，我们的头脑渐渐都只关注现实社会横断面上的不同问题。但中国现代文明发展到今天，并非横空出世，而是有其深厚的历史文化背景。我们若不能承继古往今来的文化意识，就可能使我们的文化成为无源之水、无本之木。中国传统文化特别关注人的心灵与精神生活，以妥善安顿人们的精神和心灵生活为己任，这是我们传统文化的精神生命之所在。若对于自己本民族文化这个历史的纵贯，现代人不能够很好地连接起来，我们的文化就可能会因传承的断裂而缺乏内在连贯的精神生命，就有可能日渐枯萎。

其次，创新之后的中国哲学与文化，将通过大力发展科学、技术来提高人们的物质生活水平。

科学技术是第一生产力。中国乃至世界发展的许多问题，可以通过不断创新科学技术水平来得到解决；套用中国的一句古话，科学技术不是万能的，但不发展科学技术是万万不能的。之所以说科学技术不是万能的，是因为人不仅是从事物质生产的动物，更是一种追求高尚精神生活的文化动物；人要诗意地栖居，当然离不开高度发达的科学技术，但这只是保证人们过幸福生活的一个前提条件。人们要保持自己精神世界的健康、快乐，仅只通过科学技术的发展，是无法直接满足的。当然，我们也必须充分意识到，一切文化、文明的创造，都离不开物质的前提、基础，没有科学技术的充分发展，单只追求精神世界的满足，也容易被讥为只是“空中楼阁”、“水中月”、“镜中花”。

再次，创新之后的中国哲学与文化，将通过大力发展民主政治，充分体现全体人民当家作主。

人类文明发展所创造的一切财富，既包括物质财富，也包括精神财富，这其中的重要方面，就有政治制度的建构问题。政治制度是保证人类社会各项生活得以正常进行的重要物质基础。社会主义的本质内容之一，就是人民当家作主，要充分保证人民有当家作主的权利，就要大力发展社会主义民主，通过制度化、科学化、形式化的民主政治建设，为广大人民提供参政、议政的重要平台，使我们的国家能够始终保持、沿着正确的路线前进。

最后，创新之后的中国哲学与文化，将可以为人们提供良性的日常生活的行为规范；能够激发人之精神的健康、活泼、向上，使人们的精神生活过得理性而又丰富多彩。人们有着崇高的理想、追求，视自己的人生为一成德之过程，其终极目的在于理想人格之塑造。

通过考察中国传统哲学发展的历史，我们基本可以得出这样的一个结论：就是在每一个哲学创新期，价值重塑往往都居于核心的作用。因为历史上的每一次文化冲突和观念转化，无不可以归结为新、旧价值观之间的斗争与转化。中国传统哲学不仅在中国古代有着广泛而深远的影响，经过创造性转化和创新性发展，它在当代中国的理论与现实中将仍然有着旺盛的生命力，它的精髓将仍然存活在现代中国人的心灵之中。我们认真总结其理论思维的成就，仍然具有重要的学术价值与现实意义。

第六章

中华优秀文化“走出去”

第一节　“观乎人文，以化成天下”：我们应当有的文化自信

一、“文化”冲突与“文化走出去”

二十世纪七十年代末、八十年代初，我们的国家和社会比较贫穷，为了改变这种面貌，当时大力倡导改革开放，要引进外资和技术。据说，就曾经发生过这样的事情：有个地方好不容易把外方投资人请来了，按照中国人的观念，“有朋自远方来”，于是，大家把自己平时舍不得吃的东西拿出来，平时舍不得喝的酒拿出来，“朋友来了有好酒”，一定要把尊贵的客人招待吃好、喝好。然而，大家没有料想到的结果却是：外方投资人吃、喝完了，不投资。直接就跑了。

大家搞不清楚为什么会出现这种情况，于是派人去打探情况。外方投资人反馈了信息，说不能在这个地方投资。为什么呢？原因有二：第一，这个地方的人有浪费的倾向，习惯于大吃大喝。这从吃饭摆的饭局就可以看得出来，那么多东西摆上来，又吃不完，全

浪费了。我若把钱投资到这个地方，他们就可能把我的钱全浪费掉。第二，这个地方的人不好合作，颇具强迫性。为什么呢？我不喝酒，他们却偏强迫我喝；喝了一杯还不够，还要喝好几杯，把我都给灌醉了；在以后的合作过程中，他们要是不尊重我的意愿怎么办呢？他们把自己的很多想法强行加到我头上怎么办呢？有鉴于此，外资方不投资，直接就跑路了。

这只是一个故事，但由这个故事，可以引发我们什么思考呢？大家发现，双方好像都有道理。那么，冲突的原因究竟在什么地方呢？这大概就是一般所说的文化观念之间的差异：中国人认为，有朋友自远方来，主人就得负责招待好，所以，自己平时舍不得吃、喝的珍贵物品，这时都要拿出来与朋友一起共享；餐桌上面，盘子里的菜必须丰盛，不能说客人夹了几筷子，盘子就见了底。出现这种情况，我们中国人会觉得自己很没面子。因为这不是待客之道。我们讲究的是，朋友来了，一定请他们吃好、喝好！要年年有余、顿顿有剩，让客人大胆放心地吃，这是当时中国人一般的想法。而外方投资人的想法却与我们恰恰相反，他们更强调在合作中的资金、资源有效配置，双方之间相互尊重和契约精神等。可以说，这个小故事所反映出来的问题，背后正是由于彼此文化的差异，导致了双方合作的失败。

通过以上这则小故事，我们想说明什么呢？现在中国正在逐步实现大国崛起，世界市场到处都充满了中国元素。可以说，如果缺少了 MADE IN CHINA，这个世界的日子一天都过不下去！中国的产品、中国的技术、中国的资金正在大踏步地走向世界市场，这是个事实，谁都承认。但是，如果说中国的文化在世界上也有这么大的影响力，就不一定了。为什么这么说呢？因为现在中国很多年轻的朋友们，要么哈韩，要么哈日，要么哈欧美。例如韩国的艺术、文化，中国的年青人就喜欢得不得了！但是，对于自己本民族有什么好的文化，却并不能那么清楚。这是一个很值得我们深思的问题。

我们说，中国现在是经济上的“巨人”，但却有可能沦为文化上的“矮子”。由此，我们就意识到：中华民族的伟大复兴，离不开中华文化的伟大复兴。

文化的弘扬和传播究竟有什么意义？我们认为，文化是不同民族、国家之间相互理解的重要桥梁和纽带，是世界和谐、和平的前提、保障。美国往届政府有一位智囊名叫亨廷顿，他著有一本书叫《文明的冲突》，认为未来世界，国与国之间、种族与种族之间、民族与民族之间，仍然会有很多冲突。但是，这些冲突中，更深层次的冲突，就是文化之间的冲突，文化和文明的冲突将是世界未来冲突的重要表现形式。

在这种情况下，我们可以设想一下，如果世界上包括中国文化在内的不同文化之间能够很好地弘扬、传播，则不同文化和文明的人们就有机会不断增进彼此的相互理解、相互尊重，那么，世界的和谐、和平就完全有可能在当下得到实现。

因此，弘扬国学、弘扬我们的文化，让中国文化走出去，不仅有利于世界的和谐、和平，也可以让中华民族更好地实现伟大复兴！因为一个民族的复兴，不仅仅靠它的经济实力，不仅仅看它的科学技术水平，还要看它是否有强大的精神感染力、影响力。那么，这个精神的感染力、影响力靠什么来培养呢？靠文化，文化就具有这种强大的精神感染力、影响力。文化的精神感染力、影响力是什么?它是一种合理性的理念，它可以成为人类文明的共同财富。中华民族要贡献于这个世界，贡献于人类，我们不仅要为这个世界提供更多、更好的产品、技术，我们还要提供优秀的精神产品，这个就要靠文化!

不仅如此，文化还是民族认同、国家认同的重要标尺。中华五十六个民族，分布在广袤的国土之上，从地域、空间方面看，大家都比较分散，相距甚远，但是，我们都有一颗中华民族的赤子之心!这个赤子之心就是靠文化来维系的。中华民族文化让我们产生一种认同，所以，不管是身处祖国大地的何方，我们都认可自己是中华儿女，认可自己的国家、认可自己的民族。这种认同，靠的就是共同文化。所以，国学和文化弘扬这样一个活动，其意义和价值是不用我们多说的。

二、我们应当有的文化自信

如前所述，人的全面发展是衡量社会进步的重要标准。人的全面发展，不仅需要科学技术，也需要文化：文化可以为我们提供一个精神的家园，提供安身立命之处。在这一点上，我们的国学、我们的中国文化是有它的长处的。因为中国文化和西方文化具有不一样的特质，西方文化一开始就关注外在的宇宙客观世界，中国文化则不是，它一开始就关注人和人的生命存在，关注人性问题和健全人格的养成。所以，在这一点上，中国的国学文化可以为我们提供一个精神上的安顿，为人的全面发展奠定一个良好的基础。

1. 中国哲学与文化有浓厚的德性本体与主体意识，特别强调人对“天理”、“良知”的道德实践

中国的哲学与文化有一个特质，即特别强调正心、修身、齐家、治国、平天下。围绕这样一个主题，儒家与道家虽有具体观点的差异，但又都有相似的问题意识与情怀。儒家文化具有修身、治世这个特点，道家文化也是如此。我们认为，道家讲清静、无为，强调修身与治国，由此即可看出，道家哲学的主旨与精神仍然侧重在“人”。因为道家通过清静、无为，正是要追求人与宇宙天地间至高无上的理则——道与德的相合，认为社会与人生若能合于宇宙天地间的道与德，就可以成就美好世界与美好人生，故它与儒家哲学一样，具有很好的人生哲学。虽然道家具有“出世”的情怀，但我们却不能够完全将之看成是“出世”的哲学，因为其理论的落脚点仍然是世间，它以“出世”的形式，追求人与世间的美好。因此，作为中国本土文化的两大支柱，无论是儒家，还是道家，都重视人的修养，重视理想社会的建构。

西方哲学与文化的特质，则似乎更侧重对宇宙论、认识论等的研究。这可以从古希腊的自然哲学之兴起中窥见一斑。相传为古希腊第一位哲学家的泰勒斯，主要思考与探讨的哲学问题是宇宙与世界万物之始基，他提出“水”是宇宙万物之始基。此外，赫拉克利特认为“火”是万化之始基，如此等等。西方哲学与文化重视“知识”，如古希腊的毕达哥拉斯哲学，非常重视数的逻辑推演；而近代的康德哲学，也重视对“知识”的反思。故大体说来，西方哲学一般强调“知识”，它以“知识”为中心，建构了很好的逻辑与思辨哲学体系。正因为西方哲学与文化非常重视宇宙论和知识论，如果我

们对东西方文化做一些对比，就应该能从中看出中国文化与众不同的特质：中国哲学与文化，无论是儒家、道家，还是从古印度传来的佛教思想，对于“人”的问题非常注重，千百年来，其以解决人的身、心问题为中心，于其中发展出高度的人生智慧。

中国哲学与文化讲德性生化之理，具有实践的意味。此与西方文化所注重的逻辑定义之理、科学归纳之理是有区别的。西方文化喜欢下定义，以说明某一类人或物的本质、构造，例如，通过对人本质、构成之理的抽象、分析，可以形成人这个“类”的概念。这种类概念的形成，要抽象掉人的一些具体、特殊之内容，而将其共通性的部分展示出来。科学归纳所形成的“实然”之理，亦是通过不断向深处追溯事物之根源，来总结、形成其理。此理更多是物理，乃物之所以如此之理。中国哲学与文化认为，人们对于作为德性与价值之本的“天理”，不能像对待科学之理一样，只是安于对其“实然”的了解，更要通过人心、良知在面对此理时所具“应然”之则，去肯定、实践其中所涵最根本的道理，这个根源性的道理就是天道、天命、天理之存在。

中国哲学与文化中的天理，与柏拉图的理念不同，与康德的哲学也不同，康德的批判哲学严格分辨宇宙论与道德论两者之异；中国哲学所建构的是道德形上学，是从宇宙论、人生论方面论德性及其实现，将人生论方面的德性及其实现问题，上升至宇宙论的高度，其所谓“天命”、“天道”、“天理”，皆是如此。西方所建构的则是以“知识”或“知解”为中心所成的知解形上学，更强调抽象，其所形成的天理、实理，更多地是一种“类概念”，而不是如中国哲学与文化所强调的德性及其实现之理。

中国哲学与文化所说的“心即理”，其所言之心为“本心”，“本心”能给人们的生活乃至生命定一个价值的方向，为行动立一个规范，这当然就可以称之为“理”。这个“理”，不是物理的理，故在科学研究方面，不能够说“心即理”；就知识论而言，“心”只是心理活动、认知活动，也不能说“心即理”，只能说心可以了解理。

西方哲学与文化中，存在与本质可以做分割。好比制造飞机之理与现实存在的飞机，是可以分开的。“存在”是现存，但由定义展示出来的“本质”，则相当于是一个抽象的概念；有本质之理，非必有与此理对应之物的现实存在；只有将存在与本质结合，才有具体物之存在。当然，现实中有此物，即可由之抽象出此物之本质，舍此物仅谈其抽象本质，往往只是概念的游戏罢了。所以，西方哲学与文化中的“唯名论”认为，抽象之理没有实在性，特殊性是真实的，普遍性是“唯名”的；普遍的名是经由人的思考、从特殊的个体存在中抽象出来的。这种知识论意义的“理”可以跟“存在”分离。

牟宗三等先生认为，从具体物中抽象出来的理，只是一个抽象的概念，这种层次上所谓的“共理”，不是中国哲学与文化所说“心即理”的理。“心即理”的“理”，是使“存在”成其为“存在”的理，它要担负起使存在合符德性的责任，这样，“理”才可能备于“我”。因此，有形构之理，有德性实现之理。一般说来，知识上的理是“形构之理”，如循某物之构造原理，而可以构造出物，此所谓“理”，即是形构之理。德性实现之理与此不同，它不是循理制造某物，而是由意志自由生成一个合符德性的思想、行为来。一般来说，定义可以表现本质。例如，说“人是理性的动物”，理性是类，动物是纲，人是目，这种定义所彰明的本质，也相当于理，但此理只是

"类概念"。中国哲学与文化所说的"天理"不是类概念，它是形而上的、普遍的德性。它既说明应当，也涉及存在。故天理、良知、本心不仅涉及人之为人的本质，它同时也是宇宙、世界的本质。如陆象山就说："宇宙便是吾心，吾心即是宇宙。"[①] 只讲天理、良知存于吾心，不与宇宙、世界相关涉，则天理、良知也还只是人这个类所具的类概念，其宇宙的普遍性还不能体现出来。此天理、良知只涉及人的应当，而不涉及整个存在。

中国哲学与文化倾向于认为，被动地承受"天理"，还是能够主动地推己及人，这是人与动物、植物等宇宙存在物之间形成差别的重要原因。只有人方能够推阐、扩充天理，禽兽、草木瓦石等皆不能。所以，虽然人可以与万物同体，但人与万物又有所区别。人所具有的"能推"天理的道德自觉性，即是人的主体性，此"能推"天理的道德自觉性，对客观之天理本身，并不能够有所增减，然其对天理的隐或显的状态，却至关重要。天道、天理是需要现实呈现的。若不能现实呈现，只是潜存，则人类社会就很难说达到了完美。故不能够仅只是让天道、天理静态的"潜存"，而是要在人的道德实践中，将之动态地"彰显"出来。中国哲学与文化非常重视此问题，所以，人们对于德性不能只是默识、而要践行，要在生活中不断创生新的道德实践，所谓"日新之谓盛德，生生之谓易"。

中国哲学与文化特别重视人在道德践行过程中的主体性。在个体修养的方式、方法上，有两条相应的路径：一是下学而上达，一是即体显用，即本体即功夫。中国哲学与文化发展过程中，曾发生

---

① 《杂说》,《陆九渊集》卷二十二，第 273 页。

过著名的“朱陆之辨”。其实，就我们现在看来，朱陆异同只是功夫进路的不同：朱子讲格物、致知的道问学很多，但他亦尊德性，只是在如何尊德性的问题上，方法与象山有异而已。不能说朱子“尊德性”，只是经验地尊、外在地尊，这对于朱子本人的德性人格是一误解。至于朱子后学末流易有此流弊，则不排除有这个可能，因其功夫的进路、方法强调格物穷理，习惯在事事、物物上去计较，若不能在这个过程中发明本心，则确有可能逐末而忘本。

同样，认为陆象山只讲尊德性、忽略道问学，犯空疏之病，也不尽然。陆象山治学，强调每个人都要内在挺立起自己本有的德性主体，时时护住此价值本源，发而在外，自能“弥纶”天地之道而不过，自能曲成万物而不遗，何空疏之有？当然，从个人的道德修养来说，圣之为圣更多表现在内，这种圣贤人格之完成、践履，应该说，与知识、学问之多少，并无太直接的关系，陆象山所谓“若某则不识一个字，亦须还我堂堂地做个人”[①]，这完全是从纯内在德性实践上而言者。

陆象山所创心学，为明代王守仁所继承、发展。王学以心为德性之体、价值之源，而非自然之“事”。当“本心”静而不显之时，既无善相，亦无恶相，然其本性乃纯粹至善，此与告子无分于善恶之“生之谓性”之自然主义不同。在中国哲学与文化中，精诚之天心、仁体是至善的，在实践中，至善既可以通过一般所谓的“善”来呈现，在某种情况下，也可以通过一般所谓的“恶”来呈现，“善”与“恶”对，而天心、仁体的至善则可以说是无对。心之动则

① 《语录下》，《陆九渊集》卷三十五，第 447 页。

为意，意念有善恶，而意念根源处的“良知”，则是无对之至善。在实际做功夫时，若要“致良知”，就要使人的意念永远相应于良知本心的心体而发，化恶念于良知之致中，这就是所谓“正心”。一般认为，心之活动不过是认识、了别、理智解物，不能以之为主宰并指导人们生活之价值方向的道德心，不能正视其为价值之主体。王阳明学问之精髓是“心即理”，此心是道德实践的心、非认识的心；理亦是形上道德实践的理，非知识所对的万物之理。

中国哲学所谓的“德性之知”，所知为何？应该说，其所知，正是知人之所以为人，以及人与人、人与万物相关联之时，能够得到德性之“超越”的那个道理；而所谓“闻见之知”，则只是知人与物在物理、现象上的所以然之理。故中国哲学原本意义上的格物、穷理，并不是仅以成就科学知识为目的；中国传统哲学重视“闻见之知”，更多地是欲借所闻、所见，以启发人心、良知去开启德性超越的所以然之理，而并不着力于研究见闻所接触人与外物本身的科学原理。故王阳明“格竹子”之所以失败，正表明追求格物、穷理的科学意义与德性价值实现二者之间，是有所不同的。而朱熹所说的：“众物之表里精粗无不到，而吾心之全体大用无不明”[①]，其所云“众物之表里精粗”，并不对应科学知识而言；其所讲天理乃是道德的实现之理，是通过践仁、尽性，所开发出的一种直接悟见人生、宇宙德性之本的实理如此，体现的是一种儒家圣者的生命与人格精神。

仁心、良知、天理等本体，不能只是潜存，而要通过人们的道德实践，把它呈现出来，证实本体确实是这样。本体不是一个抽象

---

① 《大学章句》，《四书章句集注》，第 7 页。

的概念，也不只是一种思想境界，它要通过人的道德实践活动，将之呈现出来。中国的哲学与文化，并不特别彰显知解理性的作用，而更强调实践理性的作用。中国哲学与文化讲德性，此德性非谓以之拘束人，乃是讲其创生、创造，讲完成一个人所当有的人格。一般格物、穷理的求知，只是追求知识、学问，而非德性实践；在功夫实践的角度看，知识与道德则应该结合，只从知识上识得、在行动中却行不得，非可谓真知。

故中国哲学与文化特别强调将“知识”与“德性”相融通，在对于追求专门知识——“学”的同时，亦将之注入德性修养的内涵。如中医可以治病、救人，但它不仅仅是一门技术，更是一门修身、养性的学问，故良医必有大德，无大德则难成良医。儒家说“下学而上达”，其所谓“学”，当然不离日用常行、不离现实生活，但同时它又以升华至天道、天德，作为自己追求的价值目标。因此，中国哲学与文化始终强调将知识与德行密切结合，始终希望知识能够为德性修养服务，成为德性修养的重要组成部分。

德性同时具有主体性原则与客体性原则。《易传》言：“天地之大德曰生。”① 天地有好生之德，此即意味着德性的客体性原则，它充塞于天地之间，自在、自存。《论语》亦说：“人能弘道，非道弘人。”② 天道、天道自存于天地间，这就体现出天道、天德的客观性。若欲使此天道、天德在人世间彰显，有赖于人的弘扬、张大；人通过践仁之功夫，可以使天道、天德得到显扬，这又体现出德性的主体性。

---

① 《周易·系辞下》，《周易大传今注》卷五，第558页。

② 《论语·卫灵公》，《论语正义》卷十八，第636页。

2. 中国哲学与文化具有强烈的忧患意识，强调人在成己、成人的同时，还当“参赞天地之化育”

天命与天道下降而为人之本体，这本体是形而上的、体现价值的、真实无妄的主体。孔子所说的“仁”，孟子所说的“性善”，道家所说的“道”与“德”，皆是如此。所以，中国儒家的孔、孟与道家的老、庄，皆可以发展出一套独具特色的“天人合一”哲学。于此，道家通过“尊道贵德”，儒家通过“持敬”的修养，在自我的本性中，来肯定天道、天命所赋予之性、命。这种肯定，既是自我的肯定，更是从本体、根本上的肯定。

天道、天命下贯而为人、物之性与德，此本体的天道、性命既内在、又超越。“超越”主要体现其形而上学性，“内在”主要体现其自做“主宰”义。故儒家认为每一个人可以希圣、希贤，即追求成为圣、贤；道家认为人们可以成为真人、至人；佛教认为人通过修行可以成佛。我们要正确对待自己的生命，经常保持自己的生命不被“物化”，此生命当然指的是内含价值取向的精神生命，而不仅仅是自然的肉体生命。

在这个过程中，人要提醒自己，时时刻刻“与天地合德，与日月合明，与四时合序，与鬼神合吉凶”，这就是将自己的“性”与天道、天命相贯通。这个贯通的过程，离不开人的觉悟。另外，中国哲学与文化还要求，不仅自己成圣、成贤，在这个过程中，还要能够帮助、引领他人觉悟自己的真实性、命。因此，中国哲学与文化对于生命的尊重与强调，并不仅是形而下的只关注肉体之身体，而无精神、理想之追求；亦不是将天道、性命推出在外、高高在上，没有属人的内在性，悬空而永远不能亲切、近人。正因为人们常常忧患自己的“德”之未修与“学”之未讲；另一方面，也常常忧患天地万物之生、育不能各得其所，故形成了中国哲学与文化所特有的浓厚的忧患意识。如《周易·系辞》云：“作《易》者，其有忧患乎?”[①]“《易》之兴也，其当殷之末世，周之盛德邪?当文王与纣之事邪?是故其辞危，危者使平，易者使倾。其道甚大，百物不废。惧以终始，其要无咎。此之谓《易》之道也。”[②]认为《易》因忧患而作，其作者既忧国、忧民，又忧自身德之未修，故《易》多警、戒之辞，时时鞭策读《易》者保持忧患意识，如此，方可得身安而家国可保。一切人与物，究而言之，概莫能外：自以为处境危险者，因深惧而自警，反而可能得其平安；自以为平安无事者，不知警惧，反而可能倾覆。故其又说：

> 子曰：“危者，安其位者也。亡者，保其存者也。乱者，有其治者也。是故君子安而不忘危，存而不忘亡，治而不忘乱，是以身安而国家可保也。《易》曰：‘其亡！其亡！系于苞桑。’”[③]

此引孔子之语，提出无论是修身、齐家，还是治国、平天下，君子于安全之时，不能忘记危险；于存续之时，不能忘记消亡；于天下大治之时，不能忘记可能发生的祸乱。那些正处于凶险、灭亡、祸乱境地者，正是以前太过于安于其位、享有其存、恃于其治者。

① 《周易·系辞下》,《周易大传今注》卷五，第581页。
② 《周易·系辞下》,《周易大传今注》卷五，第593—594页。
③ 《周易·系辞下》,《周易大传今注》卷五，第574页。

故人们要常存警觉之心，于安、存、治之时，时刻不忘警惕危、亡、乱之到来，采取种种措施事先预防之，方可以免于危、亡、乱之祸。正如《周易·既济》卦之《象》曰：“水在火上，既济。君子以思患而豫防之。”[1] 处水、火既济之时，本无患难；然《易》警戒人们，不可以因此时无患难而安逸、不事先做出预防；须知患难正可以生于既济之后，以为平安无事而生懈怠之心，则可能生起祸患。只有于既济、无患之时，贵于思患而预防之，则因防于其始而可使终无其患。

这种忧患意识，直接促成中国哲学与文化积极“参赞天地之化育”的入世、济世精神之形成。《中庸》：“唯天下至诚，为能尽其性；能尽其性，则能尽人之性；能尽人之性，则能尽物之性；能尽物之性，则可以赞天地之化育；可以赞天地之化育，则可以与天地参矣。”[2] “唯天下至诚，为能经纶天下之大经，立天下之大本，知天地之化育。”[3]也就是说，中国哲学与文化不仅强调修己之德，还要求推己及人，使德心、德行尽显于宇宙天地间，使之由人及物，使天地万物各得其所、各得其宜。正如《周易·泰》卦之《象》曰：“天地交，《泰》。后以财成天地之道，辅相天地之宜，以左右民。”[4]所谓天地之道，一般指的是天地生长、发育万物之规律；所谓天地之宜，指的是天地四时变化有其节序，日月运行有其法则，阳光雨露各有其时，丘陵、山川、平原、河海各有其宜产之物。《泰》卦上坤下乾，坤阴之地气往上升，乾阳之天气往下降，一阴一阳，升降上下、

① 《周易·既济·象》，《周易大传今注》卷四，第 491 页。
② 《中庸章句》，《四书章句集注》，第 32 页。
③ 《中庸章句》，《四书章句集注》，第 38 页。
④ 《周易·泰·象》，《周易大传今注》卷一，第 148 页。

交互往来，阴阳相和、生成万物和人类。因阴阳通泰而生人、生物，故卦名曰《泰》。统治者观《泰》卦阴阳通达之象，对天地之道要裁成、辅相，使之保持和谐，无过、无不及，若有过则裁之，有不及则辅助之，积极参赞天地之化育。

中国哲学与文化所保有的忧患意识，能够不断警醒人们安而不忘危、存而不忘亡、治而不忘乱，使人们奋发向上，健健不息。这对于我们当代社会来说，仍然有其重要价值。

3. 中国哲学与文化特别具有“厚德载物”的包容精神与“革故鼎新”的创新意识

“厚德载物”、“革故鼎新”，其源皆出于《周易》。《周易·坤》之《象》曰：“地势坤，君子以厚德载物。”；《周易·坤》之《彖》曰：“至哉坤‘元’，万物资生，乃顺承天。坤厚载物，德合无疆。含弘光大，品物咸‘亨’。”坤取象大地，大地之德，乃承天所施之气，顺天道之变化，生养万物。大地宽厚、广博，其生养万物之德普及于一切，不论其贵贱高低，皆一无所遗。正因为大地宽厚、广博，其包含、容纳之雅量恢宏、广大，故可以承载万物，使万物各遂其性、各得其所。因此，坤卦之德至少有四：顺承天道而不妄，生养万物而不遗，承载万物而不辞，包容万物而不斥。坤有大善之德而可以让万物通达、畅美，故云其能厚德载物。若以“含弘光大”释坤之德，则“含”有无所不包之义，“弘”乃无所不有之义，“光”是无所不著之义，“大”是无所不被之义，四者皆可以明《坤》之德。

中国哲学与文化的重要特点之一，就在于禀承《坤》卦“厚德载物”之精神，能够包容、承载不同文化与文明的成果，并在这个过程中，创新、发展自己的文化。所以，作为中华传统优秀文化重要组成部分的《周易》文化，多方面地体现了“厚德载物”的精神：如在国家与社会的层面，强调“君子以容民畜众”、“先王以建万国，亲诸侯”、“君子以教思无穷，容保民无疆”；在个人修养层面，强调“君子以虚受人”、“君子以同而异”、“君子以多识前言往行，以畜其德”；在人与大自然的关系方面，强调“先王以茂对时育万物”，如此等等，皆能体现出中华民族文化“厚德载物”的精神。

中华民族文化所具有的包容精神，在当代世界仍然具有其重要的时代价值。如前所述，文化与文明的冲突在当代社会愈演愈烈，大家越来越意识到，不同文化、文明与宗教等之间经常保持交流、对话非常有必要。但是，如何保证这种对话能够得以正常展开，这就需要我们具有包容的精神。若眼中只有自己而容不得他者存在，文化与文明之间必然难以展开有效的交流，更谈不上对话。因此，中国哲学与文化所具有的包容精神，应该在当代社会得到大力发扬，我们要积极努力，向世界展示我们文化的包容性。这既是中华传统优秀文化的重要特征，也是我们贡献于世界的一笔宝贵精神财富。

中华传统文化不仅有“厚德载物”的包容性，也有“革故鼎新”的革新意识、创新精神。《周易·革》之《彖》曰：“《革》，水火相息，二女同居，其志不相得曰《革》。‘已日乃孚’，革而信之。文明以说，大‘亨’以正。革而当，其‘悔’乃‘亡’。天地革而四时成，汤武革命，顺乎天而应乎人。革之时，大矣哉！”[①] 《革》卦上兑下离，兑为泽、为少女，离为火、为中女，故《革》卦有“水火相息，二女同居”之象。泽水在上，离火在下，或者泽水将离火浇灭，或

① 《周易·革·彖》，《周易大传今注》卷四，第407—408页。

者离火把泽水烤干，水、火不两立，势必产生改革、革命。兑之少女与离之中女，二女同居、相处，一水、一火，其志不相得，亦有革之必要。变革的目的，在于由困穷转而为通达，由旧貌变而为新颜；“已日”即变革成功之日，变革成功，方能够真正得到大众的认可、拥护，这样方能“革而信之”；越是大的变革，越要坚守正道，就《革》卦言，其下卦离有文明之象、上卦兑有悦之意，此明变革应该文明而合理，则大众悦而顺之，能够在社会各阶层之间达成认同、达成一致；只有变革恰当，方能消除过去所存在的种种困苦与忧患。历史上，商汤革夏桀之命，周武王革殷纣之命，顺乎天心、民意，并非专凭一己主观之意志，随意为之。在人类历史发展过程中，变革是非常关键的；于当革之时而革之，方能推动历史的车轮不断向前迈进。

革是“去故”，鼎则“取新”。《周易·鼎》之《象》曰：“木上有火，《鼎》。君子以正位凝命。”[①]《鼎》卦上离下巽，巽有木之象，离有火之象，木上生火，可以象征以鼎烹物；鼎烹物，使物由生变熟；故君子观《鼎》卦之象，当变革不正之物，使之归于正；于物归正之后，当凝其所变而固之，以成就新物。因为鼎能够将生物煮成熟物，故《周易·序卦》云：“革物者莫若鼎，故受之以《鼎》。”[②]《周易·杂卦》云：“《革》，去故也。《鼎》，取新也。”[③]

通过“革故鼎新”，经济、社会才能不断进步，文化、文明才能不断发展。中国近几十年的改革、开放，取得了令世人瞩目的成就。

---

① 《周易·鼎·象》，《周易大传今注》卷四，第414页。
② 《周易·序卦》，《周易大传今注》卷六，第650页。
③ 《周易·杂卦》，《周易大传今注》卷六，第659页。

在激烈的国际竞争环境下，中国的改革、开放何以能够异军突起，杀出重围，名列前茅，究其原因，离不开其文化本身所具有的“革故鼎新”传统与精神。在中国的传统文化《周易》中，始终存在一种勇于变革、创新的意识，所谓：“《易》，穷则变，变则通，通则久。”当事物处于穷困不通的时候，就需要及时变革；在变革中，要积极去寻找解决问题的办法；通过变革，解决了问题，事物就可以通达；事物只有在通达的情况下，才可能长久。这种“穷则思变”的精神，始终是中国社会和文化保持青春活力的重要原因之一。这样的一种文化精神，是值得我们引以为豪的！

4. 中国哲学与文化特别强调人格养成的功夫与实践

中国哲学与文化探讨了关于德性之善的种种表现方式，为个体的修养和社会的完善能够提供最基本的价值尺度和原则；对于如何调整人自身，调整人与社会、人与自然等各种关系的一些行为的规范和准则，这在传统国学中也很多。表现在，中国文化重视探讨德性修养过程中的知与行、涵养与省察、正心与修身、持敬与存诚、格物与致知，等等。这样的一些问题，都非常重视人格的培养。

比如说，对于人格修养，儒、释、道三家所讲，略有不同：道家讲“静”，儒家讲“敬”，也即敬畏。静与敬，两个字含义不一样。道家的这个“静”，是说事物有其规律和法则，人通过静心之后，把主观自我的东西消解掉，然后，人就能够顺从事物的规律和法则，静有这样的一个意思在。

儒家的“敬”，又是什么意谓？我们举个例子，有一个学生去问程颐，说我怎么来安顿我这颗心？大家发现没有，“安心”从古到今都是个大问题。我们经常会这么说，若是能答应我某个条件，我就心满意足！其实，这很难做到：这个条件满足了，人心又会产生一个新的攀缘。大家所熟知的《农夫与金鱼》的故事，就充分说明了这一点：农夫的老太婆先是要了一个盆，接着又要房子，要仆人，要荣华富贵，要当海上的女霸王。其心之贪，何来满足！

中国传统文化的主旨精神，就要安“心”。儒家怎么安这个“心”？它用一个“敬”字，就是在人的心中存一个东西，你始终存一个东西在这个地方，你的心就安了。存什么？存良知、存天理，你存了良知、存了天理在这个心中，会有什么效果呢？假定这个瓶子是空的，现在给它装满酒；盖上盖子后，再把这个瓶子扔到太平洋。虽然太平洋很浩渺，瓶子很渺小，但太平洋的水是进不到瓶子中的。因为瓶子里面已经满了。儒家所谓“敬”，是说把良知、天理存进人心中去，把天理给存进去后，人面对这个世界的变化，无论怎样，其心都能安而不动。为什么？因为心里充满天理、良知。这就是儒家所说的“敬”，持敬以存诚。

当然，佛家又是另外一个系统。佛家不讲敬，也不讲静，它讲“寂”。为什么讲“寂”？“寂”就是要把那个攀缘的心安息下来，就是让心“不攀缘”，“不攀缘”则心寂。心为什么会攀缘，因为无明；无明就生缘起，缘起就陷入轮回。佛教徒要超出三界之外，就要心“不攀缘”，就要寂灭、不缘起。

国学文化当中，就有这种持敬、存诚、涵养。涵养什么？涵养“初心”，国学以这个初心为天理、良知。孟子讲性善，这就是相当于人的“初心”。但是，这个“初心”会受到污染，要保存这个初心，就是护住本有的德性、良知。若能保持住这个“初心”，就是有涵养。

除了涵养，还要时时省察。省察这个初心为什么被牵引、被诱惑。国学文化当中，有很多这方面的内容。所以，强调涵养省察、持敬存诚、正心修身。传统国学文化认为人的身心是相贯通的，而我们现在的医学、治病，却往往只治人的身体，而不太关注人的心理健康。中国文化认为人的身体出现问题，一般跟心理有关联。有些人长期肝气郁结，这个时候，就可能产生器官性的实质变化：肝出毛病了。对此，光治肝是不成的，还要从心理上把他肝气郁结问题的根源找到，进行化解。所以，传统国学认为人的身心是相结合的，正心与修身是一体的；光养身体，不正心也是不可以的。其所说知行合一，或者知先行后、知难行易、知易行难等，这样一些讨论，都是要调整人的身心。这些讨论在我们当代来讲，也有它的价值。

国学关注理想人格的养成，关注理想社会的建构，有很积极、高尚的价值追求，能够激励人们去进行一种创造性的探索，为人们提供追求崇高理想的精神动力。儒家文化肯定人的情感，持“情善论”的立场。儒家文化肯定仁爱，认为仁爱是非常好的，这就是“情善论”。但是，这个爱必须适宜，不能够过、也不能够不及；过和不及，就不叫做情，而叫做欲。所以，宋明理学讲“存天理，灭人欲。”大家不要将这句话理解成：把人的情感全给消灭，不是这个意思。“存天理，灭人欲”，不是要把人变得没有情感；它是说这个情感要当于礼而发，要“中庸”，要“无过无不及”。

国学中，诚、良知、仁是它的价值之本。存此价值之本，可以经世济民，可以“开物成务”，“通天下之志、成天下之务”，自强不息，经世济民，这样的一种思想在传统国学当中比较多。另外，它也有关于善与恶、公与私、义与利、群与己、荣与辱等价值方面的判断，还有一种超越的境界，比如说厚德载物、乐天知命、与天地合其德这种道德价值的超越境界。这样的一些内容，构成了我们的民族文化和民族精神的主要内容，也是我们国学的主要内容。

综上所述，中华优秀传统文化在历史的长河中，不断积淀，发展、形成了我们独具特色的价值文化精神。这些文化精神不断塑造着我们的民族性格，使中华民族能够历经五千余年的风雨，屹立而不倒、弥久而常新。这些文化精神既是中华民族的宝贵思想财富，也是世界文化精华的重要组成部分。我们当代中国人有责任将之发扬光大，使之能够惠及于整个人类社会。

第二节　中华优秀文化仍然可以贡献世界

在历史的长河中，中华民族不仅创造了丰富的物质文明，也创造了高度的精神文明。尤其改革开放近四十年来，中华民族奋发图强，以经济建设为中心，大力发展社会生产力，创造了令世人瞩目的成就，赢得了世界的尊重。

与经济、科技方面的贡献相比，我们在文化建设与推广方面还要积极努力。我们要不断探究、深入挖掘中华优秀文化的资源，奉献给世界；对世界文化、文明的发展，做出中华民族应有的贡献。

一、“和谐”可以成为具有世界普遍意义的价值理念

“和谐”是中华优秀文化中的一个核心理念。“和谐”为人们提供了处理人际、国际关系的良好范式，可以成为具有世界普遍意义

的价值理念。因为“和”以差异为前提，只有差异性的共存，才有“和”的存在；差异性必然要求每个个体包括个人、民族乃至国家的自我的实现，即要将其所具有的最本真性质转变成现实存在；而“谐”则强调差异性的谐和、有序，旨在强调人际、国际间的圆融、无碍。因此，建立在“仁爱”之基础上的“和谐”价值理念，才能真正肯定世界不同国家、不同民族的本真特性，建构起“差异相通”的“和谐”国际社会。

1. 如何理解“和谐”

（1）“和”的含义

在汉字中，“和”这个字，其字形采用“口”作偏旁，“禾”作声旁。从字面的意思来看，“和”最初就是“相呼应”的意思。东汉许慎《说文解字》解释“和”字：“相应也。从口、禾声。户戈切。”① “相呼应”意味着有多种多样的不同因素项的并存，这些不同因素项并不是不相关的，而是互相呼应、彼此配合，构成一个不可或缺的整体。在中国古代，“和”主要包含这么几种意思：首先是调和音乐中的各种音律，使之能成为一首优美动听的乐曲；也就是说，将乐器所发出的各种音调、声音相调和，组合成完整的乐曲；或者就指各种声音的协调。如《广韵》这部书解释“和”，认为是“声相应”；《集韵》解释“和”，认为有“调”的意思；《尔雅·释乐》也提出：“徒吹谓之和。”② 而《周易·中孚》九二爻辞有“鸣鹤在阴，其子和

① （汉）许慎撰，（清）段玉裁注，许惟贤整理：《说文解字注·口部》，凤凰出版社 2007 年版，第 100 页。

② 《尔雅·释乐》，（晋）郭璞注，（宋）邢昺疏，李传书整理，徐朝华审定：《尔雅注疏》卷五，北京大学出版社 1999 年版，第 159 页。

之"[1] 的说法；《礼记・檀弓》也有"竽笙备而不和"[2] 的说法，《尚书・舜典》则提出"律和声"[3]；如此等等。

其次，"和"除了有调和音律的意思外，也有调和饮食中各种味道的意思；同时，它也指那些非常适合众人口味的美食，如古代典籍中，就专门有所谓"和味"的说法，"和味"指的就是适合人们口味的美食。如《礼记・礼运》说："五味六和十二食，还相为质也。"[4] 这里的"六和"，指的是什么呢？因为春天之味多酸，夏天之味多苦，秋天之味多辛，冬天之味多咸，酸、苦、辛、咸四味，如果再加进"甜"味，这就是"五味"；其中的甜味，它的作用是调和，有"滑"、"甘"之效；酸、苦、辛、咸，再加上滑、甘，这就是"六和"。《礼记・礼器》说："甘受和"[5]；《周礼・天官冢宰・内饔》说："内饔掌王及后、世子膳羞之割烹煎和之事。"[6]《礼记・王制》："中国、夷、蛮、戎、狄，皆有安居、和味、宜服、利用、备器。"[7]

在中国古代，"和"还可以指人性情修养的理想状态。如《中庸》所说："发而皆中节，谓之和。"[8] 人有七情、六欲，在生活中，人们总会感受到喜欢、愤怒、哀伤、快乐、害怕、厌恶、欲求得到等种种情感，这些情感的发出，能否当于其理而合其度，是人们所关切的。如果人们的种种情感在发出时总是合理而有度的，则可以

---

① 《周易・中孚》，《周易大传今注》卷四，第 479 页。
② 《礼记・檀弓》，《礼记正义》卷八，第 227 页。
③ 《尚书・舜典》，《尚书正义》卷三，第 106 页。
④ 《礼记・礼运》，《礼记正义》卷二十二，第 691 页。
⑤ 《礼记・礼器》，《礼记正义》卷二十四，第 763 页。
⑥ 《周礼・天官冢宰・内饔》，《周礼注疏》卷四，第 90 页。
⑦ 《礼记・王制》，《礼记正义》卷十二，第 399 页。
⑧ 《中庸章句》，《四书章句集注》，第 18 页。

称之为“发而皆中节”，如此则可以说是“和”。

在汉语中，从“和”字又可以引申出其在社会生活中的多种含义，如人身体阴阳协调，可以称为“和适”；身体不健康，调治、调适身体，叫“调和”；为人处事情性好、脾气好，可以称为“平和”；家庭成员之间关系融洽，则是“和睦”；激烈冲突的双方自去争战，称为“和解”；弈棋或赛球等体育比赛结局不分胜负，称为“和局”；依照相近的题材和体裁作诗词，以诗歌相酬答，称“酬和”；乃至气候温暖，也叫气候“温和”。如此等等，我们可以看到，虽然“和”的意思很广泛，但一般都有不同因素相应、配合得当之意。

（2）“谐”的含义

《说文解字》解“谐”，说：“詥也。从言，皆声。户皆切。”① 认为“谐”字形采用“言”作偏旁，采用“皆”作声旁，就其字义来说，“谐”有融洽、协调的意思。

《说文解文》以“谐”有“詥”之意。中国古代另外一部书《广雅》提出“谐”有“耦”之意，耦则为双，引申为多。《玉篇》则认为，“谐”谓：“合也，调也。”从这个角度来说，“谐”有多而融洽之意。

中国古代的一些重要典籍关于“谐”，更多地是从“和合”、“协调”的角度来予以解释，如：《尚书·尧典》说：“克谐以孝。”②《尚书·舜典》说：“八音克谐。”③《礼记·礼器》：“君子有礼，则外谐

① 《说文解字注·言部》，第167页。
② 《尚书·尧典》，《尚书正义》卷二，第58页。
③ 《尚书·舜典》，《尚书正义》卷三，第106页。

而内无怨。”[①]《淮南子·缪称训》：“阴谐知雨。”[②]

另外，《说文解字》中，与“谐”意思相近的还有“燮”，“燮”不仅与“谐”音同，而且它的本身就有“和”之意，《说文解字》解“燮”为“和也。从言从又炎”。古代有“燮和”之说，“燮和”即“协和”，有调和、治理的意思，如：《尚书·顾命》有：“燮和天下，用答扬文、武之光训。”[③]《新唐书·苏瓌传》：“宰相燮和阴阳，代天治物。”[④]

在《说文解字》中，“谐”与“协”的意思也有相通之处。《说文解字》解“协”，认为是“众之同和也。从劦、从十”。清代学者段玉裁《说文解字注》释“协”之意，认为：“各本作众之和同，非是，今正。同众之和，一如同力。”[⑤] 或者认为“协，众人同声应和”，引申开来，则还有“同心之和”的意思。

关于“谐”字的词组，中国古代有所谓“谐声”、“谐韵”等，其中“谐声”指汉字六种构字法中的一种，这六种构字法分别是：象形，会意，转注，指事，假借，谐声；而“谐声”也就是“形声”，指的是意符（即形符）和声符并用的造字法。有时候，“谐声”也指声韵谐合。如唐李绅《皋桥》诗：“鸿鹄羽毛终有志，素丝琴瑟自谐声。”所谓“谐韵”，指的是“押韵”。如清代学者章学诚《文史通义·诗教下》：“《渔父》之辞，未尝谐韵而入於赋。”民国学者章炳麟《与杨树达书》：“《诗》三百篇之谐韵，盖与今之南北曲同，以平

① 《礼记·礼器》，《礼记正义》卷二十三，第716页。
② 《淮南子·缪称训》，刘文典撰，冯逸、乔华点校：《淮南鸿烈集解》卷十，中华书局1989年版，第338页。
③ 《尚书·顾命》，《尚书正义》卷十八，第740页。
④ 《新唐书·苏瓌传》，（宋）欧阳修、宋祁：《新唐书》卷一二五，中华书局1975年版，第4398页。
⑤ 《说文解字注·劦部》，第1218页。

上错杂相谐，不得谓古无上声也。”

关于“谐”的词组，中国古代有“谐比”之说，其意指和谐亲近，或者文章、诗词按韵排比成句；也有“谐从”之说，指和顺之意；其他诸如“谐畅”，亦作“谐鬯”，指和谐流畅，其中的“鬯”通“畅”；“谐度”，指合于音律、法度的标准。如此等等。

（3）“和谐”的含义

“和”与“谐”对应出现，在中国古代的一些重要典籍中即已出现，如：《周礼·地官司徒·调人》：“调人，掌司万民之难而谐和之。”[①]《左传·襄公十一年》：“如乐之和，无所不谐。”[②]

而中国道教史上号称“万古丹经之王”的《周易参同契》较早将“和谐”连接作为一词在一起用。相传此书为东汉时期的隐士魏伯阳所著，根据唐五代著名道士、道号“真一子”彭晓的分章，在《周易参同契》“子午数合三章第三十一”阐明丹道药物交媾之道时，有如下说法：“子午数合三，戊己号称五。三五既和谐，八石正纲纪。”

丹经向来以难懂著称，因为其中有很多所谓的“隐语”，道士们常常以某些隐晦的言语，来表达炼丹的方法与原理。在这里，《周易参同契》所提到的“三五和谐”，大概的意思是指炼丹时，水、火、土之间阴阳配合得当，五行相为夫妇、互作君臣，朱砂、雄黄、雌黄、硫黄、空青、云母、硝石、戎盐（青盐）等八石之间互相配伍、相为制约，共成神丹。

因此，句中所提到的“和谐”，强调了炼丹中和顺药物阴阳之理

① 《周礼·地官司徒·调人》，《周礼注疏》卷十四，第357页。
② 《左传·襄公十一年》，《春秋左传注》，第993页。

的重要性，它所依据的道理，就是《周易·系辞》当中提到的“一阴一阳之谓道”、“阴阳不测之谓神”。此书认为，人们若能得《周易》阴阳配合之妙，不仅炼丹有成；依此治理政事，亦简易而不繁难、复杂；依此修身、养性，可以合于黄、老自然之法则，故此书得名为《周易参同契》。

此外，东汉时期，还有一些学者在文章中将“和谐”作为一词来用：如《诗·周南·关雎》有“关关雎鸠”，东汉大儒郑玄笺注说：“后妃悦乐君子之德，无不和谐。”

综观历史，“和谐”一词主要表达的是“和睦”、“协调”的意思。宋儒司马光在《瞽叟杀人》中说：“所贵于舜者，为其能以孝和谐其亲。”

当然，“和谐”也有配合得匀称、适当、协调的意思。如《晋书·挚虞传》：“施之金石，则音韵和谐。”[①] 清代赵翼著《瓯北诗话·黄山谷诗》：“自中唐以后，律诗盛行，竞讲声病，故多音节和谐，风调圆美。”[②]

此外，“和谐”还有“和解”、“和好相处”、“和顺”、“协调”等意思。在中国古代，人们通常把“和谐社会”看作是一种整体和谐、协调发展的理想社会状态。这种理想社会状态通常由作为生命个体的人自身的身心和谐，人与人之间关系的和谐，社会各系统、各阶

① 《晋书·挚虞传》，（唐）房玄龄等：《晋书》卷五十一，中华书局 1974 年版，第 1425 页。

② 《欧北诗话·黄山谷诗》，（清）赵翼著，霍松林、胡主佑点校：《欧北诗话》卷十一，人民文学出版社 1963 年版，第 169 页。

层关系的和谐，作为整体的人类与自然环境的和谐等方面内容所构成。[①]

2. 以“和谐”作为世界普遍文化价值理念的理论依据

“和谐”作为具有世界普遍意义的价值理念，为人们提供了处理人际、国际关系的良好范式。“和”以差异为前提，只有差异性的共存，才有“和”的存在。差异性必然要求每个个体包括个人、民族乃至国家的自我的实现，即要将其所具有的最本真性质转变成现实存在。“谐”则强调差异性的谐和、有序，旨在强调人际、国际间的圆融、无碍。

作为世界大家庭的重要一员，中国以什么样的态度和方式，去参与、推动世界文化价值发展方向之调适与转向，这既是一个非常重大的理论话题，也是一个不容回避的实践问题。我们的答案之一，就是推出“和谐”文化的价值理念。在我们看来，只有建立在“仁爱”之基础上的“和谐”价值理念，才能真正肯定世界不同国家、不同民族的本真特性，才能在不抹杀各个不同国家、不同民族的本真特性的基础上，建构“差异相通”的“和谐”国际社会。

（1）“和谐”价值理念建立在“仁爱”的情感基础之上，使之可以成为具有世界普遍意义的价值理念

---

① 韩震教授认为：“和谐”，不仅为中华民族一直所推崇，而且也成为中国特色社会主义的本质要求。在中国特色社会主义的理论语境中，所谓和谐，就是实现社会主义社会中人与人、人与社会、人与自然环境良好互动、相互促进的关系状态。这个价值包容人权价值，却又超越了人权价值的视域。因为在资本主义的语境中，人权更多地是从个人的角度去理解的。如果每个人都尽可能或毫无限制地诉诸自己的权利，那么他们的权利诉求就必定很快处于相互竞争甚至相互冲突的状态之中。和谐就是利用法律、道德和文化的规范力量，在尊重每个人基本权利的基础上，规范人们的权利诉求方式和边界，避免人们权利之间的冲突，实现马克思所说的“每个人的自由发展是一切人的自由发展的条件”。可以说，和谐就是在民主、公正规范下的所有人自由发展的社会状态。（《教师的十堂政治素养课》，华东师范大学出版社 2013 年版。）

“和谐”价值理念应该建立在“仁爱”的情感基础之上。在中国儒家看来，“仁爱”本身既有普遍性，又有差等性。从“亲亲”到“仁民”，从“仁民”到“爱万物”，爱由近而至于远。这种情感发自于每个人的“良知”与“善性”。例如，以“亲亲”为例，前一个“亲”为动词，后一个“亲”为名词，即爱其亲人的意思。为什么要爱其亲人呢？追溯其源，则又是由每个人所具有的“爱”自己的天然情感所引申出来的。儒家持一种“情善论”的立场，认为每个人都有一种根源于其自身的“爱”，由爱自己发而在外，能则爱亲人、爱朋友、爱国家、爱人类，乃至于仁爱万物、宇宙和谐一体，皆是由此“爱”而来。因此，儒家认为“爱”的情感是可以成为普遍性存在的。

不仅如此，爱又体现出差等性。儒家不仅讲“仁爱”，还讲“仁爱”的效果，也就是要考察某种“爱”发出来之后，是否合适？以其专门的术语来讲，则是“爱”发出来是否皆“中节”，是否能当于“理”，在“中节”和“当于理”的过程中，“仁爱”就必然呈现为差异性。例如，在我们的教育中，教师当然应该“爱”学生，一个不爱学生的教师，很难成为一名合格的教师。但教师对学生的这种“爱”，与这位教师爱自己爱人的那种“爱”，无疑是存在差别的。教师对学生的“爱”应该表现为一种“爱护”，这与其对自己爱人的“爱”不能相等同。这种例子还可以举出很多。

我们之所以倡导“和谐”，是因为“和谐”的价值理念本来就是建立在普遍性的“仁爱”的基础之上的，这种普遍性的“仁爱”在表现的过程中，必然呈现出差异性，这就是“爱有差等”，但“爱有差等”或者说差异性又不妨碍其具有普遍性。这种差异性与普遍性的共存，即表现为“和谐”。“和谐”的一个基本特征，就是“差异相通”。因此，我们发现，“和谐”观念及其价值实现方式，将人类最普遍、最值得肯定的“爱”的情感，作为其存在的基础，从而可以成为具有世界普遍意义的价值理念。

当今世界，不同民族之间、不同国家之间如何“和谐”相处，成为国际政治需要认真对待的一个重要的现实问题。“和谐”的价值理念对此能够提供什么样积极意义的解决方案？“和谐”的价值理念必然要求处理国际事务当从“仁爱”出发，以“仁爱”作为处事的最高准则，或者更进一步，以之作为不同国家追求的终极目标。由“仁爱”则生“功”与“利”，此“功”与“利”与“仁爱”相伴，其重要表现之一，即为国与国之间不论大小皆和谐相处。一个国家的行为皆出于爱、出于惠及人类的考量，由此所带来的功与利皆合于“仁爱”的精神，由此则能表现出不同国家、不同民族的“和谐”。与此相反，一个国家或民族若只从一己之“私利”出发，不能够将“爱”扩而充之，这种行为必然会不断在国际社会制造各种麻烦，这个时候，国际社会就没有和谐了，存在的只能是各种冲突。由和谐之爱的精神彰显，才能统摄各个不同国家，使之作为一个“共在”体而存在，各国皆能爱惠于此。正因为此，我们才说，“和谐”可以成为具有世界普遍意义的价值理念。

（2）“和谐”价值理念体现出“多元普遍”、“差异相通”的特性

“和谐”的价值理念，强调差异与包容，差异意味着其具有“多元性”；包容则意味着其能于差异性中发现、找到普遍性的价值。故“和谐”的价值理念持一种既“多元”又“普遍”的立场。

“和谐”的价值理念，恰恰可以打破在价值问题上人们所容易坚持

的一种所谓的“价值不可通约”的观点，这种观点认为价值只具有相对性，而不可能存在客观性、普遍性。应该说，不同民族虽然具有不同的精神气质，在看待世界时，也总有不同的视角，这就可能表现出无限的丰富多彩性，故说价值观具有独特性、多样性是正确的。

但我们又不能仅仅停留在这一层面上，如果我们换一个角度看问题，则会发现，虽然价值观各有不同，但于其中所体现的精神实质，却可能总存在着某种普遍性的因素。好比中国人常说的“打是亲，骂是爱”，“打”、“骂”与“亲”、“爱”一般说来是相互对立、排斥的，“亲”与“爱”的表现形式，通常不可能以“打”、“骂”来表现；然脱离开这种具体形式的对立，进入到精神实质的层面，则有时候“打”与“骂”，恰可以表现人们之间的“亲”与“爱”，这又是为什么？因为我们摆脱了机械地以“打骂”不是“亲爱”的形式，进入到实质性地考察问题的阶段，在这个时候，就会发现，差异乃至对立中，存在着相通、存在着普遍性。“和谐”最能体现这种差异性的统一，“和”意味着多种多样，意味着丰富多彩，“谐”则表明差异性可以相通、可以共存。

（3）“和谐”价值理念倡导“和而不同”、“和而相通”

在中国哲学中，价值不属于科学方面的问题。科学问题侧重认知，以知识、逻辑为前提，但价值问题更多地属于人们的生活实践，这种生活实践看来似乎是偶然的、随意的，如此则其原则也似乎是私意的，不可能具有普遍性。

中国哲学与文化强调“和谐”，是因为其关注点在于人如何成为理想的人，由人所组成的社会如何成为理想的社会。在这个过程中，其必然以价值和道德理性作为考察的核心，其所谓知与行，不是一般所说的科学知识，即不是一般所谓的征服自然、改造自然的活动，其知与行皆发自于人自我完善的需求，人在自我完善的过程中，由其内在的理想、精神，发而在外，便有了具体的知与行。但这种知与行与纯科学的认知与实践还是有着一定的差别，因为它主要关乎人性的修养，是由人性修养过程中所发出来的知与行。一般都说“科学无国界”，只要是条件具备、程序得当，所得之结论便具有普遍性。而人性之修养，则更多地是个人的体会、体验，这种体验因其带有个人的情感色彩，具有个体的殊异性，而似乎不可能具有普遍性。但中国文化却不这样认为，如儒家孟子讲人性善，他并不是讲个别某个人或某一类人的人性是善的，而是认为人性普遍地是善的，虽然人性在表现的过程中千差万别、各有不同；陆王心学讲“人同此心，心同此理”，也是从普遍意义上来讲的，但陆王心学此说也并不否认差异性的存在；佛教禅宗不立文字，强调以“心”印“心”，也许我们会问，人心各不相同，如何能彼此印证？但对开悟的禅师们来说，正因为他们彼此之间心与心相通，故能相互印证，这种相通性即是建立在普遍性的基础之上的。

在中国的“和谐”文化与思想中，并不否认个体之间具有差异性，但这种差异性又是与普遍性相互贯通的。中国的“和谐”思想，很少出现所谓原子式的个体主义，这种观点认为：个体与个体毫无相通之处，每一个体皆是自生、自造，不存在彼此之间的同一与贯通。但如果深入思考一下，这种观点恰是将个体抽象化了，因为在这世界上，并不存在一种只有与众不同、却没有共通性的个体。在对事物进行认识时，我们看到了个体、看到了差异，这是我们区别认识事物时所应当持有的立场，不如此，我们就不可能对个体事物的本性做出清晰的认识和表述；但我们如果仅仅停留于此，则真可能导致“只见树木，不见森林”的情况出现。为此，我们还可以从另一个角度和层面来认识事物，即从个体的、不同的事物的“通性”上去认识、体验事物的存在及其表现方式，这种认识并不至于抹杀个体的真实性、独特性，却能在保持个体的独特性、真实性的同时，达成其整体性的相贯通，这就是一种“和谐”。

魏晋玄学中的郭象庄学，一方面讲“独化”，认为这个世界没有造物主，万物皆自己造成自己，这就是所谓的“独化”，犹如嘴唇与牙齿本不相同，各自独化，但是，唇与齿之间又存在着彼此之间的“相为”。宋明理学讲“理一分殊”，它首先肯定每个个体性的存在具有独特性、自在性，但这种自在性、独特性又不是封闭的，它既内在又外在，既有个性、又有开放性，差异中相通，“通”的基础即是“理一”，在“理一分殊”的理念中，整个宇宙和谐一体，既差异、又贯通。此说旨在说明，作为个体性存在的人，其价值实现虽然是独特的，但并不排斥其中存在着相通的、普遍性的价值原则。

也就是说，中国的“和谐”文化精神，不认为个体性只是封闭物，只能以一种原子式的方式存在。虽然中国文化在谈“和谐”时，前提是先肯定个体性、独特性，但这种个体性存在在实现其自身价值的过程中，由其作为类存在物方面情感的真实相通性，而可以成就一“和谐”整体。如在不同情况下，人们皆应持一种对“真”、“善”、“美”的理想追求，这种追求是保证人类不断完善、进步的动力，在追求“真”、“善”、“美”的过程中，每个个体所面临的情与境当然会有所不同，其表现必然具有差异，甚至在某些情况下，其表现形式还可能具有对立性，如前所述之“打”、“骂”与“亲”、“爱”，但这种差异甚至对立，并不排斥不同个体精神指向性方面具有实质的相通性。这种相通性使得个体能够在实现自我的过程中，不断向周围的他者开放，彼此相互理解、沟通。这个过程并不是抹杀个性的过程，它恰是要在保持个性独特的基础上，方能进行。

当然，中国文化在谈论此问题时，更多地将问题限定在理想人格的修养方面。如宋明理学认为人性有“天地之性”与“气质之性”之分，但这两者又不是两种不同的人性，而是一性，一性中既有“天地之性”、又有“气质之性”；“天地之性”与“理”相联系，“气质之性”与人所禀的“气”相联系；理与气的关系，是理在气中。由于人之禀气有清浊厚薄，故人的气质相互差异，但差异的禀气中，皆存有“天地之性”，且“天地之性”只有落在禀气之中，才能现实地存在，不然，“天地之性”就挂空了。由于气质的独特，故每个个体皆是独特的、个性的；但每个个体皆赋有“天地之性”，故不同个体之间是可以相互敞开、贯通的，这种既独立而不改，同时，又周行而贯通，即是“和谐”的应有之意。这种“和谐”观认为，人和事物皆个性鲜明、各个不同，同时又相互贯通、具有开放性，和而不流、和而相通。①

① 李景林教授认为，与西方哲学处理形上学的方式不同，儒家哲学始终以价值、道德理性为核心理解人性和人的存在，在此基础上确立其形上学的普遍原则，这使它区别于西方传统形上学而具有合理的根据。但是，它所理解的价值、道德理性却与西方哲学有很大不同。一方面，中国哲学强调道德理性与知识的区别，儒家讲学以致圣人之道，避免了西方传统哲学那种将价值与认知的问题相混淆，又站在理论认知立场处理形上学问题的弊病。另一方面，与此相应，儒家哲学从未把理论作为一个抽象的环节从价值和道德问题中抽离出来，形成“实质”或情志内容与形式原则的对峙。恰是这种对峙使西方哲学倾向于把情志内容抽象化为心灵的一个偶然的环节。而儒家哲学则从知情的本原一体性出发理解心或理性的概念。我们可以称之为“中道理性”，以区别于西方哲学一般所谓的理性。以此为根据，儒家哲学构成了其对价值原则的独特理解。中国哲学对价值和道德理性的理解方式，既保持了形上学的合法性，又在经由“实质”以确立原则的同时，肯定了这种价值原则的客观普遍效准。（《价值的普遍性与相对性》，《哲学与文化月刊》1992 年总第 223 期。）

3. 以“和谐”作为世界文化价值理念的现实意义

（1）以“和谐”作为世界文化价值理念具有其必然性

以“和谐”作为世界文化价值理念具有其必然性。我们这样认为，是有其理论和现实根据的：

其一，“和谐”方能导致人与人之间的“认同”。人在这个世界上，并不只是一个个孤立的、原子式的存在，人们不能离开社会生活，无论是人的工作、学习，还是生活等实践活动，皆具有社会性的特征。社会由不同的人所构成，但又不能还原成一个个不同的人，社会性本身就体现出一种整体的“和谐”。

在这种“和谐”氛围中，不同个体之间必然存在着一种“认同”，这种“认同”的内容很广泛，人们通常所说的政治认同、阶级认同、身份认同等，都包含在内。于其中，一个非常重要的认同是“文化认同”。上述所说这些认同，应该说，都是建立在“和谐”的基础之上的。只有“和谐”，才可能为认同奠定基础。

其二，“和谐”并不必然“趋同”。在前文中，我们讨论过“和”与“同”的区别。中国古人即认为“和”与“同”是不同的。“同”是抹杀个性，消灭独特性，个体处于一种“千人一面”的趋同状态。

“和谐”则不同，一方面，“和谐”是建立在保持个体的个性、独特性的基础之上；另一方面，每一个个体性的存在构成为一个整群，在这个群体中，不同个体共生共存，它们之间也存在着一种共在性，这种共在性因个体的差异、变化而处于动态的变化之中，每个个体以“自我”的特殊方式来塑造这个群体。同样，这个群体也以其不断生成的“共生”、“共在”的性质影响着每个个体，以便让每个个体将此“共生”、“共在”内化为“自我”之应有内涵，如此，则个体也因此得到内涵上的充实、更新，这种充实、更新再结合个体本身与生俱来的独特性，将可以使个体得到进一步地发展、升华。

这样，个体与群体之间便达成了一种良性的互动，个体以自我的方式影响群体，群体以“共在”的方式影响“个体”。因个体性的存在，群体丰富多彩；因群体的“共生”、“共在”，个体得到充实、提高。如此，则能够建立起不同个体之间的群体“和谐”。

其三，“全球化”进程中的“和谐”呼声。目前，人类社会发展的过程中，出现了“全球化”的趋势。“全球化”是人类社会科技进步的一个结果，因为科技的不断发展，使得人们生产、消费的各个环节都具有了世界性；“全球化”也有利于资源的合理配置与应用，可以有效提升市场的功能；“全球化”促进了人与人之间交往，人们对于世界和平的渴望、要求，在这一时期更加明显、突出。

在“全球化”的世界大家庭中，各个民族、国家不再是一个孤立的、单独的存在，而是处于相互关联、动态发展的整体当中。因此，“全球化”并不意味着消解不同民族和国家的个性，而是指具有不同个性的民族、国家皆以自己独特的方式，加入到“全球化”的过程中来，这就必然要求不同民族、不同国家的“和谐”相处，也就是说，“全球化”的进程必然要求“和谐”。

（2）如何理解“和谐”价值理念的精神

“和谐”并不意味着否定主体性的存在。有一种观点认为，中国传统文化的价值自我是非主体性的，如儒家的“毋必”、道家的“无为”、佛家的“无我”，皆有否定自我的意味。这种观点对于中国文化的“和谐”精神，实是一种误解。我们认为，“和谐”必然要求有两个层面的视角：一方面是从个体自我出发，考察自我的殊异性如何来体现普遍的“爱”，这种考察必然以时间、地点、条件为转移，必然具有个性和差异，这种独特的个性和差异是不能被消解的。好比儒家所倡导的“泛爱众”要求“爱”被及于一切，故一个人爱自己的爱人，当然也应该爱他朋友的爱人；但这两种“爱”却不能相混淆，因此，这个人就不可能以“泛爱众”为借口，以爱自己爱人的方式，去爱其朋友的爱人。这个过程中，是不可能将具体之爱的个性与差异消解掉的。

另一方面，我们还要从个体性出发来一个超越，这里所说的“超越”并不是“否定自我”，因为“超越”恰恰是以“自我”的存在为前提的。所谓超越，是暂时将“自我”搁置，将“爱”的具体内容搁置，去探求具体的“爱”的背后所体现的实质精神。以这种实质精神来统摄不同内容、差异的“爱”，这就可以达成尊重个性的同时，又能“和谐”地兼容并包。若要达成“超越”，即要“毋必”、“无为”、“无我”，这里的“毋必”、“无为”、“无我”是达成差异性存在“和谐”相通的一种境界，只有在这种境界中，方能建构起“和谐”。

当然，“和谐”也不仅仅只是一种忘我的境界超越，而可以成为一种自我实现的现实超越。我们认为“和谐”并不只是一种境界，它也应该是“现实”。只有每个个体在现实中充分地实现自己的本真价值，才能将不同个体之间的“和谐”不断地推向更高层面、更高水平的存在。因此，“和谐”并不意味着一成不变，并不是保守、裹足不前，而是在每个个体自我实现的过程中，不断达成群体间更高层次有协调与发展。[①]

“和谐”价值理念是否反对斗争、不讲转化，倾向于维护现状。我们认为，“和谐”意味着差异，差异各方的相互作用必然导致整个局面的动态发展，故“和谐”并不是静如止水的静态存在。“和谐”导致的动态发展，应该是使局面由低级状态的“和谐”向更高层级“和谐”的过渡，这在当前和平与发展成为世界两大主题的国际形势下，尤其有其重要的现实意义。“斗争”是建构更高层面和谐的一个手段，其与“和谐”价值理念并不相违背。至于说中国古代社会中，“和谐”的价值理念本来就没有得到过充分的实现，这要具体问题具体分析。对于我们当前来说，倡导社会主义和谐的价值理念，就要充分考察其落实的各项运行机制，使之不仅仅停留在文化价值理念的层面，更体现在现实的人伦日常之中，这需要全社会的共同努力。

综观中国文化的发展，于其中始终体现出“和谐”的精神旨趣。如在先秦时期，以孔、孟、荀所代表的儒家，重视伦理、德性和礼乐的原则；以墨子为代表的墨家则重视功用的原则，道家老、庄则更重视自由和自然的原则，诸子百家看待问题的角度、解决问题的方法各异，然又在一个更高的层面上相互贯通，这就体现出一种“和谐”。以这种精神来解决当世之问题，未尝不可，虽然我们所面临的问题与古代相比，已经有了极大的不同，然而处理问题的精神

① 陈来教授撰文《论中国文化的价值理念和世界意识》认为：人对世界的认识和人对世界的态度，两者是相互联系，相互贯通的；对世界的认识往往反映或影响了对世界的态度，反过来，人对世界的态度来源于对世界的认识，或影响了他们对世界的认识。古典中国文明的哲学宇宙观是强调连续、动态、关联、关系、整体的观点，而不是重视静止、孤立、实体、主客二分的自我中心的哲学。从这种有机整体主义出发，宇宙的一切都是相互依存、相互联系的，每一事物都是在与他者的关系中显现自己的存在和价值，这样的宇宙观所联系的价值观是：人与自然、人与人、文化与文化应当建立共生和谐的关系。（《船山学刊》2013 年第 3 期。）

与态度，则可以相近而有所借鉴。正因为中国文化中的“和谐”价值理念既尊重各个民族、国家的个性，尊重其应有的主体意识，同时也强调各个民族、国家的共生、共存，故而其能够成为具有世界普遍意义的价值理念。

二、积极弘扬中华优秀文化，为世界文明发展、进步做贡献

中华优秀文化既造就了中华五千年文明的灿烂历史，也对当今中国的迅速发展起到了极大的推动作用。面对世界文化和文明进步的潮流，中华优秀文化应该乘势而上，积极走出去，发挥自己所特有的优势，为世界和平与发展做出自己应有的贡献。

当代社会，各种人际冲突、民族冲突、国家冲突等之后，深层存在的是利益的冲突；而利益的界定，就与价值息息相关。当代国际社会的各种政治危机、经济危机、社会危机等，也与价值观念的危机相涉。

一般说来，价值观对于塑造民族性具有重要的作用。民族性的差异，其主要的原因是文化价值观的差异，由于文化价值观不同，导致不同民族思考问题的方式和看问题的方法产生巨大差别，以这种不同的文化价值观为指导，不同民族的人们其行为方式也存在着较大的差别。相反，如果是生活在同一个价值文化圈的人，却可能具有较多相通、甚至相同的思维方式和行为方式，于其中便显示出所谓的国民性或者说“民族精神”。

正因为现实人们的行为和思想并不是从虚无开始，而总是在一定的社会历史文化氛围中形成并展开，因此，过去特定时期的价值判断和价值理念就已经作为现实一切活动的前提和预设条件而存在。

在当今世界各国，价值观教育与建设皆是当代意识形态工作的核心内容之一。所谓教育，其功能之一，就是要塑造人，要宣传某种理想人格、理想社会，表达某种社会期望，进行社会教育，净化人的心灵，陶冶人的道德情操，激发人的崇高精神。为此，社会就要提供一整套支配人类外在活动和内在思想的价值观念，将一套价值观念和价值评判体系推广于社会、人群之中，帮助人们形成价值观念，提供价值尺度和价值取向，使社会、人群形成一种规范的日常行为方式。在这个过程中，人们遵循良性的价值理念，将人性中崇高的精神加以升华，不断培养高尚和健康的思想和情感。

中国文化中的价值观思想体系，有很多方面的思想精华皆可以贡献给世界，值得现代人认真思考和总结。长期以来，中华传统文化尤其是儒家文化便非常关注现实，具有积极入世、济世的淑世精神。例如，儒家知识分子大都有一种强烈的责任感和忧患意识，他们研习儒学经典的目的，不仅是要对儒学的经典进行文字的训诂和经义的训释，更是要探求其中所蕴藏的大中至正之道，为经世济民提供理论的指导。尤其当社会和国家处于内忧外患、危机四伏、弊端丛生的时候，更是如此；知识分子群体皆有一股强烈的忧患意识，他们以一种浓郁的人文情怀，关注社会、人事的矛盾冲突、混乱失序，面对现实困境，焦虑不安，忧心如焚，希望找到摆脱社会困境的出路，以拨乱返正，重建正常的秩序。中国哲学与文化强调正常社会秩序的建构，这离不开价值文化的建构。因为价值为政教之本，无论是内修德义，还是外建“王道”，皆离不开价值与文化。中国文化倾向于认为，人类社会之所以未能摆脱种种弊病，就是因为人们不能了解理想社会的存在模式及其价值，故中国文化通过持续不断的艰苦理论探索，力图为人类社会开辟、找到更多理想的发展模式。

在中华优秀文化中，蕴涵着极为深刻、丰富的价值理论思维的成果。如前文所述，它具有“天理”、“本心”、“仁”、“诚”的价值本体思想；“先立乎其大”、“格物致知”、“即物穷理”、“涵养省察”的道德价值修养之功夫；“立人极、明王道”，“急乎天下国家之用”，“开物成务”、“通天下之志”、“成天下之业”、“自强不息”、“经世济民”的社会责任感；“义”与“利”、“道心”与“人心”、“理”与“欲”、“性”与“情”、“未发”与“已发”的价值评判思想；“厚德载物”、“乐天知命”、“与天地合其德”的道德价值的超越境界等，这些方面构成了中国优秀传统文化的主要内容。

中国的哲学与文化大都关注人与社会的问题，重视人生观、价值观的讨论。他们将价值问题与人生问题、社会历史问题相联系，关心人生和社会的价值和意义，人应该追求什么样的理想人格，社会应该追求什么样的理想社会。这对于构建当代人类的道德规范和伦理精神，具有重要的理论和实践意义。从价值学的视野出发，从中国哲学与文化中总结出其中带根本性的价值观问题，建构价值哲学的理论体系，并进而将之传播至世界，这是当前我们所面临的一个十分重要的研究课题。

应该说，价值、信仰与责任是民族文化主体性的重要内容。通过对中华民族优秀价值观的研讨，我们就能够明白自己的民族和文化曾经是什么，可以进一步追求什么，从而在现代社会的发展中，不至于沉沦和迷失方向。在此基础上，我们也认为，对中华传统优秀文化的继承、发展，将会有力地推动中国哲学与文化对世界的贡献。中国社会在经历了改革开放之后，迎来了社会主义事业的飞跃发展。在这一时期，随着全球化趋势的不断深化，中西文化的交流与碰撞，在文化价值层面上，逐渐形成了中西交汇、古今融通的局面。这种局面的形成，要求我们具有一种文化价值理念的自觉，要对自己本民族的文化进行创造性转换，做出综合的创新，突显出其作为世界主流价值观念载体的重要作用。

应该说，价值问题始终是中国哲学与文化所关注的重要问题。在对中国的哲学、伦理、政治等领域具体问题的探讨中，如人性善恶、王道政治、天理与人欲、持敬与功夫等问题中，都不可避免地会涉及到一般的价值问题，从而呈现出独特东方特色的价值观。如果要评价中国哲学与文化在世界文化与文明发展中的地位与作用，我们认为，这不仅表现在其理论体系趋于完善、学术内涵不断丰富，更重要的是，现当代中国文化的主体精神和关心人类发展前途、命运的问题意识愈来愈明确。从目前的学术发展态势来看，伴随着中华民族逐步走向复兴，当代有不少学者探讨中华民族文化主体性的确立与重建问题，以及中华优秀文化如何更好地贡献于世界的问题。这其中，首先要确立与重建民族文化的主体性，要使中华民族的文化生命变得成熟与自觉，能够反思自己是什么？追求什么？这其中就有着重要的价值取向问题。

面对当代社会所存在的新、旧价值观的冲突，中、西价值观的冲突，如何建构一个科学、严谨、完整的世界文化、文明发展体系，是当代社会所面临的一个重大问题。中国改革开放四十年来，在经济、科技、文化发展方面，不断推陈出新、去伪存真；中国知识界的学风，也随之而变，这表现在它通过融会中西、贯通古今，不断为构建人类社会的主流价值思想体系而努力。通过将中华优秀文化进一步推向世界，将能够促进中西不同文化、文明的交流与对话；也能够为人类在新的社会历史时期确立起科学、正确的思想观念和价值导向，起重要的参考和借鉴作用。

可以预见，中华优秀文化走向世界，将可以为指导人类的社会实践，有效地解决各种价值冲突、价值危机对人类社会所造成的危害，不使整个世界因价值观念冲突而导致危机，将整个世界建设成一个和谐、美好世界，产生积极的影响！这对于世界的和平与发展，也能够起到积极作用。

我们今天处于古与今、中与西哲学文化大冲突、大融合的时代，努力推进中华优秀文化走出去，将可以为建构符合现代世界所需要的新文化、文明形态提供优秀的文化精神资源。我们完全可以自信地说，中华优秀文化有能力推动世界文化、文明向崭新的未来迈进，可以为人类社会的发展开辟出理想的发展路径，建构富有创造力的发展模式。

结束语

经济发展，体制更新，要求文化建设与之同步发展。如何建设适应新时代之新文化，是我们当前所应该考虑的重要问题之一。

当前，我们的文化建设是否一定要与一段时间以来流行的所谓“解构主义”的道路亦步亦趋，否认对价值和意义的哲学追问，否认本质主义和形而上学存在的必要？也就是说，是否一定要以解构为前提和基础？正如在经济发展的道路上我们能做出自己的特殊选择一样，我们在文化建设方面可不可以走出一条不同于后现代以“解构”为主要特征的新路子？

我们认为，这是可能的。因为单独的个人，也许可能像动物一样，浑浑噩噩地生活，饥来吃饭倦来眠，今朝有酒今朝醉，但人类作为一个整体而言，对于诸如安身立命、终极关怀、人生意义等问题是必须要考虑的。这是关系到人类的价值取向和发展方向的问题。因为发展不单纯是经济的增长和科技的进步。一些先贤早已提出，科技的增长是一柄双刃剑。科技发展必须为人服务，人的全面发展是衡量经济与科技进步的重要尺度。人的全面发展，离不开对人生意义和价值的探寻。在对人生意义和价值的探寻过程中，需要一定程度的“解构”，所谓“不破不立”即是如此；而为了寻求意义和价值而“解构”现存的一切价值和意义，或者说为“解构”而“解构”，在某个特定的社会形态和特定时期，也许有其存在的合理性。正如工具理性的高度发达导致人日渐成为技术的奴隶，反理性主义的出现使人能够重拾自己作为人的尊严。但仅有非理性还不足以体现和维护人的真正的尊严，因为非理性本身并不能将人从动物群中分离出来，非理性也不能使人得到真正的身心自由和自身的全面发展。后现代主义对现存价值和意义的破坏性“解构”，对于整个人类社会和所有的历史发展时期而言，并不具有普遍的意义。

哲学与文化是时代精神的精华。不同的时代有不同的哲学和文化，不同的民族也有不同的哲学和文化。但是，不论什么社会、不论那个国家，其社会发展、稳定皆离不开一整套价值理论体系的建设。每个社会皆承担有“教化”的功能，其重要职责之一就是要塑造人，要宣传某种理想人格、理想社会，表达某种社会期望，进行社会教育。为此，社会就要提供一整套支配人类外在活动和内在思想的价值观念，将其推广于人群之中，帮助人们形成价值评判，提供价值尺度，使社会、人群形成一种规范的日常行为方式。在这个过程中，通过引导人们遵循良性的价值理念，不断培养人们高尚和健康的思想和情感。故价值为人伦、政教之本，无论是公民自身健康人格的养成，还是建设一个和谐的理想社会，皆离不开价值观念的指导。由此，我们即能得出文化建设和价值观建设对于一个国家而言是何等重要！

从社会主义核心价值体系建构的要求出发，从民族文化、民族精神中总结出符合时代和社会需要的内容，这是我们当前需要重点研究的问题之一。在中国传统哲学与文化中，每个个体性的价值实现与普遍性的天道是不能截然分开的。天道或谓太极、天理、本心、良知、太虚、道不仅是价值之源，也是价值之本，即我们所说的价值本体。因个体的人其价值实现必与价值之本的天道相联系，故中国哲学特别强调“天人合一”。同时，在中国传统哲学看来，个体的人也不是纯粹的原子式个体，每个个体皆内在地赋有普遍性的价值之本，个体的价值实现可由其自身来展示，每个个体只要将其所禀有的内在价值之本充实实现出来，就可以成就完善的人格。在中国传统哲学与文化里，个体的存在既具有其个性也即独特性，同时，经过修养，个体自身又可以充分证成其所禀有的天道价值本体，从而实现其生命的全部价值。

从哲学上说，人们总是不断按照价值的目标去争取乃至实现、创造自己和社会的价值。社会实践是人的有意识、有目的的活动，于此活动中，人类力图建构一个“意义”的世界，并以此作为衡量人类全部活动合理性的标尺。应该说，中国传统哲学不仅强调个体自身的身心健康，对于人与人之间的亲密相处也非常关注，认为个体身心和谐的价值实现，与人与人之间普遍和谐所提供的社会条件是密不可分的，因此在理解个体身心和谐的同时，他们也非常关注人与人之间关系的和谐。故对社会群体整体和谐、协调发展的理想社会状态的追求，与个体的安身立命，皆是中国价值哲学的重要内容。中国传统文化中关于理想人格、理想人际关系、理想国家与社会等问题的提出，目的就是为了以一种文化价值理想来规范、引导个体之人与现实社会，以维护国家、社会与个人的和谐、健康发展，这对于当代社会的价值观建设，也具有重要的启发和借鉴意义。

对民族文化中优秀民族精神之继承、弘扬，将会有力地推动社会主义核心价值体系的建设。因为民族传统文化不仅在中国古代社会有着广泛而深远的影响，在当代中国的理论与现实中仍然有着旺盛的生命力，她的精髓仍然存活在现代中国人的心灵之中。我们通过继承、弘扬中华民族优秀传统文化精神，将之与现代社会的现实需求相结合，与现代文化融会贯通，将可以为我们当代社会的文化建设提供有益的理论资源和借鉴。我们希望，通过对民族文化、民族精神继承、创新与弘扬，能够为建构社会主义和谐社会起到某种借鉴的作用，也为人类面向未来、寻求自身存在意义和价值的探索做出贡献。

参考文献

一、原典

1. 高亨：《周易大传今注》，齐鲁书社1979年版。

2.（汉）孔安国传，（唐）孔颖达正义，黄怀信整理：《尚书正义》，上海古籍出版社2007年版。

3.（汉）郑玄注，（唐）贾公彦疏，赵伯雄整理，王文锦审定：《周礼注疏》，北京大学出版社1999年版。

4.（汉）郑玄注，（唐）孔颖达疏，龚抗云整理，王文锦审定：《礼记正义》，北京大学出版社1990年版。

5.（宋）朱熹注，赵长征点校：《诗集传》，中华书局2011年版。

6. 杨伯峻编著：《春秋左传注》，中华书局1990年版。

7. 徐元诰撰，王树民、沈长云点校：《国语集解》，中华书局2002年版。

8.（晋）郭璞注，（宋）邢昺疏，李传书整理，徐朝华审定：《尔雅注疏》，北京大学出版社1999年版。

9.（清）刘宝楠撰，高流水点校：《论语正义》，中华书局1990年版。

10.（清）焦循撰，沈文倬点校：《孟子正义》，中华书局 1987 年版。

11.（宋）朱熹：《四书章句集注》，中华书局 1983 年版。

12.（清）王先谦撰，沈啸寰、王星贤点校：《荀子集解》，中华书局 1988 年版。

13.（魏）王弼注，楼宇烈校释：《老子道德经注校释》，中华书局 2008 年版。

14. 陈鼓应注译：《老子今注今译》，商务印书馆 2003 年版。

15. 陈鼓应注译：《庄子今注今译》，商务印书馆 2007 年版。

16. 吴毓江撰，孙启治点校：《墨子校注》，中华书局 1993 年版。

17. 蒋礼鸿：《商君书锥指》，中华书局 1986 年版。

18. 许维遹撰，梁运华整理：《吕氏春秋集释》，中华书局 2009 年版。

19. 刘文典撰，冯逸、乔华点校：《淮南鸿烈集解》，中华书局 1989 年版。

20. 苏舆撰，钟哲点校：《春秋繁露义证》，中华书局 1992 年版。

21.（汉）司马迁：《史记》，中华书局 1959 年版。

22. 黄晖：《论衡校释》，中华书局 1990 年版。

23.（汉）班固撰，（唐）颜师古注：《汉书》，中华书局 1964 年版。

24.（汉）许慎撰，（清）段王裁注，许惟贤整理：《该文解字注》，凤凰出版社 2007 年版。

25.（南朝宋）范晔撰，（唐）李贤等注：《后汉书》，中华书局 1965 年版。

26. 王明：《抱朴子内篇校释》，中华书局 1986 年版。

27.（南朝宋）萧统编，（唐）李善注：《文选》，中华书局 1977 年版。

28.（唐）房玄龄等：《晋书》，中华书局 1974 年版。

29.（宋）欧阳修、宋祁：《新唐书》，中华书局 1975 年版。

30. 郭朋：《坛经导读》，巴蜀书社 1996 年版

31.（宋）张载撰，章锡琛点校：《张载集》，中华书局 1978 年版。

32.（宋）程颢、程颐著，王鱼孝点校：《二程集》，中华书局 1981 年版。

33.（宋）黎清德编，王星贤点校：《朱子语类》，中华书局 1986 年版。

34.（宋）朱熹：《朱子全书》，上海古籍出版社、安徽教育出版社 2002 年版。

35.（宋）陆九渊著，钟哲点校：《陆九渊集》，中华书局 1980 年版。

36.（宋）陈淳著，熊国桢、高流水点校：《北溪字义》，中华书局 1983 年版。

37. 孔凡礼点校：《苏轼文集》，中华书局 1986 年版。

38.（宋）柳永著，薛瑞生校注：《乐章集校注》，中华书局 1994 年版。

39.（宋）王安石著，（宋）李壁笺注，高克勤点校：《王荆公诗笺注》，上海古籍出版社 1958 年版。

40.（明）王守仁撰，吴光、董平、姚延福编校：《王阳明全集》，上海古籍出版社 1992 年版。

41. （明）王夫之：《船山全书》，岳麓书社 2011 年版。

42. （明）王夫之：《张子正蒙注》，中华书局 1975 年版。

43. （明）黄宗羲：《黄宗羲全集》，浙江古籍出版社 1985 年版。

44. 孙通海点校：《陈献章集》，中华书局 1987 年版。

45. （清）颜元著，王星贤、张芥尘、郭征点校：《颜元集》，中华书局 1987 年版。

46. （清）赵翼著，霍松林、胡主佑点校：《欧北诗话》，人民文学出版社 1963 年版

47. 王国维：《人间词话》，中华书局 2009 年版。

48. ［日］高楠顺次郎等编：《大正新修大藏经》卷三十，大藏出版株式会社 1979 年再版。

49. 《中华道藏》，华夏出版社 2004 年版。

50. 《道藏》，文物出版社、天津古籍出版社、上海书店 1988 年版。

二、价值观论著

51. 袁贵仁：《价值学引论》，北京师范大学出版社 1991 年版。

52. 袁贵仁等编：《人的价值问题探索》，教育科学出版社 1995 年版。

53. 袁贵仁：《价值观的理论与探索》，北京师范大学出版社 2006 年版。

54. 李德顺：《价值论——一种主体性的研究》，中国人民大学出版社 2013 年版。

55. 李德顺：《我们时代的人文精神：当代中国价值哲学的建构及其意义》，北京师范大学出版社 2013 年版。

56. 李德顺主编：《价值学大辞典》，中国人民出版社 2006 年版。

57. 张东荪：《价值哲学》，世界书局1934年版。

58. 孙伟平：《价值哲学方法论》，中国社会科学出版社2008年版。

59. 孙伟平：《价值论转向——现代哲学的困境与出路》，安徽师范大学出版社2010年版。

60. 罗国杰：《马克思主义价值观研究》，人民出版社2014年版。

61. 肖永辉：《马克思哲学的新世界观与价值观导论》，吉林大学出版社2013年版。

62. 王克千：《价值之探求》，黑龙江教育出版社1989年版。

63. 邬焜、李建群主编：《价值哲学问题研究》，中国社会科学出版社2002年版。

64. 杜齐才：《价值与价值观念》，广东人民出版社1987年版。

65. 刘永富：《价值哲学的新视野》，中国社会科学出版社2002年版。

66. 李连科：《世界的意义——价值论》，人民出版社1985年版。

67. 李连科：《哲学价值论》，中国人民大学出版社1991年版。

68. 李连科：《价值哲学引论》，商务印书馆1999年版。

69. 阮青著：《价值哲学》，中共中央党校出版社2004年版。

70. 冯平、翟振明、G. M. Abbarno主编：《价值之思》，中山大学出版社2003年版。

71. 陈章龙、周莉：《价值观研究》，南京师范大学出版社2004年版。

72. 李从军：《价值体系的历史选择》，人民出版社2008年版。

73. 江畅主：《现代西方价值哲学》，湖北人民出版社2003年版。

74. 王玉梁：《当代中国价值哲学》，人民出版社 2004 年版。

75. 江畅主编：《比照与融通：当代中西价值哲学比较研究》，湖北人民出版社 2010 年版。

76. 石云霞主编：《当代中国价值观论纲》，武汉大学出版社 1996 年版。

77. 廖小平著，《分化与整合：转型期价值观代际变迁研究》，高等教育出版社 2007 年版。

78. 韩震主编：《社会主义核心价值体系研究》，人民出版社 2007 年版。

79. 韩震：《社会主义核心价值观凝练研究》，北京师范大学出版社 2012 年版。

80. 韩震：《西方历史哲学导论》，山东人民出版社 1992 年版。

81. 韩震、章伟文等：《理解中国丛书：中国的价值观》，中国社会科学出版社 2016 年版。

三、中国传统价值观研究

82. 张岱年：《文化与哲学》，中国人民大学出版社 2006 年版。

83. 赵馥洁：《价值的历程——中国传统价值观的历史演变》，中国社会科学出版社 2006 年版。

84. 赵馥洁：《中国传统哲学价值论》，人民出版社 2009 年版。

85. 唐凯麟：《重释传统——儒家思想的现代价值评估》，华东师范大学出版社 2000 年版。

86. 萧萐父、吴根友主编：《传统价值：鲲化鹏飞》，武汉出版社 2001 年版。

87. 乔长路：《中国人生哲学——先秦诸子的价值观念和处事美

德》，中国人民大学出版社1990年版。

88. 杨国荣：《善的历程——儒家价值体系研究》，中国人民大学出版社2012年版。

89. 李景林、李祥俊主编：《中国哲学中的价值观问题》，黑龙江人民出版社2012年版。

90. 周桂钿：《中国传统哲学》，北京师范大学出版社2000年版。

91. 徐复观：《两汉思想史》，华东师范大学出版社2001年版。

92. 汤用彤：《魏晋玄学论稿》，生活·读书·新知三联书店2009年版。

93. 余敦康：《魏晋玄学史》，北京大学出版社2004年版。

94. 李祥俊：《道通于一：北宋哲学思潮研究》，北京师范大学出版社2006年版。

95. 余英时：《朱熹的历史世界》，生活·读书·新知三联书店2011年版。

96. 陈来：《宋明理学》，生活·读书·新知三联书店2011年版。

97. 郑万耕：《明清之际三大思想家》，新华出版社1992年版。

98. 方立天：《中国佛教哲学要义》，中国人民大学出版社2012年版。

99. 郑万耕：《易学与哲学》，上海科学技术文献出版社2013年版。

100. 章伟文：《易学历史哲学研究》，中国社会科学出版社2012年版。

101. 汤一介、李中华主编：《中国儒学史》（九卷本），北京大学出版社2011年版。

102. 陈来：《孔夫子与现代世界》，北京大学出版社 2011 年版。

103. 崔大华：《儒学的现代命运：儒家传统的现代阐释》，人民出版社 2012 年版。

104. 郭齐勇：《中国儒学之精神》，复旦大学出版社 2009 年版。

105. 李祥俊：《中国传统哲学与现时代》，中国社会科学出版社 2011 年版。

106. 李景林、郑万耕：《中国哲学概论》，北京师范大学 2010 年版。

107. 李景林：《教养的本原：哲学突破期的儒家心性论》，北京师范大学出版社 2009 年版。

108. 李景林：《教化的哲学》，黑龙江人民出版社 2006 年版。

109. 李景林：《教化视域中的儒学》，中国社会科学出版社 2013 年版。

110. 李景林：《教化儒学论》，孔学堂书局 2014 年版。

111. 朱伯崑：《易学哲学史》，华夏出版社 1995 年版。

112. 余敦康：《汉宋易学解读》，华夏出版社 2006 年版。

113. 郑万耕、赵建功：《周易与现代文化》，中国广播电视出版社 1998 年第 1 版 2007 年第 2 版。

114. 钱穆：《先秦诸子系年》，商务印书馆 1936 年版。

115. 侯外庐等：《中国思想通史》第 1—4 卷，人民出版社 1957—1960 年版。

116. 冯友兰：《三松堂全集》2—6、8—14，河南人民出版社 2000 年版。

117. 陈荣捷：《中国哲学论集》，中央研究院中国文哲研究所 1994 年版。

118. 张岱年：《张岱年全集》2—7，河北人民出版社 1996 年版。

119. 任继愈主编：《中国哲学发展史》，人民出版社 1983、1994 年版。

120. 余敦康：《中国哲学论集》，辽宁大学出版社 1998 年版。

121. 余英时：《中国思想传统的现代诠释》，江苏人民出版社 1989 年版。

122. 李泽厚：《中国古代思想史论》，人民出版社 1985 年版。

123. 杜维明：《现代精神与儒家传统》，三联书店 1997 年版。

124. 劳思光：《新编中国哲学史》，三民书局 1990—1991 年版；广西师范大学出版社 2005 年版。

125. 韦政通：《中国思想史》，上海古籍出版社 2004 年版。

126. 张祥龙：《海德格尔思想与中国天道》，三联书店 1996 年版。

127. 陈来：《古代宗教与伦理》，三联书店 1996 年版。

128. 牟宗三：《心体与性体》，上海古籍出版社 1999 年版。

129. 牟宗三：《中国哲学十九讲》，上海古籍出版社 1999 年版。

130. 牟宗三：《中国哲学的特质》，上海古籍出版社 1999 年版。

131. 牟宗三：《中西哲学之会通十四讲》，上海古籍出版社 1999 年版。

132. 牟宗三：《宋明儒学的问题与发展》，华东师范大学出版社 2004 年版。

133. 蒙培元：《理学的演变》，福建人民出版社 1998 年版。

134. 姜广辉：《理学与中国文化》，上海人民出版社 1994 年版。

135. 张立文等主编：《中外儒学比较研究》，东方出版社 1998 年版。

136. 王博：《易传通论》，中国书店 2003 年版。

关键词索引